Sascha Plackov • Das Leib-Seele-Problem im Licht der Nahtoderfahrungen

Sascha Plackov

Das Leib-Seele-Problem

im Licht der Nahtoderfahrungen

– BAND I –

FRIELING

Schwester Romana
in Liebe und Dankbarkeit
gewidmet

Bibliografische Information der Deutschen Nationalbibliothek
Die Deutsche Nationalbibliothek verzeichnet diese Publikation in der Deutschen Nationalbibliografie; detaillierte bibliografische Daten sind im Internet über http://dnb.d-nb.de abrufbar.

Eine Marke der Frieling & Huffmann GmbH & Co. KG
Rheinstraße 46, 12161 Berlin
Telefon: 0 30 / 76 69 99-0
www.frieling.de

1. Auflage 2021
ISBN 978-3-8280-3543-0 · Auch als E-Book erhältlich (ISBN 978-3-8280-3545-4)
Bildnachweis: Tabelle 1, Abb. 2, 3, 5, 7 und 47: eigener Entwurf
Abb. 1, 4, 6, 8, 9, 10, 11, 12, 13, 14, 15, 16, 17, 18, 19, 20, 21, 22, 23, 24, 25, 26, 27, 28, 29, 30, 31, 32, 33, 34, 35, 36, 37, 38, 39, 40, 41, 42, 43, 44, 45 und 46: Abgewandelt nach smart.servier.com, SERVIER MEDICAL ART, Copyright from SERVIER MEDICAL ART/ Les Laboratoires Servier, gemäß Creative Commons Namensnennung 3.0 Unported Lizenz, https://creativecommons.org/licenses/by/3.0/

Inhaltsverzeichnis

Band I

Band II

Es sind die Lebenden, die den Toten die Augen schließen,
und es sind die Toten, die den Lebenden die Augen öffnen.

SLAWISCHES SPRICHWORT

Vorwort

Wen der Weg einmal in das wunderschöne oberbayrische Dorf Benediktbeuern führt, findet dort nicht nur Ruhe, Erholung und Kultur. Er trifft dort auch auf eine außergewöhnliche Natur- und Sinneswelt. Schnell wird verständlich, warum Benediktbeuern geistiger und kultureller Mittelpunkt im Tölzer Land ist. Ein wahrlich gesegneter Ort, dazu noch mit einer denkwürdigen Geschichte. Eigentlich sollte Benediktbeuern ursprünglich als rein weltliche Station dienen, doch die Geschichte wollte es anders. Und so wurde aus dem im Jahre 725 gegründeten Stützpunkt „Buron", der am Fuße der Bergwelt liegt und den Weg über den Kesselberg sowie das obere Loisachtal bis hin zum Brennerpass nach Italien militärisch kontrollieren sollte, noch etwas völlig anderes. Mönche kamen hinzu und als der heilige Bonifatius, der die Germanen missionierte, im Jahre 738 die Bistümer in Bayern neu ordnete, gab er den entscheidenden Anstoß zur Gründung eines Benediktinerklosters in Buron. Der Rest der Geschichte ist schnell erzählt. Bereits ein Jahr später, im Jahre 739, weihte der heilige Bonifatius die neue Kirche ein und so wurde aus dem Kloster Buron „Benedictoburanum", das heutige Benediktbeuern. Ein Pilger- und Wallfahrtsort zum heiligen Benedikt. Nach Montecassino und Saint-Benoît-sur-Loire sogar der drittwichtigste weltweit. Aber warum erzähle ich Ihnen das alles? Unter anderem wegen der malerischen Bergwelt. Wer sich nämlich auf eine der derzeit 166 paradiesischen Wandertouren begibt, kann ein äußerst interessantes Phänomen beobachten. Vorausgesetzt, man lässt seinen Blick über die weitläufigen Bergkämme der Gegend schweifen. Den Blick in die Ferne gerichtet, fest auf jenen Punkt, wo die Wolken die Berge berühren und umgekehrt. Fürwahr ein magischer Punkt, denn an demselben wird das Auge des Betrachters nicht mehr unterscheiden können zwischen Wolken und Bergen. Es erweckt den Eindruck, als würden die Berge sich in Wolken auflösen und andererseits die Wolken zu Bergen kondensieren. Die Wolken stehen dabei für das leichte und luftige Prinzip, für die Welt des Geistigen. Und die Berge stehen für das schwere und feste Prinzip, für die Welt des Materiellen. Aber kann das sein? Kann sich Materie wirklich einfach so in Geistiges auflösen? Oder andersherum, kann das Geistige einfach so zu fester Materie werden? Was ist überhaupt das Geistige und was ist Materie? Gibt es nur Geist oder existiert ausschließlich die Materie? Und was ist mit dem menschlichen Geist? Ist er ein Ausfluss neuronaler Aktivität oder eine eigenständige Entität, die bestehen bleibt, wenn man das Gehirn ausschaltet? Ehe man es sich versieht, ist es vorbei mit der Wanderung in den Bergen und man steht mitten in einem Themenkomplex, den die Menschheit schon seit Angedenken zu beantworten versucht, dem Leib-Seele-Problem. Dafür beginnt aber eine geistige Wanderung. Es ist eine anspruchsvolle Wegstrecke mit hohem Schwierigkeitsgrad. Dafür aber eine, die sich wirklich lohnt. Sie beginnt mit der Frage, was genau überhaupt das Leib-Seele-Problem umfasst, führt dann weiter in die Richtung philosophischer Lösungsvorschläge, um dann selbst einzelne Begriffe wie Bewusstsein, Psyche,

Seele und Geist zu beleuchten. Schließlich führt die geistige Wanderroute zur Anatomie, genauer gesagt in die Neuroanatomie und zur Gehirnforschung, mit der Frage, ob wir so etwas wie Bewusstsein, Psyche, Seele und Geist im Gehirn wiederfinden können. Und sie führt zu der Welt der Toten bzw. zu den Menschen, die den Tod kennengelernt haben, bevor sie wieder ins Leben zurückkehrten. Mit der Quantenphysik wird es dann Zeit für ein Resümee. Damit auch Zeit für die Frage, ob man das Leib-Seele-Problem wirklich lösen kann? Und wenn ja, bis zu welchem Grad? Dort endet unsere geistige Reise. Wie jede, mit vielen Bildern und neuen Eindrücken. Wenn Sie mögen, folgen Sie mir also bis zum Gipfelkreuz. Bis an das Ziel unserer Reise, weit hinauf zu neuen geistigen Höhen.

Dr. med. Sascha Plackov
Berlin, im Winter 2020

Einleitung

Leben, Geburt und Tod sind Begriffe, die unsere menschliche Existenz kennzeichnen. Geburt und Tod sind dabei die Wegmarken, Anfang und Ende einer irdischen Existenz. Alles, was sich zwischen diesen beiden Wegmarken abspielt, nennen wir Leben. Menschliches Leben beginnt mit der Verschmelzung von Ei und Samenzelle. Es entsteht aus zwei Lebewesen. Danach ist es gekennzeichnet durch Wachstum, Fortpflanzung, Altern und Sterben. Das ist der zeitliche Verlauf. Chemisch gesehen besteht das Leben in unserer Dimension vorwiegend aus Wasser und Kohlenstoff. Man könnte deshalb auch sagen, dass das Leben auf der Kohlenstoffchemie basiert, wobei das Wasser als Lösungsmittel dient. Es finden sich aber auch noch weitere Elemente wie Wasserstoff, Sauerstoff, Stickstoff, Natrium, Kalium, Calcium, Chlor, Phosphor, Schwefel, Jod, Eisen, Kupfer, Selen und andere. Eine weitere Auffälligkeit besteht darin, dass das Leben auf unserem Planeten aus Zellen besteht. Zu unterscheiden sind dabei einzellige von mehrzelligen Lebensformen. Auf zellulärer Ebene ist das Leben ein halboffenes dynamisches System. Das heißt, dass einerseits der intrazelluläre Raum durch die Zellmembran vom extrazellulären Raum abgegrenzt wird, andererseits aber über diese Abgrenzung ein geregelter Austausch mit der Umwelt stattfindet. Dieser Austausch wird so geregelt, dass sich in der Zelle ein dynamisches Gleichgewicht, auch Homöostase genannt, einstellt. Wir dürfen deshalb ganz allgemein festhalten, dass sich das Leben entweder in einzelliger oder in vielzelliger Form gegenüber der Umwelt abgrenzt. Es nimmt ständig Energie oder energiehaltige chemische Verbindungen auf, gibt Wärmeenergie an seine Umwelt ab und versucht sich an diese Umwelt möglichst gut anzupassen und sie möglichst im eigenen Interesse zu verändern. Jede biologische Leistung des Lebens wird dabei möglichst nach dem Minimaxprinzip ausgeführt. Das bedeutet, dass sie mit möglichst geringem Energie- und Stoffaufwand ausgeführt wird. Das Leben in unserer Dimension spricht auch eine Sprache. Es ist eine universelle Sprache, die im Erbgut steckt. Das Alphabet dieser Sprache kennt nur vier Buchstaben, die von den vier organischen Basen Adenin, Thymin, Guanin und Cytosin gebildet werden. Die Grammatik dieser Sprache nennt man Desoxyribonukleinsäure. Sie ist Träger der Erbinformation, sprich der Gene. Leben besteht somit aus Materie und diese hat Eigenschaften. Zu diesen Eigenschaften gehören beispielsweise der Stoffwechsel, Regulation, Reizempfinden, Bewegung, Fortpflanzung sowie Vererbung und Fortentwicklung. Daneben gibt es noch eine Eigenschaft des Lebens. Es ist eine Eigenschaft der ganz besonderen Art, das Bewusstsein. Es ist deshalb von ganz besonderer Art, weil es sich als Kriterium des Lebens von allen anderen Phänomenen unterscheidet, die sich physikalisch-kausal erklären lassen. Selbst die Quantenphysik ist nicht in der Lage, es zu erklären. Rein stammesgeschichtlich gesehen lässt sich sagen, dass alle Lebewesen einen Zustand haben, den wir als Bewusstsein bezeichnen. Das Bewusstsein ist somit allem Lebendigen zugehörig. Offensichtlich kann ein Körper also nicht ohne Bewusstsein existieren. Damit bedeutet Leben folglich eine Kombination aus Materie und Bewusstsein. Und genau das ist das Einzigartige am Leben, diese Dualität. Es geht im Grunde um die Dualität von Körper und Bewusstsein. Was aber ist Bewusstsein und woher kommt es? Wie entsteht Bewusstsein aus der Materie und wie entwickelt es sich in einem Lebewesen? Mit Bewusstsein wird im Allgemeinen der wachbewusste Zustand von Lebewesen bezeichnet. Oder anders ausgedrückt, Bewusstsein heißt Wahrnehmung. Dabei gibt es verschiedene Stufen des Bewusstseins, der Wahrnehmung, niedrigere und höhere. Kann beispielsweise ein Lebewesen nicht nur Reize aufnehmen, sondern diese auch bewusst erleben, dann verfügt es über ein sogenanntes phänomenales Bewusstsein. Es verfügt dann über ein individuelles Erleben. Kann also ein Lebewesen Hitze und Kälte wahrnehmen, kann es Schmerzen wahrnehmen und seiner Freude oder Enttäuschung Ausdruck verleihen, dann verfügt es zweifelsohne über ein phänomenales Bewusstsein. Wir dürfen deshalb festhalten, dass die allermeisten Tiere über ein phänomenales Bewusstsein verfügen. Von einem gedanklichen Bewusstsein spricht man, wenn Lebewesen sich erinnern, denken, planen und etwas erwarten können. Dieses Bewusstsein finden wir zum Beispiel bei Katzen und Hunden. Kommt zum phänomenalen und gedanklichen Bewusstsein noch das Selbstbewusstsein hinzu, also das Wissen, über ein Bewusstsein zu verfügen, dann geht es noch eine Stufe höher. Das Selbstbewusstsein ist demnach Bewusstsein des Selbst und ein Wissen um seine eigenen mentalen Zustände. Es ermöglicht somit ein Bewusstsein von sich selbst als Individuum. Forscher der Universität Buffalo haben herausgefunden, dass neben dem Menschen auch manche Tiere ihre mentalen Vorgänge bewusst reflektieren, überwachen und beeinflussen können. Zu diesen Tieren gehören Delfine und Makakenaffen. Selbstreflexion bedeutet aber nicht automatisch auch das Bewusstsein über ein denkendes „Ich". Das Selbstbewusstsein geht vielmehr dem Ichbewusstsein voraus. Damit wären wir dann bei der vorletzten Stufe des Bewusstseins angekommen, dem Ichbewusstsein, auch Individualitätsbewusstsein genannt. Individualitätsbewusstsein besitzt, wer sich seiner selbst und darüber hinaus seiner Einzigartigkeit als Lebewesen bewusst ist und die Andersartigkeit anderer Lebewesen wahrnimmt. So weit, so gut, aber wie bekommt man das heraus, ob ein Lebewesen über ein derartiges Ichbewusstsein verfügt? Die Antwort lautet, mit dem Spiegeltest. Er wurde 1970 von dem amerikanischen Psychologen Gordon G. Gallup erfunden. Bei dem einfachen Spiegeltest wird einem Lebewesen ein Spiegel in das Sichtfeld gehalten und dessen Reaktion beobachtet. Damit wird im Allgemeinen untersucht, ob ein Lebewesen ein Bewusstsein für die eigene Existenz hat. Wird das Spiegelbild als ein fremdes Individuum begrüßt, bedroht, attackiert oder ignoriert, so gilt der Test als nicht bestanden. Erkennen Lebewesen hingegen im Spiegelbild keinen Artgenossen, sondern sich selbst, gilt der Test als bestanden. Und so ein bestandener Test spricht für ein Ichbewusstsein und somit als Beweis für die Fähigkeit, komplizierte und abstrakte Gedankengänge zu verfolgen. Eine Abwandlung des Spiegeltests ist der Rouge-Test. Bei diesem Test wird dem Lebewesen ein farbiger Punkt auf eine Körperstelle gemalt, die ohne Spiegel nicht sichtbar wäre. Versucht das Lebewesen nach einem Blick in den Spiegel diesen Fleck zu berühren oder zu entfernen, dann hat es sich erkannt und der Test gilt als bestanden. Löst der Anblick im

Spiegel jedoch keine Verwunderung aus, kein Verlangen, den Fleck zu berühren oder wegzuwischen, wird er also nicht bemerkt oder wahrgenommen, hat sich das Lebewesen nicht erkannt und der Rouge-Test gilt als nicht bestanden. Menschenkinder meistern den Spiegeltest meistens ab einem Alter von etwa eineinhalb Jahren, also zwischen dem 18. und 24. Lebensmonat, um genau zu sein. Aber auch Schimpansen, Orang-Utans, Delfine, Elefanten und Elstern bestehen diesen Test. Makaken hingegen tun sich bei diesem Test schwer. Denn bei ihnen führt erst eine tiefgreifende Veränderung des Äußeren dazu, ihr Erscheinungsbild im Spiegel genauer zu prüfen. Hunde und Katzen hingegen bestehen den Spiegeltest nicht. Unabhängig vom Spiegeltest muss jedoch eines ganz deutlich betont werden. Was auch immer in einem Tier wirklich vorgeht und ob dies dem ähnelt, was der Mensch empfindet, bleibt letztendlich ein Mysterium. Denn niemand vermag diese Frage wirklich zu beantworten. Eines ist jedoch völlig unstrittig. Nur der Mensch ist ein kulturelles, geschichtliches und religiöses Wesen. Kein einziges Tier philosophiert, reflektiert über Metaphysik, betet zu Gott, schreibt Psalmen, komponiert Kantaten, modelliert Skulpturen, malt Gemälde, baut Tempel oder beerdigt seine Toten. Denn Tiere haben keinen Sinn für höhere Wesen, Spiritualität und Religiosität. Und das aus gutem Grund. Denn was ihnen fehlt, ist ein Transzendenzbewusstsein. Damit wären wir bei der höchsten Stufe des Bewusstseins angekommen. Weil eben nur der Mensch über ein Transzendenzbewusstsein verfügt, fragt auch nur er nach dem „Mehr im Leben" bzw. dem „Leben danach". Und so denkt auch nur der Mensch über sein Dasein und über den Sinn des Lebens nach. Deshalb entwickelt nur der Mensch religiöse Vorstellungen. Kein Tier wird jemals einen verstorbenen Artgenossen beerdigen. Um ihn trauern ja, aber nicht beerdigen. Kein Tier wird jemals für ein anderes beten oder für sich selbst von einer höheren Macht Beistand erflehen. Beim Menschen ist das völlig anders. Wenn Menschen, wo auch immer sie leben, auf unserer Erde gestorben sind, werden sie von anderen Menschen beerdigt. Damit verbunden wird häufig die Hoffnung auf ein ewiges Leben. Besonders anschaulich wird dies in der Paläontologie, also der Wissenschaft von den Lebewesen der Urzeit. Wenn ein Paläoanthropologe zum Beispiel irgendwo im Erdreich Knochen findet, dann stellt sich für ihn die Frage, ob er es hier mit den Knochen eines Tieres oder mit denen eines Menschen zu tun hat. Findet er bei den Knochen auch Artefakte, also von Menschen erzeugte Gegenstände, beispielsweise als Grabbeigaben für das „Leben danach", dann kann er ganz sicher sein, dass er es mit den Knochen eines Menschen zu tun hat. Damit stellt sich auch die spannende Frage, wann das Transzendenzbewusstsein überhaupt eingesetzt hat. Oder anders gefragt, wann erwachte das menschliche Transzendenzbewusstsein in der Entwicklungsgeschichte? Wir wissen nicht völlig sicher, wann und wo der Homo sapiens entstand, aber was wir sagen können, ist, dass er aufgrund von Fossilienfunden am ehesten afrikanischen Ursprungs ist und vor etwa 150 000 bis 200 000 Jahren auftauchte. Vor circa 100 000 Jahren betrat dann Homo sapiens sapiens, also der moderne Mensch oder Jetztmensch, die Bühne des Geschehens. Er war eine Unterart des Homo sapiens. Mit ihm setzten das Zeitalter der Kulturentwicklung sowie moderne Verhaltensmuster ein, was schließlich zu unserer hochtechnisierten Gesellschaft führte. Aber noch etwas zeichnete den modernen Menschen aus. Es war etwas

Entscheidendes. Etwas, das ihn von allen anderen Lebewesen deutlich unterschied, nämlich sein seelisch-geistiges Empfinden. Es war dieser moderne Mensch, der als einziger kleine Skulpturen schnitzte, Höhlenwände bemalte, auf Knochen und Steinplättchen Wichtiges verzeichnete, Flöten baute, persönliche Schmuckstücke anfertigte, eine extreme Sprachenvielfalt entwickelte und seine Toten als einziger mit Gegenständen aus dem Alltag wie Werkzeugen, Geräten, Schmuck und Nahrung bestattete. Grabbeigaben in dieser Form fand man nur bei dem modernen Homo sapiens sapiens. Das ist ein eindeutiger und eindrucksvoller Beleg dafür, dass hier bereits ein transzendentes Denken vorlag. Und dies bedeutet, dass sich der moderne Mensch bereits zu dieser Zeit mit Leben und Tod auseinandersetzte. Dieser moderne Mensch muss sich also gefragt haben, was geschieht mit dem Verstorbenen? Wo geht er hin? Kommt er wieder, vielleicht in einer anderen Gestalt? Homo sapiens sapiens machte sich also klare Gedanken und Vorstellungen über den Tod. Und aus diesen Gedanken und Vorstellungen entstanden dann auch die entsprechenden Bräuche. Doch was bedeutet eigentlich Transzendenz? Es bedeutet so viel wie jenseits der Erfahrung des Gegenständlichen liegend. Der Begriff bezeichnet somit das Überschreiten der Grenzen des Diesseits. Als transzendent gilt, was außerhalb des Bereiches der normalen Sinneswahrnehmung liegt und nicht von ihr abhängig ist. Man darf allerdings den Begriff der Transzendenz nicht verwechseln mit dem Begriff transzendental. Denn transzendental ist eine vom deutschen Philosophen Immanuel Kant verwendete Bezeichnung und ist gleichbedeutend mit dem Wort „erkenntniskritisch". Während also der Begriff Transzendenz diejenigen Bereiche menschlicher Existenz umfasst, welche die Wahrnehmung und das Vorstellungsvermögen überschreiten, konzentriert sich der Ausdruck transzendental primär auf die Untersuchung der Erfahrungsmöglichkeiten des Menschen und betrachtet dabei vor allem sein Erkenntnisvermögen. Die Begriffe Transzendenz und transzendental sind folglich nicht deckungsgleich, sondern streng voneinander zu unterscheiden. Eine transzendentale Erkenntnis beinhaltet die Frage nach den Bedingungen der Möglichkeit dieser Erfahrung und befasst sich demnach mit den Voraussetzungen ihrer Möglichkeit. Kant selbst definierte den Begriff transzendental wie folgt:

„Ich nenne alle Erkenntnis transzendental, die sich nicht sowohl mit Gegenständen, sondern mit unserer Erkenntnis von Gegenständen, sofern diese a priori möglich sein soll, beschäftigt."

Immanuel Kant, Kritik der reinen Vernunft

Damit bleiben zwei Dinge festzuhalten. Erstens, Transzendenz und transzendental kommen beide von dem lateinischen Begriff transcendo, was so viel wie „ich überschreite" bedeutet. Beide sind Bezeichnungen für zwei sehr verwandte, aber gleichzeitig doch sehr verschiedene Begriffe. Und zweitens, wir stoßen bei der Frage nach dem Menschsein unumgänglich auf das Phänomen Transzendenz und somit auf das Thema Religion. Der Mensch ist offensichtlich von da an Mensch, wo zum Ichbewusstsein in Form von Selbstbezug zusätzlich noch ein

Transzendenzbewusstsein hinzukommt und damit die Erkenntnis reift, dass es außer einem selbst auch noch etwas Größeres gibt als das eigene „Ich". Etwas, das einen umfängt, zu der eigenen Existenz hinzutritt. Und dies möglicherweise in der Ausgestaltung eines Gottesbezugs. Transzendenz in der Religion bedeutet deshalb konkret das Jenseitige. Das, was die Grenzen des menschlichen Verstandes und seines Bewusstseins überschreitet und sprachlich nur in Ansätzen zu vermitteln ist. Die Transzendenz mit dem Bezug auf das Jenseits ist deshalb auch ein wesentlicher Unterschied zwischen Religion und Philosophie. Denn Philosophie ist im Allgemeinen auf das Diesseits beschränkt. Wenn es also etwas gibt, das den Menschen vom Tier eindeutig unterscheidet, dann sind es Kunst, Kultur und Glaube. Der Mensch kann an etwas glauben. Es ist ganz offensichtlich dieses Transzendenzbewusstsein, das ihn dazu antreibt, die großen Menschheitsfragen zu stellen. Wer bin ich? Was bin ich? Von wo komme ich her? Wohin werde ich gehen? Warum bin ich hier? Was ist der Sinn des Lebens? Welche Bedeutung hat der Tod? Gibt es ein Leben nach dem Tod? Gibt es das ewige Leben? Das ewige Leben ist ein Begriff, der aus der Theologie und Metaphysik stammt. Dahinter steht die Vorstellung, dass mit dem biologischen Tod das Leben nicht enden wird und dass ein Lebewesen somit nie wird sterben müssen. Die meisten Religionen propagieren diesen Glauben an das ewige Leben. Die Vorstellung geht davon aus, dass ein nichtmaterieller Teil des Menschen, die Seele, der Geist oder das Bewusstsein, unsterblich ist und deshalb nach dem Tod weiterlebt. Die Vorstellungen der einzelnen Religionen, wie die Seele im Einzelnen beschaffen ist und wie oder wo sie nach dem Tode des Individuums weiter bestehen wird, gehen allerdings zum Teil weit auseinander. Die Auffassungen reichen dabei von der Wiedergeburt der Seelen bis hin zu speziellen Aufenthaltsorten, wie Paradies, Fegefeuer oder Hölle. Dagegen sehen die Vertreter der Naturwissenschaften das Leben als ein kompliziertes materielles und energetisches Phänomen an, von dem die geistigen und seelischen Funktionen immer abhängig bleiben werden. Alle Vorgänge des Geistes, welche von den Religionen als Manifestationen der Seele interpretiert werden, gelten ihnen als letztendlich auf elektro-chemische Prozesse zurückführbar. Daher widerspricht die Vorstellung von ewigem Leben dem aktuellen naturwissenschaftlichen Weltbild. Für die Naturwissenschaften, insbesondere die Neurobiologie, ist ein jedes Lebewesen endlich. In diesem Sinne ist auch der Begriff des ewigen Lebens für die Naturwissenschaften ein Widerspruch in sich. Es verwundert daher nicht, dass die Mehrheit der Wissenschaftler den Glauben an ein Weiterleben der Seele oder des Geistes nach dem Tode ablehnt. Denn, so die einhellige Überzeugung, mit dem Tod des Gehirnes stellen auch der Geist und die Seele ihre aktiven Funktionen ein. Aber ewiges Leben hin oder her, worum geht es eigentlich im Kern bei der Auseinandersetzung zwischen den Religionen und den Naturwissenschaften? Um eine Antwort auf diese Frage zu finden, müssen wir unseren Blick auf den Philosophen Immanuel Kant richten. Denn er formulierte im 18. Jahrhundert die großen Fragen der Menschheit in folgenden drei Grundfragen:

1. Was kann ich wissen?
2. Was soll ich tun?
3. Was darf ich hoffen?

Die erste Frage berührt die Themenbereiche Wissen und Erkenntnis. Die Frage richtet daher ihr Augenmerk auf die Epistemologie, also die Erkenntnislehre oder auch Erkenntnistheorie. Sie ist ein Teilgebiet der Philosophie, welches sich mit der Frage nach den Bedingungen von begründetem Wissen befasst. Es geht also um die Frage, was Wissen ist, ob wir es besitzen und wie wir unsere Wissensansprüche legitimieren können. Die zweite Frage, nach dem Handeln, berührt Fragen der Ethik und Moral. Als Moral wird dabei die Gesamtheit aller verinnerlichten Verhaltensregeln verstanden. Sie gibt beschreibend an, welche Verhaltensweisen gelebt werden und welche Erwartungen über ein gutes Handeln vorhanden sind. Dabei umfasst die Moral die vorhandenen Einstellungen, wie etwas sein soll. Sie besteht aus genauen Vorschriften darüber, wie gehandelt werden soll. Das heißt, dass Moral etwas billigt oder aber missbilligt, wobei sie dann auch gleichzeitig eine Verhaltensänderung fordert. Kurz und in einem Satz gesagt, Moral ist die Praxis des Sollens. Und die Ethik? Die Ethik ist die Theorie der Moral. Sie bietet deshalb eine wissenschaftliche Betrachtung. Als Teilgebiet der Philosophie enthält sie ein Nachsinnen über das gute Leben und das sittlich richtige Handeln. Dabei systematisiert die Ethik, sucht nach Begründungen und entwickelt entsprechende Kriterien. Auch wenn, besonders im alltäglichen Sprachgebrauch, die beiden Begriffe oft als Synonyme verwendet werden, so muss man sie doch klar und deutlich auseinanderhalten. Denn Ethik ist die Theorie und Moral ist die Praxis. Die dritte kantische Frage, was gehofft werden darf, berührt die Religionsphilosophie wie auch die Metaphysik. Beide bilden das systematische Grenzgebiet zwischen Philosophie und Theologie. Dabei geht es aus der Sicht der Philosophie um die argumentative und rational verantwortbare Entwicklung einer Konzeption des Absoluten, welche die Wirklichkeit des endlichen Lebens und Denkens übersteigt und zugleich begründet. Der Theologie hingegen geht es in erster Linie um die argumentative Durchdringung zentraler Glaubensinhalte, um sie mit dem rationalen Vernunftanspruch zu vermitteln und dadurch in ihrer spezifischen Rationalität zu erschließen. Und was dürfen wir dabei unter Metaphysik verstehen? Die Metaphysik muss in diesem Zusammenhang als Versuch verstanden werden, die letzten Fragen mithilfe der Vernunft zu beantworten. Derartige Fragen betreffen dementsprechend die Welt als Ganzes, den Grund der Welt und die Stellung des Menschen in der Welt. Und damit wären wir schließlich auch beim Kern der Auseinandersetzung zwischen Religion und Wissenschaft angekommen. Denn es zeichnet den Menschen aus, dass er, anders als das Tier, über das Vermögen verfügt, sich all die genannten Fragen stellen zu können. Er kann sich selbst Zielvorstellungen setzen und auf diese mittels der Vernunft reflektieren. Das alles lässt eine vierte Frage erkennen, welche auf den Antworten der drei vorangegangenen Fragen basiert. Denn für Kant enthält die Frage nach dem Menschen alle drei anderen vorausgegangenen Fragen in sich. Der Mensch ist nach Kant das Wesen, das nach Wissen strebt, das hoffen und glauben kann und das Gut und Böse unterscheidet und sich moralisch verhalten kann. Kant fasst daher seine drei philosophischen Grundfragen zu einer einzigen zusammen und fragt nach dem Wesen des Menschen. Er stellt somit die Frage aller Fragen: Was ist der Mensch? Diese Frage, was der Mensch überhaupt ist, ist die Frage nach seinem Wesenskern. Es ist die Frage nach dem Menschenbild. Das Menschenbild ist die Vorstellung davon, was den Menschen ausmacht. Es beschreibt das Wesen des Menschen. Es beinhaltet das, was den Menschen von der unbelebten Natur sowie den Pflanzen und Tieren unterscheidet. Dabei ist das Menschenbild eingebunden in das Weltbild. Jetzt wird auch endlich klar, worum es in dem Streit zwischen Religion und Wissenschaft im Kern geht. Es geht um das Fundament, auf dem unser Weltbild steht. Denn insoweit der Mensch Teil der Welt ist, ist das Menschenbild auch Teil des Weltbildes. Und Menschenbild wie Weltbild sind dann Teil einer umfassenden Überzeugung oder Lehre. Entweder als Theologie und damit als Lehre vom Inhalt eines spezifischen religiösen Glaubens und seinen Glaubensdokumenten im Besonderen oder als ein begründetes, geordnetes und für gesichert erachtetes Wissen in einem bestimmten Bereich in Gestalt der Wissenschaft. Entsprechend unterschiedlich fällt auch die Antwort darauf aus, was der menschliche Wesenskern ist, und in der Folge dessen natürlich auch das vertretene Weltbild. Was aber kann der Mensch in seinem Wesenskern überhaupt sein? Die Wissenschaften betrachten den Menschen aus sehr unterschiedlichen Blickwinkeln und infolgedessen mit unterschiedlichen Schwerpunkten. Daraus ergeben sich große Unterschiede im Menschenbild der einzelnen Wissenschaften. Dies verwundert insofern auch nicht weiter, weil sich jede Einzelwissenschaft nur mit den Teilaspekten des Menschen beschäftigt und auseinandersetzt. Das naturwissenschaftliche Menschenbild lässt sich dagegen sehr einfach zusammenfassen, und zwar in einem Satz. Der Mensch ist eine seelenlose biologische Maschine. Wesentlich ist dabei das Prinzip von Ursache und Wirkung, also die Kausalität. Sowohl der menschliche Körper als auch seine Handlungen werden dadurch erklärbar und demzufolge beeinflussbar. Je genauer man den menschlichen Körper erforscht und versteht, desto eher versteht man das Wesen des Menschen und desto besser lässt sich dieses Wesen dann beeinflussen. In dem Weltbild der Naturwissenschaft ist Gesundheit deshalb auch nichts anderes als Funktionstüchtigkeit. Je funktionsfähiger die Maschine Mensch ist, desto gesünder ist sie. Verständlich, dass die technisch hoch aufgerüstete Industriegesellschaft den Menschen daher als Leistungswesen betrachtet. Wenn zu einem gesunden Körper noch ein funktionsfähiges Gehirn vorhanden ist, dann ist das menschliche Wesen zu einem Bewusstsein und auch dem Menschsein fähig. Das bedeutet, dass der Mensch durch sein Gehirn eine besondere Stellung hat. Deshalb wird menschliches Leben auch nach der Gehirntätigkeit beurteilt. Im Umkehrschluss bedeutet dies aber, wenn ein Wesen diesen Kriterien nicht entspricht, dann ist es mit einem Tier gleichzusetzen und darf folglich auch als solches behandelt werden. Es ist ein mechanistisches Weltbild, das die Naturwissenschaft zeichnet und in dem der Mensch als lebendige Maschine seinen Platz hat. Genauer gesagt ist es ein mechanistisch-materialistisches Weltbild, nach dem der Mensch in seinem Wesenskern nichts weiter als Materie ist. Anders ausgedrückt, der Mensch ist in den Augen der Naturwissenschaft sein Körper, oder noch präziser formuliert sein Gehirn. Es versteht sich von selbst, dass in diesem naturwissenschaftlichen Menschenbild und dem daraus resultierenden Weltbild für einen Gott oder Schöpfer kein Platz ist. Nicht anders ergeht es dem freien Willen des Menschen. Dabei ist unter Willensfreiheit die Möglichkeit des Menschen zu verstehen, sowohl den Inhalt wie auch das Ziel seines Wollens festzulegen, und zwar unabhängig von Fremdbestimmung oder innerem Zwang. Aber diese Idee ist leider mit naturwissenschaftlichen Überlegungen prinzipiell nicht zu vereinbaren. Denn alles in dieser materiellen Welt geschieht nach physikalischen Gesetzen und gehorcht so dem Prinzip von Ursache und Wirkung. Damit ist alles vorhersehbar, wenn man nur weiß, welchen Naturgesetzen es gehorcht. Auch unser Gehirn besitzt eine deterministische Grundverschaltung. Das heißt, unsere Gehirne funktionieren nach deterministischen Naturgesetzen. Als materielle Wesen mit einem materiellen Körper und einem materiellen Gehirn sind wir folglich determiniert. Wir sind deshalb als Wesen dieser Welt ebenfalls dem Prinzip von Ursache und Wirkung vollkommen unterworfen. Infolgedessen gibt es also auch keinen freien Willen. Je mehr das naturwissenschaftliche Denken daher dominiert, desto weniger Bedeutung hat der freie Wille des Menschen. Warum sollten Maschinen letzten Endes auch einen freien Willen besitzen? Aber können Menschen wirklich nur willenlose Maschinen sein oder als solche dargestellt werden? Schließlich lehrt uns doch die Alltagserfahrung, dass wir als bewusste Personen über unsere Handlungen entscheiden und unser Verhalten steuern können. Oder sollte das nur eine Illusion sein? Aber der Mensch ohne freien Willen wäre nur ein Spielzeug des Schicksals und nicht für sein Tun verantwortlich. Wer die Willensfreiheit aufgibt, der gibt damit auch die Verantwortlichkeit auf. Doch dieses Bild vom unfreien Menschen ließe sich nicht mit der traditionellen Vorstellung von Verantwortlichkeit, Schuld und Strafe vereinbaren. Denn die Gemeinschaft könnte ihn dann nicht dazu ermahnen, die Gesetze zu achten, und sie könnte ihn auch nicht verurteilen. Jedwedes Strafrecht wäre dann ad absurdum geführt. Kurzum, wenn der freie Wille eine Illusion ist, dann ist auch das Strafrecht eine Illusion, denn es fußt auf einer solchen. Müssen wir also das Strafrecht ändern oder sollten wir es gar abschaffen? Und wenn wir es tatsächlich täten, wie sollten wir dann noch zusammenleben? Jeder könnte morden, vergewaltigen und brandschatzen, ohne eine Strafverfolgung zu befürchten. Jeder könnte sich darauf berufen, schließlich keinen freien Willen zu haben und ein Opfer des Determinismus zu sein. Wer aber würde dann noch in einer solchen Gesellschaft leben wollen? Wahrscheinlich niemand. Wie es scheint, kann der freie Wille nicht hinweggedacht werden. Ist dann wenigstens die Vorstellung des Menschen als Maschine denkbar? Das Leben ist rhythmisch und zyklisch. Der Mensch schläft und wacht. Sein Herz beschleunigt bei der Einatmung, um bei der Ausatmung wieder abzubremsen. Seine Verdauung arbeitet verstärkt, wenn er ruht, und wenn der Mensch aktiv ist, dann ruht die Verdauung. Es gehört deshalb zu den grundlegenden Erkenntnissen, dass die zeitliche Ordnung der Lebensvorgänge in Form von Rhythmen abläuft. Erst wird Energie eingesetzt, um anschließend wieder Energie aufzutanken. Das ist der natürliche Rhythmus. Lebt der Mensch gegen diese natürlichen Rhythmen, erschöpfen sich seine Ressourcen schnell, weil er die Kraft der Erholung verkennt. Der Körper reagiert dann mit verschiedenen negativen Emotionen. All das zeigt ganz deutlich, dass Menschen als lebendige Individuen rhythmische Wesen sind. Bei Maschinen ist das völlig anders. Um bei ihnen den Output zu erhöhen, muss man sie nur länger laufen lassen. Das bedeutet, dass man die Laufzeit linear erhöhen muss. Maschinen sind also lineare Wesen. Versucht man hingegen beim Menschen auf diese Weise das Arbeitspensum linear zu erhöhen, wird er krank und geht im schlimmsten Fall zugrunde. Dieses Beispiel führt sehr eindringlich vor

Augen, dass der Vergleich des Menschen mit Maschinen völlig unpassend ist. Auch rein sprachlich ergeben sich bei der Vorstellung des Menschen als Maschine und der damit verbundenen Reduktion auf sein Gehirn zahlreiche Probleme. So würde nie ein Mensch von sich aus sagen, ich bin ein Gehirn. Sondern jeder würde anmerken, ich habe ein Gehirn. Niemand würde zu einem geliebten Menschen sagen, mein Gehirn liebt dich. Stattdessen würde jeder Mensch natürlicherweise sagen, ich liebe dich. Es stellt sich deshalb die Frage, ob ein Körper wirklich sich selbst gehören kann. Oder muss nicht doch vielmehr jemand in diesem Körper stecken, der von sich aus sagt, das ist mein Körper. Es nimmt daher nicht wunder, dass die Religion in dieser Hinsicht der naturwissenschaftlichen Sichtweise sowohl in Bezug auf das von ihr vertretene Menschenbild wie auch das dazugehörige Weltbild widerspricht. Denn für die Religion ist der Kern des Menschen nicht Materie, sondern Geist. Der Mensch ist eine Einheit aus Körper und Seele, sprich Materie und Geist. Die innerste Wesensart des Menschen ist aber geistig. Man könnte auch sagen, dass die innerste Persönlichkeit im Geistigen wurzelt. Der Geist ist somit der unsterbliche Kern des Menschen. Er ist die wirkliche Person. Die Aufgabe des Geistes ist es, sich zu entwickeln. Das heißt, seine Anlagen und Fähigkeiten, welche in ihm ruhen, zur Entfaltung zu bringen. Dabei soll er sein gesamtes Potenzial ausschöpfen, um ein reifer und vollbewusster Mensch zu werden. Diese Entwicklung ist der Sinn seines Lebens. Damit sich diese Entwicklung auch wirklich vollziehen kann, umhüllt sich der Geist mit Materie in Form eines Körpers. Auf diese Art und Weise verankert sich der Geist im Körper, so wie sich auch der Samen im Erdreich verankern muss, damit er sich von hier aus frei entfalten kann. Das bedeutet, dass der Mensch mit seinem Körper im Sinne der Biologie, der Chemie und Physik einen Teil der Natur darstellt und als solcher mit allen anderen Lebewesen eng verbunden sowie mit den anderen Geschöpfen auch verwandt ist. Es bedeutet aber auch, dass der Mensch im Wesenskern als Geist ein Geschöpf Gottes und somit dessen Ebenbild darstellt. Das verleiht dem Menschen Würde und Recht. Als Geschöpf vertritt er deshalb den unsichtbaren Gott in der Welt, weshalb er auch eine weitreichende Verantwortung für sein Handeln in all seinen Lebensbeziehungen trägt. Der Mensch ist in der Lage, zwischen dem Guten und dem Bösen zu unterscheiden, und soll den Weg des Guten wählen. Er soll sich Wissen aneignen und lernen zu lieben. Auf diese Weise soll er die Schöpfung, die in sich vollkommen ist, durch sein Wirken vollenden. In seiner Wahl ist der Mensch jedoch völlig frei. Er besitzt in dieser Hinsicht völlige Willensfreiheit. In dieser Freiheit ist er nur seinem eigenen Gewissen und seinem Schöpfer unterworfen. Aus dieser Perspektive ist der Mensch allerdings in einer Beziehung und Verantwortung, welche weit über den weltlichen Zusammenhang hinausreichen. Daher ist der Tod nicht als endgültige Grenze zu betrachten. Als Mischwesen aus einem tierischen Körper und einem göttlichen Geist wird der Mensch seiner umfassenden Verantwortung nie völlig gerecht. Denn in seiner Entwicklung ist er nicht vollkommen und verfügt nur über ein begrenztes Potenzial an Macht. Darüber hinaus besitzt er auch nur ein begrenztes Vermögen an Erkenntnis. Der Mensch wird deshalb, ob willentlich oder nicht, schuldig vor seinem Schöpfer und stirbt letztlich in dieser anhaltenden Verstrickung von Versagen und Schuld. Endgültige Vergebung und Erlösung liegen daher nicht in seiner

Hand, sondern können nur in der Gottesbeziehung erhofft werden. Der Mensch ist aus diesem Grunde dazu angehalten, Gottes Vergebung und Erlösung zu suchen. Wie man sieht, könnten das Menschen- und Weltbild der Naturwissenschaft und der Religion nicht weiter auseinanderliegen. Was sowohl für das Menschenbild wie auch das Weltbild gilt, das gilt natürlich gleichfalls auch für die Konsequenzen, die sich aus diesen verschiedenen Menschen- und Weltbildern ergeben. Die Konsequenzen des naturwissenschaftlichen Menschen- und Weltbildes sind zum einen, dass nur dasjenige, was naturwissenschaftlich nachgewiesen werden kann, als Wirklichkeit akzeptiert wird. Liebe und Schmerz sind demnach keine Wirklichkeit. Sie können nicht naturwissenschaftlich, sprich experimentell, nachgewiesen werden. Sie gehören deshalb nicht der objektiven Wirklichkeit an und sind damit nur eine Illusion. Das ist auch der Grund, weshalb man niemals eine wissenschaftliche Abhandlung über die Liebe lesen wird. Sie existiert für die Naturwissenschaft einfach nicht. Zum anderen, wenn man der Naturwissenschaft folgt, ist der Mensch das Produkt einer biologischen Evolution. Und bei diesem Produkt stand der Zufall Pate. Dieses Produkt besteht im Grunde nur aus Materie. Es besitzt keinen Geist und auch keine Seele. Es verfügt über keinen freien Willen. Es ist eine Maschine oder, wenn man so möchte, eine Puppe. Diese Puppe ist ein Gehirnwesen, dessen Existenz keinen Sinn hat. Es sei denn, dass diese Puppe ihrer Existenz einen Sinn gibt, welchen auch immer. Zu hoffen und zu erwarten hat diese Puppenmaschine nichts, denn mit dem Ausfall der Gehirntätigkeit ist ihre Existenz unwiederbringlich verloren. Sie ist für immer ausgelöscht. Folgt man dagegen dem Menschen- und Weltbild der Religion, so ergeben sich ganz andere Konsequenzen. Der Mensch als Geschöpf ist ein Geistwesen und als solches Teil der Schöpfung. Als Geschöpf steht der Mensch in enger Beziehung zu seinem Schöpfer. Der Mensch hat in dieser Schöpfung eine Aufgabe. Denn alles folgt einem übergeordneten Plan und steuert auf ein vorgegebenes Ziel zu. Alles hat eine Ordnung und hat Sinn, auch wenn dieser für den Menschen nicht immer klar erkennbar ist. In seinem Welt- und Selbstbild ist der Mensch frei. Er verfügt über einen freien Willen und kann auf diese Weise selbstbestimmt handeln. Er kann Gut und Böse unterscheiden und eigenständig entscheiden, welchen Weg er gehen will. Dafür trägt er die volle Verantwortung vor sich und vor Gott als seinem Schöpfer. Als Geist und Ebenbild seines Schöpfers ist der Mensch unsterblich. Seine körperliche Hülle stirbt, aber seine wirkliche Persönlichkeit als Geist existiert weiter, jedoch in einer anderen Dimension. Gerade die Konsequenzen, die sich aus den verschiedenen Menschen- und Weltbildern ergeben, machen zwei Sachverhalte ganz deutlich. Erstens, es ist dem Menschen unmöglich, nicht zu glauben. Es gibt infolgedessen keinen Unglauben. Jeder Mensch glaubt an etwas. Er glaubt an Gott oder er glaubt an die Materie. Er glaubt an den Geist oder an das Nichts in Form eines Vakuums. Selbst wenn er glaubt, dass er nichts glaubt, glaubt er etwas. Und als Zweites wird deutlich, dass der Streit um das Menschen- und Weltbild ganz klar einen religiösen Hintergrund hat, denn mit der Frage nach Gott ist auch die Frage nach dem Menschen selbst eng verbunden. Genau dieser Hintergrund des Problems wird heute jedoch in der Regel aus der erfahrungswissenschaftlichen Diskussion als Metaphysik ausgeklammert. Diese Frage kann und darf aber nicht ausgeklammert werden, denn das Menschen- und

Weltbild hat enorme Auswirkungen auf die Gesellschaft mit unabsehbaren Folgen. Davon können insbesondere die Irrwege der Politik des 20. Jahrhunderts Zeugnis ablegen. Jeder Mensch hat eine einmalige Würde. Die Geschichte sollte den Menschen daher lehren, dass das Menschenbild der Maßstab für Humanität auf diesem Planeten Erde sowie für die Bewertung schlimmster Formen von Menschenverachtung ist. Nehmen wir zum Beispiel die Ideologie des Kommunismus. Sie unterteilt Menschen und Gesellschaft in Klassen, die wertend abgegrenzt werden. Diesem Prinzip opferten sowohl die Sowjetunion wie auch ihre Satellitenstaaten Millionen von Menschenleben und Familienschicksalen. Oder nehmen wir eine andere Ideologie, die des Nationalsozialismus. Sie stellte die Rasse über den Menschen und verfolgte mit diesem Irrsinn ganze Völker, insbesondere das jüdische Volk, bis zur physischen Vernichtung. Der Hass sollte die Kraft verleihen, den Feind überall mit aller Unnachgiebigkeit und Unerbittlichkeit zu bekämpfen, und zwar bis zum letzten Atemzug. Dabei, und das sollte nicht übersehen werden, verachtete die nationalsozialistische Ideologie auch den Menschen des eigenen Volkes, getreu dem Motto „Du bist nichts, dein Volk ist alles". Wer erinnert sich in diesem Zusammenhang nicht an den Ausspruch Hitlers am 19. März 1945 gegenüber seinem Rüstungsminister Albert Speer: „Was nach diesem Kampf übrig bleibt, sind ohnehin nur die Minderwertigen, denn die Guten sind gefallen." Ein weiteres Zeugnis der menschenverachtenden Ideologie des Nationalsozialismus liefert der Ausspruch Hitlers gegenüber einem hohen SS-Offizier: „Unterliegt das deutsche Volk, dann soll es krepieren und dem biologisch Stärkeren Platz machen." Es waren diese fanatischen Parolen, diese Denkmuster, diese Menschenbilder, mit denen die nationalsozialistische Führung das eigene Volk, Europa und die Welt in den Untergang steuerten, mit der Folge der Zerstörung großer Teile der Existenzgrundlagen im Zweiten Weltkrieg. Beide Ideologien, die des Kommunismus und die des Nationalsozialismus, hatten auch ihre eigenen Definitionen für sogenanntes „lebensunwertes Leben" und zogen daraus ihre „Berechtigung" für dessen Vernichtung. Beide verursachten die größten Fluchtbewegungen und Vertreibungsverbrechen der Menschheitsgeschichte, die zugleich die verheerendsten kulturellen Verluste in Europa zur Folge hatten. Daraus können wir die Bedeutung des Menschenbildes mit seiner Auswirkung auf die Gesellschaft, inklusive seiner Folgen, direkt herauslesen. Wir dürfen deshalb das Menschenbild nicht dem Zufall überlassen oder jemandem, der unbedingt Zufall spielen will. Doch welches Menschenbild ist das richtige? Und wie bekommt man das heraus? Dazu gibt es nur einen Weg. Wir müssen eine Antwort finden auf das Leib-Seele-Problem. Nur aus dieser Antwort können wir das richtige Menschenbild ableiten. Wir werden deshalb nach einer Antwort suchen müssen. Dazu werden wir erst die Philosophie des Geistes befragen und schauen, welche Antwort und Lösung sie uns geben kann. Wir werden uns aber auch der Hirnforschung zuwenden und uns ansehen, inwieweit die Neurobiologie zum Aufschluss des Leib-Seele-Problems beitragen kann. Als Letztes werden wir dann unseren Blick auf die Medizin richten. Genauer gesagt werden wir uns in das Grenzgebiet der Medizin, die Nahtoderfahrungen, wagen. Es ist das Gebiet, an dem sich Medizin, Philosophie und Theologie berühren. Wir werden dabei herauszufinden versuchen, was es mit diesem Phänomen auf sich hat, und dabei betrachten, was uns die Menschen, die dem Tod tief in die Augen geschaut haben, zu sagen haben. Mit welcher Botschaft kehren diese Menschen von der Grenze des Todes in das Leben wieder zurück? Welche Antwort können sie uns in Bezug auf das Leib-Seele-Problem und das Menschenbild geben? Vielleicht wird es uns dabei nicht ganz gelingen, eine endgültige Lösung für das Leib-Seele-Problem zu finden. Aber es sollte doch möglich sein, bei allem Bestreben, die beste Annährung an eine Lösung zu erreichen. Eine Annäherung, welche in der Lage ist, uns eine befriedigende Antwort auf die drängendste aller Fragen zu geben. Die Frage, was der Mensch im Grunde seines Wesens ist?

Das Leib-Seele-Problem

Einführung

Jeder gesunde Mensch besitzt 656 Muskeln, wobei diese beim Mann etwa 40 %, bei der Frau etwa 23 % der Gesamtkörpermasse ausmachen. Das menschliche Skelett besteht aus etwa 206 Knochen, deren Gesamtgewicht etwa 10 kg beträgt. Neben Sauerstoff und Licht ist das Wasser für den Menschen die wohl kostbarste Lebensgrundlage, denn Wasser macht etwa 50–80 % des Gesamtgewichts des Körpers aus. Betrachtet man die Zusammensetzung des menschlichen Körpers, dann ergibt sich für eine 70 kg schwere Durchschnittsperson folgendes Zahlenverhältnis:

60,0 %	Wasser
16,0 %	Eiweiß
14,0 %	Fett
6,0 %	Mineralstoffe
1,2 %	Kohlenhydrate
1,0 %	Nukleinsäuren
0,4 %	Vitamine
1,4 %	übrige Bestandteile

Betrachtet man die Zusammensetzung des menschlichen Körpers unter chemischen Gesichtspunkten, sehen die Zahlen so aus:

63,0 %	Sauerstoff
20,0 %	Kohlenstoff
10,0 %	Wasserstoff
3,0 %	Stickstoff
1,9 %	Eisen, Magnesium, Natrium, Kalium, Calcium, Phosphor, Schwefel, Chlor, Kupfer und Jod
0,1 %	andere Elemente

Der Mensch besteht also aus einem Haufen toter Masse. Wie aber kommt das Denken, Fühlen, Wollen, Handeln, sprich, wie kommt der Geist in diese tote Materie? Die Beantwortung dieser Frage ist ein echtes Problem. Es wird Leib-Seele-Problem genannt. Man kann nur staunen. Aber das Staunen ist der Anfang jedweder Philosophie. Daher nimmt es nicht wunder, dass sich gerade die Philosophie dieser Problematik als Erste angenommen hat. In der Philosophie geht es generell um das Verstehen. Sie selbst ist eine Begriffswissenschaft, die sich mit grundlagentheoretischen Fragen befasst. Es geht darum, durch die Analyse von Begriffen und begrifflichen Zusammenhängen zur Beantwortung von Fragen beizutragen. In der Philosophie geht es deshalb darum, neue begriffliche Instrumente zu entwickeln, um alte philosophische Probleme möglicherweise noch genauer zu formulieren, um sie dann auszudifferenzieren und schließlich einer Lösung näherzubringen. Ihre Aufgabe ist es deshalb zu präzisieren, worin genau das Problem besteht, und auf argumentative Weise Lösungsvorschläge zu erarbeiten und zu bewerten. Die Philosophie des Geistes ist ein Teilgebiet der Philosophie. Sie umfasst neben der philosophischen Psychologie und der Philosophie der Psychologie auch den Teil der Metaphysik, in dem es um die Frage nach der ontologischen Natur des Geistigen geht. Ist das Geistige etwas Eigenständiges, das vom Physischen grundsätzlich verschieden ist? Oder ist das Geistige selbst nur eine Spielart des Physischen? Das Leib-Seele-Problem ist ein klassisches Problem der abendländischen Philosophie. Der Philosophie des Geistes geht es dabei um Fragen nach der Beschaffenheit unseres Bewusstseins, um Fragen nach dem Verhältnis von Körper und Geist, um Fragen nach der Willensfreiheit und um Fragen personaler Identität. Es geht somit um die Frage alle Fragen: Was ist der Mensch? Es ist also die Frage nach dem Menschenbild, die sich einem hier stellt. Und das ist ein weiteres Charakteristikum der Philosophie. Es geht ihr gar nicht so sehr darum, die richtigen Antworten zu finden. Viel wichtiger für die Philosophie ist es hingegen, die richtigen Fragen zu stellen.

Geschichtlicher Abriss, von der Antike bis Descartes

Die Wurzeln des Leib-Seele-Problems reichen bis in die Antike zurück. Hier setzte ein erstes Nachdenken über die Zusammenhänge zwischen Körper und Seele ein. Die Ersten, die sich an einer systematischen Seelentheorie versuchten, waren zum einen Platon (ca. 427–347 v. Chr.), ein Schüler des Philosophen Sokrates (ca. 470–399 v. Chr.), und zum anderen Aristoteles (ca. 384–322 v. Chr.), dessen Lehrer wiederum Platon war. Zu den vorrangigsten Themen Platons gehörte das Anliegen, die Unsterblichkeit der Seele zu beweisen. In seiner Vorstellung war die Seele nicht nur das Prinzip des Lebens. Sie war das eigentliche Selbst des Menschen und von ganz anderer Art als der Körper. Körper und Seele waren für Platon zwei völlig verschiedene Wesen. Denn die Seele, die sich nach dem Tod vom Körper löste, konnte nach Platons Überzeugung auch ohne den Körper selbstständig weiterexistieren. Für ihn war deshalb die Möglichkeit eines Lebens nach dem Tode kein Problem. Der Mensch müsse deshalb auch keinerlei Angst vor dem Tod haben. Eine genaue Vorstellung darüber, was die Seele sei, hatte Platon nicht. Seine Seelenvorstellung war deshalb eher mythologischer Natur. So verwundert es nicht weiter, dass sich Platon über das Schicksal der Seele im Jenseits meist in mythischer Form geäußert hat. Dennoch wird aus seinen Überlegungen ersichtlich, dass die Seele für ihn ein eigenständiges immaterielles Ding war. Etwas völlig Andersartiges als der menschliche Körper. Platons Überzeugung war somit ein expliziter Dualismus. Besonders deutlich wird diese

Haltung im Phaidon. Der Phaidon ist ein in Dialogform verfasstes Werk. Wiedergegeben wird darin ein literarisch gestaltetes Gespräch, welches in eine Rahmenhandlung eingebettet wird. Das Hauptthema des Phaidon ist die Seele. Es geht dabei nicht nur um ihre Beschaffenheit und ihr Verhältnis zum Körper, den sie beseelt, sondern auch um ihr mutmaßliches Schicksal nach dem Tod. Der Philosoph Phaidon von Elis, ein Schüler des Sokrates, tritt in der Rahmenhandlung als Erzähler auf. Nach ihm wurde auch das Werk benannt. Die Gesprächspartner des Sokrates sind neben Phaidon selbst zwei weitere seiner Schüler, nämlich Kebes und Simmias von Theben. Sokrates, so die Handlung, wurde dabei vor Kurzem in Athen wegen Religionsfrevel und Verführung der Jugend zum Tode verurteilt. Phaidon schildert nun als Augenzeuge einer Gruppe von Zuhörern die Ereignisse des Todestags, den Sokrates im Kreise von Freunden eingekerkert verbrachte. Von besonderer Bedeutung ist vor allem das Ende des Dialoges. Denn in der Schlussszene versucht Sokrates den bei ihm ausharrenden Freunden noch einmal deutlich zu machen, dass nicht er selbst es sein wird, der stirbt, sondern nur sein Körper. Hier der Dialog im Original, in dem sich Kriton an Sokrates fragend wendet:

Kriton: Wie aber sollen wir dich begraben?

Sokrates: Wie ihr wollt, wenn ihr mich nur wirklich noch haben werdet und ich euch nicht etwa entwischt bin.

Phaidon: Bei diesen Worten lächelte er ganz ruhig und sah uns an.

Sokrates: Diesen Kriton, ihr Männer, überzeuge ich nicht, dass ich der Sokrates bin, der jetzt mit euch redet und euch die Gedanken darlegt. Er glaubt vielmehr, ich sei jener, den er nun bald tot sehen wird, und fragt mich deshalb, wie er mich begraben soll. Ich habe euch aber doch ganz ausführlich dargelegt, dass ich dann nicht länger bei euch bleibe, wenn ich den Trank genommen habe, und dass ich dann fortgehen werde zu irgendwelchen Wonnen der Seligen. Er aber meint anscheinend, das sage ich alles nur so, um euch zu beruhigen und mich selbst auch. So legt bitte ihr denn eine Bürgschaft für mich bei Kriton ein, und zwar eine ganz entgegengesetzte zu der, wie er sie bei den Richtern eingelegt hat. Denn er hat sich denen gegenüber verbürgt, ich würde nach meiner Verurteilung ganz gewiss bleiben. Ihr aber verbürgt euch bitte dafür, dass ich ganz gewiss nicht bleiben werde, wenn ich tot bin, sondern mich entfernen und fort sein, damit Kriton es leichter ertragen kann. Wenn er meinen Leib verbrennen oder begraben sieht, soll er sich nicht meinetwegen ereifern, als ob mir Arges begegne. Und er soll beim Begräbnis nicht sagen, er bahre den Sokrates auf oder trage ihn heraus oder er begrabe ihn. Denn wisse nur, bester Kriton, sich unrichtig ausdrücken ist nicht nur eben an sich ungut, sondern es prägt auch etwas Böses in die Seele ein. Du musst also mutig sagen, dass du nur meinen Körper begräbst. Und diesen begrabe so, wie es dir eben recht ist und wie du es am meisten für schicklich hältst.

Phaidon, 115c–116a

Für Platon ist darüber hinaus das Leben nach dem Tod ein äußerst erstrebenswerter Zustand, weil nach seiner Überzeugung der Mensch dann nicht mehr durch seinen Körper an der Erkenntnis des wahrhaften Seins gehindert wird. Denn, so Platon im Phaidon: „Die Seele ist an ihren Körper gefesselt und mit ihm verwachsen, gezwungen die Wirklichkeit durch den Körper zu sehen wie durch Gitterstäbe, anstatt durch ihre eigene ungehinderte Sicht" (82e). Für Platon ist der Körper eine Art Gefäß bzw. Wohnstätte der Seele oder negativ ausgedrückt ihr Grab bzw. ihr Gefängnis. Die Seele hingegen begreift Platon als ein immaterielles Prinzip des Lebens. Nur durch eine Seele kann Leben entstehen. Deshalb hat alles, was lebt, eine Seele, ist somit beseelt. Im Phaidon drückt es Platon so aus, indem er Sokrates fragen lässt:

Sokrates: Beantworte analog, was muss dem Körper eigen sein, wenn er lebendig ist?

Kebes: Gewiss eine Seele!

Sokrates: Und verhält sich dies auch immer so?

Kebes: Wie sollte es nicht?

Sokrates: Die Seele also bringt immer demjenigen, in dem sie Wohnung nimmt, das Leben mit?

Kebes: Genau das tut sie.

Sokrates: Gibt es nun etwas dem Leben Entgegengesetztes oder nicht?

Kebes: Ja.

Sokrates: Und was?

Kebes: Den Tod.

Sokrates: Nach unseren voraufgegangenen Überlegungen wird die Seele das Gegenteil dessen, was sie immer mitbringt, nie annehmen, nicht wahr?

Kebes: Ganz bestimmt.

Phaidon, 105c–105e

Platons dualistische Haltung lässt sich somit anhand des Dialoges in vier Kernthesen festhalten:

1. Der Mensch besteht nicht nur aus einem Körper, sondern daneben auch aus einer immateriellen Seele.
2. Diese Seele ist der Kern des Menschen und macht das eigentliche Selbst aus.
3. Im Tod löst sich die Seele vom Körper und existiert unabhängig von diesem weiter.
4. Der Körper ist vergänglich, während die Seele unsterblich ist.

Demgegenüber postulierte sein Schüler Aristoteles ein sogenanntes Pneuma und damit ein System, das allen Lebewesen eigen ist, der materiellen und körperlichen Welt aber nicht entgegengesetzt wird. Seine Gedanken zum Thema Seele hat Aristoteles in einer Schrift mit dem Titel De anima (Über die Seele) niedergelegt. Die Schrift besteht im Einzelnen aus drei Büchern. Im ersten Buch formuliert er Fragen, die er klären will. Im zweiten und dritten Buch erläutert Aristoteles dann seine eigene Theorie über die Seele. Er definiert darin die Seele als ousia, also Substanz. Dabei kann der Begriff Substanz dreierlei Bedeutung haben. Erstens könnte der Stoff als Materie gemeint sein, zweitens könnte die Form angesprochen werden und als Drittes könnte das Produkt aus diesen beiden gemeint sein. Aristoteles schreibt hierzu:

„Wir reden von der Substanz [ousia] als von einer bestimmten Gattung dessen, was es gibt, und meinen damit (i) den Stoff, das, was nicht an sich ein ‚Dies' ist; und (ii) die Gestalt oder Form, das, kraft dessen etwas ein ‚Dies' genannt wird; und drittens (iii) das aus diesen Zusammengesetzte."

De anima II.1.412a3

Und weiter schreibt er:

„Aber weil [der Körper eines Lebewesens] ein Körper einer bestimmten Art ist – nämlich einer, der Leben hat –, kann der Körper nicht schon selbst Seele [d. h. Leben] sein, denn der Körper wird nicht einem Subjekt zugeschrieben, sondern viel eher dient er selbst als Subjekt und Stoff [‚Der Körper hat Leben' ist wie ‚Das Bauholz hat Gestalt']. Die Seele muss also Substanz sein, und zwar als die Form eines natürlichen Körpers, der potenziell Leben hat."

De anima II.1.412a11

Aristoteles verwarf das dualistische Leib-Seele-Verständnis seines Lehrers Platon. Denn für ihn war die Seele mit dem Körper als Einheit untrennbar verbunden. Die Seele ist das Lebensprinzip, das, was den Körper lebendig macht und ihm Form verleiht. Sie ist nach seinem Verständnis kein Ding. Die Seele ist Ursache des Lebens. Sie ist es, welche die bloße Materie vervollkommnet. Nach seiner Ansicht bestehen die endlichen Substanzen aus zwei verschiedenen Prinzipien, nämlich dem Stoff oder der Materie und der Form. Diese Lehre wird auch Hylemorphismus genannt. So besteht beispielsweise ein Tisch aus der Materie Holz. Aber erst, wenn dieses Holz eine bestimmte Form erhält, wird es zu einem Tisch. Als Form des Lebewesens ist die Seele dafür verantwortlich, dass dieses Wesen lebendig ist. Diese Sichtweise hat zum einen die Konsequenz, dass die Seele kein Teil des Körpers ist. Und weil sie kein Teil des Körpers ist, kann sie auch nicht unabhängig vom Körper existieren. Das ist die zweite Konsequenz. Damit widerspricht Aristoteles der Auffassung Platons, wonach der Seele ein eigenständiges Dasein zukommt. Dieses Seelenverständnis gilt nach Aristoteles für alle Pflanzen, welche aus Samen entstehen, für alle Tiere und Menschen. In Bezug auf Lebewesen primitiverer Art orientierte sich Aristoteles an der Lehre des berühmten griechischen Arztes und Begründers der wissenschaftlichen Medizin Hippokrates von Kos (ca. 460–370 v. Chr.). So gilt für Maden und Würmer beispielsweise, dass sie auf natürliche Weise durch Urzeugung aus faulender Materie entstehen. Aristoteles schreibt den Pflanzen eine vegetative Seele zu, die für Selbsternährung, Wachstum, Fortpflanzung, Reife und Verfall verantwortlich ist. Tiere hingegen würden über eine animalische Seele verfügen. Sie ermöglicht ihnen Bewegung, Schlafen, Lust, Schmerz sowie Sinnesempfindungen. Der Mensch schließlich verfügt über eine rationale Seele, welche die vegetative und animalische Seele mit einschließt. Es ist diese Seele, so Aristoteles, welche die Vernunft und den Verstand trägt und den Menschen zum Denken, Erkennen, Handeln, zu Wissensaneignung und Tugendhaftigkeit befähigt und ihm so seine Würde verleiht. Die Seele ist bei Aristoteles folglich ein System mit drei Seelenteilen. Die drei Seelenteile sind nach Aristoteles mit fünf Grundvermögen verbunden, als da wären:

1. Nährvermögen
2. Strebevermögen
3. Bewegungsvermögen
4. Sinnesvermögen
5. Denkvermögen

Dabei besteht eine strenge hierarchische Struktur mit einer kausalen Bedingungshierarchie. Es ist eine eher naturwissenschaftlich orientierte Seelenlehre. Und so stellt sich die Frage, ob die Seele nach der Ansicht von Aristoteles unabhängig vom Körper existieren kann und ob ihr ewiges Leben beschert ist. Wenn überhaupt, so wäre für Aristoteles eine Existenz ohne Körper für die Geistseele als Träger der Vernunft und des Verstandes denkbar. Denn bei der rationalen Seele unterscheidet Aristoteles zwei Anteile. So ist nach seiner Ansicht der passive Anteil manipulierbar und vergänglich. Der aktive Anteil jedoch, der zum abstrakten Denken befähigende Verstand, ist die höchste Kraft der Seele. Dieser Anteil ist unzerstörbar und somit ewiglich. Demgegenüber vertraten die antiken Atomisten eine ganz andere Ansicht. Ihrer Meinung nach bestand das ganze Universum aus kleinsten, nicht teilbaren Elementen. Diese kleinsten Partikel nannten sie Atome. Dabei wurden diese Atome als unveränderlich und ewig gedacht, das heißt, sie entstehen und vergehen nicht. Der antike Atomismus kam im fünften Jahrhundert vor Christus in Griechenland auf und wurde vor allem durch die Philosophen Leukipp (um 450 v. Chr.) und seinen Schüler Demokrit (ca. 460–370 v. Chr.) vertreten. So lautet beispielsweise eine zentrale Aussage Demokrits:

„Nur scheinbar hat ein Ding eine Farbe, nur scheinbar ist es süß oder bitter; in Wirklichkeit gibt es nur Atome und leeren Raum."

Nach der Vorstellung von Demokrit gab es unendlich viele verschiedenartig geformte Atome. Auch unterschieden sich diese durch ihre Größe und ihr Gewicht voneinander. Je nach Zusammensetzung ergaben sich so verschiedene Stoffe mit ganz unterschiedlichen Eigenschaften. Damit sich aber in der Welt auch etwas bewegen kann, durfte die Materie den Raum in der Vorstellung der antiken Atomisten nicht vollständig ausfüllen. Die Materie muss folglich ausweichen können. Das funktioniert aber nur, wenn zwischen den einzelnen Atomen ein leerer Raum ist. Und so bestand die Welt aus Sicht der antiken Atomisten nur aus zwei Dingen, den Atomen und der Leere. Daraus schlossen sie, dass auch sämtliche Veränderungen auf der makroskopischen Ebene letzten Endes nur auf entsprechende Veränderungen in der Anordnung der Atome zurückgehen können. Aber nicht nur der menschliche Körper war nach Ansicht der antiken Atomisten etwas Materielles, sondern auch die Seele selbst. Sie war in ihren Augen ein Ding und ihrer Natur nach materiell. Dabei sollte sie allerdings aus einer besonderen Art von Atomen bestehen. Die Lehre der frühen antiken Atomisten, die eine rein materialistisch-mechanistische Ansicht vertraten, basiert somit auf folgenden Sätzen:

1. Prinzip: Es gibt nur Atome und leeren Raum.
2. Prinzip: Alles Werden beruht auf mechanischer Bewegung.
3. Prinzip: Nichts geschieht ohne zwingenden Grund.

Im vierten Jahrhundert vor Christus entwickelte der griechische Philosoph Epikur (ca. 341–270 v. Chr.) die Lehre dann weiter. Eine gute zusammenhängende Darstellung dieser materialistischen Weltsicht gibt uns der römische Philosoph und Dichter Lukrez (ca. 99–55 v. Chr.) in seinem Werk De rerum natura (Über die Natur der Dinge), einem Lehrgedicht, das in lateinischer Sprache abgefasst wurde und im Gegensatz zu den Werken anderer antiker Atomisten vollständig erhalten geblieben ist. Im dritten Buch seines Werkes De rerum natura beschäftigt sich Lukrez mit dem Geist und der Seele sowie deren Verhältnis zum Körper. Geist und Seele sind dabei, wie alles andere Seiende der Welt, aus Atomen aufgebaut und damit rein materieller Natur. Sie bilden eine Einheit und sind physische Teile des Körpers. Der Geist ist für Lukrez die treibende Kraft. Ihm werden die intellektuellen Fähigkeiten zugeschrieben, während die Seele die ausführende Kraft darstellt, welche die Befehle des Geistes in körperliche Bewegung umsetzt. Der Geist wird dabei im Herzen lokalisiert, während sich die Seele über den ganzen Körper verteilt. Mit den Worten von Lukrez klingt das so:

„Geist und Seele, behaupt' ich nun weiter, sind innig verbunden untereinander und bilden aus sich nur ein einziges Wesen. Doch ist von beiden der Herrscher und gleichsam das Haupt in dem ganzen Körper die denkende Kraft, die Geist und Verstand wir benennen und die nur in der Mitte der Brust den beständigen Sitz hat. Hier rast Schrecken und Angst, hier quillt auch beruhigend nieder fröhlicher Heiterkeit Born. So sitzt auch Geist und Verstand hier. Über den ganzen Körper jedoch ist die übrige Seele ausgebreitet. Sie regt sich gehorsam dem Winke des Geistes. Dieser allein denkt frei, nur er fühlt eigene Freuden, während zur selben Zeit in Körper und Seele sich nichts regt."

De rerum natura, Buch III, 136–146

Wie mechanistisch-materialistisch das Denken war, zeigt sich auch an einer anderen Stelle seines Werkes. Hier erläutert Lukrez den Aufbau der Welt aus Atomen und wie sich diese durch Anstoß in Bewegung setzen. Lukrez schreibt hierzu:

„Welcherlei Körper der Geist nun besitzt und aus welchen Atomen dieser besteht, soll weiter mein Vers dir näher erläutern. Erstlich behaupt' ich, er sei aus den allerfeinsten und kleinsten Urelementen gebildet. Dass dieses sich also verhalte, magst du aus dem Folgenden lernen, sodass es dir völlig gewiss wird. Nichts in der Welt scheint wohl an Geschwindigkeit irgend zu gleichen unserem Geist, der im selben Moment, was er denkt, auch schon anfängt. Also bewegt sich der Geist viel schneller als irgendwas andres aus dem Bereich der Dinge, die unserem Auge sind sichtbar. Aber nun kann doch ein Ding, das so leicht sich bewegt, nur bestehen aus ganz kugelig runden und allerkleinsten Atomen, die beim leichtesten Stoß sofort in Bewegung sich setzen."

De rerum natura, Buch III, 177–188

Die mechanistisch-materialistischen Vorstellungen gelten natürlich auch völlig uneingeschränkt für den Geist und die Seele. So stößt der Geist die Seele an und diese gibt dann den Stoß an die Glieder des Körpers weiter. Und weil man nur etwas in Bewegung setzen kann, wenn man es denn berührt, und Berührung nur bei materiellen Dingen möglich erscheint, folgert Lukrez daraus, dass auch Geist und Seele materieller Natur sein müssen. Dazu seine Ausführungen:

„Leicht kann da ein jeder erkennen, Seele sei innig verbunden mit Geist. Wenn dieser die Seele anstößt, lenkt sie den Stoß auf den Körper und streckt ihn zu Boden. Eben derselbe Beweis lehrt klar, dass ein körperlich Wesen Geist wie Seele besitzen. Sie geben den Gliedern Bewegung, wecken den Körper vom Schlaf und verändern die Züge im Antlitz, ja man sieht, dass sie gänzlich den Menschen regieren und lenken. Da sich nun, wie wir erkennen, nichts hiervon ohne Berührung kann vollziehen und Berührung nicht ohne den Körper, so muss man auch für den Geist und die Seele ein körperhaft Wesen behaupten."

De rerum natura, Buch III, 158–167

Weil geistige wie auch seelische Vorgänge sehr rasch ablaufen können, müssten, so Lukrez weiter in seinen Überlegungen, die Atome, welche Geist und Seele aufbauen, sehr klein, glatt und beweglich sein. Weiterhin unterscheidet er unter diesen Atomen vier Arten, nämlich Dunst (aura et vapor), Luft (aer), Wärme (calor) und eine vierte Art von besonders kleinen und beweglichen Atomen, für die es bisher keinen Namen gibt. In der Sprache von Lukrez hört sich das so an:

„Denn aus des Sterbenden Munde entweicht ein dunstiger Windhauch allerfeinster Natur, und der Dunst zieht wieder die Luft mit. Wärme zudem ist immer vermischt mit jeglicher Luftart: Denn da der Wärme Gefüge stets locker ist, müssen darinnen Grundelemente der Luft in erheblicher Zahl sich bewegen. So hat sich dreifach bereits das Wesen des Geistes enthüllet; doch dies alles genügt nicht, um Sinnesempfindung zu wecken. Traut sich doch keins von den dreien die Fähigkeit zu, auf die Sinne einzuwirken, geschweige Verstandesgedanken zu wecken! Ihnen müssen wir also ein viertes Wesen gesellen; doch ward dieses bisher noch mit keinerlei Namen bezeichnet. Ihm vergleicht sich wohl nichts an Beweglichkeit oder an Feinheit, denn nichts reicht an die Glätte und Kleinheit seiner Atome. Dieses erzeugt in den Gliedern zuerst die Erregung der Sinne, da es zuerst wird gereizt infolge der Kleinheit der Keime."

De rerum natura, Buch III, 227–246

Aber nicht nur klein, glatt und beweglich müssen die Atome sein, sondern auch sehr leicht. Denn der menschliche Körper verliert beim Tod kein Gewicht, wenn Geist und Seele ihn verlassen. Geradezu eindringlich und ermahnend schreibt Lukrez hierzu:

„Drum präge dir ein, ich verkünd' es dir wieder und wieder, dass die Natur wie den Geist so die Seele aus winzigen Keimen schuf, weil, wenn sie entweichen, sich nichts im Gewichte verändert."

De rerum natura, Buch III, 228–230

Interessant ist, dass Lukrez die Auffassung anderer antiker Autoren teilt, dass die Seele nach Eintritt des Todes den Körper verlässt. Eine Hoffnung für ein Weiterleben nach dem Tod existiert aber für Lukrez nicht. Denn gerade aufgrund ihrer Leichtigkeit und Beweglichkeit zerstreuen sich die Atome von Geist und Seele nach dem Verlassen des Körpers in alle Winde. Seinen Lesern schärft deshalb Lukrez ein:

„Nicht nur der Geist, auch die Seele verweilt in den Gliedern … Wiederum weicht es [das Leben] sofort aus unseren Adern und Knochen, wenn aus dem Körper entflohn auch nur wenige Wärmeatome und aus dem Munde der Odem hinaus in die Lüfte verhauchte. Hieraus magst Du ersehen, dass keineswegs alle Atome gleich in der Wirkung sind und gleich in der Lebenserhaltung; sondern dass die Elemente, die Luft und erwärmende Hitze schaffen, vornehmlich im Leibe für Lebenserhaltung besorgt sind. Deshalb ist's auch die Lebensluft und die Wärme im Körper, die in der Stunde des Todes aus unseren Gliedern entweichen. Also wir haben gefunden, das Wesen von Geist und von Seele sei wie ein Teil vom Menschen."

De rerum natura, Buch III, 117–131

Lukrez war somit der festen Überzeugung, dass sowohl Geist wie auch die Seele sterblich seien. Der Grundsatz der antiken Seelentheorie lautete folglich, dass die Seele als das Prinzip des Lebens zu verstehen sei. Die Seele war nach antiker Vorstellung das, was das Lebende lebendig macht und vom Toten unterscheidet. Das Leben entsteht demnach mit dem Eintreten der Seele in einen Körper und es resultiert der Tod, wenn sie diesen wieder verlässt. Entscheidend ist auch zu verstehen, dass die antiken Philosophen der Seele ebenso sämtliche Fähigkeiten zugeschrieben haben, die Lebewesen von toten Dingen unterscheiden. Darunter fallen beispielsweise die Fähigkeiten, sich zu ernähren, zu wachsen, sich fortzupflanzen, aber auch wahrzunehmen, zu begehren, sich zu bewegen, und die dem Menschen vorbehaltene Fähigkeit zu denken. Alle diese vitalen Fähigkeiten waren nach der Ansicht der antiken Philosophen auf die Seele zurückzuführen. Für sie waren alle Lebensvorgänge nicht mechanisch zu erklären, sondern in den von der Seele ausgehenden Kräften. Dieses Denken hat sich bis in die Mitte des 16. Jahrhunderts gehalten. So schrieb noch der französische Astronom und Physiologe Jean François Fernel (1506–1588 n. Chr.) in seinem einflussreichen Werk Universa medicina, das 1567 erschien:

„Die Leistungen des Körpers gehen nicht von sich selbst noch vom Körper aus. … Die Ursache für die Verrichtungen des Körpers ist die Seele."

Mit dem Auftreten des französischen Mathematikers und Philosophen René Descartes (1596–1650 n. Chr.) änderte sich diese Seelenauffassung jedoch grundlegend. Denn Descartes brach mit der antiken Gleichsetzung von Seele und Leben. Seiner Ansicht nach ist die Seele ein immaterielles Einzelding, eine Art denkender Substanz, welche das eigentliche Selbst des Menschen ausmacht. Die vitalen Fähigkeiten von Lebewesen bedurften für ihn keiner Zurückführung auf die Seele, denn diese sind seiner Ansicht nach rein mechanisch zu erklären. Nicht mechanisch zu erklären sind jedoch für ihn die mentalen Fähigkeiten, also die Fähigkeit, zu denken, zu sprechen, wahrzunehmen, zu erinnern und zu entscheiden. Diese Fähigkeiten sind nach Descartes ohne Seele undenkbar. Auch wenn das Nachsinnen über die Zusammenhänge zwischen Körper und Seele bis in die Antike zurückreicht, so war es doch René Descartes, von dem die erste klassische Formulierung des Leib-Seele-Problems stammte. Als Lösung für das Leib-Seele-Problem formulierte Descartes den interaktionistischen Substanzdualismus. Die Konsequenz dieser dualistischen Seelenauffassung war der Zerfall des Menschen in je zwei Teile. Einen Körper, der eine bestimmte Größe hat, sich ernährt und bewegt, sowie die Seele, die wahrnimmt, überlegt und dann Entscheidungen trifft.

Das Mentale

René Descartes hatte keine wirkliche Definition für seine denkende Substanz. Bei ihm war es eher eine Vermischung von phänomenalen Eigenschaften, die erweitert wurden um Spekulationen über eine mögliche allgemeine sowie ideale Natur des Geistes. Es muss deshalb für das weitere Verständnis noch dringend eine Frage geklärt werden. Nämlich die Frage, was ist das Mentale? Oder anders gefragt, was sind die Merkmale des Geistigen? Oder auf den Punkt gebracht, was ist das Geistige überhaupt? Wie soll man es begrifflich fassen, um es zu beschreiben? Das Problem liegt vor allem darin, dass die mentalen Aktivitäten eine Vielzahl von Aspekten aufweisen. Darauf hat der Konstanzer Philosophieprofessor Dieter Teichert hingewiesen. Nach seiner Ansicht gehören hierzu:

- Wissen
- Erkennen
- Sprechen
- Wahrnehmen
- Empfinden
- Fühlen
- Wollen
- Wählen
- Entscheiden
- Handeln
- Bewusstsein

Spätestens nach dieser kurzen Übersicht ist eines ganz klar geworden. Man kann offensichtlich mehrere Formen von geistigen Eigenarten haben. Es macht daher erst einmal Sinn, eine grobe Einteilung vorzunehmen. Die erste Form von geistigen Eigenarten sind sicherlich Gefühle, die man empfinden kann. Liebe und Hass sind hierfür gute Beispiele.

Eine weitere Form wären imaginäre Vorstellungen. Wenn man beispielsweise im Büro sitzt und sich bildhaft vorstellt jetzt im Urlaub zu sein. Weiterhin kann man Empfindungen und Wahrnehmungen haben. Das kann der Duft einer Rose oder auch der Geschmack eines guten Weines sein. Das wäre dann die dritte Form von geistigen Eigenarten. Oder aber wir haben Überzeugungen. Beispielsweise die Überzeugung, dass wir ein gutes und sicheres Auto fahren. Und wir können Wünsche und Handlungsabsichten haben. Hier kommt dann der Wille ins Spiel. So kann man sich wünschen eine gute Prüfung abzulegen und dies mit einer entsprechenden Handlungsabsicht verbinden, nämlich fleißig zu lernen. Das wäre dann die fünfte Form geistiger Eigenarten. Um noch ein wenig mehr Ordnung in das System zu bringen und um die Fülle von geistigen Zuständen, Vorgängen und Leistungen zusammenzufassen, hat sich in der Philosophie des Geistes der Begriff der mentalen Zustände eingebürgert. Einige sprechen dabei auch gerne von mentalen Eigenschaften, Ereignissen, Phänomenen und Tatsachen. Der Begriff „Ereignis" ist allerdings ziemlich irreführend, denn damit ist in der Philosophie in der Regel das Auftreten eines beobachtbaren Geschehens gemeint. Um den Überblick zu bewahren, ist es daher ganz sinnvoll zu lernen, zwei große Gruppen von mentalen Zuständen zu unterscheiden. Auf der einen Seite nämlich die Empfindungen und auf der anderen Seite die intentionalen Zustände. Zu den Empfindungen, auch phänomenale Zustände genannt, zählen die Sinneswahrnehmungen wie Farben, Töne, Gerüche und Geschmack, die Körperempfindungen wie Schmerz, Wärme, Hunger, Durst, Kitzel und Übelkeit sowie die Gefühle und Emotionen wie Angst, Trauer, Wut und Freude. Natürlich gibt es zwischen diesen drei Gruppen eine Reihe von Unterschieden, dennoch ist es aber sinnvoll, sie zu einer Art zusammenzufassen. Denn alle Empfindungen sind in erster Linie durch ihren phänomenalen Erlebnischarakter definiert, also durch das, was man erlebt oder fühlt, wenn man eine Empfindung hat, oder die Art, wie es ist, eine solche Empfindung zu haben. Es ist dieser Erlebnisaspekt der Wahrnehmung, also wie es ist oder sich anfühlt, etwas Bestimmtes wahrzunehmen, einfach der subjektive Erlebnisgehalt, den die Philosophen mit dem Begriff Qualia beschreiben. Das erlebte „Wie" eines mentalen Zustandes ist somit ein Quale, im Plural Qualia. Kurz und knapp könnte man auch sagen, die Qualia repräsentieren das phänomenale Bewusstsein. Denn mit phänomenalem Bewusstsein sind all jene geistig-seelischen Ereignisse und Zustände gemeint, die erlebt werden und die somit einen subjektiven Charakter haben. Es sind im Grunde Erfahrungen, die eine empfindungsmäßige Qualität besitzen. Ein wunderschönes Beispiel dafür, was genau ein Quale ist, lieferte der legendäre amerikanische Unternehmer und Apple-Gründer Steve Jobs. In einem Gespräch zwischen Jobs und Andrea Cunningham, einer Publizistin bei Regis McKenna, die in den frühen Macintosh-Jahren für Jobs zuständig war, bekam diese eines Tages die Unzufriedenheit von Jobs zu spüren. Weil Andrea Cunningham aus Erfahrung wusste, dass in Jobs gelegentlich eine Wut brodelte, die eigentlich gegen niemanden Bestimmten gerichtet war, versuchte sie auf ihn einzugehen und ihn zu beruhigen. Sie sagte: „Ich weiß, dass Sie verärgert sind, und ich weiß, wie Sie sich im Moment fühlen." Ein guter Versuch, aber der Schuss ging leider nach hinten los. Denn Jobs reagierte prompt darauf mit den Worten: „Einen Dreck tun Sie. Sie haben keine Ahnung, wie ich mich fühle. Sie haben keine Ahnung, wie es ist, ich zu sein." Was für eine Antwort. Schlagfertig und punktgenau zeigt sich hier die ganze Brillanz von Jobs. Denn natürlich kann niemand auch nur im Entferntesten erahnen, wie es ist, ein anderer zu sein. Und wer braucht schon Heuchelei, wenn es ihm nicht gut geht? Dann doch wenigstens aufrichtige Anteilnahme. Zum besseren Verständnis der Qualia hier noch ein weiteres Beispiel. In einem Gedankenexperiment fragte sich der amerikanische Philosoph Thomas Nagel, wie es denn wohl sei, eine Fledermaus zu sein. Diesbezüglich stellte er in seinem 1974 publizierten Aufsatz fest:

„Unsere eigene Erfahrung liefert die grundlegenden Bestandteile für unsere Phantasie, deren Spielraum deswegen beschränkt ist. Es wird nicht helfen, sich vorzustellen, dass man Flughäute an den Armen hätte, die einen befähigten, bei Einbruch der Dunkelheit und im Morgengrauen herumzufliegen, während man mit dem Mund Insekten finge; dass man ein schwaches Sehvermögen hätte und die Umwelt mit einem System reflektierter akustischer Signale aus Hochfrequenzbereichen wahrnähme; und dass man den Tag an den Füßen nach unten hängend in einer Dachkammer verbrächte. Insoweit ich mir dies vorstellen kann (was nicht sehr weit ist), sagt es mir nur, wie es für mich wäre, mich so zu verhalten, wie sich eine Fledermaus verhält. Das aber ist nicht die Frage. Ich möchte wissen, wie es für eine Fledermaus ist, eine Fledermaus zu sein."

Das Vertrackte an der Philosophie des Geistes ist eben das menschliche Bewusstsein. Denn das Bewusstsein stellt sich trotz aller Bemühungen in Bezug auf eine plausible Erklärung einer solchen einfach entgegen. Auch wenn wir alles, um beim Beispiel zu bleiben, über das Gehirn einer Fledermaus wissen, wird sich trotzdem dessen Erlebnisperspektive für uns nicht erschließen. Deshalb werden wir auch nie erfahren, wie es sich anfühlt, eine Fledermaus zu sein. Offensichtlich sind hier den Naturwissenschaften entscheidende Erkenntnisschranken gesetzt. Ein weiteres wunderschönes philosophisches Gedankenexperiment ist Marys Zimmer, das vom australischen Philosophen Frank Cameron Jackson stammt. Er hat es 1982 in seinem Artikel „Epiphänomenale Qualia" vorgestellt und in einer weiteren Abhandlung aus dem Jahre 1986 mit dem Titel „Was Mary nicht wusste" erweitert. Hier sein Gedankengang:

„Mary ist eine brillante Wissenschaftlerin, die, aus welchen Gründen auch immer, gezwungen ist, die Welt von einem schwarzweißen Raum aus mithilfe eines schwarzweißen Fernsehmonitors zu untersuchen. Sie spezialisiert sich auf die Neurophysiologie des Sehens und eignet sich, wie wir annehmen wollen, alle physikalischen Informationen an, die verfügbar sind, über das, was passiert, wenn wir reife Tomaten oder den Himmel sehen und Begriffe wie ‚rot', ‚blau' usw. benutzen. Sie entdeckt zum Beispiel, welche vom Himmel ausgehenden Wellenlängen-Kombinationen genau die Netzhaut stimulieren und wie genau dies mithilfe des zentralen Nervensystems ein Zusammenziehen der Stimmbänder und Ausstoßen von Luft aus der Lunge hervorruft, das zur Äußerung des Satzes ‚Der Himmel ist blau' führt. …

Was wird passieren, wenn Mary aus ihrem schwarzweißen Raum gelassen wird oder wenn man ihr einen Farbfernseher gibt? Wird sie etwas lernen oder nicht?“

Jackson 1982, S. 130

Die Frage ist sicherlich rhetorischer Natur und hat weitreichende Konsequenzen. Denn wenn die Wissenschaftlerin Mary tatsächlich etwas Neues gelernt hat, so bedeutet dies, dass es durchaus Eigenschaften gibt, die man nur erleben kann. Und das wiederum wäre ein Beweis dafür, dass das Mentale zweifellos existiert. Denn natürlich stehen neuronale und geistige Prozesse in einem engen Zusammenhang, das ist keine Frage, jedoch Gehirnzustände hat man, aber man erlebt sie nicht. Damit wäre die eine große Gruppe mentaler Zustände oder Eigenschaften ausreichend beschrieben. Die andere große Gruppe bilden die intentionalen Zustände, auch propositionale Einstellungen genannt. In diese Gruppe gehören beispielsweise Gedanken, Reflexionen, Meinungen, Wissen, Beabsichtigen, Wollen, Entscheiden und Hoffen. Wie man sieht, gibt es auch innerhalb der Gruppe der intentionalen Zustände erhebliche Unterschiede. Allen intentionalen Zuständen ist jedoch gemeinsam, dass sie sich auf etwas beziehen. Mit dem Begriff der Intentionalität wird daher die Fähigkeit des Menschen bezeichnet, sich auf etwas zu beziehen, sei es nun real oder nur vorgestellt. Und es gibt noch eine Gemeinsamkeit der intentionalen Zustände, nämlich dass sie einen Inhalt haben. Es ist die Art des Zustandes, der damit gemeint ist, also dass etwas geglaubt, gewünscht oder gehofft wird. So ist beispielsweise der Glaube als Inhalt auch immer auf etwas ausgerichtet. Dermaßen wie die Hoffnung und der Wunsch ebenfalls auf etwas ausgerichtet sind. Wo liegt nun der Unterschied zwischen Empfindungen und intentionalen Zuständen? Die Antwort auf diese Frage ist nicht ganz einfach, aber ein Versuch könnte in etwa so klingen: Weil unter intentionalen Zuständen nach Franz Brentano die Gerichtetheit auf ein Objekt verstanden wird, sind bei ihnen vor allem die äußeren Kriterien wichtig, also beispielsweise das Verhalten einer Person. Im Gegensatz zu den Empfindungen sind sie folglich nicht so sehr durch die spezifischen Erlebnisqualitäten gekennzeichnet. Es geht hier vielmehr um Überzeugungen und Handlungsabsichten. Will man also beispielsweise feststellen, ob jemand die Überzeugung hat, dass es draußen regnet, dann ist es am besten, wenn man darauf achtet, ob der Betreffende beim Hinausgehen einen Regenschirm bei sich führt oder regenfeste Kleidung am Körper trägt. Denn man kann nicht die Überzeugung haben, dass es draußen regnet, ohne zumindest die Tendenz zu haben, auch etwas dagegen zu unternehmen. Auch ist es der Aspekt der Bewusstheit, der die phänomenalen von den intentionalen Zuständen trennt. So ist beispielsweise ein Schmerz, den man nicht mehr fühlt, auch nicht mehr existent. Wünsche und Überzeugungen hingegen kann eine Person auch dann weiter haben, wenn sie sich ihrer gar nicht mehr bewusst ist. Auch sind Überzeugungen und Handlungsabsichten eher rational. Sie werden nicht notwendigerweise von einer bestimmten gefühlsmäßigen Qualität begleitet. Man kann beispielsweise der Überzeugung sein, dass zwei plus zwei vier ergibt. Dies beinhaltet aber nicht zwingend eine spezifische erlebte

Erfahrung. Das Gleiche gilt auch für die Absicht, eine gute Prüfung ablegen zu wollen. Es ist allerdings nicht immer möglich, eine klare Trennlinie zwischen Empfindungen und intentionalen Zuständen zu ziehen. Als Beispiele seien hier Zorn oder Trauer genannt. Beide haben einen subjektiven Charakter in Bezug auf das Erleben, beide haben aber auch einen Inhalt und beziehen sich auf etwas. Und selbst wenn eine Person stark abgelenkt wird und sich der Trauer oder des Zornes nicht mehr wirklich voll bewusst ist, muss die Trauer oder der Zorn noch lange nicht verflogen sein. Sie können beide noch sehr wohl weiterexistieren. Weitere Beispiele wären auch Liebe und Hass. Denn all diese mentalen Zustände sind sowohl eine erlebte Erfahrung als auch auf etwas gerichtet. Ungeachtet dessen sollte man für sich zusammenfassend festhalten, dass man zwei Merkmale mentaler Zustände unterscheiden kann, nämlich erlebte Erfahrungen in Form der Qualia sowie die Intentionalität. Beide sind die charakteristischen Merkmale des Mentalen. Dies ist wichtig, auch wenn keines der beiden Merkmale alle mentalen Zustände umfassen kann. Weiterhin darf zusammenfassend festgestellt werden, dass mentale Zustände innere Zustände sind. Jeder erlebt sie nur ganz allein, ganz privat und somit absolut subjektiv. Diese Tatsache macht sie gleichzeitig auch zu bewussten Zuständen. Ebenso besitzen sie einen Inhalt oder eine Bedeutung und sind auf etwas gerichtet. Dabei folgen die kausalen Beziehungen zwischen den intentionalen Zuständen oft logischen und rationalen Prinzipien. Auch das Prinzip der Freiheit gehört zu den mentalen Zuständen, denn jeder Mensch kann seine mentalen Zustände in gewissem Umfang selbst bestimmen. Insbesondere für die Handlungsabsichten gilt dieses Prinzip, denn jeder Mensch kann selbst festlegen, was er tun und was er lassen will. Und weil jeder Mensch sich auch selbst seine Meinungen, Anschauungen, Standpunkte, Ansichten und Hypothesen bilden kann, gilt das Gesagte in einem gewissen Grade auch für Überzeugungen. Damit wäre das Wichtigste über mentale Zustände gesagt und gleichzeitig eine neue Frage aufgeworfen. Die Frage nämlich, was ist das Physische?

Das Physische

Besser und präziser als die Frage, was das Physische ist, ist die Frage, was physische Zustände sind. Auch hier herrscht in der Literatur ein gewisser Grad an babylonischer Sprachverwirrung. So sprechen die einen von physikalischen Eigenschaften, die anderen wiederum von physikalischen Ereignissen, Phänomenen oder Tatsachen. Selbst das Wort „physisch" ist noch mehrdeutig auszulegen, weil der materielle Körper ebenso wie der belebte Organismus, und insbesondere das aktive Gehirn, gemeint sein können. Hier muss man aufpassen, denn kategoriale Unschärfen oder gar Kategorienfehler können in den Diskussionen oft Verwirrung stiften und zu verheerenden Auswirkungen führen. Es ist deshalb elementar wichtig, zu beschreiben und exakt zu definieren, von was wir hier eigentlich reden. Die zentrale Frage lautet daher, worum geht es? Fangen wir am besten vielleicht einmal so an. Wir leben und existieren alle in einer Welt der physikalischen Körper. Autos, Gebäude, Häuser, Gärten, Tiere, Pflanzen etc., all das sind Beispiele für physikalische Körper. Und wir selbst besitzen ebenfalls einen Körper. Alle diese materiellen Körper haben physikalische Eigenschaften wie Masse, Größe und Form, um nur einige zu nennen. Und diese Körper können physikalische und physiologische Zustände haben. Und es können in diesen Körpern physikalische Vorgänge vor sich gehen. Grob gesagt, wir reden über physikalische Dinge. Es geht im Grunde um die Objekte der physikalischen Welt, oder kurz gesagt, es geht um alles Materielle. Kennzeichnendes Merkmal des Materiellen ist seine räumliche Ausdehnung. Das heißt, dass das Materielle den physikalischen Raum ausfüllt. All diese physischen Phänomene lassen sich natürlich physikalisch erklären und mit der Sprache der Mathematik exakt beschreiben. Sie sind also quantitativ und mathematisch erfassbar. Knüpfen wir deshalb am besten dort an, wo wir bei den mentalen Zuständen aufgehört haben, und arbeiten gleich einmal die Unterschiede zwischen diesen beiden sorgfältig heraus. Im Gegensatz zu den mentalen Zuständen sind die physikalischen ganz klar öffentlich jedermann zugänglich und somit eindeutig objektiv greifbar. Denn sie können gewogen, gemessen, analysiert und verglichen werden. Wir können im Prinzip mit ihnen all das machen, was wir mit mentalen Zuständen keineswegs können. Im Gegensatz zu den mentalen Zuständen sind die physikalischen auch keine bewussten Zustände. So kann ein Mensch durchaus 90 kg wiegen, ohne sich dessen bewusst zu sein. Auch sind die physikalischen Zustände im Gegensatz zu den mentalen Zuständen ohne einen speziellen Inhalt oder eine spezifische Bedeutung. Sie sind auch nicht auf etwas gerichtet. Die physikalische Kausalität ist somit scheinbar blind in Bezug auf logische oder rationale Prinzipien. Sie sind so genommen nicht rational. Und auch mit der Freiheit physikalischer Zustände ist es nicht weit her. Denn jeder physikalische Zustand folgt auf andere physikalische Zustände, gemäß den naturwissenschaftlich-deterministischen Gesetzen. Somit sind physikalische Zustände durch einen Determinismus charakterisiert und nicht durch Freiheit. Determinismus bedeutet dabei, dass die physische Kausalität an Naturgesetze gebunden ist. Alles in allem sind physikalische Zustände genau das Gegenteil von mentalen Zuständen. Damit können wir logischerweise schließen, dass physikalische Zustände definitiv keine mentalen Zustände sind. Wir dürfen allerdings die physikalischen Zustände nicht nur auf die Zustände beschränken, die von der Physik oder der Mathematik untersucht werden können. Denn zu den physikalischen Zuständen, die man allgemein den mentalen Zuständen gegenüberstellt, gehört unabänderlich die Gesamtheit aller Zustände, welche von einer uns bekannten Naturwissenschaft behandelt werden können. Dazu gehören bekanntermaßen die Chemie, die Biologie, die Biochemie, die Biophysik, die Physiologie, die Verhaltenswissenschaft, die Verhaltensbiologie, die Ethologie usw.

Die kausale Verbindung

Auch wenn mentale und physische Zustände etwas völlig Verschiedenes zu sein scheinen, gehören sie doch beide zur Natur des Menschen. Denn als Menschen sind wir offenkundig nicht nur denkende und fühlende Wesen, sondern auch handelnde Akteure, die aktiv in das Weltgeschehen eingreifen. So verschieden also beide Bereiche auch sein mögen auf den ersten Blick, sie können nicht unabhängig voneinander sein. Denn unsere Selbsterfahrung zeigt uns Tag für Tag ganz deutlich, dass es zwischen diesen beiden Bereichen irgendwo eine kausale Verbindung geben muss. Und es stellt sich die Frage, welche Arten kausaler Verbindungen es in Bezug auf diese beiden Bereiche geben kann. Unsere Selbsterfahrung sagt uns beispielsweise, dass wir, wenn wir wollen, jederzeit aufstehen und zum Kühlschrank gehen können. Aus dem Wunsch, sich ein kühles Getränk zu holen, wurde ein Wille, der schließlich umgesetzt wird. Damit ist klar, dass mentale Zustände, hier in Form des Wunsches und der Handlungsabsicht, physikalische Zustände in Form von Aufstehen-und-zum-Kühlschrank-Gehen verursachen können. Dies gilt ganz allgemein. Es könnte aber auch sein, um ein weiteres Beispiel aus der Lebenswirklichkeit zu nennen, dass wir auf der Straße spazieren gehen und an einem spanischen Restaurant vorbeilaufen. Die Wahrnehmung des Restaurants könnte dann bei uns einen dringenden Wunsch auslösen, wieder einmal eine gute Paella zu essen. Was ist hier passiert? Ein mentaler Zustand in Form einer Wahrnehmung hat hier einen anderen mentalen Zustand in Form eines Wunsches verursacht. Damit können wir ganz allgemein gesprochen festhalten, dass erstens Wahrnehmungen und Überzeugungen Wünsche und Handlungsabsichten verursachen und zweitens mentale Zustände mentale Zustände verursachen. Es könnte aber auch sein, dass bei unserem nächsten Spaziergang das Restaurant gar nicht mehr existiert, weil ein Blitzschlag ein Feuer verursachte und das Restaurant bis auf die Grundmauern abbrannte. Auch hier stellt sich die Frage, was ist passiert? Ein physikalischer Zustand in Form des Blitzschlages hat einen anderen physikalischen Zustand in Form des Feuers verursacht. Damit können wir festhalten, dass physikalische Zustände physikalische Zustände verursachen. Und wir können ganz allgemein feststellen, dass sich jeder physikalische Zustand in einem Geflecht kausaler Beziehungen zu anderen physikalischen Zuständen befindet. Nehmen wir nun als Letztes an, dass das Restaurant, das abgebrannt war, wieder restauriert und neu aufgebaut wurde. Zur Eröffnungsfeier sind wir dabei. Es spielt zur Feier des Tages eine kleine Liveband. Wir hören die Musik und genießen die Stimmung. Ein herrliches Gefühl macht sich breit. Was ist hier passiert? Ein physikalischer Zustand in Form von Klanginstrumenten hat in unserem Körper einen mentalen Zustand in Form einer Wahrnehmung und eines Gefühls verursacht. Physische Zustände verursachen somit mentale Zustände. Wir können demnach allgemein festhalten, dass die Beschaffenheit der Umwelt und des Körpers dazu geeignet sind, Wahrnehmungen, Überzeugungen und Gefühle zu bewirken. Damit können wir, um zum Ursprung der Frage zurückzukehren, vier Arten von kausaler Verbindung zwischen Mentalem und Physikalischem unterscheiden:

1. Mentale Zustände verursachen physische Zustände.
2. Mentale Zustände verursachen mentale Zustände.
3. Physische Zustände verursachen physische Zustände.
4. Physische Zustände verursachen mentale Zustände.

Das Bieri-Trilemma

Das mit den kausalen Verbindungen klingt auf den ersten Blick zwar sehr plausibel, ist aber für die Philosophie des Geistes ein großes Problem. Um nicht zu sagen eine Unmöglichkeit. Dass physische Zustände physische Zustände verursachen, ist klar und einleuchtend, weil sie einem naturwissenschaftlich definierten Determinismus folgen. Auch dass mentale Zustände mentale Zustände verursachen, ist nachvollziehbar, gehören sie doch schließlich zu ein und derselben Art. Wie aber kann es sein, dass mentale Zustände physische Zustände bewirken und umgekehrt? Wie ist das möglich, wo sie doch das völlige Gegenteil voneinander darstellen und so überhaupt nicht zusammenpassen wollen? Für die Philosophie des Geistes ist es eine wirklich harte Nuss und für die Neurowissenschaften der Heilige Gral. Und es wird noch ein klein wenig komplizierter und verwirrender. Denn wenn wir nun all das, was wir bisher über mentale und physikalische Zustände sowie deren kausale Verbindungen herausgearbeitet haben, in drei Thesen zusammenstellen, dann ergeben sich die folgenden Ansichten:

Nr. 1: These von der radikalen Verschiedenheit

Die These von der radikalen Verschiedenheit besagt, dass mentale Zustände keine physikalischen Zustände sind. Mit anderen Worten, mentale und physische Zustände sind etwas Grundverschiedenes.

Nr. 2: These von der mentalen Verursachung

Die These von der mentalen Verursachung besagt, dass mentale Zustände physische Zustände verursachen. Das bedeutet, dass unsere bewussten Absichten entsprechende Handlungen unseres Körpers in der Außenwelt bewirken können.

Nr. 3: These von der kausalen Geschlossenheit physischer Zustände

Die These von der kausalen Geschlossenheit physischer Zustände besagt, dass physische Zustände nur physische Ursachen haben können. Anders ausgedrückt, mentale Zustände können nicht die Ursache physischer Zustände sein.

Das philosophische Problem liegt nun darin, dass wir zwar Grund genug hätten, jede einzelne dieser Thesen für sich genommen für wahr zu halten, aber alle drei Thesen gemeinsam nicht wahr sein können. Denn nur jeweils zwei von diesen Thesen sind miteinander zu vereinbaren, wobei die beiden zusammen die dritte These automatisch ausschließen und für falsch erklären. Wenn wir also beispielsweise sagen, dass These Nr. 1 und These Nr. 2 richtig sind, dann muss These Nr. 3 falsch sein. Denn wenn mentale Zustände etwas völlig anderes sind als physische Zustände und erstgenannte die letztgenannten verursachen können, dann kann die physische Welt nicht geschlossen sein. Erklären wir hingegen die These Nr. 1 und die These Nr. 3 für richtig, dann muss die These Nr. 2 falsch sein. Denn wenn mentale Zustände etwas völlig anderes sind als physische Zustände und die physische Welt in sich geschlossen ist, dann können mentale Zustände unmöglich physische Zustände verursachen. Nehmen wir dagegen an, dass These Nr. 2 und These Nr. 3 richtig sind, dann muss die These Nr. 1 falsch sein. Denn wenn mentale Zustände physische Zustände verursachen können und die physische Welt wirklich in sich geschlossen ist, dann können mentale Zustände nicht radikal verschieden von physischen Zuständen sein. Dieser wunderschöne philosophische Gedankengang wurde 1981 von dem Schweizer Philosophen Peter Bieri ausgearbeitet. Man spricht in diesem Zusammenhang auch gern vom Bieri-Trilemma, weil man die Qual der Wahl zwischen drei Lösungsmöglichkeiten hat, die jedoch alle zusammengenommen unbefriedigend erscheinen.

Die wichtigsten Positionen in der Philosophie des Geistes

Nachdem nun das theoretische Fundament gelegt wurde, können wir im nächsten Schritt herangehen und uns die verschiedenen Positionen, so wie sie in der Philosophie des Geistes vertreten werden, einmal genauer anschauen. Jede von ihnen hat ihre Stärken und ihre Schwächen. Und jede von ihnen bekennt sich im Bieri-Trilemma ausdrücklich zu jeweils zwei der Thesen und erklärt somit eine dritte These für unwahr und falsch. Es ist eine wirklich spannende Reise, die durchaus einem Ausflug in den Irrgarten der Gedanken gleicht. Ein echtes Verwirrspiel. Und genau so muss man es auch betrachten, als ein Spiel mit tiefen Gedanken, die einen in diesen wunderschönen Garten des menschlichen Intellekts führen. Direkt in das Reich des Mentalen, das man nicht verlassen kann, ohne bereichert zu werden. Aber damit genug der Vorrede. Mit dem interaktionistischen Substanzdualismus als Lösungsvorschlag von René Descartes sind wir schon mitten im Getümmel der einzelnen Positionen. Es ist wichtig, sich jede einzelne Position genau anzuschauen. Zu begreifen, was sie besagt, was sie erklärt und was sie nicht erklären kann. Ebenso wichtig ist der Blick auf die Schwächen der einzelnen Positionen sowie die Widersprüche, die sie aufwerfen. Die folgende Darstellung soll einen Überblick verschaffen, der keinen Anspruch auf Vollständigkeit erhebt. Sie soll einen leichten Einstieg in die Thematik verschaffen sowie die Möglichkeit eröffnen, sofern gewünscht, sich weiter in die Details der jeweiligen Anschauung vertiefen zu können. Am Anfang ist es erst einmal wichtig zu verstehen, welche Positionen sich grundsätzlich gegenüberstehen. In der kürzesten Form kann gesagt werden, dass sich beim Leib-Seele-Problem prinzipiell nur zwei Positionen gegenüberstehen, nämlich der Dualismus und der Monismus. Dabei besagt der Monismus, dass es nur eine Substanz, einen Stoff, eine Entität gibt. Der Dualismus hingegen besagt, dass zwei verschiedene Substanzen, also zwei Stoffe und somit zwei Entitäten existieren. Im Laufe der Wissenschaftsgeschichte haben sich von diesen zwei grundsätzlich verschiedenen Positionen weitere Sichtweisen herausgebildet, von denen hier zunächst nur die wichtigsten Vertreter Erwähnung finden sollen. Die fünf Hauptpositionen sind:

1. Dualismus = Körper und Geist sind zwei eigenständige Realitäten
2. Idealismus = Der Geist ist die einzige Realität
3. Physikalismus = Die einzige Realität ist die Materie
4. Sprachphilosophie = Das Problem liegt auf sprachlicher Ebene
5. Agnostizismus = Das Problem sprengt unser Erkenntnisvermögen

Der Dualismus vertritt demnach die Ansicht, dass Geist und Materie zwei völlig verschiedene Substanzen seien, die aber trotzdem an bestimmten Stellen miteinander kommunizieren können. Der Idealismus meint im Gegensatz dazu, dass die physikalische Welt nur eine geistige Vorstellung ist, die ausschließlich in den Köpfen der Menschen existiere. Und der Physikalismus oder Materialismus sagt, dass es nur Materie und Energie gibt. Der Geist hingegen sei keine eigenständige Substanz, sondern nur eine Eigenschaft von Materie und Energie. Physikalismus und Idealismus sind daher Positionen, die zum Monismus gehören, weil sie jeweils besagen, dass es nur einen einzigen Stoff, eine Substanz gibt. Eine dem Physikalismus sehr ähnliche Position ist der Naturalismus. Er strebt nach einer Naturalisierung des Geistes. Dazu werden Sätze über mentale Hirnfunktionen durch Sätze von neuronalen Hirnfunktionen ersetzt oder aus diesen abgeleitet. Grundlage des Naturalismus sind die Naturwissenschaften und die Naturgesetze. Physikalismus und Naturalismus sind nicht dasselbe. So ist der Physikalismus das dominierende Paradigma des Naturalismus. Nicht jeder Naturalismus ist ein Physikalismus, aber jeder Physikalismus ist ein Naturalismus. Ungeachtet dessen werden beide oft synonym verwandt. Die Sprachphilosophie bezieht zu all dem eine völlig andersartige Position. Sie ist der Meinung, dass das Leib-Seele-Problem nur ein Scheinproblem sei, weil jeder Versuch, diesen Sachverhalt lösen zu wollen, zwangsläufig auf massive begriffliche Probleme stoßen muss. Das Problem existiert in Wirklichkeit gar nicht, so die Sprachphilosophie, sondern es entsteht bzw. ergibt sich lediglich aus einem Sprach- und Begriffsgewirr. Dementsprechend ist das Leib-Seele-Problem unlösbar. Unlösbar ist es auch aus dem Blickwinkel des Agnostizismus. Einfach deshalb, weil unser Verstand zu gering sei, um ein derart komplexes Problem lösen zu können. Unser Intellekt, so der Agnostizismus, ist schlichtweg damit überfordert. Wie sich unschwer erkennen lässt, gelangt man im Leib-Seele-Problem zu sehr unterschiedlichen Lösungsmöglichkeiten, je nachdem, wie man die mentalen und physischen Entitäten einzeln spezifiziert und ihr Verhältnis zueinander wählt. Auch lassen sich zu den genannten drei Hauptpositionen Dualismus, Idealismus und Physikalismus noch weitere Unterpositionen mit verschiedenen Varianten finden. Eine weiterführende Auseinandersetzung mit dem Problemkomplex ist daher unabdingbar.

1. Dualistische Lösungsansätze

1.1 Theorien des Dualismus

1.1.1 Substanzdualismus

Bevor man sich mit dem Substanzdualismus als solchem beschäftigen kann, ist es unumgänglich, zunächst einmal einige wichtige Begrifflichkeiten, welche im philosophischen Sprachgebrauch Verwendung finden, im Detail zu verstehen. Hierunter fallen vor allem die Begriffe Prädikation, Substanz und Akzidenz. Das Wort Prädikation stammt vom lateinischen praedicare, was so viel wie bekanntmachen oder ausrufen bedeutet. Das Substantiv praedicatio steht dementsprechend im Lateinischen für Aussage oder Bekanntmachung. In der Philosophie bezeichnet man mit dem Begriff Prädikation eine sprachliche Handlung, durch die einem Gegenstand (Ding, Objekt, Sachverhalt) Eigenschaften entweder zu- oder abgesprochen werden. Aristoteles hat die Prädikation in zehn grundlegende Kategorien unterteilt. Von ihm wurde auch die Unterscheidung zwischen Substanz und Akzidenz in die Philosophie eingeführt. Aristoteles unterscheidet die Kategorie der Substanz als das zu Bestimmende von den neun anderen Kategorien wie Quantität, Qualität, Relation, Zeitbestimmung, Ortsbestimmung, Tätigkeit, Leiden, Lage und Besitz, welche die Substanz durch die Aussage bestimmen und die er Akzidenzien nennt. Nach Aristoteles ist das Zugrundeliegende folglich als Substanz zu verstehen und das, was darin ist, sind die Akzidenzien, sprich die Eigenschaften. Substanz im philosophischen Sinne ist folglich etwas, was das einzige Ding im Universum sein könnte und Träger von Eigenschaften ist. Anders formuliert, jede Eigenschaft (Akzidenz) besitzt einen Träger (Substanz). Überträgt man diesen Gedanken auf Körper und Geist, dann besteht schon rein intuitiv, ohne tiefergehendes Nachsinnen, eine tiefe Kluft zwischen diesen beiden Dingen. Es verwundert deshalb auch nicht weiter, dass bereits im Abendland seit der griechischen Antike die Auffassung vorherrschte, dass der Mensch einen Körper und eine Seele habe. Begründet wurde diese dualistische Vorstellung in der platonischen Philosophie. In verschiedenen Texten, beispielsweise im Menon und Phaidon, unterscheidet Platon gravierend zwischen Leib und Seele, indem er die Vorstellung der immateriellen Natur der Seele hervorhebt und damit auch die Idee der Unsterblichkeit verbindet. Nach Platon ist die Seele folgendermaßen zu charakterisieren:

- Die Seele ist im Gegensatz zum Körper nicht sterblich.
- Die Seele hat vor ihrer Geburt ein unbeschränktes Wissen.
- Sie schaut vor der Verbindung mit einem Körper die Ideen.
- Die Geburt bedeutet Vergessen des in der Betrachtung der Ideen zugänglichen Wissens.
- Geburt ist gleichbedeutend mit Wissensverlust.
- Das Lernen des Menschen ist nichts anderes als ein Sicherinnern an das Wissen vor der Geburt.
- Die Seele wird mehrfach geboren.

Als Idee im platonischen Sinne ist das wahrhafte Sein des Einzelnen zu verstehen, also sein wahres Wesen, seine Urform sozusagen. Denn Platon teilte die Welt in zwei Teile auf. Das eine war für ihn die sogenannte Sinnenwelt. Es ist die Welt, über die wir etwas erfahren, wenn wir unsere fünf Sinne benutzen. Neben dieser Sinnenwelt, von der wir nichts Wirkliches erfahren können, das allgemeingültig ist, weil unsere Sinne uns täuschen können, existiert noch eine reine Ideenwelt. Platon glaubte somit an eine eigene Welt, eine Welt für sich, die hinter der Sinnenwelt existiert. Für ihn war die Seele das Prinzip des Lebens und konnte somit auch nicht vergehen. Dabei unterschied er jedoch zwischen einer Einzelseele und einer alles vereinenden Weltseele. Beide wurden als unsterblich betrachtet. Die menschliche Wesenheit als Urform hat nach platonischem Verständnis ihren Sitz in der Seele. Das belebende Prinzip des im Grunde toten Körpers ist die Seele, wobei der Körper selbst lediglich als ihr Gefängnis betrachtet wird. Der Mensch besteht somit aus zwei völlig verschiedenen Substanzen, aus einem materiellen Körper und einer immateriellen Seele. Das ist es, was der Substanzdualismus ausdrücklich besagt. Vom Substanzdualismus gibt es allerdings zwei verschiedene Unterpositionen. Die eine Unterposition geht von einer Interaktion, also einer Wechselwirkung, zwischen Körper und Geist aus. Sie wird deshalb interaktionistischer Substanzdualismus genannt. Die zweite Unterposition, der nichtinteraktionistische Substanzdualismus, verneint hingegen eine derartige Wechselwirkung entschieden. Von ihm gibt es wiederum zwei unterschiedliche Varianten.

1.1.1.1 Interaktionistischer Substanzdualismus

Der interaktionistische Substanzdualismus wurde maßgeblich von René Descartes formuliert. Damit wurde auch gleichzeitig das Leib-Seele-Problem in der neuzeitlichen Philosophie aufgeworfen. Mit Descartes beginnt darum die moderne Philosophie des menschlichen Geistes. Er gilt deshalb zu Recht als Begründer der neuzeitlichen Philosophie. Descartes wurde am 31.03.1596 im französischen La Haye geboren und hat sich nicht nur in der Philosophie einen Namen gemacht, sondern durch das cartesische Koordinatensystem auch in der Mathematik. Er hat sich darüber hinaus auch sehr intensiv mit den Naturwissenschaften beschäftigt und in der weiteren Folge zudem Rechtswissenschaften studiert. Wie es in der damaligen Zeit für Gelehrte üblich war, ging er auf Reisen, überwiegend nach Holland. Dort sind auch seine maßgebenden Werke erschienen. Dazu zählen der Diskurs über die Methode (Abhandlung über die Methode, richtig zu denken und Wahrheit in den Wissenschaften zu suchen), der 1637 erschienen ist und eine Art philosophischer Autobiografie darstellt, sowie die Meditationen über die erste Philosophie (Untersuchungen über die Grundlagen der Philosophie), welche 1641 veröffentlicht wurden. Dazu noch die Prinzipien der Philosophie, die 1644 in Druck gingen. Sein philosophisches Hauptwerk bleiben jedoch die Meditationen über die erste Philosophie. Darin geht es um die Grundlagen der Philosophie und des allgemeinen menschlichen Denkens. In diesem Werk, das in sechs Meditationen untergliedert ist und als Dialog zwischen einem Skeptiker und einem Fürsprecher des gesunden Menschenverstandes verstanden werden muss, sucht Descartes nach einer Grundlage des menschlichen Wissens, die allen skeptischen Anfeindungen standhält. Es geht ihm dabei in erster Linie um das unumstößliche Fundament menschlicher Erkenntnis. Dahinter verbirgt sich die Frage, wie begründe ich mein Wissen? Im Mittelpunkt seines Bemühens stand dabei der Versuch, die exakten Methoden der Mathematik auf die Philosophie zu übertragen. Er wollte die Welt auf rein naturwissenschaftliche Weise erklären. Auf der Suche nach sicherem Wissen stand dabei der methodische Zweifel buchstäblich Pate. Der methodische Zweifel stellt ein Verfahren dar, dessen Anwender an der Existenz von allem zweifeln soll, was in irgendeiner Weise dem Irrtum unterliegen könnte. Grundlage des Verfahrens ist der Rationalismus. Das rationale Denken, sprich die Vernunft, soll also beim Erwerb und bei der Begründung von Wissen vorrangig sein. Damit werden andere Erkenntnisquellen wie etwa die Empirie, also die Sinneserfahrungen, oder religiöse Offenbarungen sowie Überlieferungen deutlich in ihrer Bedeutung abgewertet. Das ist der Grund, weshalb René Descartes auch als Begründer des neuzeitlichen Rationalismus gilt. Descartes zweifelte an allem und jedem, um so zu einem festen Untergrund für eine Gewissheit zu gelangen. Dabei machte er selbst vor der eigenen Existenz nicht halt. Doch wie überwindet man den Zweifel an der eigenen Existenz am besten? Hierzu machte Descartes ein Gedankenexperiment. Er sagte sich, meine Sinne sind keine sichere Erkenntnisquelle, weil sie mich täuschen können. Zweitens könnte es mir selbst im Schlaf so vorkommen, als ob ich wach und in der Realität wäre. Ich kann folglich nicht sicher sein, ob ich mich nicht sogar ständig über meinen Bewusstseinszustand irre. Auch dieser ermöglicht mir somit kein sicheres Wissen. Es könnte auch sein, überlegte er weiter, dass mich ein allmächtiger böser Dämon hinsichtlich meiner sämtlichen Bewusstseinsinhalte und Überzeugungen einfach täuscht. Damit wäre alles, was ich jemals für wahr gehalten habe, nichts weiter als das Werk eines allmächtigen Manipulators. Meine Bewusstseinsinhalte und Überzeugungen, nichts anderes als reine Manipulation. So endet das Ergebnis seiner Überlegungen in der ersten Meditation im Zweifel mit den Worten:

„Es ist möglich, dass ich nicht imstande sein sollte, irgendetwas Wahres zu erkennen."

Im Rahmen der zweiten Meditation kommt dann die Lösung des Problems. Hier gelingt es Descartes, sich aus der Position des radikalen Skeptizismus zu befreien. Das Einzige nämlich, was ich nicht bezweifeln kann, so Descartes weiter, ist die Überzeugung, dass es einen Denker gibt, der alle diese möglicherweise manipulierten Gedanken denkt. An diesem Denker gibt es keinen Zweifel. Descartes schreibt hierzu:

„Da es ja immer noch ich bin, der zweifelt, kann ich an diesem Ich, selbst wenn es träumt oder phantasiert, selber nicht mehr zweifeln."

Damit, so der Gedankengang von Descartes weiter, kann ich rückschließen, dass ich denke und existiere. Mein Zweifel an der eigenen Existenz ist daher unbegründet, denn ich existiere als denkendes Wesen. Cogito ergo sum, ich denke, also bin ich, ist deshalb der erste Grundsatz seiner Philosophie. Hierzu schreibt Descartes:

„Und so komme ich, nachdem ich nun alles mehr als genug hin und her erwogen habe, schließlich zu der Feststellung, dass dieser Satz ‚Ich bin, ich existiere', sooft ich ihn ausspreche oder in Gedanken fasse, notwendig wahr ist."

Und weiter heißt es:

„Alsbald aber machte ich die Beobachtung, dass, während ich so denken wollte, alles sei falsch, doch notwendig ich, der das dachte, irgendetwas sein müsse, und da ich bemerkte, dass die Wahrheit ‚ich denke, also bin ich' so fest und sicher wäre, dass auch die überspanntesten Annahmen der Skeptiker sie nicht zu erschüttern vermochten, so konnte ich sie meinem Dafürhalten nach als das erste Prinzip der Philosophie, die ich suchte, annehmen."

Seine Zuflucht in die Gewissheit des eigenen Selbst ist gleichsam das Fundament, auf dem er alle weiteren Erkenntnisse aufbaute. Denn das bewiesene Ich und die Sicherheit seiner Existenz kann nur der erste Schritt sein. Ansonsten steht nämlich dieses nachgewiesene Ich ziemlich einsam in der Welt da. Es bedarf insofern einer plausiblen und nachvollziehbaren Philosophie, damit das Ich aus seiner Einsamkeit ausbrechen kann. Somit muss die Frage nach dem, ob ich bin, erweitert werden zu der Frage, was ich bin. Das Fragenspektrum verschiebt sich demgemäß von der Existenz des Ich zur Essenz des Ich. Die zentrale Frage lautet nun, was ist es, das denkt? Und wie verhält sich dieses Ding im Vergleich zu den Dingen außerhalb seiner selbst? So es diese Dinge im Äußeren überhaupt gibt, denn am Ende der zweiten Meditation ist noch nicht einmal die Existenz des Körpers gewiss. Immer noch besteht die Möglichkeit, dass ein Manipulator in Form eines bösen Dämons uns über die Dinge in der Außenwelt täuscht, von denen wir vermeintlich glauben, sie seien untrüglich. Descartes muss daher im nächsten Schritt beweisen, dass es einen Gott gibt und dass dieser kein Betrüger ist, sondern gütig, allwissend und allmächtig. Dies ist Aufgabe der dritten

Meditation. Hier versucht Descartes die Existenz Gottes aus der Vernunft zu beweisen, ohne ihn jedoch unter Zuhilfenahme des Glaubens in die Welt zu bringen. Es folgen zahlreiche Überlegungen, doch nach allen Abwägungen bleibt am Ende der dritten Meditation für Descartes nur Gott allein übrig. Gott ist für ihn die unendliche, unabhängige, allmächtige und allwissende Substanz, die der Schöpfer von allem ist. Gott existiert und ist vollkommen. Und gerade weil er vollkommen ist, so Descartes weiter, kann er kein Betrüger sein, weil Betrug aus Mangel entsteht. Und so ist auch der Bestand der Außenwelt gesichert, weil die Güte Gottes nicht mit einem Trug über die Dinge zusammen gedacht werden kann. In der vierten Meditation macht sich Descartes dann Gedanken über das Wahre und das Falsche. Es geht um die Frage, wie denn Irrtümer möglich sind, wenn die menschliche Urteilskraft von Gott stammt und Gott kein Betrüger ist. Descartes löst diese Möglichkeit auf, indem er den menschlichen Verstand vom Willen unterscheidet. Dadurch habe ich, so der Philosoph, die Freiheit, einen falschen Gebrauch von meiner Urteilsfähigkeit zu machen. Darüber hinaus kann ich Urteile über etwas fällen, das mir nicht klar und deutlich ist. Es ist aber auch möglich, dass Gott mit meinen Irrtümern bestimmte Zwecke verfolgt, die ich nicht verstehen kann. An dieser Stelle berührt Descartes das Problem der Theodizee. Dieser Begriff benennt das Problem der Rechtfertigung Gottes angesichts einer gegen ihn vorgetragenen Anschuldigung wegen des in der Welt allgegenwärtigen Unheils. Gemeint sind hier die verschiedenen Antwortversuche auf die Frage, wie das Leiden in der Welt erklärt werden kann, wo doch Gott einerseits allmächtig und andererseits gut ist. Verschärft gefragt, wie kann ein allmächtiger und gütiger Gott all das Leiden auf der Welt zulassen, wenn er doch die Macht besitzt, dieses Leiden zu verhindern? Diese Frage ist zwar sicherlich berechtigt und interessant, führt aber vom Kern des Leib-Seele-Problems weit weg und hin zu viel tieferen philosophischen Auseinandersetzungen, sodass die vierte Meditation an dieser Stelle nicht weiter verfolgt wird. Viel wichtiger für das Verständnis des Leib-Seele-Problems sowie des interaktionistischen Substanzdualismus als einer potenziellen Option zur Lösung desselbigen sind hingegen die Ausführungen in der fünften und sechsten Meditation. So belegt Descartes in seiner fünften Meditation zum einen wiederum die Existenz Gottes. Dieser sogenannte ontologische Gottesbeweis läuft allerdings ganz anders ab als der bereits genannte. Es ist diesmal der Erweis der Existenz Gottes aus dem Sein. Aus der Tatsache, dass er eine Vorstellung von einem vollkommenen Gott in seinem Geist hat, folgt für Descartes, dass Gott tatsächlich existiert, und das nicht nur in seinem Geist. Oder anders ausgedrückt, aus der Existenz des Gottesgedankens wird auf die Existenz Gottes geschlossen. Und so argumentiert Descartes:

„Bedenke ich nun, dass ich zweifle, also ein unvollständiges, abhängiges Ding bin, so begegnet mir ganz klar und deutlich die Vorstellung von einem unabhängigen und vollständigen Seienden, d. h. von Gott. Ich schließe ganz klar aus dieser einen Tatsache, dass jene Vorstellung in mir ist oder vielmehr dass ich als Inhaber jener Vorstellung existiere, auch auf die Existenz Gottes und die Abhängigkeit meiner ganzen Existenz von ihm in jedem einzelnen Moment. Dabei bin ich sicher, der Menschengeist könne überhaupt nichts einleuchtender, nichts deutlicher erkennen. Und schon glaube ich einen Weg zu sehen, um von der Betrachtung des wahrhaften Gottes, in dem alle Schätze der Wissenschaft und Weisheit verborgen sind, zur Erkenntnis der übrigen Dinge zu gelangen."

Zum anderen geht es in seiner fünften Meditation aber auch um das Wesen der materiellen Dinge. Oder anders ausgedrückt, es geht um die Eigenschaften der Dinge in der Außenwelt. In seiner sechsten Meditation beweist Descartes schließlich, dass Geist und Körper verschieden sind, aber dennoch eine Einheit bilden. Im Einzelnen betrachtet vergleicht hierbei Descartes die unterschiedlichen Eigenschaften von Körper und Geist und kommt so zu der Auffassung, dass beide zwei völlig wesensverschiedene und voneinander getrennte Substanzen sein müssen. Denn der Körper ist durch die fünf Sinne wahrnehmbar, er ist räumlich ausgedehnt und teilbar. Darüber hinaus ist der Körper allgemeingültig überprüfbar und damit auch mehreren Personen gleichermaßen zugänglich. Das Geistige hingegen kann nicht mit den fünf Sinnen wahrgenommen werden. Es ist nicht räumlich, nicht ausgedehnt und nicht teilbar. Das Geistige ist darüber hinaus nur auf die Person bezogen und von dieser abhängig. Es kann somit nur durch Selbstbeobachtung in Form einer Innenschau als unmittelbare Selbsterfahrung wahrgenommen werden. Und es gibt noch einen Unterschied zwischen Körper und Geist. Bei dem Körper, so Descartes, können meine Wahrnehmungen falsch sein, denn sie werden mir über meine Sinnesorgane vermittelt. Beim Geistigen ist das nicht so. Denn hier kann nur das, was ich wahrnehme, falsch sein, aber dass ich etwas wahrgenommen habe, ist dagegen unbestreitbar. Für die Trennung von Körper und Geist führt Descartes dementsprechend zwei Argumente ins Feld. Zum einen das Teilbarkeitsargument und zum anderen das Ausdehnungsargument. Das Teilbarkeitsargument besagt, dass jeder Körper teilbar ist, das Geistige hingegen nicht. Daraus folgt, dass Geist und Körper verschieden sind. Das Ausdehnungsargument hebt hervor, dass jeder Körper im Raum ausgedehnt ist, der Geist hingegen sich nicht im Raum ausdehnt. Also, so die Schlussfolgerung, müssen Körper und Geist etwas Verschiedenes sein. Mit den Worten Descartes' klingt das so:

„Für jede Substanz gibt es eine vorzügliche Eigenschaft, welche ihre Natur und ihr Wesen ausmacht und auf die sich alle anderen beziehen. So bildet die Ausdehnung in die Länge, Breite und Tiefe die Natur der körperlichen Substanz, und das Denken macht die Natur der denkenden Substanz aus. Denn alles, was sonst dem Körper zugeteilt werden kann, setzt die Ausdehnung voraus und ist nur ein Modus der ausgedehnten Sache; ebenso ist alles, was man im Geiste antrifft, nur ein besonderer Modus des Denkens. … So haben wir also zwei klare und deutliche Begriffe oder Ideen, die eine von einer erschaffenen denkenden Substanz, die andere von einer körperlichen Substanz; wenn wir nämlich alle Attribute des Denkens genau von den Attributen der Ausdehnung unterscheiden."

Descartes geht deshalb beim Leib-Seele-Problem von zwei einander sich ausschließenden Erscheinungsformen aus. Der Körper ist für ihn reine Materie, eine materielle Substanz, deren charakteristisches Merkmal die räumliche Ausdehnung ist, weil sie den physikalischen Raum ausfüllt. Diese nennt er Res extensa, was so viel wie ausgedehnte materielle Substanz bedeutet. Die physikalischen Eigenschaften der Res extensa sind typischerweise Masse, Form und Größe. Auch ist sie nach Anzahl, Ort und Zeit zu bestimmen. Ein kennzeichnendes Merkmal für diese Art von Substanz ist deshalb neben der Ausdehnung auch die Bewegung. Das alles sind die primären Eigenschaften der Res extensa. Sie stellt zusammenfassend die äußere Lebenswelt dar und ist der Inbegriff aller materiellen Dinglichkeit. Der Geist hingegen ist für Descartes eine immaterielle Substanz, die er Res cogitans nennt, also frei übersetzt nicht ausgedehnte immaterielle Substanz. Die charakteristischen mentalen Eigenschaften dieser Res cogitans, der geistigen Substanz, sind Denken und Fühlen im emotionalen Sinne. Auf diese Weise fasst der Begriff der Res cogitans die Begriffe für Geist, Seele, Bewusstsein, Verstand und Vernunft zusammen. Die Res cogitans ist nach den Vorstellungen von Descartes ein denkendes Ding, welches zweifelt, will oder nicht will und anknüpfend daran Ja und Nein sagen kann. Sie ist im Grunde das Ich, das ihm trotz allem Zweifel letzten Endes übrig bleibt. Descartes schreibt hierzu:

„Ich erkenne aber nur zwei oberste Gattungen (summa genera) von Dingen an: die der geistigen oder denkenden Dinge, d. h. die, welche zum Geiste oder zur denkenden Substanz gehören, und die der körperlichen Dinge oder der zur ausgedehnten Substanz, d. h. zum Körper gehörenden. Die Vorstellung, das Wollen und alle Arten des Vorstellens und Wollens gehören zur denkenden Substanz; dagegen gehört zur ausgedehnten die Größe oder die Ausdehnung …, Gestalt, Bewegung, Lage und die Teilbarkeit der einzelnen Teile und dergleichen."

Die Lehre von René Descartes ist folglich die Lehre von Denken und Ausdehnung. Für ihn gibt es neben den physischen Objekten auch immaterielle, nichtphysikalische Dinge der Welt, die die Träger mentaler Eigenschaften sind. Es gibt seiner Ansicht nach eine geistige Welt und es gibt eine materielle Welt. Zwei voneinander völlig verschiedenartige Substanzen bedeuten auch zwei völlig voneinander verschiedenartige Daseinsformen. Und der Mensch hat Anteil an beiden Welten. Natürlich könnte man nun fragen, was denn das eigentlich Radikale an der Lehre Descartes ist. Ein Substanzdualismus wurde schließlich schon seit der griechischen Antike von Platon vertreten. Wo ist dabei das Neue? Das eigentlich Radikale bei Descartes versteht man erst, wenn man sich mit seinem Verständnis von der Seele beschäftigt und somit den Seelenbegriff aufgreift. Mit Descartes' Worten könnte man auch fragen, was macht mich, mein Wesen oder meine Natur, eigentlich aus? Was bin ich? Descartes beantwortet diese Frage so:

„Was bin ich demnach? Ein denkendes Wesen! Was heißt das? Nun – ein Wesen, das zweifelt, einsieht, bejaht, verneint, will, nicht will und das sich auch etwas bildlich vorstellt und empfindet."

Und an einer anderen Stelle führt er weiter aus:

„Zuerst: da ich weiß, dass alles, was ich klar und deutlich begreife, von Gott in der Weise gemacht werden kann, wie ich es begreife, so reicht es aus, dass ich eine Sache ohne eine andere klar und deutlich begreifen kann, damit ich sicher bin, dass die eine von der anderen verschieden ist, da sie wenigstens von Gott getrennt voneinander gesetzt werden können. … Und deshalb: gerade daraus, dass ich weiß, ich existiere, und dass ich bisher nichts anderes als zu meiner Natur oder meinem Wesen gehörig bemerke, außer dass ich ein denkendes Ding bin, eben daraus schließe ich mit Recht, dass mein Wesen allein darin besteht, dass ich ein denkendes Ding bin."

Der Ausspruch „Ich bin ein denkendes Ding" bedeutet in Descartes' Verständnis, ich bin im Grunde die Res cogitans, eine nichtausgedehnte immaterielle Substanz. Damit macht Descartes das Ich als Seele zum Ding. Die Haupttätigkeit der Seele ist nichts anderes als das Denken oder das Bewusstsein. Der Seelenbegriff wird bei Descartes dadurch sehr stark eingeengt. In der Antike bedeutete eine Seele zu haben, Leben zu haben. Der Begriff Seele stand somit für den Menschen der Antike für das, was das Lebendige vom Toten unterscheidet. Seele und Leben gehören somit untrennbar zusammen. Und während sich in den griechischen Wörtern psyche und pneuma und in den lateinischen Übersetzungen animus und spiritus noch die ganze Bandbreite des Seelenbegriffes findet, geht Descartes hingegen auf diese Vielfältigkeit nicht ein. Und das aus gutem Grund. Denn alle Phänomene der natürlichen Welt können für ihn allein aus der Gestalt, der Konfiguration und der Bewegung der an ihnen beteiligten Körper oder Körperteile erklärt werden. Die gesamte Natur, sowohl die organische wie auch die anorganische, wird seiner Überzeugung nach von denselben mechanischen Prinzipien beherrscht. Einer Seele bedarf es hierzu nicht. Damit sind aus seiner Sicht auch alle Lebensvorgänge rein mechanische Vorgänge. Sie ergeben sich aufgrund der in der ganzen Natur in gleicher Weise geltenden Gesetze und können demzufolge allein aus dem Aufbau und der Anordnung der in einem Lebewesen enthaltenen Teile erklärt werden. Der Unterschied zwischen einem lebenden und einem toten Wesen ist deshalb der gleiche wie der zwischen einer funktionsfähigen und einer defekten Maschine. Um die für Lebewesen charakteristischen Fähigkeiten zu erklären, ist die Annahme einer Seele keineswegs nötig. Denn die Seele hat mit dem biologischen Phänomen des Lebens überhaupt nichts zu tun. Das ist Descartes' naturphilosophische Grundüberzeugung. Und gleichzeitig ist es ein radikaler Bruch mit der antiken Auffassung von Seele. Die Ausformulierung des interaktionistischen Substanzdualismus, so wie sie von Descartes stammt, ist deshalb die radikalste. Aber es gibt noch ein radikales Element in der Lehre von Descartes. Denn dadurch, dass er die Welt zweiteilte, in die Welt der Körper und die Welt des Geistes, Empfindungen und Sinne für Eigenschaften des Körpers hielt, die sich aus physikalischen Gesetzen ableiten lassen, die Hauptaufgabe des Geistes hingegen im Denken und Bewusstsein sah, war Descartes auch der Erste, der zwischen dem Geist und dem Gehirn unterschied. Denn der Geist, nicht das Gehirn ist die Res cogitans, das denkende Ding. Der Geist ist somit die Essenz des Selbst. Das Gehirn, die Res extensa, ist nur sein Sitz. Diese Erkenntnis ist das Besondere an Descartes, das, was ihn von anderen Denkern unterscheidet und ihn aus der Menge hervorhebt.

Für die Zeit des Mittelalters war dieses Denken geradezu revolutionär. Neben dem Neuen und Radikalen in der Lehre von Descartes gibt es auch Kehrseiten der Medaille, die sich vor allem aus den Konsequenzen dieses Denkens ergeben. Davon angesprochen sind dabei schwerpunktmäßig die Naturwissenschaften. Als Naturwissenschaftler hat sich Descartes auf den Bereich der menschlichen Anthropologie spezialisiert. Über die Anatomie und Physiologie des Menschen hatte er genaue Vorstellungen, die er in einem Traktat mit dem Titel „Traité de l'homme", zu Deutsch „Abhandlung über den Menschen", ausführlich darstellte. Seine Einsichten gewann er zum einen durch sorgfältige anatomische Studien am Objekt und zum anderen durch das Sezieren von menschlichen Körpern sowie durch wissenschaftliche Experimente. Eigentlich wurde der Traktat bereits 1632 verfasst, aber erst sehr viel später veröffentlicht. Und dies aus gutem Grund. Denn Descartes war ein scheuer und ängstlicher Mann, der das Verbergen geradezu kultivierte, um nicht in Streitigkeiten und Verleumdungen zu geraten. Und die Ansichten und Äußerungen in diesem Traktat waren bestens dazu geeignet, um mit der kirchlichen Autorität in Konflikt zu geraten. Wo aber lag das Problem? Es lag im Prinzip im Bruch mit der antiken Seelenvorstellung. Denn die Erkenntnisse, wie Descartes sie hatte und weitergeben wollte, waren mit der scholastischen Tradition einfach nicht zu vereinbaren. Die Scholastik, also die christliche Philosophie des Mittelalters, akzeptierte nämlich neue Erkenntnisse nur dann, wenn sie nicht im Widerspruch zur Bibel und zu den Schriften des griechischen Philosophen Aristoteles und ihrer Auslegung durch die Kirchenväter standen. Wer hingegen etwas anderes vertrat, setzte sich dem Vorwurf der Gotteslästerung aus und musste so mit schärfster Verfolgung durch die Inquisition rechnen. Und da Descartes nicht vorhatte als Märtyrer für seine Philosophie zu sterben, lag es nahe, zu Lebzeiten Stillschweigen zu bewahren. Aus diesen Gründen wurde der Traktat 1662, also erst nach seinem Tode, veröffentlicht. In dem „Traité de l'homme" geht Descartes hauptsächlich darauf ein, dass der Mensch einer hydraulischen Maschine gleicht und dass er von Gott erschaffen wurde. Die Schrift zeigt deutlich, dass Descartes ein Vertreter des Mechanizismus war. Es handelt sich dabei um die philosophische Auffassung, dass der Mensch, die Tiere sowie das Universum dem Wesen nach einer Maschine entsprechen, sodass die Entwicklung der Natur und der Gesellschaft auf mechanische Bewegungen zurückgeführt und durch die Gesetze der Mechanik erklärt werden kann. Der menschliche Körper als Maschine wurde ursprünglich, so Descartes, von Gott geschaffen und arbeitet seitdem selbstständig gemäß seiner Mechanik. Er führt dabei die verschiedenen physiologischen Vorgänge auf automatische Bewegungen der Teilchen oder auf chemische Umsetzungen zurück. Einer Seele als Lebensprinzip bedarf es dabei nicht, denn alle Lebensprozesse können rein mechanisch erklärt werden. Der Körper mit all seinen Tätigkeiten lässt sich deshalb mit denselben physikalischen Prinzipien und Gesetzen erklären, die auch für die unbelebte Welt uneingeschränkte Gültigkeit haben. Diese Überzeugung hört sich bei Descartes so an:

„Ich wünsche, sage ich, dass man bedenke, dass die Funktionen in dieser Maschine alle von Natur aus allein aus der Disposition ihrer Organe hervorgehen, nicht mehr und nicht weniger, als die Bewegungen einer Uhr oder eines anderen Automaten von der Anordnung ihrer Gewichte und ihrer Räder abhängen. Daher ist es in keiner Weise erforderlich, hier für diese (die Maschine) eine vegetative oder sensitive Seele oder ein anderes Bewegungs- und Lebensprinzip anzunehmen als ihr Blut und ihre spiritus, die durch die Hitze des Feuers bewegt werden, das dauernd in ihrem Herzen brennt und das keine andere Natur besitzt als alle Feuer, die sich in unbeseelten Körpern befinden.“

Des Weiteren vergleicht Descartes Menschen, Tiere und Maschinen. Gäbe es, so Descartes, Maschinen mit den Organen und der Gestalt eines Tieres, dann wäre kein Unterschied zwischen ihnen sichtbar. Gäbe es hingegen Maschinen mit den Organen und der Gestalt eines Menschen, dann würden hingegen zwei Unterschiede hervortreten. Der erste Unterschied würde darin bestehen, dass sie nicht wirklich miteinander sprechen könnten. Und der zweite Unterschied würde darin bestehen, dass sie in vielen Sachen versagen würden, weil sie nicht aus Einsicht, sondern vielmehr aus der Einrichtung ihrer Organe her handeln würden. Als Grund für den Unterschied zwischen Mensch und Maschine nennt Descartes die Vernunft, die der Mensch auf alle Situationen anwenden würde. Die Vernunft ist nach seiner Ansicht ein Universalinstrument, das überall nutzbar ist und für viele verschiedene Dinge eingesetzt werden kann. Dagegen bräuchten Maschinen für alle Vorgänge eine besondere Anweisung und könnten nur ein bestimmtes Aufgabenfeld erledigen. Dementsprechend sind Menschen und Maschinen grundlegend voneinander zu unterscheiden. In dieser Hinsicht schreibt Descartes voller Überzeugung:

„Gäbe es dagegen Maschinen, die unseren Körpern ähnlich wären und unsere Handlungen insoweit nachahmten, wie dies für Maschinen wahrscheinlich möglich ist, so hätten wir immer zwei ganz sichere Mittel, um zu erkennen, dass sie keineswegs wahre Menschen sind. Erstens könnten sie nämlich niemals Worte oder andere Zeichen dadurch gebrauchen, dass sie sie zusammenstellen, wie wir es tun, um anderen unsere Gedanken mitzuteilen. … Und zweitens: Sollten diese Maschinen auch manches ebenso gut oder sogar besser verrichten als irgendeiner von uns, so würden sie doch zweifellos bei vielem anderen versagen, wodurch offen zutage tritt, dass sie nicht aus Einsicht handeln, sondern nur aufgrund der Einrichtung ihrer Organe. Denn die Vernunft ist ein Universalinstrument, das bei allen Gelegenheiten zu Diensten steht, während diese Organe für jede besondere Handlung einer besonderen Einrichtung bedürfen …“

Das Tier definiert Descartes als ein Lebewesen ohne Vernunft. Deshalb wäre auch eine Maschine, die die gleichen Organe und den gleichen Körper hätte wie ein Tier, vom Verhalten her von diesem nicht mehr zu unterscheiden. Der Mensch hingegen ist keine Maschine, weil er im Gegensatz zum Tier Vernunft besitzt. Aus diesem Grunde könne man Menschen und Tiere auch nicht gleichsetzen. Mit anderen Worten, Tiere bestehen aus einer rein materiellen Substanz, die nur zu unwillkürlichen Bewegungen in der Lage ist. Im Gegensatz zum Menschen sind sie deshalb unbeseelte Maschinen. Das ist die eine Kehrseite von Descartes’ Philosophie. Hierzu noch einmal Descartes:

„Wenn es Maschinen mit den Organen und der Gestalt eines Affen oder eines anderen vernunftlosen Tieres gäbe, so hätten wir gar kein Mittel zu erkennen, dass sie nicht von genau derselben Natur wie diese Tiere wären."

Für Descartes waren physiologische Modellvorstellungen integraler Bestandteil seiner Philosophie. Er reduzierte den lebenden Organismus des Menschen auf dessen Mechanik und wurde damit zu einem Vertreter der neuzeitlichen Iatrophysik, die von dem italienischen Mediziner Santorio Santorio begründet wurde. Dabei handelt es sich um eine medizinische Lehre, die Lebensvorgänge und die krankhaften Veränderungen im menschlichen Körper auf rein physikalisch-mechanische Prozesse zurückführt. Eine Sichtweise mit verheerender Wirkung. Denn das Denken Descartes' hat Geist und Materie als zwei beziehungslose Sphären in großem Abstand voneinander getrennt. Und damit das Paradigma der Trennung mit weitreichenden Folgen zementiert. Der Mensch fühlt sich so als Träger des Geistes der Natur himmelweit überlegen. Sie wird als etwas Minderwertiges erachtet. Weiterhin zog das cartesianische Denken eine völlig mechanische Auffassung vom Wesen der Natur nach sich. So sind auch die Tiere als seelenlose Automaten der Vernichtungswut anheimgefallen. Von größter Tragweite sollte die strikte Trennung von Körper und Geist jedoch im medizinischen Bereich werden. Denn mit Descartes bricht eine einseitige Überbewertung der somatischen Befunde an. Und der Mensch wird bei der Behandlung von Krankheiten nur noch unter anatomischen, physiologischen und chemischen Gesichtspunkten betrachtet. Der Mensch als lebendige Seele, als personale Geistexistenz wird hingegen kaum noch wahrgenommen. Und selbst im Bereich der Seelsorge kommt es zu einer verkürzten Einstellung, indem sie ihren Auftrag auf die isolierte Seelenpflege reduziert und so die machtvolle Sprache der leiblichen Vorgänge unterschätzt. Vielleicht wurde Descartes aber auch nur falsch verstanden oder falsch interpretiert. Vielleicht wollte man ihn aber auch bewusst falsch verstehen, um ihn zu instrumentalisieren. Zumindest beim Menschen wäre dies durchaus denkbar. Natürlich hat Descartes mit seinem Gedanken eines sich selbst bewussten Ich und der durch Gott garantierten Körperwelt einen Dualismus geschaffen, der wohl die folgenschwerste Trennung von Körper und Geist nach sich zog. Aber es darf auch nicht übersehen werden, dass sich für die cartesianische Philosophie die Schwierigkeit ergibt, die unausgedehnte denkende Substanz mit der ausgedehnten Substanz in einen Wirkungszusammenhang zu bringen. Denn der Mensch ist sowohl denkendes Ich als auch ein in der Körperwelt agierender Leib. Der Mensch ist beides zugleich. Um dieses Problem zu lösen, bediente sich die cartesianische Philosophie einer physiologischen Mutmaßung. Um die denkende Seele und den materiellen Körper zu einer funktionstüchtigen Einheit zu bringen, bedarf es, so Descartes, eines Mittlers, der die so verschiedenen Substanzen zusammenfügt. Und dieser Mittler ist Gott. Nur er allein, als die vollkommene und allwissende Substanz, hat die unbegrenzte Macht, solches zu bewirken. Auch den Ort der Interaktion, also den Punkt, an dem die Seele ihre Funktionen auf den Körper ausübt, vermochte der Naturwissenschaftler Descartes exakt zu benennen. Während Aristoteles noch die Auffassung vertrat, dass der Geist im ganzen Körper verteilt sei, verortete Descartes ihn an einer ganz bestimmten Stelle im Gehirn, nämlich der Zirbeldrüse. Ein kieferzapfenförmig aussehendes und unpaarig angelegtes Organ mit der Größe eines Kleinfingernagels, das sich genau in der Mitte des menschlichen Gehirns befindet. Das aufsitzende Gewächs des Gehirns befindet sich etwas genauer gesagt in einer winzigen Vertiefung hinter und oberhalb der Hypophyse und ist mit dem dritten Gehirnventrikel verbunden. Von hier, so ist Descartes felsenfest überzeugt, gehen die Lebensgeister aus, die als allerfeinste materielle Partikel in alle Teile des Körpers eindringen können, um als Boten die Anordnungen der Seele weiterzugeben. Umgekehrt sind sie auch in der Lage, die Empfindungen des Leibes zurück an die Seele zu melden. So ist die Zirbeldrüse in seinen Augen der wahre Sitz der Seele im Körper. Descartes selbst schreibt zur Geist-Körper-Interaktion:

„Nachdem ich aber die Sache sorgfältig untersucht habe, bin ich mir gewiss, erkannt zu haben, dass der Körperteil, über den die Seele ihre Funktionen unmittelbar ausübt, keineswegs das Herz ist, noch auch das ganze Gehirn, sondern nur der Innerste von dessen Teilen, welches eine gewisse sehr kleine Drüse ist, die inmitten der Hirnsubstanz liegt und so oberhalb des Wegs, den die Lebensgeister von dessen vorderen Kammern zu den hinteren nehmen, hängt, dass ihre kleinsten Bewegungen sehr stark den Strom der Lebensgeister zu verändern vermögen und dass umgekehrt die geringsten Veränderungen, die im Strömen der Lebensgeister vorkommen, sehr viel dazu beitragen, die Bewegungen dieser Drüse zu verändern."

In den Vorstellungen Descartes' sind diese Lebensgeister zwar als körperlich zu denken, ähnlich einer Flamme, doch können sie nirgends anhaften, sodass eine Verbindung mit anderen Teilen des Leibes unmöglich erscheint. Damit hat Descartes, trotz der beschworenen Einheit von Körper und Geist, die Grundlage für ein mechanistisch funktionierendes System angelegt, in dem alles den einfachen Prinzipien von Druck und Stoß gehorcht. Wie wichtig ihm aber diese Einheit war, lässt sich vor allem daran ablesen, dass er deutlich betont hat, dass gewisse Zustände weder auf den Geist allein noch auf den Körper allein bezogen werden dürfen. Es gibt, so Descartes, bestimmte Eigenschaften und Zustände, die aus der Einheit von Körper und Geist resultieren und auch zwingend dieser Einheit zugeschrieben werden müssen. Zu diesen Zuständen zählt Descartes Hunger und Durst, die körperlichen Empfindungen wie Schmerz und Kitzel, die Emotionen wie Zorn, Freude, Trauer und Liebe sowie die Wahrnehmungsempfindungen. Daneben gibt es für ihn auch Eigenschaften und Zustände, die ausschließlich dem Geist zugeschrieben werden müssen, wie mathematisch-logisches Denken oder die reine Imagination. Oder Eigenschaften und Zustände, die ausschließlich dem Körper zuzuschreiben sind, wie etwa quantitative und geometrische Eigenschaften, die mathematisch erfassbar sind. Besonders deutlich hebt dies Descartes in einem Brief an Elisabeth von Böhmen vom 28.06.1643 hervor:

„Die Dinge endlich, die der Vereinigung von Seele und Körper zugehören, lassen sich nur dunkel durch das Begriffsvermögen allein, auch nicht durch das von der Vorstellungskraft unterstützte Begriffsvermögen erkennen, sondern sie werden sehr deutlich durch die Sinne erkannt. Daher kommt es, dass diejenigen, die niemals philosophieren und sich nur ihrer Sinne bedienen, nicht daran zweifeln, dass die Seele den Körper bewegt und dass der Körper auf die Seele wirkt; sie betrachten aber beide als eine einzige Sache, das heißt, sie begreifen nur ihre Vereinigung; denn die zwischen zwei Dingen bestehende Vereinigung begreifen heißt, sie als ein einziges begreifen."

Descartes nimmt in seiner Philosophie ausdrücklich eine dreifache Klassifikation vor. Für ihn verhält sich der Geist zum Körper folglich nicht wie der Kapitän zum Boot, sondern er bildet mit ihm eine Einheit. Nach Descartes können wir zwar mithilfe theoretischer Überlegungen einen klaren Begriff vom Geist als denkender Substanz und einen klaren Begriff vom Körper als ausgedehnter Substanz erhalten, diese Überlegungen sind aber eben genau deshalb völlig ungeeignet, um uns die Einheit oder Wechselwirkung von Geist und Körper wirklich verständlich zu machen. Es darf deshalb davon ausgegangen werden, dass Descartes, obwohl im überwiegenden Teil der Literatur der cartesianische Dualismus als Trennung von Körper und Geist verstanden wird, möglicherweise missinterpretiert wurde. Aber ist das denkbar? Die cartesianische Spaltung von Körper und Geist, die zur Grundlage der modernen Wissenschaften wurde und einen massiven Einfluss auf das neuzeitliche Denken genommen hat, der cartesianische Dualismus, der das philosophische Denken bis heute geprägt hat, alles eine Fehlinterpretation? Vielleicht, vielleicht auch nicht. Es ist auch nicht zwingend von Belang, denn die mechanistische Schlussfolgerung wurde spätestens unausweichlich, als Galileo Galilei die Subjektivität aus der Wirklichkeit und Gott aus dem Alltagsgeschehen der Welt ausschloss. So gesehen war Descartes möglicherweise nur noch der berühmte letzte Tropfen, der das bis dato gefüllte Fass schließlich zum Überlaufen brachte. Die prägende Figur für den Beginn der Neuzeit, die den Grundstein für den Übergang vom mittelalterlichen zum klassisch wissenschaftlichen Denken legte und somit den Weg für die Mechanisierung bereitete, war deshalb eher Galileo Galilei. Aber auch hierüber lässt sich sicherlich vortrefflich streiten. Unbestreitbar hingegen sind in der cartesianischen Philosophie die Unsterblichkeit der Seele sowie die exakte Vorstellung eines Interaktionismus. Was die Unsterblichkeit der menschlichen Seele anbelangt, war es das erklärte Ziel Descartes', mit seinen Meditationen ebendies und die Existenz Gottes zu beweisen. So leitet sich der cartesianische Beweis für die Unsterblichkeit der Seele aus der Überlegung ab, dass der Geist nicht vom Körper und somit auch nicht vom Gehirn hervorgebracht wird, sondern eine eigene und völlig andersgeartete ontologische Entität darstellt. Wenn dem so ist, so Descartes in seinen Überlegungen weiter, dann müsse er auch nicht zwangsläufig mit dem Körper vergehen. Der Geist müsste dann außerhalb des Körpers weiterexistieren können. In dieser Hinsicht formuliert Descartes sein metaphysisches Argument in der sechsten Meditation mit den Worten:

„Und obwohl ich vielleicht – oder sogar gewiss, wie ich später darlegen werde – einen Körper habe, der mit mir sehr eng verbunden ist, so ist doch, da ich auf der einen Seite eine klare und deutliche Idee von mir selbst habe, insofern ich nur ein denkendes, nicht ausgedehntes Ding bin, und auf der anderen Seite eine deutliche Idee vom Körper, insofern dieser nur ein ausgedehntes nicht denkendes Ding ist, so ist, sage ich, gewiss, dass ich von meinem Körper wirklich verschieden bin und ohne ihn existieren kann."

Und in seiner Abhandlung über die Methode des richtigen Vernunftgebrauchs, die erstmals 1637 anonym in Leiden in französischer Sprache erschien, schreibt Descartes in Bezug auf die Seele:

„Sodann hatte ich die vernünftige Seele beschrieben und gezeigt, dass sie unmöglich wie die anderen Wesen, von denen ich geredet, aus dem Vermögen der Materie herrühren könne, sondern dass sie ausdrücklich geschaffen sein müsse, und wie es nicht genug sei, dass sie im menschlichen Körper wohne, wie der Steuermann im Schiff, etwa nur um dessen Glieder zu bewegen, sondern dass sie enger mit ihm verbunden und vereinigt sein müsse, um auch den unsrigen ähnliche Empfindungen und Triebe zu haben und auf diese Weise einen wirklichen Menschen zu bilden. Übrigens habe ich mich hier über das Thema der Seele ein wenig verbreitet, weil es zu den wichtigsten gehört. Denn nach dem Irrtum der Gottesleugnung, den ich oben hinlänglich widerlegt zu haben meine, gibt es keinen, der schwache Gemüter mehr vom rechten Wege der Tugend entfernt, als wenn sie sich einbilden, die Seele der Tiere sei mit der unsrigen wesensgleich und wir hätten daher nach diesem Leben nichts zu fürchten noch zu hoffen, nicht mehr als die Fliegen und die Ameisen. Weiß man dagegen, wie sehr beide sich unterscheiden, so begreift man die Beweisgründe weit besser, wonach unsere Seele ihrem geistigen Wesen nach vollkommen unabhängig vom Körper und also der Notwendigkeit nicht unterworfen ist, mit ihm zu sterben; und da man auch sonst keine Ursachen sieht, welche ihre Zerstörung bewirken, so kommt man zu dem Urteil, dass die Seele unsterblich sei."

In Bezug auf den Interaktionismus ging Descartes von der Überlegung aus, dass der materielle Körper als Res extensa und der immaterielle Geist als Res cogitans sicherlich zwei vollkommen unterschiedliche Substanzen darstellen, die aber schon allein aus empirischen Gründen miteinander in Wechselwirkung stehen müssen. Sie müssen somit aufeinander einwirken, das heißt, sie beeinflussen einander gegenseitig kausal. Der Geist beeinflusst den Körper in Form von Handlungen und der Körper den Geist in Form von Wahrnehmungen. Oder anders ausgedrückt, Zustände im Körper einer Person, wie Gewebeverletzungen und Schmerzen, verursachen Zustände in ihrem Geist, ebenso wie umgekehrt auch Zustände in ihrem Geist, etwa Wünsche und Handlungen, wiederum Zustände in ihrem Körper verursachen. Wahrnehmungen entstehen nach den Vorstellungen Descartes' dadurch, dass die von den Sinnesorganen kommenden Nerven auf der im Gehirn befindlichen Zirbeldrüse ein Abbild der wahrgenommenen Dinge erzeugen, das vom Geist dann wahrgenommen werden kann bzw. im Geist einen entsprechenden Wahrnehmungseindruck herbeiführt. Umgekehrt entstehen Willenshandlungen dadurch, dass der Geist einen Willensakt vollzieht, der eine Bewegung der Zirbeldrüse bewirkt, die ihrerseits zur Folge hat, dass sich die Lebensgeister in Form allerfeinster materieller Partikel im Gehirn genau in die Nerven bewegen, die zu den entsprechenden Muskeln führen. Das Nervensystem war für Descartes folglich mit einer hydraulischen Vorrichtung von wassergefüllten und miteinander verbundenen Röhren zu vergleichen. Durch diese kleinen Nervenröhrchen sollten die Lebensgeister nach Descartes' Vorstellung aus dem Gehirn in alle angesprochenen Muskeln abfließen, wobei sich die Muskeln daraufhin ausdehnen und die Gliedmaßen infolgedessen in Bewegung setzen. In seinem 1662 erschienenen Traktat „Traité de l'homme" führt Descartes diesen Gedanken näher aus mit den Worten:

„Ist das Feuer dem Fuße nahe, so besitzen die Feuerteilchen … die Kraft, in die Haut des Fußes einzudringen; während sie so den dünnen Faden bewegen, der am Grund der Zehen und am Nerven befestigt ist, öffnen sie gleichzeitig den Eingang der Pore, an dem dieser Faden endigt, genau so, als würde man am Ende einer Schnur ziehen und damit eine Glocke zum Klingen bringen. Da nun die Pore offensteht, kann durch sie der Lebensgeist aus der Höhle entweichen und fortgeleitet werden, ein Teil in die Muskeln, die den Fuß vom Feuer zurückziehen, ein Teil in die Muskeln, die Augen und den Kopf dem Fuße zuwenden, und ein Teil in jene Muskeln, die die Hände vorrecken und den Körper beugen, um den Fuß zu schützen."

Aus dieser Vorstellung erwuchs jedoch eine neue Problematik. Wenn der Geist in Form von Willenshandlugen den Körper kausal beeinflusst, dann bringt er dort Energie hinein und erhöht somit die Gesamtenergiemenge. Descartes war zu seiner Zeit der genaue Gehalt der Erhaltungssätze der Physik zwar noch unbekannt, denn diese wurden erst sehr viel später exakt ausformuliert, trotzdem war er sich dieser Problematik durchaus bewusst. Er glaubte aber das Problem lösen zu können, indem er annahm, dass der menschliche Geist nur die Richtung, aber nicht die Größe der Geschwindigkeit der Lebensgeister verändere. Doch genau an dieser Stelle brach Descartes' Theorie völlig zusammen. Denn spätestens seit Leibniz war klar, dass diese Annahme das Problem nicht lösen kann, weil auch nur eine Richtungsänderung der Lebensgeister den Impuls der betroffenen Teilchen verändert und daher den Satz der Impulserhaltung verletzt. Und es kam noch schlimmer. Im Verlaufe der weiteren Forschungen entpuppte sich nämlich das Nervensystem nicht als eine hydraulische Vorrichtung, in der die Lebensgeister fließen, sondern als ein in sich vernetztes Organ. Die peripheren Nerven, so die Forschung, bestehen aus gebündelten und parallel verlaufenden Nervenfasern mit einer Umhüllung aus Bindegewebe. Damit offenbarte sich das periphere Nervensystem als das Stromkabelnetz des menschlichen Körpers, das der elektrochemischen Übertragung von Informationen dient. Und auch die Zirbeldrüse erwies sich nicht als Seelensitz, sondern als ein kleines Organ, welches das Hormon Melatonin produziert und somit neben dem Schlaf-wach-Rhythmus auch andere zeitabhängige Rhythmen des Körpers steuert. Es gelang Descartes folglich nicht, den genauen Zusammenhang von Leib und Seelenbewegungen mit den Mitteln seiner Zeit zu erklären. Weiterhin blieb deshalb das „Wie" der mentalen Verursachung bestehen. Aber auch wenn Descartes das Problem bekanntlich nicht lösen konnte, lösten seine aussichtslosen Erklärungsversuche zumindest den Beginn der Debatte um das Problem der mentalen Verursachung aus. So gesehen hatte die cartesianische Metaphysik eine doppelte Funktion. Erstens stand sie insofern am Anfang der Wissenschaft, als in ihr die Möglichkeit von Wissenschaftlichkeit überhaupt thematisiert wurde, und zweitens war die Metaphysik selbst eine Wissenschaft, die von der immateriellen Substanz handelte.

Schwierigkeiten des interaktionistischen Substanzdualismus

Die Schwierigkeiten des interaktionistischen Substanzdualismus beginnen genau an dem Punkt, an dem die Theorie Descartes' zusammengebrochen ist, nämlich der Wechselwirkung. Sie ist die Achillesferse seiner Überlegungen, die im Wesentlichen drei große Schwierigkeiten aufwirft. Das erste große Problem des interaktionistischen Substanzdualismus ist die Interaktion selbst, denn die Frage nach der kausalen Interaktion, also danach, wie zwei so verschiedene Substanzen wie Körper und Geist überhaupt kausal aufeinander einwirken können, bleibt nach dem Zusammenbruch nach wie vor völlig unbeantwortet. Gleichzeitig zieht es auch das sogenannte „Anschlussproblem" nach sich, also die Frage, wo die geistigen Prozesse auf die materielle Welt einwirken und auf welche Weise sie das können. Die zweite große Schwierigkeit des interaktionistischen Substanzdualismus betrifft das sogenannte „Kausalitätsproblem", also das Prinzip der kausalen Geschlossenheit der physikalischen Welt. Dieses besagt, dass nur physikalische Ereignisse kausal auf physikalische Ereignisse einwirken können. Der Geist aber ist etwas völlig anderes als die Materie. Er ist nicht physisch. Wie aber kann er dann physisch wirken? Eine Wechselwirkung zwischen Geist und physikalischer Welt verletzt somit das Prinzip von der kausalen Geschlossenheit der physikalischen Welt. Die dritte große Schwierigkeit des interaktionistischen Dualismus betrifft den Energieerhaltungssatz. Dieser besagt, dass die Gesamtenergiemenge in einem geschlossenen System immer konstant bleibt. Die Verursachung von etwas in der physikalischen Welt ist aber immer mit dem Fließen von Energie verbunden. Wenn jedoch aus der Welt des Geistes Energie in die physikalische Welt fließt, dann müsste die Gesamtmenge an Energie in der physikalischen Welt dadurch anwachsen. Dies aber wäre ein Verstoß gegen ein fundamentales Naturgesetz. Aus den drei großen Schwierigkeiten, die sich aus der Position des interaktionistischen Substanzdualismus ergeben, entspringen begreiflicherweise natürlich auch weitere Fragen, die neben den Kernproblemen von dieser philosophischen Position aus zwingend beantwortet werden müssen, wenn sie denn wirklich ernst genommen werden will. So stellt sich zum einen die Frage, auf welche Weise geistige Prozesse auf neuronale Prozesse im Gehirn, also auf die materielle Welt, einwirken können und umgekehrt. Weiterhin bleibt zu beantworten, wo, also an welchem Ort im Gehirn, die geistigen Prozesse in die materielle Welt eingreifen. Dann stellt sich die Frage, wie der Geist in die Welt des Physischen eingreifen kann, wenn diese doch kausal geschlossen ist. Wie, so die nächste Frage, wäre eine solche Interaktion mit den Erhaltungssätzen der Physik zu vereinbaren? Daneben ist die Frage zu beantworten, warum der Geist nur auf das Gehirn und nicht auf andere Körperteile einwirken kann und warum der Geist überhaupt ein Gehirn benötigt, um Bewegungen in Gang zu setzen. Auch stellt sich in diesem Zusammenhang die Frage, woher der immaterielle Geist eigentlich weiß, zu welchem Gehirn er gehört, warum wir überhaupt ein so komplexes Gehirn benötigen und warum er nur auf das eigene Gehirn und nicht auf die Gehirne anderer Menschen einwirken kann. Auch stellt sich zu guter Letzt die Frage, warum der Geist nicht auf andere materielle Dinge einwirken kann. All diese wichtigen Fragen bleiben aber ohne Ausnahme unbeantwortet. Die Schwächen, mit denen der interaktionistische Substanzdualismus zu kämpfen hat, halten viele Philosophen heute für so gravierend, dass sie eine solche Position zur Erklärung des Leib-Seele-Problems gänzlich ablehnen. Von anderen Philosophen und Naturwissenschaftlern hingegen wird er trotz seiner immensen Schwächen nach wie vor vertreten. So waren beispielsweise neben Descartes auch der Vater der Neurochirurgie Wilder Graves Penfield, der australische Physiologe und Nobelpreisträger Sir John Carew Eccles, der österreichisch-britische Philosoph Sir Karl Raimund Popper, der österreichische Philosoph Josef Seifert und die deutschen Philosophen Martin Carrier und Jürgen Mittelstraß die maßgebenden Vertreter des interaktionistischen Substanzdualismus.

1.1.1.2 Nichtinteraktionistischer Substanzdualismus

Leibniz und Malebranche teilten zwar den cartesianischen Dualismus, hielten seinen Interaktionismus jedoch für unplausibel und vertraten aus diesem Grund einen anderen Ansatz.

Variante A: Psychophysischer Parallelismus

Der psychophysische Parallelismus wurde von Gottfried Wilhelm Leibniz ins Spiel gebracht. Danach sind die Welten des Physischen und des Mentalen vollständig voneinander getrennt, ohne jedwede Wechselwirkungen zwischen ihnen. Geist und Körper können folglich in keiner Weise aufeinander einwirken und sich somit auch nicht gegenseitig beeinflussen. Sie existieren parallel nebeneinander, daher die Bezeichnung. Leibniz verglich den Körper und den Geist mit zwei synchron laufenden Uhren, die ganggleich aufeinander abgestimmt sind. Er ging davon aus, dass physische und mentale Prozesse parallel ablaufen müssen, wie zwei synchronisierte Uhren, ohne jedoch voneinander verursacht zu sein. Diesen Gleichgang erklärte Leibniz mit dem System der prästabilisierten Harmonie. Danach hat Gott die beiden Uhren von Anfang an mit solch präziser Ganggenauigkeit ausgestattet, dass sie bis in alle Ewigkeit exakt gehen.

Variante B: Okkasionalismus

Nicolas Malebranche, ein jüngerer Zeitgenosse und Anhänger von René Descartes, übernahm dessen dualistisches Konzept. Er setzte sich intensiv mit dem Kausalitätsproblem auseinander und lieferte hierfür eine Lösung. Demnach stehen Körper und Geist in keinerlei Wechselwirkung. Das heißt, dass Geist und Körper keinen kausalen Einfluss aufeinander ausüben. Die entsprechenden Veränderungen von Körper und Geist werden von Gott registriert, der die entsprechenden geistigen oder körperlichen Prozesse auslöst. Gott sorgt also dafür, dass physische und psychische Prozesse einander entsprechen. Materielles und Geistiges können so von Gott in jedem Moment neu koordiniert werden. Diese Vorstellung fand jedoch kaum Anhänger.

Schwierigkeiten des nichtinteraktionistischen Dualismus

Eine erste Schwierigkeit des nichtinteraktionistischen Dualismus besteht darin, dass er der persönlichen menschlichen Erfahrung widerspricht. Denn es ist bekannt, dass Menschen sich körperlich gut fühlen können, jedoch seelisch leiden. Auch ist der umgekehrte Fall möglich, nämlich körperlich zu leiden, aber geistig dennoch gesund zu sein. Wie soll das möglich sein, wenn doch Körper und Geist parallel laufen? Das zweite Problem ergibt sich aus der Überlegung, dass Körper und Geist synchron wie zwei Uhren laufen sollen. In einer solchen Vorstellung funktioniert die Seele wie ein Automat und damit vorher bestimmbar, also deterministisch. Nach einer derartigen Vorstellung wäre sogar das ganze Universum deterministisch. Wenn aber alles vorher bestimmbar sein soll, dann gibt es in einem solchen System auch keine Willensfreiheit und damit letzten Endes keine moralische Verantwortung. Dieses Argument wurde von dem Schweizer Mathematiker und Physiker Leonhard Euler (1707–1783) hervorgebracht. Die dritte Schwierigkeit mit dem nichtinteraktionistischen Dualismus resultiert aus dem Umstand, dass sowohl der psychophysische Parallelismus wie auch der Okkasionalismus einen Rückgriff auf Gott nehmen und somit metaphysische, also übersinnliche Vorstellungen vertreten. Solche Vorstellungen können experimentell nicht überprüft werden. Sie sind daher analytisch nicht belegbar. Man kann somit weder die Richtigkeit noch die Unrichtigkeit naturwissenschaftlich beweisen. Deshalb sind derartige Vorstellungen auch kein Gegenstand naturwissenschaftlicher Untersuchungen. Man kann an sie glauben oder eben nicht. Nichtinteraktionistische Varianten des Dualismus eignen sich daher eher dazu, die Schwere des Problems herauszustellen, als es zu lösen.

2. Monistische Lösungsansätze

Nachdem das Leib-Seele-Problem von René Descartes formuliert und weder durch den interaktionistischen Dualismus noch durch weitere dualistische Vorstellungen zufriedenstellend gelöst werden konnte, blieb, so nach Ansicht mancher Autoren, ein regelrechter Fluch, der auf der Philosophie lastete und der zu zwei weiteren Anschauungsformen führte, die man Idealismus und Physikalismus nennt. Es wird aber wohl eher pragmatische als mythische Gründe gehabt haben, denn es lag einfach nahe, sich vorerst von dualistischen Gedankengängen zu trennen und nach anderen Lösungsansätzen zu suchen. Ein Lösungsansatz bestand nun darin, die genau gegenteilige Position einzunehmen und nicht mehr von zwei voneinander unabhängigen Substanzen, also einer mentalen und einer physischen Substanz, zu sprechen, sondern nur noch von einer Substanz auszugehen. Folgt man diesem Gedanken und geht nur noch von einer einzigen Substanz aus, gelangt man zu den monistischen Lösungsansätzen. Geht man weiterhin von dem Gedanken aus, dass diese einzig existierende Substanz eine mentale und somit geistige ist, so gelangt man zum Idealismus. Geht man hingegen davon aus, dass die einzig existierende Substanz eine physische ist, kommt man zum Physikalismus. Die neuen Lösungsansätze hatten den Vorteil, dass sie den Schwierigkeiten, die der Dualismus mit sich brachte, begegnen konnten. Allerdings brachten die neuen Lösungsansätze auch neue Schwierigkeiten mit sich, die genauso unüberwindbar erschienen wie die des interaktionistischen Substanzdualismus.

2.1 Theorien des Idealismus

2.1.1 Solipsismus

Nach der Vorstellung des Solipsismus existiert keine physikalische Welt, sondern nur der Geist existiert wirklich. Man spricht in diesem Zusammenhang auch vom Immaterialismus. Da Materie nur in der Wahrnehmung existiert, ist sie nur eine Erscheinungsform des Geistes. Sein heißt also wahrgenommen zu werden. Denn wir können uns kein Ding vorstellen, welches unabhängig von unserem Bewusstsein existiert. Eine solche Vorstellung haben beispielsweise der irische Philosoph und Theologe George Berkeley (1685–1753) und der deutsche Philosoph Johann Gottlieb Fichte (1762–1814) vertreten. Beide gingen von der Vorstellung aus, dass nur das Seelisch-Geistige wirklich existiert und das Physische nur ein Teil dessen ist. Eine solche Position nennt man auch subjektiven Idealismus. Sie führt aber letzten Endes zum Solipsismus und damit zu der Auffassung, dass alles, was existiert, nur der Geist ist und alles andere eine Schöpfung des Bewusstseins darstellt. Es ist eine weitergedachte Form des subjektiven Idealismus, die man deswegen auch absoluten Idealismus nennt. Vertreter dieser Position waren die deutschen Philosophen Immanuel Kant (1724–1804) und Georg Wilhelm Friedrich Hegel (1770–1831), wobei Kant sowohl für als auch gegen den Solipsismus war. Unter dem Begriff „Ding an sich“ hat Kant dabei jene Wirklichkeit verstanden, wie sie unabhängig von aller Erfahrungsmöglichkeit besteht. Die absolute Realität, wenn man so möchte. Wir selbst erkennen das Wirkliche nur in den Formen der Anschauung von Raum und Zeit und des Denkens in Form der Kategorien. Diese Formen haben die Wirklichkeit nur in Beziehung auf das erfahrende Bewusstsein, nur als Gegenstand eines solchen, nicht an sich selbst. Kant schrieb daher hierzu:

„Was die Dinge an sich sein mögen, weiß ich nicht und brauche es nicht zu wissen, weil mir doch niemals ein Ding anders als in der Erscheinung vorkommen kann."

Kant III, 297

In den Vorstellungen des Solipsismus ist man davon überzeugt, dass Gott dem Menschen seine Bewusstseinsinhalte direkt in seinen Geist eingibt, ohne dabei den umständlichen Umweg über eine physikalische Welt und somit über einen Wahrnehmungsprozess gehen zu müssen. Eine derartige Vorstellung ist eine durchaus elegante Lösung des Leib-Seele-Problems, weil sie zum einen sehr einfach ist und zum anderen sämtliche Probleme, die mit dualistischen Vorstellungen und dem Physikalismus verbunden sind, vermeidet.

Schwierigkeiten des Solipsismus

Denkt man den Solipsismus zu Ende, sagt er aus, dass mein eigenes Ich das einzig existierende Ich ist. Der Philosoph Arthur Schopenhauer sagte deshalb bezugnehmend auf den Solipsismus: „Ein Solipsist ist ein in ein uneinnehmbares Blockhaus verschanzter Irrer." Eine weitere Schwierigkeit dieser philosophischen Position ergibt sich noch aus einer anderen Überlegung. Wenn Gott dem Menschen seine Bewusstseinsinhalte direkt in seinen Geist eingibt, haben wir keinerlei Möglichkeiten, unseren eigenen Erkenntnisprozess von außen zu beobachten und zu erkennen, wer oder was unsere Eindrücke verursacht. Wir wären somit auch nicht in der Lage zu überprüfen, ob es eine materielle Welt überhaupt gibt. Damit aber ist eine naturwissenschaftliche Überprüfung einer solipsistischen Position nicht möglich. Und weil die Unrichtigkeit naturwissenschaftlich nicht bewiesen werden kann, bleibt der Solipsismus lediglich eine metaphysische Vorstellung. Eine solche Vorstellung ist kein naturwissenschaftlicher Gegenstand. Sie ist spekulativ und auf keine Weise analytisch überprüfbar. Man kann folglich daran glauben oder auch nicht.

2.2 Theorien des Physikalismus

Was in der Blütezeit des philosophischen Idealismus noch niemand ahnte oder gar für möglich hielt, das sollte sich gleichwohl im Anschluss bewahrheiten. 1831 starb Hegel und mit ihm die spekulative Kraft des idealistischen Denkens. Die nachkommenden Geschlechter empfanden den Enthusiasmus von Kant, Fichte und Hegel als wirklichkeitsfremd und schenkten ihm kein Gehör mehr. Sie ließen sich stattdessen lieber von dem gesellschaftspolitischen Materialismus faszinieren. Und damit schlug endgültig die Stunde des Physikalismus. Der Physikalismus hat aber mehrere Spielarten, die sich in drei große Unterpositionen einteilen lassen. Zu unterscheiden sind der eliminative, der reduktive und der nichtreduktive Physikalismus. Vor allem der reduktive und der nichtreduktive Physikalismus besitzen dabei zahlreiche Varianten. Allen gemeinsam ist jedoch die These, dass in der Welt nichts existiert, das nicht aus Materie besteht und den physikalischen Gesetzen gehorcht.

2.2.1 Eliminativer Physikalismus

Der eliminative Physikalismus ist die radikalste Form des physikalischen Denkens. Seine prominenten Vertreter sind Patricia und Paul Churchland sowie Daniel Dennett. Nach der Überzeugung des eliminativen Physikalismus gibt es keine mentalen Zustände. Sie sind nur ein Produkt der Alltagspsychologie. Diese habe Wünsche, Meinungen, Vorstellungen und Gedanken eingeführt, die in Wirklichkeit gar nicht existieren. Und weil es sie nicht gibt, werden sie auch aus dem Weltbild dieser Form des Physikalismus komplett eliminiert. Der Vorteil dieser philosophischen Richtung besteht darin, dass man durch die Ausblendung des Geistigen solch schwierige Problemfelder wie Bewusstsein, Verhalten und Gehirn einfach umgeht. Die Eliminierung des Mentalen eliminiert auch komplexe Fragen. Wie sich beispielsweise die mentalen Prozesse mit den physischen Prozessen vereinbaren lassen. Allerdings bringt eine derart radikale Sichtweise auch zahlreiche Probleme mit sich.

Schwierigkeiten des eliminativen Physikalismus

Die Behauptung, dass es das Geistige nicht gibt, ist der menschlichen Erfahrung völlig entgegengesetzt. Diesem Einwand könnte man noch entgegensetzen, dass es durchaus möglich sei, dass die menschliche Erfahrung an diesem Punkt in die Irre geht und somit einer Illusion unterliegt. Doch auch wenn das Geistige nur eine reine Illusion wäre, so müsste man doch auch das Entstehen dieser Illusion erst einmal erklären können. Außerdem macht die Unterscheidung zwischen Illusion und Realität in Bezug auf das eigene bewusste Erleben überhaupt keinen Sinn. Denn selbst wenn ich mir nur etwas einbilde, das es in Wirklichkeit gar nicht gibt, vielleicht eine Wolldecke, die ich in der Nacht irrtümlicherweise als Wolf interpretiere, so ist doch dieser Wolf aus meiner subjektiven Erlebnisperspektive durchaus real und für mich existent. Ich kann folglich in Bezug auf externe Dinge durchaus einer Illusion unterliegen, aber bei meinen inneren Erlebnissen ist das nicht möglich. Ich kann mich zwar durchaus in Bezug auf die Existenz des Wolfes irren, aber nicht in Bezug auf mein Erleben des Wolfes. Denn dieses ist für mich persönlich absolut real. Eine weitere Schwierigkeit für den eliminativen Physikalismus ergibt sich aus der Tatsache, dass schon der bloße Zweifel am Geistigen bereits ein geistiger Akt ist. Wie aber soll das möglich sein, wenn doch das Geistige gar nicht existiert? Schon allein die Existenz des eliminativen Physikalismus bedeutet doch, dass es ein geistiges Wesen gegeben haben muss, welches diese Theorie in die Welt gesetzt hat. Wenn aber das Geistige völlig negiert wird, dann dürfte es doch diese Theorie erst gar nicht geben. Ein klarer Widerspruch in sich. Und das ist auch das große Problem des eliminativen Physikalismus. Er ist so radikal, dass er sich gleich selbst mit eliminiert. Arthur Schopenhauer hat diesbezüglich einmal bemerkt: „Der Materialismus ist die Philosophie des bei seiner Rechnung sich selbst vergessenden Subjekts." Trefflicher und pointierter kann man es nicht mehr ausdrücken.

2.2.2 Reduktiver Physikalismus

Der Begriff des Physikalismus wurde im Wiener Kreis insbesondere durch den österreichischen Philosophen und Nationalökonomen Otto Neurath (1882–1945) sowie den deutschen Philosophen Rudolf Carnap (1891–1970) in einer Reihe von Aufsätzen in der ersten Hälfte des 20. Jahrhunderts geprägt. Der Physikalismus in seiner reduktiven Form ist ein Substanzmonismus mit einer ganz klaren und einfachen Grundthese. Und diese Grundthese besagt, dass alles, was es gibt, physischer Natur ist. Das bedeutet, dass alle Dinge, mit denen wir es in der Realität zu tun bekommen, physische Dinge sind. Es bedeutet ferner, dass alle Eigenschaften, die uns in diesem Leben begegnen, physische Eigenschaften sind. Und es bedeutet darüber hinaus, dass alle Ereignisse, welche in dieser Realität stattfinden, physische Ereignisse sind. Damit ist die Welt des Physikalismus die Welt der Physik. Von der Physik hat er auch seinen Namen erhalten. Alles, was in dieser Welt existiert, ob Körper oder Geist, lässt sich demnach mit den Mitteln der Physik und ihrer Sprache, der Mathematik, hinlänglich erklären. Und damit ist für den Physikalismus noch etwas ganz klar, nämlich die These, dass es jenseits des Physischen nichts gibt. Darin sind sich seine Anhänger einig. Deshalb beantwortet der Physikalismus die ontologische Grundfrage, was es gibt, unmissverständlich dahingehend, dass es nur eine materielle Entität gibt. Immaterielle Entitäten existieren für ihn nicht wirklich. Natürlich gibt es für den Physikalisten neben der physischen Welt, die gleichsam sein Fundament darstellt, auch Geistiges. Aber dieses Geistige versteht er dahingehend, dass es in einem abgeleiteten Sinne physisch ist. Immaterielle Dinge mit den dazugehörigen Eigenschaften sind seiner Ansicht nach von physischen Dingen und Eigenschaften ontologisch abhängig. Um für den Physikalisten akzeptabel zu sein, muss es sich bei geistigen Eigenschaften nicht um im wahrsten Sinne des Wortes physische Eigenschaften handeln. Für ihn ist nur wichtig, dass sie vom Physischen ontologisch abhängen und man ihnen somit eine physische Natur zusprechen kann. Solange das der Fall ist, ist die Welt für den Physikalisten in absoluter Ordnung. Ja, sagt der Physikalist zu den mentalen Eigenschaften, diese gibt es zwar, aber sie kommen auf der grundlegenden Ebene der Welt nicht vor. Das ist der Kern seines physikalistischen Weltbildes. Damit sind für den reduktionistischen Physikalisten alle Entitäten und Geschehnisse direkt oder indirekt aus der Physik ableitbar. Gehirn und Geist werden somit gleichgesetzt. Das Bewusstsein des Menschen ist für den reduktionistischen Physikalisten dementsprechend nichts weiter als das bloße Feuern von Neuronen. Es sind in seinem Weltbild die materiellen Strukturen, die das Bewusstsein erzeugen. Das menschliche Bewusstsein wird so mit einer physikalischen Struktur gleichgesetzt bzw. aus dieser abgeleitet. Die Idee eines immateriellen Bewusstseins hingegen findet hier ganz klar eine deutliche Ablehnung. Denn für den reduktionistischen Physikalisten gibt es nichts eigenständig Geistiges, sondern nur Materielles. Der Physikalismus wird daher auch manchmal als Materialismus bezeichnet. Allerdings wird dieser Begriff so gut es geht vermieden, denn mentale Eigenschaften, die auf rein Physisches reduziert werden sollen, besitzen schließlich keine Masse, keine Ausdehnung und auch keine Festigkeit, so wie man es von der Materie her kennt, sodass der Begriff des Physikalismus gerne vorgezogen wird. Außerdem hat selbst die moderne Physik mittlerweile ein handfestes Problem damit, alles rein materiell aufzufassen. Man denke hier nur an die elektromagnetische Strahlung oder an die Gravitation. Dennoch gibt es für den eingefleischten Physikalisten nicht so etwas wie die ewigen Ideen, sondern nur sich wandelnde Atome. Deshalb erklären Physikalisten in der Regel, dass die Welt in einem wichtigen Sinne nur aus Elementarteilchen besteht. Selbstverständlich gibt es für den Physikalisten zahlreiche verschiedene physische Objekte, wie Bäume, Steine oder Kaninchen, doch alle diese Objekte sind letztlich nichts anderes als Anordnungen von Elementarteilchen. Das ist die zentrale Idee des sogenannten „Schichtenmodells der Realität". In diesem Modell wird jedes Objekt durch Objekte der nächstniedrigeren Schicht zusammengesetzt. Die grundlegenden physischen Entitäten sind dabei die Elementarteilchen und deren Eigenschaften. Zu den komplexen physischen Entitäten zählt dagegen alles, was aus den grundlegenden physischen Entitäten zusammengesetzt ist oder sich aus deren Zusammensetzung ergibt. Im Rahmen dieses Schichtenmodells lautet die zentrale These des Physikalismus folglich, dass sich alles aus der Zusammensetzung der grundlegenden physischen Entitäten ergibt. So ergeben sich aus der Zusammensetzung von Elementarteilchen Moleküle. Aus der Zusammensetzung von Molekülen entstehen dann beispielsweise Eiweiße oder andere Grundbausteine. Aus den verschiedenen Grundbausteinen entstehen dann möglicherweise Zellstrukturen. Aus der Zusammensetzung der verschiedenen Zellstrukturen entstehen dann Zellen. Aus dem Zusammenschluss von Zellen entstehen verschiedene Organe. Aus der Zusammensetzung verschiedener Organe entstehen wiederum verschiedene Lebewesen wie Tiere und Menschen. Denkt man das Modell weiter, entstehen auf diese Weise ganze Welten und Planeten, Sonnensysteme, Galaxien und letzten Endes das ganze Universum. Sie alle, ohne Ausnahme, also auch der Mensch, sind für den Physikalisten physische Gegenstände, die aus Elementarteilchen zusammengesetzt sind. Und weil alle Objekte aus Elementarteilchen Schicht für Schicht zusammengesetzt sind und sich alle Eigenschaften der verschiedenen Objekte aus den Eigenschaften der Elementarteilchen ergeben, sollte es auch im Prinzip möglich sein, alles auf der Ebene der Mikrophysik zu erklären und somit alle wissenschaftlichen Theorien auf die Mikrophysik zu reduzieren. Aus dieser Perspektive nimmt es auch nicht wunder, dass der Physikalismus und seine Anhänger sich auf die Erfolgsgeschichte der modernen Naturwissenschaften berufen. Die Welt des Physikalismus ist die Welt der Naturwissenschaften mit der Leitwissenschaft Physik und ihrer mathematischen Sprache. Den Naturwissenschaften wird deshalb auch eine alles erklärende Position zugesprochen. In der Welt des Physikalismus existieren nur Strukturen, Funktionen und Relationen sowie Regeln und Gleichungen. Deshalb lässt sich auch die ganze Welt in der Sprache der Mathematik einfangen. Unsere Welt und unser Universum ist in den Augen des Physikalisten eine raumzeitlich organisierte, kausal verknüpfte und unter Naturgesetzen stehende Gesamtheit konkreter Dinge und ihrer Eigenschaften. Und in dieser Gesamtheit kommen ausschließlich Entitäten mit einer physischen Natur vor. Und weil dem so ist, schreibt der Physikalismus den Naturwissenschaften die Fähigkeit zu, eine komplette und präzise mathematisch funktionale Landkarte der gesamten Natur zu erstellen. In dieser Vorstellung lebt und glaubt der Physikalist fest an die Allmacht der Naturwissenschaften. Dennoch darf der Physikalismus nicht mit der Physik gleichgesetzt werden, denn er ist schließlich eine rein philosophische Position, die nicht direkt aus der Physik folgt. Dies ergibt sich aus der Tatsache, dass er auf starken Voraussetzungen aufbaut, die jedoch nicht mit den Methoden der Physik als Wissenschaft abgeleitet werden können. Diesen Sachverhalt sollte man sich merken, weil man ansonsten Gefahr läuft, sehr leicht und sehr schnell Äpfel und Birnen miteinander zu verwechseln. Ebenso wie man sich die Kernaussage des reduktiven Physikalismus merken sollte. Dass nämlich Mentales komplett vom Physischen abhängig ist und vollständig darauf reduziert werden kann, wobei mit Reduzierbarkeit hier die Zurückführbarkeit gemeint sein soll.

Variante A: Logischer Behaviorismus

Der britische Philosoph und Oxfordprofessor Gilbert Ryle (1900–1976) war auf dem Gebiet der Philosophie des Geistes einer der wichtigsten Kritiker des Dualismus. In seinem Werk „The Concept of Mind“ (Der Begriff des Geistes), welches 1949 erschien, warf er Descartes vor, dass dieser sein substanzdualistisches Konzept von Geist und Körper auf einem Kategorienfehler aufgebaut habe. Ein Kategorienfehler liegt in der Philosophie dann vor, wenn Ausdrücke verschiedener logischer Kategorien miteinander vermengt werden. Wenn man also einen Begriff einer bestimmten Kategorie durch einen anderen Begriff ersetzt, der aber nicht zu dieser Kategorie gehört, unterliegt man einem Kategorienfehler und somit einer bestimmten Art von Fehlschluss. Wenn man also beispielsweise auf dem Fußballplatz neben den Aktionen der Spieler auch noch den Mannschaftsgeist sehen will, dann unterliegt man einem Kategorienfehler. Und genau solch einen Kategorienfehler habe Descartes, so Gilbert Ryle, begangen, als er den Geist und den Körper irrigerweise als zwei voneinander völlig verschiedenartige Substanzen betrachtete. Gilbert Ryle führt dazu in seinem Werk „Der Begriff des Geistes“ aus:

„Ich hoffe zu zeigen, dass die offizielle Lehre ganz und gar falsch ist, nicht nur in Einzelheiten, sondern grundsätzlich. … Sie besteht aus einem einzigen großen Irrtum, einem Irrtum ganz besonderer Art, nämlich einer Kategorienverwechslung. Sie stellt die Tatsachen des Geisteslebens so dar, als gehörten sie zu einem bestimmten logischen Typ oder einer Kategorie …, während sie in Wirklichkeit zu einer anderen gehören. Das Dogma ist daher ein philosophischer Mythos.“

Auch sah sich Ryle aufgrund der erheblichen Schwächen und Schwierigkeiten des interaktionistischen Dualismus dazu veranlasst, über den Substanzdualismus als Dogma vom

„Gespenst in der Maschine" zu spotten. Der Spott richtete sich dabei gezielt gegen die Vorstellung, dass der immaterielle Geist oder die Seele, also das Gespenst, welches in irgendeiner Form dem Körper, also der Maschine, innewohnt, dort deren Hebel zieht. Nach dieser scharfen Attacke gegen den interaktionistischen Dualismus von René Descartes entwickelte Gilbert Ryle eine eigene Lösung für das Leib-Seele-Problem in Form des logischen Behaviorismus. Der logische Behaviorismus wird auch oft als analytischer Behaviorismus oder semantischer Physikalismus bezeichnet. Die Hauptvertreter dieser Position innerhalb der Philosophie des Geistes waren die deutschen Philosophen Rudolf Carnap und Carl Gustav Hempel. Nach Ansicht des logischen Behaviorismus sind das, was wir als mentale Zustände bezeichnen, nichts anderes als Verhaltensbeschreibungen. Weil mentale Zustände nur der betroffenen Person unmittelbar zugänglich sind und damit Aussagen über geistige Zustände anderer ausschließlich durch das bei ihnen beobachtete Verhalten erhärtet werden können, nahm man deshalb an, dass Aussagen über psychische Zustände bedeutungsgleich mit Aussagen über aktuelles oder potenzielles Verhalten sind. Anders ausgedrückt behauptet der logische Behaviorismus, dass Aussagen über mentale Prozesse vollständig in bedeutungsgleiche Aussagen über beobachtbare Verhaltensweisen oder Tendenzen zu beobachtbaren Verhaltensweisen, sprich Dispositionen, übersetzt werden können. Die Mimik eines Menschen wäre demnach als fleischgewordener Geist zu verstehen, oder wie es der deutsche Dichter Christian Morgenstern so schön ausdrückte: „Der Körper ist Übersetzer der Seele ins Sichtbare." Der Mensch wird nach dem logischen Behaviorismus als ein Reiz-Reaktions-Schema aufgefasst. Damit wäre auch die Psychologie vollständig auf die Neurobiologie zu reduzieren. Der Ansatz dieser philosophischen Richtung ist demnach rein physikalistisch. Die Kernaussage des logischen Behaviorismus lautet deshalb, dass letzten Endes nur physikalische Gegenstände bzw. physikalische Eigenschaften beobachtbar sind. Die Bedeutung einer Aussage, also deren Gehalt, besteht demnach in der Menge der Beobachtungen, die für sie sprechen. Dies wird auch Verifikationsthese genannt. Deshalb gibt es in der Vorstellung des logischen Behaviorismus zu jedem bedeutungsvollen Satz einen inhaltsgleichen Satz in physikalischer Sprache. Es ist sozusagen der Satz, welcher aus der Zusammenfassung aller Beobachtungssätze besteht, die aus ihm abgeleitet werden können. Alle Sätze über mentale Phänomene lassen sich daher zu Sätzen der physikalischen Phänomene umformulieren.

Schwierigkeiten des logischen Behaviorismus

Die Schwierigkeit des logischen Behaviorismus besteht darin, dass zwar zwischen Sätzen über mentale Phänomene und Sätzen über beobachtbares Verhalten ein enger Zusammenhang besteht, es aber trotzdem nicht möglich ist, für Sätze über mentale Phänomene bedeutungsgleiche Sätze zu finden, in denen nur auf beobachtbares Verhalten Bezug genommen werden kann. Hierzu ein anschauliches Beispiel. Ein perfekter Schauspieler verhält sich so, als sei er in einem bestimmten psychologischen Zustand. Er verhält sich folglich so, als habe er bestimmte Wünsche, Gefühle und Überzeugungen, ohne sie tatsächlich zu haben. Ist es tatsächlich so, dass jemand dieses Verhalten perfekt simulieren kann, und gute Schauspieler können dies, dann geht die These des logischen Behaviorismus fehl. Der logische Behaviorismus ist folglich unhaltbar. Das wird heute auch allgemein anerkannt. Die direkte Reaktion auf das Scheitern des logischen Behaviorismus war daher die Identitätstheorie, die von dem britisch-australischen Philosophen John Smart und dem britischen Philosophen und Psychologen Ullin Place entwickelt wurde.

Variante B: Identitätstheorie

Nachdem sich der philosophische Behaviorismus im Laufe der 1950er und 1960er Jahre sowohl praktisch wie auch theoretisch als undurchführbar erwiesen hatte und scheiterte, war die Identitätstheorie eine direkte Reaktion darauf. Sie ist eine Leistung des 20. Jahrhunderts und stellt einen Erklärungsversuch des Materialismus mit reduktivem Ansatz dar. Das heißt, es wird in dieser Theorie davon ausgegangen, dass das Mentale vollständig auf das Physische reduziert werden kann. Die Identitätstheorie wird auch als Zweiseitentheorie bezeichnet, weil Geist und Körper als zwei Äußerungsformen der gleichen Substanz verstanden werden, und zwar als Einheit in der Substanz, daher Identität, und Zweiheit in der Funktion. Die Identität ist aber mithin keine Frage der Bedeutung mentaler Ausdrücke, wie es ursprünglich im philosophischen Behaviorismus angenommen wurde, sondern einfach eine empirische Entdeckung. Die Identitätstheorie wurde in den 1950er Jahren von dem britischen Philosophen und Psychologen Ullin Thomas Place (1924–2000) und dem britisch-australischen Philosophen John Jamieson Carswell Smart (1920–2012) ausformuliert. Aber bereits vor Place und Smart wurde sie im Umfeld des Wiener Kreises, einer Gruppe von Philosophen und Wissenschaftstheoretikern, die sich von 1922 bis 1936 unter der Leitung von Moritz Schlick (1882–1936) wöchentlich in Wien trafen, diskutiert. Moritz Schlick, ein deutscher Philosoph und Physiker, war es denn auch, der die Identitätstheorie ursprünglich erdacht hat. Am 22. Juni 1936 wurde Moritz Schlick auf der sogenannten „Philosophenstiege" im Gebäude der Wiener Universität von seinem ehemaligen Studenten Hans Nelböck, der 1931 bei ihm promovierte, erschossen, was das faktische Ende des Wiener Kreises bedeutete. Im Verlauf der 1950er Jahre wurde die Identitätstheorie dann vor allem von Herbert Feigl (1902–1988), einem österreichisch-amerikanischen Philosophen, fortgeführt und weiter präzisiert. In der von Place und Smart ausformulierten Form besagt die Identitätstheorie, dass mentale Eigenschaften identisch sind mit physischen Eigenschaften. Es handelt sich dabei nur um zwei unterschiedliche Terminologien, die jedoch dasselbe beschreiben. Die Identitätstheorie ist somit eine der klassischen Positionen innerhalb der Philosophie des Geistes. Sie ist im Grunde eine naturalistische Theorie, deren zentrale These es ist, dass mentale Zustände mit neuronalen Zuständen identisch sind. Das würde dann auch bedeuten, dass Empfindungen mit Gehirnprozessen identisch sind. Zum besseren Verständnis dieses Sachverhaltes soll hier ein kurzes Beispiel dienen. Angenommen, eine Krankenschwester sticht sich bei der Arbeit mit einer Nadel in den Finger. Aus der Sicht der Arbeitsmedizin ist es eine Nadelstichverletzung. Aus der Sicht des zuständigen Unfallversicherungsträgers ist es ein Arbeitsunfall. Aber was ist es aus der Sicht der Philosophie des Geistes? Was ist es unter der Betrachtung des Leib-Seele-Problems? Das Einzige, was man offenkundig beobachten kann, ist, dass die Krankenschwester im Augenblick des Nadelstiches zuckt. So weit, so gut, aber was verursacht das Zucken? Ist es der Schmerz oder doch eher der Nervenimpuls? Oder verursacht vielleicht der Schmerz den Nervenimpuls und der Nervenimpuls wiederum das Zucken? Oder sind Schmerz, also der subjektive Erlebnisgehalt eines mentalen Zustandes, und der Nervenimpuls, der ein physiologisches Ereignis darstellt, etwa ein und dasselbe? Ja, sagt die Identitätstheorie, denn der Schmerz ist ein und dasselbe wie ein Hirnzustand und demzufolge kein subjektives Erleben. Für die Identitätstheorie ist der Schmerz folgerichtig gleichzusetzen mit dem Feuern von C-Fasern, also langsam leitenden Nervenfasern des somatosensiblen Systems, die für die Schmerzwahrnehmung, auch Nozizeption genannt, verantwortlich sind. Auch der Wunsch nach einem heißen aromatischen Kaffee mit leichter Kakaonote wäre nichts anderes als das Feuern bestimmter Nervenzellen in den entsprechenden Hirnregionen. Nach der Identitätstheorie wären dann auch geistige Erfahrungen ununterscheidbar von neurophysiologischen Zuständen. Ein oft verwendetes Beispiel zur besseren Erläuterung der Identitätstheorie ist die Identität von Wasser und H2O. Natürlich muss bei diesem Beispiel beachtet werden, dass Wasser eine andere Bedeutung hat als H2O, denn Letztgenanntes ist im Gegensatz zum Erstgenannten ein Molekül. Diese Bedeutung hat Wasser nicht. Und genauso wie Wasser und H2O identisch sind, aber eine unterschiedliche Bedeutung haben, verhält es sich mit mentalen Zuständen und Gehirnzuständen, die ebenfalls identisch sind und doch unterschiedliche Bedeutung haben. Nach der Identitätstheorie können zwei Entitäten identisch sein, ohne dass sie bedeutungsgleich sind. Das ist ihr Kernsatz. Und genauso können Ausdrücke für mentale Zustände und Ausdrücke für Gehirnzustände unterschiedliche Bedeutungen haben und dennoch auf dasselbe Phänomen verweisen und somit Identisches bezeichnen. Wenn wir also festgestellt haben, dass Wasser mit H2O identisch ist, dann haben wir das Phänomen „Wasser" wissenschaftlich erklärt. Und auf diese Weise haben wir analog dazu festgestellt, dass ein mentaler Zustand mit einem Gehirnzustand identisch ist, womit wir auch das Phänomen „mentaler Zustand" wissenschaftlich erklärt haben. Damit hatte man nun eine plausible materialistische Position an der Hand, die jedoch jenseits des philosophischen Behaviorismus lag. Denn es war jetzt klar, dass mentale Zustände etwas Materielles sind und kein Verhalten, weil mentale Zustände mit materiellen Zuständen identisch sind. Damit musste auch jeder bewusste Prozess mit einem neuronalen Prozess identisch sein. Und kraft dieser Identität konnten die mentalen Ereignisse zu den Ursachen physischer Ereignisse zählen. Denn die Identitätstheorie konstatierte dabei ein symmetrisches Abhängigkeitsverhältnis von Körper und Geist. Symmetrisch bedeutet, dass ein beidseitiges Abhängigkeitsverhältnis besteht, also beide Seiten gleichberechtigt sind. Oder anders ausgedrückt, jede Seite setzt die jeweils andere voraus. Die Anhänger der Identitätstheorie hatten nunmehr die Hoffnung, dass das Fortschreiten der Erkenntnisse in den Neurowissenschaften auch mehr Aufschluss über die Identität von mentalen Zuständen und Gehirnzuständen bringen würde. Sie gingen dabei von der intuitiv naheliegenden Möglichkeit aus und postulierten eine Wechselwirkung zwischen Gehirn und Bewusstsein mit der Annahme einer Identität beider Bereiche. Dabei ergaben sich jedoch zwei Arten von Identitäten, die Typenidentität und die Tokenidentität. Die Typenidentität, auch starke Form der Identitätstheorie genannt, besagt, dass bestimmte Typen von mentalen Zuständen mit entsprechenden Typen von Gehirnzuständen identisch sind. Um im obigen Beispiel zu bleiben, heißt das, Schmerzen sind bei allen Menschen dasselbe wie ein bestimmter neurologischer Zustand des Feuerns von C-Fasern. Man spricht deshalb von der starken Form, weil die Typenidentität eben eine sehr starke Aussage aufstellt. Die Aussage lautet, dass alle Menschen, die irgendwann einmal in ihrem Leben Schmerzen empfinden, dabei feuernde C-Fasern haben. Die Typenidentität stellt somit auf einem relativ groben Bereich Übereinstimmung zwischen einer ganzen Klasse von Bewusstseinsinhalten und einem fest bestimmten Gehirnareal auf, und das auch noch zeitkonstant sowie interpersonell. Diese Form der Identität wird auf der Basis empirischer Forschung festgestellt und aus der Erfahrung gewonnen. Man erinnere sich an das Beispiel Wasser = H_2O. Die Tokenidentität, auch schwache Form der Identitätstheorie genannt, besagt dagegen, dass nur eine Identität zwischen einzelnen mentalen und einzelnen neuronalen Ereignissen besteht. Ein Token, also die einzelnen und konkreten mentalen Zustände, ist demnach identisch mit einem anderen Token, vorausgesetzt dass es sich um dasselbe Exemplar handelt. Oder anders gesagt, jeder einzelne Token eines mentalen Typs ist identisch mit einem bestimmten neurophysiologischen Zustand. Um ein Beispiel zu nennen, der aktuelle Schmerz einer Person ist identisch mit einem bestimmten aktuellen neurophysiologischen Zustand. Oder, um ein anderes Beispiel zu nennen, das Brandenburger Tor, welches eine Person A gesehen hat, ist tokenidentisch mit dem Brandenburger Tor, welches eine andere Person B gesehen hat. Die Form der Zusammenhänge kann sich demzufolge von Person zu Person oder auch im Laufe der Zeit innerhalb derselben Person verändern. Deshalb ist der Begriff des Ereignisses bei der Tokenidentität so wichtig. Das einzelne Ereignis besteht hierbei aus Objekt, Eigenschaft und Zeitpunkt. Um es deshalb noch einmal klar herauszustellen, die Tokenidentität ist immer ein einzelnes Vorkommnis, wohingegen die Typenidentität immer eine bestimmte Art oder eben ein bestimmter Typ von Vorkommnis ist. Typenidentität ist also ein allgemeiner Zustandstyp, während die Tokenidentität ein einzelnes Zustandsvorkommnis darstellt. Allgemein Kopfschmerzen zu haben, ist folglich ein allgemeiner Zustandstyp und wird damit durch die Typenidentität abgebildet. Dagegen sind die Kopfschmerzen einer bestimmten Person an einem bestimmten Tag zu einem bestimmten Zeitpunkt ein einzelnes Vorkommnis dieses Zustandstyps, welches von der Tokenidentität repräsentiert wird. Entscheidend ist auch, dass die Tokenidentität im Gegensatz zur Typenidentität keine eindeutige Korrelation behauptet, weil ein Bewusstseinszustand, also bewusstes Erleben, prinzipiell auch in mehreren Körperzuständen, sprich erlebten Gefühlen, realisiert werden kann. Das sind die wesentlichsten Unterschiede zwischen den beiden Identitätsformen, die man sich merken muss.

Schwierigkeiten der Identitätstheorie

Die Identitätstheorie wurde für kurze Zeit die wichtigste Position in der Philosophie des Geistes. Allerdings wurde sie bereits Ende der 1960er Jahre von vielen Philosophen wieder abgelehnt. Insbesondere der Einwand der multiplen Realisierung trug zu einem rasanten Popularitätsverlust der Identitätstheorie bei. Viele Einwände, die sich gegen die Tokenidentitätstheorie richteten, wendeten sich dabei auch gegen die Typenidentitätstheorie. Trotzdem müssen beide getrennt voneinander betrachtet und diskutiert werden. So sind es bei der Typenidentitätstheorie vor allem die Erklärungslücke sowie die multiple Realisierung, die sie zu Fall bringen. Eine zentrale Frage lautet, wie wird aus den physisch messbaren Daten beim Wahrnehmungsvorgang das subjektive seelische Erleben generiert? Es geht ganz klar in der Frage um das subjektive Element. Eine gute Frage, denn die Hirnforschung kann nur Korrelationen zwischen menschlichen Hirnprozessen und Bewusstseinszuständen feststellen, aber einen Übergang von neuronalen Zuständen in Gedachtes kann sie nicht finden. Zwischen den Beschreibungen neuronaler Vorgänge und der Subjektivität des bewussten Erlebens klafft somit eine Lücke. Da sich diese Lücke nicht erklären lässt, nennt man sie Erklärungslücke. Die Typenidentitätstheorie ist somit nicht anwendbar, denn sie vermag die bestehende Erklärungslücke nicht zu schließen. Den endgültigen Todesstoß versetzte ihr jedoch der 1926 geborene amerikanische Philosoph Hilary Putnam im Jahre 1967 mit seinem Argument der multiplen Realisierbarkeit. Putnam hat dieses Argument folgendermaßen formuliert: „Es scheint klar zu sein, dass Katzen und Menschen Kopfschmerzen haben können. Aber es ist unwahrscheinlich, dass Katze und Mensch im gleichen neuronalen Zustand sind, wenn sie Kopfschmerzen haben. Denn ihre Gehirne sind zu verschieden." Damit war klar, dass ein mentaler Zustand nicht mit einem Gehirnzustand identisch sein kann. Denn die Token, also die einzelnen und konkreten mentalen Zustände, können in verschiedenen Wesen durch ganz verschiedene Gehirnzustände realisiert werden. Die Typenidentitätstheorie war somit Geschichte. Nicht jedoch die Tokenidentitätstheorie. Denn sie besagt, dass jedes einzelne mentale Ereignis identisch ist mit einem physischen Ereignis. Das heißt, ein mentales Ereignis fällt zwar unter irgendeinen physikalischen Ereignistyp, aber nicht zwingend unter einen bestimmten und nicht immer unter den gleichen. Die psychischen Zustände eines Typs können also durch physische Zustände unterschiedlicher Typen realisiert werden. Da sie nicht impliziert, dass mentale Ereignistypen mit physischen Ereignistypen identisch sind, entgeht sie so dem Vorwurf der multiplen Realisierbarkeit. Sie umgeht sozusagen diesen Einwand. Nicht entgehen kann die Tokenidentitätstheorie jedoch dem Einwand, dass mit ihr lediglich Korrelationen aufgewiesen werden, aber keine Identität bewiesen ist. Damit stellt sich die durchaus berechtigte Frage, ob eine Tokenidentität ohne eine Typenidentität überhaupt verständlich ist. Nein, lautet die Antwort, denn die Typenidentität schließt eine Tokenidentität mit ein, während das Umgekehrte nicht gilt. Unabhängig davon scheitert die Tokenidentitätstheorie jedoch spätestens an der gleichen Klippe wie die Typenidentitätstheorie. Sie kann nämlich genauso wenig das subjektive Element erklären wie ihr großer Bruder. Sie kann nicht erklären, wie aus den physisch messbaren

Daten beim Wahrnehmungsvorgang das subjektive seelische Erleben generiert wird. Die Erklärungslücke wurde damit beiden Formen der Identitätstheorie zum Verhängnis. Alle Varianten der Identitätstheorie gelten somit heute als gescheitert.

Widerlegung des reduktiven Physikalismus

Bei der Widerlegung des reduktiven Physikalismus spielt das subjektive Empfinden eine maßgebende Rolle. Die Philosophen sprechen hier auch gern vom subjektiven Erlebnisgehalt und bezeichnen dieses phänomenale Bewusstsein als Qualia. Da bereits ausführlich über dieses Thema gesprochen wurde, soll an dieser Stelle nur insoweit darauf eingegangen werden, als es zum Verständnis der Problematik im Zusammenhang mit dem reduktiven Physikalismus unbedingt notwendig erscheint. Zu den schon genannten Beispielen sollen deshalb zwei weitere folgen, bevor die einzelnen Aspekte auf der philosophischen Ebene weiter erörtert werden. Hier zunächst ein humoristisches Beispiel, das aus der Feder des vielseitigen deutschen Humoristen, Karikaturisten, Regisseurs und Schauspielers Vicco von Bülow alias Loriot stammt. In der deutschen Filmkomödie „Pappa ante Portas" von 1991, die das Zusammenleben des Einkaufsdirektors der Deutsche Röhren AG Heinrich Lohse mit seiner Frau Renate nach dessen Versetzung in den Vorruhestand schildert, wird dem Betrachter eine Szene vor Augen geführt, die sich in einem gediegenen Ambiente eines renommierten Kaffeehauses abspielt. Das Drama nimmt seinen Lauf, nachdem Heinrich Lohse mit umherschweifendem Blick eine Frau entdeckt, von der er fest glaubt sie zu kennen. Hier der Dialog im Kurzen:

Heinrich: Weißt du, wer da sitzt?

Renate: Wo?

Heinrich: Da! Die Dame mit dem hellen Hütchen. Das ist Lisbeth! – Lisbeth Prenzler!

Renate: Heinrich!

Danach springt Heinrich Lohse spontan aus dem gepolsterten Rattanstuhl auf, geht zu der vermeintlich bekannten Dame hinüber und spricht sie unvermittelt an.

Heinrich: Na, mein Dickchen! Komm, setz deine Brille auf! Ich bin's, Heinrich! Heinrich Lohse! Wie geht's denn so? Hast 'n bisschen zugelegt. Steht dir aber nicht schlecht! Ist dein Mann auch hier?

Dame: Ich bin nicht verheiratet.

Heinrich: Doch! Wir haben euch doch damals in Hamburg besucht!

Dame: Ich wohne in Würzburg. Seit 36 Jahren.

Heinrich: Nein, dein Sohn hat in Hamburg studiert und bei dir gewohnt.

Dame: Ich habe keinen Sohn.

Heinrich: Aber ja doch! Lisbeth.

Dame: Ich heiße Käthe.

Heinrich: Oh! Käthe.

Nun bemerkte auch Heinrich Lohse, dass er einem Irrtum aufgesessen war. Seine Wahrnehmung, sein inneres Erleben, das mit dieser Wahrnehmung verbunden war, alles war in dieser Szene meisterhaft verarbeitet und präsent. Auch wenn sich die Wahrnehmung im Nachhinein als Fehlschluss erwies, sein inneres Erleben, sein Quale, war keine Täuschung, sondern war absolut real. Ob in der Vorfreude auf die vermeintliche Lisbeth, ob in der Irritation des laufenden Gespräches oder beim peinlichen Abschluss des Dialoges mit Käthe. Dieses innere Erleben, dieses spezifische Empfinden, dieses Quale war da und kann nicht hinweggedacht werden. Auf beiden Seiten, versteht sich. Denn der kräftige Schlag ins Kreuz seitens eines fremden Mannes in Kombination mit der distanzlosen Anrede dürfte sicherlich nicht ohne ein inneres Erleben stattgefunden haben. Auch die Gestik und Mimik der Dame während dieser kurzen Konversation spricht Bände. Ein wahres Bilderbuch des inneren Erlebens. Ebenso dürfte auch das Ende dieser unangenehmen Begegnung von einer inneren Erleichterung begleitet gewesen sein, also von einem Quale. Und nicht zu vergessen Renate, die Ehefrau. Der Ausruf des Namens ihres Gatten zu Beginn der Szene mit anschließender Verdrehung der Augen zeigt ganz deutlich, dass auch bei ihr das Verhalten des Ehemannes nicht teilnahmslos und ohne inneres Erleben vonstattenging. Loriot war ein wahrhafter Meister solcher Inszenierungen. Er kannte das Spektrum menschlicher Attitüden, die verschiedenen Typen und Charaktere, ihr Gebaren, ihre Einstellungen, ihre Schwächen, ihr Versagen und ihr Innenleben. Genau das macht es so anziehend, so komisch, so grotesk. Nur weil ein jeder Mensch solch ein inneres Erleben, also Qualia, besitzt, entsteht überhaupt erst die Komik. Hätte niemand ein inneres Erleben und wüsste gar nicht, was in einem solchen Moment an Gefühlen in einem Menschen hochkocht und wie sich das Ganze anfühlt, wüsste man auch nicht, warum in einem solchen Moment gelacht werden sollte. Die Reaktion des Publikums ist der beste Beweis dafür, dass es genau weiß, wie sich das anfühlt und was genau man in solchen Augenblicken durchmacht. Es ist die Empirie des alltäglichen Lebens, die uns ein Innenleben lehrt. Jeder hat es, ohne Ausnahme. Und Loriot vermochte auf dieser Klaviatur des inneren Erlebens meisterhaft zu spielen. Das war es, was seinen Erfolg ausmachte. Er traf immer genau ins Schwarze. Und ein jeder konnte entweder sich selbst oder einen anderen Menschen in seinen Figuren wiedererkennen. Aus diesem Grunde wurde es auch nie langweilig. Man kann sich solche Szenen nicht einfach ausdenken oder sie erfinden, weil es das Leben ist, das diese Geschichten schreibt. Alles andere würde aufgesetzt und unnatürlich wirken. Man braucht deshalb nicht viel Phantasie oder Kreativität, um in dieser Form schöpferisch zu sein, sondern eine vortreffliche Beobachtungsgabe, Feinfühligkeit und Scharfsinn. Und wenn es einen Menschen gab, der diese außerordentlichen Fähigkeiten auf sich vereinigte, dann war es Vicco von Bülow. Ein anderes Beispiel inneren Erlebens, das sich geradezu diametral zum Humoristischen verhält, entstammt der Hand des berühmtesten norwegischen Malers und Grafikers Edvard Munch (1863–1944). Die Rede ist von seinem bekanntesten Werk „Der Schrei". Es ist das Bild des Expressionismus schlechthin, ja geradezu dessen Symbol. Und es ist das Porträt eines Quale zugleich. Ein gemalter Seelenzustand. Das Bild entstand 1893 und zeigt im Vordergrund eine schreiende Person mit einem schwarzen Gewand, die auf einer Holzbrücke steht, die über das Wasser führt. Den Körper der Person sieht man ab der Hüfte aufwärts. Das Gesicht der Person zeigt weit aufgerissene Augen sowie einen geöffneten Mund. Es wirkt schmal und gestreckt, fast totenkopfartig. Die Mimik drückt unmissverständlich Angst, Überwältigung und Schock aus. Die Haltung der Hände unterstützt dabei die Mimik im Ausdruck. Die Gestalt selbst wirkt unproportioniert, der Kopf zu groß und die Hände und Arme zu lang. Dazu kommt noch die geschwungene Körperhaltung, welche die Person instabil und unnatürlich wirken lässt. Weiter hinten auf der Brücke sind zwei große und schlanke Männer zu sehen, die dunkle Kleidung tragen und im Gegensatz zu der Person im Vordergrund gerade und stabil wirken. Die beiden wirken weder erschrocken noch in irgendeiner anderen Form beeindruckt. Die Umgebung des Bildes zeigt eine Fjordlandschaft beim Sonnenuntergang. Im Wasser sind kleine Segelschiffe zu erkennen, hinten rechts ein Kirchturm. Die Farbkontraste des Bildes entstehen vor allem durch das blaue Wasser, die blaugrüne Erde und das tiefe Rot des Himmels, der in wellenförmigen Linien dargestellt wird und dessen Farbtöne von Blutrot und Orange bis zu Gelb reichen. Bezogen auf das Quale ist es wichtig festzuhalten, dass sich die Person im Vordergrund offensichtlich in einem anderen Seelenzustand befindet als die anderen beiden Personen auf der Holzbrücke. Es ist deshalb wichtig zu wissen, wie dieses Bild entstand, wie es zu interpretieren ist und was es darstellen soll. Glücklicherweise findet sich hierzu eine Eintragung im Tagebuch des Künstlers, die vom 22. Januar 1892 datiert. Es ist ein Prosagedicht mit dem Titel „Schrei", wobei dieser ursprünglich „Verzweiflung" heißen sollte. Die entsprechende Tagebucheintragung lautet:

„Ich ging mit zwei Freunden die Straße hinab. Die Sonne ging unter – der Himmel wurde blutrot, und ich empfand einen Hauch von Wehmut. Ich stand still, todmüde – über dem blauschwarzen Fjord und der Stadt lagen Blut und Feuerzungen. Meine Freunde gingen weiter – ich blieb zurück – zitternd vor Angst – ich fühlte den großen Schrei in der Natur … Ich malte dieses Bild – malte die Wolken wie wirkliches Blut – die Farben schrien."

In der Tagebucheintragung wird also genau die Szene beschrieben, wie sie auch auf dem Bild anzutreffen ist. Man muss hierzu wissen, dass Edvard Munch eine schwere Kindheit durchlebte. Mit noch nicht einmal fünf Jahren verlor er seine Mutter, die an Tuberkulose starb. Der junge Munch fühlte sich verlassen und einsam. Nur die innige Zuneigung seiner ältesten Schwester Sophie tröstete ihn. Als Edvard 13 Jahre alt war, verstarb auch Sophie an Tuberkulose. Hinzu kam noch die Schwermut seines Vaters, der einem religiösen Wahn verfiel. Es ist also kein Wunder, dass die Bildthemen von Edvard Munch von seiner Kindheit geprägt waren und oft Verzweiflung, Angst, Erregungen, Krankheit und den Tod beinhalteten. Munch sagte einmal über sich selbst:

„Die Lebensangst hat mich begleitet, seit ich denken kann."

Dieser eine Satz zeigt unmissverständlich, wie zerrissen Edvard Munch zeitlebens war. Aber genau dieses zerrissene Gemüt war es auch, dass ihn dazu führte, seine Bilder und Grafiken mit einer solchen Ausdrucksstärke zu gestalten, die noch heute Menschen berührt. Und genau das war auch die Absicht des Künstlers. Und so schrieb Edvard Munch einmal:

„Den Besuchern soll das Heilige daran bewusst werden, sodass sie wie in der Kirche den Hut abnehmen."

Doch was genau meinte er mit dem Ausspruch „das Heilige daran"? Was ist das Heilige? Das kann man nur in einem weiteren Zusammenhang verstehen. Denn Edvard Munch schrieb an einer anderen Stelle einmal:

„Ich will lebendige Menschen malen, die atmen und fühlen und leiden und lieben."

Beide Sätze zusammen lassen sich dann also dahingehend interpretieren: Ich will lebendige Menschen malen, die atmen und fühlen und leiden und lieben für andere Menschen, die ebenso lebendig sind, atmen und fühlen, leiden und lieben, um sie so bewusst zu berühren. Und in dieser Tradition muss auch „Der Schrei" verstanden werden. Denn dieses Bild zeigt wie kein anderes die Ausweglosigkeit des eigenen Ich. Nur ich kann so fühlen, wie ich fühle. Auch wenn Tausende von Menschen bei mir stehen, bin ich trotzdem mit meinem Fühlen und Empfinden allein. Auch wenn Tausende von Menschen bei meiner Geburt dabei gewesen wären, bin ich doch in meinem Erleben allein auf diese Welt gekommen. Und wenn Tausende von Menschen bei meinem Tode bei mir wären, so würde ich doch in meinem Empfinden alleine sterben. Ich kann nicht raus aus meiner Haut. Alles, was ich denke, fühle und erlebe, erlebe ich ganz allein. Niemand außer mir selbst ist dabei. Dieser Tatsache kann ich nicht entrinnen. Das ist die Ausweglosigkeit des eigenen Ich. Das Bild „Der Schrei" ist demnach als ein inneres Bild der Seele zu verstehen. Es ist der Ausdruck der Seele, die auf eine einzigartige Weise empfindet. Das ist das „Heilige", das Edvard Munch meint, wenn er davon spricht, dass seine Bilder die Menschen berühren sollen. Und jeden von uns berühren sie auf eine ganz einzigartige Weise. Das ist das Erhabene, das Besondere, das Einzigartige, eben das „Heilige" daran. Es ist das, was den Menschen auszeichnet, das, was ihn zum Menschen macht. Und genau deshalb ist es eben das „Heilige". Die Philosophen unserer Zeit haben versucht die Besonderheit dieses „Heiligen" auf ihre Art und Weise herauszustellen. Dabei gaben sie ihm als Geisteswissenschaftler den Namen Qualia. Auch die Naturwissenschaftler gaben ihm einen Namen, phänomenales Bewusstsein. Das erste qualiabasierte Argument in der Philosophie des Geistes stammt von dem Philosophen Thomas Nagel aus dem Jahre 1974. Es fragt nach der Subjektivität von Empfindungen. Die Frage, die Thomas Nagel aufgestellt hat, und das, worum es ihm eigentlich ging, fand Eingang in den Satz: „Ich möchte wissen, wie es für eine Fledermaus ist, eine Fledermaus zu sein." Das, was er in diesem Gedankengang zum Ausdruck brachte, ist, dass wir alles über Fledermäuse wissen können, angefangen bei der Anatomie und Physiologie über die Aerodynamik und Verhaltensforschung bis hin zur Psychologie. Und trotzdem werden wir nie wissen, wie es ist, eine Fledermaus zu sein. Thomas Nagel zeigte damit auf sehr subtile Weise, dass sich das phänomenale Wissen, das ein Subjekt aus der eigenen Perspektive erwirbt, nicht aus einer physikalistischen, objektiven und wissenschaftlichen Perspektive ermittelt werden kann. Denn es gibt da etwas Besonderes oder, wie Edvard Munch es nannte, etwas „Heiliges", das zwar da ist, dem wir aber nicht beikommen können, ungeachtet aller Forschung, allen Wissens und aller Anstrengungen. Das Einzige, was wir definitiv aussagen können, ist, und das aus der täglichen Selbst- und Fremderfahrung heraus, dass es da ist. Wir können aber nicht sagen, wo es ist, wie es ist oder warum es ist. In das gleiche Horn stieß auch der Philosoph Joseph Levine 1983 mit seinem Erklärungslücken-Argument. Es besagt im Wesentlichen, dass phänomenale Zustände nicht nur durch eine kausale Rolle, sondern auch durch eine Erlebnisqualität charakterisiert sind und dass mit den Mitteln der Neurobiologie sich nicht verständlich machen lässt, warum mit bestimmten Gehirnzuständen eine bestimmte bzw. überhaupt eine Erlebnisqualität verbunden ist. Phänomenale Zustände sind somit nicht mit Hirnzuständen identisch. Zwischen den Beschreibungen neuronaler Vorgänge und der Subjektivität des bewussten Erlebens klafft unübersehbar eine Lücke. Ein weiterer Philosoph, der ein qualiabasiertes Argument in der Philosophie des Geistes hervorbrachte, war Frank Cameron Jackson im Jahre 1986. Es erinnert in seiner Argumentation sehr stark an das Argument von Thomas Nagel und schlägt in die gleiche Kerbe. Man könnte auch sagen, dass er den Finger in dieselbe Wunde legte. Es ist der Gedankengang um die Superwissenschaftlerin Mary, die zu einer Farbexpertin in allen Fragen der Wahrnehmung geworden ist. Sie verfügt über alles Wissen und sämtliche physikalischen Informationen über das, was vorgeht, wenn ein Normalsichtiger eine reife Tomate oder den blauen Himmel sieht oder wenn er Wörter wie „rot" und „blau" verwendet. Sie selbst hat jedoch noch nie in ihrem Leben Farben gesehen. Was geschieht nun, so die Frage des Philosophen, wenn Mary ihr schwarzweißes Gefängnis, in dem sie seit ihrer Geburt lebt, verlässt und zum ersten Mal selbst eine reife Tomate, sprich Farbe, sieht? Wird sie etwas Neues lernen? Die Antwort auf diese Frage ist für Jackson ganz klar. Ohne Zweifel lernt Mary dabei etwas Neues. Denn erst in diesem Augenblick lernt sie, wie es ist, einen Roteindruck zu haben. Trotz allem Wissen und ungeachtet aller Informationen wird sie also etwas Neues dazulernen. Ihr Wissen, auch wenn sie alles Physische kennt, ist demnach nicht vollständig. Es gibt folglich etwas, das über das Physische hinausgeht und von diesem nicht erfasst und erklärt werden kann. Man nennt es deshalb das Argument vom unvollständigen Wissen. Das jüngste qualiabasierte Argument datiert aus dem Jahr 1996 und stammt von dem 1966 geborenen australischen Philosophen David Chalmers. Es ist das Argument der philosophischen Zombies. Der Begriff „Zombie" stammt aus der Sprache Kimbundu, die in Nord-Angola gesprochen wird, und bedeutet so viel wie „Totengeist". Gemeint sind damit Untote, die als seelen- und willenlose Wesen wieder zum Leben erweckt worden sind, weil ihre Seele aufgrund ihres Lebenswandels nicht erlöst wurde. Dabei kehren die Wiedergänger, so der Mythos, nicht als Gespenst, sondern leibhaftig in die Welt der Lebenden zurück. Der Volksglaube nährt sich offensichtlich von der Angst, dass die Toten unter die Lebenden zurückkehren könnten. Eine Sorge, die sicherlich Menschen aller Epochen und Volkszugehörigkeiten umhergetrieben haben dürfte. Kein Wunder, denn zu allen Zeiten gab es scheintote Personen, die für tot gehalten wurden und mit einem Mal doch wieder in das Leben zurückkehrten. Derartige Legenden und Mythen dürften durch solche Erfahrungen und Zwischenfälle entsprechend ordentlich Auftrieb erhalten haben. Doch mit alldem haben philosophische Zombies nichts zu tun. Der philosophische Zombie sieht aus wie ein normaler Mensch. Es sind im Grunde fiktive Wesen, die sich zwar wie Menschen verhalten, aber kein Bewusstsein haben. Sie können damit Ereignisse nicht subjektiv, sprich aus ihrer ureigenen Perspektive, wahrnehmen. Und da ihnen jedwedes subjektive Erleben von geistigen Zuständen fehlt, haben sie natürlich auch keine Qualia. Damit sind ihnen zum Beispiel Gefühle, Schmerzen oder Sinneseindrücke wie Geschmack und Geruch völlig fremd. Ein philosophischer Zombie würde also, wenn man ihm einen roten Kreis zeigt, ebenfalls sagen, dass der Kreis rot ist, aber er würde dabei überhaupt kein Rotgefühl haben, sondern nur auf den visuellen Reiz passend reagieren. Die Philosophie stellt sich nun die Frage, ob man vom Verhalten auf das Bewusstsein schließen kann. Die Antwort des Zombie-Arguments lautet eindeutig nein. Ein außenstehender Betrachter könnte nicht beurteilen, ob es sich bei dem anderen um einen philosophischen Zombie handelt. Selbst jene Veränderungen, welche die medizinischen Geräte im Hirn anzeigen, sind auch ohne Bewusstsein möglich. Kein Arzt könnte demnach irgendwo im Kopf das Bewusstsein seines Patienten sichtbar machen. Wenn also alle physikalischen Vorgänge im Körper und somit auch im Gehirn nach strengen physikalischen Gesetzen ablaufen und alle Vorgänge demnach eindeutig beschreibbar und durch ihre kausale Rolle determiniert sind, dann ist demzufolge bewusstes Erleben völlig unnötig, um das gesamte System als Ganzes zu beschreiben. Denn ein qualialoser Mensch wäre ja, wie bereits angesprochen, von der Außenperspektive her nicht von seinem bewussten Gegenstück zu unterscheiden. Es muss also folglich etwas Zusätzliches, nicht im Weltbild der Physik Enthaltenes hinzukommen, um einen Menschen in seiner Gesamtheit zu beschreiben. Folgerichtig ist der reduktive Physikalismus unhaltbar, so das Argument. Es sind also die Qualia, die den reduktiven Physikalismus in die Knie zwingen und ihm den Garaus machen. So überzeugend der reduktive Physikalismus auf den ersten Blick vielleicht auch sein mag, mit der

Unerklärbarkeit der Qualia als des phänomenalen Bewusstseins fällt er. Denn das phänomenale Bewusstsein ist und bleibt eine unangefochtene Domäne des Geistes. Es ist das ordnende Prinzip. Es ist die wirkliche Person in ihrer ureigenen Form, so einzigartig, wie sie eben denkt, fühlt und wahrnimmt. Denn der Geist ist es, der die Informationsverarbeitung und die Informationsinterpretation leistet. Er kann nicht hinweggedacht werden. Aber in der Welt des reduktiven Physikalismus existiert ontologisch gesehen nichts Geistiges. Alles ist materiell und muss folglich auf Materielles, sprich Physisches, zurückgeführt werden. Nur, auf welche physikalische Größe sollte nun der menschliche Geist reduziert werden? Auf die Masse? Auf die Form? Auf Millivolt oder vielleicht doch besser Ampere? Wie wäre es mit Watt? Es gibt keine physikalische Größe, nichts Physisches, worauf man den menschlichen Geist reduzieren könnte. Die Tatsache aber, dass eine physikalische Reduktion der Qualia nicht möglich ist, zeigt dann folgerichtig auch, dass die Qualia daher keine physikalische Eigenschaft sind. Das ist die Schwierigkeit des reduktiven Physikalismus. Er behauptet etwas, steht aber mit leeren Händen da. Er hat nichts Vernünftiges, nichts Nachvollziehbares anzubieten. Er vermag einem nichts zu geben. Das genau ist das Problem des reduktiven Physikalismus, dass er dieses „Heilige" nicht zu erklären vermag. Er versucht zwar die Anforderungen des Physikalismus zu erfüllen und gleichzeitig die Eigenschaften des Geistigen zu retten, aber es gelingt ihm nicht. Denn durch eine konsequente Reduktion des Geistigen auf das Physische werden die charakteristischen Eigenschaften des Geistigen regelrecht vernichtet. Es ist nun einmal in einer rein physischen Welt kein Platz für das Geistige. Der Philosoph Jaegwon Kim hat diesen hoffnungslosen Rettungsversuch des reduktiven Physikalismus deshalb mit einem sehr drastischen, dafür aber ziemlich anschaulichen Bild beschrieben, das auch gern als Vietnam-Metapher bezeichnet wird. Er sagte:

„Saving a village by destroying it."

Das bedeutet übersetzt: „Ein Dorf vor dem Vietcong retten, indem man es vernichtet."

Aus philosophischer Sicht ist der reduktive Physikalismus damit widerlegt. Aber wie bei jeder Weltanschauung gilt auch beim Physikalismus, dass seine Anhänger nicht so einfach von ihm lassen können, nur weil er einige Ungereimtheiten aufweist. Deshalb wird seit geraumer Zeit immer wieder neu versucht, alten Wein in neue Schläuche zu gießen. Und diese neuen Schläuche nennt man in der Philosophie des Geistes nichtreduktiver Physikalismus.

2.2.3 Nichtreduktiver Physikalismus

Der Untergang des reduktiven Physikalismus im Kugelhagel der multiplen Realisierung und der Qualia führte in der Leib-Seele-Debatte zu einer wahren Renaissance von neuen Ansätzen, die man allesamt als nichtreduktive Theorien bezeichnet. So ist auch die gegen Ende der siebziger Jahre einsetzende Diskussion um die Begriffe „Supervenienz" und „Emergenz“ im Lichte des Scheiterns reduktionistischer Positionen wie der Identitätstheorie zu verstehen. Man war nun einfach auf der Suche nach etwas Neuem, einem „nichtreduktiven“ Materialismus. Nach dem Scheitern des Reduktionismus sprach man deshalb vordringlich vom Nichtreduktionismus. Die nichtreduktiven Theorien in ihrer Gesamtheit müssen in Anlehnung daran als ein Versuch interpretiert werden, den Traum des physikalistischen Monismus aufrechtzuerhalten und zu retten. Von daher nimmt es nicht wunder, dass die Welt des nichtreduktiven Physikalisten keine andere ist als die des reduktiven Physikalisten. So glaubt auch der nichtreduktive Physikalist an die Grundthese, dass alles, was es gibt, physischer Natur sei. Auch für ihn sind folglich alle Eigenschaften, die uns umgeben, physische Eigenschaften, so wie alle in der Realität stattfindenden Ereignisse rein physisch sind. Damit ist auch die Welt des nichtreduktiven Physikalisten die Welt der Physik. Auch er glaubt an die Allmacht der Naturwissenschaften, an die Vorherrschaft der Physik und deren Sprache, der Mathematik, mit all ihren Formeln, Gleichungen und Funktionen. Das bedeutet, dass auch er die ontologische Grundfrage, was es gibt, dahingehend beantwortet, dass nur eine materielle Entität als Basis existiert. Jenseits des Physischen existiert nichts. Für immaterielle Entitäten gibt es in der Welt des nichtreduktiven Physikalisten keinen Platz. Die Spielarten des nichtreduktiven Physikalismus beinhalten somit keine gehaltvolle metaphysische Theorie über das Verhältnis von Körper und Geist. Dieser Umstand ist gleichzeitig auch ihr kleinster gemeinsamer Nenner. Und weil der nichtreduktive Physikalismus ganz ohne nichtphysikalische Kräfte oder Entitäten wie Gut und Böse, Liebe und Hass, Schmerz und Leid auskommt, verbunden mit der Überzeugung, dass physikalische Wirkungen restlos erklärbar sind, ist seine Welt kausal abgeschlossen, so wie die des reduktiven Physikalisten. An dieser Stelle drängt sich einem durchaus die Frage auf, wenn es in Bezug auf das Weltbild des nichtreduktiven Physikalismus keinen Unterschied zum reduktiven Physikalismus gibt, gibt es dann einen Unterschied bezüglich des Mentalen? Oder anders gefragt, welchen Platz, welchen Stellenwert nimmt das Mentale in der Welt des nichtreduktiven Physikalismus ein? Die Frage ist einfach zu beantworten, weil es auch hier keinen Unterschied zwischen dem reduktiven und dem nichtreduktiven Physikalismus gibt. So existiert das Mentale für den nichtreduktiven Physikalisten neben der physischen Welt. Auch er versteht das Geistige dahingehend, dass es in einem abgeleiteten Sinne physisch ist und die physische Welt gleichsam das Fundament der immateriellen Dinge bildet. Das Geistige, mit all seinen Eigenschaften, ist vom Physischen ontologisch abhängig. Wo aber liegt dann der Unterschied zwischen beiden Formen des Physikalismus? Der Unterschied liegt in der Reduzierbarkeit bzw. in der Irreduzibilität. Denn für den reduktiven Physikalismus ist die Welt des Geistigen, wie mentale Zustände, Erleben und Intentionalität, auf physikalische Erklärungen reduzierbar. Und genau dieser Ansicht widerspricht der nichtreduktive Physikalismus, daher auch sein Name. So gilt für alle Formen des nichtreduktiven Physikalismus, dass die mentalen Zustände nur auf der Grundlage von physikalischen Prozessen ermöglicht werden. Was heißt das konkret? Das heißt, dass dem nichtreduktiven Physikalismus zufolge das Geistige zwar von physikalischen Prozessen abhängt, aber nicht auf diese reduziert werden kann. Der Geist kann physikalisch nicht erklärt werden. Präzise ausgedrückt, nach dem nichtreduktiven Physikalismus sind mentale Eigenschaften zwar nicht mit physikalischen Eigenschaften identisch, was ihre Eigenständigkeit im ontologischen Sinne wahrt, aber sie werden durch diese realisiert. Dadurch haben sie eine physische Basis, was zudem ihre kausale Wirksamkeit in Einklang zu bringen scheint mit der kausalen Geschlossenheit der physikalischen Welt. Die Position des nichtreduktiven Physikalismus ist somit eindeutig und seine Aussagen auch. Der physische Bereich ist kausal geschlossen. Mentale Ereignisse sind von physischen Ereignissen klar abhängig. Es kann keine Veränderung im mentalen Bereich geben, ohne dass sich auch etwas im physischen Bereich verändert. Trotzdem sind mentale Ereignisse weder auf physische Ereignisse reduzierbar noch mit diesen identisch. Sie sind kausal wirksam, weil ihre physische Basis kausal wirksam ist. Das ist das Statement. Während also der reduktive Physikalismus mentale Zustände auf physische Phänomene zurückzuführen versucht, bezweifelt der nichtreduktive Physikalismus diese Möglichkeit und behauptet, dass dies nicht möglich ist. Der Physikalismus in seiner nichtreduktiven Form ist somit eindeutig ein Substanzmonismus, der jedoch im Gegensatz zu der reduktiven Spielart einen Eigenschaftsdualismus zulässt. Der nichtreduktive Physikalismus ist damit die eindeutig gemäßigtere Auslegung des Physikalismus. Eine Auslegung, die, so wie ihre radikalere Form auch, gleich mehrere Varianten kennt.

Variante A: Funktionalismus

Nachdem der semantische Physikalismus und die Identitätstheorie gescheitert waren, setzte sich in der Philosophie des Geistes eine andere erfolgversprechende Alternative durch, der sogenannte Funktionalismus. Ins Spiel gebracht wurde er von Hilary Putnam, der mit seinem 1967 vorgebrachten Einwand der multiplen Realisierung zum rasanten Popularitätsverlust der Identitätstheorie beitrug. Ein weiterer Architekt des Funktionalismus war der 1935 geborene amerikanische Philosoph und Kognitionswissenschaftler Jerry Fodor. Beide zusammen, Putnam und Fodor, haben mit ihren Arbeiten aber nicht nur die Philosophie des Geistes entscheidend beeinflusst, sondern auch die erkenntnistheoretischen Grundlagen der Kognitionswissenschaft aufgestellt. Der Funktionalismus nahm die positiven Aspekte des logischen Behaviorismus auf, ohne jedoch seine Schwächen zu teilen. Im Grunde ist der Funktionalismus eine Weiterentwicklung der Identitätstheorie. Der Funktionalismus darf somit als ein Versuch betrachtet werden, die lohnenden Ideen der Identitätstheorie und des Behaviorismus miteinander zu vereinen. Dabei sollen mentale Zustände auf der einen Seite in das beobachtbare Verhalten eingebunden und auf der anderen Seite mit physikalischen Zuständen identisch sein. Der Kernpunkt dabei ist, dass der Funktionalismus mentale Zustände ihrer Natur nach als funktionale Zustände betrachtet. Es erfolgt damit keine Identifikation mit bestimmten Gehirnzuständen, sondern mit funktionalen Zuständen im gesamten Organismus. Der Funktionalismus geht auf diese Art und Weise den Problemen der Identitätstheorie und des Behaviorismus elegant aus dem Wege. Er ist somit immun gegen die Einwände aus den beiden Theorien. Denn der Funktionalismus nimmt im Gegensatz zur Identitätstheorie nicht auf die physikalischen Eigenschaften der inneren Zustände

Bezug, sondern auf deren abstrakte funktionale Rolle im Gesamtsystem. Er befreit sich damit gleichsam von den Problemen der Identitätstheorie, in der mentale Zustandstypen mit einem bestimmten neurophysiologischen Zustand zwangsläufig identifiziert werden müssen. Darüber hinaus trägt der Funktionalismus der Intuition des Behaviorismus Rechnung, dass nämlich dem Verhalten eines Lebewesens in seiner Umgebung eine festlegende Rolle bei der Entwicklung der Eigenart geistiger Zustände zukommt. Anders jedoch als der Behaviorismus geht der Funktionalismus davon aus, dass auch die kausalen Verknüpfungen der inneren Zustände untereinander durchaus Berücksichtigung finden müssen. Der Behaviorismus hat den Menschen auf ein Reiz-Reaktions-Schema reduziert. Damit hat er den Menschen auf eine Input-Output-Relation herabgesetzt. Er war damit der Ansicht, menschliches Verhalten (Output) nur aufgrund von gegebenen Reizen (Input) prognostizieren zu können. Und an diesem Punkt ist er bekanntlich auch gescheitert. Ganz anders der Funktionalismus, der den mentalen Zuständen Rechnung trägt, ohne sich auf eine Aussage über die wahrhaftige Realisation dieser Zustände festzulegen. Denn für ihn sind eine Reihe wesentlicher Eigenschaften als funktionale Eigenschaften zu betrachten. Daher leitet sich übrigens auch der Name Funktionalismus ab. Ein funktionaler Zustand ist in dieser Theorie dadurch definiert, dass er auf einen bestimmten Input mit einem bestimmten Output reagiert und in einen anderen funktionalen Zustand übergeht. Funktionale Zustände sind demnach als Zustände eines bestimmten Systems, die allein durch ihre kausale Rolle charakterisiert sind, zu verstehen. Sich in einem bestimmten mentalen Zustand zu befinden ist demnach nichts anderes, als sich in einem Zustand mit einer bestimmten kausalen Rolle zu befinden, so die Grundthese des Funktionalismus. Was bedeutet aber nun der Begriff „kausale Rolle"? Die kausale Rolle eines internen Zustandes des gegebenen Systems, nennen wir es einmal S, ist die Gesamtheit seiner Kausalverbindungen zu Inputs, Outputs und anderen internen Zuständen des Systems S. Kausale Rolle ist somit gleich der Funktion. Denn eine Funktion im Sinne einer funktionalen Eigenschaft ist als diejenige Eigenschaft eines Systems zu verstehen, die einen bestimmten Input (Eingabe) in das System mit einem bestimmten Output (Ausgabe) verbindet. Demnach ist eine funktionale Eigenschaft dadurch definiert, auf bestimmte Ursachen (Input) so zu reagieren, dass bestimmte Wirkungen (Output) hervorgebracht werden. Mentale Eigenschaften sind demzufolge allein durch ihre kausale Rolle definiert, das heißt durch ihre typischen Ursachen in Form von Inputs und ihre typischen Wirkungen in Form von Outputs. Der Funktionalismus behauptet somit nicht, dass physische und mentale Zustände identisch sind, sondern mentale Zustände funktionale Zustände sind, die beim Menschen durch neuronale Zustände realisiert werden. Das bedeutet, dass der Funktionalismus mentale Zustände nicht direkt mit physikalischen Zuständen identifiziert, sondern ihre Identität mit funktionalen Zuständen, sozusagen als Zwischenglied, postuliert. Mentale Eigenschaften und physikalische Eigenschaften haben dementsprechend nicht dieselbe Bedeutung. Die betreffende kausale Rolle kann deshalb physikalisch ganz verschieden realisiert sein, was das Problem der multiplen Realisierbarkeit löst. Die physikalische Realisation ist somit begrifflich nicht notwendig. Damit umgeht der Funktionalismus die Schwierigkeiten der Typenidentität und ist aber mit der Tokenidentität durchaus verträglich. Deshalb werden in der Philosophie des Geistes zu den Tokenidentitätstheorien auch der anomale Monismus von Donald Davidson, der im Weiteren noch zu besprechen sein wird, und teilweise funktionalistische Ansätze gezählt. Die Tokenidentität kann somit durchaus als nichtreduktiver Physikalismus verstanden werden. Wie aber soll man sich nun das Gedankengebäude des Funktionalismus ganz praktisch gesehen vorstellen? Der 1942 geborene amerikanische Philosoph Ned Block versuchte dies anhand eines Getränkeautomaten näher zu erläutern. Gegeben sei also ein Getränkeautomat, der für einen Euro eine Getränkedose auswirft. Der Automat akzeptiert nur Münzen, entweder als Eineurostück oder als Fünfzigcentstück. Die Münzen sind der Input, die Getränkedose hingegen ist der Output. Wichtig ist noch der Hinweis, dass zu viel gezahltes Geld zurückgegeben wird. Die Funktionsweise dieses Automaten lässt sich nun am besten dadurch beschreiben, dass man zwei interne Zustände des Systems definiert:

Zustand 1 = Es wird ein Eineurostück hineingegeben und der Automat gibt eine Getränkedose aus, verbleibt dann aber in diesem Zustand.

Zustand 2 = Wird nur ein Fünfzigcentstück hineingegeben, verändert sich äußerlich nichts, der Automat geht aber in den Zustand 2 über.

Hier gibt es nun zwei Möglichkeiten. Wird jetzt, im Zustand 2, ein Eineurostück hineingegeben, so gibt der Automat eine Getränkedose und das überzahlte Fünfzigcentstück aus. Danach geht er wieder in den Zustand 1 über. Wird hingegen ein Fünfzigcenstück hineingegeben, gibt der Automat eine Getränkedose aus und geht anschließend in den Zustand 1 über. Das Verhalten des Getränkeautomaten kann somit vollständig aufgrund der kausalen, sprich funktionalen Rollen der Zustände 1 und 2 und ihrer Beziehung untereinander beschrieben werden. Tabellarisch lässt sich die funktionale Bauart des Getränkeautomaten folgendermaßen verdeutlichen:

Ursprünglicher Zustand	**Input**	**Output**	**Aktueller Zustand**
Z1	1 Euro	Getränkausgabe	Z1
Z1	50 Cent	Keine Ausgabe	Z2
Z2	1 Euro	Getränkausgabe + 50 Cent	Z1
Z2	50 Cent	Getränkausgabe	Z1

Tabelle 1: Funktionale Architektur eines Getränkeautomaten

Käme man nun eines Tages auf die Idee, einen Schraubenzieher anzusetzen und den Getränkeautomaten einfach auseinanderzuschrauben, dann würde man diese beiden Zustände 1 und 2 mechanisch oder in elektronischer Form realisiert vorfinden. Bezüglich des Verhaltens können wir deshalb ganz allgemein formulieren, dass wenn ein System S die funktionalen Zustände Z1 bis ZN annehmen kann, diese Zustände auch durch die physischen Zustände P1 bis PN vom System S realisiert werden können, vorausgesetzt dass diese physischen Zustände exakt die kausalen Rollen innehaben, durch die die funktionalen Zustände charakterisiert sind. Es darf deshalb ganz allgemein gesagt werden, dass sich kausale Rollen immer in Form von Verhaltensgesetzen ausdrücken lassen. Wenn demnach ein Zustand, sagen wir einmal Z, durch eine Anzahl von Verhaltensgesetzen gekennzeichnet ist, aus denen hervorgeht, wie ein System in diesen Zustand kommt und wie es sich verhält, wenn es in diesem Zustand ist, dazu noch, wie dieser Zustand mit anderen Zuständen kausal interagiert, dann ist Z ein funktionaler Zustand. Ein Zustand, der allein durch seine kausale Rolle dargestellt ist. Wenn demgemäß das Verhalten des Systems Getränkeautomat allein mittels Input, Output und der kausalen bzw. funktionalen Rollen interner Zustände vollständig beschrieben werden kann, so der Gedanke des Funktionalismus, dann muss das auch für jedes andere System möglich sein, das Träger mentaler Zustände und Prozesse ist. Es müsste somit theoretisch gleichfalls für das System Mensch Geltung haben. Aus diesem Grunde besagt der Funktionalismus, dass mentale Zustände funktionale Zustände des Gehirnautomaten sind und dass verschiedene Gehirnautomaten durchaus gleiche funktionale Zustände haben können. Die Intention des Funktionalismus ist damit vollkommen klar. Die mentalen Zustände sollen eindeutig reduziert werden, allerdings auf funktionale Zustände, die aufgrund der multiplen Realisierung nicht auf physische Zustände reduzierbar sein sollen. Nichtsdestotrotz erfordert jede kausale Rolle eine physikalische Realisierung und sie lässt dabei multiple physikalische Realisierungen zu. Aus diesem Grunde ist es hier auch nicht abwegig, von einem funktionalen Materialismus zu sprechen. Denn schließlich geht der Funktionalismus davon aus, dass Bewusstseinszustände beim Menschen nichts anderes sind als funktionale Zustände der Nervenzellen im Gehirn, welche durch Input- und Output-Parameter sowie durch funktionale Verknüpfungen der Nervenzellen untereinander hervorgerufen werden. Im Funktionalismus wird folglich ganz klar zwischen der Funktion, der zugrunde liegenden Struktur sowie dem Substrat unterschieden. Weil das Substrat in aller Regel materiell ist, baut der Funktionalismus folgerichtig auf dem Materialismus auf. Der bestimmende Faktor ist jedoch die ausgeübte Funktion, die durch eine definierte Struktur realisiert wird. Die zentrale These im Funktionalismus, welche oft einfach stillschweigend vorausgesetzt wird, ist jedoch, dass diese Struktur bis zu einem gewissen Grad vom Substrat unabhängig sein soll. Das ist der „Trick“. Neben dem Beispiel des Getränkeautomaten kann der funktionalistische Gedankengang auch am Bauplan einer Uhr verdeutlicht werden. Nach dem Willen des Funktionalismus sollten die verschiedenen Gehirnzustände alle einen funktionalen Zustand realisieren, der dann mit dem mentalen Zustand identisch ist. Der Bauplan einer Uhr spezifiziert nun funktionale Zustände. Dabei kann die einzelne Uhr schließlich aus den verschiedensten Materialien gefertigt werden, die alle die funktionalen Zustände realisieren. Oder nehmen wir zum Beispiel eine Einspritzpumpe beim Auto, die bei Dieselmotoren zum Einspritzen des Dieselkraftstoffs benötigt wird. Ihre Aufgabe besteht darin, dass sie pro Hub eine definierte Menge Kraftstoff mit dem nötigen Druck bereitstellt, um Kraftstoff durch das Einspritzventil in den Brennraum oder das Ansaugrohr zu fördern. Nun gibt es in der Automobilindustrie verschiedene Bauformen von Einspritzpumpen. Es gibt beispielsweise Reiheneinspritzpumpen, Verteilereinspritzpumpen, Einzelstempelpumpen, Pumpe-Düsen sowie Hochdruckpumpen für Common-Rail-Systeme. Und natürlich können die verschiedenen Formen von Einspritzpumpen auch aus völlig verschiedenen Materialien gefertigt werden. Aber es kommt nicht auf die Form oder das Material an, sondern darauf, dass die Einspritzpumpe nur pro Hub eine definierte Menge Kraftstoff mit dem nötigen Druck bereitstellt. Das bedeutet, dass die Einspritzpumpe nicht deshalb schon eine Einspritzpumpe ist, weil sie eine bestimmte Form hat oder weil sie aus einem bestimmten Material gefertigt wurde, sondern weil sie eine bestimmte Aufgabe erfüllt. Einspritzpumpen können somit völlig verschiedenartig realisiert sein, was sie jedoch eint, ist, dass sie allesamt ein und dieselbe Aufgabe erfüllen. Und nur darauf kommt es folglich an, auf die Aufgabe. Sie allein ist das Entscheidende. Überträgt man nun diese Sichtweise auf den Menschen und betrachtet dabei das Phänomen Schmerz, so bedeutet dies aus funktionalistischer Sicht nicht, ein bestimmtes Verhalten zu zeigen oder in einem bestimmten organischen Zustand zu sein. Es bedeutet vielmehr einen funktionalen Zustand, der mit dem Ziel verbunden ist, den Schmerz möglichst schnell wieder loszuwerden. Das bedeutet, was auch immer diese kausale Rolle spielen mag, es gilt als Schmerz. Schmerzen zu haben bedeutet nach funktionalistischer Lesart, dass man in einem Zustand ist, der von bestimmten Reizen verursacht wird und der dann zu einem bestimmten Verhalten führt. Damit empfinden wir immer genau dann einen bestimmten Schmerz, wenn wir bestimmte Zustände haben. Beim Nierenschmerz wären das zum einen die äußeren Umstände wie Steine oder Entzündungen. Zum anderen aber auch innere Zustände wie das Bedürfnis, diesen Schmerz schnell loszuwerden, und natürlich die Empfindung, dass dieser Schmerz äußerst unangenehm ist. Wir dürfen also festhalten, dass nach funktionalistischer Auffassung mentale Zustände die Träger und damit die Realisierer charakteristischer kausaler Rollen sind. Und weil der Funktionalismus in seiner heutigen Form ein nichtreduktiver Physikalismus ist, halten es seine Anhänger für höchst wahrscheinlich, dass diese charakteristischen kausalen Rollen der verschiedenartigen geistigen Zustände von physischen Zuständen des Gehirns erfüllt werden. Geht man nun in diesen funktionalistischen Gedankengängen noch einen Schritt weiter, sodass man mentale Zustände als funktionale Zustände definiert, denen eine biologische Funktion für das System Mensch zugeschrieben werden kann, wird der Körper zumeist auf das Gehirn reduziert und es ergibt sich ein Verhältnis von Gehirn zu Geist ähnlich wie das von Hardware zu Software. Das heißt, die Relation zwischen mentalen und physikalischen Phänomenen könnte analog sein zur Relation zwischen Software und Hardware. In dieser Sichtweise würden dann auch geistige Eigenschaften schlicht und einfach zu abstrakten Informationsverarbeitungs-Eigenschaften des Gehirns werden. Damit eröffnet sich dann eine ganz neue Perspektive. Denn auf diese Weise könnten beispielsweise Computer mit einer anderen anatomischen Struktur als der unseren auch mentale Zustände verwirklichen, indem sie nämlich die gleichen Funktionen erfüllen. Natürlich würden hier die mentalen Zustände immer noch mit der Aktivität der Anatomie identisch sein, jedoch wären sie unabhängig von der Zusammensetzung des anatomischen Substrates. Das Einzige, was wirklich zählt, ist somit die Software. Denn diese kann auf völlig verschiedenartiger Hardware realisiert werden. Funktionalisten behaupten deshalb auch, dass der Geist ein Computerprogramm ist. Sie gehen davon aus, dass es einer Software gleicht, einem Komplex mit Inputs und Outputs. Das Gehirn ist nach dieser Vorstellung die Hardware des Computers, in dem die Software funktionieren kann. Präziser ausgedrückt ist das Gehirn eine Art Computer, auf dem eine mentale Sprache implementiert ist, die sich in mentalen Repräsentationen und deren kausalen Verbindungen manifestiert. Eines menschlichen Gehirnes bedarf es dabei nicht zwingend, denn eine Software kann schließlich von verschiedenen Computern ausgeführt werden. So kann beispielsweise eine Microsoft-Word- oder -Excel-Software auf einem Laptop, einem klassischen Rechner oder auf einem Tablet-PC ausgeführt werden. Somit könnte man in den Augen der Funktionalisten die Software, die dem menschlichen Geist entspricht, durchaus auf einen Computer oder einen Roboter übertragen, die wie das menschliche Gehirn funktionieren. Nach dem Einschalten würde dieser Computer oder dieser Roboter dann schließlich, genauso wie ein menschliches Gehirn, mentale Zustände wie Gedanken, Schmerzen, Freuden, Wünsche oder Wahrnehmungen unterschiedlichster Art haben können. Und das selbst, wenn diese Maschine nicht aus Fleisch und Blut, sondern aus einfachen Chips und elektromechanischen Komponenten besteht. Die Träger und somit Realisierer kausaler Rollen wären damit nicht wie beim Menschen die Gehirnzustände, sondern Maschinenzustände. Man spricht in diesem Zusammenhang deshalb auch gerne vom Computerfunktionalismus bzw. Maschinenfunktionalismus. Es sind vor allem die wissenschaftlichen und philosophischen Anhänger der starken künstlichen Intelligenz, welche den Glauben daran hegen, dass entsprechend programmierte Computer durchaus ein menschliches Bewusstsein besitzen können. Um herauszufinden, ob Maschinen wirklich denken können und ein Bewusstsein haben, wurde 1950 durch den britischen Mathematiker und Informatikpionier Alan Turing eigens ein Test entwickelt, der auch seinen Namen trägt. Dabei führt ein menschlicher Fragesteller eine Unterhaltung mit einem Menschen und einer Maschine. Der Fragesteller ist dabei räumlich getrennt und ist nur über einen elektronischen Kontakt mit beiden verbunden. Die Aufgabe des Fragestellers ist es nunmehr, anhand der gegebenen Antworten herauszufinden, wer Mensch und wer Maschine ist. Kann der Fragesteller nach dem Testlauf nicht eindeutig sagen, welcher von beiden die Maschine ist, hat die Maschine den Turing-Test bestanden. Alan Turing (1912–1954) selbst hatte einmal hierzu gesagt:

„Ich glaube, dass sich am Ende dieses Jahrhunderts der Sprachgebrauch und die allgemeine gebildete Meinung so stark gewandelt haben werden, dass man von denkenden Maschinen reden kann, ohne mit Widerspruch rechnen zu müssen."

Auch wenn bis auf den heutigen Tag kein einziges Computerprogramm den Turing-Test nur annähernd bestanden hat, zeigt es doch, wes Geistes Kind hier am Werke ist. Eines, das mentale Zustände und Vorgänge abstrakt mathematisch und nicht physikalisch beschreiben will. Die Gesamtheit aller Prozesse, die mit dem Wahrnehmen und Erkennen zusammenhängen, wird hier als ein abstrakter Automat, als mathematisch beschreibbares Computerprogramm behandelt, das im Gehirn wie in einem Computer physikalisch realisiert ist. Die Eingaben sind dabei die Sinnesreize, die Ausgabe sind die Verhaltensreaktionen und die interne Vermittlung zwischen Ein- und Ausgabe sind die mentalen Zustände. Der Funktionalismus erweist sich damit als die These eines mentalen Zustandes, der real und kausal wirkt und durch seine kausalen Vernetzungen Verhalten hervorbringt. Der Mensch als solcher ist für den Funktionalismus deshalb in letzter Konsequenz prinzipiell nichts weiter als ein endlicher Automat mit Ein-/Ausgabe. Man darf den Funktionalismus deshalb auch zu Recht als eine Computertheorie des Geistes auffassen. Und nach dieser Theorie hat der Geist nichts mit Stoff zu tun, sondern mit Organisation. Das bedeutet, dass die wissenschaftlich erforschbare Natur des Geistigen in seiner funktionalen Organisation liegt. Man nennt diese Variante des Funktionalismus gelegentlich auch gerne traditioneller Funktionalismus. Sie wurde 1967 von dem Philosophen Hilary Putnam in einem Aufsatz mit dem Titel „Psychologische Prädikate" veröffentlicht. Daneben gibt es aber auch noch eine weitere funktionalistische Variante. Sie wurde von dem amerikanischen Philosophen David Kellogg Lewis (1941–2001) entwickelt und mit Elementen der Identitätstheorie verbunden. Diese zweite Variante des Funktionalismus besagt im Gegensatz zur ersteren nicht, dass Maschinen einen Geist haben. Sie besagt schlicht und ergreifend nur, dass menschliche Geisteszustände funktional, das heißt durch kausale Rollen, bestimmbare physische Zustände sind. In beiden Theorien, sowohl in der von Putnam und Fodor wie auch in der von Lewis, sind die physikalischen Zustände in einem Modell psychologischer Theorien zu berücksichtigen. Dies ist leicht nachvollziehbar, denn der Funktionalismus ist nur dann plausibel, wenn es ihm gelingt, allgemeingültige Verhaltensgesetze zu definieren, in denen die für die einzelnen mentalen Zustände charakteristischen kausalen Rollen geregelt werden. Und das obige Beispiel des Getränkeautomaten hat dabei deutlich gezeigt, dass sich kausale Rollen in der Regel unter Zuhilfenahme von Verhaltensgesetzen gut beschreiben lassen. Wenn man also die Ansicht, dass alle mentalen Zustände funktionale Zustände sind, ordentlich durchdeklinieren möchte, dann muss man auch klar sagen, welche Verhaltensgesetze einem vorschweben. Bei der Putnam-Fodor-Variante finden sich psychologische Begriffe als Typus funktionaler Begriffe, was nicht die begriffliche Reduzierbarkeit mentaler Begriffe auf funktionale Begriffe bedeutet. Vielmehr bedeutet es, dass die wissenschaftliche Psychologie adäquate Definitionen von mentalen Begriffen in Form von kausalen Rollen formuliert. Mentale Begriffe sind somit den wissenschaftlichen Begriffen ähnlich und ihre Definition ist Aufgabe einer Wissenschaft. Man nennt die von Putnam und Fodor entwickelte Variante deshalb auch gerne Psychofunktionalismus. Demgegenüber geht die Lewis-Variante davon aus, dass der Alltagsverstand über eine Theorie des menschlichen Geistes verfügt. Diese Theorie setzt sich folglich aus alltagspsychologischen und in der Umgangssprache umsetzbaren Aussagen zusammen. Es ist deshalb die Theorie des Alltagsverstandes. Das heißt, dass uns die Alltagspsychologie die Definitionen mentaler Begriffe in Form von kausalen Rollen liefert. Die Lewis-Variante ist somit der Überzeugung, dass mentale Zustände bereits in der Volkspsychologie und in der Psychologie des gesunden Menschenverstandes definiert worden sind. Damit ist ein mentaler Zustand durch die kausale Rolle, die man diesem im Rahmen einer Psychologie des gesunden Menschenverstandes zugeschrieben hat, gekennzeichnet. Im Zusammenhang mit der Lewis-Variante spricht man deshalb auch oft vom Common-Sense-Funktionalismus. Dem Common-Sense-Funktionalismus zufolge gibt uns also die Alltagspsychologie, die jeder von uns im Alltag implizit anwendet, die Definitionen mentaler Begriffe in Form kausaler Rollen. Diese Definitionen bestehen aus Gemeinplätzen, die jeder kennen muss, um die betreffenden mentalen Begriffe zu besitzen. Gemeinsam teilen die beiden Varianten des Funktionalismus die Überzeugung, dass mentale Zustände nicht unbedingt mit neuronalen, also im Grunde materiellen Zuständen identisch sein müssen, sie aber trotzdem für ihren Träger dieselbe Funktion besitzen. Wenn dem so ist, stellt sich dann doch die Frage, wo denn die Unterschiede in den beiden Thesen liegen. Zu den Unterschieden ist zu sagen, dass sich der Putnam-Fodor-Funktionalismus teilweise erheblich von dem Common-Sense-Ansatz von David Lewis unterscheidet. Der Common-Sense-Funktionalismus impliziert beispielsweise den Psychofunktionalismus, während die Umkehrung nicht gilt. Am besten versteht man den Unterschied jedoch, wenn man sich die allgemeinen Aussagen beider Varianten einmal genau anschaut und sie dann einander gegenüberstellt. So gilt beim Common-Sense-Funktionalismus ganz allgemein, dass es zu jedem mentalen Prädikat P eine funktionale Rolle R gibt, sodass feststeht:

Px bedeutet, dass x sich in einem Zustand befindet, der die kausale Rolle R innehat.

Beim Psychofunktionalismus klingt das völlig anders. Hier gilt nämlich ganz allgemein, dass es zu jeder mentalen Eigenschaft E eine funktionale Rolle R gibt, sodass feststeht:

Die Eigenschaft E ist identisch mit der Eigenschaft, sich in einem Zustand zu befinden, der die kausale Rolle R innehat.

Der Common-Sense-Funktionalismus liefert somit nur eine funktionale Analyse der alltagspsychologischen Begriffe. Er vertritt insofern nur eine metaphysische, sprich begriffliche These. Deshalb nennt man ihn auch unter anderem begrifflicher Funktionalismus. Der Psychofunktionalismus will hingegen mehr als nur eine funktionale Analyse der alltagspsychologischen Begriffe liefern. Denn er geht in seiner Betrachtung davon aus, dass die wissenschaftlich erforschbare Natur des Mentalen in seiner funktionalen Organisation liegt. Er wird daher gelegentlich auch starker Funktionalismus genannt. Das genau ist der entscheidende Punkt, denn zu einer ontologischen These wird der Funktionalismus erst dann, wenn er behauptet, dass alle mentalen Zustände durch physische Zustände realisiert werden. Ansonsten lässt er nämlich die eigentlich ontologische Frage eher unberührt. Das also ist der entscheidende Unterschied zwischen der funktionalistischen Putnam-Fodor-Variante und der Lewis-Variante im Allgemeinen. Die These des Psychofunktionalismus ist keine nur begriffliche, sondern sie ist eine ontologische These. Es ist deshalb wichtig, sich diesen

Unterschied zu merken, um die zwei Varianten des Funktionalismus klar voneinander unterscheiden zu können.

Schwierigkeiten des Funktionalismus

In den folgenden Jahrzehnten nach seiner Einführung wurde der Funktionalismus zur „rechtgläubigen" Lehre in der Philosophie des Geistes und hatte seine Hochzeit in den siebziger und achtziger Jahren des 20. Jahrhunderts. Aber selbst im 21. Jahrhundert erfreut er sich noch größter Beliebtheit, und das trotz der zahlreichen Einwände, die mittlerweile gegen ihn vorgebracht wurden. Doch was sind das für Einwände im Einzelnen? Wir haben unter den Theorien des Physikalismus gelernt, dass der eliminative Physikalismus die Überzeugung vertritt, dass es keine mentalen Zustände gibt, sondern diese lediglich Produkte der Alltagspsychologie sind. Der eliminative Physikalismus vertritt darüber hinaus auch die These, dass unsere Common-Sense-Vorstellung von psychischen Phänomenen eine grundlegend falsche Theorie beinhaltet. In diesem Rahmen hat der 1942 geborene kanadische Philosoph Paul Churchland einige gewichtige Argumente gegen die Alltagspsychologie vorgebracht. So verwies Churchland zum Beispiel darauf, dass es eine Unzahl an Phänomenen gebe, zu deren Klärung die Alltagspsychologie nichts beigetragen habe. Darunter fallen die Natur von Geisteskrankheiten oder die Ursachen individueller Intelligenzunterschiede sowie die Erklärung für Wahrnehmungstäuschungen oder aber die psychologische Funktion des Schlafens. Ferner hob Churchland hervor, dass die Alltagspsychologie eine stagnierende Wissenschaft sei, die seit gut 2500 Jahren keinen Schritt vorwärtsgekommen sei. Und außerdem seien die Begriffe der Alltagspsychologie, so Churchland, mit den Begriffen der grundlegenden Wissenschaften unvereinbar. Diese Kritik ist von großer Bedeutung, weil wir bereits auch gelernt haben, dass der Funktionalismus nur dann plausibel ist, wenn es ihm gelingt, allgemeingültige Verhaltensgesetze zu definieren, durch welche die für die einzelnen mentalen Zustände charakteristischen kausalen Rollen geregelt werden. Und in diesem Zusammenhang wurde desgleichen betont, dass es im Common-Sense-Funktionalismus Lewis zufolge die Alltagspsychologie ist, welche uns die Definitionen mentaler Begriffe in Form kausaler Rollen gibt. In diesem Zusammenhang darf man sich nun fragen, was diese Definitionen überhaupt noch Wert sind. Man darf sich dann sicherlich auch die Frage stellen, welchen Wert eine Theorie überhaupt noch besitzt, die sich auf solche Definitionen stützt. Da diese Fragen rhetorischer Natur sind, kommen wir deshalb am besten gleich auf die Putnam-Fodor-Variante des Funktionalismus zu sprechen. Interessanterweise zählt ausgerechnet einer der Gründer des Funktionalismus, nämlich Hilary Putnam selbst, zu seinen schärfsten Kritikern. Ist das nicht völlig paradox? Nein, denn es gehört zu einem ernsthaft und auf akademischem Niveau denkenden Wesen, das die Fähigkeit besitzt, sich selbst infrage zu stellen, einfach dazu, seinen Standpunkt auch ändern zu können. Das hat nichts mit Charakterschwäche zu tun, sondern mit Weisheit und Stärke. Und Putnam hat seine eigenen Standpunkte bei vielen philosophischen Problemstellungen oft geändert. Auf diesen Umstand angesprochen bemerkte er einmal etwas ironisch dazu:

„Wenn ich guter Laune bin, erwidere ich darauf, es könnte sein, dass ich meine Meinung deshalb so oft ändere, weil ich Fehler mache, während andere Philosophen ihre Meinung nicht ändern, weil sie eben keine Fehler machen."

Was und wie viel ist also dran am Funktionalismus, wenn sein eigener Erfinder ihn infrage stellt? Man kann eine Theorie nur angreifen und infrage stellen, wenn man sie durchdrungen und exakt verstanden hat, wie sie tickt. Um den Funktionalisten und sein Denken zu verstehen, hier ein kurzes Gedankenexperiment. Stellen Sie sich einmal folgende Situation vor. Sie kennen einen Menschen gut 20 Jahre lang. Sie haben mit ihm Höhen und Tiefen erlebt, sich stets von diesem Menschen verstanden gefühlt. Sie haben miteinander gute und tiefgreifende Gespräche geführt. Sagen wir einmal, er oder sie war Ihr bester Freund. Eines Tages fahren Sie mit diesem Menschen zu einem Termin. Sie fahren auf der Autobahn. Es ist Winter und die Straßen sind glatt, weil der Räumdienst es noch nicht geschafft hat, zu räumen und zu streuen. Sie fahren auf der linken Spur, weil Sie es eilig haben. Auf der gegenüberliegenden Seite, die durch eine doppelte Leitplanke von Ihrer Fahrbahn getrennt wird, verliert ein Sattelschlepper die Kontrolle. Er durchbricht die Leitplanke und der Stahl zerreißt wie eine Lakritzstange. Reflexartig treten Sie auf die Bremse und ducken sich ab. Ihr Wagen gerät unter den Anhänger des Sattelschleppers, wodurch das Dach in Bruchteilen von Sekunden abgerissen wird. Als Ihr Pkw zum Stillstand kommt, wagen Sie, noch völlig unter Schock stehend, den Kopf zu heben. Sie sind mit Glassplittern bedeckt, haben leichte Verletzungen und Schnittwunden davongetragen, aber Sie sind noch am Leben. Blitzschnell durchschießt ein Gedanke Ihren Kopf, Ihr Freund! Sie blicken auf den Beifahrersitz, aber der ist leer. Der Beifahrer hat nicht so viel Glück gehabt wie Sie. Er wurde aus dem Wagen geschleudert und liegt gut 40 Meter entfernt vom Unfallort. Blankes Entsetzen ergreift Sie, Sie rennen aus dem Wagen, eilen zu ihm hin. Sie ahnen schon, je näher Sie kommen, dass etwas Schlimmes geschehen ist, denn Sie erkennen, dass der Körper Ihres Freundes von der Wucht auseinandergerissen wurde. Viele Einzelteile liegen herum, sogar der Kopf ist abgerissen. Sie haben Ihren besten Freund verloren. Ein tiefer Schmerz durchdringt wie ein Schwert Ihre Seele. Voller Verzweiflung wollen Sie sich mit den Händen die Augen zuhalten, doch dann bemerken Sie, dass hier etwas nicht stimmt. Sie hatten es im ersten Augenblick der Verwirrung übersehen, aber jetzt sind Sie völlig irritiert. Kein Blut! Nirgendwo ist Blut! Als Sie sich den Körper Ihres besten Freundes anschauen, sagen wir einmal das, was noch übrig geblieben ist, sehen Sie nur Schrauben, Transistoren und Platinen. Sie wagen es kaum, den Kopf zu betrachten, aber der enthält kein Gehirn, nur etwas, das an eine Mutterplatine samt CPU erinnert. Was denken Sie jetzt? Sie haben genau zwei Möglichkeiten. Sie könnten denken, dass Sie glaubten, einen Menschen zum besten Freund zu haben. Sie könnten denken, dass Sie geglaubt hatten, dass Ihr bester Freund Sie versteht. Sie könnten ferner auch denken, dass Sie glaubten, dass Ihr bester Freund Gefühle hat, einen Verstand, einen Geist. Und Sie könnten zu dem Schluss kommen, dass Sie sich gewaltig geirrt haben. Dass Ihr bester Freund doch keinen Geist besaß und Sie nur einer Illusion verfallen sind. Wenn Sie das denken, dann sind Sie kein Funktionalist. Sollten Sie jedoch denken, dass Ihr bester Freund doch einen Geist besaß, der allerdings anders als der Ihrige realisiert wurde. Sollten Sie denken, dass auch andere, sogar künstliche Organismen einen Geist besitzen, wie Sie ihn haben, und diesen Geist als eine Art Software verstehen; sollten Sie glauben, dass Ihr bester Freund im Grunde nur diese Software war und im Prinzip auch auf anderen Plattformen hätte aufgespielt werden können; sollten Sie also an die Möglichkeit einer „synthetischen Seele" glauben, dann sind Sie ein Funktionalist. Denn nur Funktionalisten glauben, dass der Geist ein Computerprogramm ist. Sie vergleichen ihn mit einer Software, einem Komplex aus Inputs und Outputs. Sie verstehen das Gehirn als Hardware des Computers, worin der Geist als Software dann, unabhängig vom System, funktionieren kann. Aber funktioniert der menschliche Geist wirklich wie ein Getränkeautomat? Dieser Vergleich ist noch relativ harmlos. Denn wir könnten auch von einer öffentlichen Bedürfnisanstalt reden, einer City-Toilette. Auch dort kann man Geldstücke hineinwerfen. 50 Eurocent sind beispielsweise in der Hauptstadt Berlin in der Regel nötig. Man kann dafür ein Fünfzigcentstück einwerfen, aber falls nicht passend vorhanden nimmt der Automat auch Fünf-, Zehn- und Zwanzigcentstücke an. Es sind modulare Systemlösungen mit weitaus mehr Funktionen als ein Getränkeautomat. Nach funktionalistischer Sichtweise kommen diese Systeme deshalb unserem Geist deutlich näher. Wirklich? Lässt sich der menschliche Geist tatsächlich auf die Funktionsweise einer modernen öffentlichen Bedürfnisanstalt reduzieren? Oder hinkt der Vergleich? Rein intuitiv sträubt sich der Verstand, denn wenn dem so sein sollte, warum schreiben City-Toiletten keine Tragödien, wie es Johann Wolfgang von Goethe mit seinem Werk „Faust" tat? Warum komponieren sie keine Opern? Warum verlieben sie sich nicht ineinander? Anders gefragt, ist es überhaupt korrekt, mentale Zustände durch ihre Funktion zu definieren? Ist der menschliche Geist wirklich eine Funktion des Gehirnes? Kann und darf man überhaupt den Geist des Menschen mit einem Computerprogramm bzw. Rechenoperationen und Algorithmen vergleichen? Selbst wenn man diese Frage mit einem Ja beantwortet, stellt sich da gleich noch eine Frage. Wenn der menschliche Geist tatsächlich nichts anderes darstellt als eine Software, wer hat sie dann mit welcher Intention programmiert? Ein anderer Computer vielleicht? Nehmen wir an, es wäre so und wir würden Computer über Computer annehmen, aber irgendwann, das wissen wir aus Erfahrung, hat doch ein Mensch den ersten Computer erfunden. Dieser Mensch wäre damit der Programmierer. Aber wer hat den Geist des Programmierers programmiert? Ein Mensch kann es nicht gewesen sein, denn Menschen erschaffen keine Menschen. Damit stellt sich automatisch die Frage nach einem Schöpfer aller Dinge, einem Gott, der die Allmacht besitzt, so etwas wie den menschlichen Geist zu erschaffen. Doch gerade diesen Schöpfer will der Funktionalismus nicht wahrhaben und versucht ihn nach allen Möglichkeiten auszuschließen. Deshalb geht der Funktionalismus auf solche Fragen erst gar nicht ein. Er umgeht sie, oder besser gesagt, er ignoriert sie. Natürlich darf man Fragen auch umgehen oder ignorieren, aber sie bleiben damit trotzdem bestehen. Und auf diese bestehende Frage hat der Funktionalismus leider keine passende Antwort. Der nächste zu diskutierende Punkt betrifft das Substrat selbst, also das Medium, auf dem das Programm „Geist" laufen soll. Für den Funktionalisten ist es letzten Endes von untergeordnetem Interesse, auf welchem Substrat die Rechenoperationen bzw. Algorithmen laufen, ob Gehirn oder Computer. Aber ist dieser Sachverhalt wirklich nebensächlich? Wohl kaum, denn es erscheint völlig unplausibel, dass Systeme aus so unterschiedlichen Materialien wie Gehirne und Computer wirklich genau dieselben Funktionen haben können. Eine solche Sichtweise ignoriert deshalb die nicht zu übersehenden fundamentalen Unterschiede zwischen der Computerarchitektur und dem um viele Dimensionen komplexeren Gehirn. An diesem Punkt bleibt auch völlig unklar, wie überhaupt ein hardwareunabhängiges Programm eine Erkenntnis über die spezifische Hardware erlangen soll, auf der es zufällig läuft? Damit ist die Frage angesprochen, wie naturwissenschaftliche und medizinische Erkenntnis nach dem funktionalistischen Modell überhaupt möglich ist. Weiterhin muss kritisch festgestellt werden, dass längst nicht alle Gehirnfunktionen algorithmisch sind, wie uns beispielsweise der Bereich der Emotionen deutlich zeigt. Und es stellt sich die Frage, ob mentale Zustände wirklich vollständig aus einer kausalen Rolle bestehen. Oder gibt es vielleicht entscheidende Merkmale mentaler Zustände, welche nicht in einer kausalen Rolle aufgehen? Diese Sachverhalte sind genauestens zu prüfen, weil es nach wie vor eine offene Frage ist, wie genau unsere mentalen Zustände in unserem Gehirn realisiert sind. Niemand vermag das derzeit wirklich mit Sicherheit zu sagen. Der Funktionalismus selbst schweigt sich hierüber aus. Er trägt zwar den mentalen Zuständen Rechnung, ohne sich jedoch auf eine Aussage über die wahrhaftige Realisation dieser Zustände festzulegen. Das ist das Problem. Es genügt einfach nicht, nur zu sagen, dass mentale Zustände eine funktionale Rolle haben und dass die mentalen Zustände in irgendwelchen kausalen Beziehungen miteinander stehen. Das kann vielleicht genügen, wenn es nur darum geht, allgemein zu sagen, was mentale Zustände sind. Will man hingegen eine Aussage darüber treffen, wie sich die kausalen Rollen der einzelnen Zustände unterscheiden oder welche Rolle ein bestimmter Zustand im Gesamtsystem einnimmt, dann muss man zwangsläufig auch eine Erklärung über den funktionalen Aufbau des Systems abgeben. So bleiben dann auch zum Beispiel einige Aspekte der Schmerzempfindung im Funktionalismus völlig ungeklärt. Es ist mit anderen Worten möglich, dass ein beliebiger Mensch die gleiche Schmerzempfindung wie ich haben kann, obwohl sie durch völlig andere Ursachen bei ihm ausgelöst wurde. Hier widerspräche dann die gleiche Empfindung den identischen funktionalen Relationen. Oder aber ein Mensch kann Schmerzen empfinden, wo wiederum ein anderer eher ein Lustempfinden zeigt. Der Funktionalismus kann diese in der Praxis gegebenen Umstände jedenfalls nicht hinreichend erklären. Zu diesen zahlreichen Einwänden gegen den Funktionalismus kommt noch ein weiterer schwergewichtiger dazu. Es ist wohl das bekannteste Gegenargument und trägt die Bezeichnung „das chinesische Zimmer". Vorgebracht wurde es von dem 1932 geborenen amerikanischen Philosophen John Rogers Searle. Die Intention war es, mit diesem Argument das Paradigma des Funktionalismus als falsch zu erweisen und das Forschungsprogramm der künstlichen Intelligenz (KI) als Irrweg zu brandmarken. Searles Gedankenexperiment wurde zuerst in seinem Artikel „Minds, Brains, and Programs" aus dem Jahr 1980 vorgestellt und hat folgenden Aufbau:

In einem Zimmer befinden sich dicke Bücher mit Regeln, leere Blätter und Schreibutensilien. Das Zimmer selbst ist von der Außenwelt abgeschirmt, bis auf zwei Wandschlitze für den Kontakt, die Input und Output heißen. Im Zimmer sitzt ein Mensch, der kein Wort Chinesisch versteht. Durch den Inputschlitz bekommt er einzelne Zettel mit chinesischen Schriftzeichen hineingereicht, welche als Fragen zu betrachten sind. Der Mensch im Zimmer kann mit den auf Chinesisch gestellten Fragen überhaupt nichts anfangen, aber er hat zu seinem Glück die Bücher im Regal. Diese Bücher enthalten entweder Regeln, die besagen, dass wenn ein Schriftzeichen auf dem Zettel eine bestimmte Form besitzt, er dann ein Schriftzeichen mit einer anderen bestimmten Form verwenden soll, oder aber sie enthalten Querverweise zu anderen Regelbüchern, denen die entsprechenden Regeln zu entnehmen sind. Der Mensch im Zimmer weiß somit genau, welche Schriftzeichen mit welchen anderen Schriftzeichen zu beantworten sind, auch wenn er selbst weder die gestellten Fragen noch seine eigens produzierten Antworten darauf zu verstehen vermag. Aus seiner Sicht ist das auch nicht weiter wichtig, denn wichtig für ihn ist nur, dass es ihm gelingt, die passenden Antworten auf die gestellten Fragen zu finden. Die Antworten werden dann ordnungsgemäß durch den Outputschlitz geschoben und verlassen dann das Zimmer. Für die Personen vor dem Zimmer, welche die Fragen gestellt haben, ergibt sich so der Eindruck, dass der Mensch im Zimmer in jedem Falle der chinesischen Sprache mächtig sein muss. Was lernen wir nun daraus? Was besagt dieses Gedankenexperiment? Wir können daraus lernen, dass ein laufendes Computerprogramm zwar richtige Antworten hervorbringen kann, jedoch ohne zu verstehen, was es da eigentlich macht. Ein Computerprogramm auszuführen, ist somit nicht ausreichend, um zu denken. Das Gedankenexperiment des chinesischen Zimmers ist deshalb als das klassische Argument gegen die Computeranalogie zu verstehen. Anders ausgedrückt, der Funktionalismus nimmt an, dass mentale oder intentionale Zustände funktionale Zustände des Gehirns sind. Er identifiziert somit intentionale Zustände mit funktionalen Zuständen. Als Theorie ist der Funktionalismus in diesem Sinne durchaus dazu geeignet, Fragen nach dem Verhalten oder der Intentionalität zu beantworten. Aber wie können die funktionslosen Eigenschaften mentaler Zustände erklärt werden? Weil damit die Qualia angesprochen sind, könnte man auch fragen, was ist mit den Zuständen erlebter Erfahrung? Diese Frage ist besonders wichtig, denn es kann bei Weitem nicht allen mentalen Vorgängen eine Funktion zugeordnet werden. Und zum anderen haben mentale Vorgänge auch eine Erlebnisqualität, die über ihre Funktion hinausgeht. An diesem Punkt scheitert der Funktionalismus. Dies wird auch durch ein weiteres Gedankenexperiment besonders anschaulich demonstriert. Es stammt von dem 1942 geborenen amerikanischen Philosophen Ned Block und ist unter dem Namen „China-Gehirn" bekannt. Das Gedankenexperiment ist wie folgt aufgebaut:

Man stelle sich vor, dass jeder Chinese einem Neuron, also einer Gehirnzelle, entspricht. Die Anzahl der Chinesen soll gleich sein mit der Anzahl der Neurone im Gehirn, sodass die gesamte chinesische Bevölkerung dem Gehirn in diesem Punkt gleicht. Weiterhin stelle man sich vor, dass jeder Chinese über ein Handy verfügt, über das eine kommunikative

Verbindung besteht und auf dem er eine klare Anweisung darüber bekommt, welche Rufnummer er anrufen soll, wenn er von bestimmten anderen Rufnummern kontaktiert wird. Damit wäre der Verbindungszustand im Handynetz der Chinesen identisch mit neuronalen Zuständen des Gehirns. Jetzt stelle man sich noch vor, dass diese mentalen Zustände Chinas über Satelliten angezeigt werden, die von ganz China aus sichtbar sind. Damit ist das China-Gehirn per Funk mit einem „Körper" verbunden, welcher für die sensorischen Inputs sorgt und in Form von Verhalten Outputs produziert. Damit verfügt das China-Gehirn nun über sämtliche Elemente, die nach Ansicht des Funktionalismus als maßgebend für das Bewusstsein erachtet werden. Deshalb lautet die Frage nun, verfügt die chinesische Nation allein dadurch schon über ein Bewusstsein? Mitnichten, erst recht nicht, wenn man noch berücksichtigt, dass das Bewusstsein mit subjektiv erlebter Erfahrung einhergeht. Aber laut Funktionalismus müsste die chinesische Nation jetzt ein Bewusstsein haben, wenn man nur die Anordnung im Experiment korrekt umsetzt. Seine Einschätzung des Funktionalismus hat Ned Block daher sehr schön mit den Worten zusammengefasst:

„Warum ist der Funktionalismus so weit verbreitet, obwohl es kaum gute Argumente, implizit oder explizit, für ihn gibt? Meiner Ansicht nach wurden funktionalistische Lehren anfangs als Hypothesen angeboten. Mit der Zeit jedoch können plausibel klingende Hypothesen mit nützlichen Eigenschaften wie etablierte Tatsachen behandelt werden, auch wenn niemals gute Argumente dafür vorgelegt wurden."

An diesem Punkt bleibt also für uns festzuhalten, dass der Funktionalismus als Theorie das Phänomen Bewusstsein nicht erklären kann. Denn inwiefern die Aktivität von Neuronen zu einem bewussten Erleben führen sollte, bleibt selbst dann noch völlig ungeklärt, wenn diese eine bestimmte Funktion erfüllen. Der Funktionalismus kann daher das Problem der Qualia nicht erklären und somit auch nicht lösen. Das Problem der Qualia wird durch ihn nicht besser behandelt als durch die anderen Versionen des Physikalismus. Um es noch etwas anschaulicher zu machen, könnte man auch fragen, wie wird aus einer Maschine, die funktioniert, eine, die erlebt? Ebendas kann der Funktionalismus nicht erklären. Genau hier scheitert er. Unabhängig von seinem Scheitern muss aber hervorgehoben werden, dass der Funktionalismus entscheidend zum Verständnis mentaler Zustände beigetragen hat. So konnte beispielsweise das Problem der multiplen Realisierung gelöst und das Verhältnis zwischen mentalen Zuständen und Gehirnzuständen besser verstanden werden.

Variante B: Emergenztheorie

In der Philosophie bezeichnet der Begriff Emergenz das Phänomen, dass sich bestimmte Eigenschaften eines Ganzen nicht aus seinen Teilen erklären lassen. Das Ganze ist sozusagen mehr als die Summe seiner Einzelteile. Anders ausgedrückt, als Emergenz bezeichnet man das Erscheinen von Phänomenen auf der sichtbaren Ebene eines Systems, die erst durch das Zusammenspiel der Einzelteile auf der nicht sichtbaren Ebene zustande kommen. Oder noch anders ausgedrückt, das sich selbst organisierende und spontane Erscheinen einer neuen Eigenschaft, das ist Emergenz.

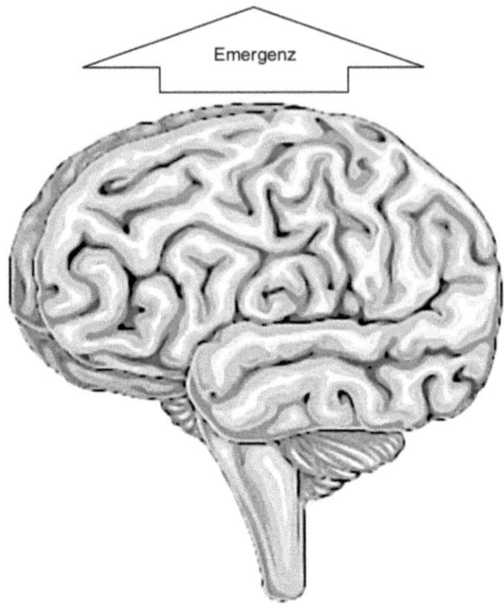

Abbildung 1: Emergente Eigenschaften

Im philosophischen Sinne steht der Begriff der Emergenz infolgedessen für eine Eigenschaft zweiter Stufe. Er dient dazu, bestimmte Strukturen und Eigenschaften zweiter Stufe als emergent auszuzeichnen und von anderen, den nichtemergenten Eigenschaften und Strukturen, zu unterscheiden. Ein früher Vorläufer der Emergenztheorie findet sich bereits in der Metaphysik des Aristoteles. Hier heißt es:

„Das, was aus Bestandteilen so zusammengesetzt ist, dass es ein einheitliches Ganzes bildet, ist nicht nach Art eines Haufens, sondern wie eine Silbe, das ist offenbar mehr als bloß die Summe seiner Bestandteile. Eine Silbe ist nicht die Summe ihrer Laute: ba ist nicht dasselbe wie b plus a, und Fleisch ist nicht dasselbe wie Feuer plus Erde."

Metaphysik VII 10, 1041 b

Der Gedanke an sich war aber nicht neu, denn bereits der legendäre chinesische Philosoph und Begründer des Daoismus Laotse, dessen Geburt auf das Ende des siebten vorchristlichen Jahrhunderts fällt, bemerkte: „Die Summe der Teile ist nicht das Ganze." Offensichtlich dauerte es gut 300 Jahre, bis sich dieser Gedanke auch in der westlichen Philosophie festsetzte. Eine weitere Vorstufe der Emergenztheorie mit eher pantheistischen Vorstellungen tauchte im Zeitalter der Spätrenaissance unter Giordano Bruno und Baruch de Spinoza auf. Das Göttliche wird hierbei im Aufbau und in der Struktur des Universums gesehen. Es existiert in allen Dingen der Welt und ist mit der Welt identisch. Hier wird ein Naturverständnis formuliert, das Leben als dasjenige begreift, das von sich aus ist und keines Urhebers bedarf. Die Natur besitzt nach diesen Vorstellungen die göttlichen Eigenschaften, als da sind Ewigkeit und Unendlichkeit. Die natürliche Ordnung basiert ihnen zufolge weder auf einem personalen und intelligenten Wesen noch kann sie auf isolierte materielle Elemente reduziert werden. In einem anderen Zusammenhang finden sich emergenztheoretische Vorstellungen auch in der liberalen angelsächsischen Geschichte bei dem englischen Philosophen und Ökonomen John Stuart Mill (1806–1873). Er schrieb über die Emergenz neuer Eigenschaften in chemischen Reaktionen, wobei das Wort an sich gar nicht verwendet wurde. Genau genommen ging es um die Frage, ob die Eigenschaften des Wassers andere sind als die von Wasserstoff und Sauerstoff und ob sich lebendige Organismen auf die Wirkungen rein mechanisch wirkender Komponenten zurückführen lassen oder nicht. Deshalb wird der Ursprung des Emergenzgedankens in Mills Werk „Ein System der Logik" (System of Logic), das 1843 erschien und in dem es um eine dem Empirismus und Positivismus verpflichtete allgemeine Methodologie der Wissenschaften geht, gesehen. Ausdrücklich verwendet wurde der Begriff der Emergenz allerdings zum ersten Mal im Zusammenhang mit der Erklärung von Bewusstsein durch den englischen Philosophen und Schriftsteller George Henry Lewes (1817–1878) in seinem fünfbändigen Werk „Problems of Life and Mind" aus dem Jahre 1874. Als Väter der Emergenztheorie gelten jedoch die britischen Philosophen Charlie Dunbar Broad (1887–1971) und Samuel Alexander (1859–1938) sowie der britische Psychologe und Zoologe Conway Lloyd Morgan (1852–1936). Die Emergenztheorie spielt in Bezug auf die Ontologie bei der Erklärung des Bewusstseins, des Ich und des subjektiven Geistes eine bedeutende Rolle. Sie sieht die Bewusstseinsbildung als ein evolutionäres Phänomen an, das sich biologisch jedoch nicht hinreichend erklären lässt. Das zentrale Charakteristikum der Emergenztheorie ist das Stichwort „Hervortreten" oder „Auftauchen". Es geht folglich bei der Emergenz um das Hervortreten bzw. Auftauchen neuer Eigenschaften. Oder anders ausgedrückt, es geht bei der Emergenz um die spontane Herausbildung von neuen Eigenschaften oder Strukturen eines Systems als Folge des Zusammenspiels seiner Elemente. Die Emergenztheorie betrachtet daher mentale Eigenschaften als ein emergentes Produkt der physischen Wirklichkeitsebene. So gesehen bedeutet Emergenz eine neue Qualität. Der denkende Geist entsteht bei dieser Sichtweise als eine neue Organisationsform bereits vorhandener Elemente. Biologisch ausgedrückt könnte man auch sagen, dass sich geistlose Zellen zu einer neuen und netzwerkartigen Organisationsform des Gehirns verbinden und dadurch der Geist in die Welt kommt. Das heißt, der Geist taucht nach den Vorstellungen des emergentistischen Materialismus aus dem Physischen hervor als etwas qualitativ Neuartiges. Er emergiert sozusagen. Nach dieser Betrachtung sind demzufolge Gedächtnis, Bewusstsein und Geist als emergente Eigenschaften des Gehirns zu verstehen. Der ontologische Kerngedanke der Emergenztheorie besteht deshalb darin, dass man das Leib-Seele-Problem löst, indem man einen Monismus auf die richtige Art und Weise mit einem Eigenschaftsdualismus kombiniert. Es gibt dann nur eine Art von Dingen, und zwar die physischen, aber dafür zwei Arten von Eigenschaften, nämlich mentale und physische. Thomas Metzinger, Professor für Theoretische Philosophie an der Universität Mainz, bezeichnet dies als „Schichtenrealismus". Das Mentale ist demzufolge rein physischen Ursprungs und geht aus dem Physischen hervor, jedoch ohne dass man es darauf reduzieren könnte. Bewusstseinszustände würden so gesehen aus den neuronalen Prozessen im Gehirn auftauchen bzw. hervortreten. Der menschliche Geist wäre dementsprechend ein absolut natürliches und biologisches Phänomen zugleich, welches durch die neurophysiologischen Prozesse im Gehirn bedingt ist und deshalb kausal auch exakt auf diese Prozesse zurückgeführt werden kann. Die Emergenztheorie ist somit glasklar als eine Spielart des Physikalismus zu verstehen. Denkbar ist die Emergenz grundsätzlich in einer schwachen und in einer starken Form. Am besten versteht man das Ganze so: Es gibt bei der Emergenz eine verursachende Ebene, beispielsweise die neuronalen Prozesse im Gehirn, welche man auch die Ebene erster Ordnung nennt. Daneben gibt es aber noch eine weitere Ebene, nämlich die der zweiten Ordnung, welche von den emergenten Eigenschaften gebildet wird. Diese wäre dann, um beim Beispiel zu bleiben, der Geist bzw. die Summe der mentalen Eigenschaften des Menschen. Wenn sich nun die Eigenschaften der zweiten Ordnung grundsätzlich durch die Eigenschaften der ersten Ordnung erklären lassen, dann würde man von einer schwachen Form der Emergenz sprechen. Lassen sich hingegen die Eigenschaften der zweiten Ordnung nicht vollständig durch die Eigenschaften der ersten Ordnung erklären, so spricht man von einer starken Emergenz. Da sich bekanntlich der menschliche Geist wissenschaftlich nicht durch die Eigenschaften des Gehirns erklären lässt, handelt es sich beim Bewusstsein demzufolge um eine starke Emergenz.

Schwierigkeiten der Emergenztheorie

Durch den Begriff der Emergenztheorie wie auch durch deren Darstellung wird der Betrachter dahingehend beeinflusst, dass die Bezeichnung des Phänomens bereits die Erklärung für das Hervortreten neuer Eigenschaften beinhaltet. Aber eine Benennung des Phänomens ist noch lange keine Erklärung desselbigen. Damit kann die Emergenztheorie bezogen auf das Verhältnis von Gehirn und Geist nur das Auftauchen des Geistes bezeichnen, ohne ihn jedoch plausibel erklären zu können. Und noch eine gravierende Schwierigkeit tut sich auf. Die Emergenztheorie zieht den Schluss, dass sich die emergenten Eigenschaften der zweiten Ordnung nicht aus den Eigenschaften der ersten Ordnung erklären lassen. Nichts in der ersten Ordnung, so die Emergenztheorie, gibt uns auch nur den geringsten Hinweis darauf, wie die emergenten Eigenschaften beschaffen sein werden. Zu jedem beliebigen Zeitpunkt könnten dann im Universum völlig neuartige Eigenschaften auftreten, die vorher absolut unvorhersagbar waren. Wenn dem aber so ist, dann wären auch die grundlegenden Gesetze der Physik äußerst lückenhaft. Ja noch schlimmer, wenn in unserem Universum jederzeit unvorhersehbar neue emergente Eigenschaften auftreten können und diese eine eigene kausale Kraft haben, also wieder auf die Eigenschaften der Teile zurückwirken können, dann wird die Welt letztlich unverstehbar und das wissenschaftliche Weltbild bricht zusammen.

Man kann eben nicht zeitgleich einen entschiedenen Physikalismus propagieren und die Existenz unvorhersehbarer emergenter Sprünge annehmen. Die Emergenztheorie zerstört in letzter Konsequenz somit die berechenbare Welt des Physikalismus und damit sein Fundament. Sie zerstört also genau das, was sie doch ursprünglich aufrechtzuerhalten versuchte. Was für eine Ironie.

Variante C: Supervenienztheorie

Die Supervenienztheorie ist eng mit der Emergenztheorie verwandt. So eng, dass die Emergentisten in ihrer frühen Zeit den Begriff der Supervenienz als Synonym verwandten. Mittlerweile hat sich aber der Begriff der Supervenienz zu einem eigenständigen Fachbegriff in der Philosophie entwickelt und muss folglich vom Begriff der Emergenz unterschieden werden. Der Begriff der Supervenienz wird meistens verwendet, um Verhältnisse zwischen Eigenschaften zu beschreiben. Er spielt insbesondere in der Philosophie des Geistes eine herausragende Rolle und wird dort verwendet, um das Verhältnis von mentalen Eigenschaften zu physischen Eigenschaften zu beschreiben. Eingeführt wurde die Grundidee der Supervenienz in die Philosophie des Geistes von dem amerikanischen Philosophen Donald Davidson (1917–2003) in seinem 1970 erschienenen Aufsatz „Geistige Ereignisse" (Mental Events), um damit einen nichtreduktiven Materialismus zu formulieren. Als weiterer Vater der modernen Supervenienztheorie gilt auch der amerikanische Philosoph koreanischer Abstammung Jaegwon Kim, dessen zahlreiche Aufsätze die Debatte um diesen Begriff maßgeblich geprägt haben. In ihrer allgemeinsten Form besagt die Supervenienztheorie, dass die Basis den Überbau zwingend festlegt, wohingegen das Umgekehrte nicht gefordert werden muss. Ebenfalls ganz allgemein formuliert besagt die Theorie, dass Gegenstände oder Ereignisse, die sich in ihrer Basis nicht unterscheiden, auch in ihrem Überbau nicht unterscheidbar sind. Etwas formelhaft ausgedrückt könnte man sagen: wenn die Wesen x und y gewisse gemeinsame Basis-Eigenschaften besitzen, dann haben sie auch gewisse gemeinsame Überbau-Eigenschaften. Oder noch kürzer: wenn Basis-Eigenschaften, dann Überbau-Eigenschaften. Es besteht somit eine feste Korrelation zwischen Basis und Überbau. Diesen Gedanken nennt man Kovarianz. Basis und Überbau verhalten sich, um ein Beispiel zu nennen, ähnlich wie Geschwindigkeit und Beschleunigung. Man kann nicht die Geschwindigkeit verändern, ohne die Beschleunigung zu verändern. Das Ziel der Supervenienztheorie ist es dementsprechend, eine Kovarianz von zwei Ebenen zu beschreiben, wobei die obere Ebene, der Überbau, auch superveniente Ebene genannt, von der unteren Ebene, der Basis, auch subveniente Ebene genannt, abhängig ist, ohne dass man sie auf die letztgenannte reduzieren kann. Die Supervenienz ist demnach als ein einseitiges Abhängigkeitsverhältnis zu verstehen. Man spricht in diesem Zusammenhang auch von einem asymmetrischen Abhängigkeitsverhältnis, weil beide Seiten, also sub- und superveniente Ebene, nicht gleichberechtigt sind. Die Supervenienz ist ein Bestimmungszusammenhang in der Beziehung zwischen Wesenheiten, bei dem Unterschiede in den Eigenschaften auf der einen Ebene ohne Unterschiede der Eigenschaften auf der anderen Ebene unmöglich sind. In der Beziehung der Ebenen gilt somit der Grundsatz: kein Unterschied in einer Hinsicht ohne Unterschiede in einer anderen Hinsicht. Die Behauptung von Supervenienz verneint somit die Möglichkeit einer unabhängigen Veränderung explizit. Noch etwas strenger ausgedrückt könnte man auch sagen, dass Supervenienz eine Bezeichnung für einen Determinationszusammenhang zwischen zwei Ebenen ist. Die superveniente Ebene soll durch die subveniente Ebene in dem Sinne determiniert sein, dass Unterschiede auf der supervenienten Ebene nur aufgrund von Unterschieden auf der subvenienten Ebene möglich sind. Die These der Abhängigkeit höherstufiger Phänomene von ihrer Basis wird somit in der Philosophie des Geistes über die These der Supervenienz formuliert. So weit, so gut, wie aber muss man sich das Konzept der Supervenienz nun konkret in der Praxis vorstellen? Hier zwei einfache Beispiele zum besseren Verständnis. Man stelle sich zunächst einmal ein Landschaftsgemälde vor. In der Sprache der Supervenienztheorie würde man nun sagen, dass die von diesem Gemälde dargestellte Landschaft über die räumliche Verteilung der Farbwerte auf der Leinwand superveniert. Man kann die dargestellte Landschaft nur dadurch verändern, dass man die Farben auf der Leinwand anders verteilt. Der umgekehrte Fall gilt dabei nicht, weil verschiedene Farbverteilungen durchaus die gleiche Landschaft darstellen können. Oder man stelle sich einen hochauflösenden Fernseher vor. Sein gestochen scharfes Bild geht dabei gleich auf mehrere Faktoren zurück. So beispielsweise auf die gesteigerten Pixelzeilen oder diejenige Bildquelle, die eine entsprechende Auflösung übermittelt etc. Mit den Worten der Supervenienztheorie würde man nun sagen, dass das gestochen scharfe Fernsehbild von diesen genannten Faktoren abhängt und über sie superveniert. Bezieht man den Grundgedanken der Supervenienz auf das Leib-Seele-Problem, so würde die untere Ebene die physischen Eigenschaften repräsentieren und die obere Ebene die mentalen Eigenschaften. Mit Blick auf das Leib-Seele-Problem sagt die Supervenienztheorie infolgedessen aus, dass es keine Änderungen im mentalen Bereich geben kann, wenn sich nicht auch im physischen Bereich etwas geändert hat. Die Vorstellung der Supervenienztheorie ist es also, dass die Eigenschaften der mentalen Ebene über die der Ebene der physikalischen Eigenschaften supervenieren, was so viel bedeutet, wie dass sie noch dazukommen. Mit dem Geist und dem Denken sind zwar unter diesen Umständen neue Eigenschaften in die Welt gekommen, aber sie bleiben weiterhin daran gebunden, dass das ihnen zugrunde liegende materielle Programm weiterläuft. Denn ohne die Aktivität von Nervenzellen gibt es kein Denken. Und es gibt keine Veränderungen im Denken, die nicht auf Veränderungen in der Gehirnaktivität beruhen. Alles Mentale ist somit letzten Endes auf das Physische zurückzuführen, wobei es weder mit diesem identisch ist noch darauf reduziert werden kann. An dieser Stelle muss man etwas aufpassen. Denn der Begriff der Supervenienz wird in vielen Teilgebieten der Philosophie verwendet. So beispielsweise in der Ontologie, der Ethik, der Ästhetik sowie in der Philosophie der Biologie. Entliehen wurde der Begriff der Supervenienz ursprünglich aus der Metaethik, einer Disziplin, die grob gesprochen die Vorfragen der Ethik klärt. Eine Übertragung des Begriffs der Supervenienz auf das Verhältnis zwischen Mentalem und Physischem wurde zuerst von Donald Davidson vorgenommen, um von einer Determiniertheit des Mentalen durch das Physische sprechen zu können, und das bei gleichzeitiger Nichtreduzierbarkeit des Mentalen. Das war der Gedanke. Man muss aber hervorheben, dass die Eigenschaft der Supervenienz die Nichtreduzierbarkeit selbst nicht mit ausdrückt. Dies leistet erst der Begriff der Emergenz. Die Emergenz bildet damit die Basis des Ganzen, welches mehr ist als die Summe seiner Einzelteile. Bei der reinen Supervenienz gilt hingegen nicht, dass das Ganze mehr ist als seine Einzelteile. Sie drückt lediglich aus, dass die subvenienten Eigenschaften die supervenienten Eigenschaften bestimmen. Damit die Emergenz zum Tragen kommt, bedarf es erst einmal der Supervenienz. Emergenz setzt somit die Supervenienz voraus, das Umgekehrte gilt aber nicht. Die supervenienten Eigenschaften werden im Gegensatz zu den emergenten Eigenschaften nicht als neu, unvorhersehbar und unerwartet qualifiziert, was somit die Nichtreduzierbarkeit der supervenienten Ebene deutlich weniger hervortreten lässt. Das sind also die kleinen, aber feinen Unterschiede zwischen Supervenienz und Emergenz. Aber nun wieder zurück zum Begriff der Kovarianz. Hier muss man nämlich lernen zwischen schwacher, starker, globaler und lokaler Supervenienz zu unterscheiden. Dies ist deshalb wichtig, weil eine bloße Annahme von Kovarianz zu unspezifisch ist, um eine profilierte Theorie zu begründen. Gesucht wird deshalb nach einer Beziehung zwischen supervenienter und subvenienter Ebene, die stark genug ist, um über eine nur zufällige Kovarianz hinaus eine charakteristische Abhängigkeit zu begründen, ohne jedoch dabei die Nichtreduzierbarkeit der supervenienten Eigenschaften zu gefährden. Dabei geht man in der gegenwärtigen Wissenschaftstheorie davon aus, dass zur Reduktion von Eigenschaften eine Eins-zu-eins-Beziehung hergestellt werden müsste. Von lokaler Supervenienz spricht man in all jenen Fällen, in denen man die Supervenienzbasis genau bestimmen will oder auch kann, so zum Beispiel, wenn man die Supervenienzbasis auf einen bestimmten Körperteil, eine Gehirnstruktur, einen Gehirnprozess oder einen Zeitraum einschränken will. Nach der lokalen Supervenienz haben zwei physisch vollkommen identische Individuen auch die gleichen mentalen Eigenschaften. Oder anders ausgedrückt, wenn zwei Personen in den gleichen physikalischen Eigenschaften sind, dann sind sie auch in den gleichen mentalen Eigenschaften. Besteht die Supervenienzbeziehung in der tatsächlichen Welt, wie sie uns umgibt, dann spricht man von einer schwachen Supervenienz. Nach der schwachen Supervenienz haben zwei physisch gleiche Individuen notwendigerweise auch in der tatsächlichen Welt die gleichen mentalen Eigenschaften. Anders ausgedrückt, wenn ein Individuum x und ein Individuum y in der Welt w in allen physischen Eigenschaften übereinstimmen, dann stimmen diese beiden Individuen in der Welt w auch in allen mentalen Eigenschaften überein. Besteht die Supervenienzbeziehung hingegen in allen möglichen Welten, dann muss von einer starken Supervenienz gesprochen werden. Nach der starken Supervenienz haben zwei physisch gleiche Individuen notwendigerweise auch in allen möglichen Welten die gleichen mentalen Eigenschaften. Oder anders gesagt, wenn ein Individuum x in der Welt w1 die gleichen physischen Eigenschaften hat wie ein Individuum y in der Welt w2, dann hat das Individuum x in der Welt w1 auch die gleichen mentalen Eigenschaften wie das Individuum y in der Welt w2. Die globale Supervenienz ist noch umfassender. Sie zielt nämlich nicht auf den Vergleich von zwei physisch gleichen Individuen ab, sondern auf den Vergleich von zwei physisch gleichen Welten. Sollten also in einer Welt die physischen Eigenschaften gleich verteilt sein, so sind es dann auch die mentalen Eigenschaften. Wiederum anders ausgedrückt, wenn die physischen Eigenschaften in den Welten w1 und w2 gleich verteilt sind, dann sind die mentalen Eigenschaften in den Welten w1 und w2 ebenfalls gleich verteilt. Auf diese Weise wird dann auch das Problem der Umweltabhängigkeit von mentalen Eigenschaften umgangen.

Schwierigkeiten der Supervenienztheorie

Die erste Schwierigkeit, die sich im Zusammenhang mit der Supervenienztheorie stellt, betrifft die lokale, die schwache sowie die starke Supervenienz gleichermaßen. Alle drei schließen nämlich den Externalismus aus. Der Externalismus ist ein philosophischer Fachbegriff, welcher der Etikettierung philosophischer Theorien dient. So gesehen behaupten externalistische Theorien, dass das zu erklärende Phänomen auch von Tatsachen abhängt, die außerhalb der subjektiven Perspektive liegen. Konkret auf die Supervenienztheorie angewandt heißt das, es gibt einen Externalismus in Bezug auf die soziale Umwelt zu beachten und einen Externalismus in Bezug auf die physikalische Umwelt. Der Externalismus in Bezug auf die soziale Umwelt meint, dass der begriffliche Inhalt unserer Überzeugungen durch soziale Praktiken festgelegt wird (Wittgenstein und Burge). Dagegen meint der Externalismus in Bezug auf die physikalische Umwelt, dass die Beschaffenheit der physikalischen Umwelt in die Bestimmung des begrifflichen Inhalts unserer Überzeugungen einfließt (Putnam). Somit beinhaltet der Externalismus die Aussage, dass zwei Personen, die in allen physikalischen Eigenschaften übereinstimmen, beispielsweise eineiige Zwillinge, sich in ihren mentalen Eigenschaften, also dem begrifflichen Inhalt ihrer Überzeugungen, unterscheiden können, wenn sie in verschiedenen sozialen und/oder physikalischen Umgebungen leben. Die Theorie sagt dementsprechend klar aus, dass der begriffliche Inhalt der Überzeugungen von Personen extern individuiert wird. Und diese Theorie scheint absolut plausibel zu sein, wird jedoch von den Thesen der lokalen, der schwachen sowie der starken Supervenienz ausdrücklich ausgeschlossen. Deshalb wird heute allgemein die These der globalen Supervenienz vertreten, denn diese trägt dem Externalismus in Bezug auf den begrifflichen Inhalt durchaus Rechnung. Aber auch sie ist eine recht schwache These, denn sie kann nicht ausschließen, dass irgendein winziger physikalischer Unterschied zwischen zwei möglichen Welten mit gewaltigen Unterschieden in der Verteilung mentaler Eigenschaften in den beiden Welten einhergeht. Das Problem besteht vor allem darin, dass man die soziale sowie die physikalische Umwelt, welche für die Bestimmung des begrifflichen Inhalts der Überzeugungen einer Person relevant ist, nicht genau eingrenzen kann. Das führt dann dazu, dass man automatisch zur globalen Supervenienz hingeführt wird. Diese aber ist letzten Endes viel zu schwach, um die Abhängigkeit des Mentalen vom Physikalischen einwandfrei zu erfassen. Das ist die zweite Schwierigkeit im Zusammenhang mit der Supervenienztheorie. Die dritte große Schwierigkeit der Supervenienztheorie besteht darin, dass sie zwar eine Abhängigkeit des Mentalen vom Physikalischen formuliert, jedoch keinerlei Erklärung für diese Abhängigkeit anbietet. Auch über das Wesen der Determination der Beziehung vermag die Supervenienztheorie nichts auszusagen. Supervenienzbeziehungen bieten somit keine grundlegenden und erklärenden Fakten an, sondern verlangen selbst nach einer Erklärung. Die Supervenienztheorie kann infolgedessen nicht als erklärende Theorie angesehen werden, weil sie die Kovarianz von Eigenschaften lediglich behauptet. Die Debatte um das Leib-Seele-Problem wurde durch die Supervenienztheorie sicherlich bereichert, aber bei Weitem leider nicht gelöst.

Variante D: Epiphänomenalismus

Der Epiphänomenalismus unterscheidet die Bereiche Geist und Körper deutlich voneinander, erlaubt aber keine Reduktion des einen auf den anderen. Er ist eine Theorie, die von dem englischen Zoologen Thomas Henry Huxley (1825–1895) vertreten wurde. Nach dieser Theorie ist der Geist ein Produkt der Materie und vollständig von ihr abhängig. Das menschliche Bewusstsein ist nach dem Willen des Epiphänomenalismus lediglich eine Begleiterscheinung, also ein Nebenprodukt neurobiologischer Gehirnprozesse. Damit nimmt der Epiphänomenalismus an, dass die Gehirnprozesse das Eigentliche sind. Das Mentale wird zwar nicht bestritten, entscheidend aber ist die Hirnphysik. Und Bewusstsein wäre nach dieser Lesart eben nur ein Schatten der realen Hirnphysik. Die Gedanken sind als Produkte von körperlichen Vorgängen zu verstehen, wobei körperliche Zustände zwar auf geistige kausal einwirken können, aber geistige Zustände nicht auf körperliche. Folglich hat das Geistige keinen rückwirkenden Einfluss auf das Materielle und besitzt somit keine kausale Wirksamkeit. Die Wechselwirkung zwischen Geist und Gehirn wäre also nicht bidirektional wie im Interaktionismus zu verstehen, sondern unidirektional. Das würde bedeuten, dass die geistigen Prozesse nicht auf die Materie zurückwirken können. Mentales hat demnach zwar eine Ursache, aber keine Wirkung. In dieser Hinsicht nimmt der Epiphänomenalismus eine Zwischenstellung ein, und zwar zwischen dem Interaktionismus und dem Parallelismus. Wenn aber geistige Prozesse nicht auf die Materie zurückwirken können, wie erklärt sich dann der Umstand, dass der Körper unserem Willen gehorcht? Dies erklärt der Epiphänomenalismus mit der Vorstellung, dass die neurobiologischen Prozesse sowohl unseren Willen als auch die kausale Verursachung der Bewegung hervorbringen. Nicht mein Wille ist demnach Ursache meiner Handlungen, sondern die physiologischen Zustände meines Gehirns sind es. Und als Nebenprodukt dieser physiologischen Zustände erzeugen sie in unserem Gehirn ein Gefühl des Wollens. Der Epiphänomenalismus ist ferner der Überzeugung, dass die Seele erst mit der Entstehung des Menschen Einzug in die Natur gehalten hat. Dabei habe, so die Überlegungen weiter, die Bildung von hochkomplexen materiellen Prozessen im Gehirn des Menschen dazu geführt, dass es zu der Begleiterscheinung einer Seele kam.

Schwierigkeiten des Epiphänomenalismus

Wenn die Seele erst mit dem Menschen Einzug in die Natur gehalten hat, dann gab es vor dem Menschen keine Seele, also nichts. Sie wäre demnach buchstäblich aus dem Nichts entstanden. Damit würde sich zunächst einmal die Frage stellen, wann denn genau die Geburtsstunde der Seele war. War sie schon beim Menschenaffen vorhanden oder doch erst beim Affenmenschen? Oder ist sie vielleicht wirklich erst beim Homo sapiens aufgetaucht? Auch würde die Seele dann bei jeder Geburt des Menschen aus dem Nichts auftauchen und mit dem Tod wieder ins Nichts verschwinden. Damit stellt sich aber die Frage, wann denn genau das Phänomen der Seele beim Menschen entsteht. Vor der Geburt? Mit der Geburt? Im ersten Lebensjahr oder vielleicht doch erst im dritten? Oder möglicherweise mit dem fünften Lebensjahr? Mit dem Auftauchen der Seele aus dem Nichts stellt sich dann auch gleich die Frage nach dem Anschlussproblem. Wo und wie wirkt denn der Körper auf die Seele ein? Und wenn der Körper Einfluss auf die Seele nimmt, dann fließt doch Energie ständig aus der materiellen Welt ab. Dies würde aber den Energieerhaltungssatz verletzen. Und wenn das menschliche Bewusstsein, also der Geist, keinen Einfluss auf das Physische hat, dann kann es dort auch nichts bewirken. Damit wäre die Seele biologisch gesehen völlig unnötig. Wenn sie aber komplett unnötig ist, welchen Sinn sollte sie dann evolutionsbiologisch haben? Es ergibt sich schließlich daraus kein Selektionsvorteil für den Menschen. Eine komplett überflüssige Seele bedeutet aber in letzter Konsequenz auch, dass es keine Willensfreiheit für den Menschen gibt und somit keine moralische Verantwortung. Eine weitere Schwierigkeit für den Epiphänomenalismus ergibt sich aus der Behauptung, dass hochkomplexe neurobiologische Prozesse in unserem Gehirn unseren Willen, die kausale Verursachung der Bewegung, unsere Gefühle, unsere Gedanken, ja unser gesamtes Seelenleben hervorbringen. Denn damit würde unser Gehirn uns nur eine Seele vortäuschen. Wenn dies aber so ist, dann stellt sich hier doch die Frage, wem gegenüber da etwas vorgetäuscht wird. Und dies impliziert automatisch die Frage, ob dieses Gegenüber vielleicht nicht doch eine Seele sein könnte. Damit aber nicht genug der Schwierigkeiten. Denn wenn etwas wie der Geist keinen Einfluss auf den Körper hat, dann kann es naturwissenschaftlich auch nicht erfasst werden. Damit aber kann der Epiphänomenalismus empirisch nicht überprüft werden. Die Richtigkeit oder Unrichtigkeit kann naturwissenschaftlich somit nicht bewiesen werden. Was vom Epiphänomenalismus übrig bleibt, ist lediglich eine übersinnliche Vorstellung, die man glauben kann oder eben nicht.

Widerlegung des Epiphänomenalismus

Vielleicht kann der Epiphänomenalismus rein logisch, also mit den Mitteln der Philosophie, nicht widerlegt werden, aber mit den Mitteln der Medizin ist dies sehr wohl möglich. So kann der Epihänomenalismus aus medizinischer Sicht aus drei Gründen als widerlegt betrachtet werden. Der erste Grund ist, dass beim Ausfall von Bewusstseinszuständen

Neurobiologen deutliche Beeinträchtigungen der Leistung des Gehirns beobachtet haben. Dies betraf beispielsweise das Erfassen neuer sprachlicher Sachverhalte oder das Erlernen komplizierter Bewegungsabläufe. Das Bewusstsein scheint somit offensichtlich ein unverzichtbarer Teil bestimmter kognitiver und verhaltenssteuernder Prozesse des Gehirns zu sein. Es ist somit keinesfalls nur eine bedeutungslose Begleiterscheinung neurobiologischer Gehirnprozesse wie in der Vorstellung des Epiphänomenalismus. Den zweiten Grund zur Widerlegung des Epiphänomenalismus lieferte der kanadische Neurophysiologe und Vater der Neurochirurgie Wilder Graves Penfield (1891–1976). Seit den vierziger Jahren führte er über 20 Jahre lang bei Epilepsie-Operationen an nicht anästhetisierten Patienten elektrische Reizungen an der freigelegten Großhirnrinde durch und registrierte dabei die ausgelösten Effekte. Je nach Hirnregion stellten sich entweder motorische oder sensorische Reaktionen ein. Es konnten aber auch psychische Reaktionen ausgelöst werden. Die aus der Neuropathologie bereits bekannte Kartografie des Gehirnes konnte so im Wesentlichen bestätigt werden. Entscheidend für die Betrachtung des Epiphänomenalismus ist jedoch die Tatsache, dass kein einziger von Penfields Patienten nach der elektrischen Reizung an der Großhirnrinde das Gefühl hatte, er selbst habe die anschließende Reaktion verursacht. Aus epiphänomenologischer Sicht hätten aber die elektrischen Reizungen mit den nachfolgenden neurobiologischen Prozessen im Gehirn dem Patienten einen Willen vortäuschen müssen. Die Patienten hätten demnach das Gefühl haben müssen, dass es ihr eigener Wille war, der diese Reaktion verursacht hat. Genau dies war jedoch kein einziges Mal der Fall. Den dritten und letzten Grund zur Widerlegung des Epiphänomenalismus lieferte die Meditationsforschung. Mithilfe neuester wissenschaftlicher Werkzeuge, wie zum Beispiel der Messung des regionalen cerebralen Blutflusses (rCBF), der Magnetresonanztomografie (MRT), der Magnetoenzephalografie (MEG) und der verbesserten Elektroenzephalografie (EEG), gelang es nämlich, die Wirkung von Meditation auf das menschliche Gehirn nachzuvollziehen. Es konnte dabei nicht nur festgestellt werden, dass die Meditation die Funktionsweise des Gehirns optimiert. Es konnte darüber hinaus auch belegt werden, dass Meditation die Struktur des Gehirns verändert und sogar vergrößert. Der Geist hat demzufolge durchaus einen rückwirkenden Einfluss auf den Körper und die Materie. Der Epiphänomenalismus ist somit eindeutig widerlegt. Ungeachtet dessen wird er derzeit trotzdem sehr stark und häufig vertreten. Und dies besonders in den westlichen Industriestaaten, unter Philosophen wie gleichermaßen in naturwissenschaftlichen Kreisen. Hier bewahrheitet sich das Sprichwort „Totgeglaubte leben länger“.

Variante E: Anomaler Monismus

Der anomale Monismus wurde in den siebziger Jahren als elegante Lösung des Leib-Seele-Problems durch den amerikanischen Philosophen Donald Davidson (1917–2003) formuliert. Er ist gleichsam einer der kompliziertesten Versuche zur Lösung dieses Problems. Die Theorie wurde erstmalig in dem Aufsatz „Mental Events“ (Geistige Ereignisse) ausführlich dargestellt, welcher 1970 publiziert wurde. Sie baut im Grunde auf zwei Thesen auf. Die erste These besagt, dass jedes einzelne mentale Ereignis identisch ist mit einem einzelnen physischen Ereignis. Damit ist auch gleichzeitig das Glaubensbekenntnis ausgesprochen. Und dieses ontologische Glaubensbekenntnis besagt, dass es nur einen Stoff gibt, der wirklich existiert, nämlich Materie. Es ist somit das Bekenntnis zum Physikalismus und damit zum materiellen Monismus, weshalb die These auch Monismus-These genannt wird. Die zweite These besagt, dass es keine strikten psychologischen oder psychophysischen Gesetze gibt. Dies ist insofern klar, weil nach dieser Lesart und aus dieser spezifischen Sichtweise der Welt nur die physikalischen Begriffe in der Lage sind, strikte Gesetze auszudrücken. Die zweite These bezeichnet man deshalb als These von der Anomalität des Mentalen. Weil demnach alle Ereignisse in kausalen Beziehungen stehen und die Kausalität an strikte Gesetze gebunden ist, fallen alle Ereignisse auch unter eine physikalische Beschreibung. Damit ist jedes mentale Ereignis mit einem physikalischen Ereignis identisch. Nach dieser Auslegung ist also eine physikalische Beschreibung zwingend erforderlich, um die strikten kausalen Gesetze zu erfassen, unter welche diese Ereignisse fallen. Die These des Monismus sagt folglich aus, dass alle Ereignisse physikalische Ereignisse sind. Und die zweite These besagt, dass wenn ein Ereignis in einem mentalen Vokabular beschrieben wird, es keinen strikten Gesetzen unterworfen ist. Das ist das Anomale daran. Man muss demnach nicht voraussetzen, dass mentale Zustände keine physikalischen Zustände sind, um ihren speziellen Charakter zu verstehen. In seinen Bemühungen, einen nichtreduktiven Physikalismus zu begründen, geht deshalb Donald Davidson von drei wesentlichen Annahmen aus, die auch als Prinzipien zu verstehen sind:

1. Prinzip der kausalen Interaktion
   Mentale Ereignisse verursachen physikalische Ereignisse und umgekehrt.

2. Prinzip des Determinismus
   Für jede Kausalbeziehung existiert ein striktes deterministisches Gesetz.

3. Prinzip der Anomalie
   Es gibt keine strikten deterministischen Gesetze, die eine Vorhersage und Erklärung mentaler Ereignisse erlauben.

Davidson erkennt demzufolge, dass das eigentliche Problem darin besteht, dass wir intuitiv und gleichzeitig an eine psychophysische Kausalität, an die Gesetzmäßigkeit kausaler Vorgänge sowie an den freien Willen und somit an das Fehlen psychophysischer Gesetze glauben. Und das ist ein Problem, weil jedes einzelne Prinzip für sich als These unzweifelhaft wahr ist, aber alle drei zusammen zueinander in Widerspruch stehen. Das sah auch Donald Davidson so und schrieb deshalb:

„Ich werde zeigen, dass die drei Prinzipien miteinander verträglich sind, indem ich eine

Auffassung des Mentalen und des Psychischen beschreibe, die keinen inneren Widerspruch enthält und die die drei Prinzipien impliziert."

Geistige Ereignisse, S. 82

Das resultierende Trilemma löste Davidson dahingehend auf, dass er einen Unterschied zwischen Kausalität und kausalen Erklärungen machte. Davidsons Argumentation verläuft aus diesem Grunde in folgender Richtung. Er geht davon aus, dass ein spezielles mentales Ereignis durch ein physikalisches Ereignis verursacht wurde. Diese Betrachtung entspricht seinem ersten Prinzip. Gemäß dem zweiten Prinzip müssen dann Ursache und Wirkung nach einem strikten deterministischen Gesetz miteinander verknüpft sein. Nach dem dritten Prinzip kann aber dieses Gesetz keine psychophysische Verknüpfung sein. Und da das Wirkungsereignis folglich kein mentales gewesen sein kann, muss es sich bei der Wirkung ebenfalls um ein physikalisches Ereignis handeln. Damit ist klar ausgesagt, dass der Bereich mentaler Ereignisse sich insofern anomal verhält, als er nicht durch Naturgesetze zu erfassen ist. Mentale Zustände sind einfach nicht durch naturwissenschaftliche Gesetze zu greifen. Kein Mensch auf der Welt kann demzufolge das Verhalten einer Person x präzise voraussagen, wenn sich diese in einem Zustand y befindet und dem Stimulus z ausgesetzt wird. Die Anomalie des Mentalen beruht nach Ansicht von Davidson folglich in seiner Gesetzlosigkeit. Mit den Worten Davidsons ausgedrückt klingt das folgendermaßen:

„Wegen der unterschiedlichen Voraussetzungen der mentalen und der physikalischen Begriffssysteme gibt es keine strengen psychophysischen Gesetze. Für die physische Wirklichkeit ist es kennzeichnend, dass sich physische Vorgänge durch Gesetze erklären lassen, die sie mit anderen physikalisch beschriebenen Vorgängen und Umständen in Verbindung bringen. Für das Mentale ist es kennzeichnend, dass die Zuschreibung mentaler Phänomene den Hintergrund der Gründe, Meinungen und Absichten des Individuums zu berücksichtigen hat. Eine enge Verbindung zwischen diesen beiden Sphären kann es nicht geben, wenn jede ihre Bindung an ihre eigenen Quellen der Evidenz bewahren soll."

Geistige Ereignisse, S. 87

Es ist somit genau das dritte Prinzip, das der Sichtweise dieses Monismus sowohl die Richtung wie auch den Namen verleiht. Das bedeutet, dass der anomale Monismus besagt, dass einzelne mentale Zustände einzelne physikalische Ereignisse sind, eine physikalische Erklärung dieser Identität aber unmöglich ist. Oder anders ausgedrückt, alle mentalen Ereignisse sind nach dem anomalen Monismus als physikalische Ereignisse zu verstehen, wobei sie physikalisch nicht zwingend erklärbar sein müssen. Die für den Physikalismus sonst so bedeutende These, dass für mentale Phänomene eine rein physikalische Erklärung gegeben werden kann, wird somit durch den anomalen Monismus ausdrücklich verworfen. Die Verknüpfung von mentalem und physikalischem Bereich versucht Davidson schließlich mit Hinweis auf den Begriff der Supervenienz von mentalen auf physikalischen Ereignissen zu erklären. Nach seiner Ansicht sind mentale Ereignisse nichts anderes als in der Sprache der Psychologie beschriebene physikalische Ereignisse. Und so schreibt Davidson in seinen „Essays on Actions and Events" (Handlung und Ereignis), erschienen 1980 bei Oxford University Press, auf Seite 214:

„Obwohl die von mir beschriebene Position verneint, dass es psychophysische Gesetze gibt, ist sie doch konsistent mit der Annahme, dass mentale Charakteristiken in einem gewissen Sinne abhängig oder supervenient gegenüber physischen Charakteristiken sind. Eine solche Supervenienz kann durch die These beschrieben werden, dass keine zwei Ereignisse in allen physischen Aspekten gleich, aber in ihren mentalen Aspekten verschieden sein können … Abhängigkeit oder Supervenienz dieser Art enthält nicht Reduzierbarkeit durch ein Gesetz oder eine Definition …"

Machen wir es vielleicht an einem Beispiel etwas deutlicher. Nach der Theorie von Donald Davidson sind die einzelnen mentalen Ereignisse, sprich die Token, mit einzelnen neuronalen Ereignissen identisch. Jedoch ist keine Klasse von mentalen Ereignissen, sprich die Typen, wie etwa Kopfschmerzen, mit einer Klasse von neuronalen Ereignissen identisch. Diese fehlende Identität der Klassen verhindert nach Ansicht des anomalen Monismus eine Reduktion des Mentalen auf das Physische. Trotzdem lässt sich zwischen beiden Bereichen eine Beziehung herstellen, und zwar durch den Supervenienzbegriff, indem nämlich die geistigen Merkmale über den physischen Merkmalen supervenieren. Dadurch können auch die drei vorbeschriebenen Prinzipien letzten Endes miteinander vereinbart werden. Und last, but not least können im selben Moment dann zugleich die mentalen Ereignisse aufgrund ihrer Identität mit den physischen Ereignissen kausal wirksam werden. So lässt sich eine derartige Supervenienz dahingehend interpretieren, dass sich kein Gegenstand in einer geistigen Hinsicht ändern kann, ohne dass er sich auch in einer physischen Hinsicht ändert. Anders ausgedrückt, es gibt keine psychischen Unterschiede ohne physische Unterschiede. In Bezug auf die Supervenienz bedeutet das, dass eine Klasse von mentalen Eigenschaften genau dann über einer Klasse von physischen Eigenschaften superveniert, wenn es nicht möglich ist, Mentales zu ändern, ohne Physisches zu ändern. Damit verspricht der Supervenienzbegriff in der hiesigen Verwendung eine Analyse der psychophysischen Beziehungen, ohne jedoch einen unplausiblen Reduktionismus zu beinhalten. Wenn dem so ist, wo liegen dann aber die Unterschiede zwischen der Identitätstheorie und dem anomalen Monismus? Erinnern wir uns an dieser Stelle deshalb noch einmal. Die Typenidentität der Identitätstheorie besagt, dass bestimmte Typen von mentalen Zuständen mit entsprechenden Typen von Gehirnzuständen identisch sind. Die Tokenidentität der Identitätstheorie hingegen besagt, dass nur eine Identität zwischen einzelnen mentalen und einzelnen neuronalen Ereignissen besteht. Dagegen besagt der anomale Monismus, dass jedes mentale Ereignis mit einem physikalischen Ereignis irgendeines Typs identisch ist. Es ist eine Identität der Vorkommnisse ohne psychophysische Korrelationen oder psychophysische Gesetze. Damit erweist sich der anomale Monismus als eine Variante der Tokenidentität. Man könnte in diesem Zusammenhang auch von einer psychophysischen Tokenidentität sprechen oder von einer Variante der Tokenidentität ohne Typenidentität. Und diese Variante geht, was die Interaktion zwischen mentalem und physischem Bereich anbelangt, davon aus, dass einzelne mentale Ereignisse kausal mit einzelnen physischen Ereignissen interagieren und einander verursachen können. Dabei gilt bezüglich der Anomalität des Mentalen, dass es keine strikten Naturgesetze über mentale Ereignistypen gibt. Indem der anomale Monismus behauptet, dass im Grunde jeder einzelne geistige Zustand ein körperlicher Zustand ist, umgeht er also die Einwände gegen die Identitätstheorie und den Funktionalismus. Die Argumentation von Donald Davidson beruht dabei auf dem Ereignisbegriff. Er ist von grundlegender Bedeutung für seine Philosophie des Mentalen. Der Ereignisbegriff nach Davidson besagt:

„Ereignisse sind nicht wiederholbare, datierte basale Einzeldinge, die in ihrem ontologischen Status Gegenständen ähneln."

Davidson 1970

Für Davidson sind Ereignisse ontologisch gesehen also konkrete Entitäten. Sie haben demnach neben einer zeitlichen Dauer auch einen bestimmten Ort, an dem sie stattfinden. Es sind für Davidson unwiederholbare Individuen, welche raumzeitlich durchaus positionierbar sind. Ereignisse sind in seinen Augen deshalb als Raum-Zeit-Zonen zu betrachten. Die letzte Aussage stammt eigentlich von dem amerikanischen Philosophen Willard Van Orman Quine (1908–2000), aber Davidson hat sich diesem Kriterium später angeschlossen. Von den gewöhnlichen Dingen unterscheiden sich die Ereignisse nach Ansicht Davidsons durch ihre Identitätsbedingungen. Hierzu schreibt er:

„Ereignisse sind dann und nur dann identisch, wenn sie genau dieselben Ursachen und Wirkungen haben."

Für Davidson sind Ereignisse die wichtigsten Entitäten im Kausalgefüge der Welt. Sie gehören gleichsam zur ontologischen Grundausstattung derselbigen. Sie sind das Schlüsselelement in seiner Ontologie, mit dem er Verursachung, Handlung und Mentales miteinander verbindet. Ereignisse müssen demnach als fundamentale Entitäten verstanden werden. Davidson unterscheidet hierbei die verschiedenen Ereignisse durch ihre kausale Rolle, die sie im Gefüge der Welt spielen. Das, was ein Ereignis von einem anderen Ereignis unterscheidet, ist nichts weiter als seine Position in dem Kausalgefüge, sprich seine kausale Rolle. Das, was als Ursachen und Wirkungen von Ereignissen infrage kommt, sind wiederum nur Ereignisse. Das Vorgehen ist somit zirkulärer Natur. Ein Ereignis kann dabei aber mehrere Eigenschaften besitzen, insbesondere mentale und physikalische Eigenschaften. Das bedeutet, dass Eigenschaften keinen natürlichen ontologischen Status besitzen. Deshalb kann ein mentales Ereignis durchaus identisch sein mit einem physischen Ereignis. Es handelt sich dann um zwei verschiedene Beschreibungen desselben Ereignisses. Dabei werden dem Ereignis einmal mentale und einmal physikalische Eigenschaften zugeschrieben. Wenn der anomale Monismus demzufolge von der Identität von Mentalem und Physischem spricht, dann meint er, dass ein und dasselbe Ereignis sowohl als physisches wie auch als mentales beschrieben werden kann. Beispielsweise wäre demnach ein mentales Ereignis einfach nur ein Ereignis, dem man mentale Eigenschaften zuschreibt. Oder anders ausgedrückt, es wäre ein Ereignis, welches man mit einem mentalen Vokabular beschreiben kann. Oder noch anders formuliert, ein und dasselbe Ereignis kann in zwei verschiedenen Beschreibungen erfolgen. Die eine Beschreibung erfolgt dann mithilfe eines physischen und die andere Beschreibung mittels eines mentalen Vokabulars. Davidson bleibt folglich in der Frage, ob diese eine Art von Ereignissen in letzter Konsequenz mental oder physikalisch zu bestimmen ist, daher im Grunde neutral. Einige Philosophen haben deshalb etwas spöttisch gemutmaßt, ob man seine Theorie nicht besser als einen „neutralen Monismus" bezeichnen sollte, und damit die Diskussion zur Kritik an dieser Position freigegeben.

Schwierigkeiten des anomalen Monismus

Wie nicht anders zu erwarten, ist auch der anomale Monismus, nachdem die anfängliche Euphorie verflogen war, auf heftigen Widerstand gestoßen. Dadurch, dass der anomale Monismus aufs Engste mit dem Supervenienzbegriff verwoben ist, bildet dieser auch zugleich seine Achillesferse. Es verwundert somit nicht, dass jedwede Kritik an der Theorie der Supervenienz nahezu zwangsläufig auch den anomalen Monismus betrifft. Er macht sich damit unweigerlich die Einwände gegen die Supervenienztheorie selbst zu eigen. Erinnert sei deshalb an dieser Stelle noch einmal daran, dass die Supervenienz zwar eine Abhängigkeit des Mentalen vom Physikalischen formuliert, jedoch keinerlei Erklärung für diese Abhängigkeit anbietet. Auch über das Wesen und die Art der Determination einer solchen Beziehung vermag die Supervenienz nichts auszusagen. Damit kann die Supervenienz die psychophysischen Verhältnisse insgesamt nicht erklären, sondern verlangt vielmehr selbst nach einer Erklärung. Der anomale Monismus, der auf dem Fundament der Supervenienz ruht, kann infolgedessen nicht als erklärende Theorie angesehen werden, weil er nur Behauptungen aufstellt, ohne jedoch eine hinreichende Erklärung für dieselbigen zu liefern. So erklärt die Annahme, dass jeder einzelne geistige Zustand ein körperlicher Zustand ist, nicht, was der Geist eigentlich ist und wie er mit dem Körper zusammenhängt. Der anomale Monismus kann somit auch die Frage nicht beantworten, in welchem Verhältnis der Geist zum Körper steht. Das Leib-Seele-Problem wird philosophisch dadurch nicht gelöst, sondern lediglich formuliert. Ein weiterer Kritikpunkt betrifft das Kausalargument. So sind nach Davidson mentale Ereignisse mit physikalischen Ereignissen identisch. Es gibt aber keinerlei systematische Beziehungen zwischen mentalen und physikalischen Beschreibungen. Deshalb kann der anomale Monismus nach Davidson auch nicht zeigen, wie genau Mentales kausal wirksam sein kann. Denn sowohl die mentalen wie auch die physischen

Beschreibungen beziehen sich schließlich nur auf ein und dasselbe Ereignis. Und nur dieses eine Ereignis ist dann kausal wirksam. Das Ereignis an sich ist jedoch vom Prinzip her neutral, weil es nur auf begrifflichen Unterscheidungen beruht. Damit läuft die Theorie des anomalen Monismus de facto auf einen Eigenschaftsdualismus hinaus, mit der Konsequenz, dass mentale Eigenschaften lediglich wirkungslose Epiphänomene darstellen. Davidson müsste demnach nicht nur zeigen, dass einige Ereignisse neben einer physikalischen auch eine mentale Beschreibung zulassen, sondern vor allem zeigen, wie das, was ein Ereignis als mentales kennzeichnet, etwas Physisches sein kann. Davidsons Theorie kann dieses aber aufgrund des Prinzips der Anomalie des Mentalen nicht leisten. Und deshalb ist auch seine Position zur Lösung des Leib-Seele-Problems unzureichend. Ein dritter Kritikpunkt betrifft die Anomalie des Mentalen selbst. Denn die Anschauung des anomalen Monismus, dass einzelne mentale Zustände einzelne physikalische Ereignisse sind, eine physikalische Erklärung dieser Identität aber unmöglich ist, bedeutet in letzter Konsequenz, dass wir mit unserer Forschung, so tief auch immer wir uns in die Hirnmaterie hineinarbeiten mögen, niemals dort eine Erklärung dafür finden werden, wie unsere subjektiven Gefühle überhaupt zustande kommen. Selbst ein komplett vollständiges Wissen über unser Gehirn und unser zentrales Nervensystem würde kein Wissen über unsere Wünsche, Überzeugungen, Erlebnisse und unsere subjektiven Empfindungen beinhalten. Damit bleibt, wie auch immer man es dreht und wendet, das berühmte „Erklärungslückenproblem" bestehen. Und damit wären wir beim vierten und letzten Kritikpunkt angelangt, den Qualia. Dieses Problem, das subjektive Empfinden, bleibt nämlich auch im Rahmen des anomalen Monismus ungelöst. Der anomale Monismus vermag die Frage, wie es sein kann, dass bestimmte neuronale Prozesse mit Erleben verknüpft sind, ebenso wenig zu beantworten wie die Identitätstheorie oder der funktionale Materialismus. Genau wie sie scheitert auch er am phänomenalen Bewusstsein des Menschen. Man darf sich deshalb zu Recht die Frage stellen, ob der nichtreduktive Physikalismus, wie auch immer er geartet sein mag, überhaupt aufrechterhalten werden kann.

Scheitern des nichtreduktiven Physikalismus

Nach der Betrachtung der wichtigsten Varianten des nichtreduktiven Physikalismus bleibt abschließend festzuhalten, dass sowohl der Funktionalismus wie auch der anomale Monismus letzten Endes an den Qualia und somit am phänomenalen Bewusstsein scheitern. Denn weder die eine noch die andere Variante des nichtreduktiven Physikalismus vermag die Frage befriedigend zu klären, wie es denn sein kann, dass bestimmte neuronale Prozesse mit Erleben verknüpft sind. Damit scheitern diese zwei Varianten des gemäßigteren Physikalismus an der gleichen Hürde, an der auch die Identitätstheorie des reduktiven Physikalismus zu Fall gekommen ist. Auch der Epiphänomenalismus ist für eine Lösung des Leib-Seele-Problems so ziemlich unbrauchbar. Denn er betrachtet das Bewusstsein als eine Begleiterscheinung und somit als ein nutzloses Nebenprodukt der Nervenzelltätigkeit. Das menschliche Bewusstsein erfüllt keine bedeutende Funktion. Es kann hinweggedacht werden. Und weil es so ist, müsste es zwischen einer Welt, in der der Epiphänomenalismus wahr ist, und einer Welt, in der der Epiphänomenalismus falsch ist, keinerlei phänomenologische Unterschiede geben. Der Epiphänomenalismus müsste also zeigen, dass die Welt ohne mentale Phänomene identisch denselben Lauf nehmen würde wie mit ihnen. Doch genau das kann er nicht. Der Phänomenalismus ist an dieser Stelle nicht zu entkräften und die Position des Epiphänomenalismus somit nicht haltbar. Außerdem geht der Epiphänomenalismus davon aus, dass lediglich das Physische eine kausale Kraft besitzt und das Mentale völlig vom Physischen abhängig ist. Eine umgekehrte Beeinflussung wird hingegen ausgeschlossen, weil das Mentale in den Augen des Epiphänomenalismus keine kausale Rolle spielt. Wenn dem so wäre, wie ist es dann möglich, dass man einen vermehrten Speichelfluss bekommt, wenn man sich beispielsweise vorstellt, in eine Zitrone zu beißen? Diese Annahme ist somit nach der Alltagserfahrung nicht haltbar. Und mittlerweile bezweifeln selbst führende Neurowissenschaftler nicht mehr, dass bestimmte Vorgänge im Gehirn mentale Ursachen haben. Der Epiphänomenalismus scheitert somit an den Forschungsergebnissen der Kognitionswissenschaften, die zahlreiche und gewichtige Argumente gegen ihn vorgetragen haben. Damit aber nicht genug, denn der Epiphänomenalismus gerät gleichfalls mit der evolutionstheoretischen Sichtweise in Konflikt. Und last, but not least spielt auch die Physik nicht mit. Denn der Epiphänomenalismus geht davon aus, dass Bewusstseinszustände durch Hirnzustände kausal verursacht werden und damit eine wirkungslose Begleiterscheinung von Gehirnprozessen darstellen, auf die die Bewusstseinszustände nicht zurückwirken können. Die Physik hingegen sagt ganz klar, dass jede physikalische Wirkung eine Wechselwirkung ist. Wenn man demzufolge das Bewusstsein als einen physikalischen Zustand begreift, so wie die Gehirnaktivität auch, dann müsste dieser auf die Gehirnaktivität zurückwirken können. Denn nach dem Willen der Physik kann es keinen physikalischen Zustand geben, der von physikalischen Zuständen kausal verursacht wird, ohne auf diese zurückzuwirken. Damit wirft der Epiphänomenalismus mit seinen Behauptungen mehr Fragen auf, als er zu beantworten vermag. Eine brauchbare Theorie sieht anders aus. Es bleiben demnach nur noch die Emergenz- und die Supervenienztheorie übrig. Beide Theorien als Spielarten des nichtreduktiven Physikalismus nehmen an, dass alle Objekte der realen Welt aus grundlegenden physischen Teilchen zusammengesetzt sind, bestreiten aber dennoch entweder, dass sich mentale Eigenschaften auf wissenschaftliche Theorien reduzieren lassen, oder behaupten, dass es durchaus nicht auf das Physische reduzierbare Eigenschaften gibt. Damit provozieren diese Theorien geradezu die Frage, was es denn bedeuten soll, dass mentale Eigenschaften eine physische Basis haben, wenn man nicht zugleich sagen will, dass sie auf das Physische reduziert werden können. Der ganze Bereich des nichtreduktiven Physikalismus fußt scheinbar auf einer Contradictio in Adjecto, also auf einem Widerspruch in sich. Es sei denn, man versteht den nichtreduktiven Physikalismus dahingehend, dass zwischen mentalen und physischen Eigenschaften eine physikalistisch akzeptable Abhängigkeitsbeziehung besteht, welche auf die Existenz von Brückengesetzen verzichten kann, sodass eine Multirealisierbarkeit mentaler Eigenschaften möglich wird. Die würde allerdings bedeuten, dass man den nichtreduktiven Physikalismus in einem schwächeren Wortsinne verstehen müsste. Unabhängig davon deutet sich hier aber trotzdem eine ganz offensichtlich schwierige Gratwanderung zwischen einer reduktionistischen und einer eigenschaftsdualistischen Position an. Und exakt in diese Kerbe schlägt der koreanisch-amerikanische Philosoph Jaegwon Kim mit seinem Argument der kausalen Exklusion gegen den nichtreduktiven Physikalismus. Kim hebt in diesem Argument hervor, dass alle nichtreduktiven Theorien auf dem Versuch beruhen, eine Reduktion des Mentalen auf das Physische zu verhindern. Ferner wird hervorgehoben, dass nach dem nichtreduktiven Physikalismus mentale Eigenschaften zwar nicht mit physikalischen Eigenschaften identisch sind, was ihre Eigenständigkeit im ontologischen Sinne wahrt, aber durch diese realisiert werden. Und nun kommt der philosophische Todesstoß im Gewande einer schlichten Frage. Wenn geistige Eigenschaften vom Physischen verschieden sind, wie ist dann eine mentale Verursachung möglich? Wie kann das Geistige eine kausale Wirksamkeit entfalten? Gar nicht, so die Antwort, denn das Mentale ist nur dann kausal wirksam, wenn es auf das Physische reduzierbar ist. Es gibt keine Möglichkeit für autonome und zugleich kausal wirksame mentale Eigenschaften. Es bleibt also festzuhalten, dass alle nichtreduktiven physikalistischen Positionen das Mentale nur wenig überzeugend retten können. Wird die Eigenständigkeit des Mentalen gestützt, gerät diese immer mit der kausalen Geschlossenheit der physischen Welt in Konflikt. Da gibt es kein Wenn und Aber. Um diesem Konflikt zu entkommen, gibt es nur eine Möglichkeit, nämlich ganz auf die Irreduzibilität des Mentalen zu verzichten. Damit aber wäre man wieder beim reduktiven Physikalismus angekommen. Oder aber man wahrt die Irreduzibilität und verzichtet lieber auf die kausale Wirksamkeit des Mentalen. Dann aber landet man unweigerlich wieder beim Epiphänomenalismus, für den Bewusstseinsprozesse nur Schatten der realen Hirnphysik sind. Das Spannungsverhältnis zwischen reduktivem Physikalismus und Epiphänomenalismus, in dem der nichtreduktive Physikalismus steckt, ist folglich unauflösbar. Eine wahre Zwickmühle. Entscheidet sich der nichtreduktive Physikalismus hingegen für keine der beiden Möglichkeiten, dann bleibt er argumentativ inkonsistent und es gibt für ihn keine Rettung.

Scheitern des reduktiven Physikalismus

Das Argument der kausalen Exklusion, das Jaegwon Kim in die Leib-Seele-Diskussion zur Widerlegung des nichtreduktiven Physikalismus eingebracht hatte (Kim 1993, 1998 und 2005), blieb nicht lange unwidersprochen. Betrachtet man die Begründung im Detail, dann fußt sie auf zwei Prämissen. Die eine betrifft die Geschlossenheitsthese und die andere das Überdeterminationsverbot. Die Geschlossenheitsthese besagt, dass physikalische Ereignisse oder Eigenschaften hinreichende physikalische Ursachen haben, und das Überdeterminationsverbot schließt aus, dass sie darüber hinaus noch andere Ursachen haben. Gemeinsam implizieren diese beiden Prämissen, dass physikalische Ereignisse oder Eigenschaften keine nichtphysikalischen Ursachen haben. Wenn man also die beiden Prämissen akzeptiert, dann muss man auch entweder einen reduktiven Physikalismus oder einen Epiphänomenalismus akzeptieren. Denn entweder können mentale Ereignisse und Eigenschaften physikalische Ereignisse und Eigenschaften verursachen, dann müssen sie selbst physikalisch sein. Oder aber sie können keine physikalischen Ereignisse und Eigenschaften verursachen, dann allerdings handelt es sich um bloße Epiphänomene. Kims Argument scheint also zu zeigen, dass der nichtreduktive Physikalismus letztlich kein gangbarer Weg zur Lösung des Problems der mentalen Verursachung ist. Die Vertreter des nichtreduktiven Physikalismus haben sich gegen diese Kritik dahingehend verteidigt, dass sie Kim vorwarfen, weder ein überzeugendes Argument gegen die Möglichkeit der Überdetermination zu liefern noch das Generalisierungsargument hinreichend zu entkräften. Sie vertreten somit die Ansicht, dass die kausale Exklusion nicht so funktioniert, wie Kim sich das gedacht hatte. Demnach muss nicht die Irreduzibilität des Mentalen aufgegeben werden, sondern das sogenannte Ausschlussprinzip. Andere Philosophen wiederum werfen Kim vor, dass er bei seiner Verteidigung in Widersprüche mit seiner Gesamtposition geraten ist. Um diese zu vermeiden, so die Kritiker, müsse Kim akzeptieren, dass sein Physikalismus einen allumfassenden Makroepiphänomenalismus zur Folge hat und keine befriedigende Antwort auf das Problem der mentalen Verursachung sein kann. Das Argument der kausalen Exklusion, so wie es von Kim vorgetragen wurde, müsse folglich zurückgewiesen werden. Natürlich kann man hier auch anderer Meinung sein und gegen diesen Einspruch wiederum Einspruch erheben. Doch das soll an dieser Stelle nicht getan werden, um nicht unnötig in die Gefahr eines endlosen Diskurses zu geraten. Weitaus interessanter erscheint es nämlich hier, das Augenmerk vielmehr auf eine andere Argumentation zu lenken, die als das Hempel-Dilemma Einzug in die Geschichte der Philosophie des Geistes gehalten hat. Formuliert wurde es von dem deutschen Philosophen Carl Gustav Hempel (1905–1997), der ein führender Vertreter des logischen Empirismus war und neben Gilbert Ryle auch als ein Hauptvertreter des logischen Behaviorismus gesehen werden kann. Das Hempel-Dilemma (Hempel 1969 und 1980) ist ein grundsätzlicher Einwand gegen den Physikalismus und ergibt sich hauptsächlich aus den drei folgenden Fragen:

1. Was sind physische Eigenschaften?
2. Worauf bezieht sich der Begriff „physisch“?
3. Wer bestimmt, was als physische Entität zu gelten hat?

Eine spontane Antwort auf die letzte Frage könnte beispielsweise lauten, die Physik natürlich. Wer denn sonst? Doch dann stellt sich als Nächstes die Frage, welche Physik soll es denn bitte sein? Soll man sich an die gegenwärtige Physik wenden? Oder ist es vielleicht doch ratsamer, sich der zukünftigen Physik zuzuwenden? Genau darin besteht Hempels Dilemma. Der Physikalismus hat an dieser Stelle nur zwei Möglichkeiten. Entscheidet er sich für die gegenwärtige und damit aktuelle Physik, dann ist der Kenntnisstand, anhand dessen die aufgeworfenen Fragen beantwortet werden sollen, zwangsläufig unvollständig, weil die gegenwärtige Physik nicht in der Lage ist, eine lückenlose Beschreibung sämtlicher im Kosmos auftretender Phänomene zu liefern. Hinzu kommt noch das Problem, dass sich die gegenwärtige Physik durchaus auch als falsch erweisen kann, denn es könnte schließlich jederzeit ein Paradigmenwechsel eintreten. Hier sei nur auf die Relativitätstheorie und die Quantenphysik verwiesen, die unser Verständnis vom Physischen epochal verändert haben. Na gut, könnte man nun sagen, dann soll doch bitte die zukünftige Physik die aufgeworfenen Fragen klärend beantworten. Denn die zukünftige Physik entgeht der Tatsache der Unvollständigkeit, weil sie schließlich als vollständige Physik betrachtet werden kann. Entscheidet sich der Physikalismus also für diese Option, dann ist seine Definition nichtssagend, weil er sich damit auf eine Physik beruft, die derzeit schlichtweg gar nicht existiert. Denn niemand kann auch nur im Geringsten wissen, welche Form so eine zukünftige Physik überhaupt annehmen kann und wird. Die Theorie des Physikalismus wird folglich so lange bedeutungslos bleiben, bis endlich eindeutige Bedingungen vorherrschen, die exakt klären können, was überhaupt das „Physische" sein soll. In einem Satz lässt sich dementsprechend zusammenfassend sagen, dass das Hempel-Dilemma dahingehend verstanden werden kann, dass der Begriff des „Physischen" letzten Endes unverständlich ist und der Physikalismus damit bedeutungslos bleibt. Wie kommt man nun aus dieser vertrackten Zwickmühle wieder heraus? Man könnte versuchen die aktuelle Physik in einem wichtigen Sinne für vollständig zu erklären, so wie es der amerikanische Philosoph David Kellogg Lewis (1941–2001) getan hat. Damit hätte man dann die weit und breit beschworene Allmacht der Naturwissenschaften einfach in die Gegenwart verlagert. So betrachtet dürfte es in der Gegenwart allerdings dann keine Forschung mehr geben, denn schließlich ist ja alles schon bekannt. Wozu also noch forschen? Wer sich aber in der Gegenwart umschaut, wird sich dann zwangsläufig mit der Frage konfrontiert sehen, ob so die Allmacht der Naturwissenschaften wirklich aussieht und ob man sie sich so vorgestellt hat. Wohl kaum. Diese Form der Argumentation ist folglich unbrauchbar. Andere Philosophen haben einen anderen Weg beschritten und das Hempel-Dilemma durch einen anderen Vorschlag aufzulösen versucht. So schlug beispielsweise der 1943 geborene australische Philosoph Frank Cameron Jackson vor, all die Entitäten „physisch" zu nennen, die gebraucht werden, um das Geschehen von einer gewissen Größe aus zu definieren. Dahinter steckt die Idee, dass all jenes „physisch" genannt werden soll, was sich auf der subatomaren Ebene abspielt, während alles andere nicht als grundlegende physische Entität betrachtet werden soll. Doch eine solche Trennung hat ein grundlegendes Problem mit der Annahme von nichtphysischen Zahlen. Diese können schließlich nicht nach räumlicher Größe geordnet werden und scheinen auf jeder Ebene anwendbar zu sein. Damit geht auch dieser Vorschlag ins Leere. Wie also lässt sich das Hempel-Dilemma zugunsten des Physikalismus am besten lösen? Gar nicht, ist die passende Antwort. Der Physikalismus in all seinen Formen und Varianten ist unwiederbringlich ein für alle Mal verloren. Durch das Hempel-Dilemma bricht sein geistiges Fundament wie ein Kartenhaus zusammen, denn der Physikalismus kann auf der einen Seite nicht zufriedenstellend erklären, was das „Physische" überhaupt ist, behauptet aber andererseits, dass sämtliche in der realen Welt vorkommenden Phänomene, und damit aus seiner Sicht auch das Mentale, rein auf physikalischen Eigenschaften beruhen. Während also, in einer Metapher gesprochen, die Philosophen Hilary Putnam, Thomas Nagel, Frank Cameron Jackson, Joseph Levine, David Chalmers und Jaegwon Kim die Beerdigung des Physikalismus mitsamt Trauerfeier langsam vorbereitet haben, hat Carl Gustav Hempel bereits zuvor den Sarg fest vernagelt, ihm einen Gedenkstein gesetzt und darauf geschrieben: „Ruhe in Frieden". Passend hierzu schrieb der deutsche Kirchenhistoriker und Professor für Reformationsgeschichte an der Ruprecht-Karls-Universität in Heidelberg Gottfried Seebaß (1937–2008) in seinem Aufsatz „Der Traum des physikalistischen Monismus" die folgenden Zeilen:

„Alle monistischen Träumereien sind, kaum dass sie begonnen wurden, schon wieder ausgeträumt und damit, so weh es tut, auch der überirdische, luftige Traum des physikalistischen Monisten. Die Träne quillt, die Erde hat ihn wieder!"

Damit ist alles zu dem Thema Physikalismus gesagt und es lässt sich dem auch nichts mehr hinzufügen. Oder vielleicht doch, eine kleine Randbemerkung. Denn es befand sich in der Totenkiste, die feierlich zu Grabe getragen wurde, nicht nur der Physikalismus allein. Es war noch jemand zugegen, der gleichfalls, fast unmerklich, mitbestattet wurde. Die Rede ist vom biologischen Naturalismus. Als Naturalismus wird im Allgemeinen jede Position bezeichnet, die alle Bereiche der Wirklichkeit auf die Natur zurückführt. Man unterscheidet verschiedene Spielarten des Naturalismus, die jedoch alle nur mehr oder weniger klar umrissen sind. Der biologische Naturalismus, so wie er der Feder des 1932 geborenen amerikanischen Philosophen John Searle entstammt, betrachtet das menschliche Bewusstsein als ein ganz normales biologisches Phänomen. In diesem Zusammenhang geht der biologische Naturalismus ferner davon aus, dass alle geistigen Vorgänge, einschließlich des Bewusstseins, von neurophysiologischen Vorgängen im Gehirn verursacht werden. Die Kernpunkte des biologischen Naturalismus lassen sich demzufolge dahingehend zusammenfassen, dass mentale Eigenschaften Teil der natürlichen Welt sind, dass Bewusstsein von biologischen Systemen verursacht wird und dass das Bewusstsein eine natürliche biologische Eigenschaft darstellt. Das bedeutet, dass neuronale Gehirnprozesse der niedrigeren Ebene alle Bewusstseinszustände verursachen. Bewusste Gedanken und Gefühle werden deshalb von neurobiologischen Gehirnprozessen verursacht. Das Mentale ist demnach als eine Eigenschaft der physischen Struktur des Gehirns zu verstehen. Wichtig ist dabei, dass der biologische Naturalismus unterstellt, dass das Bewusstsein zwar vollständig von neuronalen Prozessen abhängig ist, aber eben nicht in neurobiologischen Kategorien erfasst werden kann. Hier wird die überaus große Nähe des biologischen Naturalismus zum nichtreduktiven Physikalismus sichtbar. Beide scheinen sich geradezu zu berühren, die Philosophie des Geistes auf der einen Seite und die Hirnforschung auf der anderen Seite. Geisteswissenschaft und Naturwissenschaft, Hand in Hand. Eine traute Liaison, seitdem die Hirnforschung eine naturalistische Position eingenommen hat. Und beide verfolgen ein gemeinsames Ziel, nämlich die naturalistische Reduzierbarkeit von mentalen Vorgängen auf Abläufe und Strukturen in unseren Gehirnen. Das würde nach den Worten von Carl Vogt bedeuten, dass unsere Gedanken in demselben Verhältnis zu dem Gehirn stehen wie die Galle zu der Leber oder der

Urin zu den Nieren (Vogt 1847, S. 206). Es ist die naturalistische Theorie des Geistes, wie der Hirnforscher Gerhard Roth es so schön sagte. Die gegenwärtige Hirnforschung wird deshalb oft mit einem naturalistischen Menschenbild verbunden, das den Gedanken an eine unsterbliche Seele nicht kennt. Diese, nennen wir es einmal Naturalisierungsdämmerung hat auch die Philosophie des Geistes voll erfasst. Ihr Bestreben ist es nunmehr, das Leib-Seele-Problem mit Rückgriff auf die Naturwissenschaften endlich einer Lösung zuzuführen. Im Mittelpunkt des Geschehens steht somit der Versuch, neurowissenschaftliche Erkenntnisse für philosophische Fragen und philosophische Einsichten für neurowissenschaftliche Ansätze fruchtbar zu machen. So weit, so gut. Dabei wird aber offensichtlich geflissentlich übersehen, dass das dominierende Paradigma des Naturalismus der Physikalismus ist. Beide sind so eng miteinander verwoben, dass man mit Fug und Recht auch vom physikalistischen Naturalismus sprechen könnte. Der Naturalismus teilt somit unweigerlich das Schicksal des Physikalismus. Auch wenn heute ein strenger Reduktionismus allenthalben in der Philosophie des Geistes als geradezu abwegige Position gilt, herrscht doch in weiten Kreisen nahezu Einigkeit darüber, dass man in der Frage der Reduzierbarkeit des Mentalen auf das Physische die folgende Position einnehmen sollte. Es sollte vertreten werden, dass die Gesetze und Erklärungsweisen der höherstufigen Wissenschaften sich nicht vollständig auf fundamentalere Gesetze und Erklärungsweisen zurückführen lassen. Gleichwohl sollten höherstufige Entitäten und Eigenschaften vollständig durch niederstufige Entitäten und Eigenschaften erzeugt werden. Insofern besteht die Welt gänzlich aus einem physischen Substrat. Der exakte und nachvollziehbare Ableitungszusammenhang, der frei von Widersprüchen das Mentale aus dem Physischen oder allgemeiner gesprochen das Höherstufige aus dem Niederstufigen zu erklären vermag, lässt sich jedoch nicht erfassen. So weit die verbreitetste Meinung innerhalb der heutigen Philosophie des Geistes. Betrachtet man diese Position etwas genauer, dann besteht die ontologische Behauptung des Reduktionismus darin, dass es in der Natur ein ontisches Substrat gibt, aus dem alle anderen Systeme, egal wie komplex sie auch sein mögen, aufgebaut sind. Die erste Auffassung der aktuellen philosophischen Position, also die Ableitung des Mentalen aus dem Physischen, wird deshalb auch als ontischer Reduktionismus bezeichnet. Die zweite Auffassung, also die Ableitung des Höherstufigen aus dem Niederstufigen, wird hingegen als epistemischer Antireduktionismus bezeichnet. Die beliebte Kombination aus beidem wird schließlich auch nichtreduktiver Physikalismus genannt. Hatten wir den aber nicht gerade für tot erklärt? Wie kann es sein, dass trotz der philosophischen Widerlegung einer Position weiterhin an derselbigen festgehalten wird? Haben denn Vertreter des Physikalismus nicht gemerkt, dass spätestens 1980 das Fundament ihres Glaubensbekenntnisses weggebrochen ist? Natürlich haben sie das. Aber Menschen brauchen einen Anker. Sie brauchen ein Weltbild, eine Erklärung für die Realität, in der sie sich Tag für Tag bewegen. Menschen müssen geradezu an etwas glauben, an etwas festhalten, wie absurd dies auch im Einzelfall sein mag. Und Philosophen machen hier keine Ausnahme. Niemand mag es, wenn ihm der Boden unter den Füßen entzogen wird. Droht das zu passieren, wird die eigene Bastion mit Klauen und Zähnen verteidigt. Getreu dem Motto, dass nicht sein kann, was nicht sein darf. In solch einer Situation sucht man auch gern nach Verbündeten und einflussreichen Gleichgesinnten. Doch aus zwei Fußlahmen wird leider kein Sprinter. Das ist das Problem des Physikalismus und seines Verbündeten, des biologischen Naturalismus.

3. Lösungsansätze im Grenzbereich

3.1 Eigenschaftsdualismus

Der Eigenschaftsdualismus in seiner ursprünglichen Form geht zurück auf die Werke des niederländischen Philosophen Baruch de Spinoza, der ein Zeitgenosse von René Descartes war. Er fand zahlreiche prominente Anhänger wie Gustav Theodor Fechner, David Chalmers und C. D. Broad. Der Eigenschaftsdualismus versucht die Probleme des Substanzdualismus geschickt zu umgehen und nimmt eine Art Zwischenposition im Gefüge zwischen Monismus und Dualismus ein. Er geht davon aus, dass eine Person nicht aus zwei Substanzen, also Körper und Geist, besteht, sondern dass es nur ein Objekt gibt, sprich die Person bzw. den Körper. Sein Dualismusgedanke bezieht sich deshalb nicht auf Substanzen, sondern auf die Eigenschaften. Er unterscheidet zwei wesensmäßig vollkommen verschiedene Typen von Eigenschaften, nämlich die mentalen und die physischen, welche einer einzelnen Person zugeschrieben werden können. Der Mensch ist nach dem Verständnis des Eigenschaftsdualismus nicht mehr als sein Körper. Die Vorstellung der Existenz einer immateriellen Seele wird abgelehnt. Aus Sicht des Eigenschaftsdualismus sind das Physische und das Mentale zwei Perspektiven auf denselben Gegenstand. Die verschiedenen Eigenschaften beschreiben insofern nur die verschiedenen Aspekte ein und derselben Entität. Anders ausgedrückt könnte man auch sagen, dass mentale und physikalische Zustände zwei verschiedenartige Zustände derselben Substanz sind. Der Eigenschaftsdualismus wird deshalb gelegentlich auch als Zustandsdualismus bezeichnet. Dennoch sind die mentalen Eigenschaften von ihrem allgemeinen Wesen her selbstständig. Das heißt, dass sie weder selbst physische Eigenschaften sind noch auf solche Eigenschaften reduziert werden können. Geistige Zustände sind demzufolge nichtphysikalische Eigenschaften eines physischen Gehirns. Das Bewusstsein wäre dann als Eigenschaft aufzufassen. Der Eigenschaftsdualismus unterscheidet somit nicht nur zwischen physischen und mentalen Eigenschaften, sondern er trennt sie strikt voneinander. Ungeachtet dessen ist nach Ansicht des Eigenschaftsdualismus das Mentale nur eine Eigenschaft der Materie und damit des Körpers. Der Dualismus der Eigenschaften verdankt seine Dualität somit lediglich der Perspektive. Deshalb gehört der Eigenschaftsdualismus auch nicht in die Reihe der Dualismen. Im Grunde ist er lediglich ein Substanzmonismus, welcher sich sogar mit der These verträgt, dass alles aus kleinsten physischen Teilchen zusammengesetzt ist. Der Eigenschaftsdualismus hat viele Synonyme. So sind auch

Begriffe wie Substanzphysikalismus und Substanznaturalismus gebräuchlich. Nicht selten findet man auch den Begriff der Doppelaspektlehre.

Schwierigkeiten des Eigenschaftsdualismus

Der Eigenschaftsdualismus hat mit ganz ähnlichen Problemen zu kämpfen wie der Substanzdualismus, weil auch er selbstverständlich die kausale Wirksamkeit von mentalen Zuständen, also die mentale Verursachung, irgendwie erklären muss. Hierbei gibt es zwei Möglichkeiten. Geht man im Eigenschaftsdualismus davon aus, dass die mentalen Eigenschaften einen kausalen Einfluss auf die materielle Welt haben, so verletzt das die These der kausalen Geschlossenheit der Welt. Also jene These, die besagt, dass nichts ohne Grund geschieht, oder anders formuliert, dass alles mit rechten Dingen in der Welt zugeht. Diese Mutmaßung ist im Grunde ein Prinzip, welches besagt, dass die physische Welt und damit die gesamte Natur ein in sich geschlossenes System darstellt und es nichts Übernatürliches oder Nichtphysisches gibt, das von außen auf die materielle Welt einen kausalen Einfluss ausüben kann. Kurz gesagt, eine physische Wirkung setzt immer eine physische Ursache voraus. Probiert man hingegen die andere Möglichkeit und verneint einen kausalen Einfluss mentaler Eigenschaften auf die materielle Welt, so bleibt zwar das Prinzip der kausalen Geschlossenheit der Welt unangetastet, aber man landet dann unweigerlich beim Epiphänomenalismus, der wohl prominentesten eigenschaftsdualistischen Position, und damit bei allen Problemen und Unwägbarkeiten, die mit dieser philosophischen Anschauung verbunden sind. Die Katze beißt sich somit wieder in den Schwanz. Wie man es dreht und wendet, mit dem Eigenschaftsdualismus kann das Leib-Seele-Problem nicht gelöst werden. Es wird lediglich verlagert. Entweder in die eine oder eben in die andere Richtung.

3.2 Klassischer und extremer Panpsychismus

Das Wort Panpsychismus setzt sich aus zwei Wörtern zusammen. Aus dem griechischen Wort „pan", das so viel bedeutet wie alles oder überall, und „psyche", was Geist oder Seele meint. Der Panpsychismus geht davon aus, dass unsere gesamte Realität von geistigen Eigenschaften durchdrungen ist. Alle existierenden Dinge sind somit beseelt. Der Panpsychismus wird deshalb auch oft als Allbeseeltheitslehre bezeichnet. Im Kern sagt der Panpsychismus Folgendes aus:

a. Es gibt physische und mentale Eigenschaften.
b. Mentale Eigenschaften sind mit physischen Eigenschaften nicht identisch.
c. Geistige Eigenschaften sind keine emergenten Produkte der physischen Welt.
d. Die gesamte physische Welt besitzt mentale Eigenschaften.

Der extreme Panpsychismus wird auch als Spiritualismus bezeichnet. Er setzt Psyche und Seele gleich und behauptet, dass es nichts gebe als die Seele und alles Körperhafte nur deren Erscheinung, Manifestation oder Vorstellung sei. Darüber hinaus gibt es in der Vorstellung des extremen Panpsychismus eine unpersönliche oder überpersönliche Weltseele, die Ursache aller Wirklichkeit und aller Bewegung ist. Alles Seiende ist nach dieser philosophischen Position beseelt. Die gesamte physische Wirklichkeit birgt somit geistige Eigenschaften. Nicht nur Menschen, sondern auch Tiere, Pflanzen, Steine, Sterne, Wassertropfen, Wolken etc. haben demnach Seelen. Diese verschiedenen Seelen können sich aber in ihrer Qualität durchaus voneinander unterscheiden. Nach panpsychistischer Vorstellung sind die Eigenschaften des Geistigen schon in der Wurzel der Materie vorhanden. Der Geist ist die Innenseite der Materie. Jede Materie hat also immer schon mentale Eigenschaften. Weiterhin geht der Panpsychismus davon aus, dass geistige und physische Eigenschaften nicht identisch sind. Da aber mentale Eigenschaften in der Welt wirklich vorkommen, können sie nicht einfach so hinzukommen oder aus den physischen Eigenschaften hervorgehen, sondern müssen parallel zu den physischen Eigenschaften immer schon in der Welt vorhanden sein. Der Panpsychismus ist somit in letzter Konsequenz eine Spielart des Eigenschaftsdualismus.

Schwierigkeiten des klassischen und extremen Panpsychismus

Wenn alles Seiende beseelt ist, dann hat auch alles ein Bewusstsein. Damit würde auch jedes einzelne Atom, ja sogar jedes Elektron über ein Bewusstsein verfügen. Damit lässt sich aber nicht erklären, warum nur der Mensch über ein Bewusstsein verfügt. Und es lässt sich nicht erklären, warum der Mensch nur über ein einziges Bewusstsein verfügt. Denn der menschliche Körper besteht doch aus Aberbillionen von Bausteinen. Als eine derartige Materieanhäufung müssten wir doch dann auch über Aberbillionen Bewusstseine verfügen. Dies ist aber nicht der Fall. Auch lässt sich nach der panpsychistischen Vorstellung nicht erklären, warum ein Haus, ein Stuhl, ein Sofa oder ein Stein über keinerlei Bewusstsein verfügt. Geht man also wie der Panpsychismus davon aus, dass alles Physische nicht nur geistig, sondern auch bewusst sein muss, dann verliert eine solche Position recht schnell an Bedeutung, weil sie sowohl empirisch wie auch logisch ausgeschlossen werden kann. Es ist das Phänomen Bewusstsein, welches dem Panpsychismus das Genick bricht. Denn die Vorstellung einer mentalen Komponente bei Atomen ist naturwissenschaftlich betrachtet eine höchst ungenaue und einförmige Behauptung. Das Pan-Element des Panpsychismus ist wissenschaftlich nicht haltbar und lediglich als phantasievolle Vorstellung zu bewerten, welche sich weder durch Gedankenexperimente noch durch wissenschaftliche Experimente erhärten lässt. Und eine Theorie, die sich nicht belegen lässt, ist nichts weiter als ein bloßes Glaubenskonstrukt.

3.3 Gradueller Panpsychismus

Wie bereits dargestellt geht der Panpsychismus davon aus, dass die gesamte physische Wirklichkeit geistige Eigenschaften in sich birgt. Beim graduellen Panpsychismus steht die Entwicklung des Mentalen dabei im Verhältnis zur Komplexität des Materiellen. Je komplexer ein Ding in physischer Hinsicht ist, desto komplexer ist es auch in geistiger Hinsicht. Die Entwicklung eines Bewusstseins steht somit im Verhältnis zur Komplexität materieller Eigenschaften lebender Organismen. Dem klassischen und extremen Panpsychismus wird damit eine graduelle Komponente hinzugefügt. Der graduelle Panpsychismus nimmt dabei keine horizontale Ordnung des Bewusstseins an, bei der das Bewusstsein auf allen Ebenen der Wirklichkeit anzutreffen ist, sondern vielmehr eine vertikale Ordnung. Und nach dieser vertikalen Ordnung ist unser bewusstes Erleben eine Verstärkung der einfachen geistigen Informationen aus den Atomen und Zellen. Das Bewusstsein ist also unmittelbar an die materielle Beschaffenheit desjenigen Organismus gebunden, der dieses Bewusstsein erlebt.

Schwierigkeiten des graduellen Panpsychismus

Der Panpsychismus lehnt eine Trennung von Geist und Materie ab, was bedeutet, dass Grundstrukturen des Geistigen oder Mentalen von Anfang an in der Materie enthalten sind. Demzufolge müsste alles Physische aus einer Art Geiststaub bestehen, einer Art Materie mit Geist drin. Damit wird die These des Dualismus, wonach in der Wirklichkeit zwei verschiedene Arten von Substanzen existieren, entschieden abgelehnt. Denn eine der Kernthesen des Panpsychismus lautet, dass die gesamte physische Wirklichkeit geistige Eigenschaften birgt, sodass alle Dinge physische und geistige Merkmale haben. Damit entpuppt sich der graduelle Panpsychismus, wie der klassische und extreme Panpsychismus auch, lediglich als eine Spielart des Eigenschaftsdualismus. Die besondere Schwierigkeit des graduellen Panpsychismus ergibt sich aus der Beobachtung der Wissenschaft, wonach es Vorgänge in der Evolution gab, die nicht graduell, sondern sprunghaft vor sich gingen und in weiterer Folge zu Eigenschaften führten, die es vor diesem evolutionären Sprung nicht gab. Daraus stellt sich die Frage, woher diese neuen Eigenschaften kausal abstammen, wenn sie vor der Veränderung nicht ursprünglich schon vorhanden waren?

4. Neutrale Lösungsansätze

4.1 Neutraler Monismus

Der neutrale Monismus geht von einer einzigen Substanz aus. Das Geistige und das Physische sind von gleicher Substanz, die weder geistig noch physisch ist. Diese Substanz ist ein neutraler Stoff, ein Weltstoff, eine Art Ursubstanz, die materielle und geistige Qualitäten hat.

Demnach sind Körper und Geist wesensmäßig identisch, zeigen aber verschiedene Eigenschaften. Es ist deshalb erlaubt, einen derartigen Standpunkt auch als ersten Vorläufer der sogenannten Identitätstheorie anzusehen. Vertreter dieser Position waren der niederländische Philosoph Baruch de Spinoza (1632–1677) sowie der britische Philosoph und Mathematiker Bertrand Russell (1872–1970). Nach der Auffassung von Baruch de Spinoza sind Materie und Geist als Attribute Gottes zu verstehen. Gott ist somit alles, und alles, was ist, ist in Gott. Eine derartige Vorstellung lässt durchaus auch panpsychistisches Gedankengut erkennen. Aber im Grunde ist der neutrale Monismus ein Substanzmonismus in Verbindung mit einem Eigenschaftsdualismus. Für Bertrand Russell hingegen waren geistige und seelische Vorgänge nur logische Konstruktionen, welche von einer Grundsubstanz ausgehen, die in sich aber keine Wesensverschiedenheiten aufweist. Damit würden sich Physik und Psychologie im Grunde mit denselben Dingen beschäftigen, diese jedoch lediglich unter verschiedenen Aspekten betrachten. Der neutrale Monismus darf nicht mit dem Eigenschaftsdualismus verwechselt werden, auch wenn beide oft zusammen in einem Atemzug genannt werden. Denn der neutrale Monismus geht davon aus, dass das Fundament der Wirklichkeit weder mentale noch physische Eigenschaften in sich birgt. Er vertritt damit die Auffassung, dass weder Mentales noch Physisches auf der fundamentalen Ebene der Wirklichkeit anzutreffen sind, sondern beide auf eine neutrale Substanz, also ein neutrales Drittes, zurückgeführt werden können. Die Welt, so wie wir sie wahrnehmen, wäre nach dem neutralen Monismus eine Erscheinungsweise, die von dieser neutralen Substanz herrührt. Und diese Erscheinung hätte mal einen geistigen, mal einen physischen Charakter, je nachdem, unter welchem Blickwinkel ein Beobachter die Welt betrachtet. Der Eigenschaftsdualismus hingegen vertritt die Ansicht, dass auf der fundamentalen Ebene der Wirklichkeit sowohl mentale als auch physische Eigenschaften anzutreffen sind. Und das unterscheidet ihn eben grundlegend vom neutralen Monismus.

Schwierigkeiten des neutralen Monismus

Wenn Körper und Seele zwei verschiedene Aspekte ein und derselben Substanz sind, dann sind Geist und Materie identisch. Wenn die beiden aber identisch sind, dann gehorcht auch das menschliche Denken und Wollen den physikalischen Kausalgesetzen, weil alle mentalen Zustände demnach materielle Zustände sind. Wenn aber das Denken und Wollen der physikalischen Welt gehorchen, dann sind sie auch determiniert, also festgelegt. Denn die physikalische Welt gehorcht den Naturgesetzen und diese sind klar festgelegt. Wenn aber die Naturgesetze den Lauf der materiellen Welt vollständig festlegen, dann gibt es keine Willensfreiheit. Dies ist ein ernst zu nehmendes Argument gegen den neutralen Monismus, denn es widerspricht jedweder menschlichen Erfahrung. Ein weiteres schwerwiegendes Argument gegen den neutralen Monismus resultiert aus der Tatsache, dass diese philosophische Position die wichtige Frage nach der Wechselwirkung zwischen Körper und Geist unbeantwortet lässt. Ob dabei Körper und Geist zwei verschiedene Substanzen darstellen oder zwei verschiedene Aspekte einer Substanz sind, ist dabei völlig unerheblich. Natürlich könnte der neutrale Monismus auch behaupten, dass die Wechselwirkung zwischen Körper und Geist in Gott stattfindet, weil Materie und Geist Attribute Gottes sind. Doch ein solcher Rückgriff auf Gott wäre wieder eine metaphysische und somit übersinnliche Vorstellung, die naturwissenschaftlich nicht überprüft werden kann und deshalb keinen Gegenstand naturwissenschaftlicher Untersuchungen darstellt, sondern ein Glaubenssystem.

Fazit

Am Ende des Ausfluges in die Philosophie des Geistes stellt sich nunmehr die Frage, was hat uns das Ganze gebracht? Sicherlich wurde jede Menge Stoff durchgearbeitet und es wurden neue Anregungen zum Weiterdenken gegeben. Aber das meine ich nicht. Die Frage richtet sich vielmehr nach der Frucht, die wir nunmehr nach all dem Mühen und Plagen ernten können. Natürlich muss an dieser Stelle hervorgehoben werden, dass die einzelnen Positionen in der Philosophie des Geistes hier nur sehr stark vereinfacht dargestellt worden sind. Jede einzelne Position würde für sich selbst schon ein eigenes Buch beanspruchen, um ausführlich zu Wort zu kommen. Aber der Anspruch dieses Buches ist es nicht, die Philosophie des Geistes in all ihren Facetten ausführlich darzustellen. Es ist kein Buch der Philosophie. Die Philosophie ist hier nicht Selbstzweck, sondern nur Mittel zum Zweck. Deshalb wurde bewusst auf komplexe Darstellungen und formallogische Herleitungen verzichtet. Auch wurden unnötige Begriffe und Termini weggelassen, die nur für akademische Philosophen von Interesse wären. Der Leser sollte einen Überblick erhalten und genügend Wissen mit auf den Weg bekommen, um eigene Wege gehen und tiefere Einsichten im Selbststudium gewinnen zu können, ohne dabei zwingend sechs Semester Philosophie an einer Hochschule studieren zu müssen. Was also haben wir gelernt? Wir haben sicherlich gelernt, dass Philosophie keine einfache oder gar triviale geistige Wissenschaftsdisziplin ist. Im Gegenteil, die „Liebe zur Weisheit" erweist sich vielmehr als eine harte Nuss, aber mit süßem Inhalt. Es gibt in ihr keine einfachen Antworten. Und so erweist sich auch die Philosophie des Geistes mit all ihren Strömungen, Facetten und Positionen, mit ihrem Bestreben nach Klärung des Leib-Seele-Verhältnisses als ein echter Irrgarten. Sie gleicht einem intellektuellen Labyrinth mit Irrwegen und Sackgassen. Etliche Pfade sind ausgetreten, aber einige Wege noch unerforscht. Nicht umsonst hat der deutsche Philosoph Arthur Schopenhauer das Leib-Seele-Problem als den Weltknoten bezeichnet. Und in der Tat ist das Problem des menschlichen Bewusstseins nach wie vor eines der größten Rätsel der Menschheit überhaupt. Es ist, das muss man sich klar vor Augen halten, die größte wissenschaftliche Herausforderung der Gegenwart, ob für die Geistes- oder die Naturwissenschaften. Seine Lösung wäre für die Forschung gleichsam eine wahre Revolution. Aber lässt sich das Leib-Seele-Problem überhaupt wirklich lösen? Die Tatsache, dass seit nunmehr 2500 Jahren über dieses Problem intensiv nachgedacht wird, könnte grundsätzlich Zweifel aufkommen lassen. Insofern scheint sich das Leib-Seele-Problem, ähnlich einem Teufelskreis, einer Lösung zu entziehen. Aber andererseits gibt es auch keine Beweise dafür, dass das Problem absolut unlösbar ist. Wir müssen vielleicht deshalb die

Frage anders stellen. Die Frage ist nämlich nicht, ob das Problem als solches unlösbar ist, sondern primär, ob die Philosophie mit ihren eigenen Methoden überhaupt in der Lage ist, diese Aufgabe zu lösen. Hieran darf man nämlich in der Tat zweifeln. Denn die Philosophie ist, ich erwähnte es bereits, eine Begriffswissenschaft. Das heißt, sie ist nur in der Lage, sich diesem Problemkomplex begrifflich zu nähern. Sie kann nur versuchen das Problem begrifflich einzugrenzen, um es dann mithilfe der Logik einer Lösung zuzuführen. Es geht also um folgerichtiges Denken. Es geht um Schlussfolgerung und Argumentation. Nur von was auf was sollen wir denn bitte schließen? Mithilfe der Logik können wir nur von gegebenen und als wahr angenommenen Sätzen versuchen weitere Sätze abzuleiten. Doch was, wenn die als wahr angenommenen Sätze falsch sind? Hinzu kommt noch das Problem, dass die formale Logik nur die reine Form der Schlüsse im Blickpunkt hat. Sie interessiert sich nicht für deren Inhalt. Sie liefert uns nur die Grammatik des Denkens, mehr nicht. Wir können deshalb mit den Sätzen der Logik im Grunde nichts über die Welt aussagen. Auch können wir mit ihrer Hilfe keine Wahrheiten beweisen. Obendrein besteht sogar die Gefahr, dass sie uns irreführt. Man denke hier nur an die unzähligen Beispiele logischer Paradoxien. Es verwundert daher nicht, dass insbesondere der Rationalist, Logiker und Methodiker René Descartes empfahl, nicht nach den Regeln der Logik zu verfahren, um zu neuen Erkenntnissen zu gelangen. Denn mit den Regeln der Logik könne man nur, so Descartes, das erhalten, was in den Prämissen implizit enthalten ist. Er selber entwickelte deshalb andere Regeln, insgesamt vier an der Zahl, deren Befolgung es einem ermöglicht, etwas wirklich Neues zu finden. Sie bilden gleichsam die Grundlage der Analyse eines jeden von ihm betrachteten Problems. Veröffentlicht wurden diese vier Verfahrensregeln in seinen „Abhandlungen über die Methode“ (Discours de la méthode) von 1637. Sie lauten im Einzelnen:

1. Regel der Evidenz oder Klarheit

Verwende nur Sätze, die wirklich als unbezweifelbar gelten können. – Die Regel besagt also, dass man nichts für wahr halten und über nichts urteilen sollte, was man nicht so klar und so deutlich erkannt hat, dass man es selbst nicht mehr in Zweifel ziehen kann. Das bedeutet vor allem Vorurteile und Übereilung im Denken sorgfältig zu vermeiden.

2. Regel der Analyse

Die zweite Regel besagt, *schwierige und komplexe Probleme so zu zerlegen, dass einzelne Teilbereiche des Problems durchschaubar und damit lösbar* gemacht werden.

3. Regel der Rekonstruktion

Die dritte Regel greift die zweite auf und fordert *in der „gehörigen“ Ordnung zu denken*. Das bedeutet, dass man mit den einfachsten und am leichtesten zu durchschauenden Dingen beginnen sollte, um so nach und nach, gleichsam über Stufen, bis zur Erkenntnis zu gelangen. Die Regel propagiert somit ein Fortschreiten vom Einfachen zum Schwierigen.

4. Regel der Vollständigkeit

Die vierte Regel verlangt die *Zusammenführung der einzelnen Teilbereiche des Problems zur Lösung des Gesamtproblems.* Hierbei ist stets zu überprüfen, ob in der Untersuchung auch Vollständigkeit erreicht und somit nichts vergessen wurde.

Interessant ist, dass Descartes einst selbst zu diesen Regeln etwas ironisch bemerkte:

„Nimm, was du brauchst, tu, was du sollst, und du wirst erreichen, was du willst!"

Für Descartes war der Verstand grundsätzlich von Natur aus gleich bei allen Menschen verteilt. Er glaubte deshalb auch, dass alle Menschen zu denselben Urteilen kommen müssten, wenn sie nur die gleichen Informationen zur Verfügung hätten und unvoreingenommen urteilen würden. Von zentraler Bedeutung ist folglich die Anwendung des Verstandes. Und so schrieb er in seinen Meditationen über die erste Philosophie:

„Denn es genügt nicht, einen guten Verstand zu haben, sondern es kommt darauf an, ihn gut anzuwenden."

Die Wissenschaft war für Descartes die einzige Möglichkeit, eine klare und sichere Erkenntnis von allem zu erlangen, was für das Leben von Wert ist. In seiner Vorstellung glich die Wissenschaft einem Baum. Die Wurzel dieses Baumes bildete dabei die Erste Philosophie, sprich die Metaphysik. Dieser Begriff umschreibt im Grunde alles, was sich „hinter der Physik" finden lässt. Die Metaphysik ist als eine Lehre zu verstehen, die, ähnlich der Physik, Fragen analytisch beantworten will und den Anspruch an sich selbst hat, nur unbestreitbar richtige Antworten zu finden. Während aber die Physik Vorgänge aus der unmittelbaren Umgebung beschreibt, beschäftigt sich die Metaphysik mit Fragen, mit denen man nicht im täglichen Leben konfrontiert wird. Damit sind alle Dinge gemeint, die nicht gegenständlich existieren. Den Stamm des Baumes bildet die Naturphilosophie in Form der Physik. Die Äste des Baumes bilden die Psychologie, die Anatomie, welche die Physiologie beinhaltet, die Mechanik sowie alle übrigen Wissenschaften. Der Baum beschreibt dabei, wie die einzelnen Wissenschaften voneinander abhängen. Wie bei einem richtigen Baum kann man die Früchte allerdings nur von den Ästen ernten. Dagegen sind der Stamm und die Wurzel unfruchtbar. Die Logik sucht man an dem Wissenschaftsbaum Descartes' jedoch vergeblich. Für sie ist kein Platz, weil aufgrund der logischen Konsequenzen der Prämissen keine neuen Erkenntnisse gewonnen werden können. Ebenso sucht man auch die Mathematik am Baum der Wissenschaft vergeblich. Sie hat im System Descartes' einfach keinen Platz. Zwar könne man durch sie durchaus neue Erkenntnisse gewinnen, aber die Mathematik ist keine „Realwissenschaft". Dies belegt, dass Descartes der Logik offensichtlich keinen so großen Stellenwert beigemessen hat. Viel wichtiger als die Sätze der formalistischen Logik waren für ihn die bewährten vier Grundregeln des Vernunftgebrauchs. Diese Erkenntnis ist wichtig, denn Descartes ist in der Philosophie nicht irgendjemand, sondern ein bahnbrechender Denker. Ohne ihn wären all die großen Namen, angefangen von Spinoza und Leibniz über Kant, Fichte und Hegel, einfach nicht denkbar. Und so hat sein Wagemut im Denken bis auf den heutigen Tag eine unübersehbare Spur hinterlassen. Doch was bedeutet diese Erkenntnis für die Philosophie selbst? Welche Erkenntnismöglichkeiten bleiben ihr noch? Schließlich gehört es zu den grundlegenden Aufgaben der Philosophie, den Menschen über die Grenzen seiner Erkenntnisfähigkeit aufzuklären. Fragen wir anders, woher gewinnt eigentlich das Denken seinen Inhalt und seine Gültigkeit? Was ist der Ursprung der Erkenntnis? Wo liegen die Quellen? Aussagen können wir hierzu, dass wir insgesamt drei Quellen angeben können. Zu diesen Quellen gehören die Vernunft (Rationalismus), die Erfahrung (Empirismus) und der beide verbindende Kritizismus. Und genau diese drei Quellen sind es dann auch, die uns eine Antwort auf die Frage nach den Grenzen der Erkenntnis geben. Im Rationalismus geht es um Erkenntnis durch Vernunft. Er hat ein nahezu unbegrenztes Zutrauen zur Möglichkeit der Erkenntnis. Und so glaubt er aus reiner Vernunft selbst die letzten Fragen des Weltzusammenhangs beantworten zu können. Deshalb vertritt er auch die Ansicht, dass nur rationalistisches Denken in seiner letzten Zuspitzung zur wahren Erkenntnis der Natur führt. Die Erkenntnis selbst gewinnt der Rationalismus dabei a priori, also im Vorhinein. Das bedeutet, sie ist von aller Erfahrung unabhängig und allgemeingültig. Ein gutes Beispiel rationaler Erkenntnis ist die Mathematik. Denn der Rationalismus bildet die Wirklichkeit so weit ab, wie eine mathematische Formel ein Bild der Wirklichkeit nur abbilden kann. Dabei werden keine Ausnahmen geduldet. So ist Gott für den Rationalisten ein Weltmathematiker, der nach Maßgabe einer universellen Weltformel alles Geschehen im Kosmos regelt. Den Menschen reduziert der Rationalist gerne auf eine Chemiefabrik und ein mechanisches Uhrwerk. Wie aber erklärt man mit einem solchen Weltbild die Liebe oder den Schmerz, Trauer und Verzweiflung? Anders gefragt, wie bildet man die Liebe oder den Schmerz mittels einer mathematischen Formel ab? Damit sind wir bei der Grenze des Rationalismus angekommen. Der Rationalismus ist zwar nicht wirklichkeitsfremd, aber er ist wirklichkeitsfrei. Und diese Begrenztheit muss man sich stets vor Augen halten. Völlig anders geht der Empirismus zu Werke. Für ihn liegt die Quelle der Erkenntnis allein in der Erfahrung. Deshalb bedeutet Empirismus Erfahrungserkenntnis. Und diese Erfahrungserkenntnis beruht auf der Sinneswahrnehmung. Sie wird a posteriori, also im Nachhinein, gewonnen. Diese durch die Sinne vermittelten Empfindungen und Erkenntnisse beanspruchen dabei keine Notwendigkeit und auch keine Allgemeingültigkeit. Die Wahrheit leitet der Empirist nicht von der Logik ab, sondern einzig und allein von Wahrnehmungen und entsprechenden Messungen. Dabei sind es genau diese Wahrnehmungen und Messungen, welche unsere Kenntnisse von den Tatsachen erweitern. Die so gewonnenen Erkenntnisse sind praktisch und wirklichkeitsnah. Wenn dem so ist, dann stellt sich doch die Frage, wie in dem Weltbild des Empirismus überhaupt

Formen und Gesetze der Erkenntnis entstehen. Die Frage beantwortet der Empirismus recht pragmatisch. Für ihn sind Erkenntnisgesetze in erster Linie nicht Verstandesgesetze, sondern Spielarten der allgemeinen Lebensgesetze. Und Leben wird dabei weitgehend im biologischen Sinne verstanden. Deshalb orientiert sich die empirische Erkenntnistheorie auch nicht an der Darstellungsform der logischen Wissenschaft, sondern ist vorwiegend der organischen Wirklichkeit und der praktischen Lebensführung verpflichtet. Der Wert der Wissenschaft scheint folgerichtig für den Empiristen ausschließlich in deren Nutzbarkeit zu liegen. Er ist stets auf eine diesseitige Lebensverbesserung bedacht und will dabei die Wissenschaft als nützliches Werkzeug einsetzen. Auf die Erkenntnis des Absoluten solle man hingegen keine Anstrengungen verschwenden. Nur der Wert für das Leben selbst entscheidet zuletzt. Das menschliche Bewusstsein ist nur so weit da, als es uns nützlich ist. Der Empirismus hält es daher für unwahrscheinlich, dass unser Erkennen weiter reichen sollte, als es zur Erhaltung des Lebens unbedingt nötig wäre. Für den Empiristen sind folglich die Grenzen des Erfahrbaren gleichzeitig auch die Grenzen des Erkennbaren. Es verwundert deshalb niemanden, dass die Metaphysik als Wissenschaft vom Empirismus strikt abgelehnt wird. Was hinter der Erscheinungswelt liegt, ist für den Empiristen zweitrangig. Es ist im Grunde uninteressant, weil es gar nicht als vorhanden angesehen wird. In einem Satz, der Empirismus schließt jedwede Metaphysik kategorisch aus. Wohin jedoch eine derartige Betrachtungsweise und Weltanschauung führen kann, hat der schottische Philosoph David Hume (1711–1776) mit seinen berühmt gewordenen Worten feingeistig und scharfzüngig herausgearbeitet:

„Greifen wir irgendeinen Band aus den Bibliotheken heraus, etwa über Gottesgelehrtheit oder Schulmetaphysik, so sollten wir fragen: Enthält er irgendeinen Gedankengang über Größe und Zahl? Nein! Enthält er irgendeinen aus Erfahrung gestützten Gedankengang über Tatsachen und Dasein? Nein! Nun, so werft ihn ins Feuer, denn er kann nichts als Blendwerk und Täuschung enthalten!“

Diese Worte machen die Grenzen des Empirismus ganz deutlich. Denn würde man nur der empiristischen Sichtweise allein folgen, so würde dies den Wert der Erkenntnis völlig relativieren, wenn nicht sogar aufheben. Weil der Mensch dann nur noch ein „Handwerker“, ein Homo Faber, wäre. Etwas despektierlicher könnte man auch von einem Werkzeugtier sprechen. Damit bleibt uns nur noch der Kritizismus als einziger Hoffnungsträger. Denn er versucht zwischen dem klassischen Rationalismus und dem klassischen Empirismus eine Verbindung zu schaffen. Indem Extrempositionen in die eine oder andere Richtung abgelehnt werden, versucht der Kritizismus einseitige Positionen der beiden Richtungen Rationalismus und Empirismus zu überwinden. Dabei greift er über den Bereich des Theoretischen hinaus und lässt auch die Spontaneität der Vernunft zu. Damit steckt der Kritizismus die Grenzen der Erkenntnis weiter, indem er nämlich die Spontaneität des Geistes nicht auf rationale Erkenntnisformen beschränkt. Dagegen beschränkt der Empirismus sein Erkenntnisvermögen auf passives Wahrnehmen und der Rationalismus das seinige auf die

Formen des wissenschaftlichen Erkennens. Der Wert des Kritizismus beruht deshalb auf der sorgfältigen Grenzziehung zwischen Erfahrung und Denken, rezeptivem Aufnehmen und Spontaneität, Form und Inhalt der Erkenntnis. Der Kritizismus darf deshalb als eine Methode verstanden werden, welche die Möglichkeiten und Grenzen menschlicher Erkenntnisfähigkeit mittels Verstand und Erfahrung auszuloten versucht. Die kritizistische Erkenntnistheorie sagt eindeutig, dass Erkenntnis mit Einschränkungen und unter kritischer Prüfung möglich ist. Dabei ist Wirklichkeitserkenntnis nur durch eine kritische und rationale Verarbeitung empirischer Daten möglich. Das ist die positive Aussage. Sie gibt aber auch unumwunden zu, dass der menschlichen Erkenntnis Grenzen gesetzt sind. Das ist die negative Aussage. Aber warum sind der menschlichen Erkenntnisfähigkeit eigentlich Grenzen gesetzt? Oder anders gefragt, wodurch sind der menschlichen Erkenntnisfähigkeit Grenzen gesetzt? Um diese Frage richtig beantworten zu können, müssen wir uns folgende Gegebenheiten klar vor Augen führen. Die Ausgangsbasis für jedwede menschliche Erkenntnis ist die aus der Erfahrung heraus wahrnehmbare Sinneswelt. Damit ist also all dasjenige gemeint, was wir jeden Tag vor Augen haben, hören, fühlen, schmecken und riechen können. Welche Möglichkeiten haben wir nun, um aus all diesen Informationen Erkenntnisse zu sammeln? Oder anders gefragt, was sind die Bedingungen der Möglichkeit, Erkenntnis zu gewinnen? Hier können wir ganz klar drei Möglichkeiten festhalten. Diese sind die Sinnlichkeit, unser Verstand und unsere Vernunft. Die Sinnlichkeit bietet uns dabei die reinen Anschauungsformen von Raum und Zeit. Unser Verstand bringt diese Anschauungen in Verbindung mit bestimmten Begriffen. Der Verstand ist deshalb als dasjenige Vermögen zu betrachten, das imstande ist unsere Anschauungen in bestimmte Begriffe zu packen. Die Begriffsbildung ist enorm wichtig, damit der Mensch überhaupt erst zur Erkenntnis kommen kann. Denn das bewusste Reflektieren setzt erst dann ein, wenn sich die Sprache entwickelt hat. Erst dann können wir unsere phänomenalen Erfahrungen auch beschreiben. Aber es bedarf noch eines „Etwas", welches diese Erkenntnisse ordnet. Das ist die Vernunft. Die Vernunft kann deshalb auch als dasjenige Vermögen betrachtet werden, das die Verstandeserkenntnisse sauber ordnet. Damit wird ersichtlich, dass es drei Vermögen sind, Sinnlichkeit, Verstand und Vernunft, von denen die Erkenntnisfähigkeit des Menschen abhängt. Denn erst unter ihrer Herrschaft formen sich Wahrnehmung, Denken und Urteilen zum Fundament der Erkenntnis. Wenn wir folglich unsere Erkenntnisse vertiefen wollen, dann müssen wir unweigerlich auch die natürlichen Grenzen dieser drei Vermögen erweitern. Was unseren natürlichen Wahrnehmungsapparat anbelangt, sprich die fünf Sinne, tun wir dies größtenteils mithilfe der Technik. Dort, wo unsere Sinnesapparate an ihre natürlichen Grenzen stoßen, bauen wir Mikroskope, Teleskope und andere Geräte, nur um noch tiefer oder weiter in die Materie hineinschauen zu können. Auf diese Art und Weise können wir dann, trotz begrenzter Sinne, Einblicke in zuvor nicht Wahrnehmbares erhalten. Der Verstand und die Vernunft lassen sich hingegen nur durch eine ganzheitliche und allumfassende Bildung mit entsprechender Erziehung üben. Doch so wie der Technik durch die Physik Grenzen gesetzt werden, so setzt die Biologie dem Verstand und der Vernunft ihre Grenzen. Beim Verstand kommt jedoch noch eine Komponente hinzu, welche unbedingt Berücksichtigung finden muss. Der Verstand ist ein „Gewohnheitstier". Dies ist auch verständlich, denn alle Dinge in dieser Welt, alles, was uns umgibt in dieser Dimension, besitzt einen Ort und eine Zeit. Die Welt, wie wir sie kennen, ist somit im physikalischen Sinne ein klassisches System. Unser Verstand vermag deshalb nur Dinge zu begreifen, die sich in Raum und Zeit bewegen. Es sind all jene Dinge, die mit den Methoden der Wissenschaft erfasst und folglich auch erforscht werden können. Über diese Dinge kann uns die Wissenschaft dann das entsprechende Wissen liefern. Aber alles, was sich außerhalb von Raum und Zeit befindet, alles Metaphysische, kann unser Verstand nicht fassen und somit auch nicht begreifen. Und weil er es nicht begreifen kann, kann er auch hierzu keine Begriffe bilden. Unser Verstand braucht folglich zur Begriffsbildung unabdingbar physikalische Eigenschaften, an denen er sich festhalten kann. Die er befühlen und abtasten kann, damit er sich davon eine Vorstellung machen kann, um dann vom „Ertasteten" und „Befühlten" einen verstandesgemäßen Begriff zu bilden. Aber der Geist hat keine physikalischen Eigenschaften. Ihn können wir demzufolge nicht mit all unseren Sinnen ertasten und befühlen. Damit haben wir für den Geist nur ein Wort, aber keinen Begriff. Und das Wort alleine, ohne einen Inhalt, ohne eine „Anschauung", ist leer. Das Wort Geist erweist sich damit nur als ein Gedanke an etwas, von dem unser Verstand in Wirklichkeit noch nicht einmal eine vage Vorstellung hat, geschweige denn gesichertes Wissen. Und nicht anders verhält es sich auch mit den Worten Seele, Bewusstsein und Ewigkeit. Es sind nur Variablen für etwas, das wir nicht näher bezeichnen können. Etwas, woran unser Verstand einfach scheitert. Etwas, das sich den Methoden unserer Wissenschaft entzieht und dementsprechend auch nicht vollständig erforscht werden kann. Das Gleiche trifft auf das phänomenale Bewusstsein des Menschen zu, die Qualia. Auch sie stehen für etwas, das wir nur benennen können, ohne es wirklich zu begreifen. Denn auch die Qualia haben keine physikalischen Eigenschaften und entziehen sich somit der wissenschaftlichen Erforschung. Sie bewegen sich außerhalb von Raum und Zeit. Jetzt können wir auch verstehen, warum uns Einsteins Relativitätstheorie so unverständlich ist. Denn sie sagt uns, dass die Zeit keine absolute Größe ist. Die Zeit wird mit zunehmender Geschwindigkeit immer langsamer und bleibt bei Lichtgeschwindigkeit schließlich stehen. Auch die Raumzeit kann sich nach Albert Einstein, je nach Masse und Geschwindigkeit eines Objektes, sehr stark verändern. Eine lineare Zeit, wie wir sie erleben, gibt es somit nicht wirklich. Sie ist eine Illusion. Und genau das kann unser Verstand einfach nicht begreifen. Bei allem Erkenntnisgewinn erweist sich damit der menschliche Verstand als der größte limitierende Faktor. Und somit müssen wir uns wohl oder übel damit abfinden, nicht unbegrenzt Erkenntnisse über die Welt, in der wir leben und existieren, sammeln zu können. Vielleicht können wir jetzt zumindest auch verstehen, weshalb die Philosophie des Geistes das Leib-Seele-Problem bisher nicht zu lösen vermochte. Wir haben es hier mit Seele, mit Geist, mit Bewusstsein zu tun. Wir können diese Dinge nicht mit unserem Verstand fassen, weil diese Dinge keinerlei physikalische Eigenschaften besitzen. Es sind für uns nur Wörter, keine Begriffe. Es sind nur Variablen für unseren Verstand, ohne Inhalt, ohne Anschauung. Deshalb verwenden wir auch die Begriffe Seele, Geist und Bewusstsein oft synonym. Sie sind für viele von uns vollkommen austauschbar, weil wir keine wirkliche Vorstellung von ihnen haben. Wenn man jedoch noch nicht einmal eine vernünftige Vorstellung von etwas hat, wie soll man dann Probleme, die sich im Zusammenhang mit diesen Dingen ergeben, verstandesgemäß lösen? Die Frage, ob die Philosophie das Leib-Seele-Problem jemals wird lösen können, darf deshalb ernsthaft bezweifelt werden. Wir können aber andererseits davon ausgehen, dass sie durchaus eines Tages dazu in der Lage sein wird, sobald es ihr gelingt, aus einem bloßen Wort einen Begriff zu formen. Wie aber soll das geschehen? Eine berechtigte Frage, denn in Wirklichkeit ist es kein Weltknoten, wie Arthur Schopenhauer das Problem nannte, sondern ein Begriffsknoten. So gesehen ist es tatsächlich ein sprachphilosophisches Problem, nur eben im übertragenen Sinne. Theoretisch wird die Philosophie des Geistes eines Tages durchaus dazu in der Lage sein, das Leib-Seele-Problem zu lösen, sobald es ihr gelingt, in concreto eine vernünftige Vorstellung von der Seele, dem Geist und dem Bewusstsein zu entwickeln. Es muss ihr gelingen, das bloße Wort mit dem richtigen Inhalt zu füllen, um so einen präzisen Begriff zu formen, auf welchem Wege auch immer. Hierzu können andere Wissenschaftsdisziplinen durchaus ihren Beitrag leisten. Die Biologie, die Physik, die Medizin, die Mathematik und andere. Vielleicht wird die Begriffsbildung auch erst durch die Zusammenarbeit von Geistes- und Naturwissenschaften möglich werden. Eine Zusammenarbeit für die Lösung des Leib-Seele-Problems erscheint in diesem Zusammenhang sogar als unabdingbar, damit der Begriffsknoten eines Tages endlich platzt. Solange er jedoch noch nicht geplatzt ist und auch keine klaren Begrifflichkeiten für Seele, Geist und Bewusstsein existieren, wird sich die Philosophie des Geistes damit begnügen müssen, das Leib-Seele-Problem lediglich eingrenzen zu können. Nur in dieser Eingrenzung können wir folglich momentan eine Frucht der Erkenntnis ziehen. Doch wie sieht diese konkret aus? Erinnern wir uns deshalb noch einmal, zu welchen Ergebnissen die philosophischen Interpretationsversuche des Leib-Seele-Problems geführt haben. Wir haben gesehen, dass die Theorien des Idealismus, also des geistigen Monismus, letzten Endes in Spekulationen mündeten, die empirisch nicht mehr zu überprüfen waren. Was von ihnen übrig blieb, waren Glaubensvorstellungen, nicht mehr und nicht weniger. Nicht besser erging es dem neutralen Monismus sowie dem nichtinteraktionistischen Dualismus mit seinen beiden Erscheinungsformen, dem psychophysischen Parallelismus und Okkasionalismus. Auch sie mündeten letztendlich in reinen Glaubensvorstellungen, weil sie sich jedweder experimentellen Überprüfbarkeit entziehen. Alle diese Theorien der Philosophie des Geistes dürfen wir folglich verwerfen. So scheint es zumindest auf den ersten Blick. Denn sie haben unseren Geist zwar bereichert, uns aber schlussendlich in eine Sackgasse geführt. Beim Physikalismus, also dem materiellen Monismus, durften wir miterleben, wie sich seine radikalste Form, der eliminative Physikalismus, getreu dem Motto nomen est omen gleich selbst eliminierte. Dem etwas gemäßigteren reduktiven Physikalismus erging es nicht besser. Seine beiden Erscheinungsvarianten in Form des logischen Behaviorismus und der Identitätstheorie scheiterten. Es bleiben damit nur noch der nichtreduktive Physikalismus, der interaktionistische Dualismus sowie die Lösungsansätze im Grenzbereich vorläufig übrig. Schauen wir deshalb zunächst einmal auf die mildeste Variante des materiellen Monismus, den nichtreduktiven Physikalismus. Wir haben gelernt, dass der nichtreduktive Physikalismus davon ausgeht, dass sich die physiologische Basis des Mentalen in der Regel auf bestimmte Gehirnprozesse bezieht. Ging der reduktive Physikalismus noch davon aus, dass das Mentale mit den neuronalen Prozessen identisch ist, tut der nichtreduktive Physikalismus dies nicht mehr. Denn er geht davon aus, dass sich das Mentale zu den neuronalen Prozessen im Gehirn entweder funktional, emergent, supervenient, epiphänomenal oder anomal verhält. Damit ist das Bewusstsein aus der Sicht des nichtreduktiven Physikalismus eine natürliche Eigenschaft bestimmter neuronaler Aktivitätsmuster und kann ohne diese nicht existieren. Und weil Bewusstseinsprozesse und neuronale Prozesse streng parallel verlaufen, ist es auch möglich, so die Ansicht des nichtreduktiven Physikalismus, mittels neurophysiologischer Methoden Veränderungen des Bewusstseins nachzuweisen. Die Bewusstseinsprozesse selbst, welche als Eigenschaften bestimmter neuronaler Aktivitäten betrachtet werden, können jedoch weder direkt beobachtet noch direkt gemessen werden. Ungeachtet dessen ist man sich in weiten Kreisen der Philosophie des Geistes heute nahezu einig darüber, dass man in der Frage der Reduzierbarkeit des Mentalen auf das Physische die Position eines nichtreduktiven Physikalismus einnehmen sollte. Demgemäß hat sich der nichtreduktive Physikalismus in seinen verschiedenen Spielarten inzwischen als „orthodoxe" Lehrmeinung etabliert. Man könnte deshalb zu Recht von einer Ära des nichtreduktiven Physikalismus sprechen. Dies verwundert auch nicht weiter, weil die meisten Philosophen im Bereich der Philosophie des Geistes heute von einer naturalistischen Grundeinstellung geprägt sind. Aber was macht die Position des nichtreduktiven Physikalismus eigentlich so attraktiv? Die Frage ist relativ einfach zu beantworten. Der nichtreduktive Physikalismus respektiert die Autonomie des Mentalen, indem er die mentalen Eigenschaften als nicht reduzierbaren Gegenstandsbereich bewahrt. Gleichzeitig vertritt er aber eine physikalistische Ontologie, sodass er ohne die Annahme mentaler Entitäten auskommt. Er hat somit eine hybride Natur. Und mit dieser vereint er die Vorteile eines Dualismus und eines Physikalismus, ohne sich jedoch deren Nachteile einhandeln zu müssen. Und genau das begründet seine Attraktivität in der aktuellen Diskussion um das Leib-Seele-Problem. Der nichtreduktive Physikalismus bietet gerade den Philosophen, welche an die Materie als einzig wirklich Substanz glauben, und das ist momentan die Mehrheit, eine behagliche Heimat. Mit ihm laufen sie nämlich nicht Gefahr, die Eigenständigkeit des Geistigen zu verletzen. Der nichtreduktive Physikalismus ist eine wirklich intelligente, ausgereifte und praktische Lösung, allerdings mit einem Problem. Die Lösung hat kein philosophisches Fundament. Denn dieses hat dem Physikalismus insgesamt der Philosoph Carl Gustav Hempel mit dem Hempel-Dilemma regelrecht unter den Füßen weggesprengt. Der Physikalismus bietet seitdem zwar vielen Philosophen eine Heimat, aber diese Heimat hat keinen Boden. An dieser Tatsache können auch die Attraktivität und Popularität der Position nichts ändern. Das heißt, der nichtreduktive Physikalismus ist in Wahrheit ein moderner Mythos. Ein Mythos, an dem unbeirrbar festgehalten wird, obwohl dazu jedwede Grundlage fehlt. Ist das nicht paradox? Wie können Philosophen an einer Position festhalten, obwohl diese noch nicht einmal eine philosophische Grundlage besitzt? Ganz einfach, weil auch die Philosophie nicht ohne Glauben auskommt. Und so glauben eben viele Philosophen heutzutage an die mittlerweile beliebteste Ansicht über die Art der Beziehung zwischen Körper und Seele, den Funktionalismus, der eine Variante des nichtreduktiven Physikalismus darstellt. Und dies obwohl sich selbst sein eigener geistiger Vater zwischenzeitlich von ihm abgewandt hat. Auch wir dürfen uns deshalb von ihm abwenden und den nichtreduktiven Physikalismus sowie den materiellen Monismus insgesamt als gescheitert betrachten. Bleiben also noch die Theorien im Grenzbereich sowie der interaktionistische Dualismus übrig. Betrachten wir zunächst die Lösungsansätze im Grenzbereich. Wir haben gesehen, dass der Eigenschaftsdualismus entweder die These von der kausalen Geschlossenheit der Welt verletzt oder aber unweigerlich in den Epiphänomenalismus führt und somit das Leib-Seele-Problem entweder in die eine oder in die andere Richtung verlagert, aber nicht löst. Nicht anders erging es dem Panpsychismus mit seinen verschiedenen Lesarten. Entweder er endet mit seiner klassischen und extremen Variante in einem Glaubenskonstrukt oder aber die graduelle Variante führt uns direkt zum Eigenschaftsdualismus mit all seinen Unwägbarkeiten. Damit dürfen wir auch die Lösungsansätze im Grenzbereich für gescheitert erklären und uns der einzig noch scheinbar verbliebenen Position zuwenden, dem interaktionistischen Dualismus. Bei dieser klassischen Position der Philosophie des Geistes haben wir gesehen, dass sie sich zwar mit der Alltagserfahrung des Menschen in Einklang bringen lässt, ungeachtet dessen aber mit gravierenden Schwierigkeiten zu kämpfen hat. So betreffen die Hauptprobleme des interaktionistischen Dualismus neben einer Erklärung der psychophysischen Wechselwirkung auch deren Ort, einschließlich der Energetik sowie der Kausalität. Man könnte es auch sehr viel eindringlicher formulieren und sagen, dass jedwede Form des interaktionistischen Dualismus zu einem erheblichen Konflikt mit der Physik führt. Der interaktionistische Dualismus hat deshalb einen ganz erheblichen Erklärungsbedarf. Und zwar hat er so viel zu erklären, dass er das alles, was er zu erklären hat, gar nicht erklären kann. Anders ausgedrückt, der interaktionistische Dualismus ist in seinem Kern auf ein noch unbekanntes physikalisches Erklärungsprinzip angewiesen, das all seine Schwierigkeiten überwinden kann. Ungeachtet dessen ist der interaktionistische Dualismus nach cartesianischer Lesart die einzige Position aus der Philosophie des Geistes, welche bisher noch nicht widerlegt wurde. Dennoch steht er bei den heutigen Philosophen in keinem guten Ansehen. Warum eigentlich? Dies hat vor allem zwei Hauptgründe. Der erste Hauptgrund wurde bereits genannt, es sind die zahlreichen und noch ungelösten Schwierigkeiten. Oder anders gesagt, das noch unbekannte physikalische Erklärungsprinzip. Der zweite Hauptgrund liegt in den Konsequenzen, die sich daraus ergeben, wenn man die Existenz einer mentalen Substanz akzeptiert, die sich von einer physischen Substanz grundlegend unterscheidet. Denn dadurch, dass zahlreiche Menschen existieren, müsste es auch, wenn diese versterben, dann ebenso zahlreiche mentale Substanzen geben. Für das Wort „mentale Substanzen" könnte man ebenso die Wörter „immaterielle Geistwesen" oder einfach nur „Geister" verwenden. Damit wird aber eine erhebliche Anzahl an theoretischen Problemen aufgeworfen. Wenn es Geister gibt, wie kann man dann deren Identität feststellen? Oder, wie lassen sich reine Geister voneinander unterscheiden? Können sie wahrnehmen, und wenn ja, wie? Können sie miteinander kommunizieren, und wenn ja, wie? Solche Fragen oder Fragen ähnlicher Art kann man natürlich noch bis in die Unendlichkeit weiter stellen. Es gibt da nur ein Problem. Auf all diese Fragen scheint es keine Antworten geben zu können, denn wie will man derartige Dinge überprüfen und feststellen? Deshalb wird die Existenz einer mentalen Substanz, die sich von einer physischen Substanz unterscheidet, von den heutigen Philosophen weitgehend in Abrede gestellt. Sie interessieren sich einfach nicht dafür, weil derartige Annahmen nur zu einer Unzahl von unlösbaren Rätseln führen. Philosophen beschäftigen sich lieber mit Dingen wie Wahrheit, Gewissheit, Freiheit, Gerechtigkeit oder aber Identität, Sprache und Schönheit. Sie beschäftigen sich mit Geist, aber nicht mit Geistern. Geist ist in der Philosophie eine große Sache, Gespenster nicht. Aus diesen Gründen spielt der interaktionistische Dualismus heute in der Philosophie des Geistes so gut wie keine Rolle mehr. Er hat folglich nur noch wenige namhafte Vertreter. Ungeachtet dessen scheint er aber die einzige Frucht der Erkenntnis zu sein, die wir derzeit vom Baum der Philosophie ernten können. Wie stark wir auch immer diesen Baum schütteln, mehr fällt derzeit nicht von ihm herab. Mehr kann auch nicht von ihm herabfallen, denn zu den Aufgaben der Philosophie zählt unter anderem die logische Begriffsklärung. Aber von den Wörtern Seele, Geist und Bewusstsein kann sie, wie wir bereits gesehen haben, keine logischen Begriffe bilden und ihr Wesen damit auch nicht erklären. Beim Leib-Seele-Problem versagt die Philosophie deshalb schon im Ansatz. Ungeachtet dessen kann sie uns aber eine Eingrenzung liefern. Eine Position, die trotz aller Schwierigkeiten nicht widerlegt werden kann. Eine Frucht, mit der wir weiterarbeiten können. Den interaktionistischen Dualismus in der Lesart von René Descartes. Es ist eine theoretische Frucht, denn die Philosophie kann nicht mit empirischen Forschungsergebnissen aufwarten wie beispielsweise die Neurobiologie. Es stellt sich deshalb die Frage, ob uns vielleicht die Naturwissenschaften mit ihren empirischen Forschungsergebnissen an dieser Stelle nicht weiterhelfen könnten. Sind wir mit ihrer Hilfe möglicherweise imstande das Leib-Seele-Problem zu lösen oder ihm zumindest ein Stück näher zu kommen? Lassen Sie uns das herausfinden. Verlassen wir deshalb den Bereich der Philosophie und wenden uns langsam dem Bereich der Hirnforschung zu. Das Motto der Hirnforschung lautet: Man kann den Geist nicht ohne das Gehirn verstehen. Wir werden sehen, was an dieser Aussage dran ist. Doch bevor wir uns in die Niederungen des Gehirnes und seiner Erforschung begeben, müssen wir zunächst einmal bestimmen, wonach wir dort eigentlich suchen und was wir dort zu finden hoffen. Was wir suchen, ist nichts weniger als das menschliche Bewusstsein, die Psyche, die Seele und der Geist. Es wurde ja bereits darauf hingewiesen, dass unser Verstand von diesen abstrakten Dingen, die sich konsequent unseren fünf Sinnen entziehen und die außerhalb von Raum und Zeit zu existieren scheinen, keine wirklichen Begriffe zu bilden vermag. Es wird uns deshalb nicht gelingen, eine klare und exakte Definition dieser Wörter zu kreieren. Was wir aber tun können, ist, diese Wörter so gut, wie es nur geht, einzugrenzen, zumindest so weit, dass wir selbst etwas besser verstehen, wonach wir da eigentlich suchen. Dazu brauchen wir keine präzise Definition, aber wir brauchen die beste Annäherung an eine solche. Da es nicht möglich ist, Seele, Geist, Psyche und Bewusstsein zu visualisieren, muss man sie zwecks sorgfältiger Eingrenzung attribuieren. Das heißt, wir werden den gesuchten Wörtern typische Eigenschaften zuschreiben. Dabei werden wir so lange mit der Attribuierung fortfahren, bis sich der Nebel vor unseren Augen zu lichten beginnt und wir wenigstens eine klare Vorstellung von den Dingen haben, die wir im Gehirn suchen wollen. Beginnen sollten wir dabei mit dem Wort Bewusstsein, weil es von allen zu untersuchenden Wörtern für den Menschen aus der Alltagserfahrung heraus noch am zugänglichsten erscheint.

Was ist Bewusstsein?

Das Wort Bewusstsein ist eine philosophische Schöpfung. Zum ersten Mal im deutschen Schrifttum wurde es 1719 verwendet, und zwar vom deutschen Juristen, Mathematiker und Philosophen Christian Wolff (1679–1754). Verwendung fand es in seiner Schrift „Vernünfftige Gedancken von Gott, der Welt und der Seele des Menschen, auch allen Dingen überhaupt, den Liebhabern der Wahrheit mitgetheilt". Möglicherweise wollte Christian Wolff damit ein deutsches Wort für den cartesianischen Begriff „conscientia" schaffen. Interessant dabei ist, dass obwohl „conscientia" ein zentraler Grundbegriff der cartesianischen Metaphysik ist, Descartes nirgendwo explizit ausgesagt hat, was er damit eigentlich meinte. Auch aus der Art und Weise, wie er das Wort verwendet hat, lässt sich die Bedeutung nicht ableiten. Greift man aber auf die klassischen Texte von Augustinus, Thomas von Aquin und jesuitischen Autoren zurück, so darf man davon ausgehen, dass damit ein Wissen um den spezifischen Wert eines Gedankens gemeint ist, den ein Denker mit Gott als idealem Beobachter teilt. Bei Christian Wolff bezeichnet der Begriff des Bewusstseins das Erste, was wir von unserer Seele wahrnehmen, wenn wir auf sie achtgeben. Dies vollzieht sich, indem wir uns der Dinge, die uns umgeben, bewusst werden. Wenn das geschieht, begreifen wir, dass wir denken, wobei die Gedanken Veränderungen der Seele darstellen, derer sie sich bewusst wird, so Christian Wolff. Heute hingegen wird das Wort Bewusstsein sehr vielfältig verwendet. Eine verbindliche Definition des Begriffes existiert allerdings nicht. Das lateinische Wort conscientia steht für Mitwissen, Gewissen oder auch Mitgefühl. Wenn jemand bei Bewusstsein ist, so hat er also ein Mitwissen, ein Mitgefühl sowie ein Gewissen. Um ein Mitwissen zu haben, ist es aber unabdingbar, auf Informationen zurückzugreifen. Das bedeutet, dass die Information eine zentrale Voraussetzung für Bewusstsein darstellt. Diese Informationen sind dann weiterhin mit solchen Sachverhalten verbunden wie Fühlen, Wollen und Einsehen. Bewusstsein ist daher verbunden mit dem Wissen um etwas, verbunden mit einer Erkenntnis. Oder anders ausgedrückt, es ist eine Gewissheit. Zu Bewusstsein kommen meint deshalb eine Bewusstwerdung. Ein Erkennen, ein Erfassen, ein Klarwerden. Diese Klarheit ist eine geistige Verfassung, eine Art Besinnung. Der Zustand der geistigen Klarheit beinhaltet auch die volle Herrschaft über die eigenen Sinne. Bewusstsein meint demzufolge, um die Attribuierung zu vervollständigen, Einsicht, Besinnung, Erinnerung, Erkenntnis, Gedächtnis, Gewissheit, Klarheit, Sinne, Verstand, Überzeugung, Wachheit und Wissen in einem. Jetzt wird klar, warum das Wort Bewusstsein so vielfältig Verwendung findet, und zwar in so unterschiedlicher Gestalt. Jeder verwendet es, um eine Eigenschaft des Bewusstseins hervorzuheben, ohne jedoch sicher zu wissen, was Bewusstsein in Wirklichkeit überhaupt ist. Es nimmt daher nicht wunder, dass Bewusstsein nach den üblichen Beschreibungen als Mittwissen, Miterscheinen, Mitwahrnehmen, Mitempfinden, Bei-Sinnen-Sein, Denken und im weitesten Sinne des Wortes als die erlebbare Existenz mentaler Zustände und Prozesse definiert wird. So ist Bewusstsein für die Ethik die Summe der Überzeugungen und Standpunkte. Für die Philosophie ist es das Wissen von der eigenen Existenz und der

Selbstwahrnehmung als eigenständig denkendes Lebewesen. Es geht also um das Weltbild eines Menschen oder um seine zentralen Bedürfnisse und Werte. Für die Psychologie ist Bewusstsein die Gesamtheit all jener psychischen Vorgänge, durch die sich der Mensch seiner Außenwelt und seiner selbst bewusst wird. Im geistigen Bereich meint das Wort das Wissen um bestimmte Fakten oder das Erinnern an bestimmte Ereignisse. Bewusstsein meint auch die Gesamtheit der Überzeugungen eines Menschen, die von ihm bewusst vertreten werden. Die Theologie verbindet damit Gottesvorstellungen oder spirituelle Intelligenz. Und in der Medizin versteht man unter dem Wort Bewusstsein den Zustand geistiger Wachheit und geistiger Klarheit. Es ist also einfach das Wach- oder Ansprechbarsein gemeint. Dabei bezeichnet man in der Medizin die verschiedenen Erscheinungsformen des Bewusstseins als Bewusstseinszustände. Genauer gesagt versteht man unter dem Begriff Bewusstseinszustand den zu einem bestimmten Zeitpunkt vorhandenen Status des Bewusstseins, der sich unter anderem durch die Parameter Wachheit, Reaktionsbereitschaft oder Ansprechbarkeit bestimmen lässt.

Wachheit und Vigilanz

Der Wachheitsgrad eines Menschen, auch Vigilanz genannt, wird in der Medizin in fünf Stufen erfasst. Unterschieden werden im Einzelnen:

1. Wachheit

Eine Person ist wach, wenn sie die Augen geöffnet hat, Sinneswahrnehmungen von der Umwelt und des eigenen Körpers wahrnimmt und zu Person, Ort und Zeit orientiert ist. Alle mentalen Zustände wie Denken, Vorstellen und Erinnern sind in diesem Zustand möglich, ebenso die Kontrolle der eigenen Handlungen sowie der mentalen Akte. Auch ist die Person in der Lage, zu unterscheiden zwischen Realität und Vorstellung. Es findet in diesem Zustand ein aktiver und wechselseitiger Kontakt mit der Umwelt statt sowie eine angepasste Reaktion auf entsprechende Reize.

2. Benommenheit

Sie ist die leichteste Form einer Bewusstseinsstörung. Die Klarheit des Bewusstseins ist in diesem Zustand erhalten, aber die Wachheit ist reduziert. Folglich sind die Wahrnehmungs- und Gedächtnisleistung sowie die Informationsverarbeitung herabgesetzt. Das Denken ist verlangsamt und es zeigen sich verlangsamte, lückenhafte und ungenaue Reaktionen. Die Orientierung ist erschwert und es zeigen sich Wortfindungsstörungen.

3. Somnolenz

Die Somnolenz ist ein Zustand der Benommenheit, der mit einer abnormen Schläfrigkeit verbunden ist. Sie ist die mittelschwere Form einer Bewusstseinsstörung. Die Ansprechbarkeit der Betroffenen ist erhalten, sodass diese noch durch äußere Reize oder lautes Rufen geweckt und zu Reaktionen veranlasst werden können. Es erfolgt auch ein verlangsamtes Antworten. Die Wahrnehmungsfähigkeit der betroffenen Person ist also noch eingeschränkt vorhanden. Zu Gedächtnisstörungen kommt es aber in der Regel nicht.

4. Sopor

Der Sopor ist ein Zustand der Betäubung. Er gleicht in seiner Ausprägung einem tiefschlafähnlichen Zustand. Es handelt sich um eine schwere Form einer Bewusstseinsstörung. Auf Ansprache erfolgt keine Reaktion. Die Betroffenen können nur noch mittels stärkster Reize und auch nur für kurze Zeit geweckt werden. Eine dauernde Unterbrechung des Zustandes ist jedoch nicht möglich. Die Muskelspannung ist in diesem Zustand zwar wesentlich heruntergesetzt, dennoch bleiben die meisten Reflexe aber erhalten. Man spricht in diesem Zusammenhang auch von der Vorstufe des Komas oder einfach von Präkoma.

5. Koma

Beim Koma handelt es sich um die schwerste Form einer Bewusstseinsstörung. Aus dieser tiefsten Bewusstlosigkeit können die Betroffenen nicht mehr geweckt werden, selbst durch stärkste Reize. Es kann sich aber durchaus noch eine reflektorische Schmerzabwehr zeigen. Jegliches bewusste psychische Geschehen fehlt in diesem Zustand. Die Kontaktfähigkeit der Betroffenen ist völlig aufgehoben. Die somatischen Funktionen bleiben aber erhalten. In welchem Maß noch eine Form von reduzierter Vigilanz vorhanden ist, lässt sich nicht mit Sicherheit feststellen.

Gemäß dieser Einstufung entspricht die Wachheit unserem üblichen Alltagsbewusstsein. Sie wird auch gewöhnlicher Bewusstseinszustand genannt. Benommenheit, Somnolenz, Sopor und Koma sind hingegen pathologische Bewusstseinszustände, die wir vom gewöhnlichen Bewusstseinszustand klar abgrenzen müssen. Von dem gewöhnlichen Bewusstseinszustand und den pathologischen Bewusstseinszuständen müssen wir wiederum die veränderten Bewusstseinszustände abgrenzen. Man versteht hierunter ganz allgemein jene psychisch-geistigen Zustände, die vom Tageswachbewusstsein der Selbst- und Umweltwahrnehmung abweichen. Oder anders ausgedrückt, veränderte Bewusstseinszustände sind Zustände, in denen das subjektive Erleben des Individuums sich qualitativ deutlich von dem unterscheidet, was man als „normal“ empfindet. Auch wenn es für veränderte Bewusstseinszustände kein allgemein anerkanntes und tragfähiges Konzept gibt, ebenso wenig wie für das Phänomen Bewusstsein, so gehören doch die Bereiche Traum und Schlaf auf jeden Fall dazu.

Traum und Schlaf

Was aber sind Traum und Schlaf eigentlich? Oder anders gefragt, was passiert im Schlaf und Traum mit unserem Bewusstsein? Warum müssen wir überhaupt schlafen? Um Antworten auf diese Fragen zu finden, müssen wir uns zunächst einmal vor Augen halten, dass wir im Laufe unseres Lebens etwa 200 000 Stunden verschlafen. Das heißt, dass wir ein Drittel unseres Erdenlebens im Schlaf verbringen. Wir verbringen folglich einen großen Teil unserer irdischen Existenz in veränderten Bewusstseinszuständen. In Zahlen ausgedrückt klingt das folgendermaßen. Der Mensch schläft pro Tag im Durchschnitt sieben Stunden und neun Minuten. Das ergibt in 42 Jahren eine Schlafmenge von 15 Jahren. Grund genug, sich mit dem Phänomen Schlaf sowie mit unseren nächtlichen Bewusstseinszuständen einmal gründlich auseinanderzusetzen. Der Schlaf, auch wenn er untrennbar mit dem Menschsein verbunden ist, rückte erst seit den 1950er Jahren in den Mittelpunkt der Forschungen. Und um es gleich vorwegzunehmen, wir wissen bis heute nicht genau, warum wir eigentlich schlafen. Was wir aber dank der neurobiologischen Schlafforschung und modernen Medizin wissen, ist, dass nachts in unserem Körper vieles passiert. Wir wissen, dass der Schlaf an sich ein komplexer und aktiver Vorgang zur Regeneration des Körpers ist und dass er dazu dient, das über den Tag Erlebte geistig irgendwie zu verarbeiten. Und wir wissen aus Erfahrung, dass wir nachts träumen. Unser Bewusstsein ist folglich nicht nur am Tage aktiv, sondern auch in der Nacht. Unser Gehirn arbeitet im Schlaf mit nahezu gleicher Energie wie im Wachzustand. Das Gleiche gilt auch für den sogenannten Tiefschlaf, der lange Zeit mit Bewusstlosigkeit gleichsetzt wurde. Unser Bewusstsein ist demnach rund um die Uhr aktiv und nicht einmal im Tiefschlaf ausgeschaltet. Und wir wissen, dass unser vegetatives Nervensystem, der Stoffwechsel und das Abwehrsystem in der Nacht auf Hochtouren laufen. Die „normalen" und veränderten Bewusstseinszustände, also vom Tageswachbewusstsein bis zum Tiefschlaf, sind dabei durch unterschiedliche Hirnaktivitäten gekennzeichnet. Dies lässt sich mittels eines EEGs nachweisen. Dazu werden einem Probanden Elektroden auf dem Kopf platziert, über welche man die entsprechenden Hirnströme ableiten kann. Dies funktioniert deshalb, weil ein winziger Strom fließt, wenn eine Nervenzelle arbeitet. Natürlich wäre dieser einzelne Strom viel zu gering, als dass man ihn tatsächlich messen könnte, denn er würde zwangsläufig im allgemeinen Rauschen untergehen. Aber Nervenzellen arbeiten schließlich nicht isoliert, sondern stehen bei ihrer Tätigkeit über die Synapsen miteinander in Verbindung. So kommt es, dass große Zellverbände im Gehirn einigermaßen synchron arbeiten. Die einzelnen Signale summieren sich auf diese Weise auf, sodass an der Kopfhaut ein Signal entsteht, das groß genug ist, um aufgezeichnet werden zu können. Das EEG bietet uns somit eine gute Funktionsdiagnostik des Gehirns. Es ist besonders geeignet zur Diagnostik von Anfallsereignissen und von Bewusstseinsstörungen sowie zur Abgrenzung von epileptischen Anfällen gegenüber Durchblutungsstörungen, Stoffwechselerkrankungen oder Entzündungen. Leider hat es nur eine geringe Eindringtiefe, sodass man über das EEG nur Informationen aus der Gehirnoberfläche erhält. Informationen aus tiefer gelegenen Hirnstrukturen erhalten wir jedoch nicht. Nach ihrer dominierenden Frequenz lassen sich mittels des EEGs fünf verschiedene Typen von Frequenzbändern voneinander abgrenzen. Sie zeigen je nach Bewusstseinszustand die charakteristischen Aufzeichnungsmuster. Zu berücksichtigen bleibt dabei allerdings, dass sich das EEG-Muster je nach Lebensalter unterscheidet. Die fünf Arten von Gehirnwellen sowie ihre zugehörigen Bewusstseinszustände stellen sich wie folgt dar:

- Große Wachheit

Löst der Mensch schwierige Aufgaben, die mit starker Konzentration, erhöhter Aufmerksamkeit und hohem Informationsfluss verbunden sind, Aufgaben, die sehr abstrakt daherkommen und eine starke Fokussierung verlangen, Aufgaben, die mit mentalen Spitzenleistungen einhergehen, dann lässt sich im EEG ein Gammarhythmus nachweisen, dessen Frequenzband oberhalb von 30 Hz liegt. Ebenso verhält es sich, wenn der Mensch über sich selbst nachdenkt und die Umstände, in denen er sich befindet, kritisch reflektiert. Die schnelle Gammaaktivität taucht aber auch bei mystischen Erfahrungen und transzendenten Erlebnissen auf. Erlebnissen, die zeitgleich mit dem Gefühl von Verschmelzung, Ichauflösung und universellem Wissen in Erscheinung treten, begleitet von großer Bewusstheit. Die Hochfrequenzwellen wurden desgleichen bei fokussierter Meditation beobachtet, wo sie die Eigenheit haben, sich über das ganze Gehirn auszubreiten. Ein ungewöhnlicher Zustand, weil diese Form von Gehirnwellen üblicherweise nur kurz und irgendwo im Gehirn in Erscheinung tritt. Gammawellen sind deshalb nicht leicht aufzuspüren und waren der Wissenschaft lange Zeit unbekannt.

- Normale Wachheit

Während der Tageswachheit besitzt unser Bewusstsein die Fähigkeit, selbstbestimmt und willentlich Entscheidungen zu treffen sowie seine Gefühle und den zugehörigen Körper zu kontrollieren. Zu dieser Fähigkeit des Wachbewusstseins gehört auch die Aufmerksamkeit, mit der wir die Umwelt wahrnehmen, uns ihr zuwenden oder an sie anpassen. Ebenso gehört die Fähigkeit zur Konzentration dazu. Der EEG-Rhythmus der elektrischen Gehirnaktivität im normalen wachen Zustand, der mit Denken, der Lösung von Problemen und aktiver Umweltaufmerksamkeit verbunden ist, entspricht den Betawellen, die mit einer Frequenz von 16 bis 30 Ausschlägen pro Sekunde schwingen.

- Schläfrigkeit

Schließt der Mensch die Augen und kommt der Geist zur Ruhe, verringert sich auch die Wachheit und wir gelangen in einen Zustand, der zwischen Wachsein und Schlaf angesiedelt ist. In diesem Zustand verringert sich die Aufmerksamkeit für die äußere Umgebung. Im EEG zeigen sich nun die Alphawellen als vorherrschender Rhythmus der Gehirnaktivität, die mit einer Frequenz von 8 bis 15 Hz schwingen. Auch während des Tagträumens, eines Zustands, der zwischen Wachen und Träumen angesiedelt ist, zeigt sich der typische Alpharhythmus im EEG. Es sind Träume, besser gesagt kurze Sequenzen von Träumen, die während des Wachbewusstseins auftreten. Man könnte auch sagen, dass Tagträume im Grunde als ein kurzes gedankliches Abschweifen zu verstehen sind. Wir träumen uns damit aus der Realität des Alltages einfach weg. Es sind unsere gedanklichen Ausflüge am Tage in eine andere Welt. Und darin liegt denn auch der Unterschied zu den Träumen in der Nacht. Während eines Tagtraumes sind wir nämlich bei vollem Bewusstsein. Und diese Tatsache führt uns einen ganz wichtigen Aspekt vor Augen. Es gibt keine klare Grenze zwischen Schlafen und Wachen. Damit gibt es auch kein brauchbares Kriterium, das uns ermöglicht, den Traum von der Realität zu unterscheiden. Vielleicht ist das auch der Grund dafür, weshalb Kinder zwischen dem zweiten und dritten Lebensjahr Traum und Wirklichkeit noch nicht unterscheiden können.

- Einschlafen, erste Schlafphase

Beim Einschlafen reduziert sich der Alpharhythmus, bis er schließlich vollständig verschwindet. Diesen Bewusstseinszustand, der sowohl beim Einschlafen wie auch beim Erwachen auftritt, bezeichnet man als Hypnagogie. Damit stehen wir auf der Brücke zum Unterbewusstsein, das durch noch niedrigere Frequenzen gekennzeichnet ist.

- Leichter Schlaf, zweite Schlafphase

Der leichte Schlaf wird in zwei Phasen gegliedert. Die erste Phase ist dabei nur sehr kurz und dauert lediglich bis zu zehn Minuten. Die Muskeln lassen in der Spannung nach, was mitunter zu unwillkürlichen Zuckungen einzelner Körperteile führen kann. In der darauffolgenden Phase sind die Muskeln dann entspannt. Während dieser Zeit bilden die Thetawellen mit einer Frequenz von 4 bis 7 Hz den dominierenden Rhythmus. Der Ursprung der Thetawellen liegt dabei tief im Inneren des Gehirns. Anschließend tritt der Schlafende in die beiden Tiefschlafphasen ein.

- Tiefschlaf, dritte und vierte Schlafphase

In diesen Schlafphasen ist es sehr schwer, den Schlafenden wieder aufzuwecken. Die Tiefschlafphasen sind für den Menschen lebensnotwendig, weil in diesen Phasen wichtige Regenerations- und Erholungsprozesse im Körper ablaufen. Im Tiefschlaf findet also die eigentliche körperliche Erholung statt. Die Tiefschlafphasen selbst finden in der ersten Nachthälfte, sprich in den ersten vier Stunden nach dem Einschlafen, statt. Auf diese Weise wird sichergestellt, dass alle Menschen, unabhängig davon, ob sie insgesamt viel oder wenig Schlaf benötigen, die gleiche Menge an Tiefschlaf bekommen. Obwohl man normalerweise an den Tiefschlaf keine Erinnerung hat, darf man davon ausgehen, dass es auch im Tiefschlaf ein Bewusstsein gibt, auch wenn man früher lange Zeit angenommen hat, dass hier Bewusstlosigkeit vorliegt. Aber im Unterschied zur Bewusstlosigkeit ist das Aufwecken der betroffenen Person aus dem Tiefschlaf möglich, ebenso wie motorische Reaktionen auf Reize. Beides fehlt aber bei der Bewusstlosigkeit. Außerdem sind die EEG-Wellen von Tiefschlaf und Bewusstlosigkeit nicht identisch, was die Unterschiedlichkeit der Bewusstseinszustände unterstreicht. Den charakteristischen Rhythmus des Tiefschlafes bilden die Deltawellen mit einem Frequenzband von 0,1 bis 3 Hz. Es sind langsame Wellen, die oft mit den grundlegenden Überlebensfunktionen in Verbindung gebracht werden und ebenfalls tief im Inneren des Gehirns entspringen. Dabei sind sie mit den tiefsten Schichten unseres Bewusstseins verknüpft.

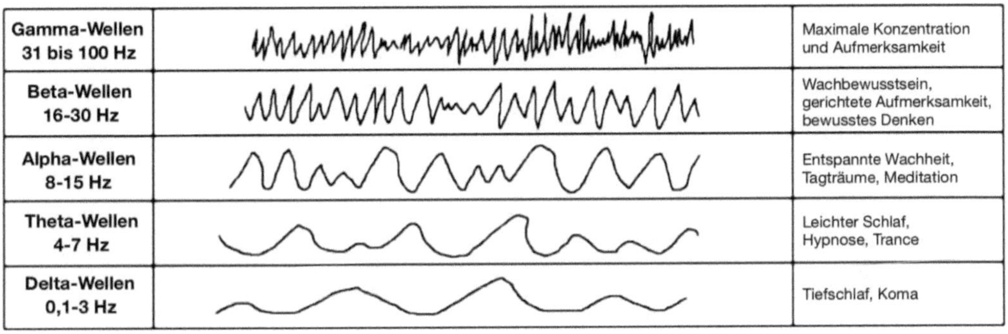

Gamma-Wellen 31 bis 100 Hz		Maximale Konzentration und Aufmerksamkeit
Beta-Wellen 16-30 Hz		Wachbewusstsein, gerichtete Aufmerksamkeit, bewusstes Denken
Alpha-Wellen 8-15 Hz		Entspannte Wachheit, Tagträume, Meditation
Theta-Wellen 4-7 Hz		Leichter Schlaf, Hypnose, Trance
Delta-Wellen 0,1-3 Hz		Tiefschlaf, Koma

Abbildung 2: Gehirnwellen und ihre Frequenzbänder

Wie wir sehen können, ist unser Schlaf keineswegs ein einheitlicher Zustand. Denn während der Mensch schläft, wechseln sich die verschiedenen Schlafphasen ab. Die verschiedenen Phasen werden dabei jede Nacht sogar mehrmals durchlaufen. Vier bis sieben Schlafzyklen gelten beim gesunden Menschen als normal. Wir unterscheiden beim Schlaf also grob gesagt zwei verschiedene Komplexe von Schlafphasen, den NREM-Schlaf und den REM-Schlaf. Beide Phasen bilden zusammen eine Einheit von durchschnittlich 90 Minuten. Dieser 90-Minuten-Zyklus wiederholt sich während einer Nacht dann durchschnittlich fünfmal. Oder anders gesagt, etwa im 90-Minuten-Rhythmus wechseln sich beim Menschen Tief- und Traumschlafphasen ab. Dabei sind zu Beginn der Nacht die Tiefschlafphasen und gegen Morgen dann die Traumschlafphasen länger. NREM steht für Non-REM-Schlaf. Er umfasst die vier Stadien Einschlafen, leichter Schlaf und die zwei Tiefschlafphasen. Im Stadium des REM-Schlafes, REM steht für rapid eye movements, kommt es zu schnellen Augenbewegungen und erhöhter Muskelspannung. Auch das Gehirn ist in dieser Phase sehr aktiv. Die Hirnstromaktivität ist dabei zum Teil genauso hoch wie im Wachzustand. Damit aber der Träumer seine im Traum erlebten Bewegungen nicht auch in der Realität auslebt, wird der Körper im Schlaf teilweise lahmgelegt. Dieses Phänomen wird Schlafstarre, Schlaflähmung oder Schlafparalyse genannt. Ausgenommen von der Lähmung sind die Atem- und Augenmuskulatur. Genau deshalb wird diese Schlafphase REM-Phase oder Phase der schnellen Augenbewegungen genannt. Die ausschließlich in der REM-Phase vorherrschende Körperstarre wird in der Regel nicht bewusst erlebt, weil sie beim Aufwachen ohne Verzögerung wieder beendet wird. Sie kann allerdings genauso gut durch eine körperliche Berührung unterbrochen werden. Es gibt jedoch wenige Menschen, die nach dem plötzlichen Erwachen von einer Schlafstarre berichten. Sie können dann für einige Sekunden ihren Körper nicht bewegen. Sie versuchen deshalb verzweifelt ihre Finger oder Zehen in Gang zu setzen, um sich aus dieser misslichen Lage zu befreien. Auch kann sich das Gefühl einstellen zu ersticken, weil sie ihre Atmung nicht spüren können. All das kann leicht zur Panik führen, obwohl kein wirklicher Grund zur Besorgnis besteht, denn die Starre löst sich innerhalb kurzer Zeit wieder auf, ohne Schäden zu hinterlassen. Im schlimmsten Fall hält die Starre bis zu zwei Minuten lang an. Es kann aber auch vorkommen, dass Menschen nur träumen, sie würden eine Schlafstarre erleben. Sie träumen, dass sie sich nicht mehr bewegen können, und meinen, sie würden sich in der Schlafstarre befinden. Dabei spiegelt jedoch diese Situation nur die eigenen Ängste wider. Die REM-Schlafphase entspricht dem Bewusstseinszustand des leichten Schlafes. In noch leichteren Schlafphasen kann es allerdings durchaus vorkommen, dass die Träumer sich im Schlaf herumwälzen, ausschlagen oder sprechen. In noch schlimmeren Fällen kann es sogar zum Schlafwandel kommen. Die REM-Phase tritt jeweils nach 60 bis 90 Minuten ein. Im ersten Zyklus ist die REM-Phase dabei nur circa 10 Minuten kurz. Mit zunehmender Schlafdauer nimmt ihr prozentualer Anteil in den Schlafzyklen wesentlich zu und kann in den Morgenstunden bis zu 50 Minuten und mehr erreichen. Der Schlaf wird deshalb in der Schlafmedizin in insgesamt fünf unterschiedliche Schlafstadien eingeteilt.

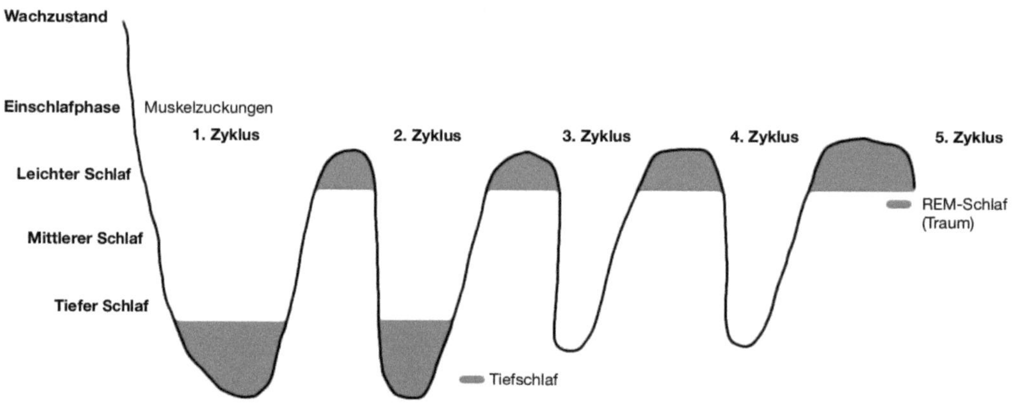

Abbildung 3: Schlafstadien und ihre Einteilung

Die Aufteilung in fünf Schlafstadien, neben dem Zustand der Wachheit, ist übrigens weltweit anerkannt. In Bezug auf den Schlaf müssen wir daher lernen, dass es im Grunde drei Zustände gibt. Es gibt eine Physiologie des Wachseins, eine Physiologie des REM-Schlafes und eine Physiologie des Non-REM-Schlafes. Untersuchungen haben gezeigt, dass sich Menschen, die im REM-Schlaf geweckt wurden, besonders häufig an ihre Träume erinnern können. Der REM-Schlaf wurde daher im Allgemeinen als Traumschlaf angesehen. Zu Recht, denn während der REM-Phasen haben wir die meisten Träume. Aus der modernen Traumforschung wissen wir jedoch seit einigen Jahren, dass Träume ebenso in allen übrigen Schlafstadien auftreten. Weckungen im Schlaflabor zeigten nämlich NREM-Träume, REM-Träume und Einschlafträume. Selbst bei Weckungen aus der Tiefschlafphase wurden noch Träume oder Traumbilder erzählt. Wir träumen also in allen Schlafphasen. Damit steht auch ganz klar fest, dass wir in den unterschiedlichen Schlafphasen über ein Nachtbewusstsein im Traum verfügen. Die Träume machen uns mehr als deutlich, dass unser Bewusstsein auch im Schlaf aktiv ist. Man spricht deshalb im Zusammenhang mit Träumen sogar vom Nachtbewusstsein. Dieses ist unabhängig davon, ob Menschen ihre Träume erinnern können oder nicht. Was aber ist ein Traum? Sagen wir es am besten gleich offen und ehrlich. Trotz intensiver Forschung weiß man eigentlich wenig über Träume. Die ältesten überlieferten Berichte von Träumen stammen wohl aus Mesopotamien und sind gut 4700 Jahre alt. An mehreren Stellen des berühmten Gilgameschepos wird von Träumen und deren Deutung gesprochen. Die im Epos vorkommenden Träume haben dabei die Funktion, die Pläne Gottes den Menschen mitzuteilen, damit sie sich nach ihnen richten können. Die frühen Kulturen haben Träume von daher als göttliche Ratschläge und Warnungen verstanden. Sie galten somit gleichsam als Vorboten künftiger Ereignisse, und das noch bis in das Mittelalter hinein. Es ist daher nicht übertrieben zu sagen, dass die Träume seit Menschengedenken als Zugang zur spirituellen Welt verstanden wurden. Für die Wissenschaft hingegen waren Träume lange Zeit kein großes Thema. Im Gegenteil, die Wissenschaft strafte sie mit Verachtung und so wurden Träume erst an der Schwelle des 20. Jahrhunderts zum Gegenstand systematischer Untersuchungen. Im Grunde war es der berühmte Nervenarzt Sigmund Freud (1856–1939), der die Träume aus ihrer tradierten Rolle als übersinnliche Botschaften herauslöste. Dazu verhalf ihm ein Schlüsselerlebnis, das er im Sommer des Jahres 1895 hatte. Damals behandelte er gerade eine Patientin namens Irma. Als die Therapie ins Stocken geriet und Freud nicht mehr weiterwusste, hatte er in der Nacht einen Traum, der ihn von da an nicht mehr loslassen sollte. Er träumte nämlich, dass ein befreundeter Arzt seiner Patientin Irma eine Injektion setzte. Nach reichlicher Auseinandersetzung mit dem Erlebten kam ihm schließlich die Erkenntnis, dass wohl hinter dieser nächtlichen Szenerie eine sexuelle Wunschvorstellung stecken müsse, die sich ihm in verschlüsselter Form darbot. Auch wenn er sich selbst im Wachleben nie eingestanden hätte, dass er sich zu seiner Patientin sexuell hingezogen fühlte, lebte aber offenbar sein Unterbewusstsein diesen unterdrückten Wunsch hemmungslos aus, wenn auch bis zur Unkenntlichkeit verzerrt. Denn die Injektion stand dabei symbolhaft verschlüsselt für den ersehnten Geschlechtsakt. Auf diese Weise wurde das nächtliche Erlebnis zur wichtigsten Idee seines Lebens. Denn Freud verstand, dass Träume als unbewusste Wünsche zu interpretieren sind. So wurde Irmas Injektion gleich als erste Geschichte in seinem Hauptwerk „Die Traumdeutung“ beschrieben, welches 1900 veröffentlicht wurde. Für Sigmund Freud war die Hauptfunktion des Traumes die des Hüters des Schlafes. Denn einerseits werden äußere Reize in den Traum so eingebaut, dass sie nicht zum Erwachen führen. Zum anderen erfüllen sie aber auch unbewusste Wünsche, beispielsweise nach Anerkennung oder enthemmter Sexualität. Würden diese Wünsche im Traum nicht erfüllt, so wären sie ein ständiger Reiz, in die Welt zu gehen und nach Erfüllung zu suchen, was wiederum keinen ruhigen Schlaf zulassen würde. Sigmund Freud hat mit seiner Entdeckung des Unbewussten die Vorstellung des Menschen von sich selbst geradezu revolutioniert. Gleichzeitig hat er damit auch eine Methode zur Behandlung psychischer Störungen entdeckt, nämlich die Psychoanalyse, welche für ihn der Königsweg zum Unbewussten war. Heutzutage werden Träume, dank der Arbeiten von Sigmund Freud, in der Tiefenpsychologie als Brücke zwischen dem Bewussten und dem Unterbewusstsein verstanden. Der Traum wird somit als Zugang zum Unterbewusstsein angesehen. Was heißt das aber für uns ganz konkret? Welche Bedeutung ergibt sich daraus? Es bedeutet, dass die im Traum auftretenden Akteure und Charaktere niemand anderes sind als Sie selbst, Ihr Unterbewusstsein, das mit Ihnen kommuniziert. Der Industrieberater und Psychologe Stephan Grünewald hat es vielleicht am treffendsten formuliert, als er sagte:

„Träume sind ein produktives Selbstgespräch der Seele."

Ein Traum ist folgerichtig eine Illustration, die aus dem eigenen Unterbewusstsein geschaffen wurde. Er ist ein ganz natürliches Phänomen, mit dem wir auch ohne große Übungen ständig den Kontakt mit unserem inneren Wesen halten können. Die Traumbilder aus dem Unterbewusstsein spiegeln dabei die gefühlten Erlebnisse und Erfahrungen aus dem Wachbewusstsein wider. Unsere Träume basieren somit zu einem großen Teil auf unseren Gedanken und Gefühlen. Das bedeutet nichts anderes, als dass unsere Träume ihre Struktur und Handlungen in unserem wachen Leben finden. Die aktuellen Umstände und Muster unseres wachen Lebens sind es also, die sich in unseren Träumen widerspiegeln. Aber auch die gesellschaftlichen Umstände spielen im Traum eine wichtige Rolle, nicht nur die subjektiven oder persönlichen Umstände. Trauminhalte sind somit zwangsweise kulturabhängig. So träumt ein Deutscher anders als ein Japaner oder Ägypter. Leider, und das muss man einschränkend dazusagen, gibt es aber nur wenige kulturvergleichende Studien, die uns zur Verfügung stehen. Völlig klar ist aber, dass es universelle Traumthemen gibt. Man kann es deshalb vielleicht einmal so formulieren: Das Grundthema in einem Traum ist universell, während die Ausgestaltung kulturabhängig ist. Bleibt dann noch die Frage offen, worauf uns eigentlich unsere Träume verweisen. Im Nachtbewusstsein verweisen die neu zusammengesetzten Bilder auf das innere Erleben, sprich Wünsche, Sorgen und Konflikte, und fordern uns zu Veränderungen, Lösungen oder besonderer Aufmerksamkeit heraus. Will sagen, wir wollen irgendwo hin mit unseren Träumen. Nicht umsonst gilt daher der kluge Satz:

„Unsere Träume sind die Wegweiser unserer Sehnsüchte und unsere Sehnsüchte weisen den Weg zu unserer Motivation."

Unbekannt

Die Bilder aus unserem Inneren werden uns dabei in Form von Symbolen dargebracht, die gedeutet werden müssen. Wenn sich bestimmte Träume stets wiederholen, deutet das auf Konflikte oder Probleme hin. Diesen Träumen müssen wir daher eine größere Aufmerksamkeit zukommen lassen. Hierzu ein Beispiel. Träumt jemand immer wieder, dass er im Traum aus großer Höhe abstürzt, dann kann das auf ein Zweifeln an sich selbst, Lebensangst und Unsicherheiten hindeuten. Es kann aber auch auf Verlustangst hinweisen. Angst vor dem Verlust der Ehe, des Partners, des Ansehens oder des Vermögens. Oder aber der Träumende flieht ständig in seinen Träumen. Dies könnte dann als Flucht vor Problemen oder schwierigen Entscheidungen im Wachleben gedeutet werden. Denkbar ist auch, dass sich der Träumende nackt im Traum fühlt. Dieser Umstand könnte dann als Befürchtung verstanden werden, entweder sich vor anderen eine Blöße zu geben oder aus der Rolle zu fallen. Es könnte aber auch bedeuten, dass sich der Träumende im Wachleben verstellt, anderen gegenüber nicht so zeigt, wie er wirklich ist. Nacktheit im Traum könnte so als nicht authentisches Verhalten im Wachleben gewertet werden. Vielleicht erlebt sich der Träumende auch öfter fliegend. Das Fliegen könnte dann im Wachleben den Wunsch nach Befreiung widerspiegeln. Wenn sich der Träumende also im Wachleben zu stark eingeengt oder von irgendetwas oder irgendjemandem bedrängt, gefesselt oder gebunden fühlt. Aber natürlich sind derartige Deutungen und Interpretationen nicht unverrückbar festgeschrieben. Ob sie wirklich stimmig sind, entscheiden letzten Endes die mit dem Traumgeschehen einhergehenden Emotionen. Auch hierzu ein Beispiel. Steigt jemand in seinem Traum mit einem beglückenden Gefühl die Treppe empor, könnte dies auf einen langersehnten beruflichen Aufstieg deuten. Tut der Träumende das Gleiche mit einem Gefühl der Beklemmung, so würde man dies vielleicht als Angst interpretieren, dass er sich den gestiegenen Anforderungen, die mit einem Karrieresprung verbunden sein können, nicht gewachsen fühlt. Bei Träumen muss man daher immer auf das Subjektive zurückgehen. Auf die konkreten Lebensumstände des Einzelnen. Wir träumen jede Nacht vier- bis siebenmal. In der Regel erinnern wir uns allerdings nicht daran oder nur an den letzten Traum. Der letzte Traum kann dabei, muss aber nicht, einen Bezug zu den anderen Träumen haben. Die besten Aussichten, dass uns die Träume in Erinnerung bleiben, bestehen, wenn wir direkt aus der Traumphase erwachen. Die Erinnerung an Träume kann man aber auch fördern, indem man sich nach dem Aufwachen die Zeit nimmt, sich zu erinnern. Übrigens, auch Tiere träumen. Wer einen Hund oder eine Katze hat, kann davon ein Lied singen. Denn viele Hunde- und Katzenbesitzer stellen fest, dass ihre Lieblinge im Schlaf zucken und seltsame Laute sowie Geräusche von sich geben. Heute weiß man, dass Säugetiere im Schlaf die gleichen Phasen wie der Mensch erleben, also eine Leichtschlafphase, eine Tiefschlafphase und die sogenannte REM-Phase. Wir wissen auch, dass Vögel Ansätze zum Traumschlaf aufweisen, während Reptilien und Tiergattungen, die evolutionsmäßig darunterliegen, noch keine REM-Stadien erkennen lassen. Man darf deshalb sagen, dass alle Säugetiere mehr oder weniger über die Fähigkeiten zum Traumschlaf verfügen. Besonders interessant ist deshalb die physiologische Untersuchung des Schlafverhaltens unterschiedlicher Tiergattungen, welche man unterschiedlichen Evolutionsstufen zuordnen kann. Bei derartigen Untersuchungen zeigte sich nämlich, dass der Traumschlaf kein Erbe aus den alten Stadien der Evolution ist, wie man oft fälschlich glaubte, sondern eine Errungenschaft der jüngsten Evolution darstellt. Grundsätzlich gilt dabei, je besser die Großhirnrinde der Säugetiere entwickelt ist, desto länger ist auch die Dauer der REM-Phasen. Raubtiere beispielsweise, die sich längere und tiefere Schlafperioden leisten können und zudem zumeist über bessere kognitive Fähigkeiten verfügen, haben auch längere REM-Phasen. Offensichtlich hat der Traumschlaf also mit der Verarbeitung erlernter Inhalte zu tun, was auch verständlich machen würde, warum er bei Tierarten, die von Instinkten und nicht von Erfahrungen geleitet werden, nicht vorzufinden ist. Träume, so darf man es an dieser Stelle zusammenfassen, spielen eine wichtige Rolle bei der Gedächtnisbildung, verknüpfen alte und neue Gedächtnisinhalte miteinander und helfen so bei der Entwicklung neuer Handlungs- und Überlebensstrategien. So lautet jedenfalls die schon aus dem Jahre 1986 stammende evolutionsbiologische Traumtheorie des amerikanischen Neuropsychologen Jonathan Winson. Und diese ist nach wie vor aktuell, denn bis in die jüngste Zeit wurden hauptsächlich durch Versuche mit Tieren immer wieder eindeutige Indizien dafür gefunden, welche diese Theorie unterstützen. Trotzdem ist in der Wissenschaft nach wie vor strittig, welchem biologischen Zweck die nächtlichen Bilder eigentlich dienen. So gehen manche Neurologen davon aus, dass Träume nichts weiter sind als ein sinnloser Sturm unserer Nervenzellen. Und gerade weil wir diesen nächtlichen Sturm in der Regel sofort wieder vergessen, sollten wir uns über sie auch keine weiteren Gedanken machen. Diese Sichtweise wurde vor allem durch die Experimente des Psychiaters und Schlafforschers Allan Hobson genährt, die er gemeinsam mit seinem Kollegen Robert McCarley in den 1970er Jahren an Katzen durchführte. Die Forscher stellten bei Schlafversuchen nämlich fest, dass eine kleine Region im Hirnstamm, das sogenannte REM-Zentrum, während des Traumschlafs regelmäßige starke Impulse aussendet, die sich anschließend über die Großhirnrinde verteilen und dort ihrerseits wiederum Nervenzellen aktivieren. Sie pflanzten den Tieren daraufhin Elektroden in das Gehirn und zerstörten Nervenbahnen in deren Hirnstamm, worauf sie den besonders traumreichen REM-Schlaf verloren. Daraus folgerten die beiden Wissenschaftler, dass die nächtlichen Träume aus jenen Gehirnarealen entspringen, die die Säugetiere von ihren amphibischen Urahnen geerbt haben. Ein trügerischer Anschein von Sinn entstehe nur dadurch, dass diejenigen Bereiche, in denen die höheren Hirnfunktionen sitzen, aus den Signalen der Tiefe etwas zu erkennen versuchen, was aber in Wirklichkeit nichts anderes als Neuronengeflimmer sei. So entstand das Aktivierungs-Synthesis-Modell für das Träumen. Träume entstehen demnach nur, weil das Großhirn die zufällig eintreffenden Nervensignale aus dem REM-Zentrum genauso auswertet, interpretiert und behandelt, wie es das tagsüber auch mit den von außen eintreffenden Reizen zu tun pflegt. Das Freud'sche Paradigma von den chiffrierten Botschaften aus dem Unbewussten war damit obsolet geworden und die Träume gerieten bei Wissenschaftlern in Verruf. Der Ausdruck Neuronengeflimmer wurde von nun an zum Mantra aller Traumverächter. Sich mit den Träumen wissenschaftlich zu beschäftigen, konnte einen deshalb die Karriere kosten, sich hingegen abfällig über sie zu äußern, gehörte eher zum guten Ton. Den Gipfelpunkt dieser wissenschaftlichen Traumverachtung markierte die sogenannte Müllentsorgungstheorie der Träume des Medizinnobelpreisträgers Francis Crick, wonach sich das Gehirn im Schlaf bloß überflüssiger Informationen entledige, um wieder ausreichend Speicherplatz freizuräumen. Aber die Sichtweisen vom Neuronengeflimmer und Datenmüll ließen sich nicht mehr halten, als Mitte der 1990er Jahre der Neurobiologe Matthew Wilson vom Massachusetts Institute of Technology die Ergebnisse seiner Experimente an Ratten veröffentlichte und damit aufzeigte, dass die Wahrheit über unsere Träume sehr viel komplexer sein muss, als bisher angenommen wurde. Was war geschehen? Wilson erforschte die Aktivität einzelner Neurone im Rattenhirn mittels winziger Elektroden. Zu diesem Zweck ließ er die verkabelten Tiere in einem Labyrinth nach Schokolade suchen und zeichnete dabei jene neuronalen Muster auf, welche die Orientierungsläufe hinterließen. Doch eines Abends vergaß Wilson die Messapparatur abzuschalten. Auf diese Weise bekam er bei einem Tier, das eingeschlafen war, etwas nie zuvor Gesehenes zu Gesicht. Im Schlaf spielte nämlich das Rattenhirn die neuronalen Muster vom Tage noch einmal durch. Dabei wiederholten sich die neuronalen Muster derart präzise, dass Wilson sogar exakt sagen konnte, an welcher Verzweigung des Labyrinths sich das Tier gerade glaubte. Wilson sagte dazu:

„Je länger ich auf die Kurven schaute, desto deutlicher wurde mir: Wir sahen eine Ratte träumen."

Und weiter bemerkte er:

„Zu sehen, dass die Tiere im Geiste buchstäblich wieder durch das Labyrinth laufen, war mit Abstand das Erstaunlichste, das ich je erlebt habe."

Mittlerweile wissen wir, dass auch der Mensch im Traum all jenes nachspielt, was er den Tag über so erlebt hat. Allerdings nicht als getreues Replikat, sondern in Form von neu kombinierten Erinnerungsfragmenten, die zum Teil in recht bizarren Bildern erscheinen. Die Mehrzahl der Wissenschaftler vertritt deshalb heute die Ansicht, dass die Träume der Verarbeitung von tagsüber Erlebtem dienen oder dabei helfen, Gelerntes zu verfestigen. Mehr noch, das träumende Gehirn scheint offenbar auch das zu trainieren, was es den Tag über erlebt und erlernt hat. Der Traum macht den Menschen auf diese Weise fit für den Alltag. Das zumindest erbrachten die Forschungsergebnisse des amerikanischen Psychiatrieprofessors Robert Stickgold und seiner Kollegin Erin Wamsley. Beide ließen in ihrem Experiment 99 Versuchspersonen, welche sich freiwillig gemeldet hatten, ein bestimmtes Computerspiel spielen, bei dem sie in einem Labyrinth nach Gegenständen suchen mussten. Danach durfte die Hälfte der Versuchspersonen schlafen gehen, während die andere Hälfte nicht schlafen durfte und stattdessen mit Videos abgelenkt wurde. Danach wurde erneut gespielt. Das Experiment ergab, dass jene Versuchspersonen, die von diesem Labyrinthspiel geträumt hatten, einen gewaltigen Leistungsvorsprung aufwiesen und zehnmal besser waren als die übrigen Schläfer. Möglicherweise trainieren Träume also das Gehirn auch für den Umgang mit bestimmten Situationen und dienen somit der Entwicklung des Gehirns sowie dessen Reifung. Für diese These spricht die Beobachtung, dass Säuglinge und Kleinkinder besonders intensiv träumen. Aber damit nicht genug, denn das Gehirn kann offensichtlich noch mehr. Es scheint im Traum auch auf völlig neue Ideen zu kommen. Das zumindest zeigen eine ganze Reihe von Experimenten, die mit ihren Ergebnissen belegen konnten, dass Träume nicht nur allein Erinnerungen verfestigen, sondern auch zu ganz neuen Einsichten führen können. Denn das Gehirn scheint, während es die Ereignisse des Tages noch einmal durchgeht, nach neuen Zusammenhängen zu suchen. Träume machen uns folglich nicht nur fit für den Alltag, sondern auch klüger. Klüger dahingehend, dass wir mithilfe unserer Träume ein intelligenteres Angstverhalten zeigen. Dies belegt ein beeindruckender Versuch von Victor Spoormaker, Wissenschaftler am Münchner Max-Planck-Institut für Psychiatrie, und seiner Kollegen. Die Forscher ließen in ihrem Experiment Testpersonen der einen Gruppe ganz normal schlafen, während den Testpersonen der anderen Gruppe der REM-Schlaf bewusst vorenthalten wurde. Anschließend wurden allen Testpersonen immer wieder Reihen bestimmter geometrischer Formen gezeigt. Tauchte dabei eine spezielle Form auf, zum Beispiel ein Kreis, wurde den Versuchspersonen ein Elektroschock versetzt. Dadurch verfestigte sich in den Köpfen der Versuchspersonen schon allein durch den Anblick des Kreises die Angst vor dem drohenden Elektrostoß. Es reichte somit allein der Anblick des Kreises, um Angstschweiß hervorzurufen. Nachdem die Elektroschocks dann ausblieben, wurde bei den Versuchspersonen mit der Zeit diese Angstreaktion immer schwächer. Bei den Versuchspersonen mit Traumdefizit allerdings verblasste das Verhaltensmuster spürbar langsamer. Die Nichtträumer blieben folglich, wenn man es denn so ausdrücken möchte, länger unnötig ängstlich. Aus diesem Grunde vertreten einige Wissenschaftler hartnäckig die These, dass wir im Traum lernen mit Angstsituationen umzugehen. Dahinter steht ebenfalls wieder ein evolutionsbiologischer Gedanke. Denn wer gefährliche Situationen im Leben vermeidet, der hat dann auch eine höhere Überlebenschance. Wie dem auch immer sei, einen weiteren wichtigen Hinweis jedenfalls dafür, dass der REM-Schlaf wesentlich für die Verarbeitung erlernter Inhalte sein dürfte, liefert uns zusätzlich das Schlafverhalten des Menschen in Abhängigkeit von seinem Alter. Denn in jenen Entwicklungsstadien, in denen besonders viele neuartige Eindrücke auf den Menschen einströmen, dies ist besonders bei Babys und Kleinkindern der Fall, und diese je nach Qualität und Beziehungen zueinander eingeordnet werden müssen, sind die REM-Phasen stärker vertreten und auch die Schlafdauer ist länger. Dafür sind dann wiederum die Abschnitte des Tiefschlafes kürzer. Wir müssen daher beim Thema Traum auch das Lebensalter mit berücksichtigen. Denn der Mensch träumt offensichtlich je nach Alter unterschiedlich. Einige Forscher vertreten daher die Hypothese, dass wir im Traum, ähnlich wie in einem Weltsimulator, unsere überlebenswichtigen Instinkte trainieren und verbessern. Wiederum andere vermuten, dass wir im Schlaf unsere kognitiven Fähigkeiten auf die Reizüberflutung des Wachbewusstseins einstellen, und sprechen in diesem Zusammenhang von „Priming“. Der Begriff bezeichnet die Beeinflussung des Bewusstseins dahingehend, dass ein vorangegangener Reiz, beispielsweise in Form eines Wortes, eines

Geruches oder Bildes, die Denk- und Verhaltensweisen bei einer darauffolgenden Reaktion beeinflusst. Man spricht in diesem Zusammenhang auch gern von assoziativer Aktivierung. Wir können deshalb all die erwähnten Theorien guten Gewissens dahingehend zusammenfassen, dass sie von einem einzigen Kerngedanken geleitet werden, der da besagt, dass die Träume unser Bewusstsein auf das Wachleben vorbereiten. Allan Hobson, dessen Name untrennbar mit dem Begriff Neuronenflimmern verbunden wird, geht in seinen Annahmen noch weiter. Er, der heute als der einflussreichste Schlafforscher der letzten Jahrzehnte gilt, ist nämlich mittlerweile von seiner ursprünglichen Annahme weit abgewichen. Ein Schlaganfall im Februar des Jahres 2001 belehrte ihn im Alter von 68 Jahren eines Besseren. Dieser Schlaganfall führte dazu, dass Hobsons Schlaf durcheinandergebracht wurde. So konnte er in den ersten zehn Tagen nach dem Schlaganfall überhaupt nicht schlafen. Für noch längere Zeit blieben auch seine Träume aus. Stattdessen litt er im Wachbewusstsein unter furchtbaren Halluzinationen. Es war so, als wollte sein Gehirn die Träume geradezu erzwingen. Sein erster Traum ereignete sich dann am Tag 38 nach dem Schlaganfall. Das Interessante daran war, dass der Traum gerade in jener Phase auftauchte, als Allan Hobson das Gehen wieder lernte. Für ihn war das kein Zufall, denn sein Gehirn habe, so ist Hobson heute überzeugt, erst träumend seine grundlegenden Fähigkeiten wiedererlangt. Daraus hat Allan Hobson mittlerweile die Einsicht gewonnen, dass es ohne Träume auch kein Bewusstsein gibt. Es sei so, als würden wir uns im Traum buchstäblich selbst erfinden. Hobson sagte dazu:

„Wir legen das Fundament für unser Wachbewusstsein, indem wir uns durch eine selbst konstruierte virtuelle Welt bewegen, inklusive der grundlegenden Funktionen unseres Bewusstseins, unserer Wahrnehmung und Gefühle."

Diesen Zustand nennt Hobson Protobewusstsein. Auf diesem würden, seiner Meinung nach, alle höheren Funktionen wie abstraktes Denken und Selbstreflexion inklusive Einsichts- und Urteilsvermögen gründen. Das Interessante an diesem Gedankengang ist, dass das Protobewusstsein von Hobson nicht wie das Unterbewusstsein von Sigmund Freud mit dem Wachbewusstsein in Konflikt steht, sondern im Gegenteil einen wichtigen Bestandteil dessen als Basis darstellt. Damit wären die Träume nicht, wie es Freud einst annahm, der Königsweg zum Unterbewusstsein, sondern als Königsweg zum Bewusstsein zu verstehen. Im Klartext bedeutet diese Sichtweise, dass wir im Traum das Fundament unseres Bewusstseins legen. Was für eine Wandlung in der Interpretation, vom Neuronengeflimmer hin zur Grundlage des menschlichen Bewusstseins. Nur noch zu vergleichen mit der Kehrtwende vom Saulus zum Paulus. Wie wir sehen können, hat die Traumforschung die unterschiedlichsten Hypothesen und Theorien darüber entwickelt, welchem biologischen Zweck unsere Träume dienen. Viele Antworten wurden gegeben und viele Erklärungen gefunden. Vielleicht stimmt nicht alles zu einhundert Prozent oder lässt sich eins zu eins vom Tier auf den Menschen übertragen. Aber vielleicht steckt ja doch in jeder einzelnen Theorie auch ein Stück Wahrheit. Trotzdem lassen sie alle, und das ist ihnen gemeinsam, eine wesentliche Frage in Bezug auf unsere Träume leider außer Acht. Die Frage nämlich, ob wir nur etwas träumen können, das wir kennen und erleben, oder ob wir vielleicht nicht auch etwas völlig Neues und uns Unbekanntes träumen können. Hierzu schreibt der Schlafforscher Dr. Michael Schredl vom Zentralinstitut für Seelische Gesundheit in Mannheim:

„Ich beschäftige mich schon seit vielen Jahren mit Trauminhalten und habe über 5000 Träume analysiert. Im Prinzip ist es so, dass wir uns im Traum mit den Dingen befassen, die wir tagsüber wahrgenommen haben und die uns tagsüber beschäftigen, sowie mit Dingen, die wir seit Längerem im Gedächtnis abgespeichert haben. Das ist aber nur die eine Seite der Medaille. Denn wir können darüber hinaus viel mehr träumen als das, was wir kennen. Das ist durch viele Studien gesichert."

Und weiter heißt es:

„Genauso wie im Wachzustand können wir im Traum mit unserer Fantasie neue Dinge schöpfen. ... Es ist geradezu ein Wesenszug des Traums, dass er innovativ sein kann. ... Der Traum greift vorwiegend Dinge aus der Erinnerung ab, bastelt sich aber immer wieder Neues zusammen. ... Die Basis ist fast immer die Erfahrung der Wachrealität, die Fantasie ist das Sahnehäubchen."

Anscheinend ist dem Unterbewusstsein nichts unmöglich, wenn es um die Kreation von nächtlichen Bildern geht. Woher aber stammen all die Bilder? Oder anders gefragt, was tut eigentlich unser Gehirn im Schlaf? Wir haben schon über die verschiedenen Gehirnrhythmen während der einzelnen Schlafphasen gesprochen, aber wir haben uns noch nicht mit den Hirnregionen beschäftigt, die im Schlaf aktiv werden. Sind sie der Ursprung, die Quelle der nächtlichen Bilder? Um das zu untersuchen, wurden Schlafende vor allem anhand von Messungen der Gehirnströme untersucht. Bei neueren Untersuchungen wurden neben diesen Gehirnströmen auch gleichzeitig Bilder mittels der funktionellen Magnetresonanztomografie (fMRT) gewonnen, um die Aktivitäten des schlafenden Gehirns darzustellen. Die neurophysiologische Traumforschung erhält auf diese Weise einen besseren Einblick in die Funktionsweise des menschlichen Gehirns. Es zeigte sich als gesicherte Erkenntnis, dass ein gesundes Gehirn jede Nacht bis zu zwei Stunden lang träumt, und zwar mit der Regelmäßigkeit eines Schweizer Uhrwerkes. Es zeigte sich ferner, dass der Schlaf genauso ein aktiver Bewusstseinszustand ist, nur eben auf einem anderen Level als der Wachzustand. Dieser wird nämlich von anderen Hirnarealen gesteuert. Im Schlaf ist die rechte Gehirnhälfte, die für künstlerische und intuitive Tätigkeiten sowie für die Raumorientierung zuständig ist, aktiver als die linke Gehirnhälfte, die wiederum hauptsächlich für unser analytisches Denken und für die verbale Aktivität Verantwortung trägt. Auch der präfrontale Kortex, der den vorderen Rindenteil des Frontallappens einnimmt und der unter anderem für die Kognition und Urteilskraft verantwortlich ist, ist im Schlaf weniger aktiv. Mit zunehmender Schlaftiefe wird allerdings der gesamte Frontallappen, welcher für höhere Steuerungsprozesse wichtig ist, aus dem Netz genommen. Und auch der Hippocampus, eine für unsere Gedächtnisprozesse wichtige Region, wird aus dem neuronalen Netzwerk ausgekoppelt, und dies sogar schon im leichten Schlaf. Dagegen ist die für das Sehen zuständige Großhirnrinde während eines Traumes fast genauso aktiv wie im Wachzustand. Dies könnte erklären, warum Träume von uns vor allem bildlich wahrgenommen werden, denn unser Gehirn erhält visuelle Signale wie im Wachzustand. Gehirnregionen, die für das Schmecken, das Riechen oder die Schmerzempfindung verantwortlich sind, sind hingegen kaum miteinbezogen. Dies bedeutet, dass das neuronale Netzwerk des Gehirnes im Schlaf systematisch umorganisiert wird. Das Gehirn ist, wenn man es so will, in einem anderen Zustand. Man könnte durchaus auch von einem „Ruhestandsnetzwerk" sprechen. Die Netzwerkänderungen in Hirnregionen, die mit selbstreflektorischem Verhalten, planendem Handeln und Selbstwahrnehmung assoziiert sind, könnten dabei die Ursache dafür sein, warum unser Bewusstsein im Schlaf ein anderes zu sein scheint. Ein Bewusstsein, bei dem die Logik und das Zeitempfinden in den Hintergrund treten, während die Bilder und Emotionen deutlicher hervorstechen. Gerade der letztgenannte Aspekt ist dadurch zu erklären, dass der Traumschlaf vor allem die Erinnerungen an emotional stark besetzte Bilder verstärkt. Denn im traumreichen REM-Schlaf sind nämlich gerade jene Gehirnzentren besonders aktiv, die unsere Gefühle und Affekte bestimmen. Dies konnte auch experimentell durch einen Vergleich des Bildgedächtnisses von Träumern und Wachgebliebenen gut belegt werden. Die Ergebnisse zeigten, dass sich das Gehirn im Traum nicht mit allen Eindrücken gleichermaßen beschäftigt, sondern eher mit emotional besonders stark besetzten. Dabei verstärkt der Traumschlaf vor allem die Erinnerung an jene Bilder, welche die Testpersonen mit wichtigen eigenen Erlebnissen verbanden. Gefühle scheinen die inneren Bilder haltbar zu machen und führen so zu Erinnerungen. Das heißt, dass Ereignisse, die mit starkem emotionalen Empfinden verknüpft sind, sich besonders tief ins Gedächtnis einprägen. Der Grund hierfür liegt darin, dass zwischen der Amygdala, einem paarigen Kerngebiet des Gehirnes, das für die emotionale Bewertung von Reizen verantwortlichen ist, und dem für die Gedächtnisbildung wichtigen Hippocampus enge Verbindungen bestehen. Während der Traumphase löst offensichtlich das Gehirn die Ereignisse des Tages von den damit verbundenen starken Emotionen und bewertet sie anschließend neu. Träume richten also die Nadel auf unserem emotionalen Kompass neu aus. Oder, wie es der kalifornische Schlafforscher Matthew Walker so schön ausdrückte:

„Erinnerungen werden in Träumen von Emotionen entkleidet, damit sie dann neu eingekleidet werden können."

Träume balancieren auf diese Art und Weise unsere Gefühle aus und bringen uns so wieder in ein emotionales Gleichgewicht. Man darf deshalb berechtigterweise behaupten, dass das träumende Gehirn vor allem ein emotionales Gehirn ist. Denn Träume strotzen nur so von Gefühlen wie Begierde, Freude, Aggression und Angst. Eigentlich funktioniert das Gehirn in der Nacht so, als würde es ein wenig unter Alkoholeinfluss stehen. Denn das Gehirn ist im Schlaf irrational, launisch und enthemmt. Und es zweifelt nicht, denn im Schlaf kommt es in Abhängigkeit von der Schlaftiefe zu einer verminderten Aktivierung im anterioren cingulären Kortex (ACC) und dem Nucleus caudatus. Genau dort scheint der Zweifel zu wohnen, so die neurologischen Befunde des Teams um Sam Harris von der Universität Kalifornien. Die kalifornischen Wissenschaftler fanden nämlich heraus, dass, wenn sich der Mensch eines Umstandes unsicher ist, die Aktivität im ACC steigt, während sie zugleich im Nucleus caudatus sinkt. Umgekehrt ist der Nucleus caudatus besonders aktiv, wenn sich die Person ganz gewiss ist oder aber etwas klar ablehnt. Das würde erklären, weshalb wir die Realität unserer Träume während des Träumens nicht anzweifeln. Das schlummernde Gehirn schottet sich aber keineswegs von der Außenwelt ab. Denn die Verbindungen zum neuronalen Aufmerksamkeitsnetzwerk nehmen nur teilweise ab, sodass Sinnesreize auch im Schlaf bis zur Großhirnrinde und somit bis in das Wachbewusstsein vordringen können. Sinnesreize führen so zu Gehirnaktivierungen, um auf alarmierende Außenreize noch angemessen reagieren zu können. Das bedeutet, dass alle unsere fünf Sinne die ganze Nacht über im Schlaf aktiv sind und ständig auf Empfang bleiben. Damit aber unsere Nachtruhe nicht gestört wird, werden die eingehenden Sinnesreize im Gehirn gefiltert. Zuständig dafür ist der sogenannte Thalamus, eine paarig angeordnete eiförmige Struktur im Gehirn, die den zur Hirnrinde gerichteten Informationsfluss verwaltet und die Aufmerksamkeit steuert. Nicht umsonst wird der Thalamus daher auch das Tor zum Bewusstsein genannt. Treffen nämlich am Thalamus extrem starke oder sehr ungewohnte Reize ein, dann lässt er sie zur Großhirnrinde durch, damit sie bis in das Wachbewusstsein vordringen können, und der Schläfer erwacht. Vor allem junge Eltern, die den Ammenschlaf bestens kennen, wissen von diesem Phänomen. Denn bei ihnen dringt jedes auch noch so leise Wimmern des geliebten Nachwuchses sofort bis in das Wachbewusstsein vor, sodass die Eltern schlagartig erwachen. Aber der Thalamus vermag noch mehr. Wenn nämlich vertraute Reize plötzlich nicht mehr da sind, dann gibt das Gehirn ebenfalls Alarm und weckt den Schläfer. Menschen beispielsweise, die an stark befahrenen Straßen oder in der Nähe von Flughäfen leben, finden im Urlaub manchmal deshalb nicht in den Schlaf, weil der vertraute Verkehrs- oder Fluglärm einfach fehlt. Die Traumforschung konnte dementsprechend im Laufe der Zeit dem großen Rätsel Schlaf durchaus ein wenig auf die Spur kommen. Und so gelang es der Wissenschaft auch, den Stoff, aus dem womöglich unsere Träume sind, ausfindig zu machen. Es ist der Neurotransmitter Acetylcholin. Im Rahmen eines Forschungsprojektes wurde im Jahre 1978 nämlich diese Substanz Versuchspersonen nach dem Einschlafen injiziert. Die Hirnströme zeigten dabei deutlich an, dass heftige REM-Phasen einsetzten. Hinterher berichteten die Versuchspersonen übereinstimmend, dass sie sehr intensiv geträumt hätten. Umgekehrt konnten die Forscher durch eine Injektion des Acetylcholinhemmers Scopolamin den Eintritt des REM-Schlafs und damit der Traumphase erheblich verzögern. Aber noch ein weiterer Neurotransmitter, nämlich das sogenannte Serotonin, spielt in Bezug sowohl auf den Schlaf wie auch den Traum eine wichtige Rolle. So entdeckte der französische Neurophysiologe Michel Jouvet eine Ansammlung von Nervenzellen im Hirnstamm, die sogenannten Raphekerne, die besonders viel Serotonin enthielten und auch an ihre Umgebung abgaben. Wurde bei Versuchstieren auf chemischem Wege die Serotoninausschüttung blockiert oder wurden die Raphekerne zerstört, schliefen die Versuchstiere entweder nur noch kurz, unruhig oder überhaupt nicht mehr und auch der REM-Schlaf kam nicht mehr vor. Wenn also Acetylcholin der Stoff ist, aus dem unsere Träume sind, dann ist Serotonin als Bote des Schlafes zu verstehen. Und so hat sich bis heute die Ansicht verfestigt, dass es wahrscheinlich die acetylcholinerzeugenden und -sensiblen Zellen im Hirnstamm sind, die als Anschalter für den REM-Schlaf dienen, während benachbarte Zellen, die Noradrenalin und Serotonin erzeugen, den Ausschalter für den Traumschlaf spielen. Und noch eine Antwort hat die Traumforschung gefunden, nämlich auf die Frage, warum wir unsere Träume so schnell vergessen. Zunächst einmal ist es ganz natürlich, einen Traum zu vergessen. Schließlich vergessen wir ja auch oft Ereignisse aus unserem Alltag. Einen Traum zu vergessen hat deshalb nichts mit schlechtem Gedächtnis zu tun. Schlafwissenschaftler gehen davon aus, dass eine Schutzfunktion des Gehirns dafür sorgt, dass wir unsere Träume schnell wieder vergessen. Denn würden wir unsere Träume nicht vergessen, dann bestünde die Gefahr, dass wir Geträumtes und Reales schnell miteinander verwechseln könnten. Wer kennt schließlich nicht die Erfahrung eines lebhaften Traumes mit derart realem Inhalt, dass er uns noch mehrere Tage in der Realität gefangen hält? Ohne diese Schutzfunktion, und das ist durchaus denkbar, bekämen wir also echte Schwierigkeiten, die Realität in unserem Gedächtnis zu verarbeiten. Wie wir bereits gehört haben, gibt es in den verschiedenen Schlafphasen auch verschiedene Träume. Diese werden in der Regel gleich nach dem Traum gelöscht. Das heißt, dass der Großteil des Geträumten noch im Laufe der Nacht schlicht und einfach vergessen wird. Werden wir aber mitten im Traum geweckt, dann können wir uns für gewöhnlich noch an den Traum erinnern, zumindest eine gewisse Zeit lang. Denn das Traumbewusstsein spielt für uns eine Schlüsselrolle, wenn es darum geht, unser Unterbewusstsein und unser Wachbewusstsein zu überbrücken. Dieser Prozess vollzieht sich im Grunde beim Erwachen, in der sogenannten Schwellenzeit. Exakt an diesem Punkt gehen nämlich die Inhalte der Träume in das Wachbewusstsein über. Damit dringen die Klarheit und das analytische Vermögen des Wachbewusstseins in das Traumbewusstsein vor und transformieren dessen Inhalte in waches Wissen. Es ist ein Wissen, das die Traumdeutung auf den Plan ruft, denn genau an dieser Schwelle verrichtet sie ihre Arbeit. Am lebhaftesten sind unsere Träume am Morgen, weil da die REM-Phase mit bis zu 30 Minuten am längsten ist. Endet mit dieser letzten REM-Phase auch die ganze Nachtruhe oder wacht man gleich nach einer solchen auf, erinnert man sich folglich am besten an das Geträumte. Auch wenn es immer wieder Menschen gibt, die behaupten nicht zu träumen, stimmt das so nicht. Denn jeder Mensch träumt. Es liegt einzig und allein daran, dass ihre Träume immer aus dem Gedächtnis gelöscht werden und sie deshalb keine Erinnerung mehr daran haben. Ob genetische Faktoren, wie das Geschlecht, oder das Alter die Traumerinnerung beeinflussen, ist in der Schlafforschung immer noch ungeklärt. Zumindest aber sind die Wissenschaftler schon einmal so weit sagen zu können, dass Männer ihre Träume häufiger vergessen als Frauen, während Kinder intensivere Traumerlebnisse haben als Erwachsene. Natürlich ist das alles gut und wichtig, aber es erklärt immer noch nicht, warum sich manche Menschen besser an ihre Träume erinnern können als andere. Manche wissen nur noch Bruchstücke der Traumhandlung zu berichten, während sich andere sehr detailreich zu erinnern scheinen. Die Frage ist also durchaus berechtigt, warum ist das so? Die Antwort darauf darf man wie folgt zusammenfassen. Auch wenn Träume im Schlaf produziert werden, muss das Gehirn wach sein, damit Erinnerungen an einen Traum effektiv abgespeichert werden können. Wer also einen leichten Schlaf hat und nachts öfter aufwacht, erinnert sich folglich besser an seine Träume als jemand, der tief und fest durchschläft. Französische Wissenschaftler vom Neurowissenschaftlichen Forschungszentrum in Lyon haben beispielsweise herausgefunden, dass bei Menschen mit lebhaften Traumerinnerungen auch während des Schlafes zwei für die Aufmerksamkeit wichtige Hirnareale aktiv sind. Diese beiden Areale, der mediale präfrontale Kortex sowie der temporoparietale Übergang, spielen vor allem für die Aufmerksamkeit gegenüber äußeren Reizen eine wichtige Rolle. Sie lassen die Schlafenden während der Nacht doppelt so häufig kurz aufwachen wie jene Menschen, die sich an ihre Träume nicht erinnern können, und sorgen auf diese Weise dafür, dass sich ihre Träume besser in das Gedächtnis einprägen. Ja, so paradox es vielleicht im ersten Moment auch klingen mag, aber die beste Voraussetzung, um gut zu träumen, ist schlechter Schlaf. Andersherum, wer wenig träumt, sollte sich deshalb nicht grämen, denn es ist ein Zeichen für den tiefen und erholsamen Schlaf. Wer allerdings die Träume stark vermisst, der kann versuchen, sie bewusst werden zu lassen. Dazu ist es ratsam, sich vor dem Einschlafen bewusst fest vorzunehmen die anstehenden Träume in Erinnerung zu behalten. Dadurch wird die feste Absicht im Unterbewusstsein verankert. Wer sich an seine Träume gut erinnern kann und gezielt nach Problem- oder Konfliktlösungen sucht, der kann versuchen eine ganz konkrete Frage mit in den Schlaf zu nehmen. Wer wiederum keinen Bedarf in dieser Richtung hat, sondern nach ganz bestimmten Traumerlebnissen Ausschau hält, der kann versuchen sich im wachen Zustand das beizubringen, was er im Traum erleben möchte. All diese absichtlichen Beeinflussungen des Traumgeschehens nennt man heute Trauminkubation. Neu ist das Verfahren jedoch nicht, denn es wurde bereits in schamanischen Techniken sowie in Initiationsriten alter Völker angewandt. Und in der Antike erlangte das Verfahren im Zusammenhang mit dem Heilschlaf im Tempel des Asklepios eine große Bedeutung. Somit ist nur das Wort neu, das Verfahren an sich ist uralt. Auch wenn wir heute noch lange nicht alle Rätsel mit Blick auf den Schlaf sowie seine Träume gelöst haben, wissen wir doch gut Bescheid, wie der Schlaf abläuft, und vor allem, wie wichtig er für uns ist. Der Schlaf regeneriert den Körper, er festigt Erinnerungen und schafft durch die Verarbeitung der Tageserlebnisse eine Ordnung in unserem Gedächtnis. So steht beispielsweise das Immunsystem in einem engen Zusammenhang mit der Qualität und Dauer des Schlafes. Medizinern ist es gelungen, dies nachzuweisen. In Studien konnte belegt werden, dass nach einer Impfung in der Gruppe mit ausreichendem Schlaf die Bildung von Immunzellen begünstigt wurde, während die Kontrollgruppe ohne ausreichenden Schlaf erheblich weniger Abwehrkörper im Blut hatte. Dies könnte eine Erklärung dafür sein, weshalb beim Menschen schon bei leichten Infektionen das Schlafbedürfnis ansteigt. Auch schüttet der Körper während des

Schlafes lebenswichtige Hormone aus, die zahlreiche Aufgaben erfüllen. Während der Nacht nehmen zum Beispiel Wachstumshormone ihre Arbeit auf. Sie reparieren Körperzellen und sorgen so für die Regeneration zahlreicher Gewebe wie Knochen und Muskeln. Aus diesem Grunde ist der Schlaf so besonders wichtig für Kinder. Und der Schlaf ist auch für die Verdauung und den Stoffwechsel von essenzieller Bedeutung. Denn nur im Schlaf findet der Körper die nötige Ruhe für wichtige Verdauungsvorgänge und für die Stabilisierung seines Fetthaushaltes. Die beiden Hormone Leptin und Ghrelin spielen dabei eine herausragende Rolle. So ist das Hormon Leptin für das Gefühl der Sättigung verantwortlich. Es steigert in höherer Konzentration auch den Energieverbrauch. Ghrelin hingegen steigert den Appetit und verursacht das Hungergefühl. Bei Schlafstörungen nimmt die Leptinausschüttung nachweislich ab, während die Ghrelinproduktion dagegen zunimmt. Dies führt dazu, dass die Betroffenen mehr Nahrung zu sich nehmen, als eigentlich notwendig wäre. Die langfristige Folge davon ist eine Neigung zu Übergewicht. Auch den Zuckerhaushalt bringt der Schlafmangel aus dem Gleichgewicht. Denn Schlafmangel erhöht nicht nur das Hungergefühl und den Appetit, sondern verstärkt auch die Insulinresistenz und vermindert die Insulinsekretion. Die Professorin für Schlafmedizin Kristen Knutson von der Universität in Chicago konnte dies anhand des HbA1c-Wertes in einer Studie an 161 afroamerikanischen Frauen mit Typ-2-Diabetes eindrucksvoll belegen. Der HbA1c-Wert erlaubt nämlich einen Rückschluss auf die Blutzuckereinstellung der letzten acht bis zwölf Wochen eines Menschen. So konnte nachgewiesen werden, dass die Patientinnen umso schlechter ihren Blutzucker zu kontrollieren vermochten, je höher ihr Schlafdefizit war. Ein Schlafdefizit von drei Stunden pro Woche konnte zum Beispiel den HbA1c-Wert um 1,1 Punkte weiter nach oben treiben. Die Ergebnisse vorangegangener Untersuchungen konnten passend dazu nachweisen, dass ein Schlafmangel die Glukosetoleranz, also die Toleranz des Körpers gegenüber zugeführtem Traubenzucker, von gesunden Menschen erhöht, was langfristig das Risiko für einen Diabetes mellitus steigert. Das alles bedeutet im Klartext, dass wer wenig schläft, mit einer größeren Wahrscheinlichkeit übergewichtig und zum Diabetiker wird als ein Langschläfer. Vor diesem Hintergrund verwundert es dann auch nicht, dass unregelmäßige Arbeitszeiten und Nachtschichten krank machen und bei Schichtarbeitern zu Übergewicht, Diabetes und verschiedenen Malignomen wie Brust-, Darm- und Prostatakrebs führen können, was durch verschiedene Studien schon häufig untersucht und belegt wurde. Überdies vermindert Schichtarbeit auch die Gehirnleistung, was ebenfalls nicht weiter verwunderlich ist, denn die mehrfach wiederkehrenden Tiefschlafphasen verwendet das Gehirn für die Gedächtnisbildung und die Lernfähigkeit. Wir wissen mittlerweile, dass alles, was das Gehirn am Tage so an Zahlen, Daten und Fakten aufgenommen hat, zunächst einmal im Hippocampus zwischengespeichert wird. Im Schlaf leiten dann biochemische Veränderungen wichtige kognitive Prozesse ein, wodurch Gedächtnisinhalte wie Erlerntes und Erlebtes dann in feste Erinnerungsspeicher übertragen werden. Während dieser Schlafphase sendet das Gehirn langsam oszillierende elektrische Signale aus, die wir bereits als Deltawellen kennengelernt haben. Kommt der Körper aber nicht zur Ruhe, wird während des Schlafes vermehrt das Stresshormon Cortisol freigesetzt, welches die Speichervorgänge in den Gedächtnissystemen behindert. Ständiger Schlafmangel und Stress verringern so die Gedächtnisleistung. Dies lässt sich gut belegen, denn Studien haben gezeigt, dass Menschen mit gestörter Tiefschlafphase über eine stark verminderte Lern- und Merkfähigkeit verfügen. Wer also jahrelang einer Schicht- oder Nachtarbeit nachgeht, verringert seine Gedächtnisleistung ebenso wie seine kognitiven Fähigkeiten. Dies machte eine Anfang November 2014 im US-Magazin „Occupational and Environmental Medicine" veröffentlichte Studie ganz deutlich. In diesem Zusammenhang sind auch die Arbeiten der Schlafforscherinnen Lulu Xie von der University of Rochester und Sigrid Veasey von der University of Pennsylvania in Philadelphia besonders interessant. Die Forscher um Lulu Xie haben in einer 2013 in „Science" veröffentlichten Studie bei Mäusen herausgefunden, dass das Gehirn nachts schädliche Stoffwechselprodukte wegschafft. Maiken Nedergaard, Co-Autorin der Studie, sagte dazu:

„Das Hirn hat nur eine begrenzte Menge an Energie zur Verfügung, und es scheint, als müsse es sich zwischen zwei funktionellen Zuständen entscheiden – entweder ist es wach und passt auf, oder es schläft und räumt auf. … Man kann es sich so vorstellen, als würde man eine Party bei sich zu Hause schmeißen. Entweder man unterhält die Gäste oder man räumt auf, aber man kann kaum beides zur gleichen Zeit machen."

Dass die Leistungsfähigkeit des Gehirnes bei zu wenig Schlaf leidet, war allenthalben bekannt. Allerdings waren selbst Forscher lange Zeit der Überzeugung, dass die geistigen Fähigkeiten sich schon irgendwie von selbst wieder regulieren würden. Als dann Versuche zeigten, dass bei einigen Menschen selbst nach drei Tagen ausreichendem Nachholschlaf weiterhin Defizite im Bereich der Aufmerksamkeit und Konzentration zurückbleiben, hatten die Forscher eine Vorahnung und gingen der Frage nach, ob ein Schlafmangel möglicherweise dauerhaft die Gehirnzellen schädigen kann. Zu diesem Zweck wurden Gruppen von Mäusen entweder bei normalem Schlaf-wach-Rhythmus gehalten oder aber man sorgte dafür, dass die Tiere zu wenig Schlaf bekamen. Die Ergebnisse der Studie von Sigrid Veasey und ihren Kollegen, welche in der Märzausgabe 2014 des Fachmagazins „The Journal of Neuroscience" nachzulesen sind, zeigten, dass bei den nur kurzzeitig unter Schlafmangel leidenden Mäusen es die Gehirnzellen noch schaffen, die mangelnde Ruhe auszugleichen. Dies gelingt den Nervenzellen mithilfe der sogenannten Sirtuinproteine, die sie vermehrt ausschütten. Diese wirken sich dann auf den Energiestoffwechsel der Zellen aus und sorgen dafür, dass dieser trotz Überbeanspruchung im Gleichgewicht verbleibt. Auf diese Weise werden die Zellen vor entsprechenden Schäden geschützt. Ganz anders sah es hingegen bei den Mäusen aus, die unter lang anhaltendem Schlafmangel litten. Denn bei ihnen gingen bis zu 25 % der Nervenzellen im Locus coeruleus, einer Gehirnregion, welche für die Steuerung von Aufmerksamkeit und für das Speichern und Einordnen von Informationen eine Schlüsselrolle spielt, zugrunde. Dies lag daran, dass die Zellen es nach einigen Tagen nicht mehr schafften, ausreichend Sirtuinproteine auszuschütten, um den Energiestoffwechsel in der Balance zu halten. Die Nervenzellen bekamen dadurch Schäden und starben schließlich ab. Dies war der erste Beleg dafür, dass Schlafmangel tatsächlich einen Verlust von Gehirnzellen auslösen kann. Ob der Schlafmangel tatsächlich auch beim Menschen die Gehirnzellen töten kann, muss natürlich noch weiter erforscht werden. Aber die Ergebnisse der genannten Studien zeigen eines zumindest ganz deutlich. Dass nämlich der Schlaf nicht einfach ein Herunterschalten oder gar Abschalten des Gehirns ist, sondern eine vom Gehirn aktiv herbeigeführte Abfolge von Zuständen mit nur einem Ziel, der Regeneration und Reparation. Schlaf ist deshalb wie ein Kurzurlaub für den Körper und das Bewusstsein. Eindringlicher formuliert könnte man auch sagen, Schlaf ist lebenswichtig. Oder noch plakativer ausgedrückt, Menschen, die nicht schlafen, sterben. Damit haben wir viel über die Phänomene Traum und Schlaf gelernt, aber dennoch ist eine Frage weiterhin unbeantwortet geblieben, deren Beantwortung wir uns fest auf die Fahne geschrieben haben. Die Frage, woher die inneren Bilder kommen. Bei der Beantwortung dieser Frage könnte uns die sogenannte funktionelle Magnetresonanztomografie (fMRT) von großem Nutzen sein. Denn mit ihrer Hilfe lassen sich die Einstellungen zur eigenen visuellen Wahrnehmung im Labor messen. Die funktionelle Magnetresonanztomografie vermag dabei zwar nicht die Aktivität von Nervenzellen direkt sichtbar zu machen, dafür aber den Sauerstoffverbrauch in einer bestimmten Gehirnregion. Der Gedanke, welcher hinter der Idee steckt, ist folgender. Nervenzellen, die gerade besonders aktiv sind und arbeiten, entziehen dem Blut aufgrund ihrer gesteigerten Aktivität viel Sauerstoff. Deshalb ist in den aktiven Gehirnregionen der Anteil sauerstoffarmen Blutes folglich höher. Aus den unterschiedlichen magnetischen Eigenschaften von sauerstoffhaltigem und sauerstoffarmem Blut kann der Computer ein Bild errechnen, das die Aktivität des Gehirnes anzeigt. Auf diese Weise können die starken und wechselnden Magnetfelder der funktionellen Magnetresonanztomografie dazu eingesetzt werden, Stoffwechselvorgänge im Gehirn nahezu live und dreidimensional zu beobachten. Wendet man also dieses Verfahren nun bei Träumenden konsequent an, dann lässt sich nachweisen, dass das Sehzentrum im Großhirn während eines Traumes besonders aktiv ist. Wir hatten diesen Sachverhalt bereits angedeutet. Wenn man es sich denn nun besonders einfach machen möchte, dann könnte man aufgrund dieser Laborergebnisse dahingehend argumentieren, dass unser Gehirn im Traum visuelle Signale wie im Wachzustand erhält und dieser Umstand die im Traum wahrgenommenen Bilder folglich erklärt. Doch ganz so einfach ist das nicht. Denn unser Gehirn ist blind. Es kann nicht sehen. Im Gehirn laufen nur elektrochemische Prozesse ab. Es ist daher völlig unerklärlich, wie es denn möglich ist, dass unser Gehirn aus Strom Bilder erzeugen kann. Das ist ein wahres Wunder. Deshalb kann die Wissenschaft auch bis heute noch nicht vollständig erklären, wie die inneren Bilder nachts in unsere Köpfe kommen. Es lässt sich daher nur sagen, dass die Aktivitäten in den einzelnen Gehirnregionen heute durchaus messbar sind, aber die Herkunft und Inhalte von Träumen sind es leider nicht. Die Hirnforschung kann nur die physiologische Grundlage der Träume zu ergründen versuchen. Mehr kann sie nicht leisten. Die Herkunft der inneren Bilder bleibt aber weiterhin im Verborgenen. Vielleicht sind es wirklich Botschaften aus der Tiefe unserer Seele. Dafür spricht zumindest die Tatsache, dass die Fähigkeit zur Imagination von inneren Bildern ein erstaunlich wirksames Heilmittel in uns sein kann.

Denn alles, was in unserem Bewusstsein geschieht, hat unmittelbar einen Einfluss auf unser Immunsystem. Dr. Roy Martina sagte diesbezüglich einmal:

„Unsere Gedanken, Überzeugungen, Gefühle und Wahrnehmungen beeinflussen jede einzelne Zelle in unserem Körper. Verstehen wir diese Macht, halten wir den Schlüssel zu unserer Gesundheit in der Hand."

Die Kraft der inneren Bilder ist dabei besonders groß, wenn sie gleichzeitig mit intensiven Gefühlserlebnissen verbunden werden. Eine erfolgreiche Imagination muss somit eine emotionale Imagination sein. Insbesondere ist dabei ein Zustand tiefer Entspannung notwendig. Auf diese Weise lassen sich sogar schwerste Krankheiten wie Krebs besiegen. Erinnert sei in diesem Zusammenhang nur an die Simonton-Methode. Benannt wurde sie nach dem amerikanischen Radioonkologen Carl Simonton (1942–2009), dem Pionier der Psychoonkologie. Sie ist als integrative Methode der psychologischen Behandlung und Selbsthilfe für Krebskranke zu verstehen und stellt ein probates Mittel zur Mobilisierung und Stärkung der Abwehrkräfte dar. Funktionieren tut sie folgendermaßen: Drei- bis fünfmal pro Tag sollte sich der Patient für 15 Minuten entspannen. Während dieser Entspannung denkt er sich an einen angenehmen und stillen Ort. Anschließend lässt der Patient konkrete Bilder einer Krebsbehandlung in sich entstehen. Die Visualisierung dabei kann zum Beispiel so aussehen, dass der Patient einen Delfin als inneres Bild erscheinen lässt, wobei dieser den Krebs Stück für Stück auf das offene Meer hinausträgt. Oder aber der Patient visualisiert einen Hagel von Energiekügelchen, welche auf ihn niederprasseln und dabei die schwächeren Krebszellen zerstören. Der Phantasie sind dabei keine Grenzen gesetzt. Hier muss jeder Patient selbst eigene Vorstellungen entwickeln. Entscheidend ist nur, dass man sich den ersehnten Zustand vorstellt und dabei von der Kraft dieser inneren Bilder auch felsenfest überzeugt ist. Vielleicht äußerte deshalb der Buchautor und Regisseur wissenschaftlicher Fernsehdokumentationen Joachim Faulstich einmal:

„Das heilende Bewusstsein ist ein Teil der Seele."

Und er schrieb im Zusammenhang mit einer schwer kranken Patientin:

„Die Seele nahm die Bilder der Nacht als Wirklichkeit, und weil sie dies tat, konnten sie auch auf der sichtbaren Ebene wirklich werden."

Bildliche Vorstellungen mithilfe der Imagination unterscheiden sich offensichtlich auf der seelischen Ebene nicht von den realen optischen Eindrücken, welche uns über die Augen und das Gehirn vermittelt werden. Die innere Welt und die äußere Welt scheinen für die Seele ebenbürtig zu sein, was für die Selbstheilungskräfte in uns von entscheidender Bedeutung ist. Dr. Bernd Werner hatte also durchaus recht, als er sagte:

„Jeder Gedanke und jedes Gefühl wird von unseren Zellen genauestens registriert und in physiologische Prozesse übersetzt."

Wenn also mithilfe der inneren Bilder eigentlich aussichtslose Erkrankungen besiegt werden können, dann ist es durchaus nicht abwegig, auch die Fähigkeit zur Imagination in der Seele zu vermuten. Schließlich bringt sie uns mit einer wichtigen Ressource unseres Selbst in Verbindung. Warum sollten dann auch nicht die inneren Bilder unserer Träume Botschaften aus der Tiefe unserer Seele sein? Botschaften, die auf unseren Gedanken und Gefühlen basieren. Botschaften, die sich uns in bewegten Bildern offenbaren. Nicht umsonst formulierte es Brigitte Holzinger, Leiterin des Instituts für Bewusstseins- und Traumforschung in Wien, so treffend und prägnant:

„Träume sind Gefühle und Gedanken in bewegten Bildern dargestellt."

Man könnte auch sagen, dass Träume aktive bildhafte Gedanken des Schlafes sind, die emotional untermauert werden und dabei ihren eigenen Regeln folgen. Auch wenn ihre Funktion für unser Seelenleben noch längst nicht in allen Einzelheiten geklärt ist, so können wir doch zumindest zwei Tatsachen aus all dem Gesagten hier ableiten:

1. Das Bewusstsein des Geistes schläft nicht, niemals.
2. Wachbewusstsein und Traumbewusstsein sind gar nicht so verschieden, wie man vielleicht auf den ersten Blick meint.

Letzteres merkt man insbesondere dann, wenn sich der Träumende dieses Umstandes plötzlich bewusst wird. Damit wären wir dann bei einer anderen Art von Träumen angelangt, nämlich den luziden Träumen.

Luzide Träume

Die luziden Träume, auch Klarträume genannt, nehmen einen besonderen Stellenwert unter den Träumen ein. Es gibt unzählige geschichtliche Hinweise darauf, dass die Menschen bereits vor Jahrhunderten mit diesem Thema vertraut waren. So macht beispielsweise in der Antike der griechische Philosoph Aristoteles in seiner Abhandlung über die Träume darauf aufmerksam, dass es im menschlichen Bewusstsein etwas gebe, das uns im Schlaf darauf aufmerksam mache, dass wir gerade träumen. Und einem Brief des heiligen Augustinus, der auf das Jahr 415 n. Chr. datiert, lässt sich eine detaillierte Beschreibung eines Klartraumes entnehmen. Augustinus berichtet in diesem Brief von dem Traum des karthagischen Arztes Grennadius, der von einer Stimme im Traum auf seinen Zustand aufmerksam gemacht wurde, sodass er sich plötzlich dessen bewusst war, dass er träumte. Im achten

Jahrhundert entwickelte sich im Buddhismus eine Form von Yoga, welche darauf ausgelegt war, Klarträume herbeizuführen. Es waren die Lehren des Traumyoga. Auch der heilige Thomas von Aquin aus dem 13. Jahrhundert, der sich inhaltlich auf Aristoteles bezieht, verweist in seinen Schriften darauf, dass derartige Träume am ehesten gegen Ende des Schlafes auftreten und insbesondere von solchen Personen berichtet werden, die über eine starke Imaginationsgabe verfügen. Im 17. Jahrhundert war es der englische Philosoph und Dichter Sir Thomas Browne (1605–1682), der von der Vorstellung fasziniert war, Herr über seine Träume zu werden. Er lieferte auch einen umfangreichen Bericht über seine Klarträume. Hierzu schrieb er:

„In einem anderen Traum kann ich jedoch eine ganze Komödie schreiben, sie vor mir sehen, den Witz begreifen und mich bei dieser Vorstellung vor Lachen aus dem Schlafe erwecken."

Eine ernsthafte Auseinandersetzung mit Klarträumen ist jedoch erst seit der zweiten Hälfte des 19. Jahrhunderts zu verzeichnen. Und so wurde der Begriff „luzider Traum" erst vom niederländischen Psychologen Frederik van Eeden (1860–1932) geprägt, der damit einen Überbegriff für das Träumen bei vollem Bewusstsein schuf. Einzug in das wissenschaftliche Bewusstsein der Moderne hat der Klartraum allerdings erst in den letzten Jahrzehnten gehalten. Und trotzdem ist das Wissen über dieses Phänomen in unserer Gesellschaft äußerst gering. Der französische Schriftsteller Victor Hugo (1802–1885) sagte einmal:

„Denken ist die Arbeit des Intellekts, träumen sein Vergnügen."

Wenn dieser Satz auf etwas zutrifft, dann auf die Klarträume. Doch was genau sind Klarträume? Klarträume sind wache Träume, also Träume bei vollem Wachbewusstsein. Man spricht in diesem Zusammenhang auch von luziden Träumen. Der Unterschied zwischen einem gewöhnlichen Traum und einem Klartraum ist, dass man sich in einem Klartraum darüber bewusst ist, dass man träumt. Der Träumer ist also nicht mehr nur passiver Beobachter seiner Träume. Im Gegenteil, denn der Träumer eines Klartraumes weiß genau, wer er ist und wo er sich befindet. Das heißt, die urteilende Ich-Funktion bleibt in einem luziden Traum vollständig erhalten. Aber diese Fähigkeit, seine Träume bei vollem Bewusstsein mitzuerleben, muss erst erlernt werden. Wer sich diese Fähigkeit erwirbt, kann dann während seines Traumes aktiv in das Geschehen eingreifen und so die Personen, die Umgebung, die Handlungen und sogar den eigenen Körper direkt und gezielt beeinflussen. Dem Träumer sind dabei prinzipiell keine Grenzen gesetzt, es sein denn durch die eigene Phantasie. Die Grundvoraussetzung für luzides Träumen ist ein erstklassiges Traumgedächtnis. Dies ist enorm wichtig, weil es keinen Sinn macht, luzid zu träumen, ohne sich hinterher daran erinnern zu können. Aber Stress und Alltagssorgen stehen diesem Vorhaben diametral entgegen. Denn der Stress in unserer hektischen modernen Lebenswelt sowie die vielen Alltagssorgen sind der Grund dafür, warum sich so viele Menschen einfach nicht mehr an ihre Träume erinnern können. Denn diese warten geradezu sehnsüchtig darauf, sich in das menschliche Wachbewusstsein zu stürzen, um jedwede Erinnerung an unsere Träume unwiederbringlich auszulöschen. Unser Körper besitzt nämlich eine natürliche Löschfunktion für Träume, die ausgelöst wird durch Licht, Bewegung und Stress. Sobald wir also aus dem Bett springen, das Licht anstellen und uns Gedanken um den heutigen Arbeitstag machen, sind die Erinnerungen an unsere Träume weg. Man muss dem Treiben daher eine gezielte Absicht entgegensetzen. Nämlich die gezielte Absicht, bevor man zu Bett geht, sich an seine Träume am nächsten Morgen erinnern zu wollen. Ebenso wichtig ist es, nach dem Erwachen still liegen zu bleiben, die Augen geschlossen zu halten und sich durch nichts von der Absicht ablenken zu lassen, seine Träume zu erinnern. Die ersten Minuten nach dem Aufwachen sind deshalb für die Erinnerung an unsere Träume einfach unersetzlich. Die zentrale Frage nach dem ersten Erwachen ist, was habe ich geträumt? Jedes kleine Detail ist wichtig, also Gefühle, Gerüche, optische Eindrücke, einfach alles. Am besten man schreibt es gleich in einem Traumtagebuch nieder, dann geht es nicht verloren. Insbesondere ist alles von Belang, was für das Wachleben ungewöhnlich ist. Dies muss zwingend festgehalten werden. Denn das sind dann die persönlichen Traumzeichen. Damit sind alle Anzeichen gemeint, an denen man merken kann, dass man sich gerade in einem Traum befindet. Man könnte auch sagen, dass Traumzeichen Indizien dafür sind, dass man träumt, denn sie basieren auf den Eigenheiten der Traumwelt. Meistens handelt es sich dabei um Kleinigkeiten, die sich aber von der Realität unterscheiden. Es ist deshalb wichtig, dass man seine Träume sehr ernst nimmt und sie als eigenständige Welt betrachtet. Nach dem amerikanischen Psychologen Stephen LaBerge, der als erster Wissenschaftler die Existenz von luziden Träumen wissenschaftlich beweisen konnte, können Traumzeichen in vier Kategorien eingeordnet werden, die wie folgt ausschauen:

Kategorie 1 betrifft die inneren Vorgänge

Damit sind alle Gefühle und Gedanken im Träumenden selbst gemeint. Das kann ebenso ein starkes Gefühl des Realitätsverlustes wie auch das Gefühl zu träumen beinhalten.

Kategorie 2 meint alle Aktionen im Traum

Hier sind alle Handlungen und Bewegungen sowohl des Träumenden wie auch der anderen Traumgestalten gemeint. Wer also im Traum das Fliegen wahrnimmt oder etwa unter Wasser atmen kann, der ordnet seine Traumzeichen dann der Kategorie 2 zu.

Kategorie 3 richtet den Blick auf die Traumformen

Hierunter fallen alle Dinge in der Traumwelt, welche seltsame Formen aufweisen. Das können dann grotesk verformte Hände ebenso wie runde Bücher sein.

Kategorie 4 umfasst den Traumkontext

> Diese Kategorie betrifft Personen und Objekte, die zwar völlig normal erscheinen, aber nicht in den jeweiligen Kontext passen. Wem deshalb im Traum ein Tannenbaum in der Wüste begegnet oder eine Südseepalme in einer Winterlandschaft, der ordnet seine Traumzeichen dann der Kategorie 4 zu.

Man kann einen luziden Traum eigentlich nicht so ohne Weiteres auslösen. Vielmehr ist es so, dass der luzide Traum einfach innerhalb des Träumens passiert. Es gibt aber durchaus Bedingungen, mit deren exakter Erfüllung man gezielt dafür sorgen kann, dass Klarträume mit hoher Wahrscheinlichkeit auftreten. Am besten ist es daher, wenn man sich eine Liste mit den verschiedenen Traumzeichen anfertigt, die in den persönlichen Träumen auftauchen. Anschließend braucht man dann nur jedes Zeichen in eine der vier Kategorien einzuordnen. Und sobald später eines dieser Zeichen im Traum auftaucht, wird einem schlagartig klar, dass man sich in einem Traum befindet. Neben den Traumzeichen sind auch die Reality-Checks beim Erlernen des luziden Träumens von großer Wichtigkeit. Das sind kleine Tests, welche dazu dienen, schnell und effektiv eine Realitätsprüfung durchzuführen. Diese Realitätsprüfungen liefern im Traum- und Wachzustand radikal abweichende Ergebnisse. Auf diese Weise kann man innerhalb weniger Sekunden feststellen, ob man wach ist oder träumt. Ein Beispiel für einen Reality-Check, oder kurz RC, ist der Atemtest oder auch Nasen-RC genannt. Dazu atmet man bei geschlossenem Mund durch die Nase und verschließt dann plötzlich mit den Fingern dieselbige. In der Realität ist somit ein Weiteratmen nicht möglich. Im Traum wird man dagegen trotzdem weiteratmen, weil die Schlafparalyse, also die nahezu vollständige Lähmung im Schlaf, dafür sorgt, dass wir unsere Bewegungen im Traum nicht auf den Körper übertragen können. Wer deshalb bei geschlossenem Mund und mit zugekniffener Nase weiteratmen kann, darf sicher sein, dass er träumt. Denn diese Situation ist so unlogisch, dass sie nur innerhalb des Traumzustandes Sinn macht. Ein anderer RC-Test ist der Fingertest oder Finger-RC. Hierzu zählt man einfach die Anzahl der Finger. In der Realität sind es normalerweise fünf an der Zahl. Nicht so im Traum, denn hier kann die Anzahl durchaus abweichen und somit entweder sechs oder auch einmal drei betragen. Auch können die Finger im Traum verschwommen sein oder seltsam verformt und abgeknickt wirken. Ein weiterer Realitätstest ist der Uhren-RC. So zeigen im Traumzustand Uhren total sinnlose Sachen an. Beispielsweise können Analoguhren nicht nur Zahlen, sondern auch Buchstaben enthalten. Oder aber die Zahlenreihe ist völlig durcheinandergebracht. Es kann aber auch sein, dass die Uhr im Traum ihre Anzeige verändert, wenn man mehrfach auf sie schaut. Das heißt, Uhren und andere digitale Geräte verlieren im Traum ihre Funktionen. Und weil im Traum auch nicht die physikalischen Gesetze des Wachlebens gelten, ist der sogenannte Sprung-RC ebenso ein guter Reality-Check. Dazu springt man einfach kurz in die Luft. Bleibt man in der Luft hängen, fliegt plötzlich oder sinkt nur ganz langsam zu Boden bzw. versinkt in diesem, dann ist das ein untrügliches Anzeichen dafür, dass man sich wohl in einem Traumzustand befindet. Als Letztes sei hier noch kurz der Hand-RC genannt. Weil im Traum eine Wand oder eine Zimmerdecke kein Hindernis darstellt, stellt auch die eigene Hand im Traum kein Hindernis dar. Wer deshalb wissen will, ob er träumt oder nicht, versuche einfach einen Finger durch die eigene Handfläche zu stecken. Gelingt dies „wirklich", dann befindet man sich ziemlich sicher in einem Traum. Wer all diese RC, und es gibt wirklich unzählige davon, im Wachleben am Tag mehrfach anwendet, der wird es auch im Traum tun und so feststellen, ob er träumt oder nicht, und damit möglicherweise einen Klartraum auslösen. Ganz wichtig ist es dabei allerdings, dass man beim Durchführen der Reality-Checks erwartet, dass man die entsprechenden Traumergebnisse erhält. Denn dann weiß man, dass man träumt, und wird im Normalfall luzid. Am besten führt man die Reality-Checks immer dann durch, wenn im Laufe des Tages die entsprechenden Traumzeichen auftauchen. Wer also durch sein Traumtagebuch festgestellt hat, dass er regelmäßig von Segelbooten träumt, führt die Reality-Checks immer dann durch, wenn er ein Segelboot sieht. Nach einiger Zeit wird man nämlich die Reality-Checks dann auch im Traum ausführen, sobald ein Segelboot auftaucht. Man kann auf diese Weise sehr gut seine Erinnerung schulen, was besonders hilfreich ist, wenn man im Traum die Durchführung der Reality-Checks häufig oder immer vergisst. Grundlegend für das luzide Träumen ist auch eine ausreichende Menge an Schlaf. Denn Klarträume treten, so wie die nicht bewussten Träume auch, vorzugsweise in den REM-Phasen des Schlafes auf. Diese REM-Phasen beginnen frühestens ein bis zwei Stunden nach dem Einschlafen in kurzen Schüben und erreichen in Bezug auf ihre Dauer und Intensität nach sechs bis acht Stunden ihren Höhepunkt. Je länger man schläft, desto mehr REM-Phasen enthält der Schlaf und desto größer ist demnach die Wahrscheinlichkeit, einen luziden Traum zu erleben. Sechs Stunden Schlaf sind daher das absolute Minimum für das Erleben von Klarträumen. Wenn also der Körper nach Ruhe und Schlaf geradezu lechzt, dann wird man sehr wahrscheinlich keinen luziden Traum bekommen. Aber wozu sollte man sich überhaupt die ganze Mühe machen? Was hat man von luziden Träumen? Was lässt sich damit erreichen? Grundsätzlich dürfen wir davon ausgehen, dass es zahlreiche Anwendungsmöglichkeiten für das luzide Träumen gibt. Fragt man beispielsweise Klarträumer danach, was sie in ihren luziden Zuständen denn so anstellen, kommt oft eine prompte Antwort: fliegen. Damit ist ein Fliegen gemeint, wie man es eigentlich nur aus den Comicheften der Superhelden kennt. Dies ist in einem Klartraum problemlos möglich, weil die Gesetze der Schwerkraft in dieser Welt nur eine vom Unterbewusstsein produzierte Illusion darstellen. Und weil das so ist, ist auch das Arsenal der eigenen Superkräfte in einem Klartraum unbegrenzt. So kann man auch problemlos unter Wasser atmen. Man kann mit bereits Verstorbenen kommunizieren oder, wenn man möchte, wie Dagobert Duck im Geld schwimmen. Man kann auch durch Wände gehen, Bäume ausreißen oder ganze Häuser mit bloßen Händen emporheben. Die Möglichkeiten sind einzig und allein durch das persönliche Vorstellungsvermögen begrenzt. Eine weitere und sehr beliebte Beschäftigung im Klartraum, neben dem Fliegen, ist das Ausleben sexueller Phantasien. Allerdings beinhaltet die Befriedigung des Sexualtriebs auch zahlreiche Fallen, die dazu führen, dass der Klarträumer entweder frühzeitig aus seinem Traum erwacht oder dass er das Bewusstsein über seinen luziden Traum wieder verliert. Was bedeutet, dass er erneut in einen nichtluziden Traum abgleitet. Wenn man es gelernt hat, all diese Fallen zu umgehen, und die Königsdisziplin des luziden Träumens beherrscht, dann bieten sich dem Klarträumer sexuelle Möglichkeiten, welche dem wahren Erleben in nichts nachstehen und die sich im Wachleben für einen selbst wohl nie ergeben würden. Denn hier kann jeder Wunsch ausnahmslos erfüllt werden. Natürlich sind das alles nur reine Spielereien. Aber wer möchte, der kann seine luziden Träume auch sinnvoll und produktiv nutzen. So kann beispielsweise der luzide Traum dazu verwendet werden, verschiedene Fähigkeiten zu verbessern. Entweder in Bezug auf das Erlernen bestimmter Musikinstrumente oder beim Verbessern der eigenen Begabungen in den verschiedensten Sportdisziplinen. Auch wer kreativ arbeitet, bekommt im luziden Traum die Möglichkeiten geboten, sein volles Potenzial auszuschöpfen. Das bedeutet, dass der Klartraum einen kreativ tätigen Menschen dahingehend belohnen kann, dass er Einsichten und Ideen erlangt, die ihm im Wachleben niemals in den Sinn gekommen wären. Luzide Träume lassen sich aber auch therapeutisch einsetzen, beispielsweise bei der gezielten Bekämpfung von Ängsten. Gedacht sei hier vor allem an Albträume. Sie leiten sich sprachlich von den Alben ab, also üblen Geistern, die sich dem Schlafenden in der Nacht auf die Brust setzen, ihm die Luft zum Atmen nehmen und schlimme Träume erzeugen. Diese Art von Träumen haben ihre Macht über uns nur dadurch, dass wir in einem unbewussten Traum nicht zwischen Traum und Realität unterscheiden können. Sobald wir uns aber der Tatsache bewusst sind, dass wir träumen, und die Kontrolle über unseren Traum erlangen, ist es mit dem Schrecken der Albträume endgültig vorbei. Es ist aber auch möglich, Verkörperungen dieser Albträume gezielt zu befragen, um so Antworten darauf zu erhalten, weshalb sie einen plagen. Schließlich werden wir in den Albträumen mit unseren tiefsten Ängsten konfrontiert. Die Antworten liefert dabei das Unterbewusstsein, welches sich sehr genau mit den Ängsten und Sorgen des Betreffenden auskennt. Es bietet uns auch ernst zu nehmende Problemlösungen an, wenn wir nur gezielt danach fragen. Damit ist es auch möglich, geistige Blockaden, die ihren Sitz im Unterbewusstsein haben, gezielt aufzulösen. Auch können gelenkte Klarträume zur Lösung von verdrängten oder unbewussten persönlichen Konflikten und Problemen beitragen und somit dem Einzelnen ermöglichen, sein Leben positiv zu gestalten. Das besondere Potenzial von Klarträumen besteht folglich darin, dass sie uns einen direkten Zugriff auf unser Unterbewusstsein erlauben. Besonders ist dieses Potenzial deshalb, weil ein solch einfacher Zugriff für gewöhnlich nicht möglich ist, sondern nur über Träume oder mithilfe bestimmter Formen der Psychotherapie. So zum Beispiel mithilfe der sogenannten katathym-imaginativen Psychotherapie oder der klassischen Psychoanalyse. Im Rahmen der katathym-imaginativen Psychotherapie werden in einem entspannten Zustand bewusst innere Bilder hervorgerufen. Bei dieser Form der Psychotherapie wird also das Unterbewusstsein zum Verbündeten. Der Therapeut regt dabei durch einfache Fragen das Unterbewusstsein seines Klienten gezielt an. Die Konfrontation mit belastenden Situationen geschieht dann nicht auf direktem Wege, sondern in Form einer verschlüsselten Symbolsprache. Auf diese Weise entstehen in der Vorstellung des

Klienten die inneren Bilder. Als Weg zum Unterbewusstsein wird hier die aktive Imagination gewählt. Das Ganze funktioniert nur deshalb, weil es praktisch unmöglich ist, mittels der Einbildungskraft etwas zu erzeugen, das kein authentisches Bild des Unterbewusstseins darstellt. So tauchen während der Therapiesitzungen aus der Leere plötzlich Figuren, Bilder und Phantasien auf. Aufgabe des Klienten ist es dann, in dieses Bild hineinzugehen und sich aktiv mit dessen Inhalten auseinanderzusetzen. Aufgabe des Therapeuten wiederum ist es, anhand der auftauchenden Bilder und Szenen den inneren Konflikt seines Klienten zu erkennen. Weiterhin ist es die Aufgabe des Therapeuten, seinen Klienten dazu anzuhalten, diese symbolhaften Szenen und Bilder näher zu betrachten. Durch die nähere Betrachtung und Auseinandersetzung verändern sich diese für gewöhnlich. Es sind also diese vom Klienten selbst herbeigeführten Veränderungen, welche dann auch zu den positiven Veränderungen in seinem Leben führen sollen. Es ist insgesamt ein unbewusster Prozess, ohne dass dies willentlich geschieht. Oder nehmen wir als zweites Beispiel die Psychoanalyse. Ihr zentrales Konzept ist die Vorstellung von einem Unterbewusstsein, welches als Speichermedium für verdrängte Erinnerungen an traumatische Ereignisse dient. Diese verdrängten Erinnerungen sind es dann auch, die letztlich ständig Einfluss auf das bewusste Denken und Verhalten nehmen. Parallel zu diesen Annahmen der Psychoanalyse existieren noch zwei Methoden, welche dazu dienen, die im Unterbewusstsein versteckten Erinnerungen zu untersuchen. Diese Methoden sind zum einen die freie Assoziation und zum anderen die Traumdeutung. Wir sehen also, wie kompliziert und aufwendig sich für gewöhnlich der Weg zum Unterbewusstsein gestaltet und wie spielend einfach dies bei einem Klartraum sein kann. Auf diese Art und Weise können luzide Träume für jeden Menschen eine sehr interessante und lehrreiche Möglichkeit sein, mehr von seiner begrenzten irdischen Lebenszeit bewusst zu nutzen. Ein jeder muss aber für sich selbst entscheiden, ob er das luzide Träumen als Spielerei oder zu ernsthaften Zwecken einsetzen möchte. Damit muss sich letzten Endes jeder selbst die Frage nach dem „Warum" beantworten. Hat man nun alle notwendigen Voraussetzungen erfüllt und es geschafft, einen Klartraum auszulösen, dann stellt sich einem ziemlich bald die Frage, wie man seine luziden Träume am besten stabilisiert. Denn man muss in der luziden Traumwelt durchaus ein paar Regeln einhalten, weil man ansonsten das Pech haben wird, entweder vorzeitig aus dem Traum zu erwachen oder aber in einen nichtluziden Traum abzugleiten. Als Erstes ist es zunächst einmal wichtig, alle eventuellen Störquellen wie Wecker, Telefone und sonstige Stressoren vor dem Schlafengehen zu beseitigen. Dann ist es durchaus hilfreich, wenn man sich schon einmal überlegt, was genau man im Klartraum zu tun gedenkt. Gut ist es, wenn man zunächst mit kleinen Trauminhalten zu üben beginnt und versucht diese gezielt zu steuern. Erst dann kann man darangehen, sich zu steigern und zu versuchen den ganzen Traum zu lenken. Sollte auch das gelingen, kann man sich daranmachen und versuchen, die Dauer der Klarträume zu verlängern. Dabei gilt die Regel, je wacher und bewusster, desto länger kann man in diesem Zustand verbleiben. Man sollte allerdings beim Klarträumen auch Pausen einlegen, um sich ausreichende Gedanken zu den gemachten Erfahrungen machen zu können. Ein bewusstes Reflektieren ist sogar unabdingbar, denn das luzide Träumen sollte nicht als Freizeitspaß missverstanden werden. Es ist wichtig, sich bewusst zu machen, dass das luzide Träumen eine bedeutende und ernste Erfahrung darstellt, welche einem persönlich ungeahnte geistige Höhen eröffnet. Auf diese Weise angewandt darf man davon ausgehen, dass das luzide Träumen keinerlei Risiken und Nebenwirkungen in sich birgt. Man muss also keine psychischen Erkrankungen fürchten und auch der Schlaf ist dabei mindestens genauso erholsam wie sonst auch. Apropos Schlaf, was passiert eigentlich im Gehirn während des luziden Traumes? Sind die gleichen Gehirnzentren aktiv wie im Traumschlaf auch oder folgt das Erregungsmuster doch eher dem Wachbewusstsein? Dieser Frage sind Wissenschaftler der Max-Planck-Institute für Psychiatrie in München und für Kognitions- und Neurowissenschaften in Leipzig sowie der Berliner Charité nachgegangen. Sie wollten wissen, welche Gehirnzentren beim Erlangen unseres Ichbewusstseins aktiv werden und welche Gehirnareale dazu beitragen, unsere Welt in einer selbstreflektorischen Art und Weise wahrzunehmen. Wissenschaftler bezeichnen dieses Nachdenken über das Denken als Metakognition. Da es eine Fähigkeit ist, die auch Klarträumer besitzen, lag es nahe, genau diese Gruppe etwas genauer unter die Lupe zu nehmen. Die Idee, welche dahintersteckte, war folgende. Während des Wachbewusstseins ist unser Ichbewusstsein immer vorhanden, allerdings sind dabei auch sehr viele Gehirnzentren aktiv. Es ist daher schwer zu sagen, welches nun genau für unser Ichbewusstsein verantwortlich ist. Während des Traumschlafes in der Nacht erleben wir diesen Zustand des Ichbewusstseins hingegen nicht bewusst. Im Schlaf arbeitet das Bewusstsein eben anders. Wenn wir träumen, dann können wir zwar die Erlebnisse bewusst wahrnehmen, aber wir können sie nicht reflektieren. Klarträumer besitzen dagegen exakt diese gewünschte Fähigkeit zur Selbstreflexion auch im Traum. Sollte also eine Versuchsperson während des Traumschlafes plötzlich luzid werden, dann bräuchte man nur nachzuschauen, welche Gehirnzentren nunmehr aktiv geworden sind. Diese müssten dann, so nach Adam Riese, eindeutig für die Erlangung unseres Ichbewusstseins verantwortlich sein. Einfach gestalten sich jedoch solche Untersuchungen nicht, denn es gibt nicht sehr viele Menschen, die über diese Gabe verfügen. Und auch diejenigen, welche über diese Gabe verfügen, erleben Klarträume nicht täglich, sondern vielleicht einmal im Jahr. Klarträumer, die hingegen fast täglich einen luziden Traum erleben, sind verschwindend gering in ihrer Zahl. Hinzu kommt noch, dass die Röhre des MRT-Geräts sehr eng ist und die Probanden einige Zeit in ihr bewegungslos ausharren müssen, sodass Menschen mit Platzangst nicht geeignet sind. Und das Gerät ist aus technischen Gründen recht laut, ein Einschlafen und Durchschlafen daher recht schwierig. Für derartige Untersuchungen wären deshalb eigentlich Schwerhörige ideal. Ungeachtet all dieser Schwierigkeiten fanden sich für die Studie aber rund 70 geeignete Kandidaten, die ab und zu einen Klartraum erlebten. An ihnen konnten die Forscher nachweisen, dass beim Erlangen des luziden Bewusstseins die Aktivierung eines spezifischen kortikalen Netzwerkes nachweisbar wird, welches aus dem rechten dorsolateralen präfrontalen Kortex, den frontopolaren Regionen und dem Precuneus besteht. Alle diese Regionen werden deshalb mit selbstreflektorischen Funktionen in Zusammenhang gebracht. Während des REM-Schlafs mit den dabei auftretenden gewöhnlichen

Träumen sind diese Gehirnregionen hingegen wenig aktiv. Außerdem haben EEG-Untersuchungen ergeben, dass der präfrontale Kortex im Klartraum zwar aktiver ist als zur Zeit des REM-Schlafs, er kommt aber an die Aktivität im Wachzustand nicht heran. Damit sind die Gehirnstrukturen von Klarträumern und Menschen mit hohen metakognitiven Fähigkeiten zwar ähnlich, aber nicht identisch. Man muss deshalb eher von einem Zwischenzustand sprechen. Aber die Ergebnisse der Forscher erbrachten noch eine interessante Besonderheit. Die MRT-Aufnahmen zeigten nämlich, dass in den Gehirnen der Klarträumer der frontopolare Bereich der Großhirnrinde stärker ausgeprägt war als bei den Nichtklarträumern. Also genau jener Bereich, der sich beim luziden Traum als aktiver herausgestellt hatte und der auch beim metakognitiven Denken beteiligt ist. Damit konnte erstmals ein klarer Zusammenhang zwischen der Metakognition und dem luziden Traum wissenschaftlich nachgewiesen werden.

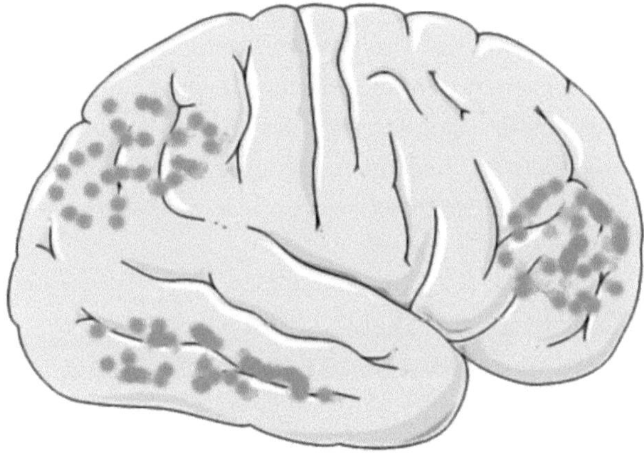

Abbildung 4: Aktive Hirnbereiche während eines luziden Traumes

Gehen wir jetzt noch einen Schritt weiter, einen Schritt in Richtung Vogelperspektive. Welche Merkmale können wir nennen oder aufzählen, die alle veränderten Bewusstseinszustände gleichsam charakterisieren? Eine wirklich schwierige Frage. Auch der amerikanische Psychiatrieprofessor Arnold M. Ludwig, der zuerst am College of Medicine der University of Kentucky und später an der Brown University lehrte, hat sich diese Frage gestellt und 1966 den ersten Versuch dazu unternommen, eine Synopsis von allgemeinen Charakteristika veränderter Bewusstseinszustände zusammenzustellen. Er ging dabei der Frage nach, woran erkenne ich eindeutig einen veränderten Bewusstseinszustand, wenn er mir klinisch begegnet? Im Jahre 1972 präsentierte er nach reichlicher Abwägung der Öffentlichkeit insgesamt zehn Merkmale, die bis heute für jeden veränderten Bewusstseinszustand als charakteristisch angesehen werden, wobei meist gleich mehrere der nachstehenden Merkmale bei einem veränderten Bewusstseinszustand auftreten können.

- Änderungen im Denken
- Gestörtes Zeitempfinden
- Kontrollverlust
- Änderungen im emotionalen Ausdruck
- Änderung der Körpervorstellung
- Wahrnehmungsverzerrungen
- Bedeutungsänderungen
- Sinn für das Unbeschreibliche
- Gefühl der Verjüngung
- Hypersuggestibilität

Halten wir an dieser Stelle einen kurzen Moment inne und machen wir uns bewusst, welche Bewusstseinsebenen mit dem bereits Gesagten angesprochen wurden. Wir haben das Wachbewusstsein kennengelernt, das Traumbewusstsein und das Tiefschlafbewusstsein. Sie alle sind die Bewusstseinsebenen der veränderten Bewusstseinszustände. Von diesen veränderten Bewusstseinszuständen müssen wir jetzt allerdings noch die außergewöhnlichen Bewusstseinszustände abgrenzen. Sie sind entweder zwischen Wachbewusstsein und Überbewusstsein oder zwischen Traumbewusstsein und Überbewusstsein angesiedelt.

Außergewöhnliche Bewusstseinszustände

Hypnose

Die Hypnose ist ein Bewusstseinszustand, der zwischen Wachzustand und Schlaf angesiedelt ist. Man darf deshalb auch sagen, dass die Hypnose ein schlafähnlicher Zustand ist. Sie ist im Grunde eine Tiefenentspannung, die den Patienten einen Zugang zu seinen unbewussten Ressourcen finden lässt. Hypnose gründet sich dabei auf die Fähigkeit des Menschen, seine Aufmerksamkeit zu konzentrieren und nach innen zu richten, um sie auf unbewusste Stärken und vergessene Fähigkeiten auszurichten. Das Besondere an der Hypnose ist, dass sie lebendige Vorstellungen ermöglicht, also vollwertige sinnliche Erfahrungen. Ideen und Lösungsmöglichkeiten, welche dann in diesem Bewusstseinszustand auftauchen, wirken einfach tiefer und nachhaltiger als nur ausgedachte und logisch konstruierte Ideen. Das liegt daran, dass die Empfänglichkeit für Suggestionen in diesem Zustand erhöht ist und das Unterbewusstsein relativ ungefiltert angesprochen werden kann. Dazu wird in der Regel eine mittlere Trance benötigt. Im Wesentlichen bezeichnen Hypnose und Trance deshalb denselben Bewusstseinszustand.

Trance

Die Trance ist ein schlafähnlicher Zustand, bei dem die Außenwahrnehmung stark reduziert ist. Es ist ein Zustand, wie er auch in der Übergangsphase zwischen Schlaf und Wachsein jeden Morgen und jeden Abend erlebt werden kann. Trancezustände sind daher Bewusstseinszustände, in denen man weder wach ist noch schläft. Der Unterschied zwischen Trancezustand und dem Wachzustand ist, dass man in Trance empfänglicher ist für Suggestionen als im Wachzustand. Und der Unterschied zwischen Trance und Schlaf besteht darin, dass der Patient in Trance auf die Suggestionen des Therapeuten auf vielfältige Weise reagiert, während jemand, der eingeschlafen ist, dies nicht tun würde. Auch wenn Trance und Hypnose im Prinzip denselben Bewusstseinszustand beschreiben, so wird doch der Begriff der Trance, im Gegensatz zum Begriff Hypnose, in sehr unterschiedlicher Weise verwendet. So spricht man beispielsweise von spiritueller Trance, Schmerztrance, Drogentrance, traumatischer Trance und natürlich auch von der Hypnosetrance. Neben der Hypnose vermag desgleichen die Meditation den menschlichen Geist in den Zustand der Trance zu bringen. Und dieser Zustand zeichnet sich vor allem dadurch aus, dass in ihm die Arbeit mit dem Unterbewusstsein besonders effektiv bzw. überhaupt erst möglich wird.

Rausch

Als Rausch bezeichnet man im weitesten Sinne einen Bewusstseinszustand, der mit einer veränderten Wahrnehmung einhergeht und entweder als angenehm oder eben unangenehm empfunden werden kann. Er ist ein ziemlich komplexes Geschehen und kann sich deshalb sehr verschiedenartig äußern bzw. in Erscheinung treten. So kann der Rausch entweder Ausdruck eines besonders intensiven Erlebnisses sein und sich dabei bis zur Euphorie oder Ekstase steigern oder sich in Form von Angstgefühlen äußern. Ebenso kann er sich aber auch in einer Beeinträchtigung oder gar Verfälschung der Wahrnehmung äußern, sodass es sogar zu Halluzinationen kommen kann. Oder er äußert sich in einem tiefen Zustand der Entspannung bzw. der herabgesetzten Reizempfindung, der sich im Extremfall bis zur Empfindungslosigkeit steigern kann. Je nach Auslöser sind körpereigene von künstlich herbeigeführten Rauschzuständen zu unterscheiden. Die körpereigenen Rauschzustände als reaktive Vorgänge werden durch die Ausschüttung körpereigener Hormone wie Dopamin, Serotonin, Noradrenalin sowie Endorphine vermittelt. Beispiele für körpereigene Rauschzustände sind der Höhenrausch, der sich beim Klettern oder Drachenfliegen einstellen kann, oder der Geschwindigkeitsrausch beim schnellen Autofahren. Auch der Gefahrenrausch ist ein gutes Beispiel, der sich bei der Ausübung von Extremsportarten einstellen kann. Körpereigene Rauschzustände können sich darüber hinaus bei der Meditation einstellen. So können im meditativen Rauschzustand Körperempfindungen und Affekte nahezu ausgeblendet werden. Dabei kann sich das Gefühl der Loslösung von der eigenen Körperlichkeit einstellen, verbunden mit einem Gefühl des universellen Einsseins. Weiterhin gibt es den Genussrausch, der sich bei der intensiven Hingabe an ein sinnliches Erlebnis, etwa bei Musik oder beim Geschmack, einstellen kann. Das Gegenteil davon, nämlich die Entsagung von bestimmten Grundbedürfnissen wie Schlaf oder Essen, kann ebenfalls zu einem Rauscherlebnis führen. Man spricht in diesem Zusammenhang von asketischem Rausch. Leider gibt es auch einen sehr destruktiven körpereigenen Rauschzustand. Man nennt ihn Amok. Er kann sich einstellen, wenn ein Mensch sich völlig in die Enge getrieben oder sich seiner als elementar erlebten Sicherheiten beraubt fühlt. Das ist häufig in Kriegssituationen der Fall. Dann kann es sein, dass ein Mensch bar jeder Selbstkontrolle in absoluter Gewaltbereitschaft handelt und somit für sich selbst und andere zur tödlichen Gefahr wird. Bei den künstlich herbeigeführten Rauschzuständen wird der Rausch durch die äußere Zufuhr von Substanzen hervorgerufen, die auf die Informationsübermittlung der Nervenzellen im Gehirn einwirken und somit entweder den normalen Ablauf dort stören oder verändern können. Zu diesen Substanzen gehören beispielsweise Alkohol und Drogen. Man spricht hier deshalb auch gerne von substanzgebundenen Rauschzuständen. Drogen können zwar ähnliche Gefühle wie körpereigene Substanzen auslösen, wirken aber im Körper oft ganz anders, was dann psychische und physische Abhängigkeit, Horrortrips oder gar Psychosen zur Folge haben kann. Natürlich darf man sich an dieser Stelle, wenn man sich das Spektrum der Rauschzustände einmal vor Augen führt, fragen, warum sich eigentlich Menschen manchmal so unvernünftig verhalten. Die Antwort darauf ist relativ banal. Weil sie sich einfach berauschen wollen. Weil sie sich einfach besser fühlen wollen, das ist alles. Und genau deshalb wollen sich Menschen nicht immer nur vernünftig verhalten. Der Rausch erklärt diesen Widerspruch wunderbar. Mit Sport und Sex verhält es sich zudem nicht anders. Auch dort suchen Menschen den Rausch, nur eben durch körpereigene Substanzen, also mittels Endorphinen. Man darf deshalb auch mit Fug und Recht sagen, dass der Rausch einfach zum Menschsein dazugehört wie das Lieben und das Träumen. Man kann es aber auch mit den Worten des Psychologen Jürgen vom Scheidt sagen:

„Eine Kultur kann ohne Rausch nicht existieren."

Ein Satz, über den man wirklich einmal tiefer nachdenken sollte.

Euphorie

Als Euphorie bezeichnet man einen Gefühlszustand, der mit allgemeiner Freude und Glück verbunden ist. Man könnte in diesem Zusammenhang auch von einem Hochgefühl, einem Begeisterungs- oder Freudentaumel sprechen. Die Euphorie ist eine zeitweilige übersteigert heitere und zuversichtliche Gemütsstimmung. Sie ist ein Zustand optimistischer Begeisterung mit rauschhaft gesteigertem, überschwänglichem Gefühl. Das Wort Euphorie leitet sich aus dem Griechischen ab und bedeutet so viel wie „das leichte Tragen". Kein Wunder, denn in einer euphorischen Stimmungslage erscheint einem alles leichter und auch in einem positiveren Licht. So kennt ein jeder die Euphorie, die sich einstellt bei der ersten Verliebtheit oder nach einer gelungenen Prüfung. Gelegenheiten, euphorisch zu sein, gibt es viele. Zustände der Euphorie sind daher fester Bestandteil des Lebens. Und solange die Euphorie einen triftigen Grund hat, hat sie auch nichts Krankhaftes an sich. Zustände der Euphorie können jedoch auch im Rahmen von bestimmten Erkrankungen oder nach der Einnahme von Drogen oder Medikamenten auftreten. Dann allerdings entspricht die gesteigerte Gemütsstimmung nicht dem objektiven Zustand. Das heißt, die Euphorie ist unangemessen. So können insbesondere Menschen mit manischen Phasen eine Euphorie erleben, die in keinem Verhältnis zu ihrer aktuellen Lebenssituation steht. Eine unangemessene Euphorie kann sich aber auch beispielsweise im Alkoholrausch, bei bestimmten Medikamenten oder nach der Einnahme von Drogen wie Kokain, Heroin, Crystal Meth oder Amphetaminen einstellen. Möglich ist eine Euphorie zudem im Rahmen einer Psychose, wie etwa der Schizophrenie, oder bei Hirnerkrankungen wie Demenz und Hirntumoren. An der Entstehung der Euphorie sind unter anderem Endorphine, also opiatähnliche Substanzen, beteiligt. Sie machen dem Menschen Stresssituationen erträglicher und wirken zudem schmerzstillend. Auf diese Weise kann sich auch bei einem Sportler nach längerem Joggen ein Zustand der Euphorie einstellen. Man nennt das Phänomen deshalb „Runner's High". Aber auch andere Hormone wie Dopamin und Serotonin spielen bei der Entstehung der Euphorie durchaus eine wichtige Rolle.

Ekstase

Der Begriff Ekstase leitet sich vom griechischen Wort „ekstasis" ab, was so viel bedeutet wie außer sich sein oder außer sich geraten vor lauter Entzückung. Ekstase ist eigentlich ein Begriff, der aus der Religionswissenschaft kommt, aber auch von der Psychologie verwendet wird. Es ist ein Ausnahmezustand mit dramatischen Veränderungen im Bewusstsein der Betroffenen, welcher aus den Quellen des Unbewussten erwächst. So wird das eigene Bewusstsein als erweitert oder erhöht erlebt, was dazu führt, dass die Betroffenen den Eindruck gewinnen, sie seien außer sich bzw. nicht bei sich. Das heißt, dass die Betroffenen den Eindruck haben, dass sie aus dem Bereich des gewöhnlichen Wahrnehmungsvermögens herausgetreten sind und einen Bereich andersartiger Wahrnehmungsmöglichkeiten betreten haben. Und dieser Bereich erscheint ihnen derart real, dass sie ihn selbst rückblickend noch für realer als die Alltagswelt halten. Die eigenen Empfindungen werden somit über die Alltagsrealität gestellt. Die Ekstase darf deshalb als eine Zustandsveränderung des Bewusstseins aufgefasst werden, die gleichermaßen zu höchster Hingabe und höchstem Aufnahmevermögen führt. In manchen Fällen kann daher das Gefühl des Außersichseins oder Außersichgeratens so weit gehen, dass damit buchstäblich das örtliche Heraustreten der Seele aus dem Körper gemeint sein kann. Herbeigeführt werden kann der Zustand der Ekstase entweder durch eine Beeinträchtigung oder auch Ausschaltung normaler Funktionen des Organismus, also beispielsweise durch Askese, Isolation, Fasten und Meditation, oder aber durch das Gegenteil, mit einer Steigerung von äußeren Reizen unter Zuhilfenahme von Musik, Tanz, Gesang, Lichteffekten und Trommeln. Ekstatische Zustände können aber auch durch den Genuss berauschender Getränke oder durch die Einnahme natürlicher wie auch synthetischer Rauschmittel, beispielsweise Ecstasy und MDMA, herbeigeführt werden. Das ist der Weg, der heute am häufigsten beschritten wird. Es wird auf eine künstliche Art und Weise versucht, mittels Musik und Rauschmittelkonsum den Zustand der Ekstase zu erreichen. Religiöse Motive oder meditative Praktiken sind dagegen völlig in den Hintergrund getreten. Neben der bewusst geplanten Herbeiführung ekstatischer Zustände kann ein solcher aber auch für den Betroffenen völlig überraschend eintreten und verlaufen. Diejenigen, die ekstatische Zustände planmäßig herbeiführen, streben damit das Erreichen eines Höhepunktes an, welchen sie als das Ziel des Erlebnisses ansehen. Es verwundert daher nicht weiter, dass manche Beschreibungen ekstatischer Zustände auch eine deutlich hervortretende erotische Komponente mit entsprechendem Wortschatz enthalten. Man kann diese Gruppe daher auch als Erlebnisekstatiker bezeichnen. Von dieser Gruppe muss wiederum die Gruppe der religiösen Ekstatiker abgegrenzt werden. Bei den religiösen Ekstatikern muss der Bewusstseinszustand der Ekstase als ein außerordentlicher religiöser Erfahrungszustand verstanden werden. Dabei interpretieren und bewerten religiöse Ekstatiker ihre ekstatischen Erlebnisse im Kontext ihres jeweiligen religiösen Weltbildes. Es muss deshalb an dieser Stelle betont werden, dass nicht nur das Christentum eine große Anzahl von Ekstatikern aufzuweisen hat, sondern dass auch fast jede andere Religion und Glaubensgemeinschaft von Ekstatikern zu berichten weiß. Dabei haben viele dieser ekstatischen Persönlichkeiten neben einer Gefolgschaft auch Nachahmer gefunden und durch ihr zeitweiliges Wirken sogar Massenekstasen ausgelöst. Wir dürfen deshalb zu Recht sagen, dass die Ekstasen der vielen „Unbedeutenden" verrauscht sind, ohne zu wirken und ohne etwas befruchtend Neues oder Großes zu erzeugen. Aber die Ekstasen der Großen, der Heiligen wirken dagegen Jahrzehnte und Jahrhunderte hindurch. Nicht umsonst ist daher das Phänomen der religiösen Ekstase untrennbar mit den Lebensbeschreibungen von Heiligen und Märtyrern verbunden. In Bezug auf das Christentum haben die religiösen Ekstasen zur Zeit des Mittelalters, als Glaubensfragen die Gemüter fast vollständig einnahmen, ihre höchste Blütezeit erlebt. Man denke hier nur an die wohl berühmteste Ekstatikerin des 16. Jahrhunderts, die Mystikerin und spanische Nationalheilige Teresa von Ávila. In ihrer Autobiografie schreibt sie über die von ihr durchlebte religiöse Ekstase die folgenden Sätze:

„Die Ekstase ist ein geistiger Schlaf der Seelenkräfte. Die Seele wird schwebend erhalten, dass sie ganz außer sich zu sein scheint, der Wille ist versunken, das Gedächtnis geschwunden, die Denkkraft außer Tätigkeit, aber nicht verloren, wie überwältigt von den großen Dingen, die sie wahrnimmt."

Interessant ist auch die folgende Passage:

„Solange dieser Zustand andauerte, ging ich umher, als wäre ich außer mir."

Dass die Ekstase ein ganz besonderer Zustand des Bewusstseins ist, findet bei der heiligen Teresa von Ávila mit folgenden Worten Erwähnung:

„Ich meine wirkliche Verzückungen und nicht bloße Weiberohnmachten, wie sie bei uns vorkommen und die wir gleich für Verzückungen oder Ekstasen halten. Denn es gibt, wie ich schon gesagt zu haben glaube, Personen von so schwacher Körperbeschaffenheit, dass sie schon durch ein bloßes Gebet der Ruhe dem Sterben nahekommen."

Die Ekstase und das Außersichsein beziehen sich dabei auf ihre religiöse Verzückung, in der sie mit Gott und den Heiligen spricht, bis sie letztendlich fähig wird, die ganze Größe Gottes in Visionen ihrer Ekstase zu schauen. Hierzu schreibt Teresa von Ávila:

„Will der Herr in dieser Verzückung der Seele einige Geheimnisse, z. B. gewisse Dinge, offenbaren oder sie mit bildhaftem Schauen begnadigen, so kann sie diese Vorgänge nachher erzählen; sie bleiben ihrem Gedächtnisse so tief eingeprägt, dass sie gar nie mehr daraus entschwinden. Sind sie aber verstandesmäßige Schauungen, so kann sie sich über diese ebensowenig aussprechen (wie über jenes Geheimnis). Denn manche dieser Schauungen, die sich bei Verzückungen einstellen, müssen so erhaben sein, dass sie die auf Erden Lebenden nicht so erfassen dürfen, um sie anderen erzählen zu können. Von jenen verstandesmäßigen Schauungen jedoch, die der Seele zuteilwerden, wenn ihr die Sinnestätigkeit nicht benommen ist, kann sie hienieden viele wiedererzählen."

Doch auch qualvolle Angstsituationen drängen sich der Mystikerin in diesen Zuständen auf. So erscheint ihr der Satan, droht ihr und sucht sie vom Pfad der Tugend und Gottgefälligkeit abzubringen. Teresa von Ávila bemerkt hierzu:

„Aber schrecklich sind die Tücken und Ränke, die der Satan ersinnt, damit die Seelen sich nicht selbst erkennen und ihre Wege nicht verstehen."

Es ist wichtig, an diesem Punkt zu verstehen, dass diese extrem gesteigerte Inbrunst des religiösen Gefühls, verbunden mit dem Begehren, sich durch die Auferlegung bestimmter Bußübungen, Schmerzen und Entbehrungen Gottes Erbarmen zu erflehen, eine sich aus der geistig-religiösen Verfassung des Mittelalters heraus entwickelnde Erscheinung war. Sie betraf deshalb nicht nur die heilige Teresa von Ávila, sondern im Grunde auch die anderen religiösen Ekstatiker des Mittelalters. Es war damals eine Epoche religiösen Suchens. Und so wurde das kontemplative Gebet in vielen Klöstern und ordensähnlichen religiösen Gemeinschaften eifrig gepflegt. Die meisten von diesen Gemeinschaften hatten extreme asketische Praktiken und so waren Kasteiungen wie Fasten und Wachen oder das Tragen von Kleidung aus grobem Stoff sowie hartes Liegen an der Tagesordnung. Interessant für die weitere Betrachtung des Phänomens Ekstase ist deshalb ferner, dass die religiösen Ekstasen der Betroffenen auch von körperlichen Ereignissen begleitet wurden. So schreibt die heilige Teresa von Ávila:

„In der Ekstase scheint die Seele den Körper zu verlassen, den sie belebt. Man fühlt in sehr empfindlicher Weise, aber mit unendlich süßer Wonne, wie die natürliche Wärme mehr und mehr verschwindet und der Körper allmählich kalt wird. Sie kommt meistens allen Gedanken und jeder Vorbereitung mit einem so plötzlichen und stürmischen Anfall zuvor, dass du siehst, dass du fühlst, wie jene himmlische Wolke dich hebt oder wie der Königsadler dich ergreift und auf seinen Schwingen trägt."

Eine andere ekstatische Nonne dieser Zeit beschreibt ihren Zustand mit ganz ähnlichen Worten:

„In der Verzückung scheint die Seele den Körper zu verlassen, deswegen nimmt die natürliche Wärme ab, die Glieder werden nach und nach kalt, obgleich man zu gleicher Zeit großes Wohlbehagen spürt. Ich fühle mich fortgeführt, ohne zu wissen wohin. Ehe man es denkt, kommt ein plötzlicher Stoß, und so lebhaft ist dabei oft der Schmerz, dass ich zu widerstehen versuchte. Aber alles war umsonst, meine Seele wurde verzückt und mein Kopf folgte ihrer Bewegung, ohne dass ich ihn zurückhalten konnte. Zuweilen wurde gar mein Körper erhoben, sodass er hoch über der Erde schwebte."

Die hohe Erregung ekstatisch veränderter Bewusstseinszustände bedingt aber nicht nur angenehme körperliche Sensationen. Auch unangenehme Begleiterscheinungen ekstatischer Zustände können sich einstellen. So beispielsweise Erregungszustände mit starkem Herzklopfen, das Gefühl von Hitze in der Brust sowie Trockenheit in Mund und Kehle. Wichtig und interessant zu wissen ist auch, dass neben diesen ekstatischen Erregungszuständen, die sich bis zur Raserei steigern können, ebenso Zustände völliger Versunkenheit mit Reglosigkeit des Körpers, manchmal bis zur Erstarrung, überliefert worden sind. Erwähnt sei an dieser Stelle nur die ekstatische Jungfrau Anna Katharina Emmerick. Sie wird oft als Mystikerin des Münsterlandes bezeichnet oder auch als stigmatisierte Nonne von Dülmen. Geboren wurde sie am 8. September 1774 im nordrhein-westfälischen Coesfeld. Sie war das fünfte von insgesamt neun Kindern einer armen Familie, die einen kleinen abhängigen Bauernhof, auch Kotten genannt, bewirtschaftete. Anfangs, im Alter von 13 Jahren, verdingte sie sich als Magd, später dann als Wandernäherin. Interessant ist, dass sie schon als Kind einen engen Bezug zur Kirche und gute Bibelkenntnisse hatte. Mehrmals in der Woche ging sie zur heiligen Kommunion und zu Andachten. Auch erwähnte sie damals schon Visionen und Offenbarungen. Mit 28 Jahren trat sie am 13. November des Jahres 1802 in das Augustinerinnenkloster Agnetenberg in Dülmen ein. 1812 musste sie es schweren Herzens wieder verlassen, weil das Kloster unter französischer Herrschaft aufgehoben wurde. In den darauffolgenden zwölf Jahren lebte sie unter erbärmlichen Verhältnissen als Jungfer Emmerick in Dülmen, wobei sie weiter an ihrem Ordensgelübde festhielt. Im Jahre 1813 wurde bekannt, dass die ehemalige Nonne an ihrem Körper die Wundmale Jesu Christi trage, fast ganz auf Nahrung verzichte und oft merkwürdige Visionen habe. Schon während der Jahre im Kloster war sie viel krank gewesen und im Lauf der Zeit verschlechterte sich ihr Gesundheitszustand so, dass sie kaum noch das Haus verlassen konnte. Ihre letzten Lebensjahre waren geprägt von schwerer Krankheit. Insgesamt zehn Jahre trug sie die Wundmale Jesu und durchlebte in dieser Zeit mystische Visionen, in denen sie an jedem Freitag die Passion Christi durchlitt. All dies erregte natürlich die Aufmerksamkeit der gläubigen Bevölkerung, aber auch staatlicher und kirchlicher Stellen, die ihrerseits 1813 bzw. 1819 entsprechende Untersuchungen anordneten, um den „Betrug" zu entlarven. Ein Nachweis für den Betrugsvorwurf konnte aber nie erbracht werden. Auch für den behandelnden Arzt wiesen die Gebrechen der Patientin immer wieder rätselhafte Symptome auf. Am 7. April des Jahres 1814 notierte Dr. Wesener deshalb:

„Morgens ziemlich wohl, fühlte sie doch Krankheit nahen; sie litt an Spannung im Unterleib, bis zur Schmerzhaftigkeit in der Magengegend. Ich verordnete, den Unterleib und das Rückgrat mit Branntwein zu waschen, worauf ein Ructus erfolgte und nach mühsamer Harnentleerung ein Dünnerwerden des Unterleibs. Abends war sie wenig bei Verstand, furchtsam und unruhig."

Eigentlich rechnete man in den folgenden Tagen schon wiederholt mit dem Ableben der Patientin, aber es kam anders. Am 16. Mai des Jahres 1814 vermerkte Dr. Wesener:

„Sie war die ganze Nacht in größter Qual durch Schmerzen in den Präkordien und scheint jetzt das Gehör verloren zu haben. Gegen Mittag war sie so elend, dass wir ihr Ende gewiss erwarteten. Die Magenkrämpfe schienen den Inhalt des Magens durch den Schlund fortschaffen zu wollen, dann aber zog sich der Schlund zusammen und trieb ihn wieder zurück in den Magen. Sie konnte nicht mehr sprechen, und auch das Gehör schien verloren."

In dieser Zeit war der Leib der Patientin aufgetrieben und bis an die Herzgrube gespannt und hart. Dazu hatte sie, so der behandelnde Arzt weiter, „ekstatische Erstarrungen". Der Gesundheitszustand von Anna Katharina Emmerick schwankte sehr häufig. Immer wieder dokumentierte Dr. Wesener, dass nach „eigenartiger Veränderung und Besserung" eine „neuerliche Verschlimmerung ihres Zustandes" folgte. Im Sommer des Jahres 1823 wurde Anna Katharina immer schwächer und verstarb schließlich am 9. Februar 1824. Auch die heilige Teresa von Ávila kannte solche Zustände ekstatischer Erstarrung und beschrieb sie mit den Worten:

„Manchmal erfuhr ich etwas durch laut hervorgebrachte Worte; dann wieder ohne die Hilfe von Worten, und zwar deutlicher als alles, was ich in Worten vernommen hatte. Ich begriff die allertiefsten Wahrheiten. […] Diese Ekstasen überkommen mich mit großer Heftigkeit, sodass sie auch äußerlich sichtbar werden; ich habe auch dann nicht die Kraft, ihnen zu widerstehen, wenn ich mich mit anderen zusammenfinde, denn sie treten in einer Weise auf, dass sie gar nicht verborgen bleiben können, es sei denn, dass ich die Leute mit meinem Herzleiden vermuten lasse, es handele sich um Ohnmachtsanfälle."

Es muss deshalb bei dieser Gelegenheit betont werden, dass wohl jeder Mensch zur Ekstase fähig ist, zu einer kleinen wie auch zu einer großen oder eben, wie gerade geschildert, zu einer ganz großen Ekstase. Jeder Mensch wird aber im Verlauf seines irdischen Daseins nur diejenigen Ekstasen erleben, die auch seiner inneren Struktur entsprechen und zu denen er von Natur aus befähigt ist.

Mystische Erfahrungen

Bevor man versteht, was mystische Erfahrungen sind, muss erst verstanden werden, was Mystik überhaupt ist. Hier ist zu sagen, dass es keine einhellige Meinung darüber gibt, was Mystik ist. Ganz allgemein gesprochen versteht man Mystik im Sinne einer besonders tiefen Spiritualität. Man könnte auch sagen, dass es eine Intensivform eines wie auch immer gearteten Glaubens ist. Ebenso wäre es durchaus denkbar, sich auf den kleinsten gemeinsamen Nenner zu einigen und alles, was in irgendeiner Weise das alltägliche Menschsein transzendiert, als Mystik zu bezeichnen. Schon allein diese wenigen einleitenden Worte machen deutlich, dass man sich davor hüten sollte, zwischen einer „echten" und einer „unechten" Mystik unterscheiden zu wollen. Aber worum geht es in der Mystik eigentlich? Oder anders gefragt, worum dreht sich diese tiefe Spiritualität oder diese Intensivform des Glaubens? Was will sie erreichen? Bei der Beantwortung dieser Frage ist die Definition der mittelalterlichen Schultheologie recht hilfreich. Denn diese definiert Mystik als „cognitio Dei experimentalis", also als Erkenntnis Gottes aus der Erfahrung. Diese Erfahrung gründet auf einer authentischen Begegnung mit Gott. Diese Begegnung kann sich auf ganz verschiedene Arten ausdrücken. So beispielsweise durch innere Erkenntnis, durch Träume, durch Visionen oder durch das, was man im Allgemeinen als Wunder bezeichnet, also etwas, das nach menschlichem Ermessen eigentlich gar nicht möglich ist. Das bedeutet, dass die Mystik immer eine zutiefst individuelle Gotteserfahrung ist. Oder anders gesprochen, Mystik ist die Erfahrung einer unmittelbaren Anwesenheit des verborgenen Gottes, die den ganzen Menschen ergreift. Es handelt sich bei der Mystik folglich um ein eigenständiges Gotteswissen im Unterschied zu der Erkenntnis von Gott, die durch Lehre, Bücher, Unterweisung und Tradition vermittelt wird. Deshalb weiß der Mystiker, im Gegensatz zum rein intellektuellen Fürwahrhalten der Schultheologie, dass es Gott wirklich gibt. Für den Mystiker stellt sich daher erst gar nicht die Frage nach der Existenz Gottes, denn er weiß aus seiner ganz persönlichen Erfahrung mit ihm, dass Gott da ist. In den Augen der Mystik führt daher nicht die begriffliche, sondern die intuitive Erkenntnis zu Gott. Die Wahrheit wird dabei auf einem eher übernatürlichen Weg in Form der Offenbarung gesucht und nicht allein durch die reine Vernunft gewonnen. Mystik ist somit als übersinnliche Erfahrung ekstatischer Art zu verstehen, die auf das Einwirken göttlicher Kräfte zurückgeführt wird. Die außerordentliche psychische Energie, die bei der mystischen Erfahrung frei wird, wird nach den übereinstimmenden Zeugnissen der Mystiker durch eine unmittelbare göttliche Berührung im Innersten der Seele hervorgerufen, welche dann auf den Leib übergreift. Häufig berichten Mystiker in diesem Zusammenhang von einer Art Wonneschmerz, wie bei einer tiefen psychischen Verletzung, oder sie berichten von ekstatischer Erstarrung. Dies kann natürlich auf dem Wege psychosomatischer Zusammenhänge vor sich gehen. Zweifelsohne sind von daher Fragen der Psychosomatik, der Parapsychologie und der Pastoralmedizin darin verwoben. Aber mit den genannten Phänomenen bewegt man sich trotzdem schon an der Peripherie der Wirklichkeit, wobei die mystische Erfahrung für sich allein genommen übernatürlich ist. Mystiker sagen deshalb auch, dass ihre Erfahrungen über ihr eigenes Denken hinausreichen und direkt von Gott kommen. Sie erleben daher immer eine besondere Nähe zu Gott. Zur mystischen Praxis gehören insbesondere Grenzzustände wie Verzückungen, Visionen und Ekstasen. Ziel dieser mystischen Praxis ist immer die „unio mystica“ als Höhepunkt. Gemeint ist die mystische Vereinigung der menschlichen Seele mit dem Grund und der Ursache alles Seienden, also mit Gott. Es geht der Mystik, und das ist ihr großes Anliegen, stets um die Überwindung aller bestehenden Barrieren zwischen dem Einzelnen und dem Absoluten. Deshalb darf die Mystik auch als die Lehre von der Erfahrung des Einswerdens in Gott aufgefasst werden. Indizien für diese persönliche Kontaktaufnahme mit dem einen Gott waren die mystischen Gaben, auch Charismen genannt, wie zum Beispiel Ekstasen, Visionen, Auditionen, die Gabe der Prophetie sowie die Stigmatisation. Die psychophysischen Ausnahmezustände, die letzten Endes zur Unio mystica führen sollen, werden dabei bewusst durch körperliche Askese, Kontemplation oder Meditation provoziert. Gerade eine stark asketisch geprägte Spiritualität neigt in der Mystik nicht selten dazu, in Erfahrungen der unmittelbaren Nähe des Göttlichen oder der Begegnung mit Gott umzuschlagen. Allerdings sind die bewusst provozierten mystischen Erlebnisse aufgrund der verschiedenen personalen Wesensarten und auch Erwartungshorizonte sehr unterschiedlicher Art, sodass sie sich einer wissenschaftlichen Systematisierung weitestgehend entziehen. Auch ist beim mystischen Bewusstsein, wie bei allen anderen Bewusstseinszuständen, die sprachliche Beschreibung der wahrgenommenen Inhalte von der zugrunde liegenden persönlichen Erfahrung sowie dem kulturellen Hintergrund stark abhängig. Was aber nach dem amerikanischen Philosophen Ken Wilber durchaus voneinander unterschieden werden kann, sind die vier Haupttypen des Mystizismus, als da wären:

1. Naturmystik
2. Gottesmystik
3. Formlose Mystik
4. Nichtduale Mystik

Mystische Erlebnisse sind nach Ken Wilber Einheitserfahrungen mit den Energieformen des Wach-, Traum- und Tiefschlafzustands. Die Einheit aller Phänomene im Wachzustand zu erfahren, ist dabei typisch für die Naturmystik. Eine solche Einheitserfahrung im Wachzustand kann man beispielsweise bei einem Spaziergang in der Natur erleben. Es kann sein, dass der Baum plötzlich nicht mehr auf der anderen Seite meines Selbst steht. Mein Selbst und der Baum werden spontan als „nicht-zwei" erlebt. Man spricht hierbei von einer „naturmystischen Erfahrung", da die Form, mit der man sich eins fühlt, auf die grobstofflichen Objekte des Wachzustandes begrenzt ist. Eine Einheitserfahrung im Traumzustand kann auftreten, wenn man träumend spontan realisiert, dass alle Inhalte des Traumes zu einem selbst gehören und nicht getrennt von einem sind. Man fühlt sich dann „eins" damit. Eine andere Variante ist die Visualisierung einer Gottheit, beispielsweise im kontemplativen Gebet oder in der Meditation. Die anfängliche Trennung zwischen dem betenden oder meditierenden Selbst und dem Objekt des Gebetes bzw. der Meditation löst sich dann spontan auf und man fühlt sich eins mit der jeweiligen Gottheit. Oder aber man wird selbst zu der Gottheit, wobei das ehemalige Selbst nur noch als kleiner Aspekt der neuen höheren Identität empfunden wird. In diesem Fall spricht man von der sogenannten Gottesmystik. Wenn hingegen keinerlei Objekte im Bewusstsein auftauchen und man sich mit diesem Zustand der Leere oder Formlosigkeit eins fühlt, dann spricht man von der formlosen Mystik. Dieser Zustand tritt in der Regel nur im Tiefschlaf oder nach jahrelangem Training der Meditation auf. Besitzt jemand die Fähigkeit, sich permanent in jedem der drei genannten Zustände frei wie in einem Flusserlebnis zu bewegen, also durchgängig mit allen Objekten des Geistes eins zu sein, ohne jedoch dabei den roten Faden der Bewusstheit zu verlieren, dann spricht man von nichtdualer Mystik. Bei der mystischen Einheitserfahrung stellt sich deshalb für Ken Wilber immer gleich die Frage, eins womit? Mit den Objekten des Wach-, Traum- oder Tiefschlafzustandes, oder gar mit allen? In seiner integralen Spiritualität beschreibt Ken Wilber Mystik als Stufen der Bewusstseinsentwicklung und schlägt dazu vor, mindestens vier Stufen zu unterscheiden:

1. Die psychische Stufe

Die Trennung zwischen Subjekt und Objekt ist aufgehoben, zwischen dem Menschen und der ganzen natürlichen Welt. Drinnen und draußen haben keine Bedeutung mehr. Es ist eine paranormale Erfahrung. Es ist die Einung mit der Natur bzw. dem Kosmos. Man spricht in diesem Zusammenhang von der Naturmystik.

2. Die subtile Stufe

Es sind erweiterte affektive Zustände der Liebe und des Mitleids. Es ist das Sehen und die Einigung oder Verschmelzung mit der Gottheit. Man spricht vom Einssein mit Gott oder der Gottesmystik.

3. Die kausale Stufe

Wenn man in der Meditation das beobachtende Selbst bis zu seiner letzten Quelle in die reine Leerheit führt, dann tauchen im Bewusstsein überhaupt keine Objekte mehr auf. Es ist ein Gewahrseinszustand, der als Verlöschen bezeichnet wird. Es ist letztlich ein Übersteigen jeglicher Divinität. Die formlose Leere und die Welt der Formen sind zwei, also dual. Man nennt es die formlose Mystik.

4. Die nichtduale Stufe

Die reine Leerheit, von der in der kausalen Stufe die Rede war, wird nun zur Wirklichkeit. Sie wird zur Verfassung aller Zustände. Es ist eine Integration der drei vorhergehenden Stufen. Es umschließt das ganze Spektrum des Bewusstseins, transzendiert alles und schließt alles mit ein. Es ist reines Bewusstsein, ein Übersteigen jeglicher Identität. Es geht also darum, ob alles eins ist oder zwei. Die formlose Fülle und die Welt der Formen sind in diesem Fall eins, und nicht zwei. Weil sie nicht-zwei sind, spricht man auch von einer nichtdualen Mystik.

In den Texten der Mystiker finden sich oft alle oder mehrere dieser Sichtweisen nebeneinander. Mystik geht also offensichtlich von einem religiösen Kontext aus, den sie aber schließlich überschreitet und gerade deshalb in seinem Wert für den Aufstieg bestätigt. Mystik hofft somit geradezu auf Gnade, um aufsteigen zu können. Ganz allgemein gesprochen bedeutet Mystik in diesem Zusammenhang die Beschäftigung mit dem Göttlichen in der eigenen Seele. Deshalb müssen wir hier nun zwei gänzlich verschiedene Arten von Mystik voneinander unterscheiden, und zwar die Identitätsmystik und die Beziehungsmystik. Wo liegt der Unterschied? In der Identitätsmystik strebt der Mystiker selbst danach, göttlich zu werden. So versucht beispielsweise der Buddhist mit dem Nichts, welches für ihn dem Göttlichen entspricht, eins zu werden und in das Nirvana einzugehen. In der Beziehungsmystik hingegen sucht der Mystiker eine Beziehung zu dem in seinem Inneren verborgenen Gottesbild. Er bleibt dabei ganz Mensch und identifiziert sich nicht mit dem Göttlichen. Ein Mystiker dieser Prägung würde daher nie behaupten, er werde durch seine Erfahrungen zu Gott, sondern er betont immer den Beziehungsaspekt. Diese Form der Beziehungsmystik finden wir in allen drei semitischen Religionen, also in der jüdischen Kabbala, dem muslimischen Sufismus sowie in der christlichen Mystik. Vor allem in der Beziehungsmystik offenbart sich die ganze Vielfalt religiöser Erfahrungen. Und diese Erfahrungen reichen von Erlebnissen personaler Entgrenzung, welche mit dem Aufhören des eigenen Ego und zugleich mit der Entdeckung des wahren Selbst einhergehen können, über Episoden intensiver und unbegründbarer Freude bis hin zur Ekstase, welche sich an die Grenzen einer fast schmerzhaften Intensität steigern kann, verbunden mit Phasen des Gegenteils, also tiefer Dunkelheit in der Seele und dem Gefühl der Leere und Verlassenheit. Weiterhin beschrieben werden Erlebnisse des bereits angesprochenen Einswerdens mit Gott sowie mit allem, was lebt. Die gesamte Wahrnehmung wird im mystischen Bewusstsein oft als eine Einheit beschrieben und das Raum- und Zeitgefühl ist deutlich verändert. Auch ein universales und unmittelbares Wissen erscheint verfügbar. Weitere Merkmale mystischer Erlebnisse sind Passions- und Christusvisionen, Erkenntnis- und Prophezeiungsvisionen sowie erotisch-sinnenhafte Verzückungen in der Gestalt einer inneren Begegnung mit Gott als Liebesgemeinschaft. Letzteres wird in der Literatur auch als Brautmystik bezeichnet. Den Ausgangspunkt einer solchen Vorstellung bildet die im Alten Testament gebrauchte Metapher einer bräutlichen Beziehung von Gott zu seinem Volk. An der entsprechenden Stelle heißt es:

„Wie der junge Mann sich mit der Jungfrau vermählt, so vermählt sich mit dir dein Erbauer. Wie der Bräutigam sich freut über die Braut, so freut sich dein Gott über dich."

Jesaja 62, 5

Der Philosoph und Vater der amerikanischen Psychologie William James (1842–1910), der auch einer der Pioniere der Religionspsychologie in den USA war, benannte vier charakteristische Eigenschaften mystischen Erlebens, welche sich aus seiner Sicht wie folgt darstellen lassen:

1. Die Unaussprechlichkeit

Mystische Erfahrungen können nicht angemessen sprachlich artikuliert und mitgeteilt werden. Es lässt sich somit nicht aussprechen, was das Absolute ist, sondern nur sagen, was es nicht ist. Dahingegen sind die Vorstufen zu einem vollkommenen mystischen Zustand durchaus beschreibbar. Ebenso kann man auch Anweisungen für den Weg dorthin geben.

2. Der Wahrheitscharakter

Die Mystiker haben das Gefühl der Einsicht in vorher unbekannte Wahrheiten. Sie verbinden mit ihren Erfahrungen auch höhere Erkenntnisse mit allgemeiner Aussagekraft und mit einem starken Grad an Gewissheit. Hier werden die Geheimnisse des Lebens transparent. Und genau das unterscheidet die mystischen Zustände von Träumen, Visionen, Drogenerlebnissen etc., deren scheinbarer Erkenntnisgewinn dem Subjekt selbst schnell fragwürdig wird.

3. Die Flüchtigkeit

Mystische Zustände sind selten und zudem halten sie auch nicht lange an. Eine obere Grenze kann bei dreißig bis sechzig Minuten angesetzt werden, allenfalls jedoch zwei

Stunden. Dennoch lassen sich mystische Zustände prinzipiell wiederholen und als solche wiedererkennen.

4. Die Passivität

Mystische Erfahrungen setzen zwar eine gewaltige Willensanstrengung voraus und sie lassen sich auch mithilfe bestimmter Techniken provozieren, jedoch scheint ihr Höhepunkt etwas zu sein, das man eben gerade nicht aktiv herbeiführen kann. Denn der Mystiker wird von etwas ergriffen, das sich ihm zeigt und offenbart. Er wird von einer höheren Macht getragen.

Passend hierzu schreibt der niederländische Autor Paul Mommaers zu der Frage, was Mystik eigentlich ist, die folgenden Zeilen:

„Durch die mystischen Berührungen wird der Mensch aus seinem verteilten, gewöhnlich-tagtäglichen Bewusstsein herausgeholt. Er wird ‚eingekehrt' und spürt nun, dass in seinem ‚Herzen' etwas geschieht. Er wird weiter aus der ‚Eigenheit' heraus- und in seinen ‚Grund' hereingezogen. Dieser plötzliche Übergang vom Durchschnittsbewusstsein, wo er selbst Herr und Meister ist, zu dem Niveau, auf dem sich der ‚ganz Andere' fühlen lässt, ist ein erschütterndes Erlebnis."

Im christlichen Abendland erschien die Mystik erst im zwölften Jahrhundert, möglicherweise als Reaktion auf die rationalistische Scholastik. Dies belegt mutmaßlich ein Ausspruch des wohl bedeutendsten Mönches des Zisterzienserordens, der selbst ein Mystiker war. Die Rede ist von Bernhard von Clairvaux, der sagte:

„Glühen ist mehr als Wissen."

Besonders in den asketisch geprägten Mönchs- und Nonnenorden des 12. und 13. Jahrhunderts blühte die Mystik geradezu auf. Gedacht sei hier insbesondere an die Zisterzienser-, Franziskaner- und Dominikanerorden. So verwundert es auch nicht weiter, dass gerade diese Orden auch die bedeutendsten Mystiker hervorbrachten wie Franz von Assisi, Bernhard von Clairvaux, Bonaventura, Thomas von Aquin, Meister Eckhart, Ludolf von Sachsen, Johannes Tauler und Heinrich Seuse, um nur einige zu nennen. In den Frauenklöstern kam vom späten zwölften Jahrhundert an eine mystische Art der Frömmigkeit auf, die noch weiter vertieft wurde, als durch ein Dekret von Papst Clemens IV. im Jahre 1267 die Ordenspriester der Dominikaner mit der Seelsorge in den Nonnenklöstern beauftragt wurden. Die Kirche selbst betrachtete die Mystiker dabei, gleich welchen Geschlechts, stets mit Argwohn. Denn die religiösen Erfahrungen dieser Gruppe konnten nicht kontrolliert werden. Das Herz des Mystikers ließ sich auf Dauer einfach nicht in Formen, Regeln oder Dogmen irgendwelcher Art einbinden. Und so konnten aus ihren mystischen Erlebnissen stets ketzerische Lehren hervorgehen. Mystiker blieben daher für die institutionalisierte Kirche immer unbequem, wenn nicht gar häresieverdächtig, obgleich sie selbst tief in ihrer Kirche verwurzelt waren. Und so waren die Spannungen zwischen den Mystikern als von Gott Berufenen und ihrer Kirche zu allen Zeiten ein Problem für sie selbst wie auch für ihre Glaubensgemeinschaft. Nicht so für die Literatur. Denn für sie waren die Mystiker dahingehend eine Bereicherung, als diese bei der Suche nach angemessenen Ausdrücken, um ihre Erlebnisinhalte verbal darstellen zu können, äußerst wortschöpferisch tätig wurden. Hier zwei wunderschöne Beispiele dazu. Das erste stammt von der heiligen Gertrud von Helfta, einer Zisterzienserin und Mystikerin im Kloster Helfta bei Eisleben. Sie stammte wahrscheinlich aus Thüringen und wurde bereits als Fünfjährige von ihrer Familie ins Kloster gegeben. Nach einer schweren Sinnkrise durchlebt sie am 27. Januar 1281 eine Christusvision, die zu einer entscheidenden religiösen Neuausrichtung bei ihr führte, denn Gertrud erfuhr Gott als Gott-Liebe. Im Zentrum von Gertruds theologischem Werk stand daher die Botschaft von der Liebe Gottes. Und so beschreibt sie eine Lichterfahrung, die sich tief in ihre Lebensgeschichte eingegraben hat, mit folgenden Worten:

„Die wunderbare Wirkung des Lichts durchfloss meinen Körper, es drang bis ins innerste Mark; es schien mir alle Grenzen aufzulösen, und ich hatte das Gefühl, als seien mein Körper und meine Seele nichts als Licht, göttliches Licht."

Auch ihre Lehrerin, die Mystikerin Mechthild von Magdeburg, stellte das Licht ins Zentrum ihrer Schrift. Als sie Gott danach fragt, wie ihr Buch heißen soll, erhält sie von ihm zur Antwort: „Das Buch soll heißen: Ein fließendes Licht meiner Gottheit in alle Herzen, die da leben ohne Falschheit."

Diese beiden Beispiele zeigen ganz deutlich, wie sehr sich die Mystikerinnen und Mystiker poetischer Metaphern, Analogien und Vergleiche bedienten und dabei obendrein abstrakte Begriffe erfanden. Ihren Niederschlag fand die Frauenmystik übrigens in vielen deutschsprachigen Handschriften der literarisch gebildeten Nonnen. Zum anderen zeigen diese zwei Beispiele aber auch, dass sich die Mystik durch intensive Lichterfahrungen auszeichnet. Deshalb haben wir es hier mit tiefgreifenden Erleuchtungen zu tun. Und so schreiben die Mystikerinnen in unseren beiden Beispielen von einem alles überflutenden Glanz. Ja, von einer unendlichen Weite, lichterfüllt. Und von Grenzüberschreitungen, wunderbar und unbeschreiblich, sowie von Erkenntnissen, die so mitreißend sind, dass man sie nicht verschweigen kann. Und sie schreiben von feurigen Geisterfahrungen. Interessant ist, dass am Beginn der deutschen Mystik die Frauenmystik steht. Und bei dieser Frauenmystik handelt es sich um eine ekstatische Mystik. Man spricht hier auch von einer Gefühlsmystik oder von einer Erlebnismystik. Die Mystikerinnen richteten dabei zeitlebens ihr ganzes Sinnen auf Christus aus. Im Zentrum dieser Ausrichtung stehen die geistliche Brautschaft und die mystische Hochzeit mit Christus, die zuweilen in einer erotisch aufgeladenen Sprache beschrieben wird, ohne jedoch direkt auf Gott Bezug zu nehmen. Die Brautmystik ist zwar ein klassisch feminines Element, jedoch muss der Vollständigkeit halber erwähnt werden, dass sich die Brautmystik nicht ausschließlich auf das weibliche Geschlecht beschränkt, sondern durchaus auch von Männern in ihren mystischen Erlebnissen beschrieben wird, mitunter als Liebestreffen zwischen Gott als Bräutigam und sich selbst als Braut. Die Brautmystik ist deshalb als eine Form der Erlebnismystik zu charakterisieren. Im Grunde ist es eine Liebesmystik, bei der die Unio mystica als geistliche Hochzeit ihren Ausdruck findet. Es ist, wenn man so will, eine mystische Vermählung damit gemeint. Ein hervorragendes Beispiel für eine klassische Brautmystik bietet uns die heilige Katharina von Siena. Sie wurde im Jahre 1347 als Tochter eines Färbermeisters in Siena geboren. Um das Jahr 1364 schloss sie sich den Bußschwestern des heiligen Dominikus an. Nach 1374 wurde der Dominikaner Raimund von Capua ihr geistlicher Mentor, der auch ihre Biografie aufgeschrieben hat. Katharinas Mystik ist vor allem durch Christus geprägt, dessen Wundmale sie an ihrem Leib trug. Das verbindet sie auch mit dem heiligen Franziskus von Assisi, von dem sie stark beeinflusst wurde. Dabei muss hervorgehoben werden, dass die Stigmatisierung des heiligen Franz von Assisi ebenfalls mit außerordentlichen mystischen Erfahrungen und Visionen einherging. Es handelt sich bei beiden Heiligen um eine außergewöhnliche Manifestation der Mystik. Bei beiden ist das Körperliche weitgehend beteiligt, deshalb fällt es denn auch mehr in den Blick des Betrachters. Nicht wenige neigen aus diesem Grunde dazu, derartig außerordentliche Phänomene der Mystik wie Visionen, Ekstasen, Stigmata, Nahrungslosigkeit, Gedankenlesen oder die Unverweslichkeit des Körpers sowie Heilungswunder und dergleichen als den eigentlichen Ausdruck des mystischen Lebens anzusehen, obwohl sie im Grunde eher mehr oder weniger beiläufige Phänomene im Kontext der Mystik sind. Manche sind in diesem Kontext regelrecht fixiert darauf. Aber auch wenn das alles irgendwie gewissermaßen zur Mystik gehört, steht es doch nicht im Zentrum, denn das Wesen der Mystik und der mystischen Vorgänge, ihr inneres Wesen, das liegt einfach bedeutend tiefer. Die Mystik ist von daher nicht auf dieses Äußere angewiesen. Man sollte aus diesem Grund besser von den außerordentlichen Begleiterscheinungen der Mystik sprechen. Aber zurück zu Katharina von Siena. Sie praktizierte eine äußerst strenge Askese. Anfänglich war sie zwar noch Rohköstlerin, verzichtete aber mit der Zeit gänzlich auf eine Nahrungsaufnahme. Fasziniert von ihrer radikalen Gottessuche berichtet Raimund von Capua in der „Legenda maior" ausführlich von einem besonderen mystischen Ereignis, nämlich der „mystischen Vermählung". Katharina habe, so Raimund, ihrem „ewigen Seelenbräutigam" Christus in einem „lodernden Liebesbrand" erneut ihre Bitte nach einer Vereinigung mit ihm „auf das Innigste" vorgetragen. Darauf habe ihr Christus geantwortet:

„Mein Entschluss steht fest, jetzt mit dir aufs Festlichste meine Vermählung zu feiern: Ja, wie ich es dir versprochen habe, will ich mich mit dir im Glauben vermählen."

Das erklärte Ziel für die Unio mystica im Sinne der Brautmystik ist die völlige Loslösung der Seele vom irdischen Körper und ihre Vereinigung mit Gott. Zur Vorbereitung dieses himmlischen Hochzeitsfestes wird die Seele zur Braut und Gott zum Bräutigam. Der Höhepunkt der Vereinigung ist im Erlebnischarakter durchaus vergleichbar mit einem orgasmischen Sexualakt, der sich jedoch auf rein geistiger Ebene, also ohne körperlichen Einsatz, vollzieht. Der Mensch scheint demnach so beschaffen zu sein, dass er außergewöhnliche Bewusstseinszustände erfahren kann, glückselige Erfahrungen des Einsseins mit Gott und der ganzen Schöpfung. Und diese Fähigkeit unterscheidet ihn ganz deutlich von den anderen Lebewesen im Tierreich. Im Gegensatz zu der bisher beschriebenen Gefühls- oder Erlebnismystik steht ganz deutlich die bisher noch unerwähnt gebliebene intellektuelle Erkenntnismystik, die auch als Vernunftmystik bezeichnet wird. Diese Vernunftmystik charakterisiert sich vor allem dadurch, dass sie die Unio mystica allein durch das Denken herbeizuführen versucht. Wir müssen also an dieser Stelle lernen, zwischen der Gefühlsmystik einerseits und der Vernunftmystik andererseits zu unterscheiden. Oder anders ausgedrückt, es muss in Bezug auf die Mystik zwischen Expressivität und Intellektualität unterschieden werden. Man könnte auch sagen, während für die einen die Liebe den einzigen Weg zu Gott darstellt, meinen die anderen, dass allein die Vernunft zu Gott führt. Der Gefühlsmystik sind im Besonderen die Franziskaner zugeneigt, wohingegen die Dominikaner eher die Vernunftmystik bevorzugen. Natürlich gibt es aber zwischen Gefühls- und Vernunftmystik auch Zwischenstufen. Der heilige Franziskus von Assisi, der den Orden der Minderen Brüder gründete, führte die Franziskaner selbst zur Mystik. Er gilt auch als der erste überlieferte Fall einer Stigmatisation. Die Dominikaner hingegen sind erst durch Meister Eckhart zur Mystik geführt worden. Er wird auch als Mystiker der außergewöhnlichen Art bezeichnet. An Meister Eckhart scheiden sich aber die Geister. Für die einen ist er einer der größten Mystiker des Mittelalters, wenn nicht sogar der christliche Mystiker schlechthin. Andere hingegen gehen davon aus, dass Meister Eckhart gar kein Mystiker im eigentlichen Sinne war. Größer könnte also die Kluft zwischen beiden Lagern gar nicht sein. Doch wer war dieser Meister Eckhart und was hatte er überhaupt mit Mystik zu tun? Geboren wurde er um das Jahr 1260 unter dem bürgerlichen Namen Eckhart von Hochheim, und zwar im heutigen Landkreis Gotha in Thüringen. Meister Eckhart war ein einflussreicher spätmittelalterlicher Theologe und Philosoph. Bereits als Jugendlicher trat er um 1275 in Erfurt dem Orden der Dominikaner bei, in welchem er später auch hohe Ämter bekleidete. So wurde er mit 30 Jahren Prior seines Erfurter Klosters und Vikar von Thüringen. Über das, was sich in seinem Leben in den 30 Jahren davor zugetragen hat, wissen wir allerdings so gut wie nichts, denn es existieren keine Aufzeichnungen darüber. So wissen wir auch über seine Eltern, seine Geschwister und seine adelige Herkunft nichts. Alles, was wir aus diesen Jahren wissen, stammt ausschließlich aus Rückschlüssen, die aus den bekannten Daten und Angaben gezogen wurden. Meister Eckhart war kein Vertreter einer gefühlsmäßigen, schwärmerischen Mystik. Er dämmerte nicht in dunklen Nächten, hatte keine Visionen oder ungewöhnliche Erlebnisse. Auch werden von ihm keine Entrückungen, keine göttlichen Verzückungen oder wunderbare Heilungen berichtet. Er war vielmehr so etwas wie ein rationaler Mystiker, denn er beschritt den Weg der denkenden Mystik. Es ist eine Mystik des Intellekts und der Vernunft. Meister Eckhart setzte in seinem Bekenntnis zu Gott auf Vernunft und intellektuelles Erkennen. Es ist im Grunde ein rationaler Blick auf ein völlig irrationales

Phänomen. Für ihn kam es vor allem darauf an, Gott zu denken, um dann aus dem Erkennen und aus der erkennenden Erfahrung Gottes heraus die Welt, die Dinge, die Menschen und ihr Tun zu bedenken. Weil sich das gesamte geistige Geschehen im Innern der Seele abspielt. Diese Mystik ist keine Mystik der reinen Versenkung, sondern eine Mystik, die den Blick auf das Wesentliche, nämlich den Menschen richtet. Denn zum Gegenstand der Kontemplation können nicht nur alle Erscheinungen der Außenwelt werden, sondern auch das Innenleben des Menschen selbst. Es ist eine Mystik des Nachdenkens und Nachsinnens. Meister Eckhart hat kühne Gedankengänge beschritten, um bis an die Tiefen der Gottheit heranzukommen. Für Meister Eckhart führen Verstand und Weisheit den Menschen in den göttlichen Abgrund, wo Gott sich selbst erkennt, sich selbst versteht und seine eigene Weisheit und Wesenheit kostet. Oder, um es mit den Worten von Meister Eckhart auszudrücken:

„Das Seelenfünklein ist die Kraft, die mit Gott vereint."

Aber auch wenn wir von Meister Eckhart keine Berichte von Visionen, Auditionen und Träumen haben, scheinen ihm dennoch ganz offensichtlich, auch wenn er selbst vor einem mystischen Überschwang religiöser Gefühle warnte und auch Methoden wie der Askese skeptisch gegenüberstand, ekstatische Erfahrungen und Erlebnisse nicht völlig fremd gewesen zu sein. Möglicherweise schöpfte er also aus zwei verschiedenen Quellen. Denn Meister Eckhart kannte den Zustand tiefster innerer Freude, der von vielen Mystikern beschrieben wird. Dies wird vor allem durch die folgenden Äußerungen deutlich:

„Wenn das Kind in dir geboren wird, so hast du so große Freude über jedes gute Werk, das in dieser Welt geschieht, dass deine Freude die allergrößte Stetigkeit wird, sodass sie sich nicht ändert."

Auch die mystische Einigung mit dem Göttlichen beschreibt Meister Eckhart, sodass man davon ausgehen kann, dass er Zustände tiefster Versenkung erfahren hat:

„Ganz so wird auf alle Weise das Fünklein in der Seele emporgetragen in dem Lichte und in dem Heiligen Geiste und auf solche Weise hinaufgetragen in den ersten Ursprung und wird so ganz eins mit Gott und strebt so ganz ins Eine und ist in eigentlicherem Sinne eins mit Gott, als die Speise es mit meinem Leibe ist, ja, um vieles mehr, um so viel, wie es lauterer und edler ist."

Und an einer anderen Stelle heißt es:

„Denn mir wird in diesem Durchbrechen zuteil, dass ich und Gott eins sind."

Dem Seelenfunken gibt Meister Eckhart zwei wichtige Funktionen. Erstens ist er das Höchste und Göttliche in der Seele und somit das Bindeglied zwischen Mensch und Gott. Er ist der Punkt in der menschlichen Seele, wo Gott und Mensch zusammentreffen, und damit der Ort, in dem das Leben in den Menschen hineinströmt. Meister Eckhart bezeichnete diesen Punkt in der Seele auch gern als Gipfel der Seele, die Offenheit für das Licht Gottes und für seine Gnade. Würde sich Gott aus diesem Ort zurückziehen, so würde der Mensch aufhören zu existieren. Deshalb ist dieser Ort auch der bedeutendste Punkt mystischer Potenz. Und zweitens, so Meister Eckhart weiter, löst der Seelenfunken Gewissensbisse gegenüber dem Bösen aus. Die Gottesgeburt vollzieht sich nach Meister Eckhart durch mystische Erfahrung, was bei ihm das Erkennen Gottes meint. Diese Erkenntnis Gottes ist eine Erfahrungskenntnis von Gott. Es ist eine währende Seinsgegenwart Gottes am Grund der menschlichen Existenz, also im Seelengrund. Es ist demnach eine Versenkungsekstase, von welcher der Mystiker Eckhart spricht. Für ihn sind mystische Erlebnisse etwas, das zutiefst in der Seele verankert ist. Interessant ist, dass auch in der traditionellen religiösen Literatur das Wort „Ekstase" oft mit der Kontemplation in Verbindung gebracht wird. Bei Meister Eckhart erwuchs eine neue spekulative Theologie genau aus dieser mystischen Erfahrung der Versenkungsekstase, also einem ekstatischen Gotteserlebnis. Und diese Theologie vertrat er auch mit seiner feurigen Einzigartigkeit und großem Bekennermut, und zwar in beispiellos wortschöpferischer und seelenaufreißender Sprachgewalt. Er war es auch, der für das Fremdwort „Ekstase" die deutschen Äquivalente Verzückung bzw. Entzückung prägte. Leider war es dann exakt diese neue Theologie, die ihm im Jahre 1326 die Anklage wegen Häresie, also wegen Irrlehre, einbrachte. Aus all seinen Werken wurden 28 Sätze durch Papst Johannes XXII. im Jahre 1329 als häretisch oder übel klingend gebrandmarkt. Meister Eckhart blieb sowohl der Prozess als auch die Verkündigung durch den Papst erspart, denn er verstarb mit circa 67 Jahren vor dem Abschluss des Verfahrens, aller Wahrscheinlichkeit nach im Dominikanerkloster zu Avignon, zwischen dem Juli 1327 und April 1328. Meister Eckhart hat als Mystiker immer das Anliegen vertreten, dass der Mensch nicht nur an Gott oder die Sätze der Kirche glauben muss, sondern dass jeder Mensch Gott auch ganz persönlich erfahren kann. Und dieses Anliegen vertrat er mit einer offenen und klaren Sprache, die jenseits jedweder Dogmatik lag. Meister Eckhart hat die biblischen Texte für den Menschen entmythologisiert und stattdessen die Bedeutung für das einzelne Individuum untersucht. Er ist der Frage nachgegangen, was die biblischen Texte ganz konkret für einen selbst bedeuten. Meister Eckhart hat den Glauben mit dem Denken versöhnt. Er hat ermutigt, anstatt auszugrenzen. Und er verband die christliche Glaubenslehre mit der Suche nach einem Leben in Selbstbestimmung, welches Leben und Denken als einen offenen Prozess versteht. Vieles, was Meister Eckhart schrieb, wird auch von anderen Religionen, vor allem vom Buddhismus, genauso gesehen und anerkannt. Deshalb bleibt die Lehre Meister Eckharts für viele auch heute noch aktuell und interessant. Mit seiner mystischen Theologie beeinflusste Meister Eckhart zu Lebzeiten auch noch weitere bedeutende Mystiker wie Heinrich Seuse und Johannes Tauler, die beide seine geistigen Schüler waren. Heinrich Seuse ging jedoch einen anderen mystischen Weg, nämlich den Weg der Gefühlsmystik. Seuse wurde am 21. März des Jahres 1295 am Bodensee, möglicherweise in Konstanz oder Überlingen, geboren. Mit 13 Jahren trat er in den Dominikanerorden ein. Es war derselbe Orden, in den auch

Johannes Tauler ein paar Jahre später eintrat. Als 18-Jähriger erlebte Heinrich Seuse seine Bekehrung. Es war für ihn ein Gnadenerlebnis, durch welches er zum „Diener der Ewigen Weisheit“ wurde. Bald darauf sollte er seine erste Ekstase erleben, die ihn zu noch tieferem Verständnis der christlichen Mysterien führte und seine Wandlung letztlich vervollständigte. Von diesem Augenblick an führte der Mystiker und Mönch Heinrich Seuse ein streng asketisches Leben, und zwar im „Dienst der Ewigen Weisheit“. In diesem Dienst hat er sich strengste Kasteiungen auferlegt. So trug er eine Lederhose, in die er sich von einem Schmied 150 Nägel einarbeiten ließ. Diese behielt er dann Tag und Nacht an. Selbst als sich Wanzen und Flöhe darin einnisteten, ertrug er dies ohne Murren und Klagen. Um auch in der Nacht nicht in Versuchung zu geraten, steckte er seine Hände in genagelte Handschuhe. Tagsüber züchtigte er sich selbst, sodass sein Oberkörper von offenen Wunden übersäht war. Auch das Ungeziefer und die Fliegen ertrug er im „Dienst der Ewigen Weisheit“. Hier der entsprechende Augenzeugenbericht aus seiner Vita:

„Eine Zeit lang trug Seuse ein Hemd aus Haaren und eine eiserne Kette, bis das Blut von ihm niederrann, sodass er gezwungen war, sie abzulegen. Er sorgte heimlich dafür, dass ein Untergewand für ihn gemacht wurde, und an dem Untergewand hatte er Lederstreifen befestigt, in die etwa 150 Nägel aus Messing, scharf zugespitzt und gefeilt, getrieben waren, und die Spitzen der Nägel waren stets gegen das Fleisch gerichtet. … Darin pflegte er in der Nacht zu schlafen … und dann ersann er etwas anderes: zwei Lederhandschuhe, … und er veranlasste einen Schmied, sie über und über mit scharf gespitzten Stiften aus Messing auszurüsten, und er pflegte sie nachts anzulegen, damit, wenn er im Schlafe versuchen sollte, das haarige Untergewand abzulegen oder sich selbst von den Stichen der ekelhaften Insekten zu befreien, die Stifte dann in seinen Körper eindringen sollten.“

Heinrich Seuse schindete seinen Körper systematisch aufs Äußerste und ersann dabei immer härtere Übungen. So trug er auf dem Rücken ein Nagelkreuz, dessen Nägel in die Haut eindrangen. Er ließ sich häufig zur Ader und fesselte sich jahrelang vor dem Schlafen mit einem System von Gürteln, Riemen und Schlössern. Auch aß und trank er zeitweise gerade einmal so viel wie zum Überleben ausreichte. Darüber hinaus praktizierte er Schlafentzug und setzte sich zur Weihnachtszeit bewusst der Kälte aus. In dieser selbst auferlegten härtesten Askese rang er um Gelassenheit und Selbstbeherrschung. Dabei wurden ihm Visionen, Entrückungen und himmlische Einsichten zuteil, welche in bedeutenden Schriften niedergelegt wurden. Die Kasteiungen führte Heinrich Seuse seit seinem achtzehnten Lebensjahr fort, bis „alle seine Natur verwüstet war“, so ein Augenzeugenbericht. Eines Tages träumte Heinrich Seuse davon, dass Gott diese Marter nicht länger will. Erst dann, im Alter von vierzig Jahren, legte er die Lederhose, die genagelten Handschuhe sowie die Schlagwerkzeuge beiseite und distanziert sich deutlich von den zuvor beschriebenen Praktiken der Selbstkasteiung. Heinrich Seuse gilt als der Dichter unter den deutschen Mystikern, dessen Schriften einen großen Bilder- und Gefühlsreichtum bezeugen. Das Ziel seiner Lehre und Theologie war die Vereinigung mit Gott, was nur stufenweise und mit Gelassenheit zu erreichen ist. Der Mensch solle sich dabei durch strenges Meditieren sowie durch selbstgewählte Bußübungen an Gott ausliefern. In dieser Mystik suchte Heinrich Seuse die völlige Entäußerung von den sichtbaren Dingen und die Vereinigung mit Gott durch die Kontemplation. Nur in diesem Zusammenhang ist sein folgender Ausspruch zu verstehen:

„Jeder gewinnt das Leben der Gnade in dem Grade, als er dem Eigenwillen abstirbt."

Seuse wurde ein bekannter und beliebter Prediger und Beichtvater. Vor allem war er Seelsorger in vielen Schwesternklöstern am Oberrhein. Die Leiden und Verleumdungen, welche er besonders in den letzten Jahren seines Lebens erdulden musste, hat er in großer Demut und Geduld ertragen. Leider fehlen über seine letzten Lebensjahre nahezu alle Angaben. Am 25. Januar des Jahres 1366 starb Heinrich Seuse im Alter von 71 Jahren in Ulm. Sein Grab wurde zwar in den Wirren der Reformationszeit zerstört, erhalten geblieben sind jedoch von ihm einige schriftliche Zeugnisse. So beispielsweise die Sammlungen „Briefbüchlein" und „Das große Briefbuch", vier Predigten, das „Minnebüchlein", das „Stundenbuch der Weisheit", die „Zeittafel der Weisheit" sowie sein „Büchlein der Wahrheit" und das „Büchlein der Ewigen Weisheit", die heute gemeinsam zu den Standardwerken deutscher Mystik gehören. Der zweite Eckhart-Schüler, Johannes Tauler, ein Ordensbruder Heinrich Seuses, beschritt hingegen den mystischen Weg seines Lehrmeisters. Auch wenn wir über seine Biografie wenig wissen, so steht jedoch eines sicher fest, nämlich dass er stark vom Denken Meister Eckharts geprägt war und dessen Lehre für ihn richtungsweisend wurde. Tauler, der wahrscheinlich um das Jahr 1300 in Straßburg geboren wurde, trat um 1315 im Alter von etwa 14 Jahren in das Dominikanerkloster ein. Er war allerdings bei schwacher Gesundheit und konnte die im Noviziat geforderten asketischen Übungen nicht vollziehen. Aber er war fleißig und absolvierte im Orden ein Studium der Logik und Naturphilosophie, wobei er keinen akademischen Titel erwarb, was auch gar nicht sein Ansinnen war. In seinem fünfundzwanzigsten Lebensjahr erhielt er die Priesterweihe und wurde nach seinem Studium zeitnah in der Seelsorge eingesetzt. Im Gegensatz zu Meister Eckhart widmete sich Tauler Zeit seines Lebens eher praktischen Aufgaben und weniger wissenschaftlichen Arbeiten. Johannes Tauler war deshalb kein Theologe vom Schlage Meister Eckharts. Wurde Letzterer als „Lesemeister", bezeichnet, muss man Tauler eher einen „Lebemeister" nennen, denn sein Anliegen war es, eine Spiritualität zu verbreiten, die sich im Leben auch bewährt. Dabei schlug er einen geistlichen Weg ein. Seine Mystik ist eine alltagsnahe Mystik. Und wie Meister Eckhart spricht auch Tauler nie direkt von einem eigenen mystischen Erleben. Für beide Kirchenmänner steht unumstößlich fest, dass es in der menschlichen Seele einen innersten Kern gibt, der eine besondere Nähe zu Gott hat, ja beinahe selbst schon göttlich ist. Johannes Tauler nannte diesen innersten Kern den „Grund". Dieses tiefste Seelenzentrum strebt nach seiner Auffassung zu einer Vereinigung mit Gott, der Unio mystica, welche bereits im diesseitigen Leben möglich ist. Partner und Ziel dieser Unio mystica ist für Tauler das weiselose, formlose, namenlose, verborgene Wesen Gottes. Für Heinrich Seuse war es das ewige Nichts, das schöpferische Nichts, das man

Gott nennt. Und für Meister Eckhart war es ein namenloses Nichts. Für Johannes Tauler war es das wichtigste und höchste Bestreben, einen praktikablen Weg aufzuzeigen, auf welchem der Mensch diese Vereinigung mit Gott erleben kann. Dieser spirituelle Weg war auch das zentrale Thema seiner Predigten. Sein Leitgedanke war dabei die Frage, wie kann ich das Tiefste in mir mit dem Tiefsten außer mir vereinigen? Das Tiefste im Menschen ist für Tauler das Gemüt, in dem das Gotteserlebnis selbst provoziert werden kann. Der göttliche Grund, der sich jedem menschlichen Einfluss entzieht, ist hingegen das Tiefste, welches außer uns steht. Um sich nun mit Gott schon zu Lebzeiten vereinigen zu können, muss die menschliche Seele leer werden, sodass sie von Gottes Gegenwart ganz erfüllt werden kann. Das heißt, dass der Mensch den Weg der inneren Abkehr von allem Weltlichen gehen muss. Er muss über alle geschaffenen Bilder, Formen und Erscheinungen hinauskommen, um so in sein eigenes Nichts sinken zu können, aus dem er ursprünglich gekommen ist. Um es mit Taulers eigenen Worten zu sagen:

„Du musst auf dein Nichts gewiesen werden und sehen, was in dir verborgen und verdeckt liegt. Bleib bei dir selber!"

Und an einer anderen Stelle sagte Tauler:

„Soll Gott sprechen, so musst du schweigen, soll Gott eingehen, so müssen alle Dinge ihm den Platz räumen."

Wie wichtig die Loslösung des Menschen von allen Bildern ist, um zu der Vereinigung von Gott und Mensch zu gelangen, die alle Trennungen aufhebt, machen die folgenden Worte Taulers noch einmal deutlich:

„Man findet gar manchen, der in der bildhaften Weise sehr bewandert ist und große Freude an solcher Übung besitzt, aber keinerlei Zugang zur Innerlichkeit seiner Seele hat. … Das kommt daher, dass sie zu sehr bei den sinnlichen Bildern verweilen und dabei verharren und nicht vorwärtskommen und nicht in den Grund durchbrechen, wo die lebendige Wahrheit leuchtet: denn man kann nicht zwei Herren dienen: den Sinnen und dem Geist."

Seine Zuhörer forderte Tauler deshalb immer wieder auf, sie mögen „die Bilder bald fahren lassen und mit flammender Liebe durch den mittleren in den allerinnersten Menschen hindurchdringen."

Denn, so Tauler weiter:

„Solange der Mensch mit den Bildern, die unter uns sind, beschäftigt ist und damit umgeht, wird er niemals in den Grund gelangen."

Das Reich Gottes ist für Johannes Tauler somit ganz klar in uns. Der Mensch muss deshalb bereit sein, den Geist Gottes unmittelbar in seinem Inneren zu erfahren. Tauler mahnte daher den Menschen zur praktischen Nachahmung Christi, zu Demut und Selbsterkenntnis, in deren Folge dann der Einzelne von Gott regelrecht abgewandelt wird. Zum Gelingen des Durchbruchs gehören für Tauler aber ganz existenziell die Abgeschiedenheit vom Äußeren, das Aufgeben der Anhänglichkeit an Dinge, Geschöpfe oder Gewohnheiten sowie die Einkehr in den Grund und der Einklang mit Gott, das Erkennen des Selbst und das Schweigen, damit Gott sprechen kann. Aber auch Frömmigkeitsübungen, Gebete und die Eucharistie können nach Tauler zu dieser Einheitserfahrung mit Gott führen. Für Johannes Tauler ist der Mensch deshalb immer in Bewegung. Nur auf diese Weise, so Taulers Überzeugung, kann der Mensch zu dem Durchbruch gelangen, der ihn auf seinem Weg weiterbringt. Aber nicht eindimensional, sondern in drei Schichten bewegt sich der Mensch in Taulers Augen dabei von der Selbst- zur Gotteserkenntnis. Ein Auszug aus seiner Predigt „Von der Geburt Gottes im Menschen" verdeutlicht dies sehr anschaulich:

„Die Seele hat drei edle Kräfte, in denen sie ein reines Abbild der heiligen Dreifaltigkeit ist: Gedächtnis, Verstand und freier Wille. Und mittels dieser Kräfte erfasst sie Gott und ist für ihn empfänglich, sodass sie alles dessen empfänglich werden kann, was Gott ist und hat und geben kann, und vermittels ihrer schaut sie in die Ewigkeit. Denn die Seele ist zwischen Zeit und Ewigkeit geschaffen: Mit ihrem obersten Teile gehört sie in die Ewigkeit, und mit ihrem untersten Teile, mit ihren sinnlichen, tierischen Kräften, gehört sie in die Zeit. Nun ist die Seele sowohl mit ihren obersten wie mit ihren untersten Kräften in die Zeit und die zeitlichen Dinge ausgeströmt, infolge der nahen Verwandtschaft, die die obersten Kräfte zu den untersten haben; daher wird ihr auch dieser Lauf sehr leicht, und sie ist sogar bereit, ganz in die sinnlichen Dinge auszulaufen, und geht so der Ewigkeit verlustig. Wahrhaftig, es muss notwendig ein Rücklauf geschehen, soll diese Geburt geboren werden, es muss eine kräftige Einkehr geschehen, ein Einholen, ein inwendiges Sammeln aller Kräfte, der untersten und der obersten, und so muss eine Vereinigung von aller Zerstreuung stattfinden."

Die Lehre von Johannes Tauler steht ganz in der Tradition Alberts des Großen und des heiligen Thomas von Aquin. Seine Lehre weist aber zugleich auch deutlich eigene Züge auf und Tauler scheut sich deshalb nicht, ebenso Gedanken zu vertreten, die unübersehbar im Widerspruch zum heiligen Thomas von Aquin stehen. Diese Lehre ist heute noch genauso aktuell wie damals, denn sie gibt allen Menschen Rückenwind, die Sehnsucht nach Gott verspüren, aber für ihre Suche nach dieser Nähe weniger Zeit und Ruhe zur Verfügung haben, als ihnen eigentlich lieb ist. Denn Taulers Lehre macht Mut und zugleich Lust, sich auf diese innere Reise aufzumachen und sich dafür auch Räume der Stille zu schaffen. Und Tauler lehrt den Menschen gleichzeitig, wie die Mühen im Beruf oder in der Familie als ein ebenbürtiger Teil von diesem Weg gesehen werden können. Man darf deshalb mit Fug und Recht darauf hinweisen, dass Johannes Tauler zusammen mit seinem Lehrer Meister Eckhart sowie dessen zweitem Schüler Heinrich Seuse zur berühmten Schule der „Deutschen Mystiker" des 14. Jahrhunderts gehört. Aus den letzten Lebensjahren Taulers sind uns keine weiteren Einzelheiten bekannt. Lediglich eine alte Überlieferung beschreibt, dass er im Frühjahr des Jahres 1361 wohl erkrankt sein soll und infolgedessen im Gartenhaus der Dominikanerinnen in seiner Geburtsstadt Straßburg gepflegt wurde. Am 16. Juni 1361 verstarb Johannes Tauler. Er wurde in der Kirche seines Klosters begraben, wobei eine Grabplatte, auf der seine Gestalt eingeritzt war, im Kreuzgang aufgestellt wurde. Heute befindet sich dieser Grabstein in der sogenannten lutherischen „Neuen Kirche", die im 19. Jahrhundert an der Stelle des Klosters errichtet wurde. Was für eine Ironie des Schicksals. Denn gerade der große deutsche Reformator Martin Luther (1483–1546) wurde in seiner Frühzeit stark von Taulers Predigten beeinflusst. So sagte Martin Luther einmal:

„Ich habe bei Tauler mehr wahre Theologie gefunden als in allen Universitäten."

Aber auch andere mystische Autoren berühren den jungen Luther noch kurz vor der Reformation, so beispielsweise Bernhard von Clairvaux oder Bonaventura. Luther wird später diese Lehrer zeitlebens respektvoll und zustimmend zitieren. Und zeitlebens finden wir mystische Aussagen bei ihm. Kein Wunder, denn auch Martin Luther kannte mystische Erlebnisse. Erinnert sei hier nur an sein berühmtes Turmerlebnis von 1513, als er sich gerade auf seine nächste Lesung vorbereitete. Man muss hierzu wissen, dass es der Gedanke war, unvorbereitet auf seinen Schöpfer zu treffen, der Luther in einer Gewitternacht des 2. Juli 1505 bei Stotternheim mit Panik erfüllte und Augustinermönch werden ließ. Sein religiöses Erleben war, wie bei so vielen Menschen des ausgehenden Mittelalters, von Gottesschrecken und Höllenfurcht geprägt. Dieser Gottesschrecken war es auch, der ihn in jener Gewitternacht zu Boden stürzen und ausrufen ließ:

„Heilige Anna, hilf! Lässt Du mich leben, so will ich ein Mönch werden."

Dabei bekannte Luther im November des Jahres 1521 ganz offen:

„Ich bin nicht gern und nicht aus Eifer ein Mönch geworden, viel weniger des Bauchs wegen, sondern da mich eine Angst und Todesschreck unversehens überfiel, tat ich ein erzwungen und erdrungen Gelübde."

Aber die inneren und seelischen Erschütterungen des frühen Luthers hören auch im Kloster nicht auf. Sie haben für den heutigen Menschen kaum vorstellbare Züge. Kann ein vollkommener und vollkommen gerechter Gott mich vollkommen unvollkommenen Menschen lieben? Diese Frage treibt den jungen Augustinermönch fast in den Wahnsinn. So erzählt beispielsweise Johannes Cochlaeus (1479–1552), ein theologischer Gegner Luthers, von einer Krise, in die Luther fiel, als er noch Mönch war. Beim Verlesen des Markusevangeliums, an einer Stelle, die von der Dämonenaustreibung bei einem jungen Mann berichtet, stürzte Luther plötzlich zu Boden und schrie:

„Das bin ich nicht, das bin ich nicht!“

Luther war verzweifelt und depressiv. Er nahm zwar sein Leben als Mönch sehr ernst und kasteite sich, aber dennoch wähnte er sich permanent in Sünde und begangenem Unrecht. Er hatte entsetzliche Angst vor dem Jüngsten Gericht, vor einem strafenden Gott, der nach dem Tod über den Menschen Gericht hält. Kein Mensch auf Erden, so der Gedanke in seinem Kopf, sei er auch noch so bemüht und rechtschaffen, werde je vor Gott bestehen können. Denn jeder Mensch sündigt, jeder Mensch hat Phasen in seinem Leben, in denen er sich gegen Gott entscheidet. Das bedeutet aber, so Luther, wenn Gott gerecht wäre, müsste der Mensch nach seinem Leben und seinen Taten in jedem Fall gerichtet und bestraft werden. An dieser Verzweiflung des jungen Mönches kann auch die behutsame und liebevolle geistliche Begleitung durch seinen mystisch geprägten Ordensgeneralvikar Johann von Staupitz (1460–1524) nichts ändern. Luther drohte ganz offensichtlich an der Größe und Allmacht Gottes zu zerbrechen. Diese Verzweiflung wird überdeutlich in den folgenden Worten, die er in einem Brief an seinen Ordensgeneralvikar richtet:

„O meine Sünde, Sünde, Sünde!“

Erst im Alter von 29 Jahren findet die gequälte und suchende Seele Luthers endlich Erlösung, als er im schwarzen Turm zu Wittenberg seine Gottesstunde erlebt. Mit dieser überwältigenden inneren Erfahrung steht und fällt Luthers gesamte Theologie. Es ist zwar keine klassische mystische Erfahrung der unmittelbaren Begegnung oder Vereinigung mit Gott, trotzdem ist dieses Turmerlebnis nach seinen eigenen Worten die Stunde seiner „Wiedergeburt“ geworden. Wie bereits angedeutet geschah es, als sich Luther gerade auf seine nächste Lesung vorbereitete. Da las er in dem Brief des Apostels Paulus an die Römer die Worte „gerecht“ und „Gerechtigkeit“ und blieb an ihnen plötzlich hängen. Er erinnerte sich an die Worte seines Seelenverwandten Paulus, der da sagte:

„Der Gerechte wird aus Glauben leben.“

Bei diesen Worten traf es Luther wie Donner. Luther erkennt plötzlich, dass die Gerechtigkeit Gottes darin besteht, dass Christus uns alle rechtfertigt und erlöst. Er erkannte, dass er nicht durch gute Taten, sondern allein durch seinen Glauben an die Barmherzigkeit Gottes dem ewigen Höllenfeuer entkommen kann. Luther begriff augenblicklich, dass Gott kein mitleidsloser, strafender Gott ist. Der Mensch kann sich die Erlösung durch Gott nicht verdienen oder erarbeiten, denn nur Gott selbst kann den Menschen erlösen. Die Entdeckung des gnädigen Gottes war für Luther eine vollkommene innere Erneuerung, die er mit seinen Worten so beschrieb:

„Ich fühlte, dass ich völlig neu geboren und durch die offene Tür des Paradieses eingetreten war.“

Luthers Mystik ist somit von Anfang an reine Bibelmystik, ausgelöst und vermittelt durch das geoffenbarte Wort der Schrift. Deshalb liebte und achtete Luther die Schrift über alles. Zeitlebens war sie für ihn das Medium der Gottsuche und der Gottesbegegnung. Und genau diese Begegnung mit dem Wort Gottes in Gestalt der Gnadenlehre des Apostels Paulus, die in Luther jene überwältigende innere Erfahrung auslöste, wurde fortan zum Dreh- und Angelpunkt seiner Theologie. Sie wurde zur Grundlage seiner Rechtfertigungslehre. Man darf sagen, dass sich Luther seit etwa November 1515 der Paulusexegese zugewandt hat. Zuerst las er über den Römerbrief, um sich dann ein Jahr später dem Galaterbrief zuzuwenden. Abschließend widmete er sich in der Zeit von 1517 bis 1518 auch noch dem Hebräerbrief. Aus der Exegese dieser Briefe entstand dann seine neue Theologie, die sich, wieder an Paulus und Augustinus orientierend, in drei prägnanten „sola"-Prinzipen zusammenfassen lässt:

1. sola scriptura

= allein die Schrift als Quelle – ohne die Tradition und das Lehramt

2. sola fide

= allein der Glaube als Grund für die Rechtfertigung – ohne Berücksichtigung der Taten

3. sola gratia

= allein die Gnade als Ursache der Rettung – ohne Mitwirkung der Natur

Luther sah die Rechtfertigung des Menschen vor Gott allein im Glauben. Dieser Glaube wird dem Menschen durch die Gnade Gottes ans Herz gelegt und durch die Heilige Schrift offenbart, und zwar in den Prinzipien sola gratia, sola fide, sola scriptura, so Luther. Diese drei Schlagworte kennzeichnen somit die Eckpfeiler von Luthers Erkenntnis, die für Lutheraner in der ganzen Welt bis heute zentral ist. Interessanterweise steht diese Erkenntnis im krassen Widerspruch zu den Aussagen von Jakobus dem Gerechten, der in der Exegese auch als Bruder des Herrn Jesus bezeichnet wird und eine zentrale Gestalt der Jerusalemer Urgemeinde war. Denn nach den Aussagen des Jakobus gilt, dass nicht sola fide oder sola scriptura entscheidend sind, sondern der Glaube plus die Werke, die ein Mensch verrichtet. Aus diesem Grunde ist es auch bei der Betrachtung mystischer Aussagen von besonderem Interesse, dass sich zwischen den Aussagen Meister Eckharts und Martin Luthers durchaus einige Parallelen finden lassen. So bestreitet beispielsweise Meister Eckhart das Monopol kirchlicher Heilsvermittlung, was in etwa der ersten reformatorischen Kernthese, dem sola scriptura, entspricht. Anders ausgedrückt, das sola scriptura bei Martin Luther findet eine Entsprechung im sola revelatione bei Meister Eckhart. Und Meister Eckhart, der wie in vielem so auch hier von Augustinus herkommt, lehnt alle sogenannten „guten Werke" ab und nimmt damit die dritte reformatorische Kernthese Luthers, das sola gratia, vorweg. Dies alles hat einige Autoren dazu bewogen, die Meinung zu vertreten, dass Meister Eckhart der Wegbereiter oder Vorbereiter der Reformation gewesen sei. Eine durchaus gewagte These. Denn die Gnadenlehre Meister Eckharts, also sein sola gratia, bedeutet im Gegensatz zu Luther „nichts ohne Gnade". Das heißt, alles, was Gott wirkt, wirkt er aus reiner Gnade. Gott muss sein Wesen, das ganz und gar Liebe ist, vollziehen. Bei Luther ist hingegen die Gnade an das Erlösungswerk Jesu Christi gebunden. Vielleicht war Meister Eckhart tatsächlich der geistige Wegbereiter der späteren Reformation, doch bewusst und gar willentlich mit Sicherheit nicht. Denn dies wird in seiner eigenen Rechtfertigung nach der Häresie-Anklage durch die Worte deutlich:

„Alles, was in meinen Schriften und Worten falsch ist ohne mein besseres Wissen: allezeit bin ich bereit, dem besseren Sinn zu weichen. … Denn irren kann ich, aber ein Ketzer sein, nein, das kann ich nicht; denn das Erste geht den Intellekt an, das Zweite aber den Willen."

Dieser Satz zeigt unübersehbar, dass bei Meister Eckhart, wie auch bei allen anderen Mystikern, die Liebe letzten Endes höher steht als das Sein und die Vernunft. Dennoch zeigen die Parallelen zwischen Meister Eckhart und Luther, welche Sprengkraft in der Mystik für die dogmatische Amtslehre stecken kann. Es nimmt daher nicht wunder, dass sich die alte Kirche von der Mystik distanzierte und sie unter Häresieverdacht stellte. Demgegenüber lässt sich in der abendländischen katholischen Kirche heutzutage eine latente Offenheit für die mystische Spiritualität sowie herausragende Mystikergestalten finden. Dabei darf allerdings nicht übersehen werden, dass es nicht nur in der katholischen Kirche, sondern auch im späteren evangelischen Christentum eine reiche mystische Tradition gibt. Heute plädiert man innerkirchlich und innerchristlich gern für eine mystisch-spirituell ausgerichtete Kirche. Sie wird als gegenwärtige Kirche gern der dogmatischen Kirche von gestern gegenübergestellt. Eine solche Kirche ist zwar noch reines Wunschdenken, dennoch trifft sie den wahren Nerv unserer Zeit. In diesem Zusammenhang ist die Äußerung des wohl bedeutendsten deutschsprachigen katholischen Theologen des 20. Jahrhunderts, Karl Rahner (1904–1984), die er 1966 am Ende seiner Schaffenszeit formuliert hat, von besonderem Belang:

„Der Christ des 21. Jahrhunderts wird Mystiker sein – oder er wird nicht sein."

Die Zukunft wird zeigen, ob er recht behalten wird.

Visionen

Als Visionen im religiösen Sinne versteht man ein subjektives bildhaftes Erleben von etwas sinnlich nicht Wahrnehmbarem, welches dem Erlebenden aber als real erscheint und von ihm auf die Einwirkung einer jenseitigen Macht zurückgeführt wird. Mitunter erhält der Visionär auch Eindrücke, die von anderen Sinnesorganen zu stammen scheinen. So können beispielsweise zusätzlich oft Höreindrücke auftreten, meist als gesprochene Worte, die in der Religionswissenschaft als Auditionen bezeichnet werden. Die Visionen können aber auch genauso gut das gesamte Spektrum körperlicher Empfindungen, also alle Sinne, miteinbeziehen. Bei den Visionen nimmt die Seele mit dem absoluten Leben Kontakt auf. Und dieser Kontakt wird dann unmittelbar in ein Bild umgesetzt. Das bedeutet, dass Visionen auf der Grenzlinie zwischen bekannten und unbekannten Welten entstehen, zwischen offener Gegenwart und naher Zukunft. Sie können demzufolge Gegenwärtiges, Vergangenes oder Zukünftiges betreffen. Der Gegenstand der Visionen kann etwas Bildhaftes ebenso wie etwas Reales sein, etwas physisch Gegenwärtiges ebenso wie Transzendentes im weitesten Sinne. Visionen bringen somit aus inneren Welten Eindrücke einer wandelbaren Wirklichkeit ans Licht. Sie müssen daher als Ausdruck eines tiefen inneren Erlebens verstanden werden. Oder, wie es Karl Rahner auszudrücken pflegte, die Vision ist das „Echo eines viel innerlicheren und geistigeren Vorgangs". Visionen sind traumartig veränderte Bewusstseinszustände, wobei die Bilder und Stimmen dieses Erlebnisses eine derartige Intensität aufweisen können, dass sie den Horizont unserer sonstigen lebensweltlichen Erfahrungen regelrecht sprengen. Die Grenzen zwischen Traum, Wahn und Wirklichkeit können dann sehr leicht verschwimmen. Es kann infolgedessen oft schwierig werden, die beschriebenen Visionen von den Träumen zu unterscheiden. Und manchmal gehen sie auch ineinander über. Deshalb muss ausdrücklich betont werden, dass visionäre Erfahrungen durchaus in verschiedenen Bewusstseinsbereichen angesiedelt sein können. So kann beispielsweise eine Person eine Vision im Wachzustand empfangen, die sich so sehr in das Bewusstsein einprägt, dass dieses Erlebnis ein Leben lang erinnerlich bleibt. Andere Personen hingegen haben nächtliche Visionen, also während sie schlafen. Diese dringen in den Zwischenbereich des Unterbewusstseins ein und steigen als Erinnerung empor, sodass sie den Betreffenden über Jahre hinweg begleiten und nicht mehr loslassen können. Visionen können daher als Eingebungen geistiger Wesenheiten in das Bewusstsein eines Menschen interpretiert werden. Aus diesem Grunde können sie, wie bereits unter dem Punkt Mystik mehrfach angedeutet, auch Ausdruck einer tiefen mystischen Erfahrung sein. Der Mystiker Heinrich Seuse beispielsweise kannte verschiedene Formen der visionären Schau. Er unterschied dabei zwischen Visionen, die eine Entrückung der Seele aus dem Leib, auch „raptus" genannt, zur Folge haben, und solchen, bei denen die Seele im Körper verweilt. Damit sind Visionen per definitionem eine Art religiöse Erscheinung, obwohl sie auch nichtreligiös sein können. Im religiösen Bereich ist eine Vision immer eine Möglichkeit Gottes, sich Menschen mitzuteilen. Die Vision ist dann als eine Mitteilung zu verstehen, die der Betreffende als Bild oder Erscheinung sieht, so als wäre er an dem jeweiligen Ort und bei vollem Bewusstsein. Erfahrene Mystiker betonen dabei immer wieder, dass Visionen, wenn sie von Gott kommen, ihr Ziel und ihren wahren Sinn gerade dann erreichen, wenn sie nicht angestrebt werden. Wenn man sich auf diese Weise den Bereichen Visionen und Mystik zuwendet, dann gibt es an einem Namen kein Vorbeikommen, Hildegard von

Bingen. Sie ist die erste deutsche Mystikerin und gleichzeitig die größte und berühmteste deutsche Visionärin des Mittelalters. Man könnte sogar etwas überspitzt sagen, Vision ist ihr Porträt, denn sie war eine absolut begnadete visionäre Mystikerin. Hildegard ist eine der faszinierendsten Frauengestalten des Mittelalters und wird nicht umsonst als „prophetissa teutonica", sprich als deutsche Prophetin, bezeichnet. Geboren wurde sie im Jahre 1098 als zehntes und wohl jüngstes Kind. Die Eltern, Hildebert und Mechthild von Bermersheim, gehörten dem fränkischen Hochadel an. Das exakte Geburtsdatum Hildegards ist nicht bekannt. Auch der Geburtsort steht nicht zweifelsfrei fest. Fest steht jedoch, dass Hildegard von Bingen bis zu ihrem achten Lebensjahr mit den Geschwistern auf dem elterlichen Herrenhof in Bermersheim lebte. Schon als Kind hatte sie eine äußerst ungewöhnliche Wahrnehmungsgabe, die sie selbst als „visio", also Schau, bezeichnete. Bereits im Alter von drei Jahren hatte Hildegard ihre ersten Visionen und dachte anfänglich, dass derartige Wahrnehmungen völlig normal seien, bis sie bald darauf bemerkte, dass andere Menschen keine visionären Wahrnehmungen hatten. Deshalb verschwieg sie ihrer Umgebung diese Erscheinungen für viele Jahre. Wann genau Hildegard ins Kloster ging, ist in der Forschung umstritten. Der Zeitraum zwischen 1106 und 1112 scheint jedoch wahrscheinlich. Im Kloster lernte Hildegard lesen und schreiben und bekam somit die Möglichkeit, sich umfassende Kenntnisse der Bibel, der Schriften der Kirchenväter und auch der weltlichen Wissenschaften anzueignen. Erzogen wurde sie von ihrer Verwandten Jutta von Sponheim in deren Einzelsiedlung. Aus dieser erwuchs das spätere Benediktinerinnenkloster Disibodenberg. Hildegard hatte die Gabe, Dinge bei vollem Bewusstsein zu sehen, die eigentlich nicht sichtbar waren. Und diese Gabe behielt sie ihrer Leben lang. Nur Jutta und einem Mönch namens Volmar, der ihr Ratgeber war, erzählte Hildegard von den Visionen. Immer wieder, so Hildegard, stellten sich Bilder vor ihrem geistigen Auge ein, „nicht im Traum, sondern wachen Geistes", wie sie ausdrücklich betonte. Und immer wieder, bis ins hohe Alter hinein, sprach auch das „lebendige Licht" zu ihr und offenbarte Hildegard die Auslegung der Schriften und die Erklärung kosmologischer Zusammenhänge. Hildegard hatte einen besonderen Zugang zu der geistigen Welt Gottes, da sie, wie sie selbst einmal erklärte, mit der Begabung der „inneren Schau" ausgestattet war. Sie schaute mit den inneren Augen ihrer Seele und hörte mit den inneren Ohren. In der Mystik ist damit das dritte Auge gemeint, also das geistige Auge, neben den physischen Augen als dem ersten Auge und dem Verstand als dem zweiten Auge. Mit dem ersten Auge nehmen wir die materielle Welt wahr und erlangen damit eine sinnliche Erkenntnis. Das zweite Auge lässt uns etwas im Lichte des Verstandes sehen, sodass wir imstande sind Begriffe zu formen, Konzepte zu entwickeln und Wissenschaft zu betreiben. Das dritte Auge ist gleichsam die Pforte, durch welche man in innere Welten und in Räume höheren Bewusstseins eintreten kann. Das dritte Auge erlaubt uns wahre Erkenntnis zu erlangen, welche über die möglicherweise getrübten Beurteilungen der Sinne und des Verstandes hinausreichen. Mit dem ersten Auge schaut man also aus sich heraus, mit dem zweiten in sich hinein und mit dem dritten Auge über sich hinaus. Und genau in dieser Schau über sich hinaus wurden Hildegard die Geheimnisse Gottes, des Menschen, des Kosmos, der Natur und der innere

Sinn der Heiligen Schriften durchscheinend klar vermittelt. Dabei konnte Hildegard erkennen, welche Kräfte Gott in die Schöpfung gelegt hatte und auf welche Weise diese Kräfte in seinen Geschöpfen wirken. Als Jutta von Sponheim am 22. September des Jahres 1136 starb, wurde die damals 38-jährige Hildegard zur neuen Äbtissin des Klosters gewählt. Ihr Ruf verbreitete sich weitum und die Gemeinschaft der Frauen im Kloster begann zu wachsen. Um die Jahreswende 1147/48 entschied sich Hildegard schließlich dazu, ihr eigenes Kloster über dem Grab von Rupert von Bingen zu gründen. Zukunftsweisend für Hildegard waren jedoch die Erlebnisse des Jahres 1141. Denn hier im Alter von 42 Jahren hatte sie eine so starke Vision, dass sie ihr ganzes Leben änderte. Teil dieser Vision war die Aufforderung Gottes, ihre Visionen niederzuschreiben. Dabei half ihr der Mönch Volmar, der sie schon bei ihrer Ausbildung im Kloster als Magister begleitet hatte. Denn Hildegard war selbst des Lateinischen nicht mächtig, deshalb ließ sie ihre Schriften korrigieren. In ihrem ersten Werk „Liber Scivias Domini“ (Wisse die Wege des Herrn) erwähnt sie daher gleich:

„Im Jahre 1141 der Menschwerdung Jesu Christi, als ich zweiundvierzig Jahre und sieben Monate alt war, sah ich ein überaus stark funkelndes Licht aus dem geöffneten Himmel kommen. Es durchströmte mein Gehirn, mein Herz und meine Brust ganz und gar, gleich einer Flamme, die jedoch nicht brennt, sondern erwärmt. Es erglühte mich so, wie die Sonne einen Gegenstand erwärmt, auf den sie ihre Strahlen ergießt. Und plötzlich hatte ich die Einsicht in den Sinn und die Auslegung des Psalters, des Evangeliums und der anderen Schriften des Alten und Neuen Testamentes.“

Anfangs weigerte sich Hildegard ihre Visionen niederzuschreiben, doch dann hörte sie erneut die Stimme Gottes, die ihr sagte, dass sie ihr Wissen aufschreiben und verbreiten solle. Bei Hildegards Visionen handelt es sich genau genommen um Visionen und Auditionen, also um Erscheinungen, die auch von einer Stimme begleitet wurden. Ihre Visionen gingen auch immer mit einem spektakulären Lichtspiel einher. Hildegard von Bingen beschrieb ihre Visionen ganz genau. Sie beschrieb auch, dass diese sie zu jeder Tages- und Nachtzeit ereilten und sehr kräftezehrend waren. Außerdem, so Hildegard weiter, waren sie nicht immer eindeutig zu verstehen. Manchmal dauerte es Tage, bis sie den Sinn entdeckt hatte. Hildegard von Bingen zweifelte lange Zeit an ihrer Sendung und Berufung zur prophetischen Rede. Deshalb rief sie 1146/47 in einem Brief den einflussreichen Abt Bernhard von Clairvaux an und wandte sich ein Jahr später auch an den Zisterzienserpapst Eugen III. Eine päpstliche Kommission prüfte daher die Sehergabe Hildegards und nach einem positiven Gutachten und der Fürsprache Clairvaux' ermunterte der Papst sie im Jahre 1148 mit ihrer Arbeit schließlich fortzufahren. Der Papst erkannte somit den göttlichen Ursprung der Visionen an und machte Hildegard offiziell zu einer kirchlich anerkannten Seherin und Prophetin. Dies gab Hildegard die Möglichkeit, ihre Visionen zu veröffentlichen, und schützte sie gleichzeitig vor dem Vorwurf der Häresie. Denn Visionen, wie Hildegard sie hatte, standen im Mittelalter unter dem Verdacht, dass es sich um Betrug oder gar um Ketzerei handeln könnte. Und natürlich kam auch sofort die Frage auf, wer den Visionären wohl ihre

Visionen eingebe. Waren sie tatsächlich göttlichen Ursprungs oder waren es am Ende nur Trugbilder des Teufels? Und so schrieb selbst noch im Jahre 1270 der Provinzialmeister der englischen Franziskaner und spätere Erzbischof von Canterbury, Johannes Peckham:

„Ich glaube, dass die Prophetie der Hildegard unmittelbar aus der List des Teufels entspringt. Er will die Menschen mit ihrer Hilfe mit vielen Falschheiten und Nichtigkeiten verwirren. Gerade durch jene Hildegard lehrt er viele Irrtümer und durch sie gibt er Anweisungen an ihre ketzerischen Anhänger."

Hildegard von Bingen verfasste insgesamt drei umfangreiche Visionswerke. Ihre erste Visionsschrift war das bereits erwähnte „Liber Scivias Domini", das im Zeitraum von 1141 bis 1151 entstand und den Sinn des Alten und Neuen Testaments sowie das Entstehen und Wachstum der Kirche erschließt. Ihre zweite Visionsschrift „Liber Vitae Meritorum" (Buch über die Lebensverdienste), in der es um den Widerstreit zwischen Tugenden und Lastern geht, verfasste sie zwischen 1158 und 1163. Im Alter von 65 Jahren begann Hildegard an ihrem dritten und letzten Visionswerk zu schreiben. Es ist das „Liber Divinorum Operum" (Buch von den göttlichen Werken), in dem es um die Einbindung des Menschen in die Schöpfungsordnung Gottes geht. Es ist ihr reifstes Werk, an dem sie bis zum Jahr 1173 gearbeitet hat. Im gleichen Jahr, kurz vor der Vollendung dieses letzten visionären Werkes, verstirbt ihr langjähriger Sekretär, Beichtvater und enger Freund, der Benediktinermönch Volmar. Dem Abt Ludwig von St. Eucharius in Trier vertraut Hildegard hierzu an:

„Ich arbeite jetzt – allein wie ein Waisenkind – am Werk Gottes, da mein Helfer mir genommen worden ist, wie es Gott gefiel. Das Buch aber, das ich dank der Gnade des Heiligen Geistes in wahrhaftiger Schau mit ihm zusammen geschrieben habe und das noch nicht abgeschlossen ist, werde ich dir sogleich um Verbessern vorlegen, sobald es vollendet und geschrieben ist."

Wie Hildegards umfangreiches Vermächtnis einst entstand, können wir aus ihren Schriften und einem Brief an Wibert von Gembloux, ihren späteren Mitarbeiter und Biografen, erfahren:

„Was auch immer ich in dieser Schau gesehen oder erfahren haben mag, behalte ich lange Zeit im Gedächtnis, sodass ich mich erinnere, weil ich das einmal gesehen oder gehört habe. … Meiner Seele jedoch fehlt es zu keiner Stunde an dem erwähnten Licht, das Schatten des Lebendigen Lichts genannt wird. … Und in ihm sehe ich, was ich gewöhnlich sage und was ich den Anfragenden gemäß dem Aufblitzen des Lebendigen Lichts antworte."

Hildegards theologisch-kosmologisches Gesamtvisionswerk ist eine Trilogie, die geprägt ist von der Liebe Gottes zu seiner Schöpfung. Sie nennt dies die Grünkraft, lateinisch „viriditas". Diese Grünkraft ist der Segen Gottes. Ohne diese Kraft gäbe es in der Schöpfung keine

Bewegung, kein Wachstum und auch keine Vielfalt. Ausgangspunkt aller Schöpfung ist für Hildegard Gott. Seine Liebe und Güte umfassen den räumlich begrenzten Kosmos. Das All ist der Leib Gottes, die Welt gleicht einem Organ, das als universales Ordnungsgefüge zu verstehen ist. Im Zentrum dieses Ordnungsgefüges steht der Mensch. Und die Welt, in der er steht, ist sowohl von der schöpferischen Macht Gottes umfangen wie auch von ihr durchdrungen. Das Universum steht bei Hildegard im Mittelpunkt ihrer Visionen. Der Ursprung des Universums ist das Wort Gottes. Dieses Wort entspricht einer schöpferischen Dynamik, die sowohl im Sein als auch im Wirken ihren Ausdruck findet. Deshalb ist Gottes Wort auch in jeder Kreatur anwesend. Gott und das Universum, der Mensch und der Kosmos, alle bilden zusammen eine Einheit. Gottes Geschöpfe sind alle mit der gleichen Lebenskraft erfüllt und inniglich miteinander verbunden. Somit hängt alles in der Welt zusammen und nichts kann allein ohne das andere bestehen. Mensch und Gott stehen aber in einem sehr engen Zusammenhang. Der Mensch ist dabei nicht nur ein Geschöpf Gottes, sondern auch gleichzeitig ein Teil von ihm. Der Mensch ist daher bedeutender als alle anderen Geschöpfe, die abhängig von der Weltstruktur bleiben. Hildegard von Bingen drückt das so aus:

„Der Mensch hat im Universum seine Heimat. Also sind Gott und Mensch eins, wie Leib und Seele, weil Gott den Menschen nach seinem Bild und als Gleichnis seiner selbst geschaffen hat. … Die ganze himmlische Harmonie ist ein Spiegel der Gottheit und der Mensch ein Spiegel aller Wunder Gottes.“

Der Mensch existiert nicht isoliert für sich, sondern ist immer ein Teil des Kosmos, mit dem er in einer wechselseitigen Verbindung steht. Das bedeutet, dass der Kosmos mit seinen gesammelten Kräften auf den Menschen einwirkt. Der Mensch wiederum ist allerdings mit seinen geistig-seelischen Kräften ebenso in der Lage, auf den ganzen Kosmos zurückzuwirken und ihn zu durchdringen. Er ist folglich in der Lage, die Dinge sowohl unten wie auch oben in Bewegung zu setzen. Seine seelischen Kräfte übersteigen infolgedessen seine physischen Kräfte bei Weitem. Auch alle Geschöpfe sind durch das kosmische Netz im Universum miteinander verbunden. Das gesamte Werk Gottes, der Mensch und alle Kreaturen, bilden so eine untrennbare Schicksalsgemeinschaft. Das ganze Universum ist von daher reines Leben, und alles, was lebt, empfängt das Leben von Gott. Hildegard sagt deshalb:

„Es gibt kein Geschöpf, das nicht in sich einen Sternenstrahl Gottes trägt, sei es das Blattgrün oder sein Same, die Blüten oder sonst eine Pracht, sonst wäre es nicht ein Geschöpf.“

Die Seele kommt von Gott in den Menschen herab, belebt ihn und verleiht ihm Verstand und Vernunft. Sie ist der Sitz des menschlichen Geistes und definiert sein Wesen. Und gerade weil die Seele dem Menschen seinen Verstand gibt, kommt ihm auch eine große Verantwortung zu. Der Mensch soll durch seine guten Taten Gott im kreativen Schaffen an der Schöpfung unterstützen. Damit dient er nicht nur seinem eigenen Seelenheil, sondern auch dem Heil der gesamten Schöpfung. Es ist die Vernunft, die es dem Menschen ermöglicht, zwischen Gut und Böse zu unterscheiden und frei zwischen diesen beiden zu wählen. Der Mensch ist von daher ständig dem Kampf der Laster gegen die Tugenden ausgesetzt. Letztere sollen ihn jedoch zu guten Taten motivieren und vor den Lastern und Sünden warnen. Die Seele, wenn sie den Menschen verlässt, stirbt nicht, sondern lebt in Ewigkeit weiter. Dennoch wird der Körper gegenüber der Seele nicht abgewertet, denn Leib und Seele bilden eine Einheit. Hildegard selbst hat es auf diese Weise zum Ausdruck gebracht:

„Die Seele ist die Herrin, das Fleisch ist die Magd, denn dadurch, dass die Seele ihrem Leib das Leben mitteilt, hat sie ihn in der Gewalt, und der Leib gibt sich im Empfangen des Lebens der Seele hin."

Der Körper ist nach Hildegard von Bingen an keiner Stelle ohne Seele, weil sie mit ihrer eigenen Wärme den ganzen Körper durchströmt. Ursprung und Quelle der Lebensenergie ist jedoch das Universum. Der Mensch ist und bleibt ein Wunder Gottes, ein Licht aus Gott, das lebt und nie sterben wird. Mit der Seele hat der Mensch Anteil an der himmlischen Harmonie sowie am Göttlichen selbst. Das ist Hildegards Theologie, welche ihr durch die göttliche Offenbarung in ihren Visionen zuteilwurde. Und diese Visionen sind einzigartig in Bezug auf ihre Farbigkeit und Tiefgründigkeit. Sie vermitteln uns die mystische Vorstellung eines alles liebenden und in allem zu preisenden Gottes, ohne dass die Visionen und Bilder das Geheimnis Gottes in irgendeiner Art enthüllen würden. Bis ins hohe Alter hinein sprach das „lebendige Licht" immer wieder zu ihr und offenbarte die Auslegung der Schriften und die Erklärung kosmologischer Zusammenhänge. Wie aber muss man sich diese Offenbarungen vorstellen? In welcher Form wurden sie wahrgenommen und wie gingen sie vonstatten? Hildegard selbst schreibt hierzu:

„Ich sehe aber alle diese Dinge nicht mit den äußeren Augen und höre sie nicht mit den äußeren Ohren, auch nehme ich sie nicht mit den Gedanken meines Herzens wahr noch durch irgendwelche Vermittlung meiner fünf Sinne. Ich sehe sie vielmehr einzig in meiner Seele, mit offenen leiblichen Augen. … Die Worte in dieser Schau klingen nicht wie aus dem Menschenmund, sondern sie sind wie eine blitzende Flamme und wie in reinem Äther sich bewegende Wolke …"

Und darüber hinaus erklärt sie:

„Die Gesichte aber, die ich sah, empfing ich nicht im Traum, nicht im Schlaf oder in Geistesverwirrung, nicht durch die leiblichen Augen oder die äußeren menschlichen Ohren, auch nicht an abgelegenen Orten, sondern ich erhielt sie in wachem Zustand, bei klarem Verstand, durch die Augen und Ohren des inneren Menschen, an zugänglichen Orten, wie Gott es wollte."

Hildegard empfing also ihre Visionen nicht über die gewöhnlichen Sinnesorgane, sondern über die inneren Augen und Ohren. Und sie empfing die Visionen nicht im Schlaf, in einem Zustand der Ekstase oder des Wahns, sondern, wie sie deutlich hervorhebt, „bei klarem Verstand". Hierin liegt ein deutlicher Unterschied zu anderen Visionären ihrer Zeit. Man muss also festhalten, dass die Mystik der Hildegard von Bingen nicht typisch ist für die des Mittelalters. Auch lehnt sie eine strenge Askese, strengstes Fasten oder gar Selbstgeißelung, wie sie damals in den Klöstern des Mittelalters völlig normal war, strikt ab. Sie begründet dies mit dem Hinweis darauf, dass Gott den Menschen liebt. Ein großer Widerspruch zur damaligen Lehre der Kirche. Was aber genau die Visionen der Hildegard von Bingen sind und wie das alles geschieht, kann der Mensch im Grunde nicht fassen, denn, um es mit ihren Worten zu sagen:

„Wie das geschieht, kann der fleischliche Mensch schwer begreifen."

Auch treten die genauen Umstände der Visionen hinter den Offenbarungen und deren Deutungen zurück. Man kann sich deshalb nur auf das stützen, was Hildegard selbst in verschiedenen Quellen beschreibt. Doch auch dies fällt schwer, weil Hildegard sich in Details stark zurückhält und auch immer wieder bekräftigt, dass sie nichts aus eigener Erfindung oder der irgendeines Menschen schreibt, sondern ganz so, wie sie es in himmlischer Eingebung sah und durch die verborgenen Geheimnisse Gottes empfing. Hildegard von Bingen muss daher als unwissendes Medium verstanden werden, das Gott gedient hat. Nur so und in diesem Licht ist der Satz von Hildegard zu verstehen:

„Was ich nicht in Visionen sehe, das weiß ich nicht, weil ich ungebildet bin."

Sie selbst sah sich also als „indocta", als Ungebildete. Was für eine Ironie des Schicksals, dass ausgerechnet diese „Ungebildete" am 17. September 1179 im Alter von 81 Jahren in ihrem Kloster auf dem Rupertsberg als Ärztin, Naturforscherin, Politikerin, Musikerin, Komponistin, Theologin, Visionärin, Kosmologin und bedeutendste Frau des christlichen Abendlandes stirbt. Heute haben Wissenschaftler ganz verschiedene Theorien darüber, was es mit den Visionen der Hildegard von Bingen auf sich hatte. Diskutiert werden dabei Augenkrankheiten, psychische Krankheiten und Tumore, wobei allerdings die Auswirkungen einer starken Migräne mit Aura derzeit favorisiert werden. Insbesondere ist es der englische Neurologe und Bestsellerautor Oliver Sacks, der diese Theorie in mehreren Büchern vertreten hat. Er geht davon aus, dass Hildegards Visionen Zustände von Migräneanfällen waren, und spricht in diesem Zusammenhang von Migräne-Phosphenen. Unter Phosphenen, manchmal findet man auch Bezeichnungen wie Photome oder Photopsien, sind dabei Lichtwahrnehmungen zu verstehen, die nicht durch Licht, sondern durch andere Reize auf das Auge, den Sehnerv oder den visuellen Kortex im Gehirn erzeugt werden. Die Idee oder Vorstellung, die hinter dieser Theorie steckt, ist folgende. Bei Migräneanfällen, die durch abruptes Zusammenziehen von Hirnarterien entstehen, kommt es zu einer kurzfristigen Unterversorgung im

Hinterkopf mit sauerstoffreichem Blut. Dort befinden sich die Gehirnareale, die für das Sehen zuständig sind. Deshalb kann es in solchen Situationen durchaus zu visuellen Erscheinungen kommen. Typischerweise treten dabei sogenannte Flimmerskotome auf. Das bedeutet, dass ein zickzackförmiges Gebiet mit hellem Rand in solchen Situationen einseitig oder in beiden Augen nicht mehr wahrgenommen werden kann. Solche Flimmerskotome können auch von einer Seite des Gesichtsfeldes zur anderen ziehen und dabei ebenso ihre Form verändern. Hinzukommen können noch flimmernde Lichterscheinungen oder Blitze, die jeweils an derselben Augenseite auftreten. Während dieser Zeit besteht sehr häufig auch eine erhöhte Lichtempfindlichkeit und es kann zu Übelkeit und Erbrechen kommen. Das Leiden klingt dann in der Regel nach 20 bis 30 Minuten ab. So weit, so gut, doch wie plausibel ist die Theorie solcher Migräne-Phosphene eigentlich? Dazu muss erst einmal die Frage beantwortet werden, ob Hildegard von Bingen überhaupt an einer Migräne mit Aura litt. Diese Frage kann zumindest dahingehend beantwortet werden, dass heute in der Fachliteratur gut belegt ist, dass Hildegard von Bingen zeitlebens unter starker Migräne zu leiden hatte. Ob zusätzlich noch neben der Migräne eine Aura vorlag, bleibt allerdings Spekulation. Hildegard selbst hatte ein gutes Mittel gegen Migräne, den Bärwurzbirnhonig. Er gilt eigentlich als Universalreinigungsmittel für den Organismus, kann aber auch bei Migräne und chronischen Kopfschmerzen erfolgreich eingesetzt werden. Hildegard schrieb dazu:

„Die Birnhonigkur ist das köstlichste Latwerge (breiig zubereitetes Arzneimittel) und wertvoller als Gold, weil es die Migräne vertreibt und die Dämpfigkeit mindert und alle Fehlsäfte im Menschen vertilgt und den Menschen so reinigt, wie man einen Topf vom Schimmel reinigt."

Diese Mischung aus Bärwurz, Birnen und Honig, die Hildegard ihr bestes Mittel nannte, hat bei Patienten mit schulmedizinisch „unheilbarer" Migräne eine Erfolgsrate von 70 bis 80 %. Es ist deshalb davon auszugehen, dass Hildegard, um sich Linderung zu verschaffen, es auch selbst eingenommen hat. Die Vorstellung, dass eine Patientin wie Hildegard um der Visionen willen lieber Schmerzen erduldet, als ein gut bewährtes Heilmittel einzunehmen, scheint dagegen doch eher abwegig zu sein. Die zweite Frage, die wir uns im Zusammenhang mit der Plausibilität der Migräne-Phosphene-Theorie stellen müssen, ist, wie häufig das Krankheitsbild einer Migräne mit Aura bei Erwachsenen und bei Kindern überhaupt vorkommt. Daraus können wir dann auch in einem ersten Schritt ablesen, wie wahrscheinlich die Theorie der Migräne-Phosphene ist. Nach aktuellen Schätzungen leiden in Deutschland bis zu zehn Millionen Menschen unter Migräne, deren typische Merkmale unerträgliche Kopfschmerzen, Übelkeit und Lichtempfindlichkeit sind. Bei 10 bis 20 % dieser Erkrankten wird eine Migräneattacke durch neurologische Symptome eingeleitet, welche als Aura zusammengefasst werden. Im Grunde handelt es sich bei diesen Auren um elektrische Funktionsstörungen des Gehirns. Diese äußern sich zum einen in einseitigen Sehstörungen, welche in Form von Flimmererscheinungen, Lichtblitzen und Flecken auftreten können und selbst beim Schließen der Augen nicht verschwinden. Zum anderen kann es auch zu Gefühlsstörungen kommen, die sich in Taubheits- oder Kribbelempfindungen äußern. Diese breiten sich dann von der Hand über den Arm und die Beine bis zu den Füßen und in das Gesicht aus. Dabei kann es zu einseitigen Lähmungserscheinungen sowie Lippen- und Zungenblockaden kommen, welche schließlich in einer Sprachstörung enden. Die Abfolge der auftretenden Symptome ist dabei durchaus vergleichbar mit denen bei einem Schlaganfall. Wichtigstes Unterscheidungsmerkmal ist jedoch das zeitliche Auftreten. Während beim Schlaganfall alle Erscheinungen plötzlich und auf einmal kommen, folgen hingegen die Symptome bei der Migräne mit Aura aufeinander. Innerhalb von fünf Minuten bis zu einer Stunde haben sich die Auren dann im typischen Fall vollständig zurückgebildet. Folgt in den nächsten 60 Minuten der klassische Migränekopfschmerz, sprechen wir von einer Migräne mit typischer Aura. Zu den Auslösern einer Migräne, auch Triggerfaktoren genannt, gehören ein gestörter Schlaf-wach-Rhythmus, Nahrungsmittel wie Alkohol, verschiedene Käsesorten, Schokolade oder Koffein, Geschmacksverstärker wie Glutamat und hormonelle Einflüsse wie beispielsweise die Antibabypille. All diese Auslösefaktoren, erst recht die letztgenannten, dürfen wir wohl bei Hildegard von Bingen mit gutem Gewissen ausschließen. Berücksichtigt man dazu noch, dass die Migränehäufigkeit bei Kindern, so nach einer skandinavischen Studie, die Anfang der 1960er Jahre durchgeführt wurde, zwischen 2,5 und 5,3 % beträgt und dass die Neuerkrankungen im Laufe der Jahrzehnte stark zugenommen haben, dann ist die Wahrscheinlichkeit, dass die Visionen der Hildegard von Bingen, die im Hochmittelalter lebte, durch Migräne-Phosphene ausgelöst wurden, statistisch gesehen äußerst gering. Erst recht, wenn man bedenkt, dass lediglich 10 bis 15 % der Patienten entsprechende Aurasymptome aufweisen. Die von der skandinavischen Studie erhobenen Daten wurden übrigens durch neuere Studien auch in anderen Ländern im Wesentlichen bestätigt. Außerdem müssen wir noch berücksichtigen, dass Patienten mit einer Migräne unter schrecklichen Schmerzen leiden und dass die Auren der Migräne selbst heute noch nicht zufriedenstellend durch Medikamente behandelbar sind. Hildegard hingegen schrieb im Alter von 79 Jahren in Bezug auf ihre Visionen:

„Doch während ich es sehe, wird alle Traurigkeit und Not aus meiner Erinnerung genommen, sodass ich mich wie ein junges Mädchen fühle und nicht wie eine alte Frau."

Klingt das wie ein Migräneanfall? Wohl kaum. Nun könnte man vielleicht an dieser Stelle einwenden, dass noch eine Kleinigkeit unberücksichtigt geblieben ist. Schließlich wissen wir, dass es bei Migräne im Zusammenhang mit Halluzinationen, Depersonalisations-, Derealisations- und Doppelgängererlebnissen zu komplexen Erlebnisveränderungen kommen kann. Man spricht in diesem Zusammenhang auch vom Alice-im-Wunderland-Syndrom. Es ist eine Besonderheit der kindlichen Migräne. Diese Form der Migräne mit Aura, die bei Kindern häufiger vorkommt als bei Erwachsenen, ist wenig erforscht. Es können dabei vor oder während einer Migräneattacke durch kurze und reversible neurologische Ausfälle im Gehirn verschiedenste Störungen der Wahrnehmung sowie des eigenen Körpers auftreten. Die betroffenen Kinder nehmen dabei sich selbst oder ihre Umgebung auf eine verfälschte Weise wahr. Beispielseise indem sie sich selbst als riesig oder winzig empfinden. Auch veränderte akustische Wahrnehmungen, falsche Tast- und Geruchswahrnehmungen oder ein verschobenes Zeitempfinden sind möglich. Manche Kinder sehen dabei auch phantastische Bilder, etwa bunte Farben und lustige Formen oder Lichtblitze und Flammen. Als Ursache des Alice-im-Wunderland-Syndroms werden neben den Migräneanfällen auch Epilepsie, das Epstein-Barr-Virus sowie Drogen genannt. Möchten wir nun wissen, ob Hildegards Visionen möglicherweise aus der Ecke dieser Erkrankung herrühren, dann müssen wir uns ein genaues Bild von den Wahrnehmungen machen und fragen, was genau die Betroffenen während der Episoden empfinden. Deshalb hier ein paar Stimmen betroffener Patienten:

„Ich hatte das als Kind ganz oft und damals hat es mir etwas Angst gemacht. Meistens abends vorm Schlafen, aber auch manchmal, wenn ich in der Schule in der Klasse saß. Jetzt im Erwachsenenalter hab ich das ab und an, letztens erst. Bei mir ist es diese Größenverzerrung, ich bin megagroß und der Raum ist aber auch total riesig und mein Handy, was ich in der Hand hab, ist dann total weit weg."

„Entweder wurde alles um mich herum ganz riesig oder eben winzig klein. Je nachdem habe ich auch etwas ‚gehört' (oder eher gefühlt?; sehr schwer zu beschreiben) – einen immer schneller werdenden Ton/Schlag, entweder unendlich laut, dumpf und tief oder unendlich leise und hell, aber immer sehr, sehr eindringlich. Dass ich nicht wirklich etwas höre / sich die Umgebung nicht wirklich verändert, war mir immer klar. Fand es seltsam, aber irgendwie ziemlich interessant und keinesfalls furchteinflößend oder an meinen Nerven zehrend."

„Ich hatte als Kind ab und an mal so Raumverwirbelungen, sodass sich der Raum an sich anders angefühlt hat, als ob er mal näher, mal weiter weg ist. Oder so wie ein Zerrspiegel. Hat sich allerdings komplett verwachsen."

„Früher in der Schule, 6. Klasse, als ich auf meinem Platz saß, schien sich der Klassenraum zu zerren bzw. ich erschien kleiner im Vergleich zum Raum. Das von einem Moment auf den nächsten. Anschließend war alles wieder ‚normal'. Richtig komisch, hab mich dann umgeschaut, ob das noch jemandem aufgefallen wäre – was natürlich nicht so war."

„Ich hatte das als Kind auch und sogar teilweise im Erwachsenenalter noch. Nur bei mir ist es genau andersherum. Ich fühle mich dann winzig klein bzw. als würde ich immer kleiner werden."

„Als Kind hatte ich das auch, ich glaube, bis ich so ca. 11 war, dann ist es immer seltener geworden und mittlerweile hab ich das gar nicht mehr. Manchmal hatte ich dann noch das Gefühl dazu (meistens, wenn ich mich kleiner gefühlt habe), als würde mein ganzer Körper so gummiartig sein und ich könnte ihn nicht mehr bewegen, weil in meinen Armen und Beinen keine Knochen und Muskeln mehr sind."

„Bei mir ist es immer so, dass ich das Gefühl habe, groß zu werden. Als ob sich mein Körper wie Kaugummi in die Länge und Breite zieht, ich mich langsam ausdehne, bis der Raum immer kleiner wird. ... Das geht nicht von jetzt auf gleich, sondern ist eher so ein ‚sanfter Prozess' (irgendwie schwierig zu erklären)."

„Also, ich hatte das als Kind auch total oft und fand das immer total faszinierend. Ich weiß noch, dass ich das einmal in der Schule hatte, während meine Musiklehrerin mir irgendwas erzählt/erklärt hat, und auf einmal wurde sie immer kleiner und war weiter weg und der ganze Raum hat sich ‚verzogen'. Hab sie dann nur angestarrt und konnte mich gar nicht mehr darauf konzentrieren, was sie gesagt hat."

„Bei mir war das auch oft so, dass sich das Bild dann hin und her bewegt hat, also es wurde ein bisschen größer und dann wieder kleiner, aber das ganz schnell."

„Also, bei mir treten die visuellen Verzerrungen auch vor, aber was ich sehr viel schlimmer finde, sind die anderen Symptome. Mein Zeitgefühl wird auf einmal ganz schnell. Manchmal auch langsam, aber meistens schnell. Alles, was ich tue, ist schnell, ob ich meinen Kopf zur Seite tue oder mich aufsetze, und einfach die ganze Welt, auch wenn man das nicht wirklich feststellen kann, fühlt es sich so an."

„Das andere sind Geräusche. Alles ist extrem laut. Das ‚Rascheln' der Decke, Atmen, das Ticken der Uhr etc. Alles ist so laut, dass man es kaum aushalten kann. Man möchte am liebsten seine Ohren zuhalten, aber dann hört man die Körpergeräusche, die noch viel lauter sind."

Entnommen aus www.kleiderkreisel.de

Damit wollen wir es an Beispielen bewenden lassen, denn diese wenigen Auszüge vermögen uns doch ein gutes Bild davon zu geben, was die Betroffenen wahrnehmen und wie sie die Dinge während der auftretenden Episoden empfinden. Wenn wir nun berücksichtigen, dass Hildegard von Bingen aufgrund ihrer Visionen drei große Werke verfasste, in denen sie ein zusammenhängendes Gottes-, Menschen- und Weltbild entwarf, gleich einer Schau der kosmischen Ganzheit, und dass ihre Visionen stets zugleich von Auditionen begleitet wurden, die ihr tiefe religiöse und spirituelle Einsichten in die Weltstruktur und die verborgenen Gesetze der absoluten Wirklichkeit offenbarten, dann können wir nur zu dem Schluss gelangen, dass ihre Visionen nicht das Geringste mit Migräne-Phosphenen zu tun hatten und wir deshalb diese Theorie guten Gewissens verwerfen dürfen. Was auch immer der Grund für Hildegards Visionen war und was auch immer sie zu der ersten deutschen Mystikerin machte, Migräne jedenfalls war es ganz sicherlich nicht. Natürlich litt Hildegard von Bingen an Migräne, wie man mittlerweile hinlänglich weiß, aber ihre Visionen als Migräneauren abzutun, wäre leichtfertig und ginge an der Wahrheit völlig vorbei. Gerade weil Menschen mit religiösen Visionen im psychiatrisch-psychologischen Umfeld oft vorschnell pathologisiert und ihre visionären Erfahrungen einfach als optische Halluzinationen abgetan werden, drängt sich an dieser Stelle geradezu die Frage auf, welche Unterscheidungskriterien man eigentlich anlegen muss, um Menschen mit Visionen, die psychiatrisch erkrankt sind, von solchen abgrenzen zu können, die psychisch gesund sind. Oder anders gefragt, welche Kriterien müssen verwendet werden, um eine Differenzialdiagnose zwischen gesunden spirituellen Erfahrungen und psychischen Störungen mit religiös-spirituellen Inhalten treffen zu können? Hierzu muss zunächst einmal ganz nüchtern konstatiert werden, dass sich die universitäre Psychiatrie schwer damit tut, Erlebnisse, welche der Mensch nur subjektiv kundgeben kann, als wissenschaftliche Tatsachen ernst zu nehmen. Denn das Erleben wird von vielen Forschern mit neurobiochemischen Vorgängen gleichgesetzt. Psychosen wäre demnach nichts weiter als Störungen der Hirnchemie. Mit einer solchen Sichtweise verschwindet aber die Person des Patienten aus dem Gesichtsfeld der Wissenschaft. Es ist deshalb nicht verwunderlich, dass für die Mehrheit der heutigen Neurowissenschaftler es nicht eine Person ist, die erlebt oder sich verhält, sondern ein Gehirn. Damit nimmt das Gehirn als fühlendes, denkendes und handelndes Organ die Stelle der Person ein. Historisch gesehen war das nicht immer so, denn die Medizin war eigentlich nie ohne Spiritualität. Nur die moderne Medizin bildet da eine Ausnahme. Denn sie fußt auf der Annahme, dass die Natur wie auch der Mensch sich wissenschaftlich vollständig mittels physikalisch-chemischer Gesetze erklären lassen. In einer solchen Weltsicht ist natürlich für spirituelle Entitäten kein Platz. Aber diese Hypothese ist gerade einmal circa 200 Jahre alt. So nimmt es auch nicht wunder, dass sich die psychopathologische Deutung von Visionen erst gegen Ende des 19. Jahrhunderts durchgesetzt hat und man erst ab diesem Zeitpunkt begann, visionäre Erfahrungen unter dem Begriff der Halluzination zu subsumieren. Erinnert sei hier nur an die unvergessene Hypothese des deutschen Psychiaters Wilhelm Griesinger (1817–1868), des Vaters der biologischen Psychiatrie, welche er Mitte des 19. Jahrhunderts mit den Worten formulierte: „Psychische Krankheiten sind Gehirnkrankheiten." Damit wurden psychische Störungen einfach zu Gehirnfunktionsstörungen und unterschieden sich damit nicht mehr prinzipiell von anderen Erkrankungen des zentralen Nervensystems. Und diese Gehirnpsychiatrie ist nach wie vor bis heute en vogue. Aber wird man mit dieser Sichtweise der Wahrheit wirklich gerecht? Wohl kaum, denn sonst wäre das vermehrte Aufkommen religiöser und spiritueller Themen im Rahmen der Psychiatrie und Psychotherapie nicht zu erklären. Den Anstoß hierzu gab eine äußerst interessante Studie von Dr. phil. Tanja Scagnetti-Feurer, welche im German Journal for Young Researchers im Jahre 2011 veröffentlicht wurde. Gab es davor kaum systematisch vergleichende Studien, die Gemeinsamkeiten und Unterschiede visionärer Erfahrungen und Psychopathologien herausarbeiteten, sollte sich das mit dieser Studie ändern. Hierzu wurden zwei Vergleichsgruppen gebildet und befragt. Der Gruppe 1 wurden dabei psychisch Kranke und der Gruppe 2 psychisch gesunde Menschen zugeordnet. Als Kriterium psychischer Gesundheit wurde dabei insbesondere die Funktionsfähigkeit im Alltag berücksichtigt. Außerdem galt für Personen dieser Gruppe noch die Bedingung, dass sie noch nie in einer psychiatrischen Klinik hospitalisiert gewesen waren und nicht in psychiatrischer Abklärung oder Behandlung sein durften. Auch duften sie aktuell nicht mit Psychopharmaka behandelt worden sein. Für die Gruppe der psychisch Erkrankten galt hingegen die Hospitalisierung in einer psychiatrischen Klinik zum Zeitpunkt des Interviews als wesentliches Kriterium. Hinsichtlich der psychiatrischen Hauptdiagnose wurden dabei Menschen sowohl mit akuten als auch mit chronischen psychischen Störungen berücksichtigt. Alle Personen dieser Gruppe wiesen Erkrankungen aus dem Formenkreis der schizophrenen, schizotypen und wahnhaften Störungen auf. Für beide Vergleichsgruppen war das Vorhandensein positiv empfundener religiöser Visionen oder real empfundener Begegnungen mit religiösen Gestalten bzw. ein aktuelles Vorhandensein einer religiösen Thematik das Hauptkriterium für die Teilnahme an dieser Studie. Dabei durften die Befragten keine hirnorganischen Veränderungen und auch keine epileptischen Erkrankungen haben, um primär physiologisch bedingte Phänomene sicher auszuschließen. Wichtig ist vielleicht noch zu erwähnen, dass für die Studie nur Menschen befragt wurden, die in einem christlich orientierten Umfeld aufgewachsen sind. Das Durchschnittsalter der Personen in der Gruppe der psychisch Kranken betrug 54,5 Jahre, der psychisch Gesunden 55,6 Jahre, bei einer Variabilität von 45 bis 71 Jahren bzw. 47 bis 64 Jahren. Anhand eines teilstrukturierten Interviews wurden die Teilnehmer zu ihrer persönlichen Lebensgeschichte, der Religiosität sowie zu ihren visionären Erfahrungen und deren Folgen befragt. Die Studie konnte dabei aufzeigen, dass es einige Gemeinsamkeiten, aber auch zahlreiche Unterschiede zwischen den beiden Vergleichsgruppen gibt, die sich sowohl auf die visionäre Erfahrung selbst als auch auf den biografischen Hintergrund, den religiös-spirituellen Werdegang und die Auswirkungen der Visionen im Leben der Betroffenen beziehen. So konnte beispielsweise gezeigt werden, dass beide Gruppen durchschnittlich etwa gleich viele visionäre Erfahrungen hatten. Auch wurden in beiden Gruppen überwiegend positive gefühlsmäßige Wirkungen berichtet. In beiden Gruppen waren die Visionen in Bezug auf das Vorkommen anderer Sinneswahrnehmungen am häufigsten mit Auditionen kombiniert. Und in beiden Gruppen kamen auch negative Erscheinungen vor. So viel zu den Gemeinsamkeiten. An Unterschieden zwischen den beiden Gruppen ist hervorzuheben, dass die Gruppe kranker Visionäre ein klares Gefühl für einen göttlichen Auftrag durch die Vision hatte, während die Gruppe gesunder Visionäre kein klares Gefühl eines göttlichen Auftrags besaß. Das bedeutet, dass die Gruppe kranker Visionäre den Sinn und die Bedeutung der Vision als Berufung erlebte, insofern sie eine Auserwählung durch Gott erfuhr und ein göttlicher Auftrag erteilt wurde. Dabei wurde Gott in der Vision entweder direkt geschaut oder seine Stimme wahrgenommen. Dagegen wurden die Visionen in der gesunden Gruppe in keinem der Fälle in einen direkten Zusammenhang mit Gott gebracht. Es existierte dort keinerlei Erleben von Berufung oder Auserwähltheit. Vielmehr wurden die visionären Erfahrungen als Gruß oder Geschenk aus dem spirituellen Bereich verstanden und als Auslöser einer tiefgreifenden Veränderung erlebt. Auch in den Aussagen zum

Bewusstseinszustand während der Visionen gab es zwischen beiden Gruppen Unterschiede. So wurden in der Gruppe kranker Visionäre die visionären Erfahrungen in einem Zustand von Alltagsbewusstsein wahrgenommen und meist eher als reale Begebenheit denn als Vision eingeschätzt. Dagegen konnte in der Gruppe gesunder Visionäre eine größere Bandbreite von Bewusstseinszuständen während der Vision nachgewiesen werden. Denn in dieser Gruppe wurde oft von veränderten Bewusstseinszuständen wie Meditation, Übergang zwischen Schlafen und Wachsein und in einem Fall sogar von einem Koma berichtet, während die Visionen auftraten. Interessant ist auch der Unterschied beider Gruppen in puncto Zweifel. Während die kranken Visionäre sich durch ein Festhalten an den eigenen Überzeugungen auszeichneten und Zweifel bei ihnen kaum vorhanden waren, war der Zweifel bei den gesunden Visionären stark präsent. Es gab folglich in der Gruppe Kranker kaum Versuche, die eigenen Überzeugungen in Übereinstimmung mit der sozialen Realität zu bringen. Dagegen zeichnete sich die Gruppe Gesunder klar durch das Bemühen um eine Realitätsüberprüfung aus. Auch was den Einfluss der spirituellen Erfahrungen auf die zwischenmenschlichen Beziehungen anbelangt, gab es deutliche Unterschiede zwischen den Untersuchungsgruppen. So zeigte die Gruppe kranker Visionäre nach den visionären Erfahrungen eine Tendenz zu sozialer Isolierung und zu fremdgefährdendem Verhalten, während in der Gruppe gesunder Visionäre eine Vertiefung, Erweiterung und größere Selbstständigkeit in zwischenmenschlichen Beziehungen zu beobachten war. Dabei wurden die Veränderungen im zwischenmenschlichen Bereich weniger mit den visionären Erfahrungen selbst als vielmehr mit dem spirituellen Entwicklungsweg an sich in Zusammenhang gebracht. Die Lebensveränderungen aufgrund der Visionen sind folglich in der Gruppe der Kranken vorwiegend negativ, während sie in der Gruppe der Gesunden vorwiegend positiv ausfallen. Und es gibt noch einen Unterschied. Und zwar betrifft er den Zeitpunkt des Auftretens der visionären Erfahrungen. Es konnte nämlich festgestellt werden, dass in der Gruppe der kranken Visionäre die visionären Erfahrungen ausnahmslos am Gipfelpunkt einer Lebenskrise auftraten, und zwar in Form von plötzlich hereinbrechenden Phänomenen. Auf die visionäre Erfahrung folgten dann im Weiteren eine zunehmende psychische Dekompensation, sozialer Rückzug, ein erhöhtes Aggressionspotenzial, Fremdgefährdung und am Ende der Kaskade schließlich die Klinikeinweisung. Dagegen traten in der Gruppe der gesunden Visionäre die visionären Erfahrungen erst in späteren Lebensphasen auf, also nachdem bereits eine Orientierung im spirituellen Bereich stattgefunden hatte, der als erster Schritt in der Bewältigung der Krise verstanden werden kann. Und last, but not least gab es auch in der Frage der eigenen Religiosität deutliche Unterschiede zwischen den beiden Gruppen. So wurden die eigene Religiosität und Spiritualität von den kranken Visionären im lebensgeschichtlichen Verlauf als gleichbleibend beschrieben. Dagegen berichteten die psychisch gesunden Visionäre, dass sie sich im Verlauf ihrer Biografie von ihrer ursprünglichen, kirchlich-institutionell orientierten Religiosität distanzierten und sich schließlich einer erfahrungsbezogenen, wahrnehmungsorientierten Form der Spiritualität zuwandten. Interessant ist auch, dass die Religiosität in der Gruppe kranker Visionäre vermehrt als Mittel zum Zweck diente, während sie von der Gruppe der psychisch gesunden Visionäre stärker als Hauptbeweggrund und Basis des täglichen Lebens empfunden wurde. Letzteres spiegelt auch die spirituell orientierte Lebensführung der gesunden Visionäre wider. Wenn wir nun die Erkenntnisse dieser Studie auf die Visionen der Hildegard von Bingen übertragen, zu welchem Ergebnis würden wir dann wohl kommen? Hildegard von Bingen erhielt ihren Auftrag von Gott in Form einer Berufungsvision. Sie hat ihre Auserwählung durch Gott erfahren, der ihr einen göttlichen Auftrag erteilt hat. Dies erinnert sehr stark an die Gruppe kranker Visionäre. Allerdings hat Hildegard von Bingen ihre drei großen theologischen Werke nicht aus Freude am Schreiben verfasst, wie sie immer wieder betont hat, sondern aus der Verpflichtung heraus, das zu verkünden, was ihr die Erkenntnis der Schau vermittelt hat. Wie groß dabei die Mühe war, die sie das Schreiben kostete, und wie stark die inneren Widerstände waren, die sie zu überwinden hatte, erläutert Hildegard im Vorwort zu ihrem ersten Hauptwerk. Hier schreibt sie:

„Erst als Gottes Geißel mich auf das Krankenlager warf, … legte ich endlich Hand ans Schreiben."

Ein wenig erinnert Hildegard hier an den widerspenstigen Propheten Jona, der vor Gottes Auftrag so lange floh, bis er endlich einsah, dass es keinen Sinn machte, vor Gott fliehen zu wollen, weil niemand vor ihm fliehen kann. Ihre Visionen erhielt Hildegard von Bingen, wie wir bereits wissen, im Alltagsbewusstsein, so wie es auch die Gruppe der kranken Visionäre beschrieb. Und genauso wie in dieser Gruppe ist auch bei Hildegard das Vorkommen anderer Sinneswahrnehmungen am häufigsten mit Auditionen kombiniert. Ferner sind bei Hildegard, wie in der Gruppe der kranken Visionäre auch, kaum Veränderungen in der Religiosität festzustellen. Auch sind bei ihr in Übereinstimmung mit dieser Gruppe keine klaren Zusammenhänge zwischen der Beschäftigung mit religiösen Themen und dem Auftreten von Visionen feststellbar. War also Hildegard von Bingen eine kranke Visionärin, wie es vielleicht auf den ersten Blick erscheint? Wir müssen bei der Beantwortung dieser Frage berücksichtigen, dass Hildegard von Bingen das Hauptmerkmal der Gruppe kranker Visionäre, die psychische Inflation, nicht teilt. Man versteht unter psychischer Inflation eine mögliche Reaktionsweise auf das visionäre Erlebnis. Der Visionär verwechselt hierbei sein Selbst mit den Inhalten seiner Vision, sodass es zu einer Aufblähung des eigenen Ichs kommt, was in letzter Konsequenz im Größenwahn enden kann, weil der Betroffene sich selbst plötzlich mit Gott oder anderen religiösen Persönlichkeiten identifiziert. Bei Hildegard von Bingen können wir derartige Tendenzen nicht nachweisen, im Gegenteil. Hildegard selbst hat sich stets demütig als „Ungebildete" bezeichnet. Folglich hat es bei ihr auch keine psychische und soziale Dekompensation mit Aggressionspotenzial gegeben, wie sie typischerweise im Gefolge einer psychischen Inflation auftritt. Die Lebensveränderungen aufgrund der Visionen waren folglich bei ihr positiver Natur, und nicht negativer Art, wie in der Gruppe der kranken Visionäre. Weiterhin müssen wir bemerken, dass Hildegards Visionen nicht am Gipfelpunkt von Lebenskrisen auftraten, so wie es in der Gruppe der kranken Visionäre der Fall war. Denn ihre Visionen begannen schließlich bereits im dritten Lebensjahr und hielten noch bis ins hohe Alter an. Auch können wir bei Hildegard keinen Mangel an Struktur oder undifferenzierte und sehr knappe Schilderungen der visionären Erfahrungen feststellen, so wie es in der Gruppe der kranken Visionäre charakteristisch war. Ihre Visionen haben eine klare Struktur und die Erfahrungen werden dabei detailliert, erfahrungsbezogen und lebendig dargestellt. Erinnern wir uns, Hildegard füllte ganze drei dicke Bücher mit ihren visionären Erfahrungen. War am Ende Hildegard von Bingen also doch eine gesunde Visionärin? Vielleicht, wir wissen es nicht. Aber vieles spricht dafür, denn an der Person der Hildegard von Bingen lässt sich nichts nachweisen, das psychopathologisch wäre. Und auch Organisches scheidet, wie bereits ausführlich dargestellt, als mögliche Ursache aus. Das Einzige, was wir bei Hildegard wirklich feststellen können, ist Ungewöhnliches, Erstaunliches und Außergewöhnliches, aber nichts Krankhaftes. Bleibt also die Frage bestehen, warum es uns im Falle der Hildegard von Bingen nicht gelingt, mithilfe der vorliegenden und ausführlich zitierten Studie eine eindeutige Zuordnung zu einer der beiden Gruppen zu erreichen. Darauf kann man eine klare Antwort geben, die wie folgt aussieht. So interessant und wichtig die hier dargestellte Untersuchung auch sein mag, es darf nicht übersehen werden, dass die Gruppe kranker Visionäre lediglich aus vier Personen bestand. In der Gruppe der gesunden Visionäre waren es fünf Personen. Mit anderen Worten, die Stichproben dieser Studie sind viel zu klein, als dass sie eine Generalisierung der Ergebnisse zulassen würden. Aber die Studie weist in die richtige Richtung und zeigt unmissverständlich, dass eine weitere empirische Forschung zu diesem Thema dringend notwendig wäre. Wir müssen deshalb an dieser Stelle festhalten, dass eine trennscharfe Unterscheidung zwischen intensiver spiritueller Erfahrung und dem Übergang zur pathologischen Entwicklung scheinbar weder der heutigen Psychiatrie und Religionspsychologie noch der wissenschaftlichen Theologie möglich ist. Und doch können wir Kriterien aufzeigen, wenn wir die vorliegende Untersuchung mit tieferem Verständnis betrachten, die uns eine Trennung von kranker Phantasie und gesunder Vision durchaus erlauben, auch wenn die Studie sie selbst nicht explizit benennt. Es sind die Früchte, welche die Visionen hervorbringen, an denen sich eine Unterscheidung recht deutlich ablesen lässt. Führt die Vision dazu, dass das Ego des Visionärs aufgebläht wird, sodass Egoismus und Eigennutz dominieren, dann führt sie ebenso dazu, dass es zu negativen Konsequenzen sowohl für den Betreffenden selbst wie auch für sein Umfeld kommt. Bringt die Vision folglich eine schlechte Frucht hervor, dann kann auch der Baum, an dem die Frucht hing, nicht gut sein. In diesem Fall dürfen wir davon ausgehen, dass wir es mit einer kranken Phantasie zu tun haben. Führt jedoch die Vision dazu, dass das Ego des Visionärs bescheiden bleibt und weder in Egoismus noch in Eigennutz endet, dann kommt es zu positiven Auswirkungen sowohl für den Betreffenden selbst wie auch für sein Umfeld. Bringt also die Vision eine gute Frucht hervor, dann muss der Baum, von dem sie fiel, ebenfalls gut sein. Wir dürfen in einem solchen Fall mit Recht annehmen, dass wir es mit einer gesunden Vision und folglich mit einer intensiven spirituellen Erfahrung zu tun haben. Betrachten wir unter diesen Kriterien die Visionen der Hildegard von Bingen, dann müssen wir feststellen, dass sie als Visionärin in einer beeindruckenden Gottesbeziehung lebte und den Menschen des zwölften Jahrhunderts dadurch eine neue, bis dahin nicht gekannte Sichtweise auf sich selbst, die Welt und den christlichen Glauben eröffnete. Mit ihrem Werk wirkt sie noch bis in die Gegenwart hinein, sodass sie auch dem heutigen Menschen einen Zugang zu Gott sowie Hilfe und Orientierung im Glauben bietet. Die Güte der Frucht, die sie hervorgebracht hat, lässt sich demnach nicht infrage stellen, sodass jedweder Zweifel an Hildegard und ihren Visionen an dieser Stelle einfach verstummt.

Emotionale Verschränkung

Die emotionale Verschränkung als solche ist etwas schwer zu verstehen, deshalb schauen wir uns zunächst einmal den Begriff etwas näher an. Der Begriff Verschränkung beschreibt eine Verzahnung. Diese Verzahnung betrifft entweder zwei oder mehr Beteiligte. Stellen Sie sich die Verschränkung in der Tat in Form zweier Zahnräder vor, bei denen die Zähne ineinandergreifen und auf diese Art und Weise miteinander verbunden sind. Bewegen wir ein Zahnrad, dann dreht sich logischerweise auch das andere gleich mit. Nun stellen Sie sich bitte einmal vor, dass wir diese Zahnräder auseinanderziehen, sodass sich ihre Zähne nicht mehr berühren, und stellen Sie sich bitte weiter vor, dass es in der Luft etliche kleine unsichtbare Zahnräder gibt, die wiederum auf dieselbe Art und Weise miteinander verbunden sind wie unsere ursprünglichen beiden Zahnräder. Die Zähne unserer beiden Zahnräder greifen nun in die Zähne der kleinen unsichtbaren Zahnräder. Auch wenn beide nicht mehr direkt miteinander kontaktieren, sind sie doch wieder miteinander verbunden. Wenn wir also an dem einen Zahnrad drehen, so dreht sich auch das andere, quasi wie per Geisterhand gelenkt, mit. Auf diese Weise spielt es dann auch keine Rolle, ob wir die beiden Zahnräder einen Meter, einen Kilometer oder Lichtjahre voneinander entfernen. Denn beide bleiben über die Myriaden von kleinen unsichtbaren Zahnrädern trotzdem miteinander in Verbindung. Wenn Sie das verstanden haben, dann haben Sie das Prinzip der Verschränkung verstanden. Die kleinen unsichtbaren Zahnräder sind dabei nur eine Denkhilfe und nicht wirklich existent, zumindest nicht in dieser Form. Was aber hat das Ganze mit der Realität zu tun, in der wir uns täglich bewegen? Diese Frage wurde durch ein äußerst wichtiges, ja im wahrsten Sinne des Wortes elementares Experiment beantwortet. Durchgeführt wurde es im Jahr 1997 an der Universität Genf. Durch dieses Experiment, welches mit Photonen hantierte, wurde nämlich die sogenannte „Quantenverschränkung“ erstmals wissenschaftlich nachgewiesen. Vielleicht kurz zur Erläuterung. Wir alle kennen die klassische theoretische Physik, so wie sie von dem englischen Naturforscher Sir Isaac Newton (1643–1727) begründet und in seinen drei Axiomen der Mechanik formuliert wurde. Nur als Erinnerung, die klassische Mechanik beschreibt die Bewegung von Körpern aufgrund äußerer Kräfte, wobei sie nicht nach der Natur der Kräfte fragt. Das heißt, sie akzeptiert diese Kräfte als vorgegeben und beschäftigt sich nur mit deren Auswirkungen auf die in der Regel strukturlosen Teilchen. Die große Leistung von Sir Isaac Newton bestand nun in der Erkenntnis, dass die Mechanik auf der Erde und im Universum denselben Naturgesetzen folgt. Damit war die erste Vereinheitlichungstheorie in der Geschichte der Physik geboren. Aber diese Theorie stieß spätestens mit dem Rutherford'schen Atommodell an seine Grenzen. Was war geschehen? Im Jahre 1911 wurde ein Atommodell von dem neuseeländischen Physiker Ernest Rutherford (1871–1937) aufgestellt. Dieses Modell sah so aus, dass sich im Zentrum eines Atoms der sogenannte Atomkern befindet, welcher aus Protonen und Neutronen besteht. Um diesen Atomkern bewegen sich die Elektronen in verschiedenen Umlaufbahnen. Das Ganze ist vergleichbar mit der Sonne, um welche sich die Planeten bewegen. Doch dann entdeckten die Forscher, dass sich die Elektronen nicht wie erwartet in den vorgegebenen Umlaufbahnen bewegen, sondern stattdessen mal hier und mal da auftauchen, und das noch mit unterschiedlichem Abstand zum Atomkern. Als die Forscher dann genauer untersuchten, an welchen Aufenthaltsorten sich denn die Elektronen befanden, erkannten sie bestimmte Muster, die sie Orbitale nannten. Das Problem lag nun darin, dass sich diese inneratomaren Phänomene nicht mit den alten klassischen Modellen der Physik erklären ließen. Also stellten die Physiknobelpreisträger Niels Bohr (1885–1962), Werner Heisenberg (1901–1976) und Erwin Schrödinger (1887–1961) zwischen den Jahren 1913 und 1929 eine neue Theorie auf, die den Namen Quantenmechanik bekam. Die Quantenmechanik ist als Theorie zu verstehen, die der Beschreibung der Materie, ihrer Eigenschaften und Gesetzmäßigkeiten dient. Sie beschäftigt sich mit Phänomenen der Mikrophysik, also unter anderem auch mit Zusammenhängen, die sich im Inneren eines Atoms abspielen. Das Ungewöhnliche an der Quantenphysik ist nun, dass sie unser bisheriges Weltbild völlig auf den Kopf stellt. Schlimmer noch, sie torpediert all unsere Alltagserfahrungen. Es verwundert daher nicht weiter, dass es den meisten Menschen äußerst schwerfällt, sich mit ihren Aussagen anzufreunden. Dennoch hat die Quantenphysik inzwischen die klassische Physik Newtons als Grundlage unseres Verständnisses von der Natur und der ihr zugrunde liegenden physikalischen Gesetze längst abgelöst. Wem es schwerfällt, der Quantenphysik und ihren Ergebnissen zu folgen, findet vielleicht ein wenig Trost in dem folgenden Satz, den Niels Bohr einmal über die Quantenphysik äußerte und in dem er gleichzeitig auch das Unbehagen der Gründerväter gegenüber der Quantentheorie zum Ausdruck brachte:

„Wer über die Quantentheorie nicht entsetzt ist, der hat sie nicht verstanden."

Den Grundstein für die Quantenphysik legte Max Planck (1858–1947) am 14. Dezember des Jahres 1900, als er der Deutschen Physikalischen Gesellschaft seine Formel präsentierte und mit der alten Vorstellung brach, dass Energie in beliebig kleinen Mengen abgegeben werden könne. Stattdessen führte Planck mit seinem Wirkungsquantum kleinste Energiepakete, die sogenannten Quanten, in die Physik ein. Die Quantenhypothese nach Planck besagt, dass Strahlung nicht kontinuierlich ausgesandt wird, sondern in winzigsten Energieportionen, die Quanten genannt werden. Die Energiequanten hängen von der Frequenz ν der Eigenschwingung ab und sind immer ganzzahlige Vielfache eines kleinsten Quants $h \cdot \nu$. Das kleine h ist das Planck'sche Wirkungsquantum und hat den Wert $h = 6{,}626 \cdot 10^{-34}$ Js. Demnach beträgt die Energiemenge, die vom Strahlungsfeld abgegeben bzw. aufgenommen wird, immer ein ganzzahliges Vielfaches des Energiequantums. Diese Gesetzmäßigkeit drückte Planck mit der Formel aus:

$$\Delta E = h\nu$$

Albert Einstein hat in diesem Zusammenhang darauf hingewiesen, dass auch das Strahlungsfeld selbst aus Quanten bestehen müsse. Dieser Hinweis war äußerst wichtig für die Erklärung der experimentellen Befunde des äußeren Photoeffekts. Was meint das genau? Nun, Strahlung, und damit natürlich auch Lichtstrahlung, kann sowohl als Strom aus Teilchen als auch als Welle angesehen werden. Licht, also elektromagnetische Strahlung, ist folglich ein Strom von Energiepaketen, die sich mit Lichtgeschwindigkeit bewegen, unteilbar sind und nur als Ganzes erzeugt oder absorbiert werden können. Diese einzelnen Lichtteilchen werden auch Lichtquanten genannt. Trifft jetzt elektromagnetische Strahlung auf einen Festkörper, so können aus dessen Oberfläche Elektronen freigesetzt werden. Diese Erscheinung bezeichnet man als äußeren Photoeffekt oder auch als äußeren lichtelektrischen Effekt. Die kleinen Energiepakete, aus denen Licht besteht, die Lichtquanten, für sie wurde später der Begriff Photonen geprägt. Weil wir jetzt alle Grundlagen besitzen, die wir brauchen, können wir gedanklich wieder zum Experiment des Jahres 1997 an der Universität Genf zurückkehren. Damals ließen Forscher durch einen physikalischen Prozess der Photonenspaltung zwei zusammengehörige Photonen entstehen, die sich elf Kilometer weit in entgegengesetzte Richtungen bewegten. Die Physiker der Universität Genf konnten dabei nachweisen, dass ein Eingriff in einen davon auch bei dem anderen synchron zu einer Reaktion führte. Das heißt, eine gezielte Veränderung einer bestimmten Eigenschaft an einem Photon führte zeitgleich zu der gleichen Veränderung dieser bestimmten Eigenschaft bei seinem Zwillingsphoton. Daraus wurde die Schlussfolgerung gezogen, dass beide Photonen über ein bisher noch unbekanntes Energiefeld miteinander verbunden, sprich quantenverschränkt sein müssen. Dieses Energiefeld wird deshalb auch oft als Quantenfeld bezeichnet. Interessant ist, dass im 17. Jahrhundert Sir Isaac Newton den Begriff „Äther“ verwendete, um eine unsichtbare Energie zu beschreiben, welche das ganze Universum durchdringt. Im Jahre 1867 entdeckte der schottische Physiker James Clerk Maxwell (1831–1879), dass das Universum aus Energiefeldern besteht, welche miteinander in Wechselwirkung stehen, und begründete damit die Physik der Feldtheorien. Und Max Planck, der Urvater der Quantenphysik, nannte dieses Energiefeld den Urgrund der Materie. Im Jahre 1900 äußerte er:

„Die Welt besteht aus kleinen Energieausbrüchen, den sogenannten Quanten. Ein Quant bezeichnet also jenen Stoff, aus dem die Welt besteht, wenn wir sie auf ihre Essenz reduzieren.“

Moderne Physiker gehen deshalb heute davon aus, dass im Universum mit dem Urknall vor 13,7 Milliarden Jahren neben Hitze und Licht auch ein Energiefeld entstand, gleich einem Netz, das alle Teile des Kosmos miteinander verschränkt, sodass sie auf subtile Weise miteinander kommunizieren können. Dieses Netz bildet somit die Quantenessenz aller Dinge. Das bedeutet in letzter Konsequenz, dass alle Quantenobjekte, Elektronen, Photonen, Neutronen, Protonen, Tachyonen und Elementarteilchen, die jemals Energiekontakt miteinander hatten, miteinander verbunden, sprich quantenverschränkt sind. Bemerkenswert ist in diesem Zusammenhang, dass bereits Albert Einstein auf das Verschränkungsprinzip gestoßen ist, es aber später letztendlich als „spukhafte Fernwirkung" zu den Akten gelegt hat. Vielleicht sprengten das Verschränkungsprinzip oder die Konsequenzen, die sich aus diesem Prinzip ergeben, selbst seine Phantasie. Vielleicht sprengt es aber auch die Phantasie aller Menschen und man stellt sich die Frage, was hat das alles mit mir zu tun? Wo liegt die praktische Anwendung dessen? Eine Antwort auf diese Frage kann uns ein sehr aufschlussreiches Experiment geben, das 1993 in den USA durchgeführt wurde. Es beweist nämlich die emotionale Verschränkung bei weißen Blutkörperchen. Für dieses Experiment wurde eine Blutprobe mit weißen Blutkörperchen einer Versuchsperson in einem vom Probanden getrennten Raum elektrisch untersucht. Es zeigt sich, dass sich die elektrischen Eigenschaften der Probe dabei deutlich veränderten, je nachdem, was der Spender der Blutprobe gerade dachte oder tat. Selbst noch Tage nach der Probenentnahme und auch über große Entfernungen, wenn der Spender in einer Entfernung bis zu 75 km von der Blutprobe weilte, funktionierte das Experiment. In einem anderen Versuch des US-Militärs wurden weiße Blutkörperchen bestimmter Spender in einer gesonderten Kammer beobachtet, während die Testpersonen mithilfe von Videosequenzen mit ganz verschiedenen emotionalen Reizen traktiert wurden. Dabei zeigte sich, dass die Stimmungshochs oder Stimmungstiefs der Spender ihre genauen Entsprechungen in den Messungen an den weißen Blutkörperchen fanden. Auch bei zunehmender Entfernung zwischen Probe und Spender zeigten die Messungen die gleichen Ergebnisse. Interessanterweise gab es dabei keine Zeitverzögerung in der Signalübertragung, was darauf hindeutete, dass der Signaltransfer mit Überlichtgeschwindigkeit erfolgen musste. Das heißt, der Informationstransfer erfolgte in einer Art und Weise, als gäbe es gar keine räumlichen oder zeitlichen Distanzen. Bei einer Entfernung von 50 Meilen wurden die Messungen allerdings beendet. In einem anderen Experiment, das vom US-Militär in Auftrag gegeben wurde, zeigte sich, dass die Gefühle eines Menschen seinen genetischen Code, also die DNA, unmittelbar beeinflussen. Und das auch noch dann, wenn die DNA körperlich vom Spender getrennt wird und sich in großer Entfernung zu ihm befindet. Absolut gleichzeitige Auswirkungen ergaben Messungen selbst mit einer Distanz von über 500 Kilometern. Untermauert werden diese Ergebnisse von einem weiteren äußerst interessanten Experiment, das vom Institute of HeartMath in Kalifornien veröffentlicht wurde. Bei speziell trainierten Testpersonen, die im deutlichen Empfinden und Ausdrücken ihrer Emotionen ausgebildet worden waren, wurde das Verhalten der DNA-Helix untersucht, während sie sich zunächst in negative und dann in positive Emotionen hineinsteigerten. Empfanden die Testpersonen Dankbarkeit, Liebe, Wertschätzung, Mitgefühl und Selbstachtung, so reagierte die DNS mit Entspannung und der Strang verlängerte sich. Empfanden die Testpersonen hingegen Wut, Zorn, Angst, Enttäuschung, Eifersucht oder Stress, so verkürzte sich der DNA-Strang und schaltete zahlreiche Gene ab. Das bedeutet folglich, dass unser genetischer Code, unsere Erbsubstanz, auf Emotionen ganz klar reagiert und sich damit umprogrammieren lässt, auch ohne dass man dazu einzelne Gene herausschneiden oder ersetzen müsste. Und genau dort liegt denn auch die praktische Anwendung des Phänomens der emotionalen Verschränkung, nämlich in der Möglichkeit der Aktivierung von Selbstheilungskräften. Denn offensichtlich werden unsere Selbstheilungskräfte durch körperliche Empfindungen, Emotionen und Gedanken, sprich durch unser Bewusstsein gesteuert. In unserem Körper herrscht ein inneres Gleichgewicht, das uns gesund und glücklich erhält. Die Voraussetzung für dieses Gleichgewicht ist allerdings, dass Körper, Geist und Seele in einer Harmonie stehen. Geht diese Harmonie aufgrund von Stress, Ängsten, Konflikten und Umweltbelastungen verloren, drohen Krankheiten. Dann gilt es, durch eine positive Beeinflussung dieses innere Gleichgewicht wiederherzustellen, damit Heilung entstehen kann. Das hat auch die Placeboforschung längst bestätigt. Der Begriff Placebo stammt aus dem Lateinischen und bedeutet so viel wie „ich werde gefallen". Bei einem Placebo handelt es sich um ein Scheinarzneimittel, das keinen wirksamen Arzneistoff enthält und folglich auch keine pharmakologische Wirkung haben kann. Die Placeboforschung fand aber heraus, dass auch ein solches Scheinarzneimittel, das keinen wirksamen Arzneistoff enthält, trotzdem einen deutlichen klinischen Effekt auslösen kann. Voraussetzung ist aber, dass der Stoff dem Patienten mit dem Hinweis verabreicht wird, dass es sich um ein hochwirksames Medikament handelt. Das heißt, dass allein der Glaube an die Wirkung des Medikamentes dabei die Selbstheilungskräfte wie von Zauberhand aktiviert und daraufhin entsprechende Stoffe im Körper zur Therapie ausgeschüttet werden. Dasselbe gilt natürlich auch in umgekehrter Richtung. Dies hat die sogenannte Noceboforschung herausgefunden. Der Begriff Nocebo stammt ebenfalls aus der lateinischen Sprache und bedeutet so viel wie „ich werde schaden". Analog zum Placebo wird dem Patienten hier also ein Scheinarzneimittel verabreicht, das keinerlei wirksamen Arzneistoff enthält und dementsprechend auch keinen pharmakologischen Effekt auslösen kann. Die Verabreichung erfolgt aber mit dem Hinweis, dass es sich um eine Substanz handelt, die eine nachhaltig beeinträchtigende Wirkung auf die Gesundheit und das Wohlbefinden hat. Der entsprechende Effekt lässt dann auch nicht lange auf sich warten. Hierzu ein Beispiel. Ein depressiver 26 Jahre alter Amerikaner nahm an einer Antidepressiva-Studie teil. Als ihn seine Freundin verlässt, schluckt der junge Mann in suizidaler Absicht 29 Kapseln, die er tags zuvor als Studienteilnehmer erhalten hat. Kurz darauf fängt er an heftig zu atmen und zu zittern, wobei auch der Blutdruck rapide fällt. Er bereut die Überdosis genommen zu haben und lässt sich von einem Nachbarn in die Notaufnahme fahren. Dort gelingt es ihm noch, den Satz über die Lippen zu bringen: „Helfen Sie mir, ich habe alle meine Pillen genommen." Dann kollabiert er. Die Ärzte, die sich um das Leben des jungen Mannes bemühen, finden Stunden später heraus, dass ihr Patient zu jener Gruppe von Studienteilnehmern gehörte, die nur ein Scheinmedikament ohne jeden pharmakologischen Wirkstoff erhalten hat. Als auch der Patient davon erfährt, verschwinden plötzlich all seine Symptome binnen einer Viertelstunde. Placebo und Nocebo zeigen uns damit ganz unmissverständlich, welch entscheidenden Einfluss der Zustand des inneren Gleichgewichts von Körper, Seele und Geist auf die Entstehung von Krankheit und deren Heilung ausübt. Es gibt da aber noch ein rätselhaftes Phänomen, das uns immer wieder in der Realität begegnet und das wir mithilfe der emotionalen Quantenverschränkung erklären können. Auch hierzu sei ein praktisches Beispiel genannt. Eine Familie fährt in den Urlaub. Der jüngste Spross bleibt jedoch zu Hause. Einige Tage später, die Familie ist zu diesem Zeitpunkt bereits am mehrere Hundert Kilometer entfernten Urlaubsort eingetroffen, geht der daheim gebliebene Teenager seinem Hobby nach. Er liebt das sogenannte S-Bahn-Surfen, bei dem man sich an der Außenwand eines fahrenden S-Bahn-Zuges festklammert. Was etliche Male gut gegangen ist, endet aber an diesem bestimmten Tag in einer Katastrophe. Der Jugendliche verunglückt, erleidet eine Querschnittlähmung und bleibt zeitlebens schwerstpflegebedürftig. Das Erstaunliche an diesem Fall ist aber, dass die Mutter in der Sekunde des Unfallgeschehens wie erstarrt stehen bleibt und der Familie sagt: „Wir müssen zurück, denn es ist etwas Schreckliches passiert." Wie ist das möglich? Wie ist es möglich, dass eine Person, die mehrere Hundert Kilometer vom Unfallort entfernt ist, exakt zu dem Zeitpunkt, so haben es die Recherchen im Nachhinein ergeben, das Unfallgeschehen des Kindes emotional bemerkt? Natürlich kann man das Ganze als Zufall abtun. Aber dieser Fall ist kein Einzelfall. Denn immer wieder werden derartige Fälle beschrieben, und das spricht nun einmal eindeutig gegen den Zufall. Vielleicht kann uns hier ein Experiment eine Antwort darauf geben, das in San Francisco am Institute of Noetic Sciences (IONS) durchgeführt wurde. Dieses Experiment überprüfte dabei auch die Möglichkeit des Zufalles. Am Versuch nahmen über 36 Liebespaare teil. Dabei wurde ein Partner in einem schallisolierten Raum, der eine elektromagnetisch abgeschirmte Kammer enthielt, auf einem Stuhl platziert und sitzend mit Elektroden am Daumen verkabelt. Gemessen wurden damit der Blutfluss und die Leitfähigkeit der Haut, die eine physisch messbare Reaktion des autonomen Nervensystems darstellen. In einem anderen Raum, der ebenfalls schallisoliert war und eine abgeschirmte Kammer enthielt, nahm der andere Partner vor einem Bildschirm Platz. Auf dem Monitor wurde dann diesem Partner in zufälliger Abfolge ein Bild des Partners in dem anderen Raum für jeweils zehn Sekunden angezeigt. Dieser Partner hatte nun die Aufgabe, während der Anzeige des Bildes entsprechend liebende und gefühlvolle Gedanken an seinen Partner zu senden. Das Ergebnis einer Vielzahl der Versuche war verblüffend. Denn beim Anblick der Monitoranzeige durch den einen Partner stiegen nicht nur dessen Werte für Blutdruck und Hautfeuchtigkeit, was ja noch zu erklären wäre, sondern auch, mit einer Verzögerung von etwa zwei Sekunden, die entsprechenden Werte des anderen Partners im Nebenraum. Und, so die Forscher des Instituts weiter, die in Experimenten erzielten Ergebnisse liegen weit über den zu erwartenden Zufallstreffern. Denn die Wahrscheinlichkeit, dass die Reaktionen der beiden Testpersonen rein zufällig synchron verlaufen, liegt bei 1 zu 11 000. Damit legen die Ergebnisse eine Variante der Quantenverschränkung auf emotionaler und physiologischer Ebene zwischen Menschen nahe, welche eine enge Bindung zueinander haben. Dass die Forscher am IONS damit nicht ganz falsch liegen, untermauern drei Dutzend Doppelblindtests und vergleichende Zufälligkeitsstudien, unter anderem an den Universitäten zu Washington und Edinburgh, welche die Ergebnisse des Institute of Noetic Sciences belegen. Kritiker widersprechen jedoch dieser Auslegung vehement mit dem Verweis darauf, dass die Quantenverschränkung sich, so zumindest nach bisherigem Wissensstand, nur auf subatomarer Ebene einstelle, und erklären die erzielten Übereinstimmungen trotz der Unwahrscheinlichkeiten einfach mit dem Zufall. Doch so leicht kann man es sich angesichts der Fakten, die mittlerweile gebündelt auf dem Tisch liegen, nicht machen. Das zeigt uns nämlich das sogenannte Doppelspaltexperiment. Doch was hat es mit diesem Doppelspaltexperiment auf sich? Sir Isaac Newton war 1703 davon ausgegangen, dass Licht aus einem Strom von Partikeln besteht, weil es sich an Spiegeln in vorhersagbarer Weise reflektiert und in geraden Linien mit hoher Geschwindigkeit ausbreitet. Im Jahre 1802 hat jedoch der britische Arzt und Physiker Thomas Young mit dem Doppelspaltexperiment demonstriert, dass Licht Welleneigenschaften hat, weil es an Hindernissen gebeugt wird und dabei Interferenzmuster erzeugt. Unter Beugung versteht man dabei die Tatsache, dass eine Welle, die auf ein Hindernis stößt, abgelenkt wird. Interferenz dagegen beschreibt das Phänomen, dass eine Welle, welche auf einen Doppelspalt trifft, hinter diesem zwei neue Wellen erzeugt, die wiederum miteinander in Wechselwirkung stehen. Beim Doppelspaltexperiment wird eine Lichtquelle vor einer Blende mit zwei Spalten aufgestellt. Hinter der Blende befindet sich ein Schirm, auf dem das Interferenzmuster abgebildet wird. Das bedeutet, dass auf dem Schirm hellere und dunklere Bereiche zu sehen sind. Die Erklärung hierfür ist einfach, denn dort, wo zwei Wellenberge aufeinandertreffen, addieren sich diese und erzeugen so einen hellen Bereich. Trifft jedoch ein Wellenberg auf ein Wellental, dann löschen sich beide gegenseitig aus und es entsteht ein dunkler Bereich. Auf diese Weise entstehen auf einem Schirm hinter dem Doppelspalt eine Reihe heller und dunkler Streifen, die auch als Interferenzmuster bezeichnet werden. Young verwendete bei seinem Versuch Sonnenlicht und beschrieb den Aufbau seines Experimentes wie folgt:

„Ich machte ein kleines Loch in einen Fensterladen, überdeckte es mit einem Stück dicken Papieres, in das ich mit einer feinen Nadel ein Loch stach, und benutzte einen Spiegel, um den dünnen Lichtstrahl umzuleiten, der durch das Loch kam. Ich nahm die dünne, ungefähr ein dreißigstel Inch breite Seite einer Spielkarte und hielt sie in den Weg des Lichtstrahls, sodass dieser zweigeteilt wurde. Ich beobachtete den Schatten: neben farbigen Streifen zu beiden Seiten des Schattens war der Schatten selbst durch ähnliche parallele Streifen geteilt."

T. Young 1804, Experiments and calculations relative to physical optics

Das Doppelspaltexperiment entstand eigentlich aus der Fragestellung heraus, ob es sich bei Licht um eine Welle oder um Teilchen handelt. Trifft eine Welle auf einen Spalt, dann kommt es zur Beugung, sodass sich hinter dem Spalt eine kreisförmige neue Welle bildet. Betrachtet man aber zwei Spalte nebeneinander, so ergibt sich durch die Überlagerung der beiden neuen Wellen ein Interferenzmuster. Das Experiment von Thomas Young war deshalb ein überzeugender Beweis für den Wellencharakter des Lichtes. Denn die Wellennatur des Lichtes erklärt das Interferenzmuster, welches beim Doppelspaltexperiment entsteht. Doch so sehr das Doppelspaltexperiment von Young die Wellentheorie des Lichtes auch unterstützt, so sehr steht sie nun im Widerspruch zum Photoeffekt, welcher Licht als Quanten, also Teilchen, auszeichnet. Denn im Jahre 1886 beobachtete der deutsche Physiker Heinrich Hertz (1857–1894), dass nur spezielles Licht aus einem Metall Elektronen auslösen kann. Über Lichtwellen war das aber nicht zu erklären. Wie bereits erwähnt, entwickelte Albert Einstein im Jahre 1905 hierzu eine Theorie, die eine Erklärung der experimentellen Befunde des äußeren Photoeffekts lieferte. In dieser Theorie beschrieb er Licht nicht mehr als Welle, sondern portionierte es in Lichtquanten. Dem englischen Physiker Sir Geoffrey Ingram Taylor (1886–1975) gelang es schließlich, diese Lichtquanten durch Messung nachzuweisen. In seinem Doppelspaltexperiment von 1909 verwendete er aber nicht wie Taylor abgeschwächtes Licht, sondern schickte einzelne Photonen durch den Doppelspalt. Die Überlegung hinter diesem Experiment war folgende. Es geht darum, Photonen in die Richtung eines Doppelspalts zu schießen, um dann hinter dem Doppelspalt auf einem Schirm, der sich in einem gewissen Abstand zu ihm befindet, das Ergebnis des Experimentes abzulesen. Würde es sich bei den Photonen um eine Welle handeln, dann wäre auf dem Schirm ein Interferenzmuster der beiden sich überlagernden Wellen zu erwarten. Wären Photonen hingegen Teilchen, dann würde man auf dem Schirm nur zwei helle Streifen erwarten, weil ein Teilchen entweder durch den einen Spalt oder aber durch den anderen Spalt fliegen und so direkt hinter dem Spalt einen Lichtpunkt auf dem Schirm erzeugen würde. Bei vielen Teilchen nacheinander würde sich auf diese Weise dann jeweils ein heller Streifen hinter jedem der beiden Spalte ergeben. So weit, so gut. Führt man nun dieses Doppelspaltexperiment in dem einfachen Aufbau, wie er hier kurz beschrieben wurde, durch und schießt Tausende von Photonen auf den Doppelspalt, dann zeigt sich stets ein Interferenzmuster auf dem Schirm. Damit zeigen Photonen am Doppelspalt das Beugungsverhalten einer Welle und scheinen auf den ersten Blick irgendwie doch keine Teilchen zu sein. Aber, so könnte man nun einwenden, es wäre doch denkbar, dass diese vielen Photonen aufeinanderprallen, auf diese Art miteinander in Wechselwirkung treten und so das Interferenzmuster verursachen. Deshalb entschloss sich Taylor einzelne Photonen nacheinander abzufeuern, sodass sie nicht miteinander in Kontakt kommen konnten. Doch wieder trat das gleiche Interferenzmuster auf. Aber wie konnte das sein? Wie kann ein einzelnes Photon mit sich selbst wechselwirken und dadurch ein Interferenzmuster erzeugen? Taylor entschloss sich deshalb das Geschehen am Doppelspalt näher unter die Lupe zu nehmen. Er installierte einen Photonensensor an jedem der beiden Spalte, um so herauszubekommen, durch welchen Spalt das Photon geflogen ist. Dabei machte er allerdings eine äußerst ungewöhnliche Beobachtung. Denn plötzlich veränderte sich das Messergebnis auf dem Schirm schlagartig. Es zeigten sich nämlich dann nur noch zwei helle Streifen auf dem Schirm, ganz so, wie man es auch von den Teilchen erwarten würde. Der Akt des Messens an sich bzw. die Beobachtung des Vorganges hatte also zur Folge, dass sich die Photonen anders verhielten. So, als würden sie wissen, dass sie jemand beobachtete. Sie veränderten ihr Verhalten von dem einer Welle zu dem eines Teilchens.

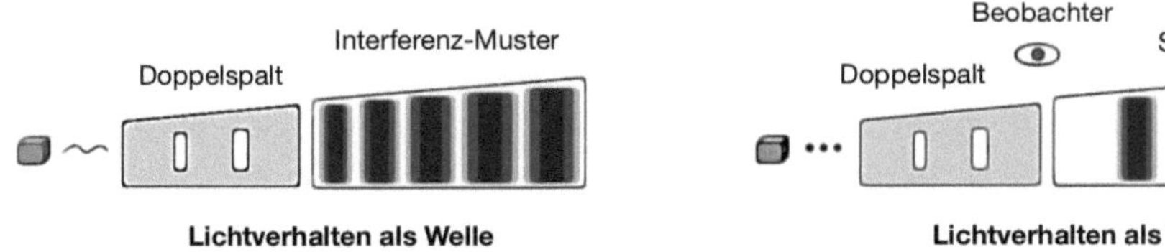

Abbildung 5: Lichtverhalten beim Doppelspaltexperiment

Das bedeutet, dass Messungen bzw. der Einfluss des Beobachters das Ergebnis verändern. Oder anders formuliert, mit seinem Bewusstsein darüber, dass es zwei Spaltöffnungen gibt, verändert der Beobachter das Verhalten der Photonen. Es ist das Bewusstsein des Beobachters im Raum, welches das Verhalten der beobachteten Photonen beeinflusst. Im Jahr 1998, rund 90 Jahre später, wurde das Doppelspaltexperiment noch einmal detailliert am Weizmann-Institut in Tel Aviv, Israel wiederholt und bestätigt. Die Arbeiten konnten dabei nicht nur die ursprünglichen Experimente von 1909 untermauern, sondern fügten noch eine weitere Entdeckung hinzu. Diese Entdeckung zeigte, dass je mehr Teilchen beobachtet werden, umso größer auch der Einfluss des Beobachters ist. Mittlerweile gelingen Experimente dieser Art sogar mit sehr großen Molekülen, die aus mehr als hundert Atomen bestehen. Dieser Sachverhalt ist besonders wichtig, denn die moderne Zellbiologie versucht immer die biologischen Vorgänge bis hinunter auf das molekulare Niveau zu verstehen. Schließlich wäre es undenkbar, zellbiologische Vorgänge ohne eine Bezugnahme auf einzelne aktive Moleküle verstehen zu wollen. Und die Tatsache, dass einzelne Moleküle ihre quantenmechanische Wellennatur in Interferenzexperimenten selbst dann noch offenbaren, wenn sie aus über hundert Atomen bestehen, zeigt uns nur allzu deutlich, dass die Funktionsweise von Molekülen immer quantenmechanisch zu verstehen ist. Oder etwas prägnanter formuliert, Molekülphysik ist immer auch Quantenmechanik. Wir dürfen daher an dieser Stelle festhalten, dass Quantenphänomene auf subatomarer Ebene, auf atomarer Ebene sowie auf molekularer Ebene feststellbar sind. Und wir dürfen mit Bezug auf diese Experimente, die uns vor Augen führen, dass sich das Beobachtete durch die bloße Beobachtung verändert, davon ausgehen, dass wir alle im Universum nicht nur Beobachter des Geschehens sind, sondern Teilnehmer. Mit anderen Worten, wir müssen durch diese Experimente verstehen lernen, dass wir alle mit allem aufs Innigste verbunden sind. Diese Verbindung betrifft dabei sowohl die Welt innerhalb unseres Körpers als auch die Welt außerhalb unseres Körpers. Und wir müssen verstehen lernen, dass diese Verbindung durch unser Bewusstsein entsteht, das in Gefühlen und Überzeugungen zum Ausdruck kommt. Die hier beschriebenen Experimente legen somit nahe, dass das Bewusstsein an sich der Stoff ist, aus dem unser ganzes Universum besteht. Denn als aktive Teilnehmer am Universum, und nicht nur als bloße passive Beobachter, sind wir natürlich auch ein Teil des Quantenfeldes, mit dem uns die moderne Quantenphysik die hier wirksamen Gesetze erklärt. Das Phänomen der emotionalen Verschränkung dürfen wir deshalb mit der Existenz der Quantenfelder erklären. Es sind Felder, die aus Energien und Informationen bestehen. Im Grunde handelt es sich um eine Art allumfassendes Bewusstseinsfeld, aus dem umfangreiche Informationen aufgenommen werden können. Deshalb kann dieses Feld natürlich auch als mentale Verbindungsebene zwischen verschiedenen Menschen dienen. Bleibt dann nur noch die Frage offen, ob quantenphysikalische Phänomene, die auf der subatomaren, atomaren und molekularen Ebene wirksam sind, auch in unserer makroskopischen Welt Gültigkeit haben. Diese Frage muss nach aktuellem Kenntnisstand dahingehend beantwortet werden, dass zwar Quantenphänomene sogar an relativ großen Objekten, wie den bereits erwähnten Molekülen, nachgewiesen werden konnten, ob sie jedoch auch in noch größeren Maßstäben wirksam sind, ist bislang spekulativ. So gehen einige Physiker davon aus, dass die sehr kleinen Quanteneffekte sich bei auch nur geringfügig größeren Objekten gegenseitig aufheben. Das heißt, dass größere Moleküle durch die Wechselwirkung mit ihrer Umgebung ihre Quanteneigenschaften einbüßen und sich dann wie klassische Teilchen verhalten. Andere Physiker hingegen gehen davon aus, dass die Quantenphysik auch in unserer makroskopischen Welt Gültigkeit besitzt. Ob es daher wirklich einen definierten Übergang zwischen der Welt der Quanten und der Welt der klassischen Physik gibt, bleibt insofern eine noch offene Frage.

Lebensgefahr-Erfahrung (Fear-Death-Experience)

Bei den Lebensgefahr-Erfahrungen, im angelsächsischen Sprachraum auch als Fear-Death-Experiences bezeichnet, handelt es sich nach Ansicht mancher Autoren um eine Variante oder Spielart der klassischen Nahtoderfahrung, was jedoch keineswegs wissenschaftlich gesichert ist. Man versteht darunter menschliche Erfahrungen, welche in lebensgefährlichen Situationen auftreten. Die Betroffenen können, müssen jedoch dabei nicht zwangsläufig verletzt werden. Das heißt, die körperliche Versehrtheit oder Unversehrtheit ist keine Voraussetzung für diese Art von Erfahrung, sondern einzig und allein die Erkenntnis des Betroffenen, dass er in Lebensgefahr schwebt, ist der biologische Auslöser. Entscheidend ist auch nicht, ob der Betreffende wirklich in einer lebensbedrohlichen Situation steckt, sondern dass er das subjektive und authentisch erlebte Gefühl einer Lebensbedrohung empfindet. Damit stellt sich für die betreffende Person eine glaubhafte Erwartung des eigenen Todes ein, die der entsprechenden Situation durchaus angemessen erscheint. Es ist daher die individuelle Todesfurcht, die als Auslöser dient, und nicht medizinische Umstände wie bei einer klassischen Nahtoderfahrung. Manchmal wird in der Literatur auch der Ausdruck Todesangsterfahrung oder Todesfurchterfahrung verwendet, um diese Form der Erfahrung zu umschreiben. Allerdings sind diese Begriffe eine äußerst unglückliche Wahl, weil die Betroffenen zwar damit rechnen zu versterben, aber oft berichten, keinerlei Angst in der Situation empfunden zu haben. Es sollte deshalb auf diese Begriffe besser verzichtet werden, weil sie im Grunde irreführend sind. Um eine bessere Vorstellung von einer Lebensgefahr-Erfahrung zu bekommen, sei hier der Bericht von Albert Heim zitiert. Der Schweizer Geologe und Professor, der durch seine Forschungen über die Alpen und die Entstehung der Gebirge berühmt geworden ist, stürzte im Frühjahr des Jahres 1871 im Säntisgebirge beim Bergsteigen mehr als zwanzig Meter tief ab. Die mit dem Absturz verbundene Lebensgefahr-Erfahrung weckte dabei sein Interesse an den subjektiven Erfahrungen des Sterbens. Deshalb sammelte er 25 Jahre lang entsprechende Berichte von Menschen, die lebensbedrohliche Situationen überlebt hatten, und veröffentlichte diese im Jahrbuch des Schweizer Alpenclubs des Jahres 1892. Zu finden sind darin die Berichte von Soldaten, die im Krieg verwundet worden waren, oder von Maurern und Dachdeckern, die aus großer Höhe abgestürzt waren. Ferner Berichte von Arbeitern, die Katastrophen bei Bauarbeiten im Gebirge sowie Eisenbahnunglücke überlebt hatten. Und es findet sich ein Bericht von einem Fischer, der fast ertrunken wäre. Aber auch Berichte von alpinen Kletterern, die in den Bergen abgestürzt waren und überlebt hatten. Zu seinem eigenen Erlebnis schrieb Albert Heim:

„Sofort, wie ich stürzte, sah ich ein, dass ich nun an den Fels geworfen werden müsse, und erwartete den Anprall. Ich grub mit den gekrallten Fingern in den Schnee, um zu bremsen, und riss mir dadurch alle Fingerspitzen blutig, ohne Schmerz zu empfinden. Ich hörte genau das Anschlagen meines Kopfes und Rückens an jeder Ecke des Felsens, und ich hörte den dumpfen Schlag, als ich unten auffiel. Schmerzen aber empfand ich erst etwa nach einer Stunde. Während dem Fall stellte sich die erwähnte Gedankenflut ein. Was ich in fünf bis zehn Sekunden gedacht und gefühlt habe, lässt sich in zehnmal mehr Minuten nicht erzählen. Alle Gedanken und Vorstellungen waren zusammenhängend und sehr klar, keineswegs traumhaft verwischt. Zunächst übersah ich die Möglichkeiten meines Schicksals und sagte mir: Der Felskopf, über den ich nächstens hinausgeworfen werde, fällt unten offenbar als steile Wand ab, denn er verdeckte den unten folgenden Boden für einen Blick; es kommt nun ganz darauf an, ob unter der Felswand noch Schnee liegt. Wenn dies der Fall ist, so wird der Schnee von der Wand abgeschmolzen sein und eine Kante bilden. Falle ich auf die Schneekante, so kann ich mit dem Leben davonkommen, ist aber unten kein Schnee mehr, so stürze ich ohne Zweifel in Felsschutt hinab, und dann ist bei dieser Sturzgeschwindigkeit der Tod ganz unvermeidlich. Bin ich unten nicht tot und nicht bewusstlos, so muss ich sofort nach dem kleinen Fläschchen Essigäther greifen, das ich beim Weggehen auf dem Säntis nicht mehr in die Tornisterapotheke geborgen, sondern nur in die Westentasche gesteckt habe, und davon einige Tropfen auf die Zunge nehmen. Den Stock will ich nicht gehen lassen, vielleicht kann er mir noch nützen. Ich behielt ihn dann auch fest in der Hand. Ich dachte daran, die Brille wegzunehmen und fortzuwerfen, damit mir nicht etwa ihre Splitter die Augen verletzen, allein ich wurde derart geworfen und geschleudert, dass ich der Bewegung meiner Hände hierfür nicht mächtig werden konnte. Eine andere Gedanken- und Vorstellungsgruppe betraf die Folgen meines Sturzes für die Hinterbliebenen. Ich sagte mir, dass ich, unten angekommen, gleichgültig, ob ich schwer verletzt sei oder nicht, jedenfalls, wenn immer möglich, sofort aus Leibeskräften rufen müsse: ‚Es hat mir gar nichts getan!', damit meine Begleiter, darunter mein Bruder und drei Freunde, aus dem Schrecken sich so weit aufraffen könnten, um überhaupt den ziemlich schwierigen Abstieg zu mir herab zustande zu bringen. Ich dachte daran, dass ich nun meine auf fünf Tage später angekündigte Antrittsvorlesung als Privatdozent jedenfalls nicht halten könne. Ich übersah, wie die Nachricht meines Todes bei den Meinigen eintraf, und tröstete sie in Gedanken. Dann sah ich, wie auf einer Bühne aus einiger Entfernung, mein ganzes vergangenes Leben in zahlreichen Bildern sich abspielen. Ich sah mich selbst als die spielende Hauptperson. Alles war wie verklärt von einem himmlischen Lichte und alles war schön und ohne Schmerz, ohne Angst, ohne Pein. Auch die Erinnerung an sehr traurige Erlebnisse war klar, aber dennoch nicht traurig. Kein Kampf und Streit, auch der Kampf war Liebe geworden. Erhabene und versöhnende Gedanken beherrschten und verbanden die Einzelbilder, und eine göttliche Ruhe zog wie herrliche Musik durch meine Seele. Mehr und mehr umgab mich ein herrlich blauer Himmel mit rosigen und besonders mit zart violetten Wölklein – ich schwebte peinlos und sanft in denselben hinaus, während ich sah, dass ich nun frei durch die Luft flog und dass unter mir noch ein Schneefeld folgte. Objektives Beobachten, Denken und subjektives Fühlen gingen gleichzeitig nebeneinander vor sich. Dann hörte ich mein dumpfes Aufschlagen, und mein Sturz war zu Ende.“

Jahrbuch des Schweizer Alpenclubs, 1892, S. 162–163

Berücksichtigt man, dass die Unfallwahrscheinlichkeit pro Pkw bei circa 5,5 % liegt und die Wahrscheinlichkeit für eine schwere Verletzung bei 0,16 % bzw. bei 0,75 % für eine leichte Verletzung, dann verwundert es bei diesen doch recht hohen Wahrscheinlichkeiten auch nicht weiter, dass Lebensgefahr-Erfahrungen in der heutigen Zeit nicht selten von Autofahrern berichtet werden. Dazu einige Beispiele aus einem Internetforum zum Thema Unfall und Totalschaden sowie Glück im Unglück:

„Ich war auf der Autobahn unterwegs und habe nach einer langen Strecke mit Tempolimit 120 wieder beschleunigt. In der rechten Spur lief der Verkehr weiterhin recht langsam. Zum einen ging es einen langen Berg hoch, zum anderen ist da eine Auffahrt. Als ich bei etwa 160 war, zog plötzlich vor mir ein Wagen nach links rüber. Trotz Vollbremsung schien sein Heck auf mich zuzufliegen. Beim verzweifelten Versuch auszuweichen kam ich über die Fahrbahnkante und mein Auto fing an zu schleudern. Alles Weitere habe ich wie von weiter hinten rechts neben der Autobahn wahrgenommen. Nachdem mein Leben wie im Zeitraffer an mir vorbeigerast war, ‚sah‘ (?) ich mich in meinem Auto sitzen, ‚sah‘ (?) die Bremslichter der Autos in beiden Spuren hinter mir. Ich spürte dabei aber nichts außer der unglaublichen, absolut beeindruckenden Ruhe in dieser weißen Wolke. Ich ‚sah‘ (?), wie das Auto vor mir plötzlich einen Haken nach rechts machte, ‚ich‘ mein Auto stabilisieren konnte und alles vollkommen entspannt weitergehen konnte. Es zog mich wieder in meinen Körper, obwohl es da draußen so viel schöner war, so vollkommen harmonisch schien. Das Erste, was ich wieder in meinem Körper wahrgenommen habe, war mein Blick nach rechts, als ich an dem

Auto vorbeifuhr, von dem die Gefahr ausgegangen war. Darin saß eine Frau, die wie erstarrt schien. Den Blick geradeaus, die Hände ums Lenkrad gekrallt. Ich war noch so sehr von dieser Ruhe erfüllt, dass ich ihr überhaupt nicht böse war. Ich fühlte mich entspannt und locker. Allerdings bin ich auf den nächsten Rastplatz gefahren. Wenn der Schock kam und die Knie zittern würden, wollte ich nicht gerade fahren. Nach etwa einer halben Stunde bin ich dann weitergefahren. Es gab keinen Schock. Weder nach dem Ereignis noch am Abend oder irgendwann später. Man kann sich ausrechnen, dass das alles nicht lange gedauert haben konnte. Von 160 auf 130 oder 120 runterbremsen, aber dann so weiterfahren, dauert bergauf nicht lange. Und auch neben das Auto zu kommen, das gerade noch vor einem war, noch dazu so gefährlich dicht, weist eher darauf hin, dass sich das alles im Sekundenbereich abgespielt haben muss. Ich hatte jedenfalls jedes Zeitgefühl verloren. Danach schien es mir so unwirklich, dass ich es damals als Erzählung eines anderen für Spinnerei abgetan hätte. So musste ich lernen, mit diesen Eindrücken umzugehen und mein eigenes abwertendes Urteil loszuwerden."

Anonym

„Es ist unglaublich, aber in so einer Situation mit vollem Adrenalinschub ist das Gehirn schneller als die Realität … Ich habe mal ein Kind angefahren, das hinter einer Hecke hervor, ohne zu gucken, auf die Straße gerannt ist. Ich bin in Zeitlupe vor den Baum auf der gegenüberliegenden Straßenseite gefahren, um dem Kind auszuweichen. Das Ausweichen hat nicht geklappt … den Aufprall des Kindes auf meinem Käfer-Kotflügel höre ich heute noch."

Trixe

„Mein Sohn erzählte auch, dass beim Unfall sein ganzes bisheriges Leben wie ein Film vor seinen Augen abgelaufen wäre und er das Gefühl hatte zu schweben."

Mary

„Man fühlt sich wie ein Zuschauer und realisiert nicht, dass man mittendrin steckt."

Andrea

„Mein Vater, der immer sagte, er glaube nur an Dinge, die er sehen oder anfassen kann, hat einmal so eine ‚Fear-Death-Erfahrung' gehabt. Passiert ist das alles während einer Fahrt auf der Autobahn, als ein anderes Fahrzeug bei einem Überholvorgang den Wagen meines Vaters vorne/seitlich rammte. Durch den Aufprall begann der Wagen meines Vaters sich zu drehen und krachte dann in die Leitplanke, hinter der es ziemlich weit ‚abwärts' ging. Es war eine bergige Strecke im Allgäu. Mein Vater beschrieb die Situation in Kurzform folgendermaßen: Als der Wagen sich zu drehen begann, lief mein ganzes Leben wie ein Film vor meinen Augen ab. Alles geschah in Zeitlupe und obwohl ich wusste, dass ich gleich den Hang hinunterstürze, hatte ich keine Angst."

Anonym

„Ich war in einer hellen Mondnacht und bei eisigen -10 Grad, aber klarem, trockenem Wetter auf der BAB-A29 unterwegs und mir lief nachts ein 40-Kilo-Hund vor das Auto. Das Auto, damals ein Audi A4 der ersten Generation, drehte sich daraufhin dreimal über 25 Meter an der Leitplanke entlang und als er wieder auf geradeaus zeigte, steuerte ich ihn auf den Standstreifen und stellte den Trümmerhaufen ab und alarmierte die Polizei via Handy … Ich hatte via Kopfkino den Lebensfilm gesehen, in rasender Geschwindigkeit spulte sich mein ganzes Leben ab, Kindheitserlebnisse, Ärger, Freude, Freunde, Beruf, Menschen, Dinge, die ich noch vorhatte, die Geburt meiner Tochter, so ziemlich alles, was einen in den aufgelaufenen 35 Jahren damals so beschäftigt hat, lief wie ein Kurzfilm in rasender Geschwindigkeit ab … Hätte ich diese Erinnerungen bewusst aneinanderreihen wollen, hätte ich wohl eine Woche Meditation oder Trance gebraucht, hier dauerte es eventuell nur 5–10 Sekunden (ich weiß nicht genau, wie lange diese drei Umdrehungen des Autos gedauert haben) … Ich war körperlich völlig unversehrt, das Auto Totalschaden, vorne und hinten 1 Meter kürzer und alle Scheiben sind zerborsten gewesen … Der beschriebene ‚Lebensfilm' erschreckte mich … nicht … Es war aber für mich ein seltsames Gefühl, unterbewusst (ohne eigene Steuerung) so viel Informationen und Datenfluss in kürzester Zeit zu durchlaufen, und ich stellte mir die Frage, warum ich gerade dies alles vorgespielt bekam."

Andy

„Und in diesem Zustand ging alles von Highspeed in Zeitlupe über. Ich habe das selbst dreimal in meinem Leben erlebt, wenn ich in Situationen war, in denen ich dachte, dass ich sterben würde; bei einem Autounfall oder einmal, als ich rückwärts Treppen hinuntergefallen bin, eine Betontreppe. In beiden Fällen, als der Aufprall stattfand oder der Beginn des Vorgangs, sagte eine langsame Stimme in meinem Bewusstsein, dass ich tot wäre. Und was im Grunde geschah, wenn der Unfall passierte, war, dass alles in Zeitlupe passierte. Auch Geräusche, ich konnte alles hören, aber alles geschah einfach sehr, sehr, sehr langsam."

Dr. Patrick Flanagan

Gerade die letzte Lebensgefahr-Erfahrung zeigt ganz deutlich, wie vielfältig die Situationen sein können, in denen eine derartige Erfahrung auftreten kann. Aber so zahlreich die Situationen auch sein können, es ist immer wieder ein und derselbe Auslöser, nämlich die individuelle Todesfurcht. Die folgenden Beispiele aus dem Internet veranschaulichen das:

„Ich bin beim Parkour über eine Mauer, bei der es auf der anderen Seite ca. 2 Meter runterging, gesprungen. Dabei bin ich mit den Füßen hängen geblieben und vornübergefallen. Obwohl es ja eigentlich ‚nur' 2 Meter runterging, schossen mir währenddessen enorm viele Gedanken durch den Kopf, wofür man sonst bestimmt eine knappe Minute braucht, um das alles zu durchdenken, hab ich im Flug gedacht und entschieden. Ich bin gefallen und hab den Boden langsam auf mich zukommen sehen, gesehen, wie meine Hand aus Reflex nach vorne kam, dann gedacht, nein streck die Hand nicht ganz durch, sonst brichst du sie dir, ach Mist, ich hab meine Handgelenke nicht aufgewärmt, das nächste Mal musst du unbedingt dran denken, okay, pass auf, da unten ist eine Wurzel, halt die Hand lieber etwas daneben, wobei, dann kann ich mich schlechter abfangen. Aber lieber fang ich mich schlechter ab, als dass ich mir die Handwurzel breche. Halt den Kopf noch etwas mehr nach oben, sonst schlägst du, wenn du nach hinten fällst, damit auf den Boden auf … Nachdem ich dann aufgekommen bin, hatte ich noch kurz dieses Gefühl, aber dann plötzlich kam die ‚normale Gedankengeschwindigkeit' zurück … Ich habe wieder Schmerz gespürt und die Leute um mich herum bewusst wahrgenommen."

Anonym

„Ich hatte mit 17 eine komische Erfahrung … Ich kam vom Sport und fuhr mit dem Fahrrad einen kleinen Abhang hinunter. Am Ende des Abhangs war rechts daneben eine Kneipe mit weißem Vorbau und der Abhang mündete auf eine Straße. Dass da ein weißes Auto von rechts kam, habe ich nicht gesehen. Erst im allerletzten Moment, als es zu spät war … Der Aufprall auf den Wagen war unvermeidbar, weil er nicht bremsen konnte. Und ab da ging alles in Zeitlupe … Es war auf einmal unheimlich viel Zeit vorhanden … Ich bin vom Rad quasi abgesprungen und habe es weggetreten oder so … Ich bin sehr, sehr langsam durch die Luft geflogen. Eigentlich flog ich frontal auf den Wagen zu, aber ich konnte meinen Körper im Flug drehen, um mit dem Rücken gegen den Wagen zu prallen. Es war einfach unendlich viel Zeit für mich, um zu reagieren. Wie absolute Zeitlupe … Ich bin dann gegen den Wagen geknallt und hart mit dem Gesäß auf dem Boden aufgekommen und dann hatte ich natürlich keine Luft mehr bekommen und alles war wieder wie in Echtzeit."

Anonym

„Ich habe als Stahlbauer auf dem Bau gearbeitet. Wir haben im Akkord Eisenmatten verlegt, die später einbetoniert werden. Die Katastrophe habe ich wie in Zeitlupe auf mich zukommen sehen. Ein Kollege hatte einen Stapel Eisenmatten nicht richtig am Seil des Kranes eingehängt. Der Kranführer schwenkte den Stapel über uns. Zuerst löste sich eine Seite des Mattenstapels. Ich bin weggelaufen, um mich in Sicherheit zu bringen, blieb aber mit dem rechten Fuß in einer bereits verlegten Stahlmatte hängen. Da löste sich auch die zweite Befestigung, und der Mattenstapel stürzte auf mein Bein. Der Kranfahrer ist geflüchtet. Man hat ihn nie mehr gesehen."

Daniele Burani

„Mit 12 Jahren stieg ich aus meinem Schülerbus aus. In der Treppe fiel ich und verhakte mich mit einem Fuß fest. Jetzt startete der Bus und ich wurde draußen liegend einige Meter mitgeschleift. Dabei kam ich mit dem Kopf dem hinteren rechten Rad nahe. Dann gellte ein Angstschrei von meinen Lippen. Während einem Sekundenbruchteil rollte mein ganzes Leben vor meinem inneren Auge ab. Dann machte der Fahrer eine Vollbremsung. Ich rollte mich vom Bus weg durch eine Pfütze und stand geschockt auf. Eine liebevolle Mitschülerin meinte: Da hast du aber Glück gehabt, dein Kopf wäre soeben fast zermalmt worden, dann wärst du tot gewesen."

Anonym

„Die Begegnung mit Timbo dem Elefanten war für mich sehr beeindruckend. Ich hatte Chris Gallucci, den ‚Elefantenmann', gebeten, ihn und Timbo auf ihren täglichen Spaziergängen in den Canyons begleiten zu dürfen. Chris gab mir die Erlaubnis, knüpfte aber einige Bedingungen daran. Zum Beispiel musste ich einen Mindestabstand von 50 Metern zu Timbo halten oder stehen bleiben, wenn Timbo stehen blieb. Ich durfte auch erst weitergehen, nachdem Timbo weitergegangen war, usw. Ich willigte ein und wir machten uns dann gemeinsam auf den Weg – ich mit einem respektvollen Abstand hinter dem Elefanten und Chris. Immer wieder ist Timbo stehen geblieben, hat sich umgedreht und geschaut, ob ich noch da bin. Ich habe dann ebenfalls innegehalten und bin ihm erst gefolgt, nachdem er weitergegangen war. So ging es eine ganze Weile. Dann aber kam der Moment, wo Timbo stehen blieb, sich um 180 Grad drehte und dann sehr zügig mit seiner Elefantenkraft auf mich zukam. Die trockene Erde geriet in Schwingung, als würde sie trommeln, begleitet von Chris' aufgeregten Rufen: „Don't move! Don't move!" Es ist wirklich gewaltig, wenn fünf Tonnen Elefant auf einen zukommen … Mir blieb nur Zeit für ein tiefes Vertrauen. Ich schloss meine Augen und war bereit für das, was auch immer passieren würde. Dann Stille, aber die Erde noch in Schwingung. Ich öffnete die Augen, Timbo stand vor mir, im Abstand seiner Rüssellänge. Er streckte seinen Rüssel in Zeitlupe zu mir. Und dann wurde es dunkel – und sehr nass."

Nomi Baumgartl

Lebensgefahr-Erfahrungen können aber auch eng mit Nahtoderfahrungen verwoben sein. Wie eng, verdeutlicht das folgende Beispiel:

„Ich stürzte von einem Baum ab, und meine Erfahrung hatte ich während der Fallphase des Sturzes. Mein letzter bewusster Gedanke war, ich würde nun sterben. Es war so, als würden Raum und Zeit eins werden. Sofort wurde es sehr hell, und dann hatte ich eine Lebensrückschau. Ich konnte mein ganzes Leben noch einmal vor mir sehen, ich konnte mein Leben selbst bewerten. Es war irgendwie mehrdimensional. Ich konnte alles fühlen. Ich konnte die Auswirkungen meiner gesagten Worte wahrnehmen. Heute sage ich, es hörte nicht bei dieser Inkarnation auf. Ich durchlebte irgendwie viele vorhergehende Inkarnationen, vor allem solche, bei denen ich die gleiche Todesangst verspürt habe, aber nicht nur. Ich durchlebte die ganze Evolutionsgeschichte der Menschheit, zurück bis zum Ursprung des Seins. Was viele als Tunnelerlebnis beschreiben, war für mich eher wie ein Flug durchs Weltall, mit vielen schönen Sternen und Galaxien. Danach wurde es ganz, ganz hell. Ich konnte die einzelnen Bestandteile des Lichtes sehen. Heute bin ich mir absolut sicher, ich war bei Gott. Ich verspürte die absoluteste Liebe, die man sich nur vorstellen kann, ein Gefühl des Friedens, der Geborgenheit, des Endlich-zu-Hause-Seins usw. Es gibt eigentlich keine menschlichen Wörter dafür, so intensiv war dieser Zustand. Begegnung mit einem Lichtwesen; heute sage ich, es war meine verstorbene Schwiegermutter. Sie hat mich gerettet. Sie sagte zu mir, dass meine Zeit noch nicht gekommen wäre und ich zurückmüsste. Dann kam der Aufprall auf den Boden."

Karlheinz Mühlbacher-Trink, NTE-Report April 2015, Seite 8

Eingangs wurde bereits erwähnt, dass die Lebensgefahr-Erfahrung eine Variante oder Spielart der klassischen Nahtoderfahrung sein soll. Eine weitere Spielart oder Variante der klassischen Nahtoderfahrung sollen die Sterbebettvisionen sein, was wissenschaftlich aber noch nicht gesichert ist. Deshalb erscheinen in der Literatur gelegentlich drei verschiedene Grenzerfahrungen, die aber unter dem Begriff Nahtoderfahrung zusammengefasst werden. Während für die beiden anderen Erfahrungstypen jedoch kein biologischer Auslöser eindeutig nachzuweisen ist, wird die Lebensgefahr-Erfahrung hingegen ganz klar durch die Erkenntnis des Betroffenen ausgelöst, dass er nunmehr in Lebensgefahr schwebt. Allen drei Grenzerfahrungen gemeinsam ist aber, dass sie im Zusammenhang mit Lebensgefahr unterschiedlicher Art auftreten. Sie unterscheiden sich jedoch in der Art der Lebensgefahr und in der Häufigkeit der einzelnen Nahtoderfahrungselemente. So unterscheidet sich die Lebensgefahr-Erfahrung vor allem in zwei Punkten von der klassischen Nahtoderfahrung. Die Lebensgefahr-Erfahrung findet statt, während man wach und handlungsfähig ist, während die klassische Nahtoderfahrung in einer Phase der Bewusstlosigkeit stattfindet. Das heißt, die Lebensgefahr-Erfahrung beginnt normalerweise zu einem Zeitpunkt, wo man noch gesund und völlig unverletzt ist. Während der Erfahrung kann man verletzt werden oder unverletzt und gesund bleiben. Man verspürt während der Erfahrung nichts, erlebt alles Weitere in Zeitlupe und kann rational darüber urteilen. Dabei ist es den Betroffen während ihrer Lebensgefahr-Erfahrung auch möglich, Emotionen, Gedanken und Erinnerungen zu entwickeln, die so komplex sind, dass es anschließend Stunden dauern würde, sie inhaltlich zu Papier zu bringen. Dagegen findet die klassische Nahtoderfahrung statt, während der Körper eine lebensbedrohliche gesundheitliche Krise durchmacht, oft sogar während die Funktionen des Gehirns im klinischen Tod völlig ausgefallen sind. Das führt dazu, dass die Häufigkeit der Erfahrungselemente bei beiden Erfahrungstypen voneinander abweicht. So treten bei den Lebensgefahr-Erfahrungen deutlich weniger Lichterfahrungen, Tunnelerfahrungen, Begegnungen mit feinstofflichen Wesen und Präkognitionen auf als bei den klassischen Nahtoderfahrungen. Dagegen sind Veränderungen von Zeit und Raum, besonders verbunden mit dem Gefühl, dass alles in Zeitlupe abläuft, bei den Lebensgefahr-Erfahrungen deutlich häufiger als in den Nahtoderfahrungen. Manch einer spricht daher in diesem Zusammenhang auch gerne vom „Zeitlupenphänomen", obwohl er eigentlich eine Lebensgefahr-Erfahrung meint.

Nahtoderfahrung (Near-Death-Experience)

Für den Begriff Nahtoderfahrung gibt es in der Literatur zahlreiche Synonyme, etwa Todesnäheerlebnis, Todesnähevision oder Sterbeerlebnis. Aus der Vielzahl der Synonyme wird schon ersichtlich, dass eine einheitliche Definition des Begriffes Nahtoderfahrung nicht existiert. Ebenso existiert auch keine einheitliche und umfassende Klassifizierung der Umstände und Elemente von Nahtoderfahrungen. Man muss daher den Begriff umschreiben. Bei Nahtoderfahrungen handelt es sich um einen weiten Bereich individueller Erlebnisse und Wahrnehmungen mit oft charakteristischen und wiederkehrenden Mustern, die Menschen an der Schwelle des Todes machen. Oder anders ausgedrückt, wenn sich Menschen in realer Todesnähe befinden, sei es durch Ertrinken, starke Blutungen oder einen Herzstillstand, dann können eine Reihe von Phänomenen auftreten, die man in ihrer Summe als Nahtoderfahrung bezeichnet. Zu diesen Phänomenen oder Kernelementen gehört beispielsweise, dass die Betroffenen ihren Körper verlassen, sich selbst und ihre Angehörigen am Sterbebett sehen oder das Geschehen am Unfallort beobachten, während sich die Notärzte um ihre Wiederbelebung bemühen. Oder aber sie halten sich in jenseitigen Welten auf, um dort fremdartige Umgebungen, Lichtwesen oder sphärische Musik wahrzunehmen bzw. bereits verstorbenen Angehörigen zu begegnen. Diese umfassende Wahrnehmung ist nur deshalb möglich, weil sich bei einer Nahtoderfahrung das Bewusstsein dergestalt erweitert, dass nun auch Dinge der geistigen Welt übersinnlich wahrgenommen werden können. Die Nahtoderfahrenen befinden sich also in einem erweiterten Bewusstseinszustand. Sie erleben, wie sich ihr Bewusstsein in das allgegenwärtige Überbewusstsein erweitert. Dies ist allerdings nur bei tiefen Nahtoderfahrungen, die mehrere Kernelemente auf sich vereinigen können, der Fall. Bei nicht so tiefen Nahtoderfahrungen, die ein oder zwei Kernelemente umfassen, kann hingegen das Bewusstsein durchaus auf der Stufe des Wachbewusstseins verharren. Ebenso kann es auch vorkommen, dass während einer Nahtoderfahrung nur ein oder wenige Kernelemente erlebt werden und trotzdem eine Erweiterung des Bewusstseins hin zum Überbewusstsein erfahren wird. Ob ein Überbewusstsein tatsächlich von den Betroffenen während einer Nahtoderfahrung erlebt wird, ist also von Fall zu Fall sehr verschieden und kann weder anhand der Anzahl durchlebter Kernelemente vorhergesagt noch anderweitig aufgrund eines bestimmten Schemas prognostiziert werden. Das alles entscheidende Kriterium bei den Nahtoderfahrungen ist, dass sie in der Übergangsphase vom Leben zum Tod auftreten. Wird dieses Kriterium der Todesnähe erfüllt, dann sprechen wir von einer klassischen Nahtoderfahrung. Allerdings, und das sei auch gleich erwähnt, können nahtodähnliche Erfahrungen durchaus unabhängig von dem Kriterium der Lebensgefahr und Todesnähe auftreten. Während also die meisten der klassischen Nahtoderfahrungen im Rahmen von lebensgefährlichen medizinischen Situationen auftreten, erleben einige Menschen vereinzelte Erfahrungselemente oder auch ganze Sequenzen außerhalb von lebensgefährlichen Situationen. So können diese Phänomene beispielsweise bei der Meditation, bei Unterkühlung und Austrocknung, bei Übermüdung oder einfach beim Spaziergang in der Natur auftreten. In diesem Fall sprechen wir dann nicht von einer klassischen Nahtoderfahrung, sondern von einer nahtodähnlichen Erfahrung. Der Begriff der Nahtoderfahrung wurde 1969 von der amerikanisch-schweizerischen Psychiaterin und Pionierin der Sterbeforschung Elisabeth Kübler-Ross geprägt, die sich den größten Teil ihres Lebens der emotionalen Betreuung von Todkranken widmete. Das Phänomen an sich ist aber alles andere als neu, denn in der Geschichte, in der Literatur oder in spirituellen Schriften finden sich schon seit einigen Jahrhunderten und Jahrtausenden entsprechende Berichte, welche Nahtoderfahrungen oder ähnliche Erlebnisse beschreiben. Heute wissen wir durch die aktuelle Sterbeforschung, die ihren Ausgang Mitte der siebziger Jahre nahm, mehr denn je über Nahtoderfahrungen und darüber, was mit Menschen geschieht, wenn sie sterben. Trotzdem wurde bis auf den heutigen Tag keine plausible Erklärung für das Phänomen Nahtoderfahrung gefunden. Und so sind Nahtoderfahrungen für die einen nichts weiter als Halluzinationen, ein Streich des sterbenden Gehirnes. Für die anderen hingegen sind Nahtoderfahrungen ein Blick ins Jenseits und somit ein klarer Hinweis für ein Leben nach dem Tod.

Empathische Nahtoderfahrungen

Empathische Nahtoderfahrungen werden in der Literatur auch geteilte oder gemeinsame Nahtoderfahrungen genannt. Gelegentlich findet sich ebenso der Begriff „empathisches Todesnäheerlebnis". Man könnte auch von einer miterlebten Todeserfahrung eines geliebten Menschen oder aber von einer empathischen Todeserfahrung sprechen. Das Wort empathisch ist dabei besonders wichtig, weil eine derartige Erfahrung in der Tat auf dem Einfühlungsvermögen beruht. Ausgelöst wird sie durch besonders starke Emotionen, die man gegenüber einem im Sterben liegenden Menschen empfindet. Denn durch diese starken Emotionen wird man quasi in die Erfahrung des Sterbenden, der nunmehr dem Tode nahe ist, miteinbezogen. Man wird gewissermaßen aufgenommen in die Erfahrung des Sterbenden und darf seinen Prozess des Scheidens hautnahe miterleben und aus nächster Nähe erfahren. Die empathisch miterlebende Person ist dabei in der Regel vollkommen gesund, sowohl in physischer wie auch in psychischer Hinsicht. Das heißt, dass das empathische Nahtoderlebnis nicht aufgrund eigener körperlicher oder psychischer Schwierigkeiten ausgelöst wird. Interessant ist dabei besonders, dass die empathische Nahtoderfahrung sich trotzdem in keinerlei Hinsicht von einer echten Nahtoderfahrung unterscheidet. Qualitativ gesehen sind somit beide absolut identisch. Und das ist das Erstaunliche daran. Denn obwohl die betreffende Person nicht im Sterben liegt, der Körper unversehrt ist und das Gehirn regelgerecht arbeitet, machen die Empathiker solcherlei Erfahrungen. Man könnte die Empathiker auch gewissermaßen Mitsterbende nennen. Denn auch sie haben zeitgleich außerkörperliche Erfahrungen, erleben den Übergang durch den Tunnel mit und stehen gemeinsam Seite an Seite mit ihren Lieben im Licht. Die Mitsterbenden begleiten sozusagen ihre Angehörigen auf ihrem Weg in die geistige Welt. Dabei erleben sie die klassischen Elemente einer typischen Nahtoderfahrung selbst mit. Nur im Unterschied zu ihren Liebsten kehren sie, nachdem sie von ihnen Abschied genommen haben, dann wieder in ihren Körper und somit in die diesseitige Sphäre zurück. Was bleibt, ist die Erinnerung an ein unbegreifliches Ereignis, das von nun an im Gedächtnis eingebrannt bleibt. Um einen lebendigen Eindruck von empathischen Nahtoderfahrungen zu bekommen, seien hier ein paar Fallberichte derartiger Erlebnisse angeführt. Begonnen werden soll dabei mit dem Bericht einer Frau, die gerne anonym bleiben möchte. Was sie erlebt hat, schildert sie so:

„Meine Tante litt an Knochenkrebs und wusste, dass sie bald sterben wird. Wir verabschiedeten uns und wussten, dass wir uns erst in der anderen Welt wiedersehen werden. Am Tag ihres Todes war ich zu Hause in Osnabrück. Meine Mutter rief mich mittags an und sagte, dass es meiner Tante nicht so gut gehe. Ich ahnte es bereits, da ich den ganzen Tag aufgewühlt und traurig war. Abends gegen 18.15 Uhr ging ich wie automatisiert in die Küche und befand mich in einer Art meditativem Zustand. Im Geiste war ich plötzlich bei meiner Tante im Zimmer. Meine Oma, die schon früher verstorben war, war bei ihr. Sie wiegte meine Tante sanft in ihren Armen und wollte sie abholen. Ich sah auch meinen noch lebenden Onkel an ihrem Sterbebett sitzen, der viel weinte und traurig war. Meine Tante schlief dann friedlich ein. Die Szene verblasste, und ich kam in der Küche wieder zu mir. Es war 18.30 Uhr. Eine Stunde später rief meine Mutter an, um mir mitzuteilen, dass meine Tante vor einer Stunde friedlich im Beisein meines Onkels eingeschlafen sei.“

Entnommen von Bernard Jakoby, Homepage sterbeforschung.de

Ein weiterer Bericht schildert die Erfahrungen eines Mannes, der eine Beziehung zu einer Frau hatte. Er berichtet:

„Anne und ich hatten eine Beziehung, und dann starb sie plötzlich an den Folgen eines schweren Verkehrsunfalls. Ihr Sohn, der gerade sieben Jahre alt geworden war, erlitt eine dramatische Kopfverletzung. Sein Gehirn quoll fast aus seinem Schädel, der aussah wie eine kaputte Wassermelone ... Ungefähr sechzig Angehörige hatten sich um sein Krankenhausbett versammelt ... In dem Moment, als er starb, als sein EEG zu einer geraden Linie wurde, sah ich seine Mutter, die kam, um ihn abzuholen. Dabei muss man sich ganz klar vor Augen halten, dass sie schon fünf Tage zuvor gestorben war. Und dann kam es zu dieser unglaublich schönen Wiederbegegnung. Irgendwann reichte sie mir die Hand und bezog mich in ihre Umarmung mit ein. Es war unbeschreiblich und ekstatisch. Und ein Teil von mir verließ meinen Körper und begleitete sie zum Licht. Ich weiß, dass das sehr seltsam klingt. Aber in diesem Moment, in dem ich Anne und ihren Sohn auf ihrem Weg zum Licht begleitete, war ich vollkommen bei Bewusstsein und zugleich war ich auch ganz bewusst in dem Raum, in dem die ganze Familie entsetzlich traurig darüber war, dass ihr kleiner Neffe und Enkelsohn gerade gestorben war. Ich begleitete die beiden. Gemeinsam gingen wir auf das Licht zu, doch irgendwann wusste ich, dass ich zurückkehren musste. Ich fiel einfach in meinen Körper zurück. Es war eine derart überwältigende Erfahrung, ich glühte förmlich vor Glück und bemerkte plötzlich, dass ich mit einem strahlenden Lächeln in diesem Raum zwischen all diesen Menschen stand, die gerade ein geliebtes Kind verloren hatten. Um zwischen all den trauernden und weinenden Menschen nicht pietätlos zu wirken, bedeckte ich hastig mein Gesicht mit den Händen. Ich habe über diese Erfahrung geschwiegen. Damals schien es mir völlig unangebracht, darüber zu reden, und es war mir auch nicht möglich, weil mir für das, was passiert war, die Worte fehlten. Bis zu diesem Augenblick dachte ich immer, ich wüsste, wie es in der Welt zugeht. Aber mein Weltbild hat sich mit einem Mal radikal gewandelt."

Entnommen von Pim van Lommel, Endloses Bewusstsein, Seite 69

Und abschließend noch zwei Berichte. Der erste beschreibt die Erfahrungen eines jungen Mannes, der in Bezug auf seinen Onkel folgendes Erlebnis schildert:

„Ich war achtzehn Jahre alt, als mein Onkel in New York Krebs bekam, im einzigen Lungenflügel, den er noch hatte. Ich reiste nach New York und führte lange Gespräche mit ihm. Unmittelbar nach meiner Rückkehr reiste meine Mutter, seine Schwester, in die USA. Sie hat ihm damals Tag und Nacht beigestanden. Er hatte wirklich Todesangst. Angst, dass da nichts sei. Als er starb, war er allein. Das wollte er so. Und nun zu meiner Erfahrung, die sich ein paar Stunden nach seinem Tod ereignete. Ich schlief und träumte. Mein Onkel nahm mich mit durch einen mannshohen Tunnel, der in eine wunderschöne Landschaft führte. Zu einer grünen Wiese an einem Hang. Zu einem kleinen Baum und einem Weiher. Und über allem lag das Strahlen einer silbern schimmernden Sonne. Hier bin ich jetzt, sagte er. Und er sah ausgesprochen glücklich aus."

Entnommen von Pim van Lommel, Endloses Bewusstsein, Seite 70

Der zweite Bericht umfasst die Erfahrungen einer älteren Frau, die von ihrem Miterleben des Todes ihres Sohnes Folgendes zu erzählen hat:

„Mein Sohn hatte einen Herzinfarkt erlitten und lag auf der Intensivstation. Ich saß Tag und Nacht an seinem Bett, bis mich die Krankenschwester nach Hause schickte. Dort fiel ich in einen tiefen, bleiernen Schlaf, als ich mich plötzlich außerhalb meines Körpers wahrnahm. Ich sah meinen Sohn, der auf einen Tunnel zuschwebte. Christian nahm meine Hand und wir bewegten uns gemeinsam auf das warme Licht zu. Er vermittelte mir telepathisch, stehen zu bleiben, während er ins Licht ging und mit ihm verschmolz. Er lächelte mir zu und übermittelte mir, dass ich mir keine Sorgen machen solle. Wenig später war ich wieder in meinem Körper und erwachte. In dem Moment wusste ich, dass mein Sohn gerade gestorben war. Kurz darauf rief das Krankenhaus an, um mich von seinem Ableben zu informieren. Das Erlebnis vermittelte mir Ruhe und Frieden, sodass ich seinen Tod annehmen konnte."

Entnommen von Bernard Jakoby, Wege der Unsterblichkeit, Seite 119

Perimortale Erfahrungen

Bei den perimortalen Erfahrungen handelt es sich um Erlebnisse von Personen, die um den Todeszeitpunkt eines nahestehenden Menschen gemacht werden. Dies kann auch über große Distanzen hinweg geschehen. Die Erfahrungen beziehen sich dabei auf einen Zeitpunkt, wo ein Mensch von dem Tod des Nahestehenden eigentlich noch nichts wissen konnte. Interessanterweise betreffen die Informationen nicht nur den Tod der Person, sondern können auch Hinweise über die Art und Weise beinhalten, wie der Betreffende ums Leben gekommen ist. Auch diese Inhalte und Details hätten dem Empfänger der Botschaft zum besagten Zeitpunkt eigentlich nicht bekannt sein dürfen. Jedenfalls nicht auf natürlichem Wege. Um es einmal ganz anschaulich zu machen, so eine Erfahrung kann beispielsweise darin bestehen, dass der Verstorbene einer Person um den Zeitpunkt seines Todes erscheint, um entweder wortlos oder mittels einer Geste Abschied zu nehmen. Oder aber der Verstorbene erscheint einer Person, um mit einem gezielten Dank für die gemeinsamen Lebenserfahrungen Lebewohl zu sagen. Derartige Ereignisse können sich entweder am helllichten Tag, während der Nachtstunden oder aber im Traum ereignen. Die Traumqualität kann dabei die Realität eines Klartraumes erreichen. Derartige Erlebnisse können sich aber auch unter Zeugen ereignen, sodass hinterher mehrere Personen solcherlei Erscheinungen unabhängig voneinander bestätigen können. Wie auch immer sich die einzelnen Umstände im Detail darstellen mögen, bei der empfangenden Person jedenfalls stellt sich ein inneres Wissen darüber ein, dass der Tod des anderen Menschen tatsächlich stattgefunden hat. Und interessanterweise stellt sich häufig im Nachhinein heraus, dass sich die erlebte Erfahrung tatsächlich um den Todeszeitpunkt der betreffenden Person abgespielt hat. Hier nun ein konkretes Beispiel für eine perimortale Erfahrung. Es ist die Erfahrung einer Frau namens Melinda, die mit einem Jungen, der später katholischer Priester wurde, aufgewachsen ist. In ihren Schilderungen sagte sie:

„Tom und ich sind zusammen aufgewachsen. Wir waren Nachbarskinder, aber ich hatte ihn nicht mehr gesehen, seit er Priester geworden war. Ich hatte den Kontakt zu ihm und seiner Familie durch meinen Umzug nach Texas völlig verloren. Eines Nachts, über zehn Jahre später, wachte ich aus tiefem Schlaf auf. Da stand Tom in Marineuniform am Fußende meines Bettes. Dass er Uniform trug, verwunderte mich, denn ich nahm doch an, er sei katholischer Priester. Er sagte: Lebe wohl, Melinda. Ich gehe jetzt fort. Und er verschwand. Mein Mann wachte auf, und ich erzählte ihm, was geschehen war. Aber er meinte, das sei nur ein Traum gewesen. Drei Tage später schrieb mir meine Mutter, dass Tom bei Kampfhandlungen gefallen sei. Er war Marinekaplan gewesen.“

Entnommen von B. und J. Guggenheim, 1997

Terminale Geistesklarheit

Der Begriff der terminalen Geistesklarheit beschreibt ein Phänomen bei Patienten mit schweren Erkrankungen des Gehirnes, die zuvor etliche Jahre bis Jahrzehnte in geistiger Umnachtung verbrachten und kurz vor ihrem Tode urplötzlich ihre geistigen Fähigkeiten wiedererlangen, um bald darauf zu versterben. Das heißt, der Patient wird aus schwerster Gehirnerkrankung ohne einen ersichtlichen Grund wieder vollkommen geistesgegenwärtig, beginnt seine Umgebung korrekt wahrzunehmen, klar zu sprechen und verstirbt dann wenig später. Hinter den Gehirnerkrankungen können die verschiedensten Krankheitsbilder wie beispielsweise Demenz, Schlaganfälle, Geisteskrankheiten, geistige Behinderungen sowie Gehirnhautentzündungen, Gehirnabszesse und Gehirntumore stehen. Das ganz Besondere an der terminalen Geistesklarheit ist dabei, dass es sich ausschließlich um Fälle handelt, bei denen eine Gesundung zuvor als ausgeschlossen erachtet wurde und bei denen die Obduktion im Nachhinein belegen konnte, dass das Gehirn derart stark geschädigt war, dass die kurz vor dem Tode wiedererlangten Geistesleistungen völlig unerklärlich bleiben. So beispielsweise bei einem sterbenden Patienten, dessen Gehirn von Tumoren bereits zerstört war. Medizinisch gesehen ist die terminale Geistesklarheit daher ein Mysterium. Aber nicht nur die lang verlorenen geistigen Fähigkeiten können kurz vor dem Tode unerwartet wiederkehren, sondern auch die körperliche Leistungsfähigkeit. In der Medizingeschichte kennt man das Phänomen seit Menschengedenken. So wussten frühere bedeutende Ärzte wie zum Beispiel Hippokrates, Galen und Avicenna bereits, dass Symptome der geistigen Verwirrung kurz vor dem Tod manchmal deutlich abnehmen können, was als Moment der Loslösung der unsterblichen Seele von den Fesseln des materiellen Körpers gedeutet wurde. Heute wird die terminale Geistesklarheit zwar regelmäßig beobachtet, in der öffentlichen Wahrnehmung hört man jedoch kaum etwas davon. Und das obwohl das Phänomen gar nicht so selten ist. Dies verdeutlicht zumindest eine Befragung unter Pflegekräften und Pflegehelfern. Sieben von zehn gaben dabei an, derartige paranormale Erscheinungen bei sterbenden Menschen in den letzten fünf Jahren mindestens einmal beobachtet zu haben. Trotzdem sind derartige Fälle in der medizinischen Literatur nicht so gut dokumentiert, wie man aufgrund der Häufung meinen könnte. Dies belegen Untersuchungen von Prof. Bruce Greyson, Dr. Michael Nahm und Dr. Emily Williams Kelly vom Fachbereich Psychiatrie der Universität von Virginia (USA) sowie von Prof. Erlendur Haraldsson von der Universität Island in Reykjavík (Island). Die genannten Autotoren haben die medizinische Literatur der letzten 250 Jahre durchforstet und dabei 81 Fälle gefunden, die von 55 unterschiedlichen Autoren verfasst wurden. Die meisten von ihnen gehörten zum medizinischen Fachpersonal und hielten die Berichte schriftlich fest, um dadurch Anregungen zu schaffen, die Mechanismen besser zu erforschen, welche das Phänomen der terminalen Geistesklarheit ermöglichen. Ein Großteil dieser Fälle wurde zwischen den Jahren 1800 und 1850 verfasst. Danach ebbte das Interesse offensichtlich ab, sodass im 20. Jahrhundert die Anzahl der Publikationen bedeutend abnahm. Es macht Sinn, in einige der damaligen Berichte hineinzuhören, um einen besseren Eindruck von dem Phänomen der terminalen Geistesklarheit zu bekommen. Der erste Bericht stammt von Johann Georg Ritter von Zimmermann (1728–1795). Im Jahre 1794 notiert der königliche Leibarzt in Hannover:

„Ich habe eine Person gekannt, deren letzte Krankheit ein Wahnwitz gewesen, die aber einige Stunden vor ihrem Tode vollkommen vernünftig, ihr Herz mit einem solchen Feuer, mit einer so sehr entzückenden Beredsamkeit im Gebete zu Gott erhub, dass vor der Größe ihrer Gedanken und der Stärke ihres Ausdrucks der Erdball wie ein Sandkorn zu verschwinden schien. Am Ende dieser Rede neigte sie ihr Haupt und starb."

Aus dem Buch: Von der Erfahrung in der Arzneykunst

Und im Jahre 1808 beschrieb der Arzt und Philosoph Gotthilf Heinrich Schubert (1780–1860) den Fall einer seit 20 Jahren wahnsinnigen Frau, die vor ihrem Tod wieder geistige Klarheit erlangte. Dabei hob er auch hervor, dass die Frau eine ungewöhnliche Veredelung und Erweiterung ihrer geistigen Natur an den Tag legte. Er berichtete dabei:

„Sie sprach in dieser Zeit Dinge mit einer Klarheit und inneren Helle aus, welche der Mensch in seinem jetzigen Zustande nur selten oberflächlich erkennen lernt. Ihre Geschichte erregte Aufsehen. Gelehrte und Ungelehrte, Gebildete und minder Gebildete drängten sich an jenem merkwürdigen Krankenbett, und alle mussten eingestehen, dass wenn die Kranke während der ganzen Zeit ihres Wahnsinnes den Umgang und die Belehrung der gelehrtesten und erleuchtetsten Männer ihrer Zeit gefunden hätte, ihr Geist doch nicht gebildeter, ihre Erkenntnisse doch nicht umfangreicher und höher hätten sein können als jetzt, wo sie aus einer so langen, tiefen Gefangenschaft aller Kräfte zu erwachen schien."

Aus dem Buch: Die Symbolik des Traumes

Bemerkenswert ist, dass sich die Betroffenen in der Zeit der geistigen Klarheit oftmals für ihr Fehlverhalten beim Pflegepersonal oder ihren Verwandten entschuldigen, wobei manche dabei beteuern, dass ihnen die Geisteskrankheit gegen ihren Willen von Mächten aufgezwungen wurde, die nicht ihrem Einfluss unterstanden. Einen solchen Fall schildert zum Beispiel der dänische Vikar Hans Martensen-Larsen (1867–1929):

„Die Frau eines Bauern war seit acht Jahren schwer gemütskrank. Gewöhnlich starrte sie stumpf vor sich hin. Wenn sie etwas sagte, so waren es nur hässliche Schimpfworte. Wenn sie Besuch von dem Pfarrer oder einem Arzt bekam, setzte sie alles daran, diesen Herren auf die Schuhe zu spucken, wobei sie mit einer bemerkenswerten Virtuosität zielte und traf. Eines Tages fing sie plötzlich an, vernünftig mit ihrer Pflegerin zu sprechen. Sie entschuldigte sich dafür, dass sie sich in den letzten Jahren so übel benommen hatte, versicherte aber auch, dass sie nicht anders gekonnt hätte: Sie sei gezwungen gewesen, so zu handeln. Gebrochen und reuevoll sorgte sie sich darum, ob ihr wohl vor Gott vergeben werden würde. Am Abend erhielt sie das erwünschte Abendmahl, am nächsten Morgen verstarb sie in Frieden."

Entnommen von Scientific and Medical Network, Deutsche Gruppe

Die terminale Geistesklarheit kann auch spirituelle Komponenten enthalten, was allerdings nicht die Regel ist. Dazu hier zwei Berichte aus neuerer Zeit:

„Eine alte Frau hatte fast zehn Jahre in ständigem Dahindämmern gelebt. Sie verwechselte die Tageszeiten, kannte Menschen ihrer Familie nicht mehr, sprach kaum, aß kaum noch. Ein Sturz mit Oberschenkelhalsbruch, daran anschließend ein kurzes Krankenlager führten zum Ende. Am Abend des fünften Tages setzte die Kranke sich kerzengerade im Bett auf (normalerweise bei diesem Bruch nicht möglich), und sie, die zehn Jahre geschwiegen oder nur unverständliche Laute von sich gegeben hatte, betete mit lauter Stimme Wort für Wort das Vaterunser. Dann legte sie sich zurück, faltete die Hände und schlief hinüber."

Aus dem Buch: Wenn die Dunkelheit ein Ende findet

Der zweite Fallbericht handelt von einer 81-jährigen Alzheimerpatientin, die sich in einem komaartigen Zustand befand und seit einem Jahr nicht mehr gesprochen hatte. Als ihr Sohn eines Tages an ihrem Bett saß, setzte sie sich plötzlich auf und wandte sich direkt mit den Worten an ihn:

„Mein Indri, ich werde einen Vers für dich zitieren."

Dann sprach sie mit deutlicher und lauter Stimme:

„O Vater des Lichts, Preis sei Dir. Du gabst mir Leben und Gesundheit, meinen Vater und meine Mutter. Nun setze ich mich auf, weil die Sonne scheint. Du schickst Dein Licht zu mir herein, O Gott, wie gut bist Du."

Anschließend lehnte sie sich wieder zurück auf ihr Kissen und versank erneut in den komatösen Zustand von einst. Einen Monat später verstarb sie. Den Familienangehörigen waren die rezitierten Worte der Alzheimerpatientin völlig unbekannt. Nach einigen Recherchen stellte sich aber heraus, dass es sich um die Zeilen aus einem Psalm des isländischen Nationaldichters Matthías Jochumsson (1835–1920) handelt.

Entnommen von Scientific and Medical Network, Deutsche Gruppe

In manchen Fällen sind sich die Betroffenen des bevorstehenden Todes vollkommen bewusst. Hierbei kann es sein, dass sie um den Beistand eines Geistlichen bitten oder sich von ihren Verwandten verabschieden. Ein gutes Beispiel hierfür ist der Fall eines jungen gehirngeschädigten Patienten, der kurz vor seinem Tod wieder sprach:

„Ein junger Mann hatte Lungenkrebs, der sich bereits auf sein Gehirn ausgebreitet hatte (Metastasierung). Schnittbilder vom Gehirn zeigten, dass nur noch wenig Gehirnsubstanz übrig war. Die Metastasen hatten das Gehirngewebe nicht einfach verdrängt, sondern bereits ersetzt. In den Tagen vor seinem Tod konnte er weder sprechen noch sich bewegen. Seine Frau und eine Krankenschwester aber berichteten, dass er eine Stunde vor seinem Tod aufwachte und sich mit seiner Familie fünf Minuten unterhielt und von ihr verabschiedete. Dann verlor er sein Bewusstsein und verstarb."

Entnommen aus Terminal ludicity: A review and a case collection

Von besonderem Interesse ist auch der Umstand, dass die Sterbenden zum Zeitpunkt der terminalen Geistesklarheit beseligende Visionen mit Jenseitserlebnissen haben können, die mit dem Wiedersehen bereits verstorbener Verwandter oder Freunde, dem Hören einer sphärisch wirkenden Musik oder dem Sehen wunderschöner Landschaften verbunden sein können. Ein schönes Beispiel dafür ist der Fall einer 91-Jährigen. Es ist der Bericht über eine total gelähmte Frau, die kurz vor ihrem Tode mit ihrem bereits verstorbenen Mann sprach:

„Eine 91-jährige Patientin hatte einen Schlaganfall erlitten, der dazu führte, dass sie nicht mehr klar sprechen konnte. Einige Monate später erlitt sie einen weiteren Schlaganfall. Danach war sie vollständig gelähmt und konnte nicht mehr sprechen. Sie wurde von ihrer Tochter versorgt. Diese hörte einmal einen Ausruf von der stummen Mutter, der ihre Aufmerksamkeit weckte. Sie beobachtete, wie ihre Mutter über das ganze Gesicht strahlte, obwohl ihre Mimik seit dem zweiten Schlaganfall wie eingefroren war. Die alte Frau konnte den Kopf wenden und sich sogar im Bett aufsetzen. Sie erhob ihre Arme und rief in klarem, freudigem Ton ihren bereits verstorbenen Mann. Danach fielen ihre Arme aufs Bett, sie sank in die Kissen zurück und verstarb."

Entnommen aus Terminal ludicity: A review and a case collection

Aufgrund der in der Literatur vorliegenden Berichte lassen sich zwei Aussagen über die terminale Geistesklarheit formulieren. Erstens, es können zwei verschiedene Arten von Manifestationen terminaler Geistesklarheiten voneinander unterschieden werden. Bei der ersten Manifestation zeigt sich die geistige Klarheit Sekunden, Minuten oder Stunden vor dem Tod, also urplötzlich, wie aus dem Nichts und völlig unvermittelt. Bei der zweiten Manifestation nimmt das Ausmaß der geistigen Verwirrung kontinuierlich ab, und zwar reziprok, sprich umgekehrt proportional zum körperlichen Verfall. Kurz vor dem Tod ist der Betreffende dann zwar körperlich sehr schwach, dafür geistig aber wieder zurechnungsfähig. Diese Einteilung ist nicht neu, denn sie wurde bereits im Jahre 1826 von dem deutschen Physiologen und Neuroanatomen Karl Friedrich Burdach (1776–1847) vorgeschlagen. Weil aber seit der Mitte des 19. Jahrhunderts kein wirklich ernst zu nehmender Versuch seitens der Ärzteschaft unternommen wurde, dieses Phänomen weiter zu untersuchen, lässt sich heute deshalb auch kaum mehr darüber sagen. Das ist die erste Aussage. Bezüglich der zweiten Aussage ist festzustellen, dass die Erfahrungen, die während einer terminalen Geistesklarheit gemacht werden, unübersehbare Ähnlichkeiten mit Erlebnissen aufweisen, wie sie während einer klassischen Nahtoderfahrung auftreten. Darüber hinaus scheint die terminale Geistesklarheit auch einen eindeutigen Bezug zu den sogenannten Sterbebettvisionen zu haben, zumindest dann, wenn sie mit einer entsprechenden spirituellen Komponente einhergeht. Dann kann es sogar sein, dass die terminale Geistesklarheit nahtlos in eine Sterbebettvision übergeht. Die terminale Geistesklarheit und die Sterbebettvisionen sind daher als eindeutige Anzeichen dafür zu werten, dass der unmittelbare Tod des Betroffenen nunmehr bevorsteht. Es ist somit nicht verkehrt, wenn man die terminale Geistesklarheit als ein erstes Aufflackern der Seele auf dem Weg zu ihrer eigentlichen Heimat zu begreifen versucht. Ein erster Flügelschlag, wenn man so will, der heimwärts gerichtet ist.

Sterbebettvisionen

Sterbebettvisionen sind Visionen von Patienten, die im Sterben liegen. Sie ereignen sich in allen Kulturen. Bekannt ist dieses Phänomen schon seit Langem. So führten bereits die ersten medizinischen Enzyklopädien solche Visionen als ein klares Zeichen an, dass der Tod unmittelbar bevorsteht. Die Betroffenen selbst erleben ihre Visionen in Todesnähe, also kurz bevor sie das Bewusstsein verlieren und versterben. Weil derartige Visionen auf dem Totenbett erlebt werden, findet sich in der Literatur auch gelegentlich der Begriff „Totenbettvisionen". Wie bereits angedeutet, kann die terminale Geistesklarheit in eine Sterbebettvision übergehen und es können hierbei Elemente auftauchen und durchlebt werden, wie sie auch bei einer klassischen Nahtoderfahrung vorkommen. Der Unterschied zwischen der terminalen Geistesklarheit sowie den Sterbebettvisionen auf der einen Seite und den Nahtoderfahrungen auf der anderen Seite liegt aber darin, dass die Betroffenen bei der klassischen Nahtoderfahrung von den Gestalten, denen sie dort begegnen, oft in das irdische Leben zurückgeschickt werden. Dagegen erscheinen die Gestalten bei der terminalen Geistesklarheit und bei den Sterbebettvisionen eigens dazu, die Sterbenden in eine andere Welt abzuholen. Hier gibt es also in der Regel keinen Weg mehr zurück. Natürlich klingt das Ganze erst einmal halluzinationsverdächtig. Schließlich könnte es ja durchaus möglich sein, dass es sich hierbei um Halluzinationen von Sterbenden handelt, die ihre Erklärung durch Fieber, verabreichte Schmerzmittel oder die nachlassende Bewusstseinsleistung finden könnten. Es verwundert daher nicht, dass die Sterbebettvisionen seitens der Psychologie und der Schulmedizin lange Zeit exakt in diese Schublade gesteckt wurden. Wahrscheinlich aus diesem Grunde ist das Phänomen auch fast unbekannt. Es wird einfach als Fehlleistung des Gehirnes weginterpretiert. Selbst in der Allgemeinbevölkerung hält sich das Interesse an den Sterbebettvisionen in engen Grenzen, gerade weil es so halluzinationsverdächtig ist. Doch dieser Halluzinationshypothese widerspricht jetzt eine Studie aus England. Durchgeführt wurde sie an der University of Bath und im Jahre 2011 publiziert. Für die einjährige Studie wurden Sterbebegleiter nach ihren Erfahrungen mit den Sterbenden befragt. Dabei zeigten sich große Gemeinsamkeiten im Erleben der Sterbenden. So berichten Patienten immer wieder von der Wahrnehmung verstorbener Verwandter, Freunde und religiöser Gestalten oder einem hell leuchtenden weißen Licht im Zimmer. Genau das ist das Erstaunliche an den Ergebnissen dieser Studie, die absolute Ähnlichkeit in den Berichten. In Bezug auf die Halluzinationshypothese gaben 68 % der Befragten an, dass sich Sterbebettvisionen eindeutig von Halluzinationen unterscheiden lassen, weil sie eine völlig andere Qualität haben. Auch würde in vielen Fällen der medizinische Zustand der Patienten einer solchen Erklärung völlig widersprechen. Als Fazit ihrer Studie schrieben daher die Forscher:

„Die Qualität der Visionen, ihre offenbare Klarheit und Bedeutungsschwere gepaart mit wichtigen Assoziationen durch und für die Sterbenden widersprechen den eher zufällig wirkenden Halluzinationen von Patienten infolge etwa der Medikation. Schon frühere Studie zeigten, dass Patienten mit Sterbebettvisionen während diesen Wahrnehmungen für gewöhnlich eher ruhig und gefasst sind und damit nicht dem typischen Verhalten bei durch Medikamente oder Fieber ausgelösten Halluzinationen entsprechen, die meist mit Furcht und Verstörung einhergehen."

Die Halluzinationshypothese scheint folglich doch recht fragwürdig zu sein. Aber das war sie eigentlich schon von Anfang an. Denn Zweifel an der Halluzinationshypothese gab es schon seit Beginn der Erforschung dieses Phänomens. Es ist daher sinnvoll, sich erst einmal einen kurzen Überblick über die Studien, welche zu diesen außergewöhnlichen Erfahrungen in Todesnähe durchgeführt wurden, zu verschaffen, um dann auch gleichzeitig einen Blick auf ihre Ergebnisse zu werfen, die sie ans Tageslicht gebracht haben. Begonnen werden soll mit der ersten systematischen Studie, die zu diesem Phänomen vorgelegt wurde. Durchgeführt wurde sie von dem Physikprofessor Sir William Barrett im Jahre 1926 in Dublin. Den Anlass zu dieser Studie gab eigentlich seine Frau, die als Ärztin in der Nacht zu einer Patientin namens Doris gerufen wurde. Diese Patientin lag nach der Geburt ihres Kindes im Sterben und hatte eine bemerkenswerte Vision. Lady Barrett schilderte ihrem Mann, nachdem sie aufgeregt vom Krankenhaus nach Hause geeilt war, die Situation mit folgenden Worten:

„Plötzlich sah Doris aufgeregt in eine Ecke des Zimmers, während ein strahlendes Lächeln ihren Gesichtsausdruck erhellte. ‚Oh, wie schön, wie schön', sagte sie. ‚Was ist schön?', fragte ich sie. ‚Das, was ich sehe', erwiderte sie in verhaltenem, leidenschaftlichem Ton. ‚Was sehen Sie?' – ‚Eine wunderschöne Helligkeit – allerliebste Geschöpfe.' Es ist schwer, den Eindruck der Wirklichkeit zu beschreiben, die bei ihr durch die starke Versenkung in die Vision hervorgerufen wurde. Dann, während sie ihre Aufmerksamkeit noch intensiver einem bestimmten Punkt zuwandte, stieß sie eine Art fast glücklichen Schreis aus und rief: ‚Wirklich, es ist mein Vater! Oh, er ist so froh, dass ich komme, er ist so froh. Wie schön wäre es, wenn W. (ihr Mann) auch käme.' Ihr Säugling wurde gebracht, damit sie ihn sehen konnte. Sie betrachtete ihn aufmerksam und sagte dann: ‚Glauben Sie, dass ich um des Babys willen bleiben sollte?' Dann wandte sie sich wieder der Vision zu und sagte: ‚Ich kann nicht, ich kann nicht bleiben; wenn du sehen könntest, was ich mache, würdest du wissen, dass ich nicht bleiben kann."

Aus dem Buch: Der Tod, ein neuer Anfang

Die Patientin sah offenbar mit großer Freude ihren verstorbenen Vater und sie sah darüber hinaus auch noch etwas so Überwältigendes, dass sie gleich darauf bereit war ihr Leben und ihr eigenes Kind dafür aufzugeben. Als ihr Mann gerade in das Krankenzimmer hereinkam, wandte sich die Patientin zu ihm und sagte:

„Du wirst das Baby niemandem überlassen, der es nicht liebt, nicht wahr?"

Sie schob ihn dann sanft beiseite und sagte zu ihm:

„Lass mich das liebliche Licht sehen."

Lady Barrett berichtete dann weiter:

„Sie sagte zu ihrem Vater: ‚Ich komme', während sie sich gleichzeitig zu mir umwandte, indem sie sprach: ‚Oh, er ist so nah.' Wieder mit dem Blick auf die gleiche Stelle sagte sie mit einem ziemlich verwunderten Gesichtsausdruck: ‚Er hat Vida bei sich', und indem sie sich wieder mir zuwandte, bemerkte sie: ‚Vida ist bei ihm.' Schließlich sagte sie: ‚Du möchtest mich wirklich bei dir haben, Vater? Ich komme.'"

Aus dem Buch: Der Tod, ein neuer Anfang

Kurz darauf verstarb die Patientin. Natürlich dachte auch Lady Barrett im ersten Moment gleich an eine Halluzination, die als Erfüllung eines Wunschdenkens zu verstehen war. Doch sie verwarf im zweiten Moment diesen Gedanken und das aus gutem Grunde. Denn unter den Erscheinungen der Toten war nämlich jemand gewesen, den die Patientin ganz offenbar nicht zu sehen erwartet hatte, nämlich ihre Schwester Vida. Diese war drei Wochen zuvor gestorben, aber wegen ihres schlechten Gesundheitszustandes hatte es der Patientin niemand zu sagen gewagt. Und weil sie davon nicht unterrichtet worden war, war sie eben verständlicherweise über das Geschehene verwundert. Und genau diese Erscheinung der verstorbenen Schwester Vida war es denn auch, die Sir William Barrett so sehr beeindruckte, dass er anfing alle Fälle von Sterbebettvisionen zu sammeln, die er nur kriegen konnte. Im Jahre 1926 publizierte er schließlich die Ergebnisse seiner Forschungen in Form eines Buches mit dem Titel „Death-bed Visions". Darin kam er zu der Erkenntnis, dass die Visionen der Sterbenden zu einem Zeitpunkt auftraten, in dem die Betroffenen bei vollem Bewusstsein und Verstand waren. Und er stellte fest, dass die Visionen zum Teil Elemente aufwiesen, die doch recht überraschend waren. So erzählten beispielsweise sterbende Kinder von Engeln, die ihnen erschienen waren, und sie wunderten sich gleichzeitig darüber, dass diese keine Flügel besaßen. 30 Jahre nach dem Erscheinen des Buches von Sir William Barrett beschloss der in Lettland geborene amerikanische Psychologe Karlis Osis (1917–1997) eine weitere Studie über das Phänomen der Sterbebettvisionen zu initiieren. Dazu führte er zwischen den Jahren 1959 und 1960 in Amerika landesweite Befragungen mittels Fragebögen durch. Dabei wurden 5000 Krankenschwestern und 5000 Ärzte nach dem Zufallsprinzip ausgewählt und nach ihren Erfahrungen befragt. Auf diese Weise konnten die Berichte von über 35 000 Patienten gesammelt und analysiert werden, die auf dem Totenbett beobachtet worden waren. Die Studie wurde dann im Jahre 1961 unter dem Titel „Deathbed Observations by Physicians and Nurses" publiziert. Sie konnte darlegen, dass von den 35 540 Fällen exakt 1318 Sterbende Erscheinungen von verstorbenen Verwandten und Bekannten bzw. religiösen Gestalten hatten, während 884 Sterbende über Landschaftsvisionen berichteten, die von irdischen bis paradiesischen Welten reichten. Daneben stellte sich bei 753 Sterbenden eine plötzliche Verbesserung der Stimmungslage ein. Von diesen Ergebnissen angespornt, startete Dr. Osis zwischen den Jahren 1961 und 1964 eine weitere Studie. Wieder einmal wurden Krankenschwestern und Ärzte nach dem Zufallsprinzip ausgewählt und mit einem Fragebogen nach ihren Erfahrungen befragt, dieses Mal jedoch jeweils 2500 an der Zahl. Anders als bei der ersten Studie wurde in der zweiten Studie die Befragung auf fünf Bundesstaaten fokussiert, wobei diese ebenfalls nach dem Zufallsprinzip ausgewählt wurden. Das Los fiel auf New York, Connecticut, Pennsylvania, New Jersey und Rhode Island. Dieses Mal wurden rund 50 000 Berichte von Sterbenden gesammelt, die auf dem Totenbett beobachtet wurden. Dabei zeigte sich, dass der kulturelle Hintergrund, insbesondere der religiöse, die Ergebnisse verzerren kann. Aus diesem Grund entschloss sich Dr. Osis seine Studie auf ein Land auszudehnen, das einen ganz anderen kulturellen und religiösen Hintergrund aufwies. Seine Wahl fiel dabei auf Indien. Diese dritte Studie führte Dr. Osis zwischen den Jahren 1972 und 1973 gemeinsam mit dem isländischen Psychologieprofessor Erlendur Haraldsson durch. Dazu wurden 704 Vertreter des medizinischen Personals in Nordindien befragt. Die Untersuchung wurde als vergleichende Studie in zwei Stufen (1977 und 1987) durchgeführt, wobei die Sterbefälle in den USA mit denen in Indien verglichen wurden. Am Ende hatten die Forscher mehr als 100 000 Fallberichte gesammelt und konnten so 442 Fälle aus Amerika mit 435 Fällen aus Indien vergleichen. Osis und Haraldsson standen also insgesamt 877 Patienten mit Sterbebettvisionen zur Verfügung. Publiziert wurden die Ergebnisse später in dem Buch „Der Tod, ein neuer Anfang". Doch was waren die Ergebnisse? Die Auswertung erbrachte, dass von den 877 Patienten 471 Sterbende kurz vor ihrem Tod Visionen von Personen hatten. Getrennt nach Ländern waren es in den USA 216 Sterbende und in Indien 255. Die Dauer der Erlebnisse war wie bei einer außersinnlichen Wahrnehmung kurz. In Indien stellten die meisten Erscheinungen religiöse Gestalten dar, während es hingegen in den USA eher bereits Verstorbene waren. Übereinstimmend wurden aber in beiden Ländern die Erscheinungen hauptsächlich als aus einer anderen Welt kommend gesehen. Wurden menschliche Gestalten wahrgenommen, handelte es sich in beiden Ländern meistens um nahe Verwandte. Auch kam in beiden Ländern die Mehrheit der außersinnlich wahrgenommenen Erscheinungen, um den Sterbenden abzuholen. Und in beiden Ländern reagierten die meisten Sterbenden auf die Erscheinungen mit der Bereitschaft, gehen zu wollen. Dagegen reagierte nur eine verschwindend geringe Minderheit der Sterbenden mit Widerstand auf die Erscheinungen. Sie wollten folglich noch nicht sterben. Diese beträchtliche Minderheit kam aus Indien. In beiden Ländern bestanden die häufigsten Gefühlsreaktionen der Sterbenden auf die Erscheinungen in religiösen Gefühlen, gepaart mit einer freudigen Hochstimmung sowie Heiterkeit und Frieden. Visionen unbekannter Landschaften wurden von den Sterbenden in 69 Fällen wahrgenommen, davon 46 in den USA und 23 in Indien. In beiden Ländern stellten die Visionen hauptsächlich jenseitige Umgebungen dar. Sie drückten in beiden Ländern meist Schönheit, Frieden und Harmonie aus. Und ebenso charakterisierten in beiden Ländern diese Landschaftsvisionen den Tod als einen Übergang in eine erquickende Existenz. Erwähnenswert ist noch, dass in beiden Ländern kurz vor dem

Tod einiger Sterbender ein Stimmungsaufschwung auftrat. Insgesamt waren es 174 Fälle, davon 106 in den USA und 68 in Indien. Man muss an dieser Stelle vielleicht noch betonen, dass sich die Zahlen auf die Gesamtanzahl der untersuchten Visionen beziehen und nicht, wie man eventuell fälschlicherweise meinen könnte, auf die Gesamtanzahl der beobachteten Sterbefälle. Doch was sagen uns diese Zahlen? Welche Erkenntnisse kann man aus ihnen ableiten? Zunächst einmal ist nüchtern zu konstatieren, dass in der zweiten Hälfte des 20. Jahrhunderts insgesamt drei groß angelegte Studien bezüglich des Phänomens der Sterbebettvisionen durchgeführt wurden. Weiterhin darf festgehalten werden, dass sich die Sterbebettvisionen in Visionen von wunderschönen hell erleuchteten Landschaften, in Visionen von verstorbenen Verwandten und Bekannten sowie in Visionen von religiösen Gestalten aufteilen lassen. Die Visionen sind oft kurz und können entweder einmalig oder aber auch mehrmals auftreten. Sie dauerten in 52 % der Fälle weniger als 5 Minuten. In 23 % der Fälle hatte die Vision eine Dauer von 6 bis 15 Minuten und in 9 % der Fälle sogar eine von 16 bis 60 Minuten. Nur in 16 % der Fälle dauerte die Vision über eine Stunde. Die Sterbenden scheinen dabei zwischen der diesseitigen und der jenseitigen Welt hin und her zu wechseln, sodass sie nicht immer genau sagen können, wo sie sich gerade befinden, was natürlich den Eindruck der Verwirrung ergeben kann. Aber vielleicht das Wichtigste, was an Erkenntnis gewonnen werden konnte, war, dass die Studien zu belegen vermochten, dass sich die von Sterbenden erlebten Visionen weder medizinisch noch psychologisch oder gar kulturell erklären lassen. Diese Erkenntnis ist extrem wichtig, deshalb lohnt es sich, auch noch einige Aussagen zu wichtigen Studieninhalten hervorzuheben. Die erste Aussage geht dabei in die Richtung der Kultur. Wären nämlich die Visionen Sterbender von kulturell geprägten Erwartungen verursacht worden, dann hätte man erwarten können, dass sie sich von Person zu Person und von Kultur zu Kultur in erheblichem Maße unterscheiden. Genau dies war aber in der durchgeführten Studie nicht der Fall, denn die diesbezüglichen Hauptphänomene waren in den USA und Indien gleich. Die ganz kleinen und marginalen Unterschiede brachten zwar zum Ausdruck, dass es zwar einen Einfluss der Kultur gibt, dieser aber für eine plausible Erklärung des Phänomens nicht herangezogen werden kann. Denn man hätte einfach erwarten müssen, dass den Sterbenden ihre traditionellen Vermittler zur jenseitigen Welt wie Rabbis, Brahmanen oder Geistliche erscheinen würden. Dem war aber nicht so, in keinem einzigen Fall, womit wir beim Punkt Religion wären. Hier hätte man annehmen können, dass die Wahrscheinlichkeit von Sterbebettvisionen irgendwie abhängig sei von einem Glauben an ein Leben nach dem Tod oder aber abhängig sei von der jeweiligen Religionszugehörigkeit. Aber die von der jeweiligen Religion vorgegebenen Glaubensvorstellungen vom Jenseits fanden sich in fünf von sechs Sterbebettvisionen nicht, und bei den Menschen, die an ein Fortleben nach dem Tod glaubten, traten die Jenseitsvisionen entgegen der Annahme nicht häufiger auf. Auch hätte man in diesem Zusammenhang erwarten können, dass Menschen, die nicht meinen zu sterben, weniger Angst vor dem Tod haben als solche, die ein Ende der Existenz annehmen und ihren Tod dann vor sich sehen. Aber die Sterbenden, so die Studie, mit der vermeintlich geringeren Angst sahen gleich häufig jenseitige Landschaften oder Erscheinungen von Verstorbenen, die sie abholen wollten, wie jene

Sterbenden, denen man Angst vor dem Tod hätte unterstellen können. Damit wären wir dann bei der Wunscherfüllung angekommen. Man hätte durchaus annehmen können, dass die Wahrscheinlichkeit von Sterbebettvisionen möglicherweise etwas mit Wunscherfüllung zu tun hat, also dass sie so etwas wie eine selbsterfüllende Prophezeiung seien. Doch auch dem war nicht so, denn nur 3 % der Sterbenden, die den brennenden Wunsch hatten, eine bestimmte Person zu sehen, sahen dann auch eine Erscheinung genau jener Person. Vielleicht hatte das Ganze ja auch irgendetwas mit psychischem Stress zu tun. Doch jene Patienten, die am Tag vor ihrem Tod unter Stress standen, hatten die gleiche Häufigkeit an Sterbebettvisionen wie jene Patienten, die keinem Stress ausgesetzt waren. Damit wäre der Zeitpunkt gekommen, um das Thema Bildung einmal in die Diskussion einzubringen und eine Abhängigkeit der Wahrscheinlichkeit von Sterbebettvisionen von diesem Parameter zu unterstellen. Aber auch hier lautete die Diagnose Fehlanzeige. Denn die Studie konnte eindeutig nachweisen, dass Gebildete und Ungebildete mit gleicher Häufigkeit Visionen von einem Leben nach dem Tod hatten. Apropos Diagnose, was ist eigentlich mit den medizinischen Parametern? Wie korrelieren denn diese im Einzelnen mit der Häufigkeit an Sterbebettvisionen? Haben möglicherweise Medikamente einen Einfluss auf dieses Phänomen? Nein, lautet die eindeutige Antwort der Studie darauf, weil nur eine kleine Minderheit der Patienten mit Sterbeerlebnissen mit Medikamenten behandelt worden war, die Halluzinationen hervorrufen können. Und exakt diese Minderheit hatte nicht öfter Sterbebettvisionen als die unbehandelten Patienten. Und Fieber, wie schaut es damit aus? Kann eventuell Fieber die Häufigkeit von Sterbebettvisionen beeinflussen? Nein, lautet auch hier die Antwort der Studie, denn nur eine Minderheit der Patienten mit Sterbebettvisionen litt an einem Fieber, welches in einer derartigen Höhe auftrat, dass es ein Delirium hätte verursachen können. Wenn es nicht Medikamente waren und auch kein Fieber, das die Sterbebettvisionen hervorrief, was war es dann? Könnten möglicherweise Erkrankungen des Kopfes hier eine Rolle spielen? Was sagt die Studie dazu? Nein, ist die Antwort, denn nur 10 bis 13 %, also eine Minderheit, der Patienten mit Sterbebettvisionen hatten tatsächlich Kopferkrankungen, und in dieser Gruppe waren Sterbeerlebnisse sogar seltener als üblicherweise. Bleibt als Letztes noch die Frage nach einem Sauerstoffmangel. Könnte eventuell ein Sauerstoffmangel die Sterbebettvisionen ausgelöst oder induziert haben? Die Studie sagt auch hierzu klar Nein, weil die Visionen der Sterbenden, die unter einem Sauerstoffmangel im Gehirn litten, sich nicht von denen anderer Patienten unterschieden. Welche Schlussfolgerungen lassen sich daraus ziehen? Die Antwort darauf bekommt man, wenn man zwei verschiedene Modelle aufstellt, so wie es die Psychologen Osis und Haraldsson auch tatsächlich taten. Dann frage man sich, wie denn die Erfahrungen der Sterbenden auszusehen hätten, wenn man ein Leben nach dem Tod unterstellt. Das ist das erste Modell. Als Zweites frage man sich, wie die Erfahrungen der Sterbenden sein müssten, wenn man davon ausgeht, dass der Tod die endgültige Zerstörung der menschlichen Persönlichkeit bedeutet. Nun braucht man nur noch die in der Studie erhobenen Daten heranzuziehen und sich die Frage zu stellen, mit welchem Modell diese am besten übereinstimmen. Wenn man dies tut, dann kommt man zwangsläufig zu der Erkenntnis, dass sie mit dem Modell eines Weiterlebens übereinstimmen und nicht zu dem zweiten Modell passen, das von einer Zerstörung des Menschen ausgeht und deshalb auch als Zerstörungshypothese bezeichnet wird. Und genau in dieselbe Kerbe schlagen auch die Ergebnisse des Ländervergleichs dieser Studie. Denn sie zeigen eine hohe inhaltliche Übereinstimmung der Sterbebettvisionen zwischen den Ländern USA und Indien, und das trotz eines ganz verschiedenen kulturellen und religiösen Hintergrundes dieser Staaten. Und exakt dieser hohe Grad an Konvergenz in den Visionen zwischen den Ländern ist es denn auch, der auf ein Leben nach dem Tod schließen lässt und der naturalistischen Sichtweise, die davon ausgeht, dass es kein Leben nach dem Tod gibt, eine klare Absage erteilt. So weit, so gut, könnte man an dieser Stelle sagen, aber was hat das Ganze hier mit dem Thema Bewusstsein zu tun? Schließlich versuchen wir doch auf den Spuren des menschlichen Bewusstseins zu wandeln, um seine Dimensionen besser zu verstehen und um dieses Phänomen besser begreifen und eingrenzen zu können. Richtig, und genau aus diesem Grunde brauchen wir auch die Studien von Osis und Haraldsson. Denn es sind buchstäblich die Sterbebettvisionen, die uns zu einer neuen Dimension des menschlichen Bewusstseins führen, nämlich dem sogenannten Todesbewusstsein. Aber was ist dieses Todesbewusstsein? Der Begriff Todesbewusstsein ist nicht neu, aber auch nicht ganz alt. Er wurde Anfang der neunziger Jahre von den amerikanischen Hospizkrankenschwestern Maggie Callanan und Patricia Kelly geprägt. Gemeint ist damit ein ganz spezifischer erweiterter Bewusstseinszustand, der offenbar durch die Todesnähe ausgelöst wird. In ihm verfügen die Sterbenden über ein bestimmtes Wissen, das ihnen eine besondere Erkenntnis über den Sterbeprozess verleiht und es ihnen dadurch ermöglicht, sich zum einen in symbolischer Sprache auszudrücken und zum anderen den Sterbeprozess in bestimmten Grenzen zu beeinflussen. Sie begreifen in diesem Todesbewusstsein auch, was sie für einen friedlichen Tod brauchen. Deshalb sind auch bestimmte zwischenmenschliche Bedürfnisse mit dem Sterbeprozess verbunden. Callanan und Kelly haben im Rahmen ihrer Tätigkeit mehr als 200 Fälle gesammelt und analysiert. Sie identifizierten dabei die Bestandteile des Todesbewusstseins und stellten die folgenden fünf Kategorien auf:

1. Bewusstsein der Todesnähe
2. Visionen von verstorbenen Bezugspersonen oder religiösen Gestalten
3. Landschaftsvisionen
4. Bedingungen für einen friedlichen Tod
5. Bedürfnis nach Versöhnung

Es wurde bereits an anderer Stelle darauf hingewiesen, dass sowohl die Lebensgefahr-Erfahrungen wie auch die Sterbebettvisionen Varianten der klassischen Nahtoderfahrung sein sollen und man damit eigentlich drei miteinander verwandte Erfahrungstypen vor sich hat. Ebenso wurden bereits die Unterschiede zwischen einer Lebensgefahr-Erfahrung und einer klassischen Nahtoderfahrung herausgearbeitet. Nun ist es an der Zeit, die Gemeinsamkeiten wie auch die Unterschiede zwischen einer klassischen Nahtoderfahrung und den Sterbebettvisionen herauszuarbeiten. Am besten ist es, mit den Gemeinsamkeiten anzufangen. Beiden Phänomenen ist gemeinsam, dass sich das Bewusstsein der Betroffenen derart erweitert, dass nunmehr auch Dinge der geistigen Welt übersinnlich wahrgenommen werden können. Innerhalb beider Erfahrungen erleben die Betroffenen also, wie sich ihr Bewusstsein in das Überbewusstsein erweitert. Während bei einer klassischen Nahtoderfahrung ein akutes medizinisches Problem und damit die mittelbare Nähe zum Tod diesen Umstand auslöst, ist es bei den Sterbebettvisionen die unmittelbare Nähe zum Tod. Sterbebettvisionen sind daher ein untrügliches Zeichen dafür, dass der Tod des Sterbenden unmittelbar bevorsteht. Und damit hat man auch gleichzeitig einen wesentlichen Unterschied zwischen diesen untereinander verwandten Erfahrungen herausgearbeitet. Während die klassische Nahtoderfahrung aufgrund eines akuten medizinischen Ereignisses blitzschnell auftritt, ist es bei den Sterbebettvisionen ein schrittweise ablaufender Prozess, hinter dem entweder eine fortschreitende Erkrankung oder das hohe Lebensalter steckt, sodass der Betroffene allmählich aus dem Leben scheidet. Der Nahtoderfahrene findet sich folglich urplötzlich in einer anderen Dimension wieder, während der Patient mit Sterbebettvisionen allmählich mit der anderen Dimension Kontakt aufnimmt und diese nach und nach betritt. Ja mehr noch, er bewegt sich manchmal zwischen diesen beiden Welten hin und her. Manch ein Sterbender weiß aus diesem Grunde nicht immer mit Sicherheit, ob er noch lebt oder bereits verstorben ist. So kann es passieren, dass der Sterbende sich an seine Angehörigen wendet und fragt: „Bin ich schon tot oder lebe ich noch?“ Auf die Antwort „Nein, du lebst noch“ hört man dann gelegentlich: „Gut, dann kann ich ja noch einmal auf die Toilette gehen.“ Weiterhin haben Nahtoderfahrungen und Sterbebettvisionen gemein, dass der Betreffende Kontakt zu bereits verstorbenen Verwandten, guten Freunden, Lichtwesen oder zu religiösen Gestalten bekommt. Auch das Erblicken jenseitiger Welten ist beiden Erfahrungen gemeinsam. Während aber die Nahtoderfahrenen ihren sterblichen Körper verlassen, um derartige Erfahrungen machen zu können, machen die Sterbenden hingegen keine außerkörperlichen Erfahrungen. Sie verlassen also ihren Körper nicht. Und noch ein Unterschied lässt sich anhand des Körpers zwischen diesen beiden Erfahrungen herausarbeiten. Er betrifft vielmehr die Verfassung des Körpers. Die Sterbenden sind bei Bewusstsein und haben Vitalzeichen. Das heißt, sie atmen, haben einen Puls und auch einen messbaren Blutdruck. Sie können sich somit mit ihrer Umwelt austauschen und Anwesenden ihre Visionen mitteilen. Dagegen sind die Nahtoderfahrenen aufgrund des akuten medizinischen Ereignisses nicht mehr bei Bewusstsein. Sie liegen manchmal im Koma oder sind sogar klinisch tot. Letzteres bedeutet, dass sowohl die Atmung wie auch das Herz-Kreislauf-System ausgefallen sind. Damit sind die Lebensvorgänge erloschen. Dieser Zustand ist aber potenziell reversibel. Das heißt, er ist prinzipiell umkehrbar. Das setzt allerdings die Einleitung einer Reanimation innerhalb der ersten Minuten voraus. Abschließend sei noch ein weiteres Kriterium genannt. Dieses Kriterium zeigt wie kein anderes, wie sehr Nahtoderfahrungen und Sterbebettvisionen zusammengehören und wie sehr sie sich doch voneinander unterscheiden. Wir haben es zwar bereits gehört, aber noch nicht ausreichend gewürdigt. Die Rede ist von den Gestalten, denen die Betroffenen in ihren jeweiligen Erfahrungen in der anderen Dimension begegnen. Beide Erfahrungstypen sehen solche Gestalten, aber während die Betroffenen bei einer klassischen Nahtoderfahrung von ihnen oft in das irdische Leben zurückgeschickt werden, erscheinen sie den Sterbenden eigens dazu, um sie in die andere Welt abzuholen. Näher kann man also nicht mehr beieinanderliegen, aber gleichzeitig auch nicht weiter voneinander entfernt sein. Da jetzt so viel über Sterbebettvisionen gesprochen wurde, ist es nunmehr an der Zeit, sich einigen Fallbeispielen zuzuwenden, um ein besseres Gefühl für diese Art von Grenzerfahrung zu erhalten. Begonnen werden soll dabei mit einem Fall, der uns von der bekannten Psychiaterin Elisabeth Kübler-Ross überliefert wurde. Es ist die Geschichte eines Jungen, dessen Mutter bei einem Autounfall ums Leben kam. Ein weiterer Insasse des Wagens namens Peter wurde jedoch mit starken Verbrennungen in ein anderes Krankenhaus gebracht und verstarb dort wenige Zeit später. Der Junge, der von all den Geschehnissen nichts wissen konnte, sagte, als er kurz aus dem Koma erwachte: „Ja, jetzt ist alles gut. Mami und Peter warten schon auf mich." Dann glitt er mit einem zufriedenen und leisen Lächeln zurück in das Koma starb kurz darauf. Das zweite Beispiel stammt aus der umfangreichen Fallsammlung von Dr. Karlis Osis und Prof. Erlendur Haraldsson. Es ist ein klassischer Fall, der wie folgt wiedergegeben wurde:

„Eine siebzigjährige Patientin hatte ihren verstorbenen Ehemann schon mehrere Male gesehen, als sie schließlich ihren eigenen Tod ankündigte. Sie sagte, dass ihr Mann am Fenster erschienen sei und ihr bedeutet hätte, aus dem Haus herauszukommen. Der Grund für seine Besuche war, dass sie sich ihm anschließen sollte. Zu diesem Zeitpunkt waren ihre Tochter und ihre Verwandten bei ihr. Sie holte ihre Sterbekleidung aus dem Schrank, legte sich für ein Nickerchen hin und verschied eine Stunde später. Sie schien ruhig in ihren Tod ergeben und wollte auch wirklich sterben. Sie hatte nie von ihrem bevorstehenden Ende gesprochen, ehe sie die Erscheinung ihres Mannes gehabt hatte. Ihr Arzt war dermaßen über ihren plötzlichen Tod, für den es keine ausreichende medizinische Erklärung gab, überrascht, dass er überprüfte, ob sie sich nicht selbst vergiftet hatte. Dies bestätigte sich jedoch nicht."

Im Laufe der weiteren Forschungen stieß man immer wieder auf solche Berichte. So erzählte eine Krankenschwester über einen 60-jährigen Geschäftsmann, der an einer tödlichen Infektion litt, dass sich sein Schmerz in Heiterkeit wandelte, als für ihn die Erscheinung kam. Sie berichtete:

„Es war ein Erlebnis, wie wenn er jemandem begegnete, den er sehr liebte. Er lächelte, richtete sich auf und streckte die Hände aus. Sein Gesichtsausdruck war voller Freude. Ich fragte ihn, was er sah. Er sagte, seine Frau stehe gerade dort und warte auf ihn. Es sah so aus, als ob dort ein Fluss wäre und sie auf der anderen Seite stehen und auf ihn warten würde. Er wurde sehr ruhig und friedlich – eine Heiterkeit religiöser Art. Er hatte auch keine Furcht mehr und starb einen sehr friedvollen Tod."

Entnommen von www.der-familienstammbaum.de

Und hier gleich noch ein weiterer Zeugenbericht:

„Ein 69 Jahre alter Schlaganfallpatient war teilweise gelähmt und depressiv. Plötzlich begann sein Gesicht zu strahlen. Der Schmerz war weg, er lächelte. Bis dahin hatte er keine Fröhlichkeit gezeigt. Er sagte: „Wie schön", als ob er etwas sah, was wir nicht sehen konnten. Und darauf: „Kein Körper, keine Welt; Blumen, Licht und meine Mary (verstorbene Ehefrau)." Er war von allem befreit und friedvoll, sank in ein Koma und starb kurz danach."

Entnommen von www.der-familienstammbaum.de

Natürlich sind derartige Erlebnisse auch für das medizinische Personal sehr aufwühlend. So berichtete beispielsweise eine Krankenschwester über eine 69-jährige Frau, die im Begriff war, an Krebs zu sterben:

„Mit einer sehr sanften Stimme, mit einem Lächeln auf dem Gesicht führte sie eine zärtliche Unterhaltung darüber, wie sehr sie ihren Mann liebte, wie sehr sie ihn vermisst hatte und wie bestimmt sie wusste, dass sie ihm nachfolgen würde. Sie sagte: „Es wird jetzt nicht mehr lange dauern, bis ich bei dir bin." Und indem sie die Arme ausstreckte, als ob sie seine Hand fühlte: „Du siehst gesund und wohlbehalten aus."

Und weiter führt sie aus:

„Es war eine schreckliche Erfahrung. Mein Glaube ist nicht sehr stark, aber wenn ich jemanden sehe, bei dem ich absolut sicher bin, dass Drogen keine Rolle gespielt haben – da muss etwas dran gewesen sein. Ihr Gesichtsausdruck war … ich wünschte, ich hätte eine Kamera gehabt. Aus ihrem Gesicht waren alle Runzeln verschwunden. Sie lächelte, war heiter und schien keine Beschwerden zu haben."

Entnommen von www.der-familienstammbaum.de

Bemerkenswert ist auch das Zeugnis eines Arztes, der über einen zweieinhalb Jahre alten und im Sterben liegenden Jungen mit den Worten berichtete:

„Er lag sehr ruhig da. Dann richtete er sich plötzlich auf, streckte seine Arme aus und sagte: Mama." Die Mutter des Kindes war gestorben, als es zwei Jahre alt gewesen war. Außerdem zeigte es vor dem beschrieben Ereignis nie ein ähnliches Verhalten, das heißt erst in den Augenblicken vor dem Tod."

Entnommen von www.der-familienstammbaum.de

Abschließend sei noch ein weiterer Fallbericht erwähnt, der einem deutlich vor Augen führt, wie eng Sterbebettvisionen und Nahtoderfahrungen miteinander verwoben sein können. Es ist ein etwas längerer Bericht, der aus dem Forschungsinstitut für außergewöhnliche Erfahrungen in Paris (INREES) stammt und von Colette Prochasson überliefert wurde. Die Sterbebegleiterin aus dem französischen Mâcon schildert dabei das Erlebte mit ihren eigenen Worten folgendermaßen:

„Im August 2004 hütete Herr J. P. schon mehrere Wochen lang das Bett. Er war knapp 60, und seine Erkrankung war bereits so weit fortgeschritten, dass er sich im Endstadium befand. An diesem Tag saßen seine verzweifelte Tochter und ich einander gegenüber an seinem Krankenbett. Seine geschlossenen Augen, sein zusammengekniffener Mund und sein unregelmäßiger Atem deuteten darauf hin, dass für Herrn J. P. die letzte Stunde gekommen war. Plötzlich bewegten sich seine Lippen, es schien, als würde er sprechen. Er öffnete die Augen und streckte lächelnd zuerst einen Arm aus, dann beide, so als wollte er jemanden umarmen. Seine Tochter und ich sahen uns an. Zum Glück glaubt diese Frau, die ich schon seit Längerem kenne, dass der Tod das Tor zu einer neuen Welt öffnet. Sie würde also nicht behaupten, dass sich ihr Vater einfach im Delirium befand und halluzinierte, als er plötzlich mit lauter Stimme fragte: „Mama, was tust du denn hier?“ Immer wieder sagte er ungläubig und zugleich glücklich: „Mama.“ Dann rief er plötzlich: „Oma!“ (es ist wohl nicht nötig zu erwähnen, dass diese beiden Frauen schon vor mehreren Jahren gestorben waren). Seine Lippen bewegten sich lautlos in einem Gespräch, dem wir nicht folgen konnten, aber das doch sehr real zu sein schien! Seine Tochter beobachtete das Ganze still und mit einem zaghaften Lächeln auf ihrem in Tränen aufgelösten Gesicht. Ich sagte ebenfalls nichts und erwiderte ihren Blick nur mit Mitgefühl. Damals überlebte dieser Mann. Erst zu Weihnachten erklärte er seiner Tochter, dass er im August fast gestorben wäre und dass seine Mutter und seine Großmutter gekommen waren, um ihn abzuholen. Er aber wollte damals nicht ‚gehen‘, weil der Kummer seiner Tochter so groß gewesen war. Er wusste jedoch, dass die beiden eines Tages wiederkommen würden und er dann mit ihnen gehen würde. Ausgerechnet er, der sein ganzes Leben lang behauptet hatte, dass nach dem Tod alles zu Ende sein würde, glaubte nun plötzlich an ein Leben nach dem Tod. Von nun an fürchtete er sich nicht mehr vor dem Tod und bat seine Tochter, ihn mit seinen verstorbenen Verwandten gehen zu lassen, wenn seine Zeit gekommen sein würde. Im darauffolgenden Sommer war es dann schließlich so weit.“

Erscheinungen von bereits Verstorbenen können sich nicht nur im Rahmen von Nahtoderfahrungen oder Sterbebettvisionen ereignen. Sie können auch im Rahmen von Nachtoderfahrungen auftreten. Es ist deshalb an der Zeit, sich einmal dieser menschlichen Grenzerfahrung zuzuwenden und zu schauen, was es damit im Einzelnen auf sich hat.

Nachtoderfahrungen

Bei den Nachtoderfahrungen handelt es sich um spontane Kontakte mit Verstorbenen. In der Literatur spricht man deshalb von Nachtodkontakten, postmortalen Erfahrungen, Jenseitskontakten oder von einem Verstorbenenkontakt. Was auf den ersten Blick wie Spuk und Aberglaube klingt, entpuppt sich aber auf den zweiten Blick als gar nicht so seltenes Phänomen. Denn in zahlreichen Studien konnte belegt werden, dass 10 bis 40 % der allgemeinen Bevölkerung entsprechende Nachtodkontakte erlebt haben. Diese Zahl ist wesentlich höher als bei den Nahtoderfahrungen. Denn hier sind es etwa 4 bis 5 % der Bevölkerung, die über klassische Nahtoderfahrungen berichten können. Bei den Nachtoderfahrungen müsste man deshalb aufgrund der Studienergebnisse eigentlich eher von einem gewöhnlichen Phänomen als von einem ungewöhnlichen sprechen. Dies erst recht, wenn man bedenkt, dass die Zahl von Nachtoderfahrungen in der Gruppe der Witwer und Witwen noch höher liegt als in der Durchschnittsbevölkerung. Nachtoderfahrungen sind aber nicht nur ein häufiges, sondern auch ein altes Phänomen. Denn solche Kontakte zu Verstorbenen hat es auf der ganzen Welt in jeder Kultur und zu jeder Zeit gegeben. Und sie ereignen sich auch heute noch an jedem Ort der Welt und zu jeder Zeit, mitten unter uns. Wir haben es hier also nicht mit einem Relikt aus vergangenen Zeiten zu tun, wo die Menschen noch unaufgeklärt waren. Doch wie sehen diese Kontakte zu Verstorbenen konkret aus? Was lässt sich darüber berichten? Im Grunde können wir zwei Arten von Nachtoderfahrungen voneinander unterscheiden. Bei der ersten Gruppe handelt es sich um Kontakte, die von den Hinterbliebenen selbst herbeigeführt werden, meist unter Zuhilfenahme bestimmter Rituale und Hilfsmittel. Klassischerweise wird dabei in den sogenannten Séancen, also spiritistischen Sitzungen mit mehreren Personen, ein Medium genutzt, das die Gruppe anleitet. Beim Medium selbst handelt es sich um eine Person, die von sich behauptet, Botschaften von Verstorbenen zu empfangen. Diese erste Gruppe von Nachtoderfahrungen werden wir hier nicht weiterverfolgen, weil sie für unseren Zweck, sprich die Erkundung des menschlichen Bewusstseins, unbrauchbar ist. Wir werden deshalb unser Augenmerk auf die zweite Gruppe richten. Bei dieser zweiten Gruppe handelt es sich um spontane und direkte Kontakte, die, im Gegensatz zu der ersten Gruppe, offensichtlich von den Verstorbenen selbst ausgehen. Aus diesem Grunde sind die Hinterbliebenen auch nicht selten völlig perplex und verwundert nach solchen Kontakten. Die Verstorbenen versuchen dabei besonders in den ersten Monaten nach ihrem Tod mit den Hinterbliebenen in Kontakt zu treten. So lässt sich besonders in den ersten 24 Stunden nach dem Ableben, mit einer Verdichtung um die ersten sieben Tage nach dem Todesfall, eine Häufung feststellen. Aber auch noch viele Jahre nach dem Tod, ja sogar nach Jahrzehnten kann es zu plötzlichen und unerwarteten Kontakten kommen. Weil derartige Kontakte von den Hinterbliebenen weder forciert noch erzwungen werden können, folglich ausschließlich durch die Initiative der Verstorbenen zustande kommen, stellt sich hier die Frage, worin der Sinn dieser Kontakte besteht bzw. warum die Verstorbenen den Kontakt zu ihren Angehörigen suchen. Diese Frage lässt sich anhand der vorliegenden zahlreichen Erfahrungen und Berichte eindeutig beantworten. Es geht den Verstorbenen ganz offensichtlich darum, entweder zu sehen, wie es ihren Angehörigen geht, oder aber ihnen klarzumachen, dass sie nicht im ursprünglichen Sinne tot sind, sondern leben und weiterexistieren. Das ist das Erstaunliche daran, so unterschiedlich die Empfänger der Botschaften auch sein mögen, die Botschaften selbst sind immer gleich und hören sich wie folgt an:

„Sei nicht traurig."
„Mach dir um mich keine Sorgen."
„Mir geht es gut."
„Ich werde immer an deiner Seite sein."
„Lebe dein Leben."

Das ist der Grund, warum diese Momente des Kontaktes so viel Trost spenden und weshalb sie mit einem so tiefen Gefühl der Freude und des Friedens einhergehen. Wahrgenommen werden die Kontakte von den Empfängern der Botschaften entweder als äußere oder auch innere Stimme oder aber der Empfänger der Botschaft weiß einfach, empfindet oder erahnt für sich, dass die Erscheinung für ihn diesen Inhalt hat. Natürlich ist man im ersten Moment dazu geneigt zu meinen, dass die Nachtodkontakte nichts weiter seien als Illusionen oder Trugbilder von Trauernden und verzweifelten Menschen, die nach Trost suchen. Aber die Forschung spricht hier eine andere Sprache und konnte nachweisen, dass die Nachtodkontakte in den meisten Fällen zu einer Zeit auftreten, wenn die Hinterbliebenen innerlich völlig ruhig und gelassen sind, ihrer Alltagsbeschäftigung nachgehen und überhaupt nicht an den Verstorbenen denken. Und diese Erkenntnis widerspricht eindeutig den Hypothesen von der Selbsttäuschung und den Wunschvorstellungen. Sie erklärt auch, warum die Nachtodkontakte mit so starken positiven Gefühlen einhergehen und warum sich die erlebte Erfahrung auf das Leben der Betroffenen zumeist positiv auswirkt. Die Forschung auf dem Gebiet der Nachtoderfahrungen hat aber noch weitere wichtige Erkenntnisse erbracht. So konnte gezeigt werden, dass grundsätzlich Menschen jeden Alters eine solche Erfahrung machen können. Besonders hervorzuheben ist dabei allerdings, dass Kinder proportional zu Erwachsenen anscheinend mehr Nachtoderfahrungen erleben. Sie werden jedoch von ihrer Umgebung oft nicht ernst genommen. Die Forschung auf diesem Gebiet konnte ebenso gut belegen, dass weder die Nationalität noch die Rasse, das Bildungsniveau, der soziale Status oder das Geschlecht der Empfänger die Ausgestaltung oder die Wahrscheinlichkeit des Auftretens einer Nachtoderfahrung in irgendeiner Form beeinflussen. Auch gibt es kein typisches Persönlichkeitsprofil eines Empfängers, das seitens der Wissenschaft definiert werden kann. Und es konnte aufgezeigt werden, dass die Erfahrung in keinerlei Zusammenhang mit der persönlichen religiösen Einstellung steht. Denn Gläubige, Agnostiker und Atheisten machen Nachtoderfahrungen im selben Maße, ohne Unterschied. Das einzige gemeinsame Merkmal aller Empfänger ist und bleibt nur die Trauer um den Verstorbenen. Ferner konnte nachgewiesen werden, dass Nachtoderfahrungen nicht nur von nahen Angehörigen oder Freunden erlebt werden. So kann es durchaus vorkommen, dass eine Begegnung mit einem

Verstorbenen von mehreren Menschen gleichzeitig erlebt wird, sodass verschiedene Personen die Erscheinung bezeugen können. Und es konnte aus den Beschreibungen der Zeugen nachgewiesen werden, dass die Erfahrungen als solche einen hohen Realitätsgehalt aufweisen und von daher häufig sehr einschneidend sind. Aber apropos Studien und Umfragen zum Thema Nachtoderfahrungen, wie viele existieren eigentlich zu diesem Thema und wie viele Personen wurden von diesen in die entsprechenden Untersuchungen mit eingeschlossen? Hierzu ist zu sagen, dass bereits im 19. Jahrhundert in England etwa 17 000 Personen zu Wahrnehmungen im Wachzustand ohne erkennbare äußerliche Ursachen durch die English Society for Psychical Research befragt wurden. Es ging dabei um Wahrnehmungen wie Stimmenhören oder ein Berührtwerden. Derartigen Befragungen schlossen sich im 20. Jahrhundert dann weitere Umfragen an, die zumeist in Europa und den USA stattfanden. In den 1970er Jahren vervielfachte sich die Zahl der Studien. Publiziert wurden sie entweder in Buchform oder in medizinischen und wissenschaftlichen Zeitschriften. 1987 gab es eine repräsentative Umfrage in den USA und zu Beginn der 1990er wurde schließlich eine internationale Umfrage durchgeführt. Die Ergebnisse dieser Studie wurden im Journal of the American Society for Psychical Research im Jahre 1991 veröffentlicht. In Deutschland wurde im Jahr 2000 eine repräsentative Bevölkerungsumfrage zu außergewöhnlichen Erfahrungen an 1510 Personen durchgeführt und im sogenannten Psi-Report Deutschland 2003 publiziert. Über eine besonders interessante Befragung von knapp 100 Polizisten, Rettungsmedizinern und Feuerwehrleuten berichtete Richard E. Kelly im Journal of Near-Death Studies im Jahre 2002. Besonders interessant deshalb, weil 33 % der Befragten entweder eine Präsenz oder eine Kommunikation oder ein Gefühl der Verbundenheit mit einem verstorbenen Unfallopfer bejahten. Die Befragten waren alle durch die Bank weg psychisch gesund und hatten eine durchschnittliche Dienstzeit von 16 Jahren hinter sich. Sie waren in dieser Zeit insgesamt mit Tausenden von Todesfällen konfrontiert worden, wobei sie angemessen auf die traumatischen Ereignisse reagiert hatten. Trotzdem schilderten alle Befragten, das Kontakterlebnis als reales Geschehen empfunden zu haben. Die bekannteste Studie zu dem Thema Nachtoderfahrungen wurde allerdings von Bill und Judy Guggenheim in den USA und Kanada durchgeführt. Dazu wurden innerhalb von sieben Jahren etwa 2000 Personen in allen 50 Staaten der USA sowie in zehn Provinzen Kanadas interviewt. Herangezogen für die Studie wurden dabei ausschließlich Berichte, die bei guter Gesundheit gemacht wurden. Erlebnisse hingegen, die unter Alkohol- oder Drogeneinfluss gemacht wurden, schloss man konsequent aus. Auch Geschichten über Dritte wurden nicht mit in die Studie aufgenommen. Am Ende standen dann mehr als 3200 Berichte aus erster Hand über Nachtoderfahrungen, die von den beiden Autoren seit 1988 gesammelt worden waren. Veröffentlicht wurde die sogenannte Guggenheim-Studie in Buchform erstmalig unter dem Titel „Trost aus dem Jenseits – Unerwartete Begegnungen mit Verstorbenen“ im Jahre 1995. Für die Betrachtungen hier ist diese Arbeit wichtig, denn Bill und Judy Guggenheim konnten dank ihrer Studie zwölf verschiedene Typen von Nachtodkontakten herausarbeiten. Die einzelnen kategorisierten Formen dieser Erfahrungen sehen dabei wie folgt aus:

1. Nachtoderfahrungen mit Gegenwartsempfinden

Bei dieser Form der Nachtoderfahrung handelt es sich um ein Spüren der Gegenwart des Verstorbenen. Es ist ein unmittelbares Gefühl von Nähe oder Anwesenheit, das auf einer Art innerem Wissen oder intuitiver Wahrnehmung beruht. Die Betroffenen spüren die räumliche Nähe des Verstorbenen, seine Wärme, ja seine spezifische Ausstrahlung. Und genau dieses individuelle Energiemuster des Verstorbenen ist es auch, das den Betreffenden das Gefühl der Vertrautheit verleiht, sodass sie mit großer Sicherheit auf die Anwesenheit des Verstorbenen schließen können. Sie können deshalb genau sagen, wann der Verstorbene anwesend ist und wann nicht. Die Betreffenden spüren förmlich die Wärme, den Frieden sowie die Liebe des Verstorbenen. Ein Nachtoderfahrener drückte es so aus:

„In meinem Urlaub musste ich immer an meine vor Kurzem verstorbene Mutter denken. Ich war mutlos und verzweifelt, als ich plötzlich ihre Anwesenheit spürte. Ich fühlte mich eingehüllt von Wärme und Frieden, und es war, als ob ich mich in einer anderen Welt befände. Meine Mutter übermittelte mir in Gedanken, das Trauern zu beenden. Danach konnte ich meinen Hader endlich loslassen. Es war wie eine innere Wandlung."

Entnommen von www. sterbeforschung.de

Diese Form des Nachtodkontakts ist übrigens der am häufigsten vorkommende Typ, der von den Hinterbliebenen berichtet wird. Er stellt eine sehr reale und intensive Erfahrung dar.

2. Nachtoderfahrungen mit Gehörwahrnehmungen

Bei dieser Form des Nachtodkontaktes übermitteln die Verstorbenen ihre Botschaften akustisch. Das heißt, die Empfänger berichten von einer Stimme, die sie hören. Es kann aber auch sein, dass die Betroffenen eine Stimme im Inneren hören, ohne dass die Botschaften mit den Ohren wahrgenommen werden. Es ist dann eine Stimme, die irgendwie im Kopf wahrgenommen wird. Trotzdem sind die Empfänger der Botschaften davon überzeugt, dass die Quelle dieser Stimme außerhalb ihrer selbst lag. Die Stimme und die Sprachmelodie klingen in jedem Falle sehr vertraut, sodass sie präzise und eindeutig einem bestimmten Verstorbenen zugeordnet werden können. Und das obwohl die meisten der empfangenen Botschaften kurz und knapp sind.

3. Nachtoderfahrungen mit Tastwahrnehmungen

Es kann auch sein, dass die Betroffenen nach dem Empfang eines Nachtodkontaktes davon berichten, eine Berührung des Verstorbenen körperlich gespürt zu haben. Das kann ein Streicheln, ein Kuss, eine Umarmung oder eine sonst wie geartete sanfte Berührung sein.

Entscheidend ist aber die besondere Form der Berührung, ihre individuelle Art, wenn man so will. Denn diese ermöglicht es den Betroffenen, auf eine leichte Weise den Verstorbenen zu identifizieren, gleich einem persönlichen Fingerabdruck.

4. Nachtoderfahrungen mit Geruchswahrnehmungen

Es kann aber auch sein, dass die Empfänger eines Nachtodkontaktes urplötzlich einen spezifischen Geruch wahrnehmen, der den Raum erfüllt. Und das obwohl keine exakte Quelle für den Geruch erkennbar ist. Der Geruch ist einfach da, wie aus dem Nichts. Es sind typische Düfte, wie beispielsweise der eines bestimmten Rasierwassers oder Parfums. Auch Gerüche von Tabak, Blumen oder spezifischen Nahrungsmitteln kommen vor. Interessant ist dabei, dass der wahrgenommene Geruch überhaupt nicht zur Umgebung passt. Aber es ist der charakteristische Duft eines Verstorbenen. Es ist ein olfaktorischer Fingerabdruck, eine Duftnote oder Duftmarke, die sofort und ohne Zweifel mit einem ganz bestimmten Verstorbenen assoziiert wird. Vielleicht der Geruch einer Tabakmischung, die nur für ihn hergestellt wurde.

5. Visuelle Nachtoderfahrungen

Bei den visuellen Nachtoderfahrungen handelt es sich um einen Sehkontakt, der jedoch unterschiedliche Formen annehmen kann. Entweder erblicken die Betroffenen den Verstorbenen nur teilweise, wobei zum Beispiel nur ein Teil des Körpers wahrgenommen wird. Oder aber die Gestalt des Verstorbenen wird vollständig wahrgenommen. Bei den vollständigen Erscheinungen kann es zum einen sein, dass die Gestalt des Verstorbenen als Lichtgestalt erblickt wird. Das heißt, der Verstorbene wird wahrgenommen, als ob er aus Zellophan bestehen würde, wobei diese Zellophanhülle von innen von einem strahlenden Licht erfüllt wird. Von den Verstorbenen geht dann ein unbeschreiblicher Glanz, ja ein unfassbares Leuchten aus. Sie wirken wunderschön. Andere wiederum beschreiben, dass die Körper der Verstorbenen aus lichtem Nebel zu bestehen schienen und teilweise durchsichtig waren. Sollten die Verstorbenen zu Lebzeiten an einer Krankheit oder einem anderen Gebrechen gelitten haben, so ist während eines Nachtodkontaktes davon nichts mehr zu erkennen. Kinder beispielsweise, die an einer Krebserkrankung nach einer Chemotherapie gestorben waren, erschienen ihren Eltern mit vollem Haar, gesund und unversehrt. Auch Menschen, die zum Beispiel im Krieg oder durch Unfälle ihre Gliedmaßen verloren haben, erschienen den Betroffenen körperlich unversehrt und ohne jegliche Beeinträchtigung. Eine andere Form des visuellen Nachtodkontaktes kann auch so aussehen, dass die Hinterbliebenen nicht mit einer Lichtgestalt konfrontiert werden, sondern dass sie den Verstorbenen körperlich und lebensecht wahrnehmen. Ganz so, wie diejenigen zu Lebzeiten wirkten und aussahen. Erkannt werden die Verstorbenen aber von den Hinterbliebenen in jedem Fall, ganz unabhängig von ihrer Erscheinungsform.

6. Visionäre Nachtoderfahrungen

Bei den visionären Nachtoderfahrungen erfolgt der Kontakt zwischen den Betroffenen und den Verstorbenen in Form von Visionen. Anders als bei den gerade genannten visuellen Erscheinungen kommt es bei dieser Form des Kontaktes entweder zu einem Wahrnehmen von zweidimensionalen Bildern oder aber von entsprechenden Hologrammen. Sie werden entweder im Äußeren erblickt oder aber im Geiste wahrgenommen. Die Erscheinungen wirken wie von hinten oder von innen erleuchtet, erfüllt von strahlenden Farben. Die Betroffenen vergleichen manchmal diese Visionen mit erleuchteten Kirchenfenstern oder mit Bildern aus Filmproduktionen bzw. Diaprojektionen. Allerdings muss man sagen, dass diese Form der Nachtodkontakte relativ selten auftritt.

7. Nachtoderfahrungen im Halbschlaf

Dieser Typus von Nachtoderfahrung ereignet sich entweder beim Einschlafen oder aber beim Aufwachen, also im Halbschlaf. Er unterscheidet sich inhaltlich nicht von solchen, die im Wachbewusstsein oder im Traum erlebt werden. Denn die Verstorbenen werden in diesem Zustand des Nachtodkontaktes oft deutlich wahrgenommen. Es scheint so zu sein, dass das Bewusstsein in der Übergangsphase zwischen Wachen und Schlafen sowie in der Phase zwischen Schlafen und Aufwachen besonders empfänglich ist für Nachtodkontakte. Das gilt übrigens nicht nur für den Halbschlaf, sondern auch für den entspannten Wachzustand, die Tagträume sowie für die Meditation. Denn hier ereignen sich relativ häufig Kontakte unterschiedlichster Art. Anscheinend kann ein Kontakt zu Menschen in einer entspannten Geisteshaltung leichter aufgebaut werden. Sie sind offensichtlich in diesem entspannten Geisteszustand empfänglicher für den Kontakt bzw. leichter zu kontaktieren. Das zumindest haben Untersuchungen ergeben.

8. Nachtoderfahrungen im Schlaf und Traum

Auch im Schlaf oder während eines Traumes kann es zu einem Kontakt zu einem Verstorbenen kommen. Davon berichten zumindest zahlreiche Menschen. Es handelt sich hierbei um sehr intensive und einprägsame Erlebnisse. Aus diesem Grunde werden sie auch über längere Zeiträume nicht vergessen, selbst über Jahre hinweg nicht. Die Träume, wenn man sie einmal so nennen möchte, unterscheiden sich dabei ganz deutlich von gewöhnlichen Träumen. Sie haben eine ganz andere Qualität. Denn in gewöhnlichen Träumen werden Alltagsreste verarbeitet. Gewöhnliche Träume sind diffus und bestehen nur aus unvollständigen Teilen. Sie sind irgendwie unwirklich und reich an Symbolen und sie werden schnell wieder vergessen. Dagegen sind die Nachtodkontaktträume nicht diffus, sondern haben einen äußerst hohen Realitätsgehalt. Sie sind so real, dass ihre Inhalte einem Kontakterlebnis im Wachzustand gleichen. Deshalb verstehen die Betroffenen diese besonderen Erlebnisse auch als echte Kontakte. Nachtodkontaktträume sind zusammenhängend, lebhaft und sie prägen sich tief ein. Denn in ihnen werden oft auch erweiterte Bewusstseinszustände oder sogar außerkörperliche Erfahrungen erlebt. Die Verstorbenen haben bei dieser Form der Begegnung die Möglichkeit, mit den Angehörigen und Hinterbliebenen intensive Gespräche zu führen. Besonders interessant ist dabei, dass in vielen der geschilderten Nachtodkontaktträume sowohl lebende wie auch verstorbene Personen nebeneinander auftreten. Der Nachtodkontaktträumende ist aber die einzige Person, die den Verstorbenen wahrnimmt. Deshalb unterhält er sich mit dem Verstorbenen und hält Kontakt zu ihm, während sich die übrigen Personen der Anwesenheit des Verstorbenen noch nicht einmal bewusst sind. Die Tatsache, dass sich sehr viele Nachtodkontakte während eines Traumes ereignen, zeigt ganz deutlich, dass Verstorbene offenkundig in unsere gewöhnlichen Träume eindringen und diese überlagern können.

9. Außerkörperliche Nachtoderfahrungen

Wie erwähnt können bei Nachtoderfahrungen im Schlaf und Traum durchaus auch erweiterte Bewusstseinszustände oder sogar außerkörperliche Erfahrungen erlebt werden. Der Typus außerkörperliche Nachtoderfahrung gründet sich daher auf Berichte von Betroffenen, die Nachtodkontakte erfahren haben, während sie ihren eigenen Körper verließen. Auch wenn die außerkörperlichen Erfahrungen in den letzten Jahrzehnten vor allem im Zusammenhang mit dem Phänomen der Nahtoderfahrungen bekannt wurden, sind sie jedoch unter vielfältigen Umständen anzutreffen. So kann es beispielsweise in einem entspannten Zustand, beim Dösen, bei der Meditation, während einer Trance oder während des Schlafes zu einer außerkörperlichen Erfahrung kommen. Das Phänomen der außerkörperlichen Erfahrung ist also nicht an die Todesnähe gebunden. Etwa 10 bis 20 % der Durchschnittsbevölkerung, so haben Befragungen ergeben, hatten schon mindestens einmal im Leben eine außerkörperliche Erfahrung. Und exakt in einem solchen Moment der außerkörperlichen Erfahrung kann es auch zu einem Kontakt mit einem Verstorbenen kommen.

10. Telefonische Nachtoderfahrungen

Bei den telefonischen Nachtodkontakten handelt es sich um Kontakte mit Verstorbenen über das Telefon. Betroffene erleben hierbei, dass sich der Verstorbene plötzlich telefonisch bei ihnen meldet, eine Mitteilung auf die Handymailbox spricht oder sogar ein ganzes Gespräch führt. Die Stimme des Verstorbenen scheint dabei von weit her zu kommen und auf dem Display kann die Nummer 000 erscheinen, also eine Nummer, die es eigentlich gar nicht gibt. Am Ende des Kontaktes gibt es kein Klicken und auch kein Freizeichen, sondern nur Stille, die eintritt. Derartige Anrufe können auch im Schlaf während eines Traumes erlebt werden. Allerdings, und das muss an dieser Stelle betont werden, kommen derartige Erfahrungen unter den zwölf verschiedenen Formen von Nachtodkontakten am seltensten vor.

11. Nachtoderfahrungen mit physikalischen Phänomenen

Nachtodkontakte dieser Form kommen häufiger vor. Es handelt sich um einen Kontakt eines Verstorbenen mittels elektrischer oder physikalischer Phänomene. Oder anders ausgedrückt, Verstorbene versuchen bei dieser Form des Nachtodkontakts unter Zuhilfenahme elektromagnetischer Manipulationen auf sich aufmerksam zu machen. So kann es bei Kontakten diese Art dazu kommen, dass Lichter, Lampen, Fernsehgeräte, Radios, Musikanlagen oder Computer an- und ausgehen, obwohl dafür keine natürlichen Ursachen vorliegen. Im Zusammenhang mit Computern ist außerdem darüber berichtet worden, dass Verstorbene entsprechende Mitteilungen für die Hinterbliebenen auf den Monitor schickten. Ebenso kann es passieren, dass selbst schwere Gegenstände hin und her bewegt werden. Oder aber sie verschwinden plötzlich, um an einer völlig anderen und unerwarteten Stelle wiederaufzutauchen. Derartige Phänomene kommen in der Regel in den ersten Tagen nach dem Tod vor, können aber bei intensivem geistigem Kontakt auch später auftreten. Auch wenn es schwerfällt, derartigen Geschehnissen Glauben zu schenken, die Qualität der Berichte und die damit verbundene Unmöglichkeit, sie allesamt als Hirngespinste oder Phantastereien abzutun, führten letzten Endes doch zu der Einsicht, dass es sich bei manchen dieser Erscheinungen tatsächlich um echte Nachtodkontakte handelt.

12. Symbolische Nachtoderfahrungen

Auch diese Form von Nachtodkontakten kommt relativ häufig vor. Es handelt sich dabei um subtile Erfahrungen Betroffener, die in ihrer Umgebung etwas wahrnehmen, das als Zeichen eines Verstorbenen gedeutet wird. Daher auch die Bezeichnung als symbolische Nachtoderfahrungen. Das heißt, die Hinterbliebenen erkennen anhand bestimmter Zeichen, dass ihnen der Verstorbene etwas mitteilen will. Bei diesen Symbolen kann es sich um alles Mögliche handeln, etwa um Tiere wie Vögel oder Schmetterlinge, die ein ungewöhnliches Verhalten an den Tag legen, indem sie sich dem Hinterbliebenen in wiederholter Weise befremdlich nähern. Oder aber es handelt sich um Dinge, welche man gemeinsam mit dem Verstorbenen erlebt hat und die er besonders gern mochte. Beispielsweise um die Lieblingsblume eines Verstorbenen, die an einem völlig unüblichen Ort in der Natur aufgefunden oder zu einer äußerst ungewohnten Jahreszeit entdeckt wird. Denkbar sind ebenso gut Gegenstände des Verstorbenen, die in völlig unüblicher und unerwarteter Art und Weise wiedergefunden werden. Möglicherweise zu einem besonders symbolträchtigen Zeitpunkt. Auch bestimmte meteorologische Phänomene wie zum Beispiel ein Regenbogen, der zu einem bedeutsamen Zeitpunkt auftaucht, wurden schon beschrieben. All diese symbolischen Ereignisse werden von den Hinterbliebenen als unmissverständliche Botschaften dahingehend verstanden, dass sie eigens dazu gesandt wurden, Trost für sie zu spenden.

Um Missverständnissen gleich an dieser Stelle zu begegnen, sei darauf aufmerksam gemacht, dass Nachtoderfahrungen selbstverständlich nicht in dieser, nennen wir es einmal Reinform vorkommen müssen. Denn Nachtodkontakte sind von sehr unterschiedlicher Art und Intensität und sie können in allen nur erdenklichen Kombinationsmöglichkeiten auftreten. Hier gibt es keine festen Schemata und Definitionen. Wenn man allerdings versuchen würde, eine Definition von Nachtoderfahrungen aufzustellen, dann erscheint diejenige der amerikanischen Forscher Jody Long und Dr. Jeffrey Long wohl am besten geeignet. Beide beschrieben zunächst einmal die Nachtodkontakte ganz allgemein als eine „spontane Erfahrung einer Kommunikation mit einem verstorbenen Verwandten oder Bekannten". Diese spontane Erfahrung einer Kommunikation mit einem verstorbenen Verwandten oder Bekannten definierten sie dann wie folgt:

- *Spontan*

Spontan bedeutet, dass die Erfahrung ohne eine Absicht und ohne erkennbare äußere Ursache erfolgt.

- *Erfahrung*

Das Wort Erfahrung bezeichnet in der Definition etwas ganz persönlich Erlebtes oder Empfundenes.

- *Kommunikation*

Die Bezeichnung Kommunikation meint eine mitgeteilte oder übertragene Information. Diese Information wird entweder über die fünf Sinne oder aber durch übersinnliche Wahrnehmungen erhalten.

- *Verstorben*

Als Verstorbener wird in der Definition ein Wesen bezeichnet, das vor dem Ableben als Mensch in einem Körper existierte.

- *Verwandte oder Bekannte*

Die Begriffe Verwandte und Bekannte haben in der Definition die Bedeutung, dass der Empfänger der Botschaft die verstorbene Person vor ihrem Ableben auch persönlich kannte.

Die genannte Definition ist besonders wichtig, denn sie macht unmissverständlich klar, dass das Phänomen Nachtoderfahrung immer an das Ableben eines Menschen gebunden ist.

Damit ist es wieder an der Zeit, einige Berichte zu hören, um das Wissen über dieses Phänomen weiter zu vertiefen. Begonnen werden soll mit David G. aus Kanada, dessen Nichte bei einem Verkehrsunfall ums Leben kam. Hier seine Erfahrungsbeschreibung:

„Meine 19 Jahre alte Nichte wurde plötzlich bei einem Autounfall getötet. Sie war meiner Frau sehr nahe und als sie jünger war, hatten wir nicht so viel Kontakt zu ihr für einige Jahre, für tatsächlich viele Jahre. Sie war die Tochter der Schwester meiner Frau. Am Morgen ihres Todes (sie wurde in der Nacht getötet) bekam ich den Anruf zu Hause und ich musste meine Frau erst finden, die gerade zur Arbeit unterwegs war. Ich bin mir sicher, dass ich in einer Art Schockzustand war. Der Tag war ein bisschen wie verschwommen, aber ich erinnere mich, dass ich einige Male während dieses Morgens fühlte, wie meine Nichte unaufgefordert Kontakt mit mir in meinem Geist aufnahm. Ich tat es als Einbildung ab. Der Tag war auch sehr anstrengend, da ich in einem Golfturnier – trotz ihres Todes – antrat. Ich fühlte, wie sie mir sagte, dass ich dorthin gehen und spielen solle. Während ich zum Golfplatz fuhr und während ich spielte, fühlte ich ihre Präsenz mehrere Male, auf eine Art, wie sie jenseits meiner Vorstellung war. Den übrigen Tag verbrachte ich im Schock. Zwei Tage später, am Tag ihrer katholischen Gedenkstunde, in der Abendmesse hatte ich eine plötzliche und nicht zu verleugnende Kommunikation mit Michelle. Ich saß mit meiner Frau in der zweiten Reihe in der Begräbnishalle vor ihrem Sarg. Sie sprach mit der Stimme einer Vierjährigen: ‚Jetzt kommen Schwierigkeiten', und kommunizierte ohne Worte, dass ich hinaus auf den Parkplatz gehen solle, um einen jungen Mann zu treffen, der gerade ankam. Ich konnte ihn klar sehen, wie er beunruhigt und mit tränengefüllten Augen mit einer kleinen Gruppe anderer junger Leute in Michelles Alter am Parkplatz ankam, obwohl keine Fenster in dem Raum waren. Nochmals und nochmals wollte sie, dass ich nach außen gehen solle zu ihm, und ich weigerte mich mit meinem rationalen Geist. Zuerst waren keine anderen Worte da als ‚Jetzt kommen Schwierigkeiten' und ‚Geh und schau nach ihm, Onkel Dave'. Ich wusste nur, dass ich gehen sollte, und ich sah die Szene klar in meinem Geist, auf die gleiche Art, wie ich die Worte hörte. Ich seufzte tief, mich überkam ein Gefühl von – Schrecken? Emotion? Es ist schwer zu erklären. Ich hörte nur ihre Stimme so klar und die Szene, die sich draußen abspielte, auf einem Platz, den ich physisch nicht sehen konnte. Ich ‚wusste' nur, was geschah und wo der Bursche war. Ich wusste nicht, wer er war, nur dass sie sagte, ‚Jetzt kommen Schwierigkeiten'. Ich kannte ihren Freund zu dieser Zeit, ich hatte ihn zu Hause bei uns getroffen. Er war mit uns in der Begräbnishalle. Dieser aber war ein anderer. Ich wusste nicht, wer er war, ich wusste nur, dass er jetzt da war und dass sie wollte, dass ich zu ihm gehen solle. Nach einer lang hinausgezogenen Zeit (vielleicht einige Minuten) war keine Notwendigkeit mehr hinauszugehen. Der Moment war vorbei und ich fühlte es. Ich konnte sehen, wie er einige von den Freunden verließ und sich mit den anderen der Tür der Begräbnishalle näherte und schließlich in den langen Gang, der mit Trauernden jeden Alters gefüllt war, eintrat. Es war zu der Zeit, bevor er eintrat, dass ich mit meiner Frau und ihrer Familie zusammen war. Wie ein Teil von mir bewegte sich sein langsamer Gang dem Raum entgegen, ich blieb in der Kommunikation mit meiner Nichte Michelle. Sie sprach so klar, in einer jungen Stimme, an die ich mich noch bestens erinnern kann. Ich fragte sie, wo sie sei und warum sie mit mir sprach. Sie teilte mir mit, dass sie nicht direkt zu mir spreche, aber dass nur ich allein sie hören könne. Sie sagte, dass es einer Art von Offenheit bedürfe, um diese Erfahrung haben zu können. Ich fragte, warum ihre Stimme die einer Vierjährigen sei. Sie sagte, dass es keine aktuelle Stimme sei und dass sie und ich Gedanken teilen würden – Gedankenenergie? – und dass mein Geist eine Stimme zu dem hinzufüge, was wir miteinander kommunizierten. Sie sagte absichtlich in ihrer jungen Stimme ‚Ich kann so klingen', dann in ihrer 19-jährigen Stimme ‚Oder wie diese', dann in der Stimme einer 64 Jahre alten Frau, die sie niemals war, ‚Oder wie diese'. Jedes Mal hörte mein Geist die Stimme klar und ich wusste, was ich hörte. Es war tatsächlich mein Geist, der eine hörbare Stimme auf einen anderen Weg der Kommunikation verlegte. Ich wusste es einfach. Es ist so schwer, Worte zu finden für das, was ich erfuhr. Ich fragte wieder, oder das erste Mal, wo sie sei, und ich sah eine Schwärze, eine Leere, in welcher sich ein drehender Himmelskörper befand, ungefähr zehn Fuß lang nach meiner Einschätzung. Der sich drehende Himmelskörper war die Erde und sie drehte sich sehr schnell – viele Umdrehungen pro Minute. Zwei spirituelle Gestalten leiteten den sich drehenden Himmelskörper/Erde. Die spirituellen Körper waren, wie ich meinte, in meiner Wahrnehmung eine Art Nebelwesen – geisterhaft – mit einem Anschein von menschlichen Maßen und Größe, obwohl sie formlos waren. Sie waren in Menschengröße nur in Hinsicht auf meinen Ansichtspunkt, in Ansicht, dass die sich schnell drehende Erde ungefähr einen Durchmesser von zehn Fuß hatte. Als eines der Wesen eine Art Abschiedsgruß zum anderen sagte, erhob sich der andere mit einem großen Lufthauch und verschwand als ein trichterartiger Nebel auf der Oberfläche des Planeten. Innerhalb von Sekunden erschien es wieder, dieses Mal als ein schmaler Punkt eines trichterartigen Nebels, der sich erhob und zurückkam zu der gleichen Größe und Form, die er vorher hatte. Es ging/schwebte mit dem ersten Wesen weg, während sie besprachen, was zu dieser Lebenszeit geschehen war. Ich wusste, dass ich eine menschliche Lebenszeit von einer anderen Perspektive gesehen hatte, eine spirituelle Gestalt erfuhr eine einzelne menschliche Lebenszeit und dann kam sie zurück, um mit einem Freund/Genossen eine Rückschau zu halten. Es ist schwer zu erklären, aber für mich war es so klar. Ich sah/fühlte/erfuhr auch totale Finsternis, die keine Finsternis war, eine Leere, die keine Leere war, aber überall war und immerzu – alles zur gleichen Zeit. Keine Zeit, kein Raum. In dieser Abwesenheit konnte ich überall zu jeder Zeit sein, ich musste nur daran denken. Alles, was ich tun musste, war einen Gedanken zu haben und ich war schon dort. Überall auf einmal. Es war die erstaunlichste, tiefsinnigste und tiefgründigste Erfahrung, die ich in meiner ganzen Lebenszeit je hatte … Ich glaube, dass sie auch den Moment ihres Todes mitteilte, während der Zeit, als wir miteinander sprachen. Sie teilte mir auch mit, dass ich diese Erfahrung nicht ihren nächsten Angehörigen mitteilen solle, weil sie aus einer schwierigen Familie kam, mit einer schrecklichen Kindheit mit Missbrauch. Sie würden es zu dieser Zeit nicht verstehen noch sollte diese ‚Missbrauchsenergie' Teil der Gleichstellung zu dieser Zeit sein. Ich akzeptierte ihre Wünsche. All das geschah, als ich neben meiner Frau saß, wahrscheinlich ihre Hand drückte, ungehindert seufzte und auf diesen jungen Mann wartete, der auf dem Weg zu diesem Raum war. Es dauerte ungefähr 20 Minuten oder so. Es war so, als ob mein Geist den Raum verlassen hatte und mit dem Geist meiner Nichte schwebte, obwohl mein Körper hier in diesem Sitz war. Zu diesem Zeitpunkt kam der junge Mann um die Ecke in den Aufbahrungsraum, ich drehte mich um, um ihn zu betrachten. Zu keiner Zeit, auch vorher nicht, hatte ich eine visuelle Einsicht in den Parkplatz, zum Eingang oder den langen Gang hinunter, über welchen er wie jeder andere Trauergast hereinkam. Es waren keine Fenster im Raum. Der Parkplatz war 50 Fuß zu meiner linken hinter der Wand, der Gang war hinter mir hinter einer Wand. Und jetzt spürte ich es, dass der junge Mann eintreten würde. Ich drehte mich um, um ihn zu sehen, und sah einen jungen Mann von 19 oder 20 Jahren, mittelgroß und dünn, rote Augen und mit einem rötlichen Dippel auf der Nase. Ich hatte den Gedanken, dass dies möglicherweise der Lenker des Autos war, in welchem sie getötet wurde. Ich ordnete den roten Dippel auf seiner Nase einem möglichen Anprall auf dem Lenkrad zu. Ich kannte nicht den Lenker, aber ich wusste, dass er nicht ernstlich verletzt worden war. Michelle war an Kopfverletzungen gestorben, entweder von dem Fensterrahmen oder von dem Telefonmast, gegen den der kleine Truck geprallt war. Die Wahrscheinlichkeit passte zu ihren ersten Worten, die sie an mich gerichtet hatte, ‚Jetzt kommen Schwierigkeiten'. Ich beobachtete ihn, wie er mit der Trauerschlange zum Sarg hinkam, nicht auf ihn starrend, aber einen schnellen Blick darauf werfend. Ich befürchtete, dass er, wenn er mit der Schlange nach vorne käme und Michelles Vater ihn sehen würde, Ärger machen würde. Als er ungefähr sechs bis zehn Fuß vom Sarg entfernt war, nur ein bis zwei Leute noch vor ihm, sah ich einen bläulich grauen Schleier nahe bei ihm erscheinen und sich komplett um ihn wickeln. Es war Michelle und sie umarmte ihn, in der einzigen Art, wie sie es jetzt konnte. (16 Jahre nach der Erfahrung muss ich immer noch weinen, während ich das hier schreibe – es war wunderschön und so liebevoll, so bewegend! Diese Worte kommen dem Erfahrenen nicht nahe genug, um zu beschreiben und dem gerecht zu werden, was ich sah.) Sie wickelte sich selbst um ihn herum und ich hörte sie sagen: ‚O Onkel Dave! Ich liebe ihn so sehr!!! Ich will für immer mit ihm zusammen sein. Du musst ihm das sagen, dass ich für immer mit ihm sein werde und wie sehr ich ihn liebe.' Es gibt nichts Vergleichbares in meiner menschlichen Existenz mit der Liebe, die ich zwischen den beiden fühlte zu dieser Zeit. Er war sich dessen nicht bewusst, glaube ich. Aber die Liebe, die sie ausdrückte, war ein Ganzes und Komplettes und ganz um ihn gewickelt, wie es keine menschliche Berührung je sein kann. Ich hatte Jahre später ganz nahe an diesem Platz – eine Meile entfernt –eine tantrische Erfahrung mit einer Frau, die ich traf. Diese Partnerschaft beinhaltete auch einen Nach-dem-Tod-Kontakt mit der verstorbenen Schwester meiner Partnerin und anderen Personen. Aber so tief und machtvoll diese physischen Erfahrungen in meinem realen Leben auch gewesen sind, kamen sie der Liebe, die ich in dieser Begräbnishalle gesehen habe, nicht nahe. Und übrigens, es war nicht Michelles Freund. Ich traf Michelles Freund im Haus ihrer Mutter am Tag von Michelles Tod. Dieser junge Mann vor mir, den Michelle umarmte, war für mich ein Fremder. Aber jetzt stand er am Sarg und weinte. Es gab keine Schwierigkeiten, keinen Kampf. Nur Liebe. Liebe ist überall, wie sie zu mir sagte, zu verschiedenen Anlässen. Nachdem er seinen Respekt (dem geschlossenen Sarg) gezollt hatte, schwenkte er ab zu meiner Rechten und sie richtete ihre

Aufmerksamkeit wieder auf mich, sagte mir, dass ich ihm sagen müsse, was ich gesehen hatte, und dass sie ihn ‚SO SEHR' liebe und dass sie für immer mit ihm sein werde. (Ich weine noch immer. Diese Erfahrung ist so tiefsinnig in einer Art, wie ich sie niemals zuvor und seither erfahren habe. Sie war visuell, verbal, erfahrungsmäßig ganz. Ich hatte seither noch viele andere Erfahrungen, aber diese eine bewegt mich mehr als irgendeine andere.) Als der junge Mann vom Sarg jetzt weiterging und sich auch von mir entfernte, fragte ich Michelle nach seinem Namen. Mein rationaler Sinn wollte einen Beweis haben, dass das, was ich erfahren hatte, real war. Sie erwiderte sehr direkt, dass das nicht ‚fair' sei. Und dass ich es aus reinem Glauben heraus tun müsse. Ich müsse darauf vertrauen, dass alles, was ich gesehen, gehört und erfahren hatte, real gewesen sei, und ich müsse ihm die Botschaft der Liebe direkt ohne Fragen mitteilen. Ich folgte ihm durch schnelle Blicke. Meine Frau hatte mich zu dieser Zeit mehrere Male gefragt, warum ich so tief seufze. Ich konnte es ihr nicht sagen. Ich brachte keine Worte heraus. Ich wusste, dass ich nur nickte oder eine Kopfbewegung machte, dass ich okay sei und später noch mit ihr sprechen werde. Ich versuchte zu beobachten, wohin er gehen würde, aber ich verlor ihn in diesem überfüllten Zeremonienraum. Nach ungefähr zehnminütigem Suchen von meinem Sitz aus entschied ich mich aufzustehen und ihn im Gang draußen oder außerhalb am Parkplatz zu suchen. Mein außergewöhnliches Bewusstsein, das ich vorher gehabt hatte, war jetzt verschwunden. Ich war jetzt wieder ein normaler Mensch wie vorher. Ich entschuldigte mich und sagte meiner Frau, dass ich aufstehen und den Raum für einige Minuten verlassen müsse. Ich suchte den Gang auf und ging dann aus der Tür der Begräbnishalle. Ich konnte ihn nirgendwo sehen. Schließlich blieb ich außerhalb stehen und sah mich auf dem Parkplatz um, wo jetzt viele Menschen in kleinen Gruppen zusammenstanden. Ich konnte ihn immer noch nicht sehen. Einige meiner Schwager und Schwägerinnen waren außerhalb der Frontstiege versammelt. Sie verwickelten mich für einige Minuten in ein Gespräch. Mein Geist jedoch war mit dem Auffinden des jungen Mannes beschäftigt, aber offensichtlich war er schon gegangen. Nach einigen Minuten des Gespräches mit den Schwagern und Schwägerinnen ging ich zurück zu den Stiegen und zum Haupteingang. Und dann sah ich den jungen Mann, wie er auf dem Treppengeländer saß, gleich beim Haupteingang. Er hielt seinen Kopf in der Hand. Ich griff nach der Türklinke und überlegte, was ich jetzt tun sollte. Ich konnte meinen rationalen Geist nicht dazu bringen, voll und uneingeschränkt an die ungewöhnliche Erfahrung zu glauben, die ich in der vergangenen Stunde gehabt hatte. Dann fasste ich all meinen Mut zusammen, den Türknopf loszulassen und zurückzugehen. Ich hörte die Worte in meinem Kopf ‚Wir kennen uns nicht'. Ich drehte mich um, sah den jungen Mann an und sagte: ‚Hi.' Er blickte mich wissend an und sagte: ‚Wir kennen uns nicht.' Das verursachte bei mir einen kleinen Schauder. Ich sagte, dass mein Name Dave sei und dass ich Michelles Onkel sei. Ich erklärte ihm, dass wir uns ganz nahe gewesen seien, als sie noch jünger war. Ich fragte ihn, ob er Michelle nahegestanden habe. Der junge Mann sagte mir, dass er und Michelle sich sehr nahe gestanden haben. Er erzählte, dass vor einem Monat nur er und Michelle miteinander an den Strand gefahren seien (an den Ozean). Ich erwiderte mit dem kleinen bisschen Courage, die ich gerade noch aufbringen konnte, dass ich das Gefühl habe, dass sie ihm sehr nahe gestanden hätte. Ich sagte, dass ich nicht wisse warum, oder etwas ähnlich Dummes, nur dass ich ein ‚Gefühl' hätte, dass sie ihm nahe gewesen sei. Dann entschuldigte ich mich und ging zurück in die Halle. Ich saß neben meiner Frau und weinte wieder. Seufzte tief. Später am Abend, auf dem Weg nach Hause im Auto, erzählte ich meiner Frau knapp, was sich ereignet hatte. Meine jüngeren Töchter hatten auf dem Rücksitz zugehört und meine älteste Tochter meinte, dass sie Michelle am Tag zuvor, während sie in der Schule gewesen war, sprechen gehört hatte. Es gab nichts mehr zu erzählen. Ich ging nicht mehr tiefer darauf ein. Da war für uns alle so viel Emotionales zu bewältigen. Während der Nacht hatte ich einen Traum oder eine Vision, dass ich damit herausrücken sollte und ihm alles erzählen sollte, wenn ich ihn das nächste Mal treffen würde. Am nächsten Tag war das Begräbnis. Ich war ein freiwilliger Träger für den Sarg meiner Nichte und als wir auf dem Weg hinaus aus der Kirche waren, kamen wir an dem gleichen jungen Mann vorbei, nahe dem Eingang in der hinteren Kirche (vor dem Haupttor). Ich ging direkt an ihm vorbei und wir hielten gerade lang genug an, dass ich mit ihm Augenkontakt hatte und ihm sagte, dass ich später mit ihm sprechen müsse. Am Friedhof, dachte ich, würde ich die Gelegenheit dazu haben, aber ich hatte sie nicht. Ich sah ihn nahe vorbeigehen, aber hatte keinerlei Möglichkeit, mit ihm zu sprechen. Einige Stunden später waren alle engen Familienmitglieder und Freunde beim Leichenschmaus. Den jungen Mann sah ich aber nicht hier und dachte, dass ich alle meine Chancen vermasselt hatte, mit ihm doch noch zu sprechen. Ich dachte, dass ich gegen die spirituelle Bitte gehandelt hätte. Dennoch sah ich ihn eine halbe Stunde später den Raum betreten und ich nahm mich zusammen und ging zu ihm hinüber. Da ich in der Kirche Augenkontrakt mit ihm hatte, konnte ich mich ihm jetzt leichter annähern. Ohne viel Vorbereitung sagte ich ihm, dass ich für ihn irgendetwas hätte, wovon ich fühlte, dass es wichtig sei, wenn ich es ihm erzählen würde. Ich sagte ihm, dass es vielleicht auf ihn so wirken könne, als ob ich verrückt sei oder etwas Ähnliches, aber das sei nicht so. Ich müsse es ihm nur übermitteln. Und in Kürze, aber ohne etwas von den wichtigen Details auszulassen, ließ ich ihn wissen, was ich erfahren hatte. Ich sagte ihm, dass ich wisse, wie er angekommen sei, dass ich seine Bewegungen im Gang verfolgt hätte und dass ich sie gesehen hätte, wie sie ihn eingewickelt habe, gerade bevor er zum Sarg gegangen sei. Ich erzählte ihm auch, wie sehr sie ihn liebe – SO SEHR –, und dass sie gesagt habe, dass sie für immer mit ihm sein werde. Er sah mich an mit offenen Augen, aber er bewegte sich nicht sichtbar. Ich hatte das Gefühl, dass ich verrückt sei und dass ich das nicht wirklich diesem jungen Mann antun könne. Ich bedankte mich bei ihm, dass ich ihm das alles habe erzählen dürfen und er mir zugehört habe, da ich doch ein Fremder für ihn war. Er sagte mir, dass er ‚JB' gerufen werde, und ich sagte, dass mein Name Dave sei. Wir schüttelten unsere Hände und ich ging dann wieder zu meinem Tisch zurück, wo ich mit meiner Frau und meiner Schwägerin (Mutter der Verstorbenen) gesessen hatte, und nahm dort wieder Platz. Ein paar Minuten später kam der junge Mann herüber zu unserem Tisch, gab mir ein Zeichen mit den Augen und setzte sich gegenüber von mir. Er strahlte! Er sagte, dass ich keine Idee hätte, wie viel ihm das bedeute, was ich zu ihm gesprochen und ihm erzählt hatte. Ich hatte vielleicht etwas gesagt, das ich vor der Familie besser geheim halten wollte, aber das war ihm offensichtlich egal. Aber ich konnte ihm etwas erzählen, das für ihn SEHR bedeutungsvoll war. Sein ganzer Gesichtsausdruck und sein Verhalten hatten sich verändert. Anstatt voll von Tränen zu sein, sah er jetzt glücklich aus. Wir schüttelten uns nochmals die Hände, diesmal stärker, und er verließ den Tisch als ein sehr glücklicher junger Mann. Ich sah ihn dann später noch mit den anderen im Raum sprechen und er sah so gut aus. Meine Frau wusste natürlich, was gerade geschehen war, meine Schwägerin aber nicht. Ungefähr einen Monat später geschah Folgendes. Ich hatte gerade meine Tochter bei ihrer Tanzklasse abgesetzt und war auf dem Heimweg und fuhr gerade aus dem Parkplatz heraus. Im Haus, wo ich meine Tochter gerade abgesetzt hatte, war ein Lieblingsbuchgeschäft von mir und ich hatte plötzlich ein starkes Verlangen, in dieses Geschäft zu gehen. Ich tat es nicht, denn ich verließ gerade den Parkplatz und saß am Steuer, verließ gerade die Straße und wollte auf die Autobahn auffahren. Je mehr ich den Parkplatz verließ, desto heftiger wurde das Gefühl, dass ich in dieses Buchgeschäft gehen sollte. Als ich zu der Ampel kam, wo ich die Straße verlassen musste, konnte ich das Gefühl nicht mehr länger ableugnen. Ich drehte mein Auto illegalerweise um und fuhr hinüber zum Buchgeschäft. Ich ging hinein und dachte mir, dass ich vielleicht ein bestimmtes Buch kaufen solle, das ich kürzlich angesehen hatte. Auf dem Weg zum hinteren Teil der Buchhandlung, wo mein Buch stand, konnte ich ein Ziehen nach links verspüren zu einem anderen Gang. Ich folgte diesem Gefühl und ging an einem speziellen Bücherregal vorbei und reichte hinunter zu einem Buch, das mich ‚rief', obwohl ich den Titel zuerst noch nicht sehen konnte. Ich zog es heraus und sah dann den Titel ‚Für immer unsere Kinder', wo die Handlung der Tod eines Kindes war. Wie seltsam!!! Noch dazu fühlte sich das Buch an, als ob es sechs Inches dick wäre und nicht wie die physische Größe von vielleicht zwei Inches Dicke. Es fühlte sich für mich so an wie die Größe und Dicke eines vollgesogenen Autowaschschwammes! Ich wusste, dass ich gekommen war, um dieses Buch zu kaufen. Ich dachte, dass vielleicht meine Nichte wieder mit mir kommunizieren würde, damit ich dieses Buch für meine Frau kaufe, die so sehr wegen des Todes ihrer geliebten Nichte und ihres Taufkindes litt. Ich nahm das Buch und wollte bezahlen, dann ging ich an einem Regal vorbei, in dem eine Serie mit den Prophezeiungen der Celestine stand. Ich hatte die Celestine-Prophezeiungen gelesen und war an dem Buch mit ähnlichem Inhalt interessiert. Als ich so vor dem Buch mit den Celestine-Prophezeiungen stand, hatte ich das starke Gefühl, dass ich aufhören solle, mich mit diesen Büchern zu befassen, und das Buch kaufen solle, das ich in Händen hielt, um dann zu gehen. Obwohl ich die Stimme nicht mehr direkt hören konnte, sprach ich in meinem Kopf mit Michelle und sagte ihr, dass ich dieses Buch für Carol (meine Frau) kaufen wolle, dass ich aber dieses andere für mich selbst kaufen wolle und es jetzt prüfe, ob es für mich sei. Sie waren ja vom Inhalt her ähnlich, was konnte daran schon schlecht sein?? Ich hatte aber noch immer ein starkes Gefühl, dass ich gehen solle, und blieb dennoch. Je länger ich blieb, desto schlechter fühlte ich mich und desto kleiner wurde das Buch in meiner Hand. Was vorher noch die Größe und Beschaffenheit eines vollgesogenen Schwammes gehabt hatte, schrumpfte jetzt zurück auf die physische Größe, die es tatsächlich hatte. So wurde es zu einem normalen Buch, ca. zwei Inches dick und mit einem Titel, der aussagte, dass der Inhalt mit dem Verlust eines Kindes zu tun hatte. Ich fühlte jetzt, dass ich das Buch in das Fach zurückstellen und das Geschäft verlassen solle. Obwohl der ‚Zauber' vergangen war, entschied ich mich, das Buch zu kaufen, und ließ das andere zurück. Ich zahlte das Buch ‚Für immer unsere Kinder' und fuhr damit nach Hause. Als ich mich der Nachbarschaft, wo ich lebte, näherte, ungefähr fünf Meilen nach dem Buchgeschäft und dem Tanzstudio, fuhr ich um eine Kurve gerade vor den Eingang zu unserer Baustelle. In der anderen Spur, offensichtlich hatte sie gerade unser Haus verlassen, fuhr meine Schwägerin – die Mutter der Verstorbenen – und sie winkte mir zu, als sie nach Hause fuhr. Ich hatte sie um Minuten verpasst!! Deshalb ist das Buch geschrumpft! Sie kam niemals, ganz selten nur, um uns zu besuchen. Ihr Ehemann erlaubte es ihr nicht. Er war brutal und kontrollierte emotional den ganzen Haushalt. Es war ein seltenes Ereignis, dass sie uns besuchte. Ich hatte es verpasst, wieder einmal! Ich hatte nicht hingehört! Wenn ich das Buchgeschäft verlassen hätte, als es mir gesagt wurde, wäre ich zur rechten Zeit zu Hause gewesen, um es ihr selbst geben zu können. Das Buch war nicht für meine Frau Carol, es war für Michelles Mutter. Ich fuhr die letzten paar Minuten mit Tränen in den Augen nach Hause, weil ich wieder falsch gehandelt hatte. Ich erzählte meiner Frau alles und sie stimmte mir zu, dass ich sofort zu dem Haus ihrer Schwester fahren solle, um ihr das Buch zu geben. Das fühlte sich für mich gut an. Ich ging zu meinem Auto und tat es. Als ich bei ihr ankam, klopfte ich an die Türe und sie antwortete. Sie sah erstaunt aus, als sie mich draußen sah. Ich ging zu ihr hinein, nur eine Minute oder zwei, und überreichte ihr das Buch. Ich sagte, dass ich ein starkes, gutes Gefühl habe, dass dieses Buch für sie wichtig sei. Ich erzählte ihr, dass dieses Gefühl über mich gekommen war, als ich meine Tochter bei ihrer Tanzklasse abgesetzt hatte. Sie wusste, dass ich ein bisschen ‚anders' bin, so war sie nicht allzu erstaunt, als sie mich sagen hörte, dass ich nach meinen guten Gefühlen gehandelt hatte. Es war mehr als das, aber das konnte ich jetzt nicht so sagen. Ich wusste ja nicht, ob es mir erlaubt war. Ich musste Michelle fragen. Ich verließ sie nach einigen Minuten und fuhr nach Hause. Innerhalb der nächsten halben Stunde war meine Schwägerin wieder zurück bei uns zu Hause, um uns zu erzählen, dass sie verzweifelt auf ein Zeichen von Michelle warte. Sie sagte, deshalb sei sie zuerst in unserem Haus gewesen, weil sie sich verzweifelt gefühlt hatte und weil sie habe wissen wollen, ob sich Michelle dort wohlfühle, wo sie jetzt war. Sie dachte, dass vielleicht ich ein Gespräch mit ihr über Michelles Tod und die Möglichkeit eines Lebens nach dem Tod führen wolle. Sie sagte, sie würde dieses Buch als ein Zeichen ansehen. Ich hatte Michelle bereits in meinem Geist gefragt, ob ich es mit ihrer Mutter teilen könne. Diese ganze ‚Buchgeschichte', auch wenn sie nicht verbal war, war dennoch ein direkter Kontakt. Ich ‚weiß' es in meiner Seele. Wir saßen um unseren Küchentisch herum, ungefähr einen Monat nach dem Begräbnis, und nachdem wir viele meiner glücklichen Gedanken wegen des Buchkaufes besprochen hatten, begann ich meine Schwägerin zu befragen. Sie war offensichtlich begeistert und das war für mich für diesen Moment genug. Ich fragte sie, wie sich Michelles Freunde fühlten, wie sich Michelles eigener Freund fühle. Michelles Mutter teilte mir mit, dass ihr Freund irgendwie aus ihrem Leben verschwunden sei, sie hatten sich noch nicht sehr lange getroffen. Ich fragte nach den Namen ihrer anderen Freunde, die ich mit Namen kannte, und dann fragte ich nach dem einen, der sich JB nannte. Sie erzählte mir, dass JB

Michelles Kindheitsgeliebter gewesen sei. Sie erzählte mir, dass sie zusammen als Freunde aufgewachsen waren, seit sie klein gewesen waren, und dass sie sich getroffen hatten, als sie heranwuchsen. Sie erzählte mir, dass Michelle ungefähr einen Monat, bevor sie starb, mit JB Schluss gemacht hatte. Der eine, von dem ich gedacht hatte, dass er ihr Freund sei, war nur ein Zuspätkommer gewesen. JB war derjenige, der ihr am Nächsten gestanden hatte. Alles, was ich gefühlt hatte, war jetzt real für mich, für meinen Geist und auch für mein Herz und meine Seele. Jetzt gab es keinen Zweifel mehr. Ich fühlte, wie ich mich selbst verschloss, das war jetzt für mich ein bisschen zu viel auf einmal … In diesem Moment in meiner Küche wurde es real, physisch real und nachweisbar für mein Herz und meine Seele. Mein Geist konnte es nicht mehr länger ableugnen. Ich begab mich auf den Fußboden und kam in die Stellung eines Kindes und weinte. Meine Schwägerin fragte mich, was ich hätte. Meine Frau wusste es. Ich lag da so und versuchte mich wieder in die Gewalt zu bekommen und in dem Zustand zwischen physischer Realität und Seelenbewusstsein geschah wieder etwas. Michelle kam durch. Nicht verbal, nicht in Worten, aber liebevoll. Sie fragte, ob sie meinen Körper benutzen dürfe. Es gibt keine Worte, um zu beschreiben, wie dies geschah. Es gibt nicht wirklich eine Reihenfolge, wie das geschah. Es kam alles auf einmal. Wie diese große ‚Leere', dieser Platz des Nichts, wo alles ist, zu aller Zeit. Denk nur daran und du bist dort. Jederzeit an jedem Ort. Es ist alles eins. Wir sind alle eins. Ich war in einem Status meines Seins, wo ich fühlte, wie meine Nichte mich um Erlaubnis fragte, ob sie meinen Körper benutzen dürfe, um ihrer Mutter zu zeigen, wie sehr sie auch sie liebe. Im realen Leben war da nichts Ähnliches, an das ich mich erinnern könnte. Alles war beschämend, alles war von einer emotionalen Distanz, alles von physischer Distanz. Michelle war schon mit ungefähr 15 Jahren von zu Hause ausgezogen, um mit Freunden zu leben. Darum hatten wir sie so lange nicht gesehen. Sie war kein Mitglied der Familie mehr. Das weiß mein Verstand von ihr. Das ist möglicherweise meine Wahrnehmung, aber das ist die Art, wie ich Michelle und ihre Mutter in der physischen Realität in dieser Lebenszeit wahrgenommen habe. Und in diesem Moment, wo ich mich am Boden wälzte, wusste ich, dass Michelle sich meinen physischen Körper ausborgen wollte, um ihrer Mutter eine Umarmung zu geben. Ich sagte okay. Mein Körper stand auf. Ich wünschte, ich könnte sagen, ich stand auf, aber das war es nicht. Mein Körper stand auf und ich war dort, aber nicht in ihm. Oder ich war teilweise in ihm, aber trat zurück. Michelle kam hinein und ich sah von hinten aus zu. Nicht drinnen, aber angehängt auf eine Art. Sie war drinnen, aber sie agierte nicht angemessen. Es war nicht normal/richtig für sie. Es passte nicht ganz zusammen, auch nicht das Gefühl, dass ich außerhalb meiner eigenen Umhüllung war. Aber wir gingen wie eins, beinahe eins, und Michelle war innen und ich war es nicht, obwohl ich dort war. Ich fühlte, wie sie meine Hände gebrauchte, um die Schultern und Arme ihrer Mutter zu berühren. Ich fühlte, wie sie meine Augen benutzte, um in die Augen ihrer Mutter zu blicken. Ich fühlte, wie sie mein Herz und meinen ganzen Körper benutzte, um sich mit ihrer Mutter zu verbinden. Ich fühlte die Umarmung, die sie ihrer Mutter gab, ich fühlte ihren Blick in das Gesicht ihrer Mutter, und wie sie dann ihre Mutter küsste. Ich sah, wie ihre Mutter mit großen Augen zurückblickte, verwirrt, suchend, tief bewegt und unglaublich glücklich. Ihre Mutter fühlte, was Michelle ausdrücken wollte.

Ich kann nicht sagen, dass ich mich erinnere, falsch verbunden gewesen zu sein. Ich wusste nur, dass zu einem bestimmten Zeitpunkt alles aus war. Zu dieser Zeit war ich fähig ein bisschen zu sprechen und so tat ich es auch. Ich erzählte Michelles Mutter ein wenig mehr von der Geschichte. Ich sagte, dass es mir nicht erlaubt gewesen sei, irgendetwas davon schon früher zu erzählen, aber ich sagte nicht, warum. Bis jetzt hatte ich es nicht gedurft. Das Geheimnis wurde jetzt auch verstanden. Alles war jetzt in Ordnung ... Es gab noch mehr Ereignisse, Verbindungen, Kontakte. Dieser war der Tiefgründigste und ich zähle ihn als meine erste wirkliche Erfahrung, an die ich mich erinnere. In meinen Unterhaltungen mit Michelle ließ sie mich wissen, dass es nicht wirklich die erste gewesen war. Viele Male in der Vergangenheit hatte ich mir vorgestellt, dass ich mit den Verstorbenen gesprochen habe. Sie sagte mir, dass viele Male diese imaginären Konversationen nicht eingebildet waren. Einige waren es, einige nicht. Es gibt nur eine dünne Linie zwischen dem Imaginären und dem Außergewöhnlichen. Eine dünne Membran, wenn man so will. Seit dieser Zeit habe ich die Fertigkeit erlernt, wie ich reale Wahrnehmungen trennen kann von Imaginationen. Hier gibt es wirklich kleine Unterschiede und manchmal ist es immer noch schwierig. Ich denke, dass es so sein soll ... Die jenseitige Welt und dieser Raum, wo wir alle miteinander und zu jeder Zeit verbunden sind, ist so real. Da gibt es tatsächlich nichts hinter dem, kein Platz, wo wir auf irgendeine Weise nicht miteinander verbunden wären. Trennung ist eine Illusion. Nur Liebe ist real."

Entnommen von der Near-Death Experience Research Foundation

Der zweite Erfahrungsbericht stammt von Franziska R. aus der Schweiz. Sie beschreibt darin zwei Nachtodkontakte. Die erste Nachtoderfahrung hatte sie als Kind mit knapp vier Jahren, als sie ihrem Onkel Andreas nach dessen Tod begegnete. Die zweite Nachtoderfahrung ereignete sich im Alter von 17 Jahren. Hier ihr Bericht auszugsweise:

„Mit dreieinhalb Jahren wurde bei mir ein Tumor diagnostiziert. In der Folge wurde ich chemotherapeutisch behandelt. Das war für mich eine sehr anstrengende Zeit. Mein Körper wurde durch die Behandlung sehr müde und fühlte sich an wie Blei. Wenn ich etwas tun musste, überlegte ich mir zuerst immer lange, wie ich die Aufgabe in möglichst kurzer Zeit mit möglichst wenigen Bewegungen erledigen konnte. So nahm ich z. B. bei jeder Treppe immer mindestens zwei Tritte auf einmal. So war zwar der Kraftaufwand für die Bewegung größer, aber statt acht Bewegungen für die ganze Treppe, brauchte ich nur vier. Kurz nachdem bei mir Krebs diagnostiziert worden war, starb Andreas an einer Lungenembolie. Er war damals 33 Jahre alt. Andreas war ein ‚angeheirateter' Onkel und somit nicht mit mir verwandt. Ich hatte ihn nur ein- oder zweimal gesehen, ihn aber sehr lustig und nett gefunden. Nicht allzu lange nach Andreas' Tod erwachte ich eines Nachts zum ersten Mal auf der Blumenwiese. Ich mag mich erinnern, wie ich zuerst leicht desorientiert war, weil ich nicht verstand, warum ich nicht in meinem Bett war. Aber dann sah ich Andreas, der aus der Weite des Himmels in seinem weißen ‚Jesuskleid' auf mich zuschritt. Und dann fühlte ich, wie ich mit Liebe übergossen wurde. Er sah wie immer wunderschön aus, trug wie immer seinen Dreitagebart. Er kam auf mich zu und lächelte mich an. Ich stand auf, um ihn mit einer Umarmung zu begrüßen. Wir spazierten ein wenig durch die Wiese. Sie war wunderschön. Etwas weiter hinten schlängelte sich ein glitzerndes kleines Bächlein durch das Gras. Dieses Bächlein war die Grenze zum Himmel. Auf der anderen Seite der Wiese befand sich ein Wald. Das Gehen fiel mir hier leicht. Überhaupt war ich hier nicht das kleine Mädchen, das ich auf der Erde war. Sondern eine Frau, in seinem Alter. Ich war intelligent, schön und gesund. Ganz besonders gefiel mir aber die Art und Weise, wie ich mit Andreas kommunizieren konnte: Es reichte aus, einen Gedanken zu denken, und schon wusste er ganz genau, was ich meinte. Er verstand jede Facette dieses Gedankens und sogar meine Gefühle dazu. Und die Antwort kam jeweils ohne Verzögerung. Zu lügen oder einen Gedanken zu verbergen wäre dagegen unmöglich gewesen. Dann setzten wir uns einander gegenüber ins Gras und begannen einander zu erzählen oder zu diskutieren. Ich kann mich daran erinnern, dass ich, um die Antwort auf eine Frage zu erhalten, einfach nur die Frage stellen musste. Danach musste ich einfach nur dem Faden folgen – ich hatte Zugriff auf alle Antworten. Dunkel erinnere ich mich an eine schwierige mathematische Aufgabe. Ich konnte nicht nur die Antwort holen, sondern ich verstand auch ganz genau, wie alles zusammenhing und miteinander verrechnet wurde. Das erstaunte mich. Hingegen gab es keine einfachen Antworten darauf, was in der Welt so geschah/geschehen sollte. Darüber konnten wir diskutieren. Und ich meine mich daran zu erinnern, wie wir verschiedene Machtstrukturen im Mittleren Osten miteinander besprachen. Nach einiger Zeit stand er jeweils auf und sagte mir, dass es Zeit sei zurückzukehren. Danach folgte immer dieses Ritual vom Vergessen, das ich jeweils traurig hinnahm. ‚Du musst jetzt alles vergessen, was wir hier besprochen haben! Erst wenn du wieder hierherkommst, darfst du dich wieder daran erinnern.' – ‚Ja … aber ich will nicht.' (In dieser Situation war ich wieder ganz das kleine Kind.) – ‚Du darfst dich daran erinnern, dass du hier warst und dass du mit mir gesprochen hast!' – ‚Danke!' Ich ging nicht gerne zurück in mein Bett. Auf der Blumenwiese war alles so, wie ich es auf der Erde gerne gehabt hätte. Mein Körper war leicht, ich konnte meine Gedanken problemlos kommunizieren. Alles war einfach und logisch, man konnte einander nicht missverstehen und die Liebe war so groß, dass man sie auf immer und ewig fühlen mochte. Aber ich musste zurück. Auf die Frage, warum ich denn nicht bleiben dürfe, sagte er mir immer wieder, es gebe einen Plan und ich sei wichtig für diesen Plan. Obwohl ich das ja eigentlich schon wusste. (Ich weiß immer noch nicht, was DER PLAN ist/beinhaltet. Seit Franziskus Papst ist, bin ich mir sogar ziemlich sicher, dass DER PLAN in der Umsetzung ist. Was ich dazu beitragen soll, ist mir aber noch immer schleierhaft.) Wieder einmal auf der Blumenwiese sagte ich, dass ich so gerne im Himmel bleiben würde, und fragte, ob es nicht doch etwa ein ‚beschleunigtes Verfahren' für mich geben könnte? Andreas versprach mir, mich irgendwann entscheiden zu lassen. Ich wusste natürlich, dass das nur ein Trick war; dass er mich erst dann entscheiden lassen würde, wenn klar war, dass ich auf der Erde bleiben wollte. Und doch beruhigte es mich. Diese Begegnungen fanden anfangs recht häufig statt, je älter ich wurde, umso seltener wurden sie aber. Nach einer Begegnung, ich war etwa acht Jahre alt, erzählte ich meiner Mutter, dass ich Andreas getroffen hätte und dass ich leider nicht im Himmel bleiben dürfe, weil ich noch eine Aufgabe zu erledigen hätte. Ich realisierte, dass sie leicht geschockt war, verstand damals aber nicht, warum. Sie sagte mir, ich solle ihn doch nächstes Mal fragen, was denn meine Aufgabe sei. Ich erklärte ihr, dass ich das nicht dürfe. ‚Warum darfst du das denn nicht?' Ich wusste es auch nicht und beschloss darum, ihm die Frage doch zu stellen. Ich war immer noch ca. acht Jahre alt, als ich Andreas zum letzten Mal sah. Wie gewöhnlich erwachte ich auf der Blumenwiese, in vollkommenem Licht und totaler Liebe. Nach dem Ritual des Vergessens fragte ich Andreas, was denn meine Aufgabe auf der Erde sei. Er schaute mich sehr, sehr traurig an. ‚Du weißt, dass du das nicht fragen darfst! Jetzt können wir uns nie wieder hier treffen.' Ich wurde verzweifelt. Ich würde nie wieder an diesen schönen Ort hier kommen dürfen? Wegen einer doofen Frage, die ich doch eigentlich gar nicht stellen wollte? Das konnte nicht sein! Ich beschloss hierzubleiben. Ich musste nur auf die andere Seite des Bächleins! Ich holte Anlauf und sprang. Natürlich schaffte ich es nicht auf die andere Seite. Ich sprang gegen eine Art von Plasma oder Gummiwand. Es war weich/elastisch, leuchtete in goldenem Orange und warf mich zurück. Auch Andreas hatte versucht mich aufzufangen. Lange Zeit verbrachte ich damit, mir zu wünschen, wieder auf die Blumenwiese zu können. Auf die Blumenwiese, wo alles so einfach ist, wo ich alles weiß, wo es so schön ist und wo die Liebe so viel größer ist als auf der Erde. Das ganze Leben empfand ich als reine Plage, als Schikane. Alles war so mühsam. Jede Bewegung war zäh wie ein alter Kaugummi und jeder Gedanke schmutzig und klein. Nur schon die Vorstellung, einem echten Menschen einen einzigen meiner Gedanken zu erklären, ließ mich erschauern! Zuerst würde ich wieder die Worte nicht finden, und wenn ich die Worte dann endlich gefunden hätte, würde der andere sowieso nur verstehen, was er selber verstehen wollte. Dann die endlosen Erklärungen, dass das alles eigentlich ganz anders gemeint war. Bleiwörter. Versteckt in Archiven, welche sich andauernd eigenständig neu organisierten. Zuhörer in Kartonschachteln, welche das Echo der eigenen Stimme nicht von der Stimme eines Fremden unterscheiden können. Das ist die Welt. Ein sinnloser Kampf, wo ich doch sowieso kaum etwas Wichtiges zu sagen hatte. Und so schwieg ich eben die meiste Zeit. Eines Nachts entschied ich mich dann, dass es so nicht weitergehen könne. Ich war nun mal nicht auf der Blumenwiese und mir zu wünschen, dass ich doch dort wäre, machte es auch nicht besser. Nein, es wurde sogar alles nur noch schlimmer. Nach dieser Entscheidung ging es mir viel besser! Als ich 17 war, wurde ich von einem Lehrer eingeladen, mit einer Gruppe mit nach Afrika zu reisen. Afrika hatte mich schon immer fasziniert, ich wollte unbedingt mit. Doch meine Eltern wollten mich nicht gehen lassen. Oder wenigstens nicht alleine. ‚Nein, ihr könnt nicht mitkommen! Höchstens meine Schwester, Kathrin.' – ‚Warum nicht?' – ‚Es wäre nicht gut für euch!' – ‚Nein, wir können euch zwei nicht alleine nach Afrika gehen lassen!' Und so kam es eben, dass die ganze Familie nach Afrika musste. In Afrika stand ein Bus bereit, den wir – 27 Schweizer und 8 Afrikaner – besteigen sollten, um an unseren Ferienort zu gelangen. Ich wusste genau, welches mein Platz war: derjenige hinter dem Beifahrer! Ich hätte mit Krallen und Zähnen um diesen Platz gekämpft, aber er wurde mir – unverständlicherweise – kampflos überlassen. Kurze Zeit nach der Abfahrt fühlte ich eine seltsame Verbundenheit zum Afrikaner, der auf dem Platz vor mir saß. Ich spürte ein unglaubliches Verlangen danach, ihm meine Hand auf den Rücken zu legen. Ich hatte das Gefühl, dass mit seiner Lunge etwas nicht stimmte. Ich war mir sicher, dass es besser werden würde, wenn ich meine Hand darauflegte. Verstohlen legte ich meine Hand auf die niedrige Lehne seines Sessels. Nach einiger Zeit getraute ich mich sogar ihn zu berühren. Jeder würde denken, es sei rein zufällig. Und er selbst würde es bestimmt überhaupt nicht bemerken. Sofort durchflutete mich ein Gefühl von völligem Frieden. Nun durfte kommen, was wollte. Schnell brach die Nacht herein. Ich schaute auf. Durch die Frontscheibe sah ich ein dunkles Auto auf uns zurasen. Auf unserer Straßenseite! Funken sprühten aus den Rädern des Autos. Ich wurde wie ein Delfin, der aus dem Wasser springt, über den Sessel vor mir gehoben. In Zeitlupe erlebte ich, wie sich die rechte Seitentüre unseres Autos öffnete, in einer perfekten Rolle schwebte mein Körper genau durch die Aussparung, die in der Türe für die Räder gelassen wurde. Danach überschlug es mich … dreimal auf den … Straßenrand. Neben mir rollten lautlos die Koffer, die wir auf dem Dach des Gefährts festgezurrt hatten. So befand ich mich am Schluss zusammengerollt irgendwo in der totalen Leere. In totaler Stille. In der totalen Dunkelheit. Ich fühlte nur meinen Körper. ‚So also ist es, wenn man tot ist. Hmmm … ich kann noch denken! Ob ich mich auch bewegen kann? Will ich das überhaupt?' Ich blieb, wie ich war. Nach einer gewissen Zeit im totalen Nichts gelangte ich zur Überzeugung, dass es sich lohnen würde, wenigstens zu versuchen aufzustehen. Schließlich war das Nichts auch nicht gerade sehr inspirierend. Ich versuchte mich zu bewegen. In diesem Moment hörte ich einen Kinderschrei hinter mir. Ich stand auf und lief zum Auto zurück. Mein Gott, was für ein Schlamassel! Da hing einer über dem Steuerrad, dort wurde einer aus dem Auto gezogen, hier brüllte einer, dort jemand mit tausend Splittern im Gesicht von der Frontscheibe, im Auto drin meine ganze Familie. Was sollte ich tun? Wie konnte ich helfen? Man sagte mir später, ich hätte zigmal gefragt, was ich tun solle – eben bis jemand sagte, ich solle mich um den Afrikaner, der vor mir gesessen hatte, kümmern. Er saß schwer atmend auf der Straße. Ich setzte mich hinter ihn, sodass er sich auf mich lehnen konnte wie auf einen Liegestuhl. Es hieß, er habe wohl einige Rippen gebrochen. Ich versuchte ihn in der für ihn schmerzfreien Position so gut es ging zu stabilisieren. Er sprach Französisch. Obwohl ich nicht sehr viel Französisch verstand, schafften wir es doch, uns ein paar Dinge zu erzählen. Er hieß Elage und war Schneider. Irgendwann wunderte ich mich darüber, dass ich, ohne müde zu werden – in einer für mich doch relativ unbequemen Haltung –, über so lange Zeit einen ausgewachsenen Mann stützen konnte. Nach einer Ewigkeit wurde er in ein Auto geladen. Ich ging mit ihm mit. Obwohl ich weder ihn noch den Fahrer kannte. Die vielen Schlaglöcher waren für ihn sehr schmerzhaft. Als wir endlich im Spital waren, wurde er auf eine Bahre gelegt und wegtransportiert. Die Nacht verbrachte ich auf einer Bank vor dem Operationssaal. Auch meine Eltern und meine Schwestern waren in dieses Spital gebracht worden. Mein kleiner Bruder befand sich in einem anderen Spital. Mit der Zeit stellte sich heraus, dass meine Schwester Kathrin und ich die einzigen zwei Personen waren, welche den Unfall unverletzt überstanden hatten. Meine Mutter hatte sich beide Knie zertrümmert, mein Vater hatte sich das Becken gebrochen, mein kleiner Bruder hatte einen schweren Schock davongetragen und die kleine Schwester hatte beide Unterarme gebrochen. Fünf der sieben Personen, welche in dem uns entgegenkommenden Auto gesessen hatten, starben beim Unfall. Am nächsten Tag wurden die drei am schwersten verletzten Schweizer per Rettungsflug zurück in die Schweiz gebracht: meine Mutter, meine Schwester sowie ein weiterer Tourist, der sich die Hüfte ausgerenkt hatte. Danach wurden die verbleibenden Reisenden ins Hotel gebracht. Ich hatte mich unbedingt von Elage verabschieden wollen. Doch alleine konnte ich ihn nicht finden und helfen wollte mir auch niemand. So blieb es beim Vorsatz. Zehn Tage später reisten wir zurück in die Schweiz. Ich hatte mir fest vorgenommen, dass ich auf der Rückreise Elage im Spital besuchen gehen würde. Aber es war schlicht unmöglich. Ich hatte kein Geld, und niemand sollte auch nur einen Meter mehr auf den afrikanischen Straßen fahren, als es dringend notwendig war. Auch dieses Mal blieb es also beim guten Willen. Wir flogen zurück in die Schweiz. Zurück in unser altes Leben, das sich sehr verändert hatte. Meine Mutter war jetzt im Spital. Sie musste mehrere Operationen über sich ergehen lassen, damit sie irgendwann wieder würde gehen können. Ich rückte zu Hause an ihre Stelle. Ich musste meinen kleinen Bruder zur Schule schicken, mein Vater besprach mit mir Probleme, die er normalerweise mit meiner Mutter diskutiert hätte. Zwei Wochen später erwachte ich in einem weiß gekalkten afrikanischen Krankenzimmer. Weit oben im hohen Raum befanden sich zwei kleine flache Fensterchen, durch die die Dämmerung hereinflutete und den Raum in blaues Licht tauchte. Das ganze Zimmer vibrierte in totaler Liebe. Elage begrüßte mich herzlich. Er war gesund! Ich setzte mich zu ihm ans Tischchen und musste erst einmal lachen. Das hatten sie sich gut ausgedacht! Hier aus diesem Gefängnis konnte ich bestimmt nicht entkommen. Die Fenster waren zu weit oben und die Türe verschlossen. Danach redeten wir, als hätten wir uns seit einer Ewigkeit nicht mehr gesehen, lachten und kicherten, sinnierten über die Welt und lösten alle Probleme, die es gibt und jemals gab oder geben wird. Dann stand er auf. ‚Du musst jetzt alle Inhalte vergessen, die wir hier besprochen haben. Aber du darfst dich an die Begegnung mit mir und an deine Gefühle erinnern.' – ‚Ich weiß.' – ‚Außerdem hätte ich zwei Aufträge für dich. Willst du sie annehmen?' – ‚Ja.' – ‚Und ich möchte, dass du dem Reiseleiter sagst, dass er nicht schuld ist am Unfall.' Dann umarmten wir uns noch einmal innig. Ah, diese Liebe – unbeschreiblich. ‚So, und nun muss ich gehen.' Er ging (er wurde zu Licht), und ich fiel wieder in den normalen Schlaf. Als ich erwachte, war es bereits halb elf. Die Familie saß vereint am Frühstückstisch. ‚Guten Morgen. Ich hab gerade mit Elage gesprochen. Er ist heute Morgen etwa um vier Uhr gestorben.' Kichern, Getuschel. Ich aß mein Ei und das Sonntagscroissant. Ich war ihnen nicht böse. Wer es nicht selbst erlebt hat, der glaubt es nicht. Um elf Uhr klingelte das Telefon. Mein Vater kam kreidebleich aus dem Büro zurück und setzte sich wieder an den Tisch. ‚Elage ist heute Morgen um ca. vier Uhr im Spital an einer Lungenembolie gestorben.' Unser Afrika-Reiseleiter hatte soeben angerufen. Ein paar Tage später erinnerte ich mich an den einen der beiden Aufträge. Ich soll dem Reiseleiter sagen, dass er nicht am Unfall schuld sei? Erst jetzt begriff ich, was ich mir da eingebrockt hatte. Mit meinen 17 Jahren war es mir völlig unvorstellbar, dass sich jemand für einen dermaßen zufälligen Unfall die Schuld geben könnte. Ich hatte Angst, der Reiseleiter würde mich auslachen, wenn ich ihm die Nachricht überbringen würde. ‚Vielleicht wird er sogar wütend, weil er denkt, ich meine, er sei schuld am Unfall???' Irgendwann überwand ich mich und stellte mich verlegen vor meinem Lehrer auf: ‚Weißt du … äähmm … ich hab doch … Elage. Weißt du noch? Er hat mir aufgetragen, dir zu sagen, dass du keine Schuld hast am Unfall.' Mein Lehrer fiel mir weinend um den Hals. Darauf war ich nun definitiv nicht vorbereitet."

Entnommen von der Near-Death Experience Research Foundation

Der dritte Erfahrungsbericht stammt aus Deutschland. Eine Frau namens Kartin beschreibt darin einen beeindruckenden Nachtodkontakt, direkt nach dem Hirntod ihrer Mutter. Die Schilderungen sind ein gutes Beispiel dafür, wie vielschichtig und facettenreich sich Nachtodkontakte gestalten können. Hier ihr Bericht:

„Meine Mutter war nach einem Herzinfarkt verstorben, von Notärzten reanimiert und anschließend in ein künstliches Koma versetzt worden, aus dem sie nicht wieder richtig aufwachte, sondern im Wachkoma hängen blieb. Die Ärzte sagten, das Gehirn habe, bedingt durch den Sauerstoffmangel in der Zeit bis zur Reanimation, einen dauerhaften Schaden erlitten, von dem sich meine Mutter erfahrungsgemäß nicht mehr erholen würde. Wenige Tage später erhielt ich auf der Arbeit einen Anruf vom Krankenhaus. Bei meiner Mutter war der Hirntod eingetreten, ich möchte so schnell wie möglich kommen, da sie nun unmittelbar sterben würde. Ich raste wie eine Verrückte mit dem Auto von meiner Arbeitsstätte über die Autobahn Richtung Krankenhaus. Ich wollte von meiner Mutter in Ruhe und in Würde Abschied nehmen, da unsere Beziehung in den letzten Jahren nicht immer unproblematisch gewesen war. Und ich wollte mich noch einmal bedanken für alles, was sie mir für mein Leben mitgegeben hatte. Ich wollte dabei sein, wenn sie endgültig starb. Sie sollte dabei nicht allein sein. Darum raste ich von Panik getrieben mit tränenüberströmtem Gesicht über die Autobahn. Ich musste es einfach schaffen … Aber von einem Moment auf den anderen hatte ich das Gefühl, dass meine Mutter neben mir auf dem Beifahrersitz saß. Ich konnte ihre Präsenz fast körperlich spüren und ihren vertrauten Geruch wahrnehmen. Es gab keinen Zweifel, sie schien dort zu sitzen und redete beruhigend auf mich ein. Sie sagte: ‚Du brauchst nicht zu rasen. Ich habe Zeit und ich warte auf dich, ich warte auf euch. Fahr bitte langsamer.' In dem Moment überkam mich eine große innere Ruhe. Ich erreichte das Krankenhaus als Erste und nach und nach trafen auch die anderen Geschwister ein. Als mein Bruder, zu dem sie jahrelang kein gutes Verhältnis gehabt hatte, das Zimmer betrat, stieg der Puls meiner Mutter rasant an und Tränen liefen über ihre Wangen. Dieser Umstand wäre laut den Ärzten nicht mehr möglich gewesen. Meine Mutter verstarb in der folgenden Nacht. Allerdings kam es an den Tagen und Wochen nach der Beerdigung bei allen Geschwistern zu auffälligen Unregelmäßigkeiten. Bei allen gab es Probleme mit den Elektroleitungen und elektrischen Geräten. So berichteten alle von flackernden Lampen, von Geräten, die sich ausstellen, und von klingelnden Festnetztelefonen, an denen dann aber keiner war. Ich bin überzeugt, dass meine Mutter uns allen auf diese Weise mit den Nachtodkontakten zeigen wollte, dass sie nicht im klassischen Sinne tot ist, sondern dass es ihr gut geht."

Entnommen aus leben-nach-dem-tod.eu

Fasst man nun alles Gesagte über Nachtoderfahrungen zusammen, dann kann das Phänomen als solches nach den vorliegenden zahlreichen Berichten und Studien nicht mehr bestritten werden. Was bleibt, ist lediglich die Frage nach der Deutung. Oder anders ausgedrückt, es bleibt am Ende die Frage nach der Authentizität dieses Phänomens. Es bleibt also die Frage bestehen, ob es sich bei dem Phänomen der Nachtodkontakte tatsächlich um reale Begegnungen mit Verstorbenen handelt oder ob wir es hier nicht doch eher mit Trauerhalluzinationen oder sogar mit pathologischen Halluzinationen zu tun haben. Zur Lösung dieser Fragestellung können nach Elsaesser-Valarino insgesamt drei verschiedene Hypothesen angeboten werden:

1. Die psychodynamische Hypothese

Diese Hypothese geht von der Annahme aus, dass die Psyche der Betroffenen aufgrund des Stresses, der durch den Todesfall ausgelöst wurde, zeitweise an Instabilität und Verwirrtheit leidet. Aus diesem Grunde werden vom Unbewussten Halluzinationen generiert, die dem Trauernden dabei helfen sollen, die Stresssituation in den Griff zu bekommen. Nachtodkontakte wären nach dieser Hypothese nichts weiter als Trauerhalluzinationen. So einleuchtend diese These vielleicht auf den ersten Blick auch klingen mag, sie hat zwei Schönheitsfehler. Zum einen kann sie nicht erklären, weshalb einige Nachtodkontakte nicht in der akuten Trauerphase auftreten, sondern erst sehr viel später. Also dann, wenn die Betroffenen gar nicht mehr getrauert haben. Wozu sollten vom Unbewussten Halluzinationen generiert werden, wenn es doch zu diesem Zeitpunkt nichts mehr zu stabilisieren und nichts mehr zu helfen gibt? Oder anders gefragt, wenn die These richtig wäre, warum treten dann Nachtodkontakte zu einem Zeitpunkt auf, wo die Psyche der Betroffenen weder instabil noch verwirrt ist? Genau diese Frage vermag die Hypothese nicht zu beantworten. Der zweite Schönheitsfehler der Hypothese liegt darin, dass sie die schützenden und warnenden Nachtodkontakte nicht erklären kann, welche zwischen fünf und mehr als dreißig Jahren nach dem Ableben auftreten können. Damit sind grundsätzlich alle Nachtodkontakte gemeint, welche für die Betroffenen eine schützende oder warnende Funktion haben.

2. Die psychopathologische Hypothese

Diese Hypothese ordnet das Phänomen der Nachtodkontakte den psychiatrischen Funktionsstörungen zu. Das heißt, sie betrachtet sämtliche Nachtoderfahrungen einfach als eine Art Geistesstörung bzw. Geisteskrankheit. Auch diese These mag auf den ersten Blick durchaus nachvollziehbar klingen, insbesondere dann, wenn die Nachtodkontakte eine unvorstellbar komplexe Gesamtheit aufweisen. Doch eine Studie von Julie Starr Parker von der Saybrook Graduate School in San Francisco aus dem Jahre 2004 widerspricht dieser These. In der Arbeit mit dem Titel „Nachtodkontakte und adaptive Trauerauflösung" kommt Parker zu dem Schluss, dass die Nachtodkontakte Betroffener nicht als Zeichen einer psychischen Erkrankung interpretiert werden können, sondern als Teil einer normalen menschlichen Erfahrung zu verstehen sind. Auch die Forschungsergebnisse von D. J. West von der Universität Cambridge widersprechen der Annahme, dass es sich bei Nachtodkontakten um eine pathologische Halluzination handelt. Denn pathologische Halluzinationen folgen einem starren Schema und sie pflegen in der akuten Phase der Krankheit wiederholt aufzutreten. Nachtodkontakte treten dagegen spontan auf, und das für gewöhnlich nur ein einziges Mal.

3. Die spirituelle Hypothese

Diese Hypothese geht von dem Konzept aus, dass das immaterielle Bewusstsein unabhängig vom materiellen Körper ist und nach dessen biologischem Tod weiterexistiert. Deshalb betrachtet die Hypothese das Phänomen der Nachtoderfahrungen auch als einen Ausdruck des natürlichen Bandes, das Menschen über den Tod hinaus miteinander verbindet. Wie aber sollte man sich das genau vorstellen? Die Quantenphysik kann mit Verweis auf die emotionale Verschränkung und das berühmte Doppelspaltexperiment darauf eine Antwort geben, indem sie uns bewusst vor Augen führt, dass sich das Beobachtete durch die bloße Beobachtung verändert. Das bedeutet, dass das Bewusstsein unsere materielle Welt beeinflussen kann. Und das wiederum bedeutet, dass wir alle mit allem auf das Innigste verbunden sind. Denn wir sind aktive Teilnehmer im Universum und somit auch ein Teil dieses Quantenfeldes, welches uns alle verbindet. Die Verbindung entsteht einfach durch unser Bewusstsein. Und diese Verbindung betrifft neben der Welt innerhalb unseres Körpers auch jene außerhalb unseres Körpers. Somit lässt sich neben dem Phänomen der emotionalen Verschränkung auch das Phänomen der Nachtodkontakte mit der Existenz der Quantenfelder erklären. Denn dieses Feld kann auf vollkommen natürliche Art und Weise als mentale Verbindungsebene zwischen den verschiedenen Menschen dienen. Nur so erklärt sich dann auch, dass Betroffene einen Verstorbenen wahrnehmen, obwohl sie von dessen Tod noch gar nichts wissen können. Und auch die Hinweise Verstorbener bezüglich versteckter Wertsachen, die dann plötzlich gefunden werden, würden mit dieser Hypothese eine plausible Erklärung finden. Aber letzten Endes muss jeder Einzelne für sich ganz alleine zu einer Deutung des Phänomens kommen.

Fragen und Hypothesen betreffen jedoch ausschließlich die intellektuelle Ebene. Sie sind deshalb auch nur für die Forschung wirklich interessant. Und nur die Forschung stellt sich von daher die Frage nach der Authentizität von Nachtoderfahrungen. Für die Betroffenen selbst stellt sich dagegen die Authentizitätsfrage in keiner Weise, denn sie haben keinen Zweifel an der Wirklichkeit dieses Erlebnisses. Sie sind fest davon überzeugt, dass es sich bei den von ihnen erlebten Erfahrungen um echte Begegnungen, also um wirkliche Kontakte mit ihren Verstorbenen, handelt. Denn die emotionale Kraft dieser Erfahrungen ist so stark, so einschneidend, dass die Empfänger in der Regel nicht an der Wirklichkeit des Erlebnisses zweifeln. Für sie ist ein Nachtodkontakt meistens eine beglückende und bewegende Erfahrung. Eine Erfahrung, die von vielen als ein spirituelles Phänomen empfunden wird. Eine Art subjektiver Beweis dafür, dass der geliebte Mensch nicht ein für alle Mal ausgelöscht wurde, sondern in einer anderen Dimension weiterexistiert, die uns für gewöhnlich nicht zugänglich ist. Nur ein wirklich kleiner Prozentsatz von Betroffenen ist jedoch aufgrund des Erlebnisses verängstigt oder verschreckt. Dies kann damit zusammenhängen, dass die erlebte Erfahrung entweder einfach nicht in das persönliche Glaubenssystem passt oder weil vielleicht dadurch Kindheitserfahrungen und Ängste wachgerüttelt werden, die eng mit Spuk, Geistern und unheimlichen Schreckensbildern in Verbindung stehen. Die Regel ist das aber nicht. Denn in der Regel wirkt sich ein Nachtodkontakt sehr positiv auf die Empfänger aus. Die Betroffenen wissen nun, dass der Kontakt zum geliebten Menschen nicht völlig oder für immer abgebrochen ist. Sie wissen, dass die Liebe den Tod überwindet. Und sie wissen, dass der geliebte Verstorbene über sie aus einer anderen Dimension heraus wacht. Denn bei aller Unterschiedlichkeit in den Formen von Nachtodkontakten, ihre Botschaft ist immer ein und dieselbe. Nämlich dass es den Verstorbenen gut geht und die Hinterbliebenen sich deshalb weder Sorgen machen noch trauern sollen. Es ist eine Botschaft, die entweder direkt verbal übermittelt wird oder aber der Betroffene versteht die Bedeutung des Kontaktes ganz intuitiv. Und gerade deshalb, weil der Betroffene um die Bedeutung der Botschaft weiß, sie erahnt oder empfindet, geht sie auch meist einher mit einem kraftvollen positiven Gefühl, das begleitet wird von tiefem Frieden und starker Freude. Trauer und Schmerz lassen in der Folge weitgehend nach und Erleichterung stellt sich ein. Die wahrgenommene Erfahrung wird daher als Geschenk verstanden. Das alles erweckt oder verstärkt den Glauben daran, dass das Bewusstsein den biologischen Tod des Körpers überlebt. Es wird zu einer unwiderlegbaren Überzeugung. Als Folge aus dieser Erfahrung schwindet oder vergeht dann auch die Angst vor dem eigenen Tod und eine neue Perspektive für das Leben eröffnet sich. Viele Empfänger ändern folglich aus der Erfahrung dieses Erlebnisses heraus ihr Glaubenssystem. Man darf daher sagen, dass niemand aus einer solchen Erfahrung unverändert hervorgeht, obwohl die Nachwirkungen eines Nachtodkontaktes natürlich sehr individuell und von unterschiedlicher Intensität sein können. Doch leider wagen es die Betroffenen kaum, ihre erlebten Nachtoderfahrungen zu thematisieren, weil das Thema nach wie vor in unserer Gesellschaft stark tabuisiert wird. Sie haben verständlicherweise Angst davor, sich in der Öffentlichkeit lächerlich zu machen, ganz so wie auch Menschen mit einer Nahtoderfahrung. Nebenbei bemerkt, wenn man Nachtoderfahrungen mit Nahtoderfahrungen vergleicht und sie miteinander in Bezug setzt, lassen sich erstaunliche Parallelen zwischen diesen beiden Erfahrungen herausarbeiten. So haben beispielsweise beide Erfahrungsarten gemeinsam, dass es Begegnungen mit bereits Verstorbenen gibt. Und desgleichen werden diese Verstorbenen in beiden Erfahrungsarten als gesund, glücklich und verjüngt beschrieben. Aber nicht nur das, in beiden Phänomenen werden die Verstorbenen zugleich wie aus Licht bestehend oder von einer Lichtaura umgeben wahrgenommen. Und noch eines ist besonders bemerkenswert. Es wurde in ähnlicher Form bei den empathischen Nahtoderfahrungen bereits angesprochen, wo miterlebende Personen gewissermaßen in die Erfahrung des Sterbenden aufgenommen bzw. miteinbezogen wurden und dabei den Prozess des Scheidens aus nächster Nähe erfahren durften. Es wurde dabei erwähnt, dass die empathische Person zeitgleich eine außerkörperliche Erfahrung, den Übergang durch den Tunnel und das gemeinsame Stehen im Licht, miterleben kann. Was den Tunnel anbelangt, so liegen auch bei Nachtoderfahrungen Berichte vor, wonach die Hinterbliebenen den Übergang durch den Tunnel ebenfalls miterlebt haben. Sollte das alles nur ein bloßer Zufall sein? Wohl kaum, denn die außergewöhnlichen Bewusstseinszustände wie Nahtoderfahrungen, empathische Nahtoderlebnisse, Nachtodbegegnungen und die terminale Geistesklarheit gleichen sich in ihrer Essenz. Und sie gleichen sich darin, dass sie sich in transzendenten Regionen und somit außerhalb der irdischen Sinne vollziehen. Wir dürfen deshalb bei diesen außergewöhnlichen Bewusstseinszuständen im wahrsten Sinne des Wortes von Transzendenzerfahrungen oder auch menschlichen Grenzerfahrungen sprechen. Es lohnt sich somit, wieder einen Schritt weiterzugehen, einen Schritt in Richtung Vogelperspektive, und sich zu fragen, welche typischen Merkmale alle hier aufgezählten außergewöhnlichen Bewusstseinszustände gleichsam charakterisieren. Erneut kommt man zu zehn typischen Merkmalen, anhand derer man einen außergewöhnlichen Bewusstseinszustand im klinischen Alltag identifizieren kann, wobei auch hier wieder meist mehrere der nachstehenden Merkmale bei einem außergewöhnlichen Bewusstseinszustand auftreten können:

- Orientierungsverlust
- Hohe Wachheit
- Hohe Aktivität
- Intensivierung des Bewusstseins
- Erweiterung
- Vertiefung
- Hohe Konzentration
- Verändertes Zeitbewusstsein
- Verändertes Raumbewusstsein
- Ichauflösung (Selbstentgrenzung)

Bewusstseinszustände und Bewusstseinsebenen

Was bisher über das menschliche Bewusstsein herausgearbeitet wurde, war, dass es vier Hauptbewusstseinszustände gibt, als da wären:

1. gewöhnlicher Bewusstseinszustand
2. pathologische Bewusstseinszustände
3. veränderte Bewusstseinszustände
4. außergewöhnliche Bewusstseinszustände

Alle Bewusstseinszustände, die weder gewöhnlich noch pathologisch sind, bezeichnet man üblicherweise als sophronische Zustände. Ferner wurde verdeutlicht, dass es innerhalb dieser vier Hauptbewusstseinszustände noch drei Hauptbewusstseinsebenen gibt, die sich wie folgt darstellen:

1. Überbewusstsein
2. Wachbewusstsein
3. Unterbewusstsein

Das Wach- oder Oberbewusstsein wurde bereits erwähnt und erörtert, doch was hat es mit dem Überbewusstsein und dem Unterbewusstsein auf sich? Weil das Unterbewusstsein beim Themenkomplex der luziden Träume zumindest schon einmal begrifflich angerissen wurde, sollte am besten damit begonnen werden. Es wurde an diesem Punkt aufgezeigt, dass man mit dem Unterbewusstsein während des Schlafs in Berührung kommt. Das heißt, der Übergang vom Wachbewusstsein zum Unterbewusstsein vollzieht sich während des Einschlafens völlig spontan, wobei das Dösen, der hypnagogische Zustand, den Grenzbereich zwischen den beiden Bewusstseinsebenen markiert. Es ist im Grunde genommen so, als ob man mit einem Fahrstuhl vom Erdgeschoss in den Keller fährt. Im Keller angekommen, hat man dann ein anderes Bewusstsein als im Erdgeschoss. Man ist im Traumbewusstsein, auch hypnoides Bewusstsein genannt. Und man ist im Tiefschlafbewusstsein. Daran ist zu erkennen, dass wir es bei dem Keller mit einem sehr großen Raum zu tun haben. Denn das Unterbewusstsein beinhaltet das Schlaf- und Tiefschlafbewusstsein. Und es gibt noch etwas, was das Unterbewusstsein beinhaltet, nämlich das Unbewusstsein, welches auch das Unbewusste genannt wird. Es ist eine Tiefenstruktur des Unterbewusstseins. Am besten stellt man sich das Ganze folgendermaßen vor. Der Keller, der gerade angesprochen wurde, ist zugestellt mit einigen Gegenständen, die auf dem Boden liegen. Nachdem man aber eine große und schwere Kiste wegschiebt, kommt plötzlich eine Luke im Kellerboden zum Vorschein. Diese Luke führt zu einem Raum unterhalb des Kellerbodens. Dieser Raum ist das Unbewusste. Die Unterscheidung zwischen dem Unterbewusstsein und dem Unbewusstsein ist wichtig, denn auf unser Unbewusstes haben wir willentlich so gut wie keinen Zugriff. Mit anderen Worten, die Luke im Kellerboden ist mit einem Vorhängeschloss gesichert. Nur mittels psychoanalytischer Verfahren oder in der Hypnose können wir diese tiefenpsychologische Ebene erreichen. Sie sind sozusagen der Schlüssel zum Vorhängeschloss. Schiebt man die große, schwere Kiste über die Luke im Kellerboden und begibt sich zum Fahrstuhl, um in das Erdgeschoss zu fahren, landet man wieder im Wachbewusstsein. Das Unterbewusstsein ist auch hier gegenwärtig. Denn es hat im Wachbewusstsein die wichtige Aufgabe, all jene Dinge wahrzunehmen, die wir bewusst nicht allesamt aufnehmen können. Wenn man sich einmal überlegt, wie viele Eindrücke in jedem Augenblick auf uns einströmen, ob Bilder, Farben, Geräusche, Gerüche, Stimmen, Berührungen etc., und wie viel wir davon beispielsweise bei einem Spaziergang in der freien Natur bewusst aufnehmen, dann ist das nur ein winziger Bruchteil. Und das ist auch gut so, denn ansonsten würden wir Gefahr laufen, völlig überfordert und handlungsunfähig zu werden. Damit genau das nicht passiert, springt unser Unterbewusstsein ein. Es absorbiert all die „überflüssigen" Wahrnehmungen und Eindrücke gleich einem Schwamm, sodass auf dem Boden nur so viel Wasser übrig bleibt, dass wir nicht ausrutschen können. Das ist der Vorteil. Der Nachteil ist allerdings, dass wir dadurch nur einen Minimalausschnitt unserer Realität wahrnehmen. Hierzu ein Beispiel. Wenn wir das Autofahren erlernen, ist das am Anfang eine äußerst mühselige Angelegenheit. Wir müssen lernen zu kuppeln, zu schalten, Blinker zu setzen, über die Schulter zu schauen und vieles mehr. Mühsam ist es aber nur deshalb, weil wir all diese Dinge am Anfang bewusst machen. Wir denken darüber aktiv nach und haben fast keine Kapazitäten mehr, um uns auf das Wesentliche, nämlich den Straßenverkehr, zu konzentrieren. Mit der Zeit gehen uns aber die einzelnen Bewegungen und Abläufe in Fleisch und Blut über. Das heißt, das Unterbewusstsein übernimmt hier die Führung. Das Wachbewusstsein kann sich nun ausschließlich dem Verkehr widmen und das Autofahren geht uns jetzt leicht von der Hand. Jetzt versteht man besser, warum über 90 % von all dem, was wir täglich machen, unser Unterbewusstsein im Alleingang erledigt. So versteht man auch besser, was Wachbewusstsein ist, nämlich die Summe aller bewussten Wahrnehmungen. Und man versteht, was Unterbewusstsein ist. Es ist die Summe all unserer Routinen, Überzeugungen, Vorstellungen, Erinnerungen, Glaubenssätze, Werte, Motive, Einstellungen, Denkmuster und Handlungsbereitschaften, die in uns sind, die uns aber zu diesem Zeitpunkt nicht bewusst sind. Es sind sozusagen all die inaktiven Elemente unserer Psyche, die unbewusst in unserem täglichen Tun und Denken eine große Rolle spielen. Den Teil des Unterbewusstseins, den wir uns bewusst machen können, wenn wir nur intensiv nachdenken oder versuchen uns zu erinnern, nennt man deshalb auch Vorbewusstsein. Es ist der Teil, zu dem wir vordringen können. Der Teil, zu dem wir hingegen willentlich nicht vordringen können, ist das Unbewusstsein. Man könnte auch sagen, Inhalte, die uns nicht bewusst sind, die wir uns aber bewusst machen können, gehören zum Vorbewusstsein. Inhalte dagegen, die wir uns trotz aller Anstrengungen einfach nicht bewusst machen können, gehören hingegen zum Unbewusstsein. Noch anders ausgedrückt, das Vorbewusste ist all das nicht Verdrängte, wohingegen das Unbewusste für all das Verdrängte steht. Besonders gut kann man sich diesen Sachverhalt am Beispiel der Intuition klarmachen. Die Intuition ist das ahnende Erfassen. Plötzlich ist da ein Gefühl im Bauch, ein Gespür, eine Stimme im Kopf, die uns den Weg weist. Rational erklären können wir das nicht. Wir empfinden eine Sympathie gegenüber einer bestimmten Person oder eine Antipathie, ohne dass wir wissen, warum. Hier hat ganz klar das Unterbewusstsein das Ruder übernommen. Wenn wir uns nach intensiver und reichlicher Überlegung bewusst machen können, was unsere Motive waren, haben wir auf den uns zugänglichen Teil des Unterbewusstseins, das Vorbewusstsein, zurückgegriffen. Kommen wir trotz größtem Kopfzerbrechen nicht dahinter, was uns bewegt hat, stecken die Gründe in dem uns willentlich nicht zugänglichen Teil des Unterbewusstseins, dem Unbewusstsein. Das bedeutet, wir haben die Gründe für unser Tun, Handeln und Empfinden einfach verdrängt. Aber selbst wenn es uns gelänge, das Vorhängeschloss zu öffnen und zu den Inhalten unseres Unbewussten vorzudringen, müssten sich daraus nicht zwingend Veränderungen in unserem Leben ergeben. Denn die Erfahrungen, die ein Mensch im Unterbewusstsein erfährt, wirken nicht lebensverändernd oder lebensbestimmend. Das heißt, es tritt keine Wandlung ein. Das ist der entscheidende Unterschied zu den Erfahrungen, die ein Mensch im Überbewusstsein erfährt. Denn solcherlei Erfahrungen lösen tiefgreifende Veränderungen im Menschen aus. Was aber ist dieses Überbewusstsein genau und wie muss man es sich vorstellen? Nun, in erster Linie ist das Überbewusstsein ein höherer Bewusstseinszustand. Um bei der Analogie mit dem Fahrstuhl zu bleiben, man fährt vom Erdgeschoss in den ersten Stock. Von hier aus hat man eine ganz andere Sicht auf die Welt. Und es herrschen ganz andere Erfahrungen. Überbewusstsein bedeutet entweder mehr wahrzunehmen, als gewöhnlich wahrgenommen werden kann, oder Dinge wahrzunehmen, die sich der Wahrnehmung im Regelfall entziehen. Es sind also ganz allgemein gesprochen Transzendenzerfahrungen bzw. metaphysische Erfahrungen. Ebenso ist es auch möglich, dass der Mensch im Überbewusstsein Erfahrungen mystischer Versenkung macht. Aus der Sicht des Überbewusstseins erscheint das Wachbewusstsein wie ein rudimentärer Bewusstseinszustand, ähnlich wie dem Wachbewusstsein das Traumbewusstsein erscheint. Das heißt, es herrscht im Überbewusstsein ein sehr hoher Wachheitsgrad. In jedem Falle lässt der Mensch aber beim Übergang vom Wachbewusstsein in das Überbewusstsein seine Gebundenheit des Ich sowie seine Begrenzung zurück, wobei sich sein Sinn auf Übergeordnetes und Übergreifendes ausrichtet. Er lernt die Erfahrung des Einsseins mit allem, was da ist. Die Kategorien Zeit und Raum entpuppen sich als Illusion. Auch die Welt des Wachbewusstseins demaskiert sich als Illusion. Sie erscheint jetzt wie eine optische Täuschung. Man wird aber von ihr nicht mehr getäuscht, weil man sie durchschaut hat. Und man ist in der Lage zu erkennen, warum andere Menschen sich durch sie täuschen lassen. So führt das Überbewusstsein zur Erkenntnis und zur Befreiung. Zur Erkenntnis, dass letztlich alles eins und alles miteinander verbunden ist, dass jedes individuelle Bewusstsein Ausdruck des einen, allumfassenden kosmischen Bewusstseins ist. Und zur Erkenntnis, dass letztlich die ganze Welt sowie das Individuum selbst in Wahrheit nur Manifestationen von Bewusstsein und reiner Energie sind, die letztlich eins sind, jenseits von Raum und Zeit. Die Erfahrungen im Überbewusstsein haben eine Bewusstseinserweiterung zur Folge, welche eine sehr tiefgreifende Wirkung auf den Menschen hinterlässt. Denn der Mensch macht im Überbewusstsein eine erweiterte Seinserfahrung. Er erfährt ein höheres Wissen. Damit verbunden sind neue Einsichten, sodass die Sinnzusammenhänge nunmehr verstanden werden können. Vieles wird plötzlich einfach intuitiv erfasst, ohne es jedoch in Worte fassen zu können. Der Übergang in das Überbewusstsein zeigt sich somit zum einen in Form eines unvergleichlichen Wissenszugewinnes. Zum anderen zeigt er sich aber auch durch eine andere Affektivität. Denn im Überbewusstsein kann eine unendliche Freude, verbunden mit einer unaussprechlichen Liebe erlebt werden. Das alles zusammen kann schließlich dazu führen, dass sich das Wertesystem des Menschen verändert. Es treten Veränderungen der Sinnausrichtung ein und Wandlungen im Alltagsleben beginnen. Es ist diese Erkenntnis der Einheit, welche den Menschen zur Erfahrung universeller Liebe führt, wenn er wieder zurück im Wachbewusstsein handelt. Und genau hier liegt auch der große Unterschied im Verhältnis zwischen dem Wachbewusstsein und dem Überbewusstsein, wenn man den jeweils darunterliegenden Bewusstseinszustand betrachtet. Jemand, der beispielsweise einschläft und dabei träumt, kann zurück im Wachbewusstsein alles im Traum Erfahrene wieder völlig vergessen. Dagegen bleibt die Erfahrung, welche im Überbewusstsein erlebt wurde, auch dann noch im Gedächtnis haften, wenn man wieder in das Wachbewusstsein zurückgekehrt ist. Mit anderen Worten, die Erkenntnis aus dem Überbewusstsein, dass alles eins ist, bleibt auch dann noch bestehen, wenn der Mensch seine Gedanken, Erinnerungen und Sinneswahrnehmungen wieder in einer Welt wahrnimmt, die sich ausschließlich durch Raum und Zeit definiert. Interessant ist in diesem Zusammenhang auch, dass der Mensch nach seiner Rückkehr aus dem Überbewusstsein in das Wachbewusstsein noch eine ganze Weile von der dort erfahrenen Liebe, Kraft und Freude erfüllt bleibt. Allerdings, und das muss an dieser Stelle ausdrücklich betont werden, ist der Bereich des Überbewusstseins für den Menschen nicht jederzeit zugänglich. Damit bleiben Erfahrungen des Überbewusstseins immer singuläre Erfahrungen. Wie aber vollzieht sich der Übergang vom Wachbewusstsein zum Überbewusstsein genau? Oder anders gefragt, was muss der Mensch tun, um einen derartigen Übergang auszulösen? Grundsätzlich gibt es drei Wege, die den Menschen in das Überbewusstsein führen. Der erste Weg führt über lebensbedrohliche Zustände und mystische Erfahrungen zum Überbewusstsein. Oder etwas allgemeiner ausgedrückt, es ist der Weg der außergewöhnlichen Bewusstseinszustände, der uns zum Überbewusstsein bringen kann. Der zweite Weg ist der Weg der Übung. Das heißt, der Mensch erlernt durch Übung, sich den Weg in das Überbewusstsein zu bahnen. Hierzu ist ein systematisches Üben in Form von Meditation, Kontemplation und Askese notwendig. Erreicht der Mensch während einer Meditation den Weg zum Überbewusstsein, dann spricht man in diesem Zusammenhang auch gern einmal von Erleuchtung. Es ist also für diesen Weg eine entsprechende Lebensführung notwendig, die den Menschen adäquat darauf vorbereitet. Völlig selbstständig kann man natürlich diesen Weg auch gehen, nur davon ist doch eher abzuraten, denn die Gefahr, dass derartige Versuche misslingen, ist groß. Und ein Misslingen kann wiederum psychotische Krisen mit sich bringen. Wenn man daher für sich beschlossen hat den zweiten Weg zu gehen, dann sollte man dies unter der Führung eines erfahrenen Lehrers tun. Nur so lässt sich die Gefahr, die auf dem Weg lauert, minimieren. Der dritte Weg ist der Weg der Spontaneität. Das bedeutet, dass sich der Übergang in das Überbewusstsein völlig spontan vollzieht, ohne dass der Mensch wirklich darauf vorbereitet wäre. Man findet sozusagen diesen Weg nicht, sondern man wird von ihm gefunden. Ein solcher spontaner Übergang in das Überbewusstsein kann beispielsweise in Isolation oder im Rahmen einer Depression auftreten. Ebenso kann er auch ohne eine klare Ursache auftreten. So zum Beispiel beim Spaziergang oder wenn man sich nach getaner Arbeit müde und erschöpft in den Sessel setzt. Letzteres ist Martin Heyden widerfahren. Der Datenbankprogrammierer und Systemtechniker hat darüber ein Buch geschrieben. Er nannte es „Auf der Suche nach der Ewigkeit". Hierin beschreibt er folgende Begebenheit:

„Als ich eines Tages im Herbst 2010 von der Arbeit heimkehrte und gerade in meinem Sessel versinken wollte, hatte ich einen Blackout. Eigentlich war das kein richtiger. Mein Bewusstsein war durchgehend ‚online', zumindest war das mein subjektiver Eindruck (meine Uhr erzählte mir kurze Zeit später eine andere Geschichte). Nur das ‚Wo' hatte sich verändert. Plötzlich war da nicht mehr das gewohnte Zimmer, dies war nicht die Realität, die wir gemeinhin als unsere ‚Wirklichkeit' bezeichnen. Ich war woanders (besser kann ich es nicht beschreiben) … Es war in etwa so, als wäre dort eine Tür, hinter der sich der ‚Himmel', ‚Anderswelt' oder das ‚Nirwana' befindet (was immer Sie bevorzugen). Und diese Tür öffnete sich mir, nicht viel, nur einen Spalt breit. Aber weit genug, um zu erkennen, dass das, was immer es auch war, realer war als jede (vermeintliche) Realität, die ich bis dahin kannte. Unmittelbar danach fand ich mich sitzend in meinem Wohnzimmer wieder. Ein Blick auf die Uhr offenbarte mir, dass fast eine halbe Stunde vergangen war. Das war sehr merkwürdig, da ich mich offensichtlich gerade erst hingesetzt hatte."

Martin Heyden beschreibt hier etwas für den Übergang zum Überbewusstsein ganz Typisches. Nämlich dass dem Menschen die Erfahrungen, die er im Überbewusstsein macht, im aktiven, hellwachen und konzentrierten Bewusstseinszustand zuteilwerden. Dies gilt selbstverständlich für alle drei Wege gemeinsam, unabhängig davon, auf welchem man letzten Endes zum Überbewusstsein schreitet. Und wir können diesem kurzen Bericht noch etwas sehr Wichtiges entnehmen. Die Bewusstseinsebenen Wachbewusstsein und Überbewusstsein sind nicht gegeneinander abgeschirmt, sondern ihre Grenzen sind durchlässig und fließend. Dasselbe gilt übrigens auch für die Bewusstseinsebenen Wachbewusstsein und Unterbewusstsein. Aber schauen wir uns die Hauptbewusstseinsebenen noch einmal etwas genauer an. Wie kommunizieren sie miteinander? Wie arbeiten sie miteinander zusammen? Geht man dieser Frage nach, ist es gut, sich zu vergegenwärtigen, dass das menschliche Bewusstsein aus drei verschiedenen Komponenten besteht. Die erste Komponente, das Wachbewusstsein, beinhaltet dabei verschiedene Qualitäten wie den Verstand, die Vernunft und den Willen. Hier sitzt also der kritische Wächter. Es ist die Ebene der Zahlen, Daten und Fakten und damit des Intellekts. Es ist der Ort, wo gedacht, geplant und analysiert wird. Der Ort der bewussten Wahrnehmung. Hier werden täglich neue Aufgaben gelöst und neue Erfahrungen gemacht. Dieser Ort ist daher die Heimat der Lernprozesse. Dagegen ist das Unterbewusstsein die Heimat der erlernten Routinen. Es ist die Heimat der Werte, Glaubenssätze, Überzeugungen, Denkmuster und Programme. Und es ist die Heimat der geistigen Blockaden sowie der inneren Saboteure. Die Gewohnheit wohnt hier Tür an Tür mit den Komplexen. Ebenso die ungelösten Konflikte und die seelischen Traumata. Das Unterbewusstsein ist daher der Ort der Emotionen, der Gefühle, der Stimmungen und Einstellungen sowie der Interpretationen und Hoffnungen. Und ist der Ort der Vorstellungen, Bedürfnisse, Triebe und Motive. Kurzum, das Unterbewusstsein ist eine Datenbank aller jemals gemachten Erfahrungen und gleichzeitig auch Steuerungsinstanz aller unbewussten Körperfunktionen. Kein Wunder also, dass es auch dem Beziehungsmuster und dem Suchtverhalten Unterschlupf gewährt. So weit, so gut, aber was hat es nun mit dem Überbewusstsein auf sich? Im Gegensatz zum Unterbewusstsein und dem Wachbewusstsein umfasst das Überbewusstsein die inneren Ebenen unseres Seins. Es ist die Heimat des Geistes, der Seele und des höheren Selbst. Was aber ist dieses höhere Selbst? Das höhere Selbst ist das Gegenstück des niederen Selbst. Am besten versteht man es vielleicht folgendermaßen. Wir alle verbringen unsere irdische Existenz in einer vierdimensionalen Welt, bestehend aus Raum und Zeit. In dieser Welt mit ihrem linearen Zeitkontinuum sind wir durch unseren physischen Körper örtlich gebunden. Das niedere Selbst, meist auch Ego genannt, hilft uns in dieser raumzeitlichen Welt so etwas wie Individualität zu erleben. Das Erleben dieser Individualität bewirkt eine Abtrennung von allem anderen und ermöglicht es uns so, unser Leben als Individuum oder Einzelperson ganz so zu kreieren, wie wir das möchten. Das Ego zeichnet sich deshalb durch eine klare Subjektbezogenheit im Denken und Fühlen aus. Es will dominieren, daher bedient es sich der Gier und Macht. Es ist voller Bedürfnisse und Frust. Nie ist es gut, so wie es ist. Wenn aber Änderungen anstehen, dann bitte nur auf Kosten anderer. Wenn das aber einmal nicht ganz so klappt, dann ist das Ego erfüllt von Wut, Ärger und Hass. Und natürlich auch von Angst. Schuld daran sind selbstverständlich nur die anderen. Das Ego sucht daher gern nach Fehlern und spart nicht mit negativer Kritik. Es ist kleinlich, voller Misstrauen und Zweifel und sieht sich selbst gern als Opfer. Daher leistet es auch gern Widerstand und pflegt Feindschaft. Aus dieser Feindschaft heraus erfreut es sich wiederum am Frustrieren und Zerstören seiner Gegner. Das Handeln des Ego verursacht somit eine ganze Menge an Problemen in der raumzeitlichen Welt, dessen fester Bestandteil es ist. Das höhere Selbst hingegen ist all diesen irdischen Gegebenheiten nicht ausgeliefert. Denn das höhere Selbst repräsentiert den unsterblichen Wesensteil in uns. Es ist unser wahres Wesen. Und dieses wahre Wesen kennt keine Abtrennung und Separation, sondern nur Einheit und Verbindung. Es ist voller Liebe und Freude, kann loslassen und zulassen. Es lebt in Frieden und Freundschaft, hat Vertrauen und tut sich gern mit anderen zusammen. Es ist großzügig, teilt gern und findet eine große Befriedigung im Verbessern, Wachsen und Aufbauen. Im Gegensatz zum niederen Selbst löst das höhere Selbst folglich Probleme und beschwört sie nicht. Das höhere Selbst ist ein Teil unserer Seele. Es ist der göttliche Funke in uns. Das höhere Selbst wird daher auch oft göttliches Selbst, überbewusstes Selbst, überbewusstes Ich, göttliches Ichbewusstsein oder einfach nur inneres Licht genannt. Es ist der Geist Gottes in uns oder, wenn man es so möchte, die leise Stimme Gottes in uns. Man könnte auch sagen, das höhere Selbst ist unser ganz persönlicher Anteil am

Göttlichen. Durch diesen Anteil, der auch ein Teil von uns selbst ist und der tief in uns ruht, sind wir mit allem, was ist, auf ewig verbunden. So repräsentiert das höhere Selbst als göttlicher Funke das reine, göttliche und ewige Sein in uns. Es verbindet uns mit unserer geistigen Heimat, die wir im Überbewusstsein erfahren dürfen. Das Überbewusstsein beinhaltet daher die Ewigkeit. Es ist geprägt von Raum- und Zeitlosigkeit. Es ist die Heimat der Grenzlosigkeit und Verbundenheit, der göttlichen bedingungslosen Liebe sowie der Allwissenheit. Das Überbewusstsein ist daher die Quelle für große Erfindungen und Kunstwerke in unserem Leben. Impulse, welche aus dieser Sphäre kommen, erleben wir in unserem Alltag oft als Inspiration, Intuition oder als Eingebung. Nimmt man nun die Kommunikation dieser drei Komponenten menschlichen Bewusstseins etwas genauer unter die Lupe, dann stellt man fest, dass es keine direkten Verbindungen zwischen dem Wachbewusstsein und dem Überbewusstsein einerseits und dem Wachbewusstsein und Unterbewusstsein andererseits gibt. Oder vielleicht anders ausgedrückt, natürlich gäbe es direkte Verbindungen, aber diese sind für uns nicht jederzeit willentlich zugänglich. Der direkte Weg zum Unterbewusstsein wäre beispielsweise derjenige über die luziden Träume. Zwar ist dieses Phänomen nicht ganz so selten, schließlich haben etwa acht von zehn Menschen mindestens schon einmal luzide geträumt, waren sich also ihres Träumens bewusst, aber eine verlässliche Methode, das Klarträumen zu erlernen, gibt es nicht. Und die meisten Menschen, die diese Fähigkeit haben, erleben nicht mehr als ein paarmal im Jahr einen Klartraum. Zwar gibt es einige wenige geübte Klarträumer, das sind Menschen, die fast jede Nacht einen bewussten Traum haben, aber diese sind selten. Wir müssen daher konstatieren, dass es eine direkte Verbindung zwischen Wachbewusstsein und Unterbewusstsein, die jederzeit jedermann zugänglich ist, nicht gibt. Und nicht anders sieht es mit der Verbindung zwischen Wachbewusstsein und Überbewusstsein aus. Natürlich gäbe es eine direkte Verbindung vom Wachbewusstsein zum Überbewusstsein, so beispielsweise über den Weg der außergewöhnlichen Bewusstseinszustände oder über den Weg der Übung oder den der Spontaneität. Doch auch diese direkten Verbindungen stehen uns nicht jederzeit willentlich zur Verfügung, sodass wir letzten Endes eben feststellen müssen, dass es eine direkte Verbindung einfach nicht gibt. Aber haben wir nicht gerade eben bereits festgestellt, dass die drei Bewusstseinsebenen Wachbewusstsein, Überbewusstsein und Unterbewusstsein nicht gegeneinander abgeschirmt und dass ihre Grenzen durchlässig und fließend sind? Ist denn das kein Widerspruch in sich? Nein, denn sowohl das Unterbewusstsein wie auch das Überbewusstsein kommunizieren mit uns, sprich dem Wachbewusstsein, über die Träume. Und damit sind die Grenzen durchlässig und fließend. Der Ort, an dem die Kommunikation stattfindet, nennt man deshalb Traumgedächtnis oder einfach Traumbewusstsein. Seine Bilder bekommt das Traumbewusstsein dabei aus unserem Wachbewusstsein. Den Inhalt der Bilder erhält es jedoch sowohl aus dem unterbewussten wie auch aus dem überbewussten Bereich. Dargestellt wird unser seelisches Erleben. Als Informationsträger dienen Bilder. Auf diese Weise zeigen uns unsere Träume, wie unsere Seele Eindrücke aufnimmt, sie verarbeitet und wieder abgibt. Das Problem besteht nur darin, dass das Traumbewusstsein eine analoge Kommunikation mittels Bildern bevorzugt. Das bedeutet, dass es die verwendeten

Bilder meistens in keinem logischen Zusammenhang darstellt. Die dargestellten Informationen der Traumbilder sind somit mehrdeutig und lassen verschiedene Interpretationsmöglichkeiten zu. Das wiederum stellt ein erhebliches Problem für unser Wachbewusstsein dar, denn es versucht die verschiedenen Traumbilder mithilfe seiner Logik zu entschlüsseln. Und genau das funktioniert nicht. Deshalb nimmt das Wachbewusstsein die Traumbilder des Traumbewusstseins entsprechend oft nur als konfus und zusammenhanglos wahr. Wir müssen daher die Kartografie des menschlichen Bewusstseins neu schreiben und um eine weitere Hauptbewusstseinsebene ergänzen. Damit erhalten wir dann insgesamt vier Hauptbewusstseinsebenen, die sich wie folgt darstellen:

1. Überbewusstsein
2. Wachbewusstsein
3. Traumbewusstsein
4. Unterbewusstsein

Ist damit unsere Landschaftskarte des menschlichen Bewusstseins nun vollständig? Keineswegs, denn es fehlen noch die kollektiven Bewusstseinsebenen. Was aber ist das, kollektives Bewusstsein? Was soll man sich darunter vorstellen? Am besten stellt man sich das Ganze wie folgt vor. Wenn Menschen miteinander in Kontakt treten, seien es zwei oder mehr, dann tauschen sie Gedanken aus in Wort und Schrift. Durch diesen Prozess erwerben wir uns ein gemeinsames Wissen, welches wiederum unser Bewusstsein gleichsam formt. Es entsteht so ein kollektives Wachbewusstsein. Beim kollektiven Bewusstsein geht der Schritt also vom Individuellen hin zum Gemeinsamen. Dadurch können neue Prozesse in Gang gesetzt, gemeinsame Erfahrungen gesammelt und neue Ideen materialisiert werden. Wenn Menschen aufeinandertreffen, werden aber nicht nur bewusste Prozesse eingeleitet, sondern selbstverständlich auch unbewusste Entwicklungsgänge. Auf diese Art und Weise wird für die auf der bewussten Ebene gemeinsam gemachten Erfahrungen unmerklich auch ein kollektives Unterbewusstsein angelegt. Der einzelne Mensch kann dann sowohl auf das kollektive Bewusstsein wie auch auf das kollektive Unterbewusstsein der Gruppe zugreifen. In umgekehrter Richtung wird der Einzelne gleichsam vom kollektiven Bewusstsein und Unterbewusstsein der Gruppe geprägt. Kommen neue Mitglieder zur Gruppe hinzu, können sie sich dem Einfluss des kollektiven Bewusstseins und Unterbewusstseins der Vereinigung nicht entziehen. Ebenso wenig, wie sie sich dem kollektiven Unbewussten der Gemeinschaft entziehen können. Der Begriff kollektives Unbewusstsein wurde von Carl Gustav Jung geprägt. Er schrieb hierzu:

„Zusätzlich zu unserem unmittelbaren Bewusstsein, welches unserer persönlichen Natur entspricht, über die wir denken, dass sie die einzige empirische Psyche ist (selbst wenn wir das persönliche Unbewusste mit dazunehmen), gibt es ein zweites psychisches System einer kollektiven, universellen und unpersönlichen Natur, die in allen Individuen identisch vorhanden ist. Da das kollektive Unbewusste nicht einzeln entwickelt, sondern geerbt wird.

Es besteht aus präexistenten Formen, den Archetypen, die erst sekundär bewusst gemacht werden können und welche bestimmten psychischen Inhalten ihre endgültige Form gibt."

Kollektives Unbewusstsein umschreibt somit eine Art Sammlung von gemeinsam durchlebten Erfahrungen der Vorfahren einer Gruppe. So bildet das kollektive Unbewusstsein die Zusammenfassung eines spezifischen Wissens einer Gemeinschaft, welches sie von Geburt an besitzt. Übrigens, um das genannte Zitat besser verstehen zu können, ist es wichtig zu wissen, dass Ansammlungen von Einflüssen, die das kollektive Unbewusstsein nähren, im Allgemeinen Archetypen genannt werden. Man könnte in diesem Zusammenhang aber auch einfach nur von Urbildern sprechen. Dementsprechend wären Archetypen nichts weiter als Urbilder im kollektiven Unbewussten der Menschheit. Interessanterweise können einige der Archetypen oder Urbilder häufiger wahrgenommen werden als andere. Das bedeutet, dass ihr Einfluss für die Menschen stärker präsent ist und viel häufiger auftritt. Beispielhaft sei hier nur der Archetypus „Schatten" erwähnt. Das alles macht verständlich, dass ein vorgeburtliches Wissen in Form des kollektiven Unbewussten überwiegend nur archaische Erfahrungen beinhalten kann, also beispielsweise den gemeinsamen Aufschrei in einer Gefahrensituation, welcher der Gruppe als eine Warnung vor drohendem Unheil dient. Und so waren es letzten Endes genau diese archaischen Bilder, welche sich in den verschiedensten uralten Legenden und Geschichten, quer über den Globus verteilt, unabhängig voneinander identifizieren lassen, die Carl Gustav Jung als Grundlage für seine Idee dienten. Der Idee anzunehmen, dass es dementsprechend bei allen Menschen eine gemeinsame kollektive Seelenstruktur geben muss, die in derartigen Motiven und Ideen ihren Ausdruck findet. Exakt diese gemeinsame kollektive Seelenstruktur, die bei allen Menschen identisch und somit allgemeiner Natur und überpersönlich ist, nannte Jung das kollektive Unbewusstsein. Wenn dem so ist, was hat es dann aber mit dem kollektiven Überbewusstsein auf sich? Und wie unterscheidet es sich vom kollektiven Unbewussten? Fangen wir am besten mit der zweiten Fragestellung an, denn aus dieser beantwortet sich die erste dann automatisch. Der wesentliche Unterschied zwischen den beiden kollektiven Bewusstseinsebenen besteht darin, dass das kollektive Unbewusstsein nur das gesamte Geschehen der Vergangenheit umfasst, während das kollektive Überbewusstsein im Gegensatz dazu auch das gesamte zukünftige Geschehen beinhaltet. Vielleicht noch ein Satz der Klarstellung dazu. Das kollektive Überbewusstsein darf nicht mit der Akasha-Chronik verwechselt werden. Denn diese steht im Bewusstsein der Esoterik, der modernen Theosophie sowie der Anthroposophie für die Vorstellung von dem ältesten Buch im Universum. Es ist allerdings kein Buch zum In-die-Hand-Nehmen, sondern eher feinstofflicher Natur. Daher kann man es auch nicht mit den äußeren Sinnen erfassen. Wer es lesen will und darf, muss deshalb seine geistig-übersinnlichen Augen gebrauchen. Das Buch oder die Chronik enthält alle Ereignisse, die jemals in der Vergangenheit auf unserem Planeten stattgefunden haben, alle jetzt gerade irgendwo in der Gegenwart stattfindenden Ereignisse sowie all jene Ereignisse, die jemals noch in der Zukunft geschehen werden. Es beinhaltet nicht nur alle Erfahrungen der Menschheitsgeschichte auf Erden, sondern darüber hinaus auch das allumfassende

Allbewusstsein sämtlicher Lebensformen, und das von allen Kosmen und Universen zugleich. Das entspräche folglich der jüdisch-christlichen Vorstellung von einem göttlichen Verzeichnis oder auch Buch des Lebens, wie es in der Apokalypse des Johannes im Neuen Testament, Kapitel 20, Vers 12 bis 15 Erwähnung findet. Durch ein solches Buch oder eine entsprechende Chronik, in der keine Informationen über irgendetwas, das war, ist und sein wird, verloren gehen, wären wir mit einem Bewusstsein konfrontiert, das weit über dem des kollektiven Überbewusstseins stehen würde. Ein durch und durch atemberaubendes Bewusstsein, welches nur noch vom göttlichen Bewusstsein übertroffen wird. Aber kommen wir aus den unerreichbaren Höhen doch lieber wieder zurück in die Niederungen des menschlichen Bewusstseins. Denn wir haben noch eine Bewusstseinsebene auf der Agenda, die noch nicht besprochen wurde, nämlich das kollektive Traumbewusstsein. Wir haben schon gehört, dass das Traumbewusstsein beim Überbrücken von Unterbewusstsein und Wachbewusstsein eine Schlüsselrolle spielt. Nun müssen wir nur noch zu unterscheiden lernen, dass es zwei unterschiedliche Formen von Traumbewusstsein gibt. Das heißt, wir müssen lernen zwischen dem gewöhnlichen Traumbewusstsein und dem luziden Traumbewusstsein zu unterscheiden. Der Unterschied zwischen den beiden liegt darin, dass im gewöhnlichen Traumbewusstsein die Erlebnisse vornehmlich bildlich erlebt und kaum reflektiert werden. Im luziden Traumbewusstsein hingegen werden die Erlebnisse zwar auch vornehmlich bildlich erlebt, können dafür aber wie im Wachbewusstsein reflektiert und sogar gesteuert werden. Das Tiefschlafbewusstsein übrigens, das ebenfalls dem Traumbewusstsein zuzurechnen ist, gehört dem gewöhnlichen Traumbewusstsein an. Und was nun ist das kollektive Traumbewusstsein? Sagen wir es einmal so, es gibt persönliche Träume und es gibt kollektive Träume. Angesprochen sind damit Inhalte, die von allen Menschen „beträumt" werden, völlig unabhängig voneinander. Diese Inhalte bilden dabei ein Netzwerk. Dieses Netzwerk der Träumer wäre dann als das kollektive Traumbewusstsein zu verstehen. Allerdings steckt dieses Thema noch weitestgehend in den Kinderschuhen, sodass wirklich belastbare Aussagen dazu kaum möglich sind. Wir hätten damit sämtliche Bewusstseinsebenen durchgearbeitet, sodass am Ende eine vollständige Landschaftskarte des Bewusstseins steht. Insgesamt ergeben sich 14 Ebenen des Bewusstseins, wobei der Mensch an zwölf Bewusstseinsebenen davon durchaus partizipieren kann. Hier die komplette Übersicht:

1. Göttliches Bewusstsein
2. Akasha-Bewusstsein
3. Kollektives Überbewusstsein
4. Persönliches Überbewusstsein (Einheitsbewusstsein, transzendentales Bewusstsein, Todesbewusstsein)
5. Kollektives Wachbewusstsein (Bewusstsein anderer Menschen)
6. Persönliches Wachbewusstsein (Oberbewusstsein)
7. Kollektives luzides Bewusstsein
8. Persönliches luzides Traumbewusstsein
9. Kollektives Traumbewusstsein

10. Persönliches Traumbewusstsein (Halbbewusstsein, Tiefschlafbewusstsein)
11. Persönliches Unterbewusstsein (Vorbewusstsein)
12. Kollektives Unterbewusstsein
13. Persönliches Unbewusstsein (Nichtbewusstsein)
14. Kollektives Unbewusstsein
15. Persönliches Nichtbewusstsein
16. Kollektives Nichtbewusstsein

Zwei Fragen ergeben sich aber doch noch, die zwingend nach einer Antwort suchen. Wir haben gehört, dass die einzelnen persönlichen Bewusstseinsebenen wie Überbewusstsein, Wachbewusstsein, Traumbewusstsein, Unterbewusstsein und Unbewusstsein nicht streng voneinander abgeschirmt und ihre Grenzen durchlässig und fließend sind. Trifft das aber auch auf die kollektiven Bewusstseinsebenen zu? Wie verhält es sich mit ihnen? Das wäre die erste Frage. Die zweite Frage ist eher etwas akademischer Natur und widmet sich der Überlegung, ob es nicht noch weitere Bewusstseinsebenen geben könnte, die noch unter dem kollektiven Unbewusstsein stehen. Aber zurück zur ersten Frage. Sie kann mit einem klaren Ja beantwortete werden. Denn eine Durchdringung, ein Austausch sowie eine Interaktion finden auch auf der kollektiven Ebene statt. Das heißt, genauso wie die Bereiche der persönlichen Bewusstseinsebenen durchlässig und fließend sind, sind es auch die kollektiven Bewusstseinsebenen. Das lässt sich gut nachweisen, denn die kollektiven Bewusstseinsebenen neigen desgleichen dazu, so wie die persönlichen, sich in den Träumen eines Individuums zu manifestieren und auszudrücken. Was die zweite Frage anbelangt, ist hervorzuheben, dass der Begriff Unbewusstsein für sich eine Art Nichtbewusstsein suggeriert. Beide Begriffe werden daher leider oft synonym verwendet. Ein großer Fehler, denn beides darf nicht miteinander verwechselt werden. Das Unbewusstsein ist lediglich eine tief im Unterbewusstsein angesiedelte Schicht, auf die der Betreffende ausdrücklich nicht willkürlich zugreifen kann. Aber mittels psychoanalytischer Verfahren oder in Hypnose können wir sehr wohl bis zu dieser tiefenpsychologischen Ebene vordringen. Und wenn wir es denn tun, dann stellen wir durchaus fest, dass da noch Bewusstsein ist. Nichtbewusstsein würde hingegen bedeuten, dass da überhaupt kein Bewusstsein vorhanden ist. Aber gibt es das überhaupt, Bereiche ohne Bewusstsein? Hierauf ein klares Nein, denn die Erfahrungen aus dem Überbewusstsein, welches gelegentlich auch als Todesbewusstsein, transzendentales Bewusstsein oder einfach nur als Einheitsbewusstsein bezeichnet wird, legen nahe, dass alles eins ist. Das heißt, dass alles, was existiert, miteinander in Verbindung steht. Und das würde bedeuten, dass alles, was existiert, auch über ein Bewusstsein verfügt. Jeder Mensch, jedes Tier, jede Pflanze, jeder Stein, jedes Atom, ja sogar jedes Elementarteilchen. Das klingt zunächst einmal völlig verrückt. Aber so klang auch die Relativitätstheorie, die besagt, dass Zeit keine feste Größe darstellt. Erinnern Sie sich noch an das Doppelspaltexperiment? Und wie die Elektronen und Photonen plötzlich und unerwartet ihr Verhalten änderten, nur aufgrund der Tatsache, dass sie auf einmal beobachtet wurden? Dieses Experiment legt folglich die Vermutung nahe, dass etwas nicht beobachtet werden will und dass es weiß, dass es beobachtet wird. Und wer weiß, dass er beobachtet wird, der hat auch ein Bewusstsein, wie immer das auch im Detail geartet sein mag. Bringen wir es daher auf die Grundformel: kein Ding ohne Bewusstsein. Nichtbewusstsein gäbe es folglich nur bei allem, was kein Ding ist, also im Grunde nicht existiert. Nichtbewusstsein muss daher eher als ein Komplementärbegriff zum Begriff des Bewusstseins verstanden werden, ohne jedwede praktische Bedeutung. Ein Terminus technicus, eine rhetorische Wortspielerei, ein Neologismus, eine Wortneuschöpfung, mehr nicht. Nichtbewusstsein gehört deshalb in den hypothetischen Bereich, den Bereich der Gedankenexperimente. Natürlich lassen sich solche gedanklichen Überlegungen noch weitertreiben, denn alles, was nicht existiert, müsste folglich auch ein kollektives Nichtbewusstsein besitzen. Das wäre dann die Steigerung des Nichts, ein Supernichts. Wie widersinnig solche Gedankenexperimente sind, sieht man an der Tatsache, dass nichts mal nichts gleichfalls nichts ergibt, so wie null mal null logischerweise null ergibt. Es gibt also keine Steigerung des Nichts, nur gedanklich eben. Aber da uns solche Gedanken hier nicht weiterbringen, werden wir sie auch nicht weiterverfolgen. Wir können daraus einfach keinen Nutzen ziehen. Wo wir aber durchaus einen Nutzen ziehen können, ist, wenn wir unseren Blick jetzt von den Bewusstseinsebenen einmal abwenden und unsere Aufmerksamkeit auf die verschiedenen Bewusstseinsarten richten. Wir müssen dabei sehen, dass Bewusstsein nicht gleich Bewusstsein ist. Denn es gibt hier durchaus Unterschiede zu beachten.

Bewusstseinsarten

Bewusstsein umfasst neben der reinen Wahrnehmung und dem Gewahrsein auch die Ebene des „bewussten Seins". Es umfasst somit ganz verschiedene Ebenen des „menschlichen Seins". Dementsprechend muss grundsätzlich zwischen den folgenden fünf Bewusstseinsarten unterschieden werden:

1. Phänomenales Bewusstsein

Das phänomenale Bewusstsein wurde bereits bei der Philosophie des Geistes angesprochen. Es umfasst das subjektiv-seelische Erleben, also wie etwas aussieht, schmeckt, sich anhört oder anfühlt. Das phänomenale Bewusstsein betrifft folglich die Erlebniseigenschaften von Repräsentationen. Wie fühlt es sich an, eine Fledermaus zu sein, fragte der Philosoph Thomas Nagel. Qualia war der Fachbegriff hierfür. Das phänomenale Bewusstsein charakterisiert somit die subjektiven Qualitäten unseres bewussten Erlebens von Wahrnehmungen und Empfindungen. Es ist dementsprechend allein dem erlebenden Subjekt unmittelbar zugänglich. Oder anders ausgedrückt, es kann nur introspektiv identifiziert werden, sprich nur aus einer spezifischen Perspektive, die man die Erste-Person-Perspektive nennt. Für andere Personen hingegen, also aus der sogenannten Dritte-Person-Perspektive, erschließen sich die empfindungsmäßigen Qualitäten eines Lebewesens nur über bestimmte Verhaltenskriterien. Dieser Zugang ist aber problematisch, weil eine Person ein bestimmtes Verhalten, beispielsweise Schmerzempfindungen, vortäuschen kann. Wir können deshalb weder wirklich sicher sein, ob eine Person überhaupt etwas erlebt, noch können wir die Beschaffenheit der Qualitäten ihrer subjektiven Erlebnisse auf irgendeine Art und Weise sicher herausfinden. Somit können wir auch niemals völlig zweifelsfrei Sicherheit darüber gewinnen, ob zwei Personen, die das gleiche Verhalten an den Tag legen, auch wirklich die gleichen inneren Zustände erleben. Hier bleibt ganz klar eine Grauzone bestehen. Trotzdem hat die empirische Forschung einige wichtige Erkenntnisse über das phänomenale Bewusstsein herausfinden können. So zum Beispiel, dass es die Basis für die übrigen Bewusstseinsarten bildet. Denn sollte einmal das phänomenale Bewusstsein ausfallen, dann gehen mit ihm auch alle anderen Bewusstseinsarten verloren. Ebenso konnte herausgefunden werden, dass nicht nur wir Menschen empfinden und wahrnehmen können, sondern andere höher entwickelte Lebewesen ebenfalls dazu in der Lage sind. Aber der Mensch vermag über das phänomenale Bewusstsein hinauszugehen, und zwar sobald er der Sprache mächtig geworden ist. Das heißt, als Baby oder Kleinkind sind wir Menschen noch völlig verhaftet im phänomenalen Bewusstsein. Aber mit dem Erwerb der Sprache beginnen wir plötzlich unsere phänomenalen Erlebnisse und Empfindungen zu verbalisieren, zu vergleichen und zu kommentieren. Der Mensch beginnt also mit der Sprache seine subjektiven Erfahrungen zu reflektieren. Damit eröffnet sich für ihn eine neue Art des Bewusstseins, das man kognitives Bewusstsein nennt.

2. Kognitives Bewusstsein

Das kognitive Bewusstsein kommt ins Spiel, wenn es um mentale Prozesse geht. Das heißt, sobald wir damit anfangen, über unsere direkten Erlebnisse nachzudenken, sie zu beschreiben und zu hinterfragen. Das kognitive Bewusstsein greift dabei auf die Informationen des phänomenalen Bewusstseins zurück. Deshalb wird es auch gelegentlich Zugriffsbewusstsein genannt. Es ist folglich mehr als nur die bloße Wahrnehmung, es ist die Interpretation. Anders gesagt, während das phänomenale Bewusstsein die Erlebniseigenschaften von Repräsentationen betrifft, sind im kognitiven Bewusstsein diese Repräsentationen als Gegenstand übergeordneter Prozesse zu verstehen. Hierzu ein Beispiel. Die Wahrnehmung von Essen betrifft allein das phänomenale Bewusstsein. Sobald wir aber damit anfangen, das Essen zu analysieren und zu interpretieren im Sinne von „das Essen schmeckt aber scharf" oder „letzte Woche hat das gleiche Gericht besser geschmeckt", bewegen wir uns im Bereich des kognitiven Bewusstseins. Mit seiner Hilfe beschreiben wir genau, was wir wahrnehmen. Das Kennzeichen des kognitiven Bewusstseins ist dementsprechend klar und eindeutig die Reflexion. Es ist, wenn man es so will, das Fundament, auf dem wir unsere Überzeugungen und Konzepte, ja unser ganzes Weltbild gründen und aufbauen. Ein Weltbild, das schließlich in Gedanken, Worten und Werken seinen Ausdruck findet. Sobald wir aber anfangen unser Weltbild zu hinterfragen, indem wir damit beginnen, unsere eigenen Gedanken zu beobachten, kommen wir zu einer anderen Art von Bewusstsein, die man Beobachtungsbewusstsein oder auch Monitoringbewusstsein nennt.

3. Beobachtungsbewusstsein

Das Monitoringbewusstsein ist das Bewusstsein eines Lebewesens über die eigenen geistigen Zustände, die es hat. Dieses Wissen oder diese innere Kenntnis wird gelegentlich auch als Metakognition bezeichnet. Es ist eine Fähigkeit, die sehr eng mit dem kognitiven Bewusstsein zusammenhängt. Und es ist eine ganz wichtige Fähigkeit, denn mit dieser Art der Introspektion gelingt es uns nämlich, eine bestimmte Form von Distanz gegenüber unseren eigenen Erlebnissen einzunehmen, sodass es uns dadurch möglich wird, sie als ein Objekt der Beobachtung zu schauen, um sie anschließend adäquat aufzuarbeiten. Auch hierzu ein kurzes Beispiel. Jürgen sitzt in einem Café und lässt den Blick schweifen. Plötzlich entdeckt er Hans, der ebenfalls im Café sitzt. Jürgen befindet sich damit in Bezug auf seine Wahrnehmung im Bereich des phänomenalen Bewusstseins. Plötzlich schießt Jürgen ein Gedanke durch den Kopf. „Hans, dieser faule Hund, hat wohl nichts zu tun. Gestern hat er auch schon hier gesessen. Der sollte mal lieber zu Hause Rasen mähen, der steht nämlich schon kniehoch." Mit dieser Art der Reflexion befindet sich Jürgen nun im Bereich des kognitiven Bewusstseins. Doch dann schießt Jürgen ein anderer Gedanke durch den Kopf. „Hans ist doch eigentlich ein netter Kerl. Erst letzte Woche hat er mich doch zum Bier eingeladen. Und wir hatten ein gutes tiefgreifendes Gespräch miteinander. Warum denke ich eigentlich so schlecht über ihn?" Jürgen geht mit diesem Denken auf Distanz zu seinen eigenen Gedanken. Er betreibt im wahrsten Sinne des Wortes Metakognition und befindet sich damit im Bereich des Beobachtungsbewusstseins. Diese Art des Bewusstseins ist für uns unerlässlich, denn mit seiner Hilfe gelingt es uns nicht nur, unsere Erlebnisse noch etwas detaillierter zu beschreiben, sondern wir sind dank dieser Fähigkeit nunmehr auch in der Lage, durch diese Form der Beobachtung Erfahrungen über das eigene Selbst zu erlangen. Damit wären wir dann bei der vierten Art von Bewusstsein angekommen, dem Selbstbewusstsein.

4. Selbstbewusstsein oder Ichbewusstsein

Bleiben wir ruhig bei unserem Beispiel von Jürgen und Hans. Aus dem Café zu Hause angekommen, setzt sich Jürgen in sein Arbeitszimmer an den Schreibtisch, lehnt sich zurück und denkt tief über eine Frage nach. „Warum habe ich so viele Vorurteile über Menschen? Woher kommt das?" Nach intensivem Überlegen fallen Jürgen zahlreiche Beispiele ein, wo er von anderen Menschen bitter enttäuscht wurde. Ihm wird klar, dass er aufgrund dieser schlechten Erfahrungen Menschen einfach vorverurteilt. Er hat damit ein Bewusstsein über sein Selbst erhalten. Oder anders formuliert, er ist sich in diesem Punkt selbst bewusst geworden. Selbstbewusstsein erlangt man also, indem man sich seiner selbst bewusst wird sowie dessen bewusst wird, was man mag, nicht mag, welche Stärken und welche Schwächen man hat. Im Selbstbewusstsein leuchtet somit das Ich, also der Wahrnehmende, sich selbst aus. Dem Ich ist bewusst, dass es über ein Bewusstsein verfügt. Und somit ist es sich seiner eigenen Existenz bewusst. Das ist im wahrsten Sinne des Wortes Selbstbewusstsein. Nur wenn der Geist sich selbst erkennt und damit selbstbewusst zu sich selbst „Ich" sagen kann, spricht man vom Selbstbewusstsein. Das Selbstbewusstsein wird folgerichtig im „Ich" zusammenfasst. Man spricht deshalb beim Selbstbewusstsein auch gern von Ichbewusstsein. Die Wörter „Ich" und „Selbst" stehen also für den individuellen Geist, sofern sich dieser selbst erkennt und zu sich selbst steht, sprich über Wissen und Erkenntnis des eigenen Ich verfügt. Auf unser Beispiel von Jürgen und Hans angewandt bedeutet dies, dass Jürgen sich nur deshalb selbst auszuleuchten vermag, weil er genau weiß, dass er über ein Bewusstsein verfügt. Mithilfe dieses Selbstbewusstseins reflektiert sein Ich über sich selbst, wird seiner Eigenschaften gewahr und gelangt so zum Selbst. Die Wörter „Ich" und „Selbst" sind von daher nicht synonym zu gebrauchen. Denn das „Ich" enthält den bewussten Teil von sich selbst, während das „Selbst" neben den bewussten Anteilen darüber hinaus noch die unbewussten Anteile der Persönlichkeit enthält, wobei unter Persönlichkeit die Gesamtheit der persönlichen Eigenschaften eines Menschen zu verstehen ist. Der Begriff Selbst ist von daher umfassender als der Begriff des Ich. Man könnte auch sagen, das Selbst ist das „große" Ich und das Ich ist das „kleine" Ich. Das Selbst löst sich auf oder wird zum Ich bzw. das Ich wird zum Selbst, je nachdem, wie man es will, sobald das Ich alles über sich selbst weiß und sich seiner vollkommen bewusst wird. Das Ich ist sich damit seines Potenzials, seines Vermögens bewusst. Es erwirbt auf diese Weise die Fähigkeit, zu wachsen und zu gedeihen. Und so kann es mit Fug und Recht von sich behaupten: „Endlich bin ich ich selbst." Ungeschminkt und unverfälscht, damit einzigartig und unverkennbar, das ist vollkommenes Selbstbewusstsein. Selbstbewusstsein darf deshalb nicht mit dummdreistem und unverschämtem Verhalten verwechselt werden, wie es umgangssprachlich oft fehlinterpretiert wird. Das wäre höchstens ein negatives Selbstbewusstsein. Ein positives Selbstbewusstsein hingegen sieht völlig anders aus. Hier weiß das Ich über sich selbst Bescheid, es verfügt über ein Selbstkonzept. Es hat eine ganz eigene Wahrnehmung des Selbst sowie ein Wissen über die eigene Persönlichkeit. Und das muss es auch, schließlich bildet ja das Ich den Kern einer jeden Persönlichkeit, die Grundstruktur, wenn man so möchte. Wenn es also etwas gibt, was das positive vom negativen Selbstbewusstsein unterscheidet, dann ist es die Fähigkeit zu denken. Das ist wirklich wörtlich zu verstehen, denn ohne eine Reflexion, ohne ein kognitives Bewusstsein kann weder das Beobachtungsbewusstsein noch das Selbstbewusstsein existieren. Sie können die Fähigkeiten des kognitiven Bewusstseins ergänzen und erweitern, aber für sich ganz alleine können sie nicht stehen.

5. Transzendenzbewusstsein

Das Transzendenzbewusstsein beinhaltet den Sinn für das Höhere, die Spiritualität und Religiosität. Es ist der Glaube an Gott als Schöpfer, an ein Leben nach dem physischen Tod, mit der Möglichkeit einer Sphäre, die jenseits unserer materiellen Welt existiert. Aber das

Transzendenzbewusstsein erstreckt sich nicht nur auf Gott und das Jenseits allein, sondern umfasst vielmehr auch das Wissen darüber, dass es das objektiv Existierende tatsächlich gibt, obwohl es sich unserer unmittelbaren sinnlichen Erfahrung entzieht. Das betrifft beispielsweise alle menschlichen Werte und Tugenden sowie die Liebe. Nehmen wir zwei Menschen, die miteinander den Bund der Ehe eingehen. Rein äußerlich treten nur zwei Menschen in Erscheinung, mehr können wir nicht sehen. Und doch gibt es ein Band, die Liebe, die beide verbindet und zusammenhält. Die Liebe können wir dabei nicht sehen, wissenschaftlich nicht beweisen, und doch wissen wir genau, dass sie existiert. Oder nehmen wir unser Bewusstsein, von dem wir mit Bestimmtheit wissen, dass wir es haben, nur beweisen können wir es leider nicht. Das Transzendenzbewusstsein ist folglich das Bewusstsein von allem, was objektiv existiert, obwohl es mit den Methoden der Wissenschaft weder nachweisbar ist noch jemals sein wird. Es ist ein ganz besonderes Bewusstsein, denn es verbindet uns mit dem Unsichtbaren, mit allem, was da ist und doch nicht sinnlich oder rein rational erfasst oder begründet werden kann. Es macht uns zu „stillen Teilhabern", sodass wir den wahren Wert dieser nur mit den Augen des Geistes wahrnehmbaren Größen dennoch erkennen und erfassen können. Das Transzendenzbewusstsein ist demzufolge ein Bewusstsein von etwas, das die Grenzen unserer Welt überschreitet. Es ist ein Bewusstsein von allem, das unsere Sinne übersteigt, über sie hinausgeht, sie transzendiert. Es ist ein Bewusstsein von der letzten Ursache, die hinter allen sichtbaren Dingen steht und ohne die es nichts geben würde. An diese letzte Ursache ist der Mensch rückgebunden, er ist religiös. Religion kommt vom lateinischen „religio" her, und das bedeutet nichts anderes als „Rückbindung". Religion ist somit Teil der menschlichen Natur, nicht vom Menschen wegzudenken und untrennbar mit ihm verbunden. In letzter Konsequenz ist Transzendenzbewusstsein deshalb doch das Bewusstsein von der göttlichen Existenz, und wenn es nur diese Möglichkeit in Erwägung zieht oder wenigstens die Möglichkeit als solche intellektuell begreift, ohne an sie zu glauben. Das ist es, was den Menschen auszeichnet und ihn vom Tier unterscheidet. Das Tier kann nicht glauben, kann nicht verstehen, kann diese Dimension und Tiefe nicht erreichen. Es kann ein Ichbewusstsein besitzen, aber erst wenn ein Transzendenzbewusstsein hinzutritt, würde es zum Menschen werden, ihm ebenbürtig sein. Das also ist die exakte Grenzlinie zwischen Mensch und Tier. Dort, wo das Transzendenzbewusstsein einsetzt, endet das Tier und der Mensch beginnt. Wenn deshalb der Satanismus in seiner philosophischen Ausrichtung die Menschheit glauben machen will, dass der Mensch lediglich ein Tier unter anderen Tieren sei, nicht mehr und nicht weniger, dann blendet er sie. Aber das darf er auch, denn schließlich ist Luzifer nichts anderes als das trügerische Licht.

Was kann man nun aus den Ausführungen über die fünf Bewusstseinsarten für uns Fruchtbares ableiten? Zunächst einmal dürfen wir festhalten, dass das Bewusstsein mittels der Aufmerksamkeit auf drei verschiedene Wahrnehmungsfelder gerichtet werden kann. So kann das Bewusstsein zum einen gezielt auf die Außenwelt gerichtet werden. Die Außenwelt repräsentiert dabei all das, was um uns herum ist und geschieht. Als „Fühler" dienen uns hierbei unsere fünf Sinne, welche in diese Außenwelt, die wir gerne auch als materielle Welt bezeichnen, hineinragen. So ist es denn entweder diese Außenwelt selbst, die aufgrund ihrer vielfachen Reizeinwirkung unsere Beachtung auf sich lenkt. Oder wir selber lenken unsere selektive Wahrnehmung auf ausgewählte Ausschnitte dieser Außenwelt, welche uns in besonderem Maße, aus welchen Gründen auch immer, interessieren. Wir können aber zum anderen unser Bewusstsein mittels der Aufmerksamkeit auch von dieser Außenwelt gezielt abwenden und nach innen richten, auf unsere Innenwelt. Das ist die Welt unserer Gefühle, Stimmungen, Körperwahrnehmungen und Körperempfindungen. Auf diese Art und Weise „horchen" wir gezielt in uns hinein. Wir erkunden damit, wie gut oder schlecht es uns in unsrer Haut eigentlich geht. Als Drittes können wir unsere Aufmerksamkeit noch weiter in uns hineinlenken, in die Welt der Gedanken und Vorstellungen. Es ist ein eigenständiger Teil unserer Innenwelt, die eine eigene Form der Realität besitzt und die nicht selten mit der Bezeichnung Phantasie versehen wird. Kopfkino könnte man auch dazu sagen. Das Besondere an dieser eigenen Welt ist, dass sie einerseits einen Einfluss auf unsere Gefühle hat und andererseits durch diese Gefühle wiederum auf die Außenwelt einwirkt. Halten wir also fest, Aufmerksamkeit ist ein echtes Lebensprinzip. Denn mit ihrer Hilfe können wir Kontakt aufnehmen zu unseren drei Feldern der Wahrnehmung Außenwelt, Innenwelt und Phantasie. Aber Vorsicht, die Rede ist von Aufmerksamkeit, nicht von Achtsamkeit. Beide müssen wir streng voneinander abgrenzen.

Aufmerksamkeit und Achtsamkeit

Wo jedoch liegt der Unterschied zwischen Aufmerksamkeit und Achtsamkeit? Sagen wir es einmal so, sowohl die Aufmerksamkeit wie auch die Achtsamkeit, beide sind Formen des Wachseins und deshalb miteinander verwandt. Die Verwandtschaft ist derart eng, dass beide Funktionszustände fließend ineinander übergehen können. Beide Funktionszustände richten das Bewusstsein auf Wahrnehmbares aus. Bei der Achtsamkeit aber wird das Bewusstsein auf kein spezielles Ziel hin ausgerichtet. Es ist mehr eine Haltung der Gegenwärtigkeit und Absichtslosigkeit, eine wache Bereitschaft, etwas wahrzunehmen. Aufmerksamkeit bedeutet dagegen das Bewusstsein auf einen speziellen Inhalt zu zentrieren, etwas gezielt in den Fokus zu nehmen, welches dann in den Vordergrund rückt. Die Aufmerksamkeit verfolgt demnach eine Absicht, wohingegen die Achtsamkeit ungerichtet ist und nicht bewertet. Vielleicht mag es etwas nach Haarspalterei klingen, aber das ist es gewiss nicht, denn nur die Aufmerksamkeit kann entweder nach außen oder nach innen gerichtet werden. Bei der Achtsamkeit geht das nicht, sie bleibt nur eine Bereitschaft, uneingeschränkt wahrzunehmen. Das ist der große Unterschied. Das heißt, mittels der Aufmerksamkeit kann das Bewusstsein gezielt gesteuert und in Kontakt gebracht werden mit einem der drei Wahrnehmungsfelder. Damit wird es möglich, das angesteuerte Wahrnehmungsfeld bewusst zu erleben. Die Achtsamkeit als Fähigkeit, im Hier und Jetzt präsent zu sein, muss dagegen vielmehr als Voraussetzung dazu verstanden werden. Auf den Punkt gebracht können wir daher Folgendes formulieren. Achtsamkeit ist eine Voraussetzung für die Aufmerksamkeit und Aufmerksamkeit wiederum ist als Voraussetzung für Bewusstsein zu verstehen. Damit wären wir bei dem wichtigen Thema Bewusstseinsschwelle angekommen. Also jener Schwelle, die das Wachbewusstsein vom Unterbewusstsein trennt.

Bewusstseinsschwelle

Die Frage nach der Bewusstseinsschwelle ist zwangsläufig mit der Frage verknüpft, was Reize überhaupt tun müssen, damit sie dem Menschen bewusst werden. Ist es ausreichend, wenn ein Stimulus sich nur mit hinreichender Intensität und Dauer präsentiert oder gehört mehr dazu? Bewusstsein wird bei dieser Fragestellung mit der Wahrnehmung gleichgesetzt, sodass auch von einer Wahrnehmungsschwelle gesprochen werden kann. Aber kann man Wahrnehmung überhaupt objektiv messen? Nein, sagte Immanuel Kant, weil es unmöglich ist, das exakt zu quantifizieren, was die Psyche hervorbringt. Stimmt nicht, antwortete der deutsche Physiker und Philosoph Gustav Theodor Fechner (1801–1887) und lieferte die ersten Ansätze zum Nachweis einer Beziehung zwischen Physischem und Psychischem. Fechner beschäftigte dabei vor allem die Frage nach der Beziehung zwischen der Psyche, im Sinne von Geist, und der materiellen Welt. Aus dieser Fragestellung heraus entwickelte er Methoden zur Messung dieser Beziehung und gründete somit im Jahre 1860 die Psychophysik als Teilgebiet der experimentellen Psychologie. In der Psychophysik geht es in erster Linie um die psychophysikalische Reizwahrnehmung. Sie versucht daher, und das ist ihr primäres Bestreben, mittels Messungen quantitative Zusammenhänge zwischen physikalischen Reizen auf der einen Seite und der Wahrnehmung auf der anderen Seite herauszuarbeiten. Die Wahrnehmungsschwelle, auch Absolutschwelle genannt, wird hierbei als die kleinste Reizintensität definiert, welche nötig ist, damit ein Betrachter einen Reiz wahrnimmt. Basierend auf dieser Definition entwickelte Fechner folgende Methoden zur Bestimmung der Wahrnehmungsschwelle:

Grenzmethode

Bei dieser Methode werden einer Versuchsperson verschiedene Reize mit abwechselnder auf- und absteigender Intensität dargeboten. Dabei wird dann festgestellt, ab welcher Stärke der Reiz wahrgenommen bzw. nicht mehr wahrgenommen werden kann. Die Wahrnehmungsschwelle ergibt sich als der Mittelwert aller Übergangswerte.

Herstellungsmethode

Bei dieser Methode wird ein entsprechender Reiz so lange verändert, entweder vom Versuchsleiter oder dem Probanden selbst, bis die Versuchsperson schließlich meint die

Wahrnehmungsschwelle gefunden zu haben. Der Versuch wird im Experiment mehrmals wiederholt. Am Ende ergibt der Durchschnitt die Wahrnehmungsschwelle.

Konstanzmethode

Die Konstanzmethode ist die aufwendigste und genaueste Methode. Im Experiment werden der Versuchsperson die Reize in rein zufälliger Reihenfolge dargeboten, wobei der stärkste Stimulus deutlich über und der schwächste Stimulus deutlich unter der Wahrnehmungsschwelle liegt. Die übrigen Stimuli liegen irgendwo dazwischen, was zur Folge hat, dass sie manchmal wahrgenommen werden und manchmal auch nicht. Anschließend wird die Schwelle der Wahrnehmung bei dem Reiz angesiedelt, welcher in der Hälfte aller Stimulierungen wahrgenommen wurde. Theoretisch klingt das alles erst einmal einfach und gut. Man braucht nur zu erforschen, wie stark die Reizung eines bestimmten Sinnesorganes sein muss, um eine gewünschte Reaktion auszulösen, und schon hat man die Bewusstseinsschwelle genau ermittelt. Aber so einfach ist es in der Praxis leider nicht, denn es gibt an der Wahrnehmungsschwelle keine abrupten Übergänge, also keine Bereiche, wo ein Stimulus nie oder immer wahrgenommen wird. Stattdessen haben wir es in der Realität mit einem graduellen Übergang zu tun. Die Wahrnehmung eines Stimulus um die Absolutschwelle herum ist von daher eher unbestimmt. Will sagen, an der Wahrnehmungsschwelle läuft es nicht nach dem Alles-oder-nichts-Prinzip, sondern es existiert nur eine gewisse Wahrscheinlichkeit dafür, dass ein Reiz auch wirklich wahrgenommen wird. Erschwerend kommt bei der Bestimmung der Wahrnehmungsschwelle noch hinzu, dass es verschiedene Kriterien dafür gibt, ob nun ein Stimulus wahrgenommen wurde oder nicht. Und zu guter Letzt müssen auch Gewöhnungseffekte mitberücksichtigt werden, denn durch Adaptation kann die Wahrnehmungsschwelle in verschiedenen Zusammenhängen beträchtlich variieren. Ja, die Definition der Wahrnehmungsschwelle könnte eigentlich so einfach sein, aber die Realität da draußen ist nun mal keine Gerade. Und so bleibt am Ende nur die Feststellung, dass es in Bezug auf die Definition der Wahrnehmungsschwelle unter Wissenschaftlern keine Einigkeit gibt. Aber glücklicherweise beschränkt sich die Psychophysik nicht nur auf die Bestimmung der Wahrnehmungsschwelle. Je nach dem Fragebereich kann beispielsweise auch die Unterschiedsschwelle ermittelt werden. Dahinter steht die Fragestellung, wie verschieden eigentlich zwei Stimuli sein müssen, damit sie in einem definierten Zusammenhang als unterschiedlich erkannt werden. Oder man wirft die Frage nach der Reizerkennung auf. Die Reizerkennung ermöglicht dabei einen Reiz als solchen nicht nur zu erkennen, sondern ihn darüber hinaus auch zu identifizieren. Es geht also bei der Reizidentifikation nicht nur darum, einen roten Punkt zu erkennen, ihn zu detektieren, sondern anschließend auch die Frage zu beantworten, wann denn ein roter Punkt als roter Punkt identifiziert wurde. Dabei gilt die Grundregel, dass die Reizdetektion vor der Reizidentifikation steht. Der letzte Untersuchungsbereich geht noch einen Schritt über die bloße Reizerkennung hinaus, indem er fragt, ob eine Versuchsperson, die einem Reiz ausgesetzt wurde und diesen erkannt hat, auch einschätzen kann, wie stark der Reiz gewesen sein muss. Diesen Untersuchungsbereich nennt man Skalierung. Allerdings muss auch hier wieder betont werden, dass die Skalierungsfähigkeiten in verschiedenen Kontexten durchaus beträchtlich variieren können.

Die Gesetze der Psychophysik

Trotz dieser erheblichen Unwägbarkeiten ist es der Psychophysik dennoch im Laufe der Zeit gelungen, einige Gesetzmäßigkeiten herauszuarbeiten und sie zu formulieren. Dabei lauten die drei klassischen Gesetze der Psychophysik wie folgt:

Das Webersche Gesetz

Dieses Gesetz wurde nach dem deutschen Physiologen und Anatomen Ernst Heinrich Weber (1795–1878) benannt und besagt, dass je stärker ein Reiz ist, desto größer auch der Reizunterschied sein muss, damit dieser Unterschied bemerkt wird.

Das Fechnersche Gesetz

Dieses Gesetz besagt, dass die Empfindungsstärke mit dem Logarithmus der Reizstärke wächst. Das bedeutet, dass eine Verdoppelung der Reizstärke einem subjektiven Zuwachs der Empfindungsstärke um circa 30 % entspricht. Eine Verzehnfachung der Reizstärke wiederum würde ungefähr eine Verdoppelung der Empfindungsintensität nach sich ziehen.

Stevenssches Gesetz

Dieses Gesetz wurde nach dem amerikanischen Psychologen Stanley Smith Stevens (1906–1973) benannt. Es ist als Erweiterung bzw. Präzisierung des Fechner-Gesetzes zu verstehen. Denn Stevens fand heraus, dass sich die Beziehung zwischen Reizstärke und Empfindungsstärke besser durch eine jeweils spezifische Potenzfunktion beschreiben lässt als durch einen Logarithmus wie bei Fechner. Der Exponent dieser spezifischen Potenzfunktion ist dabei von der jeweiligen Sinnesmodalität abhängig.

Kehren wir mit diesem Wissen jetzt wieder zu unserer Ausgangsfrage zurück: Was müssen Reize tun, damit sie uns Menschen bewusst werden? Die Wahrnehmungsschwelle hat gezeigt, dass Reize eine bestimmte Stärke besitzen müssen, um eine Reaktion auslösen zu können. Denn wir Menschen können grundsätzlich nur Informationen wahrnehmen, wenn diese eine bestimmte Reizschwelle überschreiten und sich damit merklich von dem Grundrauschen aller anderen Sinneswahrnehmungen abheben. Ist der Reiz dagegen zu schwach, kann er die Absolutschwelle nicht überschreiten, dann wird er vom Wachbewusstsein auch nicht wahrgenommen. Wir benötigen also eine supraliminale Stimulation, wie die Psychologen sagen, sprich eine Stimulation über der Wahrnehmungsschwelle. Erst dann wird eine bewusste Wahrnehmung des Stimulus überhaupt möglich. Wahrnehmung ist demzufolge eindeutig von der Reizstärke abhängig. Ähnliches gilt auch für die Reizdauer. Denn mit zunehmender Reizdauer steigt auch die Wahrscheinlichkeit, dass der Reiz vom Wachbewusstsein wahrgenommen wird, vorausgesetzt natürlich, dass er die Absolutschwelle passiert hat. Hier ein Beispiel. Nehmen wir an, Sie haben sich am Knöchel verletzt auf dem Weg ins Büro. Dort angekommen verschwindet der Schmerz aus Ihrem Bewusstsein. Telefonate, E-Mails, der Ärger mit dem Vorgesetzten, das alles schiebt sich in Ihrem Wachbewusstsein in den Vordergrund, alles Übrige verschwindet. Am Abend, nach dem Einkauf, kommen Sie zur Ruhe. Sie legen sich hin und plötzlich ist er wieder da, der Schmerz, von dem sie glaubten, er sei verschwunden. Warum ist das so? Nun, der Knöchel könnte sich verschlimmert haben. Aber das wollen wir hier nicht unterstellen. Wir nehmen einfach an, dass das Schmerzniveau und damit der Reiz unverändert zur Morgensituation geblieben sind. Des Rätsels Lösung ist ganz einfach, Ihre Bewusstseinsschwelle hat sich verschoben. Im Büro waren sie durch diverse Handlungen abgelenkt. Dadurch hat sich Ihre Bewusstseinsschwelle nach oben hin verschoben. Der Reiz in Form des Schmerzes hätte demnach größer werden müssen, um noch in Ihr Wachbewusstsein vordringen zu können. Am Abend dagegen waren alle Handlungen erledigt. Nichts stand mehr auf der Tagesordnung, was sich noch hätte in das Wachbewusstsein schieben können. Dadurch senkte sich ihre Bewusstseinsschwelle ab und der Reiz nahm seinen Weg in Ihr Bewusstsein. Haben Sie an diesem Beispiel etwas bemerkt? Wahrnehmungsschwelle und Bewusstseinsschwelle sind zwei völlig verschiedene Paar Schuhe. Die Wahrnehmungsschwelle ist eine mehr oder minder konstante Größe. Die Bewusstseinsschwelle hingegen kann beträchtlich schwanken, je nach den inneren oder äußeren Begleitumständen. Sie ist absolut kontextabhängig. Wir kennen hierzu gute Beispiele aus der Bauindustrie. Die Kreissäge ist ein Arbeitsmittel mit hohem Gefahrenpotenzial. Nicht selten passiert es da, dass ein Bauarbeiter sich einen Finger absägt, ohne es jedoch zunächst zu bemerken. Zu hoch ist der Stress, zu hoch die Ablenkung und dadurch auch die Bewusstseinsschwelle. Die Wahrnehmungsschwelle ist und bleibt dagegen immer die kleinste Reizintensität, die benötigt wird, damit eine Versuchsperson einen Reiz überhaupt wahrnimmt. Diese minimalste Reizintensität dürfte bei einem abgeschnittenen Finger sicherlich bei Weitem überschritten sein. Trotzdem gelangt der Reiz nicht in das Wachbewusstsein, weil die Bewusstseinsschwelle durch die zu verrichtende Tätigkeit stark angehoben wurde. Ein Extrembeispiel stellen sicherlich die Berserker dar. Mittelalterliche skandinavische Quellen berichten nämlich von im Rausch kämpfenden Männern, die keine Schmerzen mehr bei Verwundungen wahrnahmen. So konnte es passieren, dass ganze Extremitäten während einer Kampfhandlung abgetrennt wurden, ohne dass die Betreffenden es gemerkt hätten. Ein solches Phänomen lässt sich nur durch eine extrem angehobene Bewusstseinsschwelle erklären, bedingt durch die kriegerischen Auseinandersetzungen und die damit verbundene Ausnahmesituation. Die Wahrnehmungsschwelle hingegen blieb auch bei den Berserkern unverändert, ob vor oder nach den Kriegshandlungen. Und wie kann man nun die Bewusstseinsschwelle messen? Gar nicht, damit lässt sie sich auch nicht in eine Gesetzmäßigkeit oder Formel bringen. Sie ist und bleibt unberechenbar. Uns können Arme und Beine abgetrennt werden, ohne dass wir es bemerken. Und ebenso können minimalste Reize von unserem Bewusstsein detektiert werden, selbst solche unterhalb der Wahrnehmungsschelle, wenn wir nur unsere Aufmerksamkeit darauf richten. Kant hatte also doch nicht ganz unrecht, als er sagte, dass sich die Hervorbringungen der Psyche nicht messen lassen. Allerdings ist das Beispiel der Berserker wirklich eine Ausnahme, weil in der Regel starke Reize die Reizeschwelle doch überschreiten, damit Schmerzen auslösen und so normalerweise unser Bewusstsein stets erreichen. Bezogen auf den Organismus versteht man dabei unter der Reizschwelle eines Organes oder Organismus den geringsten äußeren Reiz, der imstande ist eine wahrnehmbare Reaktion auszulösen. Hingegen versteht man unter der Schmerzschwelle, im Volksmund manchmal auch Schmerzgrenze genannt, die niedrigste Stärke eines Reizes, der von einer Versuchsperson als schmerzhaft empfunden wird. Der Schmerzreiz ist übrigens ein ganz besonderer Reiz. Denn wenn man Menschen dauerhaft einem spezifischen Reiz aussetzt, gewöhnen sie sich schließlich daran. Das heißt, die Menschen adaptieren. Man könnte in diesem Zusammenhang auch von Anpassung sprechen. Alle fünf unserer menschlichen Sinne, das Sehen, Hören, Riechen, Schmecken und Tasten, unterliegen diesem Prozess der Adaptation. Jeder von uns kennt das. Wenn wir uns frühmorgens anziehen, dann bemerken wir bald darauf unsere Kleidung auf der Haut nicht mehr. Dies geschieht, weil die Hautrezeptoren sehr schnell adaptieren. Das ist auch gut so, denn ansonsten würden wir Kleidung auf unserer Haut gar nicht aushalten können. Auch der Duft der frisch gewaschenen Kleidung verschwindet bald aus unserem Bewusstsein. Während des Schlafes haben wir nichts gerochen. Das liegt daran, dass in der Nacht bestimmte neuronale Aufmerksamkeitsnetze einfach abgeschaltet werden, die für die Geruchswahrnehmung notwendig sind. Nach der Rückkehr in das Wachbewusstsein werden diese neuronalen Netzwerke dann angeschaltet und der Mensch hat seinen Geruchssinn wieder. Der Grund, warum wir den Duft unserer frisch gewaschenen Kleidung bald nach dem Anziehen trotzdem nicht mehr wahrnehmen können, liegt einfach daran, dass auch der Geruchssinn sehr stark adaptiert. In der Regel dauert der Anpassungsvorgang nur wenige Minuten, danach wird der entsprechende Geruch nicht mehr registriert. Das gilt übrigens für alle 100 000 Geruchsstoffe, die unser Riechsinn wahrnehmen kann. Unser Geruchssinn ist, und das müssen wir daraus folgern, mehr darauf ausgerichtet, Änderungen zu registrieren, und nicht für das permanente Wahrnehmen ein und desselben Duftstoffes. Noch schneller als der Geruchssinn adaptiert dagegen der Geschmackssinn vollständig. Diese Adaptation wird uns vor allem beim Kochsalz zum Verhängnis. Denn wer regelmäßig Salz konsumiert, der desensibilisiert sich selbst für diesen Geschmacksreiz, was auf Dauer zu Bluthochdruck führen kann. Und um ein letztes Beispiel zu nennen, sei auch noch die Hell-Dunkel-Adaptation genannt. Wenn wir nach allen morgendlichen Verrichtungen unser hell erleuchtetes Haus im Morgengrauen verlassen und zum Auto gehen, das in der

Garage steht, dann erkennen wir zuerst nicht sonderlich viel. Erst mit der Zeit sind wir in der Lage, mehr wahrzunehmen, wenn wir uns an die Dunkelheit gewöhnt haben. Warum ist das so? Warum unterliegen unsere Sinne dem Phänomen der Adaptation? Die Antwort darauf ist relativ einfach. Durch die Adaptation wird Platz geschaffen für neue Wahrnehmungen. Ohne sie würden wir regelrecht zumüllen vor lauter Wahrnehmungen und lebensunfähig werden. Aber keine Regel ohne Ausnahme. Denn die Temperaturrezeptoren in unserer Haut, die für die Wahrnehmung von Wärme und Kälte verantwortlich sind, adaptieren nur vollständig in den Temperaturbereichen zwischen 30 und 36 °C. Temperaturen über 36 °C werden hingegen dauernd als warm und Temperaturen unter 30 °C dauernd als kalt empfunden. Dass die Temperaturrezeptoren jenseits dieses Temperaturbereiches nicht adaptieren, ist eine wichtige Schutzfunktion, welche die Haut vor Temperaturschäden bewahrt. Steigert man die Temperatur höher als 45 °C, dann werden Schmerzrezeptoren aktiviert. Die meisten dieser Schmerzrezeptoren, auch Nozizeptoren genannt, sind überhaupt nicht adaptationsfähig. Im Gegenteil, wenn der Mensch dauerhaft entsprechenden Schmerzreizen ausgesetzt wird, wird er sogar noch sensibler. Aus diesem Grunde müssen an dieser Stelle Schmerzmedikamente zum Einsatz kommen, die das Schmerzsignal auf seinem Weg zum Gehirn unterdrücken. Eigentlich ein großer Fehler, weil uns diese fehlende Adaptationsfähigkeit der Schmerzrezeptoren vor Einflüssen aus unserer Umgebung schützen soll. Sie ist für uns unerlässlich. Das Gleiche gilt natürlich auch für den Juckreiz, der ebenfalls über die Nozizeptoren vermittelt wird. Und wenn nun zwei Reize aufeinanderfolgen, wie wird da eigentlich der Unterschied zwischen den beiden von uns bemerkt? Oder anders gefragt, wie wird in diesem Falle der Unterschied für uns wahrnehmbar? Hier sei noch einmal an das Webersche Gesetz und die Unterschiedsschwelle erinnert. Folgen nämlich zwei Reize aufeinander, so muss zwischen den beiden eine gewisse Differenz in der Reizstärke bestehen, damit für uns ein Unterschied zwischen den beiden Reizen wahrnehmbar wird. Die Unterschiedsschwelle ist folglich als der minimalste Unterschied zwischen zwei Reizen definiert, welcher erforderlich ist, damit er in 50 % der Fälle überhaupt erkannt wird. Wir Menschen erleben diese Unterschiedsschwelle in der Realität als den eben noch merklichen Unterschied. Ein schönes Beispiel dazu, das diesen Sachverhalt besonders gut darzustellen vermag, stammt von dem amerikanischen Psychologieprofessor Eugene Galanter und wurde 1962 von diesem vorgetragen. Man stelle sich einfach vor, in einen Raum zu kommen, welcher durch zehn Kerzen beleuchtet wird. Zündet man nun eine weitere Kerze an, dann wird man den Helligkeitsunterschied wahrscheinlich noch gut wahrnehmen können. Wenn man jedoch einen Raum betritt, der durch hundert Kerzen erleuchtet wird, dann wird der Helligkeitsunterschied wahrscheinlich nicht mehr wahrnehmbar sein, wenn man zu den hundert brennenden Kerzen noch eine weitere Kerze anzündet. Das bedeutet also, dass der Reizunterschied zwischen zwei Reizen umso größer sein muss, je stärker ein Reiz ist, damit wir den Unterschied noch bemerken können. Jetzt wissen wir so langsam, was Reize tun müssen, damit sie uns Menschen bewusst werden. Und wir können jetzt auch unsere Eingangsfrage beantworten, ob es ausreichend ist, wenn ein Stimulus sich nur mit hinreichender Intensität und Dauer präsentiert, oder ob nicht doch mehr dazugehört. Die Antwort ist ein eindeutiges Nein, denn Dauer und Intensität eines Reizes sind für sich allein genommen nicht hinreichend, damit uns Reize auch tatsächlich bewusst werden. Eine ganz entscheidende Komponente fehlt da nämlich noch. Und genau diese elementare Komponente haben die Forscher O'Regan, Rensink und Clark durch ihre Untersuchungen zur „Change-Blindness" 1997 herausgefunden. Change-Blindness, zu Deutsch Veränderungsblindheit, ist ein Phänomen der visuellen Wahrnehmung und bezeichnet ein Nichtbemerken starker Veränderungen in visuellen Szenen, die normalerweise leicht bemerkt werden könnten. Oder anders formuliert, wir vertrauen in der Regel auf unsere Wahrnehmung und gehen davon aus, dass wir starke Veränderungen jederzeit bemerken können. Das stimmt aber nicht. Das heißt, wir überschätzen uns. Und genau diese Überschätzung der eigenen Wahrnehmung bezeichnet man in der englischsprachigen Welt als Change-Blindness. Zur Veränderungsblindheit kam es in den besagten Untersuchungen immer dann, wenn das mit einer Veränderung einhergehende Bewegungssignal keine Aufmerksamkeit auf sich zog. Dies war beispielsweise der Fall, wenn gerade im Moment des Bewegungssignals kurz woanders hingeschaut oder die Versuchsperson irgendwie abgelenkt wurde. Anders ausgedrückt, die Veränderungsblindheit tritt dann auf, wenn die Aufmerksamkeit für kurze Zeit auf etwas anderes fokussiert wird. Aufmerksamkeit ist also das Zauberwort bzw. die wesentliche Komponente. Sie ist die Voraussetzung für die Entstehung von Bewusstsein. Das heißt, nicht nur die Reize müssen etwas tun, damit sie in unser Bewusstsein vordringen können, sondern auch wir müssen etwas ganz Entscheidendes tun, wenn wir wollen, dass bestimmte Reize unser Bewusstsein erreichen. Wir müssen unsere Aufmerksamkeit gezielt auf sie richten, sonst funktioniert es nicht. Das bedeutet aber auch im Umkehrschluss, dass wenn wir bestimmten Dingen zu viel Aufmerksamkeit widmen bzw. widmen müssen und die Reize mit großer Stärke und Dauer auf uns einprasseln, es zu einem Phänomen kommen kann, das wir als Reizüberflutung bezeichnen. Denn sobald die Reizmenge, Reizstärke und die Reizdauer eine entsprechende Größe erreicht haben, werden sie von uns Menschen unweigerlich als belastend und störend empfunden. Anders ausgedrückt, wenn unaufhörlich optische, akustische oder auch anderweitige Eindrücke in unser Bewusstsein fluten, dann entsteht Stress. Und dieser kann bekanntermaßen krank machen. Aber das soll hier nicht weiter unser Thema sein. Was aber thematisiert werden muss, ist, dass uns unser kleiner Ausflug in die Psychophysik und zur Bewusstseinsschwelle gelehrt hat, dass wir ganz offensichtlich vier Kenngrößen beachten und strikt voneinander trennen müssen, die da lauten: Empfindung, Aufmerksamkeit, Wahrnehmung und Bewusstsein. Ja, es wird jetzt immer komplizierter und verworrener, aber es hilft nichts, da müssen wir jetzt einfach durch. Fangen wir deshalb am besten gleich mit der Empfindung an. Der Begriff der Empfindung umfasst die Aktivitäten der Sinnesorgane selbst. Man versteht darunter die Aufnahme von Informationen aus der äußeren Umwelt. Die Empfindung beinhaltet somit die unmittelbaren Effekte eines Reizes. Sie ist ein Prozess, bei dem die Rezeptoren unserer Sinnesorgane sowie das Nervensystem Reizenergien aus der Umgebung erhalten und sie entsprechend spiegeln. Wie man an diesen kurzen Ausführungen schon merken kann, ist die Empfindung vor allem ein neurophysiologisch und neuropsychologisch definierter Begriff, der einen durch die Reizeinwirkung hervorgerufenen Elementarvorgang beschreibt und so Eingang in die Medizin und die Biologie gefunden hat. Die Empfindung ist damit als Vorbedingung zu verstehen, als die erste Stufe von neuronalen Vorgängen, die eine Sinnlichkeit überhaupt erst ermöglichen. Wir müssen deshalb den medizinisch-biologischen Begriff der Empfindung streng von dem umgangssprachlichen Begriff sowie den in der Philosophie, Psychologie und Psychopathologie verwendeten Benennungen unterscheiden. Bei dem Begriff der Aufmerksamkeit haben wir es da schon wesentlich leichter. Denn diesen Begriff hatten wir bereits im Zusammenhang mit der Achtsamkeit erörtert und ihn dort charakterisiert als einen selektiven Fokus des Bewusstseins. Das bedeutet, dass es die Aufmerksamkeit ist, die das Bewusstsein steuert, damit aber auch die Wahrnehmung. Sie entscheidet, was an Reizen aus der Umwelt und der Innenwelt sowie an unbewusster Empfindung in unser Bewusstsein gelangt. Das Bewusstsein ist somit von der Aufmerksamkeit abhängig. Sie steht in der zeitlichen Abfolge ganz klar vor der Wahrnehmung und dem Bewusstsein. Die Arbeitsweise der Aufmerksamkeit läuft überwiegend im automatischen Modus ab. Das ist auch der Grund dafür, warum uns ihre Strukturmuster meist unbewusst bleiben. Unter Strukturmustern sind vor allem die Fragen zu verstehen, wie und nach welchen Kriterien die Selektion der Objekte und nach welchen Mechanismen die Aufmerksamkeitssteuerung eigentlich erfolgt. Dabei ist hervorzuheben, dass die Regelungs- und Steuerungsprozesse der Aufmerksamkeit selbst noch im Traum weiter kontinuierlich ablaufen. Wir müssen aber nicht ständig unter der Einstellung „Autopilot“ fahren. Ebenso gut können wir jederzeit auf „Handsteuerung“ umschalten und die Aufmerksamkeit damit in einem gewissen Rahmen auch willentlich und bewusst steuern. Das bleibt uns selbst überlassen. Die Aufmerksamkeit ändert hierbei ihre Richtung, wird entweder stärker oder eben schwächer, je nachdem. Allerdings gibt es dabei ein Problem oder vielmehr ein Nadelöhr. Denn die Aufmerksamkeit verfügt leider nur über eine sehr begrenzte Kapazität. Ihr Fassungsvermögen erlaubt es uns einfach nicht, alles wahrzunehmen, was in uns und um uns herum geschieht. Das Einzige, was wir können, ist, uns in der zeitlichen Abfolge ein Objekt nach dem anderen ins Bewusstsein zu holen. Mehr geht leider nicht. Warum eigentlich nicht? Hier können wir nur Vermutungen anstellen. Das Einzige, was wir aber sagen können, ist, dass die offensichtliche Begrenztheit unserer Aufmerksamkeit dazu führt, dass der Informationsfluss zum Bewusstsein streng reguliert wird. So zumindest hat es der britische Psychologe Donald Broadbent 1958 formuliert. Diese strenge Regulierung aufgrund der Begrenztheit macht wiederum deutlich, dass ganz offensichtlich Ökonomisierungsprozesse zwecks Optimierung der Aufmerksamkeit unabdingbar sind. Was aber sollen wir nun aufgrund des hier Gesagten unter dem Begriff der Aufmerksamkeit eigentlich verstehen? Ist es ein Zustand des Bewusstseins oder ist die Aufmerksamkeit vielmehr als ein Prozess aufzufassen? Wenn die Achtsamkeit als selektiver Fokus des Bewusstseins verstanden wird, so wie wir sie zunächst skizziert haben, dann müssen wir sie als Zustand des Bewusstseins charakterisieren. Bei diesem Verständnis fehlt uns allerdings eine Begrifflichkeit für die Funktion. Also jene Funktion, welche diesen bestimmten Zustand des Bewusstseins bewirkt und herbeiführt. Es ist deshalb besser, wenn wir die Aufmerksamkeit als einen Prozess verstehen. Und zwar als jenen Prozess, der die Wahrnehmung bewusst oder unbewusst regelt und steuert und dadurch zu bestimmten Bewusstseinszuständen führt.

Wahrnehmung und Bewusstsein

Bleibt also nur noch die Frage offen, was ist Wahrnehmung und was ist Bewusstsein? Schauen wir uns erst einmal die Wahrnehmung an. Nachdem die Empfindung mit der Aufnahme von Reizen aus der äußeren Umwelt mittels der Sinnesorgane eingesetzt hat und die Regelungs- und Steuerungsprozesses der Aufmerksamkeit zum Tragen gekommen sind, beginnt nunmehr die Wahrnehmung, also die Nachwirkungen der Rezeptoraktivität. Dabei werden, und auch das gehört zu den Nachwirkungen, die zentralen kognitiven Funktionen der Einheit Mensch in Anspruch genommen. Wahrnehmung müssen wir dementsprechend als all diejenigen Prozesse verstehen, die der Reizung eines Sinnesorganes folgen. Es sind Prozesse, durch die wir Informationen aus der äußeren Welt organisieren und interpretieren und die am Ende das subjektive Erleben dieser äußeren Welt ermöglichen, sodass wir in dieser handeln und agieren können. Es ist deshalb angebracht, nicht nur von Wahrnehmung als solcher zu sprechen, sondern besser vom Wahrnehmungsprozess. Im biologischen Sinne ist dieser Wahrnehmungsprozess als eine Funktion zu charakterisieren, welche es einem Lebewesen erlaubt, mithilfe seiner Sinnesorgane Reize aus der Umgebung aufzunehmen und diese auf höherer Ebene weiterzuverarbeiten. So weit zu verarbeiten, dass am Ende der Kaskade schließlich das Bewusstsein wie aus dem Nichts auftaucht. Dazwischen sind die Kenngrößen Empfindung, Aufmerksamkeit und Wahrnehmung angesiedelt. Sie alle greifen ineinander, sodass es sehr schwerfällt, sie auseinanderzuhalten. Das ist auch der Grund, weshalb diese Begrifflichkeiten oft ohne eine klare Abgrenzung voneinander verwendet werden. Häufig ist aus dem Kontext nur ersichtlich, dass sie irgendetwas mit der Verarbeitung von Reizen im menschlichen Organismus zu tun haben. Und doch lassen sich, wie wir gesehen haben, bei näherem Hinschauen klare Unterscheidungen anführen, auch Wechselwirkungen. Diese Wechselwirkungen sehen dann wie folgt aus. Die Aufmerksamkeit selektiert die Empfindungen, wählt aus der Vielzahl potenzieller Eindrücke aus und bestimmt damit, was im Bewusstsein letzten Endes dargestellt wird. Mit anderen Worten, wird Aufmerksamkeit auf Empfindungen gelenkt, werden diese zu Wahrnehmungen weiterverarbeitet. Das bedeutet, die Aufmerksamkeit bestimmt die Wahrnehmung und somit das Bewusstsein. Aber auch die Wahrnehmung bestimmt die Aufmerksamkeit, und zwar dahingehend, dass der aktuell wahrgenommene Inhalt seinerseits wiederum einen wesentlichen Einfluss darauf ausübt, welchen Inhalt die Aufmerksamkeit als Nächstes selektiert. Aufmerksamkeit und Wahrnehmung sind also zwar durchaus unterschiedliche, aber dennoch wechselseitig voneinander abhängige Prozesse. Folglich haben wir es hier insgesamt mit einem zirkulären Geschehen zu tun, bei dem die Aufmerksamkeit der Wahrnehmung lediglich um Bruchteile von Sekunden vorauseilt, bis schließlich nach den einzelnen Verarbeitungsprozessen das Bewusstsein wie von selbst einsetzt. Empfindung, Aufmerksamkeit, Wahrnehmung und Bewusstsein, das ist also die Reihenfolge, die es zu beachten gilt. Und es gilt der Grundsatz, Aufmerksamkeit bestimmt das Bewusstsein. Wie wichtig dieser Satz ist, wird sich gleich zeigen.

Wahrnehmungsbewusstsein und Gedächtnisbewusstsein

Bisher haben wir die Aufmerksamkeit immer nur im Zusammenhang mit der Fokussierung nach außen, also auf die Außenwelt, betrachtet. Aber natürlich kann die Aufmerksamkeit auch nach innen gelenkt werden. Hier gelten dann genau die gleichen Verarbeitungsprozesse, wie sie auch bei der Außenfokussierung zum Tragen kommen, nur eben mit einer anderen Konsequenz für das Bewusstsein. Denn jetzt müssen wir plötzlich zwei völlig verschiedene Arten von Bewusstsein voneinander unterscheiden. Wenn wir nämlich die Aufmerksamkeit nach innen richten, dann können wir zum einen in uns hineinhorchen, so wie in die Außenwelt. Wir erleben dann Bewusstsein als Wahrnehmung. Das Wahrnehmungsbewusstsein ist folglich jenes Bewusstsein von Inhalten, die einem Menschen zu einem bestimmten Moment bewusst sind. Mittels der Aufmerksamkeit können wir aber auch genauso gut Erinnerungen und Bilder aus dem Gedächtnis abrufen. Wenn wir derartige Gedächtnisinhalte abrufen, dann haben wir es mit dem Gedächtnisbewusstsein zu tun. Weil Bewusstseinsinhalte also entweder von außen oder innen kommen, müssen wir diesem Umstand entsprechend Rechnung tragen und beim Bewusstsein zwei verschiedene Grundkategorien berücksichtigen, das Wahrnehmungsbewusstsein und das Gedächtnisbewusstsein. Beide führen uns aber einen ganz besonders wichtigen Sachverhalt vor Augen, der nahezu schockierend ist. Das Bewusstsein ist immer auf Inhalte ausgerichtet, Reize und Empfindungen oder Erinnerungen und Bilder. Das heißt, wir haben immer nur ein Bewusstsein von etwas, aber Bewusstsein als solches gibt es gar nicht. Es ist sozusagen wie mit dem Zwiebelgleichnis des norwegischen Dichters Henrik Ibsen (1828–1906), das er in seinem 1867 geschriebenen Menschwerdungsdrama „Peer Gynt“ verwendet hat. In diesem schält der junge Bauernsohn Peer Gynt eine Zwiebel, um zu ihrem Kern vorzudringen. Er nimmt Schicht für Schicht von der Zwiebel weg, findet aber nur Häute und Häutchen. Am Ende muss er schließlich erkennen, dass im Inneren der Zwiebel nichts ist, kein fester Kern, nichts Substanzielles. Was ist also Bewusstsein? Wir vermögen es nicht zu sagen. Wir können es nicht, weil es uns buchstäblich wie Sand zwischen den Fingern zerrinnt. Wir können es nur metaphorisch umschreiben. Bewusstsein ist wie eine Projektionsfläche, auf deren Oberfläche sich bestimmte Inhalte abbilden. Was für eine Projektionsfläche das aber genau ist, wie ihre Beschaffenheit aussieht, wie sie zustande kommt, aus was sie eigentlich besteht und wo exakt sie sich befindet, das bleibt unserer Erkenntnis völlig verborgen. Bewusstsein, wir können es nicht fassen, wir können es nicht greifen und damit können wir es letzten Endes auch nicht wirklich begreifen. Das ist die traurige Bilanz, die wir hier an dieser Stelle nach all unseren Recherchen ziehen müssen. Wir können nur angeben, was mit den Inhalten auf der Projektionsfläche weiter passiert, nachdem sie sich dort abgebildet haben. Mehr nicht, das ist alles. Das heißt, wir können uns im Weiteren nur noch mit dem, nennen wir es einmal Inhaltsbewusstsein beschäftigen. Dieses Inhaltsbewusstsein, das Wahrnehmungsbewusstsein und Gedächtnisbewusstsein miteinander vereint, weil es Wahrnehmungen und Vorstellungen in unterschiedlichen Mischungen miteinander kombinieren und sich in seinen Bewegungsarten sowohl nach innen wie auch nach außen richten kann, steht ausschließlich für die Abbildungen, sprich Inhalte, auf der Projektionsfläche, nicht jedoch für die Projektionsfläche selbst. Die Herausarbeitung dieses Sachverhaltes ist von enormer Bedeutung und Tragweite, denn genau an diesem Punkt entsteht beim Thema Bewusstsein die babylonische Sprachverwirrung. Gemeint wird nämlich eigentlich die Projektionsfläche selbst, definiert wird aber in der Praxis das Inhaltsbewusstsein, und das natürlich aus völlig verschiedenen Blickwinkeln, je nach Disziplin. Das Ergebnis dieser zahlreichen Definitionsversuche endet, wie könnte es anders sein, in einem heillosen Durcheinander. Hier einige Beispiele dazu. Unser Alltag ist dadurch geprägt, dass wir eine Unmenge an subjektiven Eindrücken, Erlebnissen, Empfindungen, Gedanken, Vorstellungen und Phantasien haben. Sie alle werden in unserem Kopf wahrgenommen. Wir ganz allein haben diese Erlebnisse, nur wir selbst. Damit erscheint es uns, als sei unser Bewusstsein an unseren materiellen Körper gebunden. Rein umgangssprachlich wird daher das Inhaltsbewusstsein oft mit den Begriffen Eindruck, Empfindung, Aufmerksamkeit oder Wahrnehmung gleichgesetzt. Anders gesagt, unser Bewusstsein wird bei dieser Sichtweise als Fähigkeit gesehen, über mentale Zustände wie etwa Gedanken, Emotionen, Wahrnehmungen oder Erinnerungen zu verfügen. Das verwundert auch nicht weiter, denn es ist unsere ureigene Erlebnis- und Erkenntnisweise. Genau diese Erlebnis- und Erkenntnisweise hat die Philosophie den Raum unseres Bewusstseins genannt. Im Zusammenhang mit dem Rätsel Bewusstsein, das ihr schon seit Langem bekannt ist, spricht die Philosophie davon, dass uns die Dinge bewusst sind und wir deshalb ein Bewusstsein haben. Die Inhalte dieses Bewusstseins nennt sie Qualia. Subjektives Erleben haben wir es im philosophischen Teil genannt. Damit ist auch gleichzeitig die Erkenntnisperspektive angesprochen, nämlich der Standpunkt der ersten Person oder der Innenperspektive, die von außen nicht messbar ist. Die Theologie hingegen verbindet mit dem Begriff des Bewusstseins die Frage nach Gott und der Erkenntnis einer jenseitigen schöpferischen Form von Intelligenz. Sie untersucht das menschliche Bewusstsein als den gegenwärtigen endlichen Geist somit auf seinen Gottes- bzw. göttlichen Geistesbesitz hin. Das hat dazu geführt, dass sich der Begriff des Bewusstseins im heutigen Sprachgebrauch vielfach mit den Bedeutungen von Geist und Seele überschneidet. Aber nicht nur die Geisteswissenschaften verwenden den Begriff Bewusstsein gerne, auch die Naturwissenschaften greifen freudig auf ihn zurück, natürlich in einem völlig anderen Zusammenhang. So ist Bewusstsein für die Medizin in ihrem Verständnis ein Zustand geistiger Wachheit, der als eine Art Zusammenspiel aus Wachheitsgrad, Orientierung, Denken, Erinnerung und Handlung verstanden werden muss. Aus Sicht der Medizin zählen deshalb auch die Schutzreflexe wie Lidschlussreflex, Schluckreflex, Würgereflex, Hustenreflex und

Niesreflex einschließlich der Schmerzreaktion dazu. Für die Psychologie als die Wissenschaft vom Verhalten und Erleben des Menschen stellt sich der Sachverhalt wiederum völlig anders dar. Sie setzt das Psychische mit dem Bewussten gleich und untersucht im Detail, wie verschiedene Sinnesreizungen bestimmte Wahrnehmungs- und Bewusstseinszustände auslösen und erzeugen. Sie ergründet auch, in welchem gegenseitigen Verhältnis Bewusstseinszustände stehen und in welcher Weise diese Bewusstseinszustände ein Verhalten verursachen. Bewusstsein ist somit für die wissenschaftliche Psychologie ein zentrales Thema. Das ist es auch für die Neurowissenschaft. Sie weiß, dass verschiedene mentale Zustände nicht nur Verhalten auslösen und andere mentale Zustände verursachen können, sondern desgleichen messbare Ursachen und Wirkungen haben. Doch während die Psychologie diese Wirkungen nur beschreibt, geht die Neurowissenschaft an diesem Punkt noch einen Schritt weiter. Sie weiß, dass die einzelnen Areale des Gehirns für verschiedene Aufgaben zuständig sind und dass das Gehirn selbst teilweise funktional gegliedert ist. Und sie weiß auch, dass mentale Zustände aufs Engste mit den neuronalen Zuständen verknüpft sind. Deshalb sucht die Neurowissenschaft fieberhaft nach neuronalen Korrelaten von Bewusstsein und versucht auf diese Weise bestimmten mentalen Zuständen ein entsprechendes neuronales Substrat gegenüberzustellen. Auch dieser Gedanke lässt sich natürlich weiterführen, indem man die mentalen Zustände und neuronalen Prozesse derart formalisiert, dass man sie auf einem Computer simulieren könnte. Dann wäre man mitten im Arbeitsgebiet der künstlichen Intelligenz gelandet. Wie man aus den zahlreichen Beispielen ersehen kann, gibt es eine hohe Anzahl an empirisch beschreibbaren Phänomenen, die alle mehr oder minder direkt mit dem Bewusstsein in Wechselwirkung stehen. Aus diesem Grunde ist die Erforschung des menschlichen Bewusstseins auch keine Einzelaufgabe, sondern erfordert vielmehr die Beteiligung zahlreicher Einzelwissenschaften. Denn nur durch einen intensiven interdisziplinären Austausch ist eine umfassende Erkenntnis dieses großen Mysteriums möglich. Diesem Erfordernis hat die Entwicklung der Wissenschaft in Form der Kognitionswissenschaft Rechnung getragen. Sie ist eine interdisziplinäre Wissenschaft zur Erforschung bewusster und potenziell bewusster Vorgänge, bestehend aus den Grunddisziplinen Neurowissenschaft, Philosophie, Psychologie, Anthropologie, Linguistik und Informatik. Sie alle vereint ein gemeinsames Ziel, das Geheimnis des Bewusstseins zu lüften. Und es vereint sie noch etwas, nämlich die Tatsache, dass sie alle bisher an diesem Ziel gescheitert sind. Warum eigentlich? Weil der Begriff Bewusstsein mit seinen im Sprachgebrauch sehr vielfältigen Bedeutungen zu einem Sammelbegriff geworden ist, unter den völlig verschiedene geistige Leistungen subsumiert werden. Dieser schillernde und vieldeutige Begriff umfasst alle Zustände, die von einem Individuum erlebt werden können, und damit gleichzeitig auch alle Zustände des Bewusstseins. Genau an diesem Punkt entsteht dann folglich die babylonische Sprachverwirrung. Was fehlt, ist ein Oberbegriff, der in der Lage wäre, die Projektionsfläche selbst, das Substanzielle des Bewusstseins, in einem Satz treffend zu charakterisieren. Aber genau diese Projektionsfläche bekommen wir nicht zu greifen. Sie löst sich buchstäblich vor unseren Augen in nichts auf. Bewusstsein lässt sich deshalb begrifflich einfach nicht fassen. Das ist auch der Grund, weshalb bis auf den heutigen

Tag keine präzise und allgemein anerkannte Definition des Begriffes Bewusstsein vorliegt. Aus diesem Blickwinkel erscheint es auch äußerst fragwürdig, ob wir diesem größten und ungelösten Problem der Geistes- und Naturwissenschaften jemals beikommen werden oder ob nicht vielleicht unsere Reise zu den äußersten Grenzen menschlichen Erkenntnisvermögens hier ihr Ende findet. Das ist unser ganzes und wahres Dilemma mit dem Thema Bewusstsein. Was uns bleibt, ist nur die Beschäftigung mit dem sogenannten Inhaltsbewusstsein. Aber auch das ist ein durchaus lohnender Weg. Er führt uns zwar nicht zu der gewünschten Lösung des Problems, wohl aber zu einem weiteren und tieferen Verständnis dieses Rätsels. Und wer weiß, vielleicht kommen wir ja so der Lösung doch ein Stück näher. Einen Versuch ist es jedenfalls allemal wert.

Inhaltsbewusstsein

Wir haben gerade festgestellt, dass das Bewusstsein Inhalte braucht, weil es nur ein Bewusstsein von etwas gibt. Schauen wir uns deshalb ruhig einmal an, was wir mit den Inhalten, die sich auf der Projektionsfläche Bewusstsein abbilden, so alles tun können und wo und wie sie ihren Ausdruck finden. Denn dadurch gelangen wir direkt zu den Funktionen und Dimensionen unseres Inhaltsbewusstseins. Außerdem erhalten wir auf diese Weise auch eine Antwort auf die Frage, wozu wir überhaupt ein Bewusstsein brauchen. Glücklicherweise müssen wir bei unserem Unterfangen das Rad nicht neu erfinden, sondern können auf die Vorarbeiten des Schweizer Philosophen Peter Bieri zurückgreifen. Bieri hat nämlich in einem Aufsatz mit dem Titel „Was macht Bewusstsein zu einem Rätsel?" versucht, dem Geheimnis des Bewusstseins auf die Spur zu kommen. Dabei ging Bieri zunächst einmal von der Frage aus, was überhaupt unter dem Begriff Bewusstsein verstanden werden kann. Anschließend gliederte er das Inhaltsbewusstsein in drei Merkmale auf, nach denen es beschrieben werden kann:

1. Bewusstsein im Sinne von Erleben
2. Bewusstsein im Sinne kognitiver Fähigkeiten
3. Bewusstsein im Sinne von integriertem Verhalten

Bieri kam in seinem Aufsatz zu der Einsicht, dass uns weder die Kognition noch das integrierte Verhalten unlösbare Rätsel aufgeben, wohl aber das Bewusstsein im Sinne von Erleben. Damit meinte er die Sinnesempfindungen wie Farben und Töne, Körperempfindungen wie Lust und Schmerz, Emotionen wie Angst und Hass, Stimmungen wie Melancholie und Heiterkeit und natürlich die Wünsche, Triebe und Bedürfnisse des Menschen. Er meinte damit die subjektiven Erlebnisinhalte, sprich die Qualia. Für uns ist dieses Schema sehr wertvoll. Denn es führt uns unmittelbar vor Augen, was wir mit den Inhalten unseres Inhaltsbewusstseins alles tun können und wo und wie sie sich letzten Endes niederschlagen.

Demnach sind alle Inhalte, die es geschafft haben, sich auf der Projektionsfläche Bewusstsein abzubilden, für den Menschen wahrnehmbar und erlebbar. Diese Inhalte in Form von Qualia, Vorstellungen, Erinnerungen, Wünschen und Emotionen oder Ergebnissen und Elementen von Denkprozessen können mittels der kognitiven Fähigkeiten weiter bearbeitet und verarbeitet werden. Dies führt zum Denken, Urteilen und Eingreifen, was wiederum in einem integrierten Verhalten seinen Ausdruck findet. Was die Bewusstseinsfunktionen anbelangt, haben wir damit schon drei von ihnen herausgearbeitet. Um jedoch alle Bewusstseinsfunktionen zu erfassen, müssen wir das Ganze am besten noch einmal von vorn Schritt für Schritt durchgehen.

Mittelbare und unmittelbare Wahrnehmungen

Ganz am Anfang, wenn die Sinnesreize aus der Außenwelt detektiert und aufgenommen werden, steht eine Empfindung. Es handelt sich dabei um konkrete Wahrnehmungen unter Verwendung der menschlichen fünf Sinne. Weil die Informationen über die physikalische Welt dabei über die Sinne vermittelt werden, spricht man in diesem Zusammenhang auch von mittelbaren Wahrnehmungen. Zu diesen mittelbaren Wahrnehmungen gehören ebenso die sprachlich vermittelten Botschaften, welche via Kommunikation übertragen werden. Dagegen bedürfen die unmittelbaren Wahrnehmungen keiner Vermittlung durch die Sinnesorgane. Sie tauchen ganz spontan im Bewusstseinsraum auf. Zu diesem Typus von Wahrnehmungen gehören beispielsweise Gedanken, Erinnerungen, Gefühle oder einfach nur bildhafte Vorstellungen. Sämtliche Wahrnehmungen, die mittelbaren wie auch die unmittelbaren, führen im Bewusstsein zu Qualia, zu einem subjektiven Erleben. Im Mittelpunkt dieses Erlebens steht das Ich, das mit der kompletten Summe aller Wahrnehmungen konfrontiert wird. Dieses Ich beginnt aufgrund der Summe aller Wahrnehmungen schließlich zu denken. Denken bedeutet, dass das Ich damit beginnt, sich mit den Wahrnehmungen intellektuell auseinanderzusetzen. Das Ich wird dabei versuchen aus Begriffen, Vorstellungen und Erinnerungen eine Erkenntnis zu formen. Vorstellungen müssen hier als zukunftsbezogene Erwartungen verstanden werden, wobei das Erinnern aus der Abrufung gespeicherter Inhalte und deren Vergleich untereinander besteht. Der Weg des Denkanstoßes muss aber nicht zwingend von außen gesetzt sein. Er kann sich auch von innen herleiten, durch die Intuition. Bei der Intuition handelt es sich um eine von den Sinneseindrücken losgelöste Wahrnehmung, die ihrerseits zu einem subjektiven Erleben führt. Es ist unser Bauchhirn, das damit angesprochen ist.

Das Bauchhirn

Interessanterweise wurde jüngst tatsächlich das morphologische Korrelat unserer Intuition gefunden. Es sind die 100 Millionen Nervenzellen, die unseren Verdauungstrakt umhüllen. Das haben Forscher der University of Texas Medical Branch herausgefunden. Sie konnten auch auf einem Kongress in Galveston auf Hawaii demonstrieren, dass dieses Bauchhirn mit unserem Kopfhirn in enger Verbindung steht. Das funktioniert deshalb, weil das Bauchhirn quasi ein Abbild des Kopfhirns darstellt, folglich also über die gleichen Zelltypen, Rezeptoren und Wirkstoffe verfügt. Somit spielen sich im Bauchhirn die gleichen Vorgänge ab, welche in unserem Kopfhirn für das Denken, Fühlen und Erinnern verantwortlich sind. Kopfhirn und Bauchhirn sprechen von daher ein und dieselbe Sprache. Das Kopfhirn ist natürlich dem Bauchhirn übergeordnet. Das erkennt man allein an der Tatsache, dass 90 % der Nervenverbindungen zwischen diesen beiden von unten nach oben und nur 10 % von oben nach unten verlaufen. Das Kopfhirn ist deshalb stets darüber informiert, was im Bauch vor sich geht, und umgekehrt. Hier besteht eine klare Wechselbeziehung zwischen den beiden Hirnen. Beide sind neuronale Netzwerke, die eng miteinander verknüpft sind und nach den gleichen Mechanismen arbeiten. Und beide verfügen über ein neuronales Gedächtnis, das Erfahrungen speichert. Das sind vor allem zahlreiche Lebenserfahrungen, die mit entsprechenden Körperreaktionen einhergehen. Auf diese Weise werden physische und psychische Erfahrungen miteinander verschränkt, positive wie auch negative. Das Bauchhirn ist somit ein Stimmungsgedächtnis. Es speist sich aus den Erfahrungen, Sinneseindrücken und Empfindungen des Menschen. Aus dem, was wir permanent lernen, ohne dass uns dieser Lernprozess bewusst wird, bezieht das Bauchhirn seinen Rohstoff. Es ist wie ein permanenter unterbewusster Datenstrom. Die Intuition als Bauchgefühl taucht deshalb, wenn bestimmte Situationen oder Erinnerungen eine äquivalente Erfahrung zum Vorschein gebracht haben, aus den Tiefen des Unterbewusstseins auf. Das verwundert auch nicht weiter, denn sie hat Zugriff auf eine breite unbewusst bleibende Datenbasis. Hier muss nicht erst mühsam und zeitaufwendig nachgedacht werden, sondern Entscheidungen fallen schnell und mühelos. Das Bauchhirn ist dem Kopfhirn deshalb immer zeitlich voraus. Allerdings kann das Bauchhirn seine Entscheidungen im Gegensatz zum Kopfhirn nicht begründen. Das ist das Markenzeichen der Intuition, sie trifft unwillkürlich ihre Wahl. Um hier aber gleich einem Missverständnis vorzubeugen, die Intuition ist nicht gleichzusetzen mit dem Bauchhirn, sondern sie entsteht aus der intimen Verschaltung beider Hirne. Aber völlig unabhängig davon, ob man seine Entscheidungen nun aus dem Bauch heraus oder erst nach langem Abwägen trifft, irgendwann, nach allem Für und Wider, kommen Menschen zu einer Entscheidung und somit zu einem Urteil. Diese Entscheidung basiert auf Werten. Ein Urteil ist daher immer auch gleichzeitig als ein „wertendes" Urteil aufzufassen. Getragen wird das Urteil vom Willen eines Menschen, der durch das Ich geformt wird. Auch wenn das Wort Wille in unterschiedlichen Zusammenhängen verwendet wird und von daher durchaus Verschiedenes bedeuten kann, so wollen wir doch an dieser Stelle darunter einen geistigen Akt verstehen, von dem ein starker Impuls zur Verwirklichung bestimmter Ziele ausgeht.

Als letzter Akt in der Kette steht dann das Handeln, bei dem das Ich den physischen Körper als Werkzeug zur Manifestation seines Willens gebraucht.

Funktionen und Dimensionen des Bewusstseins

Damit sind jetzt alle Bewusstseinsfunktionen vollständig erschlossen, die sich im Einzelnen wie folgt darstellen:

- Empfindung
- Erleben
- Denken
- Erinnern
- Intuition
- Urteilen
- Wille
- Handeln

Wir haben es also insgesamt mit acht Bewusstseinsfunktionen zu tun. Unter einer Funktion ist dabei eine Verrichtung oder eine Aktivität des Bewusstseins zu verstehen. Die Funktionen dürfen nicht mit den Dimensionen des Bewusstseins verwechselt werden. Wo ist der Unterschied? Oder anders gefragt, was ist überhaupt eine Dimension? Unter einer Dimension versteht man das Ausmaß, die Ausdehnung oder die verschiedenen Stufen des Bewusstseins. Wenn wir die Dimensionen des Bewusstseins wirklich erfassen wollen, dann müssen wir uns fragen, in welche Richtungen sich das menschliche Bewusstsein ausdehnen kann. Am Beginn dieses Kapitels haben wir gehört, dass Bewusstsein in der Medizin mit der Vigilanz, sprich der Wachheit oder Daueraufmerksamkeit eines Menschen, gleichgesetzt wird. Der Medizin geht es dabei vor allem um die Intensitätsgrade des Bewusstseins, die vom Wachbewusstsein bis zum Koma reichen können. Damit ist das Niveau des Bewusstseins angesprochen, die Erweckbarkeit. Und das ist auch gleichzeitig die erste Dimension des Bewusstseins, denn es kann sich in Bezug auf die Wachheit vom Koma bis zum Wachbewusstsein hin ausdehnen. An dieser Stelle wird bereits der Unterschied zwischen Funktion und Dimension deutlich. Die Veränderung einer Funktion des Bewusstseins hat keinen Einfluss auf die Bewusstseinslage, also den Zustand des Bewusstseins, im Sinne einer Bewusstseinsstörung. Dabei versteht man in der Medizin unter einer Bewusstseinsstörung eine Veränderung des normalen Bewusstseins. Sie existiert in zwei Formen, einer qualitativen Bewusstseinsstörung sowie einer quantitativen Bewusstseinsstörung. Unter einer qualitativen Bewusstseinsstörung ist eine Bewusstseinsveränderung zu verstehen, bei der die gewöhnlichen psychischen Abläufe gestört sind. Das kann sich in einer Bewusstseintrübung, einer Bewusstseinseinengung oder in einer Bewusstseinsverschiebung äußern.

Die Bewusstseinseinengung ist gekennzeichnet durch eine Fokussierung der kognitiven und emotionalen Vorgänge auf nur wenige Themen, wohingegen bei einer Bewusstseinsverschiebung ein subjektiv erweitertes Bewusstsein erlebt wird. Quantitative Bewusstseinsstörungen zeichnen sich wiederum durch eine Beeinträchtigung des Bewusstseins aus und äußern sich klinisch entweder in einer herabgesetzten oder unnatürlich gesteigerten Wachheit. Zu den quantitativen Bewusstseinsstörungen rechnet man deshalb die Benommenheit, die Somnolenz, den Sopor, das Koma, das Delir als akute Verwirrtheit sowie die Hypervigilität als gesteigerte Wachheit. Und genau hier liegt der große Unterschied zwischen einer Bewusstseinsfunktion und einer Bewusstseinsdimension. Denn die Veränderung einer Bewusstseinsdimension führt unmittelbar und unweigerlich zu einer Veränderung der Bewusstseinslage im Sinne einer Bewusstseinsstörung. Hier ein Beispiel. Ob ein Mensch denkt oder handelt, nichts davon führt zu einer Bewusstseinstrübung, Bewusstseinseinengung oder Bewusstseinsverschiebung. Wenn sich aber die Erweckbarkeit des Bewusstseins verändert, dann führt dies zwangsläufig zu einer Bewusstseinstrübung oder Bewusstseinseinengung. Umgekehrt wirkt sich natürlich jede Veränderung des Bewusstseinszustandes auch auf eine oder mehrere der Bewusstseinsdimensionen aus. Die Tücke beim Auseinanderhalten von Funktion und Dimension besteht nun darin, dass eine Bewusstseinsfunktion gleichzeitig auch eine Bewusstseinsdimension darstellen kann. Hier muss man deshalb ein wenig aufpassen. Die zweite Dimension, die uns im Zusammenhang mit dem Bewusstsein begegnet, ist die Wahrnehmung. Hier geht es vornehmlich um die Inhalte des Bewusstseins. Die Summe aller Bewusstseinsinhalte bezeichnet man übrigens als Luzidität. Sie repräsentiert den quantitativen Zustand der Bewusstseinslage und steht in enger Verbindung mit der Erweckbarkeit. Dies ist durchaus nachvollziehbar, denn mit zunehmender Verlangsamung und Schläfrigkeit in den Gradzuständen Benommenheit, Somnolenz, Sopor und Koma schwinden natürlich auch proportional die Bewusstseinsinhalte. Dies hat unmittelbare Auswirkungen auf das subjektive Empfinden, welches ebenfalls proportional zu der schwindenden Luzidität abnimmt und im Koma in der Regel den Nullpunkt erreicht. Damit hätten wir auch schon die dritte Bewusstseinsdimension herausgearbeitet. Was die vierte Bewusstseinsdimension anbelangt, die Zustände, auch ihnen sind wir bereits begegnet, jedoch ohne sie damals als Dimension deklariert zu haben. Wir sprachen in diesem Zusammenhang über gewöhnliche, pathologische, veränderte und außergewöhnliche Bewusstseinszustände. Sie alle führen zu einer Bewusstseinseinengung oder einer Bewusstseinsverschiebung und betreffen damit den qualitativen Zustand des Bewusstseins. Genauso wie die Ebenen. Auch über sie sprachen wir bereits, ohne sie jedoch an besagter Stelle als Dimension benannt zu haben. Gemeint sind die Hauptbewusstseinsebenen wie Überbewusstsein, Wachbewusstsein, Traumbewusstsein und Unterbewusstsein. Sie alle stellen die fünfte Dimension des Bewusstseins dar. Die sechste Bewusstseinsdimension haben wir auch schon ausführlich besprochen, die Art des Bewusstseins. Wir sprachen über phänomenales Bewusstsein, kognitives Bewusstsein, Beobachtungsbewusstsein, Selbstbewusstsein und Transzendenzbewusstsein, das den Menschen schließlich zum Menschen macht. An die sechste Bewusstseinsdimension knüpft nahtlos die siebte Bewusstseinsdimension an, das

Ich. Denn das Ich kann zahlreichen Erkrankungen unterliegen, die mittelbaren oder unmittelbaren Einfluss auf den Bewusstseinszustand haben können. In der Regel wird diese Dimension im täglichen Leben kaum in Erscheinung treten, jedenfalls nicht solange sich der Mensch in einer natürlichen Beziehung zu seinen Mitmenschen sowie den Dingen, die ihn umgeben, befindet. Wird aber das Ich aus pathologischen Gründen gestört, wie es bei manchen seelischen Erkrankungen der Fall ist, dann kann es zu sehr verschiedenen Ich-Störungen und im Gefolge zu Entfremdungserlebnissen kommen. Das heißt, das Ich als der mysteriöse Kern des Menschen, der für das eigene Selbst steht, wird sich selbst fremd. Damit geht die im Alltag so selbstverständliche Gewissheit „Ich bin ich" verloren. Sie wird ersetzt durch eine andere Gewissheit, die da lautet „Ich bin nicht mehr ich selber". Eine solche Gewissheit kann bei bestimmten Persönlichkeitsstörungen, neurotischen Entwicklungen, Depressionen, hirnorganischen Psychosyndromen, epileptischen Psychosen und vor allem beim Krankheitsbild der Schizophrenie auftreten. In der Psychiatrie spricht man bei diesem Phänomen auch von Entfremdungserlebnissen. Dieser Entfremdung des Selbst, im Fachjargon Depersonalisation genannt, entspricht bei genauerem Nachfragen eine Entfremdung der sachlichen Umwelt, die wiederum als Derealisation bezeichnet wird. Depersonalisation und Derealisation sind also eng miteinander verwandt, so eng, dass sie fließend ineinander übergehen. Die Vorsilbe „De-" deutet hierbei ganz allgemein an, dass dem Ich etwas verloren gegangen ist. Nämlich entweder die eigene Person (Depersonalisation) oder die umgebende Umwelt (Derealisation). Das heißt, das Begriffspaar Depersonalisation und Derealisation beschreibt im Grunde nichts weiter als Erlebnisweisen mit einer veränderten Wahrnehmung. Und verändert sind diese Wahrnehmungen nur deshalb, weil etwas Entscheidendes verloren gegangen ist, nämlich der Wirklichkeitscharakter. Der Wirklichkeitscharakter wird also in der Regel von uns erst dann wahrgenommen, wenn er uns verloren geht. Um es etwas konkreter zu machen, bei der Depersonalisation erlebt sich der Betroffene selbst als verändert. Dies kann den eignen Körper sowie die innerseelischen Befindlichkeiten wie Gefühle, Impulse, Denkabläufe etc. betreffen. Diese erscheinen dem Ich unwirklich, entrückt, losgelöst, entseelt oder automatisiert. Von dieser Entfremdung können auch die Gedächtnisinhalte betroffen sein. Dabei erinnert sich das Ich an biografische Ereignisse in der Form, als ob es selbst nicht dabei gewesen wäre. Nicht anders verhält es sich bei der Derealisation, nur eben in Bezug auf die Umwelt. Diese erscheint dem Ich plötzlich unwirklich, fassadär und entrückt. Die Eigenschaften der Einzelelemente, wie Größe, Form und Farbe, werden dagegen interessanterweise vom Ich korrekt wahrgenommen. Die Veränderung in der Wahrnehmung betrifft somit eher die Wirklichkeit als Ganzes. Beide zusammen, Depersonalisation und Derealisation, deuten deshalb ganz allgemein gesprochen darauf hin, dass mit der Wahrnehmung des Ich etwas nicht stimmt. Entweder stimmt die Selbstwahrnehmung nicht oder die Weltwahrnehmung oder beides. Aber warum? Wie kommt es dazu? Hier können nur Vermutungen geäußert werden, aber vielleicht ist es ja ein Schutzmechanismus. Vorausgesetzt natürlich, dass die Veränderungen in der Wahrnehmung nicht durch einen Rausch oder einen Wahn ausgelöst wurden. Dann könnte es in der Tat ein Selbstschutzmechanismus des Ich sein, das Belastendes einfach aus dem Bewusstsein abspaltet, sodass es zu dieser Verzerrung der Wahrnehmung kommt. Anders ausgedrückt, dadurch, dass sich das Ich vor stark Belastendem selbst schützt, indem es dieses aus dem Bewusstsein streicht, kommt es im Gefolge zu Störungen des Ichbewusstseins. Wenn das so stimmt, dann würde das Ich versuchen den Teufel mit dem Beelzebub auszutreiben. Denn es zahlt für den Schutz einen hohen Preis. Wie hoch dieser Preis sein kann, zeigen uns besonders eindrücklich die schizophrenen Störungen des Ichbewusstseins. So beispielsweise die Störung der Ich-Demarkation, bei der das Ich nicht mehr weiß, wo genau es eigentlich aufhört, und so nicht mehr das Außen vom Innen unterscheiden kann. Oder Störungen der Ich-Vitalität, bei denen das Ich keine Gewissheit mehr darüber hat, ob es überhaupt noch lebt, weil es sich nicht mehr als lebendig spürt. Aber wir wollen hier nicht allzu weit in die Psychiatrie hineingehen, denn das ist nicht unser eigentliches Ansinnen. Wohl aber wollen wir festhalten, dass Störungen des Ich, in welcher Form auch immer sie auftreten, zu einer Veränderung der Bewusstseinslage und somit auch zu einer Bewusstseinsstörung führen, weshalb wir das Ich als eine Bewusstseinsdimension begreifen müssen. Zu der achten Bewusstseinsdimension gelangen wir, wenn wir uns vor Augen halten, was Bewusstsein auch ist, nämlich ein kontinuierlicher Strom von Empfindungen. Wird die Kontinuität dieses Stroms unterbrochen, kommt es zu einer Störung des Bewusstseins im Sinne eines Bewusstseinsverlustes. Die Kontinuität ist somit die achte und letzte Bewusstseinsdimension, die uns auf unserer Liste noch gefehlt hat. Die komplette Liste der einzelnen Dimensionen des Bewusstseins sieht im Überblick wie folgt aus:

- Erweckbarkeit
- Wahrnehmung
- Empfinden
- Zustand
- Ebene
- Art
- Ich
- Kontinuität

Acht Bewusstseinsfunktionen stehen damit acht Bewusstseinsdimensionen gegenüber, wobei das subjektive Erleben und Empfinden in Form von Qualia sowohl eine Funktion wie auch eine Dimension des Bewusstseins darstellen kann.

Binding

Damit haben wir jetzt zwar eine Menge über das Bewusstsein erfahren, wissen aber immer noch nicht, wozu wir es überhaupt brauchen. Dieser Frage sind natürlich auch schon die Bewusstseinsforscher nachgegangen und sind dabei zu folgenden Ergebnissen gekommen.

Das erste Ergebnis war das Zauberwort „Binding". Wir alle kennen die nachstehende Situation. Man sitzt in einem Kaffeehaus, hat ein Stück Kuchen vor sich und unterhält sich angeregt. Man spürt die Wärme der Tasse, sieht den Dampf aufsteigen, schmeckt den Milchkaffee und Kuchen auf der Zunge und hört die Stimme seines Gegenübers. Alles völlig normal, selbstverständlich. Doch so selbstverständlich ist das Ganze nicht. Denn es ist das Bewusstsein, das alle diese einzelnen Reize sinnvoll zu einer Einheit zusammenbindet. Und dieses Zusammenbinden nennt man im Fachjargon „Binding". Der Bindungsprozess selbst muss dabei nicht bewusst ablaufen, er ist aber eine unabdingbare Voraussetzung. Denn ohne Bewusstsein kein Zusammenbinden und somit auch kein einheitlicher Bewusstseinsinhalt. Die britisch-amerikanische Psychologieprofessorin Anne Treisman und ihr Kollege Garry Gelade waren die Ersten, die der Aufmerksamkeit diese Bindungsfunktion zugeschrieben haben. Das war 1980 im Rahmen ihrer Merkmalsintegrationstheorie. Heute geht die Neurowissenschaft davon aus, dass verschiedene räumlich getrennte neuronale Netzwerke über einen Gleichklang rhythmischer Schwingungen miteinander verbunden sind. Mehrere Gedankenströme sollen sich auf diese Weise zu einem einzigen Erlebnis aufsummieren, welches wir dann umgangssprachlich als Bewusstsein bezeichnen. Hierbei muss allerdings betont werden, dass es sich bei diesem Gedankenmodell bestenfalls um eine sehr spekulative Hypothese handelt, mehr nicht. Wie genau das Bewusstsein das Kunststück der Zusammenbindung einzelner Reize wirklich bewältigt, weiß im Grunde kein Mensch. Was wir aber ganz sicher wissen, ist eines. Wenn es uns nicht gelänge, dank unseres Bewusstseins die Reize aus unserer Umgebung zu einem einheitlichen Eindruck zu integrieren, dann würden wir einen Film sehen, der nur aus unzusammenhängenden und gestückelten Flecken besteht. Ein abstraktes Gemälde in Bewegung. So umschrieb es die Neuropsychologin Petra Stoerig, die den Lehrstuhl für Experimentelle Biologische Psychologie der Heinrich-Heine-Universität in Düsseldorf innehat. Diese Aussage ist ganz wichtig, denn sie führt uns deutlich vor Augen, wofür wir unser Bewusstsein noch brauchen, nämlich für zielgerichtetes Verhalten. Ein Mensch, der seine Umgebung nur noch als ein abstraktes Gemälde in Bewegung wahrnimmt, könnte zwar irgendwie irgendwelche Handlungen vollführen, aber ganz sicher kein sinnvolles Verhalten an den Tag legen. Genau das erbrachten auch Untersuchungen des britischen Neuropsychologen Lawrence Weiskrantz an blindsichtigen Personen im Jahre 1997. Was sich zunächst wie ein Widerspruch in sich anhört, gibt es tatsächlich. Blindseher sind Menschen, die sich selbst als vollständig blind empfinden, aber dennoch in der Lage sind, auf bestimmte visuelle Reize adäquat zu reagieren. Sie können beispielsweise einen Ball fangen, aufblitzende Punkte auf einem Bildschirm detektieren, Hindernissen ausweichen, unterschiedliche Gefühlsausdrücke von Gesichtern überraschend oft richtig benennen sowie mit einer hohen Trefferquote Gegenstände richtig benennen, die sich in ihrem Gesichtsfeld befinden. Wie ist das möglich? Das Blindsehen ist eine Form der Erblindung, bei der nicht die Augen erkranken, sondern der primäre visuelle Kortex im Gehirn. Das bedeutet, dass die mehr als zehn verschiedenen Nervenbahnen, über welche die Augen üblicherweise ihre Signale an die Sehrinde weiterleiten, bei dieser Erkrankung völlig intakt bleiben. Damit erfolgt zwar eine Übertragung von Sehreizen in das Gehirn, diese werden aber nicht in das Bewusstsein überführt. Mit anderen Worten, Blindseher sind durchaus in der Lage zu sehen, sind sich aber dessen nicht bewusst. Sie sehen sozusagen unbewusst. Aus diesem Grunde sind sie für die Wissenschaft auch so interessant. Neu ist das Phänomen wahrlich nicht, denn es wurde bereits in der griechischen Mythologie beschrieben. Dort ist von Teiresias die Rede, einem blinden Propheten. Er war ein Priester des Zeus und wurde von diesem und dessen Frau Hera zur Klärung einer brisanten Frage zugezogen. Er sollte sagen, welches Geschlecht in der Liebe den größeren Genuss hat. Zeus plädierte für die Frauen, Hera dagegen für die Männer. Teiresias schlug sich auf die Seite des Zeus, worauf Hera ihn erblinden ließ. Das konnte Zeus zwar nicht rückgängig machen, aber er verlieh ihm stattdessen die Gabe des Sehers. Lange schien das Phänomen vergessen, bis im Jahre 1917 einige Ärzte von Soldaten des Ersten Weltkrieges berichteten, die durch Kopfverletzungen Teile ihrer Sehrinde eingebüßt hatten. Diese waren daraufhin blind geworden. Trotzdem reagierten ihre Pupillen angemessen auf Licht, indem sie sich zusammenzogen. Bis zu einer systematischen Erforschung dieses Phänomens sollten jedoch noch gut 50 Jahre vergehen, denn von der damaligen Fachwelt wurde das Ganze einfach als Kuriosum abgetan und somit nicht weiter beachtet. Heute weiß man, dass der primäre visuelle Kortex im gesunden Gehirn zur Qualität des Bewusstseins der visuellen Wahrnehmung beiträgt, aber für eine differenzierte visuelle Wahrnehmung nicht unbedingt notwendig ist. Das erklärt, weshalb beim Blindsehen die Leistung des zielgerichteten Verhaltens auch ohne Mitwirkung des visuellen Kortex erbracht werden kann. Allerdings stellt sich das Blindsehen nicht spontan ein, sondern muss erst gelernt werden. Der Betroffene muss deshalb das Blindsehen üben und trainieren, um seine Umwelt unbewusst wahrnehmen zu können. Erst dann gelingt es den Patienten, Hindernissen auszuweichen und im täglichen Leben besser zurechtzukommen. Vonnöten ist also ein gezielt auf den Nutzen im Alltag angelegtes Blindsehtraining. An diesem Beispiel zeigt sich besonders gut die enge Verzahnung zwischen Wahrnehmung und zielgerichtetem Verhalten. Und es zeigt sich, welche Bedeutung das Bewusstsein für diese elementare Verhaltensweise hat. Indem es uns nämlich dazu verhilft, die äußere Realität möglichst adäquat geistig zu reproduzieren, um ein Abbild der Wirklichkeit zu erhalten, verschafft es uns eine bessere Orientierung und damit die Möglichkeit, uns effektiv und zielgerichtet zu verhalten. Aber nicht nur das. Bewusstsein spielt auch bei allen Lernprozessen eine zentrale Rolle. Denn Lernen und Verhalten sind eng miteinander verbunden. Hier sei an den Ausspruch des amerikanischen Psychologen Gregory Adams Kimble (1917–2006) erinnert, der 1961 sagte: „Lernen ist eine relativ überdauernde Veränderung im Verhalten.“ Und in der Tat, Untersuchungen des französischen Neurologen Laurent Cohen und des französischen Neurowissenschaftlers Stanislas Dehaene haben 1998 ergeben, dass Bewusstsein unverzichtbar ist, wenn es darum geht, visuelle Informationen über einen längeren Zeitraum abbilden zu können. Und es ist erforderlich, so nach den Untersuchungen der kanadischen Neurowissenschaftler Philip M. Merikle, Steve Joordens und Jennifer A. Stolz, um vorhandenes Wissen neu zusammenzufügen und damit neue Aufgaben zu bewältigen. Wenn es also um ein reflexives Lernen geht, dann führt kein Weg am Bewusstsein vorbei. Dies zeigt sich besonders deutlich am Beispiel des Gedächtnisses. Lernen bedeutet nämlich auch die individuell und selektiv erworbenen Informationen aus der Umwelt in abrufbarer Form im Gedächtnis zu speichern. Ohne Gedächtnis würde das Erleben in einzelne Momente zerfallen. Es wäre keine Neukombination von vorhandenem Wissen möglich, weil es kein vorhandenes Wissen gäbe, das abgerufen werden könnte. Metakognition, sprich das bewusste Nachdenken über das Denken, wäre nicht möglich, weil die Kognition über die Kognition eine Kognition über das eigene Wissen und damit über das eigene Gedächtnis bedeutet. Metakognition bedeutet somit auch gleichzeitig Kognition über das Lernen. Sie ist deshalb die eigentliche Voraussetzung für ein selbstständiges Weiterentwickeln der Lernfähigkeit. Nicht umsonst sagte Gerhard Roth, der wohl bekannteste deutsche Hirnforscher: „Das Gedächtnis ist damit unser wichtigstes Sinnesorgan." Klar, denn das Gedächtnis beeinflusst, zusammen mit der Wahrnehmung und den Emotionen, maßgeblich alle nachfolgenden kognitiven Prozesse. Das heißt, es sind diese drei mentalen Grundvorgänge, die alle Vorgänge des Erkennens, Wissens und der Informationsverarbeitung bestimmen. Vorstellen, Denken, Planen, Schlussfolgern und Entscheiden, das alles gehört dazu. Alle Arten des Lernens sind deshalb unabdingbar mit den grundlegenden kognitiven Vorgängen verknüpft. Denn reflexives Lernen ist ein wahrlich bewusster Prozess. Auch die Prozesse Wahrnehmung, Gedächtnis und Emotionen sind eng miteinander verwoben. So eng, dass man sagen kann, ohne Gedächtnis keine Wahrnehmung. Die Bedeutung unseres Bewusstseins, und damit die Antwort auf die Ausgangsfrage, wofür wir es eigentlich benötigen, können wir deshalb direkt aus den Bewusstseinsfunktionen ableiten. Empfindungen ist hier das Zauberwort. Es handelt sich dabei um konkrete Wahrnehmungen unter Verwendung der menschlichen fünf Sinne. Das heißt, ohne Bewusstsein könnten wir nicht im Sinne einer konkreten Wahrnehmung empfinden, nicht subjektiv erleben, nicht denken, nicht erinnern, nicht urteilen und auch nicht handeln. Zumindest nicht in Form eines integrierten Verhaltens. Unter integriertem Verhalten ist hierbei ein der Situation angemessenes Verhalten zu verstehen. Ein Verhalten, das eine adäquate Antwort auf von außen kommende Informationen darstellt. Außerdem hätten wir ohne Bewusstsein keine Intuition, kein Gewissen, keine gemeinsamen Werte und keinen Willen. An dieser Stelle müssen wir noch einmal kurz innehalten und erneut auf die Philosophie zu sprechen kommen. Genauer gesagt auf das Zombie-Argument des australischen Philosophen David Chalmers, das er 1996 hervorgebracht hat. Mit diesem Argument der philosophischen Zombies wird nämlich die Frage aufgeworfen, ob man vom Verhalten auf das Bewusstsein schließen kann. David Chalmers sagte eindeutig Nein. Er meinte damit, dass ein außenstehender Beobachter nicht beurteilen könnte, ob es sich bei seinem Gegenüber um einen philosophischen Zombie handelt. Darauf baute er sein Argument gegen den Physikalismus auf. Denn wenn es vorstellbar ist, dass es ein menschliches Wesen ohne phänomenales Erleben gibt, das sich in den gleichen neuronalen wie auch verhaltensbedingten Zuständen befindet wie ein phänomenal bewusstes menschliches Wesen, dann fehlt diesem gedachten Wesen die entscheidende Dimension des mentalen Lebens. Ein neutraler Beobachter könnte nur feststellen, dass Mensch und philosophischer Zombie hinsichtlich ihrer körperlichen Dispositionen absolut identisch sind. Er könnte aber nicht feststellen, ob der philosophische Zombie etwas bewusst erlebt oder nicht. Aus diesem Umstand, dass Mensch und philosophischer Zombie im Hinblick auf ihre Körperlichkeit identisch sind, schlussfolgert Chalmers nun, dass dem Menschen etwas Nichtphysisches innewohnt, nämlich Bewusstsein. Dies führte er als Argument gegen den Physikalismus ins Feld, weil dieser steif und fest behauptet, dass auch die Seele vollständig physikalisch erklärbar sei. Lassen Sie uns deshalb dieses Argument einmal etwas genauer unter die Lupe nehmen. Der philosophische Zombie soll ein exaktes physikalisches Duplikat eines bewussten Menschen sein, ohne jedoch selbst über ein phänomenales Bewusstsein zu verfügen. Damit besitzt er keinerlei Qualia. Wie sieht es aber mit dem kognitiven Bewusstsein beim philosophischen Zombie aus? Wir haben gelernt, dass das kognitive Bewusstsein immer dann ins Spiel kommt, wenn wir damit anfangen, über unsere direkten Erlebnisse nachzudenken, sie zu beschreiben und zu hinterfragen. Wo aber keine Qualia sind, da gibt es auch nichts, worüber nachzudenken, nichts, was zu beschreiben, und nichts, was zu hinterfragen wäre. Kurz gesagt, ohne Qualia kein kognitives Bewusstsein. Und wie sieht es beim philosophischen Zombie mit den anderen Bewusstseinsarten aus? Nun, nicht viel anders, denn ohne ein phänomenales Bewusstsein gibt es kein phänomenales Selbst, also kein Ichgefühl. Damit kein Ichbewusstsein und auch kein Selbstbewusstsein. Weil kein Ichgefühl vorhanden ist, gibt es demzufolge logischerweise keine Metakognition. Ein solches Lebewesen hat damit kein Bewusstsein über die eigenen geistigen Zustände und somit kein Beobachtungs- oder Monitoringbewusstsein. Weil es kein Ich besitzt, verfügt es über keinen Bezugspunkt, hat also keinerlei Beziehungen zu irgendetwas. Nicht zu Höherem, nicht zu Gott und nicht zu Spirituellem. Weil ein philosophischer Zombie noch nicht einmal eine Vorstellung von diesen Dimensionen hat, verfügt er natürlich über kein Transzendenzbewusstsein. Einen philosophischen Zombie müssen wir uns daher nicht nur als ein Wesen ohne phänomenales Bewusstsein vorstellen, sondern als einen Menschen ohne jegliches Bewusstsein. Einen Menschen also, der nicht wahrnehmen und empfinden kann, der subjektiv nichts erlebt, nicht denken, nicht erinnern, nicht urteilen und nicht der Situation nach angemessen handeln kann. Ein Mensch, der keine Intuition, keine Werte, kein Gewissen und keinen Willen besitzt. Und so etwas sollte uns vom Verhalten her nicht auffallen? Undenkbar. David Chalmers irrt, wenn er meint, dass man vom Verhalten nicht auf das Bewusstsein schließen kann. Und er irrt somit auch in der Vorstellung, dass sich zwei Wesen, das eine mit, das andere ohne Bewusstsein, identisch verhalten könnten. Richtig ist, dass wir das Bewusstsein wissenschaftlich nicht nachweisen können. Ich kann nur für mich sagen, dass ich über ein Bewusstsein verfüge. Bei meinem Gegenüber kann ich es zwar nicht nachweisen, aber ich kann aufgrund seines Verhaltens darauf schließen, dass er, sie, es über Bewusstsein verfügt. Vielleicht hat deshalb der amerikanische Philosoph Daniel Dennett zu dem Problem der philosophischen Zombies gesagt, dass der Versuch, sich eine Person mit demselben Verhalten, aber ohne Bewusstsein vorzustellen, dem Vorhaben gleichkommt, sich eine gesunde Person ohne funktionierende Lungen, Kopf und Herz vorzustellen. David Chalmers' Argument ist damit unbrauchbar. Man kann sicherlich gegen den Materialismus und Physikalismus sein, das eine oder andere Argument dagegen vorbringen, nur dieses nicht. Wir benötigen kein Bewusstsein, um zu leben. Wir brauchen es auch nicht immer. Nur, wenn wir es gebrauchen, dann macht es wirklich den entscheidenden Unterschied. Und welchen, das wissen wir jetzt. Was wir aber noch nicht wissen, ist, wie viele Informationen, die über unsere Sinnesorgane aufgenommen werden, tatsächlich auch letzten Endes in unserem Bewusstsein landen.

Die Verarbeitungskapazität des Bewusstseins

Da es hier um Informationen und Datenmengen geht, drängt sich einem schon der Vergleich mit einem Computer auf. Dieser Vergleich gilt jedoch nur sehr eingeschränkt, weil sich beide Systeme maßgeblich voneinander unterscheiden. Aber dazu werden wir später mehr erfahren, wenn wir unseren Rundgang durch das menschliche Gehirn antreten. Bleiben wir deshalb erst einmal im Bereich der Informationstechnologie. Bei Computern kommt der Datenspeicherung eine wichtige Rolle zu. Schließlich müssen die Daten dem Benutzer jederzeit zur Verfügung stehen. Der Computer selbst kann aber nur mit zwei Zuständen arbeiten, entweder an oder aus. Oder anders geschrieben, entweder 0 oder 1. Ein Computer arbeitet also mit Binärzahlen. Das Binärsystem, auch Zweiersystem genannt, ist folglich ein Zahlensystem, das zur Darstellung von Zahlen nur zwei verschiedene Ziffern kennt. Abgelegt werden diese Zahlen in einem Behälter, der Bit genannt wird. Die Abkürzung Bit steht für „binary digit". Entweder wird in diesem Behälter eine 1 oder eine 0 abgelegt. Nur diese zwei Zustände kann ein Bit annehmen. Es stellt daher die kleinste elektronische Speichereinheit dar. In Computern werden aber natürlich nicht nur einzelne Zustände abgespeichert, sondern auch ganze Zahlen, Buchstaben und Wörter. Wenn wir hierbei nur die Informationseinheit Bit betrachten würden, dann würden wir sehr schnell den Überblick verlieren. Aus diesem Grunde werden acht Bits zu einer Speichereinheit zusammengefasst, dem Byte. Es stellt sozusagen die kleinste Datenmenge dar. Wenn wir nun acht Bits zu einem Byte zusammenfassen, so ergeben sich natürlicherweise verschiedene Kombinationsmöglichkeiten, weil ein Bit schließlich zwei verschiedene Zustände annehmen kann. So steht die Kombination 00000001 beispielsweise für den Buchstaben A. Nun gibt es da noch eine Größe, die wir zwingend kennen müssen: die Datenübertragungsrate. Umgangssprachlich wird sie auch gerne Übertragungsgeschwindigkeit, Bandbreite oder Kapazität genannt. Gemessen wird sie durch das Zählen von Dateneinheiten pro Zeiteinheit. Und wieder einmal muss das Bit dafür herhalten. Die Übertragungsrate wird deshalb häufig auch als Bitrate bezeichnet. Angegeben wird sie in der Einheit Bit pro Sekunde. Bezogen auf unsere fünf Sinnesorgane ergibt sich dabei folgende Informationsaufnahme in Bit pro Sekunde:

- über die Augen 10 Mio. Bit
- über die Haut 1 Mio. Bit

- über die Ohren 100 000 Bit
- über den Geruch 10 000 Bit
- über den Geschmack 1000 Bit

Das bedeutet, dass wir über die fünf Sinne eine Informationsbandbreite von rund elf Millionen Bit in der Sekunde zu verarbeiten haben. Davon kommen aber im Bewusstsein nur 40 Bit an. Das entspricht exakt 0,00004 %. Anders ausgedrückt, von den elf Millionen Sinneseindrücken schafft es unser Bewusstsein gerade einmal, 40 Sinneseindrücke gleichzeitig zu verwalten. Nur einmal so zum Vergleich, eine Schreibmaschinenseite enthält eine Informationsmenge von circa 15 000 Bit. Bewusst können wir somit nur einen winzigen Ausschnitt des geistigen Geschehens beherrschen. Den Rest müssen wir wohl oder übel unserem Autopiloten überlassen. Schon allein aus purem Mangel an Verarbeitungskapazität. Schließlich verlangen viele unserer Wahrnehmungen nach raschen Entscheidungen. Natürlich drängt sich an dieser Stelle auch die Frage auf, wenn lediglich 0,00004 % der Informationen in das Bewusstsein vordringen, um welche 0,00004 % handelt es sich dabei genau? Doch diese Frage haben wir mit der Überlegung, was Reize überhaupt tun müssen, damit sie uns Menschen bewusst werden, bereits beantwortet. Psychophysik ist hier das Stichwort. Deshalb brauchen wir uns mit dieser Fragestellung nicht weiter aufzuhalten. Ebenso wenig wie mit der Frage, was mit den Wahrnehmungen passiert, die es bis in unser Bewusstsein geschafft haben.

Unterschwellige Wahrnehmungen

Aber was passiert eigentlich mit all den Wahrnehmungen, die es nicht geschafft haben, bis zu unserem Bewusstsein vorzudringen? Also der überwiegenden Mehrzahl, wie wir gesehen haben. Gehen sie einfach verloren? Oder beeinflussen sie uns vielleicht doch irgendwie? Unterbewusst vielleicht? Diese Frage wurde in der Wahrnehmungsforschung über lange Zeit sehr kontrovers diskutiert. Richtig populär wurde sie allerdings erst im Jahre 1957, als der amerikanische Marktforscher James Vicary (1915–1977) in einem Kino in New Jersey seinen Projektor für unterschwellige Botschaften ausprobierte. Ohne das Wissen der Zuschauer blendete dieser Spezialprojektor alle fünf Sekunden die Botschaft „Iss Popcorn, trink Cola“ ein. Darauf habe sich, so Vicary, der Konsum von Cola um 18 % und der von Popcorn um 58 % gesteigert. Diese Nachricht schlug in der Öffentlichkeit wie eine Bombe ein. Später räumte Vicary ein, dass das Experiment in dieser Art nie stattgefunden habe, auch die Zahlen seien gefälscht gewesen. Ziel sei nur gewesen, für sein neu gegründetes und deshalb noch umsatzschwaches Marketingunternehmen neue Kunden zu gewinnen. Aber alles Widerrufen half nichts. Auch die Tatsache, dass Vicary für seinen Versuch keine Unterlagen vorlegen konnte und mehrfache Wiederholungen des Experiments die Ergebnisse nie verifizieren konnten, änderte nicht das Geringste in der öffentlichen Wahrnehmung. Die Atombombe der Psychologie war geplatzt und der Mythos der unterschwelligen Botschaften war geboren. Die Vorstellung, dass der Mensch ein nicht autonomes Wesen sei, das sein Tun und Handeln durch nicht wahrnehmbare Reize und somit unwissentlich steuere, möglicherweise sogar noch gegen seine eigenen Absichten beeinflussbar sei, brannte sich von nun an unauslöschlich in das kollektive Gedächtnis der Menschheit ein. Verständlich, denn der Gedanke, dass man Menschen einfach einen Befehl in das Gehirn einpflanzen könnte, möglicherweise den zu einem Mord, oder dass man auf diese Art und Weise eine Heerschar willenloser und ferngesteuerter Zombies in den Krieg schicken könnte, war viel zu beunruhigend. Doch was ist wirklich dran an dem Mythos? Dadurch, dass das Experiment in abgewandelter Form mehrfach ohne Erfolg wiederholt wurde, gingen Experten lange Zeit davon aus, dass unterschwellige Beeinflussungsversuche keinen Sinn machen. Doch in weiteren Studien waren die Ergebnisse hingegen gemischt, sodass die einen unterschwellige Beeinflussungen zeigten, andere wiederum nicht. Für die Wissenschaft jedenfalls war das Thema damit erledigt, obwohl es in den Medien immer wieder präsent blieb. Ein ernsthaftes Interesse an dem Phänomen der unterschwelligen Wahrnehmungen flammte seitens der Hirnforschung erst wieder auf, als Berichte und Untersuchungen von Patienten mit partiellen Hirnstörungen auftauchten, die aufgrund ihrer neurologischen Ausfälle bestimmte Stimuli zwar nicht wahrnehmen konnten, deren Verhalten aber aufgrund dieser unbewussten Reize dennoch beeinflusst wurde. Bestes Beispiel hierfür waren die bereits besprochenen Blindseher, die trotz ihrer selbst empfundenen Blindheit in der Lage waren, die Position von Lichtreizen überzufällig häufig richtig anzugeben. Damit war klar, dass unser Gehirn sehr wohl in der Lage ist, unterschwellige Wahrnehmungen, die wir nicht bewusst wahrnehmen, adäquat zu verarbeiten. Im Weiteren konnte das Phänomen der unbewussten Wahrnehmungen neben den Patienten mit neurologischen Ausfällen auch an gesunden Probanden demonstriert werden. Für die Wissenschaft stellt sich somit heute nicht mehr die Frage, ob unbewusste Reize einen Einfluss auf das Verhalten eines Menschen haben können oder nicht, sondern nur noch, wie, unter welchen Bedingungen und wie weitreichend sie unser Verhalten beeinflussen. Denn mittlerweile haben umfangreiche Untersuchungen zu unterschwelligen Wahrnehmungen eindeutig belegen können, dass diese, nennen wir sie einmal unsichtbaren Informationen nicht nur aufgenommen, sondern auch abgespeichert und später wieder abgerufen werden können. So zeigten beispielsweise Untersuchungen des Neuropsychologen John L. Bradshaw im Jahre 1974, dass Versuchspersonen Wörter, welche ihnen in der Sehgrube, also dem Bereich des schärfsten Sehens, präsentiert wurden, schneller identifizieren konnten, wenn man ihnen zuvor ähnliche Wörter neben der Sehgrube, die sie nicht sehen konnten, darbot. Zu ähnlichen Ergebnissen gelangte auch der englische Kognitionspsychologe Geoffrey Underwood 1976. Mit seinen Untersuchungen konnte er aufzeigen, dass Bilder, die Versuchspersonen dargeboten wurden, von denen schneller benannt werden konnten, wenn man ihnen zuvor unterschwellige Wörter einblendete, die eine Bedeutungsbeziehung zu den entsprechenden Bildern hatten. Hatten hingegen die Wörter keine Bedeutungsbeziehung zu den Bildern, verging eindeutig mehr Zeit bis zu deren korrekter Benennung. Ein ähnliches Phänomen konnte auch im Bereich der Akustik nachgewiesen werden. Es ging dabei um die auditive Aufmerksamkeit. Der britische Kognitionswissenschaftler Edward Colin Cherry (1914–1979) ließ 1953 Versuchsteilnehmer zwei unterschiedliche verbale Botschaften über Kopfhörer hören. Das heißt, den Versuchspersonen wurden gleichzeitig jeweils zwei unterschiedliche Nachrichten auf dem linken und dem rechten Ohr präsentiert. Einen solchen Versuchsaufbau bezeichnet man als dichotisches Hören. Die Versuchspersonen wurden nun angewiesen, nur eine der beiden Nachrichten zu beachten und diese zu wiederholen, indem sie sie laut nachsprechen sollten. Diesen Vorgang nennt man Shadowing. Als die Versuchspersonen anschließend angehalten wurden, den Inhalt der ignorierten Nachricht zu wiederholen, waren sie dazu nicht in der Lage. Ja mehr noch, sie bemerkten noch nicht einmal einen Wechsel der Sprache vom Englischen ins Deutsche oder die Tatsache, dass auf dem anderen Ohr rückwärts gesprochen wurde. Wenn allerdings die Stimme auf dem nicht beachteten Ohr sich deutlich veränderte, indem das Geschlecht des Sprechers wechselte, bemerkten es die Teilnehmer doch. Ebenso wurden auch präsentierte Pieptöne wahrgenommen sowie einige wenige Wörter wie beispielsweise der eigene Name, „Hallo", „Hilfe" oder „Achtung". Cherry kam deshalb zu dem Ergebnis, dass wir die Rede des Sprechers nicht verstehen, wenn wir nicht unsere Aufmerksamkeit gezielt auf sie richten. Ohne Aufmerksamkeit sind wir nur imstande einige wenige Wörter zu verstehen. Zu diesen Wörtern zählen unser eigener Name sowie die Signalwörter Hallo, Hilfe und Achtung. Diese Wörter haben ganz offensichtlich die Funktion, unsere Aufmerksamkeit auf die Stimme des Sprechers zu lenken. Zu einem ganz ähnlichen Ergebnis kam auch der britisch-kanadische Psychologieprofessor Neville Moray 1969, als er durch seine Untersuchungen darlegte, dass der Mensch imstande ist bestimmte Informationen aus einer an sich unbeachteten Menge an Botschaften aufzunehmen. Damit war der Cocktailpartyeffekt geboren. Das Phänomen wurde deshalb so benannt, weil es uns als ein Mechanismus der selektiven Aufmerksamkeit erlaubt, aus einem regelrechten Sprachgewirr zahlreicher Personen einer einzelnen Person zuzuhören und deren Rede zu verstehen, indem wir unsere Aufmerksamkeit auf sie richten. Wir extrahieren sozusagen diese eine einzige Stimme. Die Stimmen der vielen anderen hingegen blenden wir einfach aus. Diese nehmen wir dann nur noch als Geräuschkulisse wahr, bis entweder unser eigener Name irgendwo fällt oder bestimmte Signalwörter ausgerufen werden, die unsere Aufmerksamkeit plötzlich auf die andere Stimme lenken. Neben dem Cocktailpartyeffekt wurde aber auch die Theorie der frühen Auswahl geboren. Denn es war nun offenkundig, dass Informationen vor deren Verarbeitung zunächst einmal selektiert werden. Interessante Ergebnisse im Bereich des dichotischen Hörens erbrachten des Weiteren die Untersuchungen des kanadischen Psychologieprofessors Raymond S. Corteen und seines Kollegen Brian H. Wood im Jahre 1972. Beide konnten nämlich zeigen, dass unterschwellige Auslösewörter im abgewandten Ohr bei zuvor konditionierten Schreckreaktionen einen galvanischen Hautreflex erzeugten, obwohl die Versuchspersonen diese Auslösewörter nicht bewusst wahrnahmen. Unter einer galvanischen Hautreaktion versteht man dabei eine Änderung elektrischer Phänomene der Haut, welche üblicherweise mittels der Änderung des Hautleitwertes gemessen werden. Ein hautgalvanischer Reflex ist als Bestandteil einer psychovegetativen Begleitreaktion bei der Aufnahme und Verarbeitung von Reizen zu verstehen, bei welcher der Hautwiderstand sinkt. Dies gilt auch für unbewusst bleibende Reizeinwirkungen, wie die Arbeit der beiden Kognitionsforscher eindrucksvoll zeigte. Der galvanische Hautreflex wird deshalb heute in der modernen Psychophysiologie sehr gerne bei Untersuchungen eingesetzt, wo es um Stress und Emotionen geht. Einen weiteren Meilenstein in der Erforschung unbewusster Reize erbrachten 1980 und 1983 die Arbeiten der Kognitionswissenschaftler McCauley und Marcel. Beide untersuchten systematisch die Auswirkungen unbewusst wahrgenommener Wörter und Bilder und konnten nachweisen, dass deren unbewusster Informationsgehalt einen Einfluss darauf hat, wie die nachfolgenden Reize verarbeitet werden. In dieser Chronologie ging Dr. Kaser noch einen Schritt weiter, als er 1986 im Journal of Nervous and Mental Disease eine Studie publizierte, aus der hervorging, dass sich akustisch unterschwellig dargebotene Beeinflussungen in späteren Zeichnungen wiederfinden lassen. Hierzu nahm er zwei Versuchsgruppen. Der einen Gruppe wurde reguläre überschwellige Musik eingespielt, während der anderen Gruppe in die überschwellige Musik unterschwellige Botschaften beigemischt wurden. Vor und nach diesen Einspielungen wurden die Probanden dazu aufgefordert, jedes geistige Bild, das ihnen in den Sinn kam, aufzuzeichnen. Außerdem sollten sie am darauffolgenden Tag noch Bilder aus ihren Träumen in der Nacht zu Papier bringen. Das Ergebnis der Untersuchung war verblüffend, als sich in den Zeichnungen der auditiv beeinflussten Gruppe eine signifikant höhere Anzahl der unterschwelligen Botschaften wiederfand. In der Kontrollgruppe hingegen war das nicht der Fall. Doch damit nicht genug. Der kanadische Psychologieprofessor Philip M. Merikle setzte 1996 dem noch eins drauf, als er zusammen mit seinem Kollegen M. Daneman nachweisen konnte, dass der Einfluss unbewusster Reize selbst noch unter Vollnarkose besteht, also in einem Zustand, in dem gar keine bewusste Wahrnehmung mehr erfolgt. Hierzu wurden bei Testpersonen in Vollnarkose über einen Kopfhörer wiederholt dieselben Wörter dargeboten. Als man die Probanden nach der Narkose dazu aufforderte, eine Liste von Wortstämmen zu ergänzen, verwendeten sie die unter der Narkose gehörten Wörter deutlich häufiger. Und das bis zu einer Zeitspanne von 36 Stunden nach Narkoseende. Damit war nun endgültig klar, dass unterschwellige Informationen gespeichert werden, und zwar ohne sich dessen bewusst zu sein. Außerdem wird unbewusst selektiert, welche Inhalte letztlich in unser Bewusstsein gelangen. Allerdings scheint jedoch die Reizverarbeitung unter Narkose eingeschränkt zu sein, so nach den Ergebnissen der Psychologinnen Dr. Catherine Deeprose und Prof. Jackie Andrade von der Plymouth University in England. In ihrer 2006 erschienenen Arbeit beleuchteten sie nämlich den Einfluss der Narkosetiefe auf die Verarbeitung unbewusster Reize und kamen zu der Überzeugung, dass ohne eine bewusste Wahrnehmung in tiefer Narkose zwar ein perzeptuelles Priming noch möglich ist, nicht jedoch ein konzeptuelles Priming. Letzteres sei aber wohl immer in einer flachen Narkose möglich. Was heißt das jetzt? Nun, sagen wir es einmal so, das Zauberwort in allen aufgeführten Untersuchungen und Studien lautet, auch wenn es bis jetzt noch nicht explizit ausgesprochen wurde, Priming.

Priming

Dieses Wort muss man einfach kennen, weil sich der englische Begriff auch im deutschsprachigen Raum als Fachbegriff durchgesetzt hat. Priming ist eigentlich ein Fachterminus aus der Psychologie und bezeichnet im Deutschen so viel wie „Vorbereiten". In der Kognitionswissenschaft spricht man auch gern von „Voraktivierung". Am treffendsten ist aber die Bezeichnung „Bahnung", denn genau darum geht es im Grunde. Gemeint ist, dass ein Bahnungsreiz, auch Prime genannt, einen Zielreiz, Target genannt, bahnt, indem er dessen Verarbeitung dahingehend beeinflusst, dass er Gedächtnisinhalte aktiviert, die sich auf das Erleben und Verhalten eines Menschen auswirken, ohne jedoch in das Bewusstsein zu dringen. Es geht also beim Priming um die Vorbereitung einer Reaktion auf einen Zielreiz hin, indem zuvor ein anderer Reiz verarbeitet wird. Der Prime selbst ist dabei selbstverständlich subliminal, sprich unter der Bewusstseinsschwelle, sodass er nicht bewusst wahrgenommen werden kann. Anders ausgedrückt, eine vorangehende Reizdarbietung verbessert im Allgemeinen die Fähigkeit, diesen Reiz auch wiederzuerkennen. Durch Priming, sprich bahnende Reize, besteht somit bereits im Vorfeld die Möglichkeit, menschliche Entscheidungen gezielt zu beeinflussen. Getreu dem Motto „Man sieht und hört nichts, und dennoch wirkt es". Und diese Wirkung lässt sich natürlich auch messen und damit nachweisen. Man braucht hierzu nur die Reaktionszeitdifferenzen auszumessen. Dabei wird als Reaktionszeit diejenige Zeit verstanden, die zwischen dem Einsetzen eines Reizes und der Reaktion verstreicht. Weil die Reaktion mit einem Prime gewöhnlich schneller verläuft, ergibt sich zu der Reaktion ohne einen Prime logischerweise eine Differenz. Man spricht in diesem Zusammenhang auch vom Primingeffekt. Die Reaktionszeitdifferenz gilt daher als Maß für den Einfluss eines Primes auf die Verarbeitung des Zielreizes. Das Priming als Methode ist in der Kognitionswissenschaft eine durchaus anerkannte experimentelle Verfahrenstechnik. Der Primingeffekt selbst beruht dabei auf der Übereinstimmung von Prime und Target. Diese Übereinstimmung kann sich allerdings auf sehr unterschiedlichen Ebenen abspielen. Und damit wären wir bei den verschiedenen Primingarten angekommen. Betrifft beispielsweise die Übereinstimmung von Prime und Target lediglich die Ebene der Wiedererkennung, dann sprechen wir von einem perzeptuellen Priming. Diese Form des Primings erfordert dann lediglich die Wahrnehmung der vorgegebenen Stimuli. Es bewirkt eine schnellere Erkennung zuvor gezeigter Bilder oder gehörter Wörter und wird gelegentlich auch als „Repetition Priming" oder direktes Priming bezeichnet. Betrifft jedoch die Übereinstimmung von Prime und Target die inhaltliche Ebene, dann spricht man vom semantischen Priming. Das semantische Priming umfasst dabei Wörter, die eine Stimmigkeit und Widerspruchsfreiheit aufweisen, wie Krankenhaus, Notfall und Arzt. Sehr ähnlich zu dem semantischen Priming ist das konzeptuelle Priming. Dieses kommt zum Tragen, wenn die Übereinstimmung von Prime und Target die assoziative Ebene betrifft. Es geht dann um Wörter, die eine Gedankenverbindung untereinander aufweisen, wie Natur, Wald, Bäume und Holzfäller. Geht es dagegen um Wörter, die eine Wertung beinhalten, betrifft also die Übereinstimmung von Prime und Target die emotionale Ebene, dann spricht man von affektivem Priming. Ein solches Priming beinhaltet dann Wörter wie Spinne, Schlange, Ratte oder andere ekelerregende Tiere. Zu guter Letzt kann die Ebene der Übereinstimmung von Prime und Target auch die Abfolge betreffen. In diesem Fall sprechen wir dann von prozeduralem Priming. Das prozedurale Priming führt dazu, dass durch den Prime eine bestimmte Prozedur aktiviert wird, was dann zur Folge hat, dass anschließend dieselbe Verarbeitungsstruktur beim Target schneller durchgeführt wird. Und das selbst dann, wenn der Prime in einem völlig anderen Kontext oder im Zusammenhang mit einem unterschiedlichen Thema dargeboten wurde. Hier die verschiedenen Primingarten noch einmal im Überblick:

- Perzeptuelles Priming (Wahrnehmung)
- Semantisches Priming (Inhalt)
- Konzeptuelles Priming (Assoziation)
- Affektives Priming (Emotion)
- Prozedurales Priming (Abfolge)

Was aber unterscheidet nun das perzeptuelle vom konzeptuellen Priming genau? Das konzeptuelle Priming erfordert nach Shimamura und Squire (1984) eine semantische Verarbeitung, also das Assoziieren eines Begriffes zu einem vorgegebenen Begriff, oder aber nach Srinivas und Roediger (1990) das Generieren von Beispielen zu vorgegebenen Kategorien. Das heißt, im Gegensatz zum perzeptuellen Priming verlangt das konzeptuelle Priming aufgrund der Aktivierung semantischer Kategorien einfach mehr kognitive Kapazitäten. Und es ist abhängig von konzeptuellem Wissen, also einem abstrakten Tiefenverständnis der Prinzipien und Relationen zwischen den Aussagen in einem Wissensbereich. Jetzt endlich können wir verstehen, warum das Priming von der Narkosetiefe abhängt und warum perzeptuelles Priming selbst noch in tiefer Vollnarkose möglich ist, während das konzeptuelle Priming zwar in einer flachen, nicht aber in einer tiefen Vollnarkose funktioniert. Und damit erschließt sich uns auch die Bedeutung der Arbeiten von Deeprose und Andrade. Einer kleinen Ergänzung bedarf es aber noch. Bisher haben wir Primes ausschließlich unter dem Blickwinkel betrachtet, dass sie die ihnen zugeordnete Reaktion vorbereiten und dadurch die Zielreizreaktion erleichtern. Das ist aber nur die halbe Wahrheit. Denn Priming kann auch das genaue Gegenteil bewirken, indem es nämlich die Zielreizreaktion erschwert und dadurch verlangsamt. Auch das macht sich natürlich in der Reaktionszeitdifferenz bemerkbar, sie verlängert sich entsprechend. Deshalb spricht man in diesem Zusammenhang auch von negativem Priming, im Gegensatz zum positiven Priming. Beide aber, sowohl positives wie auch negatives Priming, bilden den Primingeffekt. Dabei kann man eine kleine Faustregel aufstellen. Probanden reagieren typischerweise nach dem Prime schneller auf den Zielreiz, wenn beide derselben Antwortkategorie angehören. Solche Durchgänge nennt man daher auch konsistent oder kongruent. Gehören Prime und Zielreiz unterschiedlichen Antwortkategorien an, werden die Durchgänge als inkonsistent oder inkongruent bezeichnet. Dazu ein kleines Beispiel. In einer Versuchsanordnung bekommen die Probanden die Aufgabe, einen präsentierten Zielreiz schnellstmöglich mittels Tastendruck zu kategorisieren.

Die Farbe Rot steht dabei für die linke Taste und die Farbe Grün für die rechte Taste. Nun wird es spannend, denn einige Millisekunden vor dem Erscheinen des Zielreizes wird ein Prime präsentiert. Handelt es sich um einen roten Prime, passend zum roten Zielreiz, ist der Durchgang konsistent und wir können davon ausgehen, dass der Prime die Zielreizreaktion erleichtert. Im anderen Fall, das heißt grüner Prime und roter Zielreiz, ist der Durchgang inkonsistent. Entsprechend wird der Prime die Zielreizreaktion erschweren und die Reaktionszeitdifferenz folgerichtig verlängern. Wir dürfen daher an dieser Stelle kurz Bilanz ziehen und festhalten, dass die erwähnten Untersuchungen und Studien trotz verschiedenster Untersuchungsbedingungen in der Gesamtschau eindeutig einen Einfluss unterschwelliger Wahrnehmungen bestätigen, zumindest für die auditive wie auch für die visuelle Qualität. Und gerade weil die Forschung belegen kann, dass sich menschliches Verhalten durch unbewusste Wahrnehmung messbar beeinflussen lässt, kommen wir nicht mehr an der Frage vorbei, wie weit eigentlich die Einflusssphäre unbewusster Reize auf uns Menschen reicht. Anders gefragt, wie groß ist das Potenzial unbewusster Wahrnehmungen und wo genau befinden sich ihre Grenzen? Eine heikle Frage, denn eigentlich müsste man präziser fragen, wer entscheidet in letzter Konsequenz darüber, was wir als Menschen tun? Entscheiden tatsächlich nichtbewusste Bahnungsreize darüber, wie wir uns verhalten, oder sind wir noch Herr im Hause? Sind wir als Menschen unbewusster Manipulation einfach hilflos ausgesetzt und verhalten uns wie willenlose Zombies oder endet der Einfluss unbewusster Wahrnehmungen an einem bestimmten Punkt? Fragen über Fragen. Wir könnten an dieser Stelle einfach sagen, dass Vicarys Kinoversuch doch bereits entzaubert wurde, indem Wiederholungen des Experiments nie dessen Ergebnisse verifizieren konnten. Das heißt, die unterschwelligen Anweisungen wurden in Wirklichkeit nie befolgt. Doch so leicht können wir es uns leider nicht machen. Das zumindest belegt die niederländische Untersuchung von Johan C. Karremans, Wolfgang Stroebe und Jasper Claus aus dem Jahre 2006. Sie erbrachten den Nachweis der Wirksamkeit unterschwelliger Beeinflussung, indem sie die Probanden ihrer Studie eine Aufgabe am Computerbildschirm erledigen ließen, die höchste Aufmerksamkeit verlangte. Bei der Hälfte der Versuchsteilnehmer wurde dabei der Name „Lipton Ice" für ganz kurze Zeit eingeblendet, ohne dass sie es bewusst wahrnehmen konnten. Die andere Hälfte der Versuchsteilnehmer dagegen bekam die gleichen Buchstaben eingeblendet, jedoch in einer unlesbaren Reihenfolge. Die Versuchsteilnehmer durften dann anschließend zwischen zwei verschiedenen Getränken wählen, entweder Lipton Ice Tea oder Mineralwasser. Die Versuchsteilnehmer mit der sinnlosen Buchstabenfolge wählten zu 25 % den Eistee. Bei denen jedoch, wo der Markenname korrekt eingeblendet wurde, entschieden sich 69 % für Lipton Ice Tea. Das sind mehr als doppelt so viele. Das galt aber nur, wenn die Probanden auch durstig waren. An nicht durstigen Versuchspersonen hingegen prallten die unterschwelligen Beeinflussungen einfach ab. Das heißt, nur die durstigen Versuchspersonen griffen tatsächlich häufiger zu dem unterschwellig eingeblendeten Produkt. Dies offenbart uns eine ganz wichtige Erkenntnis. Nämlich dass unterschwellige Wahrnehmungen nicht das für eine Handlung notwendige Bedürfnis hervorrufen, sondern lediglich die Entscheidung für eine anschließende Markenwahl. Die unterschwellige Beeinflussung gelingt also nur, wenn sie auf ein entsprechendes Bedürfnis trifft. Kurz und markant formuliert, ohne Bedürfnis auch keine unterschwellige Wirkung. Hier liegen folglich die Grenzen unterschwelliger Wahrnehmungen, nach denen wir gefahndet haben. Und jetzt kennen wir auch deren wirkliches Potenzial. Aber nun stellt sich uns eine andere Frage in den Weg. Wenn unterschwellige Wahrnehmungen nur eingeschränkt wirksam sind, welchen Zweck erfüllen sie dann? Die Antwort auf diese Frage ergibt sich aus der deutschen Übersetzung des Wortes Priming. Gemeint ist hier das „Vorbereiten". Man könnte auch „Vorarbeiten" sagen. Genau das ist der Zweck unterschwelliger Wahrnehmungen. Durch ihre Funktionalität werden einzelne Reize schon vorab identifiziert und im Groben kategorisiert. Das schützt unser Bewusstsein vor einer Überflutung mit neuen Informationen. Damit verbunden ist eine kognitive Entlastung, sodass die freien Ressourcen anderweitig genutzt werden können. Es wäre deshalb verfehlt, wenn wir im Zusammenhang mit unterschwelligen Informationen von einer Manipulation sprechen würden. Das wäre erst der Fall, wenn unterschwellige Informationen wie Lipton Ice Tea tatsächlich imstande wären Durst auszulösen. Stattdessen beeinflussen Primes lediglich die Vorbereitung gewollter Reaktionen, und das auch nur, wenn so schnell wie nur irgend möglich reagiert werden soll. Aus Sicht der Evolution ist das ein klarer Vorteil, wenn auf bestimmte Reize eine schnelle Reaktion folgt. Denn es könnte durchaus in manchen Situationen entscheidend sein, unbewusst auf etwas Essbares zu reagieren. Wir müssen daher die unterschwellige Beeinflussung eher als einen Spezialfall eines allgemeinen Wirkmechanismus betrachten, welcher in der Praxis keine relevante Bedeutung hat. Mit anderen Worten, Menschen sind keine ferngesteuerten Zombies. Vielmehr haben sie einen eigenen Willen und sind Verursacher ihrer eigenen Handlungen. Sie reagieren nicht wie ein Automat auf äußere Umwelteinflüsse, sondern sie agieren ganz bewusst, um bestimmte Ziele zu erreichen. Dennoch können wir das Thema der unterschwelligen Wahrnehmungen nicht ganz ad acta legen. Denn Primes, und das haben die zitierten Studien deutlich gemacht, haben einen Einfluss auf die Verarbeitung des Zielreizes. Auch wenn sie selbst keine Bedürfnisse wecken können, so können sie doch in einem Experimentalkontext die freie Entscheidung zwischen zwei Aktionsalternativen beeinflussen. Zumindest wenn die Versuchspersonen zum einen darauf vorbereitet sind, auf bestimmte Reize zu reagieren, und zum anderen diese dann auch erwarten. Deshalb brauchen wir an diesem Punkt doch zumindest eine wissenschaftliche Erklärung für das Phänomen des Primings. Eine solche kann uns die gegenwärtige Literatur zwar nicht liefern, wohl aber verschiedene theoretische Erklärungsansätze. Um den allgemeinen Rahmen dabei nicht zu sprengen, sollen im Weiteren zumindest die derzeit aktuellsten vier Konzepte kurz Erwähnung finden, so wie sie von der Würzburger Kognitionspsychologin Andrea Kiesel 2009 formuliert wurden:

Konzept der automatisierten Reiz-Reaktions-Verbindungen

Dieses Konzept geht davon aus, dass sich erst während des Versuchsablaufes entsprechende Reiz-Reaktions-Verbindungen aufbauen. Sie werden also vorab trainiert und können dann durch unterschwellige Reize automatisch aktiviert werden. Die Hypothese stützt sich dabei auf Beobachtungen, dass Versuchspersonen während des Experiments wiederholt die gleichen Reaktionen auf den Zielreiz hin ausführen. Folgt man dieser Ansicht, dann würde es bedeuten, dass unterschwellige Reize entsprechende Reaktionen nur über bereits bestehende Verbindungen auslösen können. Und dies würde im Umkehrschluss wiederum bedeuten, dass ohne ein Bewusstsein auch keine Verarbeitung stattfinden kann.

Konzept der elaborierten Verarbeitung

Diese Hypothese verfolgt den Ansatz, dass unbewusste Reize auf eine ähnliche Art und Weise verarbeitet werden wie die supraliminalen Reize. Damit sind Reize gemeint, die über der Bewusstseinsschwelle liegen, damit gut sichtbar sind und deshalb bewusst wahrgenommen werden können. Unterschwellige Wahrnehmungen werden, so die Annahme, entsprechend ihrer Bedeutung nach kategorisiert. Durch die spezielle Aufgabenstruktur des Experimentes wird dann passend zu der Kategorisierung die zugeordnete Handlungsreaktion angemessen ausgelöst, so die Überlegung.

Konzept der zwangsläufigen semantischen Verarbeitung

Die Vorstellung bei diesem Konzept geht davon aus, dass unbewusste Reize zwangsläufig ihrer Bedeutung nach verarbeitet werden, so wie die bewussten Reize auch. Beide aktivieren auf die gleiche Art und Weise ihre ganze Umgebung, mit der sie bedeutungsgemäß in Verbindung stehen. Eine derartige Aktivierung der semantischen Nachbarschaft erleichtert natürlich die Verarbeitung der Zielreize. Das bedeutet in letzter Konsequenz, dass ein unbewusster Reiz immer die Verarbeitung eines Zielreizes beeinflusst, wenn er mit diesem in einer bedeutungsgemäßen Beziehung steht.

Konzept der handlungsdeterminierenden Reizerwartungen

Der Ansatz der handlungsdeterminierenden Reizerwartungen geht in seinen Überlegungen davon aus, dass unbewusste Wahrnehmungen nur dann einen Einfluss besitzen, wenn auch gleichzeitig entsprechende Handlungsbereitschaften vorhanden sind. Das bedeutet, dass sobald der unbewusste Reiz mit den handlungsdeterminierenden Reizerwartungen übereinstimmt, dann auch tatsächlich die entsprechende Reaktion automatisch ausgelöst wird. Das Konzept der handlungsdeterminierenden Reizerwartungen geht deshalb von einem zweistufigen Prozess aus. Im ersten Prozess, der Vorbereitung, werden handlungsbestimmende Reizerwartungen gemäß dem aktuellen Aufgabenkontext spezifiziert. Zu diesem Zweck werden entsprechende Gedächtnisrepräsentationen bereitgestellt. Im zweiten Prozess, der Ausführung, wird der tatsächliche Reiz dann mit der Reizerwartung verglichen. Erbringt der Abgleich eine Übereinstimmung zwischen den beiden, wird nachfolgend eine spezifische Reaktion ausgelöst, so die Theorie. Der Vorteil des Konzeptes liegt darin, dass es viele Befunde unterschwelliger Wahrnehmungen erklären kann, die bislang widersprüchlich waren. Allerdings ist der Ansatz der handlungsdeterminierenden Reizerwartungen zum gegenwärtigen Zeitpunkt nur heuristisch formuliert, sodass präzise Angaben dazu, wie die Reizerwartungen genau gebildet und repräsentiert werden, noch fehlen.

Nichtbewusste kognitive Prozesse

Eine weitere spannende Frage, die sich unmittelbar aus der Idee der handlungsdeterminierenden Reizerwartungen ergibt, ist, ob unbewusste Reize nicht nur motorisch beabsichtigte Reaktionen auszulösen vermögen, sondern darüber hinaus vielleicht auch noch weitere kognitive Prozesse anstoßen können. Möglicherweise Prozesse der kognitiven Kontrolle? Diese Fragen sind zum gegenwärtigen Zeitpunkt noch nicht abschließend geklärt. Damit sind auch die Grenzen unbewusster Wahrnehmungen für die Forschung noch nicht ganz ausgelotet. Wir dürfen also an dieser Stelle noch auf weitere Ergebnisse hoffen. Aber wozu treibt man in letzter Konsequenz eigentlich diesen ganzen Aufwand mit den Primingexperimenten in der Kognitionspsychologie? Und was erhofft man sich von den zukünftigen Ergebnissen? Ganz einfach, man erhofft sich Rückschlüsse und Antworten auf die Frage zu finden, welche Rolle dem bewussten Wahrnehmen und Erleben prinzipiell zukommt. Anders formuliert, es geht darum herauszufinden, welche generelle Bedeutung dem Phänomen der Bewusstheit zugeschrieben werden muss. Hierbei geht man von der Annahme aus, dass sämtliche Verarbeitungsprozesse, welche nicht von den unterschwelligen Reizen angestoßen werden können, zwingend Bewusstheit benötigen. Und diese Annahme ist durchaus berechtigt, denn eines scheint sich aufgrund der existierenden Befunde jetzt schon abzuzeichnen, nämlich dass die Bewusstheit von Reizen kein bloßes Epiphänomen im Sinne einer nutzlosen Begleiterscheinung darstellt. Vielmehr sieht es so aus, dass unbewusst und bewusst wahrgenommene Reize im Gehirn anscheinend völlig unterschiedlich verarbeitet werden. Und genau das wäre dann als ein ganz klarer Hinweis dafür zu interpretieren, dass bewusstes Erleben eine essenzielle Grundvoraussetzung für vielschichtige Verarbeitungsprozesse im Gehirn darstellt, wie etwa die komplexe perzeptuelle Verarbeitung oder die Aktivierung exekutiver Kontrollprozesse. Das sind Prozesse, die zum Beispiel das Speichern und Abrufen von Informationen im Gedächtnis beeinflussen. Aber noch wird die Diskussion in der Kognitionspsychologie sehr kontrovers geführt, ob unbewusste Reize tatsächlich nicht nur einfache motorische Reaktionen auslösen können, sondern auch komplexere Prozesse wie die gerade eben erwähnten exekutiven Kontrollprozesse. Sollte Letzteres wirklich der Fall sein, dann würde das die Sichtweise auf die unterschwelligen Reize erheblich verändern. Denn ihr Machtbereich wäre dann deutlich größer als gedacht. Aber greifen wir den Entwicklungen nicht vor und verbleiben ruhig noch ein wenig bei den unbewussten und damit untergeordneten Prozessen außerhalb der bewussten Wahrnehmung. Schließlich müssen wir zwingend in Erfahrung bringen, was sich da noch so unterhalb der Wasseroberfläche tut und mit welchen Entitäten wir dort unterhalb der Schwelle des Bewusstseins weiterhin rechnen müssen. Von der Existenz unterschwelliger Wahrnehmungen und den nichtbewussten kognitiven Prozessen haben wir bereits gehört. Damit hätten wir schon einmal zwei dieser Entitäten identifiziert. Aber ist das alles oder gibt es da vielleicht noch mehr? Schließlich könnte man doch mutmaßen, dass, wenn wir schon von nichtbewussten Wahrnehmungen und nichtbewussten kognitiven Prozessen, also nichtbewussten Verarbeitungsprozessen sprechen, es logischerweise auch nichtbewusste Gedächtnisprozesse geben müsste. Und genau so ist es.

Nichtbewusste Gedächtnisprozesse

Das Phänomen existiert tatsächlich und es ist gar nicht so neu, wie man vielleicht glauben mag. Im Grunde ist es schon seit dem Jahre 1911 bekannt. Damals behandelte nämlich der Schweizer Psychiater Édouard Claparède (1873–1940) eine Amnesiepatientin. Der Gedächtnisverlust dieser Patientin war so stark, dass sich der Seelenarzt bei jeder Begegnung mit ihr per Handschlag erneut vorstellen musste, selbst wenn er nur für einen kurzen Augenblick das Zimmer verließ. Eines Tages wollte Claparède nun wissen, wie weitreichend der Gedächtnisverlust seiner Patientin eigentlich sei. Zu diesem Zwecke klebte er sich eine kleine Reißzwecke in die Handfläche. Als er eines Morgens die Patientin wieder einmal per Handschlag begrüßte, erschrak diese nach dem Stich. Als Claparède anschließend das Zimmer für einen kurzen Moment verließ, um sich nach seiner Rückkehr der Patientin erneut vorzustellen, verweigerte diese ihm die Hand, obwohl sie sich weder an ihn erinnern noch einen Grund für die Zurückweisung angeben konnte. Auch wenn sie keine bewusste Erinnerung mehr an den Arzt hatte, blieb doch offensichtlich aus der letzten Begegnung mit ihm ein schmerzhafter und nichtbewusster Gedächtnisprozess erhalten, der zur Abweisung der Hand führte. Anders gesagt, die Patientin wurde ganz offensichtlich von einem vergangenen Erlebnis beeinflusst, ohne dass sie sich darüber im Klaren war, dass es sich hierbei um einen Erinnerungsprozess handelte. Natürlich könnte man an dieser Stelle den Advocatus Diaboli spielen und fragen, ob es sich denn bei der Schilderung wirklich um einen nichtbewussten Gedächtnisprozess oder vielleicht nicht vielmehr um eine nichtbewusste Emotion gehandelt haben könnte. Und damit wären wir nämlich bei der nächsten Entität angekommen, den unterschwelligen psychischen Regungen des Gemüts.

Nichtbewusste Emotionen

Hier wird es besonders prekär, denn eine einheitliche Theorie oder eine interdisziplinär anerkannte Definition des Begriffes „Emotionen“ existiert nicht. Und umgangssprachlich wird zwischen den Bezeichnungen Gefühle, Stimmungen und Emotionen kaum unterschieden. In der Psychologie ist das anders. Hier darf man nämlich die Emotionen nicht mit den Gefühlen und Stimmungen verwechseln. Wo aber ist der Unterschied? Nun, sagen wir es einmal so, Emotionen sind Zustände seelisch-körperlicher Art. Nach Lothar Schmidt-Atzert, einem deutschen Psychologieprofessor der Philipps-Universität Marburg, sind Emotionen auf drei verschiedenen Ebenen erfassbar, die sich wie folgt darstellen:

1. Subjektiv-verbale Ebene
2. Körperlich-physiologische Ebene
3. Verhaltensebene

Das bedeutet, dass Emotionen von dem Betroffenen selbst erlebt werden, mit körperlichen Veränderungen einhergehen und sich im Verhalten des Menschen äußern können. Diese Präzisierung des Begriffes Emotionen beinhaltet auch gleich die zwei wesentlichen Bedingungen. Denn weil Emotionen Zustände sind, sind sie natürlich zum einen zeitlich begrenzt und zum anderen sind sie durch die drei Ebenen qualitativ auch immer näher bestimmbar. Emotionen werden durch interne oder externe Erlebnisse ausgelöst. Damit haben sie immer einen konkreten Anlass. Das heißt, sie beziehen sich immer auf etwas Bestimmtes. Emotionen gehen auch immer mit einer Bewertung einher. Sie beruhen auf einer raschen kognitiven Einschätzung, die uns blitzschnell und richtig reagieren lässt. Emotionen sind von daher als ein mächtiges Bewertungssystem zu verstehen, das uns in die Lage versetzt, viele Situationen einfach automatisch einzuschätzen. Damit beinhalten sie auch oft eine Handlungsaufforderung, also eine Konsequenz, die sich aus der Einschätzung der jeweiligen Konstellation nahezu zwangsläufig ergibt. Das bedeutet, Emotionen haben die Fähigkeit, körperliche und mentale Prozesse miteinander zu koppeln, um uns so zu entsprechenden Handlungen aufzufordern. Aus diesem Grunde haben Emotionen auch erhebliche Auswirkungen auf weitere kognitive Prozesse, die ihrerseits wiederum durch interne Wechselwirkungen, externe Faktoren sowie andere kognitive Prozesse bestimmt werden. Zwei weitere wichtige Merkmale von Emotionen betreffen die Valenz und die Erlebnisintensität. Die Valenz als Wertigkeit bezieht sich darauf, ob etwas als positiv oder negativ wahrgenommen wird. Gemeint ist also die affektive Färbung. Die Erlebnisintensität hingegen betont, dass Emotionen sehr stark empfunden werden. Dadurch lassen sie sich auch nur schwer unterdrücken. Das bedeutet, dass wir unseren Emotionen nur sehr schwer aus dem Weg gehen können. Das ist bei den Stimmungen anders. Denn sie werden nicht so stark empfunden wie die Emotionen. Außerdem sind Stimmungen im Gegensatz zu Emotionen unspezifischer Art. Bedeutet also, dass sie keinen konkreten Anlass haben und sich somit auch nicht auf etwas Bestimmtes beziehen. Und sie halten im Gegensatz zu Emotionen deutlich länger an. Ein weiterer Unterschied zwischen den beiden betrifft die Kognition. Während Emotionen auf Bewertungen äußerer Gegebenheiten beruhen, ist das bei Stimmungen wiederum nicht unbedingt der Fall. Beiden gemeinsam aber ist das Merkmal der Valenz. Denn sowohl Emotionen wie auch Stimmungen können positiv wie negativ gepolt sein. Und nun zum

Gefühlsbegriff. Er ist äußerst unpräzise und wird umgangssprachlich entweder im Sinne der Emotion benutzt, um Angst oder beispielsweise Liebe auszudrücken. Oder er wird umgangssprachlich im Sinne einer Stimmung gebraucht, um eine möglicherweise ungute Ahnung zum Ausdruck zu bringen. Stimmungen und Emotionen dürfen wir deshalb zu den affektiven Gefühlen zählen. Von diesen wiederum müssen wir die nichtaffektiven Gefühle abgrenzen. Der Begriff Affekt repräsentiert dabei eine Bewertung im Sinne von gut oder schlecht, angenehm oder unangenehm usw. Was aber sind nichtaffektive Gefühle? Darunter sind Gefühle zu verstehen, die eben keine affektive Bewertung beinhalten, wie beispielsweise das Taktgefühl, das Ballgefühl oder einfach das Ehr- und Pflichtgefühl. Nichtaffektive Gefühle beziehen sich somit entweder auf eine mögliche Fähigkeit oder auf Charaktereigenschaften. All diese Gefühle, Stimmungen und Emotionen, und jetzt kommen wir wieder auf das eigentliche Thema zurück, können natürlich auf der Bewusstseinsskala entweder bewusst, kaum bewusst oder nichtbewusst sein, wobei der Prozess, der zum Bewussten führt, selber größtenteils nichtbewusst verläuft. Unser besonderes Interesse gilt dabei selbstverständlich den nichtbewussten Emotionen. Doch wer sagt uns eigentlich, dass es so etwas wie nichtbewusste Emotionen wirklich gibt? Wenn es sie tatsächlich gäbe, dann müssten sie doch anhand ihrer Auswirkungen auf das Verhalten einer Person zu beobachten sein. Und genau das konnte der amerikanische Psychologe Robert Zajonc (1923–2008) mit seinem Kollegen William Raft Kunst-Wilson in einem aufsehenerregenden Grundlagenexperiment im Jahre 1980 nachweisen. Bereits 1968 beobachtete nämlich Zajonc den sogenannten Mere-Exposure-Effekt. Dieser Effekt besagt, dass bekannte Situationen, Objekte und Personen mehr gemocht oder akzeptiert werden als weniger bekannte Situationen, Objekte und Personen. Das heißt, dass Situationen, Objekte und Personen allein aufgrund der Tatsache, dass sie wiederholt dargeboten wurden, eine günstigere Beurteilung erfahren. Oder anders ausgedrückt, allein durch die wiederholte Darbietung eines Reizes kann die Einstellung eines Menschen zu diesen Dingen positiv beeinflusst werden. In dem Experiment von 1980 wollten nun Zajonc und sein Kollege Kunst-Wilson herausfinden, ob der Mere-Exposure-Effekt auch dann noch nachzuweisen ist, wenn man die Erkennung der Stimuli so weit reduziert, dass sie nicht mehr bewusst wahrgenommen werden können. Zu diesem Zweck wurde die Expositionszeit des Reizes auf eine Millisekunde herabgesenkt. Bei dieser Zeit konnten die Probanden im Versuch nicht mehr angeben, was sie gesehen hatten. Es handelt sich folglich bei dem Versuch um einen sogenannten subliminalen Wahrnehmungstest. Den Versuchspersonen wurden dazu in einem ersten Durchlauf unregelmäßige Achtecke gezeigt, welche von den Probanden nicht wahrgenommen werden konnten. In einem zweiten Durchlauf wurden den Versuchspersonen dann Paare solcher unregelmäßigen Achtecke dargeboten, wobei vorher eines als subliminaler Reiz präsentiert wurde. Dieses bezeichnete man, weil sie ja zuvor schon gezeigt wurden, als altes Achteck. Bei jedem Paar hatten die Versuchspersonen nun die Aufgabe, zuerst anzugeben, welches unregelmäßige Achteck ihnen besser gefällt. Als Nächstes mussten sie dann angeben, welches der beiden Achtecke zuvor präsentiert wurde. Das Experiment zeigte, dass die Versuchspersonen nicht in der Lage waren, die neuen Achtecke von den alten Achtecken zu unterscheiden. Und es zeigte, dass 71 % der

Versuchspersonen die alten Achtecke besser gefielen als die neuen. Zajonc und Kunst-Wilson schlossen aus den Ergebnissen dieses Experimentes deshalb auf drei Dinge:

1. Dass Menschen offensichtlich Vorlieben für Objekte entwickeln können, ohne diese bewusst zu erkennen.
2. Dass Versuchspersonen augenscheinlich in der Lage sind, unbewusst gebliebenen Reize über ihr emotionales Gedächtnis wiederzuerkennen.
3. Dass eine affektive Unterscheidung auch ohne Beteiligung des kognitiven Systems möglich ist.

Das bedeutet, dass die Bewertung eines Reizes nach „gut" oder „schlecht", „gefällt" oder „gefällt nicht", nach einem Wiedererkennungsalgorithmus abläuft, der spontan und unbewusst ist. Selbst die kognitive Bewertung kann unbewusst bleiben. Es bedarf somit keiner komplizierten kognitiven Ausarbeitung, um affektive Reize erfolgreich entschlüsseln zu können. Denn die Vorliebe für bereits Gesehenes funktioniert selbst bei einer unterschwelligen Darbietung sehr gut. Anders ausgedrückt, jenseits des bewussten Erkennens ist es die Wiederholung, welche für den Effekt der Vorliebe im Sinne einer Präferenz ausschlaggebend ist. Entsprechend wird dieser Effekt nach seinen Entdeckern in der Literatur auch als Kunst-Wilson-Zajonc-Effekt bezeichnet. Wenn wir diese Gedanken nun konsequent weiterverfolgen und weiterdenken, wohin führen sie uns? Darauf gibt es nur eine Antwort.

Nichtbewusstes Lernen

All die gerade vorgestellten Überlegungen mit den nichtbewussten Wahrnehmungen, nichtbewussten kognitiven Prozessen, nichtbewussten Gedächtnisprozessen und nichtbewussten Emotionen münden zwangsläufig in das nichtbewusste Lernen. Das nichtbewusste Lernen ist dabei als ein Aneignen von Wissen zu verstehen, welches sich ohne eine gezielte Absicht vollzieht. Dieser Prozess führt letzten Endes zu einer nichtbewussten Wissensbasis, die man nicht in Worte fassen kann. Es ist also für uns Menschen durchaus möglich, komplexe Fertigkeiten und Regelhaftigkeiten zu erlernen, ohne uns dessen bewusst zu sein. Doch woher wissen wir das so genau? Wir wissen es durch die experimentellen Arbeiten des amerikanischen Psychologen Arthur S. Reber. Er war sozusagen der Entdecker impliziter Lernprozesse und erwähnte sie erstmals im Jahre 1967. In den sechziger Jahren des 20. Jahrhunderts machte Reber nämlich Grundlagenuntersuchungen zum impliziten Lernen. Es ging dabei um das Erlernen einer künstlichen Grammatik. Dazu mussten Versuchspersonen eine nach komplizierten Regeln erstellte Buchstabenkette auswendig lernen. Entsprechend wurde ihnen gesagt, dass es sich hierbei um einen Gedächtnistest handelt. Was sie jedoch nicht wussten, war, dass sich hinter dieser Buchstabenkette ein komplexes Regelsystem verbarg und in Wahrheit untersucht wurde, inwieweit sie imstande waren die komplexen grammatikalischen Regeln dieser Buchstabenfolge unbewusst zu erlernen. Anschließend sollten sie dann anhand von neuen Buchstabenketten beurteilen, ob diese grammatisch mustergültig waren oder nicht. Das Interessante war nun, dass es den Probanden zu 70 %, also überzufällig häufig, gelang, die präsentierte Zeichenfolge korrekt zu beurteilen, ohne jedoch selber bewusst Regeln erkennen zu können. Sie handelten nämlich ihrer Ansicht nach rein intuitiv. Das durchgeführte Experiment konnte somit deutlich zeigen, dass wir Menschen Informationen beileibe nicht nur bewusst wahrnehmen und verarbeiten können, sondern dass das Ganze auch auf einer nichtbewussten Ebene stattfinden kann. Wir Menschen sind also tatsächlich in der Lage, komplizierte Regelwerke zu erlernen, ohne uns dessen überhaupt bewusst zu sein. Dieses verblüffende Ergebnis konnte auch durch weitere Forschungsarbeiten bestätigt werden. So machten der britische Psychologe Donald Eric Broadbent (1926–1993) und seine Kollegin Dianne Claire Berry im Jahre 1984 ein weiteres Grundlagenexperiment zu diesem Thema. Sie ließen Versuchspersonen mithilfe einer Simulationssoftware eine virtuelle Zuckerfabrik steuern. Die Ziele des Managements waren dabei vorgegeben. Es ging darum, eine bestimmte Zuckerausbringung zu erreichen, indem man die Anzahl der Arbeitskräfte entsprechend variiert. Der dem System zugrunde liegende Algorithmus war derart kompliziert, dass die Versuchspersonen nicht in der Lage waren, diesen zu durchschauen. Dennoch gelang es ihnen, die Zuckerfabrik zu steuern, obwohl niemand wirklich sagen konnte, wie oder nach welchen Regeln man dabei konkret vorgeht. Alle hatten eher das Gefühl, die Zuckerfabrik rein intuitiv lenken zu können. Genau das konnte aber nicht sein, denn wenn man das explizite Wissen über die Steuerung mit der Fähigkeit zur Steuerung des Systems verglich, tat sich hier eine deutliche Lücke auf. Und diese Lücke war nicht mit der Intuition allein zu füllen, sondern verlangte mit Bestimmtheit ein implizites Wissen. Zumal die Dissoziation zwischen explizitem Systemwissen und Steuerungsleistung nur mittels der Existenz von impliziten Lernprozessen und entsprechenden impliziten Wissensbeständen plausibel erklärt werden konnte. Das dritte Grundlagenexperiment in dieser Reihe wurde im Jahre 1988 von den polnischen Psychologen Pawel Lewicki, Thomas Hill und Elizabeth Bizot durchgeführt. Dabei ging es um das Erlernen von Ereignissequenzen. Der Versuchsaufbau sah folgendermaßen aus. Ein Computerbildschirm wurde in vier Quadranten aufgeteilt, wobei jeweils in einem dieser Quadranten ein Kreuz erschien. Die Versuchspersonen hatten nun die Aufgabe, diesen Quadranten per Tastendruck so schnell wie möglich anzugeben. Die Abfolge der einzelnen Reize erfolgte dabei nach einer äußerst komplizierten Regel, sodass die Probanden beim besten Willen nicht in der Lage waren, bewusste Vorhersagen darüber zu machen, in welchem Quadranten das Kreuz als Nächstes erscheinen würde. Zum Vergleich wurde eine Kontrollgruppe herangezogen, bei der die Präsentation des Kreuzes nach dem Zufallsprinzip geschah. Im Ergebnis zeigte sich, dass die Probanden der Regelabfolge deutlich bessere Ergebnisse erzielten als die Probanden der Zufallsabfolge. Denn sie entwickelten deutlich schnellere Reaktionszeiten. Als Begründung für dieses Ergebnis gaben einige Probanden aus der Regelabfolge an, dass sie zeitweise den Eindruck hatten, dass ihnen die Reaktionsaufgabe irgendwie leichter von der Hand ging. Allerdings büßten sie diesen Zeitvorsprung bei zufälliger Präsentation der Kreuze wieder ein. Damit erbrachte auch das dritte Grundlagenexperiment im Ergebnis, dass bei regelgesteuerter Darbietung von Ereignissequenzen, im Gegensatz zu einer Zufallspräsentation, ein beschleunigtes Antwortverhalten zu beobachten ist, ohne dass die Versuchspersonen imstande wären explizit die zugrunde liegenden Regeln zu erläutern. Mit anderen Worten, die Versuchspersonen konnten weder angeben, was sie gelernt hatten, noch besaßen sie ein Bewusstsein darüber, dass sie überhaupt etwas gelernt hatten. Sie hatten aber etwas gelernt, ohne sich jedoch darüber bewusst zu sein. Man könnte auch sagen, sie haben unbewusst gelernt. Und genau das ist das Markenzeichen impliziten Lernens. Das Unbewusste durchschaut dabei etwas, das dem Bewussten offensichtlich entgeht. Interessanterweise bleiben dabei die allgemein anerkannten Kriterien für Lernprozesse wie Aktivität, Konstruktivität und Selbststeuerung vollkommen erhalten. Nur, der Lernende bekommt davon nichts mit. Wir dürfen damit festhalten, dass kognitive Prozesse wie Denken und Schlussfolgern, die ohne ein Bewusstsein darüber ablaufen, zweifelsfrei existieren. Und wir dürfen darüber hinaus festhalten, dass nichtbewusste Prozesse, mehr oder weniger stark ausgeprägt, in jedem Lernvorgang enthalten sind. Alles scheint irgendwie Hand in Hand ineinanderzugreifen, nichtbewusste Wahrnehmungen, nichtbewusste kognitive Prozesse, nichtbewusste Gedächtnisprozesse, nichtbewusste Emotionen und nichtbewusstes Lernen, um letztlich ein großes Ganzes zu ergeben. Aber dieses große Ganze führt dennoch kein Eigenleben. Vielmehr ist es als wesentliche Ergänzung des bewusst Ablaufenden zu verstehen. Als etwas, das assistiert, sekundiert und vervollständigt. Wir müssen es verstehen und begreifen. Denn wer das Bewusste nachvollziehen will, muss zuerst das Unbewusste erfassen, muss erkennen, was sich unterhalb der Bewusstseinsschwelle befindet und tut. Denn es gibt zahlreiche nichtbewusste Abläufe, die unübersehbar dazu dienen, bewusste Abläufe zu unterstützen, wenn nicht sogar überhaupt erst zu ermöglichen. An diesem Umstand führt also kein Weg vorbei. Und wir, die wir uns auf diesen Weg aufgemacht haben, haben auch schon jede Menge an unterschwelligen Entitäten aufgedeckt, aber eine fehlt uns noch.

Nichtbewusstes Wissen

Diese Entität ist bereits im Zusammenhang mit dem impliziten Lernen angeklungen. Es ist das implizite Wissen, die Wissensbasis, von der wir sprachen. Verständlich, denn wer lernt, der eignet sich in der Regel auch Wissen an. Nur, auch wenn es sich zunächst einmal logisch anhört, wie soll man das verstehen, das implizite Wissen? Es muss als ein intelligentes Können verstanden werden, wobei einem die zugrunde liegenden mentalen Prozesse verborgen bleiben. Man weiß es einfach, ohne zu wissen woher. Und bei diesem Wissen kann es sich entweder um kognitive oder auch um körperliche Fertigkeiten handeln. Aber Vorsicht, nicht nur implizites Lernen führt zu implizitem Wissen. Auch explizites Lernen, also bewusstes Lernen, kann durch den Prozess der Automatisierung in implizites Wissen übergehen. Man denke hier nur einmal an das Lenken eines Pkws. Unbewusstes Wissen kann damit entweder beiläufig und ohne eine bewusste Lernabsicht oder mit einer bewussten Lernabsicht erworben werden. Wie auch immer man zu implizitem Wissen kommt, etwas verbindet es mit dem impliziten Lernen untrennbar. Und das ist die Unaussprechlichkeit. Denn genauso wenig, wie man das implizite Lernen in Worte kleiden kann, lässt sich implizites Wissen aussprechen. Beide sind nicht verbalisierbar. Das implizite Wissen ist folglich ein stummes Wissen. Es sei denn, dass man ihm mit speziellen Techniken wie beispielsweise Tiefeninterviews zu Leibe rückt. Dann lässt es sich zumindest teilweise bewusst ausdrücken. Der Großteil bleibt aber dennoch im Verborgenen. Implizites Wissen lässt sich somit also nicht vermitteln, nicht formalisieren. Es bleibt an seinen Träger gebunden, wodurch es eine sehr persönliche Qualität erhält. Das macht den Umgang mit ihm so schwer. Leicht hingegen funktioniert seine Anwendung. Allerdings nur in entsprechenden Situationen, denn implizites Wissen ist stark mit den Handlungen innerhalb eines äußerst spezifischen Kontextes verknüpft. Trotz alledem darf implizites Wissen nicht als ein in sich abgeschlossener Wissensbereich angesehen werden, weil es durchaus auch ein Wissen in sich trägt, welches in neuen Situationen weiterentwickelt werden kann. Damit ist implizites Wissen nicht nur subjektiv und einzigartig, sondern auch konstruktiv und dynamisch. So wie jeder andere kognitive Inhalt eben auch. Mit dem impliziten, nichtbewussten Wissen sind wir nunmehr am Ende der Kette nichtbewusster Prozesse angekommen, die der Übersicht halber hier noch einmal explizit aufgeführt werden sollen:

- Nichtbewusste Wahrnehmungen
- Nichtbewusste kognitive Prozesse
- Nichtbewusste Gedächtnisprozesse
- Nichtbewusste Emotionen
- Nichtbewusstes Lernen
- Nichtbewusstes Wissen

Was aber bedeutet nun im Zusammenhang mit den nichtbewussten Prozessen das Wort nichtbewusst? Ist damit ein unterbewusster Prozess gemeint oder ein unbewusster Prozess? Beides, denn nichtbewusste Prozesse können sich sowohl auf der unterbewussten wie auch auf der unbewussten Ebene abspielen. Der Unterschied besteht lediglich darin, dass unbewusste Prozesse, so sie sich auf der unterbewussten Ebene abspielen, in das Bewusstsein vordringen können. Entweder als Zwischenergebnis nichtbewusster Prozesse oder als deren direktes Ergebnis. Dagegen ist dieser Zutritt allen nichtbewussten Prozessen verwehrt, wenn sie sich auf der Ebene des Unbewusstseins abspielen. Die Existenz unbewusster Emotionen, sprich verdrängter Emotionen, ist allerdings umstritten. Dagegen weisen gerade die Vertreter der psychoanalytischen Schule wie auch viele Psychologen immer wieder beharrlich auf die Wirkung hin, die verdrängte Emotionen auf unser Denken und Handeln haben können. Ihrer Meinung nach kommt diese Art von Emotionen vor allem in Träumen, unbewussten Einstellungen, Fehlleistungen sowie in bestimmten klinischen Syndromen zum Tragen. Es besteht aber auch die Möglichkeit, sie vollkommen zu unterdrücken oder sie in ein anderes Gefühl zu verwandeln. Wenn also jemand beispielsweise eine starke Abneigung gegen etwas verspürt, ohne dass eine passende Erklärung hierfür gefunden werden kann, dann handelt es sich nach den Befürwortern dieser Denkrichtung um unbewusste Emotionen, die als Ergebnis verdrängter Wünsche oder Triebregungen zu interpretieren sind. Womit wir auch gleich bei der Ursache verdrängter Emotionen wären, nämlich unbefriedigt gebliebene und anschließend verdrängte Erlebnisse, die dadurch einfach aus dem Bewusstsein verschwinden, ohne dass man wieder einen Zugriff auf sie hätte. Der sowjetische Neurologe Professor Filipp Veniaminovič Bassin hat es wohl am treffendsten formuliert. In seinem Buch, das 1978 unter dem Titel „Unbewusstes und Verhalten" erschien, beschrieb er eine unbewusste Emotion als „eine Emotion, die aufhörte, erkannt zu werden, infolge der Unmöglichkeit einer Realisierung des ihr zugrunde liegenden Verhaltensstrebens". Und genau diese Beschreibung ist es auch, die uns psychoanalytisch gesehen zu einer weiteren Erkenntnis über die verdrängten Emotionen führt. Dadurch nämlich, dass die Emotionsintensität und der Verdrängungsgrad in einem gewichteten Verhältnis zueinander stehen, dürfen wir davon ausgehen, dass von der Intensität der Emotion direkt auch auf die Stärke des Verdrängungsgrades zurückgeschlossen werden kann. Gibt es denn, könnte man etwas zynisch fragen, für die letzte Behauptung wissenschaftlich fundierte Beweise? Natürlich nicht, denn es handelt sich hier um eine Annahme. Und diese Annahme basiert auf keiner wissenschaftlichen Evidenz. Wohl aber basiert sie auf einem praktischen Erkenntniswissen, das sich aus der täglichen klinischen Begegnung mit unseren Patienten speist. Und das ist auch nicht zu verachten. Insbesondere dann nicht, wenn sich der Forschungsgegenstand dem Zugang wissenschaftlicher Methoden eisern verschließt. Dann bleibt nämlich nur der Weg über das praktische Erkenntniswissen als einziger Ausweg übrig. Dennoch müssen wir an diesem Punkt wohl oder übel die Waffen strecken, denn wir kommen hier einfach nicht weiter. Es macht daher mehr Sinn, eine andere Frage zu beleuchten, die uns vielleicht in eine andere Richtung etwas voranbringt. Da wir jetzt nämlich wissen, was sich unterhalb der Bewusstseinsschwelle alles so tummelt, und es sogar einzeln benennen können, können wir die einzelnen nichtbewussten Entitäten ihren bewussten Pendants gegenüberstellen und die Frage aufwerfen, worin sich diese beiden eigentlich voneinander unterscheiden.

Merkmale bewusster und nichtbewusster Prozesse

Wir kommen damit zu der Frage der Merkmale bewusster und nichtbewusster Prozesse. Zur Identifizierung dieser Merkmale haben vor allem die Würzburger Kognitionspsychologin Andrea Kiesel sowie ihr Kollege Carsten Pohl einen wichtigen Beitrag geleistet. In ihren Experimenten konfrontierten sie hierzu sowohl Schachexperten wie auch Schachnovizen mit einer speziellen Schachaufgabe. Beiden Gruppen wurden Ausschnitte eines Schachbrettes mit dreimal drei Feldern dargeboten, wobei der König gelegentlich im Schach stand.

Die Aufgabe bestand nun darin, dass beide Gruppen so schnell wie möglich angeben sollten, ob der König angegriffen wird oder nicht. Es zeigte sich, dass beide Gruppen imstande waren diese Aufgabe gut zu lösen, wobei die Schachexperten im Schnitt etwa 100 ms schneller waren als die Schachnovizen. Wurden jedoch derartige Ausschnitte eines Schachbrettes subliminal dargeboten, waren nur die Schachexperten in der Lage festzustellen, ob der König im Schach stand oder nicht. Wie erklärt sich das? Dazu muss man zunächst einen Mythos zerstören. Laien gehen davon aus, dass professionelle Schachspieler in der Lage sind, im Geiste zahlreiche Schachzüge auf dem Brett vorauszuberechnen. Doch das stimmt nicht. Was sie aber können, ist, die Standorte, sowohl die eigenen wie auch die der gegnerischen Figuren, unbewusst zu erfassen. Sie sind vertraut mit unzähligen Schachkonstellationen und besitzen viel Spielerfahrung. Sie reagieren daher rein intuitiv auf die Situation auf dem Schachbrett. Besonders deutlich wird dieser Sachverhalt beim Blitzschach, wo eine gesamte Partie innerhalb einer festgesetzten Zeit von zehn Minuten oder weniger vollständig abgeschlossen sein muss. Ein bewusstes Nachsinnen über einzelne Züge ist da gar nicht möglich. Der beste Schachspieler der Welt ist also nicht derjenige, der so viele Züge wie möglich im Voraus sehen kann, sondern derjenige, der die meiste Spielerfahrung auf sich vereint, die meisten Schachkonstellationen kennt und aus diesem Fundus heraus die beste Intuition für seine Züge entwickeln kann. Kurz gesagt, derjenige, der die meiste Expertise im Sinne von Vertrautheit besitzt. Das Experiment mit dem Schachspiel führt uns somit klar vor Augen, dass bewusst und nichtbewusst wahrgenommene Reize unterschiedlich verarbeitet werden. Es zeigt uns, dass bewusste Prozesse an die Aufmerksamkeit gebunden sind. Sie sind mit Anstrengungen verbunden und verlaufen in der Regel langsamer. Ihre Kapazität ist daher begrenzt. Außerdem sind sie sehr anfällig für Störungen und Fehler. Aus diesem Grunde sind sie auch vom Alter sowie vom Intelligenzquotienten abhängig. Das steht sozusagen auf der Sollseite. Auf der Habenseite steht hingegen, dass bewusste Prozesse willentlich kontrolliert werden können. Und man kann sie auch in eigene Worte fassen. Das bedeutet also, dass man um die bewussten Prozesse unmittelbar weiß. Nichtbewusst ablaufende Prozesse sind dagegen nicht an die Aufmerksamkeit gebunden. Sie verlaufen schnell und ohne Anstrengungen. Sie besitzen daher eine große Kapazität. Sie sind weder stör- noch fehleranfällig, von daher auch unabhängig von Alter und Intelligenz. Dafür kann man sie aber wiederum nicht willentlich kontrollieren und auch nicht in Worte fassen. Bedeutet also, dass man sich nichtbewusst ablaufende Prozesse erst erschließen muss. So viel zu den Merkmalen bewusster und nichtbewusster Prozesse. Was aber den Unterschied zwischen bewusster und unbewusster Wahrnehmung letzten Endes ausmacht, das konnte bislang von der Wissenschaft nicht abschließend geklärt werden. Das Einzige, das wir mit Bestimmtheit sagen können, ist, dass es bei der Wahrnehmung, egal ob bewusst oder nichtbewusst, um die Bedeutung von Codes bzw. Mustern geht. Bei der Wahrnehmung geht es also vorrangig um die Mustererkennung. Die Art der Muster, sprich die Größe, Form oder Farbe, spielt dagegen keine Rolle. Anders gesagt, das Entscheidende ist die Vertrautheit bzw. Geübtheit mit den Mustern, welche durch die zahlreichen Kontakte und Erfahrungen mit ihnen vermittelt wird. Das ist alles, mehr wissen wir zurzeit nicht. Damit sind wir erneut an einem Punkt angekommen, an dem es für uns nicht weitergeht. Bleibt also wieder nur die Möglichkeit, erneut eine Frage aufzuwerfen, um wenigstens anderweitig voranzukommen. Wir könnten uns beispielsweise die Frage stellen, wie die einzelnen Prozesse, ob bewusst, unterbewusst oder unbewusst, aufeinander einwirken und wie sie im Einzelnen miteinander verflochten sind. Doch leider kommen wir auch mit dieser Fragestellung nicht weiter. Denn alle kognitiven Prozesse tragen bewusste, unterbewusste und unbewusste Komponenten in sich. Außerdem können sich die Inhalte dieser Komponenten fortlaufend verändern und dadurch sogar in eine andere Kategorie wechseln. Auf diese Weise kommt es zu einem Ineinandergreifen von bewussten und nichtbewussten Wissensformen, was eine exakte Differenzierung unmöglich macht. Und als wäre das nicht schon verwirrend genug, beeinflussen sich die einzelnen Komponenten kognitiver Prozesse auch noch gegenseitig, wobei kein Mensch derzeit wirklich erklären könnte, wer wen wie wann und warum beeinflusst. Bei unserer Auseinandersetzung mit dem Begriff Bewusstsein sind wir somit in einen Bereich vorgedrungen, wo es auf unsere drängenden Fragen noch keine Antworten zu geben scheint. Terra incognita, unbekanntes Land, auf dem wir jetzt stehen. Ob die Wissenschaft entsprechende Antworten hierzu finden kann, wird die Zukunft entscheiden. Für uns ist es damit Zeit, diesen Bereich nunmehr zu verlassen. Was Bewusstsein genau ist, konnten auch wir nicht exakt definieren. Das Einzige, was wir tun konnten, war, einen Eindruck von der Komplexität dieses Gegenstandes zu gewinnen, mehr nicht. Aber auch nicht weniger. Wir haben an Wissen mitgenommen, was es an Wissen mitzunehmen gab. Dazu zählt, dass Bewusstsein als erlebte Realität und Wirklichkeit immer etwas mit Wahrnehmung zu tun hat. Eine Wahrnehmung von uns selbst tief im Inneren sowie der weiten Welt da draußen. Aber unabhängig davon, ob der Fokus nach innen oder nach außen gerichtet wird, in beiden Fällen ist die Wahrnehmung, ob bewusst oder unbewusst, stets an ein bestimmtes Erleben geknüpft, das mit unserem Ich oder Selbst untrennbar verbunden ist. Mit diesem Ich oder Selbst entsteht gleichzeitig der Beobachter als Subjekt oder Objekt der Wahrnehmung. Das Bewusstsein besitzt somit drei Schlüsselfunktionen, die als Wahrnehmung, Aufmerksamkeit und Ichbewusstsein in Erscheinung treten und die Basis des Selbstkonzeptes Mensch als zentrale Qualität bilden. Damit ist Bewusstsein immer auch bewusstes Sein. Gleichsam die Gesamtheit aller Erlebnisse und Empfindungen, die wie ein steter Strom an dem Ich oder Selbst vorüberziehen und damit nur der eigenen Selbsterfahrung zugänglich bleiben. Bewusstsein beruht von daher stets auf subjektiven Erfahrungen und Sinnbildern, ist grundlegend für das, was wir Realität, unsere ganz persönliche Wahrheit, nennen. Die Realität, wie sie für uns zum Vorschein kommt, kann immer nur jener Stufe des Bewusstseins entsprechen, auf der es sich gerade bewegt. Das ist auch der Grund dafür, weshalb jede Veränderung des Bewusstseinszustandes automatisch zu einer Veränderung dessen führt, was wir als Realität zu bezeichnen pflegen. Es sind menschliche Erfahrungen, die uns unser Bewusstsein ganz allein ermöglicht und deren Spektrum vom Gewöhnlichen bis zum Außergewöhnlichen reicht. Ein riesiger Bereich, sodass wir Bewusstsein nicht allein als ein neurobiologisches Phänomen verstehen dürfen, sondern vielmehr im philosophischen wie auch im psychologischen Sinne begreifen müssen. Mit diesem Wissen betreten wir nun ein anderes, neues Land. Damit beginnt die Suche nach dem Unbekannten von Neuem. Und wie jede Suche beginnt auch diese wieder mit einer klaren Fragestellung.

Was ist Psyche?

War schon die Auseinandersetzung mit dem Begriff des Bewusstseins eine harte Nuss, wird es nun noch einen Tick schwieriger. Dies liegt daran, dass der Begriff Psyche zum einen wesentlich abstrakter und zum anderen weitaus vielschichtiger ist als der des Bewusstseins. In der Psyche finden wir also eine viel größere Anzahl von Fähigkeiten, Eigenschaften und Modalitäten, sodass wir diese beiden Begriffe keinesfalls gleichsetzen dürfen, auch wenn sie beide sehr eng miteinander verbunden und verwoben sind. Wie aber nähert man sich am besten einem solchen Begriff? Ganz einfach, durch Geschichten, wie sie nur das Leben selbst schreiben kann. Nehmen wir hierzu ein paar Beispiele. Anlässlich eines Vortrages des Koblenzer Historikers Dr. Helmut Schnatz zur Dresdner Bombennacht vom 13. und 14. Februar 1945, den er im Jahre 2008 auf dem Deutschen Historikertag an der TU Dresden hielt, brach unter den Zuhörern plötzlich heftige Empörung aus. Was war geschehen? Unter den Zuhörern des Vortrages waren viele ältere Dresdner, die sich daran erinnert haben wollen, wie britische Tiefflieger sie durch die brennenden Straßen regelrecht gejagt hätten, während sie vor den lodernden Flammen flüchteten. Die Erinnerungen waren bei mehreren Teilnehmern selbst nach 63 Jahren so frisch, dass sie „die silbrig schimmernden Mustangjäger" direkt noch vor Augen hatten. Aber der studierte Germanist und Geschichtswissenschaftler Schnatz, der mehrere Bücher zum Thema Luftkrieg im Zweiten Weltkrieg verfasst hatte, widersprach diesen Schilderungen. Aufgrund eigener Aktenrecherchen konnte er nämlich belegen, dass derartige Tiefflüge aufgrund der durch die Bombenangriffe erzeugten gewaltigen Feuerstürme am Boden unmöglich gewesen wären. Gestützt wird diese Ansicht durch entsprechende Auswertungen britischer Flugeinsatzpläne und Logbücher, die keinen einzigen Beleg dafür liefern konnten, dass es eine solche Menschenhatz jemals gegeben hätte. Trotzdem kochten die Emotionen derart hoch, dass sich selbst die Historikerkommission zu den Luftangriffen auf Dresden äußern musste. Am 17. März 2010 beendete die Kommission ihre Untersuchungen. Im Abschlussbericht kam sie bezüglich der Frage, ob es nun solche Tiefangriffe gegeben hat oder nicht, zu dem Ergebnis nein, bis auf einen sehr kleinen Restzweifel. Die Wahrnehmung, Erinnerung sowie das Denken und Urteilen waren offensichtlich fehlerhaft. Man spricht in diesem Zusammenhang auch von kognitiver Verzerrung. Aber was war es, das diese Kognition so verzerrt hat? Das Bewusstsein scheidet aus, weil die Wahrnehmung der silbrig schimmernden Kampfbomber eindeutig korrekt war. Es war die Psyche, die das Ich in diesem Moment getäuscht hat. Sie war es, die das Bewusstsein als Wahrnehmung verzerrte. Hieran sehen wir, dass Bewusstsein nicht mit der Psyche gleichgesetzt werden darf, auch wenn das Bewusstsein untrennbar zur Psyche gehört. Die Illustration zeigt darüber hinaus auch ganz deutlich, dass Psyche mehr ist als nur Bewusstsein. Oder nehmen wir als ein anderes Beispiel die Erfahrungen Betroffener in deutschen psychiatrischen Einrichtungen der 1950er bis 1970er Jahre. In der ehemaligen DDR bedeutete psychiatrische Versorgung in der Regel Verwahrung in baufälligen Großkliniken. Geweckt wurde um halb vier. Die Menschen waren auf wenigen Quadratmetern zusammengepfercht. Die sanitären Zustände waren katastrophal. Es gab eine Toilette mit Sichtscheibe für das Personal. Die Betroffenen wurden entweder in Zwangsjacken gesteckt oder mit Wäscheleinen an die Heizkörper gebunden. Sie schlugen sich dann die Köpfe an der Heizung oder der Wand blutig. Von morgens bis abends herrschte eskalierende Gewalt untereinander, die von den Pflegern regelrecht provoziert wurde. Missbrauch war an der Tagesordnung. Förderung gab es keine. Damit hier keine falsche Meinung aufkommt, dies alles ist keineswegs nur ein reines Ostproblem. Im Westen sah es nämlich nicht anders aus. Denn auch hier herrschten Gewalt und Missbrauch hinter Anstaltsmauern. So gab es in der Kinderpsychiatrie Schläge, Beruhigungsmittel und Einzelarrest. Für viele Kinder war das die Hölle auf Erden. So auch für Wolfgang Petersen. Der Junge lebte zunächst in einem Missionskinderheim. Dort soll Petersen häufig Schreiattacken gehabt haben. Außerdem gab er Widerworte. Derartige Handlungen reichten damals aus, um ihn in die Kinderpsychiatrie nach Schleswig einzuweisen. Das war 1963, im Alter von neun Jahren. Drei Jahre war er dort, fast täglich wurde er geschlagen. Die Diagnose lautete „Debilität, am Rande des Schwachsinns und bildungsunfähig". Das Kuriose daran, die Diagnose wurde gestellt, ohne dass der „Patient" jemals untersucht wurde. Mit 62 Jahren kehrt er an den Ort seines Schreckens zurück. Dort angekommen sagt er: „Die Häuser beängstigen immer noch." Er erinnert sich, dass er damals in eine Zwangsjacke gesteckt und in eine Badewanne mit kaltem Wasser getaucht wurde. Dabei erlebte Petersen Todesangst. Bis heute wagt er nicht zu tauchen. Das kalte Wasser war eine Strafe, weil er sich zuvor gegen Prügel gewehrt hatte. In die Schule durfte Wolfgang Petersen nicht gehen, stattdessen musste er als Zehnjähriger die pflegebedürftigen Kinder versorgen und Windeln wechseln. Als die alten Gebäude geöffnet werden, schaut sich Petersen um. Er macht einen gefassten Eindruck und berichtet über die damaligen Geschehnisse. Wenn er die Arbeit verweigerte, wurde er in eine bestimmte Zelle eingesperrt. Petersen entdeckt nach einiger Suche schließlich die besagte Arrestzelle. Ein kleiner gekachelter Raum mit einer innenseitigen Klingel. Dann sagt er zu dem Reporterteam: „Wenn sie die Tür jetzt zumachen würden, dann würde ich wirklich Panik kriegen. Das könnte ich nicht ertragen." Ein anderer ehemaliger Patient der Kinderpsychiatrie Schleswig sagt zu dem, was ihm dort widerfahren ist: „So etwas vergisst man nicht. Ich habe jahrelang davon geträumt. Ich wurde es einfach nicht los." Auch Karl-Heinz Großmann konnte sich nicht von seinen bedrückenden Erinnerungen befreien. Er kam mit 13 Jahren als gesunder Junge in die Kinder- und Jugendpsychiatrie nach Marsberg im Sauerland. Genau wie bei Wolfgang Petersen lautete auch bei ihm die Diagnose Debilität, also Intelligenz- und Lernschwäche. Großmann war ein uneheliches Kind einer alleinerziehenden Mutter. Das zuständige Jugendamt glaubte damals, dass seine Mutter ihn nicht ausreichend versorgen könne. Als er in der Schule störte und durch Aggressivität auffiel, entzog das Jugendamt Bochum der Mutter das Sorgerecht und der Knabe wurde schnurstracks in die geschlossene Kinderpsychiatrie eingewiesen. Das war 1963. Großmanns Alltag dort war geprägt durch Schläge, Beruhigungsmittel und Einzelarrest. Wenn er sich beschwerte, hagelte es weitere Strafen. Ermittlungen wegen Amtsmissbrauch oder die Verfolgung von Delikten mussten die Täter nicht fürchten, denn es hieß „Euch Idioten glaubt ja eh keiner". Außerdem gab es in Marsberg noch eine weitere

Parole, die da lautete „Alle Kinder lügen, die Ärzte, Schwestern und Nonnen sagen die Wahrheit". Sieben Jahre war Großmann der Gewalt durch das Pflegepersonal schutzlos ausgeliefert. In dieser Zeit wurde er auch mehrmals sexuell missbraucht, durch eine Nonne. Was sich damals genau abspielte, beschreibt Großmann so: „Ich war praktisch Frischfleisch mit 14. Die hat mich da gestreichelt, und dann in die Hosen, und dann hat sie mich von oben bis unten entkleidet. Die hat sich direkt an mir befriedigt." Fünf- bis sechsmal sei das so passiert. Fast 50 Jahre hat Karl-Heinz Großmann darüber geschwiegen und versucht die Geschehnisse zu verdrängen, ohne Erfolg. Heute ist Karl-Heinz Großmann traumatisiert, hat Angstzustände und kann nachts nicht schlafen. Lange hat er deshalb um Marsberg einen großen Bogen gemacht. Aber im Alter von 64 Jahren suchte Großmann nach Aufklärung, denn er fand einfach keinen Frieden. Er musste zurück nach Marsberg, dorthin, wo alles begann. Als er den Ort erreichte, wurde Großmann mulmig. „Mir ist schwindelig und schlecht", sagte er. Aber er ließ sich dennoch davon nicht abhalten. Zielstrebig ging er in das Fotoarchiv der Klinik und suchte dort nach den Bildern der Täter. Als er nach längerer Suche das Bild der besagten Nonne im Fotoalbum erblickte, kehrten die Erinnerungen zurück. Alles war wieder präsent, aus dem 64-Jährigen wurde urplötzlich ein verängstigter kleiner Schuljunge, der zu weinen begann. Als er sich wieder fasste, ergriffen ihn Wut und Verzweiflung. Doch Großmann suchte die Wahrheit, die ganze Wahrheit. Und das hieß, er musste zum Tatort. Auf dem Weg zum Dachgeschoss, dem ehemaligen Schlafzimmer der Kliniknonnen, suchte er deshalb den Raum, in dem die Nonne ihn damals missbraucht hatte. Er suchte lange, doch als er den Raum schließlich fand, brach Großmann innerlich zusammen und sagte nur: „Ich muss raus hier." Lange Zeit konnte Karl-Heinz Großmann mit seiner Vergangenheit nicht umgehen. Seinen inneren Kampf beschreibt er mit den Worten: „Ich habe eine Zeit gehabt, da stand ich auf dem Balkon: Soll ich jetzt springen? Dann habe ich psychologische Hilfe in Anspruch genommen." Dank einer Therapie hat Großmann heute gelernt seine Probleme besser in den Griff zu bekommen. Er hat nun wieder etwas Aufwind, kann sich seiner Vergangenheit stellen, schöpft neuen Mut. In einer Petition an den Deutschen Bundestag forderte er gemeinsam mit einer Opfergruppe, dass ihr Leid endlich aufgearbeitet und anerkannt wird. Und die Gruppe forderte eine angemessene Entschädigung. Es sind Beispiele wie diese, die uns ganz deutlich vor Augen führen, dass Psyche weit mehr ist als Bewusstsein. Denn Psyche ist bedeutend komplexer und facettenreicher. Psyche hat etwas mit Erinnerung und Gedächtnis, mit Emotionen, Gefühlen und Stimmungen, mit Verarbeitung, Reaktionen und Verhalten zu tun. Außerdem drückt sich Psyche im Körper aus, kann diesen krank machen. Sie kann aber auch selbst erkranken. Psyche lässt sich therapieren, ja sogar heilen. Und nicht zuletzt hat Psyche auch etwas mit Motivation zu tun, mit der Überwindung alter Verhaltensmuster. Wir müssen Psyche deshalb als das geistige steuernde Innenleben eines Menschen verstehen. Sie ist der Wesenskern des Menschen und repräsentiert sein Seelenleben. Die Psyche ist also nicht die Seele selbst. Wir dürfen deshalb Psyche und Seele nicht miteinander verwechseln. Psyche ist der Teil im Menschen, der fühlt, ahnt, erlebt, verarbeitet, Erfahrungen macht, lernt, reagiert, sich erinnert, sich etwas vorstellen kann und sich verhält. In diesem riesigen Komplex der menschlichen Psyche stellt das Bewusstsein nur einen winzig kleinen Bruchteil dar. Allerdings einen sehr bedeutenden, denn ohne Bewusstsein gibt es keine Psyche. Man denke hier nur einmal an Patienten, die im Wachkoma liegen. Das Wort Wachkoma ist ein wenig irreführend, weil es einen Widerspruch in sich darstellt. Jemand, der im Koma liegt, befindet sich in tiefster Bewusstlosigkeit und ist ganz sicherlich nicht wach. Und doch ist der Begriff wiederum ganz treffend, denn die Wachkomapatienten scheinen zwar für den Betrachter augenscheinlich wach, sind aber komplett unfähig ihre Umwelt wahrzunehmen und mit der Außenwelt in eine Interaktion zu treten. Es scheint, als wären diese Patienten gefangen in einem Zustand, der sich zwischen tiefer Bewusstlosigkeit und bewusstem Wachsein abspielt. Sie sind also wach, aber ohne Bewusstsein. Ursächlich für diesen Zustand ist ein kompletter Funktionsverlust der Großhirnrinde. Sie wird auch Mantel oder lateinisch Pallium genannt. Der Erstbeschreiber des Krankheitsbildes, der deutsche Neurologe Professor Ernst Kretschmer, nannte es daher apallisches Syndrom, was so viel bedeutet wie „ohne Hirnmantel". Die Funktionen von Hirnstamm, Zwischenhirn und Rückenmark bleiben aber erhalten, sodass die basalen Lebensfunktionen wie Kreislauf, Atmung und Verdauung in der Regel intakt sind. Auch der Schlaf-wach-Rhythmus ist erhalten, jedoch häufig gestört. Ursachen für ein apallisches Syndrom können ein Sauerstoffmangel nach Herzstillstand, Schlaganfälle, Kopfverletzungen, Hirntumore, massive Unterzuckerungen oder Entzündungen des Gehirnes sein. Im Vollbild des apallischen Syndroms werden vom Patienten keinerlei äußere Reize, egal ob akustisch, visuell oder taktil, bewusst wahrgenommen. Auf Schmerzreize jedoch kann es durchaus zu einer reflektorischen Antwort in Form von Bewegungen des Körpers oder der Extremitäten kommen. Neben diesen vegetativen Reaktionen konnten bisweilen auch einfache emotionale Reaktionen beobachtet werden. So zum Beispiel ein Lächeln beim Anblick vertrauter Personen. Das wären dann äußere Zeichen von Wachheit, aber kein Beleg für Bewusstsein nach unserem Verständnis. In der Medizin stellt man sich daher die Frage, ob es nicht vielleicht auch ein Bewusstsein in der Bewusstlosigkeit geben könnte. Damit wird natürlich die Frage aufgeworfen, was Wachkomapatienten wirklich wahrnehmen. Können sie vielleicht sehen, hören, denken und fühlen wie wir? Besteht womöglich ihre Schwierigkeit nur darin, sich adäquat zu äußern? Dieser Frage sind britische und belgische Hirnforscher im Jahr 2010 nachgegangen. Sie legten Wachkomapatienten in einen funktionellen Kernspintomografen. Über einen Kopfhörer forderten sie anschließend die Patienten auf sich vorzustellen, dass sie Tennis spielen. Sie sollten also in Gedanken ihren Körper bewegen. Als Nächstes schauten sich die Hirnforscher die Aufnahmen, die sie vom Gehirn der Patienten aufgenommen hatten, kritisch an. Erstaunt stellten sie fest, dass bei den Wachkomapatienten die Hirnareale für räumliche Wahrnehmung und Bewegung aktiv waren, so wie bei den gesunden Probanden auch, welche exakt die gleiche Aufgabe absolviert hatten. Kein Unterschied also im Erregungsmuster. Ist demzufolge bei Wachkomapatienten vielleicht doch ein klares Bewusstsein nach unserem Verständnis vorhanden? Muss die Medizin ihr bisheriges Verständnis von Wachkoma neu überdenken? Sagen wir es einmal so. Die Studie wurde an 54 Patienten durchgeführt. Fünf von diesen 54 Patienten waren in der Lage, auf Kommando bestimmte Hirnregionen zu aktivieren. Offensichtlich scheint es demnach unter den vielen Wachkomapatienten eine Gruppe zu geben, deren Bewusstseinszustand komplexe Handlungen erlaubt, wenn auch nur in der Gedankenwelt. Eine vollständige Wahrnehmungslosigkeit kann bei dieser Gruppe somit nach wissenschaftlichen Kriterien nicht angenommen werden. Was und wie viel ein Mensch im Wachkoma aber wirklich wahrnimmt, kann nur schwer beurteilt werden. Die Wissenschaft vermag es derzeit nicht exakt anzugeben. Das Einzige, was wir aber sagen können, ist, dass unter den 3000 bis 5000 Menschen, die in Deutschland jährlich ins Wachkoma fallen, einer von zehn Patienten wieder in ein selbstbestimmtes Leben zurückfindet. Diejenigen, die sich wieder bis in die Welt des Bewussten kämpfen, durchlaufen dabei verschiedene Phasen des Komas, um am Ende ihr Bewusstsein zurückzuerhalten. Das Gros der Patienten mit apallischem Syndrom verbleibt jedoch in der Phase des Wachkomas, öffnet eines Tages die Augen, allerdings ohne jemals das Bewusstsein wiederzuerlangen. Damit ist auch die Psyche ein für alle Mal verloren, denn es kann nur etwas gefühlt, verarbeitet und mit Emotionen versehen werden, wenn zuvor auch etwas wahrgenommen wurde. Nehmen wir als Extrembeispiel hierzu einen Patienten in Vollnarkose. Sein Bewusstsein wurde mittels Allgemeinanästhesie komplett ausgeschaltet. Die Psyche gleich mit dazu. Das Maß des Bewusstseins bestimmt somit das Ausmaß, in dem die Psyche zur Entfaltung und Geltung gelangt. Und es zeigt sich noch etwas, das für unsere Betrachtung von großem Interesse ist. Bewusstsein geht der Psyche voraus. Es gilt folglich, erst das Bewusstsein, dann die Psyche. Die Entwicklung der Psyche folgt somit der Entwicklung des Bewusstseins auf dem Fuße. Wie aber entwickeln sich Bewusstsein und Psyche eigentlich im Laufe unseres Lebens?

Entwicklung von Bewusstsein

Wie man sieht, sind wir mit dem Thema Bewusstsein nicht ganz durch. Das ist dem Umstand geschuldet, dass Bewusstsein und Psyche nicht wirklich voneinander zu trennen sind, auch wenn wir es intellektuell die ganze Zeit versuchen. Darin liegt die Widersprüchlichkeit unseres Unterfangens. Und doch müssen wir diesen Weg gehen, um wenigstens eine halbwegs vernünftige Abgrenzung des einen vom anderen zu bewerkstelligen, damit die Hauptfunktionen dieser Entitäten zum Vorschein kommen. Ist dies überhaupt möglich? Oder rennen wir da nicht eher einer Fata Morgana hinterher? Ja, es ist möglich, und nein, wir rennen keiner Sinnestäuschung hinterher. Im Grunde ist es wie bei der Beschreibung eines Schiffes. Alles gehört zusammen, damit ein Schiff daraus wird, und doch können wir einen Maschinenraum, eine Kommandobrücke, ein Deck sowie einen Mannschaftsraum voneinander unterscheiden. Eben weil sie verschiedene Funktionen haben. Ansonsten ist alles ein Schiff. Fangen wir deshalb am besten gleich an dieses Schiff gründlich zu zerlegen, indem wir zur Ausgangsfrage zurückkehren, ab wann und wie sich Bewusstsein und Psyche entwickeln. Diese Frage lässt sich ziemlich präzise beantworten, weil es Bewusstsein und Psyche, inklusive ihrer Entwicklung, nur auf dem Boden eines intakten Gehirnes geben kann. Das ist die Basis. Damit ist noch nichts darüber ausgesagt, wie Bewusstsein und Gehirn miteinander zusammenhängen, sondern nur dass sie miteinander zusammenhängen. Die richtige Frage muss deshalb lauten, ab wann und wie entwickelt sich das menschliche Gehirn? Die Nervenzellen, aus denen das Zentralnervensystem, also Gehirn und Rückenmark, bestehen, entwickeln sich aus einem Bereich, den man Neuralplatte nennt. Bereits 19 Tage nach der Empfängnis, der Embryo misst zu diesem Zeitpunkt gerade einmal zwei Millimeter, faltet sich die Neualplatte nach innen und bildet die Neuralrinne aus. Die Neuralrinne ist außerordentlich aktiv, denn sie bringt Milliarden neuer Hirnzellen hervor. In der weiteren Entwicklung schließt sich die Neuralrinne und bildet jetzt das sogenannte Neuralrohr. Aus ihm wird sich später das Rückenmark entwickeln. Während der Bildung des Neuralrohrs, wir befinden uns exakt in der vierten Schwangerschaftswoche, setzt auch die Blutversorgung des Gehirns ein. Seitlich des Neuralrohres bilden sich die Neuralleisten aus, aus denen sich später das vegetative Nervensystem entwickeln wird. Und am vorderen Ende des Neuralrohres entwickeln sich schließlich bläschenförmige Erweiterungen, aus denen sich später wiederum das Gehirn mit seinen einzelnen Abschnitten wie verlängertes Rückenmark, Hirnstamm, Mittelhirn, Zwischenhirn, Kleinhirn und Großhirn formen wird.

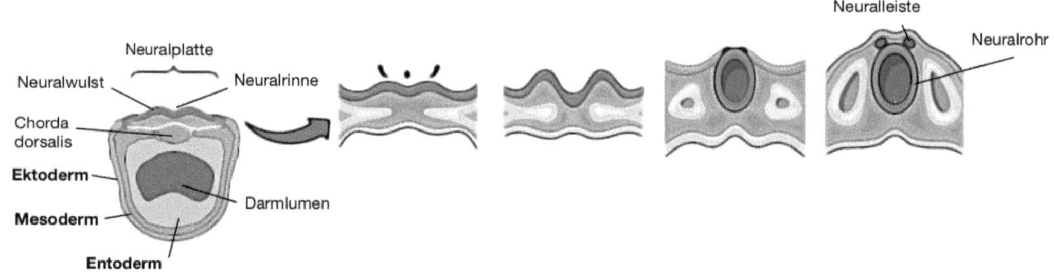

Abbildung 6: Entwicklung des zentralen Nervensystems

Wie genau sich allerdings diese vielen Zellen zum Gehirn entwickeln, ist heute noch weitgehend ungeklärt. Was wir jedoch sagen können, ist, dass sich die unterschiedlichen Gehirnteile in der neunten Schwangerschaftswoche einzeln zu entwickeln beginnen. Zu diesem Zeitpunkt werden auch die wichtigsten Nerven angelegt. In der elften Schwangerschaftswoche, der Embryo ist zu diesem Zeitpunkt bei normaler Entwicklung etwa zwölf Gramm schwer, beginnen dann die beiden Gehirnhälften sich zu differenzieren. In der 21. bis 24. Schwangerschaftswoche, wir befinden uns jetzt im sechsten Schwangerschaftsmonat, beginnt das Gehirn sich zu furchen. Am Ende des sechsten Schwangerschaftsmonats, der Fötus ist jetzt etwa 31 cm groß und wiegt circa 660 Gramm, ist das Gehirn fertig ausgebildet. Die Hirnströme gleichen jetzt denen eines neugeborenen Kindes und es beginnt sich allmählich ein Schlaf-wach-Rhythmus auszubilden. Für unsere Betrachtungen ist dieser Zeitpunkt von zentraler Bedeutung, denn von jetzt an prägen sich auch die Sinneswahrnehmungen des Fötus immer weiter aus. Er kann jetzt schmecken und verschiedene Aromen voneinander unterscheiden. Dies liegt daran, dass aus der mütterlichen Nahrung entsprechende Geschmacksstoffe in das Fruchtwasser gelangen. Der Fötus trinkt das Fruchtwasser und trainiert auf diese Weise seinen Geschmackssinn. Das bedeutet, dass sich der Geschmackssinn schon im Mutterleib entwickelt. Das, was die Mutter während der Schwangerschaft zu sich nimmt, wird später die geschmacklichen Vorlieben des Kindes somit nachhaltig prägen. Bestes Beispiel hierfür ist die besondere Vorliebe für die Geschmacksrichtung süß. Zwar ist die Vorliebe für Süßes genetisch angelegt, denn was süß schmeckt, enthält in der Regel auch viele Kalorien, und diese benötigt der Fötus dringend für sein Wachstum. Dahinter steckt also ein sehr komplexes Informationssystem über bestimmte Stoffe, die der Körper zwingend braucht, weshalb sie bereits in den Genen eines jeden Menschen festgeschrieben sind. Dennoch wird neben dieser Veranlagung der Geschmackssinn zu einem großen Teil aber auch erlernt. Und weil der Grundgeschmack des mütterlichen Fruchtwassers nun einmal süß ist, wird auch der Geschmackssinn des Fötus eben auf süß geprägt. Für das Leben in der freien Natur ist diese Prägung überlebenswichtig, denn was süß schmeckt, ist in der Regel auch nicht giftig. Für das Leben in einer hochindustrialisierten Gesellschaft jedoch wird diese Prägung fatale Folgen haben. Denn sie wird die Schienen für den Zug zu den Bahnhöfen legen, die wir in der Medizin Übergewicht, Bluthochdruck, Diabetes mellitus und metabolisches Syndrom nennen. Aber das ist eine andere Geschichte. Gegen Ende des sechsten Schwangerschaftsmonats entwickelt sich nicht nur der Geschmackssinn, auch Geräusche und Berührungen nimmt der Fötus jetzt wahr. Er kennt die Stimmen seiner Eltern und andere vertraute Klänge. Und er wird sie auch nach seiner Geburt wiedererkennen. Sein Tastsinn bildet sich immer besser aus, bedingt durch die zahlreichen Bewegungen, die er zu diesem Zeitpunkt vollführt. Seine Bewegungen nehmen spürbar an Koordination und Kraft zu. Das lässt sich besonders gut an der Bauchdecke der Mutter beobachten. Mit anderen Worten, gegen Ende des sechsten Schwangerschaftsmonats nimmt der Fötus zahlreiche Sinneseindrücke wahr und er reagiert entsprechend darauf. Sein Bewusstsein, in Form von Wahrnehmung, hat eingesetzt. Er lernt, fühlt, träumt und verfügt über ein Gedächtnis. Der Heidelberger Psychotherapeut und Präsident der Internationalen Studiengemeinschaft für pränatale und perinatale Psychologie und Medizin (ISPPM) Ludwig Janus sagt deshalb nicht umsonst: „Die Gebärmutter ist das erste Klassenzimmer, das jeder besucht.“ Außerdem wird er nicht müde immer wieder zu betonen, dass das Kind im Mutterleib „ein erlebendes Wesen“ sei. Und gerade weil es ein erlebendes Wesen ist, wird sich von nun an im Gefolge dieses Erlebens und Bewusstseins von Wahrnehmungen, Empfindungen, Wohlgefühlen und Ängsten nicht nur seine körperliche Entfaltung allmählich vollziehen, sondern mittels dieser Erfahrungen wird sich auch das zu formen, zu prägen und zu entwickeln beginnen, was wir später einmal Psyche nennen werden. Vorgeburtlich also, das müssen wir an dieser Stelle einmal deutlich festhalten. Was aber erlebt und empfindet der Fötus eigentlich in der engen Welt der mütterlichen Gebärmutter? Das lässt sich am besten herausfinden, indem man ihm zu Leibe rückt, im wahrsten Sinne des Wortes. Führt man nämlich ein medizinisches Instrument in den mütterlichen Leib ein, so zieht sich der Fötus zurück. Das heißt, er weicht aus, oder besser gesagt, er flüchtet. Dass wir uns hier nicht missverstehen, es handelt sich dabei nicht um unbewusste Reflexe, sondern um eine eindeutige Angstreaktion. Ganz am Anfang steht also die Emotion. Und diese Emotion produziert ihrerseits eine entsprechende Reaktion, aus der wiederum Lernerfahrungen entstehen können. Und diese Lernerfahrungen sind prägend. Das zeigt insbesondere die Angstreaktion ganz deutlich. Denn Angst bedeutet lebensbedrohenden Situationen auszuweichen, bedeutet das eigene Leben zu schützen. Die Angst, davon können wir ausgehen, ist deshalb wohl die erste Emotion, mit der wir im Leben konfrontiert werden. Und sie ist die stärkste. Der Beginn der Psyche, das ganze Erleben und Erlernen, ist demnach von Anfang an durch die Emotion bestimmt. Anders ausgedrückt, die Psyche des Menschen entwickelt sich aus seinen Empfindungen heraus. Das ist der Beginn. Auch die erste Kommunikation mit der Umwelt verläuft deshalb grundsätzlich über die Emotion. Ja, die Emotion, sie ist aller Anfang. Zu diesem Zeitpunkt bildet das Gehirn des heranreifenden Fötus eine Struktur mit Milliarden von Neuronen, unzähligen Nervenbahnen, Synapsen und Verschaltungen als Basis. Der Entwicklungsentwurf für die Nervenzellen ist dabei genetisch festgelegt. Die synaptische Verknüpfungsstruktur hingegen unterliegt keiner direkten genetischen Steuerung. Damit es aber zu einer entsprechenden Ausbildung neuer Verknüpfungsmuster sowie zu Umstrukturierungen kommen kann, bedarf es moderater und vielfältiger Sinnesreize als wesentlicher Voraussetzung. Deshalb werden die Verbindungen der einzelnen Nervenzellen untereinander mit dem Heranreifen des Gehirns auch immer komplexer. Die zukünftige Entwicklung des fötalen Gehirnes wird somit von einem ausgeglichenen Auf- und Abbau der synaptischen Verbindungen geprägt sein. Die Entstehung neuer Netzwerke wird dabei zum einen sein Verhalten festigen und zum anderen die Möglichkeiten für seine Persönlichkeitsentwicklung schaffen. Und das mit einer rasanten Geschwindigkeit. Denn die ganze Gehirnentwicklung, angefangen bei der befruchteten Eizelle bis zur Geburt, vollzieht sich mit einer Schnelligkeit von 250 000 Nervenzellen pro Minute. Mit dieser Geschwindigkeit geht das fötale Gehirn der Entwicklung des Ichbewusstseins entgegen. Denn alles, was der Fötus zu diesem Zeitpunkt seiner Entwicklung erlebt, reflektiert er natürlich noch nicht bewusst. Das heißt, noch erlebt sich der Fötus nicht als eigenständiges Ich. Wie aber verläuft die weitere Entwicklung dessen, was wir landläufig das Ich oder Selbst nennen? Diese Frage kann uns der Psychologieprofessor Philippe Rochat von der Emory University in Atlanta in groben Zügen beantworten. In seinen Studien über die Entwicklung des Selbst im Säuglingsalter konnte er nämlich nachweisen, dass sowohl das Selbst wie auch das Bewusstsein schon in der allerfrühesten Säuglingszeit beginnt. Am Anfang, also bis zur Geburt, herrscht nur Verwirrung. Zu dieser Zeit existiert noch kein eigenständiges Ich. Noch gibt es folglich kein Ichbewusstsein und damit auch keine Selbstwahrnehmung. Niemand ist da, der von sich selbst sagen könnte: „Ich bin ich selber." Das Neugeborene besitzt dementsprechend noch keine Erkenntnis darüber, dass sein Selbst eigenständig ist und sich von der Umwelt unterscheidet. Es hat noch keine konkrete Vorstellung von einem Ich und einem Du. Damit fehlt die eigene Wahrnehmung des Selbst, sprich das Selbstkonzept. Ein vorgehaltener

Spiegel wird deshalb zu diesem Zeitpunkt noch nicht als Objekt erkannt, sondern die umgebende Welt geht sozusagen im Spiegel weiter. Das Spiegelbild vermengt sich, wenn man so will, mit der Realität. Auch wird das eigene Spiegelbild als solches noch nicht erkannt, sondern als ein anderes Wesen interpretiert. Das Einzige, was das Neugeborene definitiv unterscheiden kann, sind Eigenstimulierungen von Fremdstimulierungen, mehr nicht. Vom Zeitpunkt der Geburt bis zu zwei Monate nach der Geburt endet die Verwirrung und die Differenzierung beginnt. Erkennbar ist dies daran, dass der Spiegel durch den Säugling nunmehr als Objekt wahrgenommen wird. Damit hat eine elementare wahrnehmungsbasierte Differenzierung zwischen dem Selbst und der Umwelt stattgefunden. Auch die völlige Gleichzeitigkeit der eigenen Bewegungen und des Spiegelbildes wird nun bemerkt. Der Säugling vermag darüber hinaus die eigenen Körperbewegungen sowie die Körperlage im Raum wahrzunehmen. Er spürt also, dass er sich körperlich von seiner Umgebung unterscheidet. Das sind die Anfänge des Ichbewusstseins. Als nächste Stufe, im Alter von zwei bis vier Monaten, setzt dann die Positionierung ein. Das bedeutet, dass der Säugling nunmehr damit beginnt, seine eigene Person in Relation zu anderen Dingen in der Umwelt zu positionieren. Der eigene Körper wird zum Objekt der Interaktion. Zwar ist das Ichbewusstsein des Säuglings noch sehr eingeschränkt, aber er nimmt sich jetzt schon als eigenständiges Wesen wahr, das in der Lage ist, seine Umwelt zu beeinflussen. Er beginnt somit seine Selbstwirksamkeit zu begreifen, auch wenn sich zu diesem Zeitpunkt sein Ichbewusstsein nur durch Wahrnehmungen und Handlungen äußert. Der Säugling unterscheidet jetzt auch seine eigene visuelle Erscheinung von anderen Reizen. So wird bei einem vorgehaltenen Spiegel in dieser Phase der Ichbewusstseinsentwicklung nicht nur die Gleichzeitigkeit der eigenen Bewegungen und des Spiegelbildes bemerkt, sondern darüber hinaus auch die Verbindung zwischen den Spiegelbildbewegungen und den eigenen Bewegungen bewusst erkundet. Hier kann deshalb von einem ersten Verständnis des Spiegelbildes gesprochen werden. Das Ichbewusstsein ist noch nicht so weit erstarkt, dass es fähig wäre sich aus sich selbst heraus zu verstehen, sondern ist in dieser Entwicklungsstufe nur logisch zu erschließen. Man sagt deshalb auch, der Säugling habe ein implizites Ichbewusstsein. Nach der Stufe der Positionierung folgt dann im Alter von 18 bis 24 Monaten die Identifikation. In dieser Stufe macht das Kleinkind einen bedeutenden kognitiven Schritt nach vorn. Denn der Blick in den vorgehaltenen Spiegel bringt nun die Erkenntnis mit sich, dass das Spiegelbild sich auf den eigenen Körper bezieht. Das heißt, das Spiegelbild wird jetzt als der Körper identifiziert, den man von innen her spürt und von außen her repräsentiert. Und das wiederum bedeutet, dass es eine ausdrückliche, sprich explizite Bezugnahme auf sich selbst gibt. Aus diesem Grunde sagt man auch, das Kleinkind verfüge über ein explizites Ichbewusstsein. Das explizite Ichbewusstsein stellt somit eine erste Bezugnahme auf das Spiegelbild als „Ich" dar. Wie aber lässt sich das nachweisen, dass sich ein Kleinkind wirklich als verkörpertes Ich im Spiegel erkennt? Wir hatten das Thema bereits in der Einleitung angerissen. Erinnern Sie sich noch an den Rouge-Test? Den Selbsterkennungstest, bei dem ein farbiger Punkt auf eine Körperstelle gemalt und anschließend geschaut wird, ob der Proband versucht, diesen Punkt zu berühren oder zu entfernen, und so dokumentiert wird, dass er sich selbst im Spiegel erkannt hat? Wenn ja, dann kennen Sie jetzt die Antwort. Denn der Rouge-Test belegt das Verstehen des Spiegelbildes als Abbild des eigenen Körpers. Wir dürfen deshalb festhalten, dass das Selbst seine Wurzeln in der frühesten Kindheit hat und dass es sich vom frühen impliziten Ichbewusstsein zum späteren expliziten Ichbewusstsein entwickelt. Entsprechenden Theorien zufolge entwickelt sich das Ichbewusstsein vor allem dadurch, dass Kleinkinder immer deutlicher erkennen, dass ihre eigenen Handlungen andere Menschen dazu veranlassen, auf eine bestimmte Art und Weise zu reagieren. Dies wiederum würde bedeuten, dass für die Entwicklung des Ichbewusstseins vor allem andere Menschen von entscheidender Bedeutung sind. Sie dienen dem Kleinkind gleichsam als Spiegel, in dem sie ihr eigenes Verhalten gespiegelt bekommen. Es ist, wenn man so will, ein emotionaler Spiegel, den das Kleinkind vorgesetzt bekommt. Zu dieser Zeit kann es nämlich bereits die Gefühle der Eltern und anderer Personen wahrnehmen. Hierdurch wird es immer mehr in die Lage versetzt, sich selbst besser zu empfinden. Der Übergang vom impliziten zum expliziten Ichbewusstsein ist ein wirklich bedeutender, denn er markiert neben dem Erwachen des eigenen Willens auch den Beginn des Auftretens von selbstbezogenen Emotionen. Darunter werden Emotionen verstanden, die bei Verletzung oder Steigerung des Selbstwertgefühls auftreten. Also beispielsweise Scham, Verlegenheit, Schuld, Neid oder Stolz. Explizites Ichbewusstsein, eigener Wille sowie selbstbezogene Emotionen, das sind die echten Meilensteine der Identifikation. Mit dem Beginn des dritten Lebensjahres endet dann die Stufe der Identifikation und es beginnt die Stufe der Permanenz. Sie dauert ein Jahr und endet mit dem Beginn des vierten Lebensjahres. Kennzeichen dieser Entwicklungsstufe ist die Erkenntnis, dass das Selbst von Dauer ist, also über Zeit und Raum konstant bleibt. Das Kleinkind erkennt sich in dieser Entwicklungsstufe auf Bildern und Videos, die weit weniger detailgetreu sind als das Spiegelbild. Es zeigt auf sich selbst und bezeichnet sich mit seinem Namen. Die Identifikation seiner selbst ist folglich nicht mehr an die zeitliche Synchronizität gebunden, wie es noch beim Spiegelbild der Fall war. Das Selbst hat also zu einer Dauerhaftigkeit und Konstanz gefunden. Die eigene Identität ist nun über Zeit und Raum hinweg stabil. Mit der Erlangung dieser Stabilität wird schließlich die letzte Stufe der Selbstentwicklung eingeläutet, das metakognitive Ichbewusstsein. Es ist eine Ebene der Entwicklung, die zwischen dem vierten und fünften Lebensjahr erreicht wird. Jetzt vermag das Ich mental einen Schritt von der unmittelbaren Situation zurückzutreten und über sich selbst nachzudenken. Das Selbst verfügt somit über die Fähigkeit, die eigene Person aus Sicht anderer zu betrachten. Es hat damit ein erwachsenes Verständnis von sich als Selbst sowie von seiner Umwelt erlangt. Damit ist die Grundlage des sozialen Verständnisses gelegt, denn das Ichbewusstsein reflektiert nun über sich selbst, unter Berücksichtigung der sozialen Welt um sich herum. Das Ich hat sozusagen zu sich selbst gefunden. Dazu hat es fünf Jahre der Interaktion mit anderen Menschen und der Umwelt gebraucht. Sechs Stufen hat es dabei durchschritten, davon eine nichtbewusste und fünf bewusste, bis das Ichbewusstsein oder Selbstbewusstsein zur vollen Entfaltung gelangt ist. Bis das Selbst, zu verstehen als eine Kombination von physischen und psychologischen Merkmalen, die für jeden Menschen einzigartig ist und sowohl aus dem Wissen wie auch aus den Gefühlen über sich selbst besteht, mit der persönlichen Überzeugung, in dieser Welt, in der es existiert, etwas bewirken und ausrichten zu können, sich endlich seiner selbst bewusst geworden ist. Damit ist aber die Entwicklung des menschlichen Bewusstseins noch nicht abgeschlossen. Noch ist es nicht zu seiner Vollendung herangereift. Eine Ebene fehlt ihm nämlich noch, die des Transzendenzbewusstseins. Erst mit dieser Stufe wird der Mensch zum Menschen und unterscheidet sich vom Tier. Das ist der Lackmustest des menschlichen Bewusstseins, die Spiritualität. Denn Affen beten nicht, oder wie man englisch so schön sagt: „Apes don't pray". Hätte der Mensch das doch nur begriffen, wie viel Leid hätte er damit anderen ersparen können, die er einst für Tiere hielt, nur weil sie eine andere Hautfarbe hatten und anders aussahen. Was aber ist Spiritualität genau? Spiritualität beginnt mit der Auseinandersetzung mit dem eigenen Tod und dem Leben danach. Oder wie der Arbeitskreis Seelsorge der Deutschen Gesellschaft für Palliativmedizin es so schön formulierte:

„Unter Spiritualität kann die innere Einstellung, der innere Geist wie auch das persönliche Suchen nach Sinngebung eines Menschen verstanden werden, mit dem er versucht Erfahrungen des Lebens und insbesondere auch existenziellen Bedrohungen zu begegnen."

Entwicklung der Spiritualität

Wie aber ist es um die Spiritualität von Kindern bestellt? Was wissen sie vom Tod? Welche Vorstellungen haben sie von einem Leben danach? Wann reift das Transzendenzbewusstsein eines Menschen aus? Diese Frage ist nicht ganz so einfach zu beantworten. Man müsste nämlich zuerst einmal die Frage beantworten, welches Todeskonzept Erwachsene überhaupt haben. Und davor wäre erst zu klären, was ganz allgemein unter einem Todeskonzept zu verstehen ist. Fangen wir am besten mit dem letzten Punkt an. Man versteht unter dem Begriff „Todeskonzept" die Vorstellungen und Empfindungen, mit denen man den Begriff Tod mit Inhalt füllt. Darin sind die genauen Vorstellungen über den tatsächlichen biologischen Ablauf des Sterbeprozesses allerdings nicht mit eingeschlossen. Bei erwachsenen Menschen geht man von einem realistischen Todeskonzept aus, welches, in Übereinstimmung mit nahezu allen Studien, die folgenden vier Dimensionen beinhaltet:

1. *Nonfunktionalität*: Der Tod bedeutet Stillstand der Körperfunktionen.
2. *Irreversibilität*: Der Tod ist nicht mehr rückgängig zu machen.
3. *Kausalität*: Der Tod hat biologische Ursachen.
4. *Universalität*: Der Tod betrifft alle Lebewesen.

Erwachsene wissen folglich um diese vier Dimensionen, Kinder hingegen müssen sie sich erst im Laufe ihres Heranwachsens erarbeiten. Das bedeutet, dass wir erst im Laufe unserer

Entwicklung in eine realistische Vorstellung des Todes hineinwachsen. Und das wiederum bedeutet, dass uns eine konkrete Vorstellung vom Sterben und Tod nicht angeboren ist. Vielmehr ist es eher ein Zusammenspiel aus kognitiven und altersspezifischen Entwicklungsprozessen, gepaart mit dem, was Kinder in ihrer Lebenswirklichkeit real erleben, erlernen und verarbeiten, das im Laufe des Lebens ein realistisches Todeskonzept entstehen lässt. Zwar haben verschiedene empirische Untersuchungen gezeigt, dass sich die Todesvorstellungen von gleichaltrigen Kindern sehr stark voneinander unterscheiden und dass Faktoren wie konkrete Erlebnisse mit dem Tod sowie die Sozialisation wesentlich auf die Entwicklung des kindlichen Sterblichkeitsbewusstseins einwirken, dennoch lassen sich typische altersspezifische Vorstellungen über den Tod herausarbeiten, die uns durchaus ein Gerüst des kindlichen Todesverständnisses vermitteln können. Die Altersangaben bei der stufenweisen Entwicklung des kindlichen Sterblichkeitswissens sollten dabei am besten als grobe Richtschnur und nicht als präzise Angabe aufgefasst werden, weil bei Kindern aus den besagten Gründen stets mit sehr stark variierenden Entwicklungsgeschwindigkeiten sowie individuell verschiedenen Erfahrungen, je nach der sozialen Umgebung, gerechnet werden muss. So viel der Vorrede, doch wie schauen nun die altersspezifischen Todesvorstellungen von Kindern genau aus und auf welchen Untersuchungen basieren diese Erkenntnisse? Hierzu ist zu sagen, dass alle neuen Ansätze, die den Entwicklungsprozess vom kindlichen Todeskonzept zum Gegenstand ihrer Untersuchungen hatten, sowohl auf den Grundannahmen des schweizerischen Psychologen und Philosophen Jean Piaget (1896–1980) zur Denk- und Intelligenzentwicklung bei Kindern als auch auf der klassischen Studie der ungarischen Psychologin Maria Nagy beruhen. In dieser Studie konzipierte Nagy im Jahre 1948 die erste altersspezifische Einteilung des Todesverständnisses von Kindern. Untersucht wurden dabei 378 Jungen und Mädchen im Alter zwischen drei und zehn Jahren. Es zeigte sich, dass das Todeskonzept von Kindern in drei Phasen eingeteilt werden kann. Eine Einteilung übrigens, die bis heute noch weitestgehend Bestand hat und wie folgt aussieht:

1. Phase

Die erste Phase umfasst ein Lebensalter von bis zu fünf Jahren. Sie umfasst somit Kleinkinder. Es ist eine Phase, in der sich das Selbstbewusstsein oder Ichbewusstsein zu entwickeln beginnt und am Ende zur vollen Ausprägung gelangt. Am Anfang, beim Säugling, kann natürlich keine verlässliche Aussage von der Bedeutung des Lebens oder des Todes getroffen werden. Denn der Säugling ist kognitiv nicht imstande das Thema Tod zu erfassen. Er kann folglich die Idee des Todes gedankenmäßig gar nicht verstehen. Die Vorstellung der oben genannten vier Dimensionen des Todes ist ihm schlicht und ergreifend fremd. Außerdem verfügt er auch noch nicht über das notwendige Sprach- und Darstellungsvermögen. Das Einzige, was er tun kann, ist, auf das Gesicht einer vertrauten Person zu reagieren. Desgleichen reagiert der Säugling auch darauf, wenn die besagte Person seinen Gesichtskreis wieder verlässt, nämlich mit Protest und Unbehagen. Diese Reaktionsform wurde stets als Trennungsangst interpretiert. Offensichtlich empfindet der Säugling jedwede Art von Trennung, egal ob sie nun von kurzer oder langer Dauer ist, erst einmal als Verlusterlebnis, wobei der Verlust sinnbildlich mit dem Tod gleichzusetzen ist. Erklären lässt sich die große Verlustangst vielleicht am besten damit, dass der Säugling noch über kein Zeitverständnis verfügt und außerdem noch emotional völlig abhängig ist. Und genau diese emotionale Abhängigkeit ist es auch, die dem Säugling andererseits wiederum einen intensiven emotionalen Zugang zum Thema Tod überhaupt erst ermöglicht. Auch wenn er die Trauer weder intellektuell abbilden noch verbalisieren kann, kann er sie durchaus spüren. An diesem Zustand wird sich die ersten drei Lebensjahre auch nichts weiter verändern. Zwar können Kinder die Erwachsenen über ihre Gedankenwelt schon im ersten Lebensjahr informieren, wenn auch nur unzureichend oder mehrdeutig, aber bis zu drei Jahren versteht kein Kind die erwähnten vier Dimensionen des Todes. Das ist Fakt. Für dieses Alter ist und bleibt der Tod nichts anderes als ein Nicht-da-Sein für einen für sie nicht weiter zu definierenden Zeitraum. Erst ab einem Alter von drei Jahren, im Vorschulalter, beginnen sie langsam damit, eine zaghafte Vorstellung über den Tod zu entwickeln. Kinder im Vorschulalter kennen nämlich bereits das Wort „tot“, ohne dass dieser Begriff für sie jedoch eine endgültige Bedeutung hätte. Das kann er auch nicht, weil in diesem Alter das Zeitverständnis noch mangelhaft ist. Vorschulkinder leben im Hier und Jetzt, ausschließlich in der Gegenwart. Einen Begriff der Zeit, der Dauer, der Vergangenheit, Gegenwart und Zukunft müssen sie erst noch entwickeln. Sie können deshalb noch nicht die Endlichkeit, Endgültigkeit und Unumkehrbarkeit des Todes erfassen. Für sie bedeutet der Tod so viel wie fort sein, fortgehen oder eine Form von Schlaf. In ihrer Vorstellung ist der Tod verbunden mit Bewegungslosigkeit, mit Ruhen, Ausruhen und Schlafen. Der Tod ist für Vorschulkinder ein zeitlich begrenzter Zustand. Sie erwarten deshalb die Rückkehr eines Verstorbenen. Von daher reagieren sie auch auf eine Todesnachricht nur mäßig und unaffektiv. Verständlich, denn die Unsterblichkeit und das ewige Leben sind noch fester Bestandteil ihrer Gedankenwelt. Sie gehen somit einfach davon aus, dass der Verstorbene an einem anderen Ort, meist im Himmel, weiterlebt. Konsequenterweise sind Vorschulkinder deshalb davon überzeugt, dass sie selbst unsterblich sind und ewig leben. Sie würden von daher auch nicht auf die Idee kommen, den Tod auf sich zu beziehen. Wenn überhaupt, dann betrifft der Tod andere. Kein Wunder also, dass Vorschulkinder dem Tod manchmal kühl und unbekümmert begegnen. Der Tod ist bei ihnen noch wenig angstbesetzt. Dieser Umstand wird allerdings in der nächsten Phase eine deutliche Änderung erfahren.

2. Phase

Die zweite Phase umfasst das Lebensalter zwischen fünf und neun Jahren und damit schwerpunktmäßig das Grundschulalter. Kinder dieser Altersstufe unterscheiden in ihrem Weltbild die belebte von der unbelebten Natur. Sie können somit schon den Tod als Tatsache erfassen. Etwa ab dem sechsten Lebensjahr beginnen Grundschulkinder die Endgültigkeit und damit die Irreversibilität des Todes zu verstehen. Und um das siebte und achte Lebensjahr herum beginnen sie allmählich auch die Unausweichlichkeit sowie die Universalität des

Todes zu begreifen. Genauso wie die Nonfunktionalität, dass nämlich der Tote weder essen, atmen noch fühlen kann. Grundschulkinder sind damit in der Lage, drei der vier Dimensionen eines realistischen Todeskonzeptes nachzuvollziehen. Das kindliche Todesverständnis nähert sich damit dem des Erwachsenen an. Kinder verstehen jetzt, dass der Tod alle Menschen ereilen kann, alle fremden Menschen, alle nahestehenden Menschen und auch sie selbst. Diese Erkenntnis löst natürlich eine erhöhte Angst aus. Angst nämlich, geliebte Menschen, ja sogar die Eltern zu verlieren. Sie beginnen also damit, allmählich die Bedeutung des Todes zu verstehen. Zu diesem Zeitpunkt setzen dann auch Trennungsschmerz und Trauergefühle ein. Das Thema Tod führt somit jetzt ganz klar zu entsprechenden Verhaltensveränderungen. Sie können den Tod weder akzeptieren noch rational darauf reagieren. Das ist ihr Dilemma. Aber aus diesem Dilemma gibt es durchaus ein Entkommen, denn gerade die Erkenntnis der Nonfunktionalität eröffnet den Kindern dieser Altersstufe einen Ausweg oder besser gesagt einen realistischen Zugang zu diesem angstbesetzten Thema. Wie kommt es, so die kindliche Frage, zu diesem Zustand des Stillstandes der Körperfunktionen? Das heißt, es wird in diesem Alter die Frage nach den Ursache-Wirkungs-Zusammenhängen deutlicher gestellt. Aus dieser Frage erwächst natürlich auch eine Erkenntnis. Die Erkenntnis nämlich, dass man durch äußere Einwirkungen stirbt. Dabei wird von den Kindern nicht allein das Alter, sondern vor allem auch Krankheit, Krankenhaus oder Unfall mit dem Tod assoziiert. Für all die Unwägbarkeiten des Lebens gibt es in der kindlichen Vorstellung auch einen Verantwortlichen, den Sensen- oder Knochenmann. Der Tod wird vom Kind personifiziert. Man muss sich nur in Acht nehmen, aufpassen und rechtzeitig in Deckung gehen, damit einen der Sensenmann nicht erwischt. Der Tod ist also in den kindlichen Augen ein vermeidbares Ereignis, vor dem man fliehen kann. Denn nur diejenigen sterben, welche der Sensenmann fängt und mit sich trägt. Aus dieser Perspektive wird der Tod von den Kindern nicht selten als eine Form der Bestrafung empfunden, als ein von außen aufgezwungenes Ereignis. Die Irreversibilität als Abgrenzungskriterium des Todes, verbunden mit dem von außen aufoktroyierten Ereignis, bedingt es nun auch, dass die ersten Gedanken zum Leib-Seele-Problem auftauchen. Das betrifft vor allem die Altersgruppe der Acht- bis Neunjährigen. Das Geschehen nach dem Tode rückt damit in den Vordergrund des Interesses. Was folgt auf den Tod? Diese Frage ergibt sich für das Kind folglich erst aus der Erkenntnis der Unumkehrbarkeit des Todes. Und diese Frage bleibt nicht unbeantwortet, denn das Kind entwickelt im Weiteren daraufhin die ersten Unsterblichkeitsgedanken, völlig losgelöst von jedweder Religionszugehörigkeit. Zum Ende der Zeitperiode haben die Kinder dann nicht nur die Irreversibilität des Todes erkannt, sondern sie begreifen nun auch, dass der Tod für sie selbst ebenfalls unvermeidbar ist. Allerdings vermögen die Kinder dieser Altersstufe den Gedanken an den Körperzerfall, der üblicherweise auf den Tod folgt, nicht anzunehmen. Offensichtlich entwickeln sie deshalb entsprechende Gedanken an die Unsterblichkeit oder Ideen in Richtung einer endlosen Seelenwanderung. Möglich geworden sind solche Überlegungen für das Kind auch, weil es in dieser Entwicklungsphase über ein anderes Zeitverständnis verfügt als noch zuvor. War die Zeit für das Kind bis dato nur etwas Abstraktes, für das es kein Gefühl hatte, hat sich im Alter zwischen dem sechsten und siebten Lebensjahr eine Veränderung des Zeitverständnisses vollzogen, und zwar hin in Richtung eines linearen Zeitverständnisses des Erwachsenen. Dennoch bleibt das kindliche Zeitempfinden noch an konkrete und greifbare Vorstellungen gebunden. Das heißt, dass Kinder die Zeit nach dem bemessen, was sie sehen. So ist beispielsweise eine große Katze älter als eine kleine Katze. Haben aber zwei Fahrzeuge in der gleichen Zeit unterschiedliche Strecken zurücklegt, dann ist dasjenige Fahrzeug länger gefahren, welches die weitere Wegstrecke hinter sich gelassen hat. Und das zeigt, dass Kinder dieser Altersstufe immer noch keinen echten Zeitbegriff haben. Dies wird sich aber bald ändern, in der dritten Phase nämlich.

3. Phase

Die dritte Phase betrifft ein Lebensalter von neun Jahren und mehr. Sie umfasst somit die späte Kindheit und das Jugendalter. In dieser Phase nähert sich das Todesverständnis der Kinder sehr stark dem der Erwachsenen an. Mehr und mehr wird der Tod als etwas Endgültiges und Abschließendes verstanden und biologische Fragen rücken nun in den Blickpunkt des Interesses. Das heißt, es geht den Kindern jetzt um die biologischen Aspekte des Sterbens, um die Kausalität. Sie möchten verstehen, wie sich der Körper eines Sterbenden verändert. Dieses Interesse führt dazu, dass Kinder dieses Alters obendrein begreifen, dass der Tod dann eintritt, wenn beispielsweise die Organe versagen oder der Mensch nicht mehr imstande ist zu atmen. Es ist folglich ein inneres Erlöschen der Körperkräfte und Körperfunktionen, das zum Tod führt. Mit diesem Verständnis sind die Kinder nun definitiv in der Lage, mit allen vier Dimensionen des Todesbegriffes zu argumentieren. Sie sind in der Lage zu begreifen, dass der Tod unvermeidlich und endgültig ist, jedes Lebewesen betrifft, folglich irgendwann auch sie selbst, vermutlich wenn sie alt sind. Damit sind den Kindern dieser Altersstufe alle wesentlichen Denkmuster, welche auch die Erwachsenen anwenden, grundsätzlich zugänglich. Verständlich also, dass sich der Blick der Kinder nun verstärkt auf die Frage richtet, was denn nach dem Tod passiert. Dadurch rücken automatisch auch Fragen nach der Endlichkeit sowie dem Sinn des Lebens in den Blickpunkt. Das bedeutet, dass die Kinder nun überdies auch damit beginnen, das eigene Sterben zu akzeptieren. In diesem Lebensabschnitt wird ihr Todesverständnis in zunehmendem Maße von äußeren Bedingungen, sprich der Welt der Erwachsenen, geprägt. Dies wiederum lässt sich vor allem an der Vielfalt kindlicher Jenseitsvorstellungen ablesen. So kann es sein, dass Kinder die Position vertreten, dass nach dem Tod nichts mehr kommt und damit endgültig alles vorbei ist. Genauso kann es aber auch sein, dass die Kinder der Meinung sind, dass der geistige Teil des Gestorbenen in einer jenseitigen Welt weiterexistiert. Oder aber sie entwickeln Jenseitsvorstellungen, die an den christlichen Auferstehungsglauben erinnern bzw. buddhistischen Vorstellungen gleichen, dass man nämlich nach dem Tod wiedergeboren wird, was häufig Reinkarnationsvorstellungen entspricht. All diese Gedanken können bei Kindern bereits ab dem neunten Lebensjahr einsetzen, werden aber ab dem zehnten Lebensjahr aufgrund der sich entfaltenden Fähigkeit zum abstrakten Denken mehr und mehr geistig. Die Kinder reflektieren vordringlich über das Schicksal, das Übernatürliche sowie über Gerechtigkeit und Ungerechtigkeit. Sie zeigen eine erhöhte Empathiefähigkeit, was einerseits eine deutlich steigende Angst vor dem Tod und vor dem Sterben nach sich zieht, andererseits aber auch ein Hineindenken in die Einsamkeit und Trauer von Hinterbliebenen erlaubt. Sie beginnen damit, ihre Trauer selbst zu gestalten sowie eigene Trauerrituale zu entwickeln. Mit anderen Worten, die kognitive Entwicklung des kindlichen Todesverständnisses ist mit dem Einsetzen der Pubertät prinzipiell abgeschlossen. Das betrifft auch das Zeitverständnis der Kinder, das ab dem zwölften Lebensjahr vollständig ausgebildet ist. Es bedarf jetzt keiner konkreten greifbaren Vorstellungen mehr. Das Kind ist unmittelbar imstande bezüglich der Zeit auch abstrakte und hypothetische Schlussfolgerungen in seine zeitlichen Denkleistungen miteinzubeziehen. Das heißt, das zeitliche Konzept entspricht nunmehr vollständig dem eines Erwachsenen. Wir dürfen deshalb an dieser Stelle mit Fug und Recht sagen, dass auch die Ausbildung und Reifung des menschlichen Transzendenzbewusstseins mit dem Beginn der Pubertät generell abgeschlossen ist. Die Spiritualität ist erwacht. Das Einzige, was jetzt noch in der Jugend folgen wird, ist, dass aufgrund der Suche nach der eigenen Identität, durch Gefühle der Verunsicherung und der notwendigen Neuorientierung die Sinnfragen des Lebens drängender werden und auch der eigene Tod noch deutlicher in das Blickfeld rücken wird. Damit haben wir die Entwicklung des menschlichen Bewusstseins schemenhaft nachgezeichnet und kennen sie nun in groben Zügen.

Entwicklung der Psyche

Was aber ist mit der Entwicklung der Psyche? Wie entwickelt sie sich im Gefolge der Bewusstseinsentwicklung? Diese Frage ist noch offengeblieben und unbeantwortet. Das Einzige, was wir bisher über die Entwicklung der Psyche wissen, ist lediglich, dass sie bereits vorgeburtlich beginnt und von Anfang an durch die Emotion bestimmt wird, mehr nicht. Emotion ist dabei ein sehr gutes Stichwort. Ihre Bedeutung für die Entwicklung der Psyche kann nämlich gar nicht hoch genug eingeschätzt werden. Das zeigt uns ganz besonders das berühmte Sprachexperiment des Stauferkaisers Friedrich II. (1194–1250). Friedrich II. war ein aufgeschlossener, intelligenter und wissensdurstiger Mensch. Er war weltoffen und von vielen Kulturen geprägt. Er war sehr gebildet, sprach mehrere Sprachen und gründete die Universität von Neapel. Insgesamt ein Herrscher, der seiner Zeit weit voraus war. Dies zeigt sich unter anderem auch daran, dass er in Süditalien den modernsten Staat seiner Zeit begründete. Friedrich II. widmete sich mit großem Interesse den Natur- und Geisteswissenschaften und verfasste ein Buch über die Falknerei. Als Schriftsteller, Naturbeobachter und Verhaltensforscher wollte Friedrich II. von Hohenstaufen die ursprüngliche Sprache der Menschheit herausfinden. Dazu machte er ein Experiment, über dessen genauen Hergang nur wenig bekannt ist. Nur so viel ist klar: Er ließ einige neugeborene Kinder ihren Müttern wegnehmen und übergab sie an Pflegerinnen und Ammen. Diese sollten den Kindern nur Milch geben, sie baden und waschen, aber auf keinen Fall mit ihnen sprechen oder sie liebkosen. Auf diese Weise wollte Friedrich II. untersuchen, ob die Kinder nach ihrem Heranwachsen die hebräische, griechische, lateinische, arabische oder aber die Sprache ihrer Eltern sprechen würden, die sie gezeugt hatten. Aber die Mühe war vergebens, denn alle Säuglinge, ohne Ausnahme, starben binnen kurzer Zeit aufgrund von mangelnder Zuneigung. Friedrich II. schrieb hierzu:

„Sie vermochten nicht zu leben ohne das Händepatschen und das fröhliche Gesichterschneiden und die Koseworte ihrer Ammen."

Es sollten nun gut 700 Jahre vergehen, da schlug ein anderer, der junge amerikanische Psychologe und Verhaltensforscher Harry Harlow (1905–1981), in die gleiche experimentelle Kerbe. Harlow wollte nämlich Ende der 1950er Jahre das Wesen der Eltern-Kind-Beziehung genau erkunden. Warum eigentlich? Nun, weil damals, basierend auf dem behavioristischen Modell der Konditionierung, viele Wissenschaftler der Meinung waren, dass Kinder für das „artgerechte" Aufwachsen nichts weiter bräuchten als Nahrung, ausreichend Flüssigkeit und die richtige Außentemperatur. So hieß es beispielsweise in einem vielgelesenen Erziehungsratgeber der damaligen Zeit: „Das übermäßig geherzte Kind hat später schwere Klippen zu nehmen." Liebe war also in diesem Konzept völlig fehl am Platz. Schlimmer noch, man ging eher davon aus, dass Zuwendung die Kinder sogar verderben würde. Und genau das wollte der junge Harlow einfach nicht glauben. Deshalb sagte er sich, das überprüfen wird doch einmal. Für seine Experimente nahm er kleine Affenbabys, die er von Geburt an in Isolation aufwachsen ließ. Nur einen Aufbau aus Draht, eine „Drahtmutter", gab er ihnen zur Gesellschaft, bei der sich die kleinen Affen ihre Nahrung holen konnten. Mehr nicht. Manche Exemplare hielt er ein ganzes Jahr lang auf diese Weise. Danach waren die kleinen Affen seelisch völlig zerstört, oder, wie es die amerikanische Wissenschaftsjournalistin Deborah Blum in ihrem Buch „Die Entdeckung der Mutterliebe – Die legendären Affenexperimente des Harry Harlow" so schön ausdrückte, „ein Tier, das nur noch durch seinen Herzschlag und sein Seufzen lebendig erschien". Die kleinen Äffchen nahmen also ganz eindeutig eine negative Entwicklung in allen Lebensbereichen. Konkret sah das so aus, dass sie ein schwierigeres Sozialverhalten an den Tag legten, wenig lernfähig waren und weniger Fähigkeiten zur Problemlösung besaßen. Sie erkundeten auch weniger ihre Umwelt, zeigten sehr intensive Angstreaktionen sowie sehr intensive und aggressive Gefühlsausbrüche. Gerade Letztgenanntes führt deutlich vor Augen, dass die Äffchen ganz erhebliche Schwierigkeiten damit hatten, ihre Gefühle adäquat und selbstständig zu regulieren. Sie wurden regelrecht von ihren Gefühlen überschwemmt. Dann wechselten die Ausbrüche wiederum mit Phasen völliger Apathie. Damit war eindeutig nachgewiesen, dass Isolation zu einer massiven Entwicklungsstörung führt. Harlow variierte nun sein Experiment, indem er manchen Affenbabys noch eine zweite „Mutter" aus Stoff in den Käfig stellte. Es handelte sich dabei um ein einfaches Stück Holz, das mit Schaumgummi gepolstert und mit einem Frotteestoff überzogen war. Eine weiche „Handtuchmutter", wenn man so möchte. Es zeigte sich, dass die kleinen Äffchen fast ausschließlich bei der „Handtuchmutter“ verweilten und nur zum Trinken zur „Drahtmutter“ wechselten. Damit war nachgewiesen, dass für Affenbabys der reine Körperkontakt sogar noch wichtiger ist als die leibliche Ernährung. Eine fundamentale Erkenntnis, denn das „Fell“ der „Handtuchmutter“ hatte unverkennbar eine beruhigende Funktion. Genauer gesagt war es eine emotionale Beruhigung, eine liebevolle Beruhigung. Wie alle Studien lieferte somit auch diese eine Einsatzerkenntnis, die sich dahingehend zusammenfassen lässt, dass Affenbabys Liebe brauchen. Und tatsächlich gebrauchte Harry Harlow in diesem Zusammenhang das Wort Liebe. Äußerst ungewöhnlich für einen Wissenschaftler, weil sich Liebe wissenschaftlich nicht nachweisen lässt und deshalb auch nie Gegenstand wissenschaftlicher Erforschung war. Und doch traf Harlow damit den Nagel genau auf den Kopf. Denn Liebe in Form von Präsenz, Aufmerksamkeit und wohlwollender Zuwendung auf der einen Seite und psychische Gesundheit auf der anderen Seite sind eng miteinander verknüpft. So eng, dass man sagen kann, dass Liebe psychische Gesundheit ist. Woran liegt das? Das liegt vor allem daran, dass die Entwicklung der menschlichen Psyche durch Beziehungserfahrungen geprägt wird. Geliebt zu werden bedeutet dabei so viel wie etwas wert zu sein, einen Wert zu besitzen, ja kostbar zu sein. Das ist es, was einem Selbstwertgefühl verleiht. Eigentlich hätte es die Experimente von Harry Harlow nicht wirklich gebraucht. Man hätte es auch so wissen können, dass menschliche Säuglinge eine liebevolle Beziehung brauchen, um leben zu können. Anschauungsmaterial gab es schließlich in der Menschheitsgeschichte zur Genüge. Man denke hier nur an die Erfahrungen und Erkenntnisse aus den Waisenhäusern. Durch sie wissen wir, dass menschliche Säuglinge die traumatische Erfahrung sozialer Isolation allenfalls für kurze Zeit überstehen können, ohne schwerste Schäden davonzutragen. Und auch die Säuglingssterblichkeit war dort extrem hoch, selbst noch in der ersten Hälfte des 20. Jahrhunderts. Es mangelte an diesen tristen Orten einfach an liebevollen menschlichen Bindungen. Daraus lernen wir, dass Bindungserfahrungen eine zentrale Bedeutung für die psychische Entwicklung eines Kindes haben. Dabei geht es vor allem um die fühlbare Ausformung eines festen Bindungssystems. Die wichtigste soziale Bindung allerdings ist und bleibt, und das ohne Ausnahme, diejenige zwischen der Mutter und ihrem Kind. Woran liegt das? Es liegt vor allem daran, dass die Mutterliebe die erste Liebe ist, die ein Mensch auf Erden erfährt. Sie bleibt deshalb ein Leben lang das Grundmodell der Erfahrung, entweder geliebt zu werden und somit etwas wert zu sein oder eben nicht. Das Kind ist vollkommen abhängig von der Mutterliebe. Auf diese Resonanz ist es angewiesen. Und es spürt dabei genau, ob es geliebt wird oder nicht. Seine ganze Existenz, seine gesamte Persönlichkeitsentwicklung hängen davon ab. Jeder Mensch ist für uns Menschen wie ein Spiegel. Und das Kind schaut in diesen Spiegel, den wir Mutter, Eltern oder einfach Bezugspersonen nennen, und fragt: „Werde ich von dir geliebt?“ Es ist diese frühe emotionale Form der Kommunikation im Säuglingsalter, die das Fundament für die gesamte weitere psychische Entwicklung eines Menschen legt. Die Quelle der emotionalen Kommunikation entspringt dabei den Gesichtern, der Gestik, Mimik und Stimme von Mutter, Vater und anderen Bezugspersonen der kindlichen Umgebung. Der Säugling vermag diese emotionalen Signale mit schlafwandlerischer Sicherheit zu deuten. Er liest aus ihnen wie aus einem Buch. Er versteht ihre Botschaft und zieht daraus Schlüsse für sein weiteres Verhalten, seine Selbstentfaltung und für seine Selbstwertschätzung. In der Kindheit ist von daher das Thema Liebe eng verknüpft mit den Themen Verhalten, Selbstentfaltung und Selbstwertschätzung. Mit anderen Worten, wir müssen verstehen, dass die Selbstwertregulierung eines Menschen bereits zu einem sehr frühen Zeitpunkt seiner irdischen Existenz entwickelt wird. Das Kind sucht dabei seine Selbstfindung ganz konkret in der Liebesbestätigung durch seine Eltern. Es liebt seine Eltern. Und das muss es auch, denn es verfügt über keine Alternative dazu. Das Selbst des Kindes wird dementsprechend alles tun, Himmel und Hölle in Bewegung setzen, nur um geliebt zu werden. Es wird bei seinem Unterfangen auch nicht davor zurückschrecken, sich manipulieren zu lassen. Mehr noch, es wird in seinem Eifer sogar noch nicht einmal davor zurückschrecken, sich selbst zu manipulieren. Und es wird auf der Suche nach Liebe seine Fähigkeiten dahingehend optimieren, den mentalen Zustand anderer Menschen, das heißt ihre Überzeugungen, Gedankengänge und Wünsche, zu begreifen, um auf dieser Grundlage ihr Verhalten mit einer gewissen Sicherheit vorhersagen zu können. Das ist die Entwicklung des kindlichen Selbst auf der Jagd nach Aufmerksamkeit, Zuwendung, Geborgenheit, Anerkennung und Zärtlichkeit. Es ist die Suche nach einer innigen Verbundenheit, einer Bindung, die auf Uneigennützigkeit beruht. Das Kind will nämlich um seiner selbst willen geliebt werden. Dafür entwickelt es nicht nur eine Bindung, sondern ein ganzes System von Bindungen. Ein Bindungssystem, welches seinerseits wiederum ein bestimmtes Bindungsverhalten nach sich zieht. Das Bindungsverhalten, also die Bereitschaft zur Bindung, ist dem Menschen weitgehend angeboren. Es sichert das Überleben des Neugeborenen. Die Aufgabe des Bindungssystems besteht einzig und allein darin, das Denken, Fühlen und Handeln von Bezugspersonen so zu gestalten, dass Fürsorge und Schutz für das Kind als übergeordnetes Ziel sicher erlangt werden. Das Neugeborene steuert somit das Verhalten der Bezugspersonen, um seine Bedürfnisse befriedigen zu können. Die Entwicklung des Bindungssystems beginnt übrigens in den ersten Wochen nach der Geburt, und zwar dann, wenn der Säugling anfängt seine Mutter gezielt anzulächeln und auf vielfältige Weise mit ihr in Interaktion zu treten. Wird das Bindungssystem durch die Interaktionen positiv ausgerichtet, ergibt sich ein stabiles Bindungsverhalten, das über die Kindheit und Jugend bis weit in das Erwachsenenalter hinein trägt. Gelingt dies nicht, dann ergibt sich ein instabiles Bindungsverhalten mit geradezu verheerenden Konsequenzen für das weitere Leben dieses Menschen. Von zentraler Bedeutung ist von daher die Frage, wie die persönlichen Erlebnisse des Kindes sein Bindungsverhalten beeinflussen werden. Es geht also um die Art der Bindung. Die ist ganz entscheidend für das weitere Leben des Kindes und seine Fähigkeit, dieses positiv zu gestalten. Für sein weiteres Lebensglück, wenn man so möchte. Warum ist das eigentlich so? Weil Bindungen in den Gefühlen verwurzelt sind und die Grundlage für menschliche Beziehungen bilden. Das Kind braucht positive Gefühle in Form von liebevoller Zuwendung, Geborgenheit und Anerkennung. Es braucht kurz gesagt Liebe, um sich sicher zu fühlen, um Vertrauen zu den Menschen, der Umwelt und damit auch zu sich selbst zu entwickeln. Dieses Vertrauen zu sich selbst und zu anderen Menschen muss es aufbauen, um das Leben glücklich und zufrieden bewältigen zu können. Es muss Zuwendung in der Gestalt von Liebe spüren, damit es sichere Bindungen aufbauen kann. Warum aber ist das wichtig für eine gesunde psychische Entwicklung? Und warum prägen die Erfahrungen in dieser Phase die gesamte emotionale Entwicklung samt Persönlichkeitsentwicklung des Heranwachsenden? Wie lange dauert eigentlich diese, nennen wir sie einmal kritische Phase überhaupt? Am besten versteht man das Ganze vielleicht, wenn man sich vor Augen führt, dass Bindung Nähe und Nähe wiederum Schutz bedeutet. Ist die Nähe und damit der Schutz zu einer Bindungsperson über das Bindungsverhalten erst einmal hergestellt, wird das Bindungssystem inaktiviert. Es ist damit befriedigt und wird nicht länger gebraucht. Das Kind fühlt sich sicher und beginnt seine Umwelt ungestört zu erkunden. Seine Mutter oder eine andere Bezugsperson dient ihm dabei als sichere Basis. Sollte nun eine unvorhergesehene Gefahr auftauchen, wird das Kind seine Erkundungen sofort einstellen und zu seiner Bezugsperson, seiner Basis, zurückkehren, um Schutz zu finden. Ein Kind, das so ein Verhalten an den Tag legt, ist, wie man so schön sagt, sicher gebunden. Diese Kinder wagen es, auf eigene Faust ihrem Entdeckungsdrang uneingeschränkt nachzugehen. Sie lassen sich auf neue Situationen ein, auf neue Erfahrungen und auf neue Menschen. Es gelingt ihnen besser, sich in andere Menschen hineinzuversetzen, ihre Perspektive einzunehmen und dementsprechend zu handeln. Kurzum, sie sind empathischer. Die Grundlage aber der Empathie ist die Selbstwahrnehmung. Das bedeutet, je offener man für seine eigenen Emotionen ist, desto besser kann man auch die Gefühle der anderen deuten. Und dies ist enorm wichtig, in unzähligen Bereichen. Beispielsweise in der Medizin, der Psychologie, der Kriminalistik, der Philosophie, der Pädagogik, im Marketing, im Management sowie in der Politikwissenschaft, um nur einige zu nennen. Gebundene Kinder haben damit die entscheidende Grundlage in der Hand für das Gefühl, für Bindungen, für menschliche Beziehungen sowie für das Lernen und die Entwicklung zu einem eigenständigen und selbstverantwortlichen Leben hin. Der Trost und Halt in einer Bindung ist deshalb auch als eine gute Basis für ein erfolgreiches Lernen sowie ein kompetentes soziales Leben zu verstehen. Woher wissen wir das? Aus psychologischen Langzeitstudien. Sie zeigen uns nämlich, dass Menschen mit sicheren Bindungen in der Kindheit sozial kompetenter sind. Sie können Krisen besser verkraften, leiden seltener an Süchten und weisen weniger psychische Erkrankungen auf. Sichere Bindungen in der Kindheit bedeuten daher langfristig gesehen vor allem soziale Kompetenz und einen Gewinn an Freiheit. Wir können deshalb sagen, je mehr ein Mensch die Fähigkeit besitzt, sich anderen Menschen und seiner Umwelt zu öffnen, ihnen zu vertrauen und ihnen angstfrei mit einem guten Selbstwertgefühl zu begegnen, desto glücklicher und zufriedener wird sein Leben auf Erden verlaufen. Bei unsicheren Bindungen hingegen verkehrt sich alles ins genaue Gegenteil. So bedeutet ein Mangel an liebevoller Zuwendung und Reizen, dass sich die psychische Entwicklung verzögert oder gar gestört abläuft. Das kann sich in verschiedenen Symptomen niederschlagen, zum Beispiel in sozialen Kontaktstörungen, Aufmerksamkeitsstörungen, Wutausbrüchen, Angstzuständen, Stressanfälligkeit oder in Form von Teilnahmslosigkeit und motorischer Verlangsamung. Ein Kleinkind muss sich deshalb in seiner frühen Entwicklungszeit liebend angenommen fühlen, ansonsten ist sein Leidensweg unweigerlich vorgezeichnet. Apropos vorgezeichneter Leidensweg, wir müssen noch einmal auf das Thema Waisenhäuser zu sprechen kommen. Als im Dezember 1989 in Rumänien die Ceauşescu-Diktatur fiel, wurden die elenden Zustände in den staatlichen Waisenhäusern für die Weltöffentlichkeit erstmals vollumfänglich sichtbar. Man sah Kinder, die ihre Zeit nahezu ohne eine persönliche Zuwendung und ohne ausreichende soziale Kontakte verbrachten. Kinder, um die sich niemand kümmerte, mit denen niemand sprach und die niemand tröstete. Es herrschte in den staatlich kontrollierten Einrichtungen eine gespenstische Stille, in der die Kinder auf dem Rücken lagen und an die Zimmerdecke starrten. Niemand schrie, wozu auch, denn es hätte sowieso keiner beachtet. Es war die so oft und gern zitierte Hölle auf Erden. Genau das ist das Problem mit unserem Planeten, es gibt viele Höllen, zu viele. Aber wie konnte es zu dieser hier kommen? Diese Hölle war das Resultat einer völlig verfehlten und obendrein noch irrsinnigen Bevölkerungspolitik eines neostalinistischen Diktators namens Nicolae Ceauşescu. Sein Credo war, dass mehr Bürger mehr Steuerzahler und damit automatisch mehr Wohlstand bedeuten würden. Aus dieser Überlegung heraus waren Mittel zur Geburtenkontrolle oder Abtreibungen natürlich strikt verboten. Das Ganze hatte nur einen Schönheitsfehler, die meisten Familien konnten sich einen Kinderreichtum überhaupt nicht leisten. Die Folge war, dass Tausende rumänischer Eltern ihre Kinder einfach im Stich ließen. Sie dachten, im Heim geht es ihnen besser als bei uns. Und so füllten sich die Waisenhäuser allmählich mit Rumäniens vergessenen Kindern, deren Anzahl zu Spitzenzeiten mehr als 100 000 betrug. Sie alle sollten nach dem Fall des Ceauşescu-Regimes Zeugnis davon ablegen, wie widrige Erfahrungen während der frühen kritischen Periode die spätere Entwicklung eines Menschen prägen können. Möglich wurde dies durch amerikanische Wissenschaftler wie Charles A. Nelson, einen Professor für Kinderheilkunde an der Harvard University und am Children's Hospital in Boston. Denn ihm gelang es, zusammen mit Kollegen von der University of Maryland und der Tulane University in Rumänien ein Pflegeelternsystem aufzubauen, wie es das Land zuvor nicht kannte. Daraus erwuchs das Bucharest Early Intervention Project, kurz BEIP genannt. Durch das Projekt konnten die Forscher 56 Pflegefamilien gewinnen, in die ein kleiner Teil der Kinder vermittelt werden konnte. Genau genommen waren es 136 körperlich gesunde Waisenkinder in einem Alter zwischen 6 und 31 Monaten. Sie wurden nach dem Zufallsprinzip in zwei Gruppen aufgeteilt, wobei die eine Gruppe zu den Pflegeeltern kam und die andere Gruppe im Waisenhaus verblieb. Als Kontrollgruppe wurden 72 Kinder aus der Region ausgewählt, die ganz normal in ihren Familien aufwuchsen. Auf diese Weise konnten nun die Forscher die Entwicklung der Kinder in den Pflegefamilien mit derjenigen der im Waisenhaus verbliebenen vergleichen und so die zentralen Fragen zur kindlichen Entwicklung beantworten. Wie wirken sich Isolation und fehlende Bindung auf Neugeborene und Kleinkinder aus? Welchen Effekt haben sie auf ihr Verhalten, auf ihr Sozialverhalten und auf ihre Sprachentwicklung? Leiden solche Kinder vermehrt an psychischen Erkrankungen? Wie kommen sie in der realen Welt zurecht? Und, die alles entscheidende Frage, lassen sich negative Effekte durch eine intensive Betreuung wieder rückgängig machen? Es war wirklich eine weltweit einmalige Studie. 13 Jahre lang protokollierten Nelson und seine Mitarbeiter in regelmäßigen Abständen die Entwicklung der Kinder, dann zogen sie Bilanz. Die Studie offenbarte, dass der Intelligenzquotient der im Waisenhaus verbliebenen Kinder durchschnittlich 73 betrug. Dagegen hatten die Kinder in der Kontrollgruppe einen durchschnittlichen Intelligenzquotienten von 103. In den Pflegefamilien konnte durch Ansprache und Zuwendung die mentale Aktivität der Kinder zwar geweckt werden, sodass deren Intelligenz im Durchschnitt um mehr als zehn Punkte stieg, allerdings erreichten nur wenige Kinder dabei ein alterstypisches Niveau. Das heißt, dass es nur wenigen Kindern wirklich gelang, ihre verschüttgegangenen Fähigkeiten wiederzuerlangen. Kindern dagegen, die erst nach dem zweiten Lebensjahr in die Pflegefamilien kamen, gelang das meist nicht mehr. Ihre geistigen Fähigkeiten schienen unwiderruflich beschnitten zu sein. Ein ähnliches Bild ergab sich auch bei der Sprachfähigkeit. Sie wird ausschließlich über die direkte Ansprache ausgebildet. Enge Bindungsbeziehungen im frühen Kindesalter sind daher eine notwendige Voraussetzung zum Spracherwerb. Dies erklärt, warum kein einziges institutionalisiertes Kind eine normale Sprachentwicklung zeigte. Sie war bei ihnen wie erschlagen. Die Vernachlässigung von Kindern hinterließ auch psychische Störungen. Wurden die Kinder innerhalb der ersten zwei Lebensjahre in die Pflegefamilien vermittelt, so hatten sie recht gute Chancen, sich relativ normal zu entwickeln. Wurden sie dagegen erst nach dem zweiten Lebensjahr adoptiert, zeigten sich psychische Störungen wie Depressionen, Angststörungen, Aufmerksamkeitsdefizit-Hyperaktivitätsstörungen sowie Störungen des Sozialverhaltens wesentlich häufiger als bei den früh adoptierten Kindern. Den emotional gestörten Kindern, die an Depressionen oder Angststörungen litten, konnte die Betreuung innerhalb von Pflegefamilien helfen. Litten sie hingegen an Verhaltensstörungen, wie der Aufmerksamkeitsdefizit-Hyperaktivitätsstörung oder dem oppositionellen Trotzverhalten, half die Fürsorge innerhalb der neuen Familie trotz großer Anstrengungen nichts. Die Ergebnisse des Bucharest Early Intervention Project zeigen somit eindeutig, dass Kinder Erfahrungen von Nähe und Zuwendung brauchen, um sich emotional, sprachlich und kognitiv vorteilhaft entwickeln zu können. Fehlen solche Erfahrungen, dann hat das tiefgreifende und langfristige Folgen für die psychische Entwicklung eines Menschen. Denn in sozialen Bindungsverhältnissen wird die Basis des menschlichen Urvertrauens aufgebaut, das seinerseits wiederum die Basis für den Aufbau und den Erhalt von sozialen Beziehungen außerhalb der Familie sowie für ein stabiles Selbstwert- und Selbstwirksamkeitsgefühl darstellt. Für die Entwicklung und den Aufbau dieses menschlichen Urvertrauens zu anderen und sich selbst gibt es aber, und das ergaben die Ergebnisse des Bucharest Early Intervention Project darüber hinaus, auch ein zeitlich klar umrissenes Entwicklungsfenster, das sich nach dem zweiten Lebensjahr endgültig schließt. Mit anderen Worten, während der ersten zwei Lebensjahre durchläuft der Mensch eine kritische Periode hinsichtlich seiner emotionalen und sozialen Entwicklung. Oder noch drastischer ausgedrückt, der psychische Werkzeugkasten eines Menschen wird innerhalb der ersten zwei Lebensjahre entwickelt. Hinsichtlich dieser Tatsache waren die Ergebnisse des BEIP absolut eindeutig, denn wer als Kind beim Wechsel in eine Pflegefamilie älter als zwei Jahre war, der profitierte nur enttäuschend wenig von der Fürsorge seiner neuen Eltern. Ein deutlicher Hinweis also auf die große Bedeutung der ersten beiden Lebensjahre. Der österreichische Schriftsteller Franz Carl Heimito von Doderer (1896–1966) hat es in seinem Roman „Ein Mord den jeder begeht“ treffend zusammengefasst, als er die Worte schrieb:

„Jeder bekommt seine Kindheit über den Kopf gestülpt wie einen Eimer. Später erst zeigt sich, was darin war. Aber ein ganzes Leben lang rinnt das an uns herunter, da mag einer die Kleider oder auch Kostüme wechseln, wie er will.“

Was für ein Satz. Noch dazu, wenn man bedenkt, dass dieser Eimer dem Menschen zu einem Zeitpunkt über den Kopf gestülpt wird, an dem das Ich weder in der Lage ist, bewusst über sich selbst nachzudenken, noch über die Fähigkeit verfügt, Erinnerungen an Ereignisse des eigenen Lebens abzurufen. Denn Erinnerungen an die ersten zwei bis drei Lebensjahre sind in der Regel nicht möglich. Infantile Amnesie nennt man das. Allerdings ist es von Mensch zu Mensch sehr verschieden, wann diese infantile Amnesie endet. Das Phänomen weist also eine große Variabilität auf. So meinen einige durchaus noch über Kindheitserinnerungen aus der Zeit zwischen dem 18. und 24. Lebensmonat zu verfügen, während die meisten Menschen sie eher auf ein Alter von drei bis vier Jahren datieren. Je nach Biografie kann die infantile Amnesie in seltenen Fällen aber auch bis zum achten Lebensjahr und länger reichen. Warum ist das so? Warum kommt es überhaupt zu diesem Phänomen der infantilen Amnesie? Und warum kann sich der Mensch nicht von Anbeginn an alles erinnern? Hierzu gibt es unterschiedliche Erklärungsversuche. Sigmund Freud beispielsweise vermutete, dass die infantile Amnesie auf die Verdrängung traumatischer Erlebnisse in der frühen Kindheit zurückgeführt werden kann. Allerdings würde dieser Ansatz nicht erklären, warum auch keine Erinnerungen an positive Erlebnisse möglich sind. Ein anderer Ansatz geht davon aus, dass frühe Erinnerungen in Form von Handlungen und Empfindungen abgespeichert werden. Später dann erfolgt die Speicherung im sprachlichen Format. Es findet also im Laufe der Zeit ein Wechsel des Formates statt. Und genau dieser Formatwechsel, so die Vermutung, vereitelt ein späteres Erinnern, macht es faktisch unmöglich. Der dritte Erklärungsansatz ist neuroanatomischer Natur. Er geht davon aus, dass die verschiedenen Großhirnbereiche, welche die Bildung bewusster Erinnerungen unterstützen, erst relativ spät zur Ausreifung kommen, sodass sie während der frühen Kindheit nur eingeschränkt zur Verfügung stehen, was wiederum ein gezieltes Erinnerungsvermögen unmöglich macht. Dieser Ansatz sieht demnach das autobiografische Erinnerungsvermögen des Menschen in einem direkten Zusammenhang mit der Ausreifung seines Gehirnes. Wie dem auch immer sei, kommen wir wieder auf den Eimer über dem Kopf zu sprechen bzw. seinen kniffeligen Inhalt, die Kindheit. Aufgrund der Ergebnisse jahrzehntelanger psychologischer Forschung sind wir mittlerweile imstande die Bedeutung des Inhaltes und somit die Bedeutung der Kindheit in einem einzigen Satz zusammenzufassen. Und dieser Satz lautet kurz und knapp: Menschliche Bindungen machen frei. So einfach kann die Wahrheit manchmal sein. Das klingt zugegebenermaßen zunächst einmal wie ein Widerspruch in sich, ist es aber nicht. Denn der Satz fasst die Beobachtung zusammen, dass Kinder, die als Säuglinge in einer liebevollen Beziehung aufgewachsen sind, zu unabhängigen Menschen werden, die neugierig in die Welt hinausgehen. Gleichzeitig sind sie aber auch zu engen Kontakten mit anderen fähig. Ja, Bindung macht frei, im wahrsten Sinne des Wortes, und sie ist für uns Menschen eben unerlässlich, vor allem in den ersten beiden Lebensjahren. Das Leben ist nur dann sinnvoll und schön, wenn Liebe da ist, ansonsten ist es voller Angst, Leid und Unsicherheit. Die liebende Zuwendung als innere Einstellung ist es, die über die Lebensfreude entscheidet. Nichts anderes. Es erweckt den Anschein, als sei die Liebe für das Kind ein seelisches Grundnahrungsmittel, ein seelisches Vitamin, ohne das die weitere psychische Entwicklung nur Schaden nimmt. Und so ist es auch. Die liebevolle Zuwendung der Eltern ist für eine gesunde psychische Entwicklung des Kindes unabdingbar. Das Kind weiß um diesen Umstand, zumindest instinktiv. Deshalb ist auch die Angst davor, die Liebe seiner Eltern zu verlieren, die erste erlebte Angst des Kindes. Es ist eine sehr ernst zu nehmende Angst, denn sie hinterlässt tiefe Spuren in unserer Psyche. Das zumindest haben psychologische Untersuchungen zeigen können. Ja, die Liebe, auf dieses zentrale Thema lassen sich viele psychische Schwierigkeiten und Störungen zurückführen, manchmal sogar schwere Krankheiten. Der dahinterstehende Mechanismus ist dabei oft derselbe. So führt die Lieblosigkeit der Eltern beim Kind zu Misstrauen und Angst. Dieses Misstrauen und diese Angst werden später auf andere Menschen und die Umwelt übertragen. Sie verfestigen sich im Lauf der Zeit und kondensieren zu manifesten Einstellungen in Gestalt von ständigen Wegbegleitern, die einem nicht mehr von der Seite weichen. Und genau diese Einstellungen sind es dann auch, die das weitere Leben des Betreffenden nachhaltig prägen werden, mit all den sich daraus ergebenden negativen Konsequenzen. Der Betreffende selbst ist sich dieser Mechanismen natürlich nicht bewusst. Wie auch? Er sieht die Quelle seines Unglückes nur im Außen. Das heißt, er externalisiert sein Problem. Nur die anderen sind schuld, er selbst ist immer nur das Opfer übler Machenschaften. Dass das Problem tief in ihm selber steckt bzw. seine inneren Einstellungen das Problem vorgeben, das begreift er in der Regel ohne professionelle Hilfe nicht. Die Externalisierung stabilisiert zwar sein psychisches Gleichgewicht, hilft ihm aber nicht wirklich bei der Überwindung des Grundproblems. Und so bleibt der Betreffende in dem Dickicht einer irrigen Gesinnung gefangen, aus dem es für ihn aus eigener Kraft oft kein Entrinnen mehr gibt. Soll das Kind diesem perfiden Mechanismus nicht zum Opfer fallen, dann muss es Liebe in Form von wohlwollender Zuwendung empfangen. Nur so kann es das Urvertrauen in die Menschen und die Umwelt aufbauen. Einen anderen Weg gibt es nicht. Es gibt keinen Weg vorbei an der Liebe, so wie es auch keinen Weg vorbei am Essen, Trinken und Schlafen gibt. Sie ist essenziell. Nur die Liebe schafft Vertrauen. Und dieses Vertrauen ist elementar wichtig, ansonsten setzt Misstrauen ein. Misstrauen gegen die Menschen und gegen die Umwelt, ja mehr noch, Misstrauen gegen sich selbst. Das Selbstvertrauen hängt somit ganz zentral von vorangegangenen Liebeserfahrungen ab. Man darf deshalb zu Recht auch sagen, dass die Liebe Selbstbewusstsein schafft. Und dieses Selbstbewusstsein schafft seinerseits wiederum ein gutes Selbstwertgefühl. Wo aber das Selbstwertgefühl erst einmal gestört ist, da machen sich sehr gerne Minderwertigkeitsgefühle breit. Und diese sind bekanntermaßen ein idealer Nährboden für spätere Depressionen. Das ist aber leider nicht alles, denn der Weg kann noch weiter hinab in den Abgrund führen. Dann nämlich, wenn das Minderwertigkeitsgefühl zu einer Ichschwäche führt. Darunter versteht man in der psychoanalytischen Instanzenlehre von Sigmund Freud einen Zustand, in dem das Ich durch das Zusammenspiel der Instanzen des Über-Ich, welches von strengen moralischen Vorstellungen geleitet wird, und des Es, das ausschließlich seinen Trieben folgt, eingequetscht wird und nicht mehr in der Lage ist, zwischen diesen divergierenden Wünschen und Anforderungen zu vermitteln, um somit vernünftige und realitätsgerechte Entscheidungen zu fällen. Dadurch gerät das Ich unter enormen Druck und kann Affekte wie Wut, Enttäuschung oder Angst kaum aushalten. Das Ich kann also diesen Spannungen nur wenig entgegensetzen. Als Konsequenz aus dieser speziellen Situation wird es sich einer der beiden Instanzen unterwerfen oder sich einfach den Anforderungen der Realität um jeden Preis anpassen. Hat es sich im Extremfall so stark angepasst, dass das Ich überhaupt nicht mehr zum Tragen kommt, dann spricht man sogar von einem Ichverlust. Ein solches Ich ist nicht mehr Herr der Lage, nicht mehr Herr im Hause. War das Ich bei der Ichschwäche nur noch Statist in dem Film, den man das eigene Leben nennt, anstatt die Hauptrolle zu spielen, ist es nunmehr gänzlich aus dem Bild verschwunden und hat aufgehört zu existieren. Aber so kann das Ich nicht zu sich selbst finden. Und findet es nicht zu sich selbst, dann kann sich seine Seele in der Welt auch nicht verwirklichen. Dadurch machen sich Stress, Angstphänomene, innere Leere, Verzweiflung, Traurigkeit, Mutlosigkeit, Hilf- und Hoffnungslosigkeit sowie Schuld und Selbstvorwürfe in der Psyche breit. Das Seelenleben gerät durcheinander. Wenn das Seelenleben aber durcheinandergerät und die Seele spürt, dass sie in ihrer Entfaltung behindert wird, fängt sie an sich gegen diesen Zustand mithilfe von Krankheiten zu wehren. Krankheiten müssen daher auch als Botschaften der Seele verstanden werden, die uns auf etwas Wichtiges hinweisen wollen. Es lohnt sich deshalb, einmal nach dem Sinn einer Erkrankung und ihrer Symptome zu fahnden und die Diagnose auch unter Beachtung der Biografie eines Patienten, seiner Einstellung gegenüber dem Leiden sowie seiner psychischen Anamnese abzusichern, um auf diese Weise einen Weg zur Behandlung zu finden. Aber leider werden in der modernen Medizin heute ausschließlich einzelne Symptome oder körperliche Beschwerden behandelt. Für jedes Symptom scheint es ein Medikament zu geben. Der Mensch als Ganzes, als Einheit, seine individuelle Biografie, seine Erfahrungen und Fähigkeiten sowie seine psychische und damit seelische Verfassung finden dagegen kaum Beachtung. Warum ist das so? Weil Zeitmangel und hoher Arbeitsaufwand herrschen. Ja, der Zeitmangel und der hohe Arbeitsaufwand in der Medizin sind sicherlich ein richtiger Teilaspekt, aber die Wahrheit liegt noch tiefer. Sie liegt im Patienten selbst bzw. vielmehr in seinen Einstellungen einer Krankheit gegenüber. Die meisten Menschen bevorzugen nämlich den einfachsten und bequemsten Weg. Sie betrachten Krankheiten und Schmerzen als ein lästiges Übel, das man möglichst schnell und effektiv beseitigen muss. Unter Beachtung von wirtschaftlichen Zwängen sollte die schnelle Beseitigung natürlich auch, dem Wunsch der Krankenkassen gemäß, mit einem vertretbaren Maß an Aufwand und Ressourcen erfolgen, also möglichst kostengünstig, ausreichend und zweckmäßig sein. Genau diesen Wunsch greift die moderne Medizin auf, gleich einem Spiegel, und reflektiert im Grunde dem Patienten seine eigenen Einstellungen und damit die Einstellungen einer ganzen Gesellschaft. Pit-stop-Medizin, angelehnt an die Pit-stop-Werkstätten, könnte man eine solche Medizin nennen. Das heißt Inspektion, Reifenwechsel, Bremsenservice etc., das Ganze zu einem fairen Preis und einer fairen Qualität, um es kurz zu umschreiben. Vielleicht mag ein solches Konzept im Kfz-Bereich funktionieren und erfolgreich sein. In der Medizin dagegen sicherlich nicht. Denn dort führt ein derartiges Denken langfristig gesehen über die seelische Ebene am Körper eher zu chronischen, lebensbedrohlichen oder sogar unheilbaren Krankheiten. Der behandelnde Arzt und der Kranke selbst müssen sich, um gemeinsam zu einer gesicherten Diagnose sowie zu einem effektiven Behandlungsweg zu kommen, daher eine wesentliche Frage stellen. Und diese Frage lautet: Was will die Seele über den Körper zum Ausdruck bringen? Beide müssen also nach der Botschaft suchen, die in der Erkrankung steckt. Hierzu ein paar anschauliche Beispiele. Ein Patient hat einen Hörsturz erlitten. Nun stellt sich die allgemeine Frage, wie ist es dazu gekommen? Mediziner haben dazu ganz verschiedene Theorien entwickelt, doch wirklich bewiesen ist davon noch keine. Sinnvoll wäre es von daher, erst einmal zu fragen, was kann der Patient nicht mehr hören? Oder anders gefragt, was und wie viel hat er um die Ohren? Die Seele des Betreffenden hat offensichtlich das Hören plötzlich abgestellt. Sie hat damit die Außenwelt einfach ausgeschaltet und für einen Rückzug in die innere Welt gesorgt. Warum? Damit der Betreffende endlich auf seine innere Stimme hört und sie nicht ständig ignoriert. Diese sagt ihm nämlich vielleicht die ganze Zeit schon: „Du brauchst eine Auszeit, du brauchst Schutz vor der Hektik!“ Aber wer nicht hören will, der muss eben fühlen. Oder nehmen wir ein anderes Beispiel, das Übergewicht. Hier stellt sich die Frage, warum jemand mehr Kalorien in seinen Körper aufnimmt, als er verbrauchen kann. Und warum er damit nicht aufhören kann, obwohl er doch bemerkt, dass ihm das Übergewicht körperlich gesehen nicht guttut. Hierzu muss man wissen, dass hinter jedem menschlichen Verhalten ein tiefes Bedürfnis steckt. Und der Mensch will, ob bewusst oder unbewusst, mit seinem Verhalten möglichst schnell und zielgerichtet dieses Bedürfnis befriedigen. Dem Übergewichtigen geht es vor allem um innere Erfüllung. Sein Herz fließt förmlich über, aber die Umwelt wird als lieblos empfunden. So lieblos, dass man sich ihr gegenüber eine Schutzschicht, ein dickes Fell zulegen muss. Und man muss sich gegenüber dieser als lieblos empfundenen Umwelt irgendwie auch durchsetzen können. Der Übergewichtige ist deshalb geradezu durchdrungen von einem unbewussten Wichtigkeits-, Autoritäts- und Machtgefühl. Davon legen seine überschüssigen Pfunde geradezu Zeugnis ab. Der Übergewichtige muss deshalb lernen sich im Leben durchzubeißen. Dabei geht es vor allem um eine umfassende Liebe zum eigenen Leben, inklusive Körper, Seele und Geist. Je beweglicher der Geist in dieser Hinsicht wird, mit Witz, Schlagfertigkeit und Argumenten, je mehr er also einen geistigen Schutzschild aufbaut, desto weniger wird er seine Körperfülle als Verteidigungsburg brauchen. Es ist nachvollziehbar, wenn der Übergewichtige, konfrontiert mit dieser Erkenntnis, vor Entsetzen aufschreit. Das ist auch gut so, denn gerade das, was in unserem Bewusstsein eine Abwehrreaktion provoziert, muss als eine besonders wertvolle Botschaft der Seele zur Bewältigung der Krankheit verstanden werden. Natürlich wird es dabei immer wieder Patienten geben, die diese Botschaft einfach nicht annehmen können, unabhängig davon, ob es sich bei der Erkrankung um das Übergewicht oder eine andere Krankheit handelt. Es kann sein, dass die Botschaft als zu verletzend, zu kränkend empfunden wird, unabhängig davon, wie tief die Wahrheit auch sein mag, die sie zum Ausdruck bringt. Das ist menschlich. Genau aus diesem Grunde sagte die heilige Hildegard von Bingen einmal:

„Jede Krankheit ist heilbar, aber nicht jeder Patient."

Halten wir uns deshalb strikt an die Worte von Blaise Pascal (1623–1662), dem berühmten französischen Mathematiker, Physiker, Philosophen und Mystiker, der sagte:

„Krankheit ist der Ort, wo man lernt, und keine Strafe."

Kein Erkrankter ist somit dazu aufgerufen, nach seiner persönlichen Schuld oder der Schuld anderer zu fragen. Vielmehr ist er dazu aufgerufen, sich selbst zu fragen, was er seiner eigenen Zukunft schuldet. Das soll natürlich keine schulmedizinische Behandlung ersetzen. Aber es soll den „inneren Arzt" ansprechen, damit die Therapie effizienter wird. Schließlich gibt es zu jeder Erkrankung, die sich objektiv diagnostizieren lässt, auch ein subjektives Themenfeld auf seelischer Ebene. Es scheint daher geradezu geboten, den Aspekt des „inneren Arztes" an diesem Punkt noch etwas näher zu beleuchten.

Der innere Arzt

Der innere Arzt wird gelegentlich auch als innerer Heiler bezeichnet. Er ist kein eigenständiges Wesen, sondern vielmehr ein Teil von uns selbst, eine Facette oder Seite. Man könnte auch Überzeugung oder innere Führung sagen, denn der innere Arzt weiß genau, was wir zu unserer Heilung benötigen und was einer Heilung eher entgegensteht. Er ist die Instanz in uns, die führende und heilende Impulse gibt. Und er ist die Kraft in uns, die uns gleich einer Brücke mit unseren Selbstheilungskräften sowie den heilenden Lebenskräften der Natur in Verbindung bringt. Ganz bewusst sagte daher der griechische Arzt und Vater der Heilkunde Hippokrates von Kos (460 bis etwa 377 v. Chr.):

„Die wirksamste Medizin ist die natürliche Heilkraft, die im Inneren eines jeden von uns liegt."

Und der deutsche Arzt und Reformator der Medizin Philippus Theophrastus Paracelsus (1493–1541) bemerkte:

„Der Arzt verbindet deine Wunden. Dein innerer Arzt aber wird dich gesunden. Bitte ihn darum, sooft du kannst."

In diesem Satz liegt viel Wahrheit, denn kein Arzt der Welt kann wirklich heilen. Er kann die Selbstheilungskräfte im Körper fördern und unterstützen oder mit geeigneten Maßnahmen, etwa mit Worten, mit Medikamenten oder dem Skalpell, eine Richtung zur Heilung vorgeben. Im besten Fall sie sogar erst ermöglichen. Er kann die Grundvoraussetzungen schaffen und die bestmöglichen Bedingungen, damit eine Heilung stattfinden oder vielleicht beschleunigt werden kann. Aber wirklich heilen, das kann er nicht. Das kann nur der innere Arzt. Er heilt Knochenbrüche, er schließt Wunden und nur er kann das Krebsgeschwür wirklich besiegen. Deshalb ist der Zugang zu unserem inneren Arzt so wichtig. Und diesen Zugang finden wir am besten über unsere Intuition, über die Impulse, die uns intuitiv leiten. Wenn wir diesen Impulsen folgen, dann schaffen wir damit selber die bestmöglichen Voraussetzungen, dass unser innerer Heiler seine Wirkung voll entfalten kann. Folgen wir dagegen anderen Impulsen, solchen, die einer natürlichen Lebensweise entgegenstehen, dann können wir unseren inneren Heiler auch regelrecht blockieren. Zu diesen unnatürlichen Lebensweisen gehören beispielsweise Stress, ein ungesunder Lebensstil oder negative Gedanken und Gefühle. Wenn wir wirklich gesund sein wollen, dann müssen wir uns in die vorgegebene Ordnung fügen. Denn außerhalb dieser Ordnung gibt es keine Gesundheit, kein Glück und auch keine dauerhafte Erfüllung. Hier muss man wieder zwangsläufig an die heilige Hildegard von Bingen denken, die der Ansicht war, dass Krankheiten immer dann entstehen, wenn der Mensch nicht mit sich, mit Gott und seiner Schöpfung im Einklang steht. Ja, wer gesund sein will, der muss mit sich selbst im Reinen sein, auf seine Bedürfnisse sowie Wünsche und Sehnsüchte achten. Krankheiten können deshalb ein wichtiges Anzeichen dafür sein, dass der Mensch sich zu weit von sich selbst und der umfassenden Ordnung entfernt hat. Er kann seine Talente und Fähigkeiten, all seine Begabungen nicht mehr zur Entfaltung bringen. Damit entfernt er sich obendrein noch von seiner Lebensaufgabe. Geschieht das, schlägt die Seele Alarm. Und sie überzieht den Körper mit Krankheiten. Denn alles, was die Seele will, ist, sich zu entwickeln, sich zu entfalten und zu verwirklichen. Sieht sie infolge eines anhaltenden Ichverlustes dazu keine Möglichkeit mehr, ist jede Hoffnung in dieser Richtung endgültig begraben, dann kann sie drei Hebel umlegen und den Zug mit Vollkraft auf eine Erkrankung zusteuern lassen, die wir Krebs nennen. Diese drei Hebel sind:

- Umwandlung von Protoonkogenen in aktive Onkogene
- Aktivierung des Telomerasegens
- Abschaltung von Tumorsuppressorgenen

Hierzu ein paar Erläuterungen. Für die normale Zellteilung sind zwei Klassen von Genen wichtig. Die eine Klasse bilden Protoonkogene und die andere bilden die Tumorsuppressorgene. Die Protoonkogene, inzwischen sind mehr als 100 von ihnen bekannt, haben im normalen Zustand einen wachstumsfördernden Einfluss auf die Zellen. Und sie kontrollieren den Zellzyklus. Kurz gesagt, sie haben die Aufgabe, Zellen zum Wachstum anzuregen. Das ist enorm wichtig, denn unser Körper besteht aus etwa 60 bis 90 Billionen Zellen, zumindest bei einem erwachsenen Menschen, und täglich müssen davon 600 Milliarden Zellen erneuert werden. Schließlich sterben pro Sekunde schätzungsweise 50 Millionen Zellen ab. Derartige Erneuerungsprozesse laufen im menschlichen Körper streng kontrolliert ab. Werden aber die Protoonkogene in die krebserzeugende Form der aktiven Onkogene umgewandelt, geht die Kontrolle über die Zellteilung verloren. Das Resultat wäre nun endloses Wachstum. Ein solches ist aber in der Regel nicht möglich, weil bei jeder Zellteilung die Enden unserer Chromosomen, die Telomere, jeweils etwas an Substanz verlieren. Das heißt, bei jeder Zellteilung werden die Telomere etwas gekürzt. Wesentliche genetische Informationen gehen dabei nicht verloren, weil die Telomere keine entscheidende genetische Information tragen. Ab einem bestimmten Verlust an Telomeren kommt es dann automatisch zum Zelltod. Unsere Zellen haben somit nur eine limitierte Lebensspanne. Hätten, müsste man eigentlich sagen, denn jetzt kommt Hebel Nummer zwei zum Einsatz. Das Telomerasegen wird nämlich aktiviert. Dies führt dazu, dass das Unsterblichkeitsenzym Telomerase gebildet wird. Die Telomerase ist ein echter Jungbrunnen. Denn sie lagert nach jeder Zellteilung immer wieder Erbmaterial an die Enden unserer Chromosomen an. Auf diese Weise können sich die Zellen endlos vermehren. Sie erlangen sozusagen Unsterblichkeit. Halt, könnte man an dieser Stelle rufen. Es gibt doch noch die Tumorsuppressorgene. Das sind tumorunterdrückende Gene. Über 170 solcher Tumorsuppressorgene sind inzwischen beim Menschen bekannt. Ihre Aufgabe ist es, als Wachstumshemmer die Zellteilung zu verhindern. Und sie haben noch eine wichtige Aufgabe. Sie können nämlich entartete Zellen dazu veranlassen, Selbstmord zu begehen. Apoptose nennt man diesen Vorgang. Doch nun kommt Hebel Nummer drei ins Spiel. Er schaltet die Tumorsuppressorgene einfach ab. Das bedeutet, um weiter in der Bildsprache zu bleiben, für den fahrenden Zug, der mit maximaler Geschwindigkeit auf den Abgrund zusteuert, dass seine Bremsen nicht mehr funktionieren. Das Chaos in der Psyche, im Seelenleben, spiegelt sich jetzt auf der zellulären Ebene wider, durch eine völlig chaotische Zellteilung, welche direkt in die Krebserkrankung führt. In der organischen Erkrankung tritt sozusagen der Zustand des ganzen Menschen jetzt in Erscheinung. Wenn bei dieser tödlichen Prognose nicht augenblicklich ein radikales Umdenken einsetzt, nicht ein ungeahnter Lebenswille entwickelt und nicht aktiv um Heilung gekämpft wird, ist der physische Körper dem Untergang geweiht. Der Mensch muss umdenken, weil ansonsten keine Umkehr erfolgen kann. Ohne Umkehr aber gibt es keine Heilung. Nur wer noch an die Möglichkeit seiner Heilung glaubt, kann gerettet werden. Wer sich dagegen aufgibt, der ist verloren, ein für alle Mal. Und er wird von anderen aufgegeben werden. Damit wird er zum hoffnungslosen Fall. Seine negative Erwartungshaltung verhindert die Genesung, indem sie den inneren Heiler blockiert. Ohne ihn aber ist der Zugriff auf die Selbstheilungskräfte, die hauseigene Apotheke sozusagen, versperrt. Der menschliche Körper ist eine riesige biochemische Fabrik, die ein ganzes Waffenarsenal von hochpotenten Arzneien bereithält. Aber nur der innere Arzt hat Zugriff auf dieses körpereigene Medikamentenlager. Und der Clou an diesen Medikamenten ist, dass sie vollkommen ohne Nebenwirkungen arbeiten und obendrein nichts kosten. Mit ihnen schafft es der innere Arzt, Ordnung in das Chaos zu bringen, und zwar nicht nur auf der Ebene des physischen Körpers. Er bringt auch Ordnung in den mentalen und emotionalen Bereich. Gerade der letztgenannte Bereich ist bei Krebspatienten besonders wichtig, weil gerade die Krebserkrankung dramatische Auswirkungen auf das seelische Erleben des Kranken haben kann. Verständlich, denn die Diagnose Krebs geht häufig mit starken Ängsten einher. Aus ihnen können sich im weiteren Verlauf Angststörungen oder Depressionen entwickeln. Das ist die Domäne der Psychoonkologie. Sie ist ein eigener Forschungszweig, der sich mit den Folgen und Auswirkungen von Krebserkrankungen auf das Seelenleben beschäftigt. Und sie entwickelt Möglichkeiten der Behandlung und Unterstützung für das seelische Erleben des Kranken. Das ist von großer Bedeutung und unschätzbarem Wert, weil akute psychische Belastungen dieser Art natürlich die Immunfunktion des Körpers beeinträchtigen, was wiederum im Extremfall zu schweren Erkrankungen führen kann. Ein echter Teufelskreislauf. Die Wechselwirkung zwischen Psyche, Nervensystem und Immunsystem ist übrigens die Domäne der Psychoneuroimmunologie. Sie untersucht, welche Auswirkungen die menschliche Psyche und der Geist mit all seinen Gedanken auf das Immunsystem des Körpers haben. Lange Zeit glaubte nämlich die Schulmedizin, dass Krankheiten ausschließlich auf der materiellen Ebene entstehen und nichts mit Psyche oder Geist zu tun haben. Das änderte sich aber mit den Arbeiten des russischen Physiologen Sergei Iwanowitsch Matalnikow (1870–1946). Er experimentierte in den dreißiger Jahren des 20. Jahrhunderts am Pasteur-Institut in Paris an Labormäusen. Matalnikow konnte nachweisen, dass sich die Anzahl der weißen Blutkörperchen seiner Labormäuse durch akustische Signalreize verändern ließ. Mit anderen Worten, das Immunsystem von Labormäusen ist konditionierbar. Und das wiederum bedeutet, dass das Immunsystem von psychischen Bedingungen abhängig ist und somit auch von der Psyche beeinflusst werden kann. Weitere bekannte Untersuchungen, beispielsweise die von Hans Selye (1907–1982), stießen in dasselbe Horn. Selye war ein österreichisch-kanadischer Mediziner ungarischer Abstammung, der 1934 nach Kanada auswanderte. 1936 veröffentlichte er seine erste wissenschaftliche Arbeit und schuf damit die Grundlagen der Lehre vom Stress und seinen Auswirkungen. Seitdem forschte Selye an den biochemischen Mechanismen der Stressreaktion.

Stressmodell nach Hans Selye

Das Stressmodell von Hans Selye geht davon aus, dass das menschliche Stressempfinden eine Art Anpassungsreaktion des Körpers darstellt, die in drei Phasen verläuft:

1. Alarmphase

In dieser Phase erhält das Gehirn über verschiedene Sinneskanäle den Hinweis, dass jetzt sofort ein besonderes Leistungspotenzial nötig ist, um mit der akuten Situation zurechtzukommen. Entsprechend werden vom Gehirn verschiedene biochemische Prozesse ausgelöst, die den Körper augenblicklich in höchste Reaktionsbereitschaft versetzen.

2. *Widerstandsphase*

In der Widerstandsphase bleibt die Hormonausschüttung des Körpers konstant hoch. Dadurch erreicht die Anpassungsleistung des Körpers hier ihr Optimum.

3. *Erschöpfungsphase*

In dieser Phase kommt es zu Energiebereitstellungsproblemen. Dadurch bedingt können die ausgleichenden Prozesse nicht mehr ihre optimale Wirkung entfalten. In der Folge kommt es zur Schwächung der Immunabwehr und zu psychosomatischen Störungen.

Selye wies auch als Erster darauf hin, dass Stressreaktionen nicht ausschließlich negativ zu sehen sind, sondern dass zwischen gutem Stress, kurz Eustress, und negativem Stress, auch Disstress genannt, unterschieden werden muss. Dies bedeutet, dass alle Faktoren, die uns Disstress und damit ungesunden Stress bescheren, Krankheiten begünstigen. Wohingegen Eustress als positiver Stress und positive Emotionen wie Freude, Glück und Zufriedenheit unsere Gesundheit fördern. Bei der Zusammenfassung seines Lebenswerkes sagte Hans Selye einmal:

„Ich habe allen Sprachen ein neues Wort geschenkt – Stress."

Heute wird er deshalb auch gern als Vater der Stressforschung bezeichnet. Aber die Auswirkungen der psychischen Faktoren auf immunologische Prozesse im Körper gehen noch weit über das Stressmodell von Hans Selye hinaus. So können unsere inneren Überzeugungen und Glaubenshaltungen die biochemischen Abläufe in unserem Organismus derart nachhaltig beeinflussen, dass sie ganze Krebsgeschwülste zum Verschwinden bringen. Man hört immer wieder von Menschen, die von ihren Ärzten zum Sterben nach Hause geschickt wurden und trotzdem gesund geworden sind. Menschen, die ihren Krebs besiegt haben. Unmöglich? Nein! So erkannte beispielsweise Dr. Oscar Carl Simonton (1942–2009), ein amerikanischer Radiologe und Onkologe, der in Südkalifornien ein eigenes Beratungszentrum leitete, dass die inneren Heilkräfte des Menschen weit über unsere individuellen Grenzen und Fähigkeiten hinausgehen. In den siebziger Jahren des 20. Jahrhunderts machte er nämlich die Entdeckung, dass Krebspatienten, die regelmäßig und gezielt Übungen der bildhaften Vorstellung durchführten, eine verbesserte Qualität des Lebens und Sterbens, eine Verdoppelung der erwarteten Lebenszeit oder in vielen Fällen sogar eine vollständige Heilung ihres Leidens erreichten. Es zeigte sich auch, dass diese Patienten die Nebenwirkungen von der Chemotherapie und der Bestrahlung besser vertrugen. Alles, was sie dabei taten, war, sich den Tumor vor ihr geistiges Auge zu holen und sich bildlich vorzustellen, wie sie ihn zerstörten. Imagination oder Visualisierung nennt man diese Technik.

Imagination nach Dr. Simonton

Dr. Simonton rief die Patienten dazu auf, sich zu entspannen, und in diesem entspannten Zustand sollten sie sich das gewünschte Ergebnis bildhaft vorstellen. Sie sollten sich gezielt bildhaft vorstellen, wie ihr eigener Körper den Krebs besiegt. Dreimal täglich sollten die Übungen entsprechend wiederholt werden. Nach drei bis vier Wochen konsequenter Arbeit konnten schon die ersten spür- und messbaren Ergebnisse erzielt werden. Die Tumoren wurden kleiner und es traten keinerlei Nebenwirkungen auf. Aber als ob das nicht schon dramatisch und überwältigend genug wäre, zeigte die Methode darüber hinaus auch noch, dass sich viele Patienten von ihrer Erkrankung endgültig verabschieden konnten, bzw. die Krankheit von ihnen. Dr. Simonton sagte hierzu:

„Wenn jemand seine Haltung ändern möchte, muss er sich das gewünschte Endresultat vorstellen."

Da haben wir es wieder, die innere Haltung. Man könnte auch sagen, die schädlichen gefühlsmäßigen oder gedanklichen Einstellungen. Heute ist es eine Binsenweisheit, dass negative Emotionen wie Angst, Schuld, Selbstvorwürfe oder Hoffnungslosigkeit einen negativen Einfluss auf unser körpereigenes Heilsystem haben, während positive Emotionen wie Freude, Hoffnung und Liebe unsere körpereigenen Heilkräfte in Richtung Gesundheit befördern. Nicht zu unterschätzen sind auch die neutralen Gefühle, wie Ruhe, Stille und Frieden, denn sie besitzen ebenfalls eine heilsame Wirkung. Wie aber bekommt man nun heraus, welche gefühlsmäßigen oder gedanklichen Einstellungen schädlich für einen selbst sind und dem Krebs somit eine gute Angriffsfläche bieten? Hierzu hat der amerikanische Psychiatrieprofessor Maxie Clarence Maultsby Jr. von der Howard University einen äußerst brauchbaren Fragenkatalog entwickelt, mit dem der Nutzen in Bezug auf die Gesundung ermittelt werden kann. Um herauszufinden, ob die eigenen Überzeugungen und Denkinhalte angemessen sind, stelle sich ein jeder die folgenden fünf Fragen:

1. Beruhen meine Überzeugungen und Denkinhalte auf Fakten?
2. Schützen sie mein Leben und meine Gesundheit?
3. Helfen sie mir, meine kurz- und langfristigen Ziele zu erreichen?
4. Helfen sie mir, meine wichtigsten Konflikte zu lösen?
5. Helfen sie mir, mich so zu fühlen, wie ich mich fühlen möchte?

Sollten mindestens drei der Fragen mit einem klaren Ja beantwortet werden, dann ist diese Überzeugung bzw. dieser Denkinhalt angemessen und damit auch akzeptabel. Diese psychische Hygiene ist enorm wichtig. Man nennt sie auch kognitive Umstrukturierung. Dabei geht es darum, problematische und schädliche Gedanken, die eine Erkrankung hervorgebracht haben, wieder loszuwerden. Und das geht! Martin Luther hat es wunderschön beschrieben, als er sagte:

„Wie man nicht wehren kann, dass einem die Vögel über den Kopf herfliegen, aber wohl, dass sie auf dem Kopfe nisten, so kann man auch bösen Gedanken nicht wehren, aber wohl, dass sie in uns einwurzeln."

Genau darum geht es. Schädliche oder problematische Gedanken dürfen keine Wurzeln in der Psyche schlagen. Und wenn sie es bereits getan haben, dann muss man sie mit aller Macht herausreißen. Für die Gesundung des Patienten ist das bei einer Krebserkrankung im wahrsten Sinne des Wortes überlebenswichtig. Um an diesem Punkt nicht falsch verstanden zu werden, natürlich kann Krebs viele Auslöser haben. Und selbstverständlich stellen Krebserkrankungen ein multifaktorielles Geschehen dar, dessen Details bis heute nicht vollständig geklärt sind. Wir wissen, dass Krebs genetische Ursachen haben kann. Wir wissen auch, dass bestimmte Lebensweisen das Krebsentstehungsrisiko erhöhen können. Rauchen, übermäßiger Alkoholgenuss und eine unausgewogene Ernährung mit zu viel Fleisch bei zu wenig Obst, Gemüse und Ballaststoffen seien hier nur beispielhaft genannt. Ferner wissen wir, dass Infektionen mit bestimmten Viren Krebserkrankungen hervorrufen können, ebenso wie Umweltgifte, intensive UV-Bestrahlung und radioaktive Strahlen. Aber bei all den genannten Risikofaktoren darf eben auch die Psyche nicht übersehen werden. Sie wird immer noch zu wenig bis gar nicht beachtet, dabei spielt die Psyche fortwährend eine wichtige Rolle und manchmal sogar die absolut entscheidende. Und genau bei den Patienten, bei denen die Psyche zur Krebsentstehung ganz erheblich beigetragen hat, sind die Gedanken und Einstellungen im Kopf so wichtig. Der allererste Gedanke, der zwingend in den Kopf gehört, ist der unbändige Wille zu leben. Einfach zu leben, weil es für mich ganz persönlich wichtig ist zu leben und ich Vertrauen darauf habe, dass mein Dasein einen tiefen Sinn hat. Der zweite Gedanke, der zwingend in den Kopf gehört, ist die Überzeugung, wieder gesund werden zu können. Es ist die Überzeugung, dass alle Dinge und Ziele, unabhängig davon, wie groß oder klein die Wahrscheinlichkeit dafür ist, erreichbar sind. Es braucht die innere Bestärkung der Hoffnung, dass Heilung tatsächlich möglich ist. Wer die Hoffnung vor seinen Wagen spannt, fährt doppelt so schnell, sagt ein polnisches Sprichwort. Und in der Tat braucht der Patient diese grundlegende und gesunde Glaubenseinstellung, die da heißt: „Ich kann mit dem Krebs fertig werden. Ich kann den Krebs besiegen. Ich kann wieder gesund werden." Genauso zwingend, wie diese Gedanken in den Kopf gehören, muss auch ein ganz bestimmter Gedanke zwingend aus dem Kopf heraus. Die Angst nämlich. Angstgedanken und Angstgefühle, sie entstehen durch unser Denken. Ja, denken und fühlen, das gehört zusammen. Schon der antike Philosoph Epiktet (55–135 n. Chr.) erkannte diesen Zusammenhang vor 2000 Jahren, als er sagte:

„Es sind nicht die Dinge, die uns beunruhigen, sondern unsere Sicht der Dinge."

Und genau so ist es. Wer denkt, etwas sei gefährlich, der verspürt Angst. Und wer denkt, er sei schwach, der fühlt sich auch so. Die Sicht der Dinge, das ist es, was der Krebspatient unter allen Umständen ändern muss. Ein wesentlicher Heilungsfaktor, neben dem Glauben und der Hoffnung, ist es dabei, keine Angst mehr zu haben. Das hört sich zwar leicht an, ist es aber in der Praxis nicht, weil die Angst zum einen tief sitzt und zum anderen viele verschiedene Facetten haben kann. Zu diesen Facetten gehören die Angst vor Einsamkeit, die Angst zu verhungern, Angst, das eigene Lebensglück zu verlieren, Angst vor der Selbstständigkeit, Angst vor der Eigenverantwortung, Angst, das eigene Leben bewältigen zu müssen, Angst vor der Selbstwerdung, Angst vor dem Urteil anderer sowie die Angst vor Wandlung und Veränderung, um nur einige zu nennen. Warum aber muss man die Angst so zwingend beseitigen? Weil sie ein Klotz am Bein ist. Ein Klotz, der das Immunsystem dauerhaft unterdrückt und damit dem Krebs Vorschub leisten kann. Es ist beispielsweise allgemein bekannt, dass chronische psychosoziale Belastungen einzelne Immunreaktionen messbar verändern. Genauer gesagt wirken sich chronische psychosoziale Belastungen negativ auf die Lymphozytenfunktionen aus. Lymphozyten gehören zu den weißen Blutkörperchen und bilden einen Teil unseres Immunsystems. Sie sind wichtig für die Abwehr von Krankheitserregern und können unter anderem kranke Zellen aussondern. Das bedeutet, Lymphozyten sind in der Lage, Infektionen oder Krebszellen wirksam vor Ort zu bekämpfen. Chronische psychosoziale Belastungen müssten sich folglich bei den Infektionsraten bemerkbar machen. Und genau so ist es auch. Chronische psychosoziale Belastungen erhöhen die Infektanfälligkeit der oberen Luftwege und sie führen zu einer vermehrten Anfälligkeit gegenüber Erkältungskrankheiten. Dies konnte in mehreren Studien nachgewiesen werden. Und wie sieht es mit Krebserkrankungen aus? Hierzu muss man wissen, dass psychosoziale Belastungen sehr häufig Auslöser für Depressionen sind. Die Frage muss also lauten, können Depressionen Krebs auslösen? In den neunziger Jahren des 20. Jahrhunderts konnten epidemiologische Studien den Einfluss der seelischen Gesundheit auf den Krebs belegen. Es wurde dabei herausgearbeitet, dass die seelische Verfassung durchaus einen bedeutsamen Einfluss sowohl auf die Entstehung wie auch auf den Verlauf bestimmter Krebserkrankungen haben kann. Ferner wurde herausgearbeitet, dass depressive Erkrankungen einen negativen Einfluss auf das Immunsystem ausüben. Und es konnte nachgewiesen werden, dass depressive Störungen keineswegs nur die Folge von Krebserkrankungen darstellen, sondern dass sich bei Krebserkrankten eine erhöhte Depressionsrate bereits vor Diagnosestellung nachweisen lässt. Das erhöhte Tumorrisiko wird dabei jedoch nicht durch die belastenden Ereignisse an sich hervorgerufen, sondern allein durch die depressive Verarbeitung dieser belastenden Ereignisse seitens der Erkrankten. Mit anderen Worten, Depressionen sind als ein eigenständiger und schwerwiegender Risikofaktor für die Entstehung von Krebserkrankungen zu betrachten. Sie erhöhen dabei nicht nur das Risiko, an einem bestimmten bösartigen Tumor zu erkranken, sondern haben auch bei einer bereits eingetretenen Krebserkrankung eine signifikant verkürzte Überlebenszeit zur Folge. Damit schien die Ausgangsfrage, ob Depressionen Krebs auslösen können, gestützt auf die entsprechenden Studien eindeutig beantwortet. Folglich wurde diese These im 20. Jahrhundert auch bald als Tatsache angesehen. Doch die Ergebnisse aus den Studien der neunziger Jahre konnten im weiteren Verlauf nicht repliziert werden oder erwiesen sich im Nachhinein sogar als falsch. Mittlerweile ist bekannt, dass die besagten Studien oft rückwirkend zu einer Erkrankung angefertigt wurden, was Ungenauigkeiten mit sich bringen kann. Aufgrund dieser methodischen Unsauberkeiten gelten sie heute als nicht stichhaltig. Oder aber die Stichproben der Studien waren zu klein, sodass sie infolgedessen als nicht einwandfrei gelten können. War also alles für die Katz, wie man so schön sagt? Oder können wir vielleicht doch etwas daraus lernen? Wir können daraus drei Dinge lernen. Erstens, dass es methodische Unsauberkeiten mit sich bringt, wenn man den Ursachenbereich retrospektiv untersucht. Zweitens, dass randomisierte prospektive Studien offensichtlich kaum möglich sind. Und drittens, dass es in der Praxis spürbar schwierig ist, die Antwort auf die Frage, ob Depressionen Krebserkrankungen auslösen können, durch Zahlen zu erhärten. Und so ließ sich selbst in umfangreichen Metaanalysen bisher kein kausaler Zusammenhang zwischen Depressionen und Krebserkrankungen herstellen. Das Einzige, was wissenschaftlich belegt werden konnte, war, dass Menschen mit Depressionen eher Verhaltensweisen an den Tag legen, die das Krebsrisiko erhöhen. Das heißt, sie vernachlässigen ihren Körper, bewegen sich weniger, ernähren sich schlechter, konsumieren mehr Alkohol und Nikotin und gehen auch seltener zu Vorsorgeuntersuchungen. Und diese Aspekte sind es dann auch, die eine Krebsentstehung begünstigen können, nicht jedoch die Depression an sich. Bedeutet also, eine lang andauernde deprimierte Grundstimmung kann allenfalls indirekt auf das Krebsrisiko einwirken. Zu dem gleichen Ergebnis auf diesem Themengebiet kam auch eine neue groß angelegte prospektive Studie aus Frankreich, die in der Fachzeitschrift „American Journal of Epidemiology" im Jahre 2013 publiziert wurde. Erfasst und ausgewertet wurden dabei die klinischen Daten von mehr als 14 000 Mitarbeitern des Gas- und Elektronikkonzerns GAZEL. Und das über einen Zeitraum von 1994 bis 2009, also über 15 Jahre. Am Ende lautete das Ergebnis, es gibt keinen Zusammenhang zwischen Depressionen und Krebserkrankungen. Oder anders formuliert, depressive Menschen haben ein identisches Risiko, an Krebs zu erkranken, wie psychisch stabile und zufriedene Menschen, deren Grundhaltung nicht negativ geprägt ist. Und die Studie räumte gleich mit noch einem Mythos auf, nämlich mit dem von der Existenz einer Krebspersönlichkeit. Den Begriff der Krebspersönlichkeit prägten übrigens die kalifornischen Wissenschaftler Lydia Temoshok und Andrew Kneier in den 1980er Jahren. Das Ganze ist eher ein Konzept, das besagt, es gibt Menschen, die selbstlos und uneigennützig handeln, extrem angepasst sind, eine pessimistisch-depressiv-ängstliche Persönlichkeit aufweisen, wenig selbstbestimmt handeln und ihre Gefühle sowie Bedürfnisse ständig unterdrücken. Und ebensolche Menschen seien aufgrund dieser Persönlichkeitsmerkmale anfälliger für Krebserkrankungen bzw. erkranken eher an Krebs. Eine wunderschöne Theorie, die aber nie bewiesen wurde und dennoch irgendwie überlebt hat. Zumindest bis zu der besagten groß angelegten prospektiven Studie aus Frankreich. Denn diese kam zu dem eindeutigen Ergebnis, dass niemand nur aufgrund von isolierten Persönlichkeitsmerkmalen oder bestimmten Charakterzügen an Krebs erkrankt. Vielmehr habe die Persönlichkeit eines Menschen keinen direkten, sondern nur einen indirekten Einfluss auf die Entstehung von Krebs. Mit anderen Worten, es gibt keine Krebspersönlichkeit. Das Konzept ist somit wissenschaftlich widerlegt. Ist die Frage des Einflusses der Psyche auf die Entstehung von Krebserkrankungen nun damit endgültig geklärt? Nein, nicht wirklich. Denn geklärt wurde lediglich, ob Depressionen oder bestimmte Persönlichkeitsmerkmale das Risiko, an Krebs zu erkranken, erhöhen können oder nicht, das ist alles. Wir aber müssen noch viel tiefer in das Stoffgebiet einsteigen, denn uns interessiert die Frage, ob die Psyche als Ganzes einen Einfluss auf die Krebsentstehung ausüben kann, und nicht, ob nur einzelne psychische Faktoren dies tun können. Und genau an diesem Punkt liegt das Problem begraben. Denn die Psyche umfasst das gesamte Spektrum des Fühlens und Erlebens eines Menschen. Und dieses gesamte Spektrum ist völlig subjektiv. Sprich, dieser komplette Bereich ist nur dem Subjekt selbst zugänglich und kann nicht objektiviert werden. Herr Meyer leidet an Stress und Frau Müller tut es auch. Beide sagen, der Stress sei sehr stark und sie fühlen sich auch schon völlig ausgebrannt. Empfinden deshalb beide ihren Stress gleich stark? Wie soll man das beurteilen? Messen kann man es jedenfalls nicht. Wer also will diese Frage wirklich jemals korrekt beantworten? Und wenn uns das noch nicht einmal bei einem psychischen Faktor wie Stress gelingt, wie soll es dann erst bei der gesamten Psyche gelingen? Das ist das Problem. Wir können den Bereich der Psyche nicht mit Zahlen abbilden. Das aber wäre nötig, um wissenschaftlich sauber arbeiten zu können. Die Psyche entzieht sich somit den Fängen der Naturwissenschaft. Folglich kann die Wissenschaft auch nicht die Frage nach dem Verhältnis zwischen der Psyche und der Krebserkrankung valide beantworten. Erschwerend kommt hinzu, dass die Bezeichnung Krebs lediglich einen Oberbegriff für unterschiedliche Erkrankungen mit wenigen Gemeinsamkeiten darstellt. Zudem ist Krebs auch eine sehr individuelle Erkrankung. Das heißt, die Größe, die Art, die Ausbreitung sowie die Aggressivität des Tumors einschließlich seiner Metastasenbildung variieren von Krebsart zu Krebsart und von Patient zu Patient. Und als ob das nicht schon alles kompliziert genug wäre, wird dem noch eins draufgesetzt. Das Multifaktorielle nämlich. Denn Krebs ist auch immer ein multifaktorielles Geschehen. Es gibt folglich mehrere Risikofaktoren, die eine Krebserkrankung begünstigen. Anders gesagt, es müssen meist mehrere solcher Risikofaktoren zusammenkommen, damit Krebs überhaupt erst entsteht. Welchen Anteil aber welcher Faktor bei der Entstehung von Krebserkrankungen hat, das ist bei jedem Menschen unterschiedlich und kann demzufolge auch nicht prognostiziert werden. Niemand vermag deshalb zu sagen, weshalb der eine Mensch an Krebs erkrankt, der andere dagegen nicht. Ja, das Verhältnis von Psyche und Krebs ist ein kompliziertes, und das bleibt es auch. Denn aus der fehlenden Verallgemeinerbarkeit der Größen Psyche und Krebs folgt zwangsläufig eine fehlende oder unzureichende Anwendbarkeit von Evidenz. Das heißt, wir werden uns auch in Zukunft damit abfinden müssen, zu diesem Themengebiet keine klaren und wissenschaftlich exakten Ergebnisse an die Hand zu bekommen. Das Einzige, was uns wirklich übrig bleibt, ist von daher die lebensweltliche Alltagserfahrung. Die Empirie, wenn man so möchte. Das, was wir systematisch Tag für Tag in unserem Leben beobachten können. Und was sagt uns unsere gemachte Alltagserfahrung zum Verhältnis von Psyche und Krebs? Welche Verbindung zwischen diesen beiden Größen sehen Ärzte während ihrer täglichen Arbeit und was meinen oder fühlen die Betroffenen selbst dazu? Erste Berichte hierüber können wir bereits der antiken Geschichtsschreibung entnehmen. So führte beispielsweise der berühmte griechische Arzt Galenus von Pergamon (um 129–199 n. Chr.), der Leibarzt des römischen Kaisers Marcus Aurelius (121–180 n. Chr.), bösartige Leiden wie Brustkrebs auf einen schlechten Gemütszustand zurück. Eine Anschauung, die im Laufe der Zeit immer wieder aufkam und sich dadurch im Bewusstsein der Menschen allmählich verfestigte. Bis heute. Denn jeder, der mit Krebserkrankten zu tun hat, wird das Gefühl einfach nicht los, dass es eindeutige Beziehungen zwischen der Psyche und bösartigen Leiden gibt. Das Gefühl, dass es insbesondere ängstliche und betrübte Menschen sind, Menschen mit einer pessimistischen Grundhaltung, die kummervoll in der Gegenwart leben und schwarz für ihre Zukunft sehen, welche öfter an Krebs erkranken. Menschen, bei denen zu einem bestimmten Zeitpunkt in ihrer Biografie einfach gehäuft gewisse Persönlichkeitseigenschaften in Erscheinung treten. Damit ist nicht zwangsläufig das Konzept einer Krebspersönlichkeit gemeint. Welcher Mensch vereinigt schon auf sich derartige Beschreibungen vollkommen und obendrein auch noch ein Leben lang? Vielmehr sind damit anhaltende ungelöste Konflikte, psychische Traumata, Lebenskrisen oder andauernde psychische Belastungen wie die langjährige Pflege eines Angehörigen oder chronischer Stress angesprochen, welche das Krebsrisiko erhöhen können. So berichtet beispielsweise Dr. Walter Weber, niedergelassener Onkologe in Hamburg, aus seiner 40-jährigen Erfahrung als Arzt, wie Menschen, die aufopferungsvoll ihren krebskranken Partner pflegten, kurz nach dessen Ableben selber an Krebs erkrankten. Er sagt deshalb mit Nachdruck:

„Psychosomatischer Stress kann ganz offensichtlich Risikofaktor für die Auslösung einer Krebserkrankung sein."

Ähnlich äußert sich auch Dr. Rüdiger Dahlke, Arzt und Psychotherapeut mit 38-jähriger Berufserfahrung. Er berichtete 2011 auf dem Kongress für Biologische Krebsabwehr, dass bei Witwen und Witwern nach dem Tod des geliebten Partners Krebs häufiger auftritt. Dieses Phänomen wurde bereits Ende der neunziger Jahre an der Harvard Medical School in Boston untersucht. Mit dem Ergebnis, dass bei Menschen, die den Rest ihres Lebens tief trauern, zwei Jahre nach dem Tod des Partners gehäuft Krebs, Bluthochdruck und Herzerkrankungen zu verzeichnen waren. Und genau deshalb, aufgrund solcher aus der praktischen Beobachtung gewonnenen Erfahrungen, gehen viele Experten nach wie vor davon aus, dass Faktoren wie seelische Traumata, menschliches Versagen, Arbeitslosigkeit und Scheidung, familiäre Konflikte und Auseinandersetzungen oder Probleme im beruflichen Umfeld das Entstehen von Krebserkrankungen durchaus begünstigen können. Oder kurz gesagt, dass die Psyche am Zustandekommen einer Krebserkrankung direkt beteiligt ist, auch wenn dies aus besagten Gründen bis heute wissenschaftlich nicht gesichert werden konnte. Aber es sind nicht nur die Experten allein, die einen Zusammenhang zwischen der

Psyche und der Krebserkrankung sehen. Interessanterweise neigen auch die Betroffenen selbst dazu, ihre Krebserkrankung psychologisch zu deuten. So klagen sich nicht wenige Krebskranke selbst an, dass ihre Erkrankung das Ergebnis eines teilweise oder gänzlich verpfuschten Lebens sei. Sie haben das Gefühl, persönlich gescheitert zu sein, die Krankheit irgendwie selber verschuldet zu haben. Gibt es also doch direkte psychische Einflüsse auf die Krebsentstehung? Und wenn ja, wie lässt sich diese sehr komplexe Verbindung möglicherweise aufdecken? Zu dieser Frage hat Dr. Walter Weber, dessen praktische Arbeitsschwerpunkte die Psychosomatik und Krebsbehandlung bilden, einen wegweisenden Gedanken ins Spiel gebracht, als er sagte:

„Gesichert dürfte der Zusammenhang von Krebs und Psyche bzw. Stress/Stressverarbeitung sein, wenn in einem zeitlich gut dokumentierten Zusammenhang sowohl der Progress wie der Regress von Krebswachstum im Zusammenhang mit Konflikten und Konfliktlösung zu beobachten ist."

Das ist es. Damit haben wir des Rätsels Lösung in der Hand. Bliebe dann nur noch zu klären, was man unter einem „zeitlich gut dokumentierten Zusammenhang" verstehen soll. Oder ohne Umschweife auf den Punkt gefragt, wie groß ist das Zeitfenster zwischen der direkten psychischen Einwirkung und der Krebsentstehung? Welches Zeitintervall muss man hier ansetzen? Erinnern wir uns dazu noch einmal an die Ergebnisse, die das Team um die Psychiaterin Holly Prigerson von der Harvard Medical School in Boston 1997 herausfand, als es Hinterbliebene mit komplizierter Trauer mit jenen Betroffenen verglich, die den Verlust des geliebten Menschen überwunden hatten. Zwei Jahre nach dem Verlust litt die Gruppe der tief Trauernden häufiger an Krebs, Bluthochdruck und Herzerkrankungen. Das gesuchte Zeitfenster beträgt also etwa zwei Jahre. Jetzt endlich können wir das Kind beim Namen nennen und eine klare Aussage treffen. Und diese Aussage lautet, dass wir bei allen Patienten, die an anhaltenden ungelösten Konflikten, an psychischen Traumata, Lebenskrisen, andauernden psychischen Belastungen sowie chronischem Stress leiden und die innerhalb von etwa zwei Jahren nach deren Eintritt an Krebs erkranken, davon ausgehen müssen, dass der direkte Einfluss der Psyche zur Krebserkrankung geführt hat. Wir kommen aufgrund des engen zeitlichen Zusammenhanges einfach nicht umhin anzunehmen, dass es bei diesen Patienten die Seele war, welche aufgrund der desaströsen Zustände innerhalb der Psyche die berüchtigten drei Hebel umgelegt hat, weil sie alle ihre Hoffnungen und Wünsche in Bezug auf ihre irdischen Entwicklungsmöglichkeiten endgültig aufgegeben hat. Ungewollter Selbstmord, Krebs, wird nun bald die Diagnose lauten. Und sie wird einen Schock, ein weiteres Trauma in der Psyche des Patienten auslösen. Denn das Bewusstsein wird die Diagnose als ein Todesurteil interpretieren. Und es wird Fragen stellen. Warum gerade ich? Warum gerade jetzt? Im Bewusstsein werden auch Gedanken aufkommen. Gedanken von Schuld, Sühne und Strafe. Das Bewusstsein wird die Krankheit als Bestrafung für falsches Verhalten verstehen und sie als Zeichen des Aussatzes wahrnehmen. Eine uralte Menschheitsvorstellung, der man bereits in der Bibel begegnen kann und die sich in den Schriften des Mittelalters bis in unsere rational aufgeklärte Zeit erhalten hat. Es sind mythische Annahmen, die sich im Bewusstsein des Patienten einnisten und die ihm Glaubenssätze und Botschaften suggerieren. Botschaften wie „Du gehörst nicht dazu", „Du bist ausgestoßen" und „Du bist wertlos", was zwangsläufig zur Isolierung führt und in Verzweiflung, Hoffnungslosigkeit, Aussichtslosigkeit und Resignation endet. Aber ist das wirklich die Botschaft der Seele, die sie dem Betroffenen mitteilen will? Wohl kaum, vielmehr ist es eine Liebesbotschaft. Ja, auch wenn man meint sich verhört zu haben, es ist eine Liebesbotschaft. Was die Seele dem Betroffenen durch die Krebserkrankung über den Körper mitzuteilen versucht, ist nämlich, dass der Betroffene endlich mit all dem aufhören soll, was der Seele nur Leiden beschert, und ein für alle Mal häufiger Dinge unternehmen soll, die ihr Befriedigung verschaffen, damit sie sich entfalten kann. Zu diesem Zweck soll der Betroffene endlich das Leben führen, das den Neigungen seiner Seele entspricht. Der Betroffene soll also sein Leben neu ausrichten, jetzt und sofort. Das ist der Grund, weshalb die Seele den Betroffenen so dermaßen schockiert, dass er die erforderlichen Veränderungen endlich auch vornimmt. Ja, die Krebserkrankung ist, so sie denn im direkten Zusammenhang mit der Psyche steht, eine echte Liebesbotschaft. Und sie ist zugleich auch eine letzte Warnung, ein letzter Appell. Der Betroffene muss deshalb seine Krebserkrankung als Ausdruck eines lang andauernden Abweichens vom eigenen Weg verstehen. Er muss zum eigenen Selbst vorstoßen, die eigene Bestimmung leben, um den inneren Frieden zu finden. Er muss sein geistiges Innenleben klären, authentisch werden, als der leben, der er ist, als Original, nicht als Kopie. Der amerikanische Psychologe Lawrence LeShan hat es einmal wundervoll zusammengefasst, als er sagte:

„Die Suche nach sich selbst, die Entdeckung des Lebens, das zu leben, was dem innersten Bedürfnis entspricht, kann eine der stärksten Waffen gegen die Krankheit sein."

Genau um diese stärkste Waffe geht es in der Therapie des Krebsleidens. Der Betroffene muss, um erneut die Worte von Lawrence LeShan zu gebrauchen, die eigene Lebensmelodie finden. Das ist ein elementar wichtiger Schritt in der Krebstherapie, das Auffinden der spezifischen Ichauthentizität. Ein weiterer wichtiger Schritt ist es, die Angst zu beseitigen, nebst weiteren destruktiven Emotionen wie Versagen, Schuld und Hoffnungslosigkeit. Weitere wichtige Schritte wären dann der konsequente Aufbau einer Ichstärke sowie die Verbesserung der zwischenmenschlichen Beziehungen. Will heißen, das Ich als Instanz des Betroffenen muss lernen zwischen den divergierenden Anforderungen der Instanzen Es und Über-Ich mit vernünftigen und realitätsgerechten Entscheidungen zu vermitteln, um nicht selbst vor die Hunde zu gehen. Dazu bedarf es der Unterstützung in Form sozialer Beziehungen. Auch sie sind ein entscheidender Faktor für die Heilung. Denn aus ihnen können die Patienten Zuspruch erfahren und Hoffnung schöpfen. Das alles hilft ihnen auf dem Weg ihre inneren Heilungskräfte zu mobilisieren, um damit die Erkrankung zu besiegen. Und der Sieg über die Krankheit ist wirklich möglich, kein Wunschdenken. Die Medizin kennt solche Berichte. Berichte von Menschen, die Kräfte entwickelten, die sie vorher nicht für möglich gehalten hätten. Menschen, die ihre Gesundheit trotz aussichtsloser Prognose wiedererlangt haben. Allerdings ist der Kampf kein einfacher. Was hier so leicht gesagt ist, ist sehr schwer umzusetzen. Denn der Patient muss aufgeben, ein Patient, ein aushaltender oder ertragender Mensch, zu sein. Er muss seine Passivität überwinden, aktiv werden, Gesundheit aus eigener Kraft erlangen, wie es Dr. Walter Weber so treffend sagte. Der Betroffene muss sich sozusagen selbst neu erfinden. Aber dazu bleiben ihm nach der Diagnosestellung oft nur noch wenige Monate Zeit. Darin liegt die eigentliche Schwierigkeit, im Zeitmangel. Und natürlich im Kräftemangel. Wie soll ein Mensch, der gerade durch die Diagnose Krebs tief in den Staub getreten wurde, der bereits die Hand des Todes an seiner Fessel spürt und dem die Zeit wie Sand zwischen den Fingern zerrinnt, die notwendige Kraft aufbringen, um sich am eigenen Schopf aus dem Sumpf zu ziehen? Das ist die Herkulesaufgabe, vor der er steht. Und das ist der Grund, weshalb die meisten Patienten scheitern, obwohl der Kampf durchaus zu gewinnen wäre. Es kann aber auch durchaus sein, dass der Krankheitsprozess einfach schon zu weit fortgeschritten ist, sodass trotz innerer Neuorientierung keine Heilung mehr eintreten kann. Eine realistische Chance auf Heilung haben aus diesem Grunde vor allem diejenigen Patienten, die regelmäßig eine Krebsvorsoge in Anspruch nehmen oder ihren Arzt bei subjektivem Wohlbefinden turnusgemäß zu einem Gesundheits-Check-up aufsuchen. Nur durch solche Maßnahmen können nämlich Krebserkrankungen zu einem sehr frühen Zeitpunkt entdeckt und adäquat schulmedizinisch behandelt werden. Das gibt dem Patienten dann auch genügend Zeit, um an seiner Persönlichkeit, seinen inneren Einstellungen und seinem Verhalten zu arbeiten. Es verleiht ihm die notwendige Zeit, die Verantwortung für seinen Körper selbst in die Hände zu nehmen, anstatt sie nur beim Arzt abzugeben. Und es gibt ihm die erforderliche Zeit, um entsprechende Bewältigungsstrategien für schwierige Situationen in der Zukunft zu entwickeln. Coping nennen das die Fachleute. Auch das ist wichtig, denn Coping-Strategien erleichtern die Bewältigung von Stress, belastenden Situationen und Angst.

Coping und Resilienz

Coping ist sozusagen das Trainings- oder Fitnessprogramm für die Psyche. Dieses Training bringt die Psyche in eine gute Form und steigert ihre Widerstandskraft. Die Widerstandskraft oder Widerstandsfähigkeit der Psyche nennt man in der Fachsprache Resilienz. Es ist die Fähigkeit der Psyche, Krisen zu bewältigen. Und das muss sie auch, denn schließlich prasseln Tag für Tag entsprechende Belastungen und Beanspruchungen auf sie ein. Die DIN EN ISO 10075-1 trennt übrigens die beiden Begrifflichkeiten psychische Belastung und psychische Beanspruchung streng voneinander. Unter einer psychischen Belastung versteht sie die Gesamtheit aller psychischen Einwirkungen, die von außen auf den Menschen zukommen. Dagegen definiert sie die psychische Beanspruchung als die unmittelbare Auswirkung der psychischen Belastung im Individuum in Abhängigkeit von seinen jeweiligen überdauernden und augenblicklichen Voraussetzungen, einschließlich der individuellen Bewältigungsstrategien. Da haben wir sie wieder, die individuellen Bewältigungsstrategien. Bei ihnen müssen wir uns allerdings immer vor Augen halten, dass es zwei unterschiedliche Formen von individuellen Bewältigungsstrategien gibt, nämlich geeignete und ungeeignete. Die geeigneten individuellen Bewältigungsstrategien helfen uns unsere Probleme dauerhaft zu lösen. Die ungeeigneten hingegen tun dies nicht. Ein klassisches Beispiel einer ungeeigneten individuellen Bewältigungsstrategie wäre der Griff zur Flasche, um mithilfe des Alkohols seinen Kummer einfach zu betäuben. Ihn regelrecht herunterzuspülen. Aber das löst das Problem nicht. Ist der Kopf wieder nüchtern, ist das Problem automatisch wieder da. Ja, das Problem, mit ihm fängt alles an. Es ist, wenn man so möchte, der Stein des Anstoßes. Wir haben ein Problem, wissen aber nicht, wie wir es bewältigen sollen. Fehlt es uns an geeigneten Bewältigungsstrategien, kann das durchaus zu ernsten psychischen Schwierigkeiten führen. So sind beispielsweise Depressionen nicht selten die Folge eines Mangels an geeigneten individuellen Bewältigungsstrategien. Das kann manchmal ganz harmlos beginnen, mit Selbstzweifeln. Dadurch geht aber auf Dauer das Selbstvertrauen verloren. Noch schlimmer ist es dann, wenn man sich einredet unfähig zu sein. Negativen Gedanken und Gefühlen sind damit Tür und Tor geöffnet, und sie kommen durch diese nur allzu gern hinein. Haben sie es sich in unserer Psyche dann so richtig gemütlich gemacht, ist der weitere Weg vorgezeichnet. Steil abwärts nämlich, denn die Abwärtsspirale hat gerade begonnen. Vor solch einem Abwärtstrend kann sich die Psyche nur schützen, indem sie lernt mit negativen Gedanken und Gefühlen, die in bestimmten Situationen auftreten, angemessen umzugehen, sie gekonnt zu händeln. Und sie muss lernen, wie man derartige Situationen in Zukunft vermeidet, wie man sich an diese Situationen am besten adaptiert oder aber wie man derartige Situationen befriedigend verändert, je nachdem, was gerade Sinn macht. So kann es manchmal Sinn machen, eine schwierige Situation, in der man gerade steckt, selbst zu verändern, indem man beispielsweise den Arbeitsplatz oder den Lebenspartner oder beides zugleich wechselt. Nicht immer lässt sich aber eine Situation passend verändern. Dann kann man vielleicht versuchen seine eigene innere Einstellung zu dieser Situation zu verändern. Manchmal ist es aber auch nicht gut für einen, eine Situation zu vermeiden. Es kann in manchen Situationen sogar äußerst sinnvoll sein, sich selbst mit einer bestimmten Situation zu konfrontieren. Bei einer Angststörung zum Beispiel. Die Psyche muss also lernen ein Problem richtig einzuschätzen, es geschickt zu handhaben und es am besten gleich von mehreren Seiten anzugehen. Der amerikanische Psychologe Richard Lazarus (1922–2002) hat deshalb in seinem transaktionalen Stressmodell, welches 1974 veröffentlicht wurde, gleich drei verschiedene Arten des Copings ins Rennen geführt. Er unterscheidet:

Das problemorientierte Coping

Bei dieser Form des Copings versucht der Betroffene Problemsituationen entweder durch direkte Handlungen oder durch die Unterlassung von Handlungen zu bewältigen. Oder aber er passt sich einfach der Situation an. Es ist folglich eine Bewältigungsstrategie, welche sich auf die Ebene der Situation bezieht.

Das emotionsorientierte Coping

Diese Form des Copings bezieht sich, wie der Name schon sagt, auf die emotionale Ebene. Das heißt, dass der Betreffende bei dieser Bewältigungsstrategie in erster Linie versucht die emotionale Erregung, welche durch die entsprechende Situation entstanden ist, möglichst effektiv abzubauen.

Das bewertungsorientierte Coping

Wie der Name auch hier schon verrät, geht es bei dieser Form der Bewältigung um die Bewertung einer Situation, genauer gesagt um eine kognitive Neubewertung. Der Betroffene kann also eine schwierige Situation einfach neu bewerten, indem er beispielsweise eine Belastung als Herausforderung versteht. Dadurch erhält der Lebensumstand eine positive Wendung, was wiederum brachliegende Ressourcen mobilisieren kann. Auf diese Art und Weise kann dann angemessen reagiert werden. Vorausgesetzt natürlich, dass auch konkrete Problemlösungsansätze vorhanden sind, wobei wir wieder beim problemorientierten Coping angelangt wären.

Psyche, Persönlichkeit, Persönlichkeitsstruktur und Persönlichkeitsfunktionen

Damit also eine menschliche Psyche im täglichen Kugelhagel von psychischen Belastungen und psychischen Beanspruchungen bestehen kann, muss sie lernen verschiedene Bewältigungsstrategien effektiv miteinander zu kombinieren. Das klingt zunächst einmal recht einfach, ist es aber in Wahrheit gar nicht. Denn für das Coping und die daraus resultierende Resilienz braucht es nämlich entsprechende Persönlichkeitsfunktionen. Diese aber sind wiederum abhängig von der Persönlichkeitsstruktur. Die Persönlichkeitsstruktur eines Menschen wiederum ist abhängig von der Persönlichkeit und diese ist ihrerseits wiederum direkt abhängig von der zugrunde liegenden Psyche. Und damit wären wir wieder bei den frühkindlichen Beziehungen angekommen. Nur mit dem Unterschied, dass wir jetzt jede Menge neue Fragen zu klären haben. Als da wären, wie könnte man den Begriff Psyche möglichst treffend definieren? Was ist unter der Bezeichnung menschliche Persönlichkeit zu verstehen? Was genau ist eine Persönlichkeitsstruktur? Und was verbirgt sich hinter dem Ausdruck Persönlichkeitsfunktion? Fangen wir am besten mit der Definition der Psyche an, denn dieser Sachverhalt verfolgt uns schließlich von Anfang an. Wer nach passenden Definitionen für den Begriff der Psyche in der Literatur sucht, wird sie schnell finden, zahlreiche und unterschiedliche. Eine allgemein anerkannte Definition wird man jedoch vergeblich suchen, und das aus gutem Grunde. Warum? Weil es schwierig ist, die menschliche Psyche in ihrer Gesamtheit begrifflich zu erfassen. Wer es versucht, kommt schnell ins Schwimmen. Es will einfach nicht gelingen. Jeder seriöse Versuch ist zum Scheitern verurteilt. Es bleibt deshalb nichts anderes übrig, so man nicht gleich völlig aufgeben will, als zu versuchen definitive Aussagen über die Psyche zu treffen. So würde beispielsweise niemand der Aussage widersprechen, dass die Psyche das Seelenleben darstellt. Das zeigt, wie eng verwoben die Psyche und die Seele miteinander sind. So eng, dass Psychiater zu Recht als Seelenärzte bezeichnet werden, auch wenn die Psyche nicht die Seele ist. Wenn aber die Psyche das Seelenleben widerspiegelt, so ist es nur logisch, dass die Psyche aus der Seele hervorgeht, ihr sozusagen entspringt. Der Ursprung der Psyche ist somit die Seele. Ferner würde niemand der Aussage widersprechen, dass die Psyche die Gesamtheit des menschlichen Erlebens und Fühlens repräsentiert. Sie ist damit des Menschen innerstes Wesen, sein Innenleben, sein Kern, wenn man so will. Zu diesem Kern hat nur das Ich des Menschen einen festen Zugang, kein anderer. Das bedeutet, dass es die Psyche selbst ist, welche dieses Ich hervorbringt. Jenes Ich, das Wahrnehmung überhaupt erst möglich macht. Wir dürfen deshalb zu Recht die definitive Aussage treffen, dass die Psyche alle inneren Vorgänge und inneren Zustände umfasst. Sie steuert sozusagen das innere Leben eines Menschen. Das macht die Psyche gleichzeitig auch zu einer Art seelischem Verdauungsorgan, dem Magen der Seele. Denn sie „verdaut" alle individuellen Eindrücke und Emotionen, egal ob Freude, Leid, Kummer, Lust, Schmerz oder Angst. Und sie kann sich in der Regel an die erlebten Eindrücke und Emotionen gut erinnern. Das bedeutet, dass die Psyche auch über ein Gedächtnis verfügt. Ein Gedächtnis, in dem sie ihre verdauten wie auch unverdauten Erlebnisse und Erfahrungen speichern und wiederkäuen kann. Das ständige Wiederkäuen psychischer Inhalte bezeichnet man in der Psychologie als Rumination. Es meint ein sich in die Länge ziehendes, nicht zielgerichtetes Grübeln. Empfinden, Verspüren, Erleben und Erinnern, eine ganz eigene Innenwelt, welche die Psyche da hervorbringt. Oder anders gesagt, unsere ganz eigene Wirklichkeit. Das, was wir landläufig in unserem Alltagsleben Realität nennen. An dieser Stelle möchte man natürlich gern widersprechen und einwenden, das kann doch gar nicht sein, schließlich ist die Realität dasjenige, welches nicht subjektiv, sondern objektiv ist. Etwas, das kein Scheinbild ist, etwas, das frei und unabhängig ist von unseren Absichten und Wünschen. Theoretisch schon. Die Frage ist nur, ob so etwas tatsächlich existiert. Gibt es da draußen, außerhalb von mir, tatsächlich etwas Objektives? Etwas, das unabhängig ist von meiner eigenen Interpretation? Der eine oder andere wird sicherlich fest davon ausgehen, vielleicht sogar die Mehrheit, aber nach heutiger Sachlage müssen wir konstatieren, dass niemand beweisen kann, dass es eine gänzlich objektive Realität wirklich gibt. Die Philosophen können es nicht, weil sie in dieser Frage völlig zerstritten sind. Die Theologen können es nicht, weil ihre Lösungsansätze nicht überzeugen wollen. Und auch die Naturwissenschaftler können es nicht, weil ihre Realitätsmodelle, eines wie das andere, ausnahmslos in der Praxis versagen. Offensichtlich führt kein Weg an der Psyche vorbei. Und am Ende bleibt nur festzuhalten, dass Realität dem Anschein nach nichts anderes ist als dasjenige, was wir ganz persönlich dafür halten. Aber warum ist das so? Weil unsere Psyche nicht die Aufgabe hat, unsere Außenwelt vollständig und objektiv abzubilden. Vielmehr tut sie es so, wie es nämlich ihren eigenen Bedürfnissen entspricht. Das ist alles. Halten wir also fest, dass es niemand anderes ist als die Psyche selbst, die auf irgendeine Art und Weise unsere ganz persönliche Realität erzeugt. Eine Realität, die sich für jeden Menschen, trotz zahlreicher Überschneidungen, sprich Seelenverwandtschaft, anders darstellt. Eine allgemeingültige Definition des Begriffes Psyche müsste alle diese ganz persönlichen Realitäten beschreiben und umfassen können. Wir wissen aber nicht einmal genau, wie ein anderer Mensch fühlt und erlebt, geschweige denn wie alle Menschen in ihrer Gesamtheit fühlen und erleben. Eingeschlossen jene, die schon längst verstorben sind, ebenso wie jene, die in Zukunft noch geboren werden. Wie gesagt, jeder Versuch, den Begriff Psyche allgemeingültig zu definieren, wird ausgehen wie das berühmte Hornberger Schießen. Wir werden daher auch in Zukunft ohne eine solche Definition leben und auskommen müssen. Verbleiben wir aus diesem Grunde noch einen kurzen Moment bei dem, was uns übrig bleibt, der Umschreibung. Ein paar definitive Aussagen können wir nämlich noch über die Psyche treffen. Wir haben gelernt, dass Psyche etwas ist, das zwingend Liebe braucht, um sich positiv und vorteilhaft entwickeln zu können. Bildhaft gesprochen scheint die Liebe für das zarte Pflänzchen Psyche so etwas wie das Sonnenlicht zu sein, während die Seele den fruchtbaren Boden liefert. Bekommt die Psyche als Pflänzchen ausreichend Sonne, so wächst und gedeiht sie zu einem robusten Gewächs. Wird sie nicht ausreichend beschienen, verkümmert sie oder geht im schlimmsten Falle ein. Dabei stellen die ersten beiden Lebensjahre eines Menschen eine ganz besonders sensible Periode dar. Die Psyche, so sie nicht in ausreichendem Maße das erhält, was für sie elementar ist, kann gestört, verletzt und traumatisiert werden. Ja mehr noch, sie kann sogar erkranken. Wie auch immer aber ihre Entwicklung vonstattengeht, ob günstig oder ungünstig, sollte die Pflanze Psyche als solche am Leben bleiben, so wird sie in jedem Falle eine Knospe ausbilden. Eine Knospe, die wir im allgemeinen Sprachgebrauch Persönlichkeit nennen. Psyche und Persönlichkeit sind also nicht ein und dasselbe. Das können wir schon allein an der Tatsache erkennen, dass eine gesunde Psyche die Persönlichkeit eines Menschen an den Problemen des alltäglichen Lebens reifen, jedoch nicht zerbrechen lässt. Was aber Persönlichkeit überhaupt ist, was sie darstellt, das haben schon die Menschen in der Antike versucht herauszufinden. Auch sie wollten den Begriff der Persönlichkeit näher beschreiben, ihn definieren, ihn klassifizieren. Allerdings ohne Erfolg. Und daran hat sich bis auf den heutigen Tag nichts geändert. Ja, man muss es offen aussprechen, einer der wichtigsten Begriffe in der Psychologie besitzt keine scharfe Definition. Und es kommt noch schlimmer. Alle elementaren psychologischen Begriffe besitzen keine scharfe Definition. Das wird uns dennoch nicht davon abhalten, den Begriff der Persönlichkeit oder andere fundamentale Begriffe der Psychologie etwas genauer unter die Lupe zu nehmen. Wir müssen uns nur stets vor Augen halten, dass die Verwendung des Begriffes Persönlichkeit sehr stark davon abhängig ist, welcher der vielen Persönlichkeitstheorien der jeweilige Anwender gerade angehört. Unabhängig von den zahlreichen Theorien darf man aber ganz allgemein unter dem Begriff der Persönlichkeit sicherlich die Gesamtheit der persönlichen

Eigenschaften eines Menschen verstehen, seine Wesensart oder Eigenart, je nachdem, wie man möchte. Auch wenn es dabei zweifelsohne einige Gemeinsamkeiten zwischen den Menschen gibt, so ist doch die Persönlichkeit eines Menschen stets individuell und unterscheidet sich folglich von der anderer Menschen. Es nimmt daher nicht wunder, dass jeder Mensch seine Umgebung unterschiedlich wahrnimmt, unterschiedlich fühlt, erlebt und reagiert. Anders eben, als andere Menschen dies tun. Wir sollten deshalb unseren Persönlichkeitsbegriff besser dahingehend präzisieren, dass wir darunter ganz allgemein gesprochen die zeitlich stabilen Charakteristika einer Person verstehen, die das eigentliche Fühlen, Empfinden und Handeln dieser Person grundlegend ausmachen. Die Art und Weise, wie diese Person dabei mit körperlichen wie auch psychischen Belastungen umgeht, dürfte zudem ziemlich gut den Kern dieser Persönlichkeit beschreiben. So weit, so gut, doch ab welchem Zeitpunkt beginnt eigentlich die Entwicklung der menschlichen Persönlichkeit? Wie gestaltet sie sich? Und von welchen Faktoren wird sie maßgeblich bestimmt? Die Entwicklung der menschlichen Persönlichkeit wird im Wesentlichen von vier elementaren Faktoren bestimmt, die allesamt zahnradartig ineinandergreifen. Als Erstes wäre der Faktor Genetik zu nennen. Er umfasst das Erbgut des Menschen und damit die materiellen Träger der Vererbung. Der zweite Faktor sind die Umwelteinflüsse. Dieser Faktor umfasst neben den Einflüssen der natürlichen Umwelt vor allem die Bedingungen der Sozialisation, also die Eltern, die Familie, den Freundeskreis, die soziale Schicht, die Schule, die Gesellschaft sowie die jeweilige Kultur. Kurz gesagt das gesamte soziokulturelle Umfeld. Der dritte Faktor betrifft die epigenetischen Prozesse. Die Epigenetik müssen wir dabei als das Bindeglied zwischen den Genen und den Umwelteinflüssen verstehen. Sie ist ein übergeordneter molekularer Genregulationsmechanismus, der darüber entscheidet, wann welches Gen unter welchen Umständen an- oder abgeschaltet wird. Das heißt, die Gene eines Menschen steuern nicht nur, sondern sie werden auch gesteuert. Da sich diese Steuerung oberhalb der Gene abspielt und somit die in den Genen gespeicherte Information unverändert bleibt, spricht man auch von Epigenetik, wobei das aus dem Griechischen stammende „epi“ so viel wie „über“ bedeutet. Epigenetik ist somit die Summe aller genregulierenden Prozesse, die sich oberhalb der Gene abspielen. Damit ist der Mensch auch weit mehr als nur die Summe seiner rund 25 000 Gene. Den vierten großen Faktor in Bezug auf die Entwicklung der menschlichen Persönlichkeit bildet die Psyche. Ihre Entwicklung haben wir schon beleuchtet und dabei festgestellt, dass sie sich entlang frühkindlichen Beziehungserfahrungen prägt. Sie ist der wesentlichste Faktor, denn sie allein entscheidet darüber, wie die in der Außenwelt gemachten Erfahrungen letzten Endes verarbeitet werden. Dies herauszuheben ist enorm wichtig, denn erst die verarbeiteten Erfahrungen, ob bewusste oder unbewusste, werden zum Bestandteil der eigenen Persönlichkeit. Die Persönlichkeit eines Menschen prägt sich somit entlang der Psyche. Es ist also das Zusammenspiel von Genetik, Umwelteinflüssen, Epigenetik und psychischer Verarbeitung des Erfahrenen, was der menschlichen Persönlichkeit ihre Form verleiht. Ein wirklich kompliziertes Wirrwarr an Beziehungen und Verflechtungen, undurchdringlich und doch einzigartig in seiner Kombination, so wie die Persönlichkeit selbst, die es zum Vorschein bringt. Was den Entwicklungsbeginn der menschlichen Persönlichkeit anbelangt, sollten wir uns zwingend wieder in Erinnerung rufen, dass wir diesen Zeitpunkt bei der Psyche eindeutig vor der Geburt festmachen konnten. Da sich aber nicht nur die Psyche bereits pränatal zu entwickeln beginnt, sondern auch epigenetische Prozesse vor der Geburt wie auch nach der Geburt eines Menschen über Einflüsse der Umwelt direkt in die Ausprägung der einzelnen Gene eingreifen, müssen wir folglich auch davon ausgehen, dass die Entwicklung der menschlichen Persönlichkeit bereits vorgeburtlich ihren Anfang nimmt. Das heißt, schon bei der Geburt besitzt das Kind eine eigene Persönlichkeit. Die eigentliche Entwicklung beginnt aber erst etwa ab dem 18. Lebensmonat. Denn in diesem Stadium beginnt die Selbstwahrnehmung. Das Kind weiß jetzt genau: „Das da im Spiegel, das bin ich!“ Die einzelnen Aspekte der individuellen Persönlichkeit entstehen allerdings erst im Laufe der Entwicklung zu unterschiedlichen Zeitpunkten. So werden beispielsweise grundlegende Verhaltensmuster vor allem in der Kindheit und Jugend durch das soziokulturelle Umfeld geprägt. Im Gegensatz dazu bewirken die Erfahrungen im späteren Leben meistens nur noch kleine Veränderungen. Dass bedeutet, auch wenn gewisse Alterstrends bestehen, bleibt die individuelle Persönlichkeit doch insgesamt lebenslang relativ stabil. Vorausgesetzt natürlich, dass es in der Biografie zu keinen dramatischen Ereignissen kommt. Große Veränderungen der Persönlichkeit sind zwar auch noch im Erwachsenen- und Seniorenalter möglich, bedürfen allerdings dann eines intensiven Lernens, und das über einen längeren Zeitraum hinweg. Durch Selbsterkenntnis und den freien Willen kann die Persönlichkeit eines Menschen also durchaus modifiziert werden, allerdings schwer. Dagegen können bedeutende emotionale Erfahrungen sowie Krankheiten das Gesamtbild einer Persönlichkeit recht kurzfristig, sehr stark und auch nachhaltig verändern. Die individuelle Persönlichkeit darf folglich nicht als ein festes statisches Konstrukt missverstanden werden. Sie ist als die Gesamtheit aller menschlichen Eigenschaften durchaus veränderbar, nur eben nicht so einfach. Ihre Entwicklung vollzieht sich in einem langen Prozess. Dieser Prozess dauert ein Leben lang und ist frühestens mit dem Tod der Person abgeschlossen. Nachdem der Begriff der Persönlichkeit nun kurz umrissen wurde, können wir im Weiteren dazu übergehen, uns die Bedeutung des Wortes Persönlichkeitsstruktur zu erschließen. Grundsätzlich beschreibt die Struktur der Persönlichkeit die typischen und charakteristischen Eigenschaften der Persönlichkeit. Der Begriff umfasst somit die Aspekte der psychischen Organisation der menschlichen Persönlichkeit, im Sinne von zeitlich überdauernden Charakteristika und Qualitäten. Die Psychologie spricht daher von Persönlichkeitsstruktur, sobald ein Mensch über stabile und beständige Aspekte der Persönlichkeit verfügt. In diesem Sinne müssen wir die Persönlichkeitsstruktur als das Ergebnis eines erlebnis- und erfahrungsbedingten Strukturierungsprozesses des Ich verstehen. Es ist die Struktur des Ich. Und genau diese Struktur von Persönlichkeitszügen ist es dann auch, die das Wesen der Persönlichkeit und damit gleichzeitig die Identität eines Menschen ausmacht. Wir sind nun mitten in der Persönlichkeitspsychologie angekommen. Diese Betonung erfolgt nicht ohne Grund, denn hier bewegen wir uns in einem äußerst schwierigen Metier. Schwierig nicht so sehr, weil es um recht abstrakte Anschauungsobjekte geht, sondern vielmehr weil es in der Persönlichkeitspsychologie keine allgemein akzeptierten

Grundbegriffe gibt. Hinzu kommen noch zahllose Theorien, die sich obendrein zu allem Überfluss widersprechen. Theorien, deren Vertreter miteinander im Clinch liegen und die sich gegenseitig bekämpfen. Das alles schafft ein Klima der Verwirrung. Klarheit hingegen sucht man vergebens. Hierzu einige Beispiele. Nehmen wir einmal die Begriffe Temperament und Charakter. Beide sind ältere Bezeichnungen für die Persönlichkeit, also Synonyme. Das würde man heute sicherlich nicht mehr so sehen. Eine andere Anschauung geht davon aus, dass Temperament und Charakter zusammen die Persönlichkeit eines Menschen ausmachen. Auch das würde man heute nicht mehr so sehen und unterschreiben. Für den amerikanischen Psychologen und Wegbereiter der modernen Persönlichkeitsforschung Theodore Millon (1928–2014) repräsentierte die Persönlichkeit die komplexe Interaktion von Charakter und Temperament. Millon ging es dabei also um die individuellen Ausprägungen aller Eigenschaften einer Person. Hieran anknüpfend verstehen einige Persönlichkeitstheoretiker unter dem Begriff Temperament alle biologischen Faktoren, die einen Einfluss auf die Persönlichkeit eines Menschen ausüben können. Sie sehen das Temperament als genetischen Faktor an und sprechen deshalb auch vom genetisch bedingten Temperament. Unter ihnen gibt es wiederum eine Fraktion, die dem Temperament zugesteht, dass es durch Umwelteinflüsse wie Erziehung und Kultur weiter geprägt wird. Andere gehen in ihrer Anschauung noch einen Schritt weiter und gehen davon aus, dass schon vorgeburtliche Erfahrungen Auswirkungen auf das spätere Temperament und das Verhalten des Menschen haben können. Beide Gruppen vertreten damit die Ansicht, dass das Temperament überwiegend angeboren sei, räumen den Umwelteinflüssen aber doch einen mehr oder minder großen Anteil mit ein. Andere tun dies überhaupt nicht. Für sie ist und bleibt das Temperament eines Menschen, also das Ausmaß der Reizbarkeit und Selbstregulation, ausschließlich genetisch festgelegt. Was aber verstehen sie dann unter Charakter? Unter Charakter verstehen einige Vertreter bestimmter Persönlichkeitstheorien alle soziokulturellen Einflüsse, wie Elternhaus und Schule, die einen Einfluss auf die Persönlichkeit eines Menschen haben können. Sie gehen davon aus, dass der Charakter eines Menschen zum großen Teil in den ersten Lebensjahren vor allem durch Erziehung geprägt wird. Kurz und plakativ gesagt, für einige Vertreter bestimmter Persönlichkeitstheorien wird der Charakter eines Menschen einfach erworben. Andere Persönlichkeitstheoretiker wollen dagegen unter Charakter alle moralischen Eigenschaften eines Menschen verstanden wissen. Für sie repräsentiert das Temperament nichts weiter als die Gesamtheit der Eigenschaften des Verhaltens. Man könnte in diesem Zusammenhang auch von emotionaler Reaktionsbereitschaft, Verhaltensstil oder einfach der Gemütsart sprechen. Wieder eine andere Theorie besagt, dass die Persönlichkeit die einzigartigen psychischen Eigenschaften eines Individuums umfasst, in denen es sich von anderen Individuen unterscheidet. Temperament und Charakter würden dabei eher Teilaspekte abbilden. Moderne Theorien dagegen verstehen unter der Persönlichkeit eines Menschen vorzugsweise die Gesamtheit aller Persönlichkeitseigenschaften, wobei hierunter nur die zeitlich stabilen persönlichen Merkmale zu subsumieren sind. So gibt es Personen, die leicht reizbar sind und schon bei Kleinigkeiten an die Decke gehen. Andere hingegen sind eher zurückhaltend, schüchtern oder weniger gesellig. Das alles sind

Persönlichkeitseigenschaften. Sie werden auch gerne als Persönlichkeitsmerkmale bezeichnet. Beide Begrifflichkeiten werden also synonym verwendet. In solchen Theorien wird die Persönlichkeit als einzigartige Individualität eines Menschen begriffen und es werden dabei gleich zahlreiche Persönlichkeitsmerkmale unterschieden. Für sie sind Temperament und Charakter ebenfalls nichts weiter als Persönlichkeitsmerkmale und damit Teile der Begriffsdefinition Persönlichkeit. Man könnte an dieser Stelle nun fast aufatmen, in der Hoffnung, vielleicht doch noch einen gemeinsamen Nenner gefunden zu haben, nämlich bestimmte Eigenschaften. Doch weit gefehlt, denn was genau unter Persönlichkeitseigenschaften oder Persönlichkeitsmerkmalen verstanden werden soll, darüber besteht nach wie vor in der Persönlichkeitspsychologie kein eindeutiger Konsens. Ungeachtet der fehlenden Einmütigkeit hat sich die Persönlichkeitspsychologie allerdings nicht davon abhalten lassen, diejenigen Grunddimensionen oder Basistendenzen der Persönlichkeit herauszufinden, welche ausreichen, um die individuellen Unterschiede in den menschlichen Persönlichkeiten möglichst vollständig zu erfassen, zu erklären und zu messen. Dazu wurden viele Versuche unternommen, doch erst den amerikanischen Psychologen Paul Costa und Robert McCrae war es vergönnt, aufbauend auf den Vorarbeiten des deutsch-britischen Psychologen Hans Jürgen Eysenck (1916–1997), Mitte der achtziger Jahre des 20. Jahrhunderts diejenigen fünf grundlegenden Dimensionen herauszuarbeiten, in welche die menschliche Persönlichkeit mit ihren gewohnheitsmäßigen Erlebens- und Verhaltensweisen unterteilbar ist. Da es fünf robuste Faktoren oder stabile Grunddimensionen waren, die ausreichen, um Unterschiede zwischen Menschen zutreffend zu beschreiben, nannte man sie die „Big Five". Zur Messung dieser fünf Dimensionen entwickelten Costa und McCrae das sogenannte Fünf-Faktoren-Inventar (NEO Personality Inventory, NEO-PI). Seitdem gelten die Big Five unter den Persönlichkeitsforschern in Bezug auf die qualitativen Kriterien weltweit als Goldstandard und kulturübergreifendes Referenzsystem. Heute existiert eine nicht geringe Anzahl von Persönlichkeitsinventaren, die auf dem Fünf-Faktoren-Modell basieren. In den Vereinigten Staaten von Amerika markieren solche Testverfahren inzwischen den Standard der Persönlichkeitsanalyse und -beratung. In Europa dagegen sind sie erst auf dem Vormarsch. Schauen wir uns deshalb den Big-Five-Test einmal ruhig näher an. Die Dimensionen der Persönlichkeit werden im Big-Five-Modell durch die Bewertung von fünf Grundfaktorpaaren erfasst. Diese fünf Grundfaktorpaare lauten im Einzelnen:

- Extraversion vs. Introversion
- Verträglichkeit vs. Feindseligkeit
- Zielstrebigkeit vs. mangelnde Zielstrebigkeit (Gewissenhaftigkeit)
- Emotionale Stabilität vs. emotionale Labilität (Neurotizismus)
- Offenheit vs. Verschlossenheit

Dazu ein paar kurze Erläuterungen. Mit dem Grundfaktorpaar Extraversion versus Introversion werden die Reiz- und Stimulationsbedürfnisse eines Menschen erfasst. Damit wird der Erfahrung Rechnung getragen, dass es Menschen gibt, welche die Ausgelassenheit und

Geselligkeit lieben, während andere hingegen sich lieber zurückziehen und alleine oder in kleiner Runde bleiben. Das Faktorenpaar Verträglichkeit versus Feindseligkeit bezieht sich auf die soziale Verträglichkeit bzw. Unverträglichkeit von Menschen. Es erfasst Einstellungen und Verhaltensmerkmale wie Freundlichkeit, Hilfsbereitschaft und Selbstlosigkeit und damit positive Einstellungen anderen Menschen gegenüber. Es erfasst aber auch das Gegenteil davon, nämlich Egoismus, Reserviertheit und Misstrauen. Das Faktorenpaar Zielstrebigkeit versus mangelnde Zielstrebigkeit kann auch mit den Begriffen Gewissenhaftigkeit und fehlende Gewissenhaftigkeit umschrieben werden. Gemeint sind damit vor allem Tugenden wie Ordnung, Disziplin, Pünktlichkeit und Pflichtbewusstsein, über die ein Mensch verfügt oder eben nicht. Es geht dabei also um die Frage, inwieweit sich Menschen in ihrem Alltag durch eine hohe Selbstdisziplin auszeichnen oder ob sie eher alles lockerer sehen und sich auch gerne einmal gehen lassen. Mit dem Faktorenpaar emotionale Stabilität versus emotionale Labilität wird der Grad des Neurotizismus einer Person erfasst. Darunter ist die Tendenz zur Empfindlichkeit und Emotionalität gemeint. Das Faktorenpaar gibt also Auskunft darüber, ob eine Person in einer für sie heiklen Situation eher emotional und schnell reagiert oder vielleicht doch eher lange ruhig bleibt und besonnen handelt. Das letzte Faktorenpaar Offenheit versus Verschlossenheit dient der Erfassung der Bereitschaft und des Interesses einer Person, sich immer wieder neuen Herausforderungen zu stellen oder andersartige Erfahrungen von selbst zu suchen. Das Faktorenpaar beantwortet damit die Frage, ob die betreffende Person Althergebrachtes kritisch beleuchtet und eher den Wechsel oder die Veränderung sucht oder ob sie der Tendenz folgt, an dem festzuhalten, was sie kennt und schätzt. Wichtig an dieser Stelle ist es, sich bei allen Faktorenpaaren stets zu vergegenwärtigen, dass wir hier jeweils zwei Pole, also zwei Extremausprägungen auf einer Skala vor uns haben, die für sich genommen weder etwas Gutes noch etwas Schlechtes an sich haben. Es gibt folglich keine guten oder schlechten Persönlichkeitsmerkmale. Jede Eigenschaft kann sowohl Vor- wie auch Nachteile haben. Auf die konkrete Situation kommt es an. So kann eine Person mit hohen Werten im Bereich der sozialen Verträglichkeit, die offenherzig und vertrauensvoll auf andere Menschen zugeht, in einer typisch wettbewerbsorientierten Situation ernsthafte Schwierigkeiten bekommen. Und selbst wenn eine Person bei einem Faktorenpaar auch einmal einen Extremwert abgreifen sollte, kann dieser wiederum durch die Werte auf den anderen Skalen kompensiert werden. Darauf also kommt es nicht an, sondern auf das Persönlichkeitsprofil als Ganzes. Und exakt dieses ganze Persönlichkeitsprofil mit seinen individuellen Ausprägungen der fünf Grundfaktoren, die ein getreues Abbild der einzigartigen Individualität eines Menschen darstellen sollen, schickt sich der Big-Five-Test zu messen an. Aber ganz so stimmt das natürlich nicht. Denn die persönlichkeitspsychologische Forschung der letzten Jahrzehnte hat zusätzlich zu den Big Five eine Fülle weiterer, zum Teil hochspezifischer Persönlichkeitsmerkmale identifiziert und messbar gemacht. Diese stehen in einem engen Zusammenhang zu der übergeordneten Persönlichkeitsstruktur, welche durch die Big Five bestimmt wird. Das konnten Studien belegen. Es ist deshalb wichtig, zusätzlich zu den Big Five auch die ihnen untergeordneten, hochspezifischen Persönlichkeitsmerkmale zu erfassen, denn nur so ist ein tieferes Verständnis der individuellen Persönlichkeit eines Menschen überhaupt erst möglich. Hierzu ein Beispiel. Der übergeordnete Faktor Neurotizismus kann sich in der Praxis beim Einzelfall in sehr unterschiedlichen Erlebens- und Verhaltensweisen zeigen. So können Personen mit hohen Neurotizismuswerten unter entsprechenden Stressbedingungen ängstlich oder depressiv reagieren, während andere Personen eher ein impulsives Verhalten mit Reizbarkeit zeigen. Übrigens, diese hochspezifischen Persönlichkeitsmerkmale bezeichnet man in der Fachsprache als Facetten. Derer gibt es mittlerweile 30 an der Zahl. Damit definieren derzeit insgesamt fünf grundlegende Dimensionen samt ihren dreißig zugehörigen Facetten die Persönlichkeit eines Menschen. Das klingt erst einmal recht gut, doch ganz so einfach ist es in der Praxis dann doch nicht. Warum? Hauptsächlich aus zwei Gründen. Erstens weil bis heute unter den Fachleuten keine Einigkeit darüber besteht, wie viele Persönlichkeitsmerkmale es beim Menschen eigentlich gibt. Es könnte folglich noch etliche Persönlichkeitsmerkmale geben, die vom Big-Five-Test gar nicht erfasst werden. Über deren Existenz wir uns noch nicht einmal bewusst sind. Und zweitens weil eine weitreichende persönlichkeitspsychologische Begründung dafür fehlt, weshalb es denn ausgerechnet diese fünf Grundfaktoren sein sollen, welche die Persönlichkeit eines Menschen am treffendsten beschreiben. So wird in der aktuellen wissenschaftlichen Diskussion heftig darüber debattiert, ob möglicherweise nicht noch weitere Grundfaktoren notwendig sind, um die menschliche Persönlichkeit adäquat beschreiben zu können. Dabei taucht in letzter Zeit immer wieder ein möglicher sechster Grundfaktor auf, die Risikobereitschaft. Dem widersprechen aber die Vertreter des Fünf-Faktoren-Modells. Sie schätzen die Risikobereitschaft nämlich doch eher als eine Facette der Extraversion ein. Das wiederum schätzen andere Persönlichkeitsforscher ganz anders ein und favorisieren dabei bevorzugt das Vier-Faktoren-Modell mit einem Aggregatfaktor von Extraversion und Offenheit für Erfahrungen. Denn sie verweisen darauf, dass die Grundfaktoren Extraversion und Offenheit für Erfahrungen oftmals miteinander korrelieren und sich somit statistisch nicht immer sauber voneinander trennen lassen. Das klingt einleuchtend, wird aber leider nicht von der Mehrzahl der vorliegenden Studien gedeckt. Denn diese können belegen, dass bei einer repräsentativen Zusammenstellung der Fragen doch zwischen Extraversion und Offenheit für Erfahrungen unterschieden werden kann, zumindest in aller Regel. Das bedeutet, dass bei einer Zusammenlegung dieser beiden Grundfaktoren möglicherweise ein Informationsverlust droht. Immer wieder steht deshalb die Frage im Raum, ob die fünf Grundfaktoren des Big-Five-Tests tatsächlich völlig unabhängig voneinander sind oder ob sie sich nicht doch an der einen oder anderen Stelle teilweise überlappen. Wie gesagt, das Chaos könnte nicht perfekter sein. Und trotzdem werden in der Praxis immer wieder Persönlichkeitstests eingesetzt, die ungeachtet aller Kontroversen bezüglich der Basisfaktoren sowie ihrer genauen Konzeptionalisierung einfach von fünf Grundfaktoren ausgehen. Wie ist das zu erklären? Vielleicht so. Die Big Five sind das am häufigsten untersuchte und am besten bestätigte Modell, über das wir derzeit verfügen, wenn es um die Abbildung der menschlichen Persönlichkeit geht. So gesehen ist es ein wenig wie mit der Demokratie. Es ist eine sehr schlechte Staatsform. Aber es gibt derzeit keine bessere. Deshalb müssen wir uns, ob wir wollen oder nicht, vorerst damit begnügen. Aber warum erzähle ich Ihnen das alles?

Weil ich ihnen einen Eindruck von der Komplexizität vermitteln möchte, die entsteht, sobald jemand das Wort Psyche auch nur erwähnt. Weil ich Ihnen veranschaulichen will, wie wichtig der Aufbau einer guten Persönlichkeitsstruktur ist, um vorteilhafte und gesunde Persönlichkeitsfunktionen aufbauen zu können. Und weil ich Ihnen illustrieren will, wie wichtig und elementar die Liebe von Anbeginn menschlicher Existenz für die Psyche und deren Entwicklung einschließlich der Entfaltung ihrer einzelnen Komponenten wie Persönlichkeit, Persönlichkeitsstruktur und Persönlichkeitsfunktionen ist. Den ersten Teil meines Anliegens und damit den Eindruck werden Sie ganz automatisch beim weiteren Lesen bekommen, wenn sie ihn nicht schon längst erhalten haben. Konzentrieren wir uns deshalb lieber auf den zweiten und dritten Teil meiner Intention und klären gleich einmal, was sich hinter dem Begriff Persönlichkeitsfunktion verbirgt und was dies mit der Persönlichkeitsstruktur zu tun hat. Die Persönlichkeitsfunktionen beziehen sich auf die Persönlichkeitsstruktur sowie deren Organisation. Bei der Organisation der Persönlichkeitsstruktur geht es vor allem um die Entfaltung bestimmter Fähigkeiten. Darunter fällt beispielsweise die Fähigkeit, von sich selbst und anderen Menschen ein stabiles und integratives Bild zu entwickeln. Ja mehr noch, es geht darum, befriedigende und stabile Beziehungen mit anderen Menschen führen zu können. Dafür muss man aber die Realität adäquat abbilden können. Es geht darum, Stresssituationen angemessen bewältigen zu können, womit wir wieder beim Thema Coping angekommen wären. Es geht um die Fähigkeit, reife moralische Wertvorstellungen entwickeln zu können. Und es geht darum, Fähigkeiten zu entwickeln, die es einem erlauben, die eigenen Impulse hinreichend zu kontrollieren. Aus diesem Grunde unterscheidet man zum einen selbstbezogene Persönlichkeitsfunktionen wie Identität und Selbstlenkung von sozialbezogenen Persönlichkeitsfunktionen wie Empathie und Intimität. Diese Unterscheidung ist wichtig, denn Störungen der selbstbezogenen Persönlichkeitsfunktionen führen zu einer intrapersonalen Pathologie. Das bedeutet, dass der Betreffende Probleme mit sich selbst bekommt. Störungen der sozialbezogenen Persönlichkeitsfunktionen führen dagegen zu einer interpersonalen Pathologie. Will heißen, der Betreffende bekommt Probleme mit seinen Mitmenschen. Ob es wirklich zu intrapersonalen oder interpersonalen Problemen kommt, richtet sich wiederum ganz nach dem Niveau der Persönlichkeitsfunktion. Dieses wird direkt über den Schweregrad der Beeinträchtigung des Selbst, der Identität, der Selbstbezogenheit und Selbstlenkung sowie der zwischenmenschlichen Funktion, der Empathie, der Bindung und der Intimität definiert. Sind diese Funktionen in irgendeiner Art und Weise beeinträchtigt, dann spricht man von einer strukturellen Störung. Hier zeigt sich also ganz besonders die enge Verbindung von Persönlichkeitsstruktur einerseits und Persönlichkeitsfunktion andererseits. Dies wird auch bei der Diagnosestellung einer Persönlichkeitsstörung deutlich. Denn eine Beeinträchtigung der Persönlichkeitsfunktion ist unabdingliche Voraussetzung für eine derartige Diagnose. Bei einer Persönlichkeitsstörung haben wir es folglich mit dysfunktionalen Persönlichkeitsstrukturen zu tun. Das charakteristische Merkmal bei einer Persönlichkeitsstörung ist dabei, dass diese dysfunktionalen Persönlichkeitsstrukturen tiefgreifend, überdauernd und stabil sind. Persönlichkeitsstörungen betreffen also die psychische Struktur. Es sind strukturelle Störungen, die dazu führen, dass ein Mensch seine Persönlichkeit mit all ihren Eigenschaften nicht mehr nutzbringend einsetzen kann, sodass es zum Leid des Betroffenen oder seines Umfeldes kommt. Der Übergang der Persönlichkeit in eine Persönlichkeitsstörung besitzt keine klar gezogene Demarkation, sondern ist fließend. Persönlichkeit und Persönlichkeitsstörung sind von daher als Kontinuum anzusehen. Aus diesem Grunde erfolgt die Diagnostik einer Persönlichkeitsstörung heute anhand des Niveaus der Persönlichkeitsfunktion. Und die Psychotherapie bzw. psychoanalytische Langzeitbehandlung eines Patienten dient im Schwerpunkt der Verbesserung des Strukturniveaus der Persönlichkeit und somit in letzter Konsequenz seiner Persönlichkeitsfunktionen. Klingt einleuchtend so weit, ist es auch. Fragt sich nur, wie man diese Persönlichkeitsfunktionen, die als Erleben und Fühlen, als Identität und Verhalten, als Leibbezug und Beziehungsfähigkeiten sowie als Handlungs- und Bewertungseigenschaften der Psyche imponieren, in der Praxis überhaupt erfassen soll. Schließlich muss vor jedweder Behandlung eine vernünftige und umfassende Diagnostik stehen. Hierzu ist zu sagen, dass es zahlreiche Ansätze gibt, die Persönlichkeitsfunktionen der Psyche zu erfassen. Eines der sicherlich umfangreichsten Instrumentarien für diesen Zweck ist die sogenannte Operationalisierte Psychodynamische Diagnostik, abgekürzt OPD. Dieses diagnostische Inventar basiert auf insgesamt fünf Achsen, die bei der zu untersuchenden Person abgeprüft werden. Dabei unterhält sich der Psychotherapeut mit der zu analysierenden Person und kann diese nach einem ein- bis zweistündigen Erstgespräch in Bezug auf die erwähnten Achsen dann einstufen. Seine Einschätzungen dokumentiert er in speziell dafür vorgesehenen Evaluationsbögen, wobei es für jede einzelne Achse einen Erfassungsbogen gibt. Im Detail sehen die einzelnen Achsen mit ihrer dimensionalen Abbildung struktureller Persönlichkeitseigenschaften folgendermaßen aus:

1. Achse: Krankheitserleben und Behandlungsvoraussetzungen

Die erste Achse klärt die Art und Schwere der Erkrankung, die Beschwerdesymptomatik und den Leidensdruck des Patienten sowie dessen Therapieerwartungen und Bereitschaft zur Inanspruchnahme, wobei der Schwerpunkt der Exploration auf dem Krankheitserleben, der Motivation und den vorhandenen Ressourcen liegt. Mit der Motivation des Patienten steht und fällt natürlich das ganze Unterfangen. Die Motivation muss man dabei als eine Form psychischer Energie verstehen. Sie ist sozusagen der Motor des Menschen. Warum? Weil hinter jedem Ziel, welches ein Mensch sich setzt, auch immer ein Grund zu finden ist, weshalb dieser Mensch dieses Ziel unbedingt erreichen will. Dieser Grund ist das Motiv. Es bildet gleichsam die Grundlage für die Motivation und ist der Antrieb dafür, das gesteckte Ziel auch wirklich erreichen zu wollen. Weil das Motiv aus dem Selbst kommt, wird in diesem Zusammenhang von intrinsischer Motivation gesprochen. Mit der ersten Achse des diagnostischen Inventars wird somit ein breites und vielschichtiges Bild vom Patienten entworfen, welches sich von der Schwere der Symptomatik über die damit einhergehenden sozialen Probleme bis zu den eigenen Ressourcen und etwaigen Hemmnissen erstreckt.

2. Achse: Beziehung

Bei der zweiten Achse der OPD sollen die Beziehungserfahrungen des Patienten Berücksichtigung finden. Es geht dabei sowohl um Beziehungserfahrungen, welche in der Krankengeschichte berichtet werden, als auch um solche, die sich bei der Befragung aus der zwischenmenschlichen Interaktion ergeben. Hier steht deshalb das Konzept von Übertragung und Gegenübertragung im Vordergrund. Denn Übertragung und Gegenübertragung spielen in jeder Beziehung eine wichtige Rolle. Unter Übertragung versteht man dabei die Gesamtheit an Wünschen, Vorstellungen, Gefühlen, Einstellungen, Erwartungen und Befürchtungen, mit denen der Patient zum Therapeuten kommt, mit denen er ihm begegnet und die er auf ihn überträgt. Unter Gegenübertragung versteht man hingegen die Gesamtheit an Gefühlen, Begehrlichkeiten, Vorurteilen und Erwartungen, die der Patient im Therapeuten auslöst und die dieser auf den Patienten rücküberträgt. Dieses Konzept ist wichtig zum Verständnis von komplexen Beziehungen, sei es auf der Ebene des Alltages oder auf der Ebene der Psychotherapie. Das Ziel der zweiten Achse in der OPD ist es, dabei sowohl funktionale wie auch dysfunktionale Beziehungsmuster zu erkennen, und das aus zweifacher Perspektive. Zum einen nämlich aus der Perspektive des Betroffenen und zum anderen aus der Perspektive seines Umfeldes, inklusive des Therapeuten. Hierzu werden die einzelnen Neigungen anhand einer speziellen Liste ermittelt, die unterschiedliche Auswahlmöglichkeiten bereithält und die sowohl vom Patienten selbst wie auch von anderen durchzuarbeiten ist. Dadurch wird sichtbar gemacht, wie der Patient immer wieder sich und andere erlebt und wie die anderen sich und den Patienten immer wieder erleben. Es geht also in der zweiten Achse des Inventars vornehmlich darum, das Beziehungsgeschehen nicht nur rein deskriptiv, sondern insbesondere dynamisch zu erfassen.

3. Achse: Konflikt

Das zentrale Thema der dritten OPD-Achse sind Konflikte. Die OPD versteht darunter „festgelegte Erlebnismuster eines Menschen, die in entsprechenden Situationen immer wieder zu ähnlichen Verhaltensmustern führen". Achse drei nimmt somit psychodynamische, zeitlich überdauernde Konflikte ins Visier. Gemeint sind damit Konflikte wie die Gegensätze „Abhängigkeit versus Autonomie", „Unterwerfung versus Kontrolle", „Versorgung versus Autarkie" oder „Selbstwertkonflikte", „Schuldkonflikte", „ödipal-sexuelle Konflikte" und „Identitätskonflikte". Der Blick der OPD geht aber noch weiter in die Tiefe. Sie schaut nämlich auch auf eine möglicherweise vorhandene „eingeschränkte Konflikt- und Gefühlswahrnehmung", auf „konflikthafte äußere Lebensbelastungen" sowie auf den „Modus der Verarbeitung". Das bedeutet, dass mittels der Operationalisierten Psychodynamischen Diagnostik verinnerlichte Konflikte, die das eigene Leben dominieren, den aktuellen konflikthaften Situationen, die durch äußere Umstände bestimmt sind, gegenübergestellt werden können. Damit richtet sich der diagnostische Blick der OPD klar auf das „Hier und Jetzt", wobei die Bearbeitung eines Konfliktes durchaus ein definiertes Behandlungsziel darstellen kann.

4. Achse: Struktur

Die vierte OPD-Achse baut direkt auf der dritten Achse auf. Hier geht es um das große Thema Selbst. Dabei werden Stück für Stück die einzelnen Qualitäten und die Schwächen der psychischen Strukturen abgebildet. Achse Nummer vier blickt somit auf die Verwundbarkeit der Persönlichkeit, ihre Veranlagung zur Krankheit sowie ihre Fähigkeit zur Verarbeitung von inneren Konflikten und äußeren Belastungserfahrungen. Zu der Strukturdiagnostik im Einzelnen zählen zum Beispiel die Fähigkeit bzw. die Unmöglichkeit zur Selbst- und Objektwahrnehmung, zur Selbstregulierung und zur Regulierung des Objektbezuges, zur Kommunikation nach innen wie nach außen sowie das Bindungsverhalten und die Abwehrmechanismen. Es geht also um die globale Einschätzung psychischer Funktionen, die bei der Regulierung innerpsychischer Prozesse ablaufen. Die OPD hakt genau an dieser zentralen Stelle nach und fragt, sind diese psychischen Funktionen so organisiert, dass wir von einer guten Integration sprechen können? Oder müssen wir doch eher von einer mäßigen bzw. geringen Integration oder vielleicht sogar von einer Desintegration sprechen? Erfahrungsgemäß kann dabei ausgesagt werden, je reduzierter sich das Strukturniveau des Patienten gestaltet, desto schwieriger wird es in der Praxis auch sein, stabile Konfliktmuster zu erkennen. Und bei einem desintegrierten Strukturniveau dürfen wir uns sogar auf ein weitgehendes Fehlen von eindeutig erkennbaren Konflikten einstellen.

5. Achse: Psychische und psychosomatische Störungen

Die fünfte und letzte Achse der OPD hat zur Aufgabe, die Symptome der einzelnen Störungsbilder zum einen rein deskriptiv darzustellen und zum anderen aber auch so zu adaptieren, dass sie den Erfordernissen der Diagnostik in der modernen Psychiatrie und Psychosomatik Rechnung tragen. Deshalb erfolgt die Erhebung der Symptome bzw. des Krankheitsgeschehens an diesem Punkt der OPD anhand der Vorgaben der Internationalen Klassifikation der Krankheiten (ICD). Hier findet somit die etablierte deskriptiv-phänomenologische Diagnostik der ICD Eingang in die Operationalisierte Psychodynamische Diagnostik. Die OPD setzt sich demnach aus insgesamt vier psychodynamischen und einer deskriptiven Achse zusammen. Gerade dieser letzte Sachverhalt wirft aber natürlich zwei Fragen auf. Erstens, wozu hat es neben der ICD-Klassifikation noch eine OPD gebraucht? Und zweites, wann und wie ist die Operationalisierte Psychodynamische Diagnostik überhaupt entstanden? Zur ersten Frage ist hervorzuheben, dass psychische Erkrankungen in Deutschland nach der Internationalen Klassifikation der Krankheiten (ICD) oder nach dem Diagnostic and Statistical Manual of Mental Disorders (DSM) diagnostiziert werden. Beide Klassifikationssysteme erfassen jedoch Krankheitsphänomene lediglich beschreibend. Sie tragen somit nur wenig zum Verständnis der Hintergründe bei. Weil aber diese Hintergründe bei psychischen Erkrankungen eine enorme Bedeutung haben können, war es verständlicherweise wichtig, über ein Inventar zu verfügen, welches in der Lage ist, diese auch angemessen zu erfassen. Daher die Notwendigkeit einer OPD.

1992 schlossen sich aus diesem Grunde mehrere Psychiater, Psychologen und Psychotherapeuten aus dem deutschsprachigen Raum zusammen und gründeten den „Arbeitskreis Operationalisierte Psychodynamische Diagnostik (OPD)". Vier Jahre später, 1996, wurde dann ein multiaxiales Diagnose- und Klassifikationssystem namens „Operationalisierte Psychodynamische Diagnostik (OPD)" veröffentlicht, das die Diagnostik vereinheitlichen und strukturieren sowie die bereits bestehenden Klassifikationssysteme ICD und DSM entsprechend ergänzen sollte. Damit wäre dann auch Frage Nummer zwei gleich beantwortet. Inzwischen gibt es die Weiterentwicklung der Operationalisierten Psychodynamischen Diagnostik in der zweiten Version. Diese ist im Jahr 2006 erschienen. Seitdem müssen wir eine OPD-1 von einer OPD-2 unterscheiden. Wo aber liegen nun die Unterschiede in den beiden Inventaren? Ganz einfach, während OPD-1 in erster Linie zur Diagnostik des aktuellen Status konzipiert war, erfasst OPD-2 die Veränderungsprozesse sowie die Ressourcen beim Patienten und ermöglicht damit neben einer Fokusbestimmung auch die exakte Therapieplanung. Und es geht noch weiter. Denn seit einiger Zeit hat sich nach dem Vorbild der Erwachsenen-OPD eine eigene Arbeitsgruppe zur Ausarbeitung entsprechender Konzepte auch für das Kindes- und Jugendalter zusammengefunden. Denn es wurde nämlich schnell klar, dass die psychische Entwicklung von Kindern und Jugendlichen einer eigenen Herangehensweise in Bezug auf die psychodynamische Diagnostik bedarf. So entstand unter der Beteiligung vieler deutschsprachiger Universitätskliniken für Kinder- und Jugendpsychiatrie, niedergelassener Kinder- und Jugendpsychiater sowie analytischer Kinder- und Jugendpsychotherapeuten die OPD-KJ. Diese liegt zwischenzeitlich in ihrer zweiten Auflage vor. Damit lässt sich nun, wieder bei den Kindern angekommen, der Bogen unseres Ausgangsgedankens endgültig schließen. Indem wir nämlich noch einmal die überragende Bedeutung der Liebe für die Entwicklung der menschlichen Psyche herausstellen. Ist sie in ausreichendem Maße vorhanden, dann sind auch die frühkindlichen Beziehungserfahrungen intakt. Diese werden sich später vor allem in den Einstellungen eines Menschen seiner Umwelt sowie seinen Mitmenschen gegenüber äußern. Machen Sie sich bitte an dieser Stelle ganz klar, dass das nichts mit Genetik zu tun hat, wie es oft so schön heißt. Die Psyche ernährt sich nicht von der Genetik, sondern von der Liebe. Die Liebe ist also tatsächlich eine seelische Kraft, ein seelisches Grundnahrungsmittel, eine Art Vitamin, ein allumfassendes seelisches Phänomen, ohne das die Psyche nicht existieren kann. Und sind die frühkindlichen Beziehungserfahrungen erst einmal intakt, dann entwickelt sich auch die Persönlichkeitsstruktur eines Menschen positiv. Denn es sind die frühen Beziehungen, welche die Persönlichkeitsstruktur ausbilden, positive wie negative. Und ist die Persönlichkeitsstruktur eines Menschen erst einmal gut ausgebildet, dann gelingt auch der Aufbau von guten Persönlichkeitsfunktionen. Hier gleicht die Psyche bildhaft gesprochen dem Schlafmohn, einer psychoaktiven Pflanze. Wenn man sich also die ganze Pflanze des Schlafmohnes als Psyche vorstellt, dann repräsentiert die Blütenknospe die Persönlichkeit. Der Kranz der Knospe mit seinen fünf bis zwölf Narbenstrahlen steht für die fünf oder mehr Grunddimensionen bzw. Basistendenzen der Persönlichkeit. Die haarigen, schlanken Blütenstiele, auf denen die Blütenknospe zu liegen kommt, stehen für die dreißig oder mehr zugehörigen Facetten der Persönlichkeit. Und der zweiblättrige Kelch repräsentiert die zwei grundlegenden Gruppen von Persönlichkeitsfunktionen, während die vier Blütenkronblätter für die einzelnen Persönlichkeitsfunktionen stehen. Genauso wie der Schlafmohn viel Sonne braucht, damit er sich entfalten und blühen kann, braucht die Psyche viel Liebe, um all ihre Komponenten wie Persönlichkeit samt Struktur, Grunddimensionen, Facetten und Funktionen voll ausbilden zu können, insbesondere in den ersten beiden Lebensjahren. Deshalb ist es so wichtig, die Liebe in ihrer Bedeutungsdimension richtig zu verstehen und Lieblosigkeit erst gar nicht aufkommen zu lassen. Sollte sie aber, aus welchen Gründen auch immer, aufgekommen sein, dann ist es das Beste, sie sofort zu verarbeiten. Ansonsten drohen nämlich Abwehrmechanismen zu greifen, die das Erlebte einfach beiseiteschieben. Das Verdrängte geht aber nicht verloren. Es arbeitet weiter, nur eben im Verborgenen, im Unbewussten. Dort nistet es sich ein, weil sich auch einige Bereiche der Psyche in den Tiefen des Unbewussten befinden. Die Arbeit des Verdrängten führt zur Bildung von Komplexen, die ihrerseits wiederum zu Verhaltensstörungen in der Zukunft führen, was in aller Regel Schmerz und Leid für das Individuum nach sich zieht. In der Folge wird sich der Betreffende immer mehr abkapseln. Und damit ist der Teufelskreis dann endgültig in Gang gesetzt. Verarbeitung statt Verdrängung heißt daher die Losung. Genau hierin liegt aber das eigentliche Problem begraben. Ein Kind kann nämlich Lieblosigkeit gar nicht verarbeiten, weil es dazu schlicht und einfach noch nicht in der Lage ist. Erst recht nicht in einem zarten Alter von zwei Jahren. Deshalb bleiben auch die meisten Erlebnisse aus der Kindheit unverarbeitet. Hinzu kommt noch, dass es den wenigsten Kindern auf dieser Welt vergönnt ist, sich ganz angenommen zu fühlen und so ein uneingeschränktes Vertrauen zu ihren Mitmenschen sowie zu ihrer Umwelt aufzubauen.

Gesunde und kranke Psyche

Die große Lieblosigkeit auf dieser Welt hat zur Folge, dass die große Masse der Menschheit auf unserem Planeten mehr oder minder psychisch krank bzw. gestört ist. Das gilt gleichermaßen auch für die Psychotherapeuten selbst. Nicht ohne Grund hat die Psychoanalytikerin und Verhaltenstherapeutin Eva Jaeggi in ihrem 2001 erschienenen Buch die Frage aufgeworfen „Und wer therapiert die Therapeuten?". Es ging ihr vor allem um die psychische Befindlichkeit der Behandler. Die Untersuchung ergab, dass 90 % der Therapeuten unter schweren undifferenzierten psychischen Störungen litten. 82 % hatten schwere persönliche Probleme infolge von Schwierigkeiten in der Beziehung. 73 % litten unter schweren Angststörungen und 57 % hatten Depressionen. Bei 11 % standen Suchterkrankungen im Vordergrund und 2 % hegten sogar suizidale Absichten. Offensichtlich, so die Autorin, ist der Beruf des Psychotherapeuten nicht der gesündeste. Oder er zieht nicht gerade die gesündesten Menschen an. Wie dem auch sei, eines zumindest wird deutlich. Psychische Störungen sind in unserer Welt keineswegs die Ausnahme, sondern eher die Regel. Was aber genau bedeutet psychische Gesundheit? Und was ist Krankheit oder Störung im psychischen Sinne? Was Psyche ist, konnten wir ja bislang nicht exakt definieren. Wir haben aber zumindest verstanden, die Psyche als ein System zu begreifen, zu dem die Sinne, die Gefühle sowie die breite Palette der menschlichen Erlebensfähigkeit gehören. Gesundheit und Krankheit sind ebenfalls Begrifflichkeiten, für die es, wie bei den Begriffen Bewusstsein und Psyche, keine allgemeingültige Definition gibt. Wir können also nur definieren, was wir unter psychischer Gesundheit und Krankheit als Gesellschaft landläufig verstehen und subsumieren wollen. Nach dem gerade Gesagten wäre das für die gesunde Psyche beispielsweise, dass sich in ihr keine unverarbeiteten Erlebnisse oder Gefühle finden lassen. Die gesunde Psyche als Einheit und Ursache aller psychischen Erscheinungen eines Menschen ist also eine, die verarbeitet. Dabei müssen alle Ereignisse, freudige wie auch belastende, im Leben eines Menschen von der Psyche verarbeitet werden. Fragt sich nur, was Verarbeitung in diesem Sinne eigentlich bedeutet. Grundsätzlich ist die psychische Verarbeitung als ein Prozess zu verstehen, bei dem die Psyche die Gelegenheit erhält, all unsere Erlebnisse, gute wie schlechte, angemessen in unsere Erfahrungen zu integrieren und sie als Teil unserer persönlichen Lebensgeschichte zu akzeptieren, ohne dabei durch deren Inhalte gleich erdrückt zu werden. Das funktioniert bei freudigen Ereignissen natürlich wesentlich einfacher, um nicht zu sagen fast spontan. Denn freudige Ereignisse sind leicht zu integrieren und als Teil der eigenen Biografie leicht zu akzeptieren. Anders dagegen sieht es bei den belastenden Ereignissen aus. Hier muss erst, mehr oder weniger mühsam, ein gangbarer Weg gefunden werden. Psychische Verarbeitung ist immer eine emotionale Verarbeitung. Bei der Verarbeitung belastender Ereignisse geht es deshalb vor allen Dingen darum, mit seinen Gefühlen besser klarzukommen. Und es geht um eine gute sowie angemessene Verarbeitung, nicht etwa um ein schuldhaftes Verarbeiten. Belastende Ereignisse verarbeitet die Psyche in mehreren Phasen, wobei diese – sehr individuell – mal kürzer oder länger ausfallen können. Ganz am Anfang des Prozesses steht jedoch das Erkennen von dem, was da einem überhaupt widerfahren ist. In einem zweiten Schritt geht es dann darum anzufangen, darüber auch zu sprechen. Die Psyche wird folglich damit beginnen zu versuchen, das auslösende Ereignis und die damit verbundene Angst zu überwinden. Wenn ihr das gelingt, wird sie nach dem Warum fragen, wieder und immer wieder. So lange, bis ihr eines Tages klar wird, dass sie Verantwortung übernehmen muss. Nämlich die Verantwortung für sich selbst. Will heißen, ich selbst muss mit den Folgen des belastenden Ereignisses kämpfen und fertigwerden, weil mir im Grunde niemand das Überwinden abnehmen kann. Ich selbst muss es tun, denn außer mir wird mich niemand aus diesem Zustand befreien können. Jetzt erst fühlt sich das Leben wieder irgendwie möglich an. Wenn der Verarbeitungsprozess so weit gediehen ist, beginnt die Integration des belastenden Ereignisses in die eigene Lebensgeschichte. Es ist eine Art innerer Aussöhnung. Vergangenes wir nun als Teil der eigenen Biografie wahrgenommen und akzeptiert. Die Psyche lernt loszulassen, Schritt für Schritt. Je weiter und erfolgreicher dann diese Integration und das damit verbundene Loslassen gelingen, desto mehr Lebensqualität wird die Psyche wiedergewinnen. Denn psychisches Wohlbinden findet schließlich auf der Basis von Gefühlen statt. Der Prozess der Verarbeitung hat damit seine letzte Phase erreicht und gilt mit deren Ende als erfolgreich abgeschlossen. Damit wurde alles verarbeitet, restlos. Und was verarbeitet wurde, muss nicht irgendwie weiter abgewehrt werden. Das zeigt uns, dass sich die gesunde Psyche keiner Abwehrmechanismen bedient. Abwehrmechanismen sind Manöver der Psyche. Mit ihrer Hilfe versucht das durch die Psyche hervorgebrachte Ich seine heile Welt aufrechtzuerhalten. Diese Welt ist nur so lange heil, wie sie überschaubar, beruhigend und kontrollierbar ist. Alles, was diese heile Welt zu zerstören droht, wird abgewehrt, gnadenlos. Verständlich, denn das Ich hat Angst, große Angst. Daher ist auch sein Waffenarsenal an Abwehrmanövern breit gefächert. In der täglichen Auseinandersetzung mit der Realität richtet das Ich seine Waffen auf alles, was das eigene Weltbild und im Gefolge auch das Selbstbild aus dem Gleichgewicht bringen könnte. Jedes Ich hat dabei bestimmte „Lieblingskanonen", die es immer wieder bevorzugt, wobei grundsätzlich verschiedene Schutzwaffen zum Einsatz kommen, die sich in der Anwendung auch einmal überlappen oder ineinander übergehen können. Die einzelnen Abwehrmechanismen werden im Verlauf der eigenen Persönlichkeitsentwicklung erlernt. Es handelt sich bei ihnen um unbewusste Vorgänge, die dem Schutz des Ich vor Frustration sowie der Abwehr von Angst dienen. Wir wollen uns jetzt nicht in epischer Breite sämtlichen Abwehrmechanismen widmen, aber die häufigsten unter ihnen sollen hier doch kurz Erwähnung finden, um zumindest einen Eindruck von ihnen zu erhalten. Einen berühmten Abwehrmechanismus haben wir bereits angesprochen, die Verdrängung. Mit ihr wollen wir deshalb auch gleich beginnen. Die Verdrängung gilt in der psychoanalytischen Theorie als der wichtigste Abwehrmechanismus. Alle anderen Formen der Abwehr beruhen, mehr oder minder, auf exakt diesem Mechanismus. Mithilfe der Verdrängung werden unliebsame Gedanken, Gefühle und Erinnerungen, die irgendwie in uns Angst auslösen, einfach aus dem Bewusstsein verdrängt. Genauer gesagt verschoben, und zwar in das Unbewusste hinein. Das Unbewusste hält das Verdrängte vom Wachbewusstsein fern, sodass es sich mit ihm nicht weiter beschäftigen muss. Der deutsche Philologe und Philosoph Friedrich Nietzsche (1844–1900) hat den Mechanismus der Verdrängung meisterhaft parodiert, als er sagte:

„Das habe ich getan, sagt mein Gedächtnis. Das kann ich nicht getan haben, sagt mein Stolz und bleibt unerbittlich. Endlich gibt das Gedächtnis nach."

Eng verwandt mit der Verdrängung ist der Mechanismus der Verleugnung. Beide sind im Grunde wie zwei Zwillingsschwestern, das doppelte Lottchen, die sich nur in einem Punkt voneinander unterscheiden. Nämlich dem, dass bei der Verleugnung nicht ins Unbewusste verlagert, sondern ein Teil der äußeren Realität einfach ignoriert wird. Und zwar der Teil, der nicht in das eigene Weltbild passen will. Das heißt, Modifikationen der umgebenden Welt werden zwar registriert, aber dennoch verleugnet. Getreu dem Motto „Es kann nicht sein, was nicht sein darf". Bei der Verleugnung wird also so gründlich verleugnet, dass das Verleugnete kaum noch bewusst wahrgenommen wird. Man schafft sich auf diese Art und

Weise seine eigene Realität, ganz so, wie man sie braucht. Der Verleugner gaukelt sich folglich selbst etwas vor. Im Gegensatz zum Rationalisierer, der nicht nur sich selbst, sondern auch anderen etwas vorgaukelt. Womit wir beim Abwehrmechanismus der Rationalisierung angekommen wären. Bei der Rationalisierung werden für die von unbewussten Impulsen angestoßenen Handlungsweisen im Nachgang rationale Erklärungen gefunden. Diese „logischen" Rechtfertigungen liefern eine moralisch akzeptable Erklärung für das eigene Verhalten und stabilisieren dadurch das eigene Selbstwertgefühl. Eine Auseinandersetzung mit den echten Handlungsmotiven dagegen erfolgt nicht. Wenn also beispielsweise ein Firmeninhaber einen Mitarbeiter betriebsbedingt entlassen muss und sich für denjenigen entscheidet, den er noch nie ausstehen konnte, er selbst sich aber diesen Sachverhalt zu keinem Zeitpunkt einzugestehen vermochte und sich dessen somit im täglichen Umgang nicht bewusst war. Wenn dieser Firmeninhaber die Kündigung nun damit begründet, dass der Mitarbeiter von allen Beschäftigten die schlechtesten Leistungen erbracht hätte, dann haben wir es mit einem klassischen Fall von Rationalisierung zu tun. Denn für ein unbewusstes und zutiefst „unedles" Motiv wurde so eine nachvollziehbare, „edle" Begründung geliefert. Auch unser nächster Abwehrmechanismus, die Sublimation, hat etwas mit Veredelung zu tun. Bei diesem reifsten Abwehrmechanismus werden nämlich nicht erfüllte Triebwünsche durch gesellschaftlich höher bewertete Handlungen ersetzt, wodurch sie letzten Endes dann doch Befriedigung erlangen. So können beispielsweise Aggressionen durch Sport sublimiert werden. Bei der Sublimation werden also bestimmte Impulse, die an gesellschaftlichen Hürden scheitern, nicht einfach bloß verdrängt, sondern in erwünschte und höher bewertete Leistungen umgesetzt. Die „unedlen" Triebwünsche erfahren dadurch eine Veredelung, dass man sie einfach gesellschaftlich in die Höhe hebt. Das genaue Gegenteil von Veredelung ist unser abschließend zu besprechender Abwehrmechanismus, die Regression. Denn sie ist in keiner Weise lösungsorientiert, sondern eher völlig zweckfrei. Genau genommen versteht man unter Regression das Zurückgreifen auf kindliche Verhaltensmuster oder Entwicklungsphasen. Wenn also beispielsweise ein erwachsener Mann während seiner Arbeit zu weinen und seinen Computer zu beschimpfen beginnt, nur weil dieser zum wiederholten Male seinen Dienst verweigert, dann wäre das Regression im wahrsten Sinne des Wortes. Ein Zurückgreifen auf regressive Verhaltensweisen, die eigentlich aus der Kindheit stammen, findet man beim Erwachsenen aber auch beim Rückzugs- oder Trotzverhalten. Der Griff zum Essen, das Jammern oder die Flucht in Krankheiten wären weitere typische Beispiele für Regressionen. Entscheidend dabei ist, dass der Rückzug auf eine frühere Entwicklungsstufe der Ichfunktion unbewusst erfolgt. Grundsätzlich ist es kein Problem, in eine solche Daseinsform zurückzutreten. Vielleicht gehört ein solches Wechselspiel von zweckgerichtetem Handeln und zweckfreien Daseinsformen sogar zu einem gesunden Leben. Nur sollte man derartige regressive Verhaltensmuster nicht unbedingt ausweiten. Weil ansonsten Regressionen durchaus problematisch werden können. Es scheint, als ob unsere Psyche permanent vor der Entscheidung stehen würde, Problemlösung oder doch lieber Abwehr? Eine gesunde Psyche entscheidet sich immer für Ersteres und gegen alle Abwehrmechanismen. Warum? Weil sich der psychisch Gesunde seiner Angst zu stellen vermag. Er überwindet dadurch das auslösende Ereignis und die damit verbundene Angst. Er läuft nicht weg vor seiner Angst. Er kann sie durchleben und sich anschließend ihrer erfolgreich entledigen. Sie bleibt dadurch für ihn keine stete Belastung. Der psychisch Gesunde ist somit folglich angstfrei. Für ihn bedarf es überhaupt keiner Abwehrmechanismen. Der Verzicht auf die Anwendung von Abwehrmechanismen birgt für den psychisch Gesunden aber noch einen weiteren gewaltigen Vorteil. So kann der Gebrauch von Abwehrmechanismen, je nach bevorzugtem Ausmaß, zu einer ganz erheblichen Selbsttäuschung und damit auch zu einer beträchtlichen Verzerrung der Realität führen. Dem entgeht der psychisch Gesunde. Er verzerrt die Realität nicht. Dadurch vermag der psychisch Gesunde Situationen realistisch und angemessen zu beurteilen. Er erkennt Chancen und Risiken. Er erkennt die Absichten anderer. Und er erkennt sich selbst. Er weiß um seine Stärken und Schwächen. Er kennt seine Vorlieben und Aversionen. Er vermag seine Kräfte richtig einzuschätzen. Und er erkennt die Konsequenzen seines eigenen Tuns, sowohl in kurzfristiger wie auch in langfristiger Hinsicht. Der psychisch Gesunde ist ausgeglichen. Er ist weder übertrieben optimistisch noch übertrieben pessimistisch, weder zu misstrauisch noch zu gutgläubig. Die gesunde Psyche weiß auch Balance zu halten zwischen Bindung einerseits und Eigenständigkeit andererseits. Sie besitzt die Fähigkeit, trotz zahlreicher Veränderungen im Leben, trotz unangenehmer oder sogar traumatischer Erfahrungen eine feste Persönlichkeit zu entwickeln und zu bewahren. Dabei ist Lebensfreude eine ganz wichtige Voraussetzung für eine gesunde Psyche. Ebenso wie auch die Verwirklichung des eigenen Selbst einen elementaren Bestandteil psychischer Gesundheit darstellt. Der Mensch muss authentisch sein, muss ganz er selbst sein, nur dann ist er auch psychisch gesund. Nachdem wir die psychische Gesundheit etwas näher beleuchtet haben, ist es nun an der Zeit, sich der psychischen Krankheit oder Störung zu widmen. Beide Begriffe werden übrigens synonym verwandt. Im Grunde dürfte bereits an dieser Stelle klar sein, was unter psychischer Störung zu verstehen ist. Sie ist das genaue Gegenteil von psychischer Gesundheit. Das bedeutet, dass sich der psychisch Kranke seiner Angst nicht zu stellen vermag. Er kann dadurch das auslösende Ereignis und die damit verbundene Angst nicht überwinden, sie nicht durchleben und sich ihrer nicht entledigen. Für ihn bleibt sie daher eine stete Belastung. Weil das Leben aber irgendwie weitergehen muss, kommen in der gestörten Psyche in unterschiedlicher Intensität Abwehrmechanismen zum Einsatz. Aber dadurch wird nicht alles verarbeitet. In der gestörten Psyche sammeln sich folglich, mehr oder weniger, Reste unverarbeiteter Erlebnisse oder Gefühle an. Sie werden als Erlebtes beiseitegeschoben, ins Unbewusste. Dort führen sie dann ein Eigenleben, bilden Komplexe aus, die ihrerseits wiederum Verhaltensstörungen nach sich ziehen können. Zu allem Überfluss verzerren dann noch die Abwehrmechanismen, je nach Abwehrpräferenz, mehr oder weniger stark die Realität. In der Folge kann unter dieser Symptomatik neben der betroffenen Person selbst auch die Umwelt ganz erheblich leiden. Denn es kommt potenziell zu einer deutlichen Abweichung der psychischen Funktionen von den gesellschaftlichen oder medizinischen Normvorstellungen. Diese betreffen dann in der Regel neben der Wahrnehmung und dem Fühlen auch das Denken sowie möglicherweise das Verhalten der betreffenden Person. Genauer gesagt führen psychische Störungen nicht nur zu einer Verzerrung der Wahrnehmungsfähigkeit des Betreffenden, sondern auch zu einer Behinderung in seiner Erlebnisfähigkeit. Im Extremfall können psychische Störungen ihren Zenit sogar in einer zerstörerischen Gesinnung, verbunden mit destruktiven Handlungsweisen finden. Die kranke Psyche ist aus dem Gleichgewicht geraten, sie leidet. Das ist das diagnostische Kriterium. Und wenn das Ausmaß der psychischen Störung einen gewissen Grad erreicht hat, dann leidet das Umfeld gleich mit. Die gesunde Psyche hält dagegen ihr Gleichgewicht. Sie ist in Balance. Trotz aller Belastungen und Stressoren im Leben. Sie fühlt sich rundum wohl. Daran erkennt man sie. Psychische Gesundheit ist folglich mehr als nur die reine Abwesenheit von emotionalen Belastungen und psychischen Störungen. Dies bedeutet für uns alle, dass wir zeit unseres Lebens zwischen den Drehpunkten „psychisch gesund", „psychisch belastet" und „psychisch krank" hin- und herpendeln. Dabei ist die Schwelle zwischen diesen drei Drehpunkten fließend. Es gibt hier kein Entweder-psychisch-gesund-oder-psychisch-krank. Gesundheit und Krankheit sind zwei hypothetische Konstrukte im positiven wie auch im negativen Sinne, getreu dem Motto „Alles oder nichts". Aber dieses Prinzip kennt die Psyche nicht. Es ist ihr vollkommen fremd. Wir sollten uns deshalb besser abgewöhnen von psychischer Gesundheit oder Krankheit zu sprechen. Viel besser wäre es, wenn wir in Zukunft einfach nur den Begriff „psychische Störung" gebrauchen würden. Es stellt sich dann allerdings die Frage, was wir unter dem Begriff der psychischen Störung genau verstehen wollen, wann eine solche Störung für uns als relevant erscheint und wie wir sie im Einzelnen diagnostizieren und klassifizieren können.

Diagnostik und Klassifikation psychischer Störungen

Eine Definition des Begriffes „psychische Störung" setzt voraus, dass wir die typischen Eigenschaften von psychischen Störungen genau kennen. Und exakt dies tun wir. Diese Eigenschaften sind:

- Eine eingeschränkte willentliche Steuerung
- Eine längere Dauer
- Eine Verursachung von Leiden
- Eine Beeinträchtigung des Lebens
- Eine nicht seltene Nähe zur Lebensgefahr

Wir können demnach in Anlehnung an das bereits erwähnte DSM, genauer gesagt das DSM-IV, die psychische Störung als ein klinisch bedeutsames Verhalten definieren, welches länger andauert und entweder mit einem gegenwärtigen Leiden oder einer aktuellen Beeinträchtigung oder aber mit einem erhöhten Sterberisiko einhergeht. Mit dieser Art von Definition ist dann auch gleichzeitig die klinische Relevanz angesprochen. Demnach ist eine psychische Störung dann als relevant einzustufen, wenn sie klinisch bedeutsam in Erscheinung tritt. Das heißt, wenn das Verhalten eines Menschen Leiden, Beeinträchtigungen in der sozialen, schulischen oder beruflichen Funktionsfähigkeit oder eben Lebensgefahr bei sich und/oder anderen hervorruft. Psychische Störungen müssen somit, will man ihnen eine klinische Relevanz beimessen, im Äußeren sichtbar sein. Bleibt dann nur noch die Frage offen, wie man psychische Störungen präzise diagnostizieren und klassifizieren kann. Eine durchaus heikle Frage, denn trotz der in den vergangenen Jahrzehnten gemachten Entdeckungen von strukturellen Auffälligkeiten im Gehirn oder von Genvarianten bei vereinzelten psychischen Störungen fehlen bis zum heutigen Tag entsprechende neurobiologische Marker, Gentests oder bildgebende Verfahren, die eine Objektivierung der Diagnose möglich machen könnten. Bei der Diagnostik von psychischen Störungen bleiben wir deshalb auch weiterhin auf die Beobachtung des unverfälschten Verhaltens sowie auf das gesprochene Wort angewiesen. Die Begriffe Objektivität und Subjektivität erweisen sich von daher bei der Beurteilung psychischer Störungen als besonders problematisch. Ebenso wie der Begriff der Normalität. Wo endet die Normalität und ab wann beginnt die Abnormität, wenn doch die Schwelle zwischen ihnen fließend ist? Nach welchen Gesichtspunkten ordnet und klassifiziert man psychische Störungen, wenn das Kriterium der Objektivität nicht gegeben ist und stattdessen die Subjektivität das Feld dominiert? Sagen wir es vielleicht so, es ist in der Tat nicht einfach, aber auch nicht unmöglich. Denn erstens ist und bleibt das individuelle Leid immer etwas subjektiv Erlebtes, sodass die Subjektivität im Bereich der psychischen Störungen nie ganz übergangen werden kann. Und zweitens orientieren sich die objektiv feststellbaren Abweichungen an den Grenzen einer zuvor willkürlich und damit subjektiv festgelegten Norm. Drittens, die schwierig zu definierenden Übergänge von der Gesundheit hin zur psychischen Störung und umgekehrt betreffen nur ihre fließenden unterschwelligen Grenzen, also Krankheitsbeginn und Krankheitsende. Und viertens, auch wenn wir über das subjektive Erleben der Betroffenen nur durch ihre eigene Auskunft Kenntnis haben können, so gibt es doch charakteristische Symptome, die von verschiedenen Untersuchern in hoher Übereinstimmung festgestellt und objektiviert werden können. Damit ist dann auch schon das Zauberwort genannt, nach dem heute psychische Störungen in der Praxis diagnostiziert und unterschieden werden. Es ist das Symptom, welches im Zentrum von Diagnose und Klassifikation steht. Dieses Symptom wird als Zeichen einer Störung definiert, wobei ein typisches Muster von Symptomen wiederum als Syndrom definiert wird. Das ist also das heutige Verständnis psychischer Störungen. Es weist eindeutig in die Richtung psychischer Einzelsymptome oder Syndrome. Der Patient wird folglich bei einem diagnostischen Gespräch vom Psychotherapeuten auf eine Reihe von Symptomen hin ordentlich abgeklopft. Erfasst werden aber nicht nur die aktuellen Beschwerden, sondern auch deren Beginn und Beständigkeit sowie ihr Verlauf und weitere wichtige beeinflussende Faktoren. Der Therapeut wird in dem Gespräch darauf fokussieren, in welcher Art und Weise der Patient seine Gefühle erlebt, wie er sie äußert, wie er lernt, denkt und urteilt, wie er sich verhält und welche körperlichen Anzeichen er aufweist. Der Therapeut wird ferner seinen diagnostischen Blick auf das subjektive Befinden des Patienten, sein Funktionieren in bestimmten sozialen Rollenbereichen wie Beruf und Familie, das Ausmaß seiner Bewältigungsstrategien sowie auf die Qualität seines Lebens richten. Er wird sozusagen in die Schlüsselbereiche menschlicher Aktivität und menschlichen Verhaltens schauen. Danach wird der Therapeut imstande sein festzustellen, ob eine psychische Störung beim Patienten besteht und an welcher Störung dieser genau leidet. So zumindest in der Theorie. In der Praxis hingegen sollte eine Diagnose niemals eine endgültige Festlegung sein, sondern immer nur eine Arbeits- oder Verdachtsdiagnose. Das reicht auch vollkommen aus, um zu beschreiben, wie ein Patient darunter leidet, dass er anders denkt, fühlt und handelt als die meisten anderen Menschen auf dieser Welt. Es kann für den einzelnen Patienten, der sich vielleicht selbst nicht mehr versteht, durchaus Halt und Hoffnung bedeuten, wenn er erstmals eine solche Beurteilung seines Leidens von einem Therapeuten erfährt. Die Verstehbarkeit ist aber nicht die einzige Komponente, damit ein Mensch trotz einer schweren psychischen Störung wieder Zuversicht gewinnen kann. Nach dem israelisch-amerikanischen Medizinsoziologen und Stressforscher Aaron Antonovsky (1923–1994) kommen da nämlich noch zwei weitere wesentliche Komponenten hinzu. Und zwar zum einen die Handhabbarkeit und zum anderen die Bedeutsamkeit. Die Handhabbarkeit meint die Einsicht des Menschen, dass Schwierigkeiten im Leben lösbar und zu bewältigen sind. Das bedeutet, dass der Mensch befähigt sein muss zu begreifen, welche geeigneten Ressourcen ihm zur Verfügung stehen, um den anfallenden Anforderungen gerecht zu werden. Dazu zählen nicht nur die internen, also die eigenen Ressourcen, sondern auch die externen Ressourcen wie der Lebenspartner, Freunde und Kollegen und auch Gott. Ein Mensch, der diese Einsicht in die Bewältigbarkeit von Schwierigkeiten nicht hat, gleicht dem ewigen Pechvogel, der den Widrigkeiten des Lebens hilflos ausgeliefert ist, ohne ihnen etwas Brauchbares entgegensetzen zu können. Er gleicht dem ewigen Opfer. Bedeutsamkeit hingegen meint das Verständnis eines Menschen, dass doch wenigstens einige vom Leben gestellte Probleme und Anforderungen es wert sein sollten, Mühe, Fleiß und Energie in sie zu investieren. Dass sie es trotz Unannehmlichkeiten und Lasten verdienen, dass man sich ihnen verpflichtet fühlt und sich für sie einsetzt. Die Bedeutsamkeit meint somit das Gefühl von Sinnhaftigkeit. Dass es Lebensbereiche gibt, die dem Menschen wichtig sind, ihm am Herzen liegen. Es ist die Überzeugung, dass letzten Endes alles, was geschieht, einen tieferen Sinn hat. Verstehbarkeit, Handhabbarkeit und Bedeutsamkeit, diese drei Komponenten haben also eine elementare Bedeutung für die Entstehung und Erhaltung unserer psychischen Gesundheit. Je nachdem, wie stark diese Eigenschaften bei einem Menschen jeweils ausgeprägt sind, kann er auch unterschiedlich gut mit Lebenskrisen umgehen. Und er reagiert weniger mit psychischen und/oder psychosomatischen Symptomen. Man könnte es auch noch etwas anders ausdrücken. Verstehbarkeit, Handhabbarkeit und Bedeutsamkeit sind die drei Komponenten des menschlichen Urvertrauens. Dieses Urvertrauen entspricht dem oft in der Literatur beschriebenen Begriff des Kohärenzgefühls, das eine grundlegende und auf die persönliche Umwelt gerichtete Orientierung darstellt, welche in der menschlichen Persönlichkeit fest verankert ist. Deshalb darf man auch sagen, dass Menschen mit einem starken Kohärenzgefühl eine größere Chance haben, mit den Anforderungen und Stressoren des täglichen Lebens besser umzugehen, sie besser zu bewältigen. Unsere psychische Gesundheit hängt damit wesentlich von der Ausprägung der drei Komponenten unseres Kohärenzgefühls ab. Verfügt der Mensch über eine derart starke globale Orientierung eines dynamischen wie beständigen Gefühls des Vertrauens in seinem Leben sowie seiner Umwelt gegenüber, dann ist auch seine Weltanschauung stimmiger und sein Wohlbefinden und damit seine Gesundheit wird entsprechend größer sein, so Aaron Antonovsky in seinem Modell der Gesundheitsentstehung. Das Kohärenzgefühl bildet deshalb das Kernstück im Konzept der Salutogenese, der Wissenschaft von der Entstehung und Erhaltung unserer Gesundheit. Damit stehen die beiden Begriffe Salutogenese und Resilienz sehr eng miteinander in Verbindung. Interessanterweise hat Antonovsky selbst keine Untersuchungen über den Zusammenhang zwischen psychischer Gesundheit und dem Kohärenzgefühl durchgeführt. Diesen Part haben andere Wissenschaftler übernommen. Sie konnten in ihren Studien nachweisen, dass die Schwere einer psychischen Erkrankung negativ mit dem Kohärenzgefühl korreliert. Und sie konnten belegen, dass Menschen mit einem hohen Kohärenzgefühl nach einem psychischen Trauma weniger häufig eine sogenannte posttraumatische Belastungsstörung entwickeln. Ihre psychische Verletzbarkeit, als Gegenteil zur Resilienz, war also deutlich geringer ausgeprägt, womit wir wieder beim Thema Diagnostik psychischer Störungen angekommen wären. Und damit wieder angekommen bei der Frage, wie man psychische Störungen im klinischen Alltag ganz praktisch gesehen eigentlich diagnostiziert. Zwei Dinge hierzu sind bereits bekannt. Erstens, dass man psychische Störungen anhand der aktuellen Symptome eines Patienten unterscheidet sowie einteilt, und zweitens, dass sie entweder nach der Internationalen Klassifikation der Krankheiten (ICD) oder nach dem Diagnostic and Statistical Manual of Mental Disorders (DSM) diagnostiziert und klassifiziert werden können. Mehr wissen wir aktuell nicht. So wissen wir beispielsweise noch nicht, wie man mit diesen Klassifikationssystemen richtig arbeitet und wie und warum sie im Laufe der Zeit überhaupt entstanden sind. Zum genauen Verständnis psychischer Störungen ist es deswegen unumgänglich, einen gezielten Blick auf ihre Geschichte sowie die entsprechenden Klassifikationssysteme zu werfen. Der Blick reicht dabei weit zurück, bis in das sogenannte Altertum. Denn das menschliche Bemühen um nützliche und geeignete Klassifikationssysteme für psychische Störungen lässt sich bis in diese Zeit zurückverfolgen. Eine Zeit, die also weit vor der antiken Geschichtsschreibung liegt. Es ist von daher nicht allzu vermessen zu behaupten, dass psychische Störungen in der Menschheitsgeschichte in allen Zeiträumen und Kulturen eine Rolle gespielt haben. Sind sie doch schließlich so alt wie die Menschheit selbst. Verschiedene Hinweise aus Mesopotamien, Babylonien und Altägypten liefern uns jedenfalls Grund genug für diese Vermutung. Nach diesen Zeugnissen, die sich mit den Verwirrungen des Geistes beschäftigen und die frühesten Dokumente darstellen, vertraten die Priesterärzte jener Zeit, welche die religiöse Deutungshoheit bezüglich der körperlichen wie auch seelischen Krankheiten innehatten und als Mittler zwischen der Welt der Götter und der menschlichen Welt auftraten, die Auffassung, dass es sich bei psychischen Störungen um dämonische Krankheiten handelt. Um eine Form dämonischer Besessenheit. Für sie waren es gottgesandte Krankheiten, die sie auf den Zorn der Götter zurückführten und die grundsätzlich beide Geschlechter überkommen konnten. Diese Krankheiten galten als unheilbar. Nur zur Linderung der Symptome konnte man beitragen, entweder durch entsprechende Rezepturen oder verschiedenste Rituale. Eine erste wissenschaftliche Sichtweise psychischer Störungen entwickelte aus heutiger Sicht der wohl berühmteste Arzt der griechischen Antike, Hippokrates von Kos, mit seiner größten Entdeckung, der sogenannten Viersäftelehre. Diese besagt, dass der menschliche Körper vier verschiedene Säfte herstellt, als da wären Blut, Schleim sowie gelbe und schwarze Galle. Die Gesundheit eines Menschen hänge von diesen vier Säften ab bzw. von ihrem Mischungsverhältnis. Sind alle vier Säfte im Gleichgewicht, dann ist der Mensch gesund. Geraten jedoch die vier Säfte aus dem Gleichgewicht, dann wird ein Mensch krank. Deshalb, so Hippokrates, sei es die vorrangige Aufgabe der ärztlichen Heilkunst, dieses gestörte Verhältnis durch geeignete Maßnahmen wieder in Ordnung zu bringen. Galenus von Pergamon, der nach Hippokrates bedeutendste Arzt der Antike, verknüpfte nun die Viersäftelehre mit der Lehre von den vier Temperamenten. Danach werden den vier Säften des Körpers jeweils vier Temperamente wie folgt zugeordnet:

Blut	=	Sanguiniker	=	häufig wechselnde Stimmung
Schleim	=	Phlegmatiker	=	passiv, schwerfällig, träge
Schwarze Galle	=	Melancholiker	=	traurig, trübsinnig, nachdenklich
Gelbe Galle	=	Choleriker	=	reizbar, erregbar, jähzornig

Je nachdem, welcher Saft im Körper nun gerade die Vorherrschaft übernimmt, tritt dann auch, entsprechend der Theorie, das zugeordnete Temperament nach außen in Erscheinung. Diese Form der Klassifikation psychischer Störungen wurde noch bis in das 19. Jahrhundert hinein angewandt. Hippokrates unterschied drei verschiedene Hauptkategorien psychischer Störungen. Darunter die Melancholie, welche der heutigen Depression entsprechen würde. Als Zweites die Manie, die einen Zustand der Ekstase und Raserei beschreibt. Und drittens das Gehirnfieber, auch Phrenitis genannt, das wiederum eine Sinnesart von Irrereden und Angst charakterisiert. Interessant ist, dass Hippokrates selbst nicht glaubte, dass es die Götter oder Geister waren, die die psychischen Zustände des Menschen bestimmten. Vielmehr ging er in seinen Überlegungen davon aus, dass sich die fehlerhafte Mischung der Körpersäfte unvorteilhaft auf das Gehirn des Menschen auswirken würde. Das gestörte Denken, Verhalten und Handeln beruht folglich seiner Auffassung nach auf einer Pathologie des Gehirns. Damit gilt er als der erste Vertreter der somatogenetischen Hypothese zur Erklärung psychischer Störungen. Der Begriff der Somatogenese meint dabei so viel, wie dass mit dem Körper etwas nicht in Ordnung ist. Etwas, das in der Folge das Denken, Verhalten und Handeln stört. Leider ging diese wertvolle Einsicht im Mittelalter irgendwie komplett verloren. Stattdessen rückte mehr und mehr die Überzeugung in den Fokus, dass psychische Störungen als Anzeichen von Teufelsbesessenheit oder Gottesstrafe zu interpretieren seien. Man ging also von der Annahme aus, dass entweder ein unreiner Geist oder der Teufel persönlich sich in einem fremden Körper einnisten würden, um die Herrschaft über den Körper und den Geist der betroffenen Person zu übernehmen. Möglicherweise passiert so etwas ohne den Willen des Menschen. Dann wäre es als Strafe Gottes für die begangenen Sünden zu deuten. Oder aber es geschieht willentlich. In diesem Falle wäre das ein Pakt mit dem Teufel und man würde von Hexerei sprechen. Dämonologie nennt man ein solches Gedankengebäude. Die einzige Möglichkeit zur Heilung besteht darin, den unreinen Geist oder Teufel auszutreiben. Entweder mit Gebeten oder Gebräuen, die dem Betroffenen eingeflößt werden. Oder, wenn das nicht hilft, mit Aushungern oder Auspeitschen. Notfalls müsse man auch den Tod des Besessenen in Kauf nehmen, nur um das Böse zu besiegen. Schließlich heiligt ja der Zweck die Mittel. So fand die Dämonologie ihren traurigen Höhepunkt in der Hexenverfolgung, der geschätzt etwa 60 000 Menschen in Europa zum Opfer fielen. Erst ab dem 19. Jahrhundert wurde die einstige Lehre von der Somatogenese psychischer Störungen wiederaufgegriffen und in neue medizinische Modelle gegossen. Vorreiter waren hier der bereits erwähnte deutsche Psychiater und Begründer der modernen naturwissenschaftlichen Psychiatrie Wilhelm Griesinger sowie sein deutscher Kollege Emil Kraepelin (1856–1926). Ihr Modell beruhte auf der Annahme, dass Gruppen von Symptomen ein Syndrom bilden, dem wiederum eine körperliche Funktionsstörung zugrunde liegt. Nach diesem Modell wurden psychische Störungen in zwei Hauptkategorien eingeteilt:

1. Dementia praecox
2. Manisch-depressive Psychose

Die Dementia praecox, eine veraltete Bezeichnung für die Schizophrenie, sollte dabei auf einem chemischen Ungleichgewicht beruhen, während für die manisch-depressive Psychose eine Stoffwechselstörung als Ursache angenommen wurde. Der Begriff der Psychose wurde bereits 1845 von dem österreichischen Arzt und Philosophen Ernst von Feuchtersleben (1806–1849) erstmals verwendet. Zu verstehen sei darunter eine psychische Störung, bei welcher der Ich- und Realitätsbezug verschwimme und deren Ursachen wahrscheinlich entweder in körperlichen Krankheiten oder in organischen Ursachen zu finden seien. Der Begriff der Neurose wurde dagegen schon im Jahre 1776 von dem schottischen Arzt William Cullen (1710–1790) eingeführt. Er bezeichnete damit eine psychische Störung, bei der sowohl der Ichbezug wie auch die Krankheitseinsicht erhalten bleibt, für die sich aber keine nachweisbare Ursache finden lässt. Damit zeigt sich, dass die ersten neuzeitlichen Differenzierungen bezüglich der Diagnostik psychischer Störungen bereits ab dem 18. Jahrhundert ihren Anfang nahmen. Die Geschichte der Psychiatrie im engeren Sinne beginnt folglich hier, im 18. Jahrhundert, mit der Aufklärung und dem damit verbundenen Bemühen um eine möglichst systematische Versorgung psychisch Kranker. Vorher, vom Altertum bis zum Ende des 18. Jahrhunderts, sollte man eher von der Geschichte des Irrsinns sprechen. Zu einer akademischen Wissenschaft hat sich die Psychiatrie erst seit dem Ende des 19. Jahrhunderts entwickelt. Als nämlich Ärzte damit begannen, nach körperlichen Ursachen von psychischen Krankheiten zu fahnden, und dabei das menschliche Gehirn ins Visier nahmen. Eine wirklich systematische Beschäftigung mit psychischen Störungen setzte jedoch erst vor circa 100 Jahren ein. Infolgedessen lässt sich die Geschichte der Psychiatrie im Grunde in drei große Epochen aufgliedern. Die letzte dieser Epochen ist untrennbar mit dem Namen Sigmund Freud verbunden. Er griff gewissermaßen die Bezeichnung Neurose im Jahre 1900 wieder auf und definierte sie kurzerhand als eine psychische Störung, deren Ursache in einem seelischen Konflikt liegt, der dem Betroffenen jedoch unbewusst bleibt. Aufbauend auf diesen Überlegungen legte Emil Kraepelin am Ende des 19. Jahrhunderts ein neues Klassifikationssystem vor, welches erstmals auf empirischen Daten zur Entstehung und Ausgestaltung psychischer Störungen beruhte. Die Weiterentwicklungen dieses Systems, die eng mit den Namen Ernst Kretschmer (1888–1964) und Karl Jaspers (1883–1969) verknüpft sind, führten schließlich zum sogenannten triadischen System, das psychische Störungen nach ihren Ursachen in drei Gruppen einteilt:

1. Exogene Psychosen

Es handelt sich bei ihnen um organisch ausgelöste psychische Störungen, die auf greifbaren körperlichen Veränderungen beruhen, wie beispielsweise einem Gehirntumor. Zu dieser Gruppe gehören sowohl die akuten organischen Psychosyndrome wie etwa das Delir als auch chronische organische Psychosyndrome wie die Demenzerkrankungen. Aus den exogenen Psychosen wurden später die exogenen Störungen.

2. Endogene Psychosen

Sie wurden später zu den endogenen Störungen. Es sind psychische Störungen, die mutmaßlich auf körperlichen Veränderungen beruhen, ohne dass man diese jedoch exakt angeben könnte. Gute Beispiele hierfür sind die Schizophrenien sowie die manisch-depressiven Psychosen.

3. Neurosen

Aus ihnen wurden später die psychogenen Störungen. Bei dieser Gruppe handelt es sich um Erkrankungen, die vermutlich psychisch ausgelöst werden. Hierunter fallen unter anderem die Angststörungen sowie die Belastungsreaktionen und die Anpassungsstörungen.

Ein anderes Klassifikationssystem bahnte sich bereits in der Mitte des 19. Jahrhunderts an. Jacques Bertillon (1851–1922), ein französischer Statistiker und Demograf, erstellte aufbauend auf den Arbeiten des britischen Epidemiologen William Farr (1807–1883) ein Verzeichnis, das ursprünglich ausschließlich der Erfassung von Todesursachen diente und im Jahre 1893 schließlich offiziell eingeführt wurde. Nach und nach wurde dieses Verzeichnis immer wieder aktualisiert und allmählich auch auf Krankheiten ausgedehnt, die nicht tödlich verliefen. Als die Weltgesundheitsorganisation (WHO) im Jahre 1948 gegründet wurde, übernahm sie kurzerhand die Bertillon-Klassifikation und führte sie als Internationale Klassifikation der Krankheiten, kurz ICD, weiter fort. So enthielt die sechste Ausgabe der ICD, die gleich im Gründungsjahr erschien, im Kapitel V auch einen Teil zur Klassifikation psychischer Störungen. Trotzdem änderte sich damit an der bestehenden Situation nicht viel und das Geschehen blieb insgesamt auch weiterhin unübersichtlich. Denn bis 1950 sorgte die Vielgestaltigkeit der Ansätze dafür, dass auf der Welt gleich mehrere Hundert verschiedener Klassifikationssysteme psychischer Störungen verbreitet waren, die obendrein auch noch weitestgehend einfach nicht zueinanderpassen wollten. Diese unübersichtliche und untragbare Situation sollte sich erst 1980 mit der Einführung deskriptiver Klassifikationssysteme grundlegend ändern. Eingeläutet wurde die Entwicklung allerdings durch ein anderes international gebräuchliches Klassifikationssystem, dessen Hintergründe bis in das Jahr 1840 reichen und das in Amerika entworfen wurde. Sein Name lautet Diagnostic and Statistical Manual of Mental Disorders, kurz DSM. Natürlich dachte 1840 noch niemand in den USA an Psychotherapie. Vielmehr ging es darum, das Ausmaß psychischer Störungen in der Bevölkerung festzustellen. Die Frage der Verbreitung wurde deshalb gleich einmal in die Volkszählung desselben Jahres mit aufgenommen. Vierzig Jahre später enthielt die Volkszählung dann schon sieben verschiedene Kategorien psychischer Störungen. Nach dem Zweiten Weltkrieg zeigte sich, dass zahlreiche Kriegsveteranen unter diversen psychischen Störungen litten, für die es jedoch kein geeignetes Klassifikationssystem gab. So entstand erstmals in den USA die Notwendigkeit, in höherem Ausmaß auch jene Personen mit psychischen Störungen zu klassifizieren, die nicht in irgendeiner Einrichtung untergebracht waren. Die U. S. Army entwickelte daraufhin gemeinsam mit der Veteranenadministration ein umfassendes Klassifikationssystem psychischer Störungen, welches den Grundstock für das spätere DSM lieferte. Zweifellos wäre es verlockend gewesen, das Kapitel V der ICD-6 einfach zu übernehmen. Doch dort fehlten Erkrankungen wie Demenz, Anpassungsstörungen und einige Persönlichkeitsstörungen, sodass es für den Gebrauch in den USA als ungeeignet erschien. Der Startschuss für die Entwicklung des DSM war damit gefallen. Im Weiteren wurde die American Psychiatric Association (APA) damit beauftragt, ein alternatives Klassifikationssystem zur ICD zu entwickeln. Auf der Grundlage des Klassifikationssystems der U. S. Army wurde im Jahre 1952 das DSM-I veröffentlicht, das den amerikanischen Bedürfnissen von nun an Rechnung trug. Mit der Maßgabe, sich möglichst nahe an der ICD-8 anzulehnen, wurde 1965 gleich die zweite Version des DSM in Auftrag gegeben, welche 1968 publiziert wurde. Doch erst mit dem DSM-III, das 1980 veröffentlicht wurde, kam der eigentliche Wendepunkt in der Klassifikation psychischer Störungen. Denn erst hier wurden erstmals neben expliziten diagnostischen Kriterien auf der Symptom- und Syndromebene auch notwendige sowie hinreichende Merkmale für die Diagnose einer psychischen Störung festgelegt. Und das inklusive entsprechender Zeit- und Schweregradkriterien. Konnte also noch bis in die 1970er Jahre hinein der behandelnde Arzt psychiatrische Diagnosen nach Ermessen frei verwenden, so bekam er nun mit dem neuen Klassifikationsmanual genaue Vorgaben und verbindliche Regeln an die Hand, um die Diagnose auf der Grundlage von wissenschaftlichen Erkenntnissen stellen zu können. Es nimmt daher nicht wunder, dass sich das DSM aufgrund seiner klaren Kriterien auf internationaler Ebene als Empfehlung durchgesetzt hat, insbesondere im Bereich der Forschung. Und so wurde 1992 der Ansatz des DSM-III weitgehend in das fünfte Kapitel der ICD-10 übernommen. Seitdem entspricht die ICD weitgehend im Aufbau, den Prinzipien und der Diagnose dem System des DSM. Heute passen deshalb beide Systeme gut zusammen, sind miteinander vereinbar und verträglich. Daran haben auch die Weiterentwicklungen beider Systeme nichts geändert. Im Übrigen, die ICD liegt gegenwärtig in ihrer zehnten Auflage vor, wobei die letzte Aktualisierung im Jahre 2016 stattfand. In den vergangenen zwölf Jahren wurde fieberhaft in Richtung einer elften Auflage gearbeitet. Deren Verabschiedung stand am 25. Mai 2019 auf der Tagesordnung der 72. Weltgesundheitsversammlung (WHA). Offiziell gelten wird die ICD-11 aber erst ab dem Januar 2022. Auch beim DSM-System hat sich inzwischen einiges getan. So wurde 1994 das DSM-IV veröffentlicht. 1996 kam eine deutsche Ausgabe des amerikanischen Klassifikationssystems auf den Markt. Und im Mai 2013 erblickte schließlich die fünfte Edition des DSM das Licht der Welt, die im Gegensatz zum DSM-IV durchaus neue Perspektiven zu eröffnen scheint, aber auch erhebliche Gefahren mit sich bringt. Warum? Schaut man sich den Aufbau der ICD-10 und des DSM-IV einmal näher an, dann fällt einem sofort auf, dass sich beide Klassifikationssysteme durch eine multiaxiale Diagnostik auszeichnen. Bei aller Ähnlichkeit gibt es aber auch ein paar kleine und feine Unterschiede. So berücksichtigt das DSM-IV im Gegensatz zur ICD-10 geschlechtsspezifische Unterschiede. Auch existiert ein paradigmatischer Unterschied zwischen den beiden Katalogen. Das DSM-IV erhebt nämlich die Forderung, dass der Patient durch die Symptomatik beeinträchtigt sein muss. Beim DSM-IV sind es insgesamt fünf Diagnoseachsen, auf denen das Zustandsbild eines Patienten mit einer relevanten psychischen Störung erfasst, beurteilt und codiert wird. Die einzelnen Achsen sehen dabei wie folgt aus:

Achse I: Klinische Störungen

Sie gilt allgemein als die wesentlichste Achse, denn auf ihr werden alle klinisch relevanten psychischen Störungen und Zustände, inklusive der spezifischen Entwicklungsstörungen, definiert und erfasst. Anschließend werden diese Achse-I-Störungen anhand von 16 diagnostischen Hauptgruppen und 395 Kategorien psychischer Störungen weiter spezifiziert. Dabei beschreiben für jede psychische Störung operationale diagnostische Kriterien entsprechende Symptome oder Symptomkombinationen, die für die Diagnosestellung notwendig sind. Die Zahl dieser Kriterien beläuft sich im DSM-IV insgesamt auf etwa 1000. Das Ganze folgt einer eindeutigen diagnostischen Handlungsvorschrift, die letztlich angibt, wie die in den Einzelkriterien erfassten Symptome und Symptomgruppen zu einer Diagnose zu verrechnen sind. Hier die insgesamt 16 diagnostischen Hauptgruppen der Achse I nach DSM-IV im Überblick:

- Störungen, die in Kindheit und Jugend auftreten
- Delir, Demenz und andere kognitive Störungen

- Psychische Störungen aufgrund eines medizinischen Krankheitsfaktors
- Substanzinduzierte Störungen
- Schizophrenie und andere psychotische Störungen
- Affektive Störungen
- Angststörungen
- Somatoforme Störungen
- Vorgetäuschte Störungen
- Dissoziative Störungen
- Sexuelle Störungen und Störungen der Geschlechtsidentität
- Essstörungen
- Schlafstörungen
- Störungen der Impulskontrolle
- Anpassungsstörungen
- Andere klinisch relevante Probleme

Achse II: Persönlichkeitsstörungen und geistige Behinderungen

Die Achse II dient der Erfassung von Persönlichkeitsstörungen und geistigen Behinderungen. Sie wurde deshalb ganz bewusst von der ersten Achse abgesetzt, um auch psychische Störungen erfassen zu können, die entweder aufgrund ihrer Unaufdringlichkeit hinter den Achse-I-Störungen im Verborgenen bleiben, so wie es beispielsweise die Persönlichkeitsstörungen tun können, oder aber die Fähigkeit besitzen, neben den Achse-I-Störungen zu existieren, so wie es bei den geistigen Behinderungen der Fall sein kann. Damit wurde das Augenmerk ganz gezielt auf psychische Störungen gerichtet, die entweder langfristig oder sogar lebenslang bestehen können, in ihren sozialen Auswirkungen aber geringer ausfallen als die Achse-I-Störungen. Mit der Achse II ist es somit durchaus möglich, einer Person mehr als eine Diagnose zuzuweisen.

Achse III: Medizinische Krankheitsfaktoren

Auf der dritten Achse werden alle medizinischen Krankheitsfaktoren erfasst, welche für die psychischen Störungen bedeutsam sein können. Dabei müssen die körperlichen Krankheiten keine zwingende Bedeutung für die Entstehung dieser psychischen Störungen haben. Vielmehr geht es um die Erfassung körperlicher Erkrankungen, die für den Umgang mit der psychischen Störung, für das Verständnis des Betroffenen und dessen Therapieplanung relevant sein können. Auf Achse III können deshalb grundsätzlich alle medizinischen Schwierigkeiten erfasst werden, ganz egal ob es sich um angeborene Störungen, Infektionen, Erkrankungen des Nervensystems, Immunkrankheiten, Erkrankungen des Bewegungsapparates oder sonstige medizinische Problematiken handelt.

Achse IV: Psychosoziale und umgebungsbedingte Probleme

Die vierte Achse erfasst alle psychosozialen und umgebungsbedingten Probleme, welche die Diagnose, Therapie und Prognose einer Achse-I- oder Achse-II-Störung beeinflussen können. Solche psychosozialen und umgebungsbedingten Probleme können beispielsweise sein:

- familiäre oder zwischenmenschliche Probleme,
- mangelhafte soziale Netzwerke,
- Probleme in Ausbildung und Beruf,
- problematische Wohnverhältnisse,
- schwierige finanzielle Verhältnisse,
- eine unzureichende Gesundheitsversorgung sowie
- Konflikte mit dem Gesetz,

um nur einige zu nennen. Ganz allgemein gesprochen sind somit alle negativen psychosozialen und umgebungsrelevanten Bedingungen gemeint. Dabei wird als Richtschnur ein Zeitbeurteilungsfenster von zwölf Monaten vorgegeben. Es geht folglich im Schwerpunkt um psychologische, soziale und umgebungsbedingte Probleme, die erst im Laufe des letzten Jahres aufgetreten sind. Aber natürlich können auch weiter zurückliegende Probleme und Schwierigkeiten erfasst werden, wenn sie denn für die Entwicklung der psychischen Störung eine gravierende Bedeutung besitzen.

Achse V: Globale Beurteilung des Funktionsniveaus

Die fünfte Achse des DSM-IV dient der Erfassung des allgemeinen Funktionsniveaus des Patienten in psychischer, sozialer und beruflicher Hinsicht. Dazu wird eine Ratingskala verwendet, die in insgesamt zehn verschiedene Funktionsniveaustufen unterteilt ist und ein hypothetisches Kontinuum von psychischer Gesundheit zu psychischer Krankheit in einem Wertebereich von 0 bis 100 abbildet. Die 100 repräsentiert den Höchstgrad an Funktionsfähigkeit und ist gleichbedeutend mit völliger Symptomfreiheit, während die 0 das genaue Gegenteil davon darstellt. Beurteilt wird in der Regel immer der aktuelle, also gegenwärtige Zustand des Patienten. Das einzuschätzende Spektrum reicht dabei von einer hervorragenden Leistungsfähigkeit in einem breiten Spektrum von Aktivitäten bis hin zu einer ständigen Gefahr, sich oder andere schwer zu verletzen, Selbstmordabsichten oder der anhaltenden Unfähigkeit, die minimale persönliche Hygiene aufrechtzuerhalten. Die bei der Gesamtbeurteilung des allgemeinen Funktionsniveaus des Patienten gewonnenen Informationen dienen vor allem der Stellung der Prognose, der optimalen Therapieplanung sowie der Messung ihrer Wirksamkeit. Während also die ersten vier Achsen des DSM der wissenschaftlichen Beschreibung, konkreten Einteilung und Zuordnung psychischer Störungen dienen, damit sie geordnet und überschaubar gemacht werden können, dient die letzte Achse der dimensionalen Einschätzung ihrer psychischen, sozialen und beruflichen Auswirkungen auf das Leben des Patienten. Ähnlich und doch anders ist der Aufbau des ICD-10-Katalogs. Er ordnet seine Kapitel vornehmlich nach pathogenetischen Überlegungen und stellt damit die Funktion biopsychischer Regulationsprozesse in den Vordergrund, wohingegen die Systematik des DSM IV eher psychopathologischen Prinzipien folgt. Der ICD-10-Katalog ist in zehn diagnostische Hauptgruppen unterteilt, erkennt 276 psychische Störungen als relevante Diagnosen und bietet insgesamt 1000 Unterscheidungsmöglichkeiten, die jedoch bei Weitem noch nicht ausgeschöpft sind und damit durchaus noch ein gewisses Potenzial an Entwicklung beinhalten. Die ICD-10 lässt bei genauerem Hinsehen noch das alte triadische Klassifikationssystem erkennen. Trotzdem wurde der Katalog in dieser Auflage als ein völlig neues Klassifikationssystem formuliert, das auch spezifische Elemente für die Diagnostik psychischer Störungen bei Kindern und Jugendlichen bereithält. Für die Diagnostik einer psychischen Störung sind nach dem ICD-10-Katalog die Anzahl der Symptome, ihr Schweregrad sowie ihre Dauer und der Verlauf von großer Bedeutung. Entsprechend fasst er die einzelnen Störungsdiagnosen entweder nach ihrer Hauptthematik oder aber nach ihrer deskriptiven Ähnlichkeit in Gruppen zusammen. Hier deshalb die zehn Hauptkategorien psychischer Störungen im Überblick, so wie sie die ICD-10 in ihrem fünften Kapitel derzeit aufgliedert:

F0: Organische, einschließlich symptomatischer psychischer Störungen
F1: Psychische und Verhaltensstörungen durch psychotrope Substanzen
F2: Schizophrenie, schizotype und wahnhafte Störungen
F3: Affektive Störungen
F4: Neurotische, Belastungs- und somatoforme Störungen
F5: Verhaltensauffälligkeiten mit körperlichen Störungen und Faktoren
F6: Persönlichkeits- und Verhaltensstörungen
F7: Intelligenzstörung
F8: Entwicklungsstörungen
F9: Verhaltens- und emotionale Störungen mit Beginn in der Kindheit und Jugend

Zudem gibt es in der ICD-10 noch eine weitere Gruppe von nicht näher bezeichneten psychischen Störungen. Jede dieser Hauptgruppen, von F0 bis F9, teilt sich ihrerseits dann noch einmal in spezifischere Ebenen der klassifikatorischen Einteilung auf. Es müssen dementsprechend im ICD-10-Katalog verschiedene Hierarchieebenen beachtet werden, was die Hauptgruppen, Untergruppen und die einzelnen psychischen Störungen anbelangt. Wie das DSM-IV ist auch die ICD-10 als ein multiaxiales System aufgebaut. Sie beschränkt sich aber im Gegensatz zu diesem auf lediglich drei Achsen. Ihre erste Achse umfasst psychische und somatische Störungen. Mit der zweiten Achse werden Beeinträchtigungen der psychosozialen Funktionsfähigkeit abgebildet. Und mit der dritten Achse der ICD-10 werden Belastungsfaktoren eingeschätzt. Dabei geht es um umgebungs- und situationsabhängige Ereignisse sowie Probleme der Lebensführung und der Lebensbewältigung. Es bestehen somit zahlreiche und unübersehbare Parallelen und Gemeinsamkeiten zwischen dem DSM-IV und der ICD-10. Der einzige wesentliche Unterschied zwischen beiden Systemen besteht allerdings darin, dass die ICD sämtliche Krankheiten umfasst, während das DSM ausschließlich auf psychische Störungen ausgerichtet ist. Beide Diagnosesysteme verfolgen einen kategorialen Ansatz. Dieser Ansatz geht im Prinzip davon aus, dass sich psychische Störungen als Krankheitsentitäten zum einen erfassen und zum anderen voneinander auch abgrenzen lassen. Beide Diagnosehandbücher enthalten deshalb entsprechende Definitionen psychischer Störungen, einschließlich der dazu passenden Konzepte. Sie teilen die einzelnen psychischen Erkrankungen gemäß ihrer Philosophie schrittweise anhand von Symptomen ein, was zunächst einmal auch verständlich ist, denn ein Patient mit einer psychischen Störung beschreibt dem Arzt im Normalfall kein idealtypisches Störungsbild, sondern vielmehr nur einzelne Symptome, an denen er leidet. Allerdings werden in beiden Diagnosehandbüchern nur die häufigsten Symptome einer psychischen Störung aufgelistet, während die weniger häufigen Symptome dagegen keine Berücksichtigung finden. Der diagnostische Prozess beginnt damit in beiden Systemen bei den Verhaltensmerkmalen und verläuft über die Beschwerden, Auffälligkeiten und Befunde weiter zum Symptom und den Symptomenkomplexen, um dann mithilfe der Symptomzuordnung schließlich bis zur Diagnose zu gelangen. Das bedeutet, dass beide Diagnosekataloge im Grunde wie Kochbücher funktionieren. Ganz nach dem Motto „Sage mir, welche Zutaten du nimmst, und ich sage dir, welche Speise dabei herauskommt". Auf die psychischen Störungen bezogen würde man das Motto folgendermaßen abwandeln: „Sage mir, welche Hauptsymptome der Patient aufweist, und ich sage dir, an welcher psychischen Störung er höchstwahrscheinlich leidet." Das Orientieren an den Hauptsymptomen hat zwar den Vorteil, dass die Zuverlässigkeit der Diagnosen, Reliabilität genannt, steigt. Gleichzeitig, und das ist der Nachteil einer solchen Vorgehensweise, wird damit aber auch ihre Gültigkeit, oft als Validität bezeichnet, infrage gestellt. Um es vielleicht an dieser Stelle noch ein klein wenig zu verdeutlichen. Die Zuverlässigkeit eines Verfahrens ist ein Maß dafür, mit welcher Wahrscheinlichkeit die Wiederholung einer Beurteilung durch den gleichen oder einen anderen Prüfer dasselbe Prüfergebnis hervorbringt. Die Gültigkeit gibt dagegen den Grad der Genauigkeit an, mit dem eine Untersuchung das erfasst, was sie eigentlich erfassen soll. Bezogen auf die ICD-10 und das DSM-IV könnte man dazu folgendes kleines Beispiel anbringen. Wer Mehl, Wasser, Olivenöl, Tomaten, Salz, Basilikum und Käse nimmt, kann daraus entweder Spaghetti Napoli oder aber eine Pizza Margherita herstellen. Erst wenn er noch darüber hinaus verrät, dass er Hefe und Mozzarellakäse verwendet, wird klar, dass es doch eher in Richtung der Pizza geht. Erwähnt er hingegen Oregano und Parmesankäse, dann geht es wohl doch eher in Richtung der Spaghetti. Diese „Nebensächlichkeiten" bzw. weniger häufigen Symptome fallen aber bei beiden Diagnosesystemen einfach unter den Tisch. Das ist das Problem und daher kommt auch ihr Mangel an Gültigkeit. Es mangelt den beiden Diagnosekatalogen trotz unbestrittener Leistungen aber nicht nur an Gültigkeit, sondern auch an Übereinstimmung. Crosswalk nennt man das im angelsächsischen Sprachraum. Gemeint ist damit die Überlegung, zu welchem Prozentsatz beide Kataloge in der Diagnose übereinstimmen, wenn man mit ihrer Hilfe die Symptome des Patienten zuordnet. 100 % sollten es theoretisch sein. Die praktischen Zahlen sehen aber anders aus. Sie schwanken nämlich zwischen 33 % und 87 %, so nach den Arbeiten von Schulte-Markwort et al. 2002. Hier die Zahlen für vereinzelte Diagnosen im Überblick:

- Dysthymie 87 %
- Depressive Episode 83 %
- Zwangsstörung 64 %
- Panikstörung 56 %
- Missbrauch von Substanzen 33 %
- Irgendeine psychische Störung 68 %

Es handelt sich bei beiden Diagnosekatalogen eben um konkurrierende Klassifizierungssysteme, die in ihren diagnostischen Kriterien trotz gewisser Überschneidungen beträchtlich differieren. Das darf man an dieser Stelle nicht vergessen. Rosner und Powell fanden 2007 in ihren Arbeiten einen Crosswalk zwischen den ICD-10-Diagnosen und den DSM-IV-Diagnosen für Erwachsene von 75 %. Für den Vergleich bei Kindern und Jugendlichen lagen bedauerlicherweise keine Untersuchungen vor. Damit sind wir mit der Kritik an beiden Diagnoseverfahren aber noch lange nicht am Ende. Zu bemängeln ist nämlich weiterhin, dass beide unweigerlich ein gewisses Denken in Kriterien fördern, was wiederum eine Verarmung an sprachlicher Schilderung der psychopathologischen Phänomene zur Folge hat. Ferner suggerieren beide Systeme, dass sich psychische Störungen immer klar voneinander abgrenzen und bestimmten Krankheitsbildern eindeutig zuordnen lassen, gleich einem Schubladenkasten. Dem ist aber in der Praxis nicht so. Denn oftmals sind die Grenzen zwischen den einzelnen psychischen Störungen fließend. So kann es fernab jedweder Theorie passieren, dass sich eine psychische Störung aufgrund der geforderten Kriterien gleich in mehrere Diagnoseschubladen einsortieren lässt. Oder aber die Kriterien der beiden Diagnosehandbücher treffen auf eine psychische Störung nur bedingt zu. Genauso gut kann es sein, dass ein und derselbe Patient gleich an mehreren psychischen Störungen gleichzeitig leidet. Und was dann? Das alles zeigt, dass die einzelnen Diagnoseschubladen beider Systeme bis zu einem gewissen Grad völlig willkürlich festgelegt wurden. Obendrein, als ob das nicht schon an Kritik ausreichen würde, kommt noch erschwerend hinzu, dass beide Diagnosesysteme keinerlei Aussagen über die Ursachen psychischer Störungen treffen. Wir sprachen diesen Gesichtspunkt bereits an. Sie tragen somit in keiner Weise zum Verständnis der Hintergründe bei. Genau dies wäre aber wichtig. Stattdessen erwecken sie mit ihrer starken Operationalisierung der Klassifikationen eher den Anschein, dass ein weiteres Hintergrundwissen über psychische Störungen gar nicht mehr erforderlich sei, sich sozusagen erübrigen würde. Es war deshalb höchste Zeit, etwas Besseres zu entwickeln. Etwas, das in der Lage ist, sich dieser vielfältigen Kritik einfach zu entziehen. Und so erschien nach langer Vorarbeit im Mai 2013 schließlich das DSM-5, das einige größere Änderungen mit sich brachte und einen Paradigmenwechsel in der Diagnostik psychischer Störungen einläuten sollte. Zunächst erschien das Manual nur als englischsprachige Ausgabe. Ab Dezember 2014 war dann auch eine deutsche Übersetzung des DSM-5 zu haben. Das Werk hat einen Umfang von insgesamt 1298 Seiten und ist in vier große Teile untergliedert. Der erste Teil hält für den Leser grundlegende Informationen zum DSM-5 bereit. Dazu zählen eine Einleitung, eine Gebrauchsanweisung sowie entsprechende Warnhinweise für den forensischen Gebrauch. Der zweite Teil, das Herzstück, umfasst in 22 Kapiteln auf 964 Seiten kompakt alle psychischen Störungen, einschließlich der diagnostischen Kriterien und Codierungen. In der Übersicht sind die einzelnen Störungskategorien des DSM-5 folgendermaßen angeordnet:

- Entwicklungsstörungen
- Schizophrenie-Spektrum und andere psychotische Störungen
- Bipolare und verwandte Störungen
- Depressive Störungen
- Angststörungen
- Zwangsstörung und verwandte Störungen
- Störungen im Zusammenhang mit Traumata und Stressoren
- Dissoziative Störungen
- Somatoforme Störungen
- Fütter- und Essstörungen
- Ausscheidungsstörungen
- Schlaf-wach-Störungen
- Sexuelle Dysfunktionen
- Geschlechtsdysphorie
- Disruptive, Impulskontroll- und Verhaltensstörungen
- Substanzbezogene und Abhängigkeitsstörungen
- Neurokognitive Störungen
- Persönlichkeitsstörungen
- Paraphile Störungen
- Andere psychische Störungen
- Medikamenteninduzierte Bewegungsstörungen und andere unerwünschte Effekte von Medikamenten
- Andere klinisch relevante Probleme

Diese einzelnen Hauptgruppen gliedern sich häufig dann noch weiter in eine Reihe von Untergruppen auf, die schließlich die einzelnen diagnostischen Kategorien enthalten. Die Diagnostik psychischer Störungen nach DSM-5 bedeutet folglich die adäquate Einordnung der individuellen Beschwerden und Befunde des Patienten in eine oder auch mehrere dieser aufgeführten Kategorien. Aus diesem Grunde bekommt der geneigte Leser die notwendigen Werkzeuge zur Diagnostik psychischer Störungen in diesem zweiten Teil gleich mit an die Hand. Im dritten Teil finden sich diverse in der Entwicklung befindliche Erhebungsinstrumente und Modelle. Sie sollen den alltäglichen Arbeitsablauf mit dem Manual erleichtern, indem sie einerseits die klinischen Urteilsprozesse unterstützen und andererseits zum besseren Verständnis der kulturellen Hintergründe psychischer Störungen beitragen. Sie dienen aber auch zur Erfassung noch nicht etablierter Störungsbegriffe, die zudem weiterer Forschung bedürfen. Und der vierte Teil schließlich enthält einen Anhang, in dem die wichtigen Änderungen von DSM-IV zu DSM-5 erläutert werden. Außerdem enthält dieser Teil noch zwei Glossare zu Fachbegriffen und kulturell gebundenen Leidenskonzepten. Hier finden sich auch entsprechende Listen zur Umwandlung der alten ICD-9-Verschlüsselungen in die aktuellen ICD-10-Codierungen. Was die Neuerungen des DSM-5 gegenüber dem DSM-IV anbelangt, so war es sicherlich die kleinste Veränderung, dass die römischen Ziffern zugunsten der arabischen aufgegeben wurden. Deshalb ist die korrekte Schreibweise jetzt DSM-5 und nicht DSM-V. Die größte Veränderung im Gesamtkonzept betrifft dagegen die Aufgabe des multiaxialen Systems sowie die Neuanordnung der psychischen Störungen. So wurden beispielsweise die folgenden Störungsbilder neu in den Katalog mit aufgenommen:

- Schwere und leichte neurokognitive Störungen
- Hoarding Disorder (zwanghaftes Horten)
- Binge Eating Disorder (eine Art Esssucht)
- Skin Picking Disorder (zwanghafte Selbstschädigung der Haut)
- Prämenstruelle dysphorische Störung (schwere Form des prämenstruellen Syndroms)
- Disruptive Mood Dysregulation Disorder (ernste wiederkehrende Wutanfälle)

Ausgeschlossen wurden dagegen unter anderem die Störung mit sexueller Aversion und die undifferenzierte somatoforme Störung. Als weitere Neuerung wurden im DSM-5 gleich zwei neue Kapitel eingeführt:

1. Trauma- and Stress-Related Disorders (trauma- und belastungsbezogene Störungen)
2. Obsessive-Compulsive and Related Disorders (Zwangsstörungen und verwandte Störungen)

Neu im Konzept des DSM-5 ist auch, dass dem kategorialen Ansatz noch ein dimensionaler Diagnoseansatz hinzugefügt wurde. Dieser dimensionale Ansatz geht davon aus, dass den beobachtbaren Erscheinungen bestimmte Dimensionen zugrunde liegen. Während also die kategoriale Diagnostik nur die zwei Zustände gesund und krank kennt und unterscheidet, wird bei der dimensionalen Diagnostik auch der kontinuierliche Übergang vom Gesunden hin zum Kranken mitberücksichtigt. Damit wurde der Tatsache Rechnung getragen, dass die Krankheitsmerkmale in aller Regel dimensional verteilt sind. Bei der dimensionalen Diagnostik werden die psychischen Merkmale einer Person deshalb entlang eines Kontinuums mit einer Einstufung in „mild", „mittel" oder „schwer" beschrieben und erfasst. Somit können alle Störungskategorien hinsichtlich der Ausprägung ihres Schweregrades näher bestimmt und besser eingeschätzt werden. Die bisherigen Krankheitskategorien sollen dabei nicht ersetzt, sondern in zunehmendem Ausmaß ergänzt werden. Das bedeutet, dass beim DSM-5 der dimensionale Ansatz gegenüber der kategorialen Einordnung deutlich im Hintergrund steht, sodass im Grunde auch weiterhin auf das Prinzip der kategorialen Diagnostik zurückgegriffen wird. Zurückgegriffen wird beim DSM-5 auch weiterhin auf den rein deskriptiven Ansatz. Das bedeutet, dass fortbestehend und kontinuierlich in alter Tradition auf ein wissenschaftliches Erklärungsmodell für die Ursache sowie die Entstehung und Entwicklung von psychischen Störungen weitgehend verzichtet wird. Ist also mit dem neuen Werk des DSM-5 wirklich etwas Besseres und Wegweisenderes in die Welt gekommen? Hat es mit ihm nun den so herbeigesehnten Paradigmenwechsel wirklich gegeben? Diese Fragen müssen gestellt und beantwortet werden. Schließlich dient das DSM-5 als Wegweiser für die ICD-11. Eine Harmonisierung beider Systeme ist nämlich unübersehbar geplant. Zumindest wird die angestrebte Angleichung deutlich, wenn man sich den Entwurf für die ICD-11 einmal näher ansieht. Insofern ist es höchste Zeit, eine kurze Bilanz zum DSM-5 zu ziehen. Um es aber gleich vorwegzunehmen, die Bilanz fällt ernüchternd und enttäuschend aus. Denn natürlich ist auch das DSM-5 nicht ohne Kritik geblieben. So wurde beispielsweise kritisch angemerkt, dass durch die Verringerung der Krankheitsschwellen Belastungen und Beeinträchtigungen im alltäglichen Privat- oder Berufsleben plötzlich zu psychischen Erkrankungen hochstilisiert werden. Außerdem ist zu befürchten, so Experten, dass es durch die Einführung neuer Krankheitsbilder zu einer Inflationierung der Diagnosen kommen wird. Und diese Befürchtung ist nicht unbegründet. Hatte es nämlich im DSM-I von 1952 noch 106 psychische Störungen gegeben, kannte das DSM-II aus dem Jahre 1968 schon 182 Einzeldiagnosen. Beim DSM-III von 1980 waren es dann 265 Störungsbilder und beim DSM-IV aus dem Jahre 1994 schließlich 297 einzelne Störungen. Mit 374 psychischen Störungen setzt das DSM-5 der Entwicklung der Ausweitung des Krankheitsbegriffes geradezu die Krone auf. Damit besteht die Gefahr, dass immer mehr Menschen, die eigentlich gesund sind, einfach für krank erklärt werden, so der Psychiater Dr. Manfred Lütz, Chefarzt des Alexianer-Krankenhauses in Köln-Porz. Dadurch, dass das DSM-5 voreilige Diagnosen begünstigen kann und die Grenze zum Normalen immer mehr verwischt, kann es natürlich auch in der Folge zu einer medikamentösen Überbehandlung kommen. Die Pathologisierung normaler psychischer Zustände würde der Pharmaindustrie buchstäblich Tür und Tor öffnen, mit der Konsequenz einer fehlerhaften Verteilung knapper Ressourcen im Gesundheitswesen. Ganz zu schweigen von der zunehmenden Stigmatisierung ganzer Bevölkerungsteile. Jeder wird sicherlich Verständnis dafür aufbringen, dass in den Neuauflagen der psychiatrischen Diagnosehandbücher jeweils die neusten wissenschaftlichen Erkenntnisse berücksichtigt werden müssen, sodass es durchaus vorkommen kann, dass sich einige Definitionen psychischer Störungen im Laufe der Zeit verändern. Das aber würde bedeuten, dass von Auflage zu Auflage manche Erkrankungen neu hinzukommen, während andere wiederum dafür verschwinden. Wenn aber eine Neuauflage geradezu eine Epidemie psychischer Störungen induziert, sodass einer Studie zufolge schon mehr als achtzig Prozent der jungen Erwachsenen die Kriterien für eine psychische Störung erfüllen, dann sind alle Verantwortlichen dazu aufgerufen, noch einmal tief in sich zu gehen. Und das werden sie auch sicherlich tun, denn aufgrund einer solch harschen Kritik darf eine rasche Revision des Werkes erwartet werden. Wie aber soll die Alternative zum DSM-5 aussehen? Eines zumindest ist ganz sicher. Wie auch immer die Alternative zum DSM-5 aussehen wird, nichts davon wird man in Stein meißeln können. Das heißt, wir müssen auch in Zukunft damit rechnen, dass sich in puncto psychischer Störungen, ihrer Definition und Klassifikation stets über die Jahre hinweg Veränderungen ergeben werden. Wie bereits gesagt, die Ordnung und Klassifikation psychischer Störungen ist nicht ganz einfach, aber auch nicht völlig unmöglich. Und was ist mit dem erhofften Paradigmenwechsel in der Diagnostik psychischer Störungen, den der DSM-5 ursprünglich einläuten sollte? Hat er wenigstens stattgefunden? Nein, hat er nicht. Ein Rückgriff auf Befunde biologischer und neurowissenschaftlicher Forschungsarbeiten war zwar einst das Ziel des DSM-5, er hat aber nicht stattgefunden. Und dies aus gutem Grunde. Die Hoffnung war nämlich, dass man psychische Störungen eindeutigen Funktionsstörungen des Gehirns zuordnen kann, um deren Diagnostik und Behandlung auf ein neurobiologisches Fundament stellen zu können. Ein Fundament, das in der Lage ist, mit genetischen Korrelaten und Biomarkern zu arbeiten. Doch es ist nicht gelungen, neurobiologische Korrelate im DSM-5 aufzunehmen, weil es der heutige Wissensstand schlicht und einfach nicht möglich macht, Biomarker auf der Diagnoseebene zuverlässig anzuwenden. Etwas direkter ausgedrückt könnt man auch sagen, es existiert bis heute kein einziger Biomarker für psychische Störungen. Ein Umstand, auf den bereits verwiesen wurde. Damit bleibt die klinische Diagnostik psychischer Störungen bis auf Weiteres subjektiv gefärbt. Daran ändern auch die dicksten Klassifizierungssysteme wie DSM-5 und ICD-10 nichts. Sie sind und bleiben nur ein Sammelsurium von Symptombeschreibungen, mehr nicht. Sie liefern keine zu hundert Prozent zuverlässigen und validen Diagnosen. Da es also keine objektiven Tests für Schizophrenie, Paranoia, Depressionen oder irgendeine andere psychische Störung gibt, bleibt der psychiatrischen Diagnostik wohl oder übel nichts anderes übrig, als sich auch weiterhin auf die Beobachtung und Interpretation menschlichen Verhaltens zu beschränken. Biomarker als messbare und charakteristische Parameter, die biologische Prozesse abbilden, könnten daran etwas ändern. Sie könnten, so es sie denn gäbe, zuverlässige und valide Diagnosen liefern. Und sie könnten darüber hinaus auch bei klinischen Vorhersagen, wenn es um die Prognose, das Rückfallrisiko oder das Ansprechen auf ein Medikament sowie um dessen mögliche Nebenwirkungen geht, gute Anwendungsmöglichkeiten finden. Kein Wunder also, dass an der Erforschung geeigneter Biomarker weltweit fieberhaft gearbeitet wird. Fragt sich nur, wie gut die Chancen dafür stehen, dass man eines Tages auch fündig wird. Und es stellt sich natürlich auch die Frage, was, wenn nicht, bzw. was, wenn? Fest steht jedenfalls eines: Seit der deutsche Psychiater Wilhelm Griesinger Mitte des 19. Jahrhunderts die Hypothese formuliert hat, seelische Erkrankungen seien Erkrankungen des Gehirns, versucht die moderne Psychiatrie diese These durch den Nachweis biologischer Defekte zu verifizieren. Die These ist dabei nicht neu, denn entsprechende Gedankenspiele waren bereits bei Hippokrates und Galen vorzufinden. Es sind Gedankenspiele, die davon ausgehen, dass psychische Störungen nichts weiter seien als Auswirkungen struktureller Veränderungen des Gehirns. Da es sich ausschließlich um somatische Prozesse handelt, spricht man in diesem Zusammenhang auch gern von der somatogenetischen Theorie psychischer Störungen. Doch seit 2500 Jahren fehlt jedweder Beweis dafür, dass diese Theorie richtig sein könnte. Und auch die moderne Psychiatrie vermag trotz des enormen technischen und medizinischen Fortschritts keine stichhaltigen Fakten anzubieten, welche diese These nachhaltig stützen würden. Somit hält die Wissenschaft selbst am Beginn des 21. Jahrhunderts keine objektive Untersuchungsmethode in der Hand, die es erlauben würde festzustellen, wer wirklich psychisch krank ist und an welcher psychischen Krankheit dieser Mensch konkret leidet. Es scheint, als würde die Wissenschaft einer Fata Morgana hinterherjagen, die sie sowieso nicht finden wird, weil es biologische Ursachen für psychische Erkrankungen mit an Sicherheit grenzender Wahrscheinlichkeit einfach nicht gibt. So vermuten beispielsweise Psychologen meist ohnehin nicht, dass hinter psychischen Symptomen körperliche Ursachen stehen würden. Sie verweisen darauf, dass sich entsprechende Warnsignale für spätere psychische Störungen schon in der Kindheit identifizieren lassen und dass die Hälfte aller psychischen Störungen bereits im Kindes- und Jugendalter beginnen. Sie führen aus diesem Grunde psychische Störungen vor allem auf das Erleben in der Kindheit zurück. Also jenen Zeitabschnitt, der für eine erfolgreiche und gesunde Entwicklung und Sozialisation eines Menschen entscheidend ist. Psychologen suchen von daher die Ursache einer psychischen Störung nicht irgendwo im Gehirn, sondern in der Psyche eines Menschen. Man spreche schließlich nicht umsonst von einer „psychischen" Störung. In diesem Zusammenhang wird auch gern darauf verwiesen, dass es sich bei psychischen Störungen um leidvolle Extreme im Erleben und Verhalten eines Menschen handelt, die durch eine ungeheure Vielgestaltigkeit imponieren. Das Spektrum reicht hier von der Alkoholsucht über Essstörungen, Phobien und posttraumatische Belastungsreaktionen bis hin zur Depression, Demenz, Psychopathie und Suizidalität. Das einzige gemeinsame Merkmal dieser Ansammlung bedrückender menschlicher Erlebens- und Verhaltensqualitäten sei lediglich das Fehlen eines gerüttelt Maßes an Vernunft, sodass auch ein vernünftiges und normales Leben nicht mehr möglich sei. Wie soll da ein einziger Biomarker diese Vielfalt jemals abdecken? Eine berechtigte Frage, aber wie immer im Leben liegt auch beim Thema Biomarker die Wahrheit in der goldenen Mitte. Denn es ist einerseits richtig, dass derzeit kein einziger Biomarker zur Verfügung steht, der für eine routinemäßige Anwendung bei psychischen Störungen geeignet wäre. Genauso richtig ist es aber auch, dass es durchaus einige vielversprechende Biomarker gäbe, die für eine frühzeitige Diagnose oder Prognoseeinschätzung Anwendung finden könnten. Allerdings nicht für sich allein genommen, sondern in Kombination eingesetzt. Das ist zwar immer noch Zukunftsmusik, allerdings durchaus denkbar. Das eigentliche Problem mit den Biomarkern sind nicht die Biomarker an sich, sondern der Alleinherrschaftsanspruch, der sich mit ihnen verbindet. Anders ausgedrückt, das Problem mit den Biomarkern rührt aus der Vermessenheit im Anspruch dieses Ansatzes. Denn selbst wenn in ferner Zukunft biologische Marker in der Routine, ob allein oder in Kombination, zur Verfügung stehen sollten, werden sie niemals bei Patienten mit psychischen Störungen eine fundierte klinische Diagnostik ersetzen können. So sind auch neuropsychologische Tests für sich allein genommen, also ohne eine fundierte klinische Diagnostik, nicht ausreichend aussagekräftig und deshalb in der Regel nur ergänzend einsetzbar. Mit anderen Worten, auf dem Weg zur Diagnose sind eine internistische sowie psychosomatische Anamnese und körperliche Untersuchung unerlässlich. Alles andere sind nur diagnostische Bausteine. Und dieses Prinzip gilt für die gesamte Medizin, also auch für die Psychiatrie. Hier stützt sich die Diagnose psychischer Störungen vor allem auf das therapeutische Gespräch, welches zunächst dazu dient, das Erleben und Empfinden des Patienten genauer zu erforschen. Beobachtungen am Patienten, Fragebögen oder psychologische Tests dagegen dienen dem Therapeuten lediglich als Ergänzung. Und nicht anders wird auch die Rolle von Biomarkern sein. Sie werden niemals die Hauptrolle spielen, sondern werden sich mit der Rolle des Statisten abzufinden haben. Denn der Weg zur Diagnose ist und bleibt ein geistiger Prozess. Es ist der menschliche Geist, der die Diagnose aus der Gesamtschau der Anamnese, der Untersuchung, der klinischen und apparativen Tests sowie weiterer zur Verfügung stehender Daten mittels Wissen, Erfahrung und Reflexion herausdestilliert. Ein Befund ist eben nicht gleich die Diagnose. Das lässt sich vor allem erkennen, wenn man Ärzte mit unterschiedlichem Wissens- und Erfahrungsstand dazu auffordert, aus der Gesamtschau der Befunde eine Diagnose abzuleiten. Dann wird man nämlich sehr schnell bemerken, dass die Diagnose durchaus einem größeren subjektiven Schwankungsbereich unterliegt, als es der Befund tut. Die einzige Ausnahme hiervon bilden vielleicht die medizinischen Fachdisziplinen Dermatologie, Infektiologie und Chirurgie. Sie haben es nicht selten mit äußeren Krankheitsursachen wie Verletzungen, Infektionen sowie chemischen und physikalischen Einflüssen oder anderen gesundheitsschädigenden Faktoren aus dem Lebensumfeld des Patienten zu tun. In diesen Fällen können Befund und Diagnose dann tatsächlich sehr eng beieinanderliegen. Bei allen anderen Fällen hingegen, sprich den inneren Krankheitsursachen, bleibt der Weg vom Befund zur Diagnose ein langer und mühsamer Denkprozess, der vergleicht, ordnet, ausschließt, zuordnet und neuordnet. Auf diesem Wege bleiben deshalb auch die Anamneseerhebung und die Untersuchung des Patienten unabdingbare Instrumentarien ärztlichen Handelns. Und zwar nicht nur für die Weichenstellung der sich möglicherweise anschließenden apparativen Untersuchungsmethoden, sondern auch als Kontrollinstrument, wenn es um die Frage geht, inwieweit die Klinik des Patienten mit den apparativen Ergebnissen in Einklang steht. Ja, die Anamneseerhebung und die Untersuchung des Patienten, sie bilden quasi die gemeinsame Grundlage des Handelns aller Ärzte. Ein Abweichen von diesem Grundsatz wäre folglich nicht nur ein Paradigmenwechsel in der Psychiatrie, sondern ein Paradigmenwechsel in der gesamten Medizin. Diese Tatsache relativiert die Bedeutung von Biomarkern ganz erheblich. Schön, wenn wir sie hätten. Sie könnten uns auf dem Weg zur Diagnose ein weiterer hilfreicher Baustein sein. Aber wenn wir sie nicht haben oder vielleicht niemals bekommen, dann ist das auch kein Beinbruch. Denn die Psychiatrie vermag bereits heute ihren Patienten eine menschengerechte sowie leitlinienorientierte Diagnostik und Behandlung anzubieten, die einen ganzheitlichen Ansatz verfolgt und deshalb auch die Angehörigen und sonstige Bezugspersonen des Betreffenden in ihre Überlegungen miteinzubeziehen weiß. Dass sich der psychiatrische Befund dabei auf einer subjektiven Evidenz gründet, liegt in der Natur der Sache. Schließlich beruht ein psychischer Befund auf psychischen Phänomenen, die sich im Bewusstsein des Patienten abspielen. Und diese psychischen Phänomene können eben nur subjektiv wahrgenommen und erkannt werden. Also nur mit einer subjektiven Gewissheit, versteht sich. Das ist kein Grund, der Psychiatrie deshalb gleich die Legitimation als medizinische Fachdisziplin abzusprechen, ebenso wenig wie der Umstand, dass in diesem Fach Krankheiten nicht nach einheitlichen Gesichtspunkten klassifiziert werden oder dass es hier so viele verschiedene Krankheitskonzepte und Modellvorstellungen gibt wie in keinem anderen medizinischen Gebiet. Sollte es allerdings zur Identifikation bestimmter Biomarker und deren routinemäßiger Anwendung in der Psychiatrie kommen, dann wird man sich sicherlich gern der Worte des Nürnberger Diplompsychologen Dr. Hans-Ulrich Gresch erinnern. Er verwies nämlich darauf, dass mit dem Nachweis von Gehirnerkrankungen, welche ursächlich für entsprechende Verhaltensauffälligkeiten seien, die Zuständigkeit in das Fachgebiet der Neurologie fallen würde, sodass man in der Konsequenz der Psychiatrie ihre Daseinsberechtigung absprechen müsste. Es bleibt von daher spannend, wie sich in den Händen der Forschung die Biomarker weiter entwickeln werden und welche Konsequenzen sie im Einzelnen für die Psychiatrie nach sich ziehen. Doch was auch immer die Zukunft mit sich bringen mag, eins steht in jedem Falle jetzt schon fest. Wenn es um das rechtzeitige Erkennen, Einordnen und diagnostische Deuten psychischer Störungen geht, ist und bleibt die Psychopathologie als Wissenschaft von den krankhaften Veränderungen der Psyche das Maß der Dinge. Sie ist im Grunde schon seit den Anfängen der Psychiatrie als akademische Fachdisziplin innerhalb der Medizin ihr Herzstück. Dabei bilden die psychopathologischen Symptome als Krankheitszeichen sowie die Syndrome als Komplexe von Krankheitszeichen die instrumentarische Grundlage für eine psychologische bzw. psychiatrische Diagnostik. Vor diesem Hintergrund wurde in der Medizin ein neuer Weg eingeschlagen, nämlich die Beschaffenheit der menschlichen Psyche dahingehend zu bestimmen, dass man die verschiedenartigen Bausteine ihres Befindens zur Diagnostik heranzieht. Gegenwärtig zählt man zu den Bausteinen der Psyche im Einzelnen:

- Bewusstsein
- Ichbewusstsein
- Wahrnehmung
- Orientierung
- Aufmerksamkeit
- Kognition
- Gedächtnis
- Affektivität
- Impuls

Die Psychopathologie ist kein starres Lehrgebäude, sondern ein lebendiges, das heißt sich im Laufe der Zeit wandelndes System. Das kann auch nicht anders sein, denn sie ist stets den aktuellen soziokulturellen und politischen Bedingungen unserer Gesellschaft unterworfen. Die Vorteile eines solchen Systems sind seine ungemeine Anpassungs- und Adaptionsfähigkeit sowie seine Befähigung, ein breites Spektrum spezifischer Anschauungen in sich zu vereinen. Nachteilig wirkt sich allerdings aus, dass auf diese Art und Weise keine dauerhafte, konsistente und in sich stimmige wissenschaftliche Darstellung möglich ist. Übrigens, die Begriffe Psychopathologie und Pathopsychologie drücken ein und dasselbe aus. Sie werden deshalb synonym gebraucht. Der Unterschied liegt einzig und allein darin, dass die Psychiatrie den Begriff der Psychopathologie bevorzugt, während die Psychologie eher dem Begriff der Pathopsychologie den Vorrang einräumt. Zur standardisierten Erfassung und Dokumentation eines psychopathologischen Befundes hat sich das sogenannte AMDP-System bewährt, das bereits in der klinischen Anwendung sowie in Forschungsprojekten international Anwendung gefunden hat. Herausgegeben wird das AMDP-System von der Arbeitsgemeinschaft für Methodik und Dokumentation in der Psychiatrie, abgekürzt AMDP. Zur Geschichte der Arbeitsgemeinschaft für Methodik und Dokumentation in der Psychiatrie lässt sich kurz sagen, dass sie anfangs aus der Verbindung einer deutschen und einer schweizerischen Arbeitsgruppe 1965 unter dem Namen AMP hervorging. Ihr schloss sich kurz darauf auch die Wiener Klinik an. In den Folgejahren wurde von den Mitarbeitern dann das AMDP-System entwickelt. Es dient der einheitlichen Dokumentation der psychiatrischen Anamnese sowie des psychopathologischen und somatischen Befundes. Das AMDP-System ist im Prinzip ein Handbuch, bestehend aus einem Manual und fünf Belegblättern. Drei von den fünf Belegblättern sind Anamnesebelege, wobei ein Belegblatt mit 100 verschiedenen Symptomen der Erfassung des psychischen Befundes dient und ein weiteres Belegblatt mit 40 verschiedenen Symptomen für die Dokumentation des somatischen Befundes vorgesehen ist. Das Kernstück des AMDP-Systems bildet natürlich der psychische Befund. In der neunten überarbeiteten und erweiterten Auflage des AMDP-Systems aus dem Jahr 2016 wurde eine Systematisierung der großen Anzahl von verschiedenen Störungssymptomen vorgenommen und zu den bisherigen 100 Symptomen des psychischen und 40 Symptomen des somatischen Befundes wurden noch weitere Zusatzmerkmale als Ergänzung eingeführt. Die insgesamt 100 Symptome des psychischen Befundes verteilen sich dabei auf zwölf verschiedene Merkmalsbereiche, die sich im Einzelnen wie folgt untergliedern:

- Bewusstseinsstörungen
- Orientierungsstörungen
- Aufmerksamkeits- und Gedächtnisstörungen
- Formale Denkstörungen
- Befürchtungen und Zwänge
- Wahn
- Sinnestäuschungen
- Ich-Störungen

- Störungen der Affektivität
- Antriebs- und psychomotorische Störungen
- Zirkadiane Besonderheiten
- Andere Störungen

Die 40 Symptome des somatischen Befundes verteilen sich hingegen auf insgesamt sieben Merkmalsbereiche, die sich folgendermaßen darstellen:

- Schlaf- und Vigilanzstörungen
- Appetenzstörungen
- Gastrointestinale Störungen
- Kardiorespiratorische Symptome
- Andere vegetative Störungen
- Weitere Störungen
- Neurologische Störungen

Weil die Beurteilung der Symptome im AMDP-System entweder auf Selbstbeurteilung, Fremdbeurteilung oder auf einer Mischung aus beiden Elementen beruht, erhält jedes Merkmal ein entsprechendes Kürzel in Klammern. Die Bedeutung der einzelnen Kürzel ist der Legende zu entnehmen:

S: die Selbstbeurteilung ist allein heranzuziehen
F: die Fremdbeurteilung ist allein heranzuziehen
SF: Selbst- und Fremdbeurteilung sind gleichwertig
sF: die Selbstbeurteilung ist weniger bedeutsam als die Fremdbeurteilung
Sf: die Selbstbeurteilung ist bedeutsamer als die Fremdbeurteilung

Ungeachtet der Ausführungen in der Legende ist das AMDP-System selbstverständlich zur Kategorie der Fremdbeurteilungsverfahren zu rechnen, weil die Codierung letztendlich einzig und allein durch den Beurteiler vorgenommen wird. Wo aber genau liegen jetzt die Unterschiede zwischen dem AMDP-System und der ICD-10, dem DSM-5, der OPD und der OPD-KJ? Ganz einfach, die Letztgenannten sind moderne Klassifikationssysteme für die deskriptive operationale Diagnostik psychischer und somatoformer Störungen. Das Wort deskriptiv bedeutet in diesem Zusammenhang, dass diese Systeme nicht wertend sind, sondern lediglich der Beschreibung dienen. Bei der deskriptiven Diagnostik es geht vor allem darum, die Symptome des Patienten zu beschreiben, um sie am Ende in ein Klassifikationssystem einordnen zu können. Und mit dem Begriff der operationalen Diagnostik ist gemeint, dass zu dieser Art von Diagnostik entsprechende Symptom-, Zeit-, Verlaufs- und Schweregradkriterien gehören, genauso wie spezifische Algorithmen, um zur Diagnosestellung zu gelangen. Dabei muss aber für die Diagnose nicht gleich zwingend ein kompletter Satz an Kriterien erfüllt sein, sondern es genügt lediglich ein Mindestmaß an diagnostischen

Kriterien. Ein weiteres Kennzeichen der operationalen Diagnostik ist das Konzept der Komorbidität. Dieses Konzept umfasst das gleichzeitige und gleichberechtigte Vorhandensein einer oder mehrerer psychischer Störungen, und zwar unabhängig voneinander. So viel zur Theorie und nun zur Praxis. Nachdem der Arzt seine diagnostischen Erkundungen mittels genauer Befragung abgeschlossen hat, wird er bei der deskriptiven operationalen Diagnostik versuchen, die am Patienten erhobenen Krankheitssymptome mittels eines geeigneten Klassifikationssystems einzuordnen, um so zur passenden Diagnose zu gelangen. Dies ist von entscheidender Bedeutung, schließlich geht es um die weitere Vorgehensweise bei der Behandlung. Und bei der Behandlung entscheidet eindeutig die Diagnose über die Auswahl geeigneter Therapiemethoden. Nur über sie gelangt man in der Medizin zur effektivsten Therapiemethode oder Behandlungsmaßnahme. Deshalb gilt der Grundsatz, ohne präzise Diagnose auch keine durchgreifende Behandlung. Beim AMDP-System dagegen zielt das standardisierte Interview nicht direkt auf Diagnosen ab, sondern auf Symptome. Es dient in erster Linie der Systematisierung einer großen Anzahl von Störungssymptomen. Mit dem AMDP-System erhebt man folglich einen Befund, keine Diagnose. Zur Diagnose gelangt man erst in einem zweiten Schritt, der vom Symptom bzw. Syndrom zur diagnostischen Klassifikation nach ICD-10 oder DSM-5 führt. Die psychopathologischen Symptome und Syndrome bilden somit eine wichtige Grundlage für die psychiatrische Diagnostik, welche dann eine konsequente Zuordnung zu den Klassifikationssystemen ICD-10 oder DSM-5 ermöglicht. Das AMDP-System dient also in letzter Konsequenz der Sammlung von psychischen Symptomen und Zeichen. Es definiert die Gesamtheit aller psychischen Symptome. Als diagnostisches Hilfssystem zur Erfassung psychopathologischer Phänomene hat es sich deshalb bewährt. Mit seiner Hilfe ist es dem Arzt möglich, einen psychopathologischen Befund zu erheben, der den psychischen Zustand des Patienten genau beschreibt. Fragt sich nur, wie man im Einzelnen vorgehen muss, um einen solchen Befund auch tatsächlich in die Hand zu bekommen. Nun, da es in der Psychopathologie um das Erkennen, Beschreiben und Dokumentieren von abweichendem Erleben und Verhalten geht, wird man zunächst damit beginnen, das äußere Erscheinungsbild des Patienten in Augenschein zu nehmen. Es geht hier um den ersten Eindruck, den der Patient auf einen macht. Wie sind seine Körperhaltung und Statur? Wie seine Gestik und Mimik? Wirkt er unscheinbar und zierlich oder stattlich und stämmig? Ist er locker, ungezwungen und gelöst oder eher gespannt, steif und verkrampft? Wirkt er straff oder eher schlaff? Aufrecht oder gebeugt? Natürlich oder gekünstelt? Angenehm oder bedrohlich? Wie ist sein Haar? Ordentlich gekämmt oder zerzaust? Gepflegt oder ungepflegt? Frisiert oder unfrisiert? Voll oder schütter? Wie wirkt seine Kleidung? Konventionell oder unkonventionell? Auffällig oder unauffällig? Gepflegt oder verwahrlost? Ist sie locker und sportlich oder doch eher konservativ und elegant? Ist sie geschmackvoll und modisch oder salopp und stillos? Ist sie dezent, schlicht und unauffällig oder unangepasst, aufsehenerregend und provokativ? Gibt es weitere Besonderheiten an der Kleidung? Eine wichtige Frage im Zusammenhang mit dem äußeren Erscheinungsbild des Patienten ist auch die nach seiner Körperhygiene. Wirkt er sauber und gepflegt oder schmutzig und ungepflegt? Macht er eventuell einen verwahrlosten Eindruck? Ist er ungeschminkt oder geschminkt? Vielleicht sogar auffällig geschminkt? Ist er unparfümiert oder parfümiert? Eventuell stark parfümiert? Gibt es möglicherweise noch weitere Auffälligkeiten beim Körpergeruch? All diese Fragen beschreiben einen Befund. Und dieser darf grundsätzlich nur Beobachtbares formulieren. Das ist das Prinzip der Psychopathologie. Was aber auch immer einem am Patienten auffallen sollte, die Formulierungen sind stets so zu wählen, dass er selbst seinen Befund lesen könnte, ohne sich dabei in irgendeiner Form verletzt, gekränkt oder herabgesetzt zu fühlen. Ausgehend vom subjektiven Erleben und beobachtbaren Verhalten des Patienten geht es dann in einem zweiten Schritt um die Erfassung der Symptome und Syndrome psychischer Störungen. Dies geschieht auf der Basis einer strukturierten Befragung und gezielten Beobachtung des Patienten im Gespräch, wobei entsprechende Auffälligkeiten und Veränderungen mithilfe fest definierter Begriffe erfasst werden. Die Beschreibung psychopathologischer Auffälligkeiten wechselt damit ihre Perspektive, und zwar von außen nach innen. In Anlehnung an die zwölf verschiedenen Merkmalsbereiche des AMDP-Systems folgen von daher jetzt Aussagen zu den Bereichen Bewusstseinsstörungen und Orientierungsstörungen beim Patienten. Beim großen Thema Bewusstseinsstörungen geht es ganz allgemein gesprochen um sämtliche Veränderungen, welche die Bewusstseinslage und damit das gesamte Erleben und Verhalten des Menschen betreffen. Dabei wird das Phänomen Bewusstsein in drei Bereiche aufgeteilt. Den ersten Teilbereich bildet die Vigilanz als Gradmesser der Wachheit. Sie umfasst die quantitativen Dimensionen des Bewusstseins. Im AMDP-System wird deshalb zunächst einmal nach der Bewusstseinsverminderung gefragt. Wie stark ist die Vigilanz herabgesetzt? Zur Auswahl stehen die folgenden Schweregrade:

- Benommenheit
- Somnolenz
- Sopor
- Präkoma
- Koma

Wir haben dieses Thema schon ausführlich unter der Rubrik Bewusstsein abgehandelt, von daher wird darauf auch nicht weiter eingegangen. Den zweiten Teilbereich des Bewusstseins bildet die Bewusstseinsklarheit, auch Luzidität genannt. Sie umfasst die qualitativen Dimensionen des Bewusstseins. Das AMDP-System differenziert die Veränderungen der Luzidität noch weiter und unterscheidet sie gemäß den entsprechenden Symptomen in:

- Bewusstseinstrübung
- Bewusstseinseinengung
- Bewusstseinsverschiebung

Der Begriff Bewusstseinseintrübung meint dabei im Grunde so etwas wie Verwirrung, also eine Beeinträchtigung im Wahrnehmen, Denken und Merken. Dem Patienten gelingt es hier einfach nicht mehr, Aspekte der eigenen Person oder der Umwelt zu verstehen oder diese sinnvoll in Beziehung zueinander zu setzen. Entsprechend ist die Fähigkeit gestört, sich angemessen mitzuteilen und richtig zu handeln. Der Begriff Bewusstseinseinengung beschreibt dagegen eine Art Dämmerzustand, bei dem der Patient sein Denken, Fühlen und Wollen auf nur wenige ausgewählte Themen, Erlebnisse oder Ereignisse fokussiert. Und Bewusstseinsverschiebung schließlich beschreibt ein intensives Erleben des Patienten im Sinne einer subjektiv erlebten Bewusstseinserweiterung bezüglich seiner Wachheit und/oder Wahrnehmung. Den dritten und letzten Teilbereich des Bewusstseins bildet das Ichbewusstsein, also das Bewusstsein von sich selbst im Sinne eines Selbstbewusstseins. Dieses jedoch kommt im AMDP-System erst im Merkmalsbereich der Ich-Störungen zur Sprache, sodass es an dieser Stelle noch kurz zurückgestellt werden muss. Entsprechend der Reihenfolge der Merkmalsbereiche müssen wir nämlich unter anderem zuerst noch die Orientierungsstörungen abhandeln. Das AMDP-System versteht unter dem Begriff der Orientierung die kognitive Fähigkeit eines Menschen, sich unter den jeweiligen Gegebenheiten in Bezug auf Zeit, Raum, Situation und die eigene Person adäquat einordnen zu können. Folglich handelt es sich bei den Orientierungsstörungen um psychopathologische Symptome, bei denen das Informiertsein über die zeitlichen, örtlichen, situativen und persönlichen Gegebenheiten beeinträchtigt ist. Zu unterscheiden sind Unsicherheiten und Schwankungen von einem kompletten Ausfall der Orientierung. Bei den Ersteren ist die Orientierung nicht völlig aufgehoben, sondern unsicher und inkonstant. Dagegen herrscht bei einem kompletten Ausfall nur noch Desorientierung. So werden bei der zeitlichen Desorientierung Datum, Wochentag, Jahreszahl und Jahreszeit nicht mehr gewusst, während bei den Unsicherheiten und Schwankungen diese Informationen noch teilweise erhalten sind. Ganz ähnlich verhält es sich bei den örtlichen Orientierungsstörungen, denn hier wird der gegenwärtige Aufenthaltsort, sprich Stadt, Wohnviertel, Häuserblock und Wohnung, nicht oder nur teilweise gewusst. Bei den situativen Orientierungsstörungen ist es dagegen die augenblickliche Situation, die in ihrem Bedeutungs- und Sinnzusammenhang für die eigene Person nur noch teilweise oder gar nicht mehr erfasst wird. Und bei den Orientierungsstörungen zur eigenen Person ist es die eigene Lebensgeschichte mit ihren Eckdaten Name, Alter, Geburtstag, Geburtsort und sozialer Kontext, die nicht mehr oder nur noch teilweise gekannt wird. Wichtig zu betonen ist, dass die Kategorie Zeit von allen am störanfälligsten ist. An zweiter Stelle kommt die Kategorie Ort. Und an dritter und vierter Stelle schließlich kommen die Kategorien Situation und Person. Entsprechend ihrer Störanfälligkeit gehen diese Orientierungskategorien in der Reihenfolge Zeit–Ort–Situation–Person verloren und regenerieren sich in umgekehrter Abfolge wieder. Bei den Abfragen zur Orientierung ist Fingerspitzengefühl notwendig, damit der Patient nicht irgendwann das Gefühl bekommt, bloßgestellt zu werden. Unter Umständen kann es vielleicht auch sinnvoll sein, einfach auf die Notwendigkeit solcher Fragen hinzuweisen. Nach der Untersuchung des Bewusstseins und der Orientierung stehen im weiteren Verlauf des Arzt-Patienten-Gespräches die Störungen von Aufmerksamkeit und Gedächtnis im Fokus. Das Abprüfen dieser Funktionen ist deshalb von Bedeutung, weil bei einer Bewusstseinstrübung üblicherweise gleich alle psychischen Funktionen leiden, insbesondere aber Aufmerksamkeit, Konzentration und die Willensfunktionen. Aufmerksamkeit ist, Sie erinnern sich, die Fähigkeit eines Menschen, sein Bewusstsein in Form der Wahrnehmung auf spezielle Inhalte zentrieren zu können. Der Begriff der Konzentration hingegen umfasst vielmehr den willentlichen Akt im Rahmen der Wahrnehmungsfokussierung. Er dient somit als Maß der Aufmerksamkeit. Entsprechend drücken sich Konzentrationsstörungen in einer verminderten Fähigkeit des Patienten aus, seine Aufmerksamkeit beständig einer bestimmten Tätigkeit oder einem speziellen Thema widmen zu können. Aufmerksamkeitsstörungen bilden damit verschiedene Aspekte kognitiver Beeinträchtigungen ab. Unter anderem auch die Funktion der Auffassung. Darunter versteht man die Fähigkeit, Wahrnehmungen in Form von Äußerungen und Texten in ihrer Bedeutung richtig zu begreifen und sie sinnvoll miteinander zu verbinden. So kann die Auffassung bei den Auffassungsstörungen entweder verlangsamt oder falsch sein oder gar fehlen. Auffassungsstörungen müssen deshalb ganz allgemein gesprochen als psychopathologische Symptome verstanden werden, bei denen die Fähigkeit zur Wahrnehmung von Reizen aus der Umwelt gestört ist. Auch die Gedächtnisstörungen bilden verschiedene Aspekte kognitiver Beeinträchtigungen ab. Diese betreffen vor allem die mnestischen Funktionen wie Merkfähigkeit und Gedächtnis. Sie umfassen psychopathologische Symptome, bei denen die Fähigkeit gestört ist, durchlebte Eindrücke und Erfahrungen zu speichern bzw. abzurufen. So äußern sich beispielsweise Merkfähigkeitsstörungen in der Unfähigkeit bzw. Herabsetzung der Fähigkeit, sich frische Eindrücke wie Gegenstände oder Zahlen über einen Zeitraum von etwa zehn Minuten zu merken und sie korrekt wiederzugeben. Bei Störungen des Gedächtnisses dagegen ist der Patient entweder nicht mehr in der Lage, Ereignisse, die etwa zehn Minuten zurückliegen, zu behalten, oder die Fähigkeit, sie adäquat wiederzugeben, ist herabgesetzt. Das Gleiche gilt natürlich auch für kürzlich Erlerntes, das plötzlich nicht mehr aus dem Gedächtnis abgerufen werden kann oder nur noch bruchstückhaft zur Verfügung steht. Gedächtnisstörungen können als schädigende Ereignisse sowohl organische wie auch psychische Ursachen haben. Beispiele für organische Ursachen wären das Schädel-Hirn-Trauma und die Epilepsie. Psychische Traumata und Psychosen wären dagegen klassische Beispiele für psychische Ursachen. Liegen die bestehenden Erinnerungslücken vor dem schädigenden Ereignis, dann spricht man von einer retrograden Amnesie. Liegt hingegen der Informationsverlust nach dem schädigenden Ereignis, bezeichnet man das Phänomen als anterograde Amnesie. Sollte sich der Informationsverlust jedoch nur auf die Zeit der Bewusstlosigkeit konzentrieren, würde man von einer kongraden Amnesie sprechen. Eine Amnesie als inhaltlich oder zeitlich begrenzte Erinnerungslücke kann entweder partiell sein und nur bestimmte Inhalte betreffen. In dem Fall würde man sie als lakunär bezeichnen. Oder sie besteht in Form einer vollständigen Erinnerungslücke. Dann wäre die Amnesie total. Erinnerungslücken können seitens des Patienten mit spontanen Einfällen ausgefüllt werden, die er selbst für wahre Erinnerungen hält. Konfabulationen nennt man so etwas. Diese erkennt man daran, dass sie im Gegensatz zu frei erfundenen Geschichten von den Betroffenen oft nicht mehr wiederholt werden können. Da der Arzt im ersten Gespräch ohne exakte Kenntnisse der wahren Begebenheiten Konfabulationen unmöglich erkennen kann, lohnt es sich also, dem Patienten gelegentlich dieselben Fragen zu stellen. Es können aber genauso gut Erinnerungsverfälschungen vorliegen, beispielsweise in Form einer angenommenen Vertrautheit. Getreu dem Motto „Das kenne ich, das habe ich schon einmal gesehen, gehört oder erlebt". Eine derartige Erfahrung wird landläufig Déjà-vu-Erlebnis genannt. Fast jeder kennt diesen Begriff. Das Gegenteil davon, nämlich eine angenommene Fremdheit, die man als Jamais-vu bezeichnet, kennen bedeutend weniger. Diese Erfahrung verläuft nach dem Motto „Das kenne ich nicht, das habe ich noch nie gesehen, gehört oder erlebt". Das stimmt aber nicht. Und die Betroffenen sind sich hierüber auch im Klaren, dass es sich eigentlich um Täuschungen handelt. Psychische Störungen müssen aber nicht nur durch ein Fehlen oder eine Herabsetzung einer Fähigkeit in Erscheinung treten. Sie können ebenso gut auch das genaue Gegenteil davon bewirken. So kann beispielsweise die Erinnerungsfähigkeit eines Patienten in puncto aktueller Fakten oder bereits vergessen geglaubter Ereignisse übersteigert sein. Eine solche Steigerung der Erinnerungsfähigkeit nennt man Hypermnesie. Finden sich hingegen bei einem Patienten eher Störungen des Zeiterlebens bzw. der zeitlichen Einordnung, sodass er die Vergangenheit plötzlich als Gegenwart empfindet oder das Gefühl hat, in der Vergangenheit zu leben, spricht man von einer Ekmnesie. Die Merkmale Déjà-vu, Jamais-vu, Hypermnesie und Ekmnesie werden auch gern unter dem Begriff der Paramnesien zusammengefasst. Ein bisschen Vorsicht ist allerdings beim Umgang mit dem Begriff Ekmnesie geboten, denn er ist dem Begriff der Zeitgitterstörung sehr ähnlich. Letzterer beschreibt jedoch die Unfähigkeit des Patienten, seine Gedächtnisinhalte zeitlich richtig einzuordnen. Das führt dazu, dass zum Beispiel Informationen und biografische Ereignisse zur eigenen Person in der zeitlichen Abfolge durcheinandergebracht werden. So ist es möglich, dass ein Mann fest davon ausgeht, dass seine Frau bald wieder von der Arbeit nach Hause kommt, obwohl sie schon vor fünf Jahren verstorben ist. Wir haben es hier also, und das muss ganz klar betont werden, nicht mit Denkstörungen zu tun. Diese betreffen nämlich ganz andere Merkmalsbereiche des AMDP-Systems, zu denen wir jetzt gleich kommen. Doch zuvor ein paar Gedanken zum Denken an sich. Das menschliche Denken ist ein sehr kompliziertes Gebilde von verschiedenen kognitiven Leistungen. Immer geht es aber dabei um die Verarbeitung von Informationen. Und unter Kognition müssen wir in diesem Zusammenhang eine Art geistige Wahrnehmung verstehen, die von der rein sinnlichen abzugrenzen ist. Im AMDP-System versteht man unter Denkstörungen ganz allgemein betrachtet psychopathologische Veränderungen des Denkens, wobei zwei große Bereiche voneinander unterschieden werden müssen. Den ersten Bereich bilden die formalen Denkstörungen. Bei ihnen geht es um den Denkablauf. Sie betrachten demnach die Frage, wie jemand denkt. Den zweiten Bereich bilden die inhaltlichen Denkstörungen. Bei ihnen geht es um den Denkinhalt. Sie betrachten demnach die Frage, was jemand denkt. Da die Inhalte des Denkens, also die Themen, vom Patienten als übertrieben, falsch, unsinnig, aufdrängend und quälend empfunden werden können, werden die inhaltlichen Denkstörungen noch weiter differenziert in die wahnhaften inhaltlichen Denkstörungen und die nichtwahnhaften inhaltlichen Denkstörungen. In der Praxis können formale und inhaltliche Denkstörungen entweder unabhängig voneinander oder gemeinsam auftreten. Sie können aber auch miteinander vermischt in Erscheinung treten, sodass eine eindeutige Abgrenzung nicht immer und auch nicht bei jedem Symptom möglich ist. Das zeigt, wie komplex das Verhältnis zwischen der Form und dem Inhalt des Denkens sein kann und dass eine einfache Zweiteilung in formale und inhaltliche Denkstörungen dieser Komplexität eigentlich nicht gerecht wird. Trotzdem eignet sie sich sehr gut für eine Beschreibung und Systematisierung pathologischer Phänomene, sodass sie über die Zeit hinweg allseitig akzeptiert und angenommen wurde. Formale und inhaltliche Denkstörungen können durch psychische und selten auch durch physische Erkrankungen ausgelöst werden. Als psychopathologische Gruppe von Symptomen können sie sowohl bei psychischen wie auch psychotischen Erkrankungen auftreten. Relevant für die Diagnose von Denkstörungen ist immer das alltägliche und verhaltensrelevante Denken, so wie es in der Organisation des Alltags und in zwischenmenschlichen Gesprächen zum Ausdruck kommt. Es geht also nicht um die Beurteilung der kognitiven Leistungsfähigkeit eines Patienten, sondern vielmehr um dessen Beeinträchtigung in der Lebensführung. Und diese wird erst mit zunehmender Schwere der Ausprägung und Häufigkeit der Denkstörungen klinisch relevant. Das Spektrum reicht dabei von leichten Einschränkungen in der Lebensführung bis hin zu einem Ausmaß, wo selbst die Alltagsanforderungen, ohne eine Beanspruchung im Beruf, nicht mehr gelingen wollen. Das hat nichts mit einer Intelligenzminderung beim Patienten zu tun, auch nicht mit einer Unfähigkeit, logische Schlussfolgerungen zu ziehen, sondern mit dem Unvermögen des Betroffenen, die vielen auf ihn einströmenden Informationen aus der Umwelt angemessen zu selektieren. Es gelingt ihm dadurch einfach nicht, einen bestimmten Denkinhalt, also beispielsweise bestimmte Ideen, Gedanken, Fragen, Bedürfnisse, Vorstellungen und Erinnerungen, auszuwählen. Somit können auch weitere Denkinhalte, zum Beispiel andere Perspektiven und Ansichten, nicht in den Denkverlauf miteinbezogen werden. Folglich gibt es keine bestimmten Denkinhalte, die über einen längeren Zeitraum im Gedächtnis fixiert und damit zum Denkziel erhoben werden könnten. Wo aber kein Ziel gesetzt werden kann, da kann auch keines erreicht werden. Wie schwer die Denkstörungen beim Patienten ausgeprägt sind, zeigt sich oft direkt in Form von Widrigkeiten im Arzt-Patienten-Gespräch. Zwar muss eine solche Erschwernis nicht permanent vorliegen, sie tritt aber bei den formalen Denkstörungen insbesondere bei längerer Gesprächsführung oder bei einer emotionalen Belastung während des Gespräches deutlich zutage. Das AMDP-System kennt insgesamt zwölf Begriffe zur Beschreibung formaler Denkstörungen. Damit werden zwar nicht alle Variationen formaler Denkstörungen abgedeckt, dafür aber die aus psychopathologischer Sicht wichtigsten. Sie werden nach Symptomen im vierten Merkmalsbereich des AMDP-Systems abgehandelt und sehen im Einzelnen wie folgt aus:

1. Gehemmtes Denken:

Wenn das Denken gehemmt ist, hat der Patient das subjektive Gefühl, dass er gegen einen inneren Widerstand denkt. Es fühlt sich an, als sei das Denken verlangsamt, gebremst, stockend und blockiert.

2. Verlangsamtes Denken

Bei einer Verlangsamung des Denkens hat der Beobachter das Gefühl, dass die Gedankengänge des Patienten irgendwie verlangsamt sind und sich regelrecht dahinschleppen.

3. Umständliches Denken

Das umständliche Denken ist gekennzeichnet von Weitschweifigkeit. Der Patient verliert sich in unwichtigen Einzelheiten und kann Wesentliches von Nebensächlichem nicht mehr unterscheiden. Es gelingt ihm aber, im Gespräch stets den inhaltlichen Zusammenhang zu wahren und nicht vom Ziel gänzlich abzukommen.

4. Eingeengtes Denken

Beim eingeengten Denken ist der inhaltliche Denkumfang des Patienten eingeschränkt. Das führt dazu, dass er an einem oder wenigen Themen regelrecht hängen bleibt. Es ist für ihn schwierig, das Thema einfach zu wechseln, sodass er immer wieder auf das alte Thema zu sprechen kommt. Eine solche Fixierung auf wenige Themen zieht natürlich auch eine Fixierung auf wenige Zielvorstellungen nach sich.

5. Perseverierendes Denken

Die Perseveration erinnert ein wenig an eine tibetanische Gebetsmühle. Sie ist gekennzeichnet durch ein ständiges Wiederholen von Worten und Angaben. Das heißt, dass der Patient seine Denkinhalte ständig wiederholend vorträgt, sodass sie in der aktuellen Situation völlig unpassend und sinnentleert erscheinen. Es ist ein Haftenbleiben oder ein übermäßig langes Beharren auf einem Gedankeninhalt, wenn man so will.

6. Grübeln

Beim nicht zwanghaften Grübeln handelt es sich um ein unablässiges Kreisen der Gedanken, meist um unangenehme Themen. Das können entweder aktuelle Probleme sein oder auch ungewollte Ereignisse aus der Vergangenheit.

7. Gedankendrängen

Das Drängen der Gedanken ist dadurch charakterisiert, dass der Patient sich vor lauter Gedanken und Einfällen nicht mehr retten kann. Die Gedankenflut ist so groß, dass es ihm nicht mehr gelingt, Ordnung in seine Gedankenwelt zu bringen. Die Fülle erschlägt ihn regelrecht, wodurch eine Beherrschung nicht mehr möglich ist. Er kann dem Druck nicht mehr standhalten und wird von seinen Ideen förmlich überrannt.

8. Ideenflüchtiges Denken

Auch diese formale Denkstörung ist geprägt von einer Vermehrung der Einfälle. Allerdings wird der Betreffende von ihnen nicht erschlagen, so wie beim Gedankendrängen, sondern vielmehr von den ständig dazwischenkommenden Einfällen abgelenkt. Dadurch kann das Ziel seines Denkens entweder vollkommen verloren gehen oder aber der Patient wechselt ständig sein Gedankenziel. Er kommt sprichwörtlich vom Hundertsten ins Tausendste und bringt oft nicht einmal den begonnenen Satz zu Ende.

9. Vorbeireden

Beim Aneinandervorbeireden geht der Patient nicht auf die ihm gestellte Frage ein, sondern bringt eine Antwort hervor, die das Thema verfehlt. Und das obgleich er die Frage eigentlich richtig verstanden hat.

10. Gedankenabreißen

Das Abreißen der Gedanken ist eine formale Denkstörung, bei der es dem Patienten anfänglich gelingt, flüssig zu sprechen. Auch ist sein Gedankengang zunächst noch flüssig. Doch dann bricht dieser plötzlich ab, ohne dass dafür ein Grund ersichtlich wäre. Das heißt, mitten im Satz stockt es unvermutet und der Betreffende schweigt. Unter Umständen greift er dann das Gespräch mit einem anderen Thema wieder auf.

11. Inkohärentes Denken

Ein anderes Wort für diese Form der Denkstörung wäre zerfahrenes Denken. Und zwar zerfahren im Sinne eines Zerfalles der Sprache. Die Sprache und damit auch das Denken zerfallen dabei in einzelne Sätze, Satzgruppen und Gedankenbruchstücke. Das Denken wirkt wie zerrissen und die Sprache verliert ihren verständlichen Zusammenhang. Es macht den Eindruck, als wären Sätze und Gedanken irgendwie kunterbunt zusammengewürfelt.

12. Neologistisches Denken

Das neologistische Denken ist durch Neubildungen von Wörtern charakterisiert. Allerdings entsprechen diese Wortneubildungen nicht unbedingt der üblichen sprachlichen Konvention und sind von daher für den Außenstehenden kaum zu verstehen. Im Extremfall benutzt der Patient auch eine künstlich gebildete Sprache, bei der die einzelnen Wörter komplett neu erfunden werden. Dies kann beim Betrachter einen recht bizarren Eindruck hinterlassen.

Die kurze Abhandlung der formalen Denkstörungen dürfen wir insgesamt dahingehend zusammenfassen, dass es sich bei ihnen um Veränderungen des Gedankenablaufes handelt, die sich in der Geschwindigkeit, dem Sinnzusammenhang und der Schlüssigkeit äußern können. Immer aber kommen sie in den sprachlichen Äußerungen zum Vorschein. Trotzdem sind sie nicht gerade leicht zu verstehen und zu erkennen, im Gegensatz zu den inhaltlichen Denkstörungen, zu denen wir jetzt kommen. Die inhaltlichen Denkstörungen werden von den Merkmalsbereichen fünf und sechs des AMDP-Systems abgebildet, welche die Befürchtungen, die Zwänge und den Wahn umfassen. Zu den inhaltlichen Denkstörungen gehören im Einzelnen die überwertigen Ideen, die abnormen Befürchtungen, die Zwangsgedanken sowie verschiedene Inhalte von Wahngedanken. Verschaffen wir uns deshalb erst einmal einen ordentlichen Überblick über die verschiedenen Begrifflichkeiten, samt ihrer Anwendung, und beginnen am besten gleich mit den überwertigen Ideen. Bei den überwertigen Ideen handelt es sich um stark gefühlsbeladene Gedanken, die einen Menschen völlig in Anspruch nehmen. Es sind Vorstellungen und Überzeugungen, denen subjektiv eine große Bedeutung beigemessen wird und die das eigene Denken komplett beherrschen. Sie haben einen großen Wert für den Betroffenen, der weit über dem der Realität liegt. Deshalb wird so eine Idee auch überwertig genannt. Ungeachtet dessen geht der Patient dieser Idee mit einem bemerkenswerten Eifer nach. Wenn es sein muss, auch jenseits aller Vernunft. Im Gegensatz zum Wahn ist die überwertige Idee aber noch korrigierbar. Eine überwertige Idee gilt deshalb als eine Vorstufe zum Wahn, der nicht mehr zu korrigieren ist. Die Übergänge zwischen den beiden sind allerdings manchmal durchaus fließend. Die abnormen Befürchtungen, die ebenfalls zu den inhaltlichen Denkstörungen gehören, sind hingegen als unbegründete Befürchtungen des Betroffenen zu verstehen. Es sind psychopathologische Symptome, die das Verhalten des Patienten maßgeblich prägen, indem sie dessen Vorstellungen ängstlich verändern. Wir unterscheiden im Wesentlichen drei verschiedene Formen abnormer Befürchtungen:

1. Misstrauen

Beim Misstrauen wird das Verhalten anderer Menschen übertrieben argwöhnisch betrachtet. Es wird ihnen grundsätzlich eine feindselige Haltung unterstellt. Was auch immer diese Menschen tun, es wird stets mit Angst und Unsicherheit für die eigene Person wahrgenommen.

2. Hypochondrie

Bei der Hypochondrie werden unbegründete Befürchtungen dahingehend gehegt, dass der eigene Körper krank sein könnte, obwohl objektiv kein Anlass zur Sorge besteht. Der Betroffene widmet den Vorgängen in seinem Körper eine erhöhte Aufmerksamkeit, horcht tief in sich hinein und misst furchtsam und beunruhigt harmlosen Missempfindungen und Symptomen eine übermäßige Bedeutung bei. Es ist damit die blanke Angst, die das Verhältnis zum eignen Körper und der Gesundheit bei der Hypochondrie dominiert.

3. Phobie

Ganz allgemein gesprochen stellt die Phobie eine Angst vor bestimmten Objekten oder Situationen dar, welche meist eine Reaktion der Vermeidung nach sich zieht. Die Phobie ist im Grunde eine übertriebene und belastende Furcht. Eine Furcht, die sich entweder auf soziale Situationen beziehen kann, beispielsweise wenn man im Mittelpunkt der Öffentlichkeit steht und eine übertriebene Befürchtung empfindet, zurückgewiesen zu werden, weil man meint, vielleicht lächerlich zu wirken oder sonstige Peinlichkeiten im Verhalten aufzuweisen. Oder aber die Phobie richtet sich gegen bestimmte Tiere, oft Spinnen, obwohl von den über 40 000 bekannten Arten lediglich fünf dem Menschen gefährlich werden können. Es kann aber auch sein, dass sich die Phobie rundweg auf die Fremde als solche richtet und der Betroffene es damit nicht mehr wagt, sein Zuhause oder andere vermeintlich sichere Orte zu verlassen. Ebenso ist es möglich, dass Patienten eine Phobie davor haben, sich aus bestimmten Situationen nicht rechtzeitig befreien zu können. Das kann dann dazu führen, dass Fahrstühle, Flugzeuge oder andere geschlossene Räume gemieden werden.

Bricht die Angst ohne ersichtlichen Anlass, praktisch wie aus heiterem Himmel, des Öfteren über einen Menschen herein, spricht man von einer *Panikstörung*. Die Angst vor der Angst, auch *Erwartungsangst* genannt, kann dann das weitere Leben des Betroffenen bestimmen. Findet sich indes ein Zustand der dauerhaften Angespanntheit mit permanenter Besorgtheit des Patienten in Bezug auf seine alltäglichen Ereignisse und Probleme, würde man aus fachlicher Sicht von einer *generalisierten Angststörung* sprechen. Bei den psychischen Störungen der *Zwänge* wiederum handelt es sich um psychopathologische Symptome, die alles beherrschen. Es sind Erlebnisse, bei denen relativ harmlose Gedanken, Impulse und Handlungen so extrem gesteigert sind, dass der Betroffene sie nicht mehr willentlich kontrollieren kann. Er kann sie daher einfach nicht abstellen, sich ihnen nicht entziehen, obwohl er ihre Unsinnigkeit eindeutig erkennen kann. Zwänge können in der klinischen Praxis in dreierlei Form in Erscheinung treten:

1. Zwangsgedanken

Darunter versteht man andauernde oder wiederkehrende Gedanken und Vorstellungen, die sich dem Patienten förmlich aufdrängen. Er kann diese aber nicht abstellen, ihnen keinen Widerstand entgegensetzen, obwohl er sie eindeutig als überzogen und unsinnig erkennt. Deshalb ist es sehr schwer für ihn, diese Gedanken wieder loszuwerden, zumal Zwangsgedanken auch noch die Tendenz haben, sich immer mehr zu verselbstständigen.

2. Zwangsimpulse

Analog zu den Zwangsgedanken handelt es sich hier um Impulse, die sich dem Patienten immer wieder aufdrängen. Ein Zwangsimpuls ist ein unwillkürlicher Antrieb, der zur Ausführung einer bestimmten Handlung auffordert, wenngleich auch die Unsinnigkeit einer derartigen Handlung vom Betroffenen eingesehen wird. Interessanterweise werden Zwangsimpulse so gut wie nie ausgeführt. Offensichtlich scheint hier eine interne Kontrolle zu existieren, die es einfach nicht zulässt, solcherlei Impulsen nachzugeben. Trotzdem leben die Patienten in der ständigen Angst, dass aber genau das passieren könnte.

3. Zwangshandlungen

Verliert der Patient die interne Kontrolle über seine Zwangsgedanken und Zwangsimpulse, dann werden von ihm zwanghaft Handlungen gegen oder ohne seinen Willen ausgeführt. Auch wenn er die Handlungen selbst als sinnlos wahrnimmt, fühlt er sich dennoch gezwungen sie auf die gleiche Art und Weise immer und immer wieder auszuführen. Man spricht in diesem Zusammenhang deshalb auch von stereotypen Verhaltensweisen. Andere bezeichnen sie als Rituale. Der Ablauf solcher Rituale ist haargenau festgelegt. Wird er unterbrochen, aus welchem Grund auch immer, muss der Betroffene noch einmal von vorn beginnen. Ein gutes Beispiel für Zwangshandlungen ist der sogenannte Waschzwang. Er stellt die größte Gruppe von Zwangserkrankungen bei Frauen dar. Beim Wasch- oder Reinigungszwang verspürt der Patient eine panische Angst vor Schmutz, Bakterien, Viren sowie vor Körperausscheidungen und unreinen Gegenständen. Das alles löst bei ihm massive Ängste im Sinne einer Verunreinigung aus. Schnell sind dann auch Gedanken geboren wie „Jetzt habe ich mich ganz bestimmt damit infiziert". Dass vielleicht gar kein Kontakt vorgelegen hat, spielt dabei überhaupt keine Rolle. Allein schon der Gedanke an eine denkbare Ansteckung ist schier unerträglich. Das Unbehagen, das durch diesen Gedanken stets ausgelöst wird, führt schließlich zu ausgiebigen Waschungen und Desinfektionsritualen, die Stunden in Anspruch nehmen können. Schwere Hautschäden können dann die Folge sein. Eine andere Form von Zwangsstörungen ist der Kontrollzwang. Er kommt bei Männern am häufigsten vor. Sein kennzeichnendes Merkmal ist der Zwang, dieselben Dinge immer wieder überprüfen zu müssen. Das können Türschlösser, Elektrogeräte, Wasserhähne oder Aschenbecher sein. Die Betroffenen haben Angst davor, dass ihre Unachtsamkeit für sie selbst oder andere schwere Folgen haben könnte. Sie sind deshalb überzeugt davon, dass ihr Verhalten ihrem Schutz und dem Schutz anderer dient. Das wirklich Krankhafte an diesem Verhalten ist, dass sich auch nach wiederholter Prüfung einfach nicht das Gefühl von Sicherheit einstellen will. Ganz so, als würde man seiner eignen Wahrnehmung nicht über den Weg trauen. Kaum kontrolliert, stellen sich erneut bohrende Zweifel ein. Also muss noch einmal kontrolliert werden. Doch auch dieser Kontrollgang bringt nicht das Gefühl der Sicherheit und Ruhe. Und so geht ein großer Teil an Zeit und Lebensfreude verloren. Manchmal versuchen sich die Patienten zu behelfen, indem sie Angehörige und Nachbarn mit einbinden, um auf diese Weise wenigstens einen Teil der Verantwortung abtreten zu können. Neben diesen häufigen Formen von Zwangshandlungen gibt es noch eine ganze Reihe weiterer Zwänge wie Wiederhol- und Zählzwänge, Sammelzwänge, Ordnungszwänge und andere Zwänge.

Wichtig zu wissen ist, dass die drei Formen von Zwängen, also Zwangsgedanken, Zwangsimpulse und Zwangshandlungen, meistens miteinander vergesellschaftet sind. Und so sind es in der Regel Zwangsgedanken und Zwangsimpulse, die den Grundstein für das sich anschließende zwanghafte Verhalten legen. Es ist eine unheilvolle Trias, gegen die der Patient völlig machtlos ist. Versucht er nämlich eine Zwangshandlung einfach zu unterlassen, tritt sofort ein intensives Gefühl der Anspannung, inneren Unruhe und Angst auf, die von körperlichen Reaktionen wie Schweißausbrüchen und Zittern begleitet wird. Deshalb bleibt ihm nichts anderes übrig, als diesem Druck nachzugeben. Doch auch das Nachgeben hat seinen Preis. Denn Zwangshandlungen sind zeitraubend und zermürbend. Und so leidet zuerst die Lebensqualität, dann die Partnerschaft und der Beruf. Was folgt, sind Hilflosigkeit, Resignation, Rückzug und Isolation. Im Extremfall der Ruin eines menschlichen Lebens. Aufgrund der sich einstellenden Angst hat man früher die Zwangsstörungen zu den Angststörungen, sprich phobischen Störungen, gezählt. Doch heute ist man doch eher zu der Erkenntnis gelangt, dass es sich bei ihnen um ein eigenständiges Leiden handelt. Ein Leiden, bei dem viele Zwangsbetroffene auch Angst davor haben, durchzudrehen und den Bezug zur Realität zu verlieren. In der Regel sind diese Befürchtungen jedoch unbegründet, denn der Betroffene verliert sich nur in bestimmten Denk- und Verhaltensmustern, aber nicht in Bezug auf die Realität. Es sei denn, dass neben der Zwangsstörung noch eine weitere Form der inhaltlichen Denkstörungen vorliegt, die zu einer krankhaft entstandenen Fehlbeurteilung der Realität führt. Dann aber wären wir mitten im Reich des Wahns angekommen, dem sechsten Merkmalsbereich des AMDP-Systems. Dieser Bereich ist sehr schwer zu verstehen, weil Wahn ein sehr vielschichtiges und verwirrendes Phänomen darstellt. Er ist das wahrscheinlich komplexeste Syndrom, das die Psychopathologie zu bieten hat. Und so verwundert es auch nicht weiter, dass bis heute keine allgemeingültige Definition des Begriffes Wahn vorliegt. Wir müssen uns deshalb etwas behelfen und ganz pragmatisch vorgehen, um wenigstens eine Vorstellung vom Wahn zu bekommen. Am besten versteht man es vielleicht, indem wir noch einmal kurz auf den Begriff der Realität eingehen. Wir konnten herausarbeiten, dass es die Psyche ist, die unsere ganz persönliche Realität erzeugt, und dass diese Realität sich für jeden Menschen anders darstellt. Das bedeutet, dass jeder Mensch sich eine ganz persönliche Überzeugung von sich selbst und der ihn umgebenden Umwelt bildet. Diese mehr oder weniger lebensbestimmende Ansicht ist seine persönliche Wirklichkeit. Es ist ein ganz persönliches Wirklichkeitsbewusstsein, das dem Menschen den untrüglichen Eindruck vermittelt, ja, ich sehe, höre und fühle etwas und dieses Etwas ist real. Wirklichkeit ist demnach das, was wir dafür halten, oder anders gesagt, Wirklichkeit ist relativ. Dennoch gibt es aber ein für uns alle gemeinhin identisches Wissen, das jedem Menschen zugänglich ist. Dieser komplexe Bereich spiegelt unsere gemeinsame Realität wider. In diesem Bereich gibt es ein Wechselspiel der Beeinflussung zwischen der Realität auf der einen Seite und dem Einzelwesen auf der anderen Seite. Ich als Einzelwesen beeinflusse die Realität und die Realität wiederum beeinflusst mich. Durch diese Wechselbeziehung kann ich also die Realität überprüfen bzw. ich kann überprüfen, ob mein persönliches Wirklichkeitsempfinden seinem Wesen nach richtig ist oder nicht. Wenn nicht, dann kann ich es korrigieren. Mehr noch, ich muss es geradezu korrigieren, weil ansonsten Konflikte mit unabsehbaren Folgen für meine Partnerschaft, meinen Freundeskreis und mein Sozialleben drohen. Und genau hier liegt das Grundproblem mit dem psychopathologischen Phänomen Wahn. Denn pragmatisch definiert ist Wahn eine irreale Fehlbeurteilung der Wirklichkeit, an welcher der Betroffene unbeirrt festhält, obwohl sie mit der objektiv überprüfbaren Realität nicht in Einklang zu bringen ist und damit der Wirklichkeit eindeutig widerspricht. Das ist das erste Merkmal des Wahns. Trotzdem hält der Betroffene mit absoluter Gewissheit daran fest. Er ist mit keinem noch so guten Argument oder Beweis vom Gegenteil zu überzeugen. Das ist das zweite Merkmal. Die Mitmenschen dagegen können eine solch wahnhafte Überzeugung nicht nachvollziehen und dementsprechend auch nicht teilen. Das ist das dritte Merkmal des Wahns. Dem Wahnkranken geht somit das regulative Korrektiv der Wirklichkeit verloren. Er ist der gemeinsam geteilten Realität aller Menschen vollkommen entrückt und verliert auf diesem Wege die Beziehung zu ihnen und der Umwelt. Für ihn gibt es nur noch eine Realität, die Wirklichkeit des Wahns. Damit ist der Betroffene in der Welt seines eigenen Wahns gefangen. Er nimmt sozusagen sein ganzes Leben in Beschlag. Die ihn umgebenden Menschen verstehen ihn nicht länger, denn er teilt von nun an mit ihnen keine mitmenschlich gemeinsame Realität. Sie existiert für ihn einfach nicht mehr. Und so ist er in ihren Augen nur noch eines, vollkommen verrückt. Das wäre allerdings der Extremfall, der zwar eintreten kann, aber nicht zwingend muss. Die etwas abgeschwächte Variante davon wäre, wenn der Wahn nicht die einzige Wirklichkeit darstellt, sondern nur einen beherrschenden Teil davon. Dieser Teil würde sich dem Betroffenen zwar aufdrängen, aber es wäre dann noch zumindest ein gewisser Rest an mitmenschlich gemeinsamer Realität vorhanden. Sie wäre also nicht völlig weg und könnte wenigstens hin und wieder einmal zeitweise oder stellenweise aufblitzen, sodass der Betroffene in diesen Momenten auf seine Mitmenschen einen recht vernünftigen Eindruck machen würde. Noch abgeschwächter geht es schließlich zu, wenn der Wahn und die Wirklichkeit sich gegenseitig nicht ausschließen. Beide können nämlich gleichberechtigt nebeneinander existieren, ohne sich gegenseitig zu stören. In so einem Fall sind Wahn und Wirklichkeit gut auseinanderzuhalten, weil sie in keinerlei Beziehung zueinander treten. Bei den Mitmenschen erweckt der Betroffene mit seinem Verhalten den Eindruck, dass er teils nicht mehr ganz bei Trost ist und teils aber sinnhaft überlegt und handelt. Ganz anders hingegen sieht das aus, wenn Wahn und Wirklichkeit nicht in friedlicher Koexistenz stehen, sondern ineinanderfließen. Wenn sie sich sozusagen ununterscheidbar vermischen. Dann ist ein Auseinanderhalten beider Bereiche nicht mehr möglich. Für den Betroffenen stellt sich in einer solchen Situation ständig die quälende Frage, was ist Wahn und was ist Wirklichkeit? Für ihn beginnt nun eine Odyssee. Eine Odyssee, bei der das ständige Ringen um die allgemeingültige Realität im Vordergrund steht. Das kann dazu führen, dass der Patient buchstäblich mit dem Kopf durch die Wand will, nur um festzustellen, ob sein Empfinden noch gesund ist. Der einsetzende Schmerz gäbe ihm Gewissheit darüber. Die Gewissheit, ja, ich bin noch ein normaler Mensch. Nicht jedoch so für seine ratlosen Mitmenschen, die danebenstehen. Denn für sie ist er nur noch eines, völlig krank im Kopf. Wie man sieht, lässt sich der Begriff Wahn nicht einfach in einem einzigen Satz zusammenfassen und erklären. Dazu ist das Phänomen viel zu vertrackt und unübersichtlich. Will man Wahn auch nur annähernd erfassen, kommt man deshalb nicht umhin ihn fein säuberlich zu untergliedern, und zwar am besten in formale und inhaltliche Wahnmerkmale. Beide sind für eine qualifizierte Beschreibung des Wahns unabdingbar. Die formalen Merkmale des Wahns sind als Ordnungsmerkmale zu verstehen, die uns eine äußerliche Beschreibung des Wahns erlauben. Sie beschreiben im Prinzip seine spezifische Struktur. Zu den *formalen Wahnmerkmalen* gehören im Einzelnen:

Wahngedanken

Wahngedanken sind Gedanken, die wahnhaft verändert sind und an denen der Betroffene dauerhaft festhält. Dieses Festhalten kann im Allgemeinen entweder sehr lange andauern oder manchmal auch ein Leben lang bestehen. Oft findet man als Synonym für Wahngedanken den Begriff Wahnideen. Die Wahnideen beziehen sich immer auf bestimmte Wahninhalte, sprich das Thema des Wahns. Dabei können sich die Wahngedanken entweder nur auf einen Wahninhalt beziehen oder sie erstrecken sich gleich auf mehrere aufeinander bezogene Wahninhalte.

Wahneinfälle

Von den Wahngedanken müssen wir die Wahneinfälle sprachlich abgrenzen. Auch wenn beide Begriffe oft synonym benutzt werden, bestehen im Detail doch deutliche Unterschiede. Wahneinfälle sind wahnhafte Vorstellungen und Überzeugungen, die plötzlich und unvermittelt auftreten. Das ist der erste Unterschied zu den Wahngedanken. Beispielsweise das plötzliche Auftreten der Gewissheit: Ich bin Julius Cäsar. Der zweite Unterschied besteht in der zeitlichen Abfolge. So gehen Wahneinfälle und Wahnwahrnehmungen immer den Wahngedanken voraus.

Wahnwahrnehmung

Bei der Wahnwahrnehmung handelt es sich um reale Wahrnehmungen der fünf Sinne, die jedoch meist mit Eigenbezug wahnhaft gedeutet und interpretiert werden. Beispielsweise wenn ein Patient meint: „Der Anblick der Orchideen in meinem Garten zeigt mir ganz deutlich, dass etwas Schreckliches mit meiner Familie geschehen wird." Dann liegt eine wahnhafte Fehlinterpretation der Realität vor. Und ebendiese bezeichnet man als Wahnwahrnehmung.

Wahnstimmung

Unter einer Wahnstimmung versteht man eine Änderung der Stimmung, der eine wahnhafte Bedeutung zugemessen wird. Es handelt sich um eine Meinung, Vermutung und Erwartung des Patienten, die sich in einem unspezifischen Gefühl äußert, das von keinem Gesunden nachvollzogen werden kann. Das heißt, es werden äußere Reize im Sinne einer Wahnwahrnehmung verkannt, wobei die Wahnstimmung im Weiteren dann zur Ängstlichkeit, Fassungslosigkeit und Verzweiflung führt. Im Grunde also eine plötzlich einsetzende alarmierende Stimmung im Umfeld eines Wahns, die durch starke Affekte gekennzeichnet ist.

Wahndynamik

Als Wahndynamik bezeichnet man die Stärke der Affekte, die im Zusammenhang mit dem Wahn wirksam werden. Sie ist sozusagen das Maß der affektiven Anteilnahme am Wahn. Die Beschreibung dieses Maßes ist wichtig, denn eine starke Dynamik würde für eine produktive Phase einer Psychose sprechen, während hingegen eine geringe Dynamik als Ausdruck einer abgeklungenen Produktivität gilt.

Systematisierter Wahn

Wahnideen können sich zu einem wahnhaften Gebäude zusammenfügen, einem System. Dabei werden krankhafte Verbindungen zwischen verschiedenen Wahnerlebnissen, realen Beobachtungen, Sinnestäuschungen und Erfahrungen geschaffen, um Ordnung in das wahnhafte Erleben zu bringen. Alles, was dem Betroffenen als entsprechender Erklärungsbeweis dient, seien es Begründungen, Bestätigungen oder Ableitungen, sie alle werden in dieses Wahnsystem eingebaut. Durch die in Wahnarbeit geschaffene Wahnstruktur erhält der Wahn die ersehnte Gewissheit. Ein gutes Beispiel für systematisierten Wahn sind vermutete Verschwörungen durch Außerirdische.

Im Gegensatz zu diesen formalen Merkmalen ermöglichen uns die inhaltlichen Merkmale eine innerliche Beschreibung des Wahns vorzunehmen. Sie geben uns gewissermaßen Auskunft über seine charakteristischen Themen. Und diese Themen können sehr verschiedene Lebensbereiche des Menschen berühren, als da wären:

Beziehungswahn

Er ist gekennzeichnet durch einen wahnhaften Eigenbezug, bei dem selbst alltägliche Ereignisse stets mit Blick auf die eigene Person gedeutet werden.

Verfolgungswahn

Beim Verfolgungswahn wird das Umfeld des Betroffenen als feindselig empfunden. Andere Menschen jagen und verfolgen ihn, trachten ihm nach dem Leben, nach der Gesundheit, nach seinem Hab und Gut.

Eifersuchtswahn

Der Eifersuchtswahn ist die wahnhafte Überzeugung eines Menschen, vom Partner hintergangen und betrogen zu werden.

Schuldwahn

Er ist die krankhafte Überzeugung, gegen moralische Gebote verstoßen und somit Schuld in schlimmer Weise auf sich geladen zu haben.

Verarmungswahn

Der Verarmungswahn besteht in der unumstößlichen Überzeugung des Betroffenen, dass seine wirtschaftliche Basis bedroht oder gar verloren sei.

Hypochondrischer Wahn

Hypochondrischer Wahn äußert sich in der wahnhaften Gewissheit, schwer oder unheilbar erkrankt zu sein.

Größenwahn

Der Größenwahn ist durch eine wahnhafte Überschätzung oder Überhöhung der eigenen Person charakterisiert. Hierbei identifiziert sich der Betroffene nicht selten mit berühmten Persönlichkeiten aus der Vergangenheit oder Gegenwart.

Andere Wahninhalte

Hierunter fallen all die anderen Wahnthemen wie beispielsweise der Nichtigkeitswahn, bei dem die wahnhafte Überzeugung besteht, dass die eigene Person außerordentlich minderwertig oder gar unwichtig sei. Im Extremfall kann sich ein solcher Wahn bis zum nihilistischen Wahn steigern, bei dem sogar die Vorstellung herrscht, nicht zu existieren. Ein anderes Beispiel wäre der Liebeswahn, bei dem sich der Betroffene in der wahnhaften Überzeugung wähnt, von anderen innig geliebt und begehrt zu werden. Oder der körperdysmorphe Wahn mit seiner krankhaften Gewissheit, einen missgestalteten Körper zu besitzen. Nicht zu vergessen der Dermatozoenwahn mit seiner unerschütterlichen Vorstellung, dass auf oder unter der eignen Haut kleinste Lebewesen herumkrabbeln, die den spürbaren Juckreiz verursachen. Und natürlich gibt es darüber hinaus auch noch viele weitere vorkommende Wahninhalte.

Fassen wir also abschließend die inhaltlichen Denkstörungen an dieser Stelle dahingehend zusammen, dass bei ihnen Denkinhalte vorkommen, die der Betreffende als unsinnig oder quälend empfindet (überwertige Ideen und Zwangsgedanken), oder aber dass das Denken von Fehlinterpretationen an sich realer Wahrnehmungen dominiert wird, die nicht veränderbar und für Außenstehende nicht nachvollziehbar sind (Wahn). Den Wahn sollten wir dabei am besten als Anzeichen einer psychischen Störung begreifen, deren Überzeugung zwar keinen realen Inhalt hat, die aber dennoch die Lebensführung des Einzelnen mehr oder minder stark behindern kann. Er ist ein Phänomen, dessen Strukturen und Themen ein beträchtliches Maß an Vielschichtigkeit erreichen können. Und er ist ein recht verwirrendes Phänomen, weil ihm darüber hinaus auch noch verschiedene Erkrankungen und Ursachen zugrunde liegen können. So kann Wahn einerseits bei Schizophrenien und wahnhaften Störungen auftreten und andererseits bei affektiven und organischen Störungen. In der Gruppe der Schizophrenien zum Beispiel sind Wahn und Halluzinationen so eng miteinander verflochten, dass man die beiden am liebsten für zwei Seiten einer einzigen Grundstörung halten möchte. Mit dieser Erkenntnis verlassen wir jetzt das Reich des Wahns und wechseln in den siebten Merkmalsbereich des AMDP-Systems hinüber, die Heimat der Sinnestäuschungen. Hier an diesem geistigen Ort begegnen uns gleich vier verschiedene Arten von Sinnestäuschungen:

1. Pareidolien

Als Wahrnehmung bezeichnen wir die Aufnahme von Informationen aus der Umwelt durch unsere fünf Sinne. Bei der Pareidolie handelt es sich um eine Tendenz innerhalb dieses Wahrnehmungsprozesses. Nämlich die Tendenz, realen Wahrnehmungsobjekten einen weiteren Informationsgehalt zuzuschreiben. So werden zum Beispiel in vorüberziehenden Wolken bestimmte Tiere oder andere vertraute Wesen und Gegenstände erkannt. Die Pareidolie ist somit eine Sinnestäuschung, bei der einem realen Gegenstand ein weiterer Informationsgehalt zugeschrieben wird. Sie spiegelt offensichtlich den angeborenen Hang des Menschen wider, verschiedenen Strukturen und Mustern eine sinnvolle Bedeutung verleihen zu wollen. Die Pareidolie kommt hauptsächlich bei Gesunden vor. Sie kann aber auch bei starker Übermüdung, psychischer Überlastung, Drogenmissbrauch, Panikstörungen und fieberhaften Erkrankungen auftreten. Im letztgenannten Falle sogar mit einem sich aufdrängenden Charakter. Die Pareidolie wird aber nicht vom Affekt getragen und sie verschwindet auch bei vermehrter Aufmerksamkeit nicht wieder.

2. Illusionen

Als Illusion bezeichnet man eine Täuschung der Sinne, die hauptsächlich bei Gesunden vorkommt. Der Gegenstand einer Illusion ist ein realer Sinneseindruck, der jedoch fehlinterpretiert, sprich verkannt wird. Die Verkennung kann sich auf reale Gegenstände, Geräusche, Personen oder Situationen beziehen. Sie kann auch stimmungsabhängig sein, vom Affekt getragen werden oder bei Müdigkeit und Rauschzuständen auftreten. Ein gutes Beispiel für eine typische Illusion ist die Fata Morgana, die unserem Verstand auf erhitzten Sommerstraßen Pfützen vorgaukelt, obwohl es sich nur um heiße Luft handelt. Genau das ist aber das Prinzip der Illusion. Heiße Luft als realer Sinnesreiz wird fälschlicherweise als Wasser illusionär verkannt. Ein anderes Beispiel wäre ein harmloser Gegenstand oder ein Schatten an der Wand, der als Fratze oder bedrohliche Gestalt verkannt wird. So eine illusionäre Verkennung kann bei vermehrter Aufmerksamkeit durchaus auch wieder verschwinden.

3. Pseudohalluzinationen

Im Gegensatz zur Illusion fehlt bei der Pseudohalluzination jedwede äußere Reizquelle. Es gibt folglich bei der Pseudohalluzination keinen realen Gegenstand. Trotzdem nimmt der Betroffene etwas wahr. Er ist sich jedoch der Tatsache bewusst, dass es sich um keine reale Wahrnehmung handelt.

4. Halluzinationen

Auch die Halluzination entbehrt jedweder Reizquelle im Äußeren. Im Gegensatz zur Pseudohalluzination werden aber die Wahrnehmungserlebnisse als völlig real empfunden. Das bedeutet, der Trugcharakter wird bei ihnen nicht erkannt.

Der Mensch kann prinzipiell auf sämtlichen Sinnesgebieten halluzinieren. Deshalb müssen wir sorgfältig *verschiedene Formen von Halluzinationen* unterscheiden.

Optische Halluzinationen

Es handelt sich um Trugwahrnehmungen im Bereich des Sehens. Das können Lichtblitze, Flecken, Funken, Schatten und Farben sein oder auch Gegenstände, Tiere und Menschen. Ja, sogar komplett ausgestaltete Szenen, entweder statische oder bewegte, sind möglich. Optische Halluzinationen für sich allein deuten am ehesten auf eine organische Ursache hin. Sie können aber auch kombiniert mit akustischen Halluzinationen auftreten.

Akustische Halluzinationen

Akustische Sinnestäuschungen sind dadurch gekennzeichnet, dass der Betroffene Dinge hört, ohne dass ein entsprechender akustischer Reiz vorliegt. Wenn das menschliche Stimmen sind, nennt man das Phänomen Phonem. Diese Phoneme können einen dialogischen, einen imperativen oder einen kommentierenden Charakter haben. Wenn sie keine menschlichen Stimmen beinhalten, spricht man von Akoasmen. Akustische Halluzinationen lassen oft an eine schizophrene Psychose denken.

Olfaktorische und gustatorische Halluzinationen

Finden sich Trugwahrnehmungen im Bereich des Riechens und Schmeckens, spricht man von Geruchs- und Geschmackshalluzinationen. Derartige Wahrnehmungen ohne einen äußeren Reiz können für sich allein oder in Kombination mit anderen Halluzinationen bestehen. Insgesamt lassen sie sich aber seltener nachweisen. Wenn sie auftreten, dann zumeist in unangenehmer Form als Gestank oder übler Geschmack. Angenehme Wahrnehmungen sind dagegen viel seltener. Bei der Schizophrenie kommen Geruchshalluzinationen in einem Drittel der Fälle vor. Aber auch bei anderen Erkrankungen, beispielsweise bei hirnorganischen Erkrankungen, einer wahnhaften Symptomatik oder im Rahmen von epileptischen Anfällen, können Geruchs- und Geschmackshalluzinationen auftreten.

Körperhalluzinationen

Auch Körperhalluzinationen lassen sich eher selten finden. Bei ihnen müssen wir allerdings noch etwas weiter differenzieren, denn es gibt verschiedene Arten davon. Man unterscheidet im Allgemeinen:

Leibhalluzinationen

Trugwahrnehmungen in Bezug auf den Körper, die als „von außen gemacht“ empfunden werden, bezeichnet man als Leibhalluzinationen. Wenn also beispielsweise ein Patient das Gefühl hat, dass seine Rückenschmerzen von bestimmten Strahlen verursacht werden oder dass der Regen ihn wachsen lässt, dann haben wir es mit klassischen Leibhalluzinationen zu tun.

Taktile Halluzinationen

Auch taktile Halluzinationen haben den Charakter des „von außen Gemachten". Allerdings liegen diese Trugwahrnehmungen eher im Bereich des Fühlens auf der Körperoberfläche. Dabei können alle Modalitäten, angefangen bei Berührungs- und Vibrationsempfindungen bis hin zu Temperatur- und Schmerzempfindungen, betroffen sein. Sie sind typisch für schizophrene Erlebnisweisen.

Zönästhesien

Im Gegensatz zu Leibhalluzinationen und taktilen Halluzinationen haben Zönästhesien den Charakter des „von innen her Kommenden". So kann der Patient das Gefühl haben, dass kleine Tiere an seinen Därmen herumnagen oder Parasiten seinen Körper von innen her auffressen. Derartige Trugwahrnehmungen kommen bei verschiedenen psychischen Störungen vor, beispielsweise bei der Schizophrenie oder bei schwerer hypochondrischer Depression. Sie können aber auch bei hirnorganischen Erkrankungen in Erscheinung treten.

Wie man sehen kann, sind Sinnestäuschungen und insbesondere Trugwahrnehmungen ein sehr buntes und mannigfaltiges psychopathologisches Phänomen. Erschwerend kommt hinzu, dass häufig auf mehreren Sinneskanälen gleichzeitig halluziniert wird. Auch können die Ursachen von Halluzination außerordentlich vielfältig sein. Das Spektrum reicht hier von hohem Fieber, Drogenmissbrauch, Extremsituationen und Demenz bis hin zu schweren psychischen und physischen Erkrankungen. Kein Wunder also, dass wir das Phänomen der Halluzinationen seinem Wesen nach nicht wirklich gut verstanden haben. Weiterhin erschwerend wirkt auch die Tatsache, dass der Betroffene mehr oder weniger in seiner eignen Welt lebt und somit für die anderen Menschen schwer zugänglich ist. Das gilt insbesondere für schizophrene Erkrankungen. Hier kommt noch komplizierend hinzu, dass Wahn und Halluzinationen, wie bereits hervorgehoben wurde, schwer voneinander zu trennen sind, weil sie in der Praxis wie zwei Aspekte ein und derselben Grundstörung erscheinen. Für die Psychoanalyse besteht deshalb auch überhaupt kein Grund, diese beiden Phänomene voneinander zu trennen, denn aus ihrer Sicht sind sie nichts weiter als die Manifestation einer Verdrängung von unerträglichen Erfahrungen und Vorstellungen in die Außenwelt hinein. Also nicht wie bei den Neurosen ins Unbewusste. Ob das allerdings wirklich so stimmt, sei mal dahingestellt. Schließlich weiß niemand wirklich etwas Konkretes darüber. Was wir aber mit Sicherheit sagen können, ist, dass das Krankheitsbild einer Psychose sehr facettenreich sein kann. Eine Facette davon können, wie wir gesehen haben, Wahnvorstellungen und Halluzinationen sein. Die andere Facette können Ich-Störungen bilden. Das sind Störungen, bei denen sich die Ichhaftigkeit des Erlebens verändert, sodass bestimmte Gedanken und Gefühle nicht mehr als eigen, sondern als fremd erlebt werden. Auch kann die Grenze zwischen dem Ich und der Umwelt durchlässiger werden, zunehmend verschwimmen und den Eindruck erwecken, dass die Umwelt nicht mehr wirklich sei. Doch damit haben wir bereits den Boden des achten Merkmalsbereiches im AMDP-System betreten, das Terrain der Ich-Störungen. Bei den Ich-Störungen müssen wir zwischen Entfremdungserlebnissen auf der einen Seite und Fremdbeeinflussungserlebnissen auf der anderen Seite unterscheiden. Zu den *Entfremdungserlebnissen* gehören:

Depersonalisation

Die Depersonalisation beschreibt ein unangenehmes Entfremdungserleben sich selbst gegenüber. „Meine Gefühle, meine Denkabläufe, mein Körper, das alles bin nicht mehr ich selbst."

Derealisation

Auch die Derealisation beschreibt ein unangenehmes Entfremdungserleben, nur eben auf die Umwelt bezogen. „Meine Umgebung erscheint mir fremdartig, unwirklich, künstlich und verändert."

Bei den Fremdbeeinflussungserlebnissen fühlt sich der Betroffene wie eine Marionette. Sein Denken, Fühlen und Handeln erscheinen ihm so, als seien sie von außen gesteuert. Zu unterscheiden sind hier:

1. Gedankenbeeinflussungen

a. Gedankenausbreitung

Der Betroffene hat die Überzeugung, dass seine Gedanken nicht mehr ihm ganz alleine gehören, sondern auch andere Personen daran teilhaben können. Es sei, als ob andere seine Gedanken lesen könnten. Der Gedankenausbreitung geht in der Regel das Gedankenlautwerden voraus, bei dem der Patient den Eindruck hat, dass er seine gerade gedachten Gedanken laut hören kann. Damit besteht ein fließender Übergang zu den akustischen Halluzinationen. Gedankenausbreitung und Gedankenlautwerden kommen häufig bei der Schizophrenie vor.

b. Gedankenentzug

Hier herrscht bei dem Betroffenen das Gefühl, dass ihm seine Gedanken und Gedankengänge weggenommen werden. Was bleibt, ist ein Fehlen von Gedanken, eine Leere im Kopf.

c. Gedankeneingebung

Sie ist das genaue Gegenteil des Gedankenentzuges, denn der Patient hat bei der Gedankeneingebung das Gefühl, dass ihm Gedanken und Vorstellungen plötzlich in den Kopf einschießen. Allerdings werden diese Gedanken als fremdartig, von außen gemacht und als sich aufdrängend erlebt. Sie stammen von anderen Personen, fremden Kreaturen oder höheren Mächten, die sie steuern, lenken und beeinflussen. Deshalb werden sie auch als nicht zur eigenen Person gehörend erlebt.

2. Willensbeeinflussungen

Die Willensbeeinflussung ist das Empfinden eines Patienten, dass seine eigenen Antriebe, Bewegungen und Handlungen, ja sogar die eigenen Sprachäußerungen einer Fremdsteuerung unterliegen. Er hat das untrügliche Gefühl, dass andere seinen Willen lenken und ihm ein fremder Wille eingegeben wird.

3. Leibesbeeinflussungen

Dieses Phänomen wurde bereits unter dem Punkt der Körperhalluzinationen abgehandelt und bedarf deshalb keiner weiteren Erörterung.

Wie man deutlich erkennen kann, beinhalten Ich-Störungen zwangsläufig Störungen des Erlebens sowie Störungen des Gefühls. Wir verlassen deshalb jetzt das Terrain der Ich-Störungen und wenden uns dem neunten Merkmalsbereich des AMDP-Systems zu, den Störungen der Affektivität. Unter Affektivität versteht man die Gesamtheit des Gefühls- und Gemütslebens eines Menschen. Eine Gesamtheit, die sich aus den Bereichen Stimmungen, Emotionen und Motivationen speist und sowohl die kurz andauernden Affekte wie Wut, Zorn, Hass, Trauer und Freude als auch die längerfristig bestehenden Stimmungen wie Euphorie, Depression und Gleichgültigkeit umfasst. Kurz gesagt, die Affektivität bildet den kompletten Bereich emotionalen Erlebens ab. Damit wird durch die Affektivität nicht nur die Grundstimmung im Kontakt mit der Umwelt beschrieben, sondern darüber hinaus auch die emotionale Schwingungsfähigkeit eines Menschen. Welchen zahlreichen Störungen die Affektivität dabei unterworfen sein kann, zeigt die folgende *Liste der affektiven Symptome* im Überblick:

1. Affektarmut

Sie ist gekennzeichnet durch ein reduziertes Spektrum an Gefühlsäußerungen seitens des Patienten. Dadurch wirkt er auf seine Umwelt emotional indifferent, unbeteiligt, desinteressiert und lustlos. Manche sprechen auch von Gefühlsarmut oder Affektverflachung.

2. *Affektlabilität*

Sie äußert sich durch einen raschen und häufigen Wechsel der verschiedenen Affekte. Im Volksmund sagt man dazu auch gern: himmelhoch jauchzend, zu Tode betrübt.

3. *Affektinkontinenz*

Das prägnanteste Kennzeichen der Affektinkontinenz ist das fehlende Beherrschen von Affekten. Dadurch springen die Affekte rasch an, schießen manchmal über und können eine übermäßige Stärke annehmen.

4. *Affektstarrheit*

Man spricht hier auch gern von Affektsteife. Dabei ist die affektive Schwingungsfähigkeit des Patienten erheblich beeinträchtigt oder sogar völlig aufgehoben. Das heißt, der Patient verharrt in einem bestimmten Affekt. Das kann Ablehnung oder Misstrauen sein. Und aus diesem Affekt ist er einfach nicht auslenkbar.

5. *Inadäquater Affekt*

Der inadäquate Affekt wird nicht selten auch als Parathymie bezeichnet. Es ist ein paradoxer Affekt, bei dem der berichtete Erlebnisinhalt nicht mit dem Gefühlsausdruck übereinstimmt. Beispielsweise lacht der Patient, während er gleichzeitig erzählt, dass er todunglücklich ist.

6. *Läppischer Affekt*

Beim läppischen Affekt handelt es sich um eine pathologische Form des Affektes. Es ist ein Affekt, der weder mit der aktuellen Situation noch der Lebenserfahrung oder dem Status des Patienten in Einklang zu bringen ist. Der Patient wirkt dabei einfältig und unreif. Ein gutes Beispiel wäre eine überzogene Albernheit oder die soziale Distanzlosigkeit.

7. *Affektive Ambivalenz*

Eine affektive Ambivalenz liegt vor, wenn beim Patienten in Bezug auf denselben Gegenstand gleichzeitig völlig widersprüchliche Gefühle, Wünsche, Vorstellungen und Impulse auftreten. Sie führen in ihm zu einem angespannten Gemütszustand, können aber auch als quälend erlebt werden. Beispielsweise wenn eine Person beim Patienten gleichzeitig Abneigung und Zuneigung, Liebe und Hass auslöst.

8. Euphorie

Die Euphorie ist ein überschwängliches Hochgefühl, verbunden mit übersteigerter Heiterkeit, Wohlbefinden und Zuversicht. Also ein unangemessenes Stimmungshoch.

9. Gesteigertes Selbstwertgefühl

In diesem Affekt erlebt sich der Patient als besonders fähig, tüchtig und bedeutungsvoll. Er erlebt ein positives Gefühl von Leistung und Kraft, verbunden mit einer Steigerung des eigenen Wertes.

10. Dysphorie

Die Dysphorie ist eine missmutige Stimmungslage. Der Patient wirkt übellaunig, mürrisch, gereizt, nörgelnd und unzufrieden. Daran ändern selbst positive Erlebnisse nichts, denn auch sie werden als negativ empfunden.

11. Ängstlichkeit

Der Patient zeigt eine ungerichtete, grundlose Angst. Das bedeutet, er hat Angst, weiß aber manchmal nicht, wovor.

12. Depressivität

In der Depressivität ist die Stimmung des Patienten gedrückt. Er wirkt verzagt, niedergeschlagen, freudlos und lustlos, ohne Hoffnung und Zuversicht.

13. Hoffnungslosigkeit

Bei der Hoffnungslosigkeit ist dem Patienten der Glaube an eine gute Zukunft abhandengekommen. Er sieht nur noch schwarz und hat eine pessimistische Grundstimmung.

14. Ratlosigkeit

Im Affekt der Ratlosigkeit wirkt der Patient, als ob er sich im Leben nicht mehr zurechtfindet. Seine Situation, seine Umgebung, seine Zukunft, er begreift sie kaum noch. Er ist verwundert, hilflos und verloren.

15. Insuffizienzgefühl

Es ist das Gegenteil vom gesteigerten Selbstwertgefühl. Der Patient fühlt sich unfähig, schwächlich und untüchtig. Sein Selbstwertgefühl ist auf ein Minimum herabgesunken oder ganz verloren gegangen. Auch das Vertrauen in seine Leistungsfähigkeit ist verschwunden.

16. Schuldgefühle

Hier geht es nicht um realistische Schuldgefühle, sondern um übertriebene und unrealistische Schuldgefühle. Der Patient hat dabei das Empfinden, für eine verwerfliche Tat, für einen unsittlichen Gedanken oder für einen anstößigen Wunsch irgendwie verantwortlich zu sein und damit Schuld auf sich geladen zu haben. Seiner Ansicht nach sind all diese Dinge tadelnswert, sodass er vor einer weltlichen oder religiösen Autorität nicht bestehen könnte.

17. Klagsamkeit

Jammern und Wehklagen sind hier angesagt. Das alles bringt der Patient auch entsprechend stark in Worten, Gestik und Mimik zum Ausdruck.

18. Verarmungsgefühle

Der Patient wird einfach die Befürchtung nicht los, dass er seinen Lebensunterhalt nicht mehr bestreiten kann. Er sei verarmt, ihm fehlten die nötigen Mittel. Das Ganze kann sich bis zum Verarmungswahn steigern.

19. Innerliche Unruhe

Innerliche Spannungen, Aufgeregtheit und Nervosität machen sich breit. Der Patient erlebt sich im Inneren gehetzt und getrieben.

20. Gereiztheit

Der Patient ist aggressiv gestimmt. Entsprechend ist er streitbar und angriffslustig.

21. Gefühlsleere

Das Gefühl der Gefühllosigkeit erlebt der Patient äußerst leidvoll. Ihm geht es, als seien all seine Gefühle abgestorben. Er kann weder lachen noch weinen, weder trauern noch Freude empfinden. Er fühlt sich leer und innerlich verödet. Ein Zustand absoluter Emotionslosigkeit.

22. Störung der Vitalgefühle

Werden die Vitalgefühle gestört, empfindet dies der Betroffene als eine Beeinträchtigung oder gar als Verlust der eigenen Lebendigkeit. Körperliche und seelische Frische, sie scheinen verloren. Damit schwinden auch die eigene Kraft, der Schwung und die körperliche Unversehrtheit.

Ein wichtiger Hinweis scheint an dieser Stelle bei den affektiven Störungen noch geboten. Die Hervorhebung nämlich, dass ihre Beurteilung immer wieder zu besonderen Schwierigkeiten in der Praxis führt. Dies resultiert aus der einfachen Tatsache, dass in diesem Bereich die Grenzen zwischen dem psychopathologischen und dem gesunden Erleben besonders unscharf sind. Sehr viel leichter dagegen gelingt die Beurteilung von Antriebs- und psychomotorischen Störungen. Denn meistens sind sie schon durch die reine Beobachtung der Betroffenen spontan feststellbar. Und damit kommen wir zum zehnten Merkmalsbereich des AMDP-Systems. In diesem Bereich gilt es zu unterscheiden zwischen den Störungen des Antriebes und den Störungen der Psychomotorik. Unter Antrieb versteht man die belebende Kraft im Sinne von Grundaktivität, die weitgehend unabhängig vom Willen wirkt und in uns den Schwung, die Initiative, ja die Lebendigkeit unterhält. Er ist ein Ausdruck für die Stärke der menschlichen Aktivität. Dementsprechend betreffen Störungen des Antriebes die Aktivität, die Energie und die Initiative des Menschen. Zu unterscheiden sind hier:

1. Antriebsschwäche

Auch Antriebsmangel oder Antriebsarmut genannt. Es ist ein Defizitzustand, gekennzeichnet durch einen Mangel an innerer Energie.

2. Antriebslosigkeit

Hier fehlt der Antrieb vollständig. Es kann dann sein, dass der Patient völlig regungslos dasitzt, weder isst noch spricht und auch seine Ausscheidungsfunktionen nicht mehr willentlich reguliert. Stupor nennt man einen derartigen Zustand. Der Patient erstarrt, ohne unter einer Störung des Bewusstseins zu leiden. Ein Stupor kann im Rahmen einer schweren Depression oder bei der Schizophrenie auftreten. Ein derart ausgeprägter Stupor ist jedoch eher selten anzutreffen. Viel öfter findet sich dagegen ein partieller Stupor. Bei ihm kann man die Gliedmaßen des Patienten gleich einer Gliederpuppe in eine bestimmte Haltung bringen, die dann weiter beibehalten wird. Man spricht in diesem Zusammenhang auch von Katalepsie.

3. *Antriebshemmung*

Bei der Antriebshemmung erlebt der Patient seine innere Energie als blockiert oder gebremst. Das heißt, er möchte unbedingt etwas tun, kann es aber nicht, weil ihm irgendetwas die Energiezufuhr sperrt.

4. *Antriebssteigerung*

Die Antriebssteigerung, auch Antriebsenthemmung oder Umtriebigkeit genannt, ist gekennzeichnet durch eine Überaktivität, gepaart mit innerer Unruhe und Angespanntheit. Diese dynamische Mischung kann sich in schweren Fällen bis zur Tobsucht steigern. In der Regel resultiert jedoch eine Zunahme des Aktivitätsniveaus im Rahmen einer geordneten und zielgerichteten Tätigkeit, die allerdings weder durchdacht noch sinnvoll sein muss. So kann es beispielsweise sein, dass der Patient permanent damit beschäftigt ist, Staubflusen wegzuwischen oder Kleingeld zu sammeln.

Erkennbar wird der Antrieb in erster Linie am Ausdrucksverhalten eines Menschen. Dieses Ausdrucksverhalten wird auch Psychomotorik genannt. Sie ist als die Gesamtheit der durch die Psyche gesteuerten Bewegungsabläufe zu verstehen. Folglich schlagen sich Störungen der Psychomotorik vor allem in den Bewegungen und Bewegungsabläufen nieder, aber auch in der Sprache. Sie betreffen deshalb in der Regel den ganzen Körper. Als psychisch-körperliches Ausdrucksphänomen äußern sie sich in den verschiedensten psychopathologischen Symptomen, als da wären:

1. *Motorische Unruhe*

Im Gegensatz zur Antriebssteigerung handelt es sich bei der motorischen Unruhe um eine gesteigerte, aber ungerichtete und ziellose motorische Aktivität. So kann es sein, dass der Patient beispielsweise ziellos und rastlos stundenlang im Zimmer herumläuft oder im Kreis.

2. *Parakinesen*

Der Begriff der Parakinese ist eine Sammelbezeichnung für abnorme komplexe Bewegungen und Verhaltensweisen, die häufig ihren Ausdruck in der Gestik, Mimik und Sprache des Patienten finden. Zu den Parakinesen gehören:

a. *Stereotypien*

Darunter versteht man gleichförmig wiederholte Bewegungen der verschiedensten Art sowie sprachliche Äußerungen, die über längere Zeit hinweg immer gleich rezitiert werden und dadurch die Tendenz aufweisen, sinnlos zu erscheinen. Auf sprachlichem Gebiet bezeichnet man die Stereotypien als Verbigerationen. Im Unterschied zur Perseveration ist bei diesen aber kein Zusammenhang zu früher im Gespräch gebrauchten Wörtern zu erkennen. Auf motorischem Gebiet werden Stereotypien einfach Automatismen genannt.

b. Automatismen

Automatismen sind automatische Bewegungen oder Handlungen, die der Betroffene ausführt ohne die Überzeugung, dass er sie selbst angestrebt oder beabsichtigt hat. Es sind somit der Willenssteuerung entzogene Verhaltensweisen.

- *Befehlsautomatie*
  Ein automatisches und willenloses Befolgen gegebener Befehle und Anweisungen.

- *Negativismus*
  Nach Aufforderung wird automatisch das Gegenteil des Verlangten oder gar nichts gemacht.

- *Echolalie*
  Alles Gehörte wird nachgesprochen.

- *Echopraxie*
  Alles Gesehene wird nachgemacht.

3. Manierismen

Sie sind bizarr anmutende Ausdrucksweisen, die Gestik, Mimik und Sprache betreffen. Das Dargebotene wirkt unnatürlich, verschnörkelt, gekünstelt oder übertrieben artikuliert und erweckt dadurch den Eindruck des Unsinnigen.

4. Theatralisches Verhalten

Es besteht in einem übertriebenen Ausdruck von Gefühlen. In der Folge kommt es zu einem Dramatisieren von Problemen, Beschwerden, Pannen und Situationen. Der Patient erweckt den Eindruck eines Selbstdarstellers.

5. Logorrhö

Ein krankhaft gesteigerter Rededrang, stundenlang, ohne Punkt und Komma.

6. Mutismus

Wortkargheit, die sich bis zum völligen Verstummen steigern kann. Und das trotz erhaltenem Sprachvermögen.

Damit wäre der zehnte Merkmalsbereich im AMDP-System abgeschlossen und wir können gleich zum nächsten übergehen: dem Feld der zirkadianen Besonderheiten. Mit diesem elften Merkmalsbereich werden, der Name verrät es schon, Schwankungen in der Befindlichkeit des Patienten sowie seinem Verhalten während einer 24-Stunden-Periode erfasst und abgebildet. Beurteilt werden sollen in den Tagesschwankungen dabei nicht die einzelnen Befindlichkeitsaspekte, wie etwa der Affekt, sondern vielmehr die Gesamtbefindlichkeit des Patienten. Drei Möglichkeiten stehen hierbei zur Auswahl:

1. Morgens schlechter

Im Vergleich zu anderen Tageszeiten ist die psychiatrische Symptomatik morgens besonders stark ausgeprägt.

2. Abends schlechter

Im Vergleich zu anderen Tageszeiten ist die psychiatrische Symptomatik abends besonders stark ausgeprägt.

3. Abends besser

Im Vergleich zu anderen Tageszeiten ist die psychiatrische Symptomatik abends besonders schwach ausgeprägt.

Derartige Beurteilungen sollten im klinischen Alltag vorgenommen werden, weil die psychiatrischen Symptome durchaus einem bestimmten Tagesrhythmus unterliegen können. Allerdings muss an dieser Stelle auch eingeräumt werden, dass die zirkadianen Besonderheiten eher von nachrangiger Bedeutung sind. Ganz anders verhält es sich da mit dem zwölften und letzten Merkmalsbereich des AMDP-Systems. Denn hier werden alle psychopathologischen Symptome zusammengefasst, die zwar von klinischer Relevanz sind, aber den anderen Merkmalsbereichen nicht zugeordnet werden können. Im Schwerpunkt handelt es sich dabei um Auffälligkeiten im sozialen Kontakt, die hier erfasst werden. Auffälligkeiten, die ihren Ausdruck in den folgenden psychopathologischen Symptomen finden können.

1. Sozialer Rückzug

Die Sozialkontakte, beispielsweise in Schule und Beruf, werden vermindert. Im Extremfall kommt es sogar zum Abbruch der Beziehungen mit der Folge absoluter Selbstbezogenheit.

2. Soziale Umtriebigkeit

Das Gegenteil vom Rückzug. Hier werden die Sozialkontakte auffällig ausgeweitet, wodurch es auch zu einer Zunahme von zwischenmenschlichen Aktivitäten kommt.

3. Aggressivität

Aggressivität ist ein feindseliges und angriffslustiges Verhalten, das dem Ziel dient, Dinge oder andere Lebewesen zu schädigen bzw. zu zerstören. Der Begriff umfasst aber nicht nur die Aggressionshandlungen, sondern auch Aggressionstendenzen wie aggressive Impulse und Phantasien.

4. Suizidalität

Die Suizidalität ist ein psychischer Zustand, in dem die Gedanken, Pläne und Handlungen eines Menschen darauf ausgerichtet sind, den eigenen Tod herbeizuführen.

5. Selbstbeschädigung

Ein auf Selbstverletzung gerichtetes Verhalten, ohne das Hegen suizidaler Absichten.

6. Mangel an Krankheitsgefühl

Der Patient ist zwar akut krank, aber er fühlt sich nicht so, weil er die Symptome nicht wahrnimmt.

7. Mangel an Krankheitseinsicht

Der Patient leidet an einer akuten Erkrankung, es fehlt ihm aber die Einsicht, krank zu sein. Folglich protestiert er gegen eine ärztliche Behandlung und ist auch medizinischen Informationen nicht zugänglich.

8. Ablehnung der Behandlung

Hier ist die therapeutische Compliance des Patienten gestört oder aufgehoben. Er sträubt sich gegen eine Krankenhausaufnahme und den Aufenthalt in der Klinik sowie gegen verschiedenste Angebote therapeutischer Maßnahmen.

9. Pflegebedürftigkeit

Infolge einer psychischen Störung ist der Patient bei seinen Verrichtungen des täglichen Lebens plötzlich auf die Hilfe anderer Menschen angewiesen.

Damit hätten wir die Erhebung des psychopathologischen Befundes an sich abgeschlossen. Und was ist jetzt? Wie geht es nun weiter? Existiert mit dem Befundabschluss schon eine brauchbare Diagnose, mit welcher der nächste Schritt, die Therapieplanung, vollzogen werden kann? Nein, denn das AMDP-System bedient sich lediglich der deskriptiven Psychopathologie. Es erfasst die psychischen Merkmale und Symptome, die einer psychischen Störung zugrunde liegen. Und es dient gleichsam als Grundlage einer symptombezogenen Zuordnung. Der psychopathologische Befund stellt in dieser Hinsicht eine Zusammenfassung der Ergebnisse einer systematischen, professionellen psychiatrischen Exploration dar. Mehr erst einmal nicht. Die einzelnen psychopathologischen Symptome, die man durch Beobachtung und Befragung gewinnen konnte, sind nur als unspezifische Phänomene zu verstehen, die für sich genommen noch keine Rückschlüsse auf die in der Tiefe wurzelnde Erkrankung erlauben. Folglich werden im psychopathologischen Befund weder die Krankheitsursachen noch die Krankheitsentwicklung entsprechend berücksichtigt. Halten wir also fest, mithilfe des AMDP-Systems wird das individuelle Erleben des Patienten in einen psychopathologischen Befund übersetzt. Die Interpretation des Befundes wird dabei erst einmal zurückgestellt. Und dies aus gutem Grunde, denn für die Verdichtung der beschriebenen psychopathologischen Phänomene zu einer Arbeitsdiagnose bedarf es einer übergeordneten nosologischen Theorie. Genau diese liefern uns die Diagnoseklassifikationssysteme ICD und DSM. Unter Nosologie ist dabei eine Krankheitslehre zu verstehen, die eine eindeutige und logische Ordnung der beschriebenen psychischen Störungen nach einheitlichen Kriterien erlaubt. Eine Lehre von den Erscheinungsformen psychischer Störungen, die Krankheiten systematisch beschreibt und dadurch die Klassifikation von psychischen Erkrankungen überhaupt erst ermöglicht. Exakt das sind ICD und DSM, theoretische Krankheitslehren, die eine klassifikatorische nosologische Diagnostik in Aussicht stellen. Bei den Einteilungen gehen beide ausschließlich von der Phänomenologie aus. Es sind also moderne phänomenologisch orientierte Klassifikationssysteme, die Phänomene als Erscheinungen betrachten. Als Korrelate des Bewusstseins. Ganz im Geiste der Phänomenologie und damit der Lehre von den Erscheinungen im Sinne einer reinen Wesensschau. Das AMDP-System weist somit schon mal in eine gute Richtung, nämlich in die phänomenologische Richtung. Und nun sind wir auch imstande die Aufgabe der modernen Psychiatrie exakt zu definieren. Ihre Aufgabe ist es, auf der Basis einer wissenschaftlich gesicherten Nosologie die psychopathologischen Symptome eines Patienten in eine eindeutige Diagnose zu übersetzen. Derzeit hat sie dazu einen deskriptiven Zugang gewählt. Mit diesem Zugang versucht sie die psychopathologischen Symptome des Patienten in eine allgemeine Ordnung zu bringen. Dabei muss sie möglichst allen Ebenen der psychiatrischen Diagnostik gerecht werden. Das heißt, die Psychiatrie kann psychische Störungen entweder mittels einer symptomatologischen Klassifikation, sprich auf der Grundlage einzelner Symptome, ordnen oder aber mittels einer syndromatologischen Klassifikation, sprich anhand von Gruppen gemeinsam auftretender Symptome. Und sie kann psychische Störungen nosologisch klassifizieren, soll heißen auf der Grundlage einer wissenschaftlich abgesicherten Theorie. All diese Ebenen, die symptomatologische, die syndromatologische und die nosologische, muss sie bedienen können. Bei der nosologischen Ebene kommt noch hinzu, dass hier über die reine Symptomatik hinaus auch die Krankheitsursachen, die Krankheitsentwicklung sowie das Ansprechen auf erfolgte Behandlungsmaßnahmen mit zu berücksichtigen sind. Und, so die simple Frage, gelingt der modernen Psychiatrie dieser eigene Anspruch? Nein, so die einfache Antwort darauf. Denn eine fundierte nosologische Klassifikation setzt als Fundament eine gesicherte Wissensbasis zu den Punkten Krankheitsursache und Krankheitsentwicklung voraus. Genau hier tappt die Psychiatrie aber derzeit noch im Dunklen. Wäre der Versuch des DSM-5 tatsächlich geglückt, eine Nosologie nach biochemischen Gesichtspunkten zu erstellen anstatt nur nach phänomenologischen Gesichtspunkten, dann hätte das Labor anstatt der Klinik das Primat gehabt. Dann hätte es auch eine echte neurowissenschaftlich fundierte Nosologie gegeben. So aber bleibt nur zu konstatieren, dass wir gegenwärtig mit der ICD-10 und dem DSM-5 allenfalls eine syndromatologische Klassifikation in den Händen halten. Von einer echten nosologischen Klassifikation dagegen sind wir in Wirklichkeit noch sehr weit entfernt. Sie ist, wenn überhaupt, ein Projekt der fernen Zukunft und deshalb mehr als ein hehres Ziel zu verstehen, aber gewiss nicht als gegebene Realität. Auch ob sie jemals zur Realität wird, ist noch sehr fraglich. Das bedeutet im Klartext, all unser Wissen über psychische Störungen basiert derzeit auf unbewiesenen theoretischen Annahmen. Von gesichertem Wissen hingegen kann keine Rede sein. Darüber können auch die 1298 Seiten des DSM-5 nicht hinwegtäuschen. Er ist eine wirklich sorgfältig ausgearbeitete Deskription psychischer Störungen, aber nicht mehr. Es ist eben kein Zufall, dass die modernen Diagnoseklassifikationssysteme der ICD-10 und des DSM-5 Fragen nach den Krankheitsursachen und den Krankheitsentwicklungen ausklammern. Ebenso wie es auch kein Zufall ist, dass es bis auf den heutigen Tag keine Einteilung psychischer Störungen gibt, die sich nach den Ursachen und Entstehungsbedingungen der einzelnen Erkrankungen richtet. Hierüber gibt es nämlich derzeit nur vage Hypothesen, Theorien und Modelle. Was aber sind das für Annahmen, die gegenwärtig über die Entstehung von psychischen Störungen kursieren?

Modellvorstellungen zur Entstehung von psychischen Störungen

Alle Modelle können hier natürlich nicht aufgeführt werden, aber wenigstens die wichtigsten Erklärungsmodelle unter ihnen sollen im Folgenden doch kurz Erwähnung finden:

1. Das psychoanalytische Modell

Dieses Modell hat die Vorstellung, dass psychische Krankheiten als Folge unbewältigter Konflikte aus der Kindheit entstehen.

2. Das biologische Modell

Das Modell der Biologie geht fest davon aus, dass psychische Krankheiten durch Veränderungen im Nervensystem entstehen. Sie werden nach diesem Modell insbesondere durch Veränderungen im Neurotransmitterstoffwechsel hervorgerufen. Es wird dabei gleichzeitig angenommen, dass in den meisten Fällen eine genetische Veranlagung für derartige Veränderungen existiert.

3. Das lerntheoretische Modell

Als Ursache für zahlreiche psychische Störungen sieht dieses Modell fehlerhafte oder unerwünschte Lernvorgänge an.

4. Das psychosoziale Modell

Für dieses Modell sind es ganz klar die gesellschaftlichen Umstände, die für die Entstehung von psychischen Erkrankungen verantwortlich sind. Darunter fallen beispielsweise schlechte Lebens- und Arbeitsbedingungen, Arbeitslosigkeit, Armut, Kriminalität und fehlende Zukunftschancen.

5. Das stresstheoretische Modell

Ursächlich für psychische Störungen sind anhaltende negative Dauerbelastungen, auch negativer Stress oder Disstress genannt. Sie führen nämlich, so die Vorstellung dieses Modells, zu neurologischen und hormonellen Veränderungen im Gehirn, was in der Folge zu psychischen Störungen führen kann.

Die Psychiatrie und die Verhaltenstherapie sind heute eindeutig biologisch orientiert. Die Psychosomatik und die Psychotherapie hingegen orientieren sich vor allem am psychosozialen Modell. Das Problem aber mit all diesen Modellen ist, dass sie allesamt viel zu kurz greifen. Das heißt, sie können uns als Ursache für die Entstehung von psychischen Störungen immer nur unzureichende Erklärungen anbieten. Aus diesem Grunde ist man heute dazu übergegangen, von einer multifaktoriellen Ätiologie auszugehen. Das bedeutet, dass immer mehrere Faktoren gleichzeitig zusammentreffen müssen, um eine psychische Erkrankung auslösen zu können. Das bedeutet im Umkehrschluss aber auch, dass es einzelne und eindeutige Ursachen für die Entwicklung psychischer Störungen nicht bzw. nur sehr selten gibt. Bei der multifaktoriellen Ätiologie hat man die Vorstellung, dass bei jedem Menschen die psychische Vulnerabilität, begriffen als seine individuelle Verletzbarkeit, aufgrund unterschiedlicher Merkmale völlig verschieden ist. Und man hat die Vorstellung, dass mehrere Faktoren, die als mögliche Ursachen für die Entwicklung einer psychischen Störung infrage kommen, in einer bislang nicht geklärten Art und Weise zusammenwirken müssen, um zu einer psychischen Erkrankung zu führen. Als mögliche Krankheitsfaktoren werden dabei diskutiert:

- Genetische Faktoren
- Biologische Faktoren
- Soziokulturelle Faktoren
- Psychosoziale Faktoren
- Persönlichkeitsfaktoren
- Psychische Faktoren

Die individuelle Vulnerabilität eines Menschen wiederum wird zum einen bedingt durch körperliche Faktoren wie die Vererbung, zum anderen aber auch durch psychosoziale Faktoren wie die Erziehung beispielsweise. Der individuellen Vulnerabilität und den verschiedenen Krankheitsfaktoren stehen auf der anderen Seite die Copingstrategien zur Bewältigung sowie die Resilienz als psychische Widerstandskraft gegenüber. Es ist demnach ein reines Kräftemessen zwischen den Faktoren, die krank machen, und denen, die gesund machen, das darüber entscheidet, ob es letzten Endes zu einem Ausbruch einer psychischen Erkrankung kommt oder nicht. So weit in groben Zügen die derzeit aktuelle Theorie über die Entstehung psychischer Störungen. Was auf den ersten Blick recht einleuchtend erscheint, entpuppt sich bei näherer Betrachtung dagegen als äußerst ernüchternd. Ernüchternd deshalb, weil uns diese Theorie in ihrer Ausformulierung unmissverständlich vor Augen führt, wie schrecklich unwissend die Wissenschaft heutzutage bezüglich der Ätiologie und Pathogenese psychischer Störungen ist. So vermag uns die Wissenschaft weder genau zu sagen, was die Ursachen psychischer Störungen sind, noch welche Ursachen welche Ausprägungen der Krankheit exakt bewirken. Obwohl also entsprechende Theorien in großer Zahl formuliert worden sind, ist über die wirklichen Mechanismen psychischer Störungen in Wahrheit nur wenig bekannt. Es macht deshalb wenig Sinn, an dieser Stelle weiter zu insistieren. Viel ergiebiger wäre es dagegen, direkt an den Patienten heranzutreten, getreu dem Motto „So viel man in Medizinbüchern auch lesen mag, am besten lernt man doch am Patienten und vom Patienten selbst". Ja, in der Tat, von niemandem sonst lernt ein Arzt mehr als von seinen

Patienten. Vorausgesetzt natürlich, dass er gelernt hat richtig zuzuhören und ein Gespür für all dasjenige zu entwickeln, was man schlecht in Worte fassen kann. „Du musst die Watte aus deinen Ohren herausnehmen und sie dir in den Mund stopfen", sagte einmal einer meiner medizinischen Lehrer. Genau so ist es, schließlich hat ein jeder Mensch zwei Ohren und nur einen Mund. Das zeigt ganz deutlich, dass er mehr zuhören als reden soll. Man denke nur an Laotse, den legendären chinesischen Philosophen des sechsten vorchristlichen Jahrhunderts, der sagte: „Reden ist säen – Schweigen ist ernten." Lernen wir also gut zuzuhören und lernen wir auch die Gefühle des psychisch Kranken zu verstehen. Lernen wir, wie er wirklich denkt und empfindet. Leider ist das einfacher gesagt als getan, weil der psychisch kranke Mensch seine Welt anders erlebt als der psychisch gesunde. Und dieses Erlebte lässt sich nicht so einfach beschreiben wie Rückenbeschwerden oder Zahnschmerzen. Ein Betroffener drückte es so aus:

„Ich fühle mich so alleine auf der Welt. Niemand denkt so wie ich. Ich schreie um Hilfe, nach jemand, der meinen Schmerz verschwinden lässt – doch niemand hört mich. Eigentlich bin ich schon tot."

Es ist deshalb für einen psychisch Gesunden bedauerlicherweise außerordentlich schwer, dieses Erlebte nachzuempfinden. Und doch gibt es da einen Weg. Denn psychisch kranke Menschen wünschen sich vor allem zwei Dinge: Verständnis und Liebe. Sie wollen angenommen und akzeptiert werden wie jeder andere Mensch auch. Der Arzt und Therapeut kann deshalb durch Zuwendung, Verständnis, menschliche Nähe und Wärme eine Brücke zum Patienten bauen. Und er kann ihm den Schutz zukommen lassen, den der Patient braucht. Man darf also nicht mit Vorurteilen und Angst reagieren. Dies würde nämlich das Leid der Betroffenen nur noch vergrößern. Man muss wissen, dass psychisch Kranke weitaus sensibler sind als psychisch Gesunde. Und sie sind weniger belastbar. Ihre Psyche spielt einfach nicht mit, wenn es um das Bestreiten des täglichen Lebenskampfes geht. Wir brauchen deshalb unbedingt mehr Informationen über psychisch gestörte Menschen. Denn je mehr Informationen wir haben, desto mehr Empathie und Verständnis können wir den Betroffenen gegenüber entwickeln und desto mehr können wir verstehen, was Psyche eigentlich ist. Was sie darstellt und was sie alles sein kann. Holen wir uns also die Informationen, die wir brauchen. Am besten direkt von den Betroffenen selbst. Hören wir ihre Worte über die Ursachen und die Bedeutung von psychischen Erkrankungen. Stellvertretend soll dabei ein Betroffener zu Wort kommen, der sicherlich allen anderen aus der Seele sprechen dürfte. Seine Gefühle hat der psychisch kranke Mann mit folgenden Worten beschrieben:

„Es zwingt mich nieder, hüllt meine Seele in Finsternis, bereitet mir innerliche Qualen. Tagsüber kann ich an nichts anderes mehr denken, nachts nicht mehr schlafen. Es macht mich müde, traurig und verzweifelt. Ich habe Depressionen und auch mein Körper ist richtig krank geworden. Die Last auf meiner Seele kann ich nicht abschütteln."

Ein wirklich wichtiger Satz. Denn aus ihm können wir so viel herausziehen. Zum einen nämlich, dass psychische Störungen gleichsam Lasten auf der Seele sind, die ein Mensch nicht einfach so loswerden kann. Und zum anderen, dass es zwischen der Psyche und dem Körper eine eindeutige Verbindung gibt. Eine Verbindung, die bereits des Öfteren angeklungen ist, so bei den Themen Schlaf und Träume, bei den inneren Bildern der Seele und insbesondere beim Thema Psyche und Krebserkrankung. Beides werden wir daher im weiteren Verlauf noch etwas genauer unter die Lupe nehmen. Fangen wir aber erst einmal mit den verschiedenen Lasten an, die einem Menschen auf der Seele liegen können. Welche Lasten sind das, oder anders gefragt, welche Arten von psychischen Störungen gibt es?

Arten psychischer Störungen

Einige von ihnen haben wir bereits ein wenig kennenlernen dürfen. Aber bei Weitem noch nicht alle, denn das „Anderssein" hat weitaus mehr Gesichter. Mehr, als einem lieb wäre, und mehr, als man sich vorstellen kann. Sie alle hier zu erwähnen, würde sicherlich den Rahmen dieses Buchs sprengen. Es ist auch für unser Unterfangen nicht zwingend notwendig, das zu tun. Viel notwendiger ist es dagegen, einen gezielten Blick auf die häufigen Störungsgruppen zu werfen und sich dadurch einen repräsentativen Überblick zu verschaffen. Betrachtet man nämlich die Epidemiologie psychischer Störungen in Deutschland, dann fällt einem auf, dass wir es im Grunde mit den folgenden zwölf Störungsgruppen zu tun haben:

- Angststörungen
- Affektive Störungen
- Somatoforme Störungen
- Störungen des Kindes- und Jugendalters
- Stress- und Anpassungsstörungen
- Organische psychische Störungen
- Substanzabhängigkeit
- Drogenmissbrauch und Dogenabhängigkeit
- Vegetative Störungen
- Persönlichkeitsstörungen
- Zwangsstörungen
- Psychotische Störungen

Wohlgemerkt, diese verschiedenen Störungsgruppen haben nichts mit den normalen Belastungen des Lebens und gelegentlichen Verstimmungen zu tun, die ein jeder von uns kennt. Sondern es sind manifeste psychische Störungen, die einer professionellen medizinischen Intervention bedürfen. Der Begriff der psychischen Störung ist demnach nur eine verbale Variable. Eine Variable, die ganz verschiedene Krankheitsbilder unter ein Dach fasst. Schauen wir uns jetzt einmal diese Krankheitsbilder etwas genauer an. Beginnen wollen wir dabei mit den häufigsten psychischen Erkrankungen. Sie sollen ganz bewusst an den Anfang unserer Betrachtungen gestellt werden.

1. Angststörungen

Ängste gehören zum menschlichen Leben untrennbar dazu. Die zentralen Ängste des Menschen sind die Angst, allein zu sein, die Angst zu verhungern, die Angst vor Veränderung, vor Endlichkeit, Sterblichkeit und Tod. Daneben gibt es zahlreiche weitere menschliche Ängste, so die Angst vor den eigenen Gefühlen oder die Angst, jemanden zu verlieren. Hinter der letztgenannten Angst steht die Angst vor der Getrenntheit. Sie hängt eng mit der Kindheit zusammen und mit der in dieser Zeit durchlebten Angst, der Umwelt schutzlos gegenüberzustehen und ihren Gefahren ohne fremde Hilfe ausgeliefert zu sein. So gesehen sind Ängste ein völlig normales und natürliches Gefühl. Und sie sind sinnvoll, denn sie schützen uns vor den Gefahren des Lebens. Unnatürlich wird es erst, wenn die Angst beginnt den Menschen zu lähmen, ihn zu blockieren, seine Kräfte aufzuzehren, Leid zu erzeugen und ihn in seiner Selbstverwirklichung einzuschränken oder diese gar zu unterbinden. Wenn also die Angst beginnt das Leben des Menschen zu beherrschen anstatt umgekehrt. Wenn sie zu einem Gefängnis wird, dann sprechen wir von krankhafter Angst. Solche krankhaften Ängste können zum Beispiel sein:

- Angst vor der Höhe
- Angst vor der Dunkelheit
- Platzangst
- Angst vor Menschenmassen
- Angst vor Berührung
- Angst vor Ärzten
- Angst vor befahrenen Straßen
- Angst vor Brücken
- Angst vor der Sonne
- Angst, vergiftet zu werden
- Angst vor der Angst

So unterschiedlich aber die Angstobjekte im Einzelnen auch sein mögen, die Symptomatik ist doch immer wieder annähernd dieselbe. Das Herz fängt an zu rasen, es kommt zu Schweißausbrüchen, Schwindel, Zittern, Mundtrockenheit sowie Beklemmungs- und Erstickungsgefühlen. Und das obwohl gar keine tatsächliche Gefahr oder Bedrohung vorliegt. In Deutschland entwickeln 15 bis 25 % der Bevölkerung im Laufe ihres Lebens eine Angststörung. Europaweit sind es dagegen rund 14 % der Gesamtbevölkerung. Wir dürfen deshalb zu Recht sagen, dass die Angst eine wesentliche Macht auf die deutsche Gesellschaft ausübt. Eine Macht, die im Extremfall dazu führen kann, dass die Betroffenen nicht mehr imstande sind ihren Lebensalltag zu meistern. Die Psychotherapie versucht deshalb diese Ängste abzubauen, indem sie das Selbstvertrauen stärkt, seelisches Gleichgewicht aufbaut, innere Ruhe vermittelt und Lebensmut erzeugt. Die Betroffenen werden hier einer Verhaltenstherapie zugeführt, um eine Verstetigung des Leidens zu vermeiden. Beginnen können Angststörungen bereits im Kindes- und Jugendalter. Meist nehmen sie jedoch im Erwachsenenalter ihren Anfang. So wird in Deutschland das durchschnittliche Alter bei Beginn mit 35,5 Jahren angegeben. Das Lebensalter hat somit einen ganz klaren Einfluss auf das Auftreten von Angststörungen. Ein weiterer Risikofaktor für das Auftreten ist das Geschlecht, denn Angststörungen kommen bei Frauen etwa doppelt so häufig vor wie bei Männern.

2. Unipolare Depression

Affektive Störungen im Gewande der Depression sind neben den Ängsten die am weitesten verbreiteten psychischen Störungen. Traurigkeit, gedrückte Stimmung, Antriebsmangel sowie ein Verlust von Freude und Interesse sind die Hauptsymptome einer Depression. Das Ganze kann sich bis zur völligen emotionalen Leere steigern, die das Leben für die Betroffenen unerträglich macht. Mehr noch, das Leben macht für sie keinen Sinn mehr. Eine solch schwere Depression wird dann Major Depression genannt. Deshalb ist es wichtig, dass Depressionen möglichst früh erkannt und optimal behandelt werden. Leichte bis mittelstarke Depressionen sollten dabei einer Psychotherapie zugeführt werden. Bei schweren Formen sollte zusätzlich eine Medikation mit Antidepressiva erfolgen. Von entscheidender Bedeutung ist es, sich den Betroffenen aktiv zuzuwenden und sie zu unterstützen. Von ihnen zu verlangen, sich einen geeigneten Therapeuten selbst zu suchen, wäre ungefähr so, als würde man von einem Menschen mit einem gebrochenen Bein verlangen, sich doch bitte selbst ins Krankenhaus zu begeben. Wie wichtig aktive Unterstützung ist, zeigt vor allem die Gesundheitsberichterstattung des Bundes mit etwa 10 000 Suiziden jährlich in Deutschland, deren Hauptursache Depressionen darstellen. Neben den Suizidgedanken können sich bei einer Depression auch weitere Symptome einstellen, beispielsweise Schuldgefühle, das Gefühl, nichts mehr wert zu sein, Appetitmangel sowie Schlaf- und Konzentrationsstörungen. Man spricht hier von sogenannten Zusatzsymptomen. Oft tritt eine Depression im Alter von 25 bis 35 Jahren erstmalig auf. Frauen sind von dem Leiden etwa doppelt so häufig betroffen wie Männer. In Deutschland sind etwa 7 % der Bevölkerung depressiv. Dabei erkrankt fast jeder fünfte Bundesbürger mindestens einmal im Leben an einer Depression. Das entspricht einem Bevölkerungsanteil von 18 %. Als Auslöser einer Depression kommen verschiedene Aspekte in Betracht. Das können belastende Lebensereignisse sein, wie etwa der Verlust einer Bezugsperson, der Verlust sozialer Beziehungen, finanzielle Sorgen, Einbußen der körperlichen Gesundheit, fortwährende Demütigungen oder Überforderungen durch zu hohe Ansprüche an sich selbst. Diskutiert werden aber auch traumatische Kindheitserlebnisse mit daraus resultierenden depressionsfördernden Einstellungen sowie familiäre Veranlagungen. Es ist beispielsweise aus Studien bekannt, dass unter Verwandten ersten Grades die Wahrscheinlichkeit, an einer Depression zu erkranken, um circa 20 % erhöht ist. Und bei eineiigen Zwillingen steigt das Erkrankungsrisiko sogar auf mindestens 50 % an. Infolgedessen sind die Ursachen einer Depression, so zumindest die Annahme, als „von innen heraus" zu begreifen. Sie sind also weder physischer noch psychischer Art. Deshalb würde man hier von einer sogenannten endogenen Depression sprechen. Auch wenn Stoffwechselerkrankungen in den Gehirnzellen vorliegen, bei denen ein Noradrenalin- oder Serotoninmangel nachweisbar ist, würde man von einer endogenen Depression sprechen. Wissenschaftlich unklar ist an diesem Punkt aber noch, ob diese Veränderungen Ursache oder Folge der Depression sind. So unterschiedlich die Ursachen für eine Depression sind, so unterschiedlich sind auch die Krankheitsverläufe. Das Spektrum reicht hier von einer einmaligen depressiven Episode, die Wochen, manchmal auch Monate andauern kann, bis hin zu chronischen Verläufen. Die meisten depressiven Menschen erleiden allerdings in ihrem Leben mehr als nur eine depressive Episode. Der Verlauf der Depression richtet sich natürlich auch danach, wie konsequent behandelt wird. So kann die Erkrankungsdauer durch eine bestmögliche Behandlung deutlich verkürzt werden. Auch senken effektive Behandlungen die Rückfallraten ganz erheblich. Eine gezielte Behandlung kann somit den Krankheitsverlauf einer Depression wesentlich verbessern. Wie sich im Einzelnen der Verlauf gestaltet, hängt auch davon ab, mit welcher Form von Depression man es zu tun hat. Bisher sprachen wir nur über die unipolare Depression. Eine Depression also, die nur einen Pol kennt, nämlich den depressiven Pol oder die depressive Episode. Es gibt da aber noch eine Unterform der chronischen Depression, die zwar ebenfalls nur den depressiven Pol kennt, dafür aber in der Regel nicht so schwer verläuft. Man nennt sie Dysthymie oder neurotische Depression. Ursache ist hier eine krankhafte Neigung zu traurigen Stimmungen. Sie beginnt meist im frühen Erwachsenenalter und kann sich über viele Jahre hinziehen. Meist sind die Betroffenen etwa zwei Jahre depressiv. Die Intensität der Störung kann dabei ständig variieren. Es gibt aber auch während dieser Zeit glücklichere Phasen, die Tage oder Wochen andauern können. Oft herrscht jedoch eine eher niedergeschlagene Stimmung, in der sich die Betroffenen müde, ausgelaugt und erfolglos fühlen. Von der unipolaren Depression ist des Weiteren noch die bipolare affektive Störung abzugrenzen. Manche Patienten erleiden nämlich nicht nur depressive, sondern auch manische Episoden. Hier kennt die Erkrankung also zwei Pole. Der manische Pol ist durch ein stark überhöhtes Glücksgefühl gekennzeichnet. Es kommt zu einer besonderen Art von Kreativität, einer Vielzahl neuer Ideen, einem unbändigen Tatendrang, oft verbunden mit einem regelrechten Kaufrausch. Die Betroffenen sind teilweise völlig überdreht, sodass zeitgleich überhaupt kein Schlafbedürfnis besteht. Diese Form wurde früher als manische Depression bezeichnet. Aber das ist etwas irreführend, denn in Wahrheit schwankt der Patient zwischen den zwei Polen immer hin und her. Richtig gut ist aber keine der beiden Phasen für den Patienten. Man versucht deshalb mittels medikamentöser Therapie beide Phasen möglichst zu umgehen. Dabei kommen auch ältere Medikamente wie das Lithium zu Einsatz. Daneben ist natürlich die psychotherapeutische Begleitung des Patienten von größter Wichtigkeit. Denn dadurch können möglicherweise die Ursachen der bipolaren Störung aufgedeckt und bearbeitet werden. Um es ganz deutlich zu sagen, eine Therapie ist bei der bipolaren Störung dringend geboten, denn zum einen wissen nur wenige Betroffene um ihre Krankheit und zum anderen ist es gerade die Manie, die das Denken und Urteilen dahingehend zu beeinflussen vermag, dass es bezüglich des Sozialverhaltens zu ernsthaften Problemen kommen kann. Gemeint sind damit vor allem unüberlegte Geschäfts- und Finanzentscheidungen im Rahmen der Hochstimmung, die oft mit einer hohen Risikobereitschaft einhergehen, oder ein enthemmtes Verhalten mit sexueller Distanzlosigkeit, das nicht selten in unpassenden Sexabenteuern endet. Bei einer adäquaten und konsequenten Therapie ist die Teilhabe am alltäglichen und gesellschaftlichen Leben durchaus gegeben. Weil es in vielen Fällen aber sinnvoll ist, nicht mehr auf die stabilisierend wirkenden Medikamente zu verzichten, sollte von einer Heilung im engeren Sinne besser nicht gesprochen werden. Eine abgeschwächte Form der bipolaren Störung ist die zyklothyme Depression. Abgeschwächt deshalb, weil die depressiven und manischen Episoden hier weniger stark ausgeprägt sind. Trotzdem gibt es auch bei der zyklothymen Störung ein starkes Auf und Ab der Stimmungslage. Charakteristisch ist dabei, dass die Stimmungsschwankungen über Jahre hinweg bestehen, ohne dass ein unmittelbarer Bezug zur aktuellen Lebenslage hergestellt werden kann. Interessanterweise bemerken die Betroffenen selbst nicht, dass ihre Stimmung oft und heftig umschlägt. Ein Umstand, der häufig dazu führt, dass die Erkrankung nicht bemerkt und folglich auch keiner Therapie zugeführt wird. Von den Mitmenschen, Ehepartnern, Angehörigen, Verwandten und Arbeitskollegen werden die Stimmungsschwankungen dagegen sehr wohl registriert. Und es wird registriert, dass sich der Betreffende anders verhält und immer mehr verändert. Ergreifen deshalb diese Menschen nicht die Initiative zur Behandlung, vereinbaren einen Termin beim Arzt und geleiten den Betroffenen dorthin, um gemeinsam über die Erkrankung zu sprechen, dann bleibt die Störung meist unbehandelt. Meist unbehandelt bleibt auch die sogenannte larvierte Depression. Sie ist eine Sonderform der Depression und äußerst tückisch. Tückisch deshalb, weil diese Depression im Körper erlebt wird. Von daher nennt man sie auch somatisierte Depression. Das heißt, der Patient erlebt vordergründig Kopfschmerzen, Abgeschlagenheit, Schwindel, Rückenschmerzen, Atembeschwerden, Herzbeschwerden, Magen-Darm-Beschwerden, Appetitlosigkeit, Gewichtsverlust, Schlafstörungen, Unterleibsbeschwerden und andere Symptome, ohne vordergründig die schlechte Stimmung zu empfinden. Die Depression versteckt sich sozusagen hinter einer Maske (Larve = Maske). Man sollte deshalb besser von einer maskierten Depression sprechen. Die Kunst bei dieser Form der Erkrankung besteht nun darin, der Depression die Maske vom Gesicht zu reißen. Wie? Ganz einfach, indem man die Betroffenen mit Antidepressiva behandelt. Dann verschwinden nämlich die somatischen Symptome recht schnell wieder. Auf diese Idee muss man aber erst kommen. Das ist die wahre Tücke bei diesem Krankheitsbild. Dass man die Diagnose eigentlich nur im Rückblick stellen kann. Wird die Larve aber nicht erkannt, dann kann sie irrtümlicherweise als Somatisierungsstörung fehldiagnostiziert werden. Womit wir bei der nächsten Störungsgruppe angekommen wären.

3. Somatoforme Störungen

Sie gehören in Deutschland zusammen mit Depressionen und Angststörungen zu den häufigsten psychischen Erkrankungen. Ihre Lebenszeitprävalenz wird nach verlässlichen Daten mit rund 13 % angegeben. Das bedeutet, dass etwa 13 von 100 Bundesbürgern mindestens einmal in ihrem Leben unter einer somatoformen Störung leiden. Bei Frauen wird das Krankheitsbild doppelt so oft diagnostiziert wie bei Männern. Der Beginn der Störung liegt typischerweise zwischen dem 16. und 30. Lebensjahr. Die körperlichen Beschwerden und Missempfindungen können bei somatoformen Störungen grundsätzlich jedes Körperteil oder Organ betreffen und sehr unterschiedlich ausfallen. Oft verschwinden die Symptome von selbst wieder, doch in rund 10 % können sie auch chronisch verlaufen und den Patienten teils sehr stark in seinem täglichen Leben beeinträchtigen. Charakteristisch für das Krankheitsbild ist, dass sich bei den Patienten trotz sorgfältiger Abklärung keine organische Ursache für das Leiden finden lässt. Aus diesem Grunde werden somatoforme Störungen auch gern als psychosomatisches Syndrom bezeichnet. Die Betroffenen selbst sehen das meist ganz anders, denn sie sind fest davon überzeugt, dass ihre Symptome organischen Ursprungs sind. Auch die eindeutigen Ergebnisse medizinischer Untersuchungen können sie nicht vom Gegenteil überzeugen. Deshalb beobachtet man bei den Betroffenen häufig eine hohe Inanspruchnahme medizinischer Leistungen. Der Patient akzeptiert einfach nicht, dass sein Leiden eine psychische Ursache haben könnte. Bevor er das akzeptiert, wechselt er lieber den Arzt. Ein solches Verhalten nennt man Ärztehopping oder Patientenkarriere. Es führt zu Mehrfachdiagnostik, häufigen Hospitalisierungen und Krankheitstagen, was enorme Kosten für die Sozialversicherungssysteme nach sich zieht. Im ambulanten Bereich sind es im Mittel 14-fach höhere Kosten als die durchschnittlichen Pro-Kopf-Ausgaben und die stationären Kosten belaufen sich auf das Sechsfache. Zur Ursache und Entstehung somatoformer Störungen gibt es derzeit kein einheitliches Modell. Die meisten Autoren gehen aber davon aus, dass die körperlichen Beschwerden bei somatoformen Störungen Ausdruck eines unbewussten Versuches sind, einen inneren psychischen Konflikt zu lösen, und favorisieren von daher ein biopsychosoziales Modell. Mit anderen Worten, Genaues weiß man nicht. Was man aber weiß, ist, dass seelische Belastungsfaktoren, emotionaler Stress und Konflikte eine wesentliche Rolle für das Auftreten und das Aufrechterhalten der Erkrankung spielen. Und man weiß, dass zu den somatoformen Störungen eine ganze Gruppe verschiedener psychischer Erkrankungen gehören. So subsumiert die ICD-10 unter den somatoformen Störungen aktuell fünf Krankheitsbilder:

1. Somatisierungsstörung

Das Kennzeichen der Somatisierungsstörung ist das Vorliegen multipler und unterschiedlicher körperlicher Beschwerden, die mindestens zwei Jahre lang bestehen, zu deutlichem Leid führen, den Alltag der betreffenden Person erheblich beeinträchtigen und für die keine organischen Ursachen nachgewiesen werden können. Betroffen sind also bei der Somatisierungsstörung meist gleich mehrere Funktionsbereiche wie beispielsweise Magen-Darm, Herz-Kreislauf, Atemwegssystem, Harnwegssystem, Wirbelsäule und Gelenke, Haut, Sexualität usw. Aus mindestens zwei Symptomgruppen müssen die körperlichen Beschwerden stammen. Häufig sind es anhaltende Müdigkeit, Appetitverlust, Herz-, Magen-Darm- oder Blasenbeschwerden. Nicht selten gehen die Symptome auch mit Ängsten und Depressionen einher.

2. Undifferenzierte Somatisierungsstörung

Hier sind die Kriterien nicht ganz so streng wie bei der Somatisierungsstörung. So müssen die körperlichen Symptome, für die keine ausreichende somatische Erklärung gefunden wurde, nur mindestens sechs Monate anhalten und das Krankheitsbild darf auch mit einer weniger auffallenden klinischen Symptomatik einhergehen. Die undifferenzierte Somatisierungsstörung betrifft somit vorwiegend Krankheitsbilder, bei denen das vollständige und typische klinische Bild einer Somatisierungsstörung nicht erfüllt ist.

3. Hypochondrie

Auch bei der Hypochondrie manifestiert sich das Krankheitsbild durch anhaltende körperliche Beschwerden. Auch hier weigert sich der Patient beharrlich die ärztliche Diagnose zu akzeptieren, dass hinter den körperlichen Beschwerden keine somatische Ursache steckt. Im Unterschied zur Somatisierungsstörung liegt der Akzent bei der hypochondrischen Störung aber mehr auf der beharrlichen Beschäftigung mit der Möglichkeit, an einer oder mehreren schweren körperlichen Krankheiten zu leiden, sowie mit den damit einhergehenden ängstlich erwarteten Folgen. Bei der Hypochondrie stehen also nicht die einzelnen körperlichen Symptome so sehr im Vordergrund, sondern die quälende Angst, an einer schweren Krankheit zu leiden. Deshalb können medizinische Untersuchungsergebnisse, die gegen das Vorliegen der befürchteten Krankheit sprechen, die Angst nicht wirklich lindern.

4. Somatoforme autonome Funktionsstörungen

Die somatoforme autonome Funktionsstörung bezieht sich hauptsächlich auf Organe, die vom vegetativen Nervensystem innerviert und kontrolliert werden. Darunter fallen das Herz-Kreislauf-System, das Magen-Darm-System, das Urogenitalsystem und das Atemwegssystem. Unter den somatoformen Störungen stellt dieses Krankheitsbild den Löwenanteil. So geht man davon aus, dass bis zu 25 % der deutschen Bevölkerung an einer somatoformen autonomen Funktionsstörung leiden oder schon einmal unter ihr gelitten haben. Die Patienten bieten meist zwei Symptomgruppen. Die erste Gruppe bezieht sich auf objektiv feststellbare Veränderungen, beispielsweise Durchfall. Die zweite

Gruppe umfasst die subjektiv empfundenen Beschwerden, wie zum Beispiel das Gefühl des Aufgeblähtseins. Entscheidend ist, dass sich für beide Symptomgruppen kein Hinweis auf eine körperliche Krankheit finden lässt. Als klassische Beispiele für eine somatoforme autonome Funktionsstörung seien hier das Reizdarmsyndrom, die Reizblase und die Herzneurose genannt. Typisch für die Erkrankung ist, dass die Betroffenen selbst kleineren körperlichen Missempfindungen eine erhöhte Aufmerksamkeit zukommen lassen und diese als gefährlich einstufen. So wird ein einfaches Herzrasen möglicherweise gleich als Vorbote für einen bevorstehenden Herzinfarkt wahrgenommen. Problematisch ist, dass diese Ängste wiederum Angstreaktionen auslösen, die dann ihrerseits neue körperliche Beschwerden hervorrufen. So entwickelt sich ein wahrer Teufelskreislauf, aus dem es für den Patienten kein Entrinnen mehr gibt. Zumindest nicht aus eigener Kraft.

5. Anhaltende somatoforme Schmerzstörung

Das charakteristische Merkmal der anhaltenden somatoformen Schmerzstörung sind, wie die Bezeichnung schon sagt, andauernde quälende Schmerzen, die sich über mehrere Monate hinziehen, ohne dass eine körperliche Ursache gefunden werden kann, welche die Beschwerden ausreichend erklären könnte. Die Schmerzen bestehen entweder nur in einer Körperregion oder in mehreren Regionen gleichzeitig. Häufige Symptome sind beispielsweise Rückenschmerzen, Bauchschmerzen, Gelenkschmerzen, Muskelschmerzen oder Schmerzen im Unterleib. Nicht selten werden die Schmerzen auch von einer Erschöpfung begleitet oder die Patienten leiden zusätzlich an Schwindelgefühlen, vermehrtem Schwitzen, innerer Unruhe und Herzrasen. Man spricht dann von sogenannten psychovegetativen Begleiterscheinungen. Entscheidend ist, dass die Schmerzen in Verbindung mit emotionalen Konflikten oder psychosozialen Belastungen auftreten. Ihnen wird zumindest die Hauptrolle für Beginn, Schweregrad, Verschlimmerung und Aufrechterhaltung der Schmerzen zugesprochen. Entscheidend ist aber auch, dass man andere Schmerzzustände mit vermutlich psychogenem Ursprung, beispielsweise Schmerzzustände, die entweder im Verlauf einer depressiven Störung oder einer Schizophrenie auftreten, scharf von der anhaltenden somatoformen Schmerzstörung abgrenzt.

Das Krankheitsbild der somatoformen Störungen verlangt demzufolge eine klare diagnostische Abgrenzung. Dabei muss zunächst einmal zwischen organischen und überwiegend psychisch determinierten Schmerzsyndromen unterschieden werden. Dies ist wichtig, denn bei einem Drittel der Patienten mit einer somatoformen Störung wird tatsächlich noch eine organische Krankheit gefunden. Ein auffälliger Organbefund schließt aber eine somatoforme Störung nicht generell aus. Schließlich kann der Patient gleichzeitig sowohl an einer koronaren Herzerkrankung mit stechenden Brustschmerzen als auch an einer Herzneurose leiden. Die Frage, die sich hier also stellt, ist, ob die Beschwerden des Patienten primär somatisch oder doch eher primär psychisch bedingt sind. Und wenn sie primär psychisch bedingt sind, sind es dann wirklich somatoforme Störungen oder steckt dahinter nicht vielleicht eine schizophrene Erkrankung, eine wahnhafte Störung oder eine Angst- bzw. Panikstörung? Sind die Beschwerden wirklich echt oder handelt es sich um vorgetäuschte Störungen und Simulation? Am schwierigsten ist und bleibt jedoch die Abgrenzung zur Depression, weil die somatoforme Störung oft mit dieser psychischen Erkrankung einhergeht. Das Stichwort heißt hier Komorbidität oder zu Deutsch Begleiterkrankung. In diesem Fall muss dann besonders auf charakteristische Hinweise geachtet werden. Charakteristisch für die somatoforme Störung sind zum Beispiel ein Erkrankungsbeginn vor dem 35. Lebensjahr, häufige Ärztewechsel in der Vorgeschichte, eine diffuse, bildhafte und bunte Darstellung der Symptome sowie ein forderndes und anklammerndes Verhalten. Auch finden sich bei der somatoformen Störung aktuelle Hinweise auf eine belastende Lebenssituation und Anzeichen, die deutlich in die Richtung einer gestörten biografischen Entwicklung weisen. Bei der Depression muss dagegen auf die typischen körperlichen Beschwerden wie Appetitverlust, Magen-Darm-Probleme, Schlafstörungen und Verminderung des sexuellen Verlangens geachtet werden. Sollten diese Symptome ausschließlich während der depressiven Episoden auftreten, würde dies vielmehr gegen das Vorliegen einer somatoformen Störung sprechen. Fragt sich jetzt nur, wie man denn eine somatoforme Störung von einer larvierten Depression abgrenzen kann. Beide Begriffe werden nämlich nicht selten auch synonym verwandt, was aber nicht ganz korrekt ist. Die Wahrheit lautet, eine larvierte Depression kann man diagnostisch kaum von einer somatoformen Störung unterschieden. Nur wenn es gelingt, der Depression einmal die Maske vom Gesicht zu reißen, wenn man sie also als solche erkannt hat, dann lässt sie sich diagnostisch eindeutig einordnen, vorher nicht. Die sogenannte larvierte Depression mit all ihren somatischen Begleitsymptomen lässt sich somit nur eindeutig den depressiven Störungen zuordnen, wenn sie zwangsläufig nicht mehr larviert ist. Komorbiditäten bestehen aber nicht nur mit Depression, sondern auch mit Angst- bzw. Panikstörungen und Zwangsstörungen, Persönlichkeitsstörungen sowie mit Suchterkrankungen. Da es in der Praxis aber nicht immer einfach ist, die verschiedenen Krankheitsbilder eindeutig auseinanderzuhalten, empfiehlt es sich, die Begleiterkrankungen erst dann zusätzlich zu einer somatoformen Störung zu diagnostizieren, wenn sie einen ausreichenden Schweregrad erreicht haben. Eine wirklich gut gemeinte Empfehlung, denn Komorbidität mit anderen psychischen Störungen findet sich bei der somatoformen Störung in 60 bis 70 % der Fälle. Gut gemeint auch deshalb, weil Komorbidität einen wesentlichen Einfluss in Bezug auf die Therapieplanung, den Therapieverlauf und das Therapieergebnis ausübt. Eine Psychotherapie ist bei der somatoformen Störung das Mittel der Wahl. Die Kunst besteht allerdings darin, den Patienten dahingehend zu motivieren. Denn sobald der Arzt auch nur das Wort Psychotherapie in den Mund nimmt, fühlen sich die meisten Patienten mit einer somatoformen Störung sofort unverstanden. Kein Wunder, schließlich klammern sie sich geradezu an eine rein organische Ursache. Und das aus gutem Grunde. Sie wollen sich nämlich nicht in ihr „Innerstes“ schauen lassen. Diese Patienten fürchten sich vor verdrängten Konflikten, die dann möglicherweise an die Oberfläche kämen und nach Bearbeitung schreien würden. Auch fürchten sie sich davor, von anderen Menschen als verrückt abgestempelt zu werden. Das Auffinden einer organischen Ursache könnte das, so die unbewusste Hoffnung, effektiv verhindern. Medikamente in der Gestalt von Psychopharmaka können natürlich unter bestimmten Umständen durchaus als Ergänzung sinnvoll sein. Eine Therapie ausschließlich mit Psychopharmaka wird dagegen bei diesem Krankheitsbild nicht empfohlen. Wenn der Patient sein Festhalten an einer organischen Ursache aufgibt und einer psychotherapeutischen Behandlung zustimmt, sind die Aussichten auf einen Therapieerfolg grundsätzlich positiv. Allerdings gestaltet sich die Therapie einer somatoformen Störung umso schwieriger und damit langwieriger, je länger die Erkrankung bereits unbehandelt besteht. Wird dagegen rechtzeitig mit einer Psychotherapie begonnen, dann hat die somatoforme Störung eine gute Prognose.

4. Abhängigkeitsstörungen

In der Umgangssprache werden die Begriffe Abhängigkeit, Missbrauch und Sucht häufig synonym verwendet. In der wissenschaftlichen Literatur dagegen ist man in den vergangenen Jahren immer mehr von dem Begriff der Sucht weggekommen und verwendet stattdessen eher die Begriffe Abhängigkeit und Missbrauch. Um erst gar keine Verwirrung aufkommen zu lassen, sollen diese wesentlichen Begrifflichkeiten, die unübersehbare Wortüberschneidungen aufweisen und immer wieder im Zusammenhang mit Suchterkrankungen auftauchen, deshalb gleich zu Beginn erörtert und geklärt werden.

- *Sucht*

Der Begriff Sucht charakterisiert eine Krankheit, deren typisches Merkmal ein unwiderstehliches Verlangen ist. Das unwiderstehliche Verlangen kann sich dabei entweder auf den Konsum bestimmter Substanzen richten, wie beispielsweise Alkohol oder Drogen. In diesem Fall spricht man von stoffgebundener Sucht bzw. Abhängigkeit. Das Verlangen kann sich aber auch auf Tätigkeiten richten, wie zum Beispiel Arbeiten oder Spielen. In diesem Fall würde man dann von nichtstoffgebundener Sucht bzw. Abhängigkeit sprechen.

- *Droge*

Die Droge ist ein Suchtmittel. Grundsätzlich kann jede Substanz, welche über die Fähigkeit verfügt, eine oder gleich mehrere Funktionsweisen eines belebten Organismus zu verändern, als Droge bezeichnet werden. Meist üben Drogen einen Einfluss auf die Psyche aus, weshalb man auch von psychotropen oder psychoaktiven Substanzen spricht. Es handelt sich um Stoffe, welche die Wahrnehmung und das Verhalten eines Menschen beeinflussen können. Von vielen Menschen wird ihre Wirkung auf die Psyche als angenehm, beruhigend, angstlösend, entspannend oder anregend und inspirierend empfunden. Aus diesem Grunde besitzen auch fast alle psychotropen Substanzen ein sogenanntes Sucht- oder Abhängigkeitspotenzial. Damit bezeichnet man die pharmakologische Fähigkeit einer psychotropen Substanz, einen Menschen abhängig zu machen. Weil aber nicht alle Substanzen zwangsläufig zu einer körperlichen Abhängigkeit führen, muss zwischen physischer und psychischer Abhängigkeit unterschieden werden. Psychische Abhängigkeit ist gegeben, wenn ein zwanghaftes Verlangen zu dauerhaftem Konsum einer Droge besteht, um auf diese Weise entweder ein Lustgefühl zu erzeugen oder aber einem Unlustgefühl zu entgehen. Ein solcher Konsum führt über kurz oder lang zu einer körperlichen Toleranzentwicklung gegenüber der Droge und ihrer Wirkung. Um die gleiche Wirkung zu erzielen, muss nun die Dosis immer weiter erhöht werden. Zeigen sich beim Dauerkonsum einer Droge nach deren Absetzung körperliche Reaktionen in Form von Entzugssymptomen, liegt eine physische Abhängigkeit vor. Drogenabhängigkeit ist folglich nichts anderes als ein psychischer und/oder körperlicher Zustand. Und eine psychotrope Substanz wird erst dann zur Droge im umgangssprachlichen Sinne, wenn ihr Konsum nicht mehr eigenständig gesteuert oder kontrolliert werden kann.

- *Missbrauch*

Von Missbrauch einer Substanz spricht man immer dann, wenn ein Mittel übermäßig und wiederholt konsumiert wird, sodass es in der Folge zu psychischen und physischen Beeinträchtigungen kommt. Dabei gilt der Missbrauch heute als Vorstufe zur Abhängigkeit. Die Übergänge zwischen beiden sind jedoch fließend.

- *Stoffgebundene Abhängigkeit*

Die stoffgebundene Abhängigkeit wird umgangssprachlich als *Sucht* bezeichnet. Gemeint ist damit das zwanghafte Verlangen zum Konsum einer Substanz. Der Begriff beschreibt demnach eine stoffgebundene Erkrankung. Allerdings darf die Diagnose *Abhängigkeit* nur dann gestellt werden, wenn mindestens drei oder mehr der folgenden Kriterien nach ICD-10 der WHO erfüllt sind:

a. Es besteht der Zwang, eine bestimmte Substanz zu konsumieren
b. Der Konsum kann nicht mehr vollständig kontrolliert werden
c. Körperliche Entzugssymptome nach Konsumreduktion oder -einstellung
d. Toleranzentwicklung und damit verbunden Höherdosierung der Substanz
e. Fokussierung auf Drogenkonsum mit Vernachlässigung anderer Interessen
f. Fortsetzung des Konsums trotz Selbstschädigung

- *Nichtstoffgebundene Abhängigkeit*

Zunehmend wird in heutiger Zeit der Suchtbegriff auch für bestimmte menschliche Verhaltensweisen angewandt. Und zwar wenn ausgesuchte Vorlieben und Handlungen dazu führen, dass Menschen sie nicht mehr zu kontrollieren vermögen, und dies in der Folge zur Vernachlässigung familiärer und sozialer Belange führt. Nicht selten ist dann die Rede von Spielsucht, Internetsucht, Kaufsucht, Arbeitssucht, Sportsucht, Sammelsucht oder Sexsucht. Eine nichtstoffgebundene Abhängigkeit ist somit als eine nichtstoffliche Sucht zu verstehen oder eine Sucht ohne Droge, wenn man so will. Der Begriff der Sucht oder Abhängigkeit eignet sich hierfür besonders gut, weil er das pathologische Verhaltensmuster sowie den damit verbundenen Leidensdruck zum Ausdruck bringt. Doch diagnostische Kriterien hält die ICD-10 bislang nur für die Spielsucht bereit. Für die anderen nichtstoffgebundenen Abhängigkeiten dagegen existieren solcherlei Merkmale noch nicht. Dies liegt daran, dass aktuell der Krankheitscharakter von nichtstoffgebundenen Abhängigkeiten, einschließlich ihrer Abgrenzung, noch kontrovers diskutiert wird.

In der deutschen Bevölkerung leiden etwa 5 bis 7 % der Menschen unter einer Abhängigkeit. Vergleicht man dabei die stoffgebundenen Abhängigkeiten mit den nichtstoffgebundenen Abhängigkeiten bezüglich ihrer Häufigkeit, dann wird schnell klar, dass die stoffgebundenen Abhängigkeiten eindeutig dominieren. Das belegen repräsentative Studien und insbesondere der Epidemiologische Suchtsurvey 2012. Letztgenannter wird aus Mitteln des Bundesministeriums für Gesundheit gefördert, wobei mit der Finanzierung keine Auflagen verbunden sind. Mit ihm wird seit den 1980er Jahren in regelmäßigen Zeitabständen der Konsum von Alkohol, Tabak, Medikamenten sowie illegalen Drogen in der Allgemeinbevölkerung Deutschlands erfasst. Demnach gibt es in Deutschland rund 10,5 Mio. Menschen, die eine stoffgebundene Abhängigkeit aufweisen. So sind knapp 11 % der deutschen Bevölkerung tabakabhängig, circa 3 % sind alkoholabhängig, circa 2 % medikamentenabhängig und 0,5 % weisen eine Abhängigkeit von Cannabis auf. Bei den nichtstoffgebundenen Abhängigkeiten ist die Erfassung der genauen Zahlen schwierig, weil die Einordnung von Verhaltensweisen als Sucht in der Wissenschaft nach wie vor umstritten ist und bisher eben keine offiziellen Diagnosekriterien existieren. Lediglich für die Spielsucht hält die ICD-10 entsprechende Merkmale bereit, wobei sie dieser nicht den Status einer eigenständigen Abhängigkeitserkrankung zugesteht. Bei sauberer Anwendung der entsprechenden Kriterien ist jedoch davon auszugehen, dass in Deutschland derzeit 0,3 bis 0,7 % der Bevölkerung spielsüchtig sind. Die Computerspiel- und Internetabhängigkeit liegt mit etwa 1 % ungefähr in der gleichen Größenordnung bzw. etwas darüber. Um ein tieferes Verständnis der einzelnen Abhängigkeitsarten und somit dessen zu erhalten, was wir für gewöhnlich Psyche nennen, schauen wir uns deshalb jetzt jede Suchtform einmal kurz etwas näher an.

Nikotinabhängigkeit

Neben Alkohol ist Nikotin das am weitesten verbreitete legale Sucht- und Genussmittel in allen westlichen Industrieländern. Es handelt sich um ein starkes Nervengift, das in der Tabakpflanze vorkommt und beim Menschen sowohl eine körperliche wie auch psychische Abhängigkeit auslösen kann. Grundsätzlich kann jeder Mensch von dieser Abhängigkeit befallen werden. Für die suchterzeugende Wirkung von Tabakprodukten ist aber nicht nur das Nikotin allein verantwortlich. Denn die Hersteller mischen dem Tabak mehr als 600 verschiedene Zusatzstoffe bei, unter denen sich vermutlich weitere Suchtstoffe finden lassen, die eine Abhängigkeit vom Nikotin begünstigen. So kann es sein, dass bereits wenige Zigaretten ausreichen, um eine Nikotinabhängigkeit auszulösen. Das heißt, die Menge allein ist nicht entscheidend dafür, ob eine Nikotinabhängigkeit entsteht oder nicht. Allerdings sind auch nicht alle Raucher automatisch gleich nikotinabhängig. Es wird geschätzt, dass ungefähr die Hälfte bis zwei Drittel der Raucher süchtig nach Nikotin sind, während die andere Hälfte bzw. das andere Drittel dies nicht ist. Aber die Abhängigkeit oder Nichtabhängigkeit vom Nikotin ist nicht das alleinige Problem, denn das Rauchen hat darüber hinaus extrem schädliche Folgen für die Gesundheit. Dazu zählen:

- Chronische Bronchitis
- Verengung der Atemwege
- Bronchialkrebs
- Arterienverkalkung
- Durchblutungsstörungen
- Bluthochdruck
- Blutpfropfbildung
- Herzinfarkt
- Schlaganfall
- Impotenz

Das Nikotin trägt dafür aber nicht die alleinige Schuld. Es lassen sich nämlich im Tabakrauch rund 5000 weitere chemische Substanzen nachweisen, von denen etwa 90 potenziell krebserregend sind. Einfach aufzuhören wäre da die beste Lösung. Das aber fällt vielen Rauchern sehr schwer. Und sie fürchten die einsetzenden Entzugserscheinungen, womit wir wieder bei der Sucht wären. Entzugserscheinungen können, müssen aber nicht zwingend auftreten. Und wenn sie auftreten, dann können sie individuell sehr unterschiedlich und auch in sehr unterschiedlicher Intensität ausfallen. Wenn Entzugssymptome aber auftreten, egal wie, dann sind sie immer ein deutliches Anzeichen für eine körperliche Abhängigkeit. Die körperliche Abhängigkeit beim Rauchen entsteht dadurch, dass das Nikotin im Gehirn die Ausschüttung von Botenstoffen bewirkt. Unter anderem sind dies:

- Dopamin
- Serotonin
- Noradrenalin
- Endorphine

Diese Botenstoffe, allen voran Dopamin und Serotonin, signalisieren dem Körper Lust, Glück, Ruhe und Entspannung. Kurz gesagt, einfach angenehme Gefühle. Für gewöhnlich wird dieses sogenannte Belohnungssystem beim Essen, Trinken und der Sexualität angesprochen, also wenn es darum geht, die Selbsterhaltungs- und Fortpflanzungstriebe in Gang zu halten. Nun aber verbindet der Körper nicht nur diese Selbsterhaltungs- und Fortpflanzungstriebe mit positiven Emotionen, sondern auch das Rauchen. Und diese neue Verknüpfung intensiviert sich mit jeder weiteren Zigarette. Das heißt, mit jeder weiteren positiven Gedankenverknüpfung an die Zigarette verstärkt sich auch die Nikotinsucht. Denn der Mensch belohnt sich im Grunde mit jeder Zigarette, als wäre es eine existenzielle Handlung. Gleichzeitig beginnt aber auch der Körper damit, sich innerhalb kurzer Zeit an den Wirkstoff Nikotin zu gewöhnen. Durch die übertriebene Stimulation wird nämlich das natürliche Belohnungssystem überreizt. In der Folge schützen sich die Nikotinrezeptoren, indem sie bei steigender Zahl immer unempfindlicher werden. Die erhöhte Anzahl unempfindlicher Nikotinrezeptoren sorgt schließlich dafür, dass das Verlangen nach Nikotin im Körper immer größer wird. Auch muss die Dosis immer weiter erhöht werden, um noch die gewünschte Wirkung zu erzielen. Fällt dagegen der Nikotinspiegel nach einer Weile der Abstinenz, werden die Nikotinrezeptoren nicht mehr ausreichend angeregt und der Körper reagiert mit Entzugserscheinungen. Diese können sich als Unruhe, Nervosität, Reizbarkeit, verminderte Konzentrationsfähigkeit, Schlafstörungen, Müdigkeit, Aggressivität und Appetitzunahme bemerkbar machen. Kommt der Betroffene dieser Aufforderung zum Rauchen jetzt nach, schließt sich der Suchtkreislauf und eine Nikotinsucht entsteht. Entzugssymptome setzen übrigens schon recht bald nach der letzten Zigarette ein. Ihren Höhepunkt erreichen sie nach etwa zwei Tagen. Genauso schnell, wie sie einsetzten, lassen sie aber auch wieder nach. So sind sie sieben bis zehn Tage nach der letzten Zigarette bereits deutlich abgemildert. Das gilt aber nicht für die psychische Abhängigkeit. Denn sie kann selbst noch nach Jahren spürbar sein. Die psychische Abhängigkeit entsteht durch die Verknüpfung der Zigarette mit den verschiedenen Situationen des Alltags. Das können Stresssituationen im harten Arbeitstag sein, ebenso wie das gemütliche Beisammensein mit Freunden, das Einlegen einer wohlverdienten Pause, Essen oder Kaffeetrinken. Durch das häufige Wiederholen solcher Lebenslagen wird unbewusst eine Verknüpfung erzeugt und somit ein Zusammenhang zwischen der Zigarette und der jeweiligen Situation hergestellt. Das Gehirn koppelt also das beim Rauchen entstandene Wohlgefühl mit der jeweiligen Situation. So entsteht auf Dauer ein Suchtgedächtnis. Dieses kann dazu führen, dass bereits der in die Nase aufsteigende Kaffeeduft ein Verlangen nach der Zigarette auslöst. Solcherlei Verbindungen lassen sich nicht einfach beiseiteschieben. Sie aufzulösen gehört zu den schwierigsten Herausforderungen einer Nikotinsucht. Selbst nach Jahren der Rauchkarenz können sie dem Exraucher noch nachstellen und ihn versuchen. Kein Wunder also, dass es genau diese Verbindungen im Suchtgedächtnis sind, welche eine häufige Ursache für Rückfälle in die Nikotinfalle darstellen.

Alkoholabhängigkeit

Alkohol ist ein Kulturgut. Und er ist ein Genussmittel. Von vielen Menschen wird Alkohol wegen seiner stimmungshebenden und kontaktfördernden Wirkung sehr geschätzt. Der stetig steigende Konsum von Alkohol in Form von Bier, Wein und Spirituosen in den westlichen Industrieländern zeigt es ganz deutlich. Alkohol ist gesellschaftlich anerkannt und daher auch frei zugänglich. Aber da gibt es noch eine andere Seite. Wird nämlich bei gehobener Stimmung munter weitergetrunken, wird die Zunge früher oder später schwer und die Sprache verwaschen. Sicheres Stehen und Gehen sind dann meist auch nicht mehr möglich. Zudem kann die Stimmung umschlagen in Gereiztheit, Aggressivität oder Labilität. Wir sind im Alkoholrausch. Und dieser Rausch zeigt ganz deutlich, Alkohol ist ein Rauschmittel. Wer jetzt noch nicht genug hat und weitertrinkt, riskiert eine Alkoholvergiftung. Eine solche kann zum Ausfall verschiedenster Körperfunktionen führen, bis hin zu einem Koma oder dem Tod. Der Alkohol zeigt uns mit seiner toxischen Wirkung, die zu lebensbedrohlichen Gesundheitsschäden führen kann, ein neues Gesicht. Es ist das Gesicht eines starken Zellgiftes. Und gerade seine letzten beiden Gesichter, das Gesicht des Rauschmittels und das Gesicht des starken Zellgiftes, offenbaren uns seinen wahren Charakter. Den Charakter einer psychoaktiven Droge. Und genau dieser alkoholische Charakterzug ist es dann auch, der einen Menschen in die Abhängigkeit führen kann. Dabei fängt alles ganz harmlos an. Ein Schluck hier, ein Gläschen dort. Es bleibt dem Menschen dabei nicht verborgen, dass Alkohol auch Entspannung, Vergessen von Sorgen und Konflikten sowie eine Erleichterung bei der Bewältigung schwieriger Lebenssituationen sein kann. Herbert Grönemeyer hat es besungen: „Alkohol ist dein Sanitäter in der Not, Alkohol ist dein Fallschirm und dein Rettungsboot." Aber dieser Wunsch kann auf Dauer nur durch den Konsum immer größerer Alkoholmengen erfüllt werden. Toleranzentwicklung nennt man das Phänomen. Der Zwang zur ständigen Erhöhung der Trinkmenge ist dabei das erste Anzeichen einer sich anbahnenden Alkoholabhängigkeit. Weitere Kriterien sind nach der Weltgesundheitsorganisation:

- Ein starker Wunsch zur Alkoholeinnahme
- Schwierigkeiten bezüglich der Konsumkontrolle
- Priorisierung des Substanzgebrauches vor anderen Aktivitäten
- Anhaltender Substanzgebrauch trotz schädlicher Gesundheitsfolgen
- Körperliche Entzugssymptome

Werden mindestens drei dieser aufgeführten Kriterien erfüllt, kann eine Alkoholabhängigkeit diagnostiziert werden. Eine solche läuft typischerweise in verschiedenen Phasen ab. Die erste Phase, die voralkoholische Phase, ist gekennzeichnet durch ein gelegentliches bis häufiges Erleichterungstrinken. Hier glauben viele Betroffene noch, dass sie ihr eigenes Trinkverhalten tatsächlich kontrollieren können. Entsprechend werden immer wieder Versuche unternommen, das Trinken zu beenden. Schlagen diese Versuche fehl, kann das belastende Schuldgefühle nach sich ziehen. Es folgt die Einleitungsphase. Sie ist gekennzeichnet durch ein ständiges Denken an Alkohol sowie ein heimliches Trinken zu Hause. Dazu legen sich die Betroffenen möglicherweise auch einen heimlichen Alkoholvorrat an. Über das Ausmaß ihrer Trinksucht belügen sie dann nicht nur ihre Angehörigen und Freunde, sondern auch sich selbst. Sie fangen sozusagen an ihre eigenen Lügen zu glauben. Geht die Kontrolle über das Trinkverhalten vollkommen verloren, beginnt die kritische Phase. In dieser Phase trinken die Betroffenen meist, bis sie physisch oder psychisch völlig entkräftet sind. Während dieser Zeit nimmt dann auch die Fähigkeit, ohne Alkohol auszukommen, kontinuierlich ab. Man kann beobachten, dass die Patienten bei Fehlen von Alkohol unruhig werden und getrieben wirken. Auch kann man beobachten, dass sie im Tagesverlauf immer früher zu trinken beginnen. Erste Alkoholentzugserscheinungen treten auf. In der chronischen Phase schließlich wird jede alkoholische Flüssigkeit getrunken. Tagelange Vollräusche sind die Folge. Das Interesse an der Familie und Freunden geht zurück. Es kommt zu starken Persönlichkeitsveränderungen. Insbesondere Männer neigen in dieser Phase zu aggressiven Gefühlsausbrüchen. Konflikte mit den Mitmenschen und am Arbeitsplatz sind dann schon vorprogrammiert. Kann der Erkrankte den Anforderungen am Arbeitsplatz nicht mehr gerecht werden, folgt oft der soziale Abstieg. Wie tief der Betroffene dann letzten Endes fällt, ist in erster Linie davon abhängig, wie einsichtig er ist. Kann er sich die Sucht selbst eingestehen? Ist er bereit sich einer Therapie zu unterziehen? Wird die Therapie langfristig zum Erfolg führen? All diese Fragen entscheiden über das Ausmaß der sozialen Konsequenzen. Genauso wie die Frage, ob sich Angehörige und Freunde vom Erkrankten abwenden und ihn fallen lassen oder ob sie versuchen ihn nach Kräften zu unterstützen. Doch auch wenn der Betroffene mitwirkt und sich einer Therapie mit Entzug und Entgiftung unterzieht, die Genesung ist und bleibt ein schwieriges und langwieriges Unterfangen, das oft durch Rückfälle unterbrochen wird. So werden laut Statistik mindestens 80 % aller Entgiftungspatienten innerhalb des folgenden Jahres wieder rückfällig. Eine Zahl, die Bände spricht und eine klare Botschaft enthält. Die Botschaft nämlich, dass die Genesung von der Alkoholsucht ganz sicher nicht von heute auf morgen geschieht. Ungeachtet dessen, der Betroffene muss das normale Leben wieder erlernen. Da führt kein Weg dran vorbei. Ob die Therapie ambulant oder stationär erfolgt, spielt dabei keine Rolle. Das hängt jeweils von den medizinischen Gegebenheiten ab. Sehr hilfreich kann zudem eine Selbsthilfegruppe sein. Will man aber den Erkrankten bei deren Therapie wirklich gerecht werden, dann kann auf eine differenzierte Betrachtung der Trinkmuster nicht verzichtet werden. Alkoholiker ist nämlich nicht gleich Alkoholiker. Es gibt hier fünf verschiedene Trinkertypen zu beachten, die sich nach dem amerikanischen Physiologen und Begründer der Krankheitslehre des Alkoholismus, Elvin Morton Jellinek (1890–1963), wie folgt einteilen lassen:

- Typ Alphatrinker (Erleichterungstrinker)

Der Erleichterungs- oder Konflikttrinker greift immer dann gezielt zum Alkohol, wenn Schwierigkeiten auftreten. Er muss seinen Ärger im wahrsten Sinne des Wortes herunterspülen. Die meisten Trinker dieses Typs sind zwar psychisch abhängig, aber noch nicht physisch. Sie hätten folglich noch die Freiheit, mit dem Trinken aufzuhören.

- Typ Betatrinker (Gelegenheitstrinker)

Betroffene dieses Typs trinken, weil es zu entsprechenden Anlässen oder in der Freizeit einfach dazugehört. So bei Betriebs- bzw. Familienfeiern oder abends gemütlich vor dem Fernseher zu Hause. Das Trinkverhalten des Gelegenheitstrinkers hängt somit eng mit seinem sozialen Umfeld zusammen. Betatrinker trinken regelmäßig und nicht selten auch große Mengen. Sie sind weder physisch noch psychisch abhängig, haben aber häufig bereits Organschäden.

- Typ Gammatrinker (süchtiger Trinker)

Betroffene dieses Typs sind psychisch und physisch vom Alkohol abhängig. Sie müssen trinken, weil ihr Körper nach Alkohol verlangt. Der Gammatrinker kann deshalb seinen Alkoholkonsum nicht mehr selbst steuern. Er ist im klassischen Sinne suchtkrank, denn bei ihm zeigt sich das Kardinalsymptom der Alkoholkrankheit, der Kontrollverlust.

- Typ Deltatrinker (Gewohnheitstrinker)

Der Deltatrinker konsumiert gewohnheitsmäßig größere Mengen an Alkohol. Er trinkt jeden Tag und regelmäßig. Da über Jahre hinweg massiv Alkohol getrunken wird, besteht meist eine ausgeprägte physische Abhängigkeit. Der Deltatrinker kann von daher nicht auf Alkohol verzichten. Er muss permanent einen gewissen Alkoholspiegel halten (Spiegeltrinker), weil ansonsten starke Entzugserscheinungen drohen. Gelingt es ihm, die zu vermeiden, fällt der Deltatrinker selten sozial auf. Er zeigt sich nämlich kaum völlig betrunken und weist auch sonst keine großen Ausfallserscheinungen auf.

- Typ Epsilontrinker (Quartalstrinker)

Der Trinker dieses Typs verliert in unterschiedlichen Zeitabständen die Kontrolle über seinen Alkoholkonsum. Die Betroffenen können wochenlang keinen Tropfen trinken, dann aber überkommt sie plötzlich ein unstillbares Verlangen nach Alkohol. In diesen Phasen trinken sie hemmungslos und exzessiv, was zu Erinnerungslücken (Filmrissen) führen kann. Oft kündigen sich diese Perioden des starken Trinkens Tage zuvor an, durch Reizbarkeit und Ruhelosigkeit. Sie entladen sich dann in massiven Alkoholexzessen, die bis zum körperlichen Zusammenbruch führen können. Beim Voranschreiten der Krankheit ist zu beobachten, dass die Abstände zwischen den Zeiten des exzessiven Trinkens immer kürzer werden.

Die häufigsten Trinkertypen sind der Gamma- und der Deltatrinker. Die Trinkertypen dürfen allerdings nicht starr angewendet werden, getreu dem Motto „Einmal Konflikttrinker, immer Konflikttrinker". Vielmehr sind Übergänge möglich. So kann der eben genannte Konflikttrinker nicht wirklich als Suchtkranker bezeichnet werden, aber er ist gefährdet. Es besteht nämlich die konkrete Gefahr, dass er sich zum Gammatrinker entwickelt. Dasselbe gilt auch für den Betatrinker. Denn aus dem Gelegenheitstrinker kann ein Gewohnheitstrinker werden. Und wer es gewohnt ist, weil er in einer Weingegend lebt, täglich zwei Liter Wein zu trinken, kann sich über kurz oder lang zum Spiegeltrinker entwickeln. Und dieser wiederum kann zum Gammatrinker werden. Diese Gefahr besteht auf Dauer auch beim Epsilontrinker. Wie man sieht, bei der Alkoholkrankheit gibt es viele Übergangsformen und Mischtypen. Deshalb sind die einzelnen Trinkertypen nicht ganz eindeutig voneinander abzugrenzen. Lediglich eines kann man mit Gewissheit sagen. Als alkoholkrank im Sinne einer Sucht kann man nur den Gamma-, Delta- und Epsilontrinker bezeichnen. Dagegen gelten Alpha- und Betatrinker nicht als krank, denn sie vermögen ihr Trinkverhalten noch zu kontrollieren. Gefährdet sind sie aber allemal. Gefährdet süchtig zu werden und gefährdet schwere körperliche Schäden davonzutragen. Man muss also nicht zwangsläufig alkoholsüchtig sein, um diese Gesundheitsschäden zu erleiden. Das Überschreiten der Unbedenklichkeitsgrenze ist da völlig ausreichend. Wo aber liegt das Limit? Diese Frage ist nicht ganz so einfach zu beantworten, weil es hierzu international sehr unterschiedliche Vorstellungen gibt. Und wo es unterschiedliche Vorstellungen gibt, da gibt es auch unterschiedliche Grenzwerte. In Deutschland beispielsweise, wo die Grenzwerte recht eng gefasst wurden, gelten für Männer 24 Gramm und für Frauen 12 Gramm reiner Alkohol pro Tag als gesundheitlich unbedenklich. Das entspricht grob geschätzt etwa 0,6 Litern Bier, 0,3 Litern Wein oder 0,08 Litern Schnaps. Für Frauen gilt die Hälfte dieser Menge als gesundheitlich legitim. Und was passiert nun, wenn man diese „Grenzwerte" an sieben Tagen ausschöpft? Ist man dann wirklich auf der sicheren Seite? Nein, ist man nicht. Zumindest wird einem keiner auf der Welt hierfür eine Garantie geben wollen. Man geht aber davon aus, dass die Einhaltung der Unbedenklichkeitsgrenze plus zwei alkoholfreie Tage in der Woche eine weitgehende Sicherheit schaffen dürften. Der Konjunktiv im letzten Satz verrät auch hier wieder, dass selbst innerhalb dieser Grenzen ein Restrisiko nicht völlig auszuschließen ist. Was deshalb wirklich mit Gewissheit gesagt werden kann, ist, dass das Risiko zu erkranken mit der getrunkenen Alkoholmenge kontinuierlich ansteigt. Und dass dieser Effekt bereits ab einer Alkoholmenge von 25 Gramm pro Tag nachgewiesen werden kann. Alles andere ist und bleibt in der Verantwortung eines jeden Menschen. Je weniger er dieser Verantwortung gerecht wird, desto höher werden auch die negativen Auswirkungen auf seine Gesundheit sein. Die Palette dieser negativen Auswirkungen ist dabei sehr breit gefächert. Die ersten negativen Auswirkungen betreffen die größte Entgiftungsdrüse des menschlichen Körpers, die Leber. Denn in der Leber wird der Alkohol abgebaut. Folglich ist sie bei übermäßigem Alkoholkonsum besonders stark betroffen. Sie reagiert mit einer Verfettung und Verhärtung, was zu Funktionsstörungen führen kann. Im Endstadium finden sich dann Leberschäden. Die Fachwelt spricht hier von Leberzirrhose, der Volksmund von einer Schrumpfleber. Doch die Leberzellen sind nicht die einzigen, die gegenüber Alkohol sehr empfindlich reagieren. Auch die Nervenzellen mögen keinen Alkohol. Sie sterben nämlich bei einem übermäßigen Alkoholkonsum einfach ab. In der Folge kommt es zu einer Schrumpfung des Gehirnes, Atrophie genannt, was sich vor allem in der Abnahme der intellektuellen Leistungsfähigkeit äußert. Die schwerste Form dieser alkoholischen Gehirnschädigung ist das sogenannte Korsakow-Syndrom. Menschen mit diesem Syndrom haben sich, wie der Volksmund so schön sagt, das Hirn und den Verstand versoffen. Sie erleiden einen völligen Verlust ihrer Gedächtnisleistung sowie der Orientierung in Raum und Zeit. Über diese Schäden am zentralen Nervensystem hinaus verursacht Alkohol, nebst seinen Abbauprodukten, auch Schädigungen am peripheren Nervensystem. Polyneuropathie nennt man das. 20 bis 40 % der Alkoholiker leiden an dieser Nervenerkrankung. Betroffen sind meist gleich mehrere Nerven an Armen und Beinen. Die Polyneuropathie äußert sich vor allem in schmerzhaften Missempfindungen an Händen und Armen bzw. Beinen und Füßen. Das können Kribbelgefühle, Taubheitsgefühle, ein Brennen oder sogar Lähmungserscheinungen sein. Bei Schädigungen an motorischen Nerven schwindet zudem die Muskulatur und entsprechend nimmt auch die Muskelkraft ab. Erreicht das Schwinden der Muskelkraft schließlich einen kritischen Punkt, kommt es zu einem Schwanken im Stehen und das Gangbild wird zunehmend unsicher. Stürze und Verletzungen sind dann nur noch eine Frage der Zeit. Ein ähnlicher Effekt lässt sich auch am Herzen ablesen. Herzmuskelzellen werden nämlich durch Alkohol direkt geschädigt. Bemerkbar macht sich das zuerst an elektrischen Funktionsstörungen des Herzens. Einfach ausgedrückt, das Herz stolpert und rast. Dieses Risiko ist dosisabhängig. Das haben japanische Forscher in einer Metaanalyse nachweisen können. Seitdem wissen wir, dass mit der Zunahme der aufgenommenen Alkoholmenge um jeweils 10 g auch das Risiko für Vorhofflimmern um 8 % zunimmt. Und wir wissen, dass mit zunehmendem Absterben der Herzmuskelzellen mechanische Funktionsstörungen des Herzens in den Vordergrund treten. Sie äußern sich in einer Herzschwäche, die Herzinsuffizienz genannt wird. Das Herz kann seine Pumpfunktion nicht mehr richtig wahrnehmen. Infolge der Zersetzung von Herzmuskelfasern, Rhabdomyolyse genannt, entsteht nämlich eine spezifische Herzmuskelerkrankung, die als alkoholische Kardiomyopathie bezeichnet wird. Erfolgt spätestens jetzt keine totale Abstinenz und wird stattdessen weiterer Alkoholmissbrauch betrieben, verstärken sich die Herzmuskelschäden und mit ihnen die Herzmuskelschwäche, was direkt zum Tod führen kann. Als weitere körperliche Folgeschäden chronischen Alkoholmissbrauchs gelten neben Entzündungen der Magenschleimhaut und der Bauchspeicheldrüse auch Krebserkrankungen, insbesondere der Leber, der Mundhöhle, des Rachenraumes sowie der Speiseröhre. Ferner zeigt eine Vielzahl alkoholkranker Männer Störungen im Stoffwechsel der Schilddrüse, der Nebennierenrinde und der Hoden. Diese Störungen führen im Körperbild zu einer eher weiblichen Schambehaarung, der Ausbildung eines weiblichen Brustansatzes und zur kompletten Zeugungsunfähigkeit, was umgangssprachlich Impotenz genannt wird. Wie aber kommt es nun zur Abhängigkeit von dem Genussmittel Alkohol? Nun, ähnlich wie Nikotin stimuliert auch Alkohol das Belohnungssystem im Gehirn. Alkohol führt zu einer vermehrten Ausschüttung des Botenstoffes Dopamin. Das verbessert die Stimmung. In der Folge entwickelt man ein vermehrtes Verlangen nach Alkohol. Diese positive Verstärkung erhöht natürlich gleichzeitig das Abhängigkeitsrisiko. Des Weiteren erhöht Alkohol die Ausschüttung von Endorphin, einem körpereigenen Morphin, welches für ein gutes Gefühl sorgt. Die heitere Gemütsverfassung begünstigt wiederum die Entstehung von Sucht. Denn wenn man diese positiven Gefühle nun immer wieder und häufig provoziert, wird sich das Gehirn diese Verknüpfung von guten Gefühlen auf der einen Seite und dem Alkohol auf der anderen Seite merken und in das Suchtgedächtnis einprägen. Natürlich wird der Körper sich auch hier wieder gegen die Überstimulierung zu schützen versuchen, indem er die Anzahl der Andockstellen für Dopamin reduziert. Doch dies hat auch zur Folge, dass die Wirkung des Alkohols nachlässt, sodass immer größere Mengen Alkohol getrunken werden müssen, um eine entsprechende Wirkung zu erzielen. Bei der Alkoholsucht kommen aber noch weitere wichtige Prozesse zum Tragen. So reduziert Alkohol die Serotonin- und Noradrenalinausschüttung. Gerade das Serotonin beeinflusst dabei den Gefühlshaushalt und damit das Befinden des Menschen ganz erheblich. Denn durch die reduzierte Produktion dieses Überträgerstoffes wird das Aufkommen von Aggressivität und Depression begünstigt, was wiederum den Griff zur Flasche fördert, um dem entgegenzuwirken. Auch führt die verminderte Serotoninkonzentration im Gehirn dazu, dass ein anderer Botenstoff, GABA genannt, nicht mehr so richtig anschlägt. Die Gammaaminobuttersäure, so der vollständig ausgesprochene Name dieses Botenstoffes, fungiert im Gehirn als eine Art Bremse. Das heißt, dockt dieser Botenstoff an eine Gehirnzelle an, gibt diese Informationen nur noch sehr langsam an ihre Nachbarzellen weiter. Als Konsequenz glätten sich die Wogen und Beruhigung stellt sich ein. Ohne diese Bremse aber fährt das Gehirn, ähnlich einem Schiff, mit voller Kraft voraus. Als Ersatzbremse dient jetzt nur noch das Beruhigungsmittel Alkohol. Seine Moleküle setzen nämlich direkt an den GABA-Rezeptoren an und sorgen dafür, dass sich das „Nervenkostüm" wieder beruhigt. Hier wird also buchstäblich der Teufel mit dem Beelzebub ausgetrieben. Ein wahrhaft satanischer Mechanismus, der den direkten Weg in die Sucht ebnet. Jetzt wird auch langsam verständlich, warum Alkohol so vielseitige Effekte beim Menschen auslösen kann, weil er einfach an vielen verschiedenen Bereichen des Gehirnes ansetzt. Und es wird verständlich, warum uns das Risiko, vom Alkohol abhängig zu werden, zur Hälfte in die Wiege gelegt wurde. Es gibt nämlich Menschen, die genetisch bedingt ein spezielles Eiweiß herstellen, welches Serotonin vermehrt aus dem Gehirnstoffwechsel entfernt. Für diese Menschen, denen anlagebedingt eine entsprechende GABA-Bremse fehlt, ist Alkohol aufgrund seiner GABA-vermittelnden Hemmwirkung zweifellos ein besonders attraktives Beruhigungsmittel. Allerdings eines mit einem besonders hohen Preis. Insbesondere wenn man Alkohol mit Nikotin kombiniert, was oft der Fall ist. Alkohol benutzt nämlich dieselben Andockstellen wie Nikotin. Er blockiert diese regelrecht. Dies hat zur Folge, dass jetzt mehr geraucht werden muss, um durch das Nikotin noch ein Gefühl von Entspannung zu erhalten. Das erklärt beispielsweise, warum besonders in Kneipen so viel geraucht wird. Alkohol ist wirklich perfide. Er verdient es deshalb, als schmutzige Droge bezeichnet zu werden. Eine schmutzige Droge, der besonders Männer verfallen. Im Vergleich zu Frauen werden sie nämlich doppelt so oft alkoholabhängig. Schlimmer noch, in den westlichen Industrienationen ist Alkoholabhängigkeit sogar die häufigste psychische Störung bei Männern überhaupt. Warum aber ist das so? Das hat mehrere Gründe. Erstens, Männer trinken mehr Alkohol als Frauen, und zwar doppelt so viel. Zweitens, ihr Körper kann aufgrund biologischer Unterschiede Alkohol schneller abbauen. Drittens, das männliche Gehirn schüttet bei Alkoholkonsum mehr von dem Glückshormon Dopamin aus. Das zumindest haben mittlerweile Forscher der Universitäten Columbia und Yale herausgefunden. Bei Männern stellt sich somit beim Konsum von Alkohol ein stärkeres und intensiveres Glücksgefühl ein, was im Umkehrschluss auch die Gefahr einer Abhängigkeit erhöht. Ein Grund mehr also, immer schön am Limit zu bleiben.

Medikamentenabhängigkeit

So wie die Alkoholabhängigkeit eine Domäne der Männer ist, so ist die Medikamentenabhängigkeit eine Domäne der Frauen. Das belegen Statistiken. Demnach sind ungefähr 70 % der Medikamentenabhängigen weiblich. Trauriger Spitzenreiter sind bei der Tablettensucht die Schlafmittel, gefolgt von Schmerzmitteln, Beruhigungsmitteln und Aufputschmitteln. Der Abhängigkeitsprozess setzt auch bei der Medikamentensucht schleichend ein. Auslöser sind oft schmerzhafte Erkrankungen, Schlafstörungen oder schwere psychische Belastungen. Infolgedessen werden Medikamente verschrieben. Werden diese über einen längeren Zeitraum hinweg eingenommen, setzt bei vielen Wirkstoffen eine Toleranzentwicklung ein. Deshalb müssen höhere Dosen eingenommen werden, um noch die gleiche Wirkung zu erzielen. Das ist ein Grund für den Weg in die Abhängigkeit. Der andere Grund ist die abhängigkeitsfördernde Wirkung der einzelnen Arzneimittel. Etwa 5 bis 6 % aller verordneten Arzneimittel besitzen nämlich ein entsprechendes Suchtpotenzial. So werden mit der Zeit aus Heilmitteln Suchtmittel. Ja, die Medikamentenabhängigkeit, so bitter es klingt, ist tatsächlich eine Sucht auf Rezept. Ein Kennzeichen dieser Sucht ist die Einnahme bestimmter Arzneimittel, ohne dass hierfür eine medizinische Notwendigkeit besteht. Ein zweites Kennzeichen ist die Abweichung bezüglich der Dosierung, Dauer und Häufigkeit der Medikamenteneinnahme. Und das dritte Kennzeichen der Sucht ist das Auftreten von Entzugserscheinungen nach dem Absetzen der Präparate. Aber auch die Fixierung auf bestimmte Medikamente sowie die heimliche Einnahme der Präparate können einen Hinweis auf das Vorliegen einer Medikamentenabhängigkeit geben. Oft wird behauptet, dass die Entzugserscheinungen bei der Medikamentensucht den Beschwerden gleichen, gegen die das Medikament ursprünglich helfen sollte. Also beispielsweise Kopfschmerzen nach dem Absetzen von Kopfschmerzmitteln, Unruhe nach dem Absetzen von Beruhigungsmitteln oder Schlafstörungen nach dem Absetzen von Schlafmitteln. Dies ist aber völlig falsch, denn die ähnelnden Absetzphänomene sind nicht als Entzugszeichen zu werten, sondern als Bestätigung der Erkrankung und somit als Notwendigkeit für die weitere Medikamenteneinnahme. Leider gibt es bei der Medikamentenabhängigkeit kein Leitsymptom, so wie es die Alkoholfahne bei der Alkoholabhängigkeit darstellt. Im Gegenteil, das Krankheitsbild ist eher diffus. Und es kann eine Vielzahl von Symptomen auftreten, deren Intensität zum einen von der Medikamentenstoffgruppe und zum anderen von der Höhe der Dosis abhängt. Hinzu kommen noch unterschiedliche Konsummuster und Abhängigkeitsverläufe. Das alles macht die Diagnosestellung einer Medikamentenabhängigkeit sehr viel schwieriger. Erforderlich ist deshalb ein sorgfältiger Umgang mit Medikamenten. Das bedeutet, dass der Patient die Dosierung des Arzneimittels oder dessen Anwendungshäufigkeit nicht in Eigenregie verändert, sondern dies dem Arzt überlässt. Auch ist das Risiko einer Abhängigkeit mit dem Therapeuten zu besprechen. Sollten nämlich Anzeichen in dieser Richtung auftreten, ist der Arzt sofort aufzusuchen. Geschieht dies nicht, wird spätestens beim Entzug ärztliche Hilfe notwendig sein. Aber so weit sollte man es gar nicht erst kommen lassen. Schließlich kann ein Medikamentenmissbrauch schwere Folgen für die Gesundheit des Patienten haben. So können beispielsweise Magenerkrankungen, Leberschädigungen oder Nierenprobleme auftreten. Nicht selten kommt es auch zu Störungen des Gleichgewichts, der Bewegung, der Konzentration und der Sprache. Werden opioide Schmerzmittel überdosiert, kann dies zu einer Versteifung der Skelettmuskulatur, Blutdruckabfall und Atemlähmung führen. Aber auch auf der psychischen Seite sind die Folgen einer Medikamentenabhängigkeit deutlich ablesbar. So kann es nach einem jahrelangen Missbrauch von Medikamenten zu Persönlichkeitsveränderungen, einer Interesselosigkeit mit Verflachung der Gefühle sowie zu paradoxen Stimmungsschwankungen kommen. Ärzte haben deshalb eine besonders hohe Verantwortung gegenüber ihren Patienten zu tragen. Dies gilt insbesondere bei der Verordnung von Schlaf- und Beruhigungsmitteln vom Benzodiazepintyp. Dazu zählen beispielsweise Lorazepam, Oxazepam oder Diazepam. Auch bei Zolpidem und Zopiclon, den sogenannten Z-Drugs, die ebenfalls als Schlafmittel eingesetzt werden, ist erhöhte Vorsicht geboten. Denn all diese Wirkstoffe stellen mit 80 % die größte Gruppe von Arzneimitteln dar, die eine Abhängigkeit induzieren können. Weck- und Aufputschmittel wie das Methylphenidat, ein Amphetaminabkömmling, oder das Benzhydrylsulfinyl-Acetamid-Derivat Modafinil sollten ebenfalls nicht aus den Augen gelassen werden. Denn auch sie können als Psychostimulanzien den Patienten in die Abhängigkeit führen. Eine Abhängigkeit, die sowohl die physische als auch die psychische Seite betreffen kann. Wie bei allen Drogen rufen nämlich auch die psychotropen Arzneimittel bei vielen Menschen positive Gefühle hervor, auf die sie nicht mehr verzichten möchten. Hier steht das Erleben von Euphorie oder anderer angenehmer Zustände im Vordergrund, welche durch Dopamin gesteuert werden und das Belohnungssystem im Gehirn ansprechen. Allerdings müssen wir bei der Medikamentenabhängigkeit eine Niedrigdosisabhängigkeit von einer Hochdosisabhängigkeit unterscheiden lernen. Bei der Niedrigdosisabhängigkeit geht es weniger um eine Abhängigkeitsentwicklung im eigentlichen Sinne. Deshalb reicht bei ihr meistens eine Beseitigung der Grundstörung, zum Beispiel ungelöste Konfliktsituationen, völlig aus, um den schädlichen Gebrauch des Arzneimittels ohne das Auftreten von Entzugserscheinungen langsam und mit psychotherapeutischer Begleitung einzustellen. Anders dagegen ist die Situation bei der Hochdosisabhängigkeit. Sie ist nämlich eine echte Abhängigkeit. Das bedeutet, dass Entwöhnungsversuche meistens mit schweren Entzugserscheinungen wie Unruhe, vermehrtem Schwitzen, Zittern, Herzrasen, Angststörungen, ja gelegentlich sogar mit Halluzinationen, akuter Verwirrtheit (Delir) oder Krampfanfällen verbunden sind. Und dies wiederum bedeutet, dass Entwöhnungsversuche ohne ärztlichen Beistand von keinem großen Erfolg gekrönt sein werden. Anders verhält es sich natürlich, wenn die Entwöhnung unter stationären Bedingungen stattfindet. Zu beachten ist aber auch hier, dass sich der Entzug und die Therapie bei medikamentenabhängigen Menschen meist langwieriger gestalten als bei alkoholabhängigen Patienten. Insbesondere dann, wenn es sich um Präparate aus der Gruppe der Benzodiazepine handelt. Benzodiazepine sollten von daher nur zeitlich begrenzt verordnet werden, etwa zwei bis vier Wochen lang, mehr nicht. Im Umgang mit psychotropen Arzneimitteln gilt es somit für Ärztinnen und Ärzte bestimmte Regeln einzuhalten. Regeln, die da lauten:

- Eine klare Indikation muss vorliegen.
- Es ist die kleinste notwendige Dosis anzustreben.
- Der Behandlungszeitraum ist möglichst kurz zu halten.
- Das Präparat darf nicht abrupt abgesetzt werden.

Illegale Drogen

Wenn von Drogenabhängigkeit die Rede ist, denken die meisten Menschen gleich an LSD, Haschisch, Heroin, Kokain, Amphetamine und andere illegale Drogen. Illegal sind diese Drogen aus vier Gründen. Erstens weil sie ein sehr hohes Sucht- und Missbrauchspotenzial aufweisen. Zweitens weil sie in das zentrale Nervensystem eingreifen und dadurch Stimmungen, Gefühle und Wahrnehmungen beeinflussen können. Drittens weil deren Besitz, Konsum oder Handel vom Betäubungsmittelgesetz geregelt wird. Und viertens weil die Sucht nicht nur ernste psychische, sondern auch schwere körperliche Erkrankungen nach sich ziehen kann, die in der Regel behandlungsbedürftig werden. Natürlich mag man sich fragen, warum sich Menschen so etwas antun. Warum sie all diese Gefahren und Unannehmlichkeiten auf sich nehmen. Und was sie dazu antreibt. Es lohnt sich, diese Fragen aufzuwerfen, denn man wird erstaunt sein, wenn man die Antwort darauf hört. Menschen tun nämlich all diese Dinge nur aus einem einzigen Grund. Sie tun es, um sich besser zu fühlen. So einfach und banal ist die Antwort. Der Drogenkonsum verschafft ihnen eine zeitweise Angst-, Schmerz- und Sorgenfreiheit, eine Entspannung, ein Leeregefühl. Manchmal auch eine Aktivitäts- und Leistungssteigerung oder eine seelische und körperliche Grenzerfahrung. Es ist eine kurze Flucht hinaus aus der drückenden Realität. Dafür tun sie es. Die mit Abstand beliebteste illegale Droge ist dabei Cannabis. Das gilt aber nicht nur für Deutschland. Auch auf dem internationalen Parkett ist Cannabis die Nummer eins. Auf den weiteren Rängen folgen dann Amphetamine, Opiate und Kokain. Sie alle scheinen auf den ersten Blick, so unterschiedlich die einzelnen Substanzen auch sein mögen, nach einem einheitlichen Prinzip zu wirken. Auch wenn sie zum Teil völlig verschiedene Andockstellen im Gehirn haben und damit unterschiedliche Antennen der Nervenzellen ansprechen, eines jedoch ist ihnen gleich: Sie erhöhen alle den Dopaminspiegel. Und damit aktivieren alle psychotropen Drogen, wie auch immer sie heißen mögen und wie auch immer ihre chemische Struktur beschaffen sein mag, das Belohnungssystem im Gehirn. Doch was ist dieses Belohnungssystem genau, von dem hier schon mehrfach die Rede war? Es ist ein weitverzweigtes Netzwerk von Hirnarealen und Nervenverbindungen und es ist Teil des limbischen Systems im Mittelhirn. Deshalb wird es auch mesolimbisches System genannt. Es ist ein entwicklungsgeschichtlich altes System, das der Arterhaltung dient, indem es überlebenswichtiges Verhalten wie die Aufnahme von Flüssigkeit und abwechslungsreicher Nahrung sowie die Fortpflanzung mit einem guten Gefühl belohnt. Werden also die elementaren Lebensbedürfnisse wie Essen, Trinken und Sexualität befriedigt, dann stellen sich automatisch Glücksgefühle ein. Man fühlt sich wohl, zufrieden und entspannt. Deshalb sind auch Sehnsucht, Verlangen und Befriedigung die Triebfedern unseres Handelns. Und das Belohnungssystem gibt hierzu den Takt vor. Die positiv erlebten Ereignisse werden in Form eines stattgefundenen Lernprozesses gespeichert und wollen von nun an wiederholt werden. Das Wohlgefühl und die damit verbundene Hoffnung auf Glück sind es letzten Endes, die uns Menschen antreiben. Ein wichtiger Spieler in diesem System ist Dopamin. Es aktiviert nämlich das Belohnungssystem, indem es das Verlangen und die Erwartung auf Belohnung weckt. Damit ist Dopamin ein extrem wichtiger Motivator, wenn es um die Themen Lernen und Belohnung geht. Doch nun kommt die Kehrseite. Denn auch Drogen wirken im Gehirn und entfalten ihre Wirkung im Belohnungssystem. Im Gehirn binden sie an die spezifischen Andockstellen der Nervenzellen und lösen Veränderungen des Denkens, der Wahrnehmung, der Stimmung sowie der Gefühlsempfindungen aus. Welche Wirkung sie dabei genau entfalten, hängt davon ab, in welche Informationskanäle sie sich einschalten. Und im Belohnungssystem wiederum bewirken sie unter anderem die Ausschüttung von Dopamin. Sie aktivieren damit das Belohnungssystem im Gehirn. Nur tun sie dies viel schneller und in einem viel stärkeren Maße, als dies durch natürliche Mechanismen der Fall wäre. Damit verstärken sie alle menschlichen Verhaltensweisen, die mit der Droge in Verbindung stehen. In der Folge wird sich nun ein Suchtgedächtnis herausbilden. Das heißt, der Betreffende wird sich in sein Gedächtnis einprägen, dass der Konsum des Suchtmittels an ein Glückserleben gekoppelt ist. Auf diese Weise werden sich in Zukunft feste Reiz-Reaktions-Muster ausbilden, was einen Kontrollverlust mit sich bringt. Von diesem Zeitpunkt an werden nämlich die für automatisiertes Verhalten zuständigen Nervenbahnen das Heft des Handelns in die Hand nehmen. Sie übernehmen sozusagen die Kontrolle. Die Droge hat das Gehirn verändert, und zwar auf Dauer. Jetzt ist ein Nein zur Droge nicht mehr so einfach möglich. Schließlich hat die Drogenfalle fest zugeschnappt. Behalten wir also drei Punkte im Gedächtnis. Erstens, die Sucht ist ein Lernvorgang. Zweitens, Drogen werden im Gehirn anders verarbeitet als die körpereigenen Botenstoffe. Und drittens, Drogen verhalten sich ähnlich wie Piraten. Sie entern einen uralten und lebenswichtigen Mechanismus im Gehirn, indem sie ihn missbrauchen. Der Missbrauch wiederum bringt ein Monster zur Welt. Ein Monster, das man Sucht nennt und das über ein Elefantengedächtnis verfügt. Will sagen, das Suchtgedächtnis lässt sich nicht mehr löschen. Es ist dauerhaft präsent. Auch nach Jahren der Entgiftung und Entwöhnung. Ein Patient kann deshalb seine Sucht nicht einfach vergessen. Er hat nur eine Chance, sich von ihr loszusagen, er muss lernen umzudenken. Man könnte meinen, dass die Mechanismen des Belohnungssystems einen sehr gefährlichen Nebeneffekt haben, weil sie augenscheinlich die Anfälligkeit des Menschen für Süchte begünstigen. Doch Vorsicht, das Thema Sucht ist in seiner Komplexität trotz intensiver Bemühungen noch lange nicht vollständig erforscht. Und so gibt es auch hier wieder nur zahlreiche Modelle, die das Phänomen Sucht zu erklären versuchen. Es gibt das biochemische Modell, das psychosoziale Modell, das genetische Modell, das neuronale Modell und das biopsychosoziale Modell. Wie aber Sucht wirklich entsteht, weiß niemand. Das Einzige, was man wirklich weiß, ist, dass alle psychotropen Drogen auf das Belohnungssystem im Gehirn einwirken und dort den Neurotransmitter Dopamin freisetzen. Doch Dopamin ist nur der Hauptakteur im System. Welche Akteure spielen noch eine Rolle? Und wie ist der Beitrag ihrer Rolle zu verstehen? Außerdem wirken zahlreiche Drogen nicht immer nur direkt auf die Ausschüttung von Dopamin ein, sondern teils indirekt. Welche Mechanismen greifen hier? Und welchen Unterschied macht das? Fragen über Fragen. Und so ist das dopaminerge Belohnungssystem im Gehirn auch nur eine stark vereinfachte neurobiologische Modellvorstellung. Die Neurobiologie geht von diesem Modell aus, weil 1954 die Forscher Peter Milner und James Olds zufällig ein Hirnareal endeckten, das als die Quelle unseres Strebens und Handelns erschien. Sie implantierten Ratten winzige Elektroden ins Gehirn. Mit diesen Elektroden konnten sich die Tiere selbst mittels eines Hebels kleine elektrische Impulse verabreichen, die ein bestimmtes Hirnareal reizten, den Nucleus accumbens. Es handelt sich dabei um eine Kernstruktur im unteren Vorderhirn. Wie die beiden Forscher beobachten konnten, wurden die Tiere nach dem Betätigen des Hebels sehr schnell süchtig nach dem einsetzenden Gefühl. Sie ließen dafür sogar Wasser und Futter links liegen. Auch nahmen sie für dieses Gefühl schmerzhafte Erfahrungen in Kauf. Die Ratten rannten nämlich über ein unter Strom stehendes Gitternetz, nur um den Hebel zu betätigen, der dieses Gefühl auszulösen schien. Jahre später testeten andere Wissenschaftler die Wirkungen dieses Hirnareals beim Menschen und kamen zum gleichen Ergebnis. Des Rätsels Lösung war offensichtlich gefunden und das Geheimnis der Suchtentstehung geklärt. Denn die Ergebnisse der Untersuchungen legten die Vermutung nahe, dass die Mechanismen der Suchtentstehung wohl substanzübergreifend gleichartig sind. Und so wurde eine Suchthypothese aufgestellt, die einen gemeinsamen primären Wirkmechanismus beinhaltet. Doch so einfach, wie es zunächst erschien, sollte es wohl nicht sein. In den folgenden Jahren zeigten nämlich jüngere Forschungen, dass sich die Hypothese eines gemeinsamen Primärmechanismus bei der Suchtentstehung nicht bestätigen lässt. Und sie zeigten, dass Sucht kein einfach zu erklärendes Phänomen darstellt. Vielmehr ist die Sucht ein sehr komplexes Geschehen, an dessen Entstehung mehrere Komponenten beteiligt sind. Eine Komponente ist natürlich die Droge selbst. Wir wissen, dass sich Drogen in ihrer Art und in der Intensität ihrer Wirkung voneinander unterscheiden. Wir wissen aber auch, dass die Droge für sich genommen noch nicht abhängig macht. Denn die Wirkung einer Droge wird nicht von allen Menschen gleich verarbeitet. So ist Proband A beispielsweise von der Wirkung des Kokains hellauf begeistert, während dessen Wirkung auf Proband B eher schockierend wirkt. Und damit wären wir bei der zweiten entscheidenden Komponente, der Persönlichkeitsstruktur eines Menschen. Die dritte wesentliche Komponente in dem Zusammenspiel mit der Abhängigkeit ist schließlich die Umwelt mit ihren unterschiedlichen Einflüssen. Bestimmte Umweltbedingungen, seien es nun persönliche Krisen, Kriege, Isolation oder ein ungünstiges Elternhaus, können nämlich die Entstehung von Abhängigkeitserkrankungen durchaus begünstigen. Und natürlich hat auch die Genetik ein gewichtiges Wort mitzureden. Darauf deuten zumindest die familiäre Häufung von Drogenmissbrauch sowie Zwillingsstudien an eineiigen Zwillingen hin. Besonders interessant in diesem Zusammenhang war zum Beispiel die Entdeckung sogenannter metabotroper Rezeptoren im Gehirn durch Lüscher und Bellone im Jahre 2008. Diese Rezeptorproteine sind als eine Art körpereigenes Verteidigungssystems gegen die Sucht zu verstehen. Sie haben nämlich die Eigenschaft, dass sie die durch Drogen induzierten Veränderungen im Gehirn (drogenvermittelte synaptische Plastizität) wieder rückgängig machen können. Damit wird auch das zwanghafte Verlangen nach der Droge reduziert. Menschen, bei denen die Ausprägung der metabotropen Rezeptoren genetisch bedingt zu gering ausfällt, können folglich das Verlangen nach der Droge nicht mehr kontrollieren. Diese Forschungsergebnisse könnten somit möglicherweise einen Hinweis darauf geben, weshalb Menschen mehr oder weniger suchtanfällig sind. Einen anderen Mechanismus von biologischen Vorgängen im menschlichen Körper legte die Molekulargenetik offen. Verschiedenen Forscherteams ist es nämlich im Jahre 2007 gelungen, unter den etwa 22 500 Genen des Menschen jene ausfindig zu machen, denen bei der Entstehung einer Nikotinabhängigkeit eine tragende Rolle zukommt. Genauer gesagt konnten sie eine Genvariante nachweisen, die einen direkten Einfluss auf die Funktionsweise nikotinerger Rezeptoren ausübt. Hatten Raucher diese spezielle Variante des Gens, dann rauchten sie nicht nur deutlich mehr als andere Raucher, sondern entwickelten auch häufiger Lungenkrebs und weitere Lungenerkrankungen. Interessanterweise stand die besagte Genvariante auch im Zusammenhang mit der Alkohol- oder Kokainabhängigkeit. Dies zeigt die enge Verflechtung zwischen der Genetik auf der einen Seite und den biologischen Prozessen auf der anderen Seite. Heute wird deshalb der Anteil der Gene an dem Risiko, eine Abhängigkeit zu entwickeln, je nach Studie und Substanz mit 40 bis 70 % angegeben. Eine weitere wichtige Rolle bei der Entstehung der Sucht spielt auch die Anzahl der zur Verfügung stehenden Dopaminrezeptoren im Gehirn. Grundsätzlich kann man sagen, je höher sie ausfällt, desto geringer ist das Risiko einer Abhängigkeitsentstehung. Die Anzahl der Dopaminrezeptoren im menschlichen Gehirn ist aber nur teilweise genetisch festgelegt. Sie wird zum anderen auch durch die Umwelt sehr stark beeinflusst. Dieser Sachverhalt führt uns noch einmal die ganze Komplexität des Themas Sucht deutlich vor Augen. Auch wenn die Gene natürlich eine wichtige Rolle spielen, sie dürfen nicht isoliert betrachtet werden. Gene und Umwelt interagieren miteinander, beeinflussen sich gegenseitig. Man darf und kann beide deshalb nicht völlig losgelöst voneinander betrachten. Gerade diese Komplexität macht es ja methodisch so schwer, den genauen Anteil einzelner Gene am gesamten Suchtgeschehen herauszubekommen. Das Einzige, was wir wirklich sagen können, ist, dass es das „Alkoholgen", das „Nikotingen" oder das „Kokaingen" nicht gibt. Es gibt nicht ein einziges Suchtgen, das man für die Entstehung einer Abhängigkeit allein verantwortlich machen könnte. Jedes einzelne Gen hat für sich genommen nur eine geringe Auswirkung auf die Entstehung einer Suchterkrankung. Vielmehr wirken sich dagegen Veränderungen auf mehreren Genen suchtbegünstigend aus. Damit setzt sich der Einfluss unseres Erbgutes auf die Entstehung einer Abhängigkeit aus vielen kleinen Mosaiksteinchen zusammen. Und wir können noch etwas mit Bestimmtheit sagen. Es betrifft vor allem die Risiken und Folgen eines Drogenkonsums. Abhängigkeit bringt immer Angst, Leid, Schmerz und Kummer mit sich. Natürlich geht die Gefahr einer Droge dabei nicht ausschließlich von der Art der Substanz aus, sondern auch von der Art des Konsums. Es ist ein großer Unterschied, ob die Droge geraucht, geschnupft oder gespritzt wird. Ebenso ist der Reinheitsgrad der Droge eine wichtige Kenngröße, denn der Konsument weiß am Ende nicht, ob und womit das Rauschgift „gestreckt" wurde, was zu fatalen Fehleinschätzungen in der Dosierung mit tödlichem Ausgang führen kann. Stichwort „goldener Schuss". Trotz alledem, auf Dauer muss ein jeder Drogenkonsument mit schweren gesundheitlichen Störungen rechnen. Dazu zählen auf der körperlichen Seite Gleichgewichts- und Orientierungsprobleme, die Auslösung epileptischer Anfälle sowie schwere Organschäden, nebst einem erhöhten Krebsrisiko. Und auf der psychischen Seite vermag der Drogenkonsum über kurz oder lang Depressionen, Psychosen, Persönlichkeitsveränderungen und Störungen der intellektuellen Leistungsfähigkeit auslösen. Gerade Letzteres kann zu beträchtlichen Problemen in der Familie und im Berufsleben führen. Der weitere Weg ist nicht selten vorgezeichnet, nämlich Jobverlust, gesellschaftlicher Abstieg und das Abrutschen in die Kriminalität. Mit anderen Worten, der Konsum von psychotropen Drogen ist, wie auch immer, mit Konsequenzen behaftet. Akut in Form eines Rausches, chronisch in der Gestalt der Sucht und auf lange Sicht betrachtet als Zustand der Hirnschädigung. Das ist jedenfalls spätestens seit der Studie des Rostocker Rechtsmediziners Prof. Andreas Büttner amtlich. Sein Forscherteam sezierte mehr als 200 Gehirne Drogentoter im Alter zwischen 15 und 45 Jahren. Das Ergebnis: psychotrope Drogen haben eine verheerende Wirkung auf das Gehirn. Sie schädigen oder zerstören komplexe Netzwerke von Nervenzellen, einschließlich ihrer Verbindungen untereinander. Und sie lassen Blutgefäße vorzeitig altern, was in Kombination mit dem Untergang von Nervenzellen zu einer verfrühten Gehirndegeneration führt. Damit lassen sich die Gedächtnisprobleme sowie die Verminderungen der intellektuellen Leistungsfähigkeit bei langjährigen Drogenkonsumenten endlich plausibel erklären. Jetzt haben wir auch den wahren Grund, weshalb man besser keine Drogen nehmen sollte. Es ist, wie Dr. Wolfgang Haase und Angelika Krochmann in ihrem Buch „Drogen, Informationen und Bilder“ so trefflich formuliert haben:

> „Drogen sind wie ein Zauberwesen, sie schenken den Menschen ungeahnte Erfahrungen. Sie sind aber nicht beherrschbar und töten im schlimmsten Fall den Menschen … Drogen erinnern auch an die alte Vorstellung, dem ‚Teufel die Seele zu verkaufen‘. Der Teufel erfüllt alle Wünsche seines Kunden, dieser muss allerdings am Ende feststellen, dass die Erfüllung seiner Wünsche nur eine schale Illusion ist.“

Der letzte Satz gilt uneingeschränkt auch für die nichtstoffgebundenen Süchte, zu denen wir jetzt kommen.

Nichtstoffgebundene Abhängigkeiten

Bei den nichtstoffgebundenen Süchten handelt es sich um Handlungen, die der Mensch nicht mehr bewusst und mit seinem Willen steuern kann. Es sind im Grunde Verhaltensauffälligkeiten, die als Störungen der Impulskontrolle zusammengefasst werden. Allerdings ist diese Zuordnung weder theoretisch noch empirisch begründet. Eine Zuordnung zu den Zwangsstörungen indes verbietet sich, weil die nichtstoffgebundenen Süchte in Bezug auf Erscheinungsform und Verlauf keinerlei Übereinstimmung mit diesen aufweisen. Auch gibt es darüber hinaus Unterschiede in den neurobiologischen

Mechanismen. Körperliche Abhängigkeitsanzeichen treten bei den nichtstoffgebundenen Süchten im Gegensatz zu den stoffgebundenen Süchten nicht auf. Sehr wohl aber findet sich eine psychische Abhängigkeit. Damit dürfen wir nichtstoffgebundene Süchte als exzessive menschliche Verhaltensweisen verstehen, welche die Merkmale einer psychischen Abhängigkeit an sich tragen. Dies ist grundsätzlich möglich, weil der Mensch nicht nur von psychotropen Substanzen abhängig werden kann, sondern eben auch von bestimmten Verhaltensweisen. Woran liegt das? Das liegt daran, dass das Belohnungssystem im Gehirn nicht nur von entsprechenden Substanzen angesprochen werden kann, sondern auch durch bestimmte Verhaltensweisen. Dafür sprechen zumindest die aktuellen Forschungsbefunde. Denn sie zeigen bildtechnisch Aktivierungen im Belohnungssystem sowie des Suchtgedächtnisses, ausgelöst durch Verhalten und Erleben. Auf neurobiologischer Ebene hätten wir es folglich mit sehr ähnlichen neuronalen Aktivierungen zu tun. Es ist ein analoger Mechanismus, wenn man so will. Nur wird die Neurotransmitterausschüttung im dopaminergen Belohnungssystem nicht wie bei der stoffgebundenen Abhängigkeit von psychotropen Substanzen ausgelöst, sondern eben von bestimmten Verhaltensweisen. Eigentlich handelt es sich auch bei den nichtstoffgebundenen Süchten um eine Abhängigkeit von bestimmten Substanzen. Allerdings werden diese nicht von extern zugeführt, sondern aufgrund von Verhalten und Erleben körpereigen erzeugt. Das ist der Unterschied. Zumindest wenn man dem neurobiologischen Modell der Verstärkung im Sinne der Dopamin- und Serotonin-Hypothese folgt. Andere Konzepte zur Entstehung einer nichtstoffgebundenen Abhängigkeit sehen dagegen die Ursache eher in einem Defizit an sozialen Fähigkeiten. Oder sie führen eine schlecht angepasste Stressregulation in die Diskussion. Beide Aspekte spielen auf Störungen des Antriebes, der Impulskontrolle sowie auf Störungen im Denken und Verhalten an. Solche Störungen beginnen in der Kindheit und Jugend, wobei die Manifestation erst im Erwachsenenalter erfolgt. Mit diesen Störungen geht meist eine Unausgeglichenheit im Gefühlsleben einher, einschließlich Problemen in zwischenmenschlichen Beziehungen. Neben den verschiedenen biologischen, psychologischen und sozialen Aspekten der Sucht werden aber auch immer wieder gesellschaftliche und kulturelle Einflüsse hervorgehoben. Damit ist vor allem der Faktor Zugänglichkeit und Verfügbarkeit angesprochen. Denn auch er spielt im Konzert der nichtstoffgebundenen Süchte eine gewichtige Rolle. Wie man sieht, alles in allem gestalten sich die Ursachen sehr vielfältig und nicht weniger komplex als bei den stoffgebundenen Abhängigkeiten. Bei den Formen der Verhaltenssucht sind vor allem die Glücksspielsucht sowie die Computerspiel- und Internetabhängigkeit hervorzuheben. Die Glücksspielsucht ist die älteste Verhaltenssucht. Das belegen schon schriftliche Zeugnisse der indischen Hochkultur, die von Glücksspielern zu berichten wissen, die ihr ganzes Hab und Gut beim Würfelspiel eingebüßt haben. Auch der berühmte römische Historiker und Senator Publius Cornelius Tacitus (um 58 bis ca. 120 n. Chr.) wusste von den Germanen zu berichten, dass sie, nachdem Haus und Hof verlustig gegangen waren, ihre Freiheit als Spieleinsatz in die Waagschale legten. Im antiken Rom beispielsweise war das Glücksspiel für die Bevölkerung frei zugänglich. Damit wurde es zum festen Bestandteil römischer Unterhaltungskultur. Dies änderte sich jedoch, als sich große Teile der Bevölkerung mit dem Glücksspiel ins Elend stürzten. Römische Dichter griffen dieses Thema auf und berichteten über das Spielen als „das größte aller Laster". Alsbald formierte sich auch Widerstand in den weltlichen und kirchlichen Institutionen. In der Folge untersagte der oströmische Kaiser Justinian (482–565 n. Chr.) im Jahre 528 n. Chr. sämtliche Glücksspiele. Wir können uns eine gute Vorstellung davon machen, was den Kaiser zu diesem drastischen Schritt bewog. Denn die Folgen der pathologischen Spielsucht waren damals nicht anders als heute. Eine Folge ist, wie man sich leicht denken kann, der unwiderstehliche Drang zu spielen. Doch nach einiger Zeit des Spielens tritt recht bald der Effekt der Gewöhnung ein. Bei stoffgebundener Abhängigkeit würde man von Toleranzentwicklung sprechen. Dies bedeutet, dass der Betreffende um immer höhere Einsätze spielen muss, um noch die erwünschte Erregung zu erreichen. Es braucht nicht viel Phantasie, um sich vorzustellen, welche finanziellen Konsequenzen so ein Verhalten nach sich zieht. Doch nachdem der Betroffene Geld verloren hat, kehrt er am nächsten Tag wieder zurück. Schließlich will er das Verlorene zurückgewinnen. Dabei agiert er nicht mehr umsichtig und besonnen, sondern ist vom Spieldrang stark eingenommen, was zur Vernachlässigung der sozialen und beruflichen Verpflichtungen führt. Über das Ausmaß der eigenen Verstrickungen in das Glücksspiel werden andere einfach belogen. Das ist Teil des Krankheitsbildes. Jetzt ist es nur noch eine Frage der Zeit, wann zwischenmenschliche Beziehungen auseinanderbrechen und der Arbeitsplatz verloren geht. Ein Zustand, der damals wie heute gesellschaftlich nicht einfach so hingenommen werden kann. Beachtet werden muss allerdings, dass die Spielsucht durchaus verschiedene Suchtpotenziale aufweist. So wird zwar heute mit Abstand am häufigsten Lotto gespielt, die größte Gefahr einer Abhängigkeitsentwicklung geht hingegen von den Geldspielautomaten aus. Gefolgt von Sportwetten und Onlinepoker. „Online" ist übrigens ein gutes Stichwort. Denn das Internet als modernes Medium dient nicht selten auch zur Befriedigung von anderen Verhaltenssüchten, wie der Internet- und Computerspielsucht. Eigentlich liegt hier die Abhängigkeitsquote im Bundesdurchschnitt so etwa bei 1 %, doch in der Gruppe der 14- bis 16-Jährigen beträgt sie sogar 4 %. Kein Wunder, denn der PC und das Internet stellen für Jugendliche eine völlig normale Kulturtechnik dar. Die mediale Ausstattung mit dieser IT-Technik beträgt in der Altersgruppe nahezu 100 %. Und die Ausstattung wird auch genutzt, intensiv bis exzessiv. Das konnte die KiGGS-Folgebefragung in Deutschland im Jahre 2013 gut belegen. Sie stand unter der Überschrift „Die Gesundheit von Kindern und Jugendlichen" und konnte nachweisen, dass 67 % der 11- bis 17-jährigen Kinder und Jugendlichen in Deutschland täglich mehr als zwei, 36 % mehr als vier und 17 % über sechs Stunden vor dem Fernseher, dem Computer oder der Spielekonsole verbringen. Und sie konnte nachweisen, dass dieser intensive Medienkonsum häufig mit Schulproblemen verbunden ist. Das ist nachvollziehbar, denn die Jugendlichen verspüren ein unwiderstehliches Verlangen danach, am Computer zu sitzen oder zu spielen. Sie besitzen nur eine verminderte Kontrollfähigkeit in Bezug auf Beginn, Beendigung und Dauer der Computernutzung. Und sie steigern aufgrund der Toleranzentwicklung die Häufigkeit, Dauer und Intensität ihres Konsums. Das müssen sie geradezu, weil sich ansonsten bei verminderter Computernutzung ziemlich schnell Entzugserscheinungen wie Nervosität, Unruhe und Schlafstörungen einstellen. Das alles führt natürlich zu einer fortschreitenden Vernachlässigung anderer Tätigkeiten oder Interessen. Die suchterkrankten Jugendlichen scheint nichts mehr vom Sitzen oder Spielen am Computer abhalten zu können. Selbst nachweislich schädliche Folgen können das nicht. Sie spielen, surfen oder chatten einfach weiter, trotz Übermüdung, Leistungsabfall in der Schule oder sogar Mangelernährung. Das ist eben Sucht. Es ist eine Krankheit. Und jetzt verstehen wir auch, warum das Wort Sucht nichts mit dem Wort „suchen" zu tun hat, sondern sich etymologisch vom Wort „siechen" ableitet. Es ist ein Siechtum, das lange Zeit unentdeckt bleiben kann, weil selbst die Eltern häufig nicht einschätzen können, in welcher Form der PC tatsächlich genutzt wird und wie stark die Abhängigkeit ihrer Sprösslinge von ihm ist.

5. Zwangsstörungen

Die Zwangsstörungen haben wir bereits im fünften Merkmalsbereich des AMDP-Systems ausführlich kennengelernt. Sie bedürfen deshalb hier keiner weiteren Erläuterung.

6. ADHS

Das Aufmerksamkeitsdefizit-Hyperaktivitätssyndrom ist die häufigste psychische Störung im Kindes- und Jugendalter. Die Kernsymptome dieser Störung sind Aufmerksamkeitsstörungen, Hyperaktivität und Impulsivität. Laut Studien sind 3 bis 7 % der Kinder und Jugendlichen davon betroffen. Im Erwachsenenalter betrifft das Krankheitsbild dagegen nur 1 bis 4,5 %. Dies liegt daran, dass sich die Störung im Erwachsenenalter oft auswächst und dann verschwindet. Es wird vermutet, dass es sich beim ADHS um eine neurobiologische Erkrankung handelt, weil es bei dieser psychischen Störung zu einer teils veränderten Informationsübertragung zwischen den Nervenzellen kommt. Dies liegt an einem Ungleichgewicht von Botenstoffen im Gehirn. Insbesondere den Neurotransmittern Noradrenalin und Dopamin kommt hier eine zentrale Bedeutung zu. Als Ursache dafür werden neben der Vererbung auch äußere Einflüsse sowie das soziale Umfeld diskutiert. Im klinischen Erscheinungsbild der Krankheit fällt auf, dass sich die Betroffenen nur sehr schwer dauerhaft konzentrieren und bei einer Sache bleiben können. Sie sind sehr empfänglich für Ablenkungen jedweder Art, seien es Reize aus der Umwelt oder störende Gedanken. Auch fällt gerade bei Kindern auf, dass sie ständig herumzappeln, umherrennen und nicht still sitzen bleiben können. Sie klettern und rennen extensiv und stören mit der Unruhe, die sie verbreiten, meistens andere. Es ist genau das, was man früher einen „Zappelphilipp" nannte. Interessanterweise verkehren sich diese Symptome bei Erwachsenen häufig nach innen, sodass eine innere Unruhe oder Nervosität resultiert. Das kann zu ineffizienter Arbeit, verminderte Leistungsfähigkeit im Beruf und Einschränkungen im Straßenverkehr führen. Eine weitere Problematik für den Straßenverkehr kann sich aus dem hitzigen Gemüt und der Impulsivität des Handelns ergeben. Zu nennen sind hier insbesondere das Überholen an unübersichtlichen Straßenstellen sowie das Drängeln und Rasen. Ein überschäumendes Temperament birgt aber auch Probleme im sozialen Miteinander und in der Partnerschaft. Insbesondere wenn schon bei kleinen Provokationen gleich „rotgesehen" und mit heftigen Wutausbrüchen reagiert wird, die andere verletzen können. Oder aber wenn gesprochen und gehandelt wird, ohne über die Folgen nachzudenken. Dazu gehören auch spontane und unüberlegte Einkäufe mit hohen Ausgaben. Neben den drei Hauptsymptomen des ADHS können sich auch noch sogenannte Nebensymptome einstellen. Dazu gehören beispielsweise schnelle Stimmungswechsel, eine verminderte Stresstoleranz, leichte Reizbarkeit sowie eine deutliche mentale Unordnung. Letztere äußert sich vor allem darin, dass viele Aufgaben gleichzeitig begonnen, aber nicht zu Ende gebracht werden. Oder es werden Termine nicht eingehalten und Verabredungen einfach vergessen. Besonders interessant ist die Tatsache, dass bei Erwachsenen mit ADHS häufiger Suchterkrankungen beobachtet werden. Dazu gehören stoffgebundene Abhängigkeiten von Alkohol, Nikotin und Cannabis genauso wie nichtstoffgebundene Abhängigkeiten vom Spiel oder dem Internet. An weiteren Begleiterkrankungen können sich, neben den genannten Suchterkrankungen, beim ADHS noch Depressionen, Schlafstörungen und soziale Phobien einstellen. Mittels spezieller ADHS-Fragebögen als Basis kann das Krankheitsbild nach einer Anamneseerhebung, körperlichen Untersuchung und Befragung von Bezugspersonen entsprechend eingegrenzt und diagnostiziert werden. Effektive Therapieansätze berücksichtigen dabei sowohl medikamentöse wie auch nichtmedikamentöse Bausteine. Diese Bausteine können entweder einzeln oder in Kombination eingesetzt werden. Das hängt im Einzelfall unter anderem vom individuellen Leidensdruck der Betroffenen ab. Er ist sozusagen der entscheidende Gradmesser. Im Allgemeinen sollten aber eine leichtere Bewältigung des Lebensalltages sowie eine verbesserte Selbstorganisation das Ziel einer ADHS-Therapie darstellen.

7. Demenz

Die Demenz fällt in das Spektrum der organischen psychischen Störungen. Im Mittelpunkt der Erkrankung stehen Störungen des Gedächtnisses und des Denkens. Wie das ADHS betrifft auch die Demenz vor allem eine bestimmte Altersgruppe. Nur dass es im Falle der Demenz nicht die Kinder und Jugendlichen, sondern die über 70-Jährigen sind. Aus diesem Grunde ist im Rahmen des demografischen Wandels mit einer Zunahme demenzieller Erkrankungen zu rechen. Unterschieden werden primäre und sekundäre Demenzen. Primär bedeutet, dass die Erkrankung aufgrund von Veränderungen im Gehirn auftritt. Sekundär bedeutet dagegen, dass sich die Demenz aufgrund einer Grunderkrankung, beispielsweise im Zuge einer Alkoholkrankheit, einstellt. Wie dem auch sei, das klinische Erscheinungsbild im Spätstadium jedenfalls ist bei beiden Varianten durch ein deutliches Defizit in den kognitiven, emotionalen und sozialen Fähigkeiten geprägt. Der einzige Unterschied zwischen beiden Varianten liegt darin, dass die sekundären Demenzen eine bessere Heilungschance haben, so sie denn frühzeitig erkannt werden. Werfen wir zunächst einen Blick auf die primären Demenzen. Die wohl bekannteste und häufigste Form unter ihnen ist die Demenz vom Alzheimertyp. Sie umfasst rund 60 % aller Demenzen. Die Ursache der Alzheimerkrankheit ist bis heute unbekannt. Was sich nachweisen lässt, ist, dass sowohl die Nervenzellen wie auch die Nervenzellkontakte im Gehirn langsam, aber sicher absterben. Und es lassen sich typische Eiweißablagerungen, sogenannte Amyloid-Plaques, im Gehirn feststellen. Am Beginn der Erkrankung, also im Frühstadium, treten bei den Betroffenen kleinere Gedächtnislücken und Stimmungsschwankungen auf. Die Patienten wirken antriebsgeschwächt. Sie bevorzugen Gewohntes und verschließen sich zunehmend Neuem gegenüber. Zudem verlangsamt sich bei ihnen das Denken und Sprechen. So kann es passieren, dass Betroffene mitten im Satz den roten Faden verlieren, vergessen, was sie sagen wollten, oder sich unterwegs nicht mehr zurechtfinden können. Werden sie sich dieser Defizite bewusst, können sich als Folge Reizbarkeit und Depressionen einstellen. Im mittleren Stadium tritt das Krankheitsbild auch für den Laien unübersehbar zutage. Die Auffassungsgabe der Patienten ist derart verlangsamt, dass eine selbstständige Lebensführung kaum noch möglich ist. Das Gefühl für Raum und Zeit geht ihnen verloren und bekannte Gesichter werden zunehmend schlechter erkannt. Nur noch längst Vergangenes ist ihnen in Erinnerung, während Ereignisse der Gegenwart kaum noch im Gedächtnis haften bleiben. Die Patienten brauchen bei der Bewältigung von Alltagsaufgaben Hilfestellung durch ihre Mitmenschen. Diese müssen ihnen gegenüber klare und eindeutige Anweisungen aussprechen und diese dann auch immer häufiger wiederholen. Im Spätstadium schließlich müssen die Patienten rund um die Uhr gepflegt werden. Das Langzeitgedächtnis ist nunmehr vollkommen erloschen und vertraute Gesichter werden jetzt nicht mehr erkannt. Die Sprache geht verloren oder beschränkt sich nur noch auf wenige unzusammenhängende Wörter. Die Patienten sind verwirrt und desorientiert. Sie sind wesensverändert. In diesem Stadium fallen auch das Essen, Schlucken und Atmen immer schwerer. Harn und Stuhl können nicht mehr gehalten werden. Das Immunsystem bricht langsam zusammen, was sich in einer erhöhten Infektanfälligkeit äußert. Schließlich tritt der Tod ein, oft ausgelöst durch eine simple Lungenentzündung. Die Demenz vom Alzheimertyp, und das sollte man sich merken, ist nicht heilbar. Sie ist irreversibel und verläuft immer tödlich. Nur die Beschwerden lassen sich durch eine adäquate Therapie lindern und der Krankheitsverlauf lässt sich etwas verzögern. Gleiches gilt auch für die Lewy-Körperchen-Demenz, die ebenfalls zu den primären Demenzformen gezählt wird. Sie ist der Alzheimerkrankheit bezüglich der Symptome und des Verlaufes sehr ähnlich. Beide lassen sich von daher nur sehr schwer voneinander unterscheiden. Vermutet werden auch Mischformen zwischen beiden Erkrankungen. Es besteht somit noch Forschungsbedarf. Ihren Namen hat diese Form der Demenzerkrankung von Eiweißresten, die sich in den Nervenzellen von Großhirnrinde und Hirnstamm einlagern. Sie werden Lewy-Körperchen genannt und führen zu entsprechenden Funktionsstörungen der Nervenzellen. Neben den Einschränkungen der kognitiven Fähigkeiten ist das klinische

Bild der Lewy-Körperchen-Demenz oft geprägt von optischen Halluzinationen oder Depressionen. Auch treten Veränderungen der Beweglichkeit auf, ähnlich denen der Parkinsonkrankheit. Dazu zählen eine gewisse Steifigkeit in den Bewegungen sowie ein unwillkürliches Zittern der Hände. Allerdings müssen die genannten Symptome nicht immer so lehrbuchhaft auftreten. Die Lewy-Körperchen-Demenz macht zusammen mit der frontotemporalen Demenz und anderen Demenzformen etwa 10 % der demenziellen Erkrankungen aus. Apropos frontotemporale Demenz. Auch sie zählt zu den primären Demenzformen und wird gelegentlich Pick-Krankheit genannt. Kennzeichnend für sie ist, daher ihr Name, dass zu Beginn der Erkrankung Nervenzellen im Stirn- und Schläfenbereich des Gehirns absterben. Warum, ist unbekannt, sodass auch hier noch erheblicher Forschungsbedarf besteht. Da vom Stirn- und Schläfenlappenbereich aus die Emotionen und das Sozialverhalten kontrolliert werden, treten zu Beginn der Erkrankung vor allem Veränderungen der Persönlichkeit sowie des zwischenmenschlichen Verhaltens auf. Diese äußern sich in Taktlosigkeit, Enthemmung, Reizbarkeit und Aggressivität. Beobachtet wird zuweilen ein regelrechter Heißhunger mit maßlosem Essen, vor allem was Süßigkeiten anbelangt. Im Verlauf der Erkrankung entwickeln sich dann vermehrt Sprachprobleme. Diese können ihren Ausdruck in Wortfindungsstörungen, Benennstörungen, fehlender Mitteilungsbedürftigkeit oder einem vollständigen Verstummen der Betroffenen finden. Auch Beeinträchtigungen des Gedächtnisses können auftreten. Sie sind aber längst nicht so ausgeprägt, wie es bei der Alzheimerdemenz der Fall ist. Und noch ein sehr interessanter Unterschied lässt sich zwischen den beiden Demenzformen herausarbeiten. Die frontotemporale Demenz tritt nämlich früher auf als die Demenz vom Alzheimertyp. So liegt das durchschnittliche Erkrankungsalter bereits zwischen dem 50. und 60. Lebensjahr. Die Spanne reicht hier von 20 bis 85 Jahren. Das frühe Alter sowie Veränderungen der Persönlichkeit machen bei dieser Demenzform die Diagnosefindung nicht unbedingt einfacher. Meist tippen die Fachleute eher auf Schizophrenie, Depression oder ein Burnout-Syndrom. Erst im Verlauf von einigen Jahren demaskiert sich die Erkrankung durch eine verminderte Auffassungs- und Kombinationsfähigkeit sowie ein herabgesetztes Erinnerungsvermögen mit Orientierungsschwierigkeiten, sodass eine Erhärtung der Diagnose möglich wird. Erschwerend kommt noch hinzu, dass die Patienten meist überhaupt keine Krankheitseinsicht zeigen und sich für völlig gesund halten. Entsprechend gering ist denn auch die Motivation zur Therapie. Diese beschränkt sich ohnehin auf die medikamentöse Behandlung von Verhaltensauffälligkeiten, weil es an gezielten Therapiemöglichkeiten derzeit noch fehlt. Genauso wie es bei den vaskulären Demenzformen der Fall ist, für deren Behandlung bis heute keine medikamentöse Therapie existiert, deren Wirkung durch eine ausreichende Evidenzlage wissenschaftlich abgesichert wäre. Und so bleibt für die vaskulären Demenzformen nur die Möglichkeit, deren Verlauf günstig zu beeinflussen. Hierzu kann der Arzt beispielsweise Maßnahmen zur Vorbeugung von Durchblutungsstörungen verordnen. Denn die vaskulären Demenzen als primäre Form demenzieller Erkrankungen sind auf Durchblutungsstörungen des Gehirns zurückzuführen. Wird das Gehirn nicht lückenlos mit sauerstoffreichem Blut versorgt, nehmen die Nervenzellen ernsthaften Schaden oder sie sterben im ungünstigsten Fall einfach ab. Das lässt sich bei den vaskulären Demenzen besonders gut beobachten. Je stärker nämlich die Durchblutungsstörungen im Gehirn sind, desto stärker treten auch die demenziellen Symptome in Erscheinung. Dies bedeutet im Umkehrschluss, je früher man den Risikofaktoren einer vaskulären Demenz, und damit sind vor allem Rauchen, Bluthochdruck, hohe Blutfettwerte und Diabetes mellitus gemeint, entgegenwirkt, desto effektiver lässt sich die Erkrankung bekämpfen. Eine wichtige Erkenntnis, denn vaskuläre Demenzen machen immerhin etwa 15 % aller demenziellen Erkrankungen aus. Gleiches gilt oft auch für die sekundären Demenzen, die als Folge einer Grunderkrankung auftauchen. Das können Alkohol- und Drogenmissbrauch, Vergiftungserscheinungen bei Medikamentenabhängigkeit, Stoffwechselerkrankungen oder Mangelerkrankungen wie Vitamin-B12- und Vitamin-B3-Mangel sein. Werden diese Ursachen beseitigt, kann sich die geistige Leistungsfähigkeit wieder einstellen, je nachdem, wie stark das Gehirn bereits im Vorfeld geschädigt wurde. Und sekundäre Demenzen machen schließlich rund 10 % aller demenziellen Erkrankungen aus. Das bedeutet, dass wir idealerweise mit unserem Verhalten etwa 25 % aller demenziellen Erkrankungen aktiv vorbeugen können.

8. Burnout-Syndrom

Das Burnout-Syndrom ist keine fest umrissene Krankheit. Dazu sind die Krankheitsbilder viel zu diffus und die Symptome zu verschieden. Vielmehr ist darunter das Ergebnis eines längeren Prozesses zu verstehen, der seinen Tiefpunkt in einer vollständigen körperlichen wie auch emotionalen Erschöpfung findet. Es ist das Gefühl, völlig überfordert, hilflos und ausgebrannt zu sein. Ein psychischer Infarkt, um es auf den Punkt zu bringen. Die Quelle dieses psychischen Infarktes ist in einer permanenten privaten oder beruflichen Überlastung zu finden. Gerade Letzteres hat dazu geführt, dass in einer globalisierten Wirtschaft mit erhöhten Anforderungen in der Arbeitswelt und andauernden Stressbelastungen beim Burnout-Syndrom gerne auch von einer Managerkrankheit gesprochen wurde. Doch laut dem aktuellen Stressreport für Deutschland der Techniker Krankenkasse empfinden mittlerweile fast sechs von zehn Deutschen ihr Leben als stressig und jeder fünfte steht sogar unter Dauerdruck. Das deutet darauf hin, dass Stressbelastungen längst nicht nur eine Angelegenheit des Topmanagements darstellen, sondern bereits mitten in der breiten Bevölkerung angekommen sind. Immer wieder hört man von diversen Eilmeldungen in der Presse mit Schätzungen, die besagen, dass beispielsweise Statistiker inzwischen von einem Burnout-Risiko von 18 % ausgehen oder dass bis zu 25 % der Erwerbstätigen in Deutschland unter einem Burnout-Syndrom leiden. Doch das sind nur grobe Schätzungen und keine präzisen Zahlen. Wie viele Menschen aber sind in der deutschen Bevölkerung tatsächlich an einem Burnout-Syndrom erkrankt? Diese Frage lässt sich nur sehr schwer beantworten. Und wer in der verfügbaren Literatur nachliest, der wir hierüber auch nur wenige genaue Angaben finden. Der Grund dafür liegt darin, dass sich das Krankheitsbild des Burnout-Syndroms nur sehr schwer fassen lässt und dazu noch unterschiedlich ausgelegt wird. Es gibt ja wie gesagt keine eindeutige Definition des Krankheitsbildes. Wir können die Häufigkeit des Burnout-Syndroms folglich nicht präzise angeben, sondern nur annähernd abschätzen. Blickt man dazu beispielsweise auf die Zahlen der Krankenkassen, so wird deutlich, dass etwa 10 bis 25 % der Erwerbstätigen von chronischer Erschöpfung bzw. von einem Burnout-Syndrom betroffen sind. Bei den Risikogruppen, zu denen wir noch kommen werden, sind es sogar 20 bis 30 %, die als gefährdet gelten, an einem Burnout zu erkranken. Weil das Thema von großem öffentlichen Interesse ist, startete im Dezember 2010 auch das Marktforschungsinstitut TNS Emnid eine repräsentative Umfrage. Nach dem Ergebnis fühlen sich in Deutschland 12,5 % aller Beschäftigten in ihrem Job überfordert. Kein Wunder also, dass sich auch das Robert-Koch-Institut, welches in Deutschland für die Gesundheitsberichterstattung des Bundes zuständig ist, das Thema auf die Fahnen geschrieben und hierzu eine eigene Untersuchung durchgeführt hat. Im Juni 2012 wurden die ersten Ergebnisse der „Studie zur Gesundheit Erwachsener in Deutschland" dann veröffentlicht. Demnach gaben 13,2 % der befragten Frauen an, unter chronischem Stress zu leiden. Bei den befragten Männern waren es mit 11,1 % etwas weniger. 4,2 % der Befragten gaben an, die Diagnose Burnout von einem Arzt oder Psychotherapeuten gestellt bekommen zu haben. Auch hier wieder waren die Frauen mit 5,2 % häufiger betroffen als Männer mit 3,3 %. Die Altersgruppe der 40- bis 49-Jährigen war dabei am häufigsten betroffen. Interessant und auffällig war auch die Feststellung, dass die Befragten mit einem Burnout-Syndrom fast doppelt so hohe Werte bei der Stressbelastung zeigten als diejenigen, die nicht ausgebrannt waren. Wie man insgesamt feststellen kann, weisen die zitierten Angaben eine ziemlich große Spanne auf, was die Häufigkeit des Burnout-Syndroms anbelangt. Das war auch abzusehen, denn bei verschiedenen Definitionen und unterschiedlichen Erhebungsmethoden kommt man eben zwangsläufig zu unterschiedlichen Ergebnissen. Es besteht somit beim Burnout-Syndrom noch ein erheblicher Forschungsbedarf an qualitativ hochwertigen und kontrollierten Studien. Um diese durchführen zu können, müsste aber zuallererst ein valides und standardisiertes sowie international anerkanntes Instrumentarium für die Diagnostik und Differenzialdiagnostik entwickelt werden. Das aber wird noch eine Weile auf sich warten lassen. Und so bleibt uns nichts anderes übrig, als uns dem zuzuwenden, was als gesichert betrachtet werden darf. Gesichert ist beispielsweise, dass der Begriff Burnout von dem deutsch-amerikanischen Psychoanalytiker Herbert J. Freudenberger (1926–1999) geprägt wurde. Er hat ihn 1974 in einem wissenschaftlichen Artikel zum Thema Burnout-Syndrom erstmalig verwendet. Freudenberger betrachtete das Burnout-Syndrom als einen Zustand der Erschöpfung, ausgelöst durch eine Überforderung seitens der Arbeit, der Familie, des eigenen Wertesystems oder der Gesellschaft, die zu einem permanenten Energieverschleiß führt. Am Ende dieses Prozesses, der von übermäßigem Stress begleitet wird, bleibt nur noch das Gefühl von Frustration, Entkräftung und Resignation. Es resultiert ein Zustand, der die persönlichen Einstellungen, die Motivation sowie das eigene Verhalten nachhaltig beeinträchtigt. Weiterhin gesichert ist, dass das Burnout-Syndrom mit Schlaflosigkeit, depressiven und suizidalen Gedanken sowie mit einer Drogenabhängigkeit einhergehen kann. Ferner ist gesichert, dass sich die Diagnose Burnout nicht in der ICD-10 widerfindet. Es existiert somit kein entsprechender Diagnoseschlüssel. Das heißt, dass das Burnout-Syndrom im internationalen Klassifikationssystem der Krankheiten nicht als eigenständige psychische Störung aufgeführt wird. Gleiches gilt übrigens auch für das DSM-5. Lediglich im Kapitel XXI der ICD-10, unter dem Punkt „Faktoren, die den Gesundheitszustand beeinflussen und zur Inanspruchnahme des Gesundheitswesens führen", lässt sich eine Subkategorie Z73.0 finden, die einen „Zustand der totalen Erschöpfung" und ein „Ausgebranntsein (Burn-out)" erwähnt. Mehr nicht. Dagegen wird das Burnout-Syndrom im DSM-5 noch nicht einmal angerissen. Wir dürfen deshalb das Burnout nicht als ein eigenständiges psychisches Krankheitsbild verstehen, sondern vielmehr als ein unscharf definiertes Konstrukt, welches mit einem erhöhten Risiko für andere psychische wie auch somatische Störungen einhergeht. Es bildet, wenn man so will, als stressbedingtes Erschöpfungssyndrom eine Art Vorstufe von anderen psychischen oder somatischen Erkrankungen. Das ist alles. Aber gerade weil es eine Vorstufe für andere Erkrankungen darstellt, müssen wir lernen seine Früh- und Warnsymptome ernst zu nehmen, als da wären:

- Gleichgültigkeit
- Lustlosigkeit
- Reizbarkeit
- Aggression
- Stimmungsschwankungen
- Schwindel
- Kopfschmerzen
- Schwitzen
- Magen-Darm-Beschwerden
- Schlafprobleme
- Muskelschmerzen
- Herz-Kreislauf-Probleme
- Immunschwäche
- Hörsturz

Im Vordergrund stehen somit oft unklare psychische und körperliche Beschwerden. Das Burnout-Syndrom entwickelt sich anfangs kaum spürbar und meist sehr langsam. Und es sucht sich, wie man sehen kann, auf dem Weg zur Erkrankung, sei es eine psychische oder eine somatische, verschiedene Ventile. Werden diese Früh- und Warnsymptome bei einer langjährigen Anhäufung von Stress nicht beachtet, reicht oft ein relativ geringer Auslöser völlig aus, um eine Erkrankung zum Ausbruch zu bringen. Es ist der berühmte Tropfen, der das Fass zum Überlaufen bringt. An Leiden auf der somatischen Seite können bei Männern vor allem kardiovaskuläre Erkrankungen auftreten. Bei Frauen sind es in erster Linie muskuloskelettale Krankheiten, die zum Vorschein kommen. Und bei beiden Geschlechtern sind es auf der psychischen Seite ausgeprägte Depressionen, die als sichtbare Krankheiten an die Oberfläche treten. Das heißt, die Übergänge sind fließend. Chronischer Stress kann in ein Burnout übergehen und ein Burnout in eine Depression oder eine manifeste somatische Erkrankung. Wo aber liegen nun die Risikofaktoren für die Entwicklung dieses unheilvollen Prozesses? Nun, zum einen liegen sie natürlich in den gesellschaftlichen Rahmenbedingungen. Wenn also eine Gesellschaft die Ansicht vertritt, dass der Wert eines Menschen ausschließlich an seinem beruflichen Erfolg zu messen sei und jeder für sich selbst verantwortlich sei. Es sind damit im Grunde die ungeschriebenen Spielregeln einer jeden sogenannten „zivilisierten" Gesellschaft gemeint. Oder anders ausgedrückt, wenn eine Gesellschaft für sich die Philosophie des reinen und puren Materialismus verinnerlicht hat. Dann sind Menschen nur allzu bereit, andere – und wenn es sein muss, auch sich selbst – auf den Altären der Wirtschaft als Opfergabe darzubringen. Von den gesellschaftlichen Rahmenbedingungen ist es verständlicherweise nur ein Katzensprung zu den beruflichen Arbeitsbedingungen und dem Arbeitsplatz selbst. Beide zusammen bilden, vor allem für die abhängig Beschäftigten, den Risikofaktor Nummer zwei. Konkret gemeint sind damit vor allem:

- Hohe Arbeitsbelastung
- Hohe Verantwortung
- Zeitdruck
- Fehlende Zielvorgaben
- Fehlendes Feedback
- Geringe Handlungsspielräume
- Geringe Einflussmöglichkeiten
- Starke Hierarchien
- Mangelnde Transparenz
- Mangelhafte Arbeitsorganisation
- Mangelnde Wertschätzung
- Geringe Entlohnung
- Drohender Arbeitsplatzverlust
- Schlechtes Betriebsklima
- Ständige Konfrontation mit problembeladenen Kunden
- Permanente Erreichbarkeit durch Handy und E-Mail
- Steigender Kostendruck
- Personalmangel
- Nacht- und Schichtarbeit

Beim Risikofaktor Nummer zwei ist also nicht nur die Arbeitsmenge entscheidend, sondern auch die Umstände, unter denen das Arbeitspensum bewältigt werden muss. Weitere im Äußeren liegende Risikofaktoren sind Doppelbelastungen durch die Familie und den Beruf, Belastungen im Privatleben, allgemein belastende Lebenssituationen sowie Beeinträchtigungen der körperlichen Gesundheit. Neben diesen im äußeren Umfeld eines Menschen anzutreffenden Risikofaktoren existieren aber noch weitere, sogenannte innere Risikofaktoren. Dazu zählen beispielsweise eine genetische Vorbelastung im Sinne einer geringeren

Belastbarkeit sowie bestimmte Persönlichkeitseigenschaften eines Menschen, die ebenfalls einen Burnout-Prozess begünstigen können. So werden zu den persönlichen Risikofaktoren und Einstellungen, die das Burnout-Risiko steigern, unter anderem gezählt:

- Hohe Motivation
- Überengagement
- Hoher Einsatzwille
- Hohes Verantwortungsgefühl
- Perfektionismus
- Übermäßiger Idealismus
- Starkes Streben nach Anerkennung
- Angst vor Ablehnung
- Angst vor Misserfolg
- Labiles Selbstwertgefühl
- Nicht Nein sagen können
- Starkes Harmoniebedürfnis
- Fremde Probleme zu eigen machen
- Unrealistische Erwartungen an sich selbst
- Selbstüberschätzung
- Hilfe von anderen nicht annehmen können
- Mangelnde Stressbewältigungsmechanismen
- Große Ängstlichkeit
- Starke Sensibilität

Wie man unschwer erkennen kann, müssen für das Zustandekommen eines Burnout-Syndroms viele Faktoren aufeinandertreffen. Innere wie äußere, die im Zusammenspiel dazu führen, dass ein Mensch völlig „ausbrennt". Wir können deshalb daraus ableiten, dass es eine typische Burnout-Persönlichkeit nicht gibt. Wohl aber gibt es gerade in den sozialen Berufen eine Tendenz, die eine große Rolle als Ursache für das Burnout-Syndrom spielt. Es ist die Tendenz zur mangelnden Distanzierungsfähigkeit. Die Betreffenden können nicht Nein sagen und machen sich oft die Probleme anderer zu eigen. Es fällt ihnen schwer, eine „gesunde" Distanz zu wahren. Und so nehmen sie die Probleme aus dem beruflichen Umfeld oft mit nach Hause, in die Partnerschaft, die eigene Familie, wo eigentlich ganz andere Herausforderungen auf sie warten. Das heißt, gerade Menschen in helfenden und heilenden Berufen sind darauf angewiesen, sich ihre Kräfte gut einzuteilen. Sie brauchen für ihre Arbeit ein gutes Einfühlungsvermögen, genauso wie die Fähigkeit zur Distanzierung. Aber die müssen sie erst mühsam lernen. Und so sind vor allem Menschen aus den klassischen Sozialberufen wie Sozialarbeiter, Pflegekräfte, Ärzte und Lehrer, um nur einige hier zu nennen, in besonderem Maße gefährdet, durch ihren beruflichen Alltag mit anhaltendem Stress und starken emotionalen Belastungen einem Burnout-Syndrom zu erliegen. Das belegte mittlerweile auch die RN4Cast-Studie (Registered Nurse Forecasting) der Technischen Universität Berlin sehr eindrücklich. Insgesamt wurden in dieser groß angelegten Studie in zwölf europäischen Ländern 34 000 Pflegepersonen aus fast 500 Krankenhäusern eingeschlossen. Darunter wurden auch 1511 Pflegefachkräfte in 49 deutschen Akutkrankenhäusern zu verschiedenen Aspekten ihres Pflegealltags befragt. Die Ergebnisse dieser bisher weltweit umfangreichsten Untersuchung im Bereich der Pflegepersonalplanung, die sich über einen Zeitraum von 2009 bis 2011 erstreckte, zeigten, dass sich in Deutschland ein knappes Drittel der Pflegekräfte emotional erschöpft fühlt und somit gefährdet ist an einem Burnout-Syndrom zu erkranken. Doch nicht nur Angestellte aus dem Gesundheitswesen sind einem erhöhten Burnout-Risiko ausgesetzt. Mittlerweile laufen auch andere Berufsgruppen Gefahr zu erkranken. So zum Beispiel die kreativen Berufsgruppen wie EDV-Spezialisten, Journalisten und Architekten. Also Berufsgruppen, die ständig neue Ideen produzieren müssen. Oder Berufsgruppen, die vermehrt traumatischen Erlebnissen und psychischen Extremen ausgesetzt sind, wie Polizeibeamte oder Soldaten. Nicht zu vergessen auch die Berufsgruppen in Dienstleistungsbereichen mit hohem Verantwortungsdruck, wie Manager, Führungskräfte und Arbeitnehmer in Leitungsfunktionen. Sie alle laufen ebenfalls Gefahr, über kurz oder lang „auszubrennen". Und noch eines ist zu beachten. Neben den bereits erwähnten Berufsgruppen betrifft das Störungsbild des Burnout-Syndroms auch immer mehr junge Menschen, die Stress in der Schule oder im Studium haben. In den Medien wird deshalb das Burnout-Syndrom gerne als neue Volkskrankheit der modernen Gesellschaft und Arbeitswelt bezeichnet. Beflügelt wird die Debatte noch zusätzlich durch entsprechende Meldungen der Krankenkassen, die darauf hinweisen, dass trotz rückläufiger Krankenstände in den letzten Jahren der relative Anteil psychischer Erkrankungen am Arbeitsunfähigkeitsgeschehen wächst. Dieser sei in den vergangenen 39 Jahren von 2 % auf mittlerweile 14,7 % angestiegen. Auch hätten sich die durch psychische Krankheiten ausgelösten Krankheitstage in diesem Zeitraum verfünffacht. Und der BKK Gesundheitsreport 2015 gibt auf Seite 247 zu bedenken, dass während noch vor 20 Jahren die psychischen Erkrankungen nahezu bedeutungslos waren, sie heute bereits die zweithäufigste Diagnosegruppe bei Krankschreibung bzw. Arbeitsunfähigkeit ausmachen. Als würde das nicht schon ausreichen, veröffentlichte die Bundespsychotherapeutenkammer im Jahre 2013 eine eigene Studie (BPtK-Studie zur Arbeits- und Erwerbsunfähigkeit). Ausgewertet wurden hierfür die Daten der Deutschen Rentenversicherung (DRV). Darin zeigte sich als Ergebnis, dass 2012 nahezu jede zweite Frühverrentung, das sind immerhin 42 %, durch psychische Erkrankungen verursacht wurde. Die Bundespsychotherapeutenkammer sieht daher politischen Handlungsbedarf und fordert unter anderem eine bessere betriebliche Prävention sowie Früherkennung von psychischen Erkrankungen. Doch am besten beginnt man die Prävention durch die Identifizierung der Stressquellen. Ist der Arbeitsplatz die Stressquelle, dann sollte sicherlich eine enge Kooperation mit der Arbeitsmedizin angestrebt und eine Beratung durch den Betriebsarzt angeregt werden. Auch die Unternehmen selbst können hier einen erheblichen Beitrag leisten. Dazu gehören beispielsweise:

- Burnout als Thema enttabuisieren
- Hilfe aktiv anbieten

- Die Arbeitsaufgaben klar definieren
- Die Arbeitsprozesse verständlich und transparent gestalten
- Sorge tragen, dass die Arbeitsaufgaben gut durchführbar sind
- Die Tätigkeiten so ausrichten, dass sie für den Mitarbeiter einen Sinn ergeben
- Die Arbeitsaufgaben vielfältig gestalten
- Die Arbeitszeit verantwortungsvoll regeln
- Pausen, Erholungszeiten und Urlaub einhalten
- Überstunden abbauen
- Personelle Besetzung erhöhen
- Weiterbildungsmaßnahmen für Mitarbeiter fördern
- Wertschätzung und Anerkennung zum Ausdruck bringen

Weil Stress ein wichtiger Faktor bei der Entstehung des Burnout-Syndroms ist, darf sich die Präventionsarbeit aber nicht nur auf die äußeren Faktoren beschränken. Sie muss auch die inneren Faktoren im Blick behalten. Dazu zählen auf der betrieblichen Ebene:

- Ein individuelles Stressmanagementtraining
- Problemlösetraining
- Kommunikationstraining
- Das Erlernen von Entspannungstechniken wie autogenes Training oder die progressive Muskelrelaxation
- Eine begleitende Beratung für Burnout-gefährdete oder -betroffene Mitarbeiter

Dazu müssen aber erst die entsprechenden betrieblichen Strukturen als Voraussetzung geschaffen werden. Unternehmen sollten hieran ein Interesse haben und den Ursachen aktiv begegnen. Sie sollten nicht vergessen, dass das Burnout-Syndrom häufig berufsbedingt ist und nur motivierte und leistungsfähige Mitarbeiter sich produktiv für das Unternehmen einsetzen können. Ansonsten wird nämlich die große Chance der Prävention vertan und es droht eine Intervention, sprich die Behandlung der Erkrankung. Damit aber steigt die Anzahl der betrieblichen Fehltage. Und die ist beim Burnout-Syndrom ganz erheblich, denn eine Genesung kann zwischen einigen Wochen bis hin zu Jahren dauern. Im Schnitt sind die Mitarbeiter oft erst nach Monaten wieder in der Lage, an ihren Arbeitsplatz zurückzukehren. Das liegt unter anderem daran, dass die medizinische Behandlung den Patienten vorsichtig, behutsam und mit Bedacht wiederaufbauen muss. Zu berücksichtigen sind die körperlichen Erschöpfungszustände genauso wie die psychischen Erschöpfungssymptome. Für den Patienten hat das zur Folge, dass er auf der somatischen Seite wieder lernen muss „vernünftig" zu essen und zu schlafen. Und auf der psychischen Seite bedeutet es das therapeutische Angehen von Ängsten und eventuellen Depressionen. So kann der Betroffene schrittweise wieder zurück ins Leben kehren. Gleiches gilt für die Rückkehr in das Arbeitsleben. Die Wiedereingliederung soll hier Schritt für Schritt gelingen. Ob sie allerdings tatsächlich gelingt, bleibt beim Burnout-Syndrom immer eine spannende und offene Frage. So wie bei allen psychischen Erkrankungen. Denn die Rückkehr in den Arbeitsprozess ist für viele Betroffene eine emotionale Achterbahnfahrt und der Wiedereinstieg ein empfundener Spießrutenlauf.

9. Posttraumatische Belastungsstörung

Eine posttraumatische Belastungsstörung ist eine verzögerte psychische Reaktion auf ein extrem belastendes Ereignis. Solche extrem belastenden Ereignisse können beispielsweise Unfälle und Naturkatastrophen darstellen, aber auch Folter, Missbrauch und Vergewaltigung sowie Gewaltverbrechen, politische Haft und Kriegshandlungen. All diese extrem belastenden Ereignisse werden als Traumata bezeichnet. Wir unterscheiden einzelne und umgrenzte Ereignisse, Typ-I-Traumata, von wiederholten und chronischen Ereignissen, den Typ-II-Traumata. Traumata führen dazu, dass die Betroffenen Gefühle der Schutzlosigkeit, Angst, Panik und des blanken Entsetzens erleben und sich aufgrund fehlender Bewältigungsmöglichkeiten in diesen traumatischen Stresssituationen, aus denen es für sie kein Entrinnen gibt, als hilflos und machtlos empfinden. Derartige Situationen, die der Mensch in keiner Weise beeinflussen kann, können ihn in eine tiefe seelische Verzweiflung stürzen und in ihm eine existenzielle Erschütterung hervorrufen. Als Folge kann es nach Tagen bis Wochen, manchmal auch erst nach Monaten oder Jahren zu Symptomen des Wiedererlebens kommen, die sich dem Betroffenen tagsüber in Form von Erinnerungen an das Trauma oder nachts in Gestalt von Albträumen regelrecht aufdrängen. In diesem Zusammenhang können auch Konzentrationsstörungen, Reizbarkeit, Schlafstörungen und ausgeprägte Schreckhaftigkeit auftreten. Ebenso können emotionale Labilität und Wutausbrüche, gepaart mit wiederkehrenden Scham- oder Schuldgefühlen, das Krankheitsbild prägen. So gesehen ist die posttraumatische Belastungsstörung als eine typische Traumafolgestörung zu verstehen. Als ein Ereignis und die entsprechende Reaktion darauf. Man könnte auch von einer seelischen Narbe sprechen. Es ist eine Folgestörung, in deren Fahrwasser Suchterkrankungen, Angststörungen, Depressionen und andere schwere psychische Erkrankungen mitschwimmen. Stets begleitet von dem sehnlichen Wunsch, endlich an Bord kommen zu dürfen. Und die Aussichten stehen gut, denn schließlich erleidet mehr als die Hälfte aller Menschen während ihres Lebens mindestens einmal ein traumatisches Erlebnis. Ob es allerdings nach einem psychischen Trauma wirklich zu einer posttraumatischen Belastungsstörung kommt, hängt unter anderem von früheren ähnlichen Erfahrungen sowie von der Art des Traumas ab. So ist die Wahrscheinlichkeit bei durch Menschenhand hervorgerufenen Traumatisierungen mit bis zu 90 % besonders hoch. Werden hingegen die Ereignisse nicht von Menschen verursacht, ist das Risiko mit bis zu 20 % deutlich niedriger. Mittelt man statistisch über alle Traumata-Arten hinweg, so erleiden etwa 10 % aller traumatisierten Menschen eine posttraumatische Belastungsstörung. In Deutschland leiden etwa 8 % der Bevölkerung daran. Auch weltweit gesehen liegt die Wahrscheinlichkeit, im Laufe des Lebens eine posttraumatische Belastungsstörung zu entwickeln, bei etwa 8 %. Wichtig zu erwähnen ist, dass schwere traumatische Erlebnisse besonders in den vulnerablen Phasen eines Menschen, also beispielsweise während seiner ersten Lebensjahre oder der Pubertät, einen gravierenden Langzeiteinfluss auf die persönliche Gesundheit haben. So ist die Wahrscheinlichkeit, als Erwachsener an verschiedenen psychischen Störungen zu erkranken, um den Faktor zwei bis acht erhöht, wenn man als Kind oder Jugendlicher während einer vulnerablen Phase einem traumatischen Ereignis ausgesetzt war. Das gilt aber nicht nur für die Psyche, sondern auch für die körperliche Gesundheit der Betroffenen. Darin eingeschlossen sind fast alle typischen und chronisch verlaufenden Erkrankungen. Also angefangen bei Diabetes mellitus über die koronare Herzkrankheit bis zum Schlaganfall. Früher meinte man, dass Kinder und Jugendliche seltener mit dem Krankheitsbild einer posttraumatischen Belastungsstörung reagieren, weil sie anderen traumatischen Stresssituationen ausgesetzt sind und leichter vergessen als Erwachsene. Doch das stimmt nicht, im Gegenteil. Denn es zeigt sich inzwischen, dass sich die Folgen von psychischen Traumata umso stärker ausprägen, je jünger ein Mensch ist. Das junge Alter scheint offensichtlich die Auswirkungen auf die Psyche im Vergleich zum Erwachsenen immens zu verstärken. Das, so Experten, zeigt sich vor allem bei Flüchtlingskindern. Ebenso zeigt sich laut Experten, dass bestimmte Berufsgruppen wie Rettungskräfte, Ärzte, Krankenschwestern, Pfleger, Polizisten und Soldaten häufig von einer posttraumatischen Belastungsstörung betroffen sind. Das ist nachvollziehbar, denn diese Berufsgruppen sind vermehrt traumatischen Erlebnissen und psychischen Extremen ausgesetzt. Die Initiative „Neue Qualität der Arbeit“ (INQA) hat deshalb dieses Thema 2003 aufgegriffen. Sie wurde vom Bundesministerium für Arbeit und Soziales 2002 ins Leben gerufen mit dem Ziel, die Qualität der Arbeit zu verbessern. Durch eine schriftliche Befragung von Vertretern betroffener Branchen konnte die INQA belegen, dass 41 % der Intensivpflegekräfte und 36 % der Rettungskräfte eine voll ausgeprägte posttraumatische Belastungsstörung aufwiesen. Selbst 13 % der befragten Journalisten zeigten entsprechende Symptome. Ferner zeigte die Erhebung, dass Verletzungen, die aufgrund von Gewalttaten erfolgten, wenn Suizide bzw. -versuche verübt wurden oder aber wenn Kinder miteinbezogen waren, von den Betroffenen als besonders traumatisch empfunden werden. Ein ähnliches Szenario zeichnet sich im Berufsbild der Soldaten ab. Betrachtet man die Bundeswehr, so verrichten derzeit (Stand: 22.03.2019) rund 3300 Soldatinnen und Soldaten ihren Dienst im Ausland. Bei ihnen ist das Risiko, an einer posttraumatischen Belastungsstörung zu erkranken, zwei- bis vierfach höher als bei Soldaten ohne Auslandseinsatz. Das zeigte eine Studie der Technischen Universität Dresden (Institut für Klinische Psychologie und Psychotherapie) aus dem Jahr 2012 mit einer repräsentativen Zufallsauswahl von 1599 Soldaten, die 2009 nach Afghanistan entsandt worden waren. Diese Gruppe wurde mit 889 Soldaten ohne Auslandseinsatz verglichen. Es zeigte sich, dass bei ihnen die Zwölfmonatsprävalenz für eine posttraumatische Belastungsstörung nach Rückkehr 2,9 % betrug. Konkret erkranken demzufolge nach der Rückkehr vom Einsatz circa 300 von 10 000 Soldaten pro Jahr. Seit Beginn der deutschen Auslandseinsätze dürfte somit die kumulierte Gesamtzahl derjenigen Soldaten, die an einer posttraumatischen Belastungsstörung leiden, mittlerweile in die Tausende gehen. Interessant ist auch, dass laut der Studie fast jeder zweite Fall einer posttraumatischen Störung unerkannt und damit unbehandelt bleibt. So wurde die

Dunkelziffer in der Studie mit 45 % angegeben. In den USA werden, je nach Truppenart, Raten für die posttraumatische Belastungsstörung von 9 bis über 20 % angegeben. Für englische Soldaten, die ihren Dienst im Irak und in Afghanistan versehen haben, wird dagegen von einer Rate von etwa 4 % ausgegangen. Eine sehr heikle Frage berührt das Thema der Verbindung zwischen einer posttraumatischen Belastungsstörung und dem Suizid. Direkt gefragt, führen Auslandseinsätze unter Soldaten zu mehr Selbstmorden? Studien zu diesem Thema erbrachten bislang keine einheitlichen Ergebnisse. Doch die groß angelegte Analyse des Militärpsychologen Craig Bryan von der University of Utah aus dem Jahr 2014 vermochte die Angelegenheit derweil zu klären. Laut Studie stieg insgesamt das Selbstmordrisiko von Soldaten, die einen Auslandseinsatz hinter sich gebracht hatten, um rund 25 %. Hatten die Soldaten Tötungen oder Gräueltaten erlebt oder verübt, war die Suizidrate sogar um rund 43 % erhöht. Interessant war auch die Tatsache, dass selbst Lazarettärzte häufiger zu einem suizidalen Verhalten neigten, wenn sie mit Kriegsopfern konfrontiert waren. Suizidgedanken im Rahmen einer posttraumatischen Belastungsstörung sind also keineswegs selten. Das zumindest darf für die komplexe posttraumatische Belastungsstörung als gesichert gelten. Also bei besonders schweren oder wiederholten bzw. lang anhaltenden Traumatisierungen, die auch erhebliche Beeinträchtigungen des Erlebens, des Denkens und Fühlens sowie der Interaktion mit der Umwelt nach sich ziehen können. Überdies gilt als gesichert, dass Frauen wesentlich häufiger von einer posttraumatischen Belastungsstörung betroffen sind als Männer. Manche Studien gehen hier sogar von einem Geschlechterverhältnis von zwei zu eins aus. Das liegt daran, dass die Wahrscheinlichkeit für Frauen, Opfer einer Vergewaltigung oder einer Gewalttat zu werden, wesentlich höher ist als bei Männern. Und so ist es nicht verwunderlich, dass insgesamt betrachtet die Wahrscheinlichkeit, einmal im Leben an einer posttraumatischen Belastungsstörung zu erkranken, bei Frauen zwischen 10 und 12 % und bei Männern zwischen 5 und 6 % liegt. Und was darf darüber hinaus noch als gesichert betrachtet werden? Die Gewissheit, dass der neurobiologische Prozess, der bei einer posttraumatischen Belastungsstörung im Gehirn abläuft, bislang nicht hinreichend erforscht ist. Wir wissen also nicht wirklich, was bei der Entwicklung einer posttraumatischen Belastungsstörung genau im Gehirn abläuft, auch wenn heute versucht wird dieses Phänomen gerade mit neurobiologischen Modellen zu erklären. Als Grundlage dient hier die Idee von einem pathologischen neuronalen Schaltkreis mit einer Dysfunktion verschiedener Gehirnareale, die angeblich eine Neubewertung des traumatischen Erlebnisses verhindern sollen. Ob das allerdings wirklich der Wahrheit entspricht, werden weitere Forschungsvorhaben erst erhärten müssen.

10. Schlafstörungen

Schlafstörungen gehören zu der großen Gruppe der vegetativen Störungen. Diese Gruppe umfasst alle körperlichen Symptome, die durch psychische Störungen entweder beeinflusst oder gar verursacht werden. Da wir über den Schlaf und dessen Bedeutung bereits ausführlich gesprochen haben, bedarf es an dieser Stelle folglich nur noch einiger weniger Ergänzungen. Von Interesse sind die Schlafstörungen vor allem deshalb, weil sie mit einem erhöhten Risiko für eine Vielzahl psychischer und somatischer Gesundheitsstörungen verbunden sind. Entsprechend hoch sind auch die volkswirtschaftlichen Kosten. Die häufigste Form der Schlafstörungen ist die Insomnie. Man versteht darunter nächtliche Ein- und Durchschlafstörungen, die tagsüber mit Müdigkeit sowie sozialen und beruflichen Beeinträchtigungen einhergehen. Gerade der letzte Aspekt dokumentiert das Vorliegen umfangreicher und komplexer Beschwerden, was das Krankheitsbild von nur gelegentlich auftretenden Schlafschwierigkeiten abgrenzt. Während die Insomnie mit einem Schlafmangel einhergeht, findet sich bei der Hypersomnie eine übermäßige Schlafdauer bzw. ein krankhaft gesteigertes Schlafbedürfnis. Dieses führt zu einer starken Herabsetzung der Vigilanz, was wiederum zu erheblichen Beeinträchtigungen der sozialen oder beruflichen Leistungsfähigkeit der Betroffenen führt. Im Deutschen spricht man deshalb in diesem Zusammenhang auch gern von Schlafsucht. Insomnie und Hypersomnie gehören zu der Gruppe der Dyssomnien. Diese Gruppe ist gekennzeichnet durch eine Störung der Schlafmenge, der Schlafqualität oder des Schlafrhythmus. Ihr gegenüber steht die Gruppe der Parasomnien. Ihr Hauptmerkmal sind ungewöhnliche Ereignisse im Schlaf, wie beispielsweise Zähneknirschen, Sprechen oder Schlafwandeln. Am einfachsten ist es, wenn man sich vielleicht Folgendes merkt. Man kann den Schlaf einteilen in den erholsamen Schlaf und den nicht erholsamen Schlaf. Zum letzteren gehören die Insomnie und die Hypersomnie. Den nicht erholsamen Schlaf kann man dann noch weiter einteilen, je nach Schweregrad, in leichte, mittelschwere und schwere Schlafstörungen. Die Ursachen von Schlafstörungen können sehr vielfältig sein. Sie reichen von psychosozialen Problemen mit Stress und Sorgen über Alkoholmissbrauch, Drogen und Medikamente bis hin zu Gehirnerkrankungen sowie anderen ernsthaften organischen und psychischen Erkrankungen. Daran besteht kein Zweifel. Unklar war jedoch lange Zeit die Antwort auf die Frage, wie verbreitet eigentlich Schlafstörungen in der Allgemeinbevölkerung sind. Die Ergebnisse epidemiologischer Studien gingen hier weit auseinander, je nach Erhebung, und schwankten zwischen 10 und 50 %. Doch dank der DEGS1-Studie haben wir mittlerweile auch diesbezüglich Klarheit. Die DEGS1-Studie wurde zwischen November 2008 und Dezember 2011 an 180 Orten in Deutschland durchgeführt, wobei sich an ihr bundesweit 8152 Personen beteiligten. Damit gehört die Studie zur Gesundheit Erwachsener in Deutschland (DEGS) auch international zu den aussagekräftigsten Gesundheitserhebungen. Die vom Robert-Koch-Institut durchgeführte Studie, deren Ergebnisse 2013 publiziert wurden, bietet uns ein repräsentatives Bild der gesundheitlichen Situation von Männern und Frauen im Alter zwischen 18 und 79 Jahren. Demnach hatte insgesamt etwa ein Drittel der befragten Erwachsenen während der letzten vier Wochen klinisch relevante Ein- oder Durchschlafstörungen. Und etwa ein Fünftel berichtete zusätzlich über eine schlechte Schlafqualität. Für die Insomnie ergab sich bei Berücksichtigung von etwaigen Tagesbeeinträchtigungen wie Müdigkeit und Erschöpfung eine Prävalenz von 5,7 %. Frauen waren dabei doppelt so häufig betroffen wie Männer. Signifikante Altersunterschiede gab es hingegen nicht. Schlafstörungen sind demzufolge in der deutschen Bevölkerung weit verbreitet. Und wenn man berücksichtigt, dass schwere chronische Schlafstörungen das Risiko für Depressionen sowie für körperliche Erkrankungen wie Diabetes, Fettleibigkeit und Herz-Kreislauf-Erkrankungen verstärken, haben sie dadurch auch eine hohe Relevanz.

11. Persönlichkeitsstörungen

Das Thema Persönlichkeitsstörungen wurde bisher nur angerissen. Wir haben festgestellt, dass es sich hierbei um dysfunktionale Persönlichkeitsstrukturen handelt, die tief in der Psyche wurzeln und dazu führen, dass ein Mensch seine Persönlichkeit für andere nicht mehr nutzbringend einsetzen kann. Natürlich können Persönlichkeiten ganz verschiedene Facetten haben, aber wenn ein Mensch dazu neigt, allzu hysterisch, allzu ängstlich und vermeidend oder allzu misstrauisch zu reagieren, sind Irritationen und Konflikte mit anderen Menschen bereits vorprogrammiert. Und je ausgeprägter die Irritationen und Konflikte ausfallen, desto mehr ergeben sich Einschränkungen im Leben des Betroffenen. Das kann sogar so weit führen, dass der Lebensalltag nicht mehr bewältigt werden kann. Und spätestens dann sprechen wir auch von einer Persönlichkeitsstörung. Wie häufig Persönlichkeitsstörungen in der Bevölkerung vorkommen, ist schwer zu sagen. Das liegt zum einen daran, dass die Störung als solche in vielen Fällen erst gar nicht erkannt wird. Zum anderen liegt es aber auch daran, dass die meisten Betroffenen von sich aus überhaupt keine Behandlung beginnen und somit unerkannt bleiben. Das erklärt, warum es zu diesem Thema nur relativ wenige Studien gibt. Und diese wenigen Untersuchungen schätzen, dass etwa 5 bis 10 % der Bevölkerung in ihrem Leben an einer Persönlichkeitsstörung erkranken. Persönlichkeitsstörungen können ganz unterschiedliche Formen annehmen. Manche von ihnen, wie die dissoziale und die zwanghafte Persönlichkeitsstörung, kommen häufiger bei Männern, andere wiederum, wie die selbstunsichere, die abhängige und die Borderline-Persönlichkeitsstörung, häufiger bei Frauen vor. Am häufigsten kommen in der Allgemeinbevölkerung, und das mit bis zu 6 %, die dependente, die dissoziale, die histrionische und die Borderline-Persönlichkeitsstörung vor. Für die paranoide und die ängstlich-vermeidende Persönlichkeitsstörung findet sich eine mittlere Häufigkeit von 2 %. Die übrigen Formen dagegen kommen zu weniger als 1 % in der Bevölkerung vor. Der besseren Übersicht wegen hat man sich dazu entschlossen, die Persönlichkeitsstörungen in drei Hauptgruppen zu unterteilen. Die Hauptgruppe A umfasst die paranoiden und schizoiden Persönlichkeitsstörungen. Es sind Persönlichkeitsstörungen, die durch ein sonderbares und exzentrisches Verhalten auffallen. Hauptgruppe B fasst die histrionische, narzisstische, dissoziale und die Borderline-Persönlichkeitsstörung zusammen. Die Vertreter dieser Gruppe fallen in der Regel durch dramatische, emotionale und launenhafte Verhaltensweisen auf. In der Hauptgruppe C werden Persönlichkeitsstörungen aus dem Bereich der Angststörungen zusammengefasst. Diese Gruppe zeichnet sich vor allem durch ängstliche, furchtsame, vermeidende, selbstunsichere, abhängige und zwanghafte Verhaltensweisen aus. Auffallend ist, dass bei Patienten, die in ambulanter psychiatrischer Behandlung sind, Persönlichkeitsstörungen in 30 bis 40 % der Fälle vorkommen. Im stationären Bereich sind es sogar 40 bis 50 %. Andererseits leiden Menschen, die an einer Persönlichkeitsstörung erkrankt sind, oft auch an weiteren psychischen Störungen, wie beispielsweise Angststörungen, Depressionen, Essstörungen und psychosomatischen Erkrankungen. In 16 % der Fälle kommt es bei ihnen zu einem Alkoholmissbrauch und in 5 % der Fälle zu einem Missbrauch von Drogen. Aber schauen wir uns die einzelnen Persönlichkeitsstörungen jetzt einmal etwas näher an.

Gruppe A

Paranoide Persönlichkeitsstörung

Die paranoide Persönlichkeitsstörung hat nichts mit der Paranoia oder der paranoiden Schizophrenie zu tun. Sondern vielmehr handelt es sich hierbei um sehr schwierige und übertrieben misstrauische Charaktere. Sie sind immer darauf gefasst, von anderen angegriffen oder verletzt zu werden. Selbst das zurückhaltende und freundliche Verhalten anderer Menschen wird zuweilen als Anzeichen von Feindseligkeit und Bösartigkeit interpretiert, die sich gegen sie richten. Man kann sich daher leicht vorstellen, wie derartige Charaktere auf Kritik und Zurechtweisungen reagieren. Nämlich überempfindlich und mit übertriebenen Reaktionen. Sie analysieren zwar die Situation mit scharfsinnigem Verstand, gehen dann aber sofort zum Gegenangriff über. Dabei verhalten sie sich oft rechthaberisch und sind regelrecht streitsüchtig.

Schizoide Persönlichkeitsstörung

Das charakteristische Merkmal der schizoiden Persönlichkeitsstörung ist eine tiefgreifende Kontaktstörung zu anderen Menschen. Daher leben die Betroffenen oft zurückgezogen und haben kaum soziale Kontakte. Sie sind die typischen Einzelgänger, die Außenseiter, die Einsiedler, die Eigenbrötler und Sonderlinge. Gerade das macht die differenzialdiagnostische Abwägung zum Spektrum der autistischen Störungen so kompliziert. Denn sie leiden keineswegs unter ihrer Kontaktarmut. Auch der Wunsch nach partnerschaftlichen Beziehungen besteht oft nicht. Welche Reize aus ihrer Umgebung die Betroffenen auch immer treffen, sie reagieren darauf nur wenig emotional. Auf andere Menschen wirken sie daher oft gleichgültig, distanziert und desinteressiert. Nur bei von außen auferlegten Veränderungen, ob privat oder im Berufsleben, da reagieren sie oft mit abruptem Rückzug, weil sie derartige Situationen als bedrohlich empfinden. Zu einer Therapie sind Betroffene kaum zu bewegen, allenfalls wenn die Störung eine leichtere Ausprägung zeigt.

Schizotype Persönlichkeitsstörung

Während bei der schizoiden Persönlichkeitsstörung eine Art Gleichgültigkeit gegenüber sozialen Beziehungen besteht, dominiert bei der schizotypischen Persönlichkeitsstörung doch eher ein Mangel an zwischenmenschlichen Beziehungen. Das liegt an einem tiefgreifenden Defizit an sozialen Fähigkeiten. Menschen mit einer schizotypischen Persönlichkeitsstörung sind nicht in der Lage, engere zwischenmenschliche Beziehungen einzugehen oder sie aufrechtzuerhalten. Sie verfügen über eine sehr eigentümliche Wahrnehmung. Außerdem bestehen auch Eigentümlichkeiten in der Vorstellungswelt und im Verhalten. Auf die Umgebung wirken sie in ihrem äußeren Erscheinungsbild absonderlich, ausgefallen und exzentrisch, manchmal sogar skurril bis bizarr. Ein Wesenszug, der sich nicht selten desgleichen in der Sprache niederschlägt.

Gruppe B

Dissoziale Persönlichkeitsstörung

Verantwortungslosigkeit und antisoziales Verhalten prägen das Erscheinungsbild der dissozialen Persönlichkeitsstörung. Das beginnt in der Kindheit oder frühen Adoleszenz und setzt sich dann bis in das Erwachsenenalter fort. Menschen mit einer dissozialen Persönlichkeitsstörung neigen zu aggressivem Verhalten und zu Gewalttätigkeit. Sie missachten ständig soziale Normen und setzen die eigenen Ziele rücksichtslos durch. Ihr eigener Vorteil steht dabei unablässig im Vordergrund ihres Interesses. Wenn es sein muss, scheuen sie sich deshalb auch nicht davor, andere Menschen zu manipulieren oder sie für ihre Zwecke zu missbrauchen. Es ist daher kein Wunder, dass Menschen mit einer dissozialen Persönlichkeitsstörung relativ häufig mit dem Gesetz in Konflikt geraten. Denn sie tendieren aufgrund ihrer Persönlichkeitsstruktur zu kriminellem Verhalten. Allerdings führen Strafen oder negative Erfahrungen in der Regel nicht dazu, dass sie ihr Verhalten in irgendeiner Weise ändern. Denn sie lernen einfach nichts aus Bestrafung. Menschen mit einer dissozialen Persönlichkeit sind impulsiv und schnell reizbar. Ihre Frustrationstoleranz ist sehr gering. Sie können zwar Beziehungen eingehen, diese aber nicht über einen längeren Zeitraum aufrechterhalten. Zum Teil liegt das an ihrem mangelnden Einfühlungsvermögen. Sie haben einfach kein Schuldbewusstsein, kein Schuldgefühl und können offensichtlich die langfristigen Konsequenzen ihrer Handlungen nicht erkennen.

Emotional instabile Persönlichkeitsstörung

Bei der emotional instabilen Persönlichkeitsstörung sind zwei Erscheinungsformen zu unterscheiden, der impulsive Typus und der Borderline-Typus. Der impulsive Typus zeichnet sich neben den starken Schwankungen in den Gefühlen durch eine mangelnde Impulskontrolle aus. Das heißt, er handelt impulsiv, ohne die Konsequenzen seiner Taten zu berücksichtigen. Der Borderline-Typus ist dagegen komplexer in seiner Struktur und weist weitere Merkmale auf. Es handelt sich um ein Krankheitsbild, das sich irgendwo im Grenzbereich zwischen einer Neurose und einer Psychose bewegt und das wir noch nicht wirklich befriedigend verstanden haben. Die Betroffenen leiden unter einer Störung des eigenen Selbstbildes. Sie können sich nicht mit sich selbst identifizieren, weil sie sich selbst fremd vorkommen. Sie erleben sich selbst als unwirklich, manchmal auch ihre Umgebung. Charakteristisch für das Krankheitsbild ist ferner ein anhaltendes Gefühl der Leere. Nicht selten wird versucht diesem Gefühl mittels Suizid ein Ende zu setzen. Manchmal wird aber mit einem Suizid auch nur versucht Aufmerksamkeit und Zuwendung von anderen zu bekommen. Menschen mit einer Persönlichkeitsstörung vom Borderline-Typ neigen dazu, sich auf intensive, aber instabile Beziehungen einzulassen. Das hat oft emotionale Krisen zur Folge. Auch besteht die Neigung zu selbstschädigendem Verhalten, wie beispielsweise dem Ritzen der Haut mit Rasierklingen oder anderen scharfen Gegenständen. Weitere psychische Beeinträchtigungen ergeben sich aus schweren Depressionen sowie dem Missbrauch von Alkohol und Drogen. Es ist wirklich ein schweres Krankheitsbild mit extremen Folgen für die Betroffenen. Ein Albtraum, aus dem es kein Erwachen gibt. Woher die Erkrankung kommt, weiß derzeit niemand. Es wird aber davon ausgegangen, dass genetische Faktoren einen erheblichen Anteil daran haben. Auch psychosoziale Belastungsfaktoren werden diskutiert. Auffällig ist vor allem, dass sich in der Biografie von Borderline-Patienten häufig sexuelle Gewalterfahrungen (ca. 70 %), körperliche Gewalterfahrungen (ca. 60 %) und schwere emotionale Vernachlässigungen (ca. 40 %) nachweisen lassen. Wir müssen deshalb momentan davon ausgehen, dass es sich bei der Persönlichkeitsstörung vom Borderline-Typ letztlich um ein Konglomerat aus angeborenem Temperament, problembehafteten Erfahrungen in der Kindheit und minimalen Fehlfunktionen des Gehirns handelt.

Histrionische Persönlichkeitsstörung

Früher nannte man diese Form der Persönlichkeitsstörung einfach Hysterie. Doch dieser Begriff ist belastet und verpönt. Also spricht man heute von der histrionischen Persönlichkeit. Gemeint ist damit ein egozentrisches, affektiertes und theatralisches Verhalten. Menschen mit einer histrionischen Persönlichkeit inszenieren sich selbst. Sie haben ein starkes Verlangen nach Aufmerksamkeit und Anerkennung. Sie müssen deshalb stets im Mittelpunkt stehen. Und wenn es sein muss, werden auch mal abenteuerliche Geschichten schlicht erfunden. Hauptsache ist nur, dass man ihnen Zuwendung schenkt. Getragen wird die Selbstdarstellung durch eine übermäßige Dramatisierung und Emotionalität. Dabei können Histrioniker zwischen den verschiedenen Gefühlsausdrücken schnell hin- und herspringen, was als Ausdruck einer labilen Affektivität gewertet wird. Die Frustrationstoleranz von Patienten mit einer histrionischen Persönlichkeitsstruktur ist äußerst gering. So können selbst minimale Anlässe zu heftigen Gefühlsausbrüchen führen. In partnerschaftlichen Beziehungen dagegen fehlt es oft an echter emotionaler Tiefe. Auch hier wird wiederum eher eine Rolle gespielt, beispielsweise die Prinzessin auf der Erbse oder das geborene Opfer. Und so kann es durchaus passieren, dass die Betroffenen doch den Weg in die Therapiestunde finden. Aber nicht wegen der Persönlichkeitsstörung, sondern wegen der depressiven Stimmung nach einer Trennung oder aufgrund anderer Schwierigkeiten.

Narzisstische Persönlichkeitsstörung

Menschen mit einer narzisstischen Persönlichkeitsstörung sind Menschen mit einem riesigen Ego. Und so bildet ein ausgeprägter Egoismus, gepaart mit Arroganz und Selbstsüchtigkeit, den Kern ihrer Persönlichkeit. Dies führt dazu, dass sich Narzissten nach außen hin großartig und mit einem übertriebenen Selbstbewusstsein darstellen. Das tun sie mit dem Ziel, Zuwendung, Anerkennung, Lob und Bewunderung von ihren Mitmenschen zu erhalten. Es ist ein Streben, das im Grunde zeigt, wie es wirklich um die Betroffenen steht. Sie gleichen Potemkinschen Dörfern, sind also nur Fassade mit nichts dahinter. Denn hinter der herausgeputzten Fassade verbirgt sich in Wahrheit eine Person mit einem schwachen und brüchigen Selbstwertgefühl. Und dieses muss kompensiert werden. Innere und äußere Person geraten auf diese Weise oft in Konflikt miteinander. Es sind genau diese inneren Widersprüche, die das Krankheitsbild der narzisstischen Persönlichkeitsstörung auszeichnen. Versagen hingegen die Kompensationsmechanismen, können existenzielle Krisen mit großer innerer Verzweiflung auftreten. Dies kann im Extremfall bis zum Suizid führen. Insbesondere dieser letzte Umstand macht verständlich, weshalb bei Narzissten eine starke Empfindlichkeit gegenüber Kritik von außen besteht. Sie können so etwas nicht ertragen. Es kränkt und verletzt sie einfach zu sehr, wenn jemand versucht die wunderschöne Fassade zu beschmutzen oder gar einzureißen. Lieber erschaffen sie sich ein Traumbild von sich selbst und der Welt, um so Unabhängigkeit von der Bewertung anderer zu erlangen und dadurch dem Schmerz infolge von Verletzungen aus dem Weg zu gehen. Und das ohne Rücksicht auf Verluste. Der Narzisst kann somit gar nicht anders. Er muss selbstverliebt, rücksichtslos und egoistisch sein. Doch die übertriebene Selbstbezogenheit hat einen hohen Preis, nicht nur für den Betroffenen selbst, sondern auch für dessen Angehörige und nahestehende Personen. Einen Preis, der einen eindeutigen Namen trägt, Leid.

Gruppe C

Anankastische Persönlichkeitsstörung

Wenn Menschen in ihrem Verhalten ein tiefgreifendes Muster von übergroßer Ordnung, Perfektion, Korrektheit und Zuverlässigkeit aufweisen, das auf Kosten von Vergnügen, zwischenmenschlichen Beziehungen, Flexibilität und Effizienz geht, dann haben wir es wahrscheinlich mit einer anankastischen oder zwanghaften Persönlichkeitsstörung zu tun. Zwanghafte Persönlichkeiten beschäftigen sich üblicherweise mit Regeln, Details, Listen, Ordnung, Organisation und Plänen, wobei ihr übermäßiger Zweifel und ihre

Vorsicht wiederum der Fertigstellung dieser Pläne im Wege stehen. Sie beharren starr auf festgelegten Regeln oder Verfahrensabläufen. Außerdem haben sie den Hang, Dinge zu kontrollieren. Da sie ihre eigenen Erwartungen auch an andere Menschen stellen und von diesen verlangen, dass sie sich den eigenen zwanghaften Gewohnheiten unterordnen, sind Konflikte im Zwischenmenschlichen unausweichlich. Denn selbst wenn sich Menschen bereitwillig unterordnen würden, käme es zu Konflikten, weil es ihnen einfach niemand recht machen kann. Arbeitsteilung ist somit von vornherein unmöglich und Hilfe von außen wird nicht angenommen. Und so laufen Betroffene mit einer anankastischen Persönlichkeitsstörung am Ende Gefahr, auf ihrem weiteren Lebensweg ungewollt Erschöpfungszustände zu erleiden. Ähnlich denen, die an einer Zwangsstörung erkrankt sind. Das mag daran liegen, dass beide psychischen Erkrankungen einen gemeinsamen Nenner haben. Nämlich beharrliche und unerwünschte Gedanken oder Impulse, die auch bei einer zwanghaften Persönlichkeitsstörung auftreten können. Diese erreichen jedoch niemals die Stärke wie bei einer Zwangsstörung, sodass man bei zwanghaften Persönlichkeiten keine Rituale wie beispielsweise das ständige Händewaschen beobachten kann.

Ängstliche Persönlichkeitsstörung

Menschen mit einer ängstlichen und vermeidenden Persönlichkeitsstörung zeigen in ihrem Wesen ein durchgängiges Muster an Gefühlen von Anspannung und Besorgtheit, Gehemmtheit und Minderwertigkeit sowie Angst vor negativer Beurteilung und Schüchternheit. Sie meiden soziale Kontakte aus Sorge vor Kritik, Zurückweisung und Verspottung. Ein solches Verhalten führt sie dann nicht selten in die soziale Isolation. Man spricht bei dieser besonders schweren Form auch von einer generalisierten sozialen Phobie. Andererseits sehnen sich Menschen mit einer ängstlich-vermeidenden Persönlichkeitsstörung geradezu danach, Zuneigung und Akzeptanz von anderen zu erhalten. Beziehungen zu Menschen werden deshalb nur dann eng geknüpft, wenn sie sich sicher sein können, von diesen auch akzeptiert zu werden. Interessanterweise fällt anderen Menschen ihr geringes Selbstvertrauen kaum oder gar nicht auf. Man schätzt sie im Allgemeinen als Freund und Helfer, weil sie besonders sensibel, feinfühlig und rücksichtsvoll sind. Da sie sich auch nicht in den Vordergrund drängen, sondern verlässlich und bescheiden auftreten, wird ihr Wesen von anderen meist sogar als positiv angesehen. Die Betroffenen selbst leiden hingegen unter ihrem eigenen Verhalten und empfinden es oft als Problem. Menschen mit einer ängstlich-vermeidenden Persönlichkeitsstörung sind von daher anfällig für die Entwicklung anderer psychischer Erkrankungen. Insbesondere wären hier Angststörungen, Zwangserkrankungen und Depressionen zu nennen. Oftmals sind es dann auch genau diese Erkrankungen, die den Betroffenen in die Therapie führen, und nicht etwa die Persönlichkeitsstörung.

Abhängige Persönlichkeitsstörung

Menschen mit einer asthenischen oder dependenten Persönlichkeitsstörung nehmen sich selbst als hilflos und inkompetent wahr. Aus diesem Grunde überlassen sie die Verantwortung für wichtige Bereiche des eigenen Lebens auch gerne anderen. Sie haben nämlich einfach das Gefühl, ihr Leben nicht wirklich eigenständig führen zu können. Von daher wird immer eine andere Person benötigt, die Rat und Unterstützung gibt und wichtige Entscheidungen fällt. Eine solch wertvolle Bezugsperson will man natürlich nicht verlieren. Deshalb werden die eigenen Bedürfnisse aus Gründen der Abhängigkeit dieser Person untergeordnet. Zu groß ist nämlich die Angst, verlassen zu werden, allein zu sein und für sich alleine sorgen zu müssen. Und übergroß die Angst, nicht für sich alleine sorgen zu können. Also klammern sie sich geradezu an diesen Partner. Doch genau dieses Klammerverhalten löst oft Probleme in der Beziehung aus. Das wiederum ruft starke Trennungsängste hervor. Und da Menschen mit einer abhängigen Persönlichkeitsstörung ohnehin zu einer depressiven Stimmung tendieren, können eine Trennung oder der Tod des Partners bei ihnen regelrechte psychische Krisen auslösen. Denn dann fühlen sie sich vollkommen hilflos und innerlich zerstört.

Passiv-aggressive Persönlichkeitsstörung

Zu dieser Form der Persönlichkeitsstörung gibt es bis heute relativ wenige Forschungsarbeiten. In der Praxis wird die Diagnose deshalb auch nur sehr zurückhaltend gestellt, was aus besagtem Grunde gut ist. In der Literatur findet sich gelegentlich die Bezeichnung negativistische Persönlichkeitsstörung, die aber dasselbe meint. Vielleicht ist diese Bezeichnung sogar noch etwas treffender, denn sie beschreibt einen Menschen mit einer negativen Grundhaltung gegenüber sozialen und beruflichen Anregungen und Leistungsanforderungen, die von anderen Menschen an den Betreffenden herangetragen werden. Diese negative Grundhaltung äußert sich vor allem in einem passiven Widerstand oder einem verbal und nonverbal vorgetragenen mürrischen bis streitsüchtigen Trotzverhalten. Es kann auch sein, dass Betroffene den Anforderungen zunächst einmal zustimmen, dann aber eine Verweigerungshaltung einnehmen, sodass die Aufgabe doch nicht erfüllt wird. Das Verhalten von passiv-aggressiven Persönlichkeiten kann von daher oft widersprüchlich auf andere Menschen wirken. Aus Sicht der Betroffenen ist ihr Verhalten keineswegs widersprüchlich, im Gegenteil, es ist nur konsequent. Denn passiv-aggressive oder negativistische Menschen gehen häufig davon aus, dass ihre Umwelt sie ungerecht behandelt und sie übermäßig stark in die Pflicht nimmt. Da ist es doch nur logisch, dass man sich gegen solcherlei Ungerechtigkeiten auflehnt. Beispielsweise durch eine vorsätzlich langsame Arbeitsweise oder andere Verzögerungsmanöver. Oder man könnte auch erklären, vereinzelte Aufgaben in der Hektik vergessen zu haben. Man könnte aber auch die Leistungen anderer einfach sabotieren. Oder man beginnt damit, häufig darüber zu klagen, dass man missverstanden, zu wenig beachtet oder gar missachtet wird. Das Repertoire der Betroffenen ist schier unerschöpflich. Nur eines existiert in ihnen nicht, eine Lösungsorientierung. Und das genau ist das Krankhafte daran.

12. Psychosen

Die Psychosen stellen eine Gruppe von besonders schweren psychischen Störungen dar, deren gemeinsames Merkmal der Realitätsverlust ist und die oftmals mit einer fehlenden Krankheitseinsicht verbunden sind. Eine häufige und schwere Form aus dem Bereich der psychotischen Erkrankungen ist die Schizophrenie. Sie ist sozusagen der klassische Wahnsinn und damit diejenige psychiatrische Erkrankung, die im Allgemeinen mit dem Stigma des „Verrücktseins" belegt wird. Etwa 1 % der deutschen Bevölkerung erkrankt im Laufe des Lebens an einer schizophrenen Psychose. Das wären umgerechnet auf die gesamte Bundesrepublik Deutschland etwa 800 000 Betroffene. Wörtlich übersetzt bedeutet Schizophrenie ein „Spaltungsirresein". In der Alltagssprache hat das zu Missverständnissen und falschen Vorstellungen geführt. Und so wurde die Schizophrenie mit einer gespaltenen Persönlichkeit gleichgesetzt. Ähnlich wie es in der Novelle um Dr. Jekyll und Mr. Hyde des schottischen Schriftstellers Robert Louis Stevenson (1850–1894) beschrieben wird. Hier verwandelt sich nämlich der gutherzige und angesehene Arzt Dr. Jekyll immer wieder in den bösartigen Mr. Hyde. Dieser Mr. Hyde ist sozusagen der isolierte und bösartige Teil von Dr. Jekylls Persönlichkeit. Übertragen auf die Schizophrenie ist dieses Bild jedoch völlig falsch. Denn ein an Schizophrenie Erkrankter hat nur einen Persönlichkeitsanteil und keine abgespaltenen. Wenn sich die Bezeichnung „Spaltung" überhaupt auf etwas bezieht, dann auf die Abspaltung von der Realität. Das Wahnerleben als Abspaltung von der Realität ist ein charakteristisches psychotisches Symptom, genauso wie die Halluzinationen. Meist sind es akustische Halluzinationen, das heißt, die Betroffenen hören Stimmen, die andere Menschen nicht hören. Ebenso kommen aber auch Geruchs-, Geschmacks-, Tast- und optische Halluzinationen vor. Die Wahnsymptome wiederum treten häufig in Form von Verfolgungswahn oder Beziehungswahn auf. Dabei beziehen die Betroffenen ihre Wahrnehmungen fälschlicherweise auf sich. Eigentlich sind die Erkrankten echte „Wahrnehmungsgenies". Doch genau das wird ihnen zum Verhängnis. Normalerweise vermag ein durchschnittlicher Mensch etwa 10 % seiner Umwelt bewusst wahrzunehmen. Steigert man diesen Anteil auf 20 %, so läuft die Person Gefahr, einen Nervenzusammenbruch zu erleiden, in dem sie nur noch zitternd und weinend teilnahmslos und abwesend wirkt. Dreht man schließlich den Anteil bewusster Wahrnehmungen noch höher, so dekompensiert die Psyche und erkrankt. Sie ist dann nicht mehr in der Lage zu bewerten, was jetzt noch wichtig ist und was nicht. Alles verschwimmt, inklusive der Fähigkeit, die eigene Lage sowie die Beziehungen zu anderen Menschen richtig einzuschätzen. An dieser Stelle gleicht das Ich einem Fischer und die Psyche einem Meer von Gedanken. Sind die Maschen des Netzes, das der Fischer ins Meer wirft, um die Gedanken einzufangen, weit genug, dann bleiben nur die wichtigen Gedanken im Netz hängen und die unwichtigen schlüpfen hindurch. Sind die Maschen des Netzes aber zu eng, so wie bei der Schizophrenie, dann bleibt alles hängen. Wichtiges kann jetzt nicht mehr von Unwichtigem getrennt werden. Unzusammenhängendes gerät zusammen und Chaos breitet sich aus. Die Grenzen zwischen Realität und Fiktion verschwimmen zunehmend und eine Psychose entsteht, mit all ihren Symptomen. Ein zentrales Krankheitszeichen, welches bei allen Patienten gleichermaßen auftritt, gibt es bei der Schizophrenie nicht. Vielmehr variieren die Symptome von Person zu Person und sind sehr vielfältig. Variationen ergeben sich auch hinsichtlich der Schwere der Symptome sowie der Dauer der schizophrenen Phasen. Meist liegt das Ersterkrankungsalter bei Männern im Durchschnitt zwischen dem 15. und 25. Lebensjahr, bei Frauen zwischen dem 20. und 35. Lebensjahr, also etwas später. Insgesamt gesehen sind aber Männer und Frauen gleich häufig betroffen. Die Schizophrenie beginnt in rund drei Viertel der Fälle recht unspektakulär. Meist schleichend, mit kleinen Veränderungen in den Alltagsbefindlichkeiten. Das können beispielsweise Unruhe, Konzentrationsstörungen, Nervosität und Reizbarkeit sein, verbunden mit Grübeln und Schlafstörungen. Im Weiteren kann es vorkommen, dass Betroffene immer wieder aufgrund von durcheinandergehenden Gedanken an der Konzentration gehindert werden, dass sie damit beginnen, selbst banale Alltagssituationen auf sich zu beziehen, und Farben von Gegenständen plötzlich anders wahrnehmen. Das wäre dann das sogenannte Vorstadium. Es kann über mehrere Jahre andauern. Im Vollbild der Erkrankung kommt es hingegen insbesondere zu Störungen der Wahrnehmung, des Denkens sowie zum Wahnerleben und zu Halluzinationen. Der Übergang zwischen beiden kann abrupt geschehen, sodass es zu einem akuten Ausbruch der Psychose kommt. Man spricht in diesem Zusammenhang von der akuten Phase. Sie kann oft mehrere Wochen andauern. Es nimmt dann einen Zeitraum von etwa drei bis sechs Monaten in Anspruch, bis die psychotischen Symptome abklingen und sich der Zustand des Patienten allmählich stabilisiert. Aus diesem Grunde wird diese Phase auch als Stabilisierungsphase bezeichnet. Werden Patienten in der akuten Phase, also im akuten psychotischen Schub, nicht mit antipsychotischen Medikamenten behandelt, beträgt die Rückfallquote etwa 85 %, wobei die Schwere der Erkrankungen umso mehr zunimmt, je länger sie unbehandelt bleibt. Mit entsprechender Medikation lassen sich die psychotischen Symptome recht gut in den Griff bekommen und die Rückfallquote beträgt dann etwa nur noch 15 %. Bei etwa 10 bis 30 % der Patienten bleiben die Symptome weiterhin bestehen und chronifizieren. In diesen Fällen wird eine Vollremission zunehmend unwahrscheinlich. Sind jedoch die akuten Krankheitssymptome weitgehend abgeklungen, beginnt die Remissionsphase. In dieser Phase geht es darum, Rückfällen vorzubeugen und die Patienten mittels geeigneter Therapien wieder in das normale Alltagsleben zu integrieren. Allerdings braucht eine solche Integration Zeit, oft Monate bis Jahre. Eine vollständige Genesung mit dauerhafter Remission ist bei einer erfolgreichen Behandlung bei etwa 20 % der Patienten zu erwarten. Bei 70 % aller Patienten gelingt es, zumindest eine relative Symptomfreiheit zu erreichen. Vorausgesetzt dass moderne Behandlungsansätze zum Tragen kommen. Diese bestehen dann aus mehreren Bausteinen. Die Gabe von Antipsychotika in Kombination mit einer psychosozialen Therapie erbringt in Bezug auf die Rückfallprophylaxe dabei die besten Ergebnisse. Allerdings nur, wenn die Behandlung langfristig angelegt ist. Bei einer Ersterkrankung empfiehlt es sich daher, zur Rückfallprophylaxe die Medikation für ein bis zwei Jahre fortzuführen. Sollte es nach dem Absetzen des Antipsychotikums zu erneuten Rückfällen kommen, ist die Medikamenteneinnahme über einen Zeitraum von zwei bis fünf Jahren weiterzuführen. Bei weiteren Rückfällen auch ein Leben lang. Wie man sieht, ist das Absetzen des Antipsychotikums eine heikle Angelegenheit. Denn das Risiko eines Rückfalles steigt hierbei um das Fünffache. Eine komplexe Behandlung der Schizophrenie gehört deshalb vorrangig in die Hände eines Spezialisten. Ihm obliegt es, aus dem breiten Spektrum der Antipsychotika sorgfältig das passende Präparat auszuwählen. Zeigt das Präparat keine ausreichende Wirkung, muss ein anderes Medikament eingesetzt werden, je nach den vorliegenden Krankheitssymptomen. Und die können sehr unterschiedlich ausfallen. So unterschiedlich, dass man je nach Art der Symptome *sieben verschiedene Formen der Schizophrenie* unterscheiden kann:

1. Paranoid-halluzinatorische Schizophrenie

Bei ihr dominieren Symptome wie Wahnvorstellungen und Halluzinationen. Sie ist gleichzeitig die häufigste Form.

2. Katatone Schizophrenie

Diese Form der Schizophrenie wirkt sich größtenteils auf die Motorik aus. So zeigen die Patienten ein Ausbleiben jedweder Mimik oder Bewegungsanomalien wie plötzliche Erstarrung und merkwürdige Posen.

3. Hebephrene Schizophrenie

Sie tritt bereits in sehr jungen Jahren auf, üblicherweise im Jugendalter. Die Teenager zeigen Denkstörungen im Sinne eines ungeordneten Denkens. Des Weiteren fallen sie durch eine bizarre Sprache auf. Ihr Verhalten ist ungeniert bis unvorhersehbar, manchmal aber auch nur antriebsgestört oder apathisch.

4. Einfache Schizophrenie

Eine andere Bezeichnung für dieses Krankheitsbild lautet Schizophrenia simplex. Sie verläuft größtenteils ohne ein paranoid-halluzinatorisches Erleben oder katatone Störungen. Es ist eine seltene Form der Schizophrenie, die obendrein auch noch schwer zu diagnostizieren ist. Denn nie sind bei ihr die Symptome wirklich deutlich ausgeprägt. Was dominiert, ist ein schleichender Verlust der Leistungsfähigkeit, der verschiedene Lebensbereiche der Patienten betreffen kann. Sichtbares Zeichen ist hier ein schwindendes Interesse und Engagement. Gleichsam fällt es den Betroffenen immer schwerer, soziale Normen einzuhalten. Ihr Verhalten wird immer seltsamer und der Umgang mit anderen Menschen immer prekärer.

5. Schizophrenes Residuum

Auch beim schizophrenen Residuum dominieren als Leitsymptom ein Verlust an Lebensenergie und Vitalität. Doch im Gegensatz zur einfachen Schizophrenie ist der Verlauf ein anderer. Patienten mit einem schizophrenen Residuum zeigen nämlich eindeutige schizophrene Schübe. Trotz aller therapeutischen Bemühungen verbleibt bei ihnen eine schizophrene Restsymptomatik, die sich vor allem in einer Beeinträchtigung des Denkens sowie in einer Antriebsarmut äußert. Wir sprechen deshalb bei dieser Form von einer chronischen schizophrenen Erkrankung oder einer chronischen Schizophrenie.

Postschizophrene Depression

Durchleben Patienten im Anschluss an eine schizophrene Phase eine Depression, wobei die Symptome der Schizophrenie in geringem Umfang auch weiterhin vorhanden bleiben, bezeichnet man dies als postschizophrene Depression. Im Grunde handelt es sich dabei um ein Stimmungstief nach einem schizophrenen Schub.

Undifferenzierte Schizophrenie

Lassen sich die Krankheitssymptome keiner der aufgeführten Formen zuordnen, haben wir es mit einer undifferenzierten Schizophrenie zu tun. Bei ihr dominiert eine Mischung aus den Symptomen der paranoid-halluzinatorischen, der katatonen und der hebephrenen Schizophrenie.

Was die Ursachen der schizophrenen Erkrankung anbelangt, so tappt die Fachwelt noch weitestgehend im Dunkeln. Diskutiert wird aktuell ein multifaktorielles Geschehen, bei dem verschiedene Einflüsse wie Genetik, Umweltfaktoren, biografische Faktoren und andere zusammenspielen. Erst die individuelle Kombination dieser Faktoren, die bei jedem Menschen verschieden ist, führt beim Zusammentreffen zum Ausbruch der Erkrankung. Also ähnlich wie bei einem Panzerschrank, wo verschiedene Zahlen einen speziellen Zahlencode bilden, der dann letzten Endes den Safe öffnet. Eine einzelne Ursache für die Schizophrenie gibt es also nicht. Zumindest darin sind sich die Experten einig.

13. Essstörungen

So wie die Schlafstörungen gehören auch die Essstörungen zu der großen Gruppe der vegetativen Störungen. Zwar sind die Essstörungen im Vergleich zu den Angststörungen und den Depressionen doch eher seltene psychische Störungen, dafür aber handelt es sich bei ihnen um schwere psychische Erkrankungen, die lebensbedrohlich sind. Nach der bereits zitierten Studie zur Gesundheit Erwachsener in Deutschland (DEGS1) leiden 1,4 % der Frauen und 0,5 % der Männer an einer Essstörung. Für Kinder und Jugendliche existieren in Deutschland leider keine repräsentativen Zahlen. Von einer Essstörung sprechen wir immer dann, wenn sich Menschen mit dem Themenbereich Essen übermäßig gedanklich und emotional auseinandersetzen, sodass sie dazu neigen, ihre Essgewohnheiten komplett zu überwachen und ihren natürlichen Appetit teilweise oder sogar vollständig auszublenden. Zu unterscheiden sind drei Hauptformen von Essstörungen:

a. Magersucht

Die Magersucht, auch Anorexia nervosa genannt, ist eine psychisch bedingte Essstörung, bei der sich die Betroffenen als zu dick wahrnehmen. Sie reduzieren ganz bewusst ihr Körpergewicht, um auf diese Weise ihr Selbstwertgefühl zurückzugewinnen. Eigentlich sind diese Menschen ihre größten Kritiker. Sie werten sich selbst ab und folgen der irrigen Meinung, dass sie in allen Lebensbereichen versagen. Den Hauptgrund hierfür verorten sie in ihrem Aussehen und in ihrem Körpergewicht. Sie versuchen deshalb unter allen Umständen die Kontrolle über ihren Körper zu gewinnen. Getreu dem Motto „Die Macht über meinen Körper garantiert mir die Lösung meiner Probleme". Sie glauben somit, dass die Kontrolle ihres Körpergewichtes und ihres Aussehens die Lösung für ihre Unzufriedenheit mit sich bringt und ihnen dadurch ihr Selbstwertgefühl wiederschenkt. Bei diesem Unterfangen verlieren sie allerdings jedes Augenmaß. Ein starker Gewichtsverlust ist die Folge. Fällt das Körpergewicht unter einen Body-Mass-Index (BMI) von 17,5 oder erfolgt ein Gewichtsverlust von 15 % des Körpergewichtes innerhalb kurzer Zeit, wird im Allgemeinen von einer Magersucht gesprochen. Eine Therapie ist dann dringend notwendig. Denn die Patienten versuchen auch weiterhin zwanghaft Körpergewicht zu reduzieren und haben eine panische Angst vor einer erneuten Gewichtszunahme. Wird hier nicht rechtzeitig interveniert, kann die Erkrankung tödlich enden. In 15 % der Fälle tut sie das auch. Kein Wunder, denn eine Krankheitseinsicht fehlt. Stattdessen leugnen die Betroffenen, dass sie gefährlich dünn sind. Und nichts, kein Spiegel, keine Waage und kein Maßband, kann sie vom Gegenteil überzeugen, weil ihre Körperwahrnehmung verzerrt ist. Und so kreisen ihre Gedanken ständig um das Thema Essen. Sie legen ein Verhalten an den Tag, das man häufig gerne als zwanghaft bezeichnen möchte. Doch zu den Zwangsstörungen kann man die Magersucht nicht rechnen, weil sich bei einer Zwangsstörung die Betroffenen gezwungen fühlen bestimmte Handlungen und/oder Gedanken häufig zu wiederholen. Und genau das liegt bei der Magersucht nicht vor. Vielmehr zwingen sich die Betroffenen bei dem Krankheitsbild der Anorexia selbst zu entsprechenden Verhaltensweisen. Nichtsdestotrotz geht die Magersucht aber häufig mit Zwangssymptomen und depressiven Symptomen einher. Das heißt, die Magersucht ist oft mit anderen psychischen Störungen vergesellschaftet. Man spricht in diesem Zusammenhang auch von Komorbidität. Die häufigsten Begleiterkrankungen sind Angststörungen, Zwangsstörungen, Depressionen sowie Substanzmissbrauch bzw. abhängigkeit. Besonders interessant ist, dass sich Essstörungen und deren Begleiterkrankungen wechselseitig beeinflussen können. Geben Patienten beispielsweise die Kontrolle über ihr Essverhalten auf, können sich die Symptome in die Richtung einer anderen psychischen Störung verschieben. Zum Vorschein können dann Angststörungen, Zwangsstörungen oder andere Symptome kommen. Bei der Therapie von Essstörungen bedarf es daher eines spezifischen Vorgehens, das sowohl die Essstörung wie auch deren Begleiterkrankungen fest im Blick hat. Und natürlich deren Ursachen. Doch die können bei der Magersucht ganz verschiedener Natur sein. Letztlich geklärt sind sie aber bis heute nicht. Was jedoch beobachtet werden kann, ist, dass in den meisten Fällen Probleme und Konflikte innerhalb der Familie die Erkrankung auslösen. Die Krankheit kann in diesem Fall als eine Art Ventil wirken, indem sich die Konfliktparteien erst einmal um den Erkrankten kümmern, sodass das Kriegsbeil für einen gewissen Zeitraum begraben wird. Auch scheint offensichtlich die genetische Veranlagung eine große Rolle zu spielen. Es sieht nämlich so aus, als seien bestimmte Menschen für die Erkrankung einfach anfälliger als andere. Insbesondere werden psychisch labile Menschen schneller von einer Magersucht befallen. Was aber letzten Endes die Magersucht im Einzelfall tatsächlich verursacht, kann bis heute nicht hinreichend beantwortet werden.

b. Bulimie

Auch bei der Bulimie spielt ein geringes Selbstwertgefühl eine zentrale Rolle. Im Gegensatz zur Magersucht sind die Patienten aber meist normalgewichtig. Das Krankheitsbild ist geprägt durch zwei Extreme, nämlich strikte Diät auf der einen Seite und völlig unkontrollierte Essanfälle auf der anderen Seite. Bulimie heißt übrigens wörtlich übersetzt Stier- oder Ochsenhunger. Die Essattacken erfolgen in der Regel im Verborgenen. Ja, sie ist eine heimliche Erkrankung, denn nach außen hin wirkt alles normal. Die Betroffenen haben, wie bei der Magersucht, den starken Wunsch, das eigene Gewicht zu kontrollieren. Und sie haben genauso eine große Angst davor, an Körpergewicht zuzunehmen. Wenn also die Essanfälle von Neuem einsetzen, dann werden sofort Gegenmaßnahmen ergriffen. Meist in Form von Erbrechen, um die Zufuhr der Kalorien wieder rückgängig zu machen. Das ist charakteristisch für das Krankheitsbild. Passenderweise spricht man bei der Bulimie deshalb gern von der Ess-Brech-Sucht. Es kommen aber auch Appetitzügler und Abführmittel zum Einsatz. Und so kann es sein, dass sich ein nicht unerheblicher Teil des Lebens zwischen dem Kühlschrank und der Toilette abspielt. Nicht selten wird zwischen den Essanfällen auch eine Art Dauerdiät eingehalten. Oder es wird extensiv Sport getrieben. Im Prinzip ist jedes Mittel recht, Hauptsache, das Körpergewicht wird niedrig gehalten. Und das ist gar nicht so einfach, wenn man bedenkt, dass ein Erkrankter über 5000 Kalorien pro Anfall zu sich nehmen kann und ihn die Essattacken in einer Bandbreite von einem Mal in zehn Tagen bis mehrmals täglich heimsuchen können. Zu der psychischen und körperlichen Belastung gesellt sich dann sehr schnell noch die monetäre. Und so rutschen viele Betroffene in bedrohliche finanzielle Krisen. Bedrohlich sind außerdem die psychischen Begleiterkrankungen. Sie reichen von Angsterkrankungen, Persönlichkeitsstörungen und Suchterkrankungen bis hin zu Depressionen und dem Suizid. Ein zehnprozentiges Suizidrisiko spricht hier eine sehr deutliche Sprache. Zwangssymptome wie Zwangsgedanken und Zwangshandlungen kommen dagegen bei Bulimieerkrankten seltener vor. Häufig dagegen sind depressive Verstimmungen bzw. Depressionen. Ungeklärt bleibt allerdings nach wie vor die Frage, ob die Bulimie Folgeerscheinung oder Auslöser der Depression ist. Genauso ungeklärt wie Fragen nach den Ursachen der Erkrankung. Zwar gibt es hierüber die unterschiedlichsten Meinungen und Erklärungsansätze, gesichertes Wissen dagegen nicht. Außer vielleicht die Tatsache, dass das Verhältnis zwischen Frauen und Männern bei Bulimie etwa vier zu eins beträgt. Das war es dann aber auch schon.

c. Binge-Eating-Störung

Die Binge-Eating-Störung ist vermutlich die am weitesten verbreitete Essstörung überhaupt. Wörtlich übersetzt bedeutet die Bezeichnung so viel wie „Essgelage". Und das deutet bereits an, um welche Art von Störung es sich hierbei handelt. Nämlich um eine Esssucht. Patienten mit einer Binge-Eating-Störung schaufeln Unmengen an Nahrungsmitteln in sich hinein. Heimlich, versteht sich. Sie leiden an regelrechten Essanfällen, die sie nicht kontrollieren können. Ein Hungern und Erbrechen, wie bei der Bulimie beschrieben, gibt es hier allerdings nicht. Damit auch kein „Ungeschehenmachen". Das hat zur Konsequenz, dass die Betroffenen häufig zu Übergewicht neigen. Und das hat Auswirkungen. Fettleibigkeit ist schließlich eine chronische Erkrankung, die wie ein Magnet andere Erkrankungen nach sich zieht. Dazu gehören Bluthochdruck, Diabetes mellitus, erhöhte Blutfettwerte genauso wie Arterienverkalkungen, Herz-Kreislauf-Erkrankungen, Schlaganfälle und degenerative Erkrankungen des Muskel-Skelett-Systems. Zu Recht darf man von daher sagen, dass die Fettleibigkeit die Mutter aller Erkrankungen ist. Interessanterweise leidet etwa die Hälfte aller Binge-Eating-Patienten auch unter einer Depression. Es ist aber noch völlig unklar, ob die Depression die Esssucht auslöst oder die Esssucht die Depression. Ebenso gibt es auch noch keine gesicherten Erkenntnisse über die Ursachen der Binge-Eating-Störung. Das liegt zum Teil daran, dass die Binge-Eating-Störung unter den psychogenen Essstörungen diejenige ist, die bislang am wenigsten erforscht wurde. Im Grunde hat die Erforschung gerade erst begonnen. Der andere Teil ist dem Umstand geschuldet, dass bei der Entstehung der Binge-Eating-Störung vermutlich mehrere biologische, soziale und psychologische Aspekte wirksam werden, was wiederum die Erforschung nicht gerade erleichtert.

14. Tourettesyndrom

Das Tourettesyndrom ist eine Erkrankung mit Symptomatiken sowohl im neurologischen als auch im psychiatrischen Bereich. Es ist somit eine neuropsychiatrische Erkrankung. Charakterisiert wird die Erkrankung durch sogenannte Tics, also durch spontane und plötzlich einschießende Bewegungen, Laute oder Wortäußerungen, die zustande kommen ohne den Willen des Betroffenen. Diese Tics können auch im Schlaf vorkommen. Sie treten immer wieder in gleicher Weise auf, sind aber nicht rhythmischer Natur. Auf die Umgebung können derartige Tics eines Menschen sehr irritierend wirken. Insbesondere dann, wenn die motorischen Zuckungen durch ein mehrfaches Brüllen von Schimpfwörtern, Flüchen und Obszönitäten begleitet werden. Zwar betrifft das nur maximal etwa 30 % der Erkrankten, erregt dafür aber umso mehr Aufmerksamkeit. Warum es gerade Schimpfwörter, Flüche und Obszönitäten sind und nicht umgangssprachliche Wörter, ist unbekannt. Ebenso wie die Ursache der Erkrankung. Wir können deshalb nicht viel über das Tourettesyndrom sagen, außer dass die Patienten anders ticken als andere. Bei ihnen scheint es so zu sein, als ob sich in ihnen eine Art Spannung aufbaut, gleich einer Feder in einem Uhrenwerk, die sich aufzieht und dann entlädt, ohne dass die Betreffenden etwas dagegen tun könnten. Je mehr sich nun diese Spannung aufbaut, desto heftiger entlädt sie sich auch. Ähnlich einem Zwang und doch anders. Denn die Patienten verspüren ein Gefühl, das dem Tic vorausgeht, ihn sozusagen ankündigt, und sie können auch eine gewisse Eigenkontrolle ausüben. Das heißt, sie können das Auftreten unter Umständen für Sekunden oder gar Stunden aufschieben. Den Tic aber völlig zu unterdrücken, gelingt doch eher selten. Meistens ist der Drang zur Entladung einfach so groß, dass der Tic geradezu ausgeführt werden muss. Man kann es in etwa vergleichen mit einem Kribbeln in der Nase, wo man vielleicht gerade in der Oper sitzt und auf keinen Fall jetzt mitten in der Aufführung, noch dazu in einem ruhigen Teil, niesen darf. Also versucht man mit allerlei Tricks an die Sache zu gehen, verzieht das Gesicht, hält sich die Nase zu, aber am Ende muss es dann doch sein. Es gibt kein Ausweichen, kein Vorbei, und dann geschieht es einfach, ohne es wirklich zu wollen, und der Eklat ist geboren. Alles blickt einen völlig entgeistert an und denkt: „Ja, ist der denn völlig verrückt geworden, so lautstark zu niesen? Was für eine Dreistigkeit und Unhöflichkeit den Künstlern gegenüber. Und ausgerechnet jetzt, mitten in der ersten Szene des dritten Aktes. Wie kann man nur? Was für ein Unmensch! Warum muss der ausgerechnet in die Oper gehen? Warum geht er nicht besser in ein Fußballstadion, wo er hingehört?“ Wenn einem so etwas widerfährt, dann beginnt man einen Patienten mit einem Tourettesyndrom zu verstehen. Man kann sich gewissermaßen in ihn hineinversetzen. Man begreift, dass er einfach nicht anders kann. Wenn überhaupt, gelingt es ihm nur, den Tic zeitlich aufzuschieben, mehr nicht. Und genau das versuchen die Betroffenen. Sie versuchen ihre Symptome zu unterdrücken, einen geschützten Raum zu finden, wo sie alleine sind und ihren Symptomen völlig freien Lauf lassen können. Doch nicht immer gelingt das. Dummerweise haben nämlich Tics die Angewohnheit, unter Anspannung und Stress sowie freudiger und ängstlicher Erregung zuzunehmen. Bei Entspannung und steter Konzentration auf eine Aufgabe hingegen nehmen sie eher ab. Wenn die Betreffenden Glück haben, verschwinden manchmal auch die Symptome über Wochen und Monate, treten dann aber wieder unvermutet auf und der Albtraum beginnt von vorne. Ein Albtraum, der die Lebensqualität einschränkt und fast immer vor dem 18. Lebensjahr einsetzt, meist schon in der Kindheit. Knaben sind dabei viermal so oft betroffen wie Mädchen. Während der Pubertät können sich die Symptome bessern oder sogar völlig verschwinden. Das betrifft immerhin zwei Drittel der Kinder. Bei den anderen gehen die Tics zumindest so weit zurück, dass sie nicht mehr als störend empfunden werden. Die Prognose ist beim Tourettesyndrom somit generell als günstig einzustufen. Wer dagegen großes Pech hat, den begleitet die Erkrankung sein ganzes Leben lang. In Deutschland betrifft das etwa 800 000 Menschen. Glücklicherweise ist aber nur ein geringer Teil davon so stark betroffen, dass die Erkrankung auch behandelt werden muss. Andererseits wird das Tourettesyndrom zu nahezu 90 % von anderen psychischen Erkrankungen begleitet. Dazu gehören das ADHS, Zwangsstörungen, Depressionen, Angststörungen und soziale Phobien. Das wiederum kann zu einer stärkeren Beeinträchtigung der Lebensqualität Betroffener führen. Ein von Komorbiditäten freies und somit „reines“ Tourettesyndrom stellt dagegen doch eher die Ausnahme dar.

15. Multiple Persönlichkeit

Das Thema der psychischen Traumatisierung und ihrer Folgen haben wir bereits bei den posttraumatischen Belastungsstörungen bearbeitet. Wer jedoch seit frühester Kindheit, also vor dem fünften Lebensjahr, wiederholt massiv sexuell oder körperlich missbraucht wurde, vielleicht sogar in ritualisierter Form, oder wer in dieser Zeit extrem vernachlässigt wurde, möglicherweise bis zur völligen Verwahrlosung, der läuft in hohem Maße Gefahr, an einer sogenannten dissoziativen Identitätsstörung zu erkranken. Natürlich reagiert nicht jeder Mensch auf belastende Lebenssituationen gleich mit einer psychischen Dissoziation. Schließlich haben die individuelle Persönlichkeit sowie die entsprechenden Umweltbedingungen ebenfalls einen großen Einfluss auf die Entstehung dissoziativer Störungen. Aber wenn sich hier durch unglückliche Umstände das eine zum anderen fügt, dann ist die Wahrscheinlichkeit durchaus gegeben. Bei dem Formenkreis der dissoziativen Störungen handelt es sich eigentlich um eine sehr heterogene Gruppe von psychiatrischen Erkrankungen, deren gemeinsames Merkmal die Dissoziation ist. Unter Dissoziation versteht man eine Trennung, Abspaltung, Aufspaltung bzw. die Zerlegung des Bewusstseins und damit bewusster oder unbewusster psychischer Inhalte. Im schlimmsten Fall die Zergliederung der menschlichen Identität. Damit geht die integrative Funktion des Bewusstseins, der Wahrnehmung und des Gedächtnisses teilweise oder vollständig verloren. Wie soll man das verstehen? Nun, unter normalen, das heißt gewöhnlichen Umständen empfindet der gesunde Mensch sein Ich als eine Einheit von Wahrnehmungen, Empfindungen, Gedanken, Erinnerungen, Gefühlen und Handlungen. Das alles gibt dem Menschen ein stabiles Bild seiner eigenen Identität. Doch bei den dissoziativen Störungen zerbricht diese stabile Einheit. Und zwar dahingehend, dass die drei Funktionseinheiten des Bewusstseins, namentlich Wahrnehmung, Gedächtnis und Identität, die dafür Sorge tragen, dass unsere Erfahrungen im Alltag zu einem persönlichen Gesamtzusammenhang gebündelt werden, schlicht und ergreifend auseinanderfallen. Die schwerste Form dieser pathologischen Aufspaltung menschlicher Einheit begegnet uns in dem Krankheitsbild der multiplen Persönlichkeitsstörung. Sie ist sozusagen das Sinnbild für die erwähnte Novelle von Dr. Jekyll und Mr. Hyde. Denn hier besitzt ein Erkrankter tatsächlich mehrere abgespaltene Persönlichkeitsanteile. Diesen Patienten ist es damit nicht mehr gegeben, ihre psychischen Vorgänge als eine Einheit zu bewahren. Was resultiert, sind zwei oder mehr verschiedene Persönlichkeiten, vereint in einem einzigen Individuum. Im Schnitt sind es acht bis zehn Einzelpersonen, die einem bei der multiplen Persönlichkeitsstörung begegnen. Im Extremfall können es aber auch mehr als 100 Identitäten in einem Individuum sein. Frauen weisen durchschnittlich 15 Teilidentitäten auf und damit tendenziell etwas mehr als Männer, die auf weniger als zehn Teilpersönlichkeiten kommen. Es hat sich eingebürgert, die Hauptpersönlichkeit als „Host" zu bezeichnen. Der Begriff kommt aus dem Englischen und meint so etwas wie einen Gastgeber oder Wirt. Die abgespaltenen Persönlichkeiten werden hingegen als „Alters" bezeichnet. Das Wort geht zurück auf das englische Verb „to alternate", was so viel wie wechseln oder abwechseln bedeutet. Die verschiedenen Persönlichkeiten zeichnen sich durch ganz verschiedene Charaktere, Fähigkeiten, Vorlieben, Abneigungen und Erinnerungen aus. Sie unterscheiden sich auch im Hinblick auf Alter, Geschlecht, Sprache und Namen. Sie existieren nebeneinander, wechseln sich ab und wissen in der Regel nichts voneinander. Ausgelöst wird der Wechsel der Persönlichkeiten oft durch belastende Ereignisse, entweder in der Partnerschaft und der Familie oder im näheren sozialen Umfeld bzw. dem Beruf. Für gewöhnlich dauert es nur wenige Sekunden, in denen sich der Wechsel vollzieht. Äußerlich beobachten lässt sich dabei gelegentlich ein kurzes Verdrehen der Augen, ein Flattern der Augenlider oder das Ziehen von Grimmassen, die Ausdruck der „Umschaltung" sein können. Von den Betroffenen selbst wird dieser Wechsel der Teilpersönlichkeiten nicht bewusst wahrgenommen. Es entstehen somit spezifische Gedächtnislücken, Amnesien genannt, die kennzeichnend sind für multiple Persönlichkeiten. So können sich die Betroffenen nicht mehr daran erinnern, wer den Einkaufszettel auf ihrem Tisch geschrieben hat. Oder sie wissen nicht mehr, wie sie an den Ort, an dem sie sich augenblicklich befinden, gekommen sind. Das geschieht, weil die einzelnen Identitäten abwechselnd die Kontrolle über das Erleben und Verhalten der Primärpersönlichkeit übernehmen. Bestimmte Identitäten können dabei zeitweise die Aktivitäten der anderen Teilpersönlichkeiten stören oder unterbrechen. Einige Teilidentitäten können andere in unangenehme Situationen bringen, insbesondere wenn sie miteinander verfeindet sind und einander bekämpfen. Andere wiederum arbeiten konstruktiv zusammen. Auch kann eine Teilidentität, die aktuell keine Kontrolle ausübt, versuchen sich durch die Produktion akustischer oder visueller Halluzinationen einen Zugang zum Bewusstsein zu bahnen. Mit einer Schizophrenie hat das Ganze nichts zu tun, weil bei den Teilpersönlichkeiten keine wahnhaften Realitätsverzerrungen vorliegen und somit die Realitätsprüfung bei jeder einzelnen von ihnen einen unauffälligen Befund ergibt. Das Krankheitsbild ist also nicht psychotischer Natur. Die multiplen Persönlichkeiten reagieren nicht auf antipsychotische Psychopharmaka. Das Krankheitsbild wird auch nicht durch Drogen, hirnorganische Krankheiten oder durch Operationen verursacht. Alles in allem klingt das recht skurril. Ist es auch, wenn man ehrlich ist. Und so ist die Diagnose samt den dazugehörigen Erklärungen in Fachkreisen äußerst umstritten. Manche zweifeln ihre Existenz auch vollständig an. Auf der anderen Seite gibt es zahlreiche Fallschilderungen, die sich nicht einfach wegdiskutieren lassen, insbesondere aus den USA. Außerdem sind multiple Persönlichkeitsstörungen nicht kulturell gebunden. Sie lassen sich in verschiedenen Kulturkreisen weltweit finden. Man kommt folglich nicht umhin das Phänomen ernst zu nehmen und zu erforschen. Insbesondere Letzteres hat dazu geführt, dass das Krankheitsbild als psychische Diagnose 1980 Aufnahme in das amerikanische Diagnosehandbuch DSM-III gefunden hat und rund zehn Jahre später auch in die ICD-10 der WHO eingearbeitet wurde. Damit haben sich inzwischen die dissoziativen Störungen als Oberbegriff einer spezifischen Krankheitsgruppe weltweit etabliert. Von einer multiplen Persönlichkeitsstörung spricht allerdings heute niemand mehr. Diese Bezeichnung wurde nämlich zugunsten des Terminus „dissoziative Identitätsstörung" aufgegeben. Denn heute geht man davon aus, dass es sich bei der dissoziativen Identitätsstörung im Grunde um einen komplexen Abwehrmechanismus handelt. Erreicht das Erlebte ein Übermaß an Trauer, Angst und Schmerz, werden innerpsychisch neben dem eignen Ich weitere Persönlichkeiten erschaffen und abgespalten. Die Traumata werden dann an diese Persönlichkeiten übergeben und das Ich blendet die Erinnerungen aus. Getreu dem Motto „Das alles ist ja gar nicht mir passiert, sondern einem anderen". Auf diese Weise wird das eigene Ich geschützt, indem ihm die Chance gegeben wird, ein mehr oder minder „normales" Leben zu führen. Den verschiedenen Persönlichkeitsanteilen werden nach und nach eigene Namen gegeben sowie ein eigenes Alter und ein eigenes Geschlecht zugeordnet. Die Aufspaltung der Psyche ist damit vollzogen und der Verdrängungsmechanismus als Überlebensstrategie greift. Nur die kindliche Psyche besitzt eine derartige Flexibilität und erhöhte Fähigkeit zur Dissoziation. Das liegt an ihrer gesteigerten Verwundbarkeit. Die Grundvoraussetzung für das Entstehen einer dissoziativen Identitätsstörung wäre demnach die Fähigkeit zur Dissoziation. Doch nicht jeder Mensch besitzt diese Fähigkeit. Und so bleibt die Vorstellung vom komplexen Abwehrmechanismus eine schöne Theorie. Wohlgemerkt, eine unter vielen. Dennoch bleibt sie ein sehr aussichtsreicher Kandidat, denn die Fähigkeit zur Dissoziation ist bei Kindern, wie wir ja bereits wissen, in der Regel gut ausgeprägt. Und das spricht eindeutig für diese Theorie. Weiterhin spricht dafür, dass Studien zu dem Ergebnis kommen, dass über 90 % der Patienten mit einer dissoziativen Identitätsstörung in früher Kindheit Traumatisierungen erlitten haben. Insbesondere findet man in der Vorgeschichte von Frauen überdurchschnittlich häufig Missbrauchs- und Gewalterfahrungen. Dies würde auch erklären, warum Frauen mit einem Verhältnis von neun zu eins sehr viel häufiger von einer dissoziativen Identitätsstörung betroffen sind als Männer. Zumindest was das Erwachsenenalter anbelangt. Was das Geschlechterverhältnis in der Kindheit betrifft, lassen sich derzeit keine belastbaren Aussagen formulieren. Hierzu ist die Datenlage einfach noch zu dünn. Und zu guter Letzt spricht für die Theorie des komplexen Abwehrmechanismus noch die Tatsache, dass die Patienten mit einer dissoziativen Identitätsstörung in der Regel gut von einer klassischen Traumatherapie profitieren. Hier werden die belastenden Erlebnisse Stück für Stück aufgearbeitet. Außerdem wird ein Bewusstsein für die abgespaltenen Teilidentitäten aufgebaut. Das ebnet den Weg für die Integration der verschiedenen Persönlichkeiten. Ferner lernen die Patienten mit ihrer Dissoziation richtig umzugehen. Dazu werden gemeinsam diejenigen Situationen analysiert, in denen sich das Bewusstsein vorzugsweise abspaltet. Es werden ihnen Hilfen an die Hand gegeben, mittels derer es den Patienten gelingen soll, die einsetzende Dissoziation aufzuhalten oder zu verhindern. Es gibt aber auch Autoren, die dringend von einer Integration der verschiedenen Teilpersönlichkeiten abraten, weil nach ihrer Ansicht dies von manchen Persönlichkeitsanteilen als Bedrohung ihrer Existenz empfunden werden könnte. Angst und Panik wären dann die Reaktion darauf. Vielmehr sollte deshalb das Kennenlernen der Teilpersönlichkeiten untereinander das primäre Ziel sein, um auf diese Weise eine konstruktive Kooperation zu fördern. Andere Fachleute verweisen ihrerseits wiederum darauf, dass es sich bei der dissoziativen Identitätsstörung um ein Phänomen handelt, welches iatrogen, also durch den Arzt und seine Therapie, bedingt sei. Die Störung entstehe quasi erst während der klinischen Behandlung. Eine Position, die auf Widerspruch nicht lange warten muss. Doch selbst wenn man dazu neigt, der These von der Iatrogenität zu folgen, bleibt dennoch unklar, welches Ausmaß ihr zugesprochen werden muss. Auch Experten sind sich darüber uneinig und verweisen darauf, dass es sich bei der dissoziativen Identitätsstörung schließlich um eine seltene Erkrankung handelt. So selten, dass sich bis 1980 in der Fachliteratur gerade einmal 200 Fälle fanden, deren Symptome zu einer dissoziativen Identitätsstörung passen würden. Zwar wurden seit 1980 mehr als 6000 Fälle bekannt, doch entsprechende Studien wurden nur an Patientenkollektiven mit recht geringer Stichprobengröße durchgeführt. Die Studienergebnisse fielen obendrein eher uneinheitlich aus und waren aufgrund der geringen Stichprobengröße kaum aussagekräftig. Man ist daher nicht wirklich ausreichend in der Lage, zwischen der dissoziativen Identitätsstörung und anderen Störungsbildern zu unterscheiden. Experten verweisen deshalb gerne auf Studien, welche die dissoziative Identitätsstörung in der Allgemeinbevölkerung mit einer Häufigkeit von 0,5 % angeben. Und sie deuten an, dass Studien mit Prävalenzangaben von 5 % in der Gruppe psychisch Erkrankter zumindest auf eine versorgungsrelevante Häufigkeit hindeuten. Es gibt aber auch Experten, die in der dissoziativen Identitätsstörung kein eigenständiges Krankheitsbild sehen wollen. Sie vermuten eher eine Extremvariante dissoziativer Störungen, die sich im Rahmen einer Borderline-Persönlichkeitsstörung abspielt. Tatsächlich ist die dissoziative Identitätsstörung häufig mit Persönlichkeitsstörungen vom Borderline-Typ oder schizotypischen Persönlichkeitsstörungen assoziiert. Sie geht aber genauso häufig auch mit anderen psychischen Störungen wie Depressionen, Ängsten, Phobien, Substanzmissbrauch, posttraumatischen Belastungsstörungen oder einer Schizophrenie einher. Patienten mit einer dissoziativen Identitätsstörung leiden somit unter einer Vielzahl psychiatrischer, neurologischer und anderer Symptome. Durch diese komorbiden Störungen wird die dissoziative Identitätsstörung häufig überdeckt. Wird sie vor diesem Hintergrund nicht aktiv erfragt, läuft sie Gefahr, häufig fehldiagnostiziert zu werden. Und das ist für den Patienten bitter, weil nachweislich keine medikamentöse Behandlung etwas gegen die dissoziative Identitätsstörung bewirken kann. Der heilende Ansatz ist und bleibt hier psychotherapeutisch. Eine medikamentöse Behandlung ist nur bei den komorbiden Störungen wirksam.

16. Dissoziative Trance- und Besessenheitsstörung

Mit der dissoziativen Trance- und Besessenheitsstörung kommen wir jetzt zu einem äußerst heiklen Thema, das uns in ein nach wie vor stark umstrittenes Grenzgebiet führt. Umstritten in der heute wissenschaftlich-medizinisch geprägten Psychiatrie, genauso wie in der christlichen Theologie. Im Prinzip geht es um eine ganz einfache Frage. Ist es möglich, dass Menschen durch fremde geistige Wesen in Besitz genommen werden können? Ja, sagen die einen, nein, purer Aberglaube, die anderen. Wer von beiden hat nun Recht? Versuchen wir eine Antwort darauf zu finden. Zunächst einmal muss ganz nüchtern konstatiert werden, dass unter dem Begriff der Besessenheit sowohl im wissenschaftlichen wie auch im alltäglichen Sprachgebrauch eine Vielzahl unterschiedlichster Phänomene subsumiert werden. Eine allgemeingültige Definition existiert nicht. Das liegt daran, dass das Phänomen der Besessenheit in höchstem Maße kulturell geprägt und von daher äußerst variabel ist. In praktisch allen Kulturen und zu allen Zeiten wurde die Besessenheit als Erscheinung menschlicher Bewusstseinszustände und Verhaltensweisen beschrieben. Der einzige gemeinsame Nenner dieser Beschreibungen markiert die Besessenheit als eine Beeinflussung des Menschen durch äußere Kräfte, die stärker und mächtiger sind als er selbst. Die Weltgesundheitsorganisation kennt in ihrer ICD-10 Trance- und Besessenheitszustände. Sie gruppiert diese mit dem Diagnoseschlüssel F44.3 unter den dissoziativen Störungen ein. Beschrieben wird das Krankheitsbild als zeitweiliger Verlust der persönlichen Identität und der vollständigen Wahrnehmung der Umgebung. Erwähnt wird, dass sich der Patient in Einzelfällen so verhält, als ob er von einem anderen Geist oder einer Macht beherrscht wird. Auch wird ausdrücklich hervorgehoben, dass unter dem Krankheitsbild nur Trancezustände zu klassifizieren sind, die unfreiwillig oder ungewollt sind und die außerhalb von religiösen oder kulturell akzeptierten Situationen auftreten. Im DSM-5 der Amerikanischen Psychiatrischen Vereinigung (APA) finden Trance- und Besessenheitszustände ebenfalls Erwähnung. Allerdings nicht als eigene Rubrik, sondern als nicht näher bezeichnete dissoziative Störung. Für die Amerikaner sind Trance- und Besessenheitszustände demzufolge nichts weiter als eine Variante der dissoziativen Identitätsstörung. Wichtig an dieser Stelle ist zu betonen, dass die Erwähnung der Besessenheit in den beiden wichtigsten Diagnosehandbüchern der Welt keineswegs damit gleichbedeutend ist, dass hinter den Krankheitsbildern eine Dämonologie im theologischen Sinne angenommen oder gar anerkannt wird. Im Gegenteil, denn für die moderne Psychiatrie spielt die metaphysische oder theologische Dimension überhaupt keine Rolle. Besessenheit ist für sie nichts weiter als eine psychische Störung. Und jeder Gedanke, der in irgendeiner Weise religiös gefärbt erscheint, wird dabei als geradezu krankhaft angesehen. Hinter der Besessenheit vermuten sie vielmehr einen pathogenetisch relevanten dissoziativen Mechanismus. Völlig anders sieht das die christliche Theologie, namentlich in der Gestalt der katholischen Kirche. Sie blickt dabei auf ein zweitausendjähriges Erbe zurück und verweist auf das exorzistische Wirken Jesu. Mag ja sein, wird man vielleicht jetzt denken, aber ist das heute noch zeitgemäß? Hat es irgendeine Berechtigung? Oder gehört es nicht doch besser in das Mittelalter und damit in die Geschichtsbücher? Auf den ersten Blick würde man sagen, nein, es hat keine Bedeutung mehr, denn in einer kritisch-rationalen säkularisierten Gesellschaft der Moderne haben Geister und Dämonen überhaupt keinen Platz mehr. Für unsere Gesellschaft sind das Ammenmärchen, Deutungsversuche einer archaischen Gesellschaft, die nicht aufgeklärt war und hilflos mit den damaligen Mitteln nach Sinngebung gesucht hat. Ein Relikt vergangener Zeiten und Ausdruck größter Rückständigkeit. Aber auf den zweiten Blick muss man leider bei kritischer Analyse doch ein deutliches Ja aussprechen. Besessenheit hat nach wie vor eine tragende Bedeutung und ist heute genauso aktuell wie damals vor 2000 Jahren. Wohlgemerkt, leider. Warum nun dieses Ja? Aus mehreren Gründen. Wenn wir uns über Besessenheit, Dämonen und deren Austreibung mittels Gebet, sprich den Exorzismus, unterhalten, dann sprechen wir in Wahrheit über das Böse. Können wir vielleicht noch Geister und Dämonen leugnen, das Böse aber können wir nicht leugnen. Es war und ist in unserer Welt allgegenwärtig. Autoritäre Regime, Kriege, Folter, Vertreibungen, Vergewaltigungen, Morde, mutwillige Zerstörungen, Terrorismus und Amokläufe, man braucht nur hinzusehen. Niemand, der auch nur einen Funken gesunden Menschenverstandes besitzt, kann das bezweifeln. Doch was genau ist das Böse und woran erkennt man es? Um das herauszuarbeiten, nehmen wir uns als Beispiel das berüchtigte ehemalige Gefängnis Tadmur in Syrien. Das Regime folterte dort Zehntausende unschuldiger Menschen. Ein von den Gefangenen geprägter Spruch lautete: „Wer nach Tadmur kommt, ist verloren. Wer Tadmur verlässt, ist wiedergeboren.“ Diesen Spruch kann man gut nachvollziehen, wenn man weiß, dass die Wärter die Gefangenen beim täglichen Freigang mit Eisenstangen schlugen und sie auch zwangen sich gegenseitig zu verletzen. Häftlinge berichteten diesbezüglich vom „Blutbaden“. Um das Böse zu analysieren, ist es nicht notwendig, die Aussagen Zehntausender zu sichten. Die folgenden wenigen Aussagen Betroffener reichen schon völlig aus.

„Der Tod kann dich jeden Moment einholen – entweder als Folge der Folter und der Brutalität der Wärter, durch Krankheit oder bei einer Hinrichtung.“

ehemaliger Gefangener

„Das Leben bestand aus Folter und daraus, auf die Folter zu warten.“

ehemaliger Gefangener

„Wir freuten uns gemeinsam, wenn einer die Folter überlebte, und kümmerten uns um das, was von unseren Freunden übrig blieb."

ehemaliger Gefangener

„Die Zellen waren oft so voll, dass wir uns Fuß an Fuß aneinanderdrängten. Zum Essen gab es drei Oliven pro Person, ein Ei teilten wir uns zu acht und dazu etwas Bulgur, Reis oder Brot, auf das die Wärter oft urinierten."

ehemaliger Gefangener

„Ich wurde an 20 weitere Häftlinge gekettet. Anschließend wurde einer von uns vom Lkw gestoßen, wobei dann alle hinterherfielen. Dann steckten sie dich mit Füßen und Kopf zuerst durch einen engen Reifen – wie bei einem Sandwich. Zwei bis vier Männer schlugen dann auf dich ein. Manche Häftlinge konnten danach nie wieder laufen, andere starben durch die ‚Istiqbal'-Folter bereits kurz nach ihrer Ankunft im Gefängnishof."

ehemaliger Gefangener

Die letzte Aussage beschreibt die sogenannte „Willkommensparty" des Gefängnisses. Also das, was die Neuankömmlinge gleich zu Beginn ihrer Gefangenschaft erwartete. Die Wächter, so wurde übereinstimmend berichtet, freuten sich schon sehr darauf. Kein Zweifel daran, dass ihnen die „Arbeit" großen Spaß und Freude bereitete. Es ist von daher sehr aufschlussreich für das weitere Verständnis, wenigstens einen von diesen Wärtern, eine repräsentative Stimme, zu Wort kommen zu lassen:

„Du Hurensohn. Ich bin Herr über Leben und Tod."

ehemaliger Wächter

Ja, Tadmur war offensichtlich ein echtes Königreich des Todes und des Wahnsinns zugleich. Es war die Hölle auf Erden, ein Reich des Bösen. Schauderhaft und abscheulich, aber es gibt uns tiefe Einblicke in seine geistige Struktur, in seine Vorlieben und Verhaltensweisen. Kein Zweifel, das Böse ist zerfressen von Zorn und Hass. Diese sind gleichsam seine Grundnahrungsmittel. Liebe, Zuneigung und menschliche Bindungen dagegen sind ihm ein Gräuel. Fruchtbaren Boden findet es nur bei Menschen, die immerfort Spaltungen hervorrufen, sich gegeneinander aufhetzen und zur Gewalt neigen. Vernichtung, Zerstörung und Entwürdigung der Schöpfung, das ist sein Ziel. Etwas, das rein, gut, gesund, schön und harmonisch ist, ist für das Böse unerträglich. Sofort trachtet es danach, derartiges auszulöschen und zu vernichten. Das klingt ziemlich dumm und primitiv. Ist es aber nicht, im Gegenteil. Das Böse ist hochintelligent. Es ist aber keine rationale logisch-mathematische Intelligenz, die ihm innewohnt, sondern vielmehr eine Art emotionale Intelligenz. Besser gesagt, so etwas wie eine negative emotionale Intelligenz. Eben eine diabolische Intelligenz. Denn das Böse ist in der Lage, Gefühle gut einzuschätzen und zu beeinflussen. Es kann Emotionen steuern und motivieren, alles im destruktiven Sinne, versteht sich. Das Böse selbst ist eine unsichtbare Macht. Nur seine Wirkungen werden für uns sichtbar. Wir können es nicht sehen, schmecken, riechen oder mit sonst irgendeinem Sinnesorgan erfassen. Nur unser geistiges Auge vermag das Böse zu erkennen, weil es eben ein geistiges Wesen ist. Dieses Wesen ist vollkommen pervertiert. Mit Freude verbreitet es Angst und Schrecken. Es genießt förmlich die Todesangst anderer, der Opfer und der Gesellschaft. Das gibt ihm den besonderen Kick, eine Art Hochgefühl oder Rausch, verbunden mit der Empfindung von Überlegenheit. Deshalb spielt es sich gerne auf als „Herr über Leben und Tod". Und das obwohl es weder Leben erschaffen noch gegen den Tod etwas ausrichten kann. Es tut nur so. Das Böse ist ein Illusionist, der sich und anderen etwas vormacht. Im Grunde ein armes Würstchen oder das, was man im Volksmund eine „arme Sau" nennt. Total verrückt und angefüllt mit Minderwertigkeitskomplexen. Fast könnte man Mitleid haben, wenn es nicht so brandgefährlich wäre. Ja, bringen wir es auf den Punkt. Das Böse ist ein geistiges und entartetes Wesen, das sich von den Abfällen menschlicher Emotionen nährt. Das ist es, was ihm Kraft und Stärke verleiht. Nichts anderes. Es agiert gerne im Hintergrund, im Verborgenen, im Dunklen. Dort, wo man es nicht einmal im Fieberwahn vermuten würde. Es ist ein Meister der Tarnung und des Versteckspiels. Am liebsten wäre es ihm, wenn man seine Existenz negieren würde, glauben würde, es existiere gar nicht. Dann könnte es nämlich in Ruhe sein unheilvolles Werk fortsetzen, ungestört und unbehelligt. Ohne Gefahr laufen zu müssen, dass sich ihm einer in den Weg stellt. Aus diesem Grunde vermeidet es das Böse in der Regel, seine Gegenwart offenzulegen, sich zu verraten, sich vor den Augen anderer zu manifestieren. Es scheut das Licht und entflieht so dem Auge der Öffentlichkeit. Mit Vorliebe verbirgt es sich dementsprechend hinter dem Bewusstsein eines Menschen. Hinter der Bühne sozusagen, ohne selbst in Erscheinung zu treten. Im Vordergrund ist nur das Bewusstsein der Person. Das Böse sitzt dahinter, in der menschlichen Psyche, wo es seine Wohnstätte nimmt. Von dort kontrolliert und manipuliert es das Bewusstsein der Zielperson mithilfe der Gedanken. In einem solchen Fall sprechen wir von einer nichtmanifesten Besessenheit. Wir sehen nur einen Menschen, den netten jungen Mann von drüben, der immer so nett grüßt, und sind völlig konsterniert, wenn dieser plötzlich und unerklärlicherweise böse Dinge tut. Wie konnte das geschehen? Nie hätten wir ihm so etwas zugetraut. Aber in seiner Psyche tobte ein unerbittlicher Kampf. Ein regelrechter Krieg auf dem spirituellen Schlachtfeld der Gedanken, von dem niemand etwas mitbekommen hat. Wie weise spricht doch der Talmud:

> Achte auf deine Gedanken, denn sie werden Worte.
> Achte auf deine Worte, denn sie werden Handlungen.
> Achte auf deine Handlungen, denn sie werden Gewohnheiten.
> Achte auf deine Gewohnheiten, denn sie werden dein Charakter.
> Achte auf deinen Charakter, denn er wird dein Schicksal.

Es ist wichtig, ein Gefühl dafür zu bekommen, ein Gespür für das Böse. Schauen wir uns deshalb am besten gleich ein paar Beispiele an. Sie dokumentieren auf sehr eindrückliche Weise die Existenz einer nichtmanifesten Besessenheit. Fritz Haarmann (1879–1925), der Werwolf von Hannover, war ein Massenmörder. In der Zeit zwischen 1918 und 1924 ermordete er mindestens 24 Menschen. Alle seine Opfer waren männlich. Ihr Alter lag zwischen 10 und 22 Jahren. Haarmann war ein Polizeispitzel und hatte den Auftrag, sich im verruchten Hannoveraner Bahnhofsmilieu, das von Heimatlosen, Gaunern und Prostituierten bevölkert wurde, umzuhören. Dort sprach er auch seine Opfer an, indem er ihnen Unterkunft und Essen anbot. Als Gegenleistung wollte Haarmann Sex von ihnen. Das war damals nichts Unübliches, denn in Deutschland herrschten Hunger und Verzweiflung. Da gehörte es zur Normalität, dass man sich für eine warme Mahlzeit und ein Bett prostituierte. Seine Opfer wählte Haarmann sorgfältig aus. Jung und hübsch mussten sie sein. Nachdem er bekam, was er verlangte, mordete Haarmann auf bestialische Weise. Getrieben von sexueller Raserei biss er seinen Opfern im Blutrausch die Kehle durch. Dann zerstückelte er die Leichen fachmännisch mit einem Beil und warf die Leichenteile in den Fluss Leine. Im Mai 1924 fanden spielende Kinder Schädel und Knochen am Ufer. Das wurde Haarmann zum Verhängnis. Er wurde verhaftet, überführt und zum Tode durch das Fallbeil verurteilt. Vor Gericht zeigte Haarmann keine Spur von Reue oder einem schlechten Gewissen. Die Jungs, die er mitgenommen hatte, das seien doch nur Puppenjungs gewesen. Das Urteil am 19. Dezember 1924 nahm Haarmann teilnahmslos entgegen. Am 15. April 1925 wurde es vollstreckt. Haarmann soll gefasst gewesen sein. Er habe gut gegessen, mit großem Appetit. Nur den Genuss von Alkohol soll er abgelehnt haben, um frisch zu bleiben für die Hinrichtung. Auf dem Weg zur Guillotine fragte ihn sein Psychiater, ob er noch etwas zu sagen habe. Haarmanns Antwort: „Köppen, und damit fertig." Als er dann auf dem Brett der Guillotine festgeschnallt wurde, verabschiedete sich Haarmann mit den Worten „Auf Wiedersehen". Um 6 Uhr morgens löste der Scharfrichter Carl Gröpler aus Magdeburg den Sperrmechanismus des Fallbeils und der Fall Haarmann war damit Geschichte. Aber noch nicht ganz zu Ende. Denn fortan interessierte sich die Wissenschaft für den Kopf des Mörders. Wissenschaftler glaubten nämlich anhand der Gesichtsform Verbrecher erkennen zu können. Und sie glaubten im Gehirn entsprechende Areale für das Gute und das Böse im Menschen finden zu können. Doch die erhofften wissenschaftlichen Erkenntnisse blieben aus und der wissenschaftliche Glaube entpuppte sich als Irrglaube. Nein, das Böse hinterlässt im Körper keine Spuren und es hat auch kein anatomisches Korrelat. Sein Metier ist das Unsichtbare, sind die Gedanken, die wir nicht nachweisen können. Der zweite Fall von nichtmanifester Besessenheit ist Peter Kürten (1883–1931), der als Vampir von Düsseldorf traurige Berühmtheit erlangte. Kürten erhielt seinen Spitznamen, weil er im Rausch das Blut einiger seiner Opfer aus zugefügten Halswunden trank. Äußerlich schien er völlig unauffällig. Ein adretter, kluger, höflicher und charmanter Mann. Doch im Innern taten sich Abgründe auf. Kürten war kaltblütig und weidete sich am Leiden seiner Opfer. Er liebte es förmlich, andere zu quälen. Hammer, Dolch und Schere, das waren seine Mordwaffen. Es fiel nämlich auf, so die Beweisanalyse der Düsseldorfer Polizei, dass fast alle

Opfer Kürtens identische Schädelverletzungen aufwiesen. Seine erste Bluttat beging der Serienmörder 1913, als er bei einem nächtlichen Einbruch von der damals neunjährigen Christine Klein überrascht wurde. Für das Mädchen war es das Todesurteil. Man fand ihre Leiche am nächsten Morgen im Kinderzimmer mit durchgeschnittener Kehle. Zur Serie von Morden kam es jedoch erst gut 16 Jahre später. Zwischen Februar und November 1929 fiel Kürten offensichtlich in einen Blutrausch. Innerhalb kürzester Zeit tötete er acht Menschen. Aus Gier nach sexueller Befriedigung, wie er zu Protokoll gab. Menschliches Blut bereitete Peter Kürten große Freude. Sein Anblick brachte ihn zur Ejakulation. Immer wieder betonte er seinen starken, geradezu krankhaft gesteigerten sexuellen Trieb. Er habe einem Zwang gehorchend gemordet, vergleichbar dem Zwang, der einen Hund oder einen Eber zur Begattung treibt. Doch die vier bestellten psychiatrischen Gutachter sahen das anders. Sie attestierten dem Angeklagten volle Zurechnungsfähigkeit. Kürten blieb damit nichts anderes übrig, als sich seiner Verantwortung zu stellen. Der Verantwortung für den Mord an Christine Klein und der Schülerin Rosa Ohlinger, die er bis zur Bewusstlosigkeit würgte und auf die er anschließend 13-mal einstach. Für den Mord an dem invaliden Rudolf Scheer, den er mit 20 Stichen umbrachte. Und für den Mord an Maria Hahn. Mit ihr hatte er einvernehmlichen Geschlechtsverkehr, erlebte aber im Gegensatz zu ihr keine sexuelle Befriedigung. Erst als er ihr kurze Zeit später mit einer Schere in den Hals stach und ihr Blut trank, löste das eine sexuelle Erregung bei ihm aus. Verantworten musste sich Kürten ferner für den Mord an den beiden Mädchen Luise Lenzen und Gertrud Hamacher, die er erdrosselte und mit mehrfachen Stichen tötete, sowie für den Mord an Ida Reuter und Elisabeth Dörrier, die er beide mit mehrmaligen Hammerschlägen auf den Kopf umbrachte. Auch für seinen letzten Mord an der fünfjährigen Gertrud Albermann, die er sexuell missbrauchte und auf deren kleinem Körper die Gerichtsmediziner insgesamt 34 Stichwunden zählten, musste Kürten sich verantworten. Lange Zeit war das Phantom, das unberechenbar und meist abends zuschlug, den Ermittlern entwischt. Nicht zuletzt aufgrund kapitaler Fehler bei den Ermittlungen. Doch als zwei überlebende Opfer, Gertrud Schulte und Maria Budlies, Kürten identifizierten, verließ diesen, wie es der damalige Oberstaatsanwalt Otto Steiner formulierte, sein „satanisches Glück". Kürten wurde am 24. Mai 1930 verhaftet und vor Gericht gestellt. Erwartet wurde ein langwieriger Prozess, schon aufgrund der Fülle und Schwere der Taten, aber es kam ganz anders. Bereits nach zehn Tagen war die Gerichtsverhandlung beendet, weil der Delinquent äußerst bereitwillig über seine Taten Auskunft gab. Und das bis ins kleinste Detail. Im April 1931 wurde Kürten wegen neunfachen Mordes und des Mordversuchs in sieben Fällen für schuldig befunden und zum Tode verurteilt. Die Vollstreckung erfolgte am 2. Juli 1931 in Köln, um 6 Uhr in der Früh. Nach der Exekution wurde der kopflose Leichnam zur Bestattung freigegeben. Den Kopf übergab man der Wissenschaft, um ihn auf Abnormitäten zu untersuchen. Man wollte eine Erklärung für die ungeheure Mordlust und Grausamkeit im Gehirn des Mörders finden. Aber das Gehirn Kürtens war völlig normal. Für jemanden, der das Böse und seine Arbeitsweise kennt, kein bemerkenswerter Befund. Bemerkenswert ist dagegen, dass den Serienmörder während seiner Haft eine Frage in eigener Sache bewegte. Diese richtete er, wohl in der Erwartung einer bevorstehenden Todesstrafe, an den Rechtsmediziner Karl Berg. Er fragte ihn nämlich:

„Sag, wenn mein Kopf abgeschlagen wurde, bin ich dann noch in der Lage zu hören, wie das Blut aus meinem Hals strömt? Das wäre eine große Freude."

Bemerkenswert ist auch die Wandlung Kürtens. Seine Umkehr während der letzten 24 Stunden. Die Nacht vor seiner Hinrichtung verbrachte Kürten schlaflos im Beisein von zwei Geistlichen und seinem Verteidiger. Er schrieb in dieser Nacht 13 Briefe, unter anderem an den Gefängnisdirektor, aber auch an seine Frau und die Angehörigen der Opfer. Ganz offensichtlich reuten ihn seine Taten. Besonders deutlich wird dies in dem Brief an die Angehörigen der getöteten Maria Hahn. Kürten schrieb:

„In meiner Todesstunde fühle ich besonders das schwere Leid, das ich Ihnen zugefügt habe, und bereue es aus tiefstem Herzen."

Und an die Angehörigen der kleinen Rosa Ohliger schrieb er:

„In meinem Schlusswort in der Hauptverhandlung hatte ich Sie bereits schon gebeten, wenn es Ihnen möglich sein sollte, das große Unrecht, das ich Ihnen zugefügt habe, mir zu verzeihen. Bevor ich meinen letzten Gang antrete, bitte ich Sie nochmal von ganzem Herzen um Verzeihung. Ich war von einem Wahn befangen und wusste nicht, was ich tat. Es tut mir aufrichtig leid."

Der Wahn, von dem Kürten spricht, ist nichts anderes als das Böse. Viel zu lange hat er diesem sein Ohr geneigt. Und viel zu oft ist er seinen Eingebungen gefolgt. Er hat dem Bösen viel zu viele Gelegenheiten gegeben, seinen Geist zu vergiften. Am Ende wurde dieser vergiftete Geist sein Schicksal. Aber es war auch noch etwas anderes in ihm. Etwas, das ganz unverhofft am Ende seines Lebens zum Vorschein kam. Etwas, das Reue zeigte und nach Vergebung verlangte. Etwas, das sich vom Bösen abwandte und umkehrte. Es war das Gute in ihm, das aus Kürten sprach und das auch angesichts des bevorstehenden Todes keine Selbstverständlichkeit darstellte. Als schlimmes Gegenbeispiel sei hier nur an den amerikanischen Serienmörder Carl Panzram (1891–1930) erinnert, der bei seiner Hinrichtung zum Henker sagte:

„Ja, beeil dich, du hinterwäldlerischer Bastard! Ich könnte zehn Männer umbringen, während du herumtrödelst!"

Der böseste Mann im Gefängnis, so wurde Panzram genannt. Und er blieb es bis zum Schluss. Ähnlich wie Mohammed Emwazi, unser drittes Fallbeispiel einer nichtmanifesten Besessenheit. Emwazi oder „Jihadi John", wie er später genannt wurde, war der berüchtigte

Henker des selbst ernannten Islamischen Staates (IS), sein öffentliches Gesicht, wie man so schön sagt. Emwazis Aufgabe beim IS war es, westliche Geiseln zu bewachen. Er führte auch Lösegeldverhandlungen mit europäischen Beamten. Im August 2014 trat Emwazi erstmals vor die Kamera, schwarz vermummt und mit einem Messer in der Hand. Nur die Augen waren erkennbar. In englischer Sprache und mit ausgeprägtem Londoner Akzent verkündete Emwazi, dass er jetzt den amerikanischen Journalisten James Foley hinrichten werde. Was dann folgte, sorgte weltweit für blankes Entsetzen. Weitere Opfer schlossen sich an. Erst der amerikanisch-israelische Journalist Steven Sotloff, dann die Japaner Kenji Goto und Haruna Yukawa sowie der amerikanische Entwicklungshelfer Peter Kassig und die Briten Alan Henning und David Cawthorne Haines. Sie alle wurden vor laufender Kamera enthauptet. Und Emwasi war noch an weiteren Enthauptungen beteiligt. Was ist das nur für ein Mensch, der so etwas tut? Kein Mensch, sondern eine Bestie. Und so titelten die Tageszeitungen auch: „Tod einer Bestie", als Emwazi in einem Fahrzeug am 12. November 2015 in ar-Raqqa von einer US-amerikanischen Drohne in tausend Stücke gerissen wurde. Mensch oder Bestie? Wo hört das eine auf und wo beginnt das andere? Der spanische Journalist Javier Espinosa könnte hierüber vielleicht Auskunft geben. Er wurde im September 2013 von Dschihadisten in Syrien entführt. 194 Tage verbrachte Espinosa in der Gewalt des Islamischen Staates, bis er im März 2014 wieder freigelassen wurde. Während seiner Gefangenschaft ist er auch Mohammed Emwazi begegnet. Espinosa berichtete darüber, dass Emwazi großen Spaß an „grausigem Theater" hatte. Er wollte immer, so Espinosa wörtlich, das „maximale Drama". Der spanische Reporter berichtet von brutaler Folter. So sei der russische Ingenieur Sergej Gorbunow so schlimm gefoltert worden, dass er vor seiner Hinrichtung den Verstand verloren habe. Und er berichtet von vielen Scheinhinrichtungen. Emwazi und die anderen Bewacher hätten diese Form des grausigen Schauspiels geliebt. Espinosa selbst hat am eigenen Leibe einen derartigen Psychoterror erleben müssen. Nämlich als Emwazi die gut einen Meter lange Klinge eines alten Schwertes an seinen Nacken ansetzte und ihn fragte:

„Spürst du das? Kalt, oder? Kannst du dir den Schmerz vorstellen, wenn die Klinge schneidet? Ein unvorstellbarer Schmerz."

Dann setzte der Schächer die Klinge an seine Halsschlagader und sagte:

„Der erste Schnitt wird deine Venen durchtrennen. Das Blut wird sich mit deinem Speichel vermischen. Der zweite Schnitt öffnet den Hals. An diesem Punkt kannst du nicht mehr durch die Nase atmen, nur über die Kehle. Du wirst lustige, kehlige Laute von dir geben. Krümmen wirst du dich wie ein Schwein. Mit dem dritten Schlag werde ich dir den Kopf abtrennen. Den setze ich dir dann auf den Rücken."

Damit war die schaurige Vorstellung aber noch nicht zu Ende. Nun griff Emwazi zu einer Pistole und setzte sie Espinosa an die Schläfe. Dann machte es klick, klick, klick. Die Waffe war nicht geladen. Espinosa konnte für einen kurzen Moment aufatmen. Doch dann brüllte der Fanatiker, er könne ja jetzt auch seinen Freund erschießen. Espinosas Äußerungen über Emwazi sind nicht die einzigen. Auch andere freigelassene Geiseln schilderten Emwazi als kalt, sadistisch und gnadenlos. Aber auch als intelligent. Und das war er ganz sicherlich. Schließlich absolvierte Emwazi ein Informatikstudium mit 21 Jahren an der Universität in London. Trotzdem sei er voller wahnsinniger Ideen gewesen, gepaart mit einem kranken Hass auf den Westen, wo er aufgewachsen war. Er wollte mit dem islamischen Recht die ganze Welt beherrschen. Wie geht das zusammen? Was ist passiert? Wie konnte aus Mohammed Emwazi der blutrünstige IS-Henker Jihadi John werden? Lag es an den Erbanlagen? Oder an einer gestörten Gehirnbiochemie? War es die Kindheit? Oder vielleicht belastende Ereignisse im Leben? Hatte vielleicht die Sozialisation den entscheidenden Impuls gegeben? Weder noch! Was war es dann? Ganz einfach, sein freier Wille. Mohammed Emwazi wurde zu Jihadi John, weil er es wollte. Es gibt für uns Menschen viele Gründe, dem Bösen zu folgen. Bequemlichkeit, Faulheit, geistige Trägheit, Verblendung, Enttäuschung, Wut, Rache, Eigennutz, Maßlosigkeit und sexuelles Begehren, um nur einige zu nennen. Das Böse hat dabei nichts mit den Erbanlagen zu tun, nichts mit der Biochemie im Gehirn, nichts mit der Kindheit, nichts mit belastenden Lebenssituationen, nichts mit Armut oder der Sozialisation. Es hat auch nichts mit einer physischen oder psychischen Krankheit zu tun. Das Böse ist keine Zwangsläufigkeit. Es folgt keiner naturwissenschaftlichen Kausalität. Folglich kann es auch nicht naturwissenschaftlich erklärt werden. Und weil dem so ist, wird es von der Wissenschaft einfach ausgeblendet. Ähnlich wie ein Radiologe bei seiner Tätigkeit nur einen Bildbefund präzise beschreibt, dabei aber das Leiden des Patienten in der Regel völlig ausblendet. So sehen auch Rechtsmedizin, forensische Psychiatrie, Soziologie, Kriminologie und die Rechtswissenschaft nur die Auswirkungen des Bösen. Das Böse selbst sehen sie nicht. Und weil sie es nicht sehen, müssen andere Gründe dafür herhalten. Die Kindheit, die Lebensumstände, die Bezugspersonen oder was auch immer. Die Liste der sozialwissenschaftlichen und psychologischen Gründe ist nahezu unerschöpflich. Alle sind schuld, bloß nicht der Täter. Er wird, weil es das Böse für die Wissenschaft nicht gibt, reingewaschen, indem anderen die Schuld zugeschoben wird. Der Täter hingegen wird zum Opfer stilisiert. Dabei liegt die Wahrheit ganz woanders. Wo genau, wird manchmal sogar klar benannt, von den Tätern selbst übrigens. Und die wissen es schließlich am besten. Timothy McVeigh, ein US-amerikanischer Serienmörder, der bei einem Bombenanschlag 168 Menschen tötete, sagte bei seiner Hinrichtung:

„Ich bin der Herr meines Schicksals. Ich bin der Kapitän meiner Seele."

Mit anderen Worten, mein freier Wille hat entschieden. Nichts anderes. Es scheint, als wäre das Böse der Preis für unseren freien Willen, für unsere menschliche Freiheit, wie es Dr. Hans-Ludwig Kröber, Professor für Forensische Psychiatrie an der Berliner Charité, so treffend formulierte. Aber im Grunde hat das Böse keine Gewalt über den Menschen. Nur wenn dieser es ausdrücklich will und zulässt. Wenn er es dem Bösen gestattet, seine Gedanken zu vergiften und so die Kontrolle über sein Handeln zu erlangen. Wenn er mit ihm sympathisiert, weil sein Weg leichter ist und seine Eingebungen in den eigenen Gedanken und Neigungen eine Entsprechung finden, nur dann bekommt das Böse die gewünschte Macht. Und dann bezahlen wir auch den Preis für unsere Freiheit. So einfach ist das. Was lernen wir daraus? Eines vor allem. Der Mensch muss sich dem Bösen aktiv entgegenstellen, ihm keinen Raum geben, dann hat es auch keine Chance und keine Gewalt. Man muss allerdings sehr früh damit beginnen, weil auch das Böse keine Zeit verstreichen lässt und seinerseits sehr früh ansetzt. Selbst Kinder sind vor ihm nicht sicher. Das beweist uns unter anderem der Fall der Mary Flora Bell. Sie wurde am 26. Mai 1957 von einer 17-jährigen Prostituierten in England geboren. Als man nach der Entbindung die kleine Mary ihrer Mutter übergeben wollte, sagte diese nur: „Nehmt das Ding von mir weg." Auch später gelang es Marys Mutter nicht, ihre Tochter zu lieben oder wenigstens anzunehmen. Sie versuchte deshalb mehrmals das Kind wegzugeben, an wildfremde Frauen zu verschenken, vergebens. Als das nicht funktionierte, versuchte die Mutter Mary mit Tabletten zu vergiften, zweimal. Aber Mary kam ins Krankenhaus und überlebte. Als Mary drei Jahre alt war, versuchte ihre Mutter sie aus dem Fenster des dritten Stocks zu werfen, doch der Onkel ging in letzter Sekunde dazwischen. Mary Flora Bell wuchs in einem heruntergekommenen Sozialwohnungsviertel von Newcastle upon Tyne auf, in der sogenannten Scottswood Area. Fast täglich wurde sie von ihrer psychisch kranken Mutter körperlich und seelisch misshandelt. Zwar war die Mutter verheiratet, mit einem Kleinganoven, doch der schritt nicht ein. Schließlich war er nicht Marys leiblicher Vater. Dieser war unbekannt. Mary war in diesem Sinne ein „Arbeitsunfall" gewesen. Zur „Arbeit" nahm die Mutter ihre Tochter ab dem Alter von fünf Jahren regelmäßig mit. Sie ließ sie von ihren Freiern einfach missbrauchen, für diverse sexuelle Handlungen. Die kleine Mary Bell unterdrückte oftmals ihre Gefühle. In der Folge entwickelte sie sich zu einer frechen Einzelgängerin. Kindern und Erwachsenen gegenüber verhielt sie sich äußerst gewalttätig. Im Kindergarten fiel sie ebenfalls auf, durch ihre ständigen Lügengeschichten und durch ihr extremes Profilierungsbedürfnis. Permanent versuchte sie die Aufmerksamkeit anderer auf sich zu lenken. Doch eine aggressive notorische Lügnerin interessiert niemanden. Auch nicht, als 1968 der vierjährige Martin Brown in einem leerstehenden Haus tot aufgefunden wurde und Mary Bell sich zu dem Mord bekannte. Wer glaubt schon einer Zehnjährigen und dazu noch so eine Geschichte? Warum auch, schließlich fand die Polizei an der Leiche des Jungen keine Anzeichen von Gewalt und meinte von daher, es sei lediglich ein Unfall gewesen. Spezialisten wurden aus diesem Grund nicht in den Fall miteinbezogen. Währenddessen gab Mary mit dem Mord bei ihrer Freundin Norma an. Und sie besuchte die Tante des toten Jungen. Hämisch grinsend fragte Mary Bell: „Vermisst du Martin? Hast du um ihn geweint?" Auch der trauernden Mutter stattete sie vier Tage nach dem Mord einen Besuch ab und fragte, ob sie Martin sehen könne. Als die Mutter ihr zur Antwort gab, dass Martin tot sei, sagte Mary grinsend, dass sie das bereits wisse. Sie sei gekommen, um ihn in seinem Sarg zu sehen. Wie man unschwer erkennen kann, hat das Böse tiefe Wurzeln bei Mary Bell ausbilden können. Der Samen des Verderbens fiel bei ihr auf sehr fruchtbaren Boden und die Saat des Bösen ging auf. Nahm Wohnung dort, wo es immer ansetzt und Wohnung nimmt, so man es denn lässt, in der menschlichen Psyche. Von dort aus steuerte das Böse Mary Bells Gedanken weiter, sodass sie an ihrem elften Geburtstag versuchte, die kleine Schwester ihrer Freundin Norma zu erwürgen. Aber der Vater der Kleinen ging dazwischen und konnte Schlimmeres verhindern. Trotzdem glaubte auch weiterhin niemand, dass Mary den vierjährigen Martin umgebracht haben könnte. Deshalb suchte sie sich ihr nächstes Opfer und tötete in einer verlassenen Blocksiedlung den dreijährigen Brian Howe, brutal und grausam. Als Erkennungszeichen schnitt sie ihm ein M in die Brust. Doch vergebens, niemand glaubte ihr. Zu absurd schien der Gedanke, dass es Kinder geben soll, die andere Kinder töten. Das Böse wurde, wie so oft, komplett unterschätzt und völlig verdrängt, obwohl es eigentlich unübersehbar war. Insbesondere als Mary bei der Beerdigung des kleinen Brian auftauchte und sich die ganze Zeit über lachend die Hände rieb. Immerhin, darauf reagierte die Polizei und verhörte Mary noch am gleichen Tag. Eine spöttisch lachende Elfjährige auf der Beerdigung eines Mordopfers, das war dann wohl doch etwas zu viel. Beim Verhör gab Mary an, lediglich Zeugin des Mordes gewesen zu sein, und schob ihrer Freundin Norma die Schuld in die Schuhe. Doch es kam anders, als Mary sich das gedacht hatte. Beide Mädchen wurden nämlich daraufhin verhaftet und unter Anklage gestellt. Gleichzeitig nahm die Polizei wieder Ermittlungen im Fall Martin Brown auf. Während des Prozesses bezichtigten sich die beiden Mädchen gegenseitig den Mord verübt zu haben, wobei sich relativ schnell herauskristallisierte, dass eigentlich nur Mary Bell als Täterin infrage kam. Nicht nur, dass Normas Version der Geschichte plausibler klang, es tauchten auch Aufzeichnungen über die Verbrechen auf, die Mary Bell in einem Notizbuch eigenhändig hinterlassen hatte. Die Akten wurden nun geschlossen und Mary Flora Bell wegen zweifachen Totschlags zu lebenslänglicher Haft verurteilt. Ihre Freundin Norma dagegen wurde freigesprochen. Bemerkenswert ist, dass die hinzugezogenen Gerichtspsychiater Mary als ausgesprochen intelligent, manipulativ und gefährlich einstuften. Ein nachvollziehbares Motiv im klassischen Sinne fand man bei ihr nicht, wie so oft bei Mördern im Kindesalter. Auch wurden die Taten nicht in irgendeiner Weise geplant. Mary Bell tötete, wie es schien, einfach aus Lust. Weil es ihr Freude machte, Spaß bereitete. Dieser Fall ist von daher ein warnendes Beispiel für jedermann, sich vor der kranken, aber doch zwingenden Logik des Bösen in Acht zu nehmen, um nicht darauf hereinzufallen. Das Böse ist Weltmeister im Opfersein. Seht her, dies und jenes ist mir widerfahren, deshalb kann ich nichts dafür, lautet der Slogan. Für das Böse ist es wichtig, unschuldig dazustehen, weil Opfer schon per Definition moralisch rein sind. Und exakt das ist brandgefährlich, denn dadurch wird der Blick auf die wahren Hintergründe vollkommen verstellt. Es ist daher von zentraler Bedeutung, sich auf die Wahrheit zu konzentrieren, und die ist sehr einfach. Sie lautet schlicht und ergreifend, dass jeder Mensch imstande ist in der Tiefe seines Herzens die Wahrheit von der Lüge und das Gute vom Bösen zu unterscheiden. Freier Wille und gesunder Verstand vorausgesetzt. Auch wenn es unserer allgemeinen Lebenserfahrung entspricht, dass Egoismus, Gefühllosigkeit, Brutalität und Barbarei das Böse in seinem Fortbestehen fördern, kann daraus nicht abgeleitet werden, dass derjenige, dem Böses angetan wurde, automatisch und zwangsläufig anderen Böses antun muss. Das Böse ist und bleibt eine freie Willensentscheidung. Es gibt von daher keinen erdenklichen Grund, dem Bösen auch nur einen Hauch von Toleranz entgegenzubringen. Wer das tut, verhöhnt nicht nur die wahren Opfer, sondern auch gleichzeitig all jene Menschen, die trotz der Erfahrung von Lieblosigkeit, Misshandlung und Gewalt aufrecht und anständig geblieben sind. Und das ist die weit überwiegende Mehrheit. Das Gesicht des Bösen, in der Gesinnung eines Menschen, in seinen überdauernden Einstellungen gegenüber dem Leben, den anderen Menschen und der Gesellschaft, dort wird es sichtbar. Die Taten markieren da nur den Endpunkt des Verlustes jedweden Maßstabes. Sie dokumentieren auf sehr eindrückliche Weise, dass der Betreffende sich nunmehr zu einer echten Größe im Negativen entwickelt hat. Um es klar zu sagen, wenn jemand in seiner früheren Lebensgeschichte Opfer des Bösen geworden ist, dann verdient das unser aufrichtiges Bedauern. Wenn aber jemand aufgrund seiner Biografie meint, er wäre von jeglicher Verantwortung befreit und könnte deshalb das Leben anderer nach Gutdünken zerstören, dann hat er alles Recht auf Mitgefühl verwirkt. Etwas anderes ist es, wenn ein Mensch Böses im Rahmen einer ernsten psychischen Erkrankung tut, die ihm den Blick für die Realität verstellt. Beispielsweise bei einer paranoiden Schizophrenie. Gedacht sei hier an die Arzthelferin, die im April 1990 dem Politiker Oskar Lafontaine ein Messer in den Hals stach. Bei ihrer Vernehmung nach der Tat fühlte sich die Frau vollkommen unschuldig. Sie habe doch nur auf unterirdische Menschentötungsfabriken aufmerksam machen wollen, denen die Menschheit sonst zum Opfer gefallen wäre. Ein solcher Mensch hat zwar schwere Schuld auf sich geladen, aber er kann die Widrigkeit seiner Tat nicht erkennen und ist damit schuldunfähig. Ein solcher Mensch gehört nicht bestraft, sondern muss einer Behandlung unterzogen werden. Schließlich ist Krankheit im Gegensatz zum Bösen eine medizinische Kategorie. Das Böse hingegen ist eine moralische Kategorie. Entsprechend muss mit dem Bösen anders umgegangen werden. Es ist eben ein Unterschied, ob das Böse bewusst in die Welt getragen wird oder ob es krankhaft induziert wurde. In unserem Lebensalltag ist Ersteres allgegenwärtig. Verschlagenheit, Gehässigkeit, Schadenfreude, Neid, Missgunst, Niedertracht, Rachsucht, Hass, Gewalt, Amoklauf und Fanatismus. Sie alle gehören zu der Kategorie der nichtmanifesten Besessenheit. Ganz „normale" Menschen wie Sie und ich, geprägt von einer extremen Anfälligkeit für das Böse. Primo Levi (1919–1987), ein italienischer Schriftsteller und Chemiker, der den Holocaust im KZ von Auschwitz überlebte, mahnte nicht umsonst aus eigener und bitterer Erfahrung:

„Es gibt die Ungeheuer, aber sie sind zu wenig, als dass sie wirklich gefährlich werden könnten. Wer gefährlich ist, das sind die normalen Menschen."

Man braucht nur an die Naziverbrecher des Dritten Reiches zu denken, Hitler, Goebbels, Himmler, Heydrich, Mengele und Eichmann, um nur die prominentesten Köpfe zu nennen. Dann weiß man sofort, was Primo Levi meinte. Sie alle waren Massenmörder. Keiner von ihnen war irgendwie pervers oder sadistisch veranlagt. Im Gegenteil, manch einer von ihnen war in Bezug auf seine Einstellungen, was Frau, Kinder und Familie anbelangt, sogar höchst vorbildlich. Und genau das ist das Fatale, sie alle waren keine Psychopathen, keine

Ungeheuer, sondern ganz normal, ja, sogar erschreckend normal. Deshalb hat die Medizin sich nie für sie interessiert, abgesehen vielleicht von der forensischen Psychiatrie. Warum auch, sie waren schließlich nicht psychisch krank und das Böse lässt sich ohnehin nicht medikamentös behandeln. Außerdem meidet die Medizin, und das gilt insbesondere für die Psychiatrie, religiös oder ideologisch aufgeladene Begriffe. Und der Begriff des Bösen ist ein solcher. Man fürchtet zu sehr in gesellschaftliche und weltanschauliche Kontroversen hineingezogen zu werden. Nicht zuletzt ist das Wort „böse" sehr vielschichtig und beinhaltet zudem auch noch Wertungen verschiedenster Art, und so etwas interessiert die Psychiatrie schon erst recht nicht. Folglich meidet die Psychiatrie den Begriff des Bösen und spricht lieber von „Aspekten der Antisozialität". Zu diesen Aspekten gehören vor allem die Aggressivität und Impulsivität. Mit diesen Begriffen hat die Psychiatrie endlich wieder festen Boden unter den Füßen. Sie hat damit konkrete Phänomene an der Hand, die sie gutachterlich beurteilen, diagnostizieren und behandeln kann. Das Böse als solches wird akademisch und intellektuell auf diese Weise elegant umschifft. Man erwähnt es nicht mehr, streicht es aus dem Wortschatz. Auf die gleiche Art agieren auch diejenigen Berufsgruppen, welche Tag für Tag mit dem Bösen in Berührung kommen. Gedacht sei hier insbesondere an die Kriminologen und Juristen. Auch ihr Wortschatz kennt den Begriff des Bösen nicht. Folglich fragen sie den gutachterlich tätigen Psychiater lediglich, ob der oder die Betreffende psychisch gesund oder krank ist. Sie fragen damit nach der Schuldfähigkeit. Aber das ist in Wahrheit nur die verkürzte Variante. Die ausformulierte Fragestellung würde nämlich wie folgt lauten: Ist der oder die Betreffende psychisch krank und somit schuldunfähig, im Grunde des Herzens aber gut, oder ist die Person psychisch gesund, damit schuldfähig und von Natur aus böse? Nur, so eine Formulierung würde niemand wagen, aus den verschiedensten Gründen nicht. Es ist auch nicht notwendig, lässt sich doch das Böse elegant und unauffällig mit akademischen Wortspielen umgehen und somit meiden. Aber das Böse lässt sich nicht ignorieren und schon gar nicht beiseiteschieben. Es ist anwesend und allgegenwärtig, bedauerlicherweise. Und so kann es sein, dass uns das Böse in seiner scheinbar metaphysischen Form begegnet, als manifeste Besessenheit. Hier hält es sich nicht mehr hinter dem Bewusstsein einer Person verborgen, sondern tritt offen zutage, als böser Geist, Dämon oder Teufel. Damit steht dann das Bewusstsein des besitzergreifenden Geistes im Vordergrund, während das Bewusstsein der besessenen Person in den Hintergrund tritt. Die Person kann sich dieser Inbesitznahme bewusst sein oder auch nicht. In jedem Fall hat sie aber keinerlei Kontrolle mehr über ihren Körper. Für Außenstehende macht es den Eindruck, als seien externe Geister in den Körper einer Person eingedrungen, um über deren Bewusstsein und Körper die Kontrolle zu übernehmen. Haben wir bisher das Böse nur ganz allgemein betrachtet und völlig wertneutral, müssen wir uns nunmehr ernsthafte Gedanken über das Böse machen und darüber, was es ist. Ist das Böse nichts weiter als die Summe aller schlechten Gedanken und Handlungen eines Menschen? Oder handelt es sich beim Bösen um die Wiederkehr von hasserfüllten verdrängten Konflikten und destruktiven Wünschen? Müssen wir das Böse verstehen als eine durch religiöse Praktiken ausgeformte dissoziative Identitätsstörung? Oder müssen wir tatsächlich Geister, Dämonen und Teufel als Ausdruck des Bösen akzeptieren lernen? Für die Medizin bzw. die Psychiatrie ist eine solche Vorstellung geradezu absurd. Sie passt nicht in ihr Weltbild. Sie spricht deshalb auch nicht von Besessenheit, sondern von Trance und einem Besessenheitszustand. Das metaphysisch Böse existiert für sie nicht. Und so versteht die moderne Psychiatrie unter den Trance- und Besessenheitszuständen psychische Störungen, bei denen es zeitweilig zu einem Verlust der persönlichen Identität und der vollständigen Wahrnehmung der Umgebung kommt. Unter dem Diagnoseschlüssel F44.3 dürfen allerdings nur Trance- und Besessenheitszustände klassifiziert werden, die unfreiwillig oder ungewollt sind und die außerhalb von religiösen oder kulturell akzeptierten Situationen auftreten. Trance- und Besessenheitszustände, die in irgendeiner Weise mit einem organischen Psychosyndrom nach Schädel-Hirn-Trauma, einer organischen Persönlichkeitsstörung, einer Fehlbildung des Zentralnervensystems, einer Epilepsie, einer Intoxikation mit psychotropen Substanzen, einer Schizophrenie oder anderen vorübergehenden akuten Psychosen in Verbindung stehen, dürfen hingegen ausdrücklich nicht unter diesem Diagnoseschlüssel aufgeführt werden. Dies ist nachvollziehbar, weist doch gerade die Temporallappenepilepsie, die mit Krampfentladungen in einem Schläfenlappenabschnitt einhergeht, häufig Symptome einer Besessenheit sowie schizophrenieähnlicher Psychosen auf. Dieser elektrische Kurzschluss im Gehirn kann sich bekanntermaßen in ganz unterschiedlichen und sehr irritierenden Verhaltensweisen äußern. Auch können derartige Anfälle mit Geruchshalluzinationen einhergehen. Ein Elektroenzephalogramm (EEG) sowie eine Computertomografie des Kopfes (CCT) sind deshalb bei jedem Verdacht auf Besessenheit zu fordern. Denn nur so können charakteristische Krampfherde oder ein Gehirntumor als Ursache ausgeschlossen werden. Insofern ist für das Auftreten von Besessenheitstrance und Besessenheitszuständen das Fehlen einer organischen Störung, welche die auftretenden Symptome hinreichend erklären könnte, diagnosebegründend. Gleichwohl erlangen beide aber nur dann einen Krankheitswert, wenn sie zum einen nicht ein normaler Bestandteil kultureller oder religiöser Riten sind, und zum anderen, wenn sie eine Beeinträchtigung oder ein Leiden in sozialen, beruflichen oder anderen wichtigen Funktionsbereichen hervorrufen. Die Besessenheitstrance ist dadurch gekennzeichnet, dass sich bei ihr ein vorübergehender Verlust des Gefühls für die eigene Identität sowie eine vorübergehende Veränderung des Bewusstseinszustandes einstellen. Es kommt zu einer Einengung der Umgebungswahrnehmung und zum Auftreten von stereotypen Verhaltensweisen, die außerhalb der eigenen Kontrolle liegen. Auch bei den Besessenheitszuständen kommt es zu einer Veränderung des Bewusstseinszustandes, jedoch tritt an die Stelle der gewohnten Identität plötzlich eine neue, die einem Geist, Dämon oder Teufel zugeschrieben wird. Der Begriff der Besessenheit geht demzufolge über den der Trance hinaus. Rein medizinisch müssen wir von daher eine nichtpathologische Form der Besessenheit von einer pathologischen abgrenzen. Von der nichtpathologischen Form würden wir sprechen, wenn Personen freiwillig an religiösen Handlungen und Riten teilnehmen und dabei vielleicht befremdliche, aber insgesamt doch angenehme Erfahrungen machen. Wenn sie innerlich einen Begleiter oder Beschützer erleben und sich mit dem Universum verbunden fühlen. Bei der pathologischen Form dagegen haben die Menschen das Gefühl, dass ein fremder Geist in sie eindringt und Besitz von ihnen ergreift. Körperliche Aktionen werden dann unter dieser fremden Kontrolle ausgeführt und selbst als fremd empfunden. Diese Zustände treten spontan und ungewollt auf. Sie werden von den Betroffenen als leidvoll erlebt, weil der eingedrungene Geist sie mit zwanghaft ablaufenden Gedanken und Handlungen sowie mit phobischen Zuständen oder somatischen Beschwerden quält. Ab einem bestimmten Zeitpunkt geht das Bewusstsein der Betroffenen für die eigene Person dann aber verloren, sodass eine spätere Erinnerung an das persönliche Verhalten nicht mehr oder nur noch teilweise gelingt. Zwecks Charakterisierung von pathologischen Besessenheitszuständen und Abgrenzung gegenüber anderen Krankheitsbildern wurden deshalb entsprechende Kriterien aufgestellt. Einen besonderen Anteil trägt hieran der Theologe und Psychologe Prof. Dr. Renaud van Quekelberghe. Nach diesen Kriterien sind Trance- und Besessenheitszustände vor allem gekennzeichnet durch:

- einen plötzlichen und ungewollten Beginn
- einen kurzen Schwindel oder Kollaps vor dem Einsetzen
- das Gefühl der Inbesitznahme durch einen fremden Geist
- ein leidvolles Erleben
- einen Verlust der Bewusstheit für die eigene Person
- ein befremdliches theatralisches und rituelles Verhalten
- ein spontanes Verschwinden der Symptomatik
- eine retrograde Amnesie

Trance- und Besessenheitszustände dauern in der Regel nur wenige Stunden bis Tage. Ganz selten auch einmal mehrere Wochen. Es zeigt sich bei den Betroffenen während dieser Phase ein labiler Affekt. Jedoch lassen sich keine formalen Denkstörungen nachweisen. Hierzu am besten zwei Beispiele. Eine Frau, 35 Jahre alt, verhält sich plötzlich, als sei sie von einem bösen Geist besessen. Das Gesicht ist verzerrt und der Mund weit aufgerissen. Ihr ganzes Auftreten ist völlig anders. Ihre Stimme klingt fremdartig. Sie läuft umher, wild gestikulierend, und verkündet das Ende der Welt. Auf Ansprache mit ihrem Namen reagiert sie zwar, aber nicht so, als wäre sie persönlich damit gemeint. Nach einer Weile endet der ganze Spuk wieder, so plötzlich, wie er begann. Ohne dass die Frau sich daran erinnern könnte. Ein anderer Fall ereignete sich im Juli 2016 live im thailändischen Fernsehen. Während einer Talkshow erzählte eine junge Frau, dass sie im vergangenen Jahr von einem Dämon in Besitz genommen worden war. Noch während sie die Geschichte erzählte, schien der Dämon sich zu melden. Die Frau schrie, zog Grimassen, und dann fing der Geist an durch die Frau zu sprechen. Er gab sich als weiblicher kannibalistischer Geist der Thai-Folklore aus. Der Moderator reagierte erschrocken, aber geistesgegenwärtig und fragte den Dämon, warum er denn die Frau nicht in Ruhe lassen könne. Dieser antwortete ihm mit seltsamer Stimme, er sei von jemandem geschickt worden. Wer dieser jemand war, wollte der Geist nicht sagen. Stattdessen forderte er Schweineblut, während die Frau selbst nur zuckte und schrie. Der Moderator versuchte daraufhin etwas hilflos den Dämon dahingehend zu bewegen, den

Körper der jungen Frau doch zu verlassen. Dieser weigerte sich zunächst beharrlich. Erst als der Moderator der Frau eine Halskette mit dem Bildnis des Buddha um den Hals legte, schien es, als würde der Dämon endlich von ihr ablassen. Erlebnisse dieser Art tauchen auf der ganzen Welt auf, ob in England, Bangladesch, Malaysia oder auf den Philippinen. Das zeigt, dass die Vorstellung, der Mensch könne von etwas eingenommen werden, in nahezu allen Kulturen existiert. Und so haben Besessenheit und Exorzismus in allen großen Religionen eine lange Tradition. Auch bei uns in Deutschland. Eine hierzulande oft verwendete Redensart bringt es auf den Punkt: „Was ist bloß in den gefahren?" Doch wie soll man das nun medizinisch erklären? Das Symptom „Besessenheit" ist schließlich nicht krankheitsspezifisch. Derartige Krankheitsbilder können bei ganz verschiedenen psychiatrischen Erkrankungen auftreten. Das einzig prägende Merkmal ist und bleibt die Dissoziation, also die Trennung von Wahrnehmungs- und Gedächtnisinhalten bei einem mehr oder weniger deutlichen Verlust der normalen psychischen Integration. Und so bleibt nichts anderes übrig, als das Phänomen der Besessenheit den dissoziativen Störungen zuzuordnen. Ein insgesamt unbefriedigender Zustand, weil die dissoziativen Störungen eine sehr heterogene Gruppe von Erkrankungen darstellen. Unbefriedigend auch deshalb, weil in dieser Formulierung der ICD-10 eine Differenzialdiagnose zur dissoziativen Identitätsstörung offenbleibt. So offen wie die Frage nach der eigentlichen Ursache. Sie wird nämlich bewusst ausgeklammert. Damit bleibt die Frage nach einer tatsächlichen oder grundsätzlich möglichen Einflussnahme eines fremden Bewusstseins weiterhin unbeantwortet. Wer auch immer sich somit dem kniffligen Thema der manifesten Besessenheit nähert, er bewegt sich in einem Grenzgebiet, einer Grauzone. Das muss jedem bewusst sein. Es bleibt eine Glaubensfrage. Fragen wir uns also, warum sollen wir glauben, dass böse Geister, Dämonen oder gar der Teufel mit im Spiel sind? Nun, weil es von außen so aussieht und weil es sich für den Patienten so anfühlt, könnte die Antwort lauten. Und was noch? Nichts weiter. Wäre es da nicht vielleicht möglich, dass es sich bei Trance- und Besessenheitszuständen doch um eine dissoziative Identitätsstörung handelt? Wir wissen schließlich, dass bei diesem Krankheitsbild sehr viele Teilpersönlichkeiten zum Vorschein kommen können. Neben der Primärpersönlichkeit unter anderem Kindpersönlichkeiten, gegengeschlechtliche Persönlichkeiten, Beobachter, Beschützer, Wächter, Peiniger und Opfer, verstorbene Verwandte, aber eben auch Dämonen und Geister. Nicht umsonst lässt die ICD-10 ebendiesen Weg offen. Werfen wir deshalb einen Blick auf die feststehenden Fakten. Diese besagen, dass sich bei der dissoziativen Identitätsstörung die erste Alternativpersönlichkeit bereits in einem Alter von sechs Jahren herausbildet. Fakt ist auch, dass die erste Abspaltung von Persönlichkeiten in 89 % der Fälle bereits vor dem zwölften Lebensjahr geschieht. Und es ist Fakt, dass 85 % der Betroffenen im Alter von zwölf Jahren oder jünger eine kindliche Persönlichkeit aufweisen. Und noch eine Gesetzmäßigkeit kennen wir durch die Arbeiten der Psychiatrieprofessoren Ralf Erkwoh und Henning Sass. Je größer die Anzahl und die Unterschiedlichkeit der einzelnen Traumata sind, desto früher werden die ersten Alternativpersonen herausgebildet und desto mehr Identitäten spalten sich insgesamt ab. Vergleicht man all diese Fakten mit den Trance- und Besessenheitszuständen, so fällt auf, dass es bei Letzteren nicht nur im

Kindesalter zur Dissoziation kommt, sondern auch im Jugend- und Erwachsenenalter. Dies ist insofern äußerst ungewöhnlich, als eigentlich nur die kindliche Psyche die Fähigkeit zur Dissoziation besitzt. Auch zeigen bei sorgfältiger Diagnostik Betroffene von Trance- und Besessenheitszuständen weniger Hinweise auf Traumatisierungen in der Vorgeschichte. Aber gerade diese psychischen Traumata vermuten viele Autoren als eigentlichen Auslöser der Dissoziation. Und so passt die Dissoziation als posttraumatisches Syndrom, das zu einer Abspaltung widerstrebender psychischer Inhalte führt, welche dann eigendynamische Symptome auslösen, nicht besonders gut zu den Trance- und Besessenheitszuständen. Es darf auch nicht übersehen werden, dass bei der dissoziativen Identitätsstörung zwar sehr stark voneinander abweichende Identitäten auftreten, diese aber unter dem Strich doch als Teilstücke des eigenen Wesens gesehen werden. Das ist bei den Trance- und Besessenheitszuständen überhaupt nicht der Fall. Die Geister und Dämonen werden als fremde Wesen empfunden, die von außen in den eigenen Körper eindringen. Das bedeutet, dass es bei der Besessenheit eben nicht zu einer Fragmentierung der eigentlichen Identität kommt. Aus den genannten Gründen fällt es schwer, die Trance- und Besessenheitszustände als dissoziative Identitätsstörung zu sehen. Mehr noch, es muss die Frage aufgeworfen werden, ob sie überhaupt den dissoziativen Störungen zuzurechnen sind oder nicht eher eine eigenständige Gruppe psychischer Störungen darstellen. Es sei denn, man argumentiert dahingehend, dass bei den Besessenen die Bewusstseinszustände dissoziieren. Das würde eine Zuordnung zu den dissoziativen Störungen in gewissen Grenzen rechtfertigen. Manche differenzialdiagnostischen Überlegungen gingen auch in die Richtung einer akut aufgeflammten Psychose, etwa im Rahmen einer Schizophrenie. Kein Wunder, glaubten doch schon die Menschen im Mittelalter daran, dass Patienten mit dem Tourettesyndrom und Schizophrene von bösen Dämonen besessen seien. Aber auch die Überlegungen zur Schizophrenie mussten wieder verworfen werden, und das gleich aus mehreren Gründen. Einerseits weil bei den Besessenheitszuständen in der Regel nicht alle Symptome einer Schizophrenie auftreten. Beispielsweise gelten als psychopathologische Krankheitszeichen der Schizophrenie im Allgemeinen formale Denkstörungen, Wahnsymptome, Halluzinationen, Ich-Störungen, Störungen der Gefühle, des Willens und der Psychomotorik sowie Störungen des Antriebs und Sozialverhaltens. Doch formale Denkstörungen sind gemeinhin bei den Besessenheitszuständen nicht nachweisbar. Die Sprache des Besessenen und die Ordnung seines Denkens sind in der Regel völlig intakt. Seine Aussagen sind oft konsistent, folgen einer Logik und haben eine klare Intension. Dagegen ist die Sprache des Schizophrenen meist zusammenhangslos und widersprüchlich. Desgleichen sind bei den Besessenheitszuständen, im Gegensatz zur Schizophrenie, im Allgemeinen keine katatonen Symptome wie Haltungsstereotypien und Mutismus und auch keine Minussymptomatik wie Sprachverarmung, verflachter Affekt und Apathie nachweisbar. Ein weiteres wichtiges Unterscheidungsmerkmal zwischen den Besessenheitszuständen und der Schizophrenie ist der Realitätsbezug. Bei der Schizophrenie verliert der Betroffene vorübergehend den Kontakt zur Wirklichkeit. Er hält sich oft für jemanden, der er nicht ist, oder stellt Behauptungen auf, die nachweislich falsch sind. Bei dem Besessenen dagegen bleibt der Realitätsbezug intakt, sein Bewusstsein klar. Er weiß genau, wer er ist, bis andere Wesen anfangen durch ihn zu sprechen. Seine Behauptungen sind in aller Regel nicht nur nachvollziehbar, sondern auch nachprüfbar. Folglich kann man Besessenheitszustände nicht in einen Topf mit der Schizophrenie werfen. Beide Krankheitsbilder müssen gegeneinander abgegrenzt werden. Was die Ursachen der Trance- und Besessenheitszustände anbelangt, so gibt es aus der medizinischen Perspektive, wie bei den Erklärungsversuchen der dissoziativen Identitätsstörung, eine ganze Reihe von wilden Vermutungen, die allesamt recht spekulativ sind. So wird vermutet, dass der Glaube, besessen zu sein, eine Spaltung des Bewusstseins zur Folge hat. Oder es wird vermutet, dass eine ambivalente Gemütslage einfach als Besessenheit interpretiert wird. Auch wird darüber gemutmaßt, ob vielleicht die Besessenheitssymptomatik aus reinem Schuldbewusstsein im Rahmen einer Autosuggestion hervorgerufen wird. Eine Analyse des deutschen Psychologen und Religionsphilosophen Traugott Konstantin Oesterreich (1880–1949), der einer der Pioniere der parapsychologischen Forschung und Autor der 1921 erschienenen Monografie „Die Besessenheit" war, zeigte indessen, dass in allen von ihm dokumentierten Fällen die dem zweiten Ich zugeordneten Seelenzustände und Prozesse im Grunde der Primärpersönlichkeit entsprechen. Das würde bedeuten, dass es sich bei den Trance- und Besessenheitszuständen um keine echte Besessenheit im theologischen Sinne handelt. Warum sollte es auch? Nur weil es sich für den Patienten so anfühlt und bei dem Beobachter den Anschein erweckt? Nein, die Phänomene im Zusammenhang mit der manifesten Besessenheit mögen zwar sehr sonderbar und außerordentlich anmuten, sie sind aber letzten Endes doch natürlichen Ursprungs. Wir finden an ihnen nichts Paranormales oder Parapsychologisches. Zumindest nicht in 98 bis 99 % der Fälle. In 1 bis 2 % der Vorkommnisse von Besessenheit finden wir jedoch Phänomene vor, die uns durchaus Anlass zu weiterem Nachdenken geben. Zu diesen Phänomenen gehören:

- Plötzliche Veränderungen des Gesichts und der Stimme
- Hervortreten klar unterscheidbarer „Identitäten" bzw. „Dämonen"
- Aggressives Verhalten
- Permanentes Fluchen
- Ordinäre Ausdrucksweise
- Krankhafter Selbstzerstörungstrieb
- Verzehr großer Mengen unnatürlicher Speisen wie faule Eier, Erde, Holz etc.
- Fauliger Atem und Körpergeruch des Besessenen
- Weiß-schaumiger oder eitriger Speichel
- Schlaflosigkeit des Betroffenen
- Wirkungslosigkeit von Medikamenten bzw. gegenteilige Wirkung

Fernerhin finden wir bei manchen Fällen Anzeichen vor, für die es keine natürliche Erklärung zu geben scheint. Es handelt sich auf den ersten Blick um klassische paranormale und parapsychologische Phänomene wie:

- Unerklärliche Kräfte
- Sich ständig verändernde Schrumpfungen und Schwellungen am ganzen Körper
- Sich plötzlich öffnende und von alleine wieder schließende Wunden
- Wechsel der Stimmlage
- Ekstatisches und unverständliches Reden (Glossolalie)
- Gedankenlesen
- Kenntnis über Vorgänge, die sich in der Ferne abspielen
- Wissen über Verfehlungen und Sünden von Mitmenschen
- Vorauswissen über negative zukünftige Ereignisse
- Unterscheidung geweihter Gegenstände von ungeweihten
- Zeitweilige Lähmungen nach Kontakt mit Weihwasser
- Plötzliche Abscheu vor geweihten Personen und Gegenständen
- Unerwartete Abneigung gegenüber allem, was Gott symbolisiert

Weil für die genannten Anzeichen erst einmal keine natürlichen Erklärungen gefunden werden können, ist es nachvollziehbar, wenn Außenstehende das klinische Erscheinungsbild als dämonische Besessenheit interpretieren. Ebenso wie es verständlich ist, dass sich dem rational denkenden Menschen beim Hören solcher Geschichten die Nackenhaare aufstellen. Wo gibt es denn so etwas, wird sich manch einer fragen. Und wann sollen sich derartige Vorgänge denn zugetragen haben? Die Antwort lautet, nicht irgendwo in fernen Ländern, sondern hier, mitten bei uns. Und auch nicht irgendwann im tiefsten Mittelalter, sondern im 20. Jahrhundert. Der Fall der Pädagogikstudentin Anneliese Michel sollte der spektakulärste seiner Art in Deutschland werden. Was genau sich zugetragen hat, soll hier nur in groben Zügen wiedergegeben werden. Anneliese Michel wurde am 21.09.1952 im niederbayerischen Pfarrdorf Leiblfing bei Straubing geboren. Ihre Kindheit verlief unauffällig. Zeugen erinnerten sich später, dass Anneliese ein fröhliches, lebensbejahendes und zum Spaß aufgelegtes Kind war. Ihr Leiden begann erst im Alter von 16 Jahren. Genau genommen am Anfang des Schuljahres 1968/69. Als Anneliese mit einer Freundin im Zug fuhr, erlitt sie eine Ohnmacht. Zu dieser Zeit hatte sie das Gefühl, dass ihr Gehirn wie ausgeschaltet war und ihr die Gedanken entschwanden. Da der Zustand nur kurz währte, nahmen die beiden Mädchen das Geschehene nicht allzu ernst. In der folgenden Nacht wurde Anneliese plötzlich durchgerüttelt. Sie wachte auf und war wie gelähmt. Sie bekam keine Luft mehr und hatte das Gefühl, als ob ein übermächtiges Wesen ihr den Atem raubte. Sie versuchte Hilfe herbeizuholen, doch vergebens, weder die schlafenden Eltern noch die drei Geschwister bekamen davon etwas mit. Dieser Zustand dauerte einige Minuten. Dann war er verschwunden, genauso plötzlich, wie er gekommen war. Fast ein Jahr später wiederholte sich der Vorfall erneut, mit dem gleichen Muster. Das heißt, eine kurze Ohnmacht am Tage und in der folgenden Nacht Atemnot und Lähmungserscheinungen am ganzen Körper. Als die Mutter morgens davon erfuhr, war sie besorgt und schaltete den Hausarzt Dr. Vogt ein. Dieser überwies die Patientin zum Neurologen Dr. Lüthy nach

Aschaffenburg. Aber Dr. Lüthy konnte nichts Krankhaftes feststellen, der klinische Untersuchungsbefund und die Hirnstromkurven waren unauffällig. Dennoch vermutete der Nervenarzt eine Epilepsie vom Grand-mal-Typ als Ursache der Ereignisse. Im neuen Schuljahr 1969/70 wurde Anneliese von weiteren Krankheiten heimgesucht. Erst von einer Mandelentzündung, dann von einer Rippenfellentzündung, einer Lungenentzündung und schließlich von einer Lungentuberkulose. Der Zustand der Patientin war ernst und so wurde Anneliese im Februar 1970 in das Krankenhaus von Aschaffenburg eingewiesen und von dort in die Lungenheilanstalt nach Mittelberg im Allgäu verlegt. Doch auch dort kam das Mädchen nicht zur Ruhe. Jetzt traten plötzlich Herz- und Kreislaufbeschwerden auf. Und in der Nacht zum 3. Juni 1970 wurde sie wieder einmal aus dem Schlaf gerissen. Wieder war sie wie gelähmt, bekam keine Luft, weil ein übermächtiges Wesen sie zu erdrücken drohte. Tage später erschraken Mitpatientinnen, weil Anneliese wiederholt das Bewusstsein verlor, Laute ausstieß, Schaum vor dem Mund bekam und am ganzen Körper zuckte. Erneut wurde die Patientin einem Neurologen vorgestellt, dieses Mal Dr. von Haller in Kempten. Aber auch er konnte nichts Pathologisches an der Patientin feststellen. Ungeachtet dessen empfahl der Arzt eine Behandlung gegen Epilepsie zu beginnen. Zurück im Luftkurort Mittelberg erschien Anneliese Tage später im Schlafsaal beim Gebet in einer Vision ein riesiges Wesen mit einer teuflischen Fratze, das seinen drohenden Blick auf sie richtete. Als Anneliese zu Tode erschrak, war es im nächsten Moment wieder verschwunden. Doch dieses Wesen verfolgte sie von nun an, bis zu ihrem Tod. Indessen bemühten sich die Ärzte weiterhin um die junge Patientin. Da alle erhobenen Befunde unauffällig waren, Anneliese stabil erschien und keine weiteren nächtlichen Anfälle mehr auftraten, wurde sie Ende August nach Hause entlassen. Dort angekommen, bemerkten ihre Geschwister sehr schnell, dass Anneliese sich in der Zeit stark verändert hatte. Das lustige, lebensbejahende und zu Späßen aufgelegte Mädchen gab es nicht mehr. Anneliese war still geworden, wirkte in sich gekehrt und verschlossen. Sie suchte religiöse Gespräche. Und sie litt zunehmend unter Depressionen. Immer wieder kam es zu den sogenannten „Anfällen", aber die Ärzte konnten nichts Krankhaftes finden, behandelten aber trotzdem medikamentös auf Epilepsie. Anfänglich mit Zentropil (Wirkstoff Phenytoin), einem Medikament mit breiter Wirksamkeit bei Epilepsien. Später dann mit Tegratal (Wirkstoff Carbamazepin), doch beides ohne durchschlagenden Erfolg, wie sich zeigen sollte. Anneliese nahm seit Oktober 1972 öfters einen bestialischen Gestank wahr, den andere nicht riechen konnten. Sie litt an quälenden Visionen und Empfindungen. Vor ihren Augen erschienen jetzt teuflische Fratzen, nicht nur eine. Sie hörte Stimmen, die ihr sagten, sie sei verdammt und werde in der Hölle schmoren. Das alles führte bei ihr zunehmend zu der Überzeugung, besessen zu sein, anders konnte sie sich ihren Zustand nicht erklären. Währenddessen bemerkten die Ärzte geistige Abwesenheiten und Versteifungen der Patientin, die sich verstärkten. Auch die Depressionen verstärkten sich. Anneliese dachte an Selbstmord. Sie versuchte sich diesbezüglich einem Arzt anzuvertrauen, erzählte auch von Dämonen, die ihr mittlerweile Befehle erteilten, doch vergebens. Dämonen passten einfach nicht in das schulmedizinische Weltbild. Fortan versuchte sie den Ärzten deshalb ihr Problem zu umschreiben. Sie sprach von „Auseinandergerissenheit“, davon, „kein eigenes Ich“ zu haben oder „nicht mehr ich selbst sein zu können“. Sie berichtete, dass ihr Geist „wie gelähmt“ sei und sie „keine Wahl mehr“ habe. Aber die Arztbesuche verschafften ihr keine Linderung. Für Annelieses Eltern war es eine unsägliche Zeit, eine Zeit der Trostlosigkeit. Um neue Hoffnung zu schöpfen, fuhr ihr Vater mit Anneliese deshalb im Sommer 1973 zum italienischen Wallfahrtsort San Damiano. Aber Anneliese hatte große Schwierigkeiten, den heiligen Ort zu betreten. Der Boden brenne unter ihren Füßen wie Feuer und es sei kaum auszuhalten, sagte sie. Auch machte sie einen großen Bogen um das Christusbild und die Marienstatue. Der Heiland, sagte Anneliese, schaue sie so durchdringend an. Während ihres Aufenthaltes dort fluchte sie viel und es zeigten sich erstmals bei ihr Abneigungen gegen geweihte Gegenstände wie Bilder und Weihwasser, ja, gegen alles Religiöse oder Klerikale. Sie war völlig aufgebracht, sodass ihr Vater sie ständig beruhigen musste. Nach der Wallfahrt ging es Anneliese etwas besser und ihr Zustand stabilisierte sich vorübergehend, sodass sie im Spätsommer 1973 ihr Abitur ablegen und im November ein Studium der Pädagogik und Theologie in Würzburg aufnehmen konnte. Unabhängig davon machten sich die Eltern weiterhin große Sorgen um Anneliese. Ihr Verhalten während der Wallfahrt war schließlich niemandem verborgen geblieben, auch nicht der Wallfahrtsleiterin, Frau Thea Hein. Sie hatte gesehen, wie Anneliese Rosenkränze zerrissen und es abgelehnt hatte, das heilende Quellwasser zu trinken, weil sie es als eine giftige Brühe empfand. Dieses sonderbare Verhalten ließ ihr einfach keine Ruhe. Das Thema Besessenheit kam auf diese Weise langsam ins Spiel und so wurde erstmalig geistlicher Rat hinzugezogen. Aber Pfarrer Habiger konnte bei Anneliese keine Anzeichen einer Besessenheit feststellen. Er empfahl die junge Frau einem Psychiater vorzustellen. Dies lehnte Anneliese jedoch ab. Offenbar aus Mangel an Vertrauen. Möglicherweise aber auch aus Angst, dass ihr Berufswunsch, Religionslehrerin zu werden, dann in Gefahr geraten würde. Trotz depressiver Verstimmungen und Symptomen einer psychotischen Epilepsie mit Wahnvorstellungen, die bis zur Besessenheit reichten, wurde die Patientin deshalb während ihrer gesamten Leidensgeschichte nie einem Psychiater vorgestellt. Stattdessen wurde die Meinung weiterer Geistlicher eingeholt, um beim örtlichen Bischof einen Exorzismus zu erwirken. Annelieses Eltern verfassten hierzu eigens einen Brief, in völliger Verzweiflung, in dem sie ihrer Meinung bezüglich einer dämonischen Besessenheit Ausdruck verliehen. Doch der Bischof lehnte ab und empfahl anstelle eines Exorzismus die ärztliche Behandlung weiter fortzusetzen. So blieb Anneliese in neurologischer Behandlung. Weitere Kurven ihrer Hirnströme wurden abgeleitet, ohne Nachweis entsprechender epileptischer Muster. Bis zum Dezember 1973. Hier zeigte sich erstmalig ein Muster, das auf einen epileptischen Herd im linken Schläfenbereich hindeutete, auch wenn es nach heutiger Erkenntnis eher untypisch ausfiel. Nach Umstellung der Medikation von Zentropil auf Tegretal verschwand das Muster aber wieder. Trotzdem verschlechterte sich Annelieses Zustand seit dem März 1974. Eine unerklärliche Unruhe trat ein, die sich später noch steigern sollte. Pfarrer Ernst Alt, der Anneliese über einen Zeitraum von zwei Jahren beobachtete und im Umgang mit ihr Dinge erlebte, die er mit der Diagnose Epilepsie nicht in Einklang bringen konnte, glaubte indes an die Möglichkeit einer dämonischen Besessenheit und beantragte mit ausführlicher Begründung am 30.09.1974 beim zuständigen Bischof die Genehmigung eines Exorzismus. Doch auch die zweite Beantragung wurde durch Bischof Josef Stangl abgelehnt. Eine neue Verhaltensänderung zeigte sich bei Anneliese im Januar 1976. Sie begann mit extremen Bußübungen. Sie wollte nach freier Entscheidung ein Sühneopfer sein. Im Frühjahr 1975 brach der alte Zustand voll wieder auf. Mehr noch, die Symptome wurden schlimmer als je zuvor. Anneliese hatte mehr und mehr das Gefühl, keine Gewalt über sich zu haben. Sie hatte zwar Hunger, aber „etwas" verbot ihr zu essen, zwang sie das zu sich Genommene wieder auszuspucken und zu erbrechen. Auch ihre Abneigung gegenüber religiösen Symbolen wurde immer ausgeprägter. Sobald sie auch nur in deren Nähe kam, fing sie an zu rasen. Wurden in ihrer Gegenwart Gebete angestimmt, begann sie lauthals zu schreien, und das mit veränderter Stimme. Viele Menschen in ihrem Umfeld glaubten deshalb an die Möglichkeit, dass Anneliese tatsächlich vom Teufel besessen sein musste. Um hierüber Gewissheit zu erlangen, sprach der aus Aschaffenburg stammende Pfarrer Ernst Alt am 1. Juli 1975 einen Probeexorzismus aus. Ohne die Lippen zu bewegen, nur im Geiste, rezitierte der Geistliche im Beisein Annelieses die Worte. Als er an die Stelle kam, wo es heißt, „Unreiner Geist, ich gebiete dir im Namen der allerheiligsten Dreifaltigkeit, weiche von diesem Mädchen", reagierte Anneliese prompt und fing an zu toben. Im Anschluss aber fühlte sie sich irgendwie befreit. In den Augen von Pfarrer Alt war damit der Beweis für eine dämonische Besessenheit unwiderlegbar erbracht. Doch der anfängliche Erfolg währte nicht lange. Schon bald darauf benahm sich Anneliese immer sonderbarer und skurriler daheim. Sie rannte durchs Haus, zerriss ihre Kleider, sprach mit verfremdeter Stimme, sprang mit obszönen Gesten ihren Vater an, beschimpfte Familienmitglieder und fing an zu beißen und um sich zu schlagen. Sie aß Spinnen, Fliegen und Käfer, kaute Kohlestückchen, urinierte auf den Boden und leckte den eigenen Urin auf oder lutschte ihn aus der Unterwäsche. Außerdem zerschlug sie alle Arten von Devotionalien, darunter Kreuze, Jesusbildnisse, Rosenkränze und Marienstatuen. Sie schlief nachts auf dem kalten Steinfußboden des Hauses und ihre Schreie waren in allen Zimmern zu hören. Anneliese nahm kaum noch Nahrung zu sich. An ihren Füßen öffneten sich ovale Wunden, die von den Angehörigen ehrfurchtsvoll als „Wundmale des Herrn" gedeutet wurden. Das Geschehen, die sich verstärkenden Symptome und die Hilflosigkeit aller Beteiligten animierten Pfarrer Alt erneut dazu, im September 1975 einen Eilbrief an den zuständigen Bischof zu schreiben. In diesem führte er minutiös alle Krankheitszeichen und Befunde auf, die er im Umgang mit Anneliese beobachten konnte. Damit lag der Ball zum dritten Mal im Spielfeld des Bischofs. Stangl wurde mehr und mehr in die Enge getrieben. Zweimal hatte er schon abgelehnt, aber das Drängen seiner Untergebenen wollte einfach nicht aufhören. Verunsichert zog er deshalb den Frankfurter Jesuitenpater Adolf Rodewyk zurate, der damals als Autorität in Exorzismusfragen galt. Kein ungewöhnlicher Vorgang, denn Rodewyk fungierte als Berater der deutschen Bischöfe und stand diesen bei schwierigen Fragen auf Abruf zur Verfügung. In seinem theologischen Gutachten widersprach der erfahrene Exorzist der ärztlichen Diagnose einer Epilepsie und konstatierte stattdessen eindeutig eine dämonische Besessenheit. Damit war der Würfel gefallen, denn

Rodewyks Gutachten hatte bei den Kirchenführern Gewicht. Und so erteilte Bischof Dr. Josef Stangl nach reichlicher Prüfung und Abwägung am 16.09.1975 schließlich den amtlichen Auftrag. Zum Exorzisten wurde der Salvatorianerpater Arnold Renz ernannt. Ihm zur Seite sollte Pfarrer Ernst Alt stehen. Beide Priester erhielten die ausdrückliche Anordnung, den großen Exorzismus auf Basis des Rituale Romanum bei Anneliese durchzuführen. Acht Tage nach Erteilung des bischöflichen Auftrages war es dann so weit. Am Nachmittag des 24.09.1975 wurde um 16 Uhr der erste Exorzismus vollzogen. Er endete um 21.30 Uhr. Das Protokoll der Exorzisten notierte:

„24.09.1975. 16.00 angekommen. Mit dem Exorzismus begonnen nach Vorschrift. Anneliese bzw. die Dämonen verhalten sich zunächst ziemlich ruhig. Anneliese wird geschüttelt, immer stärker. Am stärksten reagieren Anneliese bzw. die Dämonen auf das Weihwasser. Sie fängt an zu brüllen und zu toben."

Und:

„Manchmal jault sie wie ein Hund. Wiederholt sagt sie: ‚Hört auf mit dem Dreckszeug' – ‚Sie Scheißkerl' – ‚Sie Drecksau' – ‚Weg mit dem Dreckszeug (Weihwasser)' – ‚Hört auf mit dem Dreckszeug (Exorzismus)'. Ansonsten spricht sie sehr wenig."

Ferner bemerkte das Protokoll:

„Anneliese weiß alles. Sie weiß, was sie sagt; sie ist anscheinend immer voll bei Bewusstsein. Keinerlei Amnesie. Sie klagt, dass der Teufel ihr im Kreuz sitzt."

Die nächste Sitzung wurde für Sonntag, den 28. September angesetzt. Doch zuvor, ebenfalls im September 1975, bevor mit den exorzistischen Sitzungen begonnen wurde, geschah noch etwas anderes, das für Anneliese und ihr Leiden eine herausragende Bedeutung haben sollte. Gerade als es ihr etwas besser zu gehen schien und sie nach Erlösung von der Krankheit suchte, hatte Anneliese im fränkischen Engelberg, einem Franziskanerkloster, welches auf dem südlichsten Ausläufer des Spessarts liegt, eine Erscheinung der Gottesmutter. Beide Frauen gingen ein Stück des Weges und die Gottesmutter sagte zu Anneliese:

„Es fügt meinem Herzen großes Leid zu, dass zu dieser Zeit sehr viele Seelen in die Hölle gehen. Man muss Buße tun für die Priester, die Jugend und für das Vaterland. Willst du die Buße tun für all die Seelen, damit so viele Menschen nicht in der Hölle sterben müssen?"

Anneliese wurde für diese Entscheidung eine Bedenkzeit, eine Zeit des Friedens, von drei Tagen gegeben. Danach sollte sie nach Engelberg zurückkehren, um der Gottesmutter ihre Entscheidung mitzuteilen. Während der folgenden drei Tage war Anneliese tatsächlich völlig beschwerdefrei. Anneliese zog ihre Mutter zurate. Aber die Mutter war entsetzt über den

Gedanken, Buße zu tun für so viele Seelen. Sie versuchte deshalb Anneliese dazu zu bewegen, eine solche Buße zu verwerfen. Aber Anneliese sagte ihr:

„Wenn ich jetzt nicht tun werde, worum mich die Mutter Gottes bat, dann werde ich die Schuld dafür tragen, dass so viele Seelen in die Hölle kommen und für ewig verdammt sein werden."

Und so willigte sie bei ihrer zweiten Marienerscheinung in Engelberg gegen den Rat ihrer Mutter in die Entscheidung ein, die kommenden Leiden für die deutsche Jugend und für das deutsche Vaterland anzunehmen und als Sühne darzubringen. Bei den exorzistischen Sitzungen wurzelte somit in Anneliese die felsenfeste Überzeugung, stellvertretend einem Sühneleiden unterworfen zu sein. In dieser Geisteshaltung wurde von September 1975 bis Juni 1976 insgesamt 67-mal der große Exorzismus über ihr gebetet. Dabei wurden pro Woche ein bis zwei Exorzismussitzungen durchgeführt. In dieser Zeit kam es bei Anneliese zu schubweisen Ausbrüchen, bei denen sie teilweise von drei Personen festgehalten oder fixiert werden musste. Diese schubweisen Ausbrüche wurden wiederum von Phasen völliger Gefasstheit unterbrochen, sodass es ihr trotzdem gelang, ein Stück Normalität wiederzufinden und ein relativ normales Studentenleben zu führen. So merkwürdig, ja widersprüchlich es auch klingen mag, Annelieses Leben war zu dieser Zeit ein Leben zwischen Universität auf der einen Seite und Teufelsaustreibung auf der anderen Seite. Ab Mitte Oktober 1975 vernahm Anneliese göttliche Botschaften. Sie hatte Erscheinungen der Gottesmutter und des Heilands, hörte ihre Stimmen. In ihrem Tagebuch notierte sie:

„Der Erlöser sagte: Du wirst viel an der Stelle der anderen leiden und dieses Leid wirst du jetzt tragen. Dein Leiden und deine Trauer dienen mir dazu, die Seele zu retten."

Diese Eingebungen verstärkten sich in den letzten Monaten ihres Lebens noch. Genauso wie die Teufelsfratzen und Stimmen, die zu ihr sagten, sie sei verurteilt. Im April 1976 ging es Anneliese sehr schlecht und sie rief Pfarrer Ernst Alt an. Wie schlecht es ihr innerlich ging, lässt sich anhand einer handschriftlichen Notiz aus der damaligen Zeit entnehmen. Auf einem Blatt Papier dokumentierte sie:

„Ich habe keinen Mut, verzweifelt. Ich habe Angst. Ich stehe am Scheideweg. Entweder Leben oder Tod. Tief verletzt, all die Jahre durch. Hab mich nicht mehr gewehrt. Jetzt auch nicht … Das Schlimmste ist, dass ich keine Wahl mehr habe … Hoffnungslosigkeit sitzt an der Wurzel, wo das Leben ist. Sie ist ein Zustand geworden. Ich habe Angst, dass man an mir verzweifelt … Es wird von Tag zu Tag schlimmer, wenn nicht ein Damm gebaut wird."

Was zwischen Anneliese und dem Pfarrer bei dem sich anschließenden Hausbesuch besprochen wurde, gab ihr Exorzist und Seelsorger in einem Interview der Sendereihe „Die Story" (Extra 1, ARD) 1976 mit folgenden Worten wieder:

„Im April (1976) habe ich sie (Anneliese) besucht und sie sagte zu mir: ‚Ich habe so furchtbare Angst davor. Ich fürchte mich. Ich glaube, ich durchstehe das nicht.' Dann sagte sie: ‚Ich habe aber keine Kräfte mehr und ich will nicht mehr.' … Daraufhin habe ich ihr gesagt: ‚Fräulein Anneliese, wenn Sie jetzt den Willen Gottes, der sich ja offensichtlich zeigt bei Ihnen, ausschlagen, und Sie würden später einsehen, was Sie versäumt haben dadurch, wäre Ihnen das recht?' Da hat sie kurz nachgedacht und gesagt: ‚Nein, das wäre mir nicht recht. Dann mach ich weiter', sagte sie zu mir."

Es war ein Dialog mit weitreichender Wirkung. Pfarrer Ernst Alt ermunterte Anneliese weiterzumachen, nicht aufzugeben, das Sühneopfer durchzustehen, bis die Dämonen besiegt seien. Doch Anneliese verstand ihr Sühneopfer viel weitgehender, als Sühne bis zum Tod. Ohne es auch nur zu ahnen, gab Pfarrer Ernst Alt damit Annelieses Erkrankung nicht nur ihren Inhalt, sondern auch die Richtung vor. Anneliese übernahm nach diesem Gespräch ihren Sühnegedanken endgültig. Seelisch wurde sie dadurch zerrissen. Zerrissen zwischen den beiden Polen der Auserwählung und Heiligkeit hier und der Besessenheit und Verdammnis dort. Es verwundert somit nicht, dass sich ihr Zustand ab April 1976, also ab der Karwoche, drastisch verschlimmerte. Und zwar derart verschlimmerte, dass ab Mitte Mai bereits ihr Sterben begann. Anneliese nahm jetzt keine Nahrung mehr zu sich. Sie konnte nicht, obwohl sie gerne wollte, aber die Dämonen verboten es ihr. Im Laufe der Teufelsaustreibungen konnten die Exorzisten sechs verschiedene Dämonen identifizieren: Luzifer, Judas, Kain, Nero, Hitler und Fleischmann. Nicht dass sich Annelieses Stimme geändert hätte, wenn die einzelnen Dämonen aus ihr sprachen. Sondern allein an den Aussagen glaubten die Exorzisten sie unterscheiden zu können. So wurde Hitler beispielsweise daran erkannt, dass er über sich sagte:

„Ich habe so viele umgebracht … und jetzt bin ich verdammt."

Außerdem habe er immer nur gerufen:

„Heil, Heil, Heil."

Und Fleischmann sagte über sich selbst aus:

„Ich bin der Sechste im Bund, und zwar ein verdammter Priester. Ich war in Ettleben Priester … Ich bin verdammt, weil ich mein Amt so schlecht ausgeführt habe … Erschlagen habe ich einen. Außerdem habe ich Frauen gehabt."

Die Dämonen richteten Anneliese schlimm zu. Sie warfen sie zu Boden, stundenlang. Anneliese stürzte auf den Bauch, den Rücken, den Kopf und das Gesicht. Sie war übersät mit blauen Flecken. Ihr Kopf war fast schwarz und die Augen so angeschwollen, dass man sie kaum erkennen konnte. Sie wurde gezwungen Kniebeugen zu machen, bis zu 500 Stück am Tag, manchmal bis zum körperlichen Zusammenbruch. Als sie mit dem Kopf durch die Korridortür ging und ein Loch in die Wand biss, brachen die Schneidezähne ab. Zum Selbstschutz wurde Anneliese ans Bett gefesselt. Dort schlief sie kaum, höchstens zwei Stunden. Wenn die Exorzisten den Dämonen im Namen Jesu befahlen, den Körper der jungen Frau zu verlassen, fletschte Anneliese die Zähne und schrie. Und sie knurrte animalisch mit kehliger Stimme. Es waren Geräusche, die tief aus ihrem Inneren kamen. Sie klangen fremd und machten Angst. Annelieses Stimme war dagegen kaum noch zu vernehmen. Im Haus spielten sich schlimme und unvorstellbare Szenen ab. Szenen, die das menschliche Vorstellungsvermögen überschreiten. Das belegen 42 Tonbandkassetten sehr eindrucksvoll. Pfarrer Renz ließ sie bei den exorzistischen Sitzungen mitlaufen, sodass von insgesamt 67 Sitzungen 42 auf Band dokumentiert wurden. Die Tonbandaufnahmen dokumentieren desgleichen auf sehr eindrucksvolle Weise, dass die beiden Priester mit ihrer Methode keine Besserung des Gesundheitszustandes erzielen konnten, im Gegenteil. Auch wenn die Dämonen ankündigten am 31.10.1975 auszufahren, sie taten es nicht. Der Heiland, so ihre Aussage, habe es ihnen nicht ermöglicht. Dafür machten sie eine neue Prophezeiung und sagten: „Am 1. Juli gibt es eine Wende." Mit dieser neuen Ankündigung sollten sie leider recht behalten. Annelieses Gesundheitszustand wurde immer schlechter. Und am 01.07.1976 kam dann tatsächlich die vorhergesagte Wende. An diesem Tag verstarb Anneliese Michel im Alter von nur 23 Jahren an den Folgen ihres schlechten Ernährungszustands und der hochgradigen Abmagerung. Und an einer Lungenentzündung, wie sich später bei der Obduktion herausstellte. Annelieses Leiche wog bei einer Körpergröße von 1,66 m nur noch 31 kg. Die Studentin war buchstäblich unter den Händen ihrer Exorzisten verhungert. So endete die letzte amtliche Teufelsaustreibung in Deutschland, tragisch und tödlich zugleich. Was blieb, war die Frage nach der Schuld und der Ursache. Die Frage der Schuld wurde mittlerweile geklärt. Zwei Jahre nachdem Anneliese verstorben war, wurde der „Fall Klingenberg" vor Gericht verhandelt. Die Anklage brauchte so lange, weil sich die Sachlage auch für die Ermittler als äußerst schwierig darstellte. Angeklagt wurden die beiden Exorzisten sowie die Eltern der Verstorbenen. Der Tatvorwurf lautete auf unterlassene Hilfeleistung und fahrlässige Tötung. Warum, so der Aschaffenburger Oberstaatsanwalt Karl Stenger, wurde kein Arzt hinzugezogen? Weil Anneliese Michel keine ärztliche Hilfe haben wollte, so die Antwort. Das war ihre freie Entscheidung und die wurde von den Eltern und den beiden Geistlichen so hingenommen. Außerdem habe der Heiland zu Anneliese gesagt, sie werde noch einmal eine Heilige werden. Das Landgericht Aschaffenburg klammerte die Frage zur „tatsächlichen Besessenheit" des Opfers und damit die Frage nach der religiösen Diagnose aus. Es beschränkte sich dagegen auf die rein juristischen Fragen und konstatierte, dass die Beteiligten zur Herbeiholung von ärztlicher Hilfe verpflichtet gewesen seien. Alle vier Angeklagten wurden deshalb vom Gericht zu einer Freiheitsstrafe verurteilt. Das Strafmaß betrug sechs Monate und wurde zur Bewährung ausgesetzt. Was blieb, war die Frage nach der Ursache. Und die stellt sich bis heute. Vom Prinzip her ist es die Frage nach dem Bösen. Existiert das Böse? Existieren Dämonen? Existiert der Teufel? Und können diese Mächte von uns tatsächlich Besitz ergreifen? Im Fall der Anneliese Michel wurde genau das bejahend angenommen. Und warum? Nun, aus mehreren Gründen. Erstens weil es für die Beteiligten so aussah. Zweitens weil es sich für Anneliese so anfühlte. Drittens weil sie geweihte Gegenstände von ungeweihten unterscheiden konnte. Viertens weil sie in unbekannten Sprachen sprach. Fünftens weil sie Gedanken lesen konnte. Und sechstens weil sie ein Vorauswissen über negative zukünftige Ereignisse hatte. Aber konnte sie das alles wirklich? Im Gutachten des Exorzismusexperten Pater Rodewyk stand, dass Anneliese Michel imstande war Weihwasser von nicht geweihtem Wasser zu unterscheiden und dass sie fremde Sprachen verstand. Zweifelsohne, Anneliese hatte starke Aversionen gegen religiöse Gegenstände. Sie hatte einen Ekel davor und beleidigte geweihte Sachen. Das aber ist noch lange kein Beweis dafür, dass jemand geweihte von ungeweihten Gegenständen unterscheiden kann. Einen echten Beweis im wissenschaftlichen Sinne hätte hier nur ein randomisierter Doppelblindversuch erbringen können. Doch ein solcher Versuch wurde bei Anneliese Michel nie durchgeführt. Wie aber konnte dann eine solche Behauptung aufgestellt werden? Und was die fremden Sprachen anbelangt, so wurde immer wieder die Behauptung aufgestellt, dass Anneliese Michel Lateinisch, Hebräisch, Aramäisch, ja sogar Chinesisch verstehen und sprechen konnte. Doch auf den Tonbandkassetten ist davon nichts zu hören. Stattdessen hört man die Dämonen auf den Bändern im unterfränkischen Dialekt sprechen. Vielleicht hat Anneliese Michel Phrasen in einer Fremdsprache gesprochen. Sie hatte schließlich Lateinisch und Aramäisch in der Schule belegt. Oder vielleicht hat sie auch nur in einer Art Phantasiesprache gesprochen. Was auch immer, Pater Rodewyk zumindest konnte offensichtlich dem Gehörten einen Sinn abgewinnen, was dann im Gutachten zum Missverständnis führte. Auch Pater Renz, der einst in China missioniert hatte, vermutete Ähnliches und fing eines Tages an, Anneliese Michel auf Chinesisch auszufragen. Die Antwort der Dämonen darauf war:

„Ich sag ihnen gar nichts, sie Drecksau, sie verfluchte."

Und weiter:

„Wenn sie was fragen wollen, tun sie's auf Deutsch."

Später fügten dann die Dämonen noch hinzu:

„Aber verstehen tun wir's doch."

Pfarrer Alt versuchte es mit Französisch und Holländisch, indem er die Dämonen befragte, ob es denn etwas in der Familie gebe, das mit dem Fall zusammenhänge und nicht an die Öffentlichkeit dringen dürfe. Die Dämonen antworteten darauf nur lapidar:

„Es liegt nichts vor."

Soll man also allen Ernstes bei Anneliese Michel aus diesen Dialogen ein vollständiges Sprachverständnis verschiedenster Sprachen ableiten? Felicitas Goodman zumindest tat es nicht. Die amerikanische Anthropologieprofessorin war die einzige Wissenschaftlerin, der alle Dokumente und Tonbänder im Fall Anneliese Michel zur Verfügung gestellt wurden. Nach eingehender Untersuchung und dem Abhören der Tonbänder kam sie zu dem Schluss, dass sich Anneliese beim Sprechen der Dämonen in einem religiösen Ausnahmezustand befand. Goodman sprach in ihrer Arbeit von „speaking in tongues", was so viel wie „in Zungen reden", eine ekstatisch-religiöse Kommunikation oder einfach ausgedrückt ein „unverständliches Sprechen" bedeutet. In der Wissenschaft bezeichnet man diese Erscheinung als Glossolalie. Im Jahr 2006 sind Forscher der University of Pennsylvania dem rätselhaften religiösen Phänomen etwas auf die Spur gekommen. Sie untersuchten nämlich mithilfe des bildgebenden SPECT-Verfahrens (Single-Photon Emission Computed Tomography) die Gehirnaktivität von Menschen, während diese in Zungen sprachen. Es zeigte sich, dass beim Zungenreden die Hirnregion des Thalamus eine höhere Aktivität aufwies. Dagegen war die Aktivität der linken Basalganglien reduziert. Ebenso wie die Aktivität der für die Selbstkontrolle zuständigen Stirnlappen. Und das ist das Entscheidende. Denn es zeigte, dass Menschen, während sie in Zungen reden, ihre gewöhnlichen Sprachzentren nicht kontrollieren können. Und das wiederum könnte erklären, weshalb sie das Gefühl haben, dass andere Wesen durch sie sprechen. Zwei der vier paranormalen Phänomene im Fall der Anneliese Michel können damit ad acta gelegt werden. Es bleiben nur noch das Gedankenlesen sowie das Vorauswissen über negative zukünftige Ereignisse. Was das Gedankenlesen anbelangt, so hatte Pfarrer Renz immer wieder betont, dass man vor Anneliese Michel „nichts geheim halten konnte" und sie „einfach alles wusste". Was er damit aber konkret meinte, hat er nicht gesagt. Auch nannte er keinerlei Beispiele. Ähnlich verhält es sich beim Vorauswissen über negative zukünftige Ereignisse. Zwar wurde gesagt bzw. kolportiert, dass Anneliese Michel die sittlichen Verfehlungen von Bekannten mit ihren „dämonischen Augen" sehen konnte, aber welche konkreten Verfehlungen das gewesen sein sollen, das wurde nicht genau gesagt. Geschweige denn, dass es dazu eine wissenschaftliche Überprüfung gegeben hätte. Bei näherer Betrachtung kommt man daher nicht umhin festzustellen, dass es sich im Fall der Anneliese Michel um eine reine Dokumentation handelt. Von einer gründlichen Untersuchung der paranormalen Phänomene im wissenschaftlichen Sinne kann dagegen keine Rede sein. Doch selbst wenn eine wissenschaftliche Untersuchung die paranormalen Phänomene bewahrheitet hätte, wäre damit noch lange nicht bewiesen, dass der Teufel oder ein Dämon als Ursache infrage kommt. Denn die eigentliche Verursachung dieser Phänomene wäre trotz Wissenschaft auch weiterhin völlig unbekannt geblieben. Und genau das bringt ja auch der neutrale Begriff der Parapsychologie zum Ausdruck. So, wie es sich sein Erfinder Max Dessoir vor über 100 Jahren gedacht hat. Parapsychologie als wissenschaftliche Untersuchung ungewöhnlicher menschlicher Erfahrungen. Nicht mehr und nicht weniger. Eine Klärung der Ursache ist in diesem Zusammenhang sicherlich äußerst wünschenswert, aber nicht zwangsläufig gegeben. Nun gut, könnte man sagen, lassen wir das einmal so stehen. Aber was ist mit der Aussage der beiden Dämonen Nero und Hitler, die den Todeszeitpunkt von Anneliese voraussagten, indem sie ankündigten, dass am ersten Juli eine Wende eintreten werde? Das hat doch exakt gestimmt, oder? Richtig, das hat gestimmt, aber auch das lässt sich erklären, ganz ohne böse Geister und Teufel. Die Dämonen Nero und Hitler wurden nämlich durch die Exorzisten befragt, wann sie denn gedenken aus der Besessenen „auszufahren". Von Todeszeitpunkt war da überhaupt keine Rede. Aber selbst wenn damit von den Dämonen Annelieses Todeszeitpunkt angedeutet worden sein sollte, ist es nichts Ungewöhnliches oder in der Medizin Unbekanntes, dass todkranke Patienten eine Vorahnung über ihren Todeszeitpunkt haben. Irgendwie scheinen sie den nahenden Tod zu spüren. Es ist die Stunde der Wahrheit oder die Zeit der Vorahnung. Diese Erkenntnis ist schon lange bekannt. So hieß es bereits im Mittelalter: „Der Todgeweihte allein ermisst die Frist, die ihm noch verbleibt." Dass Menschen so etwas wie eine Vorahnung tatsächlich besitzen, ist mittlerweile auch wissenschaftlich bestätigt. Im Januar 2011 publizierte nämlich der US-amerikanische Sozialpsychologe Prof. Daryl Bem in der Fachzeitschrift „Journal of Personality and Social Psychology" eine Studie, die genau das belegte. Bems Ergebnisse hatten seitdem einen unerbittlichen Expertenstreit in der naturwissenschaftlichen Gemeinde zur Folge. Streitpunkt war vor allem die Interpretation der Ergebnisse. Denn Bem erklärte, er habe den Beweis für die Fähigkeit des Menschen zur Vorherahnung zukünftiger Ereignisse gefunden. Diese Interpretation teilten aber nicht alle Experten. Im Jahr 2014 unterzog deshalb Bem gemeinsam mit seinen Kollegen insgesamt 90 Studien einer Metaanalyse. Die genannten Studien wurden in 14 Ländern an 33 unterschiedlichen und voneinander unabhängigen Laboratorien durchgeführt und schlossen 12 406 Probanden ein. Das Ergebnis war eindeutig. Dem Menschen ist die Fähigkeit zur anomalen Vorahnung unbewusster zukünftiger Ereignisse gegeben. Somit auch die Vorahnung über seinen noch ausstehenden Tod. Die Hilfe des Teufels oder irgendwelcher Dämonen braucht er hierzu nicht. Also schön, sei es drum, könnte man jetzt meinen. Aber wie um alles in der Welt ist das Auftreten des Dämons Fleischmann zu erklären? Und wer war überhaupt dieser Fleischmann? Valentin Fleischmann war ein lasterhafter Priester, ein Säufer und arger Schläger. Er war von 1572 bis 1575 Pfarrer in Ettleben. Damit war er gleichsam der Vorgänger von Pfarrer Ernst Alt. Fleischmann galt als lüstern und hatte vier uneheliche Kinder. In seinem Pfarrhaus soll er eines Tages einen Mann totgeschlagen haben. Auch eine Frau soll er schlimm zugerichtet haben. So schlimm, dass die Geschundene über Wochen beim Bader in Würzburg zubringen musste. Des Weiteren wird erzählt, er habe ein Mädchen verführt und umgebracht. Und jetzt, drei Jahrhunderte später, taucht genau dieser Fleischmann plötzlich auf und spricht durch Anneliese Michel. Wenn sie also nicht wirklich von diesem Dämon besessen war, wie konnte sie dann von der Existenz Fleischmanns überhaupt eine Kenntnis haben? Sie hätte Zugang haben müssen zu entsprechenden Kirchenarchiven. Den hatte sie aber nachweislich nicht. Das spricht doch eindeutig für eine dämonische Besessenheit, oder? Ja, so scheint es, aber nur, wenn man an der Oberfläche bleibt. Taucht man dagegen tiefer in den Fall ein, dann begegnet einem ein Tonband, welches für Frau Prof. Felicitas Goodman besprochen wurde. Zu hören ist Pfarrer Ernst Alt mit folgenden Worten:

„Als ich nach Ettleben kam, war die Pfarrei in schlechtem Zustand. Zunächst hatte ich die Aufgabe, die Kirche restaurieren zu lassen. Ich suchte in den Pfarrakten nach Unterlagen, die die Baupflicht an der Kirche ausweisen sollten. Ich hatte die Vermutung, dass die politische Gemeinde oder selbst der Staat die Baupflicht an der Kirche habe. In der Pfarrrepositur, die noch bis ins Jahr 1646 zurück vollständig und bis etwa Mitte des sechzehnten Jahrhunderts sporadisch erhalten ist und außerdem ein paar Akten aus sehr früher Zeit enthält, entdeckte ich die Akte mit der Liste der Pfarrer, die seit dem vierzehnten Jahrhundert hier in Ettleben gewirkt hatten. Beim Durchblättern dieser Akte stieß ich auch auf einen Fall Fleischmann. Der Name von Pfarrer Valentin Fleischmann war mir noch nie zu Ohren gekommen … Als ich im Herbst 1975 während der exorzistischen Phase nach Klingenberg kam, um der Austreibung beizuwohnen, war ich bereits eineinhalb Jahre Pfarrer von Ettleben. Während einer Pause wurde ich von einem der Anwesenden gefragt: ‚Na, wie geht's denn in Ettleben, nachdem die Kirche restauriert ist?' Wir kamen ins Gespräch und ich sagte unter anderem: ‚Na ja, in Ettleben hat es immer schon schlimme Pfarrer gegeben. Vielleicht bin ich auch einer von diesen. Jedenfalls hat es einen gegeben, der einen Mann erschlagen hat.' Anneliese saß neben mir. Sie brüllte plötzlich auf, so wie sie es während des Exorzismusgebetes getan hatte. Ich erschrak so sehr, dass mich alle auslachten und der Schrecken mir nach Stunden noch in den Gliedern saß. Etwa vierzehn Tage später hatte ich wiederum Gelegenheit, nach Klingenberg zu fahren, weil ich in der Nähe etwas zu tun hatte. Anneliese war daheim … Wir unterhielten uns nett. Schließlich sagte ich: ‚Sie haben mich vielleicht damals mit Ihrem Gebrüll erschreckt. Der Schrecken wich erst nach Tagen. Dass Sie sich so aufregen, wenn der Name Fleischmann fällt.' Plötzlich verzog Anneliese ihr Gesicht zu einer Fratze und begann, obwohl sie heftig dagegen kämpfte, wiederum in der uns allen bekannten Art zu brüllen … Am selben Abend wurde in meiner Abwesenheit der Exorzismus gesprochen, und es meldete sich der sechste Teufel mit Namen Fleischmann."

Die Ausführungen von Pfarrer Ernst Alt geben klar Auskunft darüber, dass Anneliese Michel mit der Person Fleischmanns durchaus vertraut war. Und sie geben Auskunft darüber, dass ganze 14 Tage vergingen zwischen dem ersten Hörensagen und dem Auftauchen des Dämons. Eine enorm wichtige Passage, und zwar aus dreierlei Gründen. Erstens weil sie uns Klarheit darüber verschafft, dass das Erscheinen des Dämons Fleischmann kein paranormales Phänomen darstellt. Zweitens weil sie uns Klarheit darüber verschafft, wie schnell das Ich eines Menschen dissoziieren kann. Und drittens weil sie uns einen Einblick in das innere Wesen der dämonischen Besessenheit vermittelt sowie darin, was diese vom Prinzip her darstellt. Nämlich nichts anderes als ein entfremdetes Ich, das seine inneren Konflikte in religiösen Formen erlebt. Wenn nun auch noch dieses entfremdete Ich, welches mit zahlreichen Symptomen einer schweren psychischen Störung beladen ist, im Äußeren eine religiöse Legitimation oder gar Förderung erhält, dann wird aus psychischer Krankheit eine manifeste dämonische Besessenheit. Das zeigte der Fall Anneliese Michel überdeutlich. Genauso wie er zeigt, dass es keinen erdenklichen Grund gibt anzunehmen, es gäbe finstere Gewalten, die von außen in den Menschen eindringen können, um sich seiner zu bemächtigen. Existiert also am Ende das Böse doch nicht? Aber selbstverständlich existiert es. Das Leid, das es in der Welt verursacht, die Spur der Verwüstung, die es hinterlässt, ist Evidenz genug für seine Existenz. Und die Dämonen oder der Teufel, was ist mit ihnen? Ja, auch sie existieren, ganz real, metaphysisch. Wir können sie sogar unter bestimmten Umständen hören und sehen. Etwa in Auditionen, bei Nahtoderfahrungen oder innerhalb einer Vision bei anderen menschlichen Grenzerfahrungen. Wir müssen deshalb lernen die Dinge richtig zu verstehen und auseinanderzuhalten. Als Jesus von Nazareth vor 2000 Jahren in Galiläa, Judäa und Samaria umherging, Menschen lehrte und sie von ihren Gebrechen heilte, tat er es auf eine bestimmte Art und Weise. Die Evangelien zeugen davon. Genauso wie sie davon zeugen, dass Jesus bei der Heilung von Menschen keinen Unterschied zwischen körperlichen oder psychischen Erkrankungen machte. Warum hätte er auch einen machen sollen? Die Menschen damals hatten nämlich für beide Erkrankungsarten spirituelle Erklärungsmodelle. Alles, was sie sich nicht erklären konnten, packten sie in ein Konzept personalisierter Kraft. Und da Krankheiten nichts Gutes waren, konnte diese Kraft nur dem ultimativ Bösen gehören. Ein Grundmuster, das sich über die verschiedenen Kulturen hinweg nachweisen lässt. Das Volk der Juden bildete da keine Ausnahme. Die christliche Dämonologie griff diesen Gedanken auf. Ihr Fundament bildet das sogenannte Testament Salomos. Eine apokryphe Schrift mit unsicherer Autorenschaft, die auf das vierte nachchristliche Jahrhundert zurückgeht und noch zu Lebzeiten des Kirchenlehrers Augustinus von Hippo (354–430 n. Chr.) entstand. Er war es, der dann auch die theoretischen Grundlagen der christlichen Dämonologie ausformulierte, die für das exorzistische Denken im weiteren Verlauf unabdingbar geworden sind. Mit fatalen Folgen, denn der Glaube an eine dämonische Kraft, die es auszutreiben gilt, wurde bei der augenscheinlich manifesten Besessenheit damit regelrecht zementiert. Doch dort ist das Böse nicht wirklich zu finden. Der römisch-katholische Theologieprofessor und Bibelwissenschaftler Herbert Haag (1915–2001) machte in diesem Zusammenhang eine äußerst interessante Bemerkung. Er stellte nämlich fest:

„Der Exorzismus steht und fällt mit dem Teufelsglauben. Daher kommt Besessenheit … immer nur dort vor, wo an den Teufel geglaubt wird. Noch nie war ein Atheist besessen."

Für die Dämonologie und den Exorzismus bedarf es folglich nach dieser Aussage der Medialität. Hier verstanden als Öffnung des Bewusstseins. Die Medialität ist dabei nicht das Böse, aber sie ist das Einfallstor dafür. Die Tatsache, dass die Medialität bei Kindern und Frauen sehr viel größer ist als bei den Männern, bei denen doch eher das Intellektualisieren und kritische Denken im Vordergrund stehen, erklärt, weshalb Kinder und Frauen im Vergleich zu Männern anfälliger für dieses Phänomen sind und warum sie der Besessenheit auch häufiger anheimfallen. Und sie erklärt, weshalb sich Menschen, die im Vorfeld mit esoterischen Methoden wie Pendeln, Gläserrücken, Channeling oder Reiki in Berührung kamen, häufiger von dämonischen Kräften belästigt fühlen und meinen, sie seien von fremden Mächten in Besitz genommen worden. Ja, Magie und Hexerei, die den spirituellen Bereich berühren, auch sie können zu psychischen Belastungen führen. Von all diesen Dingen ist die echte Besessenheit zu unterscheiden. Sie äußert sich in der nichtmanifesten Form. Wer das Böse kennt, dürfte darüber nicht verwundert sein. Schließlich meidet das Böse jedwedes öffentliche Auftreten. Es scheut das Licht und bleibt lieber im Dunklen, im Verborgenen. Aus dieser Position heraus infiziert es die Gedanken der Menschen mit seinen verqueren Vorstellungen und Ideen wie ein Virus. Ja, das Böse ist im Grunde eine gefährliche spirituelle Infektion. Es schaltet sich in die Gedanken der Menschen ein und verdirbt diese. Wie das genau funktioniert, wird im letzten Kapitel dieses Buches erörtert. Leistet der Mensch keinen aktiven Widerstand gegen die kranken Gedankengänge des Bösen und fällt der Versuchung anheim, so ist er verloren. Peter Kürten hat es sehr anschaulich beschrieben, als er davon sprach, in einem Wahn befangen gewesen zu sein. Er hat auch wunderbar gezeigt, wie einfach es ist, das Böse wieder loszuwerden, ohne Exorzismus. Indem man sich ihm entgegenstellt, bewusst entgegenstellt. Auch diesbezüglich lässt sich von Jesus aus Nazareth viel lernen. Als der Teufel an ihn herantrat, um ihn in Versuchung zu führen, reagierte er völlig anders als bei den Heilungen physisch oder psychisch Kranker. Er befahl dem Teufel nichts, drohte ihm nicht, er schärfte ihm nichts ein und fragte ihn auch nichts. Stattdessen konterte er die Attacken des Bösen mit dem Wort Gottes aus der Heiligen Schrift. Jesus nutzte das Wort Gottes wie einen Schutzschild, an dem die Brandpfeile des Bösen abprallten, ohne Schaden anrichten zu können. Dabei ist der Schutzschild nur ein kleiner Teil der geistlichen Waffenrüstung. Doch wer ihn nicht besitzt, ist dem Bösen schutzlos ausgeliefert, wie Hannes E., der in Berlin am 07.03.2018 die 14-jährige Keira G. mit 23 Messerstichen tötete. Aus reiner Mordlust, wie der damals 15-Jährige vor Gericht angab. Er habe sein wollen wie der Joker, der böse filmische Gegenspieler von Batman, mit dem er sich identifizierte. Deshalb trage er auch eine Kette aus Jokerkarten um den Hals und färbe sich die Haare grün, um auszusehen wie sein Idol. Was der Teenager offensichtlich nicht merkte, war, dass sein Idol ein Irrer ist. Ein Irrer, der tötet um des Tötens willen. Eine Inkarnation des Bösen, die sich seiner Gedanken und Handlungen Stück für Stück bemächtigte, sodass aus dem völlig unauffälligen, normalen Jungen ein brutaler Mörder wurde. Ein Mörder, der zu einer Jugendstrafe von neun Jahren verurteilt wurde. Fast die Höchststrafe für einen Jungen in diesem Alter. Am Ende des Prozesses sagte Hannes E., er sei jetzt bereit sich einer Psychotherapie zu unterziehen. Doch was soll die bringen? Das Böse lässt sich nicht auf die Couch legen. Deshalb kann auch die Psychotherapie in diesem Fall nicht weiterhelfen. Was ein Besessener braucht, ist seelsorgerische Zuwendung. Er braucht eine Perspektive, einen Sinn für das eigene Leben, und er braucht die Zuversicht, dass alles, was auch immer geschehen ist, wieder gut werden kann. Er braucht Einsicht und Weisheit, jemanden, der ihm den Weg zu diesen geistlichen Dimensionen ebnet. Und er braucht spirituelle Erfahrungen, die heilsam auf seine Seele wirken können. Eine Psychotherapie hingegen brauchen eher jene, die aus sich heraus verbittert und dadurch böse sind. Diejenigen, die keinen leichten Start ins Leben hatten oder denen im Leben übel mitgespielt worden ist. Die emotional Schwer- und Schwerstverletzten. Diejenigen, um die sich das Böse erst gar nicht kümmern muss, weil sie eh schon auf seiner Seite stehen, ohne es selbst auch nur im Geringsten zu ahnen. Sie alle bilden die dritte Fraktion des Bösen, obwohl sie im Grunde selbst Opfer des Bösen waren.

Aber sie haben nicht richtig nachgedacht und haben sich, wie so viele Opfer, mit ihrem Täter solidarisiert. Sie haben zu ihm eine Zuneigung entwickelt. Und jetzt sympathisieren und kooperieren sie sogar mit ihm. Ein psychologisches Phänomen, das Stockholmsyndrom genannt wird. Es ist eine ungesunde Bindung, die da entstanden ist, eine Traumabindung. Sie wird nur nachvollziehbar, wenn man sie als Schutzmechanismus der eigenen Psyche versteht. Dabei versucht das Opfer sich mit seiner Zuneigung zum Bösen aus der bedrohlichen Situation zu befreien. Indem es sich unterordnet. Ein Vorgang, der dem Willen des Bösen sehr entgegenkommt und vollkommen seinem Geschmack entspricht. Das ist es, was wir lernen müssen auseinanderzuhalten. Das Böse an sich, die nichtmanifest Besessenen und die Verbitterten. Die beiden Letztgenannten werden, so sie mit dem Gesetz in Konflikt geraten, als Kriminelle bezeichnet, abgeurteilt und ins Gefängnis geworfen. Möglicherweise auch einer Psychotherapie unterzogen, mit wechselndem Erfolg. Die beiden Gruppen werden miteinander vermischt, obwohl man sie eigentlich streng auseinanderhalten müsste. Das Böse mengt sozusagen die nichtmanifest Besessenen unter die Verbitterten, sodass niemand mehr ihre Besessenheit erkennen kann. Und die Kirche? Sie wird der Lächerlichkeit preisgegeben, weil das Böse sie bei jenen nach dem Teufel suchen lässt, bei denen nur Krankheit zu finden ist. Nämlich bei der Gruppe derjenigen Menschen mit angeblich manifester „Besessenheit". Alle miteinander werden auf diese Art und Weise wunderbar gegenseitig ausgespielt und die Verwirrung ist perfekt. Profitieren tut aber nur einer davon. Derjenige, der alles durcheinanderbringt, der Verwirrer. Griechisch Diábolos genannt. Zu Deutsch der Teufel. Das ultimativ Böse und sein Gefolge. Die Wurzel allen Übels. Ein jeder von uns ist deshalb dazu aufgerufen, das ultimativ Böse in seinem Wirken zu erkennen, seine perverse Natur zu verstehen und es als spirituellen Feind zu begreifen. Das Böse loszuwerden, es zu bekämpfen, das ist unsere Aufgabe, damit wir und andere Menschen nicht darunter leiden müssen. Es ist, wie der schottische Schriftsteller Robert Louis Stevenson (1850–1894) sagte:

„In einem jeden von uns kämpfen zwei Eigenschaften: das Gute und das Böse. Der Streit dauert unser ganzes Leben und einer muss gewinnen. Es liegt an uns selber, was wir wählen."

Der Weg Christi, so der evangelische Theologe Ulrich H. J. Körtner, ist der Weg, wie man das ultimativ Böse loswerden kann. Durch gutes Vorleben, durch seelsorgerischen Beistand und durch das Gebet. Befreiungsgebete mit eingeschlossen. Also Gebete um Erlösung von allem Bösen, die Gläubige in der Stille für sich selbst oder andere gepeinigte Seelen beten können, wie beispielsweise das Vaterunser. Solche Befreiungsgebete sind eine Art kleiner Exorzismus. Mittelalterliche Rituale wie der große Exorzismus sind hingegen völlig fehl am Platz. Ja geradezu kontraindiziert, weil durch sie manche Symptome der vermeintlichen Besessenheit regelrecht zum Ausbruch gebracht werden können. Darauf haben Hall et al. bereits 1982 hingewiesen. So weiß man nach einem großen Exorzismus nicht mehr genau, was nun die Ursache der Symptomatik war und was die Folge. Wir dürfen deshalb nie vergessen, dass manifest „Besessene" in Wahrheit psychisch kranke Menschen sind. Oft haben wir es dabei nur mit leichteren Fällen zu tun, die in der westlichen Zivilisation sporadisch auftreten und kaum einen Krankheitswert besitzen. Manchmal werden diese Zustände sogar von den Betroffenen selbst herbeigeführt, entweder durch Einnahme entsprechende Substanzen oder mittels spezieller Praktiken wie Tänzen und Atemübungen. Der Besessenheit können aber auch sehr verschiedene psychische Störungen zugrunde liegen. Zum Teil sehr ernsthafte und gefährliche, wie die Schizophrenie. Die Konsultation eines Facharztes für Psychiatrie ist in solchen Fällen unabdingbar. Das lehrt uns der Fall von Anneliese Michel überdeutlich. Die Aufgabe des Psychiaters ist es dann, die dissoziierte Persönlichkeit des „Besessenen" wieder zu einer Einheit zusammenzusetzen. Auf keinen Fall sollte der klinischen Symptomatik der manifesten Besessenheit eine religiöse Bedeutung beigemessen werden. Das wäre brandgefährlich, aus mehreren Erwägungen heraus. Erstens weil eine derartige Interpretation den Kranken mehr und mehr in einen Irrweg verstricken würde. Zweitens weil auch den Außenstehenden eine „Wahrheit" vorgegaukelt wird, die mit der Realität kaum übereinstimmt. Und drittens weil die Vorstellung, dass böse Mächte in den Menschen einfach so eindringen können, dem Besessenheitswahn in der Bevölkerung geradezu Tür und Tor öffnen würde. Eine Massenpanik wäre die Folge. Wir hätten dann wieder einen Punkt erreicht, an dem Hexenprozesse beginnen und Scheiterhaufen errichtet werden. Einen Punkt, an dem ein Wahn den anderen ablöst und die Menschheit in einen tiefen Abgrund von Leid und Elend stürzt. Deshalb ist es wichtig, das Wort dämonische Besessenheit als einen Begriff aus der Mythologie zu verstehen und durch einen geeigneteren zu ersetzen, nämlich den des psychotischen Besessenheitszustandes. Noch besser wäre es natürlich, das Wort Besessenheit ganz zu streichen und an dessen Stelle eine exakte Diagnose zu nennen. Im Fall der Anneliese Michel sollten wir deshalb endlich aufhören von Besessenheit zu sprechen und stattdessen das Kind beim Namen nennen. Anneliese Michel litt nicht an einer dämonischen Besessenheit, sondern an einer paranoid-halluzinatorischen schizophrenieähnlichen Psychose bei Epilepsie, wie ein medizinisch-psychiatrisches Gutachten feststellte. Sie brauchte folglich keinen Exorzisten, sondern einen erfahrenen Psychiater. Der Einzige, der das damals erkannte, war Pfarrer Habiger. Aber auch für den erfahrenen Psychiater wäre die Behandlung einer solchen Patientin eine große Herausforderung mit unklarem Ausgang gewesen. Denn zuverlässige Statistiken über die Häufigkeit von Trance- und Besessenheitszuständen gab es damals wie heute nicht. Und wissenschaftliche Untersuchungen zu dem Thema sind nach wie vor selten. Folglich gibt es auch keine systematischen Studien zu entsprechenden Behandlungsstrategien von Trance- und Besessenheitszuständen. Genau diese „harten Daten" bräuchte aber jeder Psychiater. Damit ist und bleibt die Behandlung von Erkrankungen aus diesem Formenkreis selbst für die moderne Psychiatrie eine äußerst schwierige und heikle Angelegenheit.

Epidemiologie psychischer Störungen

Nachdem wir jetzt einen Überblick über die häufigsten psychiatrischen Erkrankungen gewonnen haben, haben wir gleichzeitig auch einen Eindruck davon erhalten, wie anfällig die Psyche des Menschen ist und wofür sie es ist. Über die Epidemiologie psychischer Störungen in Deutschland wissen wir allerdings noch recht wenig. Hierzu vielleicht nur so viel. Seit den 1990er Jahren haben nationale wie internationale Studien deutlich gemacht, dass psychische Störungen weitaus häufiger vorkommen, als man früher gemeinhin annahm. Gute und verlässliche Daten hierzu liefern uns die bereits erwähnte DEGS1-MH-Studie sowie der Bericht über die Ministerkonferenz der Europäischen Region der WHO aus dem Jahre 2006 zur psychischen Gesundheit. Demnach leidet in Deutschland etwa ein Drittel der Bevölkerung aktuell an psychischen Störungen. Gravierende Geschlechtsunterschiede gibt es dabei nicht. Männer sind mit 30,7 % und Frauen mit 35,9 % betroffen. Wohl aber gibt es unterschiedliche Diagnosespektren. So gehören zu den häufigsten psychischen Störungen bei Männern neben Substanzstörungen und Angststörungen auch Depressionen. Bei den Frauen dagegen dominieren in erster Linie Angststörungen und Depressionen sowie somatoforme Störungen. Damit gehören depressive Erkrankungen und Angststörungen zweifelsohne zu den häufigsten psychischen Erkrankungen überhaupt. Interessant ist noch, dass mit 45 % die höchsten Prävalenzraten in der Altersgruppe zwischen 18 und 34 Jahren zu finden sind. Ebenfalls interessant ist, dass ein Drittel der psychischen Störungen episodisch oder zeitlich begrenzt auftritt. Bei einem weiteren Drittel persistieren die psychischen Störungen, fluktuieren aber in ihrem Schweregrad. Und beim letzten Drittel zeigen die psychischen Störungen eine chronische Präsenz, sodass die Patienten dauerhaft davon betroffen sind. Zu beachten ist ferner, dass bei mehr als einem Drittel der Patienten mit psychischen Störungen Komorbidität vorliegt. Das heißt, dass hier mehrere psychische Diagnosen gleichzeitig bei einem Patienten zu finden sind. Häufig anzutreffen ist beispielsweise die Kombination von Angststörungen und Depressionen sowie von Angststörungen und Suchterkrankungen. Wendet man den Blick von Deutschland auf Europa, finden sich ganz ähnliche Zahlen. In Europa beträgt die Gesamtprävalenz von psychischen Störungen 38,2 %. Das würde bedeuten, dass von den 510,1 Mio. Einwohnern (Stand: 1. Januar 2016, Eurostat) in der Europäischen Union rund 170 Mio. Menschen an einer psychischen Störung leiden. Darunter über 100 Mio. mit Depressionen und Angstzuständen, circa 23 Mio. Alkoholiker, über 7 Mio. Demenzerkrankte, circa 5 Mio. Schizophreniekranke, etwa 4 Mio. mit bipolaren affektiven Störungen und etwa 5 Mio. mit Panikstörungen. Noch erstaunlicher als diese hohen Zahlen ist jedoch die mangelhafte Versorgungslage von Patienten mit psychischen Störungen in Deutschland sowie europaweit. So werden, je nach Land, nur 30 bis 52 % der Betroffenen überhaupt vom Versorgungssystem erfasst. 2 bis 9 % der Betroffenen erhalten eine grob adäquate Therapie und nur 8 bis 16 % eine Therapie von einem auf psychische Störungen spezialisierten Sektor. Mit anderen Worten, die Versorgungs- und Therapiesituation von Patienten mit psychischen Störungen in Deutschland und Europa ist trotz effektiver medikamentöser und psychotherapeutischer Verfahren höchst defizitär. Diese Feststellung ist äußerst wichtig, weil psychische Krankheiten nicht wie somatische Erkrankungen direkt sichtbar sind. Die Verletzungen bei ihnen sind eher innerer Natur und können dadurch leicht übersehen werden. Doch diese Verletzungen haben durchaus das Potenzial, die körperliche Gesundheit eines Menschen komplett zu zerrütten. So zu zerrütten, dass seine durchschnittliche Lebenserwartung um bis zu 24 Jahre verkürzt werden kann. Das haben Forscher der Universität Oxford unter Leitung von Professor Seena Fazel mittels einer Metastudie herausgefunden. Fazel und seine Kollegen haben dazu 20 Studien mit Aktendaten von 1,7 Millionen Patienten ausgewertet, von denen mehr als 250 000 in den jeweiligen Untersuchungszeiträumen verstorben waren. Sie fahndeten dabei nach dem Zusammenhang zwischen psychischen Erkrankungen einerseits und der durchschnittlichen Lebenserwartung andererseits. Im Juni 2014 publizierten sie ihre Ergebnisse. Und diese waren mehr als erschreckend. Menschen mit schweren Depressionen gehen durchschnittlich im Vergleich zu psychisch Gesunden 7 bis 11 Lebensjahre verloren. Bei einer bipolaren Störung sind es 9 bis 20 Lebensjahre. Bei Schizophrenie gehen den Betroffenen 10 bis 20 Jahre verloren. Und bei Suchterkrankungen sind es durchschnittlich 9 bis 24 Jahre. Nur zum Vergleich, Raucher, die 20 Zigaretten am Tag konsumieren, sterben durchschnittlich acht bis zehn Jahre früher. Das bedeutet, dass psychische Erkrankungen die menschliche Lebenserwartung weitaus mehr reduzieren als starkes Rauchen. Warum das so ist, hat viele Gründe. Zum einen destabilisiert die leidende Psyche über Stresshormone und das Immunsystem die Körperfunktionen. Puls, Blutdruck und Blutzucker werden so aus der Balance gebracht. Die Folge sind Bluthochdruck und Diabetes. Ferner werden Entzündungsprozesse angekurbelt. All diese Faktoren schlagen sich an den Blutgefäßen nieder, die ihrerseits nun schneller verkalken. Das wiederum treibt das Risiko für Herzinfarkte und Schlaganfälle in die Höhe. Des Weiteren neigen psychisch kranke Menschen häufiger zu Alkohol- und Drogenmissbrauch, Tabakkonsum eingeschlossen. Sie bewegen sich weniger, machen weniger Sport und ernähren sich ungesünder als psychisch Gesunde. Und nicht zu vergessen, gravierende psychische Erkrankungen ersticken die Lebensfreude und den Lebenswillen. Einen Nachhall findet das in einer Suizidrate von 10 bis 15 %. Die Versorgungs- und Therapiesituation von Patienten mit psychischen Störungen in Deutschland und Europa kann uns von daher nicht egal sein. Schließlich beeinflussen psychische Erkrankungen auch die physische Gesundheit. Und die Leiden der Psyche können genauso vielfältig sein wie die des Körpers. Was lernen wir nun daraus? Wir lernen daraus, dass psychisches Befinden und körperliche Vorgänge sehr eng miteinander verbunden sind. Und wir lernen daraus, dass die Verbindung zwischen den beiden unter anderem über die Stresshormone, das vegetative Nervensystem sowie das Immunsystem erfolgt. Sie sind so etwas wie die Kommunikationsmedien zwischen Psyche und Körper. Man kommt deshalb nicht drum herum, Körper und Psyche als eine Einheit zu betrachten. Ein Forschungszweig, der das verstanden und umgesetzt hat, ist die Psychoneuroimmunologie. Sie untersucht die Wechselwirkungen zwischen Psyche und Körper. Genauer gesagt untersucht sie das Zusammenspiel zwischen Psyche, Nervensystem und Immunsystem. Dabei versucht sie zu entschlüsseln, welche Gefühle und Persönlichkeitseigenschaften eines Menschen das Immunsystem stärken und dadurch gesundheitsfördernd wirken. Die Beziehung zwischen Psyche und Körper ist aber keine Einbahnstraße. Das heißt, nicht nur die Psyche hat Auswirkungen auf den Körper, sondern auch der Körper hat einen Einfluss auf die Psyche. Der römische Dichter Juvenal (ca. 60–140 n. Chr.) fasste es trefflich mit den Worten zusammen: „Mens sana in corpore sano." Das bedeutet so viel wie, dass in einem gesunden Körper auch ein gesunder Geist ruht. Umgekehrt kann es auch bedeuten, dass in einem kranken Körper kein gesunder Geist ruht. Und in der Tat, in der Medizin ist bekannt, dass organische Störungen durchaus psychische Probleme herbeiführen können. Oder anders gesagt, hinter auffälligen psychischen Verhaltensweisen können sich körperliche Ursachen verbergen. Bestes Beispiel hierfür ist ein Mangel an Vitamin B12. Dieser kann nämlich eine schwere Depression nach sich ziehen, die man selbst mit Antidepressiva nicht mehr in den Griff bekommt. Oder nehmen wir ein anderes Beispiel, die Schilddrüsenunterfunktion. Bei ihr ist bekannt, dass mehr als die Hälfte aller Patienten über depressive Verstimmungen und Apathie klagen. Im Extremfall kann sich die Symptomatik sogar über Wahnvorstellungen bis hin zu Suizidgedanken ausdehnen. Bei Patienten mit Depressionen sollten deshalb zwingend die Schilddrüsenwerte überprüft werden. Manchmal liegen die Ursachen einer psychischen Störung aber auch ganz woanders, in einer Körperregion, die man kaum für möglich halten würde, nämlich im Darm. Das ist die Domäne der Neurogastroenterologie, einer medizinischen Subdisziplin, die das sogenannte Bauchgehirn erforscht. Ihr verdanken wir ganz neue Einsichten. So haben beispielsweise Tierversuche ergeben, dass sich Mäuse bei einer Darmentzündung ängstlicher verhalten. Bei anderen Mäusen setzten die Forscher durch genetische Manipulationen bestimmte Darmhormone außer Gefecht, mit der Folge, dass die Mäuse depressiv wurden. Doch die Verquickungen zwischen Körper und Psyche sind noch weitaus enger, als es diese Experimente nahelegen.

Psyche und Ernährung

Heute wissen wir, dass selbst unsere Nahrungsmittel in der Lage sind, Einfluss auf die Gemütslage der Psyche zu nehmen. Experten sprechen hier von nutritiver Beeinflussung, manche sogar von einer nutritiven Manipulation menschlicher Stimmungen und Gefühle. Kein Wunder, braucht das Gehirn für die mentalen Vorgänge wie Denken, Fühlen und Handeln doch entsprechende chemische Signalsubstanzen. Schließlich sind die mentalen Vorgänge untrennbar mit der Aktivität von Nervenzellen verbunden. Diese funktionieren aber nur, wenn auch die notwendigen Neurotransmitter, Neuropeptide, Neurohormone und Neuromodulatoren vorhanden sind. Außerdem sind noch Vitamine, Mineralstoffe, Spurenelemente und Aminosäuren an zahlreichen neurochemischen Reaktionen beteiligt. Eine gute Ernährung muss deshalb alle für den Hirnstoffwechsel und die Hirnstrukturen erforderlichen Nährstoffe enthalten. Tut sie das nicht, dann stehen diese Nährstoffe nicht in ausreichender Menge und Qualität zur Verfügung. Und dann gibt es auch Schwierigkeiten.

Wie genau die aussehen können, haben Anfang 2006 die britische Verbraucherorganisation Sustain und die Mental Health Foundation durch umfangreiche Untersuchungen aufzeigen können. Sie konnten nämlich nachweisen, dass die immer schlechter werdende Ernährung bei der britischen Bevölkerung Depressionen bewirkt und zudem das Konzentrationsvermögen sowie das Gedächtnis schwächt. Ähnliches darf auch für die deutsche Bevölkerung angenommen werden. Denn auch die Deutschen essen inzwischen viel zu fett, viel zu süß und viel zu viel Fast Food. Der Erlanger Medizinpsychologe Dr. Siegfried Lehrl attestierte den Deutschen zumindest schon einmal einen Rückgang der fluiden Intelligenz. Also jener Intelligenz, die das flexible, kreative und präzise Denken bestimmt. Sein Credo lautet deshalb unmissverständlich: „Wer denkfit bleiben will, braucht gute Hirnnahrung." So einfach ist das. Fasst man die derzeitigen wissenschaftlichen Erkenntnisse einmal exemplarisch zusammen, können wir heute folgende Aussagen zum Zusammenhang zwischen der Ernährung und der Psyche treffen:

- Eine hohe Zufuhr von Cholesterin und gesättigten Fettsäuren führt zu Hirnleistungsstörungen.

- Ein hoher Verzehr von grünem Blattgemüse und verschiedenen Kohlarten verbessert die Hirnleistungsfähigkeit.

- Eine vermehrte Zufuhr der Vitamine C und E wirkt sich günstig auf die Hirnleistungsfähigkeit aus.

- Eine gute Versorgung des Körpers mit dem Mineralstoff und Antioxidant Selen führt zu einer guten Stimmungslage.

- Ein Mangel an Vitamin B12, Vitamin C und Folsäure führt oftmals zu depressiver Verstimmung oder vermehrter Erregbarkeit.

- Bei Erschöpfungszuständen und Neigung zur Depression finden sich häufig niedrige Vitamin-B1-Spiegel im Blut.

- Im mittleren Lebensalter können die Vitamine B6 und B12 die Gedächtnisleistung anheben.

- Im hohen Lebensalter spielen die Vitamine B6, B12 und Folsäure eine besonders wichtige Rolle für die Hirnleistungsfähigkeit. Außerdem verhindern sie Abbauerscheinungen sowie das Auftreten von Altersdepressionen.

- Omega-3-Fettsäuren können das Schizophrenierisiko senken.

- Eine vermehrte Zufuhr der Aminosäure Tryptophan in Verbindung mit Kohlenhydraten wirkt sich meistens positiv auf die psychische Befindlichkeit aus.

- Durch das Weglassen von Zucker lassen sich emotionale Stresszustände bessern.

- Durch eine gezielte Versorgung mit Spurenelementen, Vitaminen und essenziellen Fettsäuren lassen sich bei Schulkindern Aggressionen vermindern.

Was immer wir auch essen, unsere Psyche isst scheinbar mit. Der leitende wissenschaftliche Mitarbeiter an der Psychologischen Fakultät der Universität Melbourne, Dr. Jerome Sarris, sagt deshalb jetzt schon voraus, dass künftige Therapeuten ihre Patienten nicht nur nach ihrer derzeitigen Stimmung befragen werden, sondern auch nach ihren Essgewohnheiten. Er verbindet damit die Hoffnung, dass sich künftig psychische Störungen durch eine Ernährungsumstellung oder durch Gabe von entsprechenden Nahrungszusätzen bessern lassen, sodass weniger Medikamente verschrieben werden müssen. Diesem Wunsch steht jedoch ein wesentliches Hindernis im Wege. Es existieren schlicht und ergreifend noch zu wenige Forschungsarbeiten zu den besagten Nahrungsergänzungsmitteln. Das renommierte New England Journal of Medicine spricht in diesem Zusammenhang von gerade einer „Handvoll" Studien. Dennoch, es besteht Aussicht auf Besserung. Denn aktuell (Stand: Januar 2016) laufen elf Studien zum Thema Ernährung und psychische Gesundheit, die vom National Institute for Mental Health finanziert werden. Hier wird man also in naher Zukunft mehr Licht ins Dunkel bringen können.

Ursachen psychischer Erkrankungen

Ganz anders sieht es dagegen bei der Ursachenforschung von psychischen Erkrankungen aus. Hier rührt die Wissenschaft noch weitgehend mit der Stange im Nebel. Das bedeutet, niemand weiß derzeit genau, was die Ursachen psychischer Erkrankungen sind, und niemand kann derzeit genau sagen, welche Ursachen welche Ausprägungen einer psychischen Krankheit zur Folge haben. Anders gesagt, nichts Genaues weiß man nicht. Nur in zwei Punkten ist sich die Wissenschaft derzeit einig. Erstens, jeden kann eine psychische Erkrankung treffen. Und zweitens, es müssen viele verschiedene Faktoren zum Tragen kommen, damit eine psychische Störung entsteht. Zu diesen Faktoren gehören:

- Genetische Faktoren (Temperament und Gefühle)
- Biologische Faktoren (Neurologie und Biochemie)
- Umweltfaktoren (Schadstoffe, Gifte, Lärm und Elektrosmog)
- Soziale Faktoren (Familie, Kultur, Religion, Erziehung)
- Psychologische Faktoren (Erfahrungen und Traumata)

- Gesellschaftliche Faktoren (Normen, Ideale, Nahrung)
- Wechselwirkungen zwischen den einzelnen Faktoren

Wie aber soll man das Ganze nun richtig verstehen? Einfach gesprochen, in etwa so: Das Leben ist keine Gerade, sondern bringt zwangsläufig leidvolle Erfahrungen mit sich. Kein Leben ist frei davon. Natürlich kann man an dem Ideal eines glücklichen Lebens festhalten, das frei ist von Beschwerden und Leid, aber das verstärkt nur das Unglück. Leben bedeutet Veränderung, bedeutet Unsicherheit, bedeutet Risiko. So ist das nun einmal. Die Frage ist also nicht, wie man allen leidvollen Erfahrungen aus dem Weg gehen kann. Denn das ist komplett unmöglich. Sondern wie man mit ihnen umgeht, wenn sie denn kommen. Es geht folglich um die Art und Weise, wie diese emotionalen Belastungen von einer Person wahrgenommen werden und wie diese Person mit ihren Gefühlen anschließend umgeht. Weil es exakt das ist, was letzten Endes über die dauerhafte psychische Gesundheit jener Person entscheiden wird. Ob es ihr nämlich gelingt, trotz belastender Ereignisse im Leben die sich auftürmenden Gefühle wieder auszubalancieren. Doch die Gefühle neu zu ordnen wird dem einen besser gelingen als dem anderen, schon aufgrund der unterschiedlichen genetischen Ausstattung. Wir wissen heute, dass genetische Faktoren menschliche Gefühle beeinflussen können. Wir wissen dadurch auch, dass Menschen, die unter einer psychischen Erkrankung leiden, verletzlich veranlagt sind. Das heißt, dass sie ihre Gefühle schneller und tiefer entfalten als andere Menschen und so viel sensibler auf alles reagieren, was um sie herum geschieht. Dazu kommt noch das durch Gene vorprogrammierte Temperament. Schon allein dadurch wird jeder Mensch seine Probleme anders zu bewältigen versuchen. Und jetzt kommt, damit es sich weiter verkompliziert, die Persönlichkeit eines Menschen mit ins Spiel. Auch sie wird durch genetische Faktoren mitbestimmt, aber eben nicht ausschließlich, sondern zusätzlich durch die im Leben gemachten Erfahrungen. Besser gesagt, durch die verarbeiteten Erfahrungen, weil nur diese die eigene Persönlichkeit formen und somit ein Teil derselbigen werden können. Die Persönlichkeit eines Menschen entfaltet sich damit aus der Dynamik und Wechselwirkung von Veranlagung, Erfahrung und der psychischen Verarbeitung des Erfahrenen. Dieses Prinzip trägt ein ganzes Leben lang. Infolgedessen sind Psyche und Persönlichkeit untrennbar miteinander verbunden. Der Mensch fühlt, denkt und wertet. Er hegt Wünsche und Hoffnungen. Dadurch entwickelt er Eigenschaften, die sein Verhalten bestimmen und seine Persönlichkeit ausmachen. Welche Gefühle der Mensch konkret entwickelt, wie er mit diesen umgeht und welche Persönlichkeit aus ihm wird, hängt allerdings auch noch von weiteren Gegebenheiten ab, wie Familie, Erziehung, Kultur, Religion sowie von vielen anderen Faktoren. Sie alle spielen gemeinsam eine wichtige Rolle, weil aus diesem Konglomerat verschiedenster Faktoren die Risiken hervorgehen, welche das Ausmaß der psychischen Anfälligkeit oder Verwundbarkeit eines Menschen ausmachen. Kreuzen an einer bestimmten Stelle, und hier gilt, je früher, stärker und länger anhaltend, desto ungünstiger, belastende Ereignisse den Lebensweg eines Menschen, die zudem auf eine unvorteilhafte Veranlagung und ein erschwerendes soziales Umfeld treffen, kann es zu einer negativen Entwicklung der Persönlichkeit kommen. Einer Persönlichkeit, der es nicht mehr gelingt, ihre Gefühle auszugleichen und in den Griff zu bekommen. Es resultiert ein Ungleichgewicht der Gefühle. Auf dem Boden dieses Ungleichgewichtes können sich dann psychische Störungen wie Persönlichkeitsstörungen, Belastungsstörungen, psychosomatische Störungen, Angst- und Panikattacken, Süchte, Zwangsstörungen, Depressionen oder Psychosen breitmachen. Wie gesagt, können, nicht müssen. An diesem Punkt wird noch einmal die enge Verbindung zwischen Psyche und Persönlichkeit deutlich, aber auch der Unterschied zwischen beiden. Denn eine gesunde Psyche ermöglicht es dem Menschen, an seinen Schwierigkeiten und Problemen im Leben zu wachsen und zu reifen. Sie erlaubt es, trotz zahlreicher Veränderungen und leidvoller Erfahrungen, ja sogar Traumatisierungen eine stabile Persönlichkeit auszubilden und zu erhalten. Einer gestörten Psyche wird das kaum gelingen. Genauso wenig, wie es ihr gelingen wird, die Gefühle wieder ins Gleichgewicht zu bringen und richtig zu ordnen. Das ist der Grund, weshalb es Menschen gibt, die aus Krisen gestärkt hervorgehen und eine starke Persönlichkeit entwickeln, während andere in eine psychische Notlage geraten und sowohl das Vertrauen in sich selbst wie auch in die eigene Zukunft verlieren. Es ist die Macht der Gefühle. Bringen wir es deshalb auf den Punkt. Wer aufkommende Gefühle nicht mehr selbstständig beherrschen, ordnen und wieder ins Gleichgewicht bringen kann, der läuft Gefahr, dass der daraus resultierende Druck zu groß wird. So groß, dass seine Psyche dieser Belastung nicht mehr standhalten kann. Ein Mensch, der solcherlei Veränderungen an sich bemerkt, sollte sich deshalb möglichst umgehend professionelle Hilfe suchen. Tut er es nicht, besteht die Gefahr, dass es im Alltag zu größeren Problemen kommt. Und es besteht die Gefahr, dass sich die Heilungschancen verschlechtern, je länger zugewartet wird. Das zumindest legen Studienergebnisse nahe. Sie zeigen eindeutig, dass sich bei frühzeitiger Behandlung der Heilungsverlauf verbessert und dass sogar der Ausbruch einer psychischen Erkrankung im Vollbild verhindert werden kann.

Behandlung psychischer Erkrankungen

Es ist deshalb wichtig, nicht unnötig Zeit zu verlieren, sondern rechtzeitig einen Fachmann oder eine Fachfrau aufzusuchen. Aufgabe der Fachleute ist es dann, im Gespräch die einzelnen Symptome des Patienten zu erfassen und zu einem Gesamtbild zusammenzufügen, welches anhand der Diagnosehandbücher einer Erkrankung zugeordnet werden kann. So wird festgestellt, ob der Patient an einer oder gleich an mehreren psychischen Erkrankungen leidet, wie stark ausgeprägt diese sind und welche Therapie aufgrund der Art und Schwere der Erkrankung einzuleiten ist. Nicht selten wird dabei die gleichzeitige Anwendung von Medikamenten und psychotherapeutischen Verfahren notwendig sein. Für die medikamentöse Behandlung mit Psychopharmaka stehen derzeit zur Verfügung:

- Antidepressiva
- Anxiolytika (Beruhigungsmittel)

- Neuroleptika (Antipsychotika)
- Stimmungsstabilisierer (Phasenprophylaktika)
- Hypnotika (Schlafmittel)
- Antidementiva
- Psychostimulanzien
- Sonstige Psychopharmaka

Allen Psychopharmaka ist gemeinsam, dass sie in den Hirnstoffwechsel eingreifen, um dort ein bestehendes Ungleichgewicht an Botenstoffen auszugleichen. Dieses Ungleichgewicht kann entweder aus einem Mangel an Botenstoffen resultieren oder aber aus einem Überschuss. Durch den Ausgleich bewirken sie eine Änderung der psychischen Verfassung. Einige Psychopharmaka wirken auf direktem Wege, andere hingegen indirekt, über ihre Stoffwechselprodukte. Der Wirkungseintritt von Psychopharmaka kann sehr unterschiedlich sein. Manche wirken innerhalb von 20 bis 30 Minuten und damit recht schnell, wie beispielsweise die Hypnotika. Andere dagegen wirken erst mittelfristig, so nach ein bis zwei Wochen etwa, wie die Antidepressiva. Und wiederum andere entfalten ihre Wirkung erst nach längerer Einnahme, so zum Beispiel die Stimmungsstabilisierer. Ihre gewünschten Effekte treten erst nach mehreren Monaten, manchmal sogar erst nach einem Jahr auf. Einen ganz anderen Ansatz verfolgen die psychotherapeutischen Verfahren. Sie sind bei nahezu allen psychischen Erkrankungen ein zentraler Behandlungsansatz, der in seiner Wirksamkeit mittlerweile gut belegt ist. Psychotherapeutische Verfahren versuchen im wertfreien Raum mittels kommunikativer und/oder übender Techniken dem Patienten unter fachkundiger Anleitung eigene Persönlichkeitsmerkmale bewusst zu machen, das innere Erleben zu erfragen sowie die subjektive Perspektive kennenzulernen, damit er befähigt wird sein eigenes Seelenleben zu verstehen und seine Emotionen offen und ehrlich auszusprechen. Auf diese Art und Weise sollen allmählich Veränderungen in den Überzeugungen, Glaubenssätzen und Denkmustern herbeigeführt werden, um so Blockaden zu überwinden, Konflikte zu lösen oder psychische Traumata zu verarbeiten. Damit bekommt der Patient nicht nur wertvolle Strategien an die Hand, sondern wird therapeutisch auch beim Aufbau eines starken Selbstvertrauens und Ichs unterstützt. Ja, exakt so muss man sich das Arbeitsfeld eines Psychotherapeuten vorstellen. Er wird von Menschen aufgesucht, die psychische Probleme haben, mit denen sie selbst nicht mehr zurechtkommen, und die deshalb das Gespräch suchen, um Klarheit über ihre Situation zu erhalten. Jedoch muss sich der Patient vor Therapiebeginn bewusst machen, dass es nicht die Aufgabe des Therapeuten ist, ihm lediglich ein Medikament zu verabreichen, sodass er wieder gesund wird. Vielmehr ist der Patient dazu aufgerufen, an der Therapie mitzuwirken, indem er aktiv an sich selbst arbeitet. Es ist von daher wichtig, dass sich Patient und Therapeut vor Beginn der Behandlung darauf verständigen, was durch die Therapie überhaupt erreicht werden kann und soll. Etwas anders hingegen sieht das Arbeitsumfeld eines Psychiaters aus. Er behandelt vor allem schwere psychische Erkrankungen wie Schizophrenie, Halluzinationen oder paranoide Wahnvorstellungen. Aus diesem Grunde steht in der Psychiatrie die Behandlung mit Psychopharmaka im Vordergrund. Psychotherapeutische Verfahren kommen hier eher begleitend zum Einsatz. Wenn sie aber zum Einsatz kommen, egal ob beim Psychotherapeuten oder beim Psychiater, dann sind die Psychotherapieformen heutzutage gezielt auf die Erfordernisse des jeweiligen Krankheitsbildes zugeschnitten. Das heißt, sie sind heute eher störungsspezifisch und nicht mehr allgemeingültiger Natur. Das drückt sich unter anderem in der enormen Anzahl der psychotherapeutischen Maßnahmen aus. So gibt es inzwischen gut 500 verschiedene Formen von Psychotherapie. Sie werden ambulant, teilstationär oder stationär durchgeführt, in Einzelsitzungen, in Gruppen oder in Kombination. Ein kaum noch zu überblickendes Dickicht. Trotzdem lassen sich all diese unterschiedlichen Formen im Wesentlichen auf fünf verschiedene Verfahren der Psychotherapie herunterbrechen. Zu diesen allgemein anerkannten Verfahren gehören:

1. Die Psychoanalyse (psychoanalytische Therapie)

Die Psychoanalyse ist ein psychotherapeutisches Verfahren, welches von Sigmund Freud entwickelt wurde. Freud ging davon aus, dass es unbewusste Konflikte und Erlebnisse in der Vergangenheit eines Menschen sind, speziell in dessen Kindheit, die psychische Erkrankungen verursachen und sie aufrechterhalten können. Deshalb steht in der Psychoanalyse das sogenannte „Unbewusste“ ganz weit oben auf der Agenda der Betrachtungen. Denn für die psychoanalytische Therapie sind es exakt diese unbewussten Konflikte, die das Bild, das ein Mensch von sich und anderen hat, bestimmen. Von daher bestimmen sie auch die Gedanken und Gefühle eines Menschen sowie seine Handlungen, einschließlich seiner Beziehungen. Die Aufgabe des Therapeuten besteht deshalb darin, diese unbewussten Konflikte aufzuspüren und sie für den Patienten in Bezug auf ihre Auswirkungen in der Gegenwart sichtbar werden zu lassen. Dazu wird der Therapeut die unbewussten Konflikte im Hier und Jetzt zu neuem Leben erwecken. So kann der Patient sie verstehen und gemeinsam mit dem Therapeuten bearbeiten. Beim Patienten setzt das eine hohe Bereitschaft voraus, tief in sich selbst hineinzuschauen und die eigenen Gefühle offen und ehrlich zu benennen. Vom Therapeuten verlangt es dagegen die Einnahme einer neutralen Rolle.

2. Die tiefenpsychologisch fundierte Psychotherapie

Sie hat sich einst aus der Psychoanalyse entwickelt. Auch dieses Verfahren richtet von daher den Blick auf das unbewusste Erleben und Verhalten des Patienten. Im Gegensatz zur Psychoanalyse stehen aber nicht die unbewussten Konflikte aus der Vergangenheit im Vordergrund, sondern vielmehr die aktuellen psychischen Konflikte. Sie bilden hier den Schwerpunkt. Das tiefenpsychologisch fundierte Verfahren unterscheidet sich somit von der Psychoanalyse sowohl im Hinblick auf das Therapiekonzept wie auch auf das Therapieziel. Denn der Patient soll bei der tiefenpsychologisch fundierten Psychotherapie lernen seine aktuellen Probleme zu verstehen, indem frühere Erlebnisse und Verhaltensmuster mit dem Therapeuten gemeinsam besprochen werden. Der Therapeut wird zudem bemüht sein die vorhandenen, aber unbewussten Ressourcen des Patienten so zu aktivieren, dass dieser in die Lage versetzt wird, seine psychischen Schwierigkeiten eigenständig zu lösen. Und noch eines unterscheidet die tiefenpsychologisch fundierte Psychotherapie von der Psychoanalyse, die Therapiedauer. Während das tiefenpsychologisch fundierte Verfahren einen Zeitraum von zwei bis drei Jahren beansprucht, sind es bei der Psychoanalyse drei bis fünf Jahre. Das liegt daran, dass die analytische Psychotherapie auf eine ganzheitliche Veränderung problematischer Muster abzielt, während sich der tiefenpsychologische Ansatz doch eher auf die Lösung der konkreten Problemstellungen des Patienten konzentriert.

3. Die kognitive Verhaltenstherapie

Die kognitive Verhaltenstherapie geht bei ihren Betrachtungen psychischer Probleme einen ganz anderen Weg als die zuvor beschriebenen zwei Verfahren. Denn sie geht in ihren Überlegungen nicht davon aus, dass unbewusste Konflikte, ob in der Vergangenheit oder Gegenwart, Ursache des Leidens sind, sondern eingefahrene Vorstellungen und Reaktionsmuster, die der Betroffene im Laufe seines Lebens erlernt hat. Und genauso, wie man belastende Denk- und Verhaltensmuster gelernt hat, kann man sie auch wieder verlernen und neue hilfreiche Muster erlernen, so die Grundidee der kognitiven Verhaltenstherapie. Unter „Verhalten" versteht dieses psychotherapeutische Verfahren freilich nicht nur die von außen für jedermann sichtbaren Handlungen, sondern es rechnet zum Verhalten eines Menschen auch seine Gedanken, Gefühle und körperlichen Vorgänge hinzu. Es verwundert somit nicht, dass bei der kognitiven Verhaltenstherapie das gegenwärtige Erleben und Verhalten des Patienten im Mittelpunkt der Behandlung steht. Therapeut und Patient schauen sich deshalb in den Behandlungssitzungen gemeinsam Lebenssituationen an, die für den Patienten belastend sind. Belastend deshalb, weil sich der Patient in diesen konkreten Situationen gerne anders fühlen würde oder sich wünscht anders zu reagieren. Dann wird herausgearbeitet, warum der Patient sich eigentlich so verhält. Seine Lebensgeschichte und seine aktuellen Lebensumstände werden dabei mit in die Überlegungen einbezogen. Nach der Analyse werden neue und nützliche Lösungsstrategien gemeinsam erarbeitet und vom Patienten in der Alltagssituation ausprobiert. Daneben trainiert der Patient auch gezielt benötigte Fertigkeiten und Kompetenzen. Die kognitive Verhaltenstherapie ist deshalb als Hilfe zur Selbsthilfe zu verstehen, so wie alle psychotherapeutischen Verfahren.

4. Die Gesprächspsychotherapie

Die Grundüberzeugung dieses psychotherapeutischen Verfahrens besteht darin, dass jeder Mensch ausreichend Selbstheilungskräfte besitzt, um persönlich zu wachsen, Probleme zu lösen und sich positiv zu entwickeln. Vorausgesetzt natürlich, dass diese inneren Kräfte nicht von außen in ihrer Wirkung gestört werden. Sollte dies der Fall sein, klären Therapeut und Patient die Probleme im Dialog. Den Ausgangspunkt der Behandlung bildet die aktuelle Lebenssituation des Betroffenen. Dabei versucht der Therapeut sich in die

Gedanken- und Gefühlswelt des Patienten hineinzufühlen und diesem eine Rückmeldung darüber zu geben, was er selbst dabei erlebt hat. Er teilt dem Patienten seine Gefühle offen mit und bringt sie auf diese Weise mit in das Verfahren ein. Der Patient erhält also keine Deutungen oder Ratschläge vom Therapeuten, sondern es wird ausschließlich über Gefühle gesprochen, die in der jeweiligen Situation entstehen. Die Aufgabe des Patienten ist es, sich dadurch im Laufe der Therapie selbst zu erforschen, um sich selbst besser zu verstehen und annehmen zu können. Bei Bedarf wird auch die Vergangenheit des Patienten ausgeleuchtet.

5. Die systemische Psychotherapie

Der systemische Ansatz betrachtet eine gestörte Psyche als Ausdruck eines gestörten Systems. Das heißt, es wird vermutet, dass die Ursache psychischer Probleme in gestörten Beziehungs- und Kommunikationsstrukturen einzelner Beteiligter liegt. Folglich wird beim systemischen Ansatz das gesamte Umfeld des Patienten, also Familienangehörige, Bezugspersonen, Kollegen etc., mit in die Therapie einbezogen. Das ist wichtig, denn der systemische Gedanke verortet das Problem nicht beim Einzelnen, sondern im System. Daher die Bezeichnung. Die Aufgabe der systemischen Psychotherapie besteht darin, schädigende Beziehungsmuster zu identifizieren und so zu verändern, dass der Austausch und die Verständigung im „System" verbessert werden. Das kann in einer Einzel-, Paar-, Familien- oder einer Gruppentherapie geschehen, je nach Bedarf. Der Therapeut wird deshalb neben den Einzelgesprächen auch Fragen in die gesamte Runde werfen, um die Sicht aller Beteiligten sowie den Stand der Beziehungen offenzulegen, damit diese aktiv diskutiert werden können. Immer natürlich mit dem Ziel, die Verhaltensweisen dabei zu optimieren und die bestehenden Probleme mittels vorhandener, aber noch verborgener Ressourcen und Fähigkeiten erfolgreich zu lösen.

Wie man sieht, unterscheiden sich die verschiedenen Verfahren der Psychotherapie nicht allein in ihrem Therapiekonzept, sondern auch in der Sichtweise bezüglich der Ursachen sowie der Entstehung psychischer Erkrankungen. Dahinter stecken verständlicherweise ganz verschiedene psychotherapeutische Richtungen und Schulen. Sie alle hier aufzählen und erörtern zu wollen, würde den Rahmen dieses Buches bei Weitem sprengen. Vielmehr sollten wir deshalb den Blick darauf lenken, nach welchen Entscheidungskriterien die einzelnen psychotherapeutischen Verfahren auszuwählen sind und bei welcher Erkrankung welches Verfahren zum Einsatz kommt. Sicherlich gibt es da verbindliche Vorgaben und Handlungsanleitungen, oder? Nein, gibt es nicht. Es gibt keine verallgemeinerbaren und objektiven Entscheidungskriterien zur Auswahl eines psychotherapeutischen Verfahrens. Vielmehr geht es nach den Bedürfnissen und Vorstellungen des Patienten. Liegt es ihm am Herzen, seine Vergangenheit aufzuarbeiten, oder möchte er eher aktuelle Schwierigkeiten lösen? Vielleicht braucht er aber auch nur ein paar Übungen zur Bewältigung des Alltags oder er sucht einfach nur das Gespräch mit dem Therapeuten. Solche Fragen stehen bei der Auswahl des psychotherapeutischen Verfahrens im Mittelpunkt. Genauso wie die Fragen nach dem Leidensdruck, der psychischen Problematik, den Neigungen und persönlichen Interessen des Patienten, nebst seinen individuellen Voraussetzungen. Der Patient ist hier die entscheidende Größe, ist er doch selbst Experte in eigener Sache. So einfach ist das mit der Psyche, und gleichzeitig so kompliziert. Denn nichts im Umgang mit ihr kann wirklich allgemein verbindlich ausgesagt werden. Nichts ist bei ihr definitiv, außer der Tatsache, dass sie existiert. Subjektivität und Unverbindlichkeit, sie scheinen besondere Charakteristika der Psyche zu sein. Das äußert sich auch bei den Nebenwirkungen einer Psychotherapie. So kann es sein, dass bei dem einen Menschen die Psychotherapie dazu führt, dass sich die belastende Situation auflöst, während sich beim anderen durch die Behandlung Ängste noch vertiefen und übermächtige Gefühle nur verstärken. Manche Studien gehen sogar davon aus, dass dies bei etwa jedem zehnten Patienten der Fall sein könnte. Kein Wunder, greift doch jedes psychotherapeutische Verfahren in das komplexe Geflecht der menschlichen Psyche ein. Man zieht bildlich gesprochen an einem dicken Tauende in der Hoffnung, dass das große verschobene Zirkuszelt sich danach wieder korrekt ausrichtet. Doch bei dem einen oder anderen fällt es nur noch weiter in sich zusammen. Dies äußert sich unter Umständen dadurch, dass sich die psychischen Beschwerden entweder verstärken oder dass neue Krankheitssymptome in Erscheinung treten. Auch kann es sein, dass sich das Gefühl von Verwirrung, Überforderung, Verzweiflung und Erschöpfung einstellt oder aber den Patienten das ungute Empfinden einer Abhängigkeit vom Therapeuten beschleicht. So ist das eben mit der Subjektivität und Unverbindlichkeit der menschlichen Psyche. Aber genau das wiederum ist es, was uns in der Auseinandersetzung mit ihr zum Dilemma wird. Ein Dilemma, das sich im Detail wie folgt darstellt:

- Der Begriff Psyche lässt sich nicht definieren.
- Eine wissenschaftlich fundierte Nosologie psychischer Störungen fehlt.
- Die wirklichen Ursachen psychischer Störungen sind unbekannt.
- Damit besteht die ganze Psychiatrie aus Störungen, die man sich nicht wirklich erklären kann.
- Es gibt deshalb auch keine objektive Methode, um eine psychische Erkrankung zu diagnostizieren.
- Die Grenzen zwischen gesund und krank sind fließend, also ohne klare Demarkationslinien.
- Selbst die Grenzen zwischen den Erkrankungen sind fließend.
- Häufig liegen mehrere psychische Erkrankungen gleichzeitig vor, Stichwort Komorbidität.
- Es existieren zahlreiche ganz unterschiedliche psychotherapeutische Richtungen und Schulen.
- Es existiert eine nahezu unüberschaubare Anzahl an psychotherapeutischen Verfahren.

Das alles macht das Arbeiten mit der Psyche äußerst schwierig und sie zu fassen gar unmöglich. Lassen wir deshalb jetzt den Terminus der Psyche fallen und schauen einmal, ob wir vielleicht mit dem nächsten Begriff, der Seele, etwas mehr Glück haben. Richten wir unser Augenmerk ganz auf sie und werfen eine neue Frage in die Runde.